**Comentários à Nova Lei
de Licitações Públicas
e Contratos Administrativos**

Comentários à Nova Lei
de Licitações Públicas
e Contratos Administrativos

Comentários à Nova Lei de Licitações Públicas e Contratos Administrativos

LEI Nº 14.133, DE 1º DE ABRIL DE 2021

2022

Antonio Cecílio Moreira Pires
Aniello Parziale

COMENTÁRIOS À NOVA LEI DE LICITAÇÕES PÚBLICAS
E CONTRATOS ADMINISTRATIVOS
LEI Nº 14.133, DE 1º DE ABRIL DE 2021

© ALMEDINA, 2022

AUTORES: Antonio Cecilio Moreira Pires e Aniello Parziale

DIRETOR ALMEDINA BRASIL: Rodrigo Mentz

EDITORA JURÍDICA: Manuella Santos de Castro
EDITOR DE DESENVOLVIMENTO: Aurélio Cesar Nogueira
ASSISTENTES EDITORIAIS: Isabela Leite e Larissa Nogueira

DIAGRAMAÇÃO: Almedina
DESIGN DE CAPA: FBA

ISBN: 9786556274263
Janeiro, 2022

Dados Internacionais de Catalogação na Publicação (CIP)
(Câmara Brasileira do Livro, SP, Brasil)

Pires, Antonio Cecilio Moreira – Comentários à nova lei de licitações públicas e
contratos administrativos : Lei nº 14.133, de 1º de abril de 2021 / Antonio Cecilio Moreira Pires,
Aniello Reis Parziale. – São Paulo : Almedina, 2022.

Bibliografia.
ISBN 978-65-5627-426-3

1. Contratos administrativos – Leis e legislação – Brasil 2. Licitações – Leis e legislação – Brasil
I. Parziale, Aniello Reis. II. Título.

21-89059   CDU-351.712.2.032.3(81)(094.56)

Índices para catálogo sistemático:

1. Brasil : Leis comentadas : Licitações e contratos públicos
Direito administrativo 351.712.2.032.3(81)(094.56)

Cibele Maria Dias – Bibliotecária – CRB-8/9427

Este livro segue as regras do novo Acordo Ortográfico da Língua Portuguesa (1990).

Todos os direitos reservados. Nenhuma parte deste livro, protegido por copyright, pode ser reproduzida,
armazenada ou transmitida de alguma forma ou por algum meio, seja eletrônico ou mecânico, inclusive
fotocópia, gravação ou qualquer sistema de armazenagem de informações, sem a permissão expressa e
por escrito da editora.

EDITORA: Almedina Brasil
Rua José Maria Lisboa, 860, Conj.131 e 132, Jardim Paulista | 01423-001 São Paulo | Brasil
editora@almedina.com.br
www.almedina.com.br

SOBRE OS AUTORES

ANTONIO CECÍLIO MOREIRA PIRES

Advogado e Consultor Jurídico em São Paulo. Doutor e Mestre em Direito do Estado pela Pontifícia Universidade Católica de São Paulo-PUCSP. Graduado pela Universidade Presbiteriana Mackenzie. Professor de Direito Administrativo, Chefe do núcleo temático de Direito Público e Coordenador do Curso de Especialização – Lato Sensu – Direito Administrativo e Administração Pública, todos da Faculdade de Direito da Universidade Presbiteriana Mackenzie – UPM, tendo no decorrer da sua carreira exercido cargos na Administração Pública do Município e do Estado de São Paulo, na União e em organismo internacional, BIRD.

ANIELLO PARZIALE

Advogado e Consultor em Direito Público. Mestre em Direito Econômico e Político pela Universidade Presbiteriana Mackenzie; Professor do Programa de Pós-Graduação da Universidade Presbiteriana Mackenzie na modalidade a distância; Professor universitário e Coordenador do Curso de Direito da Faculdade Embu das Artes – FAEM; Presidente da Cia Habitacional Prohabitação de Embu das Artes/SP; Árbitro na Caraíve Arbitragem; Instrutor e palestrante sobre contratações públicas e Membro da Comissão de Direito Urbanístico da OAB/SP; Ex-Secretário de Assuntos Jurídicos do Município de Embu das Artes/SP e ex-Gerente da consultoria jurídica da editora NDJ.

Para Lilian, a mulher da minha vida, minha eterna namorada.
Para minhas filhas, Marília e Heloísa, com muito amor.
Para minha irmã, Lucinha, e meus sobrinhos Mariana e Carlos Alberto.

Antonio Cecílio Moreira Pires

Ao Senhor, meu Deus.
À minha mãe, Joaninha, a quem devo tudo!
À Gislene, minha amada, e aos meus amores, Valentina, Lorena e Francesco.
Tudo é por vocês e para vocês.

Aniello Parziale

AGRADECIMENTOS

Agradecemos à Professora Lílian Regina Gabriel Moreira Pires, ao Leonardo Guandalini Franchi, à Michele Michelan, ao Engenheiro Francisco Marques, à Bruna Cristina de Lima, ao Renan Talarico, à Gabriela Vieira, ao Lucas Leal, à Melissa Calderoni, à Francéia Gabriel, ao Juan José e ao Vitor Araújo da Silva, por terem colaborado na atenta leitura, na atualização de jurisprudência e revisão do texto da Lei nº 14.133/2021. Um agradecimento especial também ao Aurici Silva Dias pelo trabalho de revisão.

ANTONIO CECÍLIO MOREIRA PIRES
ANIELLO PARZIALE

AGRADECIMENTOS

Agradecemos à Professora Lilian Regina Gabriel Moreira Pires, ao Leonardo Guadalini Franchi, à Michele Michelan, ao Engenheiro Francisco Marques, à Bruna Cristina de Lima, ao Renan Talarico, à Gabriela Vieira, ao Lucas Leal, à Melissa Calderoni, à Francis Cabidel, ao Juan José e ao Vitor Araújo da Silva, por terem colaborado na atenta leitura, na atualização de jurisprudência e revisão do texto da Lei nº 14.133/2021. Um agradecimento especial também ao Airtei Silva Dias pelo trabalho de revisão.

ANTONIO CECILIO MOREIRA PIRES
ANIELLO PARZIALE

APRESENTAÇÃO

Após quase trinta anos e muitas propostas, o Projeto de Lei nº 4.253/2020 foi aprovado, entrando em vigor a nova Lei de Licitações e Contratos Administrativos – Lei Federal nº 14.133, de 1º de abril de 2021 –, que unificou a legislação federal sobre a temática, que estava segmentada na Lei Federal nº 8.666/1993 (Lei de Licitação), na Lei Federal nº 10.520/2002 (Pregão)e na Lei Federal nº 12.462/2011 (Regime Diferenciado de Contratação-RDC), além de trazer significativas alterações e novidades.

A nova lei apresenta como princípio orientador a aplicação dos artigos da LINDB, com destaque à fase preparatória que será norteadora da instauração e desenvolvimento do certame e os novos contornos da anulação dos contratos administrativos, além de criar uma nova modalidade de licitação, o diálogo competitivo, a possibilidade de utilização de matriz de riscos e a contratação integrada, dentre outras inovações.

A Lei nº 14.133 apresenta em seu bojo 194 artigos que dispõem sobre a manutenção do que já existia, bem como sobre inovações, retrocessos e espaço para louvores e críticas. Nesse momento, visando trazer ao debate a nova legislação, bem como apresentar o seu conteúdo jurídico, fizemos um acurado exame, buscando obter e indicar soluções para dúvidas de antigos e novos problemas.

Agregou-se, também, duas tabelas, uma fixando todos os prazos observados na Lei nº 14.133/2021 e outra assentando todos os prazos existentes na Lei nº 8.666/1993, na Lei nº 10.520/2002 e na Lei do RDC (Lei nº 12.462/2011), haja vista a possibilidade da utilização das referidas normas até 5 de abril de 2023.

Também lançamos notas acerca da legislação correlata, a exemplo de Decretos, Instruções Normativas, Orientações Normativas, dentre outros, cujo teor incide sobre as contratações públicas, bem como conceitos jurídicos extraídos de consistentes e consagradas obras jurídicas, fragmentos de decisões de tribunais, além de outros apontamentos de grande utilidade para aqueles que tratam diariamente do tema.

Diante do vasto volume de informações constantes do presente trabalho, inserimos uma pequena ementa, expediente que agiliza a consulta do leitor, na medida que não será necessário a leitura de toda a nota para o conhecimento de seu conteúdo.

Demais disso, consignou-se em nossos comentários jurisprudência ou decisões prolatadas por Cortes de Contas e pelo Poder Judiciário, ainda que referentes às legislações precedentes – Lei nº 8.666/1993, Lei nº 10.520/2002 e Lei nº 12.462/2011 –, que não perderam o seu efeito orientativo ou didático, uma vez que as razões jurídicas para decidir foram objeto de reprodução na Lei nº 14.133/2021 ou continuam vigentes em razão de constar de outros diplomas legais, a exemplo da Lei federal de Processo Administrativo, a Lei de Contabilidade Pública e a Lei de Responsabilidade Fiscal.

Ademais, considerando-se a ausência de alguns conceitos no art. 6º da Lei nº 14.133/2021, julgamos oportuno trazer para a NLLC as definições propostas pela Lei nº 8.666/1993, arrolando algumas significações encontradas em pesquisas, que certamente auxiliarão o gestor público na tomada de decisão administrativa.

Informa-se que a referida obra já encontra-se atualizada com as Instruções Normativas da SEGES/ME nºs 51, de 13 de maio de 2021; 62, de 28 de junho de 2021; 65, de 7 de julho de 2021; 67, de 8 de julho de 2021; 72, de 12 de agosto de 2021; e 75, de 13 de agosto de 2021.

No tocante à contagem de prazos, cujas regras encontram-se vertidas no art. 183 da NLLC, arrolou-se conceitos, bem como criamos quadros e ilustrações para melhor intelecção do dispositivo, tendo em vista que a sua aplicação e estudo não se restringem aos operadores do Direito, mas se estendem aos empresários, analistas de licitação, servidores e empregados públicos sem formação jurídica.

Por fim, o nosso objetivo foi ofertar a todos aqueles que se relacionam com a matéria, uma obra da mais alta qualidade, que pode ser seguramente utilizada para subsidiar as decisões de todos os profissionais que trabalham cotidiana-mente com licitações e contratos.

São Paulo, setembro de 2021.

ANTONIO CECÍLIO MOREIRA PIRES
ANIELLO PARZIALE

SUMÁRIO

LEI DE LICITAÇÕES E CONTRATOS ADMINISTRATIVOS
Lei nº 14.133, de 1º de Abril de 2021 21

TÍTULO I – DISPOSIÇÕES PRELIMINARES 21
CAPÍTULO I – Do Âmbito de Aplicação desta Lei 21
    ARTIGO 1º 21
    ARTIGO 2º 30
    ARTIGO 3º 32
    ARTIGO 4º 34
CAPÍTULO II – Dos Princípios 41
    ARTIGO 5º 41
CAPÍTULO III – Das Definições 72
    ARTIGO 6º 72
CAPÍTULO IV – Dos Agentes Públicos 117
    ARTIGO 7º 117
    ARTIGO 8º 120
    ARTIGO 9º 126
    ARTIGO 10 139

TÍTULO II – DAS LICITAÇÕES 143
CAPÍTULO I – Do Processo Licitatório 143
    ARTIGO 11 143
    ARTIGO 12 148
    ARTIGO 13 154
    ARTIGO 14 156
    ARTIGO 15 163
    ARTIGO 16 168
    ARTIGO 17 171

CAPÍTULO II – Da Fase Preparatória 177
SEÇÃO I – Da Instrução do Processo Licitatório 177
ARTIGO 18 177
ARTIGO 19 185
ARTIGO 20 188
ARTIGO 21 190
ARTIGO 22 191
ARTIGO 23 193
ARTIGO 24 212
ARTIGO 25 214
ARTIGO 26 224
ARTIGO 27 227
ARTIGO 28 227
SEÇÃO II – Das Modalidades de Licitação 227
ARTIGO 29 229
ARTIGO 30 230
ARTIGO 31 232
ARTIGO 32 234
SEÇÃO III – Dos Critérios de Julgamento 241
ARTIGO 33 241
ARTIGO 34 242
ARTIGO 35 244
ARTIGO 36 245
ARTIGO 37 250
ARTIGO 38 253
ARTIGO 39 254
SEÇÃO IV – Disposições Setoriais 256
SUBSEÇÃO I – Das Compras 256
ARTIGO 40 256
ARTIGO 41 264
ARTIGO 42 271
ARTIGO 43 274
ARTIGO 44 276
SUBSEÇÃO II – Das Obras e Serviços de Engenharia 276
ARTIGO 45 276
ARTIGO 46 278
SUBSEÇÃO III – Dos Serviços em Geral 284
ARTIGO 47 284
ARTIGO 48 286
ARTIGO 49 291
ARTIGO 50 292

SUMÁRIO

SUBSEÇÃO IV – Da Locação de Imóveis ... 293
ARTIGO 51 ... 293
SUBSEÇÃO V – Das Licitações Internacionais ... 293
ARTIGO 52 ... 293
CAPÍTULO III – Da Divulgação do Edital de Licitação ... 296
ARTIGO 53 ... 296
ARTIGO 54 ... 300
CAPÍTULO IV – Da Apresentação de Propostas e Lances ... 302
ARTIGO 55 ... 302
ARTIGO 56 ... 306
ARTIGO 57 ... 309
ARTIGO 58 ... 310
CAPÍTULO V – Do Julgamento ... 311
ARTIGO 59 ... 311
ARTIGO 60 ... 321
ARTIGO 61 ... 324
CAPÍTULO VI – Da Habilitação ... 326
ARTIGO 62 ... 326
ARTIGO 63 ... 332
ARTIGO 64 ... 339
ARTIGO 65 ... 348
ARTIGO 66 ... 350
ARTIGO 67 ... 351
ARTIGO 68 ... 380
ARTIGO 69 ... 389
ARTIGO 70 ... 405
CAPÍTULO VII – Do Encerramento da Licitação ... 412
ARTIGO 71 ... 412
CAPÍTULO VIII – Da Contratação Direta ... 414
SEÇÃO I – Do Processo de Contratação Direta ... 414
ARTIGO 72 ... 414
ARTIGO 73 ... 417
SEÇÃO II – Da Inexigibilidade de Licitação ... 419
ARTIGO 74 ... 419
SEÇÃO III – Da Dispensa de Licitação ... 436
ARTIGO 75 ... 436
CAPÍTULO IX – Das Alienações ... 493
ARTIGO 76 ... 493
ARTIGO 77 ... 516
CAPÍTULO X – Dos Instrumentos Auxiliares ... 517

COMENTÁRIOS À NOVA LEI DE LICITAÇÕES PÚBLICAS E CONTRATOS ADMINISTRATIVOS

SEÇÃO I – Dos Procedimentos Auxiliares 517
    ARTIGO 78 517
SEÇÃO II – Do Credenciamento 518
    ARTIGO 79 518
SEÇÃO III – Da Pré-Qualificação 523
    ARTIGO 80 523
SEÇÃO IV – Do Procedimento de Manifestação de Interesse 527
    ARTIGO 81 527
SEÇÃO V – Do Sistema de Registro de Preços 530
    ARTIGO 82 530
    ARTIGO 83 534
    ARTIGO 84 534
    ARTIGO 85 535
    ARTIGO 86 535
SEÇÃO VI – Do Registro Cadastral 539
    ARTIGO 87 539
    ARTIGO 88 541

TÍTULO III – DOS CONTRATOS ADMINISTRATIVOS 545
CAPÍTULO I – Da Formalização dos Contratos 545
    ARTIGO 89 545
    ARTIGO 90 548
    ARTIGO 91 557
    ARTIGO 92 562
    ARTIGO 93 591
    ARTIGO 94 593
    ARTIGO 95 595
CAPÍTULO II – Das Garantias 598
    ARTIGO 96 598
    ARTIGO 97 602
    ARTIGO 98 605
    ARTIGO 99 606
    ARTIGO 100 608
    ARTIGO 101 609
    ARTIGO 102 609
CAPÍTULO III – Da Alocação de Riscos 614
    ARTIGO 103 614
CAPÍTULO IV – Das Prerrogativas da Administração 621
    ARTIGO 104 621
CAPÍTULO V – Da Duração dos Contratos 625

ARTIGO 105	625
ARTIGO 106	626
ARTIGO 107	630
ARTIGO 108	632
ARTIGO 109	635
ARTIGO 110	635
ARTIGO 111	636
ARTIGO 112	639
ARTIGO 113	640
ARTIGO 114	641
CAPÍTULO VI – Da Execução dos Contratos	643
ARTIGO 115	643
ARTIGO 116	651
ARTIGO 117	657
ARTIGO 118	668
ARTIGO 119	671
ARTIGO 120	673
ARTIGO 121	677
ARTIGO 122	683
ARTIGO 123	685
CAPÍTULO VII – Da Alteração dos Contratos e dos Preços	687
ARTIGO 124	687
ARTIGO 125	705
ARTIGO 126	711
ARTIGO 127	712
ARTIGO 128	713
ARTIGO 129	714
ARTIGO 130	716
ARTIGO 131	718
ARTIGO 132	720
ARTIGO 133	722
ARTIGO 134	724
ARTIGO 135	726
ARTIGO 136	731
CAPÍTULO VIII – Das Hipóteses de Extinção dos Contratos	734
ARTIGO 137	734
ARTIGO 138	750
ARTIGO 139	753
CAPÍTULO IX – Do Recebimento do Objeto do Contrato	757
ARTIGO 140	757

COMENTÁRIOS À NOVA LEI DE LICITAÇÕES PÚBLICAS E CONTRATOS ADMINISTRATIVOS

CAPÍTULO X – Dos Pagamentos ... 766
    ARTIGO 141 ... 766
    ARTIGO 142 ... 773
    ARTIGO 143 ... 775
    ARTIGO 144 ... 776
    ARTIGO 145 ... 778
    ARTIGO 146 ... 781
CAPÍTULO XI – Da Nulidade dos Contratos ... 783
    ARTIGO 147 ... 783
    ARTIGO 148 ... 786
    ARTIGO 149 ... 788
    ARTIGO 150 ... 791
CAPÍTULO XII – Dos Meios Alternativos de Resolução de Controvérsias ... 793
    ARTIGO 151 ... 793
    ARTIGO 152 ... 799
    ARTIGO 153 ... 799
    ARTIGO 154 ... 800

TÍTULO IV – DAS IRREGULARIDADES ... 801
CAPÍTULO I – Das Infrações e Sanções Administrativas ... 801
    ARTIGO 155 ... 801
    ARTIGO 156 ... 818
    ARTIGO 157 ... 838
    ARTIGO 158 ... 838
    ARTIGO 159 ... 853
    ARTIGO 160 ... 854
    ARTIGO 161 ... 858
    ARTIGO 162 ... 859
    ARTIGO 163 ... 861
CAPÍTULO II – Das Impugnações, dos Pedidos de Esclarecimento
e dos Recursos ... 864
    ARTIGO 164 ... 864
    ARTIGO 165 ... 871
    ARTIGO 166 ... 881
    ARTIGO 167 ... 881
    ARTIGO 168 ... 883
    ARTIGO 169 ... 884
CAPÍTULO III – Do Controle das Contratações ... 884
    ARTIGO 170 ... 888
    ARTIGO 171 ... 890

SUMÁRIO

ARTIGO 172   893
ARTIGO 173   894

TÍTULO V – DISPOSIÇÕES GERAIS   897
CAPÍTULO I – Do Portal Nacional de Contratações Públicas (PNCP)   897
ARTIGO 174   897
ARTIGO 175   898
ARTIGO 176   898
CAPÍTULO II – Das Alterações Legislativas   901
ARTIGO 177   901
ARTIGO 178   902
ARTIGO 179   905
ARTIGO 180   905
CAPÍTULO III – Disposições Transitórias e Finais   906
ARTIGO 181   906
ARTIGO 182   907
ARTIGO 183   908
ARTIGO 184   915
ARTIGO 185   916
ARTIGO 186   917
ARTIGO 187   918
ARTIGO 188   919
ARTIGO 189   919
ARTIGO 190   919
ARTIGO 191   920
ARTIGO 192   921
ARTIGO 193   922
ARTIGO 194   923

ANEXO I – Prazos existentes na Lei nº 14.133, de 1º de abril de 2021   925
ANEXO II – Prazos existentes nas Leis Feds. nºs 8.666/1993, 10.520/2002
e 12.462/2011   943
ANEXO III – Definições do artigo 6º da Lei nº 8.666/1993   953

REFERÊNCIAS   969

LEI DE LICITAÇÕES E CONTRATOS ADMINISTRATIVOS

Lei nº 14.133, de 1º de Abril de 2021

O PRESIDENTE DA REPÚBLICA Faço saber que o Congresso Nacional decreta e eu sanciono a seguinte Lei:

TÍTULO I – DISPOSIÇÕES PRELIMINARES

CAPÍTULO I – DO ÂMBITO DE APLICAÇÃO DESTA LEI

ARTIGO 1º

Esta Lei estabelece normas gerais de licitação e contratação para as Administrações Públicas diretas, autárquicas e fundacionais da União, dos Estados, do Distrito Federal e dos Municípios, e abrange:

I – os órgãos dos Poderes Legislativo e Judiciário da União, dos Estados e do Distrito Federal e os órgãos do Poder Legislativo dos Municípios, quando no desempenho de função administrativa;

II – os fundos especiais e as demais entidades controladas direta ou indiretamente pela Administração Pública.

§ 1º Não são abrangidas por esta Lei as empresas públicas, as sociedades de economia mista e as suas subsidiárias, regidas pela Lei nº 13.303, de 30 de junho de 2016, ressalvado o disposto no art. 178 desta Lei.

§ 2º As contratações realizadas no âmbito das repartições públicas sediadas no exterior obedecerão às peculiaridades locais e aos princípios básicos estabelecidos nesta Lei, na forma de regulamentação específica a ser editada por ministro de Estado.

§ 3º Nas licitações e contratações que envolvam recursos provenientes de empréstimo ou doação oriundos de agência oficial de cooperação estrangeira ou de organismo financeiro de que o Brasil seja parte, podem ser admitidas:

I – condições decorrentes de acordos internacionais aprovados pelo Congresso Nacional e ratificados pelo Presidente da República;

II – condições peculiares à seleção e à contratação constantes de normas e procedimentos das agências ou dos organismos, desde que:

a) sejam exigidas para a obtenção do empréstimo ou doação;

b) não conflitem com os princípios constitucionais em vigor;

c) sejam indicadas no respectivo contrato de empréstimo ou doação e tenham sido objeto de parecer favorável do órgão jurídico do contratante do financiamento previamente à celebração do referido contrato;

d) VETADO.

§ 4º A documentação encaminhada ao Senado Federal para autorização do empréstimo de que trata o § 3º deste artigo deverá fazer referência às condições contratuais que incidam na hipótese do referido parágrafo.

§ 5º As contratações relativas à gestão, direta e indireta, das reservas internacionais do País, inclusive as de serviços conexos ou acessórios a essa atividade, serão disciplinadas em ato normativo próprio do Banco Central do Brasil, assegurada a observância dos princípios estabelecidos no caput do art. 37 da Constituição Federal.

O art. 22, inc. XXVII, da Constituição Federal, disciplina a competência legislativa privativa da União para legislar sobre normas gerais de licitação e contratação, em todas as modalidades, para as administrações públicas diretas, autárquicas e fundacionais da União, Estados, Distrito Federal e Municípios, obedecido o disposto no art. 37, inc. XXI, e para as empresas públicas e sociedades de economia mista, nos termos do art. 173, § 1º, inc. III.

Com efeito, a Constituição Federal, ao estabelecer que cabe à União editar normas gerais de licitação e contratos, abre, para os demais entes federados, a possibilidade de editar normas suplementares sobre a matéria.

Tal qual a Lei nº 8.666/1993, a Lei 14.133, de 1º de abril de 2021, dispõe que "Esta Lei estabelece normas gerais de licitação e contratação....". Não é o caso, aqui, de trazer à baila a velha discussão sobre a hipótese de todos os dispositivos da nova Lei de Licitações se constituírem em normas gerais, até porque, se assim entendêssemos, sobraria muito pouco ou quase nada para os demais entes federados regulamentarem as licitações e contratos administrativos em seu âmbito de competência.

DO ÂMBITO DE APLICAÇÃO DESTA LEI ART° 1

Veja-se que o art. 22, inc. XXVII, de nossa Lei Fundamental, é suficientemente claro para se concluir que a competência privativa da União para legislar sobre licitações e contratos diz respeito, tão somente, às chamadas normas gerais, pelo que os demais entes federados poderão legislar, mediante normas especiais, de forma suplementar, respeitadas as regras nucleares e gerais das licitações e contratos, de competência privativa da União.

Assim, a questão que deve ser examinada cinge-se a identificar na Lei quais são os dispositivos que versam sobre normas gerais de licitações e contratos, não sem antes perpassar pelo conceito daquilo que se entende por normas gerais.

Diogo de Figueiredo Moreira Neto, sintetizando o entendimento de diversos autores, indica que normas gerais seriam institutos que:

a) estabelecem princípios, diretrizes, linhas mestras e regras jurídicas gerais (Buhler, Maunz, Burdeaus, Pontes, Pinto Falcão, Cláudio Pacheco, Sahid Maluf, José Antonio da Silva, Paulo de Barros Carvalho, Marco Aurélio Greco);

b) não podem entrar em pormenores ou detalhes nem, muito menos, esgotar o assunto legislado (Matz, Buhler, Maunz, Pontes, Manoel Gonçalves Ferreira Filho, Paulo de Barros Carvalho e Marco Aurélio Greco);

c) devem ser regras nacionais, uniformemente aplicáveis a todos os entes públicos (Pinto Falcão, Souto Maior Borges, Paulo de Barros Carvalho, Carvalho Pinto e Adílson de Abreu Dallari);

d) devem ser regras uniformes para todas as situações homogêneas (Pinto Falcão, Carvalho Pinto e Adílson de Abreu Dallari);

e) só cabem quando preenchem lacunas constitucionais ou disponham sobre áreas de conflito (Paulo de Barros Carvalho e Geraldo Ataliba);

f) devem referir-se a questões fundamentais (Pontes e Adilson de Abreu Dallari);

g) são limitadas, no sentido de não poderem violar a autonomia dos Estados (Pontes, Manoel Gonçalves Ferreira Filho, Paulo de Barros Carvalho e Adílson de Abreu Dallari);

h) não são normas de aplicação direta (Burdeau e Cláudio Pacheco).[1]

Dessume-se que normas gerais são aquelas desprovidas de conteúdo particularizante, possuindo, por vezes, um caráter proeminentemente mais abstrato, sem maiores detalhamentos, destinadas a estabelecer uma diretriz para os demais entes políticos da Federação.

Ainda que a questão das normas gerais sempre traga consigo as mais diversas controvérsias, cumpre-nos apontar, na Lei nº 14.133/2021, aquilo que

---

[1] MOREIRA NETO, Diogo de Figueiredo. *Competência concorrente limitada – O problema da conceituação de normas gerais*, separata da Revista de Informação Legislativa 100, ano 25, outubro-dezembro/88, pp. 149 e 150.

entendemos por normas de cunho geral. Assim, é de se ver que, dispositivos relativos à obrigatoriedade da licitação, aos princípios norteadores do procedimento, bem como aqueles que estatuem as modalidades, prazos e sanções, devem ser considerados normas gerais de licitações e contratos administrativos.

Por fim, e a teor do art. 1º, *caput*, do diploma legal em comento, as normas gerais de licitação e contratos abrangem as Administrações Públicas diretas, autárquicas e fundacionais da União, dos Estados, do Distrito Federal e dos Municípios. Verifique-se, ainda, que o legislador ordinário foi bastante minucioso, ao dispor que também se encontram sob a égide da novel legislação e, portanto, sob o manto das normas gerais, os órgãos dos Poderes Legislativo e Judiciário da União, dos Estados e do Distrito Federal e os órgãos do Poder Legislativo dos Municípios, quando no desempenho de função administrativa, sem prejuízo da edição de normas suplementares editadas pelos entes federados precitados, isso sem falar dos fundos especiais e das demais entidades controladas direta ou indiretamente pela Administração Pública, excepcionadas as empresas públicas, sociedades de economia mista e suas subsidiárias, regidas pela Lei nº 13.303/2016, por força do art. 173, § 1º, inc. III, da Constituição Federal.

De sua vez, o § 2º do art. 1º traz em seu bojo a disciplina relativa às licitações realizadas em repartições públicas sediadas no exterior, que, embora exija a observância dos vetores principiológicos constantes da Lei nº 14.133/2021, não descarta a necessária observância das peculiaridades locais, impondo, ainda, a necessidade de posterior regulamentação, repetindo, assim, as disposições do art. 123 da Lei nº 8.666/1993.

Ainda que o dispositivo legal seja silente quanto aos procedimentos necessários para a edição do regulamento, impõe-se a sua aprovação, mediante decreto do Chefe do Executivo Federal, como, aliás, muito bem decidiu o Egrégio Tribunal de Contas da União:

329.3 – Os ministérios com repartições sediadas no exterior devem possuir ato normativo próprio para a regulamentação interna do art. 123 da Lei 8.666/1993, sendo que cada regulamento precisa ser aprovado mediante decreto do Poder Executivo. Representação formulada ao TCU apontou possíveis irregularidades no âmbito da Comissão Aeronáutica Brasileira na Europa (CABE), relacionadas aos Convites 002/BACE/2016 e 004/BACE/2016, destinados, respectivamente, à alienação de materiais (peças e equipamentos) e de aeronaves pertencentes ao projeto F-2000. Entre as irregularidades apontadas, estava o fato de as licitações ultrapassarem o limite da modalidade convite, o que exigiria o uso da concorrência ou do leilão. Para o representante, o Ofício 051/SEFA/1358, que hoje rege as licitações conduzidas pela Aeronáutica no exterior, não estaria em consonância com as regras de utilização das modalidades licitatórias previstas na Lei 8.666/1993. Ao examinar a matéria, a unidade técnica

DO ÂMBITO DE APLICAÇÃO DESTA LEI ART⁰ 1

assinalou que, a despeito de manifestações anteriores do TCU no sentido de que o ofício não se constitui no instrumento adequado para regrar os aludidos procedimentos, o próprio Tribunal já admitiu o seu uso, enquanto não for promovida a regulamentação a que alude o art. 123 da Lei de Licitações. A unidade técnica aduziu, ainda, que, embora o Ofício 051/SEFA/1358 não trate da alienação de bens, a inexistência de outra norma sobre esse instituto induziria à aplicação, por analogia, do procedimento previsto no citado ofício pela unidade do Comando da Aeronáutica no exterior. E por restar evidenciada, a seu ver, possível inércia do Poder Executivo, a unidade técnica sustentou que o TCU deveria expedir determinação à Casa Civil da Presidência da República para elaborar o "projeto da regulamentação prevista no art. 123 da Lei 8.666/1993". Em seu voto, o relator ponderou que grupo de trabalho composto pelos Ministérios da Justiça, da Defesa e das Relações Exteriores já se manifestara no sentido da inviabilidade da regulamentação do art. 123 da Lei 8.666/1993, em face da diversidade normativa de cada país e das peculiaridades locais, indicando, assim, que seria mais adequada a regulamentação da matéria por ato de cada ministério. Diante desse contexto, o relator propôs e o Plenário decidiu considerar improcedente a representação e determinar ao Ministério do Planejamento que oriente os ministérios com ,repartições sediadas no exterior a editarem o "correspondente ato normativo para a interna regulamentação do art. 123 da Lei 8.666/1993, submetendo o aludido ato de regulamentação à Casa Civil da Presidência da República, por intermédio da Advocacia-Geral da União, para que os respectivos atos normativos sejam aprovados por decreto do Poder Executivo, em sintonia com os arts. 84, IV, e 87, II, da CF88 e com as diversas manifestações do TCU (v. g.: Acórdão 3.138/2013-TCU-Plenário, entre outros), de sorte que a devida regulamentação para as licitações conduzidas pelas diversas repartições federais no exterior traga não apenas maior publicidade e transparência às aquisições e às alienações promovidas no exterior, permitindo o pleno exercício dos controles interno e externo, além do controle social, mas também maior estabilidade e segurança jurídica aos atos praticados pelos diversos agentes públicos, evitando a reiterada modificação dos diversos procedimentos de licitação pela mera decisão interna de alguns poucos agentes públicos em cada ministério.[2]

Veja-se, por oportuno, que a questão da regulamentação das licitações realizadas em repartições públicas no exterior se revela como matéria significativamente complexa, na medida em que cada Ministério que venha a ter unidade fora do país deverá providenciar o respectivo regulamento, que deverá ser submetido à Casa Civil da Presidência da República, por intermédio da Advocacia Geral da União, aprovado por decreto do Chefe do Executivo, na forma do que dispõe os arts. 84, inc. IV, e 87, inc. II, de nossa Lei Fundamental.

---

[2] TCU – Acórdão n⁰ 7248/2017 – Segunda Câmara, Relatoria: Ministro-Substituto André de Carvalho. Brasil. Data da Sessão: 15/8/2017. DOU 25/08/2017.

COMENTÁRIOS À NOVA LEI DE LICITAÇÕES PÚBLICAS E CONTRATOS ADMINISTRATIVOS

Releva salientar que a edição de regulamento, devidamente aprovado pelo Presidente da República, além de trazer a necessária segurança jurídica, traz consigo a instituição de uma procedimentalização, garantindo uma uniformidade na aplicação das regras estatuídas, de sorte a conferir ao agente público, que estará à frente das licitações, a certeza de aplicar o normativo, que não estará ao sabor de interesses outros, que não o interesse público.

Por sua vez, o § 3º dispõe sobre as licitações e contratações realizadas com recursos provenientes de empréstimos ou doações oriundos de agência de cooperação estrangeira ou organismo financeiro de que o Brasil seja parte, estabelecendo em seus incisos a admissibilidade de condicionantes específicos.

É de se notar que o legislador adotou, como, aliás, não poderia ser diferente, critérios ponderados pela razoabilidade, isto porque se as licitações e contratações se realizarem com recursos de caráter internacional, ou mesmo de organismos financeiros de que o Brasil faça parte, não há como deixar de se atender aos condicionantes impostos pelo financiador.

Claro está que isso não importa em invasão de soberania, com desprestígio da autonomia e do exercício do poder político, eis que os condicionantes estabelecidos pelo legislador, desde logo, estabelecem os instrumentos norteadores das licitações e contratações realizadas com recursos de caráter internacional, impondo, no inc. I do § 3º, as condições decorrentes de acordos internacionais, aprovados pelo Congresso Nacional e ratificados pelo Presidente da República.

Impende considerar que a exigência sobredita decorre do art. 49, inc. I, c/c o art. 84, inc. VIII, de nossa Constituição. A interpretação sistemática dessas disposições leva-nos a entender que a incorporação de acordos e tratados internacionais, quando aprovados pelo Congresso Nacional e devidamente ratificados pelo Presidente da República, integra o nosso ordenamento jurídico, assumindo nível hierárquico de lei ordinária e, portanto, de observância obrigatória.[3]

---

[3] É na Constituição da República – e não na controvérsia doutrinária que antagoniza monistas e dualistas – que se deve buscar a solução normativa para a questão da incorporação dos atos internacionais ao sistema de direito positivo interno brasileiro. O exame da vigente Constituição Federal permite constatar que a execução dos tratados internacionais e a sua incorporação à ordem jurídica interna decorrem, no sistema adotado pelo Brasil, de um ato subjetivamente complexo, resultante da conjugação de duas vontades homogêneas: a do Congresso Nacional, que resolve, definitivamente, mediante decreto legislativo, sobre tratados, acordos ou atos internacionais (CF, art. 49, I) e a do Presidente da República, que, além de poder celebrar esses atos de direito internacional (CF, art. 84, VIII), também dispõe – enquanto Chefe de Estado que é – da competência para promulgá-los mediante decreto. O iter procedimental de incorporação dos tratados internacionais – superadas as fases prévias da celebração da convenção internacional, de sua aprovação congressional e da ratificação pelo Chefe de Estado – conclui-se com a expedição, pelo Presidente da República, de decreto,

DO ÂMBITO DE APLICAÇÃO DESTA LEI ART° 1

No que concerne ao inc. II do § 3º, restou estabelecido a admissibilidade da adoção de condições peculiares à seleção e à contratação, desde que constantes de normas e procedimentos ditados por agências ou por organismos internacionais. Entretanto, o legislador, além da condição constante do aludido § 3º, inc. II, as alíneas "a", "b" e "c" do inciso em questão trazem rígidos condicionantes para se adotar condições peculiares à seleção e contratação do objeto licitado com recursos provenientes de empréstimo ou doação oriundos de agência oficial de cooperação estrangeira.

Neste sentido, a alínea "a" impõe que a utilização de condições peculiares tenha sido exigida para a obtenção do empréstimo ou doação, estabelecendo, destarte, um critério financeiro. *Pari passu*, a alínea "b" exige a observância dos princípios constitucionais, que se constitui em condição *sine qua non* para a implementação do § 3º, além de exigir, na alínea "c", que isso venha indicado no contrato de empréstimo ou doação, que deverá estar sustentado por parecer favorável do órgão jurídico do contratante do financiamento.

Desde logo, verificamos que as exigências determinadas pelas alíneas "a", "b" e "c" do inc. II do § 3º devem ser implementadas conjuntamente, impondo, pois, uma sucessão de atos administrativos, cuja validade do último ato depende dos anteriores.

Registre-se, contudo, que a autorização de empréstimo, que deverá ser exarada pelo Senado Federal, nos termos do § 4º, e para efeitos de adoção do § 3º, exige que a documentação encaminhada à casa edilícia faça expressa referência às condições contratuais estipuladas pelo referido parágrafo,

---

de cuja edição derivam três efeitos básicos que lhe são inerentes: (a) a promulgação do tratado internacional; (b) a publicação oficial de seu texto; e (c) a executoriedade do ato internacional, que passa, então, e somente então, a vincular e a obrigar no plano do direito positivo interno. Precedentes. SUBORDINAÇÃO NORMATIVA DOS TRATADOS INTERNACIONAIS À CONSTITUIÇÃO DA REPÚBLICA. – No sistema jurídico brasileiro, os tratados ou convenções internacionais estão hierarquicamente subordinados à autoridade normativa da Constituição da República. Em consequência, nenhum valor jurídico terão os tratados internacionais, que, incorporados ao sistema de direito positivo interno, transgredirem, formal ou materialmente, o texto da Carta Política. O exercício do treaty-making power, pelo Estado brasileiro – não obstante o polêmico art. 46 da Convenção de Viena sobre o Direito dos Tratados (ainda em curso de tramitação perante o Congresso Nacional) –, está sujeito à necessária observância das limitações jurídicas impostas pelo texto constitucional. CONTROLE DE CONSTITUCIONALIDADE DE TRATADOS INTERNACIONAIS NO SISTEMA JURÍDICO BRASILEIRO. – O Poder Judiciário – fundado na supremacia da Constituição da República – dispõe de competência, para, quer em sede de fiscalização abstrata, quer no âmbito do controle difuso, efetuar o exame de constitucionalidade dos tratados ou convenções internacionais já incorporados ao sistema de direito positivo interno. Doutrina e Jurisprudência. STF – ADI: 1480 DF, Relator: Min. CELSO DE MELLO, Data de Julgamento: 26/06/2001, Data de Publicação: DJ 08/08/2001 PP-00003.

haja vista a sua competência para aprovar operações externas de natureza financeira.

Finalmente, no que concerne às disposições do § 5º, restou disciplinado que as contratações relativas à gestão direta e indireta das reservas internacionais do país serão disciplinadas mediante ato normativo do Banco Central.[4]

Em apertada síntese, as reservas internacionais se constituem em ativos do Brasil em moeda estrangeira, que funcionam como uma espécie de seguro, que faça frente às suas obrigações no exterior, bem como a eventuais problemas de natureza externa, dentre os quais, vale destacar, crises cambiais e interrupções nos fluxos de capital, buscando-se uma alocação estratégica, que possua características anticíclicas e que reduza a exposição do país a oscilações cambiais[5].

Dessarte, à vista das competências do Banco Central, nos termos da Lei nº 9.595/1964, torna-se de cristalina clareza a necessidade das contratações serem disciplinadas por ato normativo do Banco Central, atendendo, assim, às peculiaridades dos procedimentos e avenças que envolvem a gestão das reservas internacionais.

Normas gerais. Competência privativa da União para legislar sobre licitação e contratação: STF – ADI 3670/DF – Relatoria: Ministro Sepúlveda Pertence – "Ação direta de inconstitucionalidade: L. Distrital 3.705, de 21.11.2005, que cria restrições a empresas que discriminarem na contratação de mão-de-obra: inconstitucionalidade declarada. 1. Ofensa à competência privativa da União para legislar sobre normas gerais de licitação e contratação administrativa, em todas as modalidades, para as administrações públicas diretas, autárquicas e fundacionais de todos os entes da Federação (CF, art. 22, XXVII) e para dispor sobre Direito do Trabalho e inspeção do trabalho (CF, arts. 21, XXIV e 22, I). 2. Afronta ao art. 37, XXI, da Constituição da República – norma de observância compulsória pelas ordens locais – segundo o qual a disciplina legal das licitações há de assegurar a 'igualdade de condições de todos os concorrentes', o que é incompatível com a proibição de licitar em função de um critério

---

[4] Segundo o Relatório de Gestão das Reservas Internacionais Volume 13 de Março de 2021, a gestão das reservas internacionais "ancora-se em um sistema de governança que contempla hierarquia definida entre diversas instâncias decisórias, bem como um sistema de controle e de aferição diários de resultados e de acompanhamento dos investimentos. Para essa gestão, foi concebido um arcabouço baseado em três pilares: i) carteira de referência; ii) limites operacionais; e iii) mensuração de resultados. Adicionalmente, são monitorados, diariamente, os riscos de mercado, de crédito, de liquidez e operacional". Disponível em: https://www.bcb.gov.br/content/estabilidadefinanceira/relgestaoreservas/GESTAORESERVAS202103-relatorio_anual_reservas_internacionais_2021.pdf Acessado em: 18 de mai de 21.

[5] BANCO CENTRAL DO BRASIL. https://www.bcb.gov.br/ c.2021. *Reservas internacionais.* Disponível em: https://www.bcb.gov.br/estabilidadefinanceira/reservasinternacionais Acessado em: 18 de mai. de 2021.

DO ÂMBITO DE APLICAÇÃO DESTA LEI ART? 1

– o da discriminação de empregados inscritos em cadastros restritivos de crédito – que não tem pertinência com a exigência de garantia do cumprimento do contrato objeto do concurso.

Decisão: O Tribunal, por unanimidade, julgou procedente a ação direta para declarar a inconstitucionalidade da Lei Distrital nº 3.705, de 21 de novembro de 2005, nos termos do voto do Relator. Votou o Presidente. Licenciada a Senhora Ministra Ellen Gracie (Presidente). Presidiu o julgamento o Senhor Ministro Gilmar Mendes (Vice-Presidente). Plenário, 02.04.2007." (ADI 3670 / DF – DISTRITO FEDERAL – Relator: Ministro Sepúlveda Pertence – Julgamento: 02/04/2007 Órgão Julgador: Tribunal Pleno – Public. DJE-018 DIVULG 17-05-2007 PUBLIC 18-05-2007).

Normas gerais. Competência privativa da União para legislar sobre licitação e contratação: STF – RE 547063 / RJ – Relatoria: Ministro Menezes Direito – "Tribunal de Contas Estadual. Controle prévio das licitações. Competência privativa da União (art. 22, XXVII, da Constituição Federal). Legislação federal e estadual compatíveis. Exigência indevida feita por ato do Tribunal que impõe controle prévio sem que haja solicitação para a remessa do edital antes de realizada a licitação. 1. O art. 22, XXVII, da Constituição Federal dispõe ser da União, privativamente, a legislação sobre normas gerais de licitação e contratação. 2. A Lei federal nº 8.666/93 autoriza o controle prévio quando houver solicitação do Tribunal de Contas para a remessa de cópia do edital de licitação já publicado. 3. A exigência feita por atos normativos do Tribunal sobre a remessa prévia do edital, sem nenhuma solicitação, invade a competência legislativa distribuída pela Constituição Federal, já exercida pela Lei federal nº 8.666/93, que não contém essa exigência. 4. Recurso extraordinário provido para conceder a ordem de. segurança." (Julgamento: 07/10/2008 – Órgão Julgador: Primeira Turma – Publicação: DJe-236)

Normas gerais. Sistema S. Não submissão aos ditames da Lei federal nº 8.666/ 93: TCU – Decisão nº 907/97 – Plenário – Trecho do voto do Ministro Relator Lincoln Magalhães da Rocha – "4. Portanto, é razoável que os serviços sociais autônomos, embora não integrantes da Administração Pública, mas como destinatários de recursos públicos, adotem, na execução de suas despesas, regulamentos próprios e uniformes, livres do excesso de procedimentos burocráticos, em que sejam preservados, todavia, os princípios gerais que norteiam a execução da despesa pública. Entre eles podemos citar os princípios da legalidade – que, aplicado aos serviços sociais autônomos, significa a sujeição às disposições de suas normas internas –, da moralidade, da finalidade, da isonomia da igualdade e da publicidade. Além desses, poderão ser observados nas licitações os princípios da vinculação ao instrumento convocatório do julgamento objetivo. O fato de os serviços sociais autônomos passarem a observar os princípios gerais não implica em perda de controle por parte do Tribunal. Muito pelo contrário: o controle se tornará mais eficaz, uma vez que não se prenderá à verificação de formalidades processuais e burocráticas e sim, o que é mais importante, passará a perquirir

COMENTÁRIOS À NOVA LEI DE LICITAÇÕES PÚBLICAS E CONTRATOS ADMINISTRATIVOS

se os recursos estão sendo aplicados no atingimento dos objetivos da entidade, sem favorecimento. O controle passará a ser finalístico, e terá por objetivo os resultados da gestão. O uso de procedimentos uniformes irá facilitar o controle do Poder Público, tanto a cargo do Poder Executivo quanto do Tribunal de Contas da União. Uma vez aprovados, esses regulamentos não poderão ser infringidos sob pena de se aplicarem aos administradores as sanções cabíveis, previstas na Lei nº 8.443/92".

Normas gerais. Sistema S. Não submissão aos ditames da Lei federal nº 8.666/ 93: TCU – Acórdão 88/2008 – Plenário – Relatoria: Ministro Marcos Bemquerer Costa – "1. É reconhecido que as entidades do Sistema 'S' não estão obrigadas a seguir rigorosamente os termos do Estatuto de Licitações (Lei n. 8.666/1993), devendo, contudo, observar os princípios constitucionais gerais relativos à Administração Pública, entre eles o de licitar."

ARTIGO 2º

Esta Lei aplica-se a:

I – alienação e concessão de direito real de uso de bens;

II – compra, inclusive por encomenda;

III – locação;

IV – concessão e permissão de uso de bens públicos;

V – prestação de serviços, inclusive os técnico-profissionais especializados;

VI – obras e serviços de arquitetura e engenharia;

VII – contratações de tecnologia da informação e de comunicação.

Desde logo, apontamos que a licitação é a regra para as contratações entendidas como necessárias à Administração Pública, salvo as exceções legais, ainda que o legislador, ao elencar os objetos que estão sujeitos ao diploma legal em exame, omitiu a necessidade de instauração de procedimento licitatório, que, sem embargo, isso se encontre devidamente articulado nos dispositivos subsequentes.

De qualquer modo, e seguindo as disposições da Lei nº 8.666/1993, a contratação das compras, prestação de serviços e obras deve se submeter aos ditames do novel diploma legal. Calha aqui, por pertinente, salientar que o art. 2º trouxe a necessária atualização às necessidades de uma Administração Pública mais moderna.

No caso das compras, a legislação evoluiu no sentido de permitir a encomenda de dado produto. Ainda que isso possa ser entendido de forma genérica, com possibilidade de aplicação a todo e qualquer produto que não esteja disponível no mercado, quer nos parecer que tal hipótese veio a referendar as

30

DO ÂMBITO DE APLICAÇÃO DESTA LEI   ART° 2

disposições da Lei nº 10.974/2004, com a redação da Lei nº 13.343/2016, que, em seu art. 20, § 4º, admite o fornecimento de produto ou processo inovador resultante das atividades de pesquisa, desenvolvimento e inovação encomendadas mediante dispensa de licitação, inclusive com o próprio desenvolvedor da encomenda, observado o disposto no Dec. nº 9.283/2018.

Embora seja possível a dispensa de licitação para as inovações tecnológicas, não nos é permitido deixar de dizer, mais uma vez, que a licitação é a regra das contratações públicas, pelo que nada obsta a utilização do Diálogo Competitivo, nos termos do art. 32 da Lei nº 14.133/2021, que, mais à frente, será alvo de nossos comentários.

Quanto à prestação de serviços, inclusive os de natureza técnico-profissional especializados, repetiu o legislador as disposições da Lei nº 8.666/1993, acrescentado apenas, em seu art. 6º, inc. XVIII, os controles de qualidade e tecnológico, análises, testes e ensaios de campo e laboratoriais, instrumentação e monitoramento de parâmetros específicos de obras e do meio ambiente e demais serviços de engenharia que se enquadrem na definição determinada pelo aludido dispositivo.

Por sua vez, as obras e serviços foram divididos entre aqueles considerados de engenharia e aqueles considerados de arquitetura, em razão da Lei nº12.378/2010, que veio regrar a profissão de arquiteto e urbanista.

Afora as já tradicionais contratações de compras, serviços e obras, a alienação e concessão de direito real de uso também se subordinam à Lei nº 14.133/2021, ficando dispensadas a alienação e concessão de direito real de uso, gratuita ou onerosa, de terras públicas rurais da União e do Instituto Nacional de Colonização e Reforma Agrária (Incra) onde incidam ocupações até o limite de 2.500 ha (dois mil e quinhentos hectares), na forma do que dispõe o § 1º do art. 6º da Lei nº 11.952/2009, para fins de regularização fundiária. Percebe-se, pois, desde logo, que a interpretação desse dispositivo deve se realizar no contexto da Lei nº 11.952/2009, com a redação da Lei nº 13.465/2017, que veio a dispor de várias hipóteses de dispensa de licitação, objetivando a regularização de ocupações em imóveis da União ou de pessoas jurídicas integrantes da Administração Pública Federal.

De seu turno, as locações, em princípio, em se tratando de bens imóveis, deverão ser precedidas de licitação, respeitadas as disposições do art. 51, sem prejuízo da inexigibilidade de licitação quando as características de instalações e de localização tornem necessária sua escolha, nos termos do art. 74, inc. V.

Quanto às concessões e permissões, o legislador restringiu aquelas relativas ao uso do bem público, até porque as delegações de serviços públicos encontram-se sob a égide das Leis nºs 8.987/1995 e 11.079/2004.

Por derradeiro, as contratações de tecnologia e comunicação encontram-se dispostas explicitamente na nova Lei de Licitações e Contratos, e devem ser licitadas mediante técnica e preço, na forma do que dispõe o art. 36, § 1º, inc. III. A nosso ver, o legislador teve por objetivo dirimir controvérsias acerca das questões de tecnologia, que, por vezes, eram alvo de decisões do Tribunal de Contas da União, que entendia que o objeto em questão deveria ser licitado mediante pregão.

Avulta dizer que a licitação na modalidade pregão, por óbvio, descartava aquelas hipóteses de inovação tecnológica, que, pelo só fato disso, tornava essas contratações praticamente impossíveis.

Definições e conceitos

Conceito de "obra" proposto por Hely Lopes Meirelles: "(...) Em sentido administrativo, obra é somente construção, reforma ou ampliação em imóvel. Construção é a obra originária." (2000, pp. 351 e 352).

Definição de "obra". Anexo da Resolução nº 21/12, do Conselho de Arquitetura e Urbanismo do Brasil: "Obra – resultado da execução ou operacionalização de projeto ou planejamento elaborado visando à consecução de determinados objetivos."

Definição de "obra" proposta pelo IBRAOP – Instituto Brasileiro de Auditoria de Obras Públicas na Orientação Técnica – OT – IBR 002/2009 – "Obra de engenharia é a ação de construir, reformar, fabricar, recuperar ou ampliar um bem, na qual seja necessária a utilização de conhecimentos técnicos específicos envolvendo a participação de profissionais habilitados conforme o disposto na Lei Federal nº 5.194/66."

Decisões dos Tribunais de Contas

Princípio da licitação. Trespasse de uso de bem público. Submissão aos ditames da Lei federal nº 8.666/93: TCU – Acórdão nº 1.701/2005 – 2ª Câmara – Relatoria: Ministro Walton Alencar Rodrigues – "3.1.1.3. promova a licitação e formalização de contrato para a utilização das áreas do HASP onde estão localizadas as máquinas de venda de café, de salgados e de refrigerantes e um terminal eletrônico do Banco Itaú (art. 3º e 5º da Portaria 187/GM4/98)."

ARTIGO 3º

Não se subordinam ao regime desta Lei:

I – contratos que tenham por objeto operação de crédito, interno ou externo, e gestão de dívida pública, incluídas as contratações de agente financeiro e a concessão de garantia relacionadas a esses contratos;

II – contratações sujeitas a normas previstas em legislação própria.

A operação de crédito vem disciplinada pelo art. 29 da Lei Complementar 101/2000, e se constitui de um compromisso financeiro assumido em razão de

DO ÂMBITO DE APLICAÇÃO DESTA LEI ART° 3

mútuo, abertura de crédito, emissão e aceite de título, aquisição financiada de bens, recebimento antecipado de valores provenientes da venda a termo de bens e serviços, arrendamento mercantil e outras operações assemelhadas, inclusive com o uso de derivativos financeiros. Equipara-se, ainda, à operação de crédito, nos termos do § 1º, do comando legal sobredito, a assunção, o reconhecimento ou a confissão de dívidas pelo ente da Federação.

Em outras palavras, a operação de crédito é espécie do gênero endividamento público. Para a sua contratação, o art. 32, inc. I, exige a existência de prévia e expressa autorização para a contratação, no texto da lei orçamentária, em créditos adicionais ou lei específica.

De sua vez, a Lei nº 8.666/1993, em se tratando da contratação das operações de crédito, permitia que a avença se consolidasse mediante dispensa de licitação, com sustentáculo no inc. VIII do art. 24, contratando, assim, Instituição Financeira Oficial, desde que ficasse demonstrada vantagem, em relação à abertura de procedimento licitatório.[6]

De toda forma, a nova Lei de Licitações repete a fórmula adotada na Lei nº 8.666/1993, com pequenas variações. Com efeito, o art. 121, parágrafo único, da Lei nº 8.666/1993, determina que os contratos relativos à operação de crédito interno ou externo celebrados pela União ou a concessão de garantia do Tesouro Nacional continuam regidos pela legislação pertinente, aplicando-se a já aludida Lei nº 8.666/1993, naquilo que couber. Marçal Justen Filho, ao examinar a questão da contratação da operação de créditos, acentua que os contratos que envolvam a política monetária e creditícia, interna e externa, da União não se sujeitam à Lei nº 8.666/1993, pois o tema escapa da atividade administrativa[7].

Ainda que a contratação das operações de crédito possam contar com uma série de especificidades, não vislumbramos motivos pelos quais não possa ser

---

[6] TCU – TC 033.466/ 2013-0. Plenário – "Consulta. Contratação de instituição financeira para prestação de serviços. Em caráter exclusivo, de pagamento de servidores ativos, inativos e pensionistas da Administração Pública Federal e outros serviços similares, mediante a realização de contraprestação pecuniária por parte da Contratada. Conhecimento. Considerações sobre a natureza mercantil do objeto. Ausência de interesses recíprocos e de regime de mútua cooperação a descaracterizar os pressupostos de celebração de convênio. Necessidade de formalização de contrato administrativo. Faculdade de o Administrador dispensar licitação para contratação direta de instituição financeira oficial, com base no art. 37, inciso XXI, da CF/88 c/c o artigo 24, inciso VIII, da Lei 8.666/93, desde que comprovada a vantagem da contratação direta em relação à adoção de procedimento licitatório. Necessidade de recolhimento de recursos públicos auferidos da contraprestação pecuniária da contratada à conta única do Tesouro Nacional e de execução da despesa por meio de lei orçamentária, em nome dos princípios da unicidade de caixa e da universalidade do orçamento. Ciência." (TCU 03346620130, Relator: WALTON ALENCAR RODRIGUES, Data de Julgamento: 05/08/2015)

[7] Justen Filho, Marçal. *Comentários à lei de licitações e contratos administrativos: Lei 8.666/93*. 18ª ed. rev. e ampl. São Paulo: Thomson Reuters Brasil, 2019, p. 1622

empregado o art. 75, inc. IX, da Lei nº 14.133/2021, que, diga-se de passagem, é apenas uma reprodução do art. 24, inc. VIII, da Lei nº 8.666/1993.

No tocante ao inc. II do art. 3º da nova Lei de Licitações, restou determinado que as contratações sujeitas a normas específicas, como é o caso das concessões de serviços públicos, ficam sujeitas à legislação própria, como, aliás, não poderia ser diferente.

Artigo 4º

Aplicam-se às licitações e contratos disciplinados por esta Lei as disposições constantes dos arts. 42 a 49 da Lei Complementar nº 123, de 14 de dezembro de 2006.

§ 1º As disposições a que se refere o caput deste artigo não são aplicadas:

I – no caso de licitação para aquisição de bens ou contratação de serviços em geral, ao item cujo valor estimado for superior à receita bruta máxima admitida para fins de enquadramento como empresa de pequeno porte;

II – no caso de contratação de obras e serviços de engenharia, às licitações cujo valor estimado for superior à receita bruta máxima admitida para fins de enquadramento como empresa de pequeno porte.

§ 2º A obtenção de benefícios a que se refere o caput deste artigo fica limitada às microempresas e às empresas de pequeno porte que, no ano-calendário de realização da licitação, ainda não tenham celebrado contratos com a Administração Pública cujos valores somados extrapolem a receita bruta máxima admitida para fins de enquadramento como empresa de pequeno porte, devendo o órgão ou entidade exigir do licitante declaração de observância desse limite na licitação.

§ 3º Nas contratações com prazo de vigência superior a 1 (um) ano, será considerado o valor anual do contrato na aplicação dos limites previstos nos §§ 1º e 2º deste artigo.

Micro e Pequenas Empresas – Com efeito, o art. 4º da Lei nº 14.133/2021, determina a observância dos arts. 42 a 49 da Lei Complementar nº 123/2006, que veio a instituir o Estatuto Nacional da Microempresa e da Empresa de Pequeno Porte.[8]

---

[8] Art. 42. Nas licitações públicas, a comprovação de regularidade fiscal e trabalhista das microempresas e das empresas de pequeno porte somente será exigida para efeito de assinatura do contrato. (Redação dada pela Lei Complementar nº 155, de 2016).

DO ÂMBITO DE APLICAÇÃO DESTA LEI   ART° 4

Art. 43. As microempresas e as empresas de pequeno porte, por ocasião da participação em certames licitatórios, deverão apresentar toda a documentação exigida para efeito de comprovação de regularidade fiscal e trabalhista, mesmo que esta apresente alguma restrição. (Redação dada pela Lei Complementar nº 155, de 2016)

§ 1º Havendo alguma restrição na comprovação da regularidade fiscal e trabalhista, será assegurado o prazo de cinco dias úteis, cujo termo inicial corresponderá ao momento em que o proponente for declarado vencedor do certame, prorrogável por igual período, a critério da administração pública, para regularização da documentação, para pagamento ou parcelamento do débito e para emissão de eventuais certidões negativas ou positivas com efeito de certidão negativa. (Redação dada pela Lei Complementar nº 155, de 2016)

§ 2º A não-regularização da documentação, no prazo previsto no § 1º deste artigo, implicará decadência do direito à contratação, sem prejuízo das sanções previstas no art. 81 da Lei nº 8.666, de 21 de junho de 1993, sendo facultado à Administração convocar os licitantes remanescentes, na ordem de classificação, para a assinatura do contrato, ou revogar a licitação.

Art. 44. Nas licitações será assegurada, como critério de desempate, preferência de contratação para as microempresas e empresas de pequeno porte.

§ 1º Entende-se por empate aquelas situações em que as propostas apresentadas pelas microempresas e empresas de pequeno porte sejam iguais ou até 10% (dez por cento) superiores à proposta mais bem classificada.

§ 2º Na modalidade de pregão, o intervalo percentual estabelecido no § 1º deste artigo será de até 5% (cinco por cento) superior ao melhor preço.

Art. 45. Para efeito do disposto no art. 44 desta Lei Complementar, ocorrendo o empate, proceder-se--á da seguinte forma: (Vide Lei nº 14.133, de 2021).

I – a microempresa ou empresa de pequeno porte mais bem classificada poderá apresentar proposta de preço inferior àquela considerada vencedora do certame, situação em que será adjudicado em seu favor o objeto licitado;

II – não ocorrendo a contratação da microempresa ou empresa de pequeno porte, na forma do inciso I do **caput** deste artigo, serão convocadas as remanescentes que porventura se enquadrem na hipótese dos §§ 1º e 2º do art. 44 desta Lei Complementar, na ordem classificatória, para o exercício do mesmo direito;

III – no caso de equivalência dos valores apresentados pelas microempresas e empresas de pequeno porte que se encontrem nos intervalos estabelecidos nos §§ 1º e 2º do art. 44 desta Lei Complementar, será realizado sorteio entre elas para que se identifique aquela que primeiro poderá apresentar melhor oferta.

§ 1º Na hipótese da não-contratação nos termos previstos no **caput** deste artigo, o objeto licitado será adjudicado em favor da proposta originalmente vencedora do certame.

§ 2º O disposto neste artigo somente se aplicará quando a melhor oferta inicial não tiver sido apresentada por microempresa ou empresa de pequeno porte.

§ 3º No caso de pregão, a microempresa ou empresa de pequeno porte mais bem classificada será convocada para apresentar nova proposta no prazo máximo de 5 (cinco) minutos após o encerramento dos lances, sob pena de preclusão.

Art. 46. A microempresa e a empresa de pequeno porte titular de direitos creditórios decorrentes de empenhos liquidados por órgãos e entidades da União, Estados, Distrito Federal e Município não pagos em até 30 (trinta) dias contados da data de liquidação poderão emitir cédula de crédito microempresarial.

COMENTÁRIOS À NOVA LEI DE LICITAÇÕES PÚBLICAS E CONTRATOS ADMINISTRATIVOS

A sabendas, a Lei Complementar nº 123/2006 determina o tratamento diferenciado para as micro e pequenas empresas, por força do art. 170, inc. IX, da Constituição Federal. Nesse sentido, vale trazer à baila a Orientação Normativa/ AGU nº 7, de 1º de abril de 2009, que, embora tenha sido elaborada nos termos da Lei nº 8.666/1993, muito provavelmente, continuará vigente até a publicação de novo normativo, que venha a dispor sobre o tratamento favorecido de que

---

Art. 47. Nas contratações públicas da administração direta e indireta, autárquica e fundacional, federal, estadual e municipal, deverá ser concedido tratamento diferenciado e simplificado para as microempresas e empresas de pequeno porte objetivando a promoção do desenvolvimento econômico e social no âmbito municipal e regional, a ampliação da eficiência das políticas públicas e o incentivo à inovação tecnológica. (Redação dada pela Lei Complementar nº 147, de 2014)

Parágrafo único. No que diz respeito às compras públicas, enquanto não sobrevier legislação estadual, municipal ou regulamento específico de cada órgão mais favorável à microempresa e empresa de pequeno porte, aplica-se a legislação federal. (Incluído pela Lei Complementar nº 147, de 2014)

Art. 48. Para o cumprimento do disposto no art. 47 desta Lei Complementar, a administração pública: (Redação dada pela Lei Complementar nº 147, de 2014)

I – deverá realizar processo licitatório destinado exclusivamente à participação de microempresas e empresas de pequeno porte nos itens de contratação cujo valor seja de até R$ 80.000,00 (oitenta mil reais); (Redação dada pela Lei Complementar nº 147, de 2014)

II – poderá, em relação aos processos licitatórios destinados à aquisição de obras e serviços, exigir dos licitantes a subcontratação de microempresa ou empresa de pequeno porte; (Redação dada pela Lei Complementar nº 147, de 2014)

III – deverá estabelecer, em certames para aquisição de bens de natureza divisível, cota de até 25% (vinte e cinco por cento) do objeto para a contratação de microempresas e empresas de pequeno porte. (Redação dada pela Lei Complementar nº 147, de 2014)

§ 1º (Revogado). (Redação dada pela Lei Complementar nº 147, de 2014)

§ 2º Na hipótese do inciso II do **caput** deste artigo, os empenhos e pagamentos do órgão ou entidade da administração pública poderão ser destinados diretamente às microempresas e empresas de pequeno porte subcontratadas.

§ 3º Os benefícios referidos no **caput** deste artigo poderão, justificadamente, estabelecer a prioridade de contratação para as microempresas e empresas de pequeno porte sediadas local ou regionalmente, até o limite de 10% (dez por cento) do melhor preço válido. (Incluído pela Lei Complementar nº 147, de 2014)

Art. 49. Não se aplica o disposto nos arts. 47 e 48 desta Lei Complementar quando:

I – (Revogado); (Redação dada pela Lei Complementar nº 147, de 2014)

II – não houver um mínimo de 3 (três) fornecedores competitivos enquadrados como microempresas ou empresas de pequeno porte sediados local ou regionalmente e capazes de cumprir as exigências estabelecidas no instrumento convocatório;

III – o tratamento diferenciado e simplificado para as microempresas e empresas de pequeno porte não for vantajoso para a administração pública ou representar prejuízo ao conjunto ou complexo do objeto a ser contratado;

IV – a licitação for dispensável ou inexigível, nos termos dos arts. 24 e 25 da Lei nº 8.666, de 21 de junho de 1993, excetuando-se as dispensas tratadas pelos incisos I e II do art. 24 da mesma Lei, nas quais a compra deverá ser feita preferencialmente de microempresas e empresas de pequeno porte, aplicando-se o disposto no inciso I do art. 48. (Redação dada pela Lei Complementar nº 147, de 2014)

DO ÂMBITO DE APLICAÇÃO DESTA LEI   ART° 4

tratam os arts. 43 a 45 da Lei Complementar nº 123/2006, e que deverá ser concedido às microempresas e empresas de pequeno porte independentemente de previsão editalícia.[9]

Impende, assim, considerar que a citada orientação normativa impõe uma interpretação imperativa às disposições dos arts. 43 a 45 da Lei Complementar nº 123, de 2006, bem como às cooperativas, por força do preconizado no art. 34 da Lei nº 11.488/2004.[10]Nesta mesma linha, é o entendimento do Egrégio Tribunal de Contas da União:

> REPRESENTAÇÃO DE LICITANTE. PRIVILÉGIOS ESTABELECIDOS PELO ESTATUTO DA MICROEMPRESA E EMPRESA DE PEQUENO PORTE. LEI COMPLEMENTAR 123/2006. REVOGAÇÃO DE CAUTELAR. DETERMINAÇÕES. 1. Os privilégios concedidos às microempresas e empresas de pequeno porte pelos arts. 44 e 45 da Lei Complementar 123/2006 independem da existência de previsão editalícia.[11]

Marçal Justen Filho muito bem observa, *in verbis*:[12]

> Os arts. 42 a 45 da LC nº 123 prevêem dois benefícios, aplicáveis em toda e qualquer licitação, em favor das ME e das EPP. Trata-se da possibilidade de regularização fiscal tardia e da formulação de lance suplementar em caso de empate ficto – benefícios esses que serão objetos de melhor análise em capítulos específicos, abaixo.
>
> Os referidos benefícios são de observância obrigatória por todas as entidades administrativas que promoverem licitação. A fruição dos benefícios por parte das ME e das EPP não se subordina a alguma decisão discricionária da Administração Pública. Trata-se de determinação legal imperativa, derivada do exercício pela União de sua competência legislativa privativa para editar normas gerais sobre licitação (CF/88, art. 22, XXVII).
>
> Portanto, não caberá negar a uma ME ou a uma EPP a possibilidade de beneficiar-se das regras previstas nos arts. 42 a 45 da LC 123, nem mesmo sob o argumento de regulamentação. Também não caberá afirmar que o ato convocatório não forneceu a solução cabível para o exercício e para o deferimento dos benefícios. Ainda que não haja regulamentação e não obstante o silêncio do edital, os benefícios previstos na LC nº 123

---

[9] Orientação Normativa/AGU nº 7, de 01.04.2009 – "O tratamento favorecido de que tratam os arts. 43 a 45 da Lei Complementar nº 123, de 2006, deverá ser concedido às microempresas e empresas de pequeno porte independentemente de previsão editalícia".

[10] Art. 34. Aplica-se às sociedades cooperativas que tenham auferido, no ano-calendário anterior, receita bruta até o limite definido no inciso II do caput do art. 3o da Lei Complementar no 123, de 14 de dezembro de 2006, nela incluídos os atos cooperados e não-cooperados, o disposto nos Capítulos V a X, na Seção IV do Capítulo XI, e no Capítulo XII da referida Lei Complementar.

[11] (TCU 02025320070, Relator: AROLDO CEDRAZ, Data de Julgamento: 10/10/2007).

[12] Justen Filho, Marçal. O Estatuto da Microempresa e as Licitações Públicas, 2º Ed., São Paulo, Dialética, 2008, pp.21/22.

COMENTÁRIOS À NOVA LEI DE LICITAÇÕES PÚBLICAS E CONTRATOS ADMINISTRATIVOS

deverão ser reconhecidos. O único fundamento apropriado para denegar a fruição dos referidos benefícios será a ausência de preenchimento dos requisitos previstos no art. 3º da LC nº 123.

Aliás, esse entendimento já exposto pelo próprio TCU. Existe decisão em que se firmou que as regras de preferência contidas na LC nº 123 ainda que não previstas no instrumento convocatório, devem ser seguidas, vez que previstas em lei. Cometerá ilegalidade o Sr. Pregoeiro caso, no decorrer do certame, recuse-se a aplicá-las, se cabíveis' Acórdão 7702/200 – Plenário

Por conseguinte, independentemente de expressa previsão editalícia, as benesses relativas à regularização fiscal tardia e da formulação de lance suplementar em caso de empate ficto, devem ser concedidos às microempresas e empresas de pequeno porte, ainda que sem expressa previsão editalícia, posto que são disposições autoaplicáveis. Quanto aos demais dispositivos da Lei Complementar nº 126/2006, estes, inequivocadamente, dependem de expressa previsão editalícia, como muito bem já consagrou a Corte de Contas da União:[13]

2. É certo que para maior esclarecimento dos participantes as regras editalícias deveriam deixar claro o procedimento adotado para concessão da preferência legal, inclusive no que concerne ao disciplinamento da forma de comprovação da licitante para identificar-se como microempresa ou empresa de pequeno porte.

3. Entendo, contudo, conforme consignei no despacho concessivo da cautelar, que tal requisito não se fazia obrigatório. De fato, em uma análise mais ampla da lei, observo que seu art. 49 explicita que os critérios de tratamento diferenciado e simplificado para as microempresas e empresas de pequeno porte previstos em seus arts. 47 e 48 não poderão ser aplicados quando "não forem expressamente previstos no instrumento convocatório". A lei já ressalvou, portanto, as situações em que seriam necessárias expressas previsões editalícias. Dentre tais ressalvas, não se encontra o critério de desempate com preferência para a contratação para as microempresas e empresas de pequeno porte, conforme definido em seus arts. 44 e 45 acima transcritos.

4. A existência da regra restringindo a aplicação dos arts. 47 e 48 e ausência de restrição no mesmo sentido em relação aos arts. 44 e 45 conduzem à conclusão inequívoca de que esses últimos são aplicáveis em qualquer situação, independentemente de se encontrarem previstos nos editais de convocação.

5. Vê-se, portanto, que não houve mera omissão involuntária da lei. Ao contrário, caracterizou-se o silêncio eloqüente definido pela doutrina.

Feitas essas considerações, passamos ao exame do § 1º do art. 4º da nova Lei de Licitações e Contratos, que excepciona o atendimento à Lei Complementar nº 123/2006, nas seguintes hipóteses: i) no caso de licitação para aquisição

---

[13] (TCU 02025320070, Relator: AROLDO CEDRAZ, Data de Julgamento: 10/10/2007).

DO ÂMBITO DE APLICAÇÃO DESTA LEI | ART° 4

de bens ou contratação de serviços em geral, ao item cujo valor estimado for superior à receita bruta máxima admitida para fins de enquadramento como empresa de pequeno porte; e ii) no caso de contratação de obras e serviços de engenharia, às licitações cujo valor estimado for superior à receita bruta máxima admitida para fins de enquadramento como empresa de pequeno porte.

Releva destacar, por pertinente, que as empresas de pequeno porte não estão impedidas de participar de licitação objetivando compras, serviços, obras e serviços de engenharia, mas, tão somente, impedidas de usar as suas prerrogativas nas hipóteses constantes dos incisos I e II do § 1º, do art. 4º, até porque, se assim não fosse, o § 1º, do art. 4º, estaria eivado com vício de inconstitucionalidade, na medida em que estaria em testilha com o art. 170 de nossa Lei Maior.

Neste sentido, e considerando que os dois incisos constantes do art. 4º colocam a receita bruta da empresa de pequeno porte, como condicionante para o uso da prerrogativa, destaca-se, desde logo, a impossibilidade destas celebrarem contratos cujo valor seja superior a R$ 4.800.000,00 (quatro milhões e oitocentos mil reais), nos termos do art. 3º, § 2º, da Lei Complementar nº 123/2006.

Em outro dizer, a participação de empresas de pequeno porte, em procedimentos licitatórios, para aquisição de bens ou contratação de serviços em geral, sofre uma restrição, na medida em que que o item da contratação não pode superar o valor estimado da receita bruta máxima admitida para fins de enquadramento como empresa de pequeno porte. Atualmente, o valor da receita bruta anual de uma empresa de pequeno porte é de R$ 360.000,00 (trezentos e sessenta mil reais) a R$ 4.800.000,00 (quatro milhões e oitocentos mil reais).

Neste mesmo contexto, o inc. II do § 1º do art. 4º, dispõe que, para a contratação de obras e serviços de engenharia, as empresas de pequeno porte somente poderão invocar as suas prerrogativas em licitações cujo valor estimado não superem a sua à receita bruta máxima admitida para fins de enquadramento como empresa de pequeno porte.

Mas não é só. O § 2º do art. 4º determina, ainda, que os benefícios constantes dos arts. 42 a 49 da Lei Complementar nº 123/2006 ficam limitados às microempresas e às empresas de pequeno porte que, no ano-calendário de realização da licitação, ainda não tenham celebrado contratos com a Administração Pública cujos valores somados extrapolem a receita bruta máxima admitida para fins de enquadramento como empresa de pequeno porte, devendo o órgão ou entidade exigir do licitante declaração de observância desse limite na licitação.

As disposições do comando legal em apreço trazem, mais uma vez, o limitador da receita bruta como condicionante para a participação das micro em empresas de pequeno porte na licitação. Assim, se o valor da receita bruta já estiver sido extrapolado, em razão de certame anterior ou, ainda, impossível será a participação da empresa de pequeno porte, na medida em que não fará mais *jus* às prerrogativas determinadas pela Lei Complementar nº 123/2006, exigindo, pois declaração de observância dos limites determinados pelo diploma legal retrocitado.

É de se ver, ainda, que os benefícios decorrentes da Lei Complementar nº 123/2006, na hipótese de contrato com prazo de vigência por mais de um ano, terá como parâmetro o valor total da avença.

Definição e Conceito

Definição. Inexistência de definição de "serviço de engenharia" na Lei federal nº 8.666/93: Acórdão nº 946/2007 – Plenário – trecho do relatório do Ministro Relator Raimundo Carreiro – "79. Mesmo que a lei 8.666/93 não defina serviços de engenharia, é inegável que fizeram parte dos contratos em questão. Na parte de "Requisitos Gerais", relativo ao fornecimento do Compensador Estático para a SE Sinop (fls. 159/201 – Anexo 8), constam os itens '7. Serviços de Engenharia' e '8. Estudos de engenharia'. Dentro do primeiro, determina-se que estão inclusos no fornecimento o projeto básico (estudo para definir valores nominais dos componentes, características de tensão e corrente, desempenho harmônico, comportamento durante falhas, coordenação de isolamentos, cálculo de perdas), projetos civil, eletromecânico, serviços auxiliares e de estruturas. Dentro do item 8, determina-se que o contratado deverá realizar estudos de desempenho dinâmico, desempenho de harmônicos e sobretensões transitórias."

Definição de "serviço de engenharia" proposta pelo IBRAOP – Instituto Brasileiro de Auditoria de Obras Públicas na Orientação Técnica – OT – IBR 002/2009: "Serviço de Engenharia é toda a atividade que necessite da participação e acompanhamento de profissional habilitado conforme o disposto na Lei Federal nº 5.194/66, tais como: consertar, instalar, montar, operar, conservar, reparar, adaptar, manter, transportar, ou ainda, demolir. Incluem-se nesta definição as atividades profissionais referentes aos serviços técnicos profissionais especializados de projetos e planejamentos, estudos técnicos, pareceres, perícias, avaliações, assessorias, consultorias, auditorias, fiscalização, supervisão ou gerenciamento."

Definição. Diferença entre "obra" e "serviço de engenharia": Confira a lição proposta por Ivan Barbosa Rigolin e Marco Túlio Bottino no Manual Prático de Licitações, 6º Ed, São Paulo: Saraiva, 2006, p. 136.

Definição. "Serviço de engenharia". Definição proposta pelo Tribunal de Contas da União: TCU – Decisão nº 314/1994 – 2ª Câmara – Relatoria: Ministro Homero Santos – "1.2.9. adotar como definição do conceito de serviço de engenharia toda a atividade cuja execução exija, por determinação do CREA ou CONFEA, a supervisão de firma ou profissional de engenharia."

Definição. Diferenças entre "obras" e "serviços de engenharia". Dificuldade em realizar essa distinção: Acórdão nº 2.935/2003 – 1ª Câmara – Relatório do Ministro Relator Lincoln Magalhães da Rocha – "12. O referido decreto-lei apresenta definições de 'obra' e 'serviço': Art. 5º Para os fins deste decreto-lei, considera-se: I – Obra – toda construção, reforma ou ampliação, realizada por execução direta ou indireta; II – Serviço – toda atividade realizada direta ou indiretamente, tais como demolição, fabricação, conserto, instalação, montagem, operação, conservação, reparação, manutenção, transporte, comunicação ou trabalhos técnicos profissionais; 13. Da leitura do texto percebe-se que, em alguns casos, a distinção entre obra e serviço é tênue, sendo difícil a identificação das suas diferenças, pois tanto obra como serviço podem requerer uma atividade. 14. No entanto, a doutrina aponta critérios para se estabelecer uma diferenciação. O saudoso Hely Lopes Meirelles ('in' Licitação e Contrato Administrativo, Ed. Revista dos Tribunais, 1991, 10ª ed., p. 51) afirmou: 'o que caracteriza o serviço e o distingue da obra é a predominância da atividade sobre o material empregado'. Em entendimento similar, José Cretella Júnior (in 'Das Licitações Públicas', Ed. Forense, 1996, 10ª ed., p. 63) ensina que: 'a obra pública é o corpus; o serviço realizado é o animus.'"

CAPÍTULO II – DOS PRINCÍPIOS

ARTIGO 5º

Na aplicação desta Lei, serão observados os princípios da legalidade, da impessoalidade, da moralidade, da publicidade, da eficiência, do interesse público, da probidade administrativa, da igualdade, do planejamento, da transparência, da eficácia, da segregação de funções, da motivação, da vinculação ao edital, do julgamento objetivo, da segurança jurídica, da razoabilidade, da competitividade, da proporcionalidade, da celeridade, da economicidade e do desenvolvimento nacional sustentável, assim como as disposições do Decreto-Lei nº 4.657, de 4 de setembro de 1942 (Lei de Introdução às Normas do Direito Brasileiro).

O art. 5º da Lei nº 14.133/2021 veio a dispor sobre os princípios aplicáveis à licitação, repetindo, em muito, os vetores constantes da Lei nº 8.666/1993, sem deixar de inovar em alguns pontos.

Apenas a título de lembrança, os princípios não podem ser encarados como meras disposições de caráter abstrato e com observância vinculada a critérios do operador do direito.

José Cretella Júnior afirma em seu magistério:

COMENTÁRIOS À NOVA LEI DE LICITAÇÕES PÚBLICAS E CONTRATOS ADMINISTRATIVOS

Princípios de uma ciência são proposições básicas, fundamentais, típicas que condicionam todas as estruturações subsequentes. Princípios, nesse sentido, são o alicerce da ciência.[14]

Cabe-nos afirmar que os princípios enquanto sustentáculos de uma ciência revelam-se em proposições de caráter *sine qua non*, não podendo, portanto, deixarem de ser observados, notadamente em se tratando do Direito Administrativo, que, além de não ser codificado, é de formação pretoriana.

Importante dizer, ainda, que os princípios constitucionais cumprem os mais diversos papéis na ordem jurídica, não se limitando apenas ao norteamento do exercício da atividade administrativa, pois vinculam-se à prática de vários atos, tais como: leis, sentenças e atos administrativos.

Com relação ao princípio da legalidade, cumpre observar que este é de fundamental importância no procedimento licitatório, haja vista que a licitação deve estar estritamente vinculada aos ditames da legislação que rege a matéria.

Em outro dizer, isso significa que a lei define as condições de atuação da Administração, de sorte a estabelecer uma sequência lógica dos atos administrativos que integram o procedimento licitatório, ressalvada a competência discricionária das definições específicas da contratação desejada.

Destarte, em razão dessa competência discricionária, resta, portanto, à Administração, uma certa margem de liberdade, limitada, tão somente, a aspectos específicos da licitação, tais como o momento de realizá-la, o seu objeto, as condições de execução etc., ficando o procedimento por conta da estrita vinculação à lei.

Oportuno é lembrar que a legalidade não se encontra circunscrita ao procedimento licitatório tão somente, devendo ser observada, inclusive, na fase interna da licitação, de caráter preparatório, podendo a Administração estabelecer em edital, requisitos específicos para a contratação, sem prejuízo dos demais vetores principiológicos.

Assim, em nosso sentir, o princípio da legalidade, que, diga-se de passagem, além de se encontrar previsto no art. 37, *caput*, da Constituição Federal, também se encontra consignado no seu art. 5º, inc. II, que, em última análise, estabelece que "só a lei obriga". Sob esse aspecto, o princípio da legalidade assume relevante importância, ensejando a todos os partícipes direito subjetivo público à fiel observância do pertinente procedimento licitatório.

Torna-se importante destacar que o princípio da legalidade não pode ser visto de maneira pobre e acanhada, limitando-se ao velho preceito, muito

---

[14] *apud* DI PIETRO, Maria Sylvia Zanella, Direito Administrativo, 13ª ed. São Paulo: Atlas, 2001, op. cit. p. 66.

conhecido no Direito Administrativo, que se resume na afirmação de que a "Administração só pode fazer aquilo que se encontrar previsto em Lei."

Foi-se o tempo, quando da Administração Burocrática, que o princípio da legalidade era levado a extremos, propiciando um verdadeiro "culto das formas". Maria Sylvia Zanella Di Pietro, examinando o princípio da legalidade, observa:

> A Constituição de 1988, de um lado, adotou o modelo de Estado Democrático de Direito, com a inclusão de valores e princípios no conteúdo do princípio da legalidade, para imprimir-lhe conteúdo de justiça e dar à lei um sentido material, além do puramente formal; de outro lado, reduziu a força dos atos normativos do Poder Executivo, no que diz respeito aos regulamentos autônomos, que deixaram de existir no direito brasileiro.[15]

Assiste razão à autora. O princípio da legalidade não pode ser concebido apenas na forma restrita, mas, antes de tudo, deve ser aplicado em sua forma extensiva, exigindo que a atividade administrativa atenda não só à legalidade de forma isolada, atendendo também ao Direito, ao ordenamento jurídico, às normas e princípios constitucionais.

No que diz respeito ao princípio da impessoalidade, calha aqui lembrar que este se encontra umbilicalmente ligado ao princípio da isonomia. Ora, se a Administração Pública, em razão da isonomia, está obrigada a tratar a todos no mesmo pé de igualdade, certo é afirmar que o princípio da impessoalidade vem, em última análise, a concretizar a imposição constitucional trazida no conteúdo da isonomia. Isso porque, pelo princípio da impessoalidade, a Administração está obrigada a pautar os seus atos, única e exclusivamente, com vistas ao cumprimento do interesse público, sendo vedado, portanto, o estabelecimento de cláusulas ou condições que imponham privilégios ou prejuízos a quem quer que seja, de modo a permitir que todos sejam tratados de forma igualitária.

Maria Sylvia Zanella Di Pietro coloca o princípio da impessoalidade não só ligado ao princípio da isonomia, pelo que traz à baila o princípio do julgamento objetivo, como condicionante para a observância dos princípios constitucionais em comento:

> O princípio da impessoalidade, já analisado no item 3.3.3, aparece, na licitação, intimamente ligado aos princípios da isonomia e do julgamento objetivo: todos os licitantes devem ser tratados igualmente, em termos de direitos e obrigações, devendo a Administração, em suas decisões, pautar-se por critérios objetivos, sem levar em

---

[15] DI PIETRO, Maria Sylvia Zanella. Princípio da legalidade. Tomo Direito Administrativo e Constitucional. Edição 1, abril de 2017, Disponível em: https://enciclopediajuridica.pucsp.br/verbete/86/edicao-1/principio-da-legalidade Acesso em: 28 de jun. de 2021.

consideração as condições pessoais do licitante ou as vantagens por ele oferecidas, salvo as expressamente previstas na lei ou no instrumento convocatório.[16]

Em suma, a impessoalidade impede a existência de distinções fundadas no caráter pessoal do interessado, sem qualquer relevância para a licitação.

De sua vez, para atendimento do princípio da moralidade, não é suficiente que a Administração Pública revista os seus atos da mais completa licitude; é preciso, ainda, que esses mesmos atos estejam em conformidade com a moral. Em outro giro, o exercício da atividade administrativa, embora venha a atender aos ditames da Lei, pode ser considerado inválido, se proferido em desconformidade com a moral.

Note-se, todavia, que não estamos a falar da moral comum, mas, sim, da moralidade administrativa, que, conforme o afirmado por Márcio Cammarosano, reporta-se aos valores morais albergados pelas normas jurídicas.[17] De qualquer forma, ainda que se possa dizer que o princípio da moralidade administrativa venha composto por regras de boa administração, não temos dúvidas que a fluidez do princípio da moralidade impõe ao intérprete uma maior dificuldade para alcançar o sentido de seu conteúdo. Entretanto, é possível afirmar que a observância da moralidade, em matéria de licitação, veda à Administração a edição de procedimentos licitatórios pautados por critérios outros que não aqueles tendentes a realizar o interesse público, sustentado por padrões de ética, de honestidade e de justiça.

Calha, aqui, lembrar que o princípio da moralidade não é de observância obrigatória apenas pela Administração Pública, exigindo também dos licitantes uma adequada conduta, de modo a preservar a necessária competitividade. Nesse sentido, o Supremo Tribunal Federal assim já decidiu:

> É preciso ressaltar que a atividade estatal, qualquer que seja o domínio institucional de sua incidência, está necessariamente subordinada à observância de parâmetros ético-jurídicos que se refletem na consagração constitucional do princípio da moralidade administrativa. Esse postulado fundamental, que rege a atuação do Poder Público, confere substância e dá expressão a uma pauta de valores éticos em que se funda a ordem positiva do Estado. É por essa razão que o princípio constitucional da moralidade administrativa, ao impor limitações ao exercício do poder estatal, legitima o controle externo de todos os atos, quer os emanados do Poder Público, quer aqueles praticados por particulares que venham a colaborar com o Estado na condição de licitantes ou

---

[16] DI PIETRO. Maria Sylvia Zanella. *Direito administrativo*. 30ª ed. rev. atual. e ampl. Rio de Janeiro: Forense, 2017, p. 423.

[17] CAMMAROSANO, Márcio. *O princípio constitucional da moralidade e o exercício da função administrativa*, Belo Horizonte: Fórum, 2006, p. 39.

DOS PRINCÍPIOS   ARTº 5

contratados e que transgridam os valores éticos que devem pautar o comportamento dos órgãos e agentes governamentais.[18]

Válido é dizer, portanto, que a marca do conluio entre os licitantes, além de não observar o princípio da competitividade, ofende, também, o princípio da moralidade.

O princípio da publicidade se constitui em importante instrumental democrático para a formação da vontade administrativa, tendo sido regulamentado pela importantíssima Lei nº 12.527/2011 – Lei de Acesso à Informação –, abarcando quaisquer das entidades governamentais, isso sem falar das pessoas jurídicas de direito privado que recebem dinheiro público.

Diga-se de passagem, aliás, que a Lei nº 12.527/2011, em seu art. 8º, § 1º, inc. IV, determina expressamente a obrigatoriedade da divulgação de informações relativas a procedimentos licitatórios, inclusive no que diz respeito aos editais e resultados, bem como os decorrentes de contratos administrativos. Entenda-se que o dispositivo legal em comento não traz nenhuma novidade, posto que há muito já se encontra consagrado o adequado sentido do princípio da publicidade nos procedimentos licitatórios e contratos administrativos. Todavia, levando-se em consideração o quadro político de nosso país, válido é reafirmar a dimensão constitucional do princípio da publicidade.

Assim, é fato que a observância do princípio da publicidade obriga a Administração a divulgar não somente a licitação propriamente dita, como também todos os atos inseridos no contexto do procedimento licitatório, que podem ser conhecidos por todos quantos se interessarem pelo certame, de modo a propiciar a sua fiscalização.

Por tudo isso, não pode mais a Administração ficar arraigada a práticas de um passado não tão longínquo, quando ocorria um verdadeiro apossamento de papéis, expedientes e processos administrativos, a que sempre se imputava um caráter sigiloso. Hodiernamente, a abrangência do princípio da publicidade obriga a Administração a se pautar pela transparência, podendo o interessado ter vistas do processo licitatório, a qualquer momento, inclusive no que diz respeito aos atos que compreendem a fase interna da licitação.

Além disso, é de relevo salientar que o art. 13 destrincha o princípio da publicidade, enquanto regra, estabelecendo três exceções ao vetor principiológico em comento: o sigilo por questões de segurança nacional e do Estado, na forma da Lei; o conteúdo das propostas até sua regular abertura; e, finalmente, o orçamento da Administração Pública, na forma do que dispõe o art. 24.

---

[18] STF – MC no MS 32.494/DF. Relatoria:. Min. Celso de Mello. Julgado em: 11/11/2013, DJe de 12/11/2013.

Impende, assim, verificar que o aludido art. 24 dispõe que o orçamento estimado da contratação poderá ter caráter sigiloso, salvo quando se tratar dos órgãos de controle interno e externo da Administração, e sem prejuízo da divulgação do detalhamento dos quantitativos e das demais informações necessárias à elaboração das propostas.

É de rigor afirmar nosso entendimento quanto ao sigilo do orçamento da Administração Pública. Coloca-se, aqui, a necessidade de se lembrar que o orçamento significa, em outro dizer, o quanto a Administração Pública está disposta a pagar pela contratação do objeto licitado.

Ora, se o orçamento consubstancia o limite máximo que a Administração pretende gastar, aqueles licitantes que apresentarem preço superior ao orçamento sigiloso deverão ser desclassificados, perdendo, assim, boas propostas, fato este que, sem sombra de dúvidas, vai contra o interesse público, isso sem falar na diminuição da competitividade entre os participantes do certame licitatório.

Mas não é só. Na hipótese de quebra de sigilo, aquele licitante que for com isso favorecido, terá a seu favor uma prerrogativa de favorecimento em relação aos demais licitantes.

Decorrente disto, afirma-se que as repercussões de um orçamento sigiloso, ao final das contas, são extremamente danosas para a Administração e para os licitantes partícipes.

Ao cabo de tudo isso, concluímos pela inconstitucionalidade do dispositivo, eis que a publicidade, enquanto norma geral, não admite a sua supressão, nos termos de nossa Lei Maior, não podendo prevalecer, a justificativa que, ao final do certame, o orçamento será revelado.

O princípio da eficiência, por sua vez, encontra-se explicitado no novel diploma legal. Contudo, é de se perquirir o conteúdo do princípio da eficiência, até porque, podemos afirmar com segurança que a Administração sempre coube agir com a necessária eficiência quando do desenrolar da atividade administrativa.

Em que pese as diversas discussões acerca do princípio da eficiência, para nós, esse vetor encontra-se intimamente ligado com as ideias de planejamento, celeridade e qualidade.

É por isso que a licitação deve ser devidamente **planejada** pela Administração Pública, notadamente em sua fase interna. Assim, a definição do objeto da licitação, com todas as suas especificações, e sem qualquer direcionamento a esta ou aquela empresa, é medida inarredável e impositiva; o orçamento da licitação deve ser devidamente concretizado, observadas as peculiaridades do objeto do certame, devendo ser reservado o *quantum* necessário para fazer frente à futura despesa; e, por fim, promover a elaboração do instrumento fulcral da licitação – edital –, observadas as disposições aplicáveis à espécie.

DOS PRINCÍPIOS ART° 5

Veja-se que tudo isso contribui para a **celeridade** do procedimento, evitando-se, ao máximo, impugnações, recursos administrativos e mandados de segurança, dentre outras medidas possíveis, devendo a Administração, no decorrer do procedimento, inabilitar aquelas empresas que não apresentem documentação na forma do edital, desclassificando aquelas propostas em desacordo com o instrumento convocatório, principalmente naquilo que diz respeito às especificações do objeto ofertado pelo licitante proponente que, na fase interna da licitação, foi devidamente especificado, com vistas a atingir ao desiderato da **qualidade**.

Cumpre-nos dizer, ainda, que não pode o Administrador Público, com a desculpa de se atingir a eficiência, sobrepor esse princípio à observância da legalidade. Dito com toda clareza, não existe eficiência desbordada do princípio da legalidade.

O princípio do interesse público, por seu turno, embora de extrema importância, é redundante, eis que se trata do princípio da impessoalidade, também entendido enquanto princípio da finalidade. Hely Lopes Meirelles, ao discorrer sobre o princípio da impessoalidade, afirma:

> O princípio da impessoalidade referido na Constituição/88 (art. 37, *caput*), nada mais é que o clássico princípio da finalidade, o qual impõe ao administrador público que só pratique o ato para o seu fim legal. E o fim legal é unicamente aquele que a norma de Direito indica expressamente ou virtualmente como objetivo do ato, de forma impessoal.
> (...)
> E a finalidade terá sempre um objetivo certo e inafastável de qualquer ato administrativo: o interesse público.[19]

Sobremais, licitações que não atendam ao interesse público encontram-se maculadas pelo desvio de finalidade, inadmissível na prolação de qualquer ato administrativo, independentemente de expressa disposição de lei.

Ainda que essa redundância possa ser criticada, há de se lembrar que a Administração Pública brasileira, no mais das vezes, deixa o interesse público de lado, procurando atender interesses outros, que não o desiderato legal, pelo que louvamos o legislador na sua tentativa de trazer o Administrador Público ao trilho do mencionado interesse público

Quanto à probidade administrativa, esta, por sua vez, encontra-se intimamente ligada com o princípio da moralidade, ainda que tenha contornos mais definidos do que este último. Note-se que a nossa Lei Fundamental, em seu art. 37, § 4º, estabelece que "os atos de improbidade administrativa importarão a

---

[19] MEIRELLES, Hely Lopes. *Direito administrativo brasileiro*. Obra revisada e atualizada por Délcio Balestero Aleixo e José Emmanuel Burle Filho. 38ª edição. São Paulo: Malheiros, 2012, pp. 93/94.

suspensão dos direitos políticos, a perda da função pública, a indisponibilidade dos bens e o ressarcimento ao erário, na forma e gradação previstas em lei, sem prejuízo da ação penal cabível."

Por sua vez, a Lei nº 8.429/1992 traz em seu bojo as hipóteses em que a frustração da licitude do processo licitatório ou a sua dispensa indevida, importa em ato de improbidade administrativa.

Para nós, a observância da probidade administrativa impõe à Administração Pública o dever de preservar o erário público, até porque a improbidade, *contrario sensu*, enseja prejuízo à Administração Pública. Nessa linha de entendimento, Marçal Justen Filho é de lapidar clareza ao observar que a "improbidade envolve a obtenção de vantagens econômicas indevidas ou a produção intencional de dano ao erário."[20]

O princípio da igualdade também integra o rol dos princípios basilares da licitação. O seu conteúdo impede o estabelecimento de cláusulas ou condições que frustrem o objetivo maior da licitação, que é a escolha da melhor proposta para o contrato de interesse da Administração.

Assim é, que todos aqueles que com a Administração desejem contratar, devem ter iguais chances de participação na licitação. Salientamos, por pertinente, que a isonomia não pode ser entendida de forma absoluta. Em outro giro, estamos a dizer que não configura inobservância à isonomia o estabelecimento de requisitos mínimos para participação do interessado no certame, desde que estritamente necessário, observadas a razoabilidade e a proporcionalidade.

É de se notar que o atendimento ao princípio da isonomia não veda o estabelecimento de discriminações, desde que estas possuam um nexo de pertinência lógica com o objeto da licitação, e observadas as disposições da lei.

A Lei nº 14.133/2021 inovou no que diz respeito aos princípios norteadores da licitação. Com efeito, o princípio do planejamento se consagra como um dos vetores do procedimento licitatório, ainda que, a bem da verdade, seja um viés do princípio da eficiência.

Contudo, importante se faz consignar que o princípio do planejamento há muito se encontra em nosso ordenamento jurídico, eis que constante do art. 6º, I, do Dec.-lei nº 200/1967, enquanto norteador da atividade administrativa, precipuamente no que diz respeito às ações governamentais, visando promover o desenvolvimento econômico-social do País e a segurança nacional, nos termos do art. 7º do precitado normativo.

De todo modo, o princípio do planejamento, hodiernamente, encontra-se inserido no contexto do procedimento licitatório, pelo que se constitui em

---

[20] JUSTEN FILHO, Marçal. *Comentários à lei de licitações e contratos administrativos: Lei 8.666/93*. 18ª ed. rev. atual. e ampl. São Paulo: Thomson Reuters Brasil, 2019, p. 116.

um dever da Administração Pública de planejar as contratações públicas e, quando necessário, instituir normas e procedimentos internos padronizados, visando uniformizar a atividade licitatória, garantindo, assim, a consecução da legalidade e do interesse público.

Como dissemos anteriormente, é do ato de planejar as licitações que a Administração Pública atinge a eficiência, não só de forma organizada, mas com a necessária celeridade, qualidade e seriedade no gasto da verba pública.

Vale lembrar, ainda, que o Dec. nº 9.739/2019, em seu art. 2º, § 1º, inc. III, exige, como medida de fortalecimento da capacidade institucional, dentre outras, o aumento da eficiência, eficácia e efetividade do gasto público e da ação administrativa.

Decorrente disso, forçoso é concluir que o princípio do planejamento, enquanto viés da eficiência, e por força dos normativos sobreditos, deve ser observado desde a fase interna da licitação, como também em sua fase externa. Melhor dizendo, a Administração encontra-se obrigada a instaurar um procedimento licitatório livre de vícios de ilegalidade e que efetivamente seja capaz de obter uma proposta hábil, prestigiando o erário público, com vistas à celebração do futuro contrato.

Outro princípio que agora encontra-se consagrado na Lei de Licitações é o vetor principiológico da transparência. Advirta-se, desde logo, que o princípio da transparência não pode ser confundido com o princípio da publicidade.

Para melhor entendimento do princípio da transparência, vale lembrar que, em um Estado Democrático de Direito, os cidadãos demandam, não só o acesso à informação, mas também lícito é conhecer a atuação do Estado e a destinação dos tributos pagos. A Constituição de 1988 inaugurou uma nova etapa nas relações mantidas entre o Estado e seus administrados, na medida em que é perfeitamente possível verificar o fortalecimento das instâncias de participação popular, bem como o acompanhamento da coisa pública, devendo a sociedade aprender a exercitar a cidadania.

Tudo isso, aliado à implementação das novas tecnologias, veio a facilitar o acesso à informação. Assim, é correto dizer que nos últimos 30 (trinta) anos houve a implementação de normas, procedimentos e, principalmente, a ação de grupos organizados que nos levaram a uma "gestão transparente".

Destarte, nos dias de hoje, não basta que a Administração publicize a atividade administrativa. É preciso mais. O princípio da transparência obriga a Administração a disponibilizar toda e qualquer informação que não esteja coberta pelo véu do sigilo.

Imprescindível se faz, por consequência, que a Administração venha a dispor de todos os mecanismos possíveis, para que a informação esteja ao alcance do cidadão, visto que a atividade administrativa é dever de quem não é dono. Afinal, o Senhor da Coisa Pública e, portanto, dono da informação, é o cidadão.

Por conseguinte, o princípio da transparência exige que a informação seja realizada com a necessária clareza de seu conteúdo, inclusive no que diz respeito ao motivo e finalidade do ato, de modo a ser possível exercitar o controle administrativo pelo administrado, propiciando a participação do particular na formação da vontade da Administração.

A licitação, enquanto procedimento administrativo, exige que seus atos sejam devidamente publicados na imprensa oficial e, nos dias de hoje, no sítio eletrônico das diversas administrações públicas de nosso País. Minimamente, temos como exigência legal a publicação do edital e do ato de homologação e adjudicação.

Em nosso modo de ver, para atendimento do princípio da transparência, as audiências e consultas públicas são meios idôneos de permitir a participação popular, como, aliás, muito bem prevê o art. 21 da Lei de Licitações e Contratos, que estabelece a possibilidade de a Administração convocar com antecedência mínima de 8 (oito) dias úteis, audiência pública, presencial ou a distância, na forma eletrônica, sobre licitação que pretenda realizar, com disponibilização prévia de informações pertinentes, inclusive de estudo técnico preliminar e elementos do edital de licitação, e com possibilidade de manifestação de todos os interessados.

Afora parte isso, deve a Administração, na publicação de seus editais e resumos de contrato, fazer expressa menção que qualquer cidadão poderá impugnar ou representar nos órgãos de controle interno e externo, procedimento licitatório instaurado pelo Poder Público, bem como do consequente contrato administrativo.

Doutra parte, a Lei de Licitações trouxe em seu bojo o princípio da eficácia. Uma leitura descuidada poderia nos levar a dizer que a eficácia seria mais um viés do princípio da eficiência. Entretanto, se nos afigura que esta não é a melhor interpretação, ainda que, por uma questão de sinonímia, eficiência, em nosso idioma, é colocado como sinônimo de eficácia, efetividade e produtividade.[21] Contudo, no que diz respeito ao direito, a questão semântica, embora possa ser adotada como norteador da interpretação, não se constitui em elemento suficiente para se alcançar o sentido jurídico da Lei. Nesse passo, temos que nos socorrer da hermenêutica jurídica, lançando mão de uma regra básica de interpretação: a lei não contém palavras inúteis.

---

[21] DICIO, *Dicionário Online de Português*. Disponível em: https://www.dicio.com.br/eficacia/ acessado em: 29 de jul. de 2021.

DOS PRINCÍPIOS · ART° 5

Ora, se a lei não contém palavras inúteis, certo é dizer que eficiência deve, necessariamente, ser diferente de eficácia. A propósito disso, veja-se, por oportuno, que as expressões "eficiência" e "eficácia" constam expressamente do art. 74, inc. II, de nosso Ordenamento Constitucional, pelo que há de se afirmar a existência de uma diferenciação.[22] Isso tanto é verdade que o já mencionado Dec. n° 9.739/2019, em seu art. 2°, § 1°, inc. III, determina a eficiência, eficácia e efetividade do gasto público e da ação administrativa. Logo, é de se concluir pela existência de uma diferenciação.

Mas qual seria o sentido jurídico, encampado pelo princípio da eficácia? A nosso ver, a eficiência implica, pois, em planejamento, celeridade e qualidade, objetivando a adequada utilização dos recursos públicos. Por seu turno, a eficácia diz respeito aos resultados obtidos, ou seja, diz respeito ao atingimento das metas previamente estabelecidas.[23]

Outro princípio de caráter inovador, previsto explicitamente pela primeira vez em legislação, é o da segregação de funções, que, a bem da verdade, já existia implicitamente na Lei n° 8.666/1993.

O Manual do Ordenador de Despesas, elaborado pelo Conselho Nacional do Ministério Público, assim dispõe sobre a segregação de funções:

> A segregação de funções consiste na separação das funções de autorização, aprovação, execução, controle e contabilização. Para evitar conflitos de interesses, é necessário repartir funções entre os servidores para que não exerçam atividades incompatíveis, como executar e fiscalizar uma mesma atividade. Conforme o Conselho Federal de Contabilidade, na Resolução n° 1.212/2009, segregação de funções significa atribuir a pessoas diferentes as responsabilidades de autorizar e registrar transações e manter a custódia dos ativos. A segregação de funções destina-se a reduzir as oportunidades que permitam a qualquer pessoa estar em posição de perpetrar e de ocultar erros ou fraudes no curso normal das suas funções.[24]

---

[22] Art. 74. Os Poderes Legislativo, Executivo e Judiciário manterão, de forma integrada, sistema de controle interno com a finalidade de:
(...)
II – comprovar a legalidade e avaliar os resultados, quanto à **eficácia e eficiência**, da gestão orçamentária, financeira e patrimonial nos órgãos e entidades da administração federal, bem como da aplicação de recursos públicos por entidades de direito privado.

[23] Irene Patrícia Nohara observa com propriedade: Enquanto eficiência é noção que se refere à adequada medida de utilização dos recursos, ou seja, um administrador eficiente é o que consegue um desempenho elevado em relação aos insumos disponíveis (mão de obra, material, dinheiro, máquinas e tempo); a noção de eficácia transcende

[24] CONSELHO SUPERIOR DO MINISTÉRIO PÚBLICO.https://www.cnmp.mp.br/. 2017. *Segregação de funções: como distribuir atividades.* Disponível em: https://www.cnmp.mp.br/portal/institucional/comissoes/comissao-de-controle-administrativo-e-financeiro/atuacao/manual-do-ordenador-de-despesas/recursos-humanos-e-gestao-de-pessoas/segregacao-de-funcoes-como-distribuir-atividades?

Do mesmo modo, o Manual do Sistema Integrado de Administração Financeira do Governo Federal – SIAFI estabelece que:

> A segregação de funções consiste em princípio básico de controle interno administrativo que separa, por servidores distintos, as funções de autorização, aprovação, execução, controle e contabilidade.[25]

Resta-nos, a par dos conceitos retrocitados, extrair os comandos constantes do princípio da segregação de funções. Assim, resta claro que, em um primeiro momento, o controle interno da legalidade – princípio da autotutela – deve ser constante e plenamente exercitado. Posteriormente, também é possível afiançar que o exercício dos poderes administrativos não pode estar concentrado nas mãos de apenas um agente público, de modo a evitar excesso de poder e desvio de finalidade. Por último, também é possível extrair que a segregação das funções vem trazer a necessidade de uma especialização no exercício das funções administrativas.

As considerações ora expressadas leva-nos a afirmar, como de fato dissemos anteriormente, que o princípio da segregação de funções já existia, ainda que implicitamente, na Lei nº 8.666/1993, na medida em que o exercício da atividade administrativa, por si só, exige esta diferenciação de funções, independentemente de expressa previsão legal.

Deveras, em matéria de licitação exige-se, em razão do princípio da segregação de poderes, que o ente instaurador da licitação, embora deva exercitar o controle de seus atos, também deve se submeter ao controle interno exercido por órgão específico, ambos a título da autotutela. Demais disso, a unidade requisitante do serviço, obra ou compra, deve ser distinta do ente que tem por atribuição as atividades preparatórias da licitação, inclusive no que diz respeito à elaboração do edital, que deve ser submetido à Assessoria Jurídica, sendo vedado que um mesmo agente tenha sempre por atribuição o exame do instrumento convocatório. Do mesmo modo, não é demais dizer que a Comissão de Contratação deve ser integrada por agentes públicos distintos daqueles que já atuaram anteriormente na formação do processo de licitação.

Por fim, conveniente se faz observar, por pertinente, que o princípio da segregação de funções vem cristalizado no art. 7º, §§ 1º e 2º, da Lei de Licitações, vedando-se que um mesmo agente público atue simultaneamente

---

highlight=WyJzZWdyZWdhXHUwMGU3XHUwMGUzbyIsImZ1blx1MDBlN1x1MDBmNWVzIl0 acessado em: 21 de jul. de 2021.

[25] Manual SADIPEM. Ministério da Economia. https://conteudo.tesouro.gov.br/. c.2021 Disponível em: https://conteudo.tesouro.gov.br/manuais/index.php?option=com_content&view=article &id=1551:020315-conformidade-contabil&catid=749&Itemid=376 Acessado em: 21 de jul. de 2021.

em funções mais suscetíveis a riscos, de modo a reduzir a possibilidade de ocultação de erros e da ocorrência de fraudes na respectiva contratação.

Quanto ao princípio da motivação, não seria necessário a sua expressa previsão na Lei de Licitações, visto que a Lei nº 9.784/99 – Lei do Processo Administrativo Federal – já traz a obrigatoriedade de motivar os atos administrativos. A despeito disso, releva enfatizar que foi-se o tempo em que se propalava a desnecessidade de motivação em face de atos discricionários.

Modernamente, é indubitável que todos os atos administrativos devem ser motivados, sejam eles de regramento vinculado ou discricionário, exigindo-se, pois, que a Administração justifique as suas condutas, expressando os condicionantes fáticos e de direito, que estão a ensejar a edição de determinado ato administrativo.

Anote-se, por relevante, que a necessidade de motivação é matéria que já foi levada aos nossos tribunais:

AGRAVO INTERNO NA SUSPENSÃO DE SEGURANÇA. LICITAÇÃO PARA CONTRATAÇÃO DE SERVIÇOS DE APOIO TÉCNICO À FISCALIZAÇÃO E ENGENHARIA CONSULTIVA DE PROJETOS, OBRAS E SERVIÇOS DE ENGENHARIA NO ESTADO. DECISÃO QUE SUSPENDEU O CERTAME LICITATÓRIO. GRAVE LESÃO À ORDEM, À SEGURANÇA E À ECONOMIA PÚBLICAS NÃO CONFIGURADAS. ALEGAÇÕES GENÉRICAS DE PREJUÍZO AO ERÁRIO. INDÍCIOS DE VÍCIO NO PROCEDIMENTO DE LICITAÇÃO. JUÍZO MÍNIMO SOBRE O MÉRITO DA DEMANDA. POSSIBILIDADE. AGRAVO INTERNO DESPROVIDO. 1. Segundo entendimento consolidado do Superior Tribunal de Justiça, é imprescindível a cabal demonstração de que manter o decisum atacado obstaculiza o exercício da atividade pública ou mesmo causa prejuízos financeiros que impossibilitem a prestação dos serviços públicos, situação essa não identificada na análise dos autos. 2. Eventual descontinuidade do serviço a ser prestado pode ser superada pela contratação emergencial, até que a controvérsia seja solucionada pelo Poder Judiciário. Precedentes do STJ. 3. A decisão que examina o pedido de suspensão de liminar não pode afastar-se integralmente do mérito da ação originária. Permite-se um juízo mínimo de delibação sobre a questão de fundo da demanda, para verificar a plausibilidade do direito, evitando--se tornar a via processual do pedido suspensivo campo para manutenção de situações ilegítimas. Precedentes do STF e do STJ. 4. No caso, havendo discussão sobre a ausência de motivação na decisão administrativa que desclassificou a Interessada do certame, o interesse público fica mais bem resguardado com a suspensão do procedimento, preservando a isonomia entre os concorrentes, princípio basilar da licitação. 5. Agravo interno desprovido.[26]

---

[26] STJ – AgInt na SS: 2941 BA 2018/0035211-9, Relatoria: Min. Laurita Vaz, Data de Julgamento: 20/06/2018, CE – Corte Especial, Data de Publicação: DJe 07/08/2018.

Em suma, o princípio da motivação é de crucial relevância, a ponto de o Poder Judiciário suspender procedimento licitatório com motivação faltante ou deficitária. Registre-se, ainda, que, segundo a teoria dos motivos determinantes quando a Administração Pública declara a motivação de um ato administrativo discricionário, a validade do ato fica vinculada à existência e à veracidade dos motivos por ela apresentados como fundamentação, sob pena de nulidade.

No que concerne ao princípio da vinculação ao instrumento convocatório, não temos dúvidas que esse vetor é um dos mais essenciais na licitação. Deveras, o princípio da vinculação ao instrumento convocatório, além de encontrar-se explicitamente mencionado no art. 5º, encontra-se gizado também no art. 59, incisos I a V, que prevê a desclassificação das propostas que contiverem vícios insanáveis; não obedecerem às especificações técnicas pormenorizadas no edital; apresentarem preços inexequíveis ou permanecerem acima do orçamento estimado para a contratação; não tiverem sua exequibilidade demonstrada, quando exigido pela Administração; e apresentarem desconformidade com quaisquer outras exigências do edital, desde que insanável.

Há de se observar que a vinculação ao edital dirige-se tanto à Administração quanto ao licitante proponente. Se a Administração se afastar das regras do edital, estará a cometer flagrante ilegalidade, que poderá ensejar a anulação da licitação. Quanto ao licitante, deve ele atender a todos os requisitos dispostos em edital, sob pena de ser alijado do conclave, seja por meio de inabilitação, seja mediante a sua desclassificação, conforme o caso.

Ainda que o princípio em comento seja da mais absoluta relevância, a prática tem revelado que a Administração Pública, em razão de interesses outros, que não o interesse público, e a título de sanar vícios, que, a todas as luzes, são insanáveis, suspendem procedimentos licitatórios, permitindo que licitantes juntem documentos que, em razão das disposições editalícias, já deveriam constar da documentação apresentada.

PROCESSUAL CIVIL E ADMINISTRATIVO. LICITAÇÃO. ILEGALIDADES NO PROCESSO LICITATÓRIO. APRESENTAÇÃO DE DOCUMENTAÇÃO. OFENSA AO ART. 535 DO CPC/1973 NÃO DEMONSTRADA. DEFICIÊNCIA NA FUNDAMENTAÇÃO. SÚMULA 284/STF. EDITAL DE LICITAÇÃO E CONJUNTO FÁTICO-PROBATÓRIO. REVISÃO. IMPOSSIBILIDADE. SÚMULAS 5 E 7/STJ. AUSÊNCIA DE DOCUMENTO EXIGIDO PELA NORMA DISCIPLINADORA DO CERTAME. PRINCÍPIO DA VINCULAÇÃO AO EDITAL. 1. Hipótese em que o Tribunal local consignou (fls. 893-894, e-STJ): "Note-se, tanto a Lei n.º 8.666/93 quanto o edital não determinam nova expedição de certidão. A exigência contida no edital visa validar a certidão apresentada, isto é, verificar a sua autenticidade e não a expedição de outro documento. (...) Outrossim, a Administração e os interessados em participar da concorrência pública têm o dever de respeitar o que ficou consignado no edital, nada lhe acrescentando ou excluindo. No caso em testilha, reitere-se, a Comissão Especial de Licitação da SABESP incluiu, posteriormente, documento que deveria ser juntado, como o foi, no envelope de documentos para habilitação e adotou expediente não contemplado no instrumento convocatório, em violação aos princípios que norteiam a licitação, como o da vinculação ao edital e ampla concorrência". 2. Não se conhece de Recurso Especial em relação à ofensa ao art. 535 do CPC/1973 quando a parte não aponta, de forma clara, o vício em que teria incorrido o acórdão impugnado. Aplicação, por analogia, da Súmula 284/STF. 3. O STJ possui jurisprudência firme e consolidada de ser o edital a lei interna do concurso público, vinculando não apenas os candidatos, mas também a própria Administração, com regras dirigidas à observância do princípio da igualdade (AgInt no RMS 50.936/BA, Rel. Min. Herman Benjamin, Segunda Turma, DJe 25.10.2016). 5. Para contrariar o estatuído pelo Tribunal a quo, acatando os argumentos da parte recorrente, seria necessário examinar as regras contidas no edital, bem como o contexto fático-probatório dos autos, o que é impossível no Recurso Especial, ante os óbices contidos nas Súmulas 5 e 7 do STJ. 6. Nos termos do art. 43, § 3º, da Lei 8.666/1993, é facultado à comissão licitatória, em qualquer fase, promover diligência destinada a esclarecer ou a complementar a instrução, vedada a inclusão posterior de documento ou informação que deveria constar originariamente da proposta, sob pena de ofensa de ofensa ao princípio da vinculação ao edital. 7. Recurso Especial parcialmente conhecido e, nessa parte, não provido.[27]

Com efeito, o respeito ao princípio da vinculação ao edital é condição basilar da licitação, cabendo à Comissão de Contratação a necessária observância das normas contidas no edital. É inconcebível que a Administração, após fixar em edital as regras que devem pautar a licitação, deixem de aplicá-las a título de ampliação de competitividade ou, ainda, usando da velha justificativa acerca do interesse público.

Com vistas a alumbrar o panorama acerca da vinculação ao edital, é preciso deixar claro que não estamos a dizer que o edital não possa ser alterado ou corrigido, na hipótese de verificação da existência de qualquer irregularidade. Nesse caso, poderá a Administração providenciar as alterações necessárias, com a consequente republicação e reabertura de prazo, desde que a alteração implique em mudança das condições de apresentação de documentos e propostas, nos termos do art. 55, § 1º.

Por pertinente, calha aqui observar que o princípio da vinculação ao edital não significa atender a meras formalidades sem nenhum conteúdo ou finalidade, que, aliás, nem deveriam constar do instrumento convocatório. O atendimento ao princípio da vinculação ao edital importa em atender aos condicionantes relativos à apresentação dos documentos e da proposta, sendo

---

[27] STJ – REsp: 1717180 SP 2017/0285130-0, Relatoria: Min. HERMAN BENJAMIN, Data de Julgamento: 13/03/2018, T2 – Segunda Turma, Data de Publicação: DJe 13/11/2018).

inválidas todas as demais condições que frustrem o caráter competitivo da licitação.

A par da vinculação ao edital, temos o princípio do julgamento objetivo, também de curial relevância para a licitação. Via de consequência, a escolha da melhor proposta não poderá ocorrer norteada pela vontade pessoal do agente público ou ainda impregnada por critérios de ordem subjetiva. O julgamento objetivo impõe à Administração a obrigatoriedade de escolher a melhor proposta de acordo com o critério determinado no edital, sem qualquer subjetividade ou discricionariedade.

É indene de dúvidas que, quando o critério de julgamento for o menor preço, o maior lance ou o maior desconto, o princípio do julgamento objetivo estará sendo atendido em sua plenitude. Contudo, em se tratando de melhor técnica e técnica e preços sempre será possível identificar uma margem de subjetividade, que deverá ser diminuída ao máximo, estabelecendo-se em edital critérios objetivos, que deverão ser devidamente pormenorizados e, quando aplicados pela Comissão de Contratação, ensejam a apresentação das justificativas, de modo a atender ao princípio do julgamento objetivo.

O princípio da segurança jurídica traz consigo um valor, uma ideia de estabilidade, pois seria inconcebível um ordenamento jurídico que fosse de natureza imprevisível. Irene Patrícia Nohara, ao se debruçar sobre o tema, observa:

> Seria aterradora a imprevisibilidade de um ordenamento jurídico que adotasse indiscriminadamente a retroatividade legal, pois as pessoas não poderiam antever com os dados do presente as consequências futuras de seus comportamentos. Uma vez que o legislador agisse, ocorreria uma perigosa alteração na forma de avaliar situações ocorridas antes da edição da lei e que no momento da ação eram consideradas lícitas.[28]

Ora, no que diz respeito às licitações, existe uma legítima expectativa de atendimento ao princípio da segurança jurídica, de modo a se estabelecer uma relação jurídica estável entre Administração e licitantes, sem qualquer surpresa que pudesse causar prejuízo a uma das partes.

Assim, caso a Administração Pública venha a instaurar procedimento licitatório para a contratação de determinado objeto, é de se concluir que isto tem como móvel a necessidade de o Poder Público contratar a obra, serviço ou compra. Logo, é inconcebível que após o término do procedimento licitatório venha a Administração a revogar a licitação, tendo como sustentáculo a velha justificativa "que o certame não mais atende ao interesse público." Em verdade, o que se espera, para a estabilidade das relações, é que a licitação seja

---

[28] NOHARA, Irene Patrícia. *Direito administrativo*. 3ª ed. São Paulo: Editora Atlas, 2013, p. 108.

DOS PRINCÍPIOS   ARTº 5

adjudicada e homologada pela autoridade competente ou revogada, única e tão somente em razão de fato superveniente, nos termos do art. 71, § 2º.

A aplicação da lei, por certo, não autoriza a Administração a adotar condutas ilógicas ou desarrazoadas. Em razão disso, emerge o princípio da razoabilidade, também previsto no art. 5º, de caráter instrumental. Sobremodo seria admitir que os poderes administrativos, de caráter instrumental, pudessem ser exercitados além daquilo que temos por coerente e razoável.

Assim, no campo das licitações cabe ao agente público, quando do julgamento da licitação, seja na fase de apreciação da propostas, seja na fase de habilitação, aferir a compatibilidade entre os meios empregados e os fins pretendidos, evitando decisões inadequadas, desnecessárias, arbitrárias ou em testilha com a finalidade da licitação. Nesse sentido, vale trazer uma antiga decisão do STJ, mas que muito bem retrata a necessidade de se temperar a interpretação do edital à luz do princípio da razoabilidade:

> DE SEGURANÇA. ADMINISTRATIVO. LICITAÇÃO. PROPOSTA TÉCNICA. INABILITAÇÃO. ARGÜIÇÃO DE FALTA DE ASSINATURA NO LOCAL PREDETERMINADO. ATO ILEGAL. EXCESSO DE FORMALISMO. PRINCÍPIO DA RAZOABILIDADE. 1. A interpretação dos termos do Edital não pode conduzir a atos que acabem por malferir a própria finalidade do procedimento licitatório, restringindo o número de concorrentes e prejudicando a escolha da melhor proposta. 2. O ato coator foi desproporcional e desarrazoado, mormente tendo em conta que não houve falta de assinatura, pura e simples, mas assinaturas e rubricas fora do local preestabelecido, o que não é suficiente para invalidar a proposta, evidenciando claro excesso de formalismo. Precedentes. 3. Segurança concedida.[29]

Verifique-se que a decisão tomada pela Comissão de Licitações não só deixou de observar o princípio da razoabilidade, como também ensejou uma restrição ao princípio da competitividade, que, a seguir, passamos a nos debruçar.

O princípio da competitividade, em última análise, impede a fixação de cláusulas ou condições de caráter discriminatório, que restrinjam o possível universo de licitantes ou, ainda, direcionar a licitação para esta ou aquela empresa, em franco desrespeito à ampliação da disputa.

O Tribunal de Contas da União, em julgamento de representação com pedido de medida cautelar, fundada em discricionariedade da Administração no estabelecimento de cláusulas e condições do edital, assim já decidiu:

---

[29] STJ – MS n. 5.869/DF, relatora Ministra Laurita Vaz, Primeira Seção, DJ de 7/10/2002 p. 163.

> REPRESENTAÇÕES COM PEDIDO DE MEDIDA CAUTELAR. LICITAÇÕES PARA CONTRATAÇÃO DE OBRAS RODOVIÁRIAS. EXIGÊNCIAS PARA COMPROVAÇÃO DO DIREITO DE LICITAR. PROCEDÊNCIA PARCIAL. 1. Diferentemente das condições gerais do direito de licitar – que são exigidas no texto da lei para toda e qualquer licitação, independentemente das circunstâncias de uma situação concreta –, as condições específicas são fixadas pelo ato convocatório, em função das características da contratação desejada em um determinado certame, cabendo à Administração Pública, neste último caso, deliberar acerca da extensão e do conteúdo dos requisitos que serão exigidos daqueles que pretendam formular propostas. 2. A discricionariedade na fixação das condições específicas está delimitada pela natureza e extensão do objeto a ser contratado, sendo válidas as exigências dessa ordem desde que se revelem necessárias e adequadas a comprovar a existência do direito de licitar. 3. O princípio que refuta a restrição ao caráter competitivo não é absoluto, representando essencialmente a expressão sintetizada de uma orientação vista em caráter de generalidade, a admitir, por óbvio, excepcionalidades que sejam conduzidas por circunstâncias ensejadoras de determinada feição fora do comum. 4. Não se admite a discriminação arbitrária na seleção do contratante, sendo insuprimível o tratamento uniforme para situações uniformes, tendo em vista que, nos termos do art. 3º, caput, da Lei nº 8.666/93, a licitação destina-se a garantir não só a seleção da proposta mais vantajosa para a Administração, como também a observância do princípio constitucional da isonomia.[30]

É relevante deixar claro que o princípio da competitividade não é absoluto, como aliás, nenhum princípio o é. O que não se admite, sob qualquer hipótese, é o estabelecimento de condições arbitrárias, despropositadas e em dissonância com o objeto da licitação.

Consta, ainda, do art. 5º, o princípio da proporcionalidade, que, em nosso sentir, sempre estará acompanhado do princípio da razoabilidade, precipuamente em se tratando de dosimetria da pena, conforme se vê em julgamento de recurso inominado proferido pelo Tribunal de Justiça do Estado de São Paulo:

> Recurso inominado da parte requerida – ação declaratória de nulidade de sanção administrativa – Atraso na entrega dos documentos obrigatórios pela parte vencedora na licitação – Instauração de processo administrativo e aplicação de penalidade de impedimento de contratar com a administração pública pelo período de três anos – Violação ao princípio da proporcionalidade – Inegável a desproporção da pena aplicada – Em análise ao artigo 87 da Lei de Licitações ou a Lei 10.502/02, não se pode perder de vista que o contrato não possui valor elevado, não resultaram comprovados ou vultosos prejuízos ao bem público, e não há notícia nos autos de que a empresa autora seja contumaz no

---

[30] TCU – Acórdão nº 1631/2007 – Plenário. Relatoria: Min. Valmir Campelo. Brasil. Data da Sessão: 15/08/2007.

DOS PRINCÍPIOS · ART° 5

descumprimento de suas obrigações – Sentença mantida por seus próprios fundamentos – Recurso improvido.[31]

É imprescindível a existência de um nexo de pertinência lógica entre a decisão da Administração Pública, com a finalidade daquilo que se pretende, seja em razão de cláusula editalícia, seja em razão de apenamento.

É inegável que a licitação na modalidade de pregão nasceu com sustentáculo no princípio da celeridade, com vistas a simplificar procedimentos e afastar rigorismos excessivos e formalidades desnecessárias.

Entretanto, o princípio da celeridade tem abrangência significativamente maior. Para se determinar a correta aplicação deste princípio é importante meditarmos quanto à razão da instauração de procedimento licitatório. Ora, fácil é concluir que a licitação é instaurada em razão de uma necessidade da Administração, na contratação de obras, serviços ou compras. A par disso, é evidente que o certame não pode se arrastar indefinidamente, pois isso demandaria contra a necessidade intrínseca da Administração. Por conseguinte, o edital de licitação, quando de sua elaboração, exige do agente público o bom senso, no sentido de conceber um instrumento convocatório livre de cláusulas e condições que certamente vão ensejar a propositura de impugnações e recursos administrativos, isso sem falar da ação mandamental.

Cláusulas e condições de conteúdo meramente formal devem ser evitadas. A exemplo, citamos uma disposição editalícia normalmente encontrada naqueles editais que são elaborados de afogadilho e sem o devido bom senso: "O licitante proponente deverá apresentar a sua proposta comercial, devidamente numerada e rubricada em todas as suas folhas, com termo de abertura e encerramento". Desnecessárias maiores considerações para se concluir que aquele licitante que apresentou o menor preço, mas não atendeu ao edital, naquilo que diz respeito à numeração das páginas, rubrica e termo de abertura e encerramento, se declarado vencedor, será alvo de recurso administrativo. A Comissão, por sua vez, muito provavelmente, manterá a sua decisão, e como justificativa sustentará que as alegações dos demais licitantes estão baseadas em questões de caráter meramente formal, negando provimento aos recursos interpostos. Ora, se a cláusula é de caráter meramente formal, não há sentido em mantê-la no edital ou, ainda, preferível será alterar a sua redação: "O licitante proponente deverá, **preferencialmente**, apresentar a sua proposta comercial, devidamente numerada e rubricada em todas as suas folhas, com termo de abertura e encerramento".

---

[31] TJ-SP – RI: 10021358620198260394 SP 1002135-86.2019.8.26.0394, Relatoria: Eugênio Augusto Clementi Júnior, Data de Julgamento: 28/10/2020, 1ª Turma Cível, Criminal e Fazenda, Data de Publicação: 28/10/2020.

Por assim dizer, em nosso entender, o atendimento ao princípio da celeridade passa, necessariamente, por uma revisão das disposições editalícias, bem como das normas e regulamentos internos que estabeleçam condicionantes e procedimentos que, em síntese, estejam a prestigiar única e exclusivamente o "culto das formas".

Por seu turno, o princípio da economicidade vem disposto no art. 70 da Constituição Federal e tem por objetivo a obtenção do resultado esperado com o menor custo, mantendo a qualidade e buscando a celeridade na prestação do serviço ou no trato com os bens públicos.

Não é demais dizer que o princípio da economicidade deve incidir, primordialmente, na fase preparatória da licitação, nos termos do art. 18, § 1º, inc. IX, e art. 40, § 2º, inc. II. Entretanto, válido é lembrar que existem avenças públicas cujos contratos são prorrogados e, a cada prorrogação, a exigência de demonstração da economicidade deverá ser observada.

Temos ainda que examinar o princípio do desenvolvimento econômico sustentável que hoje é discutido em âmbito internacional e, também, internamente. Cumpre, desde logo, dizer que o desenvolvimento sustentável vem veiculado mediante três pilares fundamentais: as questões social, ambiental e econômica. Mais recentemente agregou-se também o pilar cultural, ainda que isso não seja um consenso entre os autores.[32]

Discorrer sobre a questão da sustentabilidade não é tarefa fácil, na medida em que ela é formada por múltiplas dimensões. Entretanto, é possível dizer que a sustentabilidade tem por objetivo prestigiar a atual geração, sem prejuízo das gerações vindouras.

De toda maneira, o desenvolvimento nacional sustentável encontra-se previsto no art. 5º como princípio objetivo da licitação. Juarez de Freitas, examinando a questão, ainda que sob a égide da Lei nº 8.666/1993, ensina:

> (...) a proposta mais vantajosa será sempre aquela que, entre outros aspectos a serem contemplados, apresentar-se a mais apta a causar, direta ou indiretamente, o menor impacto negativo e, simultaneamente, os maiores benefícios econômicos, sociais e ambientais.[33]

Ainda que o desenvolvimento nacional sustentável tenha sido contemplado no ordenamento jurídico das licitações e contratos desde 2010, muito pouco se avançou, seja porque a Administração Pública acredite que os critérios de

---

[32] MIRANDA, Marcos Paulo de Souza. Meio ambiente e avaliação de impactos ao patrimônio cultural, artigo veiculado na coluna Ambiente Jurídico, em 14/5/2016.

[33] FREITAS, Juarez de. Princípio da sustentabilidade: Licitações e a redefinição da proposta mais vantajosa. Revista do Direito. Santa Cruz do Sul – UNISC Nº 38, Jul-Dez 2012. p. 78.

DOS PRINCÍPIOS ARTº 5

sustentabilidade são altamente complexos e de elevado custo, seja em razão da falta de conhecimento sobre políticas ambientais e sociais, de sorte a integrar tudo isso no âmbito das contratações públicas.

Importante destacar que o desenvolvimento nacional sustentável, além de ser um dos princípios da licitação, vem a ser também um dos objetivos do certame licitatório, nos moldes determinados pelo art. 11, inc. IV.

Examinando os dispositivos legais sobrefalados – arts. 5º e 11, inc. IV – e o art. 3º da Lei nº 8.666/1993, percebe-se uma nítida diferença. Embora a nova Lei de Licitações, tal qual a Lei nº 8.666/1993, tenha gizado o desenvolvimento nacional sustentável enquanto objetivo da licitação, o art. 5º do novel diploma é de lapidar clareza em colocá-lo como princípio dos certames licitatórios.

Impende considerar que, a partir do momento que o desenvolvimento nacional sustentável foi erigido à categoria de princípio, estamos perante a uma disposição de elevadíssima carga normativa, que se constitui em uma norma cogente e, portanto, de caráter obrigatório, que deve ser aplicada em consonância com as suas três dimensões.

Mister se faz dizer que os normativos relativos ao desenvolvimento nacional sustentável devem ser revistos, pois foram erigidos à categoria de princípio e, portanto, de observância obrigatória.[34]

Por derradeiro, o art. 5º contemplou, de sua vez, as disposições do Dec.-lei nº 4.657, de 4 de setembro de 1942 (Lei de Introdução às Normas do Direito Brasileiro – LINDB).

A Lei nº 13.655/2018 veio a acrescentar novos dispositivos à Lei de Introdução às Normas de Direito Brasileiro – LINDB – Dec.-lei nº 4.657/1942. O objetivo da mencionada legislação foi trazer maior segurança jurídica e eficiência na criação e aplicação das normas de direito público.

Ainda que a LINDB já se encontre vigente desde 2018 e, em razão disso, com plena aplicação no Direito Administrativo, não há dúvidas que a sua menção na última parte do art. 5º traz significativo conforto aos agentes públicos na aplicação da lei, em especial na apresentação de justificativas perante os órgãos de controle.

---

[34] Decreto nº 7.746, de 5 de junho de 2012, que regulamenta o art. 3º da Lei nº 8.666, de 21 de junho de 1993, para estabelecer critérios, práticas e diretrizes para a promoção do desenvolvimento nacional sustentável nas contratações realizadas pela administração pública federal, e institui a Comissão Interministerial de Sustentabilidade na Administração Pública – CISAP. ; Instrução Normativa SLTI nº 10, de 12 de novembro de 2012, que estabelece regras para elaboração dos Planos de Gestão de Logística Sustentável de que trata o art. 16, do Decreto nº 7.746, de 5 de junho de 2012, e dá outras providências; Instrução Normativa SLTI nº 1, de 19 de janeiro de 2010, que dispõe sobre os critérios de sustentabilidade ambiental na aquisição de bens, contratação de serviços ou obras pela Administração Pública Federal direta, autárquica e fundacional e dá outras providências.

A LINDB trouxe uma nova perspectiva para as decisões administrativas, na medida em que as consequências práticas das referidas decisões devem ser efetivamente consideradas, em se tratando da invalidação de atos ou contratos administrativos. Em outras palavras, assiste razão a aqueles que afirmam pela impossibilidade de os agentes públicos decidirem tendo por base, única e exclusivamente, valores jurídicos abstratos. É dizer, portanto, que o direito não pode mais se sobrepor ao fato, exigindo, assim, um verdadeiro diálogo entre o fato concreto e o instrumento normativo.

É de curial importância afirmar que isso não significa, a qualquer pretexto, que o gestor público poderá decidir a questão a seu livre talante. Muito pelo contrário. A motivação das decisões deverá contemplar a adequação da medida imposta ou da invalidação de ato, contrato, ajuste, processo ou norma administrativa, inclusive em face das possíveis alternativas, consoante determina o art. 21º, parágrafo único, da LINDB.

O art. 22 da LINDB traça os condicionantes da interpretação do arcabouço legislativo, reforçando a impossibilidade da aplicação da norma ocorrer de forma dissociada das dificuldades enfrentadas pelo gestor, bem como em face das exigências das políticas públicas a seu cargo, observado os direitos dos administrados.

A interpretação de conceitos indeterminados, que possam ensejar a discricionariedade administrativa, de modo a impor condicionante de direito, deverá contemplar regime de transição quando indispensável para que o novo dever ou condicionamento de direito seja cumprido de modo proporcional, equânime e eficiente e sem prejuízo aos interesses gerais, prestigiando a segurança jurídica, nos termos do art. 23 da LINDB.

A seu turno, o art. 26 da LINDB veio a dispor sobre a Administração Pública consertada, dialógica ou consensual, colocando o administrado em posição quase que paritária com o Poder Público, de modo que as partes envolvidas na relação jurídica podem celebrar compromisso com os interessados, observada a legislação aplicável, produzindo efeitos a partir de sua publicação, com o objetivo de eliminar irregularidade, incerteza jurídica ou situação contenciosa na aplicação do direito público. Para ser celebrado, o compromisso depende da prévia oitiva do órgão jurídico e, quando for o caso, após realização de consulta pública, e presentes razões de relevante interesse geral.

Por óbvio que a situação retratada no art. 26 da LINDB não poderá deixar de considerar a eventual imposição de compensação por benefícios indevidos ou prejuízos anormais ou injustos resultantes do processo ou da conduta dos envolvidos, conforme expressa o art. 27 da LINDB.

Temos para nós que maiores ilações acerca da LINDB, e sua aplicação nos processos licitatórios e consequentes contratos administrativos, se afiguram

DOS PRINCÍPIOS   ART° 5

com a devida clareza, em razão dos interesses contrapostos incidentes na aplicação dos institutos em questão.

Não podemos deixar de registrar, por fim, que o art. 5º é de alta carga principiológica e, portanto, de caráter obrigatório. O gestor e agentes públicos, de maneira geral, deverão aprender e compreender a necessidade de se estabelecer um novo comportamento para com a coisa pública, que, em última análise, tem como dono e senhor, o administrado.

Legislação correlata

Promoção do desenvolvimento nacional sustentável nas contratações realizadas pela Administração Pública federal: Ver Decreto nº 7.746, de 5 de junho de 2012, que regulamenta o art. 3º da Lei nº 8.666, de 21 de junho de 1993, para estabelecer critérios e práticas para a promoção do desenvolvimento nacional sustentável nas contratações realizadas pela administração pública federal direta, autárquica e fundacional e pelas empresas estatais dependentes, e institui a Comissão Interministerial de Sustentabilidade na Administração Pública – CISAP.

Promoção do desenvolvimento nacional sustentável nas contratações realizadas pela Administração Pública federal: Ver Instrução Normativa SLTI nº 10, de 12 de novembro de 2012, que estabelece regras para elaboração dos Planos de Gestão de Logística Sustentável de que trata o art. 16, do Decreto nº 7.746, de 5 de junho de 2012, e dá outras providências.

Promoção do desenvolvimento nacional sustentável nas contratações realizadas pela Administração Pública federal: Ver Instrução Normativa SLTI nº 1, de 19 de janeiro de 2010, que dispõe sobre os critérios de sustentabilidade ambiental na aquisição de bens, contratação de serviços ou obras pela Administração Pública Federal direta, autárquica e fundacional e dá outras providências.

Jurisprudência e decisões dos Tribunais de Contas

Princípios da Licitação. Princípio da impessoalidade: TCU – Acórdão nº 2.194/ 2009 – 2ª Câmara – Relatoria: Ministro Augusto Sherman Cavalcanti – "1.5. Determinar ao Instituto Nacional de Pesquisas Espaciais (INPE): 1.5.1 o fiel cumprimento da Portaria nº 41, de 4/3/2005, em especial: 1.5.6 que se abstenha de contratar empresa cujos sócios possuem relação acadêmica ou profissional com o INPE, em consonância com o princípio da impessoalidade."

Princípios da Licitação. Princípio da isonomia: TCU – Acórdão nº 2.345/2006 – 1ª Câmara – Relatoria: Ministro Marcos Vinicios Vilaça – "1. Se todos os produtos ofertados por diferentes fabricantes estiveram sujeitos aos mesmos critérios objetivos estabelecidos em edital, não há que se falar em tratamento não-isonômico conferido aos licitantes."

Princípios da Licitação. Princípio da estrita da vinculação ao edital: TRF 1º Região – AMS nº 2001.34.00.006026-1- Relatoria: Des. Fed. Selene Maria de Almeida

COMENTÁRIOS À NOVA LEI DE LICITAÇÕES PÚBLICAS E CONTRATOS ADMINISTRATIVOS

– "1. Se a Administração objetiva que os atestados de capacidade técnica contenham informações detalhadas, ela deve redigir o edital de forma cuidadosa, fazendo nele constar todos os dados que considera imprescindíveis ao seu atendimento.

Não se pode, após a publicação do edital, no curso do procedimento licitatório, fazer exigência que não estava clara na norma que vincula a licitação, qual seja, o edital convocatório, sob pena de desatendimento ao princípio da vinculação ao edital.

Por não prever o edital que os atestados de capacidade técnica contivessem a descrição detalhada do ambiente tecnológico em que os serviços foram prestados, não poderia exigir a Administração a apresentação de atestados com essas Informações. 4. Apelações da Anatel e da Atento Brasil S/A improvidas." (AMS nº 2001.34. 00.006026-1/DF;5º T;; Órgão Julgador: Quinta Turma; Publicação: 27/07/2006 DJ p.72)

Princípios da Licitação. Princípio estrita vinculação ao edital. Não se podem exigir dos licitantes documentos que não constam do ato convocatório: TRF-1º Região – AMS 2005.38.00.016259-2/MG – Relatoria: Des. Fed. Souza Prudente – "II – O Edital de Licitação regula as regras do certame, consubstanciando-se na legislação pertinente, de maneira que não se pode exigir dos licitantes documentos que não constam do seu texto vinculativo. III – Apelação desprovida. Sentença confirmada." (AMS 2005.38.00.016259-2/MG;6ºT, – Publicação: 13/03/2006 DJ p.110 – Data da Decisão : 17/02/2006)

Princípios da Licitação. Princípio da estrita vinculação ao edital. Administração não pode se afastar das normas constantes do ato convocatório: TRF 1º Região – MS n. 2000.01.00.048679-4/MA – Relatoria: Des. Fed. Selene Maria de Almeida – "1.O princípio da vinculação ao edital, previsto no art. 41, 'caput', da Lei n. 8.666/93, impede que a Administração e os licitantes se afastem das normas estabelecidas no instrumento convocatório, sob pena de nulidade dos atos praticados" (MS n. 2000.01.00.048679-4/MA, , 3ª Seção, DJ de 10.11.2004, p. 03).

Princípios da Licitação. Princípio da estrita vinculação ao edital. Fixação nas minutas de contratos regras distintas das constantes do edital: TCU – Acórdão nº 668/2005 – Plenário – Relatoria: Augusto Sherman Cavalcanti – "9.4.4. observe o princípio da vinculação ao instrumento convocatório, previsto artigos 3º e 54, § 1º, da Lei 8.666/93, abstendo-se de prever nas minutas de contratos regras distintas das fixadas no edital."

Princípio da estrita vinculação ao edital. Necessidade de que as minutas sejam compatíveis com os ajustes celebrados: TCU – Acórdão nº 1.335/2009 – Plenário – Relatoria: Ministro Raimundo Carreiro – "9.9. determinar à Infraero que: 9.9.1. observe a legislação vigente, em particular o Parágrafo Único do art. 38, da Lei 8.666/1993, de modo a garantir inteira compatibilidade da minutas constantes dos editais de licitações com os contratos firmados."

Princípio da estrita vinculação ao edital. A atuação do administrador deve pautar-se estritamente nas condições fixadas no ato convocatório: STJ – REsp

DOS PRINCÍPIOS   ARTº 5

nº 421946/DF – Relatoria: Ministro Francisco Falcão – "II – O art. 41 da Lei nº 8.666/93 determina que: 'Art. 41. A Administração não pode descumprir as normas e condições do edital, ao qual se acha estritamente vinculada.' III – Supondo que na Lei não existam palavras inúteis, ou destituídas de significação deontológica, verifica-se que o legislador impôs, com apoio no Princípio da Legalidade, a interpretação restritiva do preceito, de modo a resguardar a atuação do Administrador Público, posto que este atua como gestor da 'res publica'. Outra não seria a necessidade do vocábulo 'estritamente' no aludido preceito infraconstitucional. (...) V – Em resumo: o Poder Discricionário da Administração esgota-se com a elaboração do Edital de Licitação. A partir daí, nos termos do vocábulo constante da própria Lei, a Administração Pública vincula-se 'estritamente' a ele." (STJ – REsp 421946 / DF – 2002/0033572-1 – Min. Francisco Falcão – Primeira Turma – DJ 06/03/2006 p. 163)

Princípio da estrita vinculação ao edital. Impossibilidade de realizar modificação nas condições pactuadas, não constantes do edital, após a celebração do contrato: TRF 1ª Região – 005.01.00.058355-6/MG – Relatoria: Des. Fed. Maria Isabel Gallotti Rodrigues "1. A vinculação aos termos e às exigências do edital de licitação (Lei 8.666/93, art. 41, 'caput') deve ser observada por todos os licitantes, não podendo exigência nele prevista ser afastada para alguns deles, sob pena de ofensa, também, ao princípio da isonomia dos licitantes. Precedentes desta Corte.

Tendo a agravada firmado com a ECT, após regular licitação, contrato de permissão para operação de unidade de atendimento na modalidade de Agência de Correios Comercial Tipo I (ACCI), não tem plausibilidade jurídica a pretensão à modificação das cláusulas contratuais respectivas a fim de que possa atuar nas condições previstas para a Agência de Correios Franqueada (ACF), sob pena de ofensa ao ato jurídico perfeito (Carta Magna, art. 5º, XXXVI).

Agravo de instrumento provido. (Processo: 2005.01.00.058355-6/MG; Agravo de Instrumento – Relatoria: Des. Fed. Maria Isabel Gallotti Rodrigues – Órgão Julgador: 6ª T – Publicação: 03/04/2006 DJ p. 70)

Princípio da estrita vinculação ao edital. Apresentação de objeto em desacordo com o edital. Desclassificação. Necessidade: TCU – Acórdão nº 781/2006 – Plenário – Relatoria: Ministro Ubiratan Aguiar – "9.2.5.3. proceda à desclassificação de licitante cuja proposta contenha produtos e serviços em desacordo com o edital ou, ainda, apresente preços superiores aos critérios de aceitabilidade constantes do edital."

Princípio da estrita vinculação ao edital. Ausência de apresentação de certidão exigida no edital. Inabilitação devida. Ocorrência de greve no órgão ou entidade emissora da certidão. Possibilidade de habilitação do particular prejudicado pela paralisação do funcionalismo público: TJ/PR – AC nº. 415.588-0 – Relatoria: Des. Edison de Oliveira Macedo Filho – "APELAÇÃO CÍVEL. MANDADO DE SEGURANÇA. HABILITAÇÃO. LICITAÇÃO MODALIDADE TOMADA DE PREÇO. SERCOMTEL. FALTA DE CERTIDÃO NEGATIVA DE DÉBITOS

COMENTÁRIOS À NOVA LEI DE LICITAÇÕES PÚBLICAS E CONTRATOS ADMINISTRATIVOS

ATUALIZADA. GREVE DOS SERVIDORES PÚBLICOS QUE IMPOSSIBILITOU A OBTENÇÃO DA CERTIDÃO. CASO FORTUITO. IMPOSSIBILIDADE DE IMPOR RESPONSABILIZAÇÃO À EMPRESA CONCORRENTE. RECURSO DE APELAÇÃO DESPROVIDO." (TJ/PR – APELAÇÃO CÍVEL Nº. 415.588-0 – Relator: Edison de Oliveira Macedo Filho Data Julgamento: 13/10/2009)

Princípio da estrita vinculação ao edital. Não é admitindo discrepância entre os termos do edital, do termo de referência e da minuta de contrato – TCU – Acórdão 531/2007 – Plenário – Relatoria: Ministro Ubiratan Aguiar – "1. A definição do objeto deve ser precisa, suficiente e clara, não se admitindo discrepância entre os termos do edital, do termo de referência e da minuta de contrato."

Princípios da Licitação. Princípio do julgamento objetivo. Necessidade de afastamento de exigências editalícias que permitam mais de uma interpretação: TCU – Acórdão nº 1.405/2006 – Plenário – Relatoria: Ministro Marcos Vinicios Vilaça – "9.2.1. abstenha-se, em editais de futuras licitações, de elaborar itens que permitam mais de uma interpretação, apresentando texto claro e objetivo, especialmente no tocante às exigências de qualificação técnica, e evitando qualquer exigência desarrazoada, em atenção ao art. 37, inciso XXI, da Constituição Federal e art. 30, inciso II e § 5º, da Lei nº 8.666/93."

Princípios da Licitação. Princípio do julgamento objetivo: TCU – Acórdão nº 346/2007 – Plenário – Relatoria: Ministro Ubiratan Aguiar – "9.3.2. observe o princípio da impessoalidade contido no art. 37, 'caput', da Constituição Federal, quando da solicitação de garantias para a execução contratual, bem como abstenha-se de colocar, nos editais, termos como *a juízo da administração*, a exemplo do contido no item 5.3 do Convite nº 883.001.01-9."

Princípios da Licitação. Princípio do julgamento objetivo: TCU – Acórdão nº 2.182/2008 –1ª Câmara – Relatoria: Ministro Marcos Bemquerer Costa – "1.1. à Fundação Jorge Duprat Figueiredo de Segurança e Medicina do Trabalho/SP que, em futuros procedimentos licitatórios: 1.1.1. motive com todas as razões de direito e de fato as suas decisões; 1.1.2. abstenha-se de incluir no edital cláusulas desclassificatórias ou inabilitadoras baseadas em mera presunção, sendo recomendável sempre propiciar aos licitantes a possibilidade de apresentar notas explicativas acerca do conteúdo das suas propostas."

Princípios de observância obrigatória na licitação. Princípio da motivação dos atos administrativos: TCU – Acórdão nº 1.375/2007 – Plenário – Relatoria: Ministro Guilherme Palmeira – "9.5. determinar à Fundação Nacional de Saúde – FUNASA que, em futuras licitações e na elaboração de novos editais, observe as seguintes medidas: 9.5.2. ao promover a desclassificação de qualquer empresa, aponte todos os itens do edital não atendidos, possibilitando sua contestação mediante recurso administrativo, em consonância com os princípios do contraditório e da ampla defesa."

DOS PRINCÍPIOS   ARTº 5

Princípios de observância obrigatória na licitação. Princípio da Razoabilidade. Julgamento da licitação. Excesso de rigorismo na atuação estatal. Descabimento: STJ – MS nº 7.724/DF – Relatoria: Ministro Milton Luiz Pereira – "1. Cláusulas editalícias com dicção condicional favorecem interpretação amoldada à sua finalidade lógica, merecendo compreensão moderada a exigência obstativa do fim primordial de licitação, aberta para ampla concorrência. A interpretação soldada ao rigor tecnicista deve sofrer temperamentos lógicos, diante de inafastáveis realidades, sob pena de configuração de revolta contra a razão do certame lucrativo."

Princípios de observância obrigatória na licitação. Princípio da Razoabilidade. Julgamento da licitação. Excesso de rigorismo na atuação estatal. Descabimento: STJ – MS nº 5.693/DF – Relatoria: Ministro Milton Luiz Pereira – "1. O interesse público reclama o maior número possível de concorrentes, configurando ilegalidade a exigência desfiliada da lei básica de regência e com interpretação de cláusulas editalícias impondo condição excessiva para a habilitação."

Princípios de observância obrigatória na licitação. Princípio da Razoabilidade. Julgamento da licitação. Excesso de rigorismo na atuação estatal. Descabimento: STJ – MS nº 5.779/DF – Relatoria: Ministro José Delgado – "1. A interpretação das regras do edital de procedimento licitatório não deve ser restritiva. Desde que não possibilitem qualquer prejuízo à administração e aos interessados no certame, é de todo conveniente que compareça à disputa o maior número possível de interessados, para que a proposta mais vantajosa seja encontrada em um universo mais amplo. 2. O ordenamento jurídico regulador da licitação não prestigia decisão assumida pela Comissão de Licitação que inabilita concorrente com base em circunstância impertinente ou irrelevante para o específico objeto do contrato, fazendo exigência sem conteúdo de repercussão para a configuração de habilitação jurídica, da qualificação técnica, da capacidade econômico-financeira e da regularidade fiscal."

Princípios de observância obrigatória na licitação. Princípio da Razoabilidade. Julgamento da licitação. Excesso de rigorismo na atuação estatal. Descabimento: STJ – MS nº 5.631/DF – Relatoria: Ministro José Delgado – "3. O procedimento licitatório há de ser o mais abrangente possível, a fim de possibilitar o maior número possível de concorrentes, tudo a possibilitar a escolha da proposta mais vantajosa. 4. Não deve ser afastado candidato do certame licitatório, por meros detalhes formais. No particular, o ato administrativo deve ser vinculado ao princípio da razoabilidade, afastando-se de produzir efeitos sem caráter substancial. 5. Segurança concedida."

Princípios de observância obrigatória na licitação. Princípio da Razoabilidade. Julgamento da licitação. Excesso de rigorismo na atuação estatal. Descabimento: STJ – Resp nº 542.333/RS – Relatoria: Ministro Castro Meira – "1. A ausência de reconhecimento de firma é mera irregularidade formal, passível de ser suprida em certame licitatório, em face dos princípios da razoabilidade e proporcionalidade."

COMENTÁRIOS À NOVA LEI DE LICITAÇÕES PÚBLICAS E CONTRATOS ADMINISTRATIVOS

Princípios de observância obrigatória na licitação. Princípio da Razoabilidade. Julgamento da licitação. Excesso de rigorismo na atuação estatal. Descabimento: STJ – MS nº 5.418/DF – Relatoria: Ministro Demócrito Reinaldo – "O formalismo no procedimento licitatório não significa que se possa desclassificar propostas eivadas de simples omissões ou defeitos irrelevantes."

Princípios de observância obrigatória na licitação. Princípio da Razoabilidade. Julgamento da licitação. Excesso de rigorismo na atuação estatal. Descabimento: TJ/SC – MS n. 2008.081629-4 – Relatoria: Des. Newton Janke – "No procedimento licitatório, a Administração não pode, na fase de habilitação, surpreender os licitantes com exigências que não estejam, clara, objetiva e previamente dispostas, assim como o princípio da vinculação ao edital 'não significa que a Administração deva ser formalista a ponto de fazer exigências inúteis ou desnecessárias à licitação, como também não quer dizer que se deva anular o procedimento ou o julgamento, ou inabilitar licitantes, ou desclassificar propostas diante de simples omissões ou irregularidades na documentação ou na proposta, desde que tais omissões ou irregularidades sejam irrelevantes e não causem prejuízos à Administração ou aos concorrentes' (Hely Lopes Meirelles)."

Princípios de observância obrigatória na licitação. Princípio da Razoabilidade. Julgamento da licitação. Excesso de rigorismo na atuação estatal. Descabimento: TJ/SC – MS n. 2006.013114-5, Relatoria: Des. Luiz Cézar Medeiros – "Se houve mera irregularidade na juntada da documentação exigida pelo edital, que foi suprida pelos outros documentos anexados, é violadora de direito líquido e certo a inabilitação da empresa licitante."

Princípios de observância obrigatória na licitação. Princípio da Razoabilidade. Julgamento da licitação. Excesso de rigorismo na atuação estatal. Descabimento: TJ/SC – ACMS n. 2006.040074-1 – Relatoria: Des. Sérgio Roberto Baasch Luz – "Não se pode perder de vista que a finalidade precípua da licitação é a escolha da contratação mais vantajosa para a Administração Pública e, para atingi-la, não pode o administrador ater-se a rigorismos formais exacerbados, a ponto de afastar possíveis interessados do certame, o que limitaria a competição e, por conseguinte, reduziria as oportunidades de escolha para a contratação.

Princípios de observância obrigatória na licitação. Princípio da Razoabilidade. Julgamento da licitação. Excesso de rigorismo na atuação estatal. Descabimento: TJ/RS – Apelação Cível – Nº 7016971616 – Relatoria: Des. Liselena Schifino Robles Ribeiro – "1. Válida licitação pública se as supostas irregularidades apontadas não implicaram prejuízo aos demais concorrentes, tendo sido atingido o objetivo das cláusulas do instrumento convocatório. O rigorismo formal da interpretação da norma legal não pode vir em prejuízo à viabilidade de concorrência e à possibilidade de melhor oferta à Administração."

Princípios de observância obrigatória na licitação. Princípio da Razoabilidade. Julgamento da licitação. Excesso de rigorismo na atuação estatal.

Descabimento: TCU – Decisão nº 695/1999 – Plenário – Trecho do voto do Ministro Relator Marcos Vinicios Vilaça – "19. O apego a formalismos exagerados e injustificados é uma manifestação perniciosa da burocracia que, além de não resolver apropriadamente problemas cotidianos, ainda causa dano ao Erário, sob o manto da legalidade estrita. Esquece-se o interesse público e passa-se a conferir os pontos e vírgulas como se isso fosse o mais importante a fazer."

Princípios de observância obrigatória na licitação. Princípio da Razoabilidade. Julgamento da licitação. Excesso de rigorismo na atuação estatal. Descabimento: TCU – Acórdão nº 366/2007 – Plenário – Trecho do voto do Ministro Relator Augusto Nardes – "De fato, foram identificados apenas erros de ordem formal, sem maiores consequências para o objetivo do certame e para a Administração. Nesse sentir, entendo que desclassificar licitantes por conta de erro material na apresentação da proposta e da documentação exigida constituiria excesso de rigor, além de ferir os princípios da competitividade, proporcionalidade e razoabilidade. De modo contrário, estaria a Comissão de Licitação alijando de participar do certame empresa que poderia ofertar a proposta mais vantajosa.

Também não vislumbro quebra de isonomia no certame, tampouco inobservância ao princípio da vinculação ao instrumento convocatório. Como já destacado no parecer transcrito no relatório precedente, o edital não constitui um fim em si mesmo, mas um instrumento que objetiva assegurar a contratação da proposta mais vantajosa para a Administração e a igualdade de participação dos interessados.

Sem embargo, as normas disciplinadoras da licitação devem sempre ser interpretadas em favor da ampliação da disputa entre os interessados, desde que não comprometam o interesse da Administração, a finalidade e a segurança da contratação."

Princípios de observância obrigatória na licitação. Princípio da Razoabilidade. Julgamento da licitação. Excesso de rigorismo na atuação estatal. Descabimento: TCU – Decisão nº 56/1998 – Plenário – Trecho do voto do Ministro Relator Bento José Bugarin – "2. Com efeito, desclassificar a empresa por não ter apresentado em sua proposta o preço unitário por extenso seria agir com excessivo rigor, o que não traria qualquer benefício, principalmente para a Administração da ECT. É bom ressaltar, todavia, que o preço total foi informado por extenso.

Por outro lado, a Lei nº 8.666/93, alterada pela Lei nº 8.883/94, faculta, em seu art. 43, § 3º, à Comissão, em qualquer fase da licitação, propor diligência destinada a esclarecer ou complementar a instrução do processo.

O licitante, a empresa Rapistan, percebendo a imprecisão das informações referentes à indicação da marca ou modelo do equipamento, adiantou-se em elucidar o ponto, remetendo-as via fax. Diante do exposto, e considerando que as falhas, de caráter formal, não ensejam determinações, já que as mesmas foram plenamente sanadas, acolho os pareceres e VOTO no sentido de que o Tribunal adote a decisão que ora submeto à apreciação deste Plenário."

Princípios de observância obrigatória na licitação. Princípio da Razoabilidade. Julgamento da licitação. Excesso de rigorismo na atuação estatal. Descabimento: TRF 1ª Região – Processo: AGA 2008.01.00.019616-0/DF – Relatoria: Des. Fed. Selene Maria de Almeida – "1. A formulação de exigências excludentes ou que diminuam a competitividade deve ser declarada nula por afronta aos princípios da ampla concorrência e da isonomia, previstos no artigo 8º, I, da Lei nº 8.666/93.

2. A previsão editalícia de eliminação de propostas que tenham planilhas apresentadas em formato distinto do '.doc' previsto no edital não encontra respaldo legal e sequer pode ser acolhida como aplicação do princípio da eficiência, pois o arquivo exigido não é designado pelo fabricante como editor de planilhas, mas de textos, o que demonstra de forma indelével a falta de razoabilidade e restrição à concorrência inseridos na exigência.

3. A restrição à concorrência pode ser observada na eliminação de quatro propostas econômicas mais vantajosas para a Administração que foram eliminadas apenas porque as planilhas foram apresentadas em formato '.xls' ('EXCEL'), que é conveniente relembrar, faz parte do pacote office do mesmo fabricante do processador de textos 'WORD' que permite a gravação de textos com a terminação '.doc'. 4. A realização de procedimento licitatório visando à aquisição de bens ou serviços tem por finalidade obter a proposta mais vantajosa para a Administração. Qualquer restrição estabelecida no edital que se demonstre inadequada, impertinente ou incompatível com o seu objeto é abusiva, devendo ser afastada.

A contratação de licitante que ofertou preço para executar serviços de conservação e limpeza com valor anual superior a R$ 369.000,00 (trezentos e sessenta e nove mil reais) em relação à proposta da agravante, que ressalte-se, sequer é a melhor proposta financeira do certame, traduz flagrante violação ao interesse público que não pode ser ignorada pelo Poder Judiciário.

Declaração de nulidade da exigência de formato '.doc' para a apresentação da planilha de proposta que se mantém. 7. Agravo regimental improvido. (Publicação: 20/06/2008 e-DJF1 p.128 – Data da decisão : 28/05/2008)

Princípios de observância obrigatória na licitação. Princípio da Razoabilidade. Julgamento da licitação. Excesso de rigorismo na atuação estatal. Descabimento: TCU – Decisão nº 17/2001 – Plenário – Trecho do voto do Ministro Relator Adylson Mota – "Com efeito, configuraria um desarrazoado formalismo inabilitar um participante de certame licitatório tão-somente à conta de que, ao contrário do previsto no edital, a proposta não fora apresentada em 2 (duas) vias e de que o envelope não indicava na sua parte externa o nome do proponente e informações referentes à licitação. Desde que a ausência desses elementos não crie qualquer dificuldade à identificação dos licitantes e à análise das propostas apresentadas, não atenderia ao interesse público, a pretexto de um rigoroso cumprimento da 'lei do certame', afastar do procedimento licitatório os concorrentes cujas propostas se apresentassem com tais imprecisões. Como bem assentou-se em acórdão do Superior Tribunal de Justiça, 'o formalismo no procedimento licitatório não significa que se possam desclassificar propostas eivadas de simples omissões ou defeitos irrelevantes'."

Princípios de observância obrigatória na licitação. Princípio da Razoabilidade. Julgamento da licitação. Excesso de rigorismo na atuação estatal. Descabimento: TCU – Decisão nº 681/2000 – Plenário – Voto do Ministro Relator Walton Alencar – "Entre os vários princípios que orientam o procedimento licitatório, destaco os do procedimento formal, do julgamento objetivo e o da vinculação ao edital, por terem relação direta com as questões tratadas nesta Representação.

Segundo Hely Lopes Meirelles ('in' Direito Administrativo Brasileiro, 22ª edição, Malheiros Editores), o princípio do procedimento formal 'é o que impõe a vinculação da licitação às prescrições legais que a regem em todos os seus atos e fases. Essas prescrições decorrem não só da lei mas, também, do regulamento, do caderno de obrigações e até do próprio edital ou convite, que complementa as normas superiores, tendo em vista a licitação a que se refere (Lei 8.666/93, art. 4º).'

Ressalva, no entanto, aquele administrativista, que o procedimento formal não se confunde com 'formalismo', que se caracteriza por exigências inúteis e desnecessárias. Por isso mesmo, não se anula o procedimento diante de meras omissões ou irregularidades formais na documentação ou nas propostas desde que, por sua irrelevância, não causem prejuízo à Administração ou aos licitantes.'

O princípio do julgamento objetivo é o que se baseia no critério indicado no edital e nos termos específicos das propostas. O julgamento da licitação deve apoiar-se em fatores concretos pedidos pela Administração, em confronto com o ofertado pelos proponentes dentro do permitido no edital. Já a vinculação ao instrumento convocatório é princípio básico de toda licitação. Ainda segundo Hely Lopes Meirelles, o edital é a lei interna da licitação, e, como tal, vincula aos seus termos tanto os licitantes como a Administração que o expediu (art. 41 da Lei 8.666/93).

Sobre as questões levantadas pelo Representante, a primeira – ausência da razão social no campo próprio da proposta – pode ser classificada como formalismo, pois essa exigência revela-se inútil e desnecessária na medida que a proposta foi apresentada em papel timbrado da própria proponente e admitir essa pequena omissão, por irrelevante, em nada prejudicaria os demais licitantes ou a Administração."

Princípios de observância obrigatória na licitação. Princípio da Razoabilidade. Julgamento da licitação. Excesso de rigorismo na atuação estatal. Descabimento: TCU – Acórdão nº 1.758/2003 – Plenário – Trecho do voto do Ministro Relator Walton Alencar Rodrigues – "Assiste, portanto, razão à unidade técnica ao considerar regular a inclusão de documentos no processo licitatório, no ato da sessão, conforme autorizado pela pregoeira, no exercício de suas regulares atribuições, tratadas nos incisos XIII e XIV, do art. 11, do Decreto 3.555/2000."

Princípios de observância obrigatória na licitação e contratos administrativos. Princípio da intangibilidade da equação econômico-financeira: TCU

COMENTÁRIOS À NOVA LEI DE LICITAÇÕES PÚBLICAS E CONTRATOS ADMINISTRATIVOS

– Acórdão nº 474/2005 – Plenário – Trecho do voto do Ministro Relator Augusto Sherman Cavalcanti – "5. Como bem observado pelo Ministério Público, o tema tem sede constitucional, pois se relaciona, entre outros, com o princípio da intangibilidade da equação econômico-financeira do contrato administrativo. O inciso XXI do art. 37 da Constituição Federal assim dispõe: 'ressalvados os casos especificados na legislação, as obras, serviços, compras e alienações serão contratados mediante processo de licitação pública que assegure igualdade de condições a todos os concorrentes, com cláusulas que estabeleçam obrigações de pagamento, mantidas as condições efetivas da proposta, nos termos da lei, o qual somente permitirá as exigências de qualificação técnica e econômica indispensáveis à garantia do cumprimento das obrigações.' (grifos meus)."

CAPÍTULO III – DAS DEFINIÇÕES

ARTIGO 6º
Para os fins desta Lei, consideram-se:
I – órgão: unidade de atuação integrante da estrutura da Administração Pública;
II – entidade: unidade de atuação dotada de personalidade jurídica;
III – Administração Pública: administração direta e indireta da União, dos Estados, do Distrito Federal e dos Municípios, inclusive as entidades com personalidade jurídica de direito privado sob controle do poder público e as fundações por ele instituídas ou mantidas;
IV – Administração: órgão ou entidade por meio do qual a Administração Pública atua;
V – agente público: indivíduo que, em virtude de eleição, nomeação, designação, contratação ou qualquer outra forma de investidura ou vínculo, exerce mandato, cargo, emprego ou função em pessoa jurídica integrante da Administração Pública;
VI – autoridade: agente público dotado de poder de decisão;
VII – contratante: pessoa jurídica integrante da Administração Pública responsável pela contratação;
VIII – contratado: pessoa física ou jurídica, ou consórcio de pessoas jurídicas, signatária de contrato com a Administração;
IX – licitante: pessoa física ou jurídica, ou consórcio de pessoas jurídicas, que participa ou manifesta a intenção de participar de processo licitatório, sendo-lhe equiparável, para os fins desta Lei, o fornecedor ou o prestador de serviço que, em atendimento à solicitação da Administração, oferece proposta;

72

DAS DEFINIÇÕES   ART° 6

X – compra: aquisição remunerada de bens para fornecimento de uma só vez ou parceladamente, considerada imediata aquela com prazo de entrega de até 30 (trinta) dias da ordem de fornecimento;

XI – serviço: atividade ou conjunto de atividades destinadas a obter determinada utilidade, intelectual ou material, de interesse da Administração;

XII – obra: toda atividade estabelecida, por força de lei, como privativa das profissões de arquiteto e engenheiro que implica intervenção no meio ambiente por meio de um conjunto harmônico de ações que, agregadas, formam um todo que inova o espaço físico da natureza ou acarreta alteração substancial das características originais de bem imóvel;

XIII – bens e serviços comuns: aqueles cujos padrões de desempenho e qualidade podem ser objetivamente definidos pelo edital, por meio de especificações usuais de mercado;

XIV – bens e serviços especiais: aqueles que, por sua alta heterogeneidade ou complexidade, não podem ser descritos na forma do inciso XIII do caput deste artigo, exigida justificativa prévia do contratante;

XV – serviços e fornecimentos contínuos: serviços contratados e compras realizadas pela Administração Pública para a manutenção da atividade administrativa, decorrentes de necessidades permanentes ou prolongadas;

XVI – serviços contínuos com regime de dedicação exclusiva de mão de obra: aqueles cujo modelo de execução contratual exige, entre outros requisitos, que:

a) os empregados do contratado fiquem à disposição nas dependências do contratante para a prestação dos serviços;

b) o contratado não compartilhe os recursos humanos e materiais disponíveis de uma contratação para execução simultânea de outros contratos;

c) o contratado possibilite a fiscalização pelo contratante quanto à distribuição, controle e supervisão dos recursos humanos alocados aos seus contratos;

XVII – serviços não contínuos ou contratados por escopo: aqueles que impõem ao contratado o dever de realizar a prestação de um serviço específico em período predeterminado, podendo ser prorrogado, desde que justificadamente, pelo prazo necessário à conclusão do objeto;

XVIII – serviços técnicos especializados de natureza predominantemente intelectual: aqueles realizados em trabalhos relativos a:

a) estudos técnicos, planejamentos, projetos básicos e projetos executivos;

COMENTÁRIOS À NOVA LEI DE LICITAÇÕES PÚBLICAS E CONTRATOS ADMINISTRATIVOS

b) pareceres, perícias e avaliações em geral;

c) assessorias e consultorias técnicas e auditorias financeiras e tributárias;

d) fiscalização, supervisão e gerenciamento de obras e serviços;

e) patrocínio ou defesa de causas judiciais e administrativas;

f) treinamento e aperfeiçoamento de pessoal;

g) restauração de obras de arte e de bens de valor histórico;

h) controles de qualidade e tecnológico, análises, testes e ensaios de campo e laboratoriais, instrumentação e monitoramento de parâmetros específicos de obras e do meio ambiente e demais serviços de engenharia que se enquadrem na definição deste inciso;

XIX – notória especialização: qualidade de profissional ou de empresa cujo conceito, no campo de sua especialidade, decorrente de desempenho anterior, estudos, experiência, publicações, organização, aparelhamento, equipe técnica ou outros requisitos relacionados com suas atividades, permite inferir que o seu trabalho é essencial e reconhecidamente adequado à plena satisfação do objeto do contrato;

XX – estudo técnico preliminar: documento constitutivo da primeira etapa do planejamento de uma contratação que caracteriza o interesse público envolvido e a sua melhor solução e dá base ao anteprojeto, ao termo de referência ou ao projeto básico a serem elaborados caso se conclua pela viabilidade da contratação;

XXI – serviço de engenharia: toda atividade ou conjunto de atividades destinadas a obter determinada utilidade, intelectual ou material, de interesse para a Administração e que, não enquadradas no conceito de obra a que se refere o inciso XII do caput deste artigo, são estabelecidas, por força de lei, como privativas das profissões de arquiteto e engenheiro ou de técnicos especializados, que compreendem:

a) serviço comum de engenharia: todo serviço de engenharia que tem por objeto ações, objetivamente padronizáveis em termos de desempenho e qualidade, de manutenção, de adequação e de adaptação de bens móveis e imóveis, com preservação das características originais dos bens;

b) serviço especial de engenharia: aquele que, por sua alta heterogeneidade ou complexidade, não pode se enquadrar na definição constante da alínea "a" deste inciso;

XXII – obras, serviços e fornecimentos de grande vulto: aqueles cujo valor estimado supera R$ 200.000.000,00 (duzentos milhões de reais);

XXIII – termo de referência: documento necessário para a contratação de bens e serviços, que deve conter os seguintes parâmetros e elementos descritivos:

DAS DEFINIÇÕES ART° 6

a) definição do objeto, incluídos sua natureza, os quantitativos, o prazo do contrato e, se for o caso, a possibilidade de sua prorrogação;

b) fundamentação da contratação, que consiste na referência aos estudos técnicos preliminares correspondentes ou, quando não for possível divulgar esses estudos, no extrato das partes que não contiverem informações sigilosas;

c) descrição da solução como um todo, considerado todo o ciclo de vida do objeto;

d) requisitos da contratação;

e) modelo de execução do objeto, que consiste na definição de como o contrato deverá produzir os resultados pretendidos desde o seu início até o seu encerramento;

f) modelo de gestão do contrato, que descreve como a execução do objeto será acompanhada e fiscalizada pelo órgão ou entidade;

g) critérios de medição e de pagamento;

h) forma e critérios de seleção do fornecedor;

i) estimativas do valor da contratação, acompanhadas dos preços unitários referenciais, das memórias de cálculo e dos documentos que lhe dão suporte, com os parâmetros utilizados para a obtenção dos preços e para os respectivos cálculos, que devem constar de documento separado e classificado;

j) adequação orçamentária;

XXIV – anteprojeto: peça técnica com todos os subsídios necessários à elaboração do projeto básico, que deve conter, no mínimo, os seguintes elementos:

a) demonstração e justificativa do programa de necessidades, avaliação de demanda do público-alvo, motivação técnico-econômico-social do empreendimento, visão global dos investimentos e definições relacionadas ao nível de serviço desejado;

b) condições de solidez, de segurança e de durabilidade;

c) prazo de entrega;

d) estética do projeto arquitetônico, traçado geométrico e/ou projeto da área de influência, quando cabível;

e) parâmetros de adequação ao interesse público, de economia na utilização, de facilidade na execução, de impacto ambiental e de acessibilidade;

f) proposta de concepção da obra ou do serviço de engenharia;

g) projetos anteriores ou estudos preliminares que embasaram a concepção proposta;

h) levantamento topográfico e cadastral;

i) pareceres de sondagem;

j) memorial descritivo dos elementos da edificação, dos componentes construtivos e dos materiais de construção, de forma a estabelecer padrões mínimos para a contratação;

XXV – projeto básico: conjunto de elementos necessários e suficientes, com nível de precisão adequado para definir e dimensionar a obra ou o serviço, ou o complexo de obras ou de serviços objeto da licitação, elaborado com base nas indicações dos estudos técnicos preliminares, que assegure a viabilidade técnica e o adequado tratamento do impacto ambiental do empreendimento e que possibilite a avaliação do custo da obra e a definição dos métodos e do prazo de execução, devendo conter os seguintes elementos:

a) levantamentos topográficos e cadastrais, sondagens e ensaios geotécnicos, ensaios e análises laboratoriais, estudos socioambientais e demais dados e levantamentos necessários para execução da solução escolhida;

b) soluções técnicas globais e localizadas, suficientemente detalhadas, de forma a evitar, por ocasião da elaboração do projeto executivo e da realização das obras e montagem, a necessidade de reformulações ou variantes quanto à qualidade, ao preço e ao prazo inicialmente definidos;

c) identificação dos tipos de serviços a executar e dos materiais e equipamentos a incorporar à obra, bem como das suas especificações, de modo a assegurar os melhores resultados para o empreendimento e a segurança executiva na utilização do objeto, para os fins a que se destina, considerados os riscos e os perigos identificáveis, sem frustrar o caráter competitivo para a sua execução;

d) informações que possibilitem o estudo e a definição de métodos construtivos, de instalações provisórias e de condições organizacionais para a obra, sem frustrar o caráter competitivo para a sua execução;

e) subsídios para montagem do plano de licitação e gestão da obra, compreendidos a sua programação, a estratégia de suprimentos, as normas de fiscalização e outros dados necessários em cada caso;

f) orçamento detalhado do custo global da obra, fundamentado em quantitativos de serviços e fornecimentos propriamente avaliados, obrigatório exclusivamente para os regimes de execução previstos nos incisos I, II, III, IV e VII do caput do art. 46 desta Lei;

XXVI – projeto executivo: conjunto de elementos necessários e suficientes à execução completa da obra, com o detalhamento das soluções previstas no projeto básico, a identificação de serviços, de materiais e de equipamentos a serem incorporados à obra, bem como suas especificações técnicas, de acordo com as normas técnicas pertinentes;

DAS DEFINIÇÕES ART° 6

XXVII – matriz de riscos: cláusula contratual definidora de riscos e de responsabilidades entre as partes e caracterizadora do equilíbrio econômico-financeiro inicial do contrato, em termos de ônus financeiro decorrente de eventos supervenientes à contratação, contendo, no mínimo, as seguintes informações:

a) listagem de possíveis eventos supervenientes à assinatura do contrato que possam causar impacto em seu equilíbrio econômico-financeiro e previsão de eventual necessidade de prolação de termo aditivo por ocasião de sua ocorrência;

b) no caso de obrigações de resultado, estabelecimento das frações do objeto com relação às quais haverá liberdade para os contratados inovarem em soluções metodológicas ou tecnológicas, em termos de modificação das soluções previamente delineadas no anteprojeto ou no projeto básico;

c) no caso de obrigações de meio, estabelecimento preciso das frações do objeto com relação às quais não haverá liberdade para os contratados inovarem em soluções metodológicas ou tecnológicas, devendo haver obrigação de aderência entre a execução e a solução predefinida no anteprojeto ou no projeto básico, consideradas as características do regime de execução no caso de obras e serviços de engenharia;

XXVIII – empreitada por preço unitário: contratação da execução da obra ou do serviço por preço certo de unidades determinadas;

XXIX – empreitada por preço global: contratação da execução da obra ou do serviço por preço certo e total;

XXX – empreitada integral: contratação de empreendimento em sua integralidade, compreendida a totalidade das etapas de obras, serviços e instalações necessárias, sob inteira responsabilidade do contratado até sua entrega ao contratante em condições de entrada em operação, com características adequadas às finalidades para as quais foi contratado e atendidos os requisitos técnicos e legais para sua utilização com segurança estrutural e operacional;

XXXI – contratação por tarefa: regime de contratação de mão de obra para pequenos trabalhos por preço certo, com ou sem fornecimento de materiais;

XXXII – contratação integrada: regime de contratação de obras e serviços de engenharia em que o contratado é responsável por elaborar e desenvolver os projetos básico e executivo, executar obras e serviços de engenharia, fornecer bens ou prestar serviços especiais e realizar montagem, teste, pré-operação e as demais operações necessárias e suficientes para a entrega final do objeto;

XXXIII – contratação semi-integrada: regime de contratação de obras e serviços de engenharia em que o contratado é responsável por elaborar e desenvolver o projeto executivo, executar obras e serviços de engenharia, fornecer bens ou prestar serviços especiais e realizar montagem, teste, pré-operação e as demais operações necessárias e suficientes para a entrega final do objeto;

XXXIV – fornecimento e prestação de serviço associado: regime de contratação em que, além do fornecimento do objeto, o contratado responsabiliza-se por sua operação, manutenção ou ambas, por tempo determinado;

XXXV – licitação internacional: licitação processada em território nacional na qual é admitida a participação de licitantes estrangeiros, com a possibilidade de cotação de preços em moeda estrangeira, ou licitação na qual o objeto contratual pode ou deve ser executado no todo ou em parte em território estrangeiro;

XXXVI – serviço nacional: serviço prestado em território nacional, nas condições estabelecidas pelo Poder Executivo federal;

XXXVII – produto manufaturado nacional: produto manufaturado produzido no território nacional de acordo com o processo produtivo básico ou com as regras de origem estabelecidas pelo Poder Executivo federal;

XXXVIII – concorrência: modalidade de licitação para contratação de bens e serviços especiais e de obras e serviços comuns e especiais de engenharia, cujo critério de julgamento poderá ser:

a) menor preço;
b) melhor técnica ou conteúdo artístico;
c) técnica e preço;
d) maior retorno econômico;
e) maior desconto;

XXXIX – concurso: modalidade de licitação para escolha de trabalho técnico, científico ou artístico, cujo critério de julgamento será o de melhor técnica ou conteúdo artístico, e para concessão de prêmio ou remuneração ao vencedor;

XL – leilão: modalidade de licitação para alienação de bens imóveis ou de bens móveis inservíveis ou legalmente apreendidos a quem oferecer o maior lance;

XLI – pregão: modalidade de licitação obrigatória para aquisição de bens e serviços comuns, cujo critério de julgamento poderá ser o de menor preço ou o de maior desconto;

XLII – diálogo competitivo: modalidade de licitação para contratação de obras, serviços e compras em que a Administração Pública realiza

DAS DEFINIÇÕES ART° 6

diálogos com licitantes previamente selecionados mediante critérios objetivos, com o intuito de desenvolver uma ou mais alternativas capazes de atender às suas necessidades, devendo os licitantes apresentar proposta final após o encerramento dos diálogos;

XLIII – credenciamento: processo administrativo de chamamento público em que a Administração Pública convoca interessados em prestar serviços ou fornecer bens para que, preenchidos os requisitos necessários, se credenciem no órgão ou na entidade para executar o objeto quando convocados;

XLIV – pré-qualificação: procedimento seletivo prévio à licitação, convocado por meio de edital, destinado à análise das condições de habilitação, total ou parcial, dos interessados ou do objeto;

XLV – sistema de registro de preços: conjunto de procedimentos para realização, mediante contratação direta ou licitação nas modalidades pregão ou concorrência, de registro formal de preços relativos a prestação de serviços, a obras e a aquisição e locação de bens para contratações futuras;

XLVI – ata de registro de preços: documento vinculativo e obrigacional, com característica de compromisso para futura contratação, no qual são registrados o objeto, os preços, os fornecedores, os órgãos participantes e as condições a serem praticadas, conforme as disposições contidas no edital da licitação, no aviso ou instrumento de contratação direta e nas propostas apresentadas;

XLVII – órgão ou entidade gerenciadora: órgão ou entidade da Administração Pública responsável pela condução do conjunto de procedimentos para registro de preços e pelo gerenciamento da ata de registro de preços dele decorrente;

XLVIII – órgão ou entidade participante: órgão ou entidade da Administração Pública que participa dos procedimentos iniciais da contratação para registro de preços e integra a ata de registro de preços;

XLIX – órgão ou entidade não participante: órgão ou entidade da Administração Pública que não participa dos procedimentos iniciais da licitação para registro de preços e não integra a ata de registro de preços;

L – comissão de contratação: conjunto de agentes públicos indicados pela Administração, em caráter permanente ou especial, com a função de receber, examinar e julgar documentos relativos às licitações e aos procedimentos auxiliares;

LI – catálogo eletrônico de padronização de compras, serviços e obras: sistema informatizado, de gerenciamento centralizado e com indicação de preços, destinado a permitir a padronização de itens a serem adquiridos pela Administração Pública e que estarão disponíveis para a licitação;

LII – sítio eletrônico oficial: sítio da internet, certificado digitalmente por autoridade certificadora, no qual o ente federativo divulga de forma centralizada as informações e os serviços de governo digital dos seus órgãos e entidades;

LIII – contrato de eficiência: contrato cujo objeto é a prestação de serviços, que pode incluir a realização de obras e o fornecimento de bens, com o objetivo de proporcionar economia ao contratante, na forma de redução de despesas correntes, remunerado o contratado com base em percentual da economia gerada;

LIV – seguro-garantia: seguro que garante o fiel cumprimento das obrigações assumidas pelo contratado;

LV – produtos para pesquisa e desenvolvimento: bens, insumos, serviços e obras necessários para atividade de pesquisa científica e tecnológica, desenvolvimento de tecnologia ou inovação tecnológica, discriminados em projeto de pesquisa;

LVI – sobrepreço: preço orçado para licitação ou contratado em valor expressivamente superior aos preços referenciais de mercado, seja de apenas 1 (um) item, se a licitação ou a contratação for por preços unitários de serviço, seja do valor global do objeto, se a licitação ou a contratação for por tarefa, empreitada por preço global ou empreitada integral, semi-integrada ou integrada;

LVII – superfaturamento: dano provocado ao patrimônio da Administração, caracterizado, entre outras situações, por:

a) medição de quantidades superiores às efetivamente executadas ou fornecidas;

b) deficiência na execução de obras e de serviços de engenharia que resulte em diminuição da sua qualidade, vida útil ou segurança;

c) alterações no orçamento de obras e de serviços de engenharia que causem desequilíbrio econômico-financeiro do contrato em favor do contratado;

d) outras alterações de cláusulas financeiras que gerem recebimentos contratuais antecipados, distorção do cronograma físico-financeiro, prorrogação injustificada do prazo contratual com custos adicionais para a Administração ou reajuste irregular de preços;

LVIII – reajustamento em sentido estrito: forma de manutenção do equilíbrio econômico-financeiro de contrato consistente na aplicação do índice de correção monetária previsto no contrato, que deve retratar a variação efetiva do custo de produção, admitida a adoção de índices específicos ou setoriais;

LIX – repactuação: forma de manutenção do equilíbrio econômico-financeiro de contrato utilizada para serviços contínuos com regime de dedicação exclusiva de mão de obra ou predominância de mão de obra, por meio da análise da variação dos custos contratuais, devendo estar prevista no edital com data vinculada à apresentação das propostas, para os custos decorrentes do mercado, e com data vinculada ao acordo, à convenção coletiva ou ao dissídio coletivo ao qual o orçamento esteja vinculado, para os custos decorrentes da mão de obra;

LX – agente de contratação: pessoa designada pela autoridade competente, entre servidores efetivos ou empregados públicos dos quadros permanentes da Administração Pública, para tomar decisões, acompanhar o trâmite da licitação, dar impulso ao procedimento licitatório e executar quaisquer outras atividades necessárias ao bom andamento do certame até a homologação.

O art. 6º tem por objetivo definir as expressões adotadas no texto da nova Lei de Licitações e Contratos. Assim, é impositivo que a Lei nº 14.133/2021 seja interpretada em consonância com o art. 6º, observadas as disposições específicas constantes de outros dispositivos, que, por vezes, venham a tratar da mesma temática já aludida no precitado artigo, a título de um melhor detalhamento da matéria.

I – órgão: unidade de atuação integrante da estrutura da Administração Pública;

O inc. I traz a definição do órgão, enquanto unidade de atuação integrante da estrutura da Administração Pública. Entenda-se por órgão como uma unidade de competência que integra a estrutura da pessoa jurídica a qual pertence. Em outras palavras, o órgão é desprovido de personalidade jurídica e manifesta a vontade da pessoa jurídica a qual integra.

Vale lembrar que a manifestação de vontade do órgão público deve ocorrer nos estritos termos da competência a ele atribuída por sua lei criadora, sob pena de ilegalidade por excesso de poder.

II – entidade: unidade de atuação dotada de personalidade jurídica;

O inc. II, por sua vez, define a entidade como unidade de atuação dotada de personalidade jurídica. Diferentemente do órgão público, a entidade se constitui em uma pessoa jurídica e, portanto, a legislação entende como entidade as pessoas políticas que integram a Federação: União, Estados, Distrito Federal e Municípios, bem como os entes da Administração Pública indireta: Autarquias, Empresas Públicas, Sociedades de Economias Mistas, Fundações Públicas e Consórcios Públicos.

III – Administração Pública: administração direta e indireta da União, dos Estados, do Distrito Federal e dos Municípios, inclusive as entidades com personalidade jurídica de direito privado sob controle do poder público e as fundações por ele instituídas ou mantidas;

No inc. III encontramos a definição de Administração Pública, que contempla a administração direta e indireta da União, Estados, Distrito Federal e Municípios, incluindo as entidades com personalidade jurídica de direito privado sob controle do Poder Público e as fundações por ele instituídas ou mantidas.

É de se ver que a expressão "Administração Pública" deve ser entendida em seu sentido mais amplo, englobando não só o Poder Executivo e o Ministério Público, mas também o Poder Legislativo, com a estrutura acessória do Tribunal de Contas e, por fim, o Poder Judiciário.

Nesse mesmo passo, a expressão "Administração Pública" contempla, de igual modo, a administração indireta, formada pelas Autarquias, Fundações Públicas e Consórcios Públicos. Veja-se que o legislador foi bastante cuidadoso ao dispor explicitamente sobre as entidades com personalidade jurídica de direito privado – Empresas Públicas e Sociedades de Economia Mista –, além, é claro, de suas subsidiárias, bem como aquelas entidades que estejam sob controle direto ou indireto das estatais.

IV – Administração: órgão ou entidade por meio do qual a Administração Pública atua;

O inc. IV expressa a definição do vocábulo "Administração" como órgão ou entidade por meio do qual a Administração Pública se manifesta. Releva dizer que, enquanto a expressão "Administração Pública" abarca o todo, o vocábulo "Administração" tem um sentido mais restrito, voltado para o órgão público, entendido como uma unidade de competência que vem expressar a vontade da personalidade jurídica a qual pertence.

V – agente público: indivíduo que, em virtude de eleição, nomeação, designação, contratação ou qualquer outra forma de investidura ou vínculo, exerce mandato, cargo, emprego ou função em pessoa jurídica integrante da Administração Pública;

No inc. V encontramos a definição de agente público, como indivíduo que, em virtude de eleição, nomeação, designação, contratação ou qualquer outra forma de investidura ou vínculo, exerce mandato, cargo, emprego ou função em pessoa jurídica integrante da Administração Pública.

É de se notar que o legislador pretendeu abarcar todas as pessoas físicas que, em razão de qualquer vínculo – político, estatutário, celetista e contratual

DAS DEFINIÇÕES ARTº 6

– exerçam uma função pública, com vistas a expressar ou executar a vontade da Administração Pública.

VI – autoridade: agente público dotado de poder de decisão;
Nessa mesma linha, o inc. VI traz um destaque para o agente público que seja dotado de poder de decisão. Assim, autoridade é aquela que, de algum modo, exerce o poder decisório, tais como Ministros, Secretários Estaduais e Municipais. Advirta-se que o poder decisório não está, necessariamente, atrelado aos agentes públicos de posições hierárquicas mais elevadas. A exemplo disso, temos as decisões emanadas das Comissões de Contratação, que, inclusive, podem ser revistas por autoridade superior.

VII – contratante: pessoa jurídica integrante da Administração Pública responsável pela contratação;
De seu turno, o inc. VII define contratante como pessoa jurídica integrante da Administração Pública responsável pela contratação. Observe-se que o contratante, enquanto entidade, se constitui em pessoa jurídica parte do contrato celebrado e não o órgão público que, a sabendas, é desprovido de personalidade jurídica.

VIII – contratado: pessoa física ou jurídica, ou consórcio de pessoas jurídicas, signatária de contrato com a Administração;
Ato contínuo, o inc. VIII define o contratado como pessoa física ou jurídica ou consórcio de pessoas jurídicas, signatárias de contrato com a Administração.
Normalmente, o contratado é o particular – pessoa física ou jurídica – que celebra uma avença pública com a Administração. Por oportuno, verifique-se que o legislador contemplou também a figura dos consórcios públicos que são formados por pessoas jurídicas com vistas a participar de licitação, desde que tal hipótese seja permitida pelo edital.

IX – licitante: pessoa física ou jurídica, ou consórcio de pessoas jurídicas, que participa ou manifesta a intenção de participar de processo licitatório, sendo-lhe equiparável, para os fins desta Lei, o fornecedor ou o prestador de serviço que, em atendimento à solicitação da Administração, oferece proposta;
O inc. IX define o licitante como pessoas física ou jurídica, ou consórcio de pessoas jurídicas, que participa ou manifesta a intenção de participar do processo licitatório, sendo-lhe equiparável, para todos os fins legais, o fornecedor ou o prestador de serviços que, em atendimento à solicitação da Administração, oferece propostas.

O licitante, em linhas gerais, é aquele que participa de uma licitação. Na maioria das vezes, o licitante partícipe é uma pessoa jurídica de direito privado, nada obstando que uma pessoa jurídica de direito público também participe de um certame, ainda que essa hipótese seja extremamente rara.

Acresça-se a isso que o legislador deu ao vocábulo "licitante" um sentido amplo, na medida em que está contemplado na definição aquele que apenas manifesta a sua intenção de participar do processo licitatório, seja aquele que apenas retirou o edital de licitação, ou aquele que, além de tomar conhecimento das disposições do instrumento convocatório, impugnou a licitação, mas deixou de participar efetivamente do certame.

Por fim, a parte final do dispositivo contempla a hipótese de a Administração solicitar proposta de dado fornecedor ou prestador de serviços, abrangendo, portanto, as contratações diretas mediante dispensa ou inexigibilidade de licitação.

X – compra: aquisição remunerada de bens para fornecimento de uma só vez ou parceladamente, considerada imediata aquela com prazo de entrega de até 30 (trinta) dias da ordem de fornecimento;

A compra vem albergada no inc. X, entendida esta como aquisição remunerada de bens para fornecimento de uma vez só ou parceladamente, considerada imediata aquela com prazo de entrega de até 30 (trinta) dias da ordem de fornecimento.

Entenda-se por compra a transferência de bem móvel ou mesmo imóvel, mediante remuneração, para a titularidade da Administração. Essa transferência de titularidade para a Administração pode se referir a um bem já existente, bem como a um bem que será produzido apenas após a celebração do contrato, caracterizando a denominada compra por encomenda.

O dispositivo compreende a compra com fornecimento do objeto em uma única vez ou, ainda, de forma parcelada. Essa disposição está intimamente ligada à questão do pagamento, que poderá ser parcelado em se tratando de aquisição com entregas parciais, nos termos do instrumento celebrado.

XI – serviço: atividade ou conjunto de atividades destinadas a obter determinada utilidade, intelectual ou material, de interesse da Administração;

Na sequência, temos a definição de serviço, no inc. XI, como atividade ou conjunto de atividades destinadas a obter determinada utilidade, intelectual ou material, de interesse da Administração.

Em nosso pensamento, serviço é uma atividade prestacional de caráter material ou intelectual, que pode ser executado por pessoa física ou pessoa jurídica, com vínculo de natureza contratual com o Poder Público, objetivando obter utilidades que a Administração Pública entenda necessárias.

É bom que se diga, ainda, que o serviço enseja uma obrigação de fazer, enquanto a compra, a título de diferenciação, enseja a obrigação de dar.

XII – obra: toda atividade estabelecida, por força de lei, como privativa das profissões de arquiteto e engenheiro que implica intervenção no meio ambiente por meio de um conjunto harmônico de ações que, agregadas, formam um todo que inova o espaço físico da natureza ou acarreta alteração substancial das características originais de bem imóvel;

Em seguida, no inc. XII, encontramos a obra, definida como toda atividade estabelecida, por força de lei, como privativa das profissões de arquiteto e engenheiro, que implica intervenção no meio ambiente por um conjunto harmônico de ações que, agregado, forma um todo que inova o espaço físico da natureza ou acarreta alteração substancial das características originais de um bem imóvel.

Sobreleva dizer que a obra enseja uma inovação mediante a edificação de benfeitorias e acessões, no espaço físico de um bem de raiz, que necessariamente exige, para ser executada, a participação de um engenheiro ou arquiteto, regularmente inscrito no conselho profissional competente.

XIII – bens e serviços comuns: aqueles cujos padrões de desempenho e qualidade podem ser objetivamente definidos pelo edital, por meio de especificações usuais de mercado;

Logo à frente, temos a definição de bens e serviços comuns, no inc. XIII, como aqueles cujos padrões de desempenho e qualidade podem ser objetivamente definidos pelo edital, por meio de especificações usuais de mercado.

É certo dizer que a definição de bens e serviços comuns implica na adoção de licitação na modalidade de pregão. Ainda que o pregão seja examinado mais à frente, não podemos deixar de observar que as especificações do objeto da licitação, em se tratando de objeto regulamentado por lei, como no caso de domissanitários, a título de exemplo, enseja a observância da legislação que rege a espécie, de modo a preservar, no caso, a qualidade e segurança necessárias.

XIV – bens e serviços especiais: aqueles que, por sua alta heterogeneidade ou complexidade, não podem ser descritos na forma do inciso XIII do caput deste artigo, exigida justificativa prévia do contratante;

O inc. XIV traz consigo a definição de bens e serviços especiais, como aqueles que, por sua alta heterogeneidade ou complexidade, não podem ser definidos na forma do inc. XIII, exigindo justificativa prévia do contratante.

COMENTÁRIOS À NOVA LEI DE LICITAÇÕES PÚBLICAS E CONTRATOS ADMINISTRATIVOS

Induvidosamente, a definição de bens e serviços especiais, por si só, exclui a licitação na modalidade de pregão, que, como dissemos anteriormente, será alvo de nossas considerações oportunamente.

De toda sorte, para se implementar a contratação de bens e serviços especiais é necessário a elaboração de justificativa. Temos para nós que essa motivação deve ser pormenorizada e circunstanciada, de modo a efetivamente demonstrar a exclusão da licitação na modalidade de pregão.

XV – serviços e fornecimentos contínuos: serviços contratados e compras realizadas pela Administração Pública para a manutenção da atividade administrativa, decorrentes de necessidades permanentes ou prolongadas;

O inc. XV tem em seu bojo a definição de serviços e fornecimentos contínuos, como serviços contratados e compras realizadas pela Administração Pública para manutenção de atividade administrativa, decorrentes de necessidades permanentes ou prolongadas.

Com efeito, os serviços e fornecimentos contínuos são aqueles que a Administração, em razão de uma necessidade ininterrupta, celebra contratos, de modo a obter uma atividade prestacional permanente, observadas as regras de vigência, na forma do que dispõem os arts. 105 e seguintes, que serão examinados na oportunidade devida.

Esclareça-se que o núcleo do inc. XV cinge-se à questão da necessidade permanente e prolongada. Por óbvio, a necessidade permanente e prolongada depende de interpretação, eis que é impossível definir com precisão essa expressão. Assim, entendemos que após a necessária interpretação perante o caso em concreto, levando-se em conta as características do serviço, sempre existirá uma margem de discrição para o Administrador, que deverá decidir pautado em critérios de razoabilidade e de proporcionalidade.

É de se observar que o inc. XV não se limitou aos serviços, pois albergou também o fornecimento contínuo, como, por exemplo, o fornecimento de marmitas para presídios, que até então se submetia ao regime jurídico da ata de registro de preços e, portanto, não se submetia ao regime ora examinado.

XVI – serviços contínuos com regime de dedicação exclusiva de mão de obra: aqueles cujo modelo de execução contratual exige, entre outros requisitos, que:

a) os empregados do contratado fiquem à disposição nas dependências do contratante para a prestação dos serviços;

b) o contratado não compartilhe os recursos humanos e materiais disponíveis de uma contratação para execução simultânea de outros contratos;

c) o contratado possibilite a fiscalização pelo contratante quanto à distribuição, controle e supervisão dos recursos humanos alocados aos seus contratos;

No que concerne ao inc. XVI verifica-se a definição de serviços contínuos com regime de dedicação exclusiva de mão de obra, como sendo aqueles cujo modelo de execução contratual exigem, dentre outros requisitos: a) os empregados do contrato fiquem à disposição nas dependências do contratante para a prestação dos serviços; b) o contratado não compartilhe os recursos humanos e materiais disponíveis de uma contratação para a execução simultânea de outros contratos; e c) o contratado possibilite a fiscalização pelo contratante quanto à distribuição, controle e supervisão dos recursos humanos alocados aos seus contratos.

Exemplo típico da contratação consignada no inc. XVI são os contratos de limpeza e vigilância, em que o contratado disponibiliza seus empregados, sob a égide da disciplina celetista, nas dependências do contratante, de forma necessariamente exclusiva.

Vale dizer, ainda, da necessidade de o contrato ser fiscalizado, não só com relação à prestação do serviço propriamente dito, mas também em relação ao cumprimento das obrigações trabalhistas e previdenciárias por parte do contratado, dado que existe o risco de responsabilização da Administração Pública por eventual responsabilidade solidária.

XVII – serviços não contínuos ou contratados por escopo: aqueles que impõem ao contratado o dever de realizar a prestação de um serviço específico em período predeterminado, podendo ser prorrogado, desde que justificadamente, pelo prazo necessário à conclusão do objeto;

Quanto ao inc. XVII encontramos a definição de serviços não contínuos ou contratados por escopo como aqueles que impõem ao contratado o dever de realizar a prestação de um serviço específico em período predeterminado, podendo ser prorrogado, desde que justificadamente, pelo prazo necessário à conclusão do objeto.

A definição encontrada no inc. XVII tem como núcleo a contratação por escopo. Nessa hipótese, o contratado deve realizar uma atividade específica, por prazo certo e determinado, como, por exemplo, a aquisição de um maquinário. Uma vez cumprida a obrigação, deve a Administração promover o pagamento do contratado.

A par disso, impende, ainda, trazer algumas considerações sobre o prazo de vigência do contrato. Nas avenças ditas por escopo, o prazo de vigência do contrato é aquele determinado para a execução do objeto do contrato.

Assim, determinada obra pública deve ser executada, por exemplo, no prazo de 2 anos.

Averbe-se que o prazo de execução eventualmente pode ser prorrogado desde que justificadamente. Dito de outra forma, imaginemos uma obra pública em que os engenheiros, após as verificações de estilo, concluem que o objeto contratado não será executado no prazo de 1 ano, conforme expressa previsão contratual, em razão de fortes chuvas. Isso ensejará um pedido de prorrogação de prazo, com a apresentação das justificativas pertinentes.

Assevere-se, por pertinente, que o prazo de vigência dos contratos por escopo não se confundem, sob nenhuma hipótese, com os contratos de serviços contínuos cujas obrigações devem ser realizadas dia a dia até o esgotamento do prazo de vigência, como nos casos de serviços de limpeza e vigilância, dentre outros.

XVIII – serviços técnicos especializados de natureza predominante- mente intelectual: aqueles realizados em trabalhos relativos a:

a) estudos técnicos, planejamentos, projetos básicos e projetos exe- cutivos;

b) pareceres, perícias e avaliações em geral;

c) assessorias e consultorias técnicas e auditorias financeiras e tribu- tárias;

d) fiscalização, supervisão e gerenciamento de obras e serviços;

e) patrocínio ou defesa de causas judiciais e administrativas;

f) treinamento e aperfeiçoamento de pessoal;

g) restauração de obras de arte e de bens de valor histórico;

h) controles de qualidade e tecnológico, análises, testes e ensaios de campo e laboratoriais, instrumentação e monitoramento de parâmetros específicos de obras e do meio ambiente e demais serviços de engenharia que se enquadrem na definição deste inciso;

O inc. XVIII trata da definição de serviços técnicos especializados de natureza predominantemente intelectual realizados em trabalhos relativos a: a) estudos técnicos, planejamento, projeto básico e projetos executivos; b) pareceres, perícias e avaliações em geral; c) assessorias e consultorias técnicas e auditorias financeiras e tributárias; d) fiscalização, supervisão e gerenciamento de obras e serviços; e) patrocínio ou defesa de causas judiciais e administrativas; f) treinamento e aperfeiçoamento de pessoal; g) restauração de obras de arte e de bens de valor histórico; e h) controle de qualidade e tecnológico, análise, testes e ensaios de campo e laboratoriais, instrumenta- ção e monitoramento de parâmetro específicos de obras e de meio ambiente

DAS DEFINIÇÕES ART° 6

e demais serviços de engenharia que se enquadrem na definição deste inciso.

Entenda-se por serviços técnicos especializados, de natureza predominantemente intelectual, aqueles que exigem do contratado uma qualificação técnica mais especializada, que se encontra intimamente ligada com as características profissionais do prestador de serviço.

O tratamento dado aos serviços técnicos especializados, em princípio, sujeitam-se à disciplina da inexigibilidade de licitação, nas hipóteses em que for constatada a ausência de competição, tratada no art. 74, inc. III. Contudo, nas hipóteses em que a licitação for possível, em razão da competitividade, o gestor público deverá utilizar a modalidade e critério de julgamento em que for possível examinar a questão técnica inerente ao objeto do certame.

O dispositivo legal examinado tem natureza mista, eis que é possível afirmar que até a alínea "g" temos um rol exaustivo e, no que diz respeito à alínea "h" identifica-se um rol exemplificativo, na medida em que admite-se a contratação de serviços técnicos especializados, de natureza predominantemente intelectual, para os demais serviços de engenharia enquadrados na definição do inc. XVIII.

Fiscalização, supervisão. Necessidade de que a ART seja recolhida: TCU – Súmula nº 260 – "É dever do gestor exigir apresentação de Anotação de Responsabilidade Técnica – ART referente a projeto, execução, supervisão e fiscalização de obras e serviços de engenharia, com indicação do responsável pela elaboração de plantas, orçamento-base, especificações técnicas, composições de custos unitários, cronograma físico-financeiro e outras peças técnicas."

Definições

Definição de "Supervisão de obra ou serviço técnico" proposta pelo CAU. Anexo da Resolução nº 51/13, do Conselho de Arquitetura e Urbanismo do Brasil: "Supervisão de obra ou serviço técnico: atividade exercida por profissional ou empresa de Arquitetura e Urbanismo que consiste na verificação da implantação do projeto na obra ou serviço técnico, visando assegurar que sua execução obedeça fielmente às definições e especificações técnicas nele contidas."

Definição de "Gerenciamento de obra" proposta pelo CAU. Anexo da Resolução nº 21/12, do Conselho de Arquitetura e Urbanismo do Brasil: "Gerenciamento de obra – atividade que consiste no controle dos aspectos técnicos e econômicos do desenvolvimento de uma obra, envolvendo a administração do contrato de construção ou implantação da edificação, com rigoroso controle do cronograma físico-financeiro estabelecido, quantidade e qualidade dos materiais empregados, mão de obra utilizada e toda a sistemática técnica e administrativa do canteiro de obras."

Definição de "Gerenciamento de obra ou serviço técnico" proposta pelo CAU. Anexo da Resolução nº 51/13, do Conselho de Arquitetura e Urbanismo do Brasil: "Gerenciamento de obra ou serviço técnico: atividade que consiste no controle dos aspectos técnicos e econômicos do desenvolvimento de uma obra ou serviço técnico, envolvendo a administração dos contratos e incluindo um rigoroso controle do cronograma físico-financeiro estabelecido."

Definição de "Fiscalização de obra ou serviço" proposta pelo CAU. Anexo da Resolução nº 21/12, do Conselho de Arquitetura e Urbanismo do Brasil: "Fiscalização de obra ou serviço: atividade que consiste na inspeção e controle técnico sistemático de obra ou serviço, com a finalidade de examinar ou verificar se a execução obedece ao projeto e às especificações e prazos estabelecidos."

Definição de "Fiscalização de obra ou serviço técnico" proposta pelo CAU. Anexo da Resolução nº 51/13, do Conselho de Arquitetura e Urbanismo do Brasil: "Fiscalização de obra ou serviço técnico: atividade que consiste na inspeção e no controle técnico sistemático de obra ou serviço técnico, tendo por finalidade verificar se a execução obedece às diretrizes, especificações e prazos estabelecidos no projeto."

XIX – notória especialização: qualidade de profissional ou de empresa cujo conceito, no campo de sua especialidade, decorrente de desempenho anterior, estudos, experiência, publicações, organização, aparelhamento, equipe técnica ou outros requisitos relacionados com suas atividades, permite inferir que o seu trabalho é essencial e reconhecidamente adequado à plena satisfação do objeto do contrato;

No que diz respeito ao inc. XIX encontramos a velha figura da notória especialização definida como a qualidade de profissional ou de empresa cujo conceito, no campo de sua especialidade, decorrente de desempenho anterior, estudos, experiência, publicações, organização, aparelhamento, equipe técnica ou outros requisitos relacionados com suas atividades, permite inferir que o seu trabalho é essencial e reconhecidamente adequado à plena satisfação do objeto do contrato.

A notória especialização exige do profissional ou da empresa uma capacidade e especialidade diferenciadas, que refoge da órbita dos prestadores de serviços comuns.

Ademais disso, os serviços que podem ser contratados por notória especialização são aqueles determinados no inc. XVIII, por força do art. 74, inc. III.

Ainda que mais à frente iremos examinar a notória especialização com o cuidado que essa figura jurídica requer, cabe aqui adiantar, que, para a contratação direta será necessário, ainda que o objeto da contratação reúna características tais, que o tornem um objeto de natureza singular.

DAS DEFINIÇÕES ARTº 6

XX – estudo técnico preliminar: documento constitutivo da primeira etapa do planejamento de uma contratação que caracteriza o interesse público envolvido e a sua melhor solução e dá base ao anteprojeto, ao termo de referência ou ao projeto básico a serem elaborados caso se conclua pela viabilidade da contratação;

No referente ao inc. XX, encontramos o estudo técnico preliminar definido como documento constitutivo da primeira etapa do planejamento de uma contratação que caracteriza o interesse público envolvido e a sua melhor solução e dá base ao anteprojeto, ao termo de referência ou ao projeto básico a serem elaborados, caso se conclua pela viabilidade da contratação.

O estudo técnico preliminar, em última análise, consiste no necessário planejamento da licitação, devendo indicar o problema que deve ser solvido, bem como a melhor solução para o caso, permitindo, destarte, a avaliação técnica e econômica envolvida na contratação.

Em suma, o estudo técnico preliminar é elemento *sine qua non* para o planejamento de uma licitação com reais chances de sucesso.

XXI – serviço de engenharia: toda atividade ou conjunto de atividades destinadas a obter determinada utilidade, intelectual ou material, de interesse para a Administração e que, não enquadradas no conceito de obra a que se refere o inciso XII do caput deste artigo, são estabelecidas, por força de lei, como privativas das profissões de arquiteto e engenheiro ou de técnicos especializados, que compreendem:

a) serviço comum de engenharia: todo serviço de engenharia que tem por objeto ações, objetivamente padronizáveis em termos de desempenho e qualidade, de manutenção, de adequação e de adaptação de bens móveis e imóveis, com preservação das características originais dos bens;

b) serviço especial de engenharia: aquele que, por sua alta heterogeneidade ou complexidade, não pode se enquadrar na definição constante da alínea "a" deste inciso;

Passemos, agora, ao exame do inc. XXI, que trata do serviço de engenharia, definido como toda atividade ou conjunto de atividades destinadas a obter determinada utilidade, intelectual ou material, de interesse para a Administração e que, não enquadradas no conceito de obra a que se refere o inc. XII do art. 6º, que são estabelecidas, por força de lei, como privativas das profissões de arquiteto e engenheiro ou de técnicos especializados, que compreendem: a) serviço comum de engenharia: todo serviço de engenharia que tem por objeto ações, objetivamente padronizáveis em termos de desempenho e qualidade, de manutenção, de adequação e de adaptação de bens móveis e imóveis, com preservação das características originais dos bens; e b) serviço especial de engenharia: aquele que, por sua alta heterogeneidade ou complexidade, não pode se enquadrar na definição constante da alínea "a" do inciso em exame.

O serviço de engenharia, em razão de legislação específica, deve se sujeitar à legislação dos Conselhos de Engenharia e Arquitetura, pois se tratam de profissões devidamente regulamentadas.

É de se observar que o serviço de engenharia tratado no inc. XXI vem definido mediante uma excludência, uma vez que contempla toda atividade ou conjunto de atividades com vistas a obter uma utilidade intelectual ou material, não contemplada no inc. XII, passando, posteriormente, para uma diferenciação entre serviço comum e serviço especial de engenharia de todo necessário para identificar a possibilidade de adoção de licitação na modalidade de pregão.

Definição de "serviço de engenharia" proposta pelo IBRAOP – Instituto Brasileiro de Auditoria de Obras Públicas na Orientação Técnica – OT – IBR 002/2009: "Serviço de Engenharia é toda a atividade que necessite da participação e acompanhamento de profissional habilitado conforme o disposto na Lei Federal nº 5.194/66, tais como: consertar, instalar, montar, operar, conservar, reparar, adaptar, manter, transportar, ou ainda, demolir. Incluem-se nesta definição as atividades profissionais referentes aos serviços técnicos profissionais especializados de projetos e planejamentos, estudos técnicos, pareceres, perícias, avaliações, assessorias, consultorias, auditorias, fiscalização, supervisão ou gerenciamento."

Definição. Diferença entre "obra" e "serviço de engenharia": Confira a lição proposta por Ivan Barbosa Rigolin e Marco Túlio Bottino no Manual Prático de Licitações, 6º Ed, São Paulo: Saraiva, 2006, p. 136.

Definição. Diferenças entre "obras" e "serviços de engenharia". Dificuldade em realizar essa distinção: Acórdão nº 2.935/2003 – 1ª Câmara – Relatório do Ministro Relator Lincoln Magalhães da Rocha – "12. O referido decreto-lei apresenta definições de 'obra' e 'serviço': Art. 5º Para os fins deste decreto-lei, considera-se: I – Obra – toda construção, reforma ou ampliação, realizada por execução direta ou indireta; II – Serviço – toda atividade realizada direta ou indiretamente, tais como demolição, fabricação, conserto, instalação, montagem, operação, conservação, reparação, manutenção, transporte, comunicação ou trabalhos técnicos profissionais; 13. Da leitura do texto percebe-se que, em alguns casos, a distinção entre obra e serviço é tênue, sendo difícil a identificação das suas diferenças, pois tanto obra como serviço podem requerer uma atividade. 14. No entanto, a doutrina aponta critérios para se estabelecer uma diferenciação. O saudoso Hely Lopes Meirelles ('in' Licitação e Contrato Administrativo, Ed. Revista dos Tribunais, 1991, 10ª ed., p. 51) afirmou: 'o que caracteriza o serviço e o distingue da obra é a predominância da atividade sobre o material empregado'. Em entendimento similar, José Cretella Júnior (in 'Das Licitações Públicas', Ed. Forense, 1996, 10ª ed., p. 63) ensina que: 'a obra pública é o corpus; o serviço realizado é o animus.'"

DAS DEFINIÇÕES   ART⁰ 6

XXII – obras, serviços e fornecimentos de grande vulto: aqueles cujo valor estimado supera R$ 200.000.000,00 (duzentos milhões de reais);

O inc. XXII define obras e fornecimento de grande vulto como aqueles cujo valor estimado supera R$ 200.000.000,00 (duzentos milhões de reais).

O dispositivo em comento estabelece um parâmetro objetivo para obras e fornecimento de grande vulto, não trazendo qualquer dificuldade para sua interpretação.

XXIII – termo de referência: documento necessário para a contratação de bens e serviços, que deve conter os seguintes parâmetros e elementos descritivos:

a) definição do objeto, incluídos sua natureza, os quantitativos, o prazo do contrato e, se for o caso, a possibilidade de sua prorrogação;

b) fundamentação da contratação, que consiste na referência aos estudos técnicos preliminares correspondentes ou, quando não for possível divulgar esses estudos, no extrato das partes que não contiverem informações sigilosas;

c) descrição da solução como um todo, considerado todo o ciclo de vida do objeto;

d) requisitos da contratação;

e) modelo de execução do objeto, que consiste na definição de como o contrato deverá produzir os resultados pretendidos desde o seu início até o seu encerramento;

f) modelo de gestão do contrato, que descreve como a execução do objeto será acompanhada e fiscalizada pelo órgão ou entidade;

g) critérios de medição e de pagamento;

h) forma e critérios de seleção do fornecedor;

i) estimativas do valor da contratação, acompanhadas dos preços unitários referenciais, das memórias de cálculo e dos documentos que lhe dão suporte, com os parâmetros utilizados para a obtenção dos preços e para os respectivos cálculos, que devem constar de documento separado e classificado;

j) adequação orçamentária;

Naquilo que diz respeito ao inc. XXIII, encontramos a definição do termo de referência, enquanto documento necessário para a contratação de bens e serviços, que deve conter os seguintes parâmetros e elementos descritivos: a) definição do objeto, incluídos sua natureza, os quantitativos, o prazo do contrato e, se for o caso, a possibilidade de sua prorrogação; b) fundamentação da contratação, que consiste na referência aos estudos técnicos preliminares correspondentes ou, quando não for possível divulgar esses estudos, no extrato das partes que não contiverem informações sigilosas; c) descrição da solução como um todo, considerado todo o ciclo de vida do objeto; d) requisitos da contratação; e) modelo de execução do objeto, que consiste na definição de como o contrato deverá produzir os resultados pretendidos desde o seu início até o seu encerramento; f) modelo de gestão do contrato, que descreve como a execução do objeto será acompanhada e fiscalizada pelo órgão ou entidade; g) critérios de medição e de pagamento; h) forma e critérios de seleção do fornecedor; i) estimativas do valor da contratação, acompanhadas dos preços unitários referenciais, das memórias de cálculo e dos documentos que lhe dão suporte, com os parâmetros utilizados para a obtenção dos preços e para os respectivos cálculos, que devem constar de documento separado e classificado; e j) adequação orçamentária.

Objetivamente, o termo de referência deve ser elaborado para as licitações relativas à aquisição de bens e contratação de serviços, excluídos os serviços e obras de engenharia.

É de se notar o cuidado do legislador ao estabelecer os requisitos que devem estar compreendidos no termo de referência. Como não poderia deixar de ser, o primeiro requisito se constitui na adequada definição do objeto, com todas as suas especificações e características, inclusive quantitativos, prazo do contrato e possibilidade de prorrogação, quando for o caso; a fundamentação da contratação, que decorre de estudos técnicos preliminares. Na hipótese de esses estudos trazerem consigo informações sigilosas, hipótese esta que, a nosso ver, é difícil de se configurar, deverá ser divulgado extrato das partes consideradas não sigilosas; a descrição da solução desejada deverá contemplar todos os elementos necessários para a perfeita execução do objeto até o prazo final do contrato, tais como os serviços, materiais e demais insumos necessários; o modelo de execução do objeto consiste nas cláusulas contratuais que deverão estabelecer os condicionantes da execução da avença pública celebrada; a gestão do contrato é elemento fundamental para a boa execução do ajuste, devendo estabelecer de forma minudeada de como a fiscalização do contrato deverá acontecer, não só no que diz respeito ao objeto propriamente dito, bem como a verificação do atendimento das exigências previdenciárias e trabalhistas, quando for o caso; os critérios de medição e pagamento conforme o regime de execução adotado; a forma e critérios de seleção do fornecedor é condicionante da licitação propriamente dita, encontrando-se intimamente ligada como a modalidade de licitação e critérios de julgamento do certame; a estimativa do valor da licitação que deve necessariamente refletir o preço real do objeto do certame, que poderá ser publicizado ou coberto pelo véu do sigilo; e, por fim, a adequação orçamentária, que deverá seguir os parâmetros da Lei nº 4.320/1964 e Lei Complementar nº 101/2000.

DAS DEFINIÇÕES ART° 6

XXIV – anteprojeto: peça técnica com todos os subsídios necessários à elaboração do projeto básico, que deve conter, no mínimo, os seguintes elementos:

a) demonstração e justificativa do programa de necessidades, avaliação de demanda do público-alvo, motivação técnico-econômico-social do empreendimento, visão global dos investimentos e definições relacionadas ao nível de serviço desejado;

b) condições de solidez, de segurança e de durabilidade;

c) prazo de entrega;

d) estética do projeto arquitetônico, traçado geométrico e/ou projeto da área de influência, quando cabível;

e) parâmetros de adequação ao interesse público, de economia na utilização, de facilidade na execução, de impacto ambiental e de acessibilidade;

f) proposta de concepção da obra ou do serviço de engenharia;

g) projetos anteriores ou estudos preliminares que embasaram a concepção proposta;

h) levantamento topográfico e cadastral;

i) pareceres de sondagem;

j) memorial descritivo dos elementos da edificação, dos componentes construtivos e dos materiais de construção, de forma a estabelecer padrões mínimos para a contratação;

O inc. XXIV traz consigo a definição de anteprojeto, como a peça técnica com todos os subsídios necessários à elaboração do projeto básico, que deve conter, no mínimo, os seguintes elementos: a) demonstração e justificativa do programa de necessidades, avaliação de demanda do público-alvo, motivação técnico-econômico-social do empreendimento, visão global dos investimentos e definições relacionadas ao nível de serviço desejado; b) condições de solidez, de segurança e de durabilidade; c) prazo de entrega; d) estética do projeto arquitetônico, traçado geométrico e/ou projeto da área de influência, quando cabível; e) parâmetros de adequação ao interesse público, de economia na utilização, de facilidade na execução, de impacto ambiental e de acessibilidade; f) proposta de concepção da obra ou do serviço de engenharia; g) projetos anteriores ou estudos preliminares que embasaram a concepção proposta; h) levantamento topográfico e cadastral; i) pareceres de sondagem; j) memorial descritivo dos elementos da edificação, dos componentes construtivos e dos materiais de construção, de forma a estabelecer padrões mínimos para a contratação.

Por certo, o inc. XXIV, ao definir o anteprojeto, traçou os condicionantes de um dos documentos mais importantes para as licitações de obras e serviços de engenharia, na medida em que, enquanto documento preliminar, deve demonstrar não só a viabilidade da contratação, mas também estabelecer os condicionantes do certame, tendo por objetivo, ainda, servir de baliza para a elaboração do projeto básico de engenharia.

Por força do art. 18, inc. II, exige-se na fase preparatória da licitação, dentre outros requisitos, a definição do objeto para o atendimento da necessidade, por meio de termo de referência, anteprojeto, projeto básico ou projeto executivo, conforme o caso.

Em nosso entender, a Administração, para as licitações de obras e serviços de engenharia, deverá elaborar o anteprojeto, projeto básico e executivo, à exceção da contratação integrada, que permite a atribuição de elaboração dos projetos básico e executivo ao contratado, pelo que se infere que será possível a abertura de procedimento licitatório tão somente com o anteprojeto, nos termos do art. 46, § 2º.

Vale esclarecer que o projeto básico que deve ter um nível de precisão para dimensionar adequadamente a obra ou o serviço, de modo a assegurar a viabilidade técnica e o adequado tratamento do impacto ambiental do empreendimento que venha a possibilitar a avaliação do custo da obra e definição dos métodos e prazo de execução.

Por conseguinte, a nosso ver, instaurar um procedimento licitatório apenas com o anteprojeto pode ensejar aumentos de orçamentos, atrasos, paralisação de obras e outros fatos indesejados.

XXV – projeto básico: conjunto de elementos necessários e suficientes, com nível de precisão adequado para definir e dimensionar a obra ou o serviço, ou o complexo de obras ou de serviços objeto da licitação, elaborado com base nas indicações dos estudos técnicos preliminares, que assegure a viabilidade técnica e o adequado tratamento do impacto ambiental do empreendimento e que possibilite a avaliação do custo da obra e a definição dos métodos e do prazo de execução, devendo conter os seguintes elementos:

a) levantamentos topográficos e cadastrais, sondagens e ensaios geotécnicos, ensaios e análises laboratoriais, estudos socioambientais e demais dados e levantamentos necessários para execução da solução escolhida;

b) soluções técnicas globais e localizadas, suficientemente detalhadas, de forma a evitar, por ocasião da elaboração do projeto executivo e da realização das obras e montagem, a necessidade de reformulações ou variantes quanto à qualidade, ao preço e ao prazo inicialmente definidos;

c) identificação dos tipos de serviços a executar e dos materiais e equipamentos a incorporar à obra, bem como das suas especificações, de modo

DAS DEFINIÇÕES ART° 6

a assegurar os melhores resultados para o empreendimento e a segurança executiva na utilização do objeto, para os fins a que se destina, considerados os riscos e os perigos identificáveis, sem frustrar o caráter competitivo para a sua execução;

d) informações que possibilitem o estudo e a definição de métodos construtivos, de instalações provisórias e de condições organizacionais para a obra, sem frustrar o caráter competitivo para a sua execução;

e) subsídios para montagem do plano de licitação e gestão da obra, compreendidos a sua programação, a estratégia de suprimentos, as normas de fiscalização e outros dados necessários em cada caso;

f) orçamento detalhado do custo global da obra, fundamentado em quantitativos de serviços e fornecimentos propriamente avaliados, obrigatório exclusivamente para os regimes de execução previstos nos incisos I, II, III, IV e VII do caput do art. 46 desta Lei;

O inc. XXV traz a figura do projeto básico como conjunto de elementos necessários e suficientes, com nível de precisão adequado para definir e dimensionar a obra ou o serviço, ou o complexo de obras ou de serviços objeto da licitação, elaborado com base nas indicações dos estudos técnicos preliminares, que assegurem a viabilidade técnica e o adequado tratamento do impacto ambiental do empreendimento e que possibilitem a avaliação do custo da obra e a definição dos métodos e do prazo de execução, devendo conter os seguintes elementos: a) levantamentos topográficos e cadastrais, sondagens e ensaios geotécnicos, ensaios e análises laboratoriais, estudos socioambientais e demais dados e levantamentos necessários para execução da solução escolhida; b) soluções técnicas globais e localizadas, suficientemente detalhadas, de forma a evitar, por ocasião da elaboração do projeto executivo e da realização das obras e montagem, a necessidade de reformulações ou variantes quanto à qualidade, ao preço e ao prazo inicialmente definidos; c) identificação dos tipos de serviços a executar e dos materiais e equipamentos a incorporar à obra, bem como das suas especificações, de modo a assegurar os melhores resultados para o empreendimento e a segurança executiva na utilização do objeto, para os fins a que se destina, considerados os riscos e os perigos identificáveis, sem frustrar o caráter competitivo para a sua execução; d) informações que possibilitem o estudo e a definição de métodos construtivos, de instalações provisórias e de condições organizacionais para a obra, sem frustrar o caráter competitivo para a sua execução; e) subsídios para montagem do plano de licitação e gestão da obra, compreendidos a sua programação, a estratégia de suprimentos, as normas de fiscalização e outros dados necessários em cada caso; e f) orçamento detalhado do custo global da obra, fundamentado em quantitativos de serviços e fornecimentos propriamente avaliados, obrigatório exclusivamente para os regimes de execução previstos nos incisos I, II, III, IV e VII do *caput* do art. 46 da nova Lei de Licitações e Contratos.

O projeto básico, como dito anteriormente, deve contemplar soluções adequadas e indispensáveis com nível de precisão capaz de dimensionar a obra ou o serviço de engenharia. Por conta disso, o seu nível de precisão é significativamente maior do que aquele que encontramos no anteprojeto de engenharia, como, aliás, denota muito bem os seus requisitos.

Assevere-se, por pertinente, que as alíneas constantes do inc. XV possuem caráter normativo e devem ser obrigatoriamente observadas, devendo o projeto básico integrar o edital como um de seus anexos, à exceção do art. 46, § 2º.

Definições

Definição de "Projeto" proposta pelo CAU. Anexo da Resolução nº 21/12, do Conselho de Arquitetura e Urbanismo do Brasil: "Projeto – criação do espírito, documentada através de representação gráfica ou escrita de modo a permitir sua materialização, podendo referir-se a uma obra ou instalação, a ser realizada através de princípios técnicos e científicos, visando à consecução de um objetivo ou meta e adequando-se aos recursos disponíveis e às alternativas que conduzem à viabilidade de sua execução."

Projeto Básico. Definição de impacto ambiental. Definição de Estudo de Impacto Ambiental proposta pelo CAU. Anexo da Resolução nº 21/12, do Conselho de Arquitetura e Urbanismo do Brasil: "Estudo de Impacto Ambiental (EIA) – Relatório de Impacto no Meio Ambiente (RIMA) – EIA é o estudo realizado para licenciamento de atividades que, direta ou indiretamente, afetam o meio ambiente ou que são potencialmente poluidoras. Este estudo deverá incluir, no mínimo, o diagnóstico ambiental da área de influência do projeto, a análise dos impactos ambientais previstos e de suas alternativas, a definição de medidas mitigadoras e a elaboração de um programa de acompanhamento e monitoramento desses impactos. Já o RIMA é o relatório correspondente, que deverá ser feito após a implantação do empreendimento."

Definição de "Estudo de Impacto de Vizinhança (EIV)" proposta pelo CAU. Anexo da Resolução nº 51/13, do Conselho de Arquitetura e Urbanismo do Brasil: "Estudo de Impacto de Vizinhança (EIV): estudo executado de forma a contemplar os impactos positivos e negativos de um empreendimento ou atividade na área e suas proximidades, em conformidade com a legislação vigente."

Definição de "montagem" proposta pelo IBRAOP – Instituto Brasileiro de Auditoria de Obras Públicas na Orientação Técnica – OT – IBR 002/2009: "Montar: arranjar ou dispor ordenadamente peças ou mecanismos, de modo a compor um todo a funcionar. Se a montagem for do todo, deve ser considerada fabricação."

DAS DEFINIÇÕES   ARTº 6

Definição de "montagem" proposta pelo CAU. Anexo da Resolução nº 21/12, do Conselho de Arquitetura e Urbanismo do Brasil: "Montagem – operação que consiste na reunião de componentes, peças, partes ou produtos, que resulte em dispositivo, produto ou unidade autônoma que venha a tornar-se operacional, preenchendo a sua função."

Legislação e afins

Projeto. Direitos autorais: Resolução/CAU/BR nº 67, de 05.12.2013 – Dispõe sobre os Direitos Autorais na Arquitetura e Urbanismo, estabelece normas e condições para o registro de obras intelectuais no Conselho de Arquitetura e Urbanismo (CAU), e dá outras providências.

Fundamento legal da obrigatoriedade da ART: Lei nº 6.496, de 7 de dezembro de 1977, que institui a "Anotação de Responsabilidade Técnica " na prestação de serviços de engenharia, de arquitetura e agronomia, estabelece que todo contrato escrito ou verbal para execução de obras ou prestação de quaisquer serviços profissionais referentes às áreas abrangidas pelo Sistema Confea/Crea fica sujeito à Anotação de Responsabilidade Técnica – ART.

Projeto básico. Orientação Técnica do IBRAOP visa uniformizar o entendimento quanto à definição de Projeto Básico – OT – IBR 001/2006 – Projeto Básico – Objetivo: Orientação Técnica visa uniformizar o entendimento quanto à definição de Projeto Básico especificada na Lei Federal 8.666/93 e alterações posteriores. Disponível em http://www.ibraop.org.br

Jurisprudência e decisões dos Tribunais de Contas

Projeto básico. Necessidade de que os elementos constantes no projeto básico sejam adequados e atualizados. Matéria sumulada: TCU – Súmula nº 261 – "Em licitações de obras e serviços de engenharia, é necessária a elaboração de projeto básico adequado e atualizado, assim considerado aquele aprovado com todos os elementos descritos no art. 6º, inciso IX, da Lei nº 8.666, de 21 de junho de 1993, constituindo prática ilegal a revisão de projeto básico ou a elaboração de projeto executivo que transfigurem o objeto originalmente contratado em outro de natureza e propósito diversos."

Projeto básico. Necessidade de que os elementos constantes no projeto básico sejam precisos, necessários e suficientes para a execução do objeto: TCU – Acórdão nº 771/2005 – 2ª Câmara – Relatoria: Ministro-Substituto Lincoln Magalhães da Rocha – "9.2.2. defina de forma precisa os elementos necessários e suficientes que caracterizem a prestação de serviço ou a execução da obra pretendida quando da elaboração dos projetos básicos e termos de referência das licitações, conforme regulamenta o art. 6º, inciso IX, e art. 40, § 2º, da Lei 8.666/93 e o art. 8º, inciso II, do Decreto 3.555/2000."

Projeto básico. Necessidade de que os elementos constantes no projeto básico sejam precisos, sob pena de responsabilização: TCU – Acórdão nº 1.658/2003

COMENTÁRIOS À NOVA LEI DE LICITAÇÕES PÚBLICAS E CONTRATOS ADMINISTRATIVOS

– Plenário – Trecho do voto do Ministro Relator Guilherme Palmeira – "É evidente que a imprecisão do projeto básico tipifica ofensa ao estatuto licitatório e enseja, por sua gravidade, a apenação do agente responsável. Contudo, nas circunstâncias retratadas nos autos, não me parece que atenda ao interesse público anular o contrato já firmado, onerando com isso a administração (inclusive com despesas indenizatórias) e retardando o usufruto, pela população, dos benefícios do empreendimento."

Projeto Básico. Análise do impacto ambiental do empreendimento. Necessidade de que os órgãos competentes, no âmbito da sua jurisdição, concedam as devidas licenças ambientais antes de promover a competente licitação: TCU – Acórdão nº 870/2010 – Plenário – Relatoria: Ministro Augusto Nardes – "9.3. recomendar à Universidade Federal do Pará que, em procedimentos licitatórios futuros em que seja obrigatória a apresentação de licença ambiental de operação por parte das firmas interessadas, planeje adequadamente a licitação de forma a que seja lançado o edital com antecedência suficiente para que, observada a legislação ambiental e os prazos requeridos pelo Órgão local responsável pela concessão de licenças, possam as empresas requerer, antecipadamente, bem como dispor, no momento da licitação, das respectivas licenças ambientais necessárias à execução do objeto licitado."

Projeto Básico. Observância do teor contido na OT IBR 01/2006, editada pelo Instituto Brasileiro de Auditoria de Obras Públicas (Ibraop) pelos jurisdicionados. Necessidade: TCU – Acórdão nº 632/2012 – Plenário – Relatoria: Ministro José Jorge – "ACORDAM os Ministros do Tribunal de Contas da União, reunidos em Sessão Plenária, ante as razões expostas pelo Relator, em: 9.1. determinar à Segecex que dê conhecimento às unidades jurisdicionadas ao Tribunal que as orientações constantes da OT IBR 01/2006, editada pelo Instituto Brasileiro de Auditoria de Obras Públicas (Ibraop), passarão a ser observadas por esta Corte, quando da fiscalização de obras públicas;

9.1.1. para os órgãos/entidades que dispõem de normativos próprios para regular a elaboração de projetos básicos das obras por eles licitadas e contratadas, os conceitos da referida norma serão aplicados subsidiariamente;

9.1.2. a adoção da OT IBR 01/2006 não dispensa os gestores de providenciar os elementos técnicos adicionais, decorrentes das especificidades de cada obra auditada;

9.2. determinar à Segecex que, nas fiscalizações de futuras licitações de obras públicas, passe a avaliar a compatibilidade, do projeto básico com a OT IBR 01/2006 e, na hipótese de inconformidades relevantes, represente ao relator com proposta de providências."

Projeto básico. Utilização correta. Afastamento de ocorrências indesejáveis: TCU – Acórdão nº 2504/2010 – Plenário – Relatoria: Ministro Marcos Bemquerer Costa – Relatoria: Ministro Marcos Bemquerer Costa – "3. A utilização correta do projeto básico visa a resguardar a Administração Pública de atrasos em licitações, superfaturamentos, aditamentos contratuais desnecessários, modificações no projeto original, entre outras ocorrências indesejáveis que geram consequências e entraves à execução das obras."

Projeto básico. Necessidade de que o projeto identifique todos os serviços a serem executados. Impossibilidade de que o particular execute serviços de forma gratuita: TCU – Acórdão nº 337/2005 – Plenário – Relatoria: Ministro Marcos Bemquerer Costa – "9.2.2 – identifique, no projeto básico, todos os serviços demandados, conforme preceitua o art. 6º, IX, alíneas c e f, da Lei n. 8.666/1993, abstendo-se de exigir da vencedora a prestação de serviços de forma gratuita."

Projeto básico. Necessidade de que a Anotação de Responsabilidade Técnica junto ao CREA seja recolhida nos projetos básicos a fim de possibilitar a responsabilização futura do autor do projeto: TCU – Acórdão nº 67/2000 – Plenário – Relatoria: Ministro-Substituto José Antonio Barreto de Macedo – "8.4.3.6 – cumpra o comando dos arts. 1º e 2º da Lei n. 6.496/77, que exige a Anotação de Responsabilidade Técnica nas obras e serviços de engenharia, haja vista que sua ausência impossibilita a responsabilização do autor do projeto por eventual erro ou falha técnica."

XXVI – projeto executivo: conjunto de elementos necessários e suficientes à execução completa da obra, com o detalhamento das soluções previstas no projeto básico, a identificação de serviços, de materiais e de equipamentos a serem incorporados à obra, bem como suas especificações técnicas, de acordo com as normas técnicas pertinentes;

Por sua vez, o inc. XXVI define o projeto executivo como o conjunto de elementos necessários e suficientes à execução completa da obra, com o detalhamento das soluções previstas no projeto básico, a identificação de serviços, de materiais e de equipamentos a serem incorporados à obra, bem como suas especificações técnicas, de acordo com as normas técnicas pertinentes.

Com efeito, será no projeto executivo que teremos uma visão da obra ou serviço de engenharia de forma completa, com todos os elementos necessários para a instauração do procedimento licitatório e regime de execução contratual.

Calha aqui observar que a legislação foi omissa ao não especificar os requisitos do projeto executivo de forma detalhada. No entanto, ainda que o legislador tenha sido omisso, certo é dizer que o projeto executivo deverá observar as normas técnicas cabíveis à espécie.

Decisões dos Tribunais de Contas

Projeto Executivo. O projeto executivo não pode desconfigurar o projeto básico: TCU – Acórdão nº 1.428/2003 – Plenário – Trecho do voto do Ministro Relator Ubiratan Aguiar – "Não se alegue que não houve alteração do projeto básico, mas apenas o seu detalhamento no projeto executivo, pois, apesar de reconhecer que este possa fazer algumas correções naquele, não pode alterá-lo de modo a se constituir

COMENTÁRIOS À NOVA LEI DE LICITAÇÕES PÚBLICAS E CONTRATOS ADMINISTRATIVOS

objeto completamente distinto do inicialmente licitado. Alterações significativas, antes de iniciada a obra exige a realização de novo procedimento licitatório e não assinatura de termo aditivo.

XXVII – matriz de riscos: cláusula contratual definidora de riscos e de responsabilidades entre as partes e caracterizadora do equilíbrio econômico-financeiro inicial do contrato, em termos de ônus financeiro decorrente de eventos supervenientes à contratação, contendo, no mínimo, as seguintes informações:

a) listagem de possíveis eventos supervenientes à assinatura do contrato que possam causar impacto em seu equilíbrio econômico-financeiro e previsão de eventual necessidade de prolação de termo aditivo por ocasião de sua ocorrência;

b) no caso de obrigações de resultado, estabelecimento das frações do objeto com relação às quais haverá liberdade para os contratados inovarem em soluções metodológicas ou tecnológicas, em termos de modificação das soluções previamente delineadas no anteprojeto ou no projeto básico;

c) no caso de obrigações de meio, estabelecimento preciso das frações do objeto com relação às quais não haverá liberdade para os contratados inovarem em soluções metodológicas ou tecnológicas, devendo haver obrigação de aderência entre a execução e a solução predefinida no anteprojeto ou no projeto básico, consideradas as características do regime de execução no caso de obras e serviços de engenharia;

A matriz de risco, prevista no inc. XXVII do art. 6º da NLLC é cláusula contratual que tem por objetivo definir os riscos e alocar as responsabilidades de cada uma das partes contratantes, com vistas a estabelecer a equação econômico-financeira da avença pública.

Cumpre-nos esclarecer que toda e qualquer avença implica no estabelecimento de uma equação econômico-financeira do contrato. Não obstante isso, nem todo contrato terá uma matriz de risco explicitamente prevista no instrumento contratual.

De todo modo, a matriz de risco tem por finalidade promover a alocação eficiente dos riscos de cada contrato e estabelecer a responsabilidade que caiba a cada parte contratante, bem como os mecanismos que afastem a ocorrência de sinistros e mitiguem os seus efeitos, caso este ocorra durante a execução contratual.

Isso tanto é verdade que as alíneas do inc. XXVII listam os possíveis eventos que podem ocorrer após a celebração do contrato, bem como as suas eventuais consequências.

DAS DEFINIÇÕES   ARTº 6

É impositivo observar que o dispositivo examinado traz consigo a figura das obrigações de resultado e obrigações de meio. Nas obrigações de resultado, o contratante estabelece a meta que o contratado deve atingir, podendo este último inovar com relação às soluções metodológicas ou tecnológicas. No que concerne às obrigações de meio, inexiste liberdade para o contratado fazer qualquer inovação, devendo seguir a concepção do contratante.

XXVIII – empreitada por preço unitário: contratação da execução da obra ou do serviço por preço certo de unidades determinadas;

O inc. XXVIII define a empreitada por preço unitário como contratação da execução da obra ou do serviço por preço certo de unidades determinadas.

Encontramos no inc. XVIII a definição de empreitada por preço unitário que, em outras palavras, é uma das espécies do regime de execução de obras e serviços de engenharia em que a contraprestação pecuniária é paga ao contratado mediante medições que refletem a obras ou serviços realizados em determinado lapso temporal.

XXIX – empreitada por preço global: contratação da execução da obra ou do serviço por preço certo e total;

No inc. XXIX encontra-se prevista a definição de empreitada por preço global, enquanto contratação da execução da obra ou do serviço por preço certo e total.

A empreitada por preço global é uma espécie de regime de execução de obras e serviços de engenharia em que se contrata a sua execução por preço certo e total.

Segundo o Tribunal de Contas da União, a empreitada por preço global deve ser adotada quando for possível definir previamente no projeto, com boa margem de precisão, as quantidades dos serviços a serem executados; enquanto que a empreitada por preço unitário deve ser preferida para objetos que, por sua natureza, não permitam a precisa indicação dos quantitativos orçamentários.[35]

XXX – empreitada integral: contratação de empreendimento em sua integralidade, compreendida a totalidade das etapas de obras, serviços e instalações necessárias, sob inteira responsabilidade do contratado até sua entrega ao contratante em condições de entrada em operação, com características adequadas às finalidades para as quais foi contratado e

---

[35] TCU – Acórdão nº 1.977/2013 – Plenário. Relatoria: Min. Valmir Campelo. Brasil. Data da Sessão: 31/07/2013.

atendidos os requisitos técnicos e legais para sua utilização com segurança estrutural e operacional;

No inc. XXX vem grafado a definição da empreitada integral, como contratação de empreendimento em sua integralidade, compreendida a totalidade das etapas de obras, serviços e instalações necessárias, sob inteira responsabilidade do contratado até sua entrega ao contratante em condições de entrada em operação, com características adequadas às finalidades para as quais foi contratado e atendidos os requisitos técnicos e legais para sua utilização, com segurança estrutural e operacional.

Mais uma vez temos uma das espécies do regime de execução, a denominada empreitada integral. Na empreitada integral, as obras e serviços devem ser concluídos, com os bens instalados e com tudo funcionando, tais como os sistemas hidráulicos, elétricos, elevadores, mobiliário e demais elementos estabelecidos no contrato.

Definição

Etapa. Definição constante do art. 3º do Dec. fed. nº 1.054/94, que regulamenta o reajuste de preços nos contratos da administração federal direta e indireta, e dá outras providências: "Cada uma das partes em que se divide o desenvolvimento do fornecimento, obra ou serviço, em relação aos prazos ou cronogramas contratuais"

XXXI – contratação por tarefa: regime de contratação de mão de obra para pequenos trabalhos por preço certo, com ou sem fornecimento de materiais;

O inc. XXXI a seu turno, define a contratação por tarefa, enquanto regime de contratação de mão de obra para pequenos trabalhos por preço certo, com ou sem fornecimento de materiais.

Despiciendas maiores considerações para se concluir que a tarefa, enquanto espécie de regime de execução, é destinada àquelas obras e serviços de pequena monta, descartadas maiores condicionantes de ordem formal.

XXXII – contratação integrada: regime de contratação de obras e serviços de engenharia em que o contratado é responsável por elaborar e desenvolver os projetos básico e executivo, executar obras e serviços de engenharia, fornecer bens ou prestar serviços especiais e realizar montagem, teste, pré-operação e as demais operações necessárias e suficientes para a entrega final do objeto;

O inc. XXXII traz a figura jurídica da contratação integrada, definida como regime de contratação de obras e serviços de engenharia em que o contratado é responsável por elaborar e desenvolver os projetos básico e executivo, executar obras e serviços de engenharia, fornecer bens ou prestar serviços especiais e realizar montagem, teste, pré-operação e as demais operações necessárias e suficientes para a entrega final do objeto.

A contratação integrada é mais uma das espécies de regime de execução, em que a Administração oferece ao particular contratado apenas e tão somente o anteprojeto, ficando a cargo deste a elaboração do projeto básico e executivo. Contudo, as obrigações do contratado são significativamente mais onerosas, na medida em que a sua execução oferece uma parcela significativa de riscos ao contratado.

XXXIII – contratação semi-integrada: regime de contratação de obras e serviços de engenharia em que o contratado é responsável por elaborar e desenvolver o projeto executivo, executar obras e serviços de engenharia, fornecer bens ou prestar serviços especiais e realizar montagem, teste, pré-operação e as demais operações necessárias e suficientes para a entrega final do objeto;

No que concerne ao inc. XXXIII, este traz em seu bojo a contratação semi-integrada, definida como regime de contratação de obras e serviços de engenharia em que o contratado é responsável por elaborar e desenvolver o projeto executivo, executar obras e serviços de engenharia, fornecer bens ou prestar serviços especiais e realizar montagem, teste, pré-operação e as demais operações necessárias e suficientes para a entrega final do objeto.

A hipótese prevista no inc. XXXIII em muito se assemelha com aquela disposta no inc. XXXII. Ainda que similar, é perfeitamente possível identificar uma diferença, a saber: na contratação integrada, fica a cargo do contratado a elaboração do projeto básico e executivo, enquanto que na contratação semi-integrada ficará a cargo do contratado apenas a elaboração do projeto executivo.

XXXIV – fornecimento e prestação de serviço associado: regime de contratação em que, além do fornecimento do objeto, o contratado responsabiliza-se por sua operação, manutenção ou ambas, por tempo determinado;

O inc. XXXIV, por sua vez, traz a definição do denominado fornecimento e prestação de serviço associado, que se constitui no regime de contratação em que, além do fornecimento do objeto, o contratado responsabiliza-se por sua operação, manutenção ou ambas, por tempo determinado.

A inteligência do dispositivo em comento determina a obrigação do contratado de transferir o domínio de um bem e, além disso, a executar

COMENTÁRIOS À NOVA LEI DE LICITAÇÕES PÚBLICAS E CONTRATOS ADMINISTRATIVOS

posteriormente o serviço, que é parte integrante do objeto da avença, observado o devido prazo contratual.

Definições

Definição de "manutenção" proposta pelo CONFEA: Decisão Normativa CONFEA nº 83, de 26 de setembro de 2008, art. 2º, inc. II – "1. manutenção: ato contínuo do conjunto de operações destinado a manter em bom funcionamento a edificação como um todo ou cada uma de suas partes constituintes, por meio de inspeções de rotina, limpeza, aplicação de novas pinturas, reparos nas instalações elétrica e hidráulica, etc."

Definição de "manutenção" proposta pelo CAU. Anexo da Resolução nº 21/12, do Conselho de Arquitetura e Urbanismo do Brasil: "Manutenção – atividade que consiste em conservar espaços edificados e urbanos, estruturas, instalações e equipamentos em bom estado de conservação e operação."

Definição de "manutenção" proposta pelo IBRAOP – Instituto Brasileiro de Auditoria de Obras Públicas na Orientação Técnica – OT – IBR 002/2009: "Manter: preservar aparelhos, máquinas, equipamentos e obras em bom estado de operação, assegurando sua plena funcionalidade."

XXXV – licitação internacional: licitação processada em território nacional na qual é admitida a participação de licitantes estrangeiros, com a possibilidade de cotação de preços em moeda estrangeira, ou licitação na qual o objeto contratual pode ou deve ser executado no todo ou em parte em território estrangeiro;

Quanto ao inc. XXXV, temos a definição da licitação internacional que será processada em território nacional, na qual é admitida a participação de licitantes estrangeiros, com a possibilidade de cotação de preços em moeda estrangeira, ou licitação na qual o objeto contratual pode ou deve ser executado no todo ou em parte em território estrangeiro.

Referido inciso veio a disciplinar a licitação internacional, que subordina-se a regime jurídico próprio, existindo a possibilidade de adoção de normas de caráter internacional, respeitados os princípios determinados pela legislação nacional.

Digno de nota, é lembrar que a licitação internacional caracteriza-se pela possibilidade de participação de licitantes estrangeiros, que poderão ofertar suas propostas em moeda estrangeira, podendo, ainda, o pagamento ser realizado na moeda utilizada na apresentação das aludidas propostas comerciais.

Demais disso, o dispositivo prevê que a licitação internacional também poderá ser em razão do objeto, cujo contrato será executado no todo ou em parte em solo estrangeiro.

DAS DEFINIÇÕES — ART° 6

XXXVI – serviço nacional: serviço prestado em território nacional, nas condições estabelecidas pelo Poder Executivo federal;

O inc. XXXVI define o serviço nacional como aquele prestado em território nacional, nas condições estabelecidas pelo Poder Executivo federal.

Do ponto de vista estritamente jurídico não encontramos maior relevância na definição constante do inciso em exame, salvo no que diz respeito ao art. 26, inc. I, que trata da margem de preferência para bens manufaturados e serviços nacionais que atendam a normas técnicas brasileiras.

XXXVII – produto manufaturado nacional: produto manufaturado produzido no território nacional de acordo com o processo produtivo básico ou com as regras de origem estabelecidas pelo Poder Executivo federal;

Continuando, o inc. XXXVII estabelece a definição de produto manufaturado nacional como aqueles produzidos no território nacional de acordo com o processo produtivo básico ou com as regras de origem estabelecidas pelo Poder Executivo federal.

É de se observar que as disposições do inc. XXXVII estão intimamente ligadas com a questão da margem de preferência ditada pelo art. 26, inc. I, que deverá ser disciplinada pelas regras constantes do instrumento convocatório.

XXXVIII – concorrência: modalidade de licitação para contratação de bens e serviços especiais e de obras e serviços comuns e especiais de engenharia, cujo critério de julgamento poderá ser:
   a) **menor preço;**
   b) **melhor técnica ou conteúdo artístico;**
   c) **técnica e preço;**
   d) **maior retorno econômico;**
   e) **maior desconto;**

Relevantes são as disposições do inc. XXXVIII, que vieram disciplinar a licitação na modalidade de concorrência destinada à contratação de bens e serviços especiais e de obras e serviços comuns e especiais de engenharia, cujo critério de julgamento poderá ser: a) menor preço; b) melhor técnica ou conteúdo artístico; c) técnica e preço; d) maior retorno econômico; e e) maior desconto.

Na Lei nº 8.666/1993, a concorrência vinha lastreada no valor do objeto da licitação. Entretanto, na Lei nº 14.133/2021, a concorrência vem vinculada ao objeto da licitação, haja vista que destinada à contratação de bens e serviços especiais e de obras e serviços comuns e especiais de engenharia. Afora isso, ficam extintas as licitações nas modalidades de tomada de preços e de convite.

COMENTÁRIOS À NOVA LEI DE LICITAÇÕES PÚBLICAS E CONTRATOS ADMINISTRATIVOS

Acertado também dizer que a concorrência é modalidade genérica de licitação, pois nas hipóteses em que não for possível a adoção de modalidade diversa sempre caberá a concorrência.

Classifica, também, o dispositivo, os critérios de julgamento que, na Lei nº 8.666/1993, eram denominados de tipos de licitação. No atual diploma legal não mais encontramos essa denominação. De qualquer modo, no respeitante aos critérios de julgamento, que se encontram disciplinados nos arts. 33 e seguintes, válido é dizer, desde logo, que os critérios de melhor técnica ou conteúdo artístico, técnica e preço e maior retorno econômico somente poderão ser utilizados em se tratando de concorrência.

XXXIX – concurso: modalidade de licitação para escolha de trabalho técnico, científico ou artístico, cujo critério de julgamento será o de melhor técnica ou conteúdo artístico, e para concessão de prêmio ou remuneração ao vencedor;

O inc. XXXIX veio a definir o concurso como modalidade de licitação para a escolha de trabalho técnico, científico ou artístico, cujo critério de julgamento será o de melhor técnica ou conteúdo artístico, e para concessão de prêmio ou remuneração ao vencedor.

Tal qual na legislação anterior, o concurso é modalidade de licitação para escolha de trabalho técnico, científico ou artístico. A definição em comento é suficiente para se concluir, de plano, que o concurso não é modalidade indicada para contratação de obras, serviços ou compras, mas que deverá ser utilizada quando for desejo do Poder Público em dar um incentivo à tecnologia, ciência e artes em geral.

Definição

Definição de "trabalho técnico" proposta pelo CAU. Anexo da Resolução nº 21/12, do Conselho de Arquitetura e Urbanismo do Brasil: "Trabalho técnico – desempenho de atividades técnicas coordenadas, de caráter físico ou intelectual, necessárias à realização de qualquer serviço, obra, tarefa ou empreendimento especializado".

XL – leilão: modalidade de licitação para alienação de bens imóveis ou de bens móveis inservíveis ou legalmente apreendidos a quem oferecer o maior lance;

A definição do leilão encontra-se grafada no inc. XL como modalidade de licitação para alienação de bens imóveis ou de bens móveis inservíveis ou legalmente apreendidos a quem oferecer o maior lance.

108

DAS DEFINIÇÕES   ARTº 6

Em boa hora, o legislador permitiu que o leilão, enquanto regra, seja destinado não apenas para a alienação de bens móveis, mas também para bens imóveis, que na Lei nº 8.666/1993 deveria ocorrer mediante concorrência.

Por óbvio, o critério de julgamento será aquele que ofertar o maior lance.

XLI – pregão: modalidade de licitação obrigatória para aquisição de bens e serviços comuns, cujo critério de julgamento poderá ser o de menor preço ou o de maior desconto;

De outra parte, o inc. XLI define a licitação na modalidade de pregão, que é obrigatória para aquisição de bens e serviços comuns, cujo critério de julgamento poderá ser o de menor preço ou o de maior desconto.

Ainda que o pregão venha formalmente definido, em razão do objeto da licitação, persiste a problemática quanto à definição de bens e serviços comuns. Em verdade, sempre restará ao intérprete uma zona cinzenta, ao classificar esse ou aquele objeto como bem e serviço comum. De todo modo, a questão será melhor discutida quando do exame do art. 29.

XLII – diálogo competitivo: modalidade de licitação para contratação de obras, serviços e compras em que a Administração Pública realiza diálogos com licitantes previamente selecionados mediante critérios objetivos, com o intuito de desenvolver uma ou mais alternativas capazes de atender às suas necessidades, devendo os licitantes apresentar proposta final após o encerramento dos diálogos;

Sobreleva dizer que as disposições do inc. XLII são de curial importância, na medida em que encontramos a mais nova modalidade de licitação denominada de diálogo competitivo, cuja implementação pode ensejar uma série de dúvidas. De todo modo, o diálogo competitivo é modalidade de licitação para contratação de obras, serviços e compras em que a Administração Pública realiza diálogos com licitantes previamente selecionados mediante critérios objetivos, com o intuito de desenvolver uma ou mais alternativas capazes de atender às suas necessidades, devendo os licitantes apresentar proposta final após o encerramento dos diálogos.

É imperioso destacar que o diálogo competitivo deve ser utilizado apenas para aqueles objetos de significativa complexidade. Essa modalidade de licitação contempla uma fase prévia em que a Administração realiza discussões sobre questões de caráter técnico e financeiro com interessados, previamente selecionados, mediante critérios objetivos. Posteriormente, será iniciada a fase competitiva que, também mediante critérios objetivos, escolherá a melhor proposta para o contrato de interesse da Administração.

XLIII – credenciamento: processo administrativo de chamamento público em que a Administração Pública convoca interessados em prestar serviços ou fornecer bens para que, preenchidos os requisitos necessários, se credenciem no órgão ou na entidade para executar o objeto quando convocados;

O inc. XLIII dispõe sobre a definição de credenciamento como processo administrativo de chamamento público em que a Administração Pública convoca interessados em prestar serviços ou fornecer bens para que, preenchidos os requisitos necessários, se credenciem no órgão ou na entidade para executar o objeto quando convocados.

Por vezes criticamos o legislador, mas também não podemos deixar de louvar os seus acertos. Finalmente, a figura do credenciamento foi disciplinada. O credenciamento se constitui em procedimento administrativo de convocação de entidades, objetivando a convocação de interessados para prestar serviços ou fornecer bens, propiciando uma contratação direta, por inexigibilidade de licitação, em razão da ausência de competição.

XLIV – pré-qualificação: procedimento seletivo prévio à licitação, convocado por meio de edital, destinado à análise das condições de habilitação, total ou parcial, dos interessados ou do objeto;

O inc. XLIV, por seu turno, define a pré-qualificação como procedimento seletivo prévio à licitação, convocado por meio de edital, destinado à análise das condições de habilitação, total ou parcial, dos interessados ou do objeto.

A pré-qualificação é figura antiga prevista no ordenamento das licitações e contratos, se perfazendo em um procedimento auxiliar que, mediante a publicação de edital, tem por objetivo examinar previamente a qualificação técnica ou a qualidade mínima de um objeto.

XLV – sistema de registro de preços: conjunto de procedimentos para realização, mediante contratação direta ou licitação nas modalidades pregão ou concorrência, de registro formal de preços relativos a prestação de serviços, a obras e a aquisição e locação de bens para contratações futuras;

A importantíssima figura do sistema de registro de preços vem definida no inc. XLV como o conjunto de procedimentos para realização, mediante contratação direta ou licitação nas modalidades pregão ou concorrência, de registro formal de preços relativos a prestação de serviços, a obras e a aquisição e locação de bens, para contratações futuras.

O sistema de registro de preços se constitui em procedimento administrativo para contratação direta ou licitação na modalidade de concorrência ou pregão, que tem por objetivo selecionar propostas e respectivos licitantes, que,

DAS DEFINIÇÕES — ART° 6

ao final, deverão celebrar o instrumento denominado de Ata de Registro de Preços, para futuras contratações.

XLVI – ata de registro de preços: documento vinculativo e obrigacional, com característica de compromisso para futura contratação, no qual são registrados o objeto, os preços, os fornecedores, os órgãos participantes e as condições a serem praticadas, conforme as disposições contidas no edital da licitação, no aviso ou instrumento de contratação direta e nas propostas apresentadas;

Logo a seguir, o inc. XLVI define a ata de registro de preços como documento vinculativo e obrigacional, com característica de compromisso para futura contratação, no qual são registrados o objeto, os preços, os fornecedores, os órgãos participantes e as condições a serem praticadas, conforme as disposições contidas no edital da licitação, no aviso ou instrumento de contratação direta e nas propostas apresentadas.

Em caráter preliminar é bom que se diga que a Ata de Registro de Preços não é um contrato administrativo. Contudo, esse instrumento em muito se assemelha com o pré-contrato regulado pelo direito privado, constituindo-se em um documento de caráter obrigacional e vinculativo, decorrente de um procedimento seletivo, que contém todas as condições necessárias, inclusive o preço registrado, para contratações futuras. É importante observar que o detentor da Ata de Registro de Preços fica obrigado a celebrar o contrato decorrente do instrumento em exame, se e quando convocado.

XLVII – órgão ou entidade gerenciadora: órgão ou entidade da Administração Pública responsável pela condução do conjunto de procedimentos para registro de preços e pelo gerenciamento da ata de registro de preços dele decorrente;

Por sua vez, o inc. XLVII veio a definir o órgão ou entidade gerenciadora, como órgão ou entidade da Administração Pública responsável pela condução do conjunto de procedimentos para registro de preços e pelo gerenciamento da ata de registro de preços dele decorrente.

A redação do dispositivo parece-nos bastante clara. Impende assim considerar que a competência do órgão ou entidade gerenciadora contempla o planejamento da licitação ou da contratação direta.

XLVIII – órgão ou entidade participante: órgão ou entidade da Administração Pública que participa dos procedimentos iniciais da contratação para registro de preços e integra a ata de registro de preços;

Fixa o inc. XLVIII do art. 6º que o órgão ou entidade participante são aqueles que participam dos procedimentos iniciais da contratação para registro de preços, informando a estimativa de quantidades a serem adquiridas, passando integrar a ata de registro de preços.

XLIX – órgão ou entidade não participante: órgão ou entidade da Administração Pública que não participa dos procedimentos iniciais da licitação para registro de preços e não integra a ata de registro de preços;

Ainda no âmbito do sistema de registro de preços, o inc. XLIX vem a definir a expressão órgão ou entidade não participante como aquele que não participa dos procedimentos iniciais da licitação para registro de preços e não integra a ata de registro de preços.

Neste dispositivo encontramos a hipótese de determinado órgão ou entidade que, não tendo manifestado a sua vontade de participar do sistema de registro de preços, em momento anterior à instauração da licitação, posteriormente, após a celebração do registro de preços propriamente dito, postula por aderir ao procedimento em questão, pegando uma "carona" como vulgarmente é chamada essa situação.

L – comissão de contratação: conjunto de agentes públicos indicados pela Administração, em caráter permanente ou especial, com a função de receber, examinar e julgar documentos relativos às licitações e aos procedimentos auxiliares;

Doutra parte, no inc. L, temos a definição de comissão de contratação como um conjunto de agentes públicos indicados pela Administração, em caráter permanente ou especial, com a função de receber, examinar e julgar documentos relativos às licitações e aos procedimentos auxiliares.

A comissão de contratação veio a substituir a antiga expressão conhecida como "comissão de licitação", que se constitui em um colegiado formado por agentes públicos objetivando a condução do procedimento licitatório.

Ainda que a Lei nº 14.133/2021 não contemple a qualificação dos integrantes da Comissão de Contratação, nos permitimos dizer que o ideal seria que o colegiado fosse formado por um advogado, um economista ou contador e um engenheiro ou arquiteto, de modo que eventuais dúvidas que possam surgir no decorrer do procedimento, que normalmente versam sobre questões jurídicas, financeiras e técnicas, possam ser solvidas pelo próprio colegiado.

LI – catálogo eletrônico de padronização de compras, serviços e obras: sistema informatizado, de gerenciamento centralizado e com indicação de preços, destinado a permitir a padronização de itens a serem adquiridos pela Administração Pública e que estarão disponíveis para a licitação;

No que toca ao inc. LI, encontramos a definição do catálogo eletrônico de padronização de compras, serviços e obras, definido como sistema informatizado, de gerenciamento centralizado e com indicação de preços, destinado a permitir a padronização de itens a serem adquiridos pela Administração Pública e que estarão disponíveis para a licitação.

Em outro dizer, o inc. LI vem a expressar o conjunto de informações constantes do banco de dados, relativo a objetos e preços que são de interesse do Poder Público, com vistas a ensejar contratações vantajosas em razão de uma padronização

LII – sítio eletrônico oficial: sítio da internet, certificado digitalmente por autoridade certificadora, no qual o ente federativo divulga de forma centralizada as informações e os serviços de governo digital dos seus órgãos e entidades;

O sítio eletrônico oficial vem definido no inc. LII, sítio da Internet, certificado digitalmente por autoridade certificadora, no qual o ente federativo divulga de forma centralizada as informações e os serviços de governo digital dos seus órgãos e entidades.

O dispositivo em exame expressa o sítio eletrônico destinado a publicizar as informações concernentes às licitações e contratos administrativos celebrados pelo ente federado, exigindo, para tanto, a certificação do site por autoridade certificadora.

LIII – contrato de eficiência: contrato cujo objeto é a prestação de serviços, que pode incluir a realização de obras e o fornecimento de bens, com o objetivo de proporcionar economia ao contratante, na forma de redução de despesas correntes, remunerado o contratado com base em percentual da economia gerada;

No inc. LIII temos a definição do contrato de eficiência, como aquele cujo objeto é a prestação de serviços, que pode incluir a realização de obras e o fornecimento de bens, com o objetivo de proporcionar economia ao contratante, na forma de redução de despesas correntes, remunerado o contratado com base em percentual da economia gerada.

Trata-se de uma espécie de contrato administrativo de prestação de serviços, que pode incluir a realização de obra e fornecimento. Referido contrato tem por objetivo substituir a solução que a Administração até então utilizava, por outra, de modo a reduzir as despesas correntes, remunerando o contratado com sustentáculo em percentual da economia atingida.

LIV – seguro-garantia: seguro que garante o fiel cumprimento das obrigações assumidas pelo contratado;

Quanto ao inc. LIV encontramos a definição de seguro como aquele que garante o fiel cumprimento das obrigações assumidas pelo contratado.

COMENTÁRIOS À NOVA LEI DE LICITAÇÕES PÚBLICAS E CONTRATOS ADMINISTRATIVOS

Referido dispositivo trouxe a definição do seguro garantia, em que deve figurar o contratante como beneficiário, em razão de inadimplemento das obrigações que foram assumidas em razão da licitação ou do contrato.

LV – produtos para pesquisa e desenvolvimento: bens, insumos, serviços e obras necessários para atividade de pesquisa científica e tecnológica, desenvolvimento de tecnologia ou inovação tecnológica, discriminados em projeto de pesquisa;

A seu turno, o inc. LV define produtos para pesquisa e desenvolvimento como bens, insumos, serviços e obras necessários para atividade de pesquisa científica e tecnológica, desenvolvimento de tecnologia ou inovação tecnológica, discriminados em projeto de pesquisa.

A definição encontrada no inc. LV encontra-se umbilicalmente ligada ao art. 75, inc. IV, al. "c", na medida em que permite a dispensa de licitação para alguns objetos essenciais para pesquisa e inovação tecnológica.

LVI – sobrepreço: preço orçado para licitação ou contratado em valor expressivamente superior aos preços referenciais de mercado, seja de apenas 1 (um) item, se a licitação ou a contratação for por preços unitários de serviço, seja do valor global do objeto, se a licitação ou a contratação for por tarefa, empreitada por preço global ou empreitada integral, semi-integrada ou integrada;

A definição de sobrepreço vem determinada pelo inc. LVI como preço orçado para licitação ou contratado em valor expressivamente superior aos preços referenciais de mercado, seja de apenas 1 (um) item, se a licitação ou a contratação for por preços unitários de serviço, seja do valor global do objeto, se a licitação ou a contratação for por tarefa, empreitada por preço global ou empreitada integral, semi-integrada ou integrada.

O sobrepreço é mácula que não pode ser aceita pela Administração Pública, seja no que diz respeito à proposta comercial ofertada no decorrer do procedimento licitatório, seja no decorrer da execução do contrato administrativo.

LVII – superfaturamento: dano provocado ao patrimônio da Administração, caracterizado, entre outras situações, por:

a) medição de quantidades superiores às efetivamente executadas ou fornecidas;

b) deficiência na execução de obras e de serviços de engenharia que resulte em diminuição da sua qualidade, vida útil ou segurança;

c) alterações no orçamento de obras e de serviços de engenharia que causem desequilíbrio econômico-financeiro do contrato em favor do contratado;

DAS DEFINIÇÕES ARTº 6

d) outras alterações de cláusulas financeiras que gerem recebimentos contratuais antecipados, distorção do cronograma físico-financeiro, prorrogação injustificada do prazo contratual com custos adicionais para a Administração ou reajuste irregular de preços;

O inc. LVII traz relevante definição, em razão do superfaturamento, entendido como dano provocado ao patrimônio da Administração, caracterizado, entre outras situações, por: a) medição de quantidades superiores às efetivamente executadas ou fornecidas; b) deficiência na execução de obras e de serviços de engenharia que resulte em diminuição da sua qualidade, vida útil ou segurança; c) alterações no orçamento de obras e de serviços de engenharia que causem desequilíbrio econômico-financeiro do contrato em favor do contratado; e d) outras alterações de cláusulas financeiras que gerem recebimentos contratuais antecipados, distorção do cronograma físico-financeiro, prorrogação injustificada do prazo contratual com custos adicionais para a Administração ou reajuste irregular de preços.

A intelecção propiciada pelo dispositivo indica que o superfaturamento cinge-se ao dano provocado ao patrimônio público em razão de fraude cometida pelo contratado, que venha a aumentar a sua remuneração ou que venha a comprometer a qualidade da execução do objeto do contrato, ensejando a aplicação de penalidade, sem prejuízo das eventuais sanções penais.

LVIII – reajustamento em sentido estrito: forma de manutenção do equilíbrio econômico-financeiro de contrato consistente na aplicação do índice de correção monetária previsto no contrato, que deve retratar a variação efetiva do custo de produção, admitida a adoção de índices específicos ou setoriais;

De sua vez, o reajustamento encontra-se definido no inc. LVIII como forma de manutenção do equilíbrio econômico-financeiro de contrato consistente na aplicação do índice de correção monetária previsto no contrato, que deve retratar a variação efetiva do custo de produção, admitida a adoção de índices específicos ou setoriais.

O reajustamento de preços depende de cláusula contratual expressa, prevendo o reajuste, bem como o lapso temporal em que deverá ocorrer o evento, na forma da lei. Esse mecanismo busca preservar a equação econômico-financeira do ajuste, em razão da corrosão pela inflação do preço contratado.

LIX – repactuação: forma de manutenção do equilíbrio econômico-financeiro de contrato utilizada para serviços contínuos com regime de dedicação exclusiva de mão de obra ou predominância de mão de obra, por meio da análise da variação dos custos contratuais, devendo estar prevista

COMENTÁRIOS À NOVA LEI DE LICITAÇÕES PÚBLICAS E CONTRATOS ADMINISTRATIVOS

no edital com data vinculada à apresentação das propostas, para os custos decorrentes do mercado, e com data vinculada ao acordo, à convenção coletiva ou ao dissídio coletivo ao qual o orçamento esteja vinculado, para os custos decorrentes da mão de obra;

De extrema relevância é a matéria definida no inc. LIX, que trata da repactuação, enquanto forma de manutenção do equilíbrio econômico-financeiro de contrato utilizada para serviços contínuos com regime de dedicação exclusiva de mão de obra ou predominância de mão de obra, por meio da análise da variação dos custos contratuais, devendo estar prevista no edital com data vinculada à apresentação das propostas, para os custos decorrentes do mercado, e com data vinculada ao acordo, à convenção coletiva ou ao dissídio coletivo ao qual o orçamento esteja vinculado, para os custos decorrentes de mão de obra.

Mais uma vez nos deparamos com dispositivo que trata da manutenção da equação econômico-financeira do contrato, especificamente para os serviços contínuos, em razão de dois condicionantes distintos: a) elevação dos custos do mercado; e b) elevação dos custos de mão de obra, que deve estar necessariamente vinculado a acordo, convenção coletiva ou dissídio coletivo.

Apontamos, todavia, que os demais contratos celebrados pela Administração, embora não previstos no dispositivo legal examinado, não obstaculizam a utilização dos princípios e valores determinados por nosso ordenamento jurídico, para solver as questões que eventualmente se apresentarem.

LX – agente de contratação: pessoa designada pela autoridade competente, entre servidores efetivos ou empregados públicos dos quadros permanentes da Administração Pública, para tomar decisões, acompanhar o trâmite da licitação, dar impulso ao procedimento licitatório e executar quaisquer outras atividades necessárias ao bom andamento do certame até a homologação.

Por derradeiro, temos no inc. LX a definição de agente de contratação como pessoa designada pela autoridade competente, entre servidores efetivos ou empregados públicos dos quadros permanentes da Administração Pública, para tomar decisões, acompanhar o trâmite da licitação, dar impulso ao procedimento licitatório e executar quaisquer outras atividades necessárias ao bom andamento do certame até a homologação.

Referido dispositivo indica que, a depender da complexidade e modalidade adotada para a licitação, poderá ser designado servidor ou empregado público para promover o andamento do procedimento licitatório.

CAPÍTULO IV - DOS AGENTES PÚBLICOS

ARTIGO 7º

Caberá à autoridade máxima do órgão ou da entidade, ou a quem as normas de organização administrativa indicarem, promover gestão por competências e designar agentes públicos para o desempenho das funções essenciais à execução desta Lei que preencham os seguintes requisitos:

I – sejam, preferencialmente, servidor efetivo ou empregado público dos quadros permanentes da Administração Pública;

II – tenham atribuições relacionadas a licitações e contratos ou possuam formação compatível ou qualificação atestada por certificação profissional emitida por escola de governo criada e mantida pelo poder público; e

III – não sejam cônjuge ou companheiro de licitantes ou contratados habituais da Administração nem tenham com eles vínculo de parentesco, colateral ou por afinidade, até o terceiro grau, ou de natureza técnica, comercial, econômica, financeira, trabalhista e civil.

§ 1º A autoridade referida no caput deste artigo deverá observar o princípio da segregação de funções, vedada a designação do mesmo agente público para atuação simultânea em funções mais suscetíveis a riscos, de modo a reduzir a possibilidade de ocultação de erros e de ocorrência de fraudes na respectiva contratação.

§ 2º O disposto no caput e no § 1º deste artigo, inclusive os requisitos estabelecidos, também se aplica aos órgãos de assessoramento jurídico e de controle interno da Administração.

Com efeito, a autoridade máxima é aquela que se encontra no topo da hierarquia de determinado órgão ou entidade, cabendo a esta gerir as licitações e os contratos administrativos, de modo a promover o seu adequado procedimento.

Claro está que a sua atuação não se limita a designar agentes públicos para o desempenho das funções administrativas, com vistas ao bom e fiel desempenho da Lei, na medida em que a sua atuação também abrange decisões perante casos concretos e orientações a seus subordinados.

Entendemos de extrema relevância afiançar que o sucesso da licitação é atribuído à autoridade máxima do órgão ou da entidade, a quem cabe a tomada de decisões em casos concretos. Dessume-se que falhas e infrações administrativas, ainda que decorrentes da atuação de agentes públicos subordinados, poderão ensejar a responsabilização da autoridade.

Demais disto, resta-nos, ainda, examinar o sentido da expressão "gestão por competências", que, a bem da verdade, refoge do sentido jurídico que damos ao vocábulo "competência". Assim, a correta acepção da expressão "gestão por competências", em última análise, é aquela que determina que a autoridade deverá gerenciar e desenvolver ao máximo as habilidades técnicas e comportamentais dos agentes públicos que deverão ser alvo de treinamento e constantes atualizações. Em outro dizer, tudo isso significa que a autoridade máxima deverá colocar cada agente público na posição que tenha correspondência com as potencialidades de cada um, dentre as diversas atribuições inerentes à licitação e contratos administrativos, a saber: fase preparatória, que exprime o planejamento da licitação; fase externa, de caráter procedimental, execução do contrato administrativo, que impõe o dever de fiscalização e aplicação de sanção, quando for o caso.

Ainda que a acepção de gestão por competência deva ser observada, para efeito de cumprir o dever determinado pelo *caput* do art. 7º, entendemos que as funções administrativas inerentes a cada cargo ou emprego público devem ser consideradas.

É importante assinalar que a autoridade máxima, no exercício das funções administrativas determinadas no *caput* deste artigo, deve estrita observância aos requisitos determinados pelos incisos I a III.

Nesse passo, o inc. I exige que os agentes públicos ou empregados públicos, designados pela autoridade superior, deverão ser aqueles que figurem nos quadros permanentes da Administração Pública e, portanto, concursados, ainda que isso não exclua aqueles que exerçam cargo em comissão, na hipótese de ser impossível a implementação da regra constante do dispositivo em exame. O inc. II muito bem espelha a necessidade de se colocar cada agente público ou empregado público em posições que aproveitem as suas habilitações e potencialidades, exigindo, pois, a graduação em cursos regulares, naquilo que diz respeito às licitações e contratos, admitida, inclusive, a certificação profissional emitida por escola de governo criada e mantida pelo poder público. Finalmente, o inc. III veda designações de subordinados que tenham vínculos, a qualquer título que seja, com licitantes ou contratados, visando afastar eventuais prerrogativas no decorrer da licitação ou da execução do contrato administrativo, evitando o conflito de interesses.

Não é demais dizer que o inc. III deverá ser interpretado em consonância com os princípios da razoabilidade e da proporcionalidade. Assim, um agente público que tenha vinculação com determinado licitante, que participe rotineiramente de licitações objetivando a contratação de serviços, evidentemente não poderá participar do procedimento de contratação nem da execução do respectivo contrato administrativo, mas, nada obsta que esse mesmo agente

DOS AGENTES PÚBLICOS   ARTº 7

público exerça as suas funções quando da implementação de licitações de fornecimento de material.

Reza o § 1º sobre o princípio da segregação de funções, que, como muito bem espelha o dispositivo em comento, veda designações de um mesmo agente para a atuação simultânea em funções suscetíveis de risco, objetivando, destarte, a redução e ocultação de erros e fraudes no procedimento.

É importante assinalar que essa exigência decorre, diretamente, da gestão de competências, posto que, se assim não fosse, existiria o risco de dado agente público ser designado para funções cujo perfil profissional não seja o mais adequado.

Acentue-se que essa dissociação de funções, exigida pelo princípio da segregação, vem a permitir, inclusive, o pleno exercício da autotutela, que constitui no controle interno da Administração Pública.

Os órgãos de controle, há muito tempo, vêm se manifestando da necessidade de observância deste expediente no âmbito das contratações públicas. Por exemplo, na homologação do certame e adjudicação do objeto ao vencedor, tal expediente não pode ser realizado pelos membros da Comissão de Licitação (TCU – Acórdão nº 3.548/2006 – 1ª Câmara – Relatoria: Ministro Valmir Relator: Ministro Valmir Campelo). Outrossim, a autoridade superior não pode compor a Comissão de Licitações, sob pena de violação do princípio de segregação de funções (TCU – Acórdão nº 1.481/2012 – Plenário – Relator: Ministro Marcos Bemquerer Costa). Ademais, quando do recebimento do objeto contratado, ocasião em que um agente público tem que atestar o recebimento, guardar e distribuir o objeto contratado, não poderá tais expedientes serem realizados por apenas um agente público (TCU – Acórdão nº 159/2012 – Plenário – Relator: Ministro André Luís de Carvalho). Deverão ser designados servidores distintos para compor a comissão de licitação e para efetuar a fiscalização de contratos, em respeito ao princípio da segregação de funções (Acórdão nº 1.997/2006 – TCU – 1ª Câmara).

Por fim, em razão do § 2º, é indene de dúvidas que as exigências e requisitos estabelecidos no bojo do art. 7º se aplicam à assessoria jurídica e controle interno da Administração.

Jurisprudência e decisões dos Tribunais de Contas

Comissão de contratações. Atribuições. Impossibilidade de delegação das suas atribuições: TCU- Acórdão nº 1.182/2004 – Plenário – Relatoria: Ministro Walton Alencar Rodrigues – "9.3.1. observe as seguintes disposições normativas relativas às licitações e contratos administrativos: 9.3.1.15. obrigatoriedade de a Comissão Permanente de Licitação não delegar competências exclusivas de sua alçada, tais como habilitação e julgamento das propostas, para outras unidades da empresa, conforme

COMENTÁRIOS À NOVA LEI DE LICITAÇÕES PÚBLICAS E CONTRATOS ADMINISTRATIVOS

preconiza o art. 6º, inciso XVI, c/c o art. 45, todos da Lei 8.666/93, ressalvada a possibilidade de solicitar parecer técnico ou jurídico relativo à matéria submetida à sua apreciação."

Comissão de contratações Atribuições. Elaboração de projeto básico e de orçamento pela Comissão de Licitação. Necessidade de conhecimento técnico. Descabimento: TCU – Acórdão nº 4.430/2009 – Primeira Câmara – Relatoria: Ministro Walton Alencar Rodrigues – "1. A responsabilidade pela elaboração de projeto básico e de orçamento detalhado em planilhas de obras e serviços de engenharia recai sobre os profissionais dessa área do conhecimento e não alcança o presidente e os membros da comissão de licitação."

Pregão. Designação expressa. Necessidade: TCU – Acórdão nº 1.159/2008 – Plenário – Relatoria: Ministro Marcos Vinicios Vilaça – "9.2. determinar à GRAMF/MA, que: 9.2.5. faça constar dos processos licitatórios as portarias de designação das comissões permanentes de licitação, segundo determina o inciso III do art. 38 da Lei nº 8.666/93."

Pregão. Pregoeiro. Atribuições. Elaboração do edital. Descabimento: TCU – Acórdão nº 2.389/2006 – Plenário – Relatoria: Ministro Ubiratan Aguiar – "2. O pregoeiro não pode ser responsabilizado por irregularidade em edital de licitação, já que sua elaboração não se insere no rol de competências que lhe foram legalmente atribuídas."

ARTIGO 8º

A licitação será conduzida por agente de contratação, pessoa designada pela autoridade competente, entre servidores efetivos ou empregados públicos dos quadros permanentes da Administração Pública, para tomar decisões, acompanhar o trâmite da licitação, dar impulso ao procedimento licitatório e executar quaisquer outras atividades necessárias ao bom andamento do certame até a homologação.

§ 1º O agente de contratação será auxiliado por equipe de apoio e responderá individualmente pelos atos que praticar, salvo quando induzido a erro pela atuação da equipe.

§ 2º Em licitação que envolva bens ou serviços especiais, desde que observados os requisitos estabelecidos no art. 7º desta Lei, o agente de contratação poderá ser substituído por comissão de contratação formada por, no mínimo, 3 (três) membros, que responderão solidariamente por todos os atos praticados pela comissão, ressalvado o membro que expressar posição individual divergente fundamentada e registrada em ata lavrada na reunião em que houver sido tomada a decisão.

§ 3º As regras relativas à atuação do agente de contratação e da equipe de apoio, ao funcionamento da comissão de contratação e à atuação de

DOS AGENTES PÚBLICOS · ART° 8

fiscais e gestores de contratos de que trata esta Lei serão estabelecidas em regulamento, e deverá ser prevista a possibilidade de eles contarem com o apoio dos órgãos de assessoramento jurídico e de controle interno para o desempenho das funções essenciais à execução do disposto nesta Lei.

§ 4º Em licitação que envolva bens ou serviços especiais cujo objeto não seja rotineiramente contratado pela Administração, poderá ser contratado, por prazo determinado, serviço de empresa ou de profissional especializado para assessorar os agentes públicos responsáveis pela condução da licitação.

§ 5º Em licitação na modalidade pregão, o agente responsável pela condução do certame será designado pregoeiro.

É de se ver, que o *caput* do art. 8º disciplina as funções do agente de contratação, de modo a estabelecer as suas atribuições no decorrer do procedimento licitatório. Vale lembrar que a figura do agente de contratação importa em designação para que determinado agente público possa atuar no procedimento licitatório, até porque, e até onde se sabe, inexiste cargo ou emprego público com essa denominação, cabendo à autoridade competente escolher, dentre seus subordinados, aquele que tenha uma maior experiência em contratações públicas, decorrente de cursos regulares ou certificados em escola do Poder Público.

Evidentemente, a autoridade competente, a seu critério, e observadas as peculiaridades de cada órgão ou entidade, poderá designar múltiplos agentes de contratação, assim como múltiplas comissões de contratação, podendo haver designação para um período certo de tempo, bem como aquelas de natureza específica, em razão, por exemplo, da complexidade da licitação. Por esse viés, ainda que a autoridade competente possua uma margem de liberdade para a escolha de seus subordinados, é fato que a escolha dos agentes públicos deverá recair sobre aqueles servidores efetivos ou empregados públicos dos quadros permanentes da Administração.

Averbe-se, ainda, que as atribuições do agente de contratação não se resumem àquelas explicitamente previstas no dispositivo, na medida em que todas as providências relativas ao bom andamento da licitação deverão ser tomadas até a homologação do certame pela autoridade superior, a quem caberá o controle de legalidade do procedimento.

Por oportuno, vale assinalar que nas licitações na modalidade de pregão quem deverá atuar será o agente de contratação, que será indicado como pregoeiro. Logo, não se tratando de bens e serviços comuns, a licitação deverá ser conduzida pela comissão de contratação.

A seu turno, o § 1º determina que o agente de contratação deverá ser auxiliado por uma equipe de apoio. Cabe aqui salientar que a responsabilidade pelas decisões tomadas será do agente de contratação, salvo quando comprovadamente for induzido a erro pela equipe de apoio, que deverá ser responsabilizada em razão de falha ou omissão. De toda maneira, é certo afirmar que a equipe de apoio não tem poder decisório, que está concentrado nas mãos do agente de contratação.

Vale dizer, por oportuno, que a Lei não trouxe as atribuições da equipe de apoio, pelo que entendemos que isso deva ser devidamente regulamentado.

O § 2º disciplina a hipótese de licitação que envolva bens ou serviços especiais, que deverá ser conduzida pela comissão de contratação, formada, no mínimo, por três membros, com responsabilidade solidária pelas decisões tomadas, salvo se um dos agentes públicos manifestar-se, por escrito, contrariamente à decisão do colegiado.

Evidencia-se ser perfeitamente possível que a Comissão de Contratação possa ser formada por número maior do que aquele disposto no § 2º, que determina um número mínimo de três agentes públicos para a composição do colegiado. Ainda assim, é de se recomendar cautela, levando-se em consideração que a decisão da comissão de contratação deverá ser tomada em razão do voto de cada um dos integrantes do colegiado, pelo que fica vedado, desde logo, uma comissão de contratação com número par.

Vale lembrar que a designação pela autoridade superior dos agentes de contratação e comissão de contratação se constituem em atos administrativos e, por conta disso, podem ser revogados a qualquer momento e seguido de novas designações, ainda que isso possa acontecer no decorrer de qualquer procedimento licitatório.

Ainda que o legislador tenha se omitido em relação à designação de um agente público como presidente da comissão de contratação, nada obsta que a autoridade superior escolha dentre os integrantes do colegiado aquele que deverá presidir a licitação, até por uma questão de caráter organizacional.

O problema da responsabilidade dos integrantes do colegiado, mais uma vez, vem disposto no § 2º, ainda que de forma implícita – responsabilidade solidária –. Contudo, é perfeitamente possível que os agentes, não concordando com a decisão, possam expressar a sua posição individual divergente, devidamente fundamentada e registrada na ata lavrada da reunião do julgamento da licitação, de sorte a exonerar-se da responsabilidade, em caso do cometimento de ilegalidade pelos demais membros da comissão de contratação.

Embora o *caput* do dispositivo tenha elencado, genericamente, as atribuições do agente de contratação que, por analogia, também se aplicam à comissão de contratação, o § 3º vem a estabelecer que tudo isso deverá ser devidamente regulamentado, inclusive no que diz respeito à atuação de fiscais e gestores de contratos, observada a necessária publicidade.

DOS AGENTES PÚBLICOS ART° 8

Demais disso, o regulamento disposto no § 3º deverá prever que os agentes designados para condução do procedimento licitatório, a qualquer título que seja, possam se valer do apoio da assessoria jurídica e de órgãos de controle interno, que também exercem uma atuação fiscalizatória da contratação.

O § 4º, por sua vez, permite que nas licitações em que estejam envolvidos bens ou serviços especiais que, certamente refogem do cotidiano da Administração, poderá ser contratado empresa ou profissional especializado, por tempo certo e determinado, para assessorar os agentes responsáveis pela licitação.

É evidente que a disciplina do § 4º é de caráter excepcional, não cabendo a sua utilização na hipótese de a Administração contar com profissionais aptos a atender as dúvidas que eventualmente possam surgir no decorrer do procedimento licitatório.

A par disso, não podemos esquecer que, em qualquer uma das hipóteses de assessoramento, realizado pela própria Administração ou por terceiro devidamente contratado para tanto, os agentes públicos envolvidos na contratação não estão obrigados a atender as sugestões da assessoria, cuja atribuição cinge-se a manifestações opinativas. Contudo, na hipótese de não acolhimento das sugestões da assessoria, o princípio da motivação deve ser observado, devendo ser externados os motivos que estão a ensejar a discordância, em relação aos pareceres emitidos.

Por último, e como dissemos anteriormente, em se tratando de licitação na modalidade de pregão, o agente de contratação deverá ser designado como pregoeiro.

Definição
Comissão de Licitação. Definição. TCU – Manual de Orientações: "criada pela Administração com a função de receber, examinar e julgar todos os documentos e procedimentos relativos às licitações e ao cadastramento de licitantes, em número mínimo de três membros" (BRASIL, 2010, p. 889)

Jurisprudência e decisões dos Tribunais de Contas
Comissão de Contratação. Servidores qualificados. Participação de servidores legalmente habilitados. Necessidade, sempre que a especificidade do objeto assim o justifique: Eg. Tribunal de Contas da União – Acórdão nº 1.182/2004 – Plenário – Relatoria: Ministro Walton Alencar Rodrigues – "9.3.1. observe as seguintes disposições normativas relativas às licitações e contratos administrativos: 9.3.1.16. participação de profissionais legalmente habilitados na Comissão de Licitação, sempre que a especificidade do objeto assim o justifique, em cumprimento do disposto no art. 51 da Lei 8.666/93."

Comissão de Contratação. Servidores devem pertencer aos quadros permanentes da Administração: TCU – Acórdão nº 473/2007 – Plenário – Relatoria:

Ministro Aroldo Cedraz – "9.3.5. evitem alocar, em funções importantes nos setores voltados às aquisições/contratações, empregados terceirizados/contratados, sem vínculo permanente com a instituição, não pertencentes ao quadro dos servidores efetivos."

Comissão de Contratação. Autoridade superior não pode se imiscuir no julgamento da licitação: STJ – REsp nº 33.2538/RJ – Relatoria: Ministro José Delgado – "1. Na concorrência, a autoridade superior, apreciando recurso administrativo interposto contra o julgamento das propostas pela Comissão de Licitação, não pode adentrar o mérito do julgamento, cujo exame é de competência exclusiva do mencionado órgão colegiado." (j. 09/10/2001)

Comissão de Contratação. Autoridade superior não pode compor a Comissão de Licitações. Violação do princípio de segregação de funções: TCU – Acórdão nº 1.481/2012 – Plenário – Relatoria: Ministro Marcos Bemquerer Costa – "3. A acumulação do exercício da Presidência de conselho de fiscalização profissional com as atribuições de Presidente de Comissão de Licitação da mesma entidade importa violação do princípio de segregação de funções."

Comissão de Contratação. Necessidade de que a sessão pública ocorra com a presença de todos os seus membros ou substitutos, além dos interessados. Efetivação do princípio da publicidade: TCU – Acórdão nº 2.934/2006 – 1ª Câmara – Relatoria: Ministro Marcos Bemquerer Costa – "9.5.1.2. cuide para que as sessões dos procedimentos licitatórios sejam realizadas com a presença de todos os membros da comissão de licitação (ou substitutos) e sejam precedidas da regular convocação de todos os interessados, bem como para que as respectivas atas contenham as assinaturas de todos os presentes, em observância ao princípio da publicidade dos atos administrativos."

Comissão de Contratação. Atribuições. Processar e julgar a licitação. Inadmissível a realização do julgamento da licitação pela autoridade superior ou pela chamada "Comissão Superior de Licitação": TCU – Acórdão nº 397/2005 – 2ª Câmara – Trecho do voto do Ministro Relator Benjamin Zymler – "Assim, é competência da Comissão de Licitação processar e julgar a licitação. Inadmissível a possibilidade de transferir para a autoridade superior ou para a chamada 'Comissão Superior de Licitação' a responsabilidade pela obrigatória verificação da conformidade de cada proposta com os requisitos do edital, bem assim dos preços ofertados com os de mercado (art. 43 da Lei 8.666/93). A competência da autoridade superior é de supervisionar e impedir a práticas de atos ilegais."

Comissão de Contratação. Membros. Servidores participantes das fases de adjudicação e homologação não podem pertencer à Comissão de Licitação. Violação do princípio da segregação de funções: TCU – Acórdão nº 3.548/2006 – 1ª Câmara – Relatoria: Ministro Valmir Campelo – "9.2.6. observe, na composição das comissões de licitação, o princípio da segregação de funções, de forma que nelas não figurem servidores participantes das fases de adjudicação e homologação."

DOS AGENTES PÚBLICOS ARTº 8

Comissão de Contratação. Membros. Necessidade de 3 membros, no mínimo: TCU – Acórdão nº 1.395/2005 – 2ª Câmara – Relatoria: Ministro-Substituto Lincoln Magalhães da Rocha – "9.4. determinar ao Hospital dos Servidores do Estado – HSE/RJ, com fundamento no art. 43, inciso I, da Lei nº 8.443/1992, c/c o art. 250, inciso II, do Regimento Interno, que: 9.4.8. atente para o cumprimento da exigência contida no art. 51, 'caput', da Lei nº 8.666/1993, quanto ao mínimo de três membros na composição de Comissão Permanente de Licitação."

Comissão de Contratação. Atribuições. Impossibilidade de delegação das competências da sua alçada: TCU – Acórdão nº 1.182/2004 – Plenário – Relatoria: Ministro Walton Alencar Rodrigues – "9.3.1. observe as seguintes disposições normativas relativas às licitações e contratos administrativos: 9.3.1.15. obrigatoriedade de a Comissão Permanente de Licitação não delegar competências exclusivas de sua alçada, tais como habilitação e julgamento das propostas, para outras unidades da empresa, conforme preconiza o art. 6º, inciso XVI, c/c o art. 45, todos da Lei nº 8.666/93, ressalvada a possibilidade de solicitar parecer técnico ou jurídico relativo à matéria submetida à sua apreciação."

Comissão de Contratação. Atribuições. Necessidade da assinatura dos membros da comissão de licitação nos atos administrativos produzidos: TCU – Acórdão nº 108/1999 – Plenário – Relatoria: Ministro Walton Alencar Rodrigues – "8.3. determinar ao TRT/PI a adoção das seguintes providências: 8.3.13. fazer apor as assinaturas de todos os membros da Comissão de Licitação nos atos de sua competência."

Comissão de Contratação. Atribuições. Elaboração de projeto básico e de orçamento. Necessidade de conhecimento técnico. Descabimento: TCU – Acórdão nº 4.430/2009 – Primeira Câmara – Relatoria: Ministro Walton Alencar Rodrigues – "1. A responsabilidade pela elaboração de projeto básico e de orçamento detalhado em planilhas de obras e serviços de engenharia recai sobre os profissionais dessa área do conhecimento e não alcança o presidente e os membros da comissão de licitação."

Comissão de Contratação. Atribuições. Julgamento da licitação. As razões devem ser motivadamente consignadas na competente ata: TCU – Acórdão nº 2.564/2009 – Plenário – Relatoria: Ministro Augusto Nardes – "9.4. determinar ao Hospital Universitário – Fundação Universidade Federal da Grande Dourados – HU/UFGD que, em futuros certames: 9.4.2. oriente suas comissões de licitações e pregoeiros a consignarem, de forma clara e objetiva, nas atas dos certames licitatórios, todos os motivos que ensejarem a desclassificação das propostas apresentadas, apontando os dispositivos legais e/ou editalícios não observados, de modo a evitar interpretações dúbias por parte das licitantes e dos órgãos de controle, assim como oferecer todos os elementos necessários ao exercício do contraditório pelas licitantes."

Artigo 9º

É vedado ao agente público designado para atuar na área de licitações e contratos, ressalvados os casos previstos em lei:

I – admitir, prever, incluir ou tolerar, nos atos que praticar, situações que:

a) comprometam, restrinjam ou frustrem o caráter competitivo do processo licitatório, inclusive nos casos de participação de sociedades cooperativas;

b) estabeleçam preferências ou distinções em razão da naturalidade, da sede ou do domicílio dos licitantes;

c) sejam impertinentes ou irrelevantes para o objeto específico do contrato;

II – estabelecer tratamento diferenciado de natureza comercial, legal, trabalhista, previdenciária ou qualquer outra entre empresas brasileiras e estrangeiras, inclusive no que se refere a moeda, modalidade e local de pagamento, mesmo quando envolvido financiamento de agência internacional;

III – opor resistência injustificada ao andamento dos processos e, indevidamente, retardar ou deixar de praticar ato de ofício, ou praticá-lo contra disposição expressa em lei.

§ 1º Não poderá participar, direta ou indiretamente, da licitação ou da execução do contrato agente público de órgão ou entidade licitante ou contratante, devendo ser observadas as situações que possam configurar conflito de interesses no exercício ou após o exercício do cargo ou emprego, nos termos da legislação que disciplina a matéria.

§ 2º As vedações de que trata este artigo estendem-se a terceiro que auxilie a condução da contratação na qualidade de integrante de equipe de apoio, profissional especializado ou funcionário ou representante de empresa que preste assessoria técnica.

O regramento previsto no art. 9º é suficientemente claro ao tornar proscrita a restrição ao princípio da competitividade, seja na fase interna com a elaboração do edital, seja no decorrer da licitação, alcançando, ainda, a autoridade superior, a quem cabe a homologação da licitação. Isso quer dizer, em outro giro, que todos os agentes públicos envolvidos na contratação estão obrigados a obedecer ao princípio da competitividade, cristalizado pelas regras do art. 9º.

Assim, é vedado, portanto, proibido, aos agentes públicos envolvidos na contratação: i) admitir, ou seja, acatar qualquer decisão restritiva; ii) prever, ou seja, estabelecer no edital cláusula ou condição restritiva; iii) incluir, ou

DOS AGENTES PÚBLICOS ART° 9

seja, acrescentar no edital cláusula ou condição restritiva; e iv) tolerar, ou seja, manter disposição, conduta ou decisão restritiva de competição.

Veja-se que as proibições elencadas no inc. I visam impedir qualquer restrição à competitividade, inclusive no que diz respeito à participação de cooperativas no procedimento licitatório, conforme expressamente previsto na al. "a" do inc. I. De igual modo, a al. "b" veda preferências ou distinções em razão da naturalidade, da sede ou do domicílio dos licitantes, em obediência não só à competitividade, como também em observância ao princípio da isonomia.

Infelizmente, ainda é muito comum editais com disposições relativas à preferência de sede, vedando, assim, a participação de empresas de outros municípios ou estados, conforme o caso. Muitas vezes, a Administração estabelece uma restrição de sede, por entender que essa hipótese é elemento necessário para a execução do contrato administrativo. Restrições de cunho geográfico são significativamente comuns, por exemplo: o licitante proponente deverá fazer prova de que a sua sede se encontre em até 20 km do paço municipal. Veja que tal disposição não tem razão de ser, salvo em especialíssimas situações. De todo modo, o legislador, com vistas a evitar as mais diversas controvérsias, fez expressa previsão nos arts. 40, § 4º, e 47, § 2º, onde se admite restrição de caráter geográfico.

Em continuidade, a al. "c" tem caráter de proibição genérica, vedando qualquer disposição que seja impertinente ou irrelevante para o objeto específico do contrato. A interpretação desse dispositivo leva-nos a afirmar sobre a possibilidade de eventual restrição que seja **pertinente** e **relevante** para o objeto do contrato. Em outro dizer, a restrição será possível, desde que observados os princípios da razoabilidade e da proporcionalidade.

Sobreleva dizer que restrições não albergadas pelos princípios da razoabilidade e da proporcionalidade são exigências incompatíveis com o ordenamento jurídico das licitações e contratos, posto que, invariavelmente, destinam-se a conceder privilégios a determinado licitante. Portanto, é de se concluir que a restrição ao princípio da competitividade, em última análise, deve ser verificada perante o caso concreto.

Ao cabo disso, cabe salientar, entretanto, que a inobservância da competitividade não pode ser tolerada, a qualquer título que seja, inclusive no que diz respeito a prerrogativas de ordem tributária.

Com efeito, o inc. II traz consigo a regra do tratamento isonômico entre licitantes nacionais e estrangeiros. Logo, naquelas licitações em que seja admitida a participação de empresas estrangeiras deverão ser adotadas normas editalícias uniformes, naquilo que diz respeito à moeda, modalidade e local de pagamento, ainda que envolvido financiamento de agência internacional.

Cabe lembrar que o art. 171, originariamente, contemplava uma série de diferenciações entre empresas brasileiras e estrangeiras. Contudo, a EC nº 6/1995 revogou o art. 171 em sua integralidade. Em consequência disso, licitações que vedem a participação de empresas estrangeiras em procedimentos licitatórios realizados no país encontram-se eivadas de inconstitucionalidade.

Claro está, que, em se tratando de licitação nacional, o eventual licitante estrangeiro poderá participar do certame, desde que obedeça as regras editalícias, inclusive quanto à moeda do pagamento, que, nesse caso, deve ser necessariamente a moeda nacional, devendo, ainda, serem observadas as regras relativas à atuação de estrangeiros no país, que ensejam autorização específica do Poder Executivo, mais precisamente do Ministro da Economia, conforme delegação de competência, nos termos do art. 1º do Dec. 9.787/2019.

Impende considerar que a questão da participação de estrangeiros no procedimento licitatório reveste-se de uma série de peculiaridades, que serão oportunamente alvo de nossos comentários quando do exame do art. 52.

Com relação ao andamento do processo, o inc. III veda a hipótese de se retardar indevidamente a sua tramitação ou, ainda, deixar de praticar ato de ofício, ou praticá-lo contra disposição expressa em lei. O retardamento do processo consubstancia a inobservância do princípio da impulsão de ofício ou da oficialidade, violando a ordem jurídica.

O agente público, enquanto titular da atividade administrativa, tem o dever de tomar todas as medidas a seu alcance para o deslinde do procedimento licitatório. Via de consequência, a violação do seu dever constitui ilícito administrativo, ressalvadas as hipóteses devidamente justificadas nos autos do processo licitatório.

Situação complexa é aquela relativa à ausência de prazo para a prática de determinado ato administrativo. Cumpre-nos deixar claro que a ausência de prazo não significa, sob qualquer hipótese, que o legislador concedeu ao agente público um "cheque em branco". Independentemente da inexistência de prazo para a consumação de determinado ato, é certo que a função administrativa é de natureza indisponível, constituindo-se, pois, em um dever do agente público em executar as suas atribuições, sob pena do cometimento de ilícito administrativo.

Evidentemente, a prática de determinado ato administrativo poderá ensejar lapsos temporais diversificados. Logo, será o caso, em concreto, examinado a lume dos princípios da razoabilidade e da proporcionalidade, que irão determinar se o atraso na tramitação do processo aconteceu por justo motivo.

O exame dos §§ 1º e 2º deve ser feito conjuntamente, eis que ambos restringem a atuação de agente público ou de terceiro que pretenda patrocinar interesses particulares no âmbito das licitações e contratos administrativos, configurando um inadmissível conflito de interesses.

Jurisprudência e decisões dos Tribunais de Contas

Princípios da Licitação. Violação ao princípio da competitividade. Exigências impertinentes. Exigência da sede do licitante na localidade da execução do objeto: TCU – Acórdão nº 1.039/2012 – 2ª Câmara – Relatoria: Ministro José Jorge – "1.6. Dar ciência à Universidade Federal do Rio Grande do Sul – UFRGS que a exigência de sede ou filial em edital de licitação contraria o previsto no art. 3º §1º, inciso I, da Lei nº 8.666/1993, que preceitua ser vedado aos agentes públicos admitir, prever, incluir ou tolerar, nos atos de convocação, cláusulas ou condições que comprometam, restrinjam ou frustrem o seu caráter competitivo e estabeleçam preferências ou distinções em razão da naturalidade, da sede ou domicílio dos licitantes ou de qualquer outra circunstância impertinente ou irrelevante para o específico objeto do contrato."

Princípios da Licitação. Princípio da competitividade. Cláusulas que podem restringir a competitividade do certame. Necessidade de serem justificadas nos autos do processo administrativo: TCU – Acórdão nº 1580/2005 – 1ª Câmara – Relatoria: Ministro Marcos Bemquerer – "9.2.3. observe o § 1º, inciso I, do art. 3º da Lei 8.666/93, de forma a adequadamente justificar a inclusão de cláusulas editalícias que possam restringir o universo de licitantes."

Princípios da Licitação. Princípio da Competitividade. A presença de apenas um licitante não consubstancia dirigismo: TCU – Acórdão nº 145/2002 – Plenário – Trecho do voto do Ministro Relator Adylson Motta – "A licitação procedida pelo TRT/ PB para aquisição de veículo não pode ser tida como viciada, consoante entendeu esta Corte de Contas. As especificações técnicas do veículo definidas no edital da competição por aquele órgão, mesmo tendo restringido o universo de concorrentes, deu ensejo a que mais de um competidor acorresse ao chamamento público. Se apenas uma empresa apresentou proposta, dentro do preço de mercado aceito, isto não significa direcionamento do certame."

Princípios da Licitação. Princípio da Competitividade. A presença de apenas um licitante no certame não viola o princípio da competitividade. Possibilidade de prosseguimento da licitação: TCU – Acórdão nº 145/2002 – Plenário – Trecho do voto do Ministro Relator Adylson Motta – "A licitação procedida pelo TRT/PB para aquisição de veículo não pode ser tida como viciada consoante entendeu esta Corte de Contas. As especificações técnicas do veículo definidas no edital da competição por aquele órgão, mesmo tendo restringido o universo de concorrentes, deu ensejo a que mais de um competidor acorresse ao chamamento público. Se apenas uma empresa apresentou proposta, dentro do preço de mercado aceito, isto não significa direcionamento do certame."

Princípios da Licitação. Princípio da Competitividade. A presença de apenas um licitante no certame não viola o princípio da competitividade. Possibilidade de prosseguimento da licitação: TCU – Acórdão nº 408/2008 – Plenário – Trecho do voto do Ministro Relator Raimundo Carreiro – "Quanto ao comparecimento de

COMENTÁRIOS À NOVA LEI DE LICITAÇÕES PÚBLICAS E CONTRATOS ADMINISTRATIVOS

somente uma empresa ao pregão em tela, alinho-me à Unidade Técnica no sentido de que não há impedimento na legislação à conclusão da licitação, a menos que o edital contenha exigências restritivas ao caráter competitivo do certame, o que se verificou no caso."

Princípios da Licitação. Princípio da Competitividade. A presença de apenas um licitante no certame não viola o princípio da competitividade. Possibilidade de prosseguimento da licitação: STJ – RMS nº 19.662/SP – Relatoria Ministro Carlos Meira – "ADMINISTRATIVO. RMS. RECURSO DO ARTIGO 109 DA LEI 8.666/93. AMPLITUDE. A autoridade superior quando do julgamento do recurso inserto no artigo 109 da Lei de nº 8.666/93 pode adentrar no mérito da decisão que habilitou e inabilitou licitantes. Inviável a via do 'mandamus' para discutir deficiência de comprovação de capacidade técnica aferida em licitação sem prova inequívoca do cumprimento das exigências do edital.Não há óbice legal a continuação de certame licitatório quando reste habilitado apenas um dos licitantes, desde que cumprido o rito procedimental da licitação.Recurso ordinário em mandado de segurança improvido."

Princípios da Licitação. Princípio da Competitividade. A presença de apenas um licitante no certame não viola o princípio da competitividade. Possibilidade de prosseguimento da licitação. Entendendo pela impossibilidade: STJ – RMS nº 23.360/PR – Relatoria: Ministra Eliana Calmon – "1. Licitação obstada pela revogação por razões de interesse público.

2. Avaliação, pelo Judiciário, dos motivos de conveniência e oportunidade do administrador, dentro de um procedimento essencialmente vinculado.

3. Falta de competitividade que se vislumbra pela só participação de duas empresas, com ofertas em valor bem aproximado ao limite máximo estabelecido.

A revogação da licitação, quando antecedente à homologação e adjudicação, é perfeitamente pertinente e não enseja contraditório.

Só há contraditório antecedendo a revogação quando há direito adquirido das empresas concorrentes, o que só ocorre após a homologação e adjudicação do serviço licitado.

O mero titular de uma expectativa de direito não goza da garantia do contraditório. Recurso ordinário não provido" (RMS nº 23.402-PR, 2ª T., Relatoria Ministra Eliana Calmon, DJE de 2.4.08).

A participação de um único licitante no procedimento licitatório configura falta de competitividade, o que autoriza a revogação do certame. Isso porque uma das finalidades da licitação é a obtenção da melhor proposta, com mais vantagens e prestações menos onerosas para a Administração, em uma relação de custo-benefício, de modo que deve ser garantida, para tanto, a participação do maior número de competidores possíveis."

Princípios da Licitação. Princípio da Competitividade. A presença de apenas um licitante não viola o princípio da competitividade. Possibilidade de prosseguimento da licitação: TJ/SP – Apelação nº 0058643-78.2005.8.26.0000 – Relatoria:

DOS AGENTES PÚBLICOS   ART⁹ 9

Des. Osvaldo Magalhães – "Ação Civil Pública – Licitação – Alegação de nulidade, em virtude de apenas uma licitante ter permanecido no certame – Ausência de demonstração de prejuízo ao erário ou infringência aos princípios da legalidade e da moralidade administrativa – Sentença de improcedência da ação – Desprovimento do recurso." (Órgão julgador: 4ª Câmara de Direito Público – Data do julgamento: 22/08/2011)

Princípios da Licitação. Princípio da Competitividade. A presença de apenas um licitante no certame não viola o princípio da competitividade. Possibilidade de prosseguimento da licitação: TCE/SP – TC-000619/014/10 – Relatoria: Conselheiro Robson Marinho – "No caso em tela, a despeito da presença de apenas um licitante, observo que as regras do edital asseguraram igualdade de condições a todos aqueles que desejassem participar da disputa. Verifico, ainda, que o edital foi devidamente publicado e a contratação demonstrou-se economicamente favorável ao erário, pois o preço restou abaixo do inicialmente orçado pela Administração."

Princípios da Licitação. Princípio da competitividade. Exigências impertinentes. A restrição ao caráter competitivo da licitação acaba por violar o Princípio da Economicidade: TCE/MG – Representação n.⁹ 716843 – Relatoria: Conselheiro Antônio Carlos Andrada – "De fato, o princípio da economicidade não foi observado, já que a Administração, ao restringir a concorrência, abdica da possibilidade de contratar o objeto da licitação pelo melhor valor de mercado, comprometendo a relação custo/ benefício que deve orientar a contratação na esfera pública, segundo este princípio." (Sessão: 26/09/2006).

Princípios da Licitação. Princípio da Competitividade. A presença de apenas um licitante no certame não viola o princípio da competitividade. Possibilidade de prosseguimento da licitação: TCU – Acórdão 1316/2010 – Primeira Câmara – Trecho do voto do Ministro Relator Augusto Nardes – "88. Considerando-se que a apresentação de somente um licitante configura indício, mas não evidência, de que a competitividade da licitação teria restado em alguma proporção prejudicada, realizou- -se a ora combatida determinação. Note-se que o Tribunal não entendeu serem tais irregularidades bastantes para a anulação do contrato, nem que o comparecimento de apenas um licitante constitui qualquer tipo de óbice à contratação."

Princípios da Licitação. Princípio da competitividade. Cláusulas que podem restringir a competitividade do certame. Exigência de recibo de recolhimento da taxa de retirada do edital – TCE/SP – Súmula nº 26 – "É ilegal a exigência de recibo de recolhimento da taxa de retirada do edital, como condição para participação em procedimentos licitatórios."

Princípios da Licitação. Princípio da competitividade. Cláusulas que podem restringir a competitividade do certame. Exigência de compromisso alheio – TCE/SP – Súmula nº 15 – "Em procedimento licitatório, é vedada a exigência de qualquer documento que configure compromisso de terceiro alheio à disputa."

COMENTÁRIOS À NOVA LEI DE LICITAÇÕES PÚBLICAS E CONTRATOS ADMINISTRATIVOS

Princípios da Licitação. Princípio da competitividade. Cláusulas que podem restringir a competitividade do certame. Exigência de comprovação de filiação a entidades de classe – TCE/SP Súmula nº 18 – "Em procedimento licitatório, é vedada a exigência de comprovação de filiação a Sindicato ou a Associação de Classe, como condição de participação."

Princípios da Licitação. Violação ao princípio da competitividade. Exigências editalícias que onerem consideravelmente o proponente durante a licitação: TRF 1ª Região – AG 2007.01.00.032697-3/DF; – Relatoria: Des. Fed. Maria Isabel Gallotti Rodrigues – "1. A exigência de formação de Fundo de Reserva 'com a finalidade de quitação de possíveis direitos e/ou verbas rescisórias trabalhistas, e a condicionante de que 'o pagamento da fatura somente será efetuado se a Contratada comprovar a completa quitação da folha de pagamento, inclusive do valor referente às férias, caso existam, constantes do edital de licitação, para a contratação de empresa prestadora de serviços de apoio técnico-administrativo, parecem não encontrar respaldo na Lei n. 8.666/1993, a qual, ao autorizar a exigência de garantia, objetiva aferir a qualificação econômico-financeira da contratada para o cumprimento do contrato, não, como no caso, para a satisfação de encargos trabalhistas. 2. decisão suspensiva do Pregão Eletrônico, que se confirma (por maioria). 3. Agravo desprovido." (AG 2007.01.00.032697-3/DF; – Relatoria Des. Fed. Maria Isabel Gallotti Rodrigues, 6ª T. - Public. 21/01/2008 DJ p.202)

Princípios da Licitação. Violação ao princípio da competitividade. As exigências a serem fixadas devem ser suficientes para o cumprimento do objeto contratado. Observância do ditame insculpido na parte final do inc. XXI do art. 37 da CF/88: TCU – Acórdão nº 1.844/2005 – Plenário – Trecho do voto do Ministro Relator Guilherme Palmeira – "Primeiramente, a leitura que faço do dispositivo constitucional mencionado é que seu enunciado somente estabelece que não pode haver exigências desnecessárias para qualificação, de forma a garantir o maior número possível de participantes nos certames licitatórios. Há, na doutrina, manifestações nessa mesma linha, como a de Adilson Abreu Dallari, in Aspectos Jurídicos da Licitação:

'Quais os requisitos que podem ou devem ser exigidos para a habilitação de licitantes? Para responder a essa questão é preciso, inicialmente, esclarecer o óbvio: só se pode exigir, e não se pode deixar de exigir, tudo aquilo que figurar como exigência ou condição de habilitação no edital da concorrência. A dificuldade se encontra, portanto, em desvendar o que pode, o que deve e o que não deve ser exigido no edital do certame.

A solução deve ser buscada a partir do próprio texto da Constituição Federal, cujo art. 37, XXI, determina que somente serão permitidas 'exigências de qualificação técnica e econômica indispensáveis à garantia do cumprimento das obrigações'. Fica perfeitamente claro que a participação de licitantes deve ser a mais ampla possível. A Constituição não fixa requisitos ou critérios a serem obrigatoriamente consignados no edital; ela apenas indica que não pode haver requisitos que não sejam pertinentes, necessários e indispensáveis à garantia do cumprimento do futuro contrato."

Princípios da Licitação. Violação ao princípio da competitividade. Exigência da presença do representante legal na sessão pública. Não recebimento das propostas enviadas via postal. Descabimento: TCU – Decisão nº 653/1996 – Plenário – Relatoria Ministro Iram Saraiva – "3.19. evitar, nos editais de licitação, a exigência de apresentação das propostas através de representante legal, impedindo o seu encaminhamento por via postal, por se tratar de prática vedada pelo art. 3º, parágrafo 1º, inciso I, da Lei nº 8.666/93."

Princípios da Licitação. Violação ao princípio da competitividade. Exigência da presença do representante legal na sessão pública. Não recebimento de propostas recebidas via postal. Descabimento: TCE/MG – Representação n.º 719380 – Relatoria: Conselheiro Antônio Carlos Andrada. Sessão do dia 05/12/2006 – "Conforme se depreende do item 3.2: 'Não serão aceitas documentação e propostas remetidas por via postal ou fac-símile'. Contudo, a restrição imposta aos licitantes não encontra amparo no ordenamento jurídico. A Constituição da República, no art. 37, inc. XXI, estabelece como princípios norteadores do processo licitatório a isonomia entre os licitantes e a ampla concorrência, sendo que qualquer ato tendente a restringir a participação dos interessados será tido como nulo. Neste sentido, entendo que vedar a apresentação de propostas por via postal restringe o caráter competitivo do certame, eis que, se não impede a participação de interessados de outras localidades, no mínimo, dificulta, o que não se coaduna com o texto constitucional e os preceitos basilares da licitação."

Princípios da Licitação. Violação ao princípio da competitividade. Exigência de tempo de existência no mercado: TCU – Acórdão nº 653/2007 – Plenário – Relatoria: Ministro Benjamin Zymler – "9.3. determinar ao Banco do Brasil S.A. que, nos futuros procedimentos licitatórios, abstenha-se de: 9.3.2. inserir no ato convocatório exigência relativa a tempo de permanência de empresa participante do certame no mercado, ainda que sob a forma de critério de pontuação na avaliação da proposta técnica, vez que tal prática restringe o caráter competitivo da licitação, consagrado no art. 3º, § 1º, inciso I, da Lei 8.666/1993, além de ser contrária à jurisprudência desta Corte, em especial aos Acórdãos 264/2006, 944/2006 e 1.094/2004, todos do Plenário.".

Princípios da Licitação. Violação ao princípio da competitividade. Fixação de pontos pelo simples tempo de existência do licitante ou do produto no mercado. Descabimento: TCU – Acórdão nº 1.878/2005 – Plenário – Relatoria: Ministro Marcos Bemquerer Costa – "9.3.4. abstenham-se de incluir quesito que atribua pontos na avaliação da proposta técnica pelo simples tempo de existência do licitante ou do produto no mercado."

Princípios da Licitação. Violação ao princípio da competitividade. Exigência de que os fabricantes dos bens ofertados possuam revenda em determinado local.

Descabimento: TCU – Acórdão 654/2012 – Plenário –"9.3 determinar ao Município de Afonso Cláudio/ES que, em relação aos atos convocatórios das futuras licitações envolvendo a aplicação de recursos públicos federais para aquisição de máquinas, equipamentos e outros itens de natureza permanentes, abstenha-se de exigir que os fabricantes dos bens ofertados possuam revenda no Estado do Espírito Santo, porquanto consubstancia infringência ao art. 3º, §1º, inciso I, e ao art. 30, § 5º, da Lei 8.666/93."

Princípios da Licitação. Violação ao princípio da competitividade. Fixação de exigências que limitem a participação de interessados: TCU – Decisão nº 369/1999 – Plenário – "8.2.6 abstenha-se de impor, em futuros editais de licitações, restrições ao caráter competitivo do certame e que limitem a participação de empresas capazes de fornecer o objeto buscado pela Administração Pública, consoante reza o art. 3º, § 1º, inciso I, da Lei nº 8.666/93."

Princípios da Licitação. Violação ao princípio da competitividade. Exigência que acarreta ao licitante o dispêndio de recursos próprios em momento anterior à celebração do contrato. Impossibilidade: TCU – Súmula nº 272/2012 – "No edital de licitação, é vedada a inclusão de exigências de habilitação e de quesitos de pontuação técnica para cujo atendimento os licitantes tenham de incorrer em custos que não sejam necessários anteriormente à celebração do contrato."

Princípios da Licitação. Violação ao princípio da competitividade. Exigência que acarreta que o licitante despenda recursos em momento anterior à celebração do contrato. Impossibilidade: TCU – Acórdão nº 1.878/2005 – Plenário – Relatoria: Ministro Marcos Bemquerer Costa – "9.3.5. abstenham-se de incluir quesitos de pontuação técnica para cujo atendimento os licitantes necessitem incorrer em despesas que sejam desnecessárias e anteriores à própria celebração do contrato, frustrando assim o caráter competitivo do certame, a exemplo dos quesitos que pontuam os licitantes que possuírem, já na abertura da licitação, determinadas estruturas físicas como sistema de suporte remoto tipo 'help desk', telefone 0800, sistema de suporte eletrônico e de gerenciamento de solicitações via web, a exemplo das exigências contidas nos itens 5.1, 5.2, 5.3 e 5.4 da planilha 'Perfil do Fornecedor' anexa ao Edital de Concorrência n. 002/2005."

Princípios da Licitação. Violação ao princípio da competitividade. Concessão de pontos para aqueles licitantes que comprovarem, na ocasião da licitação, determinado quadro de pessoal. Descabimento. Comprovação somente deve ocorrer na ocasião da execução do ajuste: TCU – Acórdão nº 26/2007 – Plenário – Relatoria: Ministro Ubiratan Aguiar – "9.3.2. defina, no edital e no contrato a ser celebrado, os requisitos relativos ao quantitativo e à qualificação do quadro de pessoal das empresas contratadas que deverão ser satisfeitos por ocasião da execução do ajuste, evitando a concessão de pontos para tais requisitos na fase técnica da concorrência, para que não haja prejuízo à isonomia do certame e em atendimento ao art. 3º, § 1º, inciso I, da Lei de Licitações."

DOS AGENTES PÚBLICOS ART⁰ 9

Princípios da Licitação. Violação ao princípio da competitividade. Fixação de quesitos imprecisos ou que prejudiquem o julgamento objetivo das propostas: TCU – Acórdão nº 1.626/2007 – 1ª Câmara – Relatoria: Ministro Valmir Campelo –"1.2 em futuras licitações de bens e serviços de Tecnologia de Informática, abstenha-se de: (...) 1.2.6 incluir quesitos de pontuação imprecisos ou que prejudiquem o julgamento objetivo das propostas, a exemplo de pontuação por horas de serviços prestados, tempo de experiência, número de clientes, ou aqueles que valorem apenas a quantidade de serviços realizados em experiências passadas dos licitantes, sem considerar o desempenho destes ou a complexidade dos serviços realizados (Acórdãos n.º 126/2007, 116/2006, 786/2006 e 1.094/2004 – Plenário)."

Princípios da Licitação. Violação ao princípio da competitividade. Exigência de que o objeto da licitação seja certificado. Necessidade de justificativa: TCU – Acórdão nº 2.392/2006 – Plenário – Relatoria: Ministro Benjamin Zymler – "9.3. informar ao Ministério de Minas e Energia que: 9.3.2. o administrador tem a faculdade de exigir a certificação do produto em relação à norma escolhida, desde que devidamente fundamentado no processo licitatório, mediante parecer técnico, devendo ser aceitos os certificados emitidos por qualquer entidade acreditada pelo Instituto Nacional de Metrologia, Normalização e Qualidade Industrial (Inmetro) para tal."

Princípios da Licitação. Violação ao princípio da competitividade. Fixação de critério diferenciado de pontuação em face da execução de serviços para o setor público e privado: Acórdão nº 330/2005 – Plenário – Relatoria: Ministro Benjamin Zymler – "9.3.2.2.6 – critérios de pontuação técnica que estabeleçam tratamento desigual entre empresas com experiência na prestação de serviços em atividades similares no setor público e no setor privado, como o que ocorreu no Subitem 2.3 do Anexo IV do Edital/Unesco nº 230/2004."

Princípios da Licitação. Violação ao princípio da competitividade. Exigências não previstas ou vedadas pela Lei nº 8.666/93 violam o princípio da legalidade e constituem ato de improbidade administrativa: TRF 1º Região – AC 1998.40.00. 004505-8/PI – Relatoria: Des. Fed. Hilton Queiroz "1. A conduta do agente que faz constar em edital de licitação exigências não previstas ou vedadas pela Lei nº 8.666/93 viola o princípio da legalidade e constitui ato de improbidade administrativa atentatório aos princípios da Administração Pública. 2. Apelo improvido. Sentença confirmada."

Princípios da Licitação. Violação ao princípio da competitividade. Exigências que podem ferir a competitividade do certame. Exigir que as fichas de registro dos empregados das licitantes sejam devidamente registradas na Delegacia Regional do Trabalho – DRT. Descabimento: TCU – Acórdão nº 1.351/2003 – Primeira Câmara – Relatoria: Ministro-Substituto Lincoln Magalhães da Rocha – "9.2. determinar, com fundamento no art. 250, II, do Regimento Interno do TCU, à Empresa Brasileira de Correios e Telégrafos, que oriente suas comissões de licitação no sentido

COMENTÁRIOS À NOVA LEI DE LICITAÇÕES PÚBLICAS E CONTRATOS ADMINISTRATIVOS

de (que): 9.2.4. não incluam nos editais de licitação exigências não previstas em lei ou irrelevantes para a verificação da qualificação técnica das licitantes em obediência ao art. 3º, § 1º, I, da Lei nº 8.666/93, a exemplo da exigência de estarem as fichas de registro de empregado das licitantes registradas na DRT, constante da alínea 'b1' do subitem 3.2.3 do Edital da Concorrência nº 020/2002/CEL."

Exigências que podem ferir a competitividade do certame. A exigência de comprovação de distância entre a sede da entidade e do local onde está estabelecido o futuro contratado deve ser justificada nos autos do processo administrativo: TCU – Acórdão nº 2.634/2009 – 2ª Câmara – Relatoria: Ministro Raimundo Carreiro – "1.5. Determinar à Diretoria Regional do Amazonas da Empresa Brasileira de Correios e Telégrafos que em futuras licitações para a aquisição de combustíveis ou objeto semelhante, caso seja exigido no edital que a empresa licitante possua unidade de abastecimento situada a uma distância máxima da sede da entidade, seja justificado no processo da licitação o valor estabelecido como distância máxima entre a sede da entidade e a unidade de abastecimento da empresa licitante".

Exigências impertinentes. Exigência de apresentação de certidão negativa de débito salarial e de regularidade sindical, cópia da convenção coletiva, prova de cumprimento das normas relacionadas à medicina do trabalho e, ainda, possuir no seu quadro permanente um técnico de segurança do trabalho: TCU – Acórdão nº 2.521/2003 – Relatoria: Ministro Augusto Sherman Cavalcanti – "9.2.56. restrinja suas exigências para habilitação das empresas em certames licitatórios às que prevêem os arts. 27 a 31, abstendo-se de exigir, conforme se verificou na Concorrência n.º 02/2000: certidão negativa de débito salarial, certidão negativa de débitos trabalhistas, certidão de regularidade sindical, cópia de convenção coletiva de trabalho, prova de cumprimento às normas regulamentadoras relativas ao serviço especializado em medicina do trabalho e comprovação do licitante de possuir, em seu quadro permanente, um técnico em segurança do trabalho."

Exigências impertinentes. Exigência da apresentação da certidão negativa de débito salarial: TCU – Acórdão 737/2012 – Plenário – Relatoria: Ministro Marcos Bemquerer Costa – "2. A exigência da certidão negativa de débito salarial como condição para a habilitação de licitantes, além de não encontrar amparo legal ou normativo, pode impor limitação ao caráter competitivo do certame."

Exigências impertinentes. Exigência de apresentação de declaração comprovando que o licitante é distribuidor ou revendedor autorizado do produto ofertado: TCU – Acórdão nº 2.375/2006 – 2ª Câmara – Relatoria: Ministro Ubiratan Aguiar – "15.1 que se abstenha de fixar exigência de declaração de que a licitante é distribuidora ou revendedora autorizada do produto ofertado, como condição de habilitação ou de classificação, por falta de amparo legal, e por constituir restrição ao caráter competitivo, em afronta ao disposto no art. 3º, § 1º, inciso I, da Lei nº 8.666/93."

DOS AGENTES PÚBLICOS · ART° 9

Exigências impertinentes. Exigência de apresentação de certidão negativa de protesto: TCE/SP – Súmula n° 29 – "Em procedimento licitatório, é vedada a exigência de certidão negativa de protesto como documento habilitatório."

Exigências impertinentes. Exigência de apresentação certidão negativa de protesto: TCU – Acórdão n° 3.835/2012 – 2ª Câmara – Relatoria: Ministro Aroldo Cedraz – "1.5.1. determinar ao Município de São José do Calçado/ES que, nas licitações envolvendo objetos custeados, no todo ou em parte, com recursos federais, abstenha-se de: 1.5.1.8. exigir a apresentação de certidão negativa de protestos em nome tanto da empresa quanto dos sócios, porque carecedora de calço legal."

Exigências impertinentes. Exigência de que o licitante detenha registro de marca no INPI: TCU – Acórdão n° 173/2006 – Plenário – Relatoria: Ministro-Substituto Lincoln Magalhães da Rocha- "2. Determina-se à entidade que se abstenha de incluir em editais de licitações cláusulas que imponham à licitante obrigação de possuir registro de marca no INPI como critério eliminatório do certame, atribuindo a tal exigência, quando necessária, o caráter de critério classificatório, a exemplo da exigência de certificado ISO, que segue a mesmo orientação."

Exigências impertinentes. A existência de registro no CADIN não impede a participação em licitações, mas sim a efetiva contratação: TRF 1ª Região – AG 2005.01.00.065857-9/DF; – Relatoria: Des. Fed. Maria Isabel Gallotti Rodrigues – "1. A existência de registro no CADIN em nome da empresa não a impede de participar de licitação, uma vez que não há previsão expressa nesse sentido, seja no artigo 29, III e IV, da Lei 8.666/1993, seja nos artigos 6° e 7° da Lei 10.522/2002. Precedente desta Corte. 2. Agravo de instrumento a que se nega provimento."

Exigências impertinentes. A existência de registro no CADIN não impede a participação em licitações, mas sim a efetiva contratação: TCU – Acórdão n° 1.602/2004 – Plenário – Relatoria: Ministro Ubiratan Aguiar –"9.1.1. proceda à consulta ao CADIN (Cadastro informativo de débitos não quitados) das empresas interessadas na realização de obras, serviços ou fornecimento, abstendo-se de celebrar contrato ou efetuar aquisições com aquelas que estejam inscritas no CADIN, em obediência ao disposto na Lei n.° 10.522/2002, arts. 2° e 6°."

Exigências impertinentes. Exigência de Comissão Interna de Prevenção de Acidentes – CIPA registrada: TCU – Acórdão n° 1.892/2008 – 2ª Câmara – Relatoria: André Luís de Carvalho – "7.1. ao Tribunal Regional Eleitoral do Distrito Federal – TRE/DF que: 7.1.1. abstenha-se de inserir nos editais das licitações que promover as exigências abaixo, por afrontarem os arts. 27 a 32 da Lei n.° 8.666/1993: 7.1.1.1. declaração das empresas interessadas, comprovando que a licitante encontra-se com a sua Comissão Interna de Prevenção de Acidentes – CIPA devidamente registrada, no caso de possuir mais de 100 (cem) empregados lotados no mesmo local, ou no caso daquelas dispensadas da CIPA, declaração de que possuem número inferior ao exigido pela legislação."

Exigências impertinentes. Exigência de certidão negativa de infrações trabalhistas e certidão negativa de infrações trabalhistas à legislação da criança e do adolescente: TCU – Acórdão nº 1.892/2008 – 2ª Câmara – Relatoria: André Luís de Carvalho "7.1. ao Tribunal Regional Eleitoral do Distrito Federal – TRE/DF que: 7.1.1. abstenha-se de inserir nos editais das licitações que promover as exigências abaixo, por afrontarem os arts. 27 a 32 da Lei n.º 8.666/1993: 7.1.1.2. apresentação de Certidão Negativa de Débitos Salariais, Certidão Negativa de Infrações Trabalhistas e Certidão Negativa de Infrações Trabalhistas à Legislação da Criança e do Adolescente, em razão de tal exigência não estar amparada pelos arts. 27 a 32 da Lei n.º 8.666/1993."

Exigências impertinentes. Exigência de certidões privativas das varas cíveis e criminais da comarca da sede da empresa (em nome da licitante e de seus sócios) atestando a inexistência de ações de execução fiscal, recuperação judicial e inquéritos falimentares: TCU – Acórdão nº 3.835/2012 – 2ª Câmara- "1.5.1. determinar ao Município de São José do Calçado/ES que, nas licitações envolvendo objetos custeados, no todo ou em parte, com recursos federais, abstenha-se de: 1.5.1.9. exigir certidões privativas das varas cíveis e criminais da comarca da sede da empresa (em nome da licitante e de seus sócios) atestando a inexistência de ações de execução fiscal, recuperação judicial e inquéritos falimentares, com extrapolação do texto legal (art. 31, inciso II, da Lei 8.666/93)."

Exigências impertinentes. Exigência de que o licitante detenha selo de responsabilidade social: TCU – Acórdão nº 225/2008 – Plenário – Relatoria: Ministro Augusto Sherman Cavalcanti – "9.2. determinar à Prefeitura Municipal de Apucarana/PR que, ao realizar licitação com aporte de recursos federais: 9.2.1. abstenha-se de exigir como requisito de habilitação o Selo de Responsabilidade Social, o que configura inclusão no edital de cláusula não prevista nos normativos federais atinentes a licitações."

Exigências impertinentes. Exigência de registro no IATA, ABAV, SINDETUR e SNEA: Ver TCU – Acórdão nº 1.230/2008 – Plenário.

Exigências impertinentes. Exigência de certidão negativa de execução patrimonial das pessoas físicas responsáveis pela empresa: TCU Acórdão nº 354/2008 – Plenário – Trecho do voto do Ministro Relator Augusto Nardes – " 17. Exigência mais relevante é a que pede aos licitantes, para fins de qualificação econômico-financeira, a apresentação de certidão negativa de execução patrimonial das pessoas físicas responsáveis pela empresa. A Secex/AC acredita que falece amparo legal a esta prática, por ser também estranha ao rol taxativo contido no art. 12, inciso III, do Regulamento do Sesc. Por isso, rejeita as justificativas apresentadas pelos responsáveis, que alegam ter procurado prevenir a contratação de empresas economicamente não-saudáveis."

DOS AGENTES PÚBLICOS ARTº 10

ARTIGO 10

Se as autoridades competentes e os servidores públicos que tiverem participado dos procedimentos relacionados às licitações e aos contratos de que trata esta Lei precisarem defender-se nas esferas administrativa, controladora ou judicial em razão de ato praticado com estrita observância de orientação constante em parecer jurídico elaborado na forma do § 1º do art. 53 desta Lei, a advocacia pública promoverá, a critério do agente público, sua representação judicial ou extrajudicial.

§ 1º Não se aplica o disposto no caput deste artigo quando:

I – (VETADO)

II – provas da prática de atos ilícitos dolosos constarem nos autos do processo administrativo ou judicial.

§ 2º Aplica-se o disposto no caput deste artigo inclusive na hipótese de o agente público não mais ocupar o cargo, emprego ou função em que foi praticado o ato questionado.

Finalmente, o legislador ordinário resolveu um problema que há muito preocupa os gestores e agentes públicos que militam na área de licitações e contratos administrativos, pois, nos últimos anos, se tornou corriqueiro os mais diversos questionamentos formulados pelos órgãos de controle interno e externo, com responsabilização administrativa, civil e penal.

Claro está que essa responsabilização deve respeitar o devido processo legal, com atendimento do princípio do contraditório e ampla defesa, ensejando a defesa técnica, patrocinada por um advogado, inclusive na esfera administrativa.

Há que se ponderar que o agente público quando exterioriza a sua vontade, não a está fazendo em seu próprio nome, mas, sim, em nome da Administração Pública, motivo pelo qual a atuação da Assessoria Jurídica é fundamental, no sentido de solver dúvidas, mediante a lavratura de pareceres. como, aliás, muito bem preceitua o art. 131 da Constituição Federal.

Sopesando todas essas questões, eventuais questionamentos individuais devem ter o respaldo da advocacia pública, até porque, o custo de um advogado particular pode ser incompatível com os recursos pessoais dos agentes públicos de modo geral.

Neste sentido, o art. 10 dispõe sobre a possibilidade, portanto, de uma faculdade das autoridades e servidores públicos, envolvidos com o tema das licitações e contratos, possam ser defendidos pela advocacia pública, nas esferas administrativa, controladora ou judicial. Em que pese essa possibilidade, o comando legal em apreço estabelece um condicionante para que a defesa seja patrocinada pela advocacia pública, na medida em que exige-se a estrita observância de orientação constante de parecer jurídico, que deve ser elaborado ao final da fase preparatória da licitação, nos termos do § 1º do art. 53.

Não obstante a possibilidade da defesa de agente público se realizar pela advocacia pública, o dispositivo deve ser alvo de críticas, pois estabelece como condicionante que a decisão tenha sido tomada em estrita observância de parecer jurídico. Ora, nem todas as decisões tomadas pelos agentes públicos são oriundas de controvérsias de ordem jurídica, porquanto perfeitamente possível decorrerem de motivo de ordem técnica ou mesmo de ordem econômico-financeira.

Assim, o critério do parecer jurídico pode, ao final, ser desastroso em razão das múltiplas possibilidades que envolvem uma decisão administrativa. Marçal Justen Filho entende que o melhor critério para solver a questão da defesa dos agentes públicos se faça em razão da presunção de inocência, ressalvadas aquelas decisões de cunho teleológico.[36] O entendimento do mestre paranaense também não nos parece ser a melhor solução. Em nosso sentir, o critério a ser adotado é aquele que aponta para o interesse público. Nesse sentido, o Superior Tribunal de Justiça há muito já se manifestou:

> Recurso Especial. Direito Penal e Processual Penal. Processo-crime origi-
> nário. Prefeito. Contratação de advogado sem licitação. Utilização de advogado da
> Administração para defesa própria em processo-crime. Atipicidade reconhecida pelo
> Tribunal "a quo". Teses da acusação. Ausência de singularidade do serviço. Matéria
> fático-probatória. Súmula nº 7. Uso de serviço público em proveito próprio. Inexistência.
> A tese jurídica de ausência de notória especialização do advogado contratado e de
> singularidade do serviço reclama a reapreciação do substrato fático-probatório, vedada
> pelo enunciado da Súmula nº 07 do STJ. A conduta do agente político que consubstancia
> ilícito penal de responsabilidade é ato administrativo. Sendo assim, em princípio, há
> interesse público bastante na sua defesa, razão pela qual inexiste óbice que a defesa
> em processo-crime de responsabilidade se realize por advogado da Administração.
> Denota-se, pois, a atipicidade da conduta de utilizar-se de advogado contratado pela
> Administração para realização de defesa própria em processo crime. Recurso especial
> conhecido parcialmente, e nesta extensão, improvido.[37]

O exame do julgado sobrefalado vem a demonstrar que nada obsta que a defesa do agente político se faça pela advocacia pública, tendo em vista que o fato que ensejou a lide se consubstancia em ato administrativo de lavra do Prefeito e que, em princípio, se denota o interesse público.

---

[36] JUSTEN FILHO, Marçal. *Comentários à lei de licitações e contratações administrativas: Lei 14.133/2021*. São Paulo: Thomson Reuters Brasil: 2021, pp. 252/253.
[37] STJ – REsp: 558890 MG 2003/0128870-1, Relator: Ministro PAULO MEDINA, Data de Julgamento: 31/08/2005, T6 – SEXTA TURMA, Data de Publicação: DJ 30/04/2007 p. 348.

Diferentemente seria se o Prefeito tivesse se utilizado de caminhões da municipalidade para fazer a mudança de seus filhos. Nessa hipótese, não há como postular pela existência do interesse público, haja vista o notório e incabível interesse particular.

Havendo, todavia, conflito de interesses, a advocacia pública do ente administrativo deverá abster-se de patrocinar a defesa do agente público, na medida em que poderá figurar como autora de ações contra este, a exemplo da propositura de uma ação civil pública (art. 6º, § 3º, da Lei Federal nº 4.717/1965) ou de improbidade administrativa (art. 17, § 3º, da Lei Federal nº 8.429/1992). Demais disso, a atuação da Procuradoria em ambos os polos poderá tipificar o crime de "Patrocínio simultâneo e tergiversação", aposto no art. 355, parágrafo único, do Código Penal Brasileiro.

Por derradeiro, e entendendo que o critério mais coerente para que a advocacia pública possa defender os agentes públicos, inclusive aqueles que não mais fazem parte dos quadros da Administração Pública, se circunscreve ao interesse público, a melhor solução é a adoção de uma interpretação teleológica, fincada no objetivo do dispositivo, que é a proteção jurídica do agente público em razão de atos administrativos que tenham prestigiado o interesse público e, ainda assim, tenham sido contestados pelos órgãos de controle.

TÍTULO II – DAS LICITAÇÕES

CAPÍTULO I – DO PROCESSO LICITATÓRIO

Artigo 11

O processo licitatório tem por objetivos:

I – assegurar a seleção da proposta apta a gerar o resultado de contratação mais vantajoso para a Administração Pública, inclusive no que se refere ao ciclo de vida do objeto;

II – assegurar tratamento isonômico entre os licitantes, bem como a justa competição;

III – evitar contratações com sobrepreço ou com preços manifestamente inexequíveis e superfaturamento na execução dos contratos;

IV – incentivar a inovação e o desenvolvimento nacional sustentável.

Parágrafo único. A alta administração do órgão ou entidade é responsável pela governança das contratações e deve implementar processos e estruturas, inclusive de gestão de riscos e controles internos, para avaliar, direcionar e monitorar os processos licitatórios e os respectivos contratos, com o intuito de alcançar os objetivos estabelecidos no caput deste artigo, promover um ambiente íntegro e confiável, assegurar o alinhamento das contratações ao planejamento estratégico e às leis orçamentárias e promover eficiência, efetividade e eficácia em suas contratações.

Durante muito tempo, discutiu-se sobre a existência ou não de um processo administrativo, até porque falava-se que a atividade administrativa poderia ser exercida livremente, contrapondo-se, assim, à ideia de processo, que enseja uma atividade regrada.[38] Contudo, a Constituição de 1988, em seu art. 5º, inc. LV, fez expressa previsão quanto ao processo administrativo, ao dispor que "aos litigantes, em processo judicial ou administrativo, e aos acusados em geral são assegurados o contraditório e ampla defesa, com os meios e recursos a ela inerentes".

Ora, seria impossível pensar que o legislador magno utilizou-se da palavra processo tão somente por uma questão de preferência terminológica. Logo, conclui-se que a Constituição Federal refere-se a um regime processual específico, formado por regras e princípios próprios.

Calha aqui lembrar que o procedimento administrativo se constitui de uma sucessão de atos administrativos cuja validade do último ato depende dos anteriores, enquanto o processo administrativo deve ser instalado em face de uma controvérsia entre o particular e a Administração Pública.

Por essa perspectiva e considerando que a nova Lei de Licitações e Contratos, diferentemente do Diploma Legal precedente, utiliza a expressão "processo administrativo", constante do *caput* do art. 11, percebe-se, desde logo, a relevância dessa alteração.

Sem maiores delongas, é certo dizer que o legislador ordinário, ao conferir à licitação uma natureza processual, trouxe um fator determinante para a observância do devido processo legal, em sua faceta procedimental, caracterizada pelo contraditório e ampla defesa e pela necessária imparcialidade.[39]

Espera-se, com isso, que a Administração Pública, em razão das considerações precedentes, passe a conceder aos licitantes e contratados um efetivo contraditório e ampla defesa, julgando as eventuais controvérsias com a lisura e imparcialidade desejadas, ao invés de simplesmente contestar as argumentações do particular, em franco desrespeito ao devido processo legal.

Superada essa questão terminológica, que, não é demais repetir, carrega consigo aspectos de relevância, passemos, pois, ao exame do dispositivo propriamente dito.

Desnecessárias maiores considerações para se chegar à conclusão que a licitação não é um fim em si mesmo, pois, antes de tudo, tem um caráter instrumental e, em razão dos incs. I a IV, possui objetivos delineados pelo legislador.

Diferentemente da Lei nº 8.666/1993, que coloca a licitação como um instrumento para a escolha da melhor proposta para o contrato de interesse da Administração, a atual legislação prevê que a licitação deve assegurar a seleção

---

[38] PIRES, Lilian Regina Gabriel Moreira. *Comentários à lei federal do processo administrativo: Lei nº 9784/99*. Coordenação de Lúcia Valle Figueiredo. 1ª ed. – 2ª Tiragem. Belo Horizonte: Fórum, 2004, p. 169.

[39] JUSTEN FILHO, Marçal. *Comentários à Lei de licitações e contratos administrativos: Lei 14.133/21*. São Paulo: Thomson Reuters Brasil, 2021, p. 256.

da proposta apta a gerar o resultado de contratação mais vantajoso para a Administração Pública, inclusive no que se refere ao ciclo de vida do objeto.

O inc. I, em razão de sua redação, além de afastar a velha cantilena, tão utilizada pela Administração Pública, de que a melhor proposta é aquela de menor preço, deve ser interpretado conjuntamente com os demais incisos do art. 11. Subsume-se, assim, que, para a obtenção da proposta apta a gerar o resultado da contratação mais vantajosa, inclusive no que se refere ao ciclo de vida do objeto, o inc. II, que veio a assegurar o tratamento isonômico entre licitantes, impõe que se iguale os iguais e se desiguale os desiguais, permitindo uma justa competição.

Mas não é só isso. Em razão do inc. III, deve estar assegurado que a contratação aconteça sem o indesejável sobrepreço, pelo que fica vedado preço excessivamente superior àqueles encontrados no mercado, bem como aqueles de natureza inexequível e, afora tudo isso, o incentivo à inovação e ao desenvolvimento nacional sustentável, por força do inc. IV, é medida que se impõe.

Para se atingir a finalidade da licitação, se faz imperioso observar os critérios objetivos necessariamente dispostos no edital, de sorte a evitar decisões arbitrárias e desbordadas do direito, ainda que se trate de compras de materiais para uso da Administração Pública.

Para melhor entendimento, imaginemos que a Administração instaure procedimento licitatório para aquisição de saco de lixo hospitalar ecológico, tendo por critério de julgamento o menor preço. Em razão da finalidade do objeto da licitação, há que se considerar a necessidade de uma rígida especificação, com observância das normas da ABNT, bem como outras eventualmente existentes. Por certo, várias empresas apresentarão o seu produto com os mais diversos preços. Entretanto, embora a Lei nº 14.133/2021 preveja licitação com critério de julgamento pelo menor preço, isso não pode ser aplicado de modo simplista. Com efeito, o que se pretende é a escolha de uma proposta apta a gerar o resultado mais vantajoso para a Administração e essa finalidade não é atingida, necessariamente, com uma proposta que contemple o menor preço, notadamente em face do ciclo de vida do objeto, que impõe uma avaliação que envolve matérias-primas e processo produtivo, dentre outros aspectos.

Por conseguinte, não basta o licitante descrever as especificações do objeto da licitação em sua proposta comercial e, concomitantemente, ofertar o menor preço, para se sagrar vencedor da licitação. É preciso mais. É preciso que o licitante, em razão de expressa previsão editalícia, oferte, juntamente com a proposta comercial, o laudo laboratorial elaborado por empresa idônea, que será determinante para demonstrar que o objeto ofertado atende às especificações do edital, desclassificando aquelas propostas cujos laudos não sejam compatíveis com a especificação do objeto da licitação.

COMENTÁRIOS À NOVA LEI DE LICITAÇÕES PÚBLICAS E CONTRATOS ADMINISTRATIVOS

Entretanto, o trabalho do agente de contratações pode não ter terminado. Assim, e nesse mesmo contexto, imaginemos que as propostas classificadas apresentem preços díspares. Ou seja, propostas que, em tese, atendem às especificações do objeto da licitação, por conta do laudo laboratorial apresentado, mas com diferenças brutais de preço. Ora, a hipótese de propostas, com significativas diferenças de preços podem decorrer, basicamente, de quatro fatores: i) sobrepreço; ii) o preço apresentado é inexequível; iii) houve um erro material na apresentação do preço; ou iv) a proposta, pretensamente, atende às especificações, ainda que apresente preço muito inferior às demais (esse expediente é muito utilizado por aqueles que pretendem vender "gato por lebre").

É induvidoso que, se configurada qualquer uma dessas quatro hipóteses, resta como única alternativa desclassificar a proposta, desde que isso seja devidamente demonstrado, ensejando, destarte, que o julgamento da licitação seja convertido em diligência, conforme expressa previsão editalícia, com a realização de pesquisa de preços, observadas as mesmas especificações e demais condições do edital, relativas a frete e local de entrega, dentre outros. Após, a adoção desse procedimento e, se comprovada uma das quatro hipóteses, a proposta deverá ser desclassificada.

Deste procedimento decorre que se sagrará vencedor da licitação aquela proposta que atendeu ao edital, por conta do laudo laboratorial, e que apresentou um preço competitivo e de mercado, pelo que a licitação, superada a fase recursal, poderá ser homologada e adjudicada.

Disso deflui que o trabalho do agente de contratações está encerrado, eis que avaliada a questão das especificações que, em última análise, dizem respeito ao ciclo de vida do objeto, e ao desenvolvimento econômico sustentável, em razão de que o saco de lixo hospitalar deve ser ecológico, a questão do preço, igualando os iguais e desigualando os desiguais e, após isso, o aspecto relativo ao menor preço, dentre as propostas remanescentes.

Posteriormente, a partir da celebração do contrato, inicia-se a execução da avença, e, quando da entrega do produto, o agente público designado como fiscal deverá, aleatoriamente, separar uma parte do produto entregue, e encaminhá-lo, para que seja laudado por laboratório idôneo, de modo a se conferir que aquilo que foi entregue corresponde ao objeto ofertado no decorrer da licitação. Para que não reste qualquer dúvida, o laudo emitido por ocasião da entrega do objeto deve ser igual ao laudo apresentado no decorrer da licitação, evitando, assim, que a Administração Pública venha a adquirir "gato por lebre".

De grande pertinência são as disposições do parágrafo único do art. 11, onde se encontram refletidos os aspectos inerentes à governança, gestão por competência e segregação de funções.

A governança, enquanto estrutura do órgão público ou da entidade, deve ser entendida sob o aspecto da funcionalidade e organização, de modo que a atividade administrativa opere os seus regulares efeitos, observados, precipuamente, os critérios de legalidade, legitimidade e eficiência.

Acentue-se que o parágrafo único do art. 11 trata de uma governança específica, voltada para as contratações públicas, apontada de maneira direta para a gestão de riscos, impondo à Administração pública, personificada por seus agentes públicos envolvidos nessa temática, conhecimento da atividade licitatória e contratual, para que seja possível identificar e mensurar possíveis obstruções e atenuar eventuais efeitos danosos, não só nos processos licitatórios como também nas contratações diretas e nos decorrentes contratos administrativos

O controle interno, por seu turno, mais uma vez é prestigiado, exigindo uma estrutura que comporte o pleno exercício da atividade controladora, sem a interferência de qualquer autoridade que possa obstaculizar essa importante função administrativa.

É livre de qualquer dúvida que o alcance dos objetivos preconizados pelo art. 11 ficam atrelados à observância do planejamento que, por várias vezes nos referimos, eis que esse princípio encontra-se plasmado por todo o ordenamento jurídico das licitações e contratos, atrelado, ainda, à observância das leis orçamentárias, bem como aos vetores da eficiência, efetividade e eficácia das contratações.

Denota-se, ainda, que tudo isso depende de uma governança capaz de implementar um ambiente íntegro e confiável, e, portanto, livre da mácula da corrupção. E claro, não existe um padrão de governança aplicável a todos os entes federados, porquanto isso dependerá das condições de cada um, em especial no que diz respeito às questões relativas a tamanho, população e recursos públicos disponíveis.

Embora tudo isso dependa de uma série de variáveis, razão assiste a todos aqueles que afirmam que a implantação de uma adequada governança se constitui em um dever inarredável da autoridade competente, sob pena de responsabilização.

Doutra parte, também nos parece certo afirmar que pouco importa se a autoridade superior agiu diretamente na atividade licitatória ou contratual, pois sua responsabilização decorre da omissão em implementar uma adequada governança.

Conceito

Preço de mercado – "Preço de mercado de determinado produto é aquele que se estabelece na praça pesquisada, com base na oferta e na procura. Diz-se também que

COMENTÁRIOS À NOVA LEI DE LICITAÇÕES PÚBLICAS E CONTRATOS ADMINISTRATIVOS

é o corrente na praça pesquisada." (TCU – Manual de Orientações, BRASIL, 2010, p. 87).

Preço estimado – "Preço estimado é um dos parâmetros de que dispõe a Administração para julgar licitações e efetivar contratações. Deve refletir o preço de mercado, levando em consideração todos os fatores que influenciam na formação dos custos." (TCU – Manual de Orientações, BRASIL, 2010, p. 87).

Preços manifestamente inexequíveis – "Consideram-se preços manifestamente inexequíveis aqueles que, comprovadamente, forem insuficientes para a cobertura dos custos decorrentes da contratação pretendida." (Art. 29, § 1º, da Instrução Normativa nº 2 da SLTI do MPOG)

Preço médio – "Preço médio é o elaborado com base em pesquisa de preços realizada no mercado onde será realizada a contratação." (TCU – Manual de Orientações, BRASIL, 2010, p. 87).

Preço praticado pela Administração – "Preço praticado pela Administração contratante é aquele pago ao contratado." (TCU – Manual de Orientações, BRASIL, 2010, p. 87).

Preço unitário – "Preço unitário é o correspondente a cada unidade licitada e preço global, o total da proposta" (TCU – Manual de Orientações, BRASIL, 2010, p. 87).

ARTIGO 12

No processo licitatório, observar-se-á o seguinte:

I – os documentos serão produzidos por escrito, com data e local de sua realização e assinatura dos responsáveis;

II – os valores, os preços e os custos utilizados terão como expressão monetária a moeda corrente nacional, ressalvado o disposto no art. 52 desta Lei;

III – o desatendimento de exigências meramente formais que não comprometam a aferição da qualificação do licitante ou a compreensão do conteúdo de sua proposta não importará seu afastamento da licitação ou a invalidação do processo;

IV – a prova de autenticidade de cópia de documento público ou particular poderá ser feita perante agente da Administração, mediante apresentação de original ou de declaração de autenticidade por advogado, sob sua responsabilidade pessoal;

V – o reconhecimento de firma somente será exigido quando houver dúvida de autenticidade, salvo imposição legal;

VI – os atos serão preferencialmente digitais, de forma a permitir que sejam produzidos, comunicados, armazenados e validados por meio eletrônico;

DO PROCESSO LICITATÓRIO   ART° 12

VII – a partir de documentos de formalização de demandas, os órgãos responsáveis pelo planejamento de cada ente federativo poderão, na forma de regulamento, elaborar plano de contratações anual, com o objetivo de racionalizar as contratações dos órgãos e entidades sob sua competência, garantir o alinhamento com o seu planejamento estratégico e subsidiar a elaboração das respectivas leis orçamentárias.

§ 1º O plano de contratações anual de que trata o inciso VII do caput deste artigo deverá ser divulgado e mantido à disposição do público em sítio eletrônico oficial e será observado pelo ente federativo na realização de licitações e na execução dos contratos.

§ 2º É permitida a identificação e assinatura digital por pessoa física ou jurídica em meio eletrônico, mediante certificado digital emitido em âmbito da Infraestrutura de Chaves Públicas Brasileira (ICP–Brasil).

A teor do art. 12 vamos encontrar uma série de disposições que, embora de conteúdo genérico, e versando sobre diversos assuntos, tem por objetivo implementar a desburocratização do processo licitatório, sem desprestígio das condições formais inerentes ao Direito Administrativo.

O Direito Administrativo, ao contrário do Direito Privado, é, em sua essência, um direito formal, pois a forma indicada é a escrita, salvo raríssimas excepcionalidades.

Por esse contexto, tradicionalmente não só os processos administrativos, como os de natureza judicial, foram implementados mediante o uso do papel e, portanto, se constituíam de processos físicos. Os avanços tecnológicos, a seu turno, pouco a pouco foram tomando conta da Administração Pública, que cada vez mais passou a se utilizar de mídias digitais.

Isso tanto é verdade que, recentemente, foi editada a Lei nº 14.129/2021, que veio a dispor sobre princípios, regras e instrumentos para o Governo Digital e para o aumento da eficiência pública, especialmente por meio da desburocratização, da inovação, da transformação digital e da participação do cidadão. Referido diploma, por força de seu art. 2º, é aplicável a órgãos da administração pública direta federal, abrangendo os Poderes Executivo, Judiciário e Legislativo, incluído o Tribunal de Contas da União, e o Ministério Público da União, bem assim como para as entidades da administração pública indireta federal, incluídas as empresas públicas e sociedades de economia mista, suas subsidiárias e controladas, que prestem serviço público, autarquias e fundações públicas. Quanto às administrações diretas e indiretas dos demais entes federados, a legislação é aplicável, desde que regulamentada por atos normativos próprios.

Ao final e a cabo de tudo isso, os processos que tramitam perante a Administração Pública, futuramente, devem adotar a forma eletrônica por meio da rede mundial de computadores.

Feitas essas considerações preliminares, passemos ao exame dos incisos de I a VII. Não é sem razão que o inc. I determina que a documentação produzida deve ser escrita, com data e local de sua realização e assinatura dos responsáveis pela edição do ato administrativo. Entrementes, isso não implica dizer que o processo seja físico. O que se demanda é que se adote uma formalidade vedando a produção de atos verbais, eis que contrários à essência do Direito Administrativo. Assim, editais, audiências públicas, atas de julgamento e demais atos administrativos, de maneira geral, devem adotar a forma de documentação digital, com data e localidade devidamente informadas e assinadas.

No que concerne à assinatura do documento, hodiernamente, adota-se a assinatura eletrônica, com certificação digital, que vem a ser um atestado de validação da aludida assinatura eletrônica.[40] Convém advertir que aquelas Administrações mais arraigadas às formalidades desprovidas de qualquer sentido não podem se recusar a aceitar assinaturas eletrônicas, tendo em vista que a legislação que rege a matéria, conforme dito anteriormente, já as validou.

O exame do inc. I deve ser compatibilizado com as disposições do inc. IV, que admite a prova de autenticidade de cópia de documento público ou particular e que poderá ser feita mediante apresentação de original ou de declaração de autenticidade por advogado, sob sua responsabilidade pessoal.

Há muito, é admitido nas licitações que os documentos sejam apresentados no original, ou mediante cópia autenticada, pouco importando se a documentação é pública ou particular, isto sem falar naqueles documentos que são emitidos pela internet e impressos diretamente do site oficial do órgão público.

Cumpre-nos deixar claro, por relevante, que nada obsta aos licitantes apresentarem o documento no original, juntamente com uma cópia para autenticação do agente público que, a qualquer título, não pode se recusar a autenticar o documento, salvo em caso de dúvida quanto à sua autenticidade.[41]

O inc. II impõe que os valores, os preços e os custos utilizados terão como expressão monetária a moeda corrente nacional, salvo nas licitações internacionais, na forma do art. 52. Via de consequência, negócios jurídicos realizados no país, em moeda estrangeira, são nulos de pleno direito.

---

[40] A Lei nº 14.063, DE 23 DE SETEMBRO DE 2020 Dispõe sobre o uso de assinaturas eletrônicas em interações com entes públicos, em atos de pessoas jurídicas e em questões de saúde e sobre as licenças de softwares desenvolvidos por entes públicos; e altera a Lei nº 9.096, de 19 de setembro de 1995, a Lei nº 5.991, de 17 de dezembro de 1973, e a Medida Provisória nº 2.200-2, de 24 de agosto de 2001.
[41] A Lei nº 13.460/17 prevê expressamente:
Art. 5º O usuário de serviço público tem direito à adequada prestação dos serviços, devendo os agentes públicos e prestadores de serviços públicos observar as seguintes diretrizes:
(...)
IX – autenticação de documentos pelo próprio agente público, à vista dos originais apresentados pelo usuário, vedada a exigência de reconhecimento de firma, salvo em caso de dúvida de autenticidade;

DO PROCESSO LICITATÓRIO ART⁰ 12

O inc. III proíbe aquilo que costumamos denominar de "culto das formas". Por assim dizer, os aspectos meramente formais e, portanto, desprovidos de qualquer sentido, não podem servir de pretexto para inabilitação ou desclassificação do licitante ou, pior ainda, invalidar o processo licitatório. Significa dizer que vícios de natureza meramente formal podem e devem ser superados, desde que não comprometam a qualificação dos licitantes ou a compreensão do conteúdo da proposta. Em resumo, o velho princípio *"pas de nullité sans grief"* é suficiente para expressar o comando legal inserido no inc. III.

O inc. VI retorna à questão dos atos administrativos digitais, pelo que volvemos a examinar a questão, desta vez, sob outro ângulo. É perfeitamente possível que os atos que compõem o processo licitatório observem a forma digital, sem, contudo, integrarem a rede mundial de computadores, ficando armazenados no computador da Administração Pública.

Outra hipótese que se revela a melhor tendência contempla a possibilidade dos atos administrativos produzidos adotarem a forma digital, mas serem lançados na rede mundial de computadores, viabilizando o seu acesso em qualquer lugar do mundo.

O inc. VII institui o Plano de Contratações Anual – PCA, que também é mencionado no art. 18, ao se tratar da fase preparatória da licitação, que deve ser elaborado pelos entes federativos.

Advertimos o leitor quanto à necessidade de cautela na interpretação do inc. VII que, aparentemente, estabelece para a Administração Pública uma competência discricionária em razão da inflexão verbal. No entanto, nem sempre quando a norma diz "poderá" há para o administrador uma faculdade.[42] É o caso. Para chegar a esta conclusão, basta lembrar que o art. 5º, dentre outros vetores, trouxe consigo o princípio do planejamento, de observância obrigatória no processo licitatório. Junte-se, a isso, que os princípios são normas gerais, de aplicabilidade universal, imprimindo um sentido lógico e harmônico para o ordenamento jurídico.

Logo, se a fase interna da licitação deve ser planejada, e o Plano de Contratações Anual – PCA tem a acepção de traçar as contratações que deverão ser implementadas anualmente, forçoso é concluir a sua natureza vinculada e, portanto, obrigatória, até porque a racionalização das contratações públicas também se insere no âmbito do princípio do planejamento.

Some-se, a isso, que a redação do § 1º é suficientemente clara ao dispor que o PCA deverá ser divulgado e mantido à disposição do público em sítio eletrônico oficial e será observado pelo ente federativo na realização de licitações e na execução dos contratos.

---

[42] FIGUEIREDO. Lucia Valle. Curso de direito administrativo. 8ª ed. rev. amp. e atual. até a Emenda Constitucional 52/2006. São Paulo: Malheiros, 2006, p. 223.

Jurisprudência e decisões dos Tribunais de Contas

Instauração do processo licitatório. Necessidade de que a solicitação do setor requisitante seja juntada nos autos do processo administrativo: TCU – Acórdão nº 2.286/2006-2ª Câmara – Relatoria: Ministro Benjamin Zymler – "1.5 – faça constar dos processos licitatórios, além dos elementos constantes do art. 38 da Lei 8.666/93, a solicitação expressa do setor requisitante interessado com a indicação da sua necessidade, o projeto básico e quando for o caso o projeto executivo, a aprovação de autoridade competente para o início do processo licitatório, devidamente motivado e a pesquisa de preços de mercado ou de preços fixados por órgão oficial competente ou ainda do sistema de registro de preços."

Instauração do processo licitatório. Autuação em um único volume: TCU – Acórdão nº 1.300/2003 – Primeira Câmara Relatoria: Ministro Lincoln Magalhães da Rocha – "9.3 – determinar à Delegacia Federal de Agricultura no RS – DFA/RS que observe, com rigor, as disposições da Lei nº 8.666/93, notadamente os seguintes dispositivos: 9.3.8 – art. 38, autuando um único processo para cada procedimento licitatório, ao qual serão juntados o contrato e respectivos termos aditivos, assim como os demais documentos relativos à licitação."

Instauração do processo licitatório. Numeração de páginas. Necessidade: TCU – Acórdão nº 1.394/2012 – Plenário – Relatoria: Ministro Raimundo Carreiro – "9.3. 9.3. com fundamento no art. 43, inciso I, da Lei nº 8.443/1992, determinar à Presidência da Petróleo Brasileiro S.A. – Petrobras – que, para o caso de processos ainda em papel, e visando ao resguardo dos princípios da transparência e da moralidade, expeça orientação aos setores competentes da empresa, a fim de que todos passem a observar a necessidade de numeração sequencial e de rubrica das folhas dos processos."

Instauração do processo licitatório. Aprovação da autoridade competente. Necessidade: TCU – Acórdão nº 107/2006 – Plenário – Relatoria: Ministro Ubiratan Aguiar – "9.6.11. faça constar na aprovação da autoridade competente, para início do processo licitatório, a devida justificativa para a contratação, em observância ao princípio da motivação do ato administrativo."

Instauração do processo licitatório. Definição precisa e clara do objeto licitado. Necessidade: TCU – Súmula nº 177 – "A definição precisa e suficiente do objeto licitado constitui regra indispensável da competição, até mesmo como pressuposto do postulado de igualdade entre os licitantes, do qual é subsidiário o princípio da publicidade, que envolve o conhecimento, pelos concorrentes potenciais, das condições básicas da licitação. Na hipótese particular da licitação para compra, a quantidade demandada é essencial à definição do objeto do pregão."

Instauração do processo licitatório. Necessidade de observância das boas rotinas de gestão documental: TCU – Acórdão nº 216/2007 – Plenário – Relatoria: Ministro Guilherme Palmeira – "9.3.3.3 adote rotinas para a guarda e administração

DO PROCESSO LICITATÓRIO ART° 12

eficiente do acervo documental, mormente no que se refere ao cumprimento do 'caput' do art. 38 da Lei nº 8.666/93, do parágrafo 1º do art. 40 da Lei nº 8.666/93 e do parágrafo 4º do art. 22 da Lei N.º 9.784/99, no intuito de eliminar fragilidades tais como as decorrentes da não autuação e não numeração das folhas do processo de licitação que resultou no Contrato ECE-1349/2000, firmado com a empresa Propeg Comunicação Social e Mercadológica Ltda., bem como na não numeração das páginas referentes à execução do referido contrato."

Instauração do processo licitatório. Necessidade de observância das boas rotinas de gestão documental: TCU – Decisão nº 955/2002 – Plenário – Relatoria: Ministro Benjamin Zymler – "8.2. determinar às Indústrias Nucleares do Brasil que: 8.2.1. observe o fiel cumprimento do art. 38, 'caput' e seus incisos, e art. 40, § 1º, da Lei nº 8.666/93, relativos à regular autuação e constituição dos processos licitatórios, em especial quanto à numeração das folhas e aposição de rubrica imediatamente após a juntada dos documentos da licitação ao processo; à juntada de documentos originais ou autenticados, evitando folhas de fac-símile, cópias duplicadas do mesmo expediente, rascunhos e rasuras; à aposição de data e assinatura, com identificação do signatário, em todos os documentos elaborados pela empresa, a exemplo dos editais, convites e justificativas técnicas e à juntada dos comprovantes de entrega dos convites."

Instauração do processo licitatório. Necessidade de constar do processo administrativo a motivação da contratação do objeto da licitação: TCU – Acórdão nº 4.566/2008 – 2ª Câmara – Relatoria: Ministro André Luís de Carvalho – "1.6.1.2. faça constar nos processos licitatórios a motivação da contratação dos produtos e/ou serviços e todas as informações necessárias para o devido acompanhamento de execução dos contratos."

Instauração do processo licitatório. Designação expressa da Comissão de Licitação nos autos do processo administrativo. Necessidade: TCU – Acórdão nº 1.159/2008 – Plenário – Relatoria: Ministro Marcos Vinicios Vilaça – "9.2. determinar à GRAMF/MA, que: 9.2.5. faça constar dos processos licitatórios as portarias de designação das comissões permanentes de licitação, segundo determina o inciso III do art. 38 da Lei nº 8.666/93."

Processamento da licitação. Juntada dos originais das propostas e demais documentos. Necessidade: TCU – Acórdão nº 135/2005 – Plenário – Relatoria: Ministro Augusto Sherman Cavalcanti – "9.2.2. atente para o estrito cumprimento do disposto no art. 38, inciso IV, da Lei 8.666/93, quanto à inclusão, nos respectivos processos administrativos, dos originais das propostas e dos documentos que as instruírem."

Processamento da licitação. Juntada dos originais das propostas e demais documentos. Necessidade: TCU – Acórdão nº 1.219/2008 – 2º Câmara – Carreiro- "1.1. Determinar à Caixa de Financiamento Imobiliário da Aeronáutica (CFIAe) que:1.1.2 faça constar nos processos licitatórios realizados pela unidade, nos termos do

COMENTÁRIOS À NOVA LEI DE LICITAÇÕES PÚBLICAS E CONTRATOS ADMINISTRATIVOS

inciso IV do art. 38 da Lei das licitações, o original das propostas de todos os licitantes, de maneira a possibilitar a aferição pelos próprios licitantes e pelos órgãos de controle." Processamento da licitação. Homologação e a adjudicação do objeto da licitação. Encerramento do certame: STJ – Resp nº 579.043/PR – Relatoria: João Otávio de Noronha – "1. O procedimento licitatório encerra-se com a homologação e a adjudicação do objeto da licitação."

ARTIGO 13

Os atos praticados no processo licitatório são públicos, ressalvadas as hipóteses de informações cujo sigilo seja imprescindível à segurança da sociedade e do Estado, na forma da lei.

Parágrafo único. A publicidade será diferida:

I – quanto ao conteúdo das propostas, até a respectiva abertura;

II – quanto ao orçamento da Administração, nos termos do art. 24 desta Lei.

O art. 13 trata da regra da publicidade nos processos licitatórios instaurados pela Administração Pública, constituindo-se em um dos instrumentais para lisura e controle das licitações. A par disso, é mediante a publicidade que os licitantes tomam conhecimento do edital e de seu conteúdo, preparando-se para o certame propriamente dito, ou, ainda, na hipótese de ilegalidade das disposições editalícias, nada obsta que se proponha a impugnação perante a Administração Pública e/ou representação perante o Tribunal de Contas competente.

Oportuno dizer, ainda, que o princípio da publicidade aplica-se ao processo licitatório, em sua integralidade, inclusive naquilo que diz respeito ao contrato durante toda a execução do ajuste. Convém dizer que o sigilo das propostas deve ser preservado, até a sua regular abertura, de modo a se evitar benefícios indevidos.

Restrições ao princípio da publicidade devem ser entendidas como exceção à regra, notadamente quando se tratar da hipótese de segurança da sociedade e do Estado, na forma da Lei nº 12.527/2011. A despeito disso, o art. 24 permite o orçamento sigiloso, ao qual nos reportamos anteriormente, entendendo que referido dispositivo encontra-se eivado do vício maior de inconstitucionalidade.

A inobservância do princípio da publicidade pode ensejar a declaração de nulidade da licitação. É cediço, no entanto, que a natureza do vício deve ser examinada em razão do caso em concreto, na medida em que, perante uma ilegalidade, surge para a Administração o dever de anular, em se tratando de vício insanável, e a faculdade de convalidar, em se tratando de vício sanável.

DO PROCESSO LICITATÓRIO ART⁰ 13

Jurisprudência e decisões dos Tribunais de Contas

Princípio da sigilosidade das propostas: TCE/MG – Representação nº 706695 – Relatoria: Conselheiro Moura e Castro – "Cabe observar que o sigilo de que trata o §3º do art. 3º da Lei 8.666/93 não constitui um princípio norteador das licitações, mas uma exceção ao caráter público dos procedimentos de contratação, restringindo-se apenas ao conteúdo das propostas." (Sessão do dia 08/08/2006)

Princípio da sigilosidade das propostas. Necessidade de que o conteúdo das propostas seja sigiloso até o momento oportuno da abertura das mesmas: TCU – Acórdão nº 67/2000 – Plenário – Relatoria: Ministro-Substituto José Antonio Barreto de Macedo – "8.4.3.8 – não aceite proposta de licitante enviada via fax, haja vista o conteúdo sigiloso de tal documento até que se realize a sessão de julgamento das propostas, conforme reiteradas decisões emanadas deste Tribunal, a exemplo do Acórdão n. 134/97-1a Câmara."

Princípio da publicidade. Licitação realizada em caráter sigiloso. Impossibilidade: TRF 1ª Região – 2000.01.00.048264-6/BA; Relatoria: Des. Fed. Fagundes de Deus – "1. É vedada a licitação feita em caráter sigiloso, com violação do princípio da publicidade (art. 3º e seu § 3º, da Lei 8.666/93) e dos demais princípios norteadores da Administração Pública."

Princípio da publicidade. Restrição à participação de cidadãos nas sessões relacionadas ao processo licitatório. Descabimento: TCE/MG – Denúncia n.º 751396. Relatoria Conselheiro Eduardo Carone Costa. Sessão do dia 04/06/2008 – "É ilegal a restrição de que qualquer cidadão participe das sessões relacionadas aos atos do processo licitatório. Nesse sentido, Marçal Justen Filho: 'Excluídas as propostas (até sua abertura), os atos da licitação serão públicos. Qualquer pessoa terá acesso ao local onde estiverem sendo praticados. Ainda que seja vedada a sua interferência ou participação, qualquer um terá a faculdade de presenciar os atos praticados pelos titulares de funções públicas. Se for interessado e preencher os requisitos necessários, poderá inclusive participar formalmente. Sua presença terá efeitos jurídicos'. O desrespeito a esse Princípio pode acarretar nulidade dos atos da licitação. Frise-se que, ainda que seja razoável a Administração estabelecer um limite de participantes que poderão se manifestar durante a Sessão, visando o bom andamento e a organização da mesma, é ilegal limitar o número de pessoas que irão apenas presenciar o ato público, sem se manifestar".

Princípio da publicidade. Consubstanciação. Possibilidade de qualquer cidadão ter acesso aos autos do processo administrativo. Acesso dos autos aos membros de Conselho de Alimentação Escolar. Necessidade: TCU – Acórdão nº 2.528/2008 – 2ª Câmara – Relatoria: Ministro Benjamin Zymler – "Determinações/ Recomendações: 1. à Prefeitura Municipal de Ubatuba/SP, que nos processos licitatórios referentes à aquisição de produtos destinados à merenda escolar, bem como nos destinados à terceirização do fornecimento das refeições, seja franqueado acesso aos membros do Conselho de Alimentação Escolar – CAE."

COMENTÁRIOS À NOVA LEI DE LICITAÇÕES PÚBLICAS E CONTRATOS ADMINISTRATIVOS

Princípio da publicidade. Consubstanciação. As atas das reuniões de licitação devem registrar de forma circunstanciada todas as decisões e todos os fatos relevantes ocorridos durante o processo licitatório: TCU – Acórdão nº 1.351/2003 – Primeira Câmara – Relatoria: Ministro-Substituto Lincoln Magalhães da Rocha – "9.2. determinar, com fundamento no art. 250, II, do Regimento Interno do TCU, à Empresa Brasileira de Correios e Telégrafos que oriente suas comissões de licitação no sentido de (que): 9.2.3. as atas das reuniões de licitação devem registrar de forma circunstanciada todas as decisões e todos os fatos relevantes ocorridos durante o processo licitatório, em respeito ao princípio da formalidade, ao qual, por força do art. 4º, parágrafo único, da Lei nº 8.666/93, se subordinam os procedimentos licitatórios em qualquer esfera da Administração Pública."

ARTIGO 14

Não poderão disputar licitação ou participar da execução de contrato, direta ou indiretamente:

I – autor do anteprojeto, do projeto básico ou do projeto executivo, pessoa física ou jurídica, quando a licitação versar sobre obra, serviços ou fornecimento de bens a ele relacionados;

II – empresa, isoladamente ou em consórcio, responsável pela elaboração do projeto básico ou do projeto executivo, ou empresa da qual o autor do projeto seja dirigente, gerente, controlador, acionista ou detentor de mais de 5% (cinco por cento) do capital com direito a voto, responsável técnico ou subcontratado, quando a licitação versar sobre obra, serviços ou fornecimento de bens a ela necessários;

III – pessoa física ou jurídica que se encontre, ao tempo da licitação, impossibilitada de participar da licitação em decorrência de sanção que lhe foi imposta;

IV – aquele que mantenha vínculo de natureza técnica, comercial, econômica, financeira, trabalhista ou civil com dirigente do órgão ou entidade contratante ou com agente público que desempenhe função na licitação ou atue na fiscalização ou na gestão do contrato, ou que deles seja cônjuge, companheiro ou parente em linha reta, colateral ou por afinidade, até o terceiro grau, devendo essa proibição constar expressamente do edital de licitação;

V – empresas controladoras, controladas ou coligadas, nos termos da Lei nº 6.404, de 15 de dezembro de 1976, concorrendo entre si;

VI – pessoa física ou jurídica que, nos 5 (cinco) anos anteriores à divulgação do edital, tenha sido condenada judicialmente, com trânsito em julgado, por exploração de trabalho infantil, por submissão de

DO PROCESSO LICITATÓRIO   ART° 14

trabalhadores a condições análogas às de escravo ou por contratação de adolescentes nos casos vedados pela legislação trabalhista.

§ 1º O impedimento de que trata o inciso III do caput deste artigo será também aplicado ao licitante que atue em substituição a outra pessoa, física ou jurídica, com o intuito de burlar a efetividade da sanção a ela aplicada, inclusive a sua controladora, controlada ou coligada, desde que devidamente comprovado o ilícito ou a utilização fraudulenta da personalidade jurídica do licitante.

§ 2º A critério da Administração e exclusivamente a seu serviço, o autor dos projetos e a empresa a que se referem os incisos I e II do caput deste artigo poderão participar no apoio das atividades de planejamento da contratação, de execução da licitação ou de gestão do contrato, desde que sob supervisão exclusiva de agentes públicos do órgão ou entidade.

§ 3º Equiparam-se aos autores do projeto as empresas integrantes do mesmo grupo econômico.

§ 4º O disposto neste artigo não impede a licitação ou a contratação de obra ou serviço que inclua como encargo do contratado a elaboração do projeto básico e do projeto executivo, nas contratações integradas, e do projeto executivo, nos demais regimes de execução.

§ 5º Em licitações e contratações realizadas no âmbito de projetos e programas parcialmente financiados por agência oficial de cooperação estrangeira ou por organismo financeiro internacional com recursos do financiamento ou da contrapartida nacional, não poderá participar pessoa física ou jurídica que integre o rol de pessoas sancionadas por essas entidades ou que seja declarada inidônea nos termos desta Lei.

O art. 14 disciplina as situações que impedem eventuais interessados de participar da licitação ou da execução do contrato, direta ou indiretamente.

Nessa linha de pensamento, é imprescindível entender o sentido jurídico de "disputar a licitação". Impende, assim, considerar que a licitação é uma disputa entre empresas ou pessoas físicas, quando possível, com vistas a atingir a finalidade de um ou mais licitantes, se sagrarem vencedores da licitação.

Insta dizer que a hipótese do particular não poder disputar a licitação ou executar o contrato é completamente distinta das hipóteses de inabilitação ou desclassificação, conforme o caso. Logo, a impossibilidade de disputa deve ser entendida como a impossibilidade de participação na licitação ou de executar o contrato. Trata-se, portanto, de uma vedação, que deve ser examinada no início do procedimento. Assim, uma vez verificada a incidência dos incisos I a VI, o particular encontra-se em uma situação em que lhe é vedada a participação no certame.

O inc. I veda a participação do autor do anteprojeto, do projeto básico ou do projeto executivo, pessoa física ou jurídica, quando a licitação versar sobre obra, serviços ou fornecimento de bens a ele relacionados.

Uma simples leitura do inc. I é suficiente para se entender a intenção do legislador. Não se pode olvidar que, aquele que traçou o anteprojeto, o projeto básico ou o projeto executivo, é capaz de dimensionar a obra ou o serviço com muito mais presteza do que aquele que veio a tomar conhecimento da licitação após a instauração do certame para a execução da mencionada obra ou serviço.

Assim, se fosse permitida a participação do autor, na forma do que dispõe o inc. I do art. 14, fácil seria a este impor determinada condição que viesse a dificultar ou mesmo dirigir o certame para determinado particular, em razão de interesses completamente dissociados dos objetivos da licitação.

Acresça-se, a tudo isso, que o § 3º equipara os autores do projeto às empresas integrantes do mesmo grupo econômico.

Conveniente se faz registrar que nada impede que nas licitações ou contratações de obra ou serviço seja atribuído ao contratado a elaboração do projeto básico e executivo, em se tratando de contratações integradas e do projeto executivo, nos demais regimes de execução, na forma do que dispõe o § 4º.

O inc. II traça o impedimento de pessoas jurídicas de participarem da licitação, de forma isolada ou em consórcio, quando estas constarem como responsáveis pela elaboração do projeto básico ou do projeto executivo. A par disso, também é vedada a participação de empresas da qual o autor do projeto seja dirigente, gerente, controlador, acionista ou detentor de mais de 5% (cinco por cento) do capital com direito a voto, ou ainda seja responsável técnico ou subcontratado, em se tratando de licitação de obra, serviços ou fornecimento de bens, quando necessários.

Malgrada a péssima redação do inc. II, é possível afirmar que a pessoa jurídica que tenha elaborado o projeto básico ou executivo não poderá participar da licitação, em razão dos motivos já expostos quando do exame do inc. I. Essa vedação também se estende aos consórcios, abrangendo, portanto, todas as empresas integrantes do compromisso consorcial.

Considerando as demais disposições do inc. II, veda-se a participação de pessoas jurídicas, em razão de pessoas físicas que integram a dita sociedade e tenham figurado como autor do projeto. Vale dizer que o inc. II determinou expressamente às pessoas físicas que ensejam a vedação da participação da pessoa jurídica, seja ele dirigente, gerente, controlador, acionista ou detentor de mais de 5% (cinco por cento) do capital com direito a voto.

Mister se faz usar de prudência quando da interpretação da excludente de participação na licitação em razão do "acionista ou detentor de mais de 5%

(cinco por cento) do capital com direito a voto", sob pena de ofensa ao princípio da isonomia. Por óbvio, a disposição em exame aplica-se às sociedades empresárias, constituídas mediante a Lei das Sociedades Anônimas. Entretanto, não haveria qualquer sentido em não estender essa disciplina aos sócios das demais modalidades societárias, sob pena de se estabelecer um *discrímen* ilógico e desarrazoado.

Demais disso, chegamos à figura do responsável técnico ou subcontratado, abrangendo aqueles que não são sócios ou acionistas da pessoa jurídica autora do projeto, mas que são atingidos pela vedação constante do inc. II.

Contudo, o § 2º estabelece uma competência discricionária, de modo a permitir que o autor dos projetos e a empresa a que se referem os incs. I e II do art. 14 participe de atividades de apoio no planejamento da contratação, de execução da licitação ou de gestão do contrato, devidamente supervisionado pelos agentes públicos do órgão ou entidade.

O inc. III prescreve a impossibilidade de pessoa física ou jurídica que se encontre, ao tempo da licitação, impossibilitada de participar da licitação em decorrência de sanção que lhe foi imposta. Em outras palavras, o dispositivo veda a participação de pessoas físicas ou jurídicas de participar no certame, em razão da aplicação de penas restritivas do direito de licitar e contratar.

Temos para nós que o inc. III, a rigor jurídico, revela-se completamente desnecessário, uma vez que a vedação de participação em licitação, em razão das penas restritivas do direito de licitar e contratar, decorre diretamente do ato de imposição da sanção propriamente dita. A matéria vem disciplinada no art. 156, incs. III e IV, que tratam, respectivamente, do impedimento de licitar e contratar e declaração de inidoneidade para licitar ou contratar que, oportunamente, será melhor abordado.

De todo modo, o § 1º do art. 14 é de sobranceira importância, estabelecendo que o impedimento previsto no inc. III é aplicável ao licitante que atue em substituição a outra pessoa, física ou jurídica, com o intuito de burlar a efetividade da sanção a ela aplicada, inclusive a sua controladora, controlada ou coligada, desde que devidamente comprovado o ilícito ou a utilização fraudulenta da personalidade jurídica do licitante.

Apresenta-se o dispositivo em questão, estabelecendo a possibilidade da sanção atingir a terceiros, ainda que a regra geral seja determinativa, no sentido de aplicar a pena àquele que praticou o ilícito, seja ele pessoa física ou jurídica.

Cumpre-nos deixar claro, curialmente claro, que a disciplina albergada pelo § 1º, sob qualquer hipótese, não pode ser aplicada automaticamente, pois, como não poderia deixar de ser, o condicionante gizado no comando legal em exame deve restar configurado.

COMENTÁRIOS À NOVA LEI DE LICITAÇÕES PÚBLICAS E CONTRATOS ADMINISTRATIVOS

Nessa esteira de entendimento, é de se notar que o terceiro deve praticar uma ação que configure a utilização ilícita ou fraudulenta da personalidade jurídica do licitante, de modo a substituir aquele que, em um primeiro momento, está sujeito à sanção.

Em outro dizer, estamos perante a possibilidade da desconsideração da personalidade jurídica, que implica na superação da autonomia patrimonial, em razão de fraude ou abuso de direito cometido pelos integrantes de determinada sociedade. Veja-se, inclusive, que o Código Civil Brasileiro é de cristalina clareza, ao dispor que apenas em caso de abuso da personalidade jurídica, caracterizado pelo desvio de finalidade, ou pela confusão patrimonial, que os efeitos de determinadas relações obrigacionais sejam estendidos aos bens particulares dos administradores ou sócio da pessoa jurídica.[43]

Quando do exame do art. 160, que disciplina a desconsideração da personalidade jurídica, o tema será devidamente aprofundado.

O inc. IV prevê que aquele que mantenha vínculo de natureza técnica, comercial, econômica, financeira, trabalhista ou civil com dirigente do órgão ou entidade contratante ou com agente público que desempenhe função na licitação ou atue na fiscalização ou na gestão do contrato, ou que deles seja cônjuge, companheiro ou parente em linha reta, colateral ou por afinidade, até o terceiro grau, não poderá participar da disputa ou da execução do contrato, devendo essa proibição constar expressamente do edital de licitação.

O impedimento previsto no inc. IV é de natureza interpessoal, assim entendida como o vínculo existente entre o licitante ou contratado com o dirigente do órgão ou entidade contratante ou com agente público envolvido na licitação ou na execução do contrato, se estendendo às relações de parentesco, matrimoniais, e de relação estável.

Não é demais dizer que a vedação em exame deve constar explicitamente do edital, por força da parte final do inc. IV. É necessário deixar claro que o dispositivo é de natureza vinculada e, por consequência, se traduz em um comando legislativo à Administração Pública que não pode ser ignorado, ainda que, por um lapso, não venha a constar explicitamente do edital.

Do mesmo modo, o inc. V veda que empresas controladoras, controladas ou coligadas, nos termos da Lei das Sociedades Anônimas, participem de um mesmo processo licitatório, de forma a concorrerem entre si.

---

[43] Art. 50. Em caso de abuso da personalidade jurídica, caracterizado pelo desvio de finalidade ou pela confusão patrimonial, pode o juiz, a requerimento da parte, ou do Ministério Público quando lhe couber intervir no processo, desconsiderá-la para que os efeitos de certas e determinadas relações de obrigações sejam estendidos aos bens particulares de administradores ou de sócios da pessoa jurídica beneficiados direta ou indiretamente pelo abuso

DO PROCESSO LICITATÓRIO ART° 14

A lume da Lei das Sociedades Anônimas, consideram-se coligadas aquelas sociedades em que a investidora tenha influência significativa.[44] É de se perquirir: – Qual o percentual mínimo de investimento, para efeitos de se considerar as ditas sociedades como coligadas? A resposta a este questionamento vem vazada na regra estampada no art. 247 do diploma legal da Lei das S.A., que estabelece um percentual mínimo de 10% do valor do patrimônio líquido ou no conjunto das sociedades coligadas e controladas, em que o valor contábil é igual ou superior a 15% (quinze por cento) do valor do patrimônio líquido da companhia.[45]

Em nosso pensar, ainda que o novel diploma legal das licitações fosse omisso no respeitante às empresas controladoras, controladas ou coligadas, ainda assim a vedação em exame deveria prevalecer em razão do princípio da moralidade administrativa.

O inc. VI veda a participação em licitações ou na execução de contratos em que pessoa física ou jurídica que, nos 5 (cinco) anos anteriores à divulgação do edital, tenha sido condenada judicialmente, com trânsito em julgado, por exploração de trabalho infantil, por submissão de trabalhadores a condições análogas às de escravo ou por contratação de adolescentes nos casos vedados pela legislação trabalhista.

É evidente que as condutas supramencionadas são sobejamente reprováveis. Entretanto, a disposição do inc. VI causa certa perplexidade, eis que, em nosso sentir, a pessoa física ou jurídica estaria sendo submetida a uma dupla punição, uma imposta pelo regime jurídico específico e outra pelo regime jurídico administrativo, configurando verdadeiro *bis in idem*.

Por fim, o § 5º, ao tratar de licitações e contratações financiadas por agência oficial de cooperação estrangeira ou por organismo financeiro internacional com recursos do financiamento ou da contrapartida nacional, veda a participação de pessoa física ou jurídica que tenha sido sancionada por essas entidades ou que seja declarada inidônea nos termos da Lei nº 14.133/2021.

---

[44] Art. 243. O relatório anual da administração deve relacionar os investimentos da companhia em sociedades coligadas e controladas e mencionar as modificações ocorridas durante o exercício.
§ 1º São coligadas as sociedades nas quais a investidora tenha influência significativa.
[45] Art. 247. As notas explicativas dos investimentos a que se refere o art. 248 desta Lei devem conter informações precisas sobre as sociedades coligadas e controladas e suas relações com a companhia, indicando:
(...)
Parágrafo único. Considera-se relevante o investimento:
a) em cada sociedade coligada ou controlada, se o valor contábil é igual ou superior a 10% (dez por cento) do valor do patrimônio líquido da companhia;
b) no conjunto das sociedades coligadas e controladas, se o valor contábil é igual ou superior a 15% (quinze por cento) do valor do patrimônio líquido da companhia.

É importante dizer que a sanção imposta por entidade estrangeira, por evidente que é, seguirá normas específicas de direito alienígena.

Dispositivos constitucionais correlatos
Incompatibilidade negocial: Ver art. 54, inc. I, al. "a"e inc. II, al. "a", da CF/88.
Impossibilidade de participar da licitação. Ver eventual existência de dispositivo constante de Constituições Estaduais e Leis Orgânicas Municipais que vedam a contratação de particulares cujo quadro societário ou diretivo seja composto por servidores públicos e agentes políticos. **Exemplo:** Ver Art. 178 da LOM do Município de Três Corações: "Art. 178 – O Prefeito, o Vice-Prefeito, os Vereadores e os servidores municipais, bem como as pessoas ligadas a qualquer deles por matrimônio ou parentesco, afim ou consanguíneo, até o segundo grau, ou por adoção, não poderão contratar com o Município, subsistindo a proibição até seis meses após findas as respectivas funções."

Jurisprudência e decisões dos Tribunais de Contas
Impossibilidade de participar da licitação. LOM que proíbe determinados agentes públicos contratarem com a Administração. Possibilidade: STF – RE 423560 / MG – Relator Min. Joaquim Barbosa – "A Constituição Federal outorga à União a competência para editar normas gerais sobre licitação (art. 22, XXVII) e permite, portanto, que Estados e Municípios legislem para complementar as normas gerais e adaptá-las às suas realidades. O Supremo Tribunal Federal firmou orientação no sentido de que as normas locais sobre licitação devem observar o art. 37, XXI da Constituição, assegurando 'a igualdade de condições de todos os concorrentes'. Precedentes. Dentro da permissão constitucional para legislar sobre normas específicas em matéria de licitação, é de se louvar a iniciativa do Município de Brumadinho-MG de tratar, em sua Lei Orgânica, de tema dos mais relevantes em nossa 'Polis', que é a moralidade administrativa, princípio-guia de toda a atividade estatal, nos termos do art. 37, 'caput' da Constituição Federal. A proibição de contratação com o Município dos parentes, afins ou consanguíneos, do prefeito, do vice-prefeito, dos vereadores e dos ocupantes de cargo em comissão ou função de confiança, bem como dos servidores e empregados públicos municipais, até seis meses após o fim do exercício das respectivas funções, é norma que evidentemente homenageia os princípios da impessoalidade e da moralidade administrativa, prevenindo eventuais lesões ao interesse público e ao patrimônio do Município, sem restringir a competição entre os licitantes. Inexistência de ofensa ao princípio da legalidade ou de invasão da competência da União para legislar sobre normas gerais de licitação. Recurso extraordinário provido."

Aquisição de bens de empresa de propriedade da filha do Prefeito. Configuração de ato de improbidade administrativa: TJ/SP – Apelação Cível nº 0000022-83.2004.8.26.0498 – "AÇÃO CIVIL PÚBLICA. IMPROBIDADE ADMINISTRATIVA.

DO PROCESSO LICITATÓRIO   ART° 15

COMPRA DE PEÇAS AUTO-ELÉTRICAS COM FAVORECIMENTO PESSOAL. CONDENAÇÃO. CABIMENTO. 1. Prefeito da Municipalidade de Boa Esperança do Sul que autorizou compra de dezenas de baterias automotivas da empresa de sua filha, de forma fragmentada, a fim de evitar licitação. Afronta aos princípios da moralidade, impessoalidade, isonomia e legalidade Punição com fulcro na Lei 8.429/92."

Impossibilidade de participar da licitação. Autor do projeto básico – TCU – Acórdão n° 1.039/2008 – 1ª Câmara –Relatoria: Ministro Marcos Bemquerer Costa – "3. É defesa a participação, direta ou indireta, na licitação ou na execução de obra ou serviço, do autor do projeto básico ou executivo."

Artigo 15

Salvo vedação devidamente justificada no processo licitatório, pessoa jurídica poderá participar de licitação em consórcio, observadas as seguintes normas:

I – comprovação de compromisso público ou particular de constituição de consórcio, subscrito pelos consorciados;

II – indicação da empresa líder do consórcio, que será responsável por sua representação perante a Administração;

III – admissão, para efeito de habilitação técnica, do somatório dos quantitativos de cada consorciado e, para efeito de habilitação econômico--financeira, do somatório dos valores de cada consorciado;

IV – impedimento de a empresa consorciada participar, na mesma licitação, de mais de um consórcio ou de forma isolada;

V – responsabilidade solidária dos integrantes pelos atos praticados em consórcio, tanto na fase de licitação quanto na de execução do contrato.

§ 1º O edital deverá estabelecer para o consórcio acréscimo de 10% (dez por cento) a 30% (trinta por cento) sobre o valor exigido de licitante individual para a habilitação econômico-financeira, salvo justificação.

§ 2º O acréscimo previsto no § 1º deste artigo não se aplica aos consórcios compostos, em sua totalidade, de microempresas e pequenas empresas, assim definidas em lei.

§ 3º O licitante vencedor é obrigado a promover, antes da celebração do contrato, a constituição e o registro do consórcio, nos termos do compromisso referido no inciso I do caput deste artigo.

§ 4º Desde que haja justificativa técnica aprovada pela autoridade competente, o edital de licitação poderá estabelecer limite máximo para o número de empresas consorciadas.

§ 5º A substituição de consorciado deverá ser expressamente autorizada pelo órgão ou entidade contratante e condicionada à comprovação de que a nova empresa do consórcio possui, no mínimo, os mesmos quantitativos para efeito de habilitação técnica e os mesmos valores para efeito de qualificação econômico-financeira apresentados pela empresa substituída para fins de habilitação do consórcio no processo licitatório que originou o contrato.

O consórcio empresarial vem disciplinado pelos arts. 278 e 279 da Lei das Sociedades Anônimas. Segundo o § 1º do art. 278, o consórcio não se constitui em uma nova pessoa jurídica. Ao contrário, constitui-se de contrato regido pelo Direito Privado, com condições estipuladas no instrumento contratual, sem presunção de solidariedade, que, para efeitos de mera identificação, recebe um nome específico. Quando extinto o objeto, extinto será o consórcio.

Neste sentido, é oportuno dizer que o consórcio previsto no art. 15 da Lei nº 14.133/2021 e, portanto, regido pelo Direito Administrativo, possui algumas características distintas do consórcio empresarial, sob a égide do Direito Privado, notadamente naquilo que diz respeito à responsabilidade, que é de caráter solidário, respondendo os integrantes do consórcio durante todo o período de execução do contrato administrativo.

É de fulcral relevância acentuar que o objetivo do consórcio é a ampliação da disputa, em observância ao princípio da competitividade. Deveras, há de se concluir que, em razão do consórcio, aquelas empresas que isoladamente não poderiam participar do certame, unem os seus esforços e participam da licitação como se uma só fosse.

Por conseguinte, entendemos que o consórcio no Direito Administrativo pode ser conceituado enquanto contrato e, portanto, desprovido de personalidade jurídica, objetivando a reunião transitória, de duas ou mais empresas, com o escopo de viabilizar a participação em dado procedimento licitatório, tendo em vista que, se participassem isoladamente, nenhuma delas atenderia às exigências do edital.

Contrario sensu, inadmissível seria o consórcio pré-articulado entre Administração e licitante, com vistas a frustrar o caráter competitivo da licitação, pois tal ato encontrar-se-ia maculado pelo vício do desvio de finalidade.

Os consórcios, a teor dos incs. I e II do art. 67, § 1º, inc. X, podem ser classificados em homogêneos e heterogêneos. Assim, serão homogêneos os consórcios que reúnem empresas do mesmo ramo de atividade, com objetos sociais similares e que resolvem se reunir e conjugar esforços para participarem de dada licitação. Quanto ao consórcio heterogêneo, teremos a reunião de empresas, com distintos campos de atuação, em uma união de esforços para fazer frente às exigências da licitação instaurada.

Diferentemente da Lei nº 8.666/1993, que colocava o consórcio na competência discricionária da Administração, o *caput* do art. 15 estabelece como regra obrigatória a admissibilidade do consórcio nas licitações instauradas pelo Poder Público, salvo se devidamente justificada a vedação, demonstrando-se previamente que, em razão do mercado, dentre outros fatores que possam ser elencados, vedar a participação de consórcio seria a melhor solução para o caso em concreto.

Posteriormente, os incisos constantes do art. 15 estabelecem os condicionantes de ordem formal do instrumento consorcial.

O inc. I permite que a formalização do consórcio se dê em momento posterior, admitindo-se uma promessa de constituição de consórcio mediante a apresentação de instrumento público ou particular.

Assim, o consórcio, sagrando-se vencedor da licitação, deverá promover a sua regular constituição e registro, antes da celebração do contrato administrativo, conforme prescreve o § 3º do art. 15. Caso contrário, quando o consórcio não se sagrar vencedor da licitação, as obrigações de parte a parte serão devidamente cessadas.

Ainda que o instrumento consorcial deva ser apresentado no decorrer da licitação, ele deverá conter as informações relativas a cada uma das empresas integrantes do consórcio, em especial no que diz respeito às suas respectivas obrigações.

O inc. II estabelece a obrigatoriedade de se indicar a empresa-líder do consórcio que, em última análise, será a interlocutora junto à Administração, constituindo-se na representante dos integrantes do consórcio. A atual legislação não mais dispõe sobre a necessidade de consórcios, quando formados por empresas brasileiras e estrangeiras, tenha como líder a empresa nacional.

O inc. III nos remete à disciplina da experiência anterior no âmbito dos consórcios. Assim, para efeitos de habilitação técnica, admite-se o somatório dos quantitativos de cada consorciado e, para efeitos de habilitação econômico-financeira, o somatório de cada consorciado.

Os demais requisitos de habilitação, relativos à habilitação jurídica, regularidade fiscal e trabalhista, negativa de falência e observância das normas com relação ao trabalho de menores deverão ser atendidos individualmente pelos consorciados.

Veja-se que os requisitos relativos à experiência anterior e regularidade econômico-financeira poderão ser supridos pelos diversos integrantes do consórcio ou, mesmo por um único integrante, desde que atendidas as exigências do edital com relação a esses itens. Os demais requisitos, se desatendidos por um único consorciado, ensejam a inabilitação do consórcio.

O § 1º prevê que o edital deverá estabelecer para o consórcio acréscimo de 10% (dez por cento) a 30% (trinta por cento) sobre o valor exigido de licitante individual para a habilitação econômico-financeira, excepcionados os consórcios constituídos, em sua totalidade, por microempresas e empresas de pequeno porte, nos termos da legislação aplicável à espécie.

O inc. IV, por sua vez, veda que a empresa consorciada participe, na mesma licitação, de mais de um consórcio ou, ainda, de forma isolada, eis que isso seria uma maneira de se promover o desvirtuamento do consórcio de empresas.

Como dissemos anteriormente, a responsabilidade dos consorciados será solidária, seja durante o procedimento licitatório, seja no decorrer da execução do contrato. Logo, uma vez satisfeito o débito por qualquer um dos consorciados, sempre existirá a possibilidade de ação de regresso contra os demais integrantes do consórcio.

O § 4º estabelece a possibilidade de a Administração determinar um limite máximo de empresas que venham a integrar o consórcio, mediante prévia justificativa, e desde que previsto no edital da licitação.

Trata-se de competência discricionária, que deve ser avaliada em razão do caso em concreto. Em nosso pensar, a previsão de número máximo de integrantes do consórcio é providência de bom alvitre, eis que um número elevado de empresas pode tornar inviável a execução do objeto do contrato, em razão de possíveis desentendimentos. A experiência nos mostra que a Administração costuma estabelecer um número de 3 até 5 empresas consorciadas, sendo certo que nada impede um número maior, em razão da complexidade do objeto da licitação.

Por sua vez, o § 5º trata da substituição do consorciado, mediante expressa autorização da Administração contratante, desde que se comprove que a nova empresa do consórcio possui, no mínimo, os mesmos quantitativos para efeito de habilitação técnica e os mesmos valores para efeito de qualificação econômico-financeira apresentados pela empresa substituída para fins de habilitação do consórcio no processo licitatório que originou o contrato.

O dispositivo deve ser interpretado com cautela, sob pena de inviabilizar a substituição do consorciado. Na verdade, a correta interpretação é aquela que aponta para a necessidade de se manter os requisitos de habilitação demonstrados no decorrer do processo licitatório. Para se chegar a esta conclusão, basta que se admita a hipótese que uma das empresas consorciadas atenda, sozinha, os requisitos de ordem econômico-financeira dispostos no edital. Nesse caso, pouco importa se a empresa substituta comprove possuir, no mínimo, os mesmos valores para efeito de qualificação econômico-financeira apresentados pela empresa substituída, pois o consórcio, como dissemos, é uma união de esforços, para, conjuntamente, atender às disposições do edital.

DO PROCESSO LICITATÓRIO ARTº 15

Jurisprudência e decisões dos Tribunais de Contas

Participação de empresas reunidas em consórcio. Decisão de permitir a participação de empresa reunidas em consórcio é discricionária, porém deve ser devidamente justificada em processo administrativo: TCU – Acórdão 3654/2012 – Segunda Câmara – Relatoria: Ministro Marcos Bemquerer Costa – "2. A decisão pela vedação de participação de consórcio de empresas, em certame licitatório, é discricionária, porém deve ser devidamente justificada em processo administrativo."

Participação de empresas reunidas em consórcio. Fixação de limite de empresas por consórcio. Ausência de supedâneo legal: TCU – Acórdão 1172/2012 – Plenário – Relatoria: Ministro José Múcio Monteiro Filho – "9.4.2. existência de cláusulas que podem restringir a competitividade da licitação, em desacordo com o art. 3º, § 1º, inciso I, da Lei nº 8.666/1993, mais particularmente as seguintes:9.4.2.2. limitação do número máximo de empresas participantes em consórcio, bem como definição dos percentuais de participação, contra o entendimento do Tribunal no Acórdão nº 597/2008 – Plenário."

Jurisprudência e decisões dos Tribunais de Contas

Participação de empresas reunidas em consórcio. Representação processual. Legitimidade. Empresa líder: TRF 1ª Região – 2005.34.00.018454-8/DF – Relatoria: Des. Fed. Selene Maria de Almeida – "1. Segundo o entendimento dominante no âmbito do Superior Tribunal de Justiça e do Tribunal Regional Federal da 1ª Região, o mandado de segurança constitui meio adequado para impugnar ato praticado por agente de empresa pública federal em procedimento licitatório. 2. Embora o consórcio não constitua uma nova pessoa jurídica (art. 278, §1º, Lei nº 6.404/76), trata-se de coletividade dotada de capacidade excepcional para atuar, judicial e extrajudicialmente, nas relações jurídicas referentes à licitação da qual participe, mediante representação pela empresa líder (art. 33, inciso II, Lei nº 8.666/93). 3. Optando as empresas por participarem em consórcio do certame, deixam elas de ostentar legitimação para atuarem isoladamente nas relações jurídicas atinentes à licitação. 4. As empresas integrantes do empreendimento conjunto não podem exercer ação em defesa da coletividade, incumbência esta para a qual se encontra exclusivamente legitimada a empresa líder. Precedentes do Superior Tribunal de Justiça e do Tribunal Regional Federal da 1ª Região." (Processo: AGAMS 2005.34.00.018454-8/DF; Agravo Regimental na Apelação em Mandado de Segurança – Relatoria: Des. Fed. Selene Maria de Almeida; Órgão Julgador: 5º T; Publicação: 29/08/2005 DJ p. 143)

Participação de empresas reunidas em consórcio. A constituição do consórcio deve observar a regulamentação específica de cada segmento econômico: TCU – Acórdão nº 1.529/2006 – Plenário – Relatoria: Ministro Augusto Nardes – "9.2. com fulcro no art. 45 da Lei nº 8.443/1992 e no art. 250, inciso II, do Regimento Interno do TCU, determinar ao Departamento Nacional de Infra-Estrutura de Transportes que: 9.2.1. ao realizar nova licitação visando à contratação dos serviços objeto da Concorrência nº 431/2005-0 ou similares: 9.2.1.4. somente exija o arquivamento do instrumento de constituição do consórcio no CREA, como determina a Resolução Confea nº 444/2000, se as participantes forem empresas de engenharia, de modo que não se repita a falha verificada no item 9.12.2 VII do edital da Concorrência nº 431/2005-0."

ARTIGO 16

Os profissionais organizados sob a forma de cooperativa poderão participar de licitação quando:

I – a constituição e o funcionamento da cooperativa observarem as regras estabelecidas na legislação aplicável, em especial a Lei nº 5.764, de 16 de dezembro de 1971, a Lei nº 12.690, de 19 de julho de 2012, e a Lei Complementar nº 130, de 17 de abril de 2009;

II – a cooperativa apresentar demonstrativo de atuação em regime cooperado, com repartição de receitas e despesas entre os cooperados;

III – qualquer cooperado, com igual qualificação, for capaz de executar o objeto contratado, vedado à Administração indicar nominalmente pessoas;

IV – o objeto da licitação referir-se, em se tratando de cooperativas enquadradas na Lei nº 12.690, de 19 de julho de 2012, a serviços especializados constantes do objeto social da cooperativa, a serem executados de forma complementar à sua atuação.

O art. 16 trata da participação das cooperativas no processo licitatório. Ainda que o art. 174, § 2º, de nossa Lei Fundamental[46], proteja o cooperativismo, a participação de cooperativas na licitação sempre foi um tabu, ensejando as mais diversas discussões sobre o tema em questão.

O grande problema que sempre se aventou com relação à participação de cooperativas no processo licitatório, decorre do fato de que a sua carga tributária é significativamente inferior em relação às empresas, tornando inviável a competição, pelo que o princípio da isonomia estaria sendo quebrado.

Outra questão que se suscitou, diz respeito ao desvirtuamento das cooperativas, que forneciam a mão de obra, sem a observâncias das obrigações

---

[46] Art. 174. Como agente normativo e regulador da atividade econômica, o Estado exercerá, na forma da lei, as funções de fiscalização, incentivo e planejamento, sendo este determinante para o setor público e indicativo para o setor privado.
(...)
§ 2º A lei apoiará e estimulará o cooperativismo e outras formas de associativismo.

tributárias, trabalhistas e previdenciárias aplicáveis à espécie. Neste sentido, Aniello Parziale observou com propriedade:

> As cooperativas estão legitimadas a participar de licitações. Não se pode negar, todavia, a existência de falsas cooperativas, que na prática são empresas intermediadoras de mão de obra subordinada. A fim afastar tais entidades dos certames, o art. 4º, parágrafo único, da IN nº 2/2008, da SLTI do MPOG, determinou que tais cooperativas apresentem na licitação um documento denominado "modelo de gestão operacional", a fim de comprovar se tais proponentes detêm autonomia, autogestão e não exercem atividades necessárias para o cumprimento do contrato que acabe por criar sujeição, pessoalidade e habitualidade dos cooperados.[47]

Ainda que a Lei nº 12.690/2012 tenha estabelecido, em seu art. 5º, que a "cooperativa de trabalho não pode ser utilizada para a intermediação da mão de obra subordinada", essa prática ilegal sempre foi significativamente utilizada nas licitações instauradas pelo Poder Público.

Anote-se que o diploma legal precitado, em seu art. 10, § 2º, veio trazer às cooperativas o livramento da vedação de participação em licitação, ao dispor que a "cooperativa não poderá ser impedida de participar de procedimento de licitação pública que tenham por escopo os mesmos serviços, operações e atividades previstas em seu objeto social."

Ainda que o art. 10, § 2º, da Lei nº 12.690/2012, tenha permitido a participação das cooperativas nas licitações, isso não significa uma ampla autorização. Antes de tudo, somente poderá ser permitida a participação de cooperativas na licitação quando o seu objeto social demonstrar compatibilidade com o objeto licitado, nos termos do inc. IV do art. 16.

O inc. II dispõe que a cooperativa, para participação em licitação, deve apresentar demonstrativo de atuação em regime cooperado, com repartição de receitas e despesas entre os cooperados. É notório, portanto, que o regime do cooperativismo seja efetivamente observado, demonstrando-se a evolução das receitas e despesas, com a necessária e indispensável repartição dos recebimentos entre os cooperados, admitindo retiradas diferenciadas, vedando-se relações típicas de um regime empresarial.

Com relação ao inc. III, restou estabelecido que qualquer cooperado, observada a devida qualificação, poderá executar o objeto contratado, pessoalmente, sendo vedado à Administração escolher, nominalmente, aquele cooperado ou cooperados que estarão à disposição para a execução do ajuste público.

---

[47] PARZIALE, Aniello. *A Participação das cooperativas em licitações públicas e a função da apresentação do documento denominado "Modelo de Gestão Operacional"*. Revista do Tribunal de Contas da União, Brasil, ano 47, número 134, Setembro/Dezembro, 2015, p. 50.

Jurisprudência e decisões dos Tribunais de Contas

Participação de cooperativas. Possibilidade, exceto nos casos em que objeto social destas entidades sejam compatíveis com o objeto do certame respectivo: TCU – Acórdão nº 22/2003 – Plenário – Relatoria: Ministro Benjamin Zymler – "9.2.2. abstenha-se de incluir, nas licitações que promover, vedação à participação de cooperativas, ressalvados os casos em que o objeto social destas seja incompatível com o objeto do certame respectivo."

Participação de cooperativas. Cooperativas de fachada. Proibição. Necessidade: TCU – Súmula nº 281: É vedada a participação de cooperativas em licitação quando, pela natureza do serviço ou pelo modo como é usualmente executado no mercado em geral, houver necessidade de subordinação jurídica entre o obreiro e o contratado, bem como de pessoalidade e habitualidade.

Participação de cooperativas. Cooperativas de fachada. Proibição. Necessidade: STJ – RMS nº 25.097/GO – Relatoria: Ministro Mauro Campbell Marques – "3. Esta Corte Superior pacificou entendimento segundo o qual é impossível a participação das cooperativas em processo licitatório para contratação de mão-de-obra, quando o labor, por sua natureza, demandar necessidade de estado de subordinação ante os prejuízos que podem advir para o patrimônio público, caso o ente cooperativo se consagre vencedor no certame. Precedentes."

Participação de cooperativas. Necessidade de que o objeto social da Cooperativa seja incompatível com o objeto do certame respectivo: TCU – Acórdão nº 22/2003 – Plenário – Relatoria: Ministro Benjamin Zymler – "9.2.2. abstenha-se de incluir, nas licitações que promover, vedação à participação de cooperativas, ressalvados os casos em que o objeto social destas seja incompatível com o objeto do certame respectivo".

Participação de cooperativas. Benesses conferidas às microempresas e empresas de pequeno porte são extensivas às cooperativas: Lei nº º 11.488/07 – "Art. 34. Aplica-se às sociedades cooperativas que tenham auferido, no ano-calendário anterior, receita bruta até o limite definido no inciso II do 'caput' do art. 3º da Lei Complementar nº 123, de 14 de dezembro de 2006, nela incluídos os atos cooperados e não-cooperados, o disposto nos Capítulos V a X, na Seção IV do Capítulo XI, e no Capítulo XII da referida Lei Complementar".

Participação de cooperativas. Impossibilidade de existência de vínculo de subordinação – TCU – Acórdão nº 1.815/2003 – Plenário – Relatoria: Ministro Benjamin Zymler – "9.3. determinar à Caixa Econômica Federal que: 9.3.1. nos futuros editais de licitação, defina a forma como os serviços serão prestados, nos seguintes moldes: 9.3.1.1. Se, pela natureza da atividade ou pelo modo como é usualmente executada no mercado em geral, houver necessidade de subordinação jurídica entre o obreiro e o contratado, bem assim de pessoalidade e habitualidade, deve ser vedada a participação de sociedades cooperativas, pois, por definição, não existe vínculo de emprego entre essas entidades e seus associados."

DO PROCESSO LICITATÓRIO ART° 17

Artigo 17

O processo de licitação observará as seguintes fases, em sequência:

I – preparatória;

II – de divulgação do edital de licitação;

III – de apresentação de propostas e lances, quando for o caso;

IV – de julgamento;

V – de habilitação;

VI – recursal;

VII – de homologação.

§ 1º A fase referida no inciso V do caput deste artigo poderá, mediante ato motivado com explicitação dos benefícios decorrentes, anteceder as fases referidas nos incisos III e IV do caput deste artigo, desde que expressamente previsto no edital de licitação.

§ 2º As licitações serão realizadas preferencialmente sob a forma eletrônica, admitida a utilização da forma presencial, desde que motivada, devendo a sessão pública ser registrada em ata e gravada em áudio e vídeo.

§ 3º Desde que previsto no edital, na fase a que se refere o inciso IV do caput deste artigo, o órgão ou entidade licitante poderá, em relação ao licitante provisoriamente vencedor, realizar análise e avaliação da conformidade da proposta, mediante homologação de amostras, exame de conformidade e prova de conceito, entre outros testes de interesse da Administração, de modo a comprovar sua aderência às especificações definidas no termo de referência ou no projeto básico.

§ 4º Nos procedimentos realizados por meio eletrônico, a Administração poderá determinar, como condição de validade e eficácia, que os licitantes pratiquem seus atos em formato eletrônico.

§ 5º Na hipótese excepcional de licitação sob a forma presencial a que refere o § 2º deste artigo, a sessão pública de apresentação de propostas deverá ser gravada em áudio e vídeo, e a gravação será juntada aos autos do processo licitatório depois de seu encerramento.

§ 6º A Administração poderá exigir certificação por organização independente acreditada pelo Instituto Nacional de Metrologia, Qualidade e Tecnologia (Inmetro) como condição para aceitação de:

I – estudos, anteprojetos, projetos básicos e projetos executivos;

II – conclusão de fases ou de objetos de contratos;

III – material e corpo técnico apresentados por empresa para fins de habilitação.

O art. 17 dispõe sobre as diversas fases do processo licitatório, estabelecendo, assim, a sua estrutura.

Inicia-se o processo licitatório com a sua fase preparatória, que, há muito, entendemos como de fulcral importância para o sucesso da licitação, pois, se realizada de afogadilho, poderá macular o certame com vício insanável de ilegalidade, ensejando a anulação do procedimento.

Deveras, a fase preparatória é aquela a qual denominamos de fase interna da licitação, eis que realizada no cotidiano intestino da Administração Pública, ainda que seja possível o concurso de terceiros, com vistas a auxiliar o Poder Público.

Não podemos relegar ao esquecimento que, dentre os diversos princípios vetoriais da licitação, encontra-se hodiernamente grafado, em seu art. 5º, o princípio do planejamento e, sob suas luzes, a fase preparatória deverá se desenvolver.

Convém alinhar, desde logo, que a fase preparatória da licitação encontra-se plasmada em diversos dispositivos da Lei de Licitações e Contratos. Por conseguinte, vamos nominar cada elemento em que se constitui a fase preparatória, ainda que, sabemos nós, isso será alvo de divergência entre os juristas. Passemos, pois, a isto: i) a unidade requisitante deverá demonstrar objetivamente as suas necessidades, descrevendo o objeto da licitação; ii) avaliar as possíveis soluções, demonstrando as vantagens e desvantagens de cada uma das hipóteses aventadas, avaliando, inclusive, a legalidade e os critérios de conveniência e oportunidade; iii) escolha da solução entendida como adequada, com a elaboração do projeto básico, projeto executivo, se necessário, ou termo de referência com todas as especificações para que o licitante possa, futuramente, preparar a sua proposta e arbitrar o preço ofertado; iii) elaboração do orçamento, mediante pesquisa de mercado ou outro instrumental (tabela de preços oficiais, dentre outros), se cabível, providenciando-se, em seguida, a reserva orçamentária; iv) verificação da possibilidade de dispensa ou inexigibilidade de licitação; v) elaboração do edital, se for o caso, e da minuta de contrato; vi) exame do edital e do contrato pela assessoria jurídica; vii) autorização para licitar; e viii) publicidade do edital.

Lembramos, em razão de sua relevância, que alguns órgãos públicos acreditam que a fase preparatória resume-se na elaboração do edital, dispensando, como regra, muitos dos elementos que devem ser avaliados para o sucesso da licitação, por entender que tudo não passa de mera formalidade. Incorre em grave ilegalidade aquele que, arbitrariamente, desenvolve a fase preparatória sem o devido cuidado.

Em se tratando da elaboração do instrumento convocatório, é de bom alvitre lembrar que a Lei nº 14.133/2021 consagrou, como regra, uma procedimentalização igual a do pregão, na qual as propostas são examinadas e julgadas antes da habilitação. Entretanto, o § 1º permite que a habilitação, prevista no inc. V,

DO PROCESSO LICITATÓRIO   ARTº 17

poderá, mediante ato motivado com explicitação dos benefícios decorrentes, anteceder a apresentação de propostas e lances, e julgamento da licitação, previstas, respectivamente, nos incs. III e IV. É forçoso concluir que a adoção do rito consagrado pela Lei ou, na hipótese de se adotar a inversão de fases, exige-se expressa previsão editalícia, que deve refletir explicitamente a decisão tomada pela Administração Pública.

Continuando, uma vez verificada a viabilidade da licitação, esta deverá ser autorizada pela autoridade competente, com a consequente publicidade do edital, que marca o início da fase externa da licitação, possibilitando o pleno conhecimento dos interessados em participar do certame, bem como o seu necessário controle pelos órgãos competentes e também pelos licitantes e cidadãos.

Em face da legalidade do edital, na data designada para o início da licitação propriamente dita, ocorrerá o recebimento das propostas e/ou a formulação de lances pelos licitantes proponentes. É caso de rememorar que a nova Lei de Licitações e Contratos prevê distintos modelos procedimentais para o desenvolvimento do julgamento da licitação, podendo ser adotada a forma presencial ou eletrônica, o modo aberto, fechado ou, ainda, combinado – aberto e fechado.

Averbe-se que a apresentação das propostas se constitui em um ato formal dos licitantes, mediante a apresentação dos envelopes contendo a oferta dos partícipes da disputa ou mediante meio eletrônico que propiciará a formulação das aludidas propostas.

É de expressivo relevo destacar que as penas restritivas de licitar e contratar impedem o licitante de participar da licitação e, portanto, o agente de contratação deverá verificar a incidência de sanção antes da abertura das propostas e/ou dos lances. Essa questão assume maior relevância em se tratando de pregão, pois caso a licitante sancionada participe dos lances poderá ocorrer eventual "mergulho" no preço, prejudicando as demais partícipes. Contudo, a verificação de aplicação de sanção poderá ocorrer a qualquer momento se, por qualquer motivo, não foi alvo de apreciação pelo agente de contratação.

Uma vez apresentadas as propostas, o agente de contratação deverá promover uma avaliação de seu conteúdo, bem como de sua vantajosidade, observados os critérios objetivos previstos no edital, bem como demais disposições previstas na Lei de Licitações e Contratos.

Assente-se que a entidade promotora da licitação, personificada pelo agente de contratação ou pela comissão de contratação, deverá, antes de tudo, verificar a regularidade da proposta em face do edital. Ainda que, nos dias de hoje, com o advento do pregão, disseminou-se de maneira generalizada que qualquer vício, repetimos, qualquer vício pode ser sanado ou simplesmente relevado em razão do preço ofertado. Nos posicionamos radicalmente contra aqueles que assim pensam. Uma proposta eivada com vício insanável não pode, a qualquer título que seja, ser considerada vantajosa. Assim, uma proposta que venha sem assinatura do representante legal não pode ser considerada vantajosa, pois, a rigor, ninguém estará honrando o compromisso perante a Administração Pública.

Verificadas as questões da regularidade da proposta, aquelas consideradas boas e hábeis, segundo critérios estabelecidos no edital, deverão ser ordenadas em ordem crescente de vantajosidade e, quando for o caso, promover-se-á a disputa que, ao final, tem o condão de classificar dada proposta como a mais vantajosa. Em alguns casos, ainda remanescem outras questões que deverão ser alvo de julgamento da proposta, como, por exemplo, o exame das amostras, que poderá ser feito tão somente em relação à primeira classificada.

Por certo, em face das disposições do § 3º, a entidade promotora da licitação poderá, em relação ao licitante provisoriamente vencedor, realizar análise e avaliação da conformidade da proposta, mediante homologação de amostras, exame de conformidade e prova de conceito, entre outros testes, de modo a comprovar sua aderência às especificações definidas no termo de referência ou no projeto básico.

De todo modo, uma vez que a proposta tenha sido considerada irregular ou se verificar a ausência de vantajosidade, a sua desclassificação é medida que se impõe, observados, não é demais dizer, os critérios objetivos estabelecidos no edital, passando-se ao exame da proposta ofertada pela segunda melhor classificada, e, assim, por diante até que se chegue a uma oferta regular e vantajosa.

Feito isso, passa-se à habilitação, que deve refletir a idoneidade e capacidade da licitante para contratar com a Administração, cujos documentos necessários encontram-se previstos na Lei, cabendo ao edital fazer expressa previsão quanto à necessidade de atendimento desses requisitos.

Assim como as propostas, a questão documental também deverá ser alvo de julgamento. Às claras, a Lei adotou procedimentalização que admite o exame dos documentos de habilitação tão somente da licitante classificada em primeiro lugar. Caso a documentação não se encontre de acordo com o edital, a licitante deverá ser inabilitada, passando-se ao exame da segunda classificada e, assim, sucessivamente, se for o caso.

Prima facie, uma vez concluída a fase de habilitação, significa dizer que reconheceu-se, nos termos da Lei, que foi apresentada uma proposta comercial aceitável e que o licitante possui a necessária idoneidade e capacidade de contratar com a Administração, correndo, a partir de então, o prazo de 3 (três) dias úteis para a interposição de recurso administrativo, nos termos do art. 165, inc. I, al. "b".

O recurso administrativo, enquanto garantia constitucional prevista no art. 5º, inc. LV, deve ser manejado por todos aqueles que entendam que o ato

DO PROCESSO LICITATÓRIO   ARTº 17

decisório padece de algum vício, pelo que se pretende a revisão do ato administrativo proferido, por parte da autoridade superior.

A Lei nº 14.133/2021 prevê diversas possibilidades que ensejam a interposição de recurso administrativo. No que diz respeito à procedimentalização, cabe recurso administrativo contra o julgamento das propostas, bem como contra a habilitação ou inabilitação dos licitantes, nos termos do art. 165, inc. I, alíneas "b" e "c", não dispondo sobre eventual efeito suspensivo do recurso administrativo.

Uma vez decididos os recursos administrativos, o processo licitatório será encaminhado à autoridade superior para fins de homologação, que se reveste de características de controle sobre o trabalho realizado pelo agente de contratações ou pela comissão de contratações, conforme o caso. Via de consequência, caso seja identificado vícios sanáveis poderá ser determinado à autoridade julgadora que promova a sua correção, ou, em se tratando de vício insanável, a licitação deverá ser anulada.

Outra possibilidade seria a revogação do certame, por motivos de conveniência e oportunidade, devidamente justificado e demonstrado exaustivamente o interesse público na revogação da licitação.

De todo modo, não incidindo as hipóteses de anulação e revogação, a licitação deverá ser homologada e adjudicada em prol do licitante vencedor, que a partir de então será denominado de adjudicatário.

O § 2º determina que a licitação poderá ocorrer, preferencialmente, na forma eletrônica, sendo admitida a forma presencial, desde que devidamente motivada. Todavia, vale lembrar que tanto a forma presencial como a eletrônica devem ocorrer em ato público, eis que licitação sigilosa é nula de pleno direito, devendo ser registrada em ata e gravada em áudio e vídeo. Conjugando as disposições do § 2º com o § 5º, observamos que a licitação, quando presencial, deverá ser gravada em áudio e vídeo, e a gravação será juntada aos autos do processo licitatório, antes do seu encerramento.

Conquanto o § 4º seja explícito que, quando da adoção da forma eletrônica, os atos praticados pelos licitantes também devem se realizar no formato eletrônico, isso se constitui em um sem sentido jurídico, pois inexiste outra alternativa, ressalvada, tão somente, a questão das amostras, quando exigida.

Alerte-se, por pertinente, que a forma eletrônica exige regulamentação que, no âmbito federal, se deu mediante o Dec. nº 10.024/2019 que, a nosso ver, deverá sofrer alterações por conta do novel diploma das licitações e contratos.

Finalmente, o § 6º veio a autorizar a exigência de certificação por organização independente acreditada pelo Inmetro. Com efeito, as certificadoras independentes integram a iniciativa privada e se dedicam ao exame de procedimentos e atividades em face de rígidos protocolos técnico-científicos, com

COMENTÁRIOS À NOVA LEI DE LICITAÇÕES PÚBLICAS E CONTRATOS ADMINISTRATIVOS

vistas a identificar eventuais falhas e aperfeiçoar procedimentos até então utilizados pelas empresas privadas.

Mas, claro, nada obsta que essas instituições encarregadas de promover o exame dos procedimentos adotados pela iniciativa privada sejam pouco confiáveis, motivo pelo qual a legislação exigiu a sua acreditação pelo Inmetro.

Jurisprudência e decisões dos Tribunais de Contas

Princípios da Licitação. Violação ao princípio da competitividade. Exigência da presença do representante legal na sessão pública. Não recebimento das propostas enviadas via postal. Descabimento: TCU – Decisão nº 653/1996 – Plenário – Relatoria Ministro Iram Saraiva – "3.19. evitar, nos editais de licitação, a exigência de apresentação das propostas através de representante legal, impedindo o seu encaminhamento por via postal, por se tratar de prática vedada pelo art. 3º, parágrafo 1º, inciso I, da Lei nº 8.666/93."

Princípios da Licitação. Violação ao princípio da competitividade. Exigência da presença do representante legal na sessão pública. Não recebimento de propostas recebidas via postal. Descabimento: TCE/MG – Representação n.º 719380 – Relatoria: Conselheiro Antônio Carlos Andrada. Sessão do dia 05/12/2006 – "Conforme se depreende do item 3.2: 'Não serão aceitas documentação e propostas remetidas por via postal ou fac-símile'. Contudo, a restrição imposta aos licitantes não encontra amparo no ordenamento jurídico. A Constituição da República, no art. 37, inc. XXI, estabelece como princípios norteadores do processo licitatório a isonomia entre os licitantes e a ampla concorrência, sendo que qualquer ato tendente a restringir a participação dos interessados será tido como nulo. Neste sentido, entendo que vedar a apresentação de propostas por via postal restringe o caráter competitivo do certame, eis que, se não impede a participação de interessados de outras localidades, no mínimo, dificulta, o que não se coaduna com o texto constitucional e os preceitos basilares da licitação."

Sessão pública de recebimento e abertura dos envelopes. Livre acesso aos documentos. Necessidade: TCU – Decisão nº 653/1996 – Plenário – Relatoria: Ministro Iram Saraiva – " 3.20. propiciar a todos os licitantes o livre acesso a toda a documentação referente aos procedimentos licitatórios, nos termos do art. 43, parágrafos 1º e 2º, da Lei nº 8.666/93."

Sessão pública de recebimento e abertura dos envelopes. Possibilidade de os envelopes serem entregues pelo correio: TCU – Decisão nº 653/1996 – Plenário – Relatoria: Ministro Iram Saraiva – "3.19. evitar, nos editais de licitação, a exigência de apresentação das propostas através de representante legal, impedindo o seu encaminhamento por via postal, por se tratar de prática vedada pelo art. 3º, parágrafo 1º, inciso I, da Lei nº 8.666/93."

Sessão pública de recebimento e abertura dos envelopes. Presença dos licitantes é facultativa: TCU – Acórdão nº 84/1999 – Plenário – Trecho do relatório do Ministro Relator Lincoln M. da Rocha – "A redação 'in fine' do § 2º do art. 43 da Lei 8.666/93 deixa bem claro que a presença dos licitantes à sessão de abertura das propostas é facultativa. Daí não se poder pretender exclusão de benefícios para o licitante ausente ou mesmo lhe atribuir a qualidade de desinteressado no curso da licitação."

Sessão pública de recebimento e abertura dos envelopes. Necessidade de que os documentos sejam devidamente rubricados: TCU – Acórdão nº 2.845/2008 – 1ª Câmara – Relatoria: Ministro Guilherme Palmeira – "1. determinar à Secretaria Especial de Informática do Senado Federal-Prodasen que: 4. atente para que os documentos processuais sejam datados, numerados, assinados ou rubricados, com a identificação do responsável, como determina o art. 22, §§ 1º e 4º da lei 9.784/99 (Regula o processo administrativo no âmbito da Administração Pública Federal), e o § 2º do art. 43 da lei 8.666/93."

Sessão pública de recebimento e abertura dos envelopes. Necessidade de que os documentos sejam devidamente rubricados por todos os licitantes: TRF 1ª Região – AG 2005.01.00.012134-1/DF – Relatoria: Des. Fed. Fagundes de Deus "1. A teor do art. 43, § 2º, da Lei 8.666/93, 'todos os documentos e propostas serão rubricados pelos licitantes presentes e pela Comissão'.

2. A literalidade do referido dispositivo legal não autoriza o entendimento da Comissão de Licitação no sentido de ser prática usual no órgão a admissão da rubrica de apenas um participante.

3. Agravo de instrumento do DNIT desprovido. (Processo: AG 2005.01.00. 012134-1/DF; AGRAVO DE INSTRUMENTO – Relatoria: DES. FED. FAGUNDES DE DEUS – Órgão Julgador: 5º T- Publicação: 14/12/2007 DJ p.45).

CAPÍTULO II – DA FASE PREPARATÓRIA

SEÇÃO I – Da Instrução do Processo Licitatório

Artigo 18

A fase preparatória do processo licitatório é caracterizada pelo planejamento e deve compatibilizar-se com o plano de contratações anual de que trata o inciso VII do caput do art. 12 desta Lei, sempre que elaborado, e com as leis orçamentárias, bem como abordar todas as considerações técnicas, mercadológicas e de gestão que podem interferir na contratação, compreendidos:

I – a descrição da necessidade da contratação fundamentada em estudo técnico preliminar que caracterize o interesse público envolvido;

II – a definição do objeto para o atendimento da necessidade, por meio de termo de referência, anteprojeto, projeto básico ou projeto executivo, conforme o caso;

III – a definição das condições de execução e pagamento, das garantias exigidas e ofertadas e das condições de recebimento;

IV – o orçamento estimado, com as composições dos preços utilizados para sua formação;

V – a elaboração do edital de licitação;

VI – a elaboração de minuta de contrato, quando necessária, que constará obrigatoriamente como anexo do edital de licitação;

VII – o regime de fornecimento de bens, de prestação de serviços ou de execução de obras e serviços de engenharia, observados os potenciais de economia de escala;

VIII – a modalidade de licitação, o critério de julgamento, o modo de disputa e a adequação e eficiência da forma de combinação desses parâmetros, para os fins de seleção da proposta apta a gerar o resultado de contratação mais vantajoso para a Administração Pública, considerado todo o ciclo de vida do objeto;

IX – a motivação circunstanciada das condições do edital, tais como justificativa de exigências de qualificação técnica, mediante indicação das parcelas de maior relevância técnica ou valor significativo do objeto, e de qualificação econômico-financeira, justificativa dos critérios de pontuação e julgamento das propostas técnicas, nas licitações com julgamento por melhor técnica ou técnica e preço, e justificativa das regras pertinentes à participação de empresas em consórcio;

X – a análise dos riscos que possam comprometer o sucesso da licitação e a boa execução contratual;

XI – a motivação sobre o momento da divulgação do orçamento da licitação, observado o art. 24 desta Lei.

§ 1º O estudo técnico preliminar a que se refere o inciso I do caput deste artigo deverá evidenciar o problema a ser resolvido e a sua melhor solução, de modo a permitir a avaliação da viabilidade técnica e econômica da contratação, e conterá os seguintes elementos:

I – descrição da necessidade da contratação, considerado o problema a ser resolvido sob a perspectiva do interesse público;

II – demonstração da previsão da contratação no plano de contratações anual, sempre que elaborado, de modo a indicar o seu alinhamento com o planejamento da Administração;

III – requisitos da contratação;

IV – estimativas das quantidades para a contratação, acompanhadas das memórias de cálculo e dos documentos que lhes dão suporte, que

DA FASE PREPARATÓRIA ART° 18

considerem interdependências com outras contratações, de modo a possibilitar economia de escala;

V – levantamento de mercado, que consiste na análise das alternativas possíveis, e justificativa técnica e econômica da escolha do tipo de solução a contratar;

VI – estimativa do valor da contratação, acompanhada dos preços unitários referenciais, das memórias de cálculo e dos documentos que lhe dão suporte, que poderão constar de anexo classificado, se a Administração optar por preservar o seu sigilo até a conclusão da licitação;

VII – descrição da solução como um todo, inclusive das exigências relacionadas à manutenção e à assistência técnica, quando for o caso;

VIII – justificativas para o parcelamento ou não da contratação;

IX – demonstrativo dos resultados pretendidos em termos de economicidade e de melhor aproveitamento dos recursos humanos, materiais e financeiros disponíveis;

X – providências a serem adotadas pela Administração previamente à celebração do contrato, inclusive quanto à capacitação de servidores ou de empregados para fiscalização e gestão contratual;

XI – contratações correlatas e/ou interdependentes;

XII – descrição de possíveis impactos ambientais e respectivas medidas mitigadoras, incluídos requisitos de baixo consumo de energia e de outros recursos, bem como logística reversa para desfazimento e reciclagem de bens e refugos, quando aplicável;

XIII – posicionamento conclusivo sobre a adequação da contratação para o atendimento da necessidade a que se destina.

§ 2º O estudo técnico preliminar deverá conter ao menos os elementos previstos nos incisos I, IV, VI, VIII e XIII do § 1º deste artigo e, quando não contemplar os demais elementos previstos no referido parágrafo, apresentar as devidas justificativas.

§ 3º Em se tratando de estudo técnico preliminar para contratação de obras e serviços comuns de engenharia, se demonstrada a inexistência de prejuízo para a aferição dos padrões de desempenho e qualidade almejados, a especificação do objeto poderá ser realizada apenas em termo de referência ou em projeto básico, dispensada a elaboração de projetos.

O art. 18 dispõe sobre a fase preparatória do processo licitatório que, como dito anteriormente, deve ser concebida no âmbito do princípio do planejamento, tendo em vista o dever de se promover uma gestão eficiente dos recursos públicos, bem como atingir a meta de uma contratação efetivamente satisfatória e executada em absoluta consonância com as disposições contratuais.

COMENTÁRIOS À NOVA LEI DE LICITAÇÕES PÚBLICAS E CONTRATOS ADMINISTRATIVOS

É de se notar que o planejamento não pode ser estático, devendo ser alvo de constantes revisões e incorporar, se necessário, soluções para os problemas que possam incidir em uma contratação, em especial no que diz respeito ao custo-benefício, até porque seria inconcebível imaginar que o planejamento envolvesse custos maiores do que o benefício pretendido.

Demais disso, o princípio da segregação de funções também deve ser observado, pois o planejamento envolve os mais diversos ramos do conhecimento, exigindo que cada agente público contribua com a sua *expertise*, para que a autoridade superior tenha condições de decidir com a segurança necessária.

Quanto ao plano de contratações anual, previsto no art. 12, inc. VII, ainda que aparentemente trate de uma competência discricionária, a nosso ver, a sua natureza é de ato administrativo vinculado, como, aliás, já nos posicionamos quando do exame do tema em questão. Isso não significa que o plano anual de contratações tem um caráter de imutabilidade. Ao contrário, o plano anual de contratações pode ser alterado e, inclusive, ser alvo de inovações, desde que observado o princípio da motivação.

Anteriormente, já nos posicionamos sobre a necessidade de reserva de recursos orçamentários, ainda que a atual legislação, em seu art. 18, estranhamente não disponha sobre isso com a necessária clareza.

Contudo, o art. 150 é determinante ao estabelecer que nenhuma contratação será feita sem a adequada caracterização de seu objeto e sem a indicação dos créditos orçamentários, no exercício em que for realizada a contratação, sob pena de nulidade do ato e de responsabilização de quem lhe tiver dado causa, isso sem falar da Lei Complementar nº 101/2000 – Lei de Responsabilidade Fiscal – que, em seu art. 37, inc. IV, dispõe, de forma suficientemente clara, sobre a necessidade de previsão orçamentária para efeito de realização de despesas.

Averbe-se, por oportuno, que a necessidade de previsão orçamentária tem berço constitucional, pois o art. 167, incs. I e II, de nossa Lei Fundamental, veda o início de programas ou a realização de despesas sem a necessária previsão de recursos orçamentários com vistas a fazer frente às despesas de uma contratação.

Assevere-se, por ser de relevante importância, que, embora a previsão de recursos orçamentários seja determinante para a instauração de processo licitatório, isso não se constitui em elemento suficiente, pois é indispensável a verificação da existência do elemento financeiro, impondo ao ordenador de despesas que examine se a execução do orçamento, com foco nas despesas e receitas, de modo a ser possível estimar que os recursos financeiros serão suficientes para fazer frente à contratação desejada.

Por outro lado, exceção seja feita às licitações que têm por objetivo a celebração de uma ata de registro de preços, que, a nosso ver, muito se aproxima

DA FASE PREPARATÓRIA ART 18

do pré-contrato do direito privado. Em outro giro, celebra-se a ata de registro de preços, mas os contratos decorrentes deste instrumento auxiliar somente serão efetivamente celebrados quando a Administração necessitar do objeto constante da aludida ata de registro de preços, se, e somente se houver recursos disponíveis. Isso quer dizer que, quando da licitação, desnecessária a reserva de recursos que somente terá caráter de indispensabilidade quando da celebração do contrato administrativo.

Do exame dos incisos constantes do art. 18 conclui-se que a legislação traz um rol exemplificativo, que deve ser observado na fase interna da licitação, que, em última análise, se constitui nas diversas etapas do planejamento. Vale dizer que as atividades administrativas constantes dos incisos supracitados não são de aplicabilidade obrigatória em todas as licitações, devendo ser devidamente avaliadas, com a apresentação das justificativas para a adoção dessa ou daquela opção.

O inc. I estabelece que a necessidade da contratação deverá ser alvo de justi-ficativa, tendo por elemento norteador o problema que deverá ser resolvido, sob o manto do interesse público específico, perseguido pelo ajuste público. É dizer que, necessário se faz identificar a solução mais adequada, em se tratando de obras, serviços e aquisição, exigindo, assim, um estudo técnico preliminar, que deve contemplar os condicionantes genéricos da contratação pretendida, ainda que possa e deva ser aprofundado, dependendo da complexidade do objeto.

De seu turno, o inc. II exige que o objeto da contratação, que será atribuído à iniciativa privada, deverá ser convenientemente definido por meio de termo de referência, anteprojeto, projeto básico ou executivo, conforme o caso, cujas características e finalidades foram comentadas quando do exame do art. 6º.

Quanto ao inc. III, as suas disposições versam sobre as condições relati-vas à execução do contrato, pagamento, garantias ofertadas e das condições de recebimento. Em síntese, nessa fase preparatória da licitação deverá ser determinado o *modus operandi* para a devida consecução do objeto do con-trato, com o estabelecimento da contraprestação pecuniária que será paga pela Administração Pública, bem como deverá ser previsto as garantias eventual-mente exigidas, na forma da Lei e, finalmente, as condições de recebimento provisório para efeito de observação e definitivo, conforme o caso.

O inc. IV prevê que o orçamento estimado para a contratação, com a devida composição dos preços utilizados para sua formação, deve ser aferido, pois tal exigência será *sine qua non* para a verificação da existência de recursos. Vale mencionar que a questão do orçamento estimado, por força do § 1º, inc. XI, exige que a Administração indique, motivadamente, o momento em que o seu valor deva ser revelado, tendo em vista a possibilidade do sigilo, e observadas as disposições do art. 24.

Nessa linha de pensamento, as exigências precedentes são vitais para que se possa elaborar adequadamente o edital, que se constitui em um dos mais importantes instrumentos da licitação, que, além das questões relativas ao objeto do certame, deve estabelecer as regras da licitação propriamente dita. Vem a talho dizer que o edital, sem sombra de dúvidas, deve dispor sobre as matérias estabelecidas nos incs. III, VII e VIII.

É oportuno lembrar que o inc. VII determina a necessidade de expressa disposição editalícia, naquilo que diz respeito ao regime de fornecimento de bens, de prestação de serviços ou de execução de obras e serviços de engenharia, a que nos reportamos quando do exame do art. 6º. A parte do final do inc. VII é significativamente pertinente, ao exigir o aproveitamento dos potenciais de economia de escala, no sentido de possibilitar que os licitantes partícipes sejam capazes de aumentar a quantidade total de insumos fabricados, mediante a redução do custo médio de produção.

É pertinente dizer que o inc. IX determina que as exigências constantes do edital deverão ser expressamente motivadas nos autos do processo licitatório. Destarte, deverão ser expostas as razões da necessidade de qualificação técnica, com indicação das parcelas de maior relevância ou valor significativo do objeto e de qualificação econômico-financeira, justificando, por sua vez, os critérios de pontuação e julgamento das propostas técnicas, nas licitações de melhor técnica ou técnica e preço, além de ofertar justificativa das regras pertinentes à participação de empresas em consórcio.

Fincado nas disposições do edital, o inc. VIII determina a obrigatoriedade de se estabelecer a modalidade de licitação, o critério de julgamento, o modo de disputa e a adequação e eficiência da forma de combinação desses parâmetros, para os fins de seleção da proposta apta a gerar o resultado de contratação mais vantajoso para a Administração Pública, considerado todo o ciclo de vida do objeto. Esses parâmetros foram devidamente examinados nos dispositivos legais precedentes, aos quais remetemos o leitor.

Volvemos a enfatizar que não basta a expressa previsão editalícia dos condicionantes sobreditos. É preciso, pois, justificar cada uma das exigências editalícias, em razão do princípio da transparência e observados os vetores principiológicos da razoabilidade e da proporcionalidade.

Conquanto o inc. VI exija a elaboração da minuta do contrato, que deverá integrar o edital, nem sempre isso será necessário, tendo em vista que essa questão formal poderá ser atendida mediante carta-contrato, nota de empenho de despesa, autorização de compra ou ordem de execução de serviço, nos termos do art. 95, e, ainda, haverá hipótese que qualquer um desses instrumentos formalizadores do ajuste poderão ser completamente dispensados, conforme previsão do § 2º do citado art. 95.

Afigura-se evidente a exigência contida no inc. X, que obriga a Administração a avaliar os riscos da licitação e da execução do futuro contrato. Afinal das contas, toda contratação, inclusive a sua fase preambular, que, no caso, é a licitação, sempre vai importar em determinados riscos que devem ser previamente determinados.

Por isso mesmo, os riscos de uma contratação devem ser devidamente alocados, mediante cláusula específica, consistente na transferência da responsabilidade pela execução do objeto do ajuste público para o contratado. É dizer que se configura um dever juridicamente disposto, em que o executor do contrato deverá arcar com os efeitos negativos de um evento futuro. Enfatizamos que isso não significa, sob qualquer ótica, que o contratado terá descontado do preço ofertado para a execução do objeto do contrato, em razão da incidência de evento futuro. Na verdade, por ocasião do processo licitatório, os licitantes deverão estabelecer um *quantum* para aquilo que se entendeu como risco da contratação, e esse valor deverá ser percebido durante todo o prazo de vigência do contrato, em razão da assunção do risco, independentemente do fato se consumar.

O § 1º veio a dispor sobre o estudo técnico preliminar. Nessa condição, o § 1º traz um dever para a Administração, no sentido de evidenciar o problema a ser resolvido e a sua melhor solução, de modo a permitir a avaliação da viabilidade técnica e econômica da contratação. Por óbvio, este estudo técnico preliminar, ainda que possa ser aprofundado em determinados casos, tem um caráter genérico, traçando as principais questões do problema e suas possíveis soluções, que, no entanto, não possuem caráter de definitividade, pois ulteriormente aquelas soluções que foram inicialmente indicadas poderão sofrer alterações ou até mesmo chegar à conclusão sobre a inviabilidade técnica e/ou econômico-financeira de se executar dado objeto.

É de se dizer que, em decorrência do estudo preliminar que restará demonstrado a necessidade da contratação e seu respectivo interesse público, atendendo, por esta ótica, o inc. I do § 1º, isso sem falar da compatibilização com o plano anual de contratação e o alinhamento com o planejamento da Administração Pública.

Exige-se, também, que as estimativas das quantidades para a contratação venham acompanhadas das memórias de cálculo e dos documentos que lhes dão o devido suporte, considerando, de sua vez, as interdependências com outras contratações, de modo a possibilitar economia de escala, que também, talvez por preciosismo do legislador, encontram-se referidas no inc. XI.

Para melhor aclarar a questão, importa dizer que a Administração, em razão de suas múltiplas contratações, pode reduzir os seus custos, desde que possibilitada a economia de escala.

A prospecção mercadológica, por importante que é, encontra-se determinada no § 1º, inc. V, obrigando a Administração a promover uma análise das alternativas possíveis, as possíveis soluções para o caso em concreto. Não temos dúvidas que a identificação das possíveis soluções e o seu processo de escolha envolve discricionariedade da Administração, implicando, assim, na necessária motivação.

O § 1º, inc. VI, mais uma vez, carrega consigo a questão da estimativa do valor da contratação, que, em nosso sentir, é questão que deve ser solvida na fase preparatória da licitação. Nesse sentido, o § 1º, inc. VI, vem a determinar que essa estimativa venha acompanhada dos preços unitários referenciais, das memórias de cálculo e dos documentos que lhe dão suporte, observado o sigilo, se esta for a vontade administrativa, desde que devidamente justificado.

Do exame do § 1º, inc. VII, infere-se que as suas disposições estão intimamente ligadas com o ciclo de vida do objeto do contrato, pelo que a Administração escolhendo aquela solução que melhor se afigura, deve ter em vista todas as consequências da contratação, inclusive no respeitante às questões de manutenção e assistência técnica, que são atividades prestacionais que devem ser previstas e executadas, quando for o caso.

O § 1º, inc. VIII, deve ser interpretado com cautela, eis que as suas disposições referem-se ao parcelamento do objeto da contratação, quando, na verdade, a questão deve ser decidida por ocasião da fase preparatória da licitação, quando da elaboração do estudo preliminar De todo modo, a competência contida no § 1º, inc. VIII, deve ser entendida como exceção, pois a regra é o não parcelamento do objeto, que somente poderá ocorrer se demonstrada a sua viabilidade técnica e econômico-financeira.

O § 1º, inc. IX, requer que sejam demonstrados os resultados pretendidos, levando-se em consideração a economicidade e o melhor aproveitamento dos recursos humanos, materiais e financeiros disponíveis. Referido dispositivo claramente está a determinar que se demonstre a vantajosidade do modelo adotado.

O § 1º, inc. X, dispõe genericamente sobre a necessidade de se adotar providências administrativas antes da celebração do contrato, como, por exemplo, a liberação de áreas para o início de uma obra pública, ou até mesmo a verificação da existência de fornecimento de materiais que, posteriormente, serão entregues ao contratado, caso isso se consolide como obrigação da Administração.

De relevo são as disposições relativas à capacitação de servidores ou de empregados para fiscalização e gestão contratual, que, a sabendas, é de suma importância para o sucesso da contratação. Com efeito, a profissionalização do agente público, muitas vezes relegada ao desprezo, é medida que se impõe para o atingimento do interesse público contido na contratação.

A questão da indicação de contratações correlatas e/ou interdependentes vem contida no inc. I. Entenda-se por contratações correlatas aquelas que sejam análogas à contratação que pretenda celebrar e, por interdependentes, aquelas que apresentam uma relação de complementaridade. Embora o dispositivo em questão nos pareça de difícil aplicação, a sua finalidade tem cabimento, no sentido de se alcançar o resultado mais satisfatório possível da licitação que deve ser realizada.

O § 1º, inc. XII, sustenta-se no princípio da sustentabilidade, aplicável a toda e qualquer licitação, observados os diferenciais e características próprias de cada uma. É imperioso que se avalie os impactos ambientais e suas respectivas medidas mitigadoras que, a depender do objeto da licitação, podem ensejar o estudo de impacto ambiental – EIA-RIMA –. Além disso, o comando legal em apreço, ao dispor sobre a logística reversa para desfazimento de reciclagem de bens e refugos, exige a observância da Lei nº 12.305/2010, que instituiu a Política Nacional de Resíduos Sólidos.

Para efeito de atendimento do § 1º, inc. XIII, que exige um posicionamento conclusivo sobre a adequação da contratação e atendimento da necessidade a que se destina. Para tanto, mister se faz examinar todas as características e especificações do objeto da licitação, e posteriormente elaborar um minucioso e circunstanciado relatório, que deverá integrar o estudo técnico preliminar, que pode concluir pelo prosseguimento da licitação ou não.

É acertado dizer que as exigências contidas no § 1º do art. 18 nem sempre serão cabíveis, pois a sua aplicabilidade depende de uma série de fatores atinentes a cada uma das licitações que devem ser implementadas pela Administração. Veja-se que a nossa afirmação encontra o seu descortino quando do exame do § 2º, que estabelece que o estudo técnico preliminar deverá conter, ao menos, os elementos previstos nos incs. I, IV, VI, VIII e XIII do § 1º. Contudo, exige-se também que os demais elementos traçados no § 1º, quando não aplicáveis, deverão ser alvo das devidas justificativas.

Por fim, a matéria contemplada no § 3º trata do estudo técnico preliminar para contratação de obras e serviços comuns de engenharia e admite a elaboração tão somente mediante termo de referência ou em projeto básico, desde que demonstrada a inexistência de prejuízo para a aferição dos padrões de desempenho e qualidade almejados.

Artigo 19

Os órgãos da Administração com competências regulamentares relativas às atividades de administração de materiais, de obras e serviços e de licitações e contratos deverão:

I – instituir instrumentos que permitam, preferencialmente, a centralização dos procedimentos de aquisição e contratação de bens e serviços;

II – criar catálogo eletrônico de padronização de compras, serviços e obras, admitida a adoção do catálogo do Poder Executivo federal por todos os entes federativos;

III – instituir sistema informatizado de acompanhamento de obras, inclusive com recursos de imagem e vídeo;

IV – instituir, com auxílio dos órgãos de assessoramento jurídico e de controle interno, modelos de minutas de editais, de termos de referência, de contratos padronizados e de outros documentos, admitida a adoção das minutas do Poder Executivo federal por todos os entes federativos;

V – promover a adoção gradativa de tecnologias e processos integrados que permitam a criação, a utilização e a atualização de modelos digitais de obras e serviços de engenharia.

§ 1º O catálogo referido no inciso II do caput deste artigo poderá ser utilizado em licitações cujo critério de julgamento seja o de menor preço ou o de maior desconto e conterá toda a documentação e os procedimentos próprios da fase interna de licitações, assim como as especificações dos respectivos objetos, conforme disposto em regulamento.

§ 2º A não utilização do catálogo eletrônico de padronização de que trata o inciso II do caput ou dos modelos de minutas de que trata o inciso IV do caput deste artigo deverá ser justificada por escrito e anexada ao respectivo processo licitatório.

§ 3º Nas licitações de obras e serviços de engenharia e arquitetura, sempre que adequada ao objeto da licitação, será preferencialmente adotada a Modelagem da Informação da Construção (Building Information Modelling – BIM) ou tecnologias e processos integrados similares ou mais avançados que venham a substituí-la.

O art. 19, voltado para as atividades de administração de materiais, obras e serviços e de licitações e contratos, exige a sua regulamentação, de modo que sejam estabelecidas as regras para a sua efetiva utilização. É de se observar que o *caput* do art. 19 estabelece uma norma de natureza vinculada e, portanto, um dever, para os órgãos competentes em disciplinar a atividade administrativa em questão, bem como a sua gestão.

O inc. I tende a exigir dos órgãos públicos que os procedimentos de aquisição e contratação de bens e serviços aconteçam de forma centralizada. Ainda que o inc. I seja silente, temos para nós que as suas disposições referem-se precipuamente ao sistema de registro de preços, tratado como instrumento auxiliar pela Lei nº 14.133/2021.

DA FASE PREPARATÓRIA · ART? 19

A centralização prevista no inc. I, há muito, é utilizada pela Administração Pública do Município de São Paulo/SP, permitindo, assim, que as contratações sejam operacionalizadas de uma só vez para todos os órgãos que a integram, com grandes quantitativos, permitindo um significativo ganho de escala.

Entrementes, não podemos deixar de registrar o outro lado da moeda, pois contratações centralizadas normalmente levam a Administração a adquirir produtos de forma padronizada e que nem sempre atendem às reais necessidades de determinado órgão público.

No inc. II encontramos a competência para a criação do catálogo eletrônico de padronização de compras, serviços e obras. Mesmo considerando que a padronização possa ter efeitos colaterais indesejados, a tônica da atual legislação tem por meta atingir esse desiderato.

Em última análise, o catálogo de informações se constitui em um banco de dados, onde vamos encontrar informações sobre as especificações de bens, serviços e obras objeto das licitações instauradas pela Administração Pública que servirão de base para futuras contratações. Atente-se para o § 1º do artigo em exame, que vem a complementar as exigências relativas ao catálogo eletrônico, determinando que toda documentação e procedimentos próprios da fase interna das licitações deverão estar contemplados no aludido instrumento auxiliar, isso sem falar da sua utilização em licitações cujo critério de julgamento seja o menor preço ou o maior desconto, em razão da padronização propiciada pelo catálogo eletrônico.

Com o catálogo eletrônico é induvidoso que a sua implementação seja capaz de acelerar a fase interna da licitação, com significativo ganho de tempo, pois será possível simplesmente reproduzir as especificações constantes do banco de dados e demais informações para a instauração de uma nova licitação.

Porém, é de expressiva necessidade que a implementação do catálogo eletrônico, que, diga-se de passagem, deve ser regulamentado, se desenvolva com a mais absoluta seriedade, preservando a competitividade e, ainda, que seja fruto de uma adequada e legítima fase interna das licitações precedentes, sob pena de se transformar em instrumento de cartelização e ilegalidade.

Afora isso, o catálogo eletrônico não pode ser um instrumento estático, exigindo constantes revisões, de forma a promover a sua atualização, bem como sanar eventuais incorreções.

O inc. III se revela em um adequado instrumental para a fiscalização da execução dos contratos, contemplando a instituição de um sistema informatizado de acompanhamento de obras, inclusive com recursos de imagem e vídeo.

O espírito da lei, se é que possamos assim dizer, é pela utilização dos mais modernos recursos eletrônicos, capazes de acompanhar, em especial, as obras e serviços de engenharia, inclusive mediante visualização *on-line*. Isto tanto é

COMENTÁRIOS À NOVA LEI DE LICITAÇÕES PÚBLICAS E CONTRATOS ADMINISTRATIVOS

verdade que o § 3º admite que nas licitações de obras e serviços de engenharia e arquitetura, sempre que possível, seja adotada a Modelagem da Informação da Construção (*Building Information Modelling – BIM*). Oportuno dizer que o comando legal em comento não se limita a permitir a utilização do *Building Information Modelling – BIM*, pois permite à Administração lançar mão de outras tecnologias e processos integrados similares ou outros mais avançados que venham a substituí-la.

A ideia, portanto, é aposentar o velho e tradicional uso do papel, ainda que isso signifique para muitos entes da Administração Pública uma mudança de cultura, treinamento e capacitação dos agentes públicos e disponibilidade de recursos.

Por óbvio, a consecução de todas essas inovações não acontecerá do dia para a noite, como, aliás, prevê o inc. IV, que dispõe sobre a adoção gradativa de tecnologias e processos integrados que permitam a criação, a utilização e a atualização de modelos digitais de obras e serviços de engenharia.

Carece ainda dizer que a adoção gradativa de novas tecnologias não admite o tão famoso "empurrar com a barriga" utilizado por muitos órgãos da Administração Pública, sob pena de responsabilidade, eis que as disposições do art. 19 se constituem em um dever para o gestor público.

O inc. IV, de seu turno, consagra mais uma vez a necessidade do indispensável auxílio da consultoria jurídica, que tem por missão, juntamente com o órgão de controle interno, elaborar modelos de minutas de editais, de termos de referência, de contratos padronizados e de outros documentos, admitida a adoção das minutas do Poder Executivo federal por todos os entes federativos.

Por último, o inc. V veio a estabelecer o dever de a Administração promover a adoção de tecnologias e processos integrados, de sorte a permitir a criação, utilização e atualização dos modelos digitais de obras e serviços de engenharia. Muito bem andou o legislador ao estabelecer que tudo isso deverá acontecer de forma gradativa, na medida em que cada ente federado, além de ter as suas próprias peculiaridades, depende de recursos orçamentários e financeiros para o atingimento da finalidade preconizada pelo inc. V.

Enfatize-se que essa "adoção gradativa de tecnologias" não pode significar ausência de prazo para a consecução dessa atividade, eternizando o dever constante do inc. V. Neste sentido, a matéria deverá ser devidamente regulamentada, estabelecendo-se um prazo específico, e observados os princípios da razoabilidade e da proporcionalidade.

Artigo 20

Os itens de consumo adquiridos para suprir as demandas das estruturas da Administração Pública deverão ser de qualidade comum, não superior

DA FASE PREPARATÓRIA ART⁰ 20

à necessária para cumprir as finalidades às quais se destinam, vedada a aquisição de artigos de luxo.

§ 1º Os Poderes Executivo, Legislativo e Judiciário definirão em regulamento os limites para o enquadramento dos bens de consumo nas categorias comum e luxo.

§ 2º A partir de 180 (cento e oitenta) dias contados da promulgação desta Lei, novas compras de bens de consumo só poderão ser efetivadas com a edição, pela autoridade competente, do regulamento a que se refere o § 1º deste artigo.

§ 3º (VETADO)

Por diversas vezes, quando da apreciação dos comandos legais contemplados na Lei nº 14.133/2021, assinalamos a necessidade de cautela quando do exercício da interpretação. Mais uma vez advertimos o leitor com relação à necessidade de cautela e prudência, tendo em vista que uma errônea interpretação pode levar a Administração a se sujeitar a aquisição de materiais de consumo sem um mínimo de qualidade.

Bens comuns não podem significar a aquisição de qualquer material, pelo menor preço, sem se permitir a um critério de qualidade, que deve estar expressado no termo de referência. Para melhor entendimento, suponhamos que a Administração pretenda adquirir sacos de lixo. Certamente, não será qualquer saco de lixo que atenda às necessidades da Administração, pois não seria certo e legal adquirir um produto que, ao menor peso, propiciasse que todos os resíduos ali colocados fossem ao chão, isso sem falar da sustentabilidade, que determina a aquisição de produtos biodegradáveis.

Sob hipótese alguma, a aquisição trazida como exemplo poderia significar que estar-se-ia adquirindo um produto de luxo. Destarte, é preciso dimensionar as reais necessidades da Administração, mediante um adequado planejamento, caso contrário, a qualidade do produto estaria sendo deixada de lado, por medo de se incorrer na vedação legal quanto aos ditos produtos de luxo.

Em razão da dificuldade de se dimensionar aquilo que deve ser entendido por produto de luxo, o legislador remeteu essa árdua tarefa a aqueles que tem por competência disciplinar a questão mediante a edição de regulamento, nos termos do § 1º, estabelecendo um lapso temporal de 180 dias, contados da promulgação da Lei nº 14.133/2021, vedando-se novas aquisições se superado o prazo sobredito sem que a regulamentação tenha sido editada.

Esse dispositivo causa certa perplexidade. O dever de regulamentação, embora não possa ser relegado a segundo plano, também não pode ser suficiente para vedar novas aquisições. Admitir essa possibilidade poderia impossibilitar a atividade administrativa, comprometendo, inclusive, o bom funcionamento do órgão público.

É de se considerar que a regulamentação vai exigir dos órgãos públicos uma adequada reflexão sobre a matéria e um grande conhecimento do mercado. Logo, entendemos adequado que a interpretação do § 2º seja feita ao lume da lógica do razoável, tendo por sustentáculo o trabalho desenvolvido por aqueles que devem regulamentar a matéria, como justificativa para eventual normatização realizada a destempo.

ARTIGO 21

A Administração poderá convocar, com antecedência mínima de 8 (oito) dias úteis, audiência pública, presencial ou a distância, na forma eletrônica, sobre licitação que pretenda realizar, com disponibilização prévia de informações pertinentes, inclusive de estudo técnico preliminar e elementos do edital de licitação, e com possibilidade de manifestação de todos os interessados.

Parágrafo único. A Administração também poderá submeter a licitação a prévia consulta pública, mediante a disponibilização de seus elementos a todos os interessados, que poderão formular sugestões no prazo fixado.

O art. 21 propicia a participação social da vontade administrativa, permitindo uma ampla publicidade, mediante audiência pública e consulta pública, de sorte a propiciar a implementação do controle social. É de se dizer, desde logo, que a audiência pública se caracteriza pela necessidade de uma sessão pública, que poderá ocorrer de forma presencial ou eletrônica, enquanto a consulta pública exige apenas o envio das informações, com expressa previsão de um prazo para manifestação dos interessados.

Contudo, não restou estabelecido quando seria o caso de se adotar os procedimentos previstos no art. 21, pelo que entendemos que a realização de audiência pública e consulta pública encontram-se no âmbito da competência discricionária da Administração.

Reputamos, no entanto, que a competência discricionária existente no art. 21 não pode ser vista como ampla liberdade, de modo a deixar a consecução dos procedimentos de controle social ao livre talante da Administração Pública. A complexidade de dada licitação ou mesmo a implementação de certames que tenham potenciais reflexos no meio ambiente certamente indica a necessidade de consulta pública e audiência pública.

Ainda que os procedimentos tratados no art. 21 sejam de relevante importância, a experiência prática nos mostra que, quando adotadas, não passam do cumprimento de mera formalidade, sem atingir o seu desiderato, seja porque a Administração não tem informações mínimas sobre a licitação, seja porque

DA FASE PREPARATÓRIA ART° 22

as sugestões da sociedade sejam simplesmente ignoradas, ou ainda em razão de uma questão de ordem cultural, que provoca o esvaziamento da consulta ou audiência, haja vista que as pessoas não estão acostumadas a exercer a cidadania em sua plenitude. O art. 21, na tentativa de minorar todos esses entraves, prevê, explicitamente, a necessidade de uma disponibilização prévia de informações pertinentes, inclusive de estudo técnico preliminar e elementos do edital de licitação, e com possibilidade de manifestação de todos os interessados, com antecedência mínima de 8 (oito) dias úteis.

É de se criticar o legislador que, infelizmente, não estabeleceu maiores condicionantes para a audiência e consulta pública, dificultando o controle da legalidade. Contudo, é possível afirmar que o desatendimento da obrigatoriedade de disponibilização das informações relativas à licitação pretendida, bem como o prazo mínimo de 8 dias úteis, configura vício insanável, ensejando a anulação do procedimento. Afora isso, qualquer alegação de ilegalidade deverá ser enfrentada perante o caso em concreto, sujeito à velha justificativa, muitas vezes utilizada pelo nosso judiciário, ao dizer da impossibilidade de se invadir o mérito administrativo.

É de rigor a lavratura de uma ata das sessões públicas realizadas, que deve ser fidedigna quanto às ocorrências e sugestões levantadas pelos partícipes, que, posteriormente, devem ser examinadas e lançadas em relatório onde constem as decisões da Administração, devidamente motivadas.

Artigo 22

O edital poderá contemplar matriz de alocação de riscos entre o contratante e o contratado, hipótese em que o cálculo do valor estimado da contratação poderá considerar taxa de risco compatível com o objeto da licitação e com os riscos atribuídos ao contratado, de acordo com metodologia predefinida pelo ente federativo.

§ 1º A matriz de que trata o caput deste artigo deverá promover a alocação eficiente dos riscos de cada contrato e estabelecer a responsabilidade que caiba a cada parte contratante, bem como os mecanismos que afastem a ocorrência do sinistro e mitiguem os seus efeitos, caso este ocorra durante a execução contratual.

§ 2º O contrato deverá refletir a alocação realizada pela matriz de riscos, especialmente quanto:

I – às hipóteses de alteração para o restabelecimento da equação econômico-financeira do contrato nos casos em que o sinistro seja considerado na matriz de riscos como causa de desequilíbrio não suportada pela parte que pretenda o restabelecimento;

II – à possibilidade de resolução quando o sinistro majorar excessivamente ou impedir a continuidade da execução contratual;

III – à contratação de seguros obrigatórios previamente definidos no contrato, integrado o custo de contratação ao preço ofertado.

§ 3º Quando a contratação se referir a obras e serviços de grande vulto ou forem adotados os regimes de contratação integrada e semi-integrada, o edital obrigatoriamente contemplará matriz de alocação de riscos entre o contratante e o contratado.

§ 4º Nas contratações integradas ou semi-integradas, os riscos decorrentes de fatos supervenientes à contratação associados à escolha da solução de projeto básico pelo contratado deverão ser alocados como de sua responsabilidade na matriz de riscos.

As regras contidas na nova Lei de Licitações acerca da alocação de riscos, por meio da cláusula de matriz de riscos, encontram-se vertidas em diversos dispositivos do novo diploma legal, a exemplo dos arts. 6º, inc. XXVII, 22 e 103.

Por conseguinte, vamos nos limitar a gizar alguns aspectos da alocação de riscos, examinando o tema, com maior profundidade, quando do exame do art. 103.

Nesse diapasão, se afigura importante dizer que os riscos da contratação devem ser avaliados quando da fase preparatória da licitação, e, posteriormente, serão dispostos no contrato mediante cláusula específica.

Afaste-se, por impertinente e ilegal, expediente muito utilizado por alguns órgãos públicos, que cumprem formalmente determinada obrigação prevista em lei, sem, contudo, expressar adequadamente a sua substância. Por consequência, a cláusula de alocação de riscos deve ser fruto de minucioso estudo, quando da fase preparatória, sendo inadmissíveis decisões simplistas no sentido de atribuir os riscos a apenas um dos atores da contratação.

Vale dizer que, em se tratando de obras e serviços de grande vulto ou forem adotados os regimes de contratação integrada e semi-integrada, o edital obrigatoriamente contemplará matriz de alocação de riscos entre o contratante e o contratado, a teor do § 3º. Entenda-se por contratação de grande vulto como aquela disposta no art. 6º, que envolve o montante superior a R$ 200.000.000,00 (duzentos milhões de reais).

Finalmente, o § 4º dispõe que, nas contratações integradas ou semi-integradas, os riscos decorrentes de fatos supervenientes à contratação associados à escolha da solução de projeto básico pelo contratado deverão ser alocados como de sua responsabilidade na matriz de riscos.

Note-se que o comando legal em exame é contraditório naquilo que diz respeito à alocação dos riscos para a iniciativa privada. Ora, em se tratando

DA FASE PREPARATÓRIA ART° 23

de contratação integrada, em que a elaboração do projeto básico é atribuída ao contratado, é certo que os riscos a ele devem ser atribuídos, *contrario sensu*, no caso de contratação semi-integrada, a responsabilidade pela elaboração do projeto básico é da Administração e, portanto, inexiste justificativa para que os riscos desse evento sejam atribuídos ao contratado.

De todo modo, como dissemos, a questão será melhor aprofundada por ocasião do exame do art. 103.

ARTIGO 23

O valor previamente estimado da contratação deverá ser compatível com os valores praticados pelo mercado, considerados os preços constantes de bancos de dados públicos e as quantidades a serem contratadas, observadas a potencial economia de escala e as peculiaridades do local de execução do objeto.

§ 1º No processo licitatório para aquisição de bens e contratação de serviços em geral, conforme regulamento, o valor estimado será definido com base no melhor preço aferido por meio da utilização dos seguintes parâmetros, adotados de forma combinada ou não:

I – composição de custos unitários menores ou iguais à mediana do item correspondente no painel para consulta de preços ou no banco de preços em saúde disponíveis no Portal Nacional de Contratações Públicas (PNCP);

II – contratações similares feitas pela Administração Pública, em execução ou concluídas no período de 1 (um) ano anterior à data da pesquisa de preços, inclusive mediante sistema de registro de preços, observado o índice de atualização de preços correspondente;

III – utilização de dados de pesquisa publicada em mídia especializada, de tabela de referência formalmente aprovada pelo Poder Executivo federal e de sítios eletrônicos especializados ou de domínio amplo, desde que contenham a data e hora de acesso;

IV – pesquisa direta com no mínimo 3 (três) fornecedores, mediante solicitação formal de cotação, desde que seja apresentada justificativa da escolha desses fornecedores e que não tenham sido obtidos os orçamentos com mais de 6 (seis) meses de antecedência da data de divulgação do edital;

V – pesquisa na base nacional de notas fiscais eletrônicas, na forma de regulamento.

§ 2º No processo licitatório para contratação de obras e serviços de engenharia, conforme regulamento, o valor estimado, acrescido do

percentual de Benefícios e Despesas Indiretas (BDI) de referência e dos Encargos Sociais (ES) cabíveis, será definido por meio da utilização de parâmetros na seguinte ordem:

I – composição de custos unitários menores ou iguais à mediana do item correspondente do Sistema de Custos Referenciais de Obras (Sicro), para serviços e obras de infraestrutura de transportes, ou do Sistema Nacional de Pesquisa de Custos e Índices de Construção Civil (Sinapi), para as demais obras e serviços de engenharia;

II – utilização de dados de pesquisa publicada em mídia especializada, de tabela de referência formalmente aprovada pelo Poder Executivo federal e de sítios eletrônicos especializados ou de domínio amplo, desde que contenham a data e a hora de acesso;

III – contratações similares feitas pela Administração Pública, em execução ou concluídas no período de 1 (um) ano anterior à data da pesquisa de preços, observado o índice de atualização de preços correspondente;

IV – pesquisa na base nacional de notas fiscais eletrônicas, na forma de regulamento.

§ 3º Nas contratações realizadas por Municípios, Estados e Distrito Federal, desde que não envolvam recursos da União, o valor previamente estimado da contratação, a que se refere o caput deste artigo, poderá ser definido por meio da utilização de outros sistemas de custos adotados pelo respectivo ente federativo.

§ 4º Nas contratações diretas por inexigibilidade ou por dispensa, quando não for possível estimar o valor do objeto na forma estabelecida nos §§ 1º, 2º e 3º deste artigo, o contratado deverá comprovar previamente que os preços estão em conformidade com os praticados em contratações semelhantes de objetos de mesma natureza, por meio da apresentação de notas fiscais emitidas para outros contratantes no período de até 1 (um) ano anterior à data da contratação pela Administração, ou por outro meio idôneo.

§ 5º No processo licitatório para contratação de obras e serviços de engenharia sob os regimes de contratação integrada ou semi-integrada, o valor estimado da contratação será calculado nos termos do § 2º deste artigo, acrescido ou não de parcela referente à remuneração do risco, e, sempre que necessário e o anteprojeto o permitir, a estimativa de preço será baseada em orçamento sintético, balizado em sistema de custo definido no inciso I do § 2º deste artigo, devendo a utilização de metodologia expedita ou paramétrica e de avaliação aproximada baseada em outras contratações similares ser reservada às frações do empreendimento não suficientemente detalhadas no anteprojeto.

DA FASE PREPARATÓRIA ART° 23

§ 6º Na hipótese do § 5º deste artigo, será exigido dos licitantes ou contratados, no orçamento que compuser suas respectivas propostas, no mínimo, o mesmo nível de detalhamento do orçamento sintético referido no mencionado parágrafo.

Corrigindo uma lacuna constante da Lei nº 8.666/1993, cujo teor não fixava a forma como seria realizada a pesquisa mercadológica do objeto pretenso pela Administração, fato que acarretava o disciplinamento por meio de cada ente federativo, observa-se que o art. 23 da NLLC, de forma a uniformizar a forma de orçamentação no País, fixou alguns parâmetros de como a Administração brasileira deve elaborar o valor estimado da contratação.

Esclareça-se que o valor previamente estimado da contratação deve efetivamente refletir os valores praticados pelo mercado, sendo fundamental para garantir a regularidade da licitação, fato que reverencia, assim, o princípio da economicidade expressamente contido no *caput* do art. 5º da NLLC.

Sendo assim, o artigo em comento determina que o valor estimado da contratação será elaborado previamente, vale dizer, deverá ser obtido na fase preparatória da licitação, consoante estabelece o art. 18, inc. IV, da NLLC, devendo o mesmo constar do estudo técnico preliminar, *ex vi* do art. 18, § 1º, inc. VI.

Demais disso, determina o *caput* do art. 23, da nova Lei de Licitações, que deverá o orçamento ser compatível com os valores praticados pelo mercado, considerados os preços constantes de bancos de dados públicos e as quantidades a serem contratadas, observadas a potencial economia de escala e as peculiaridades do local de execução do objeto.

Analisando o conteúdo jurídico do referido excerto, tem-se que o valor estimado da contratação deverá ser composto pelos valores praticados pelo mercado, devendo fazer parte da orçamentação apenas os valores obtidos na região em que a Administração licitante encontra-se localizada, sendo essa uma das formas de contemplar as peculiaridades do local de execução do objeto, os quais são refletidos nos preços. É notório no Brasil a discrepância de valores de um mesmo bem em determinadas regiões, cuja razão estriba-se pelo acréscimo de valor referente ao frete para entrega, impostos que recaem sobre o bem, dentre outras intercorrências. Só para ilustrar, os preços de combustíveis em alguns Estados, principalmente da região Norte, apresentaram um valor superior aos praticados na região Sudeste.

Por derradeiro, fixa o art. 23 da NLLC que o valor estimado da contratação realizado por meio das regras contidas no § 1º deverá ser elaborado observando o potencial do princípio de economia de escala. Com efeito, quando da busca de valores para arrimar a pesquisa de mercado, tem-se que a escolha do valor, seja unitário, seja global, referente ao objeto demandado, deverá considerar todo o quantitativo pretenso durante o exercício financeiro, haja vista a possibilidade de redução dos valores praticados em razão da incidência do princípio da economia de escala que, traduzido, apresenta a ideia de que a aquisição em quantidades elevadas pode reduzir o valor unitário, o que já não ocorre quando realiza-se uma compra unitária do mesmo bem. Sobre a questão, Jessé Torres Pereira Junior e Marinês Restelatto Dotti prelecionam, que, "Economia de Escala significa que quanto maior for a quantidade licitada menor poderá ser o custo unitário do produto a ser adquirido."[48]

De forma sistematizada, os §§ 1º e 2º do artigo em comento tratam dos parâmetros para a elaboração da pesquisa de mercado na aquisição de bens e contratação de serviços em geral e para contratação de obras e serviços de engenharia, respectivamente.

Analisando um a um, estabelece o § 1º do art. 23, da NLLC, que, no processo licitatório para aquisição de bens e contratação de serviços em geral, conforme regulamento, o valor estimado será definido com base no melhor preço aferido por meio da utilização dos cinco parâmetros indicados no item acima, adotados de forma combinada ou não, que abaixo analisaremos somente o teor legal, haja vista a necessidade de edição de regulamento com os pormenores.

É importante esclarecer que já ocorreu a Instrução Normativa SEGES/ME nº 65, de 7 de julho de 2021, cujo teor dispõe sobre o procedimento administrativo para a realização de pesquisa de preços para aquisição de bens e contratação de serviços em geral, no âmbito da administração pública federal direta, autárquica e fundacional.

Demais disso, alerta-se aos órgãos e entidades da administração pública estadual, distrital ou municipal, direta ou indireta, quando executarem recursos da União decorrentes de transferências voluntárias, deverão observar os procedimentos de que trata tal Instrução Normativa.

Consoante permite o art. 23, § 1º, inc. I, da NLLC, poderá ser adotada como parâmetro para elaboração da pesquisa mercadológica a composição de custos unitários menores ou iguais à mediana do item correspondente no painel para consulta de preços ou no banco de preços em saúde disponíveis no Portal Nacional de Contratações Públicas (PNCP), o que depende de regulamentação.

Demais disso, o art. 23, § 1º, inc. II, da NLLC, reza que será permitida a utilização, combinada com as demais fontes de preços, de contratações similares feitas pela Administração Pública, em execução ou concluídas no período de

---

[48] JUNIOR, Jessé Torres Pereira e DOTTI, Marinês Restelatto, *Da responsabilidade de Agentes Públicos e Privados nos Processos Administrativos de Licitação e Contratação*, São Paulo: ed. NDJ, 2012, p. 92.

DA FASE PREPARATÓRIA ART° 23

1 (um) ano anterior à data da pesquisa de preços, inclusive mediante sistema de registro de preços, observado o índice de atualização de preços correspondente.

Outrossim, o art. 23, § 1º, inc. III, da NLLC, fixa que poderá ser fonte para a elaboração de pesquisa de mercado os dados de pesquisa publicada em mídia especializada, de tabela de referência formalmente aprovada pelo Poder Executivo federal e de sítios eletrônicos especializados ou de domínio amplo, desde que contenham a data e hora de acesso.

Além do mais, conforme infere-se da leitura do art. 23, § 1º, inc. IV, da NLLC, poderá ser utilizada a clássica e tradicional forma de elaboração de pesquisa de mercado, cujo teor assenta no mínimo 3 (três) fornecedores, mediante solicitação formal de cotação, desde que seja apresentada justificativa da escolha desses fornecedores e que não tenham sido obtidos os orçamentos com mais de 6 (seis) meses de antecedência da data de divulgação do edital.

E, por derradeiro, fixa o art. 23, § 1º, inc. V, da NLLC, que poderá ser utilizado como pesquisa de mercado a base nacional de notas fiscais eletrônicas, na forma de regulamento.

É importante ressaltar que a NLLC permitiu expressamente a combinação dos cinco parâmetros, porém não fixou expressamente a ordem para adoção de um em detrimento dos demais, o que deverá ser fixado por regulamento.

Já o § 2º do art. 23, da NLLC, estabelece que no processo licitatório para contratação de obras e serviços de engenharia, conforme regulamento, o valor estimado, acrescido do percentual de Benefícios e Despesas Indiretas (BDI) de referência e dos Encargos Sociais (ES) cabíveis, será definido por meio da utilização de parâmetros arrolados nos seus quatro incisos.

Antes de adentrar na sua análise, temos a considerar que tal regulamento, no âmbito da Administração Pública federal, já foi objeto de disciplinamento pela Instrução Normativa SEGES/ME nº 72, de 12 de agosto de 2021, que adotou a aplicação do Dec. nº 7.983, de 8 de abril de 2013, regulamento muito conhecido e utilizado na Administração Pública brasileira.

Demais disso, é oportuno esclarecer que o vácuo legal até então verificado nas normas gerais de licitação restou preenchido pelo regramento federal absorvido pela Lei nº 14.1333/2021, há muito tempo utilizado pelos Municípios e Estados quando da elaboração do orçamento de referência de obras e serviços de engenharia, contratados e executados com recursos dos orçamentos da União.

Sendo assim, o art. 23, § 2º, inc. I, da NLLC, estabelece que a composição de custos unitários menores ou iguais à mediana do item correspondente do Sistema de Custos Referenciais de Obras (Sicro), para serviços e obras de infraestrutura de transportes, ou do Sistema Nacional de Pesquisa de Custos e Índices de Construção Civil (Sinapi), para as demais obras e serviços de engenharia.

Haja vista que tanto o Sinapi quanto o Sicro não assentam em seus bancos de dados todos os custos unitários de insumos ou serviços pretensos pela Administração Pública brasileira, o art. 23, § 2º, inc. II, da NLLC, permite a utilização de dados de pesquisa publicada em mídia especializada, de tabela de referência formalmente aprovada pelo Poder Executivo federal e de sítios eletrônicos especializados ou de domínio amplo, desde que contenham a data e a hora de acesso.

Demais disso, o art. 23, § 2º, inc. II, da NLLC, permite compor a pesquisa de mercado nas contratações similares feitas pela Administração Pública, em execução ou concluídas no período de 1 (um) ano anterior à data da pesquisa de preços, observado o índice de atualização de preços correspondente.

Assim, por exemplo, verificando-se que alguns itens da planilha da obra ou serviço de engenharia não constam, por exemplo, do Sinapi, Tabela da CDHU ou PINI, de modo que, uma vez demonstrada a impossibilidade de estimar o custo dos respectivos por esse meio, será possível que a estimativa seja apurada com base em compor a pesquisa de mercado as contratações similares feitas pela Administração Pública, em execução ou concluídas no período de 1 (um) ano anterior à data da pesquisa de preços.

Já o art. 23, § 2º, inc. III, da NLLC, adota também a pesquisa da base nacional de notas fiscais eletrônicas, na forma de regulamento.

Com efeito, não se afasta a possibilidade de pesquisa mercadológica junto aos fornecedores, ao menos, em tese, no governo federal, dado o respaldo contido no art. 6º do Dec. nº 7.983/2013, admite-se a apuração dos custos por meio da utilização de dados contidos em tabela de referência formalmente aprovada por órgãos ou entidades da Administração Pública federal, em publicações técnicas especializadas, em sistema específico instituído para o setor ou *em pesquisa de mercado*.

De forma a não afetar a autonomia dos demais entes federativos, permite o § 3º do art. 23 da NLLC que, nas contratações realizadas por Municípios, Estados e Distrito Federal, desde que não envolvam recursos da União, o valor previamente estimado da contratação, a que se refere o *caput* deste artigo, poderá ser definido por meio da utilização de outros sistemas de custos adotados pelo respectivo ente federativo, a exemplo da Tabela da Companhia Paulista de Obras e Serviços (CPOS) adotada pelo Governo do Estado de São Paulo e Tabela de Custos da Secretaria Municipal de Infraestrutura Urbana e Obras do Município de São Paulo (SIURB).

Em sede de exceção à regra acima colacionada, estabelece o § 4º do art. 23, da NLLC, que, nas contratações diretas por inexigibilidade ou por dispensa,

DA FASE PREPARATÓRIA   ARTº 23

quando não for possível estimar o valor do objeto na forma estabelecida nos §§ 1º, 2º e 3º deste artigo, o contratado deverá comprovar previamente que os preços estão em conformidade com os praticados em contratações semelhantes de objetos de mesma natureza, por meio da apresentação de notas fiscais emitidas para outros contratantes no período de até 1 (um) ano anterior à data da contratação pela Administração, ou por outro meio idôneo.

Não é comum observarmos a necessidade administrativa de construir algo ou ter um serviço comum ou de engenharia prestado que, dada a sua singularidade, não tenha seus custos contemplados nos sistemas Sinapi ou Sicro, nem na Tabela da CDHU, Sinapi ou, ainda, em tabelas especializadas como a elaborada e publicada pela Editora PINI, ou, que, por derradeiro, não foram objeto de contratações similares feitas pela Administração Pública, em execução ou concluídas no período de 1 (um) ano anterior à data da pesquisa de preços.

Assim sendo observado no caso concreto, mediante ampla justificativa, o contratado deverá comprovar previamente que os preços estão em conformidade com os praticados em contratações semelhantes de objetos de mesma natureza, por meio da apresentação de notas fiscais emitidas para outros contratantes no período de até 1 (um) ano anterior à data da contratação pela Administração, ou por outro meio idôneo.

Sendo assim, tendo em vista que a justificativa do preço é condição exigida pelo art. 72, inc. VII, da NLLC, no âmbito das contratações diretas, cria-se uma alternativa para o administrador público cumprir a determinação legal, vale dizer, demonstrar que os valores praticados estão em conformidade com o mercado em geral, não sendo o preço cobrado para a Administração Pública que pode ser exponenciado em razão da má fama de pagadora.

Já o § 5º do art. 23, da NLLC, fixa que no processo licitatório para contratação de obras e serviços de engenharia sob os regimes de contratação integrada ou semi-integrada, o valor estimado da contratação será calculado nos termos do § 2º deste artigo, acrescido ou não de parcela referente à remuneração do risco, caso seja adotada a cláusula de matriz de risco fixada nos arts. 23 e 103 da referida lei.

Outrossim, o § 5º do art. 23, da NLLC, também estabelece que no processo licitatório para contratação de obras e serviços de engenharia sob os regimes de contratação integrada ou semi-integrada que, sempre que necessário e o anteprojeto o permitir, a estimativa de preço será baseada em orçamento sintético, balizado em sistema de custo definido no inc. I do § 2º deste artigo, devendo a utilização de metodologia expedita ou paramétrica e de avaliação aproximada baseada em outras contratações similares ser reservada às frações do empreendimento não suficientemente detalhadas no anteprojeto. Diz o § 6º que, na hipótese do § 5º deste artigo, será exigido dos licitantes ou contratados, no orçamento que compuser suas respectivas propostas, no mínimo, o mesmo nível de detalhamento do orçamento sintético referido no mencionado parágrafo.

BDI – Benefício (ou Bonificação) de Despesas Indiretas

1. Introdução

O BDI – Benefício (ou Bonificação) e Despesas Indiretas, também denominado LDI – Lucro e Despesas Indiretas, é um componente da planilha de preço de proponente interessado em contratar com Administração Pública, admitido em licitações quando o objeto a ser contratado versar sobre obras e serviços. Sua finalidade é mensurar o lucro (benefício) do particular e as despesas e os tributos que incidem indiretamente na execução do objeto, os quais são impossíveis de serem individualizados ou quantificados na planilha de composição de custos diretos.

Esse componente, que se apresenta por meio de percentual, ao ser aplicado sobre o custo da execução do empreendimento, acaba por resultar no preço proposto pelo licitante para execução do objeto que está passando pelo crivo da licitação.

O percentual do BDI, em tese, não é fixo e a sua composição não é taxativa, variando de objeto para objeto e entre as empresas licitantes, levando-se em consideração elementos extrínsecos à execução daquilo que se pretende, como a situação econômica e mercadológica, a localização e seu acesso, a infraestrutura necessária instalada, alíquota do ISS adotada pelo município onde o empreendimento será executado, bem como características intrínsecas do objeto, como, por exemplo, o tipo da obra, qualidade dos projetos e orçamentos, prazo de sua execução, forma de pagamento, período de medição, entre outros, além do lucro pretendido pelo proponente para aquele empreendimento.

Para a fixação da composição do BDI, inexiste uma norma técnica ou legal que discipline os parâmetros adequados para que se estabeleça aquilo que deve ou não constar desse arranjo. Todavia, dentro da engenharia de custos, existe grande discussão acerca do caminho para se chegar a uma fórmula e percentual ideais. Há muita dificuldade para estabelecer-se um BDI padrão.

É tanto que se conhece diversas metodologias, como a proposta pelos engenheiros Mozart Bezerra da Silva (SILVA, Mozart Bezerra da. Manual de BDI, Como incluir benefícios e despesas indiretas em orçamentos de obras de construção civil. São Paulo: Edgard Blücher, 2006.) e Maçahico Tisaka (TISAKA, Maçahico. Orçamento na Construção Civil: Consultoria, Projeto e Execução. São Paulo: Editora Pini, 2006.), além das propostas feitas por entidades, como, por exemplo, o Instituto de Engenharia, IBRAOP e por órgãos e entes da Administração Pública.

2. Composição de uma proposta comercial: Preço = Custo Direto x BDI

Uma proposta oferecida por um licitante em uma licitação é composta por vários elementos. Acerca da sua composição, servimo-nos da lição proposta pelo engenheiro Márcio Soares da Rocha, onde afirma que

> Os preços de obras de engenharia são compostos basicamente por quatro elementos: os custos diretos; os custos indiretos; os tributos e o lucro (ou benefício). Os custos diretos são aqueles relacionados aos serviços produzidos diretamente no canteiro de obras, ou seja, são relativos aos custos de materiais e da mão-de-obra primária (operária) necessária à realização dos serviços da obra. Os custos indiretos são os que se relacionam à estrutura necessária para a administração e gerenciamento do empreendimento e para manutenção da empresa construtora. Os tributos são inerentes a qualquer atividade produtiva e o lucro é o valor financeiro que se almeja receber pela execução da obra. Dentre os quatro tipos de elementos de custo, os mais difíceis de quantificar e de avaliar são os custos indiretos e o lucro. Esses, geralmente não são detalhados nos orçamentos, sendo "embutidos" nos preços dos serviços, juntamente com os tributos. Esses compõem uma taxa denominada BDI (Benefícios e Despesas Indiretas). O BDI é aplicado aos custos diretos para definir o preço de venda da obra (ou preço global, como se conhece na administração pública). Percebe-se assim que o BDI possui composição variável e a primeira conclusão que se pode tirar é que é inadequada a adoção de uma taxa única de BDI de referência, para análise de custos de todas as obras. Cada obra possui a sua própria taxa de BDI."[49]

Ante os elementos que compõem uma proposta, passaremos a discorrer analiticamente cada um desses componentes, apontando o entendimento de estudiosos do assunto e o posicionamento de alguns Tribunais de Contas:

2.1 Preço

Segundo Maçahico Tisaka, o preço de venda é o resultado da aplicação de uma margem denominada BDI sobre o Custo Direto da planilha de orçamento.[50]

Dessa forma, o licitante deve apresentar na sua proposta comercial, o BDI praticado especificamente para a execução daquele objeto, multiplicando-o sobre os custos diretos que envolvem a execução do objeto.

---

[49] ROCHA, Márcio Soares da. *Análise de BDI de Obras Públicas pelo método da estimativa intervalar*, Disponível em <http://docplayer.com.br/12326423-Analise-de-bdi-de-obras-publicas-pelo-metodo--da-estimativa-intervalar-marcio-soares-da-rocha.html>. Acessado em 11 de set. de 2021.

[50] TISAKA, Maçahico. *Orçamento na Construção Civil: Consultoria, Projeto e Execução*. São Paulo: Editora Pini, 2006. p. 85

2.2 Custos ou despesas diretas

Custo direto é a soma de todas as despesas relacionadas com a efetiva execução do objeto, sendo os insumos (materiais), mão de obra necessária, com seus respectivos encargos sociais e todos os custos despendidos com a operacionalização da obra, execução da infraestrutura necessária e locação de equipamentos envolvidos na execução, que podem ser quantificados ou discriminados na planilha orçamentária.

A título de ilustração, apresentamos os exemplos propostos por Maçahico Tisaka:

> Quantitativos de todos os serviços e respectivos custos obtidos através da composição de custos unitários;
> Custo de preparação do canteiro de obras, sua mobilização e desmobilização;
> Custos da administração local com previsão de gastos com o pessoal técnico (encarregado, mestre, engenheiro, etc), administrativo (encarregado do escritório, de higiene e segurança, apontador, escriturário, motorista, vigia, porteiro, etc.) e de apoio (almoxarife, mecânico de manutenção, enfermeiro, etc).[51]

2.3 BDI

Acerca da definição do BDI, apresentamos a proposta do Tribunal de Contas da União, o qual merece a reprodução, *in verbis*:

> (...) BDI (Benefícios e Despesas Indiretas), (...) é a taxa correspondente às despesas indiretas e ao lucro que, aplicada ao custo direto de um empreendimento (materiais, mão-de-obra, equipamentos), eleva-o a seu valor final, que constitui o preço. Ou seja, apenas o lucro e as despesas indiretas que incidem sobre todos os serviços da obra devem compor o BDI. As despesas classificadas como custos diretos de produção, que compreendem serviços quantificáveis, devem compor a planilha de custos, e não a taxa de BDI (...)[52]

Analisando o conceito proposto, à luz do princípio da economicidade, observamos que esse nos parece ser o conceito ideal para a justa remuneração do empreendedor daquelas parcelas da execução do objeto que não possuem condições de serem quantificáveis ou identificáveis nos custos diretos.

Todavia, há de se considerar que, para que esse conceito seja estritamente observado, há necessidade de que os projetos desenvolvidos, que balizarão a execução do objeto, sejam exatos, atuais, desprovidos de omissões, obscuridades

---

[51] TISAKA, Maçahico. *Orçamento na Construção Civil: Consultoria, Projeto e Execução*. São Paulo: Editora Pini, 2006, p. 38.
[52] TCU – Acórdão nº 538/2008 – Plenário. Relatoria: Min. Marcos Vinicios Vilaça. Brasil. Data da Sessão: 02/04/2008.

DA FASE PREPARATÓRIA   ARTº 23

e erros, para que o objeto pretendido seja perfeitamente dimensionado e, assim, justamente orçado.

Corroborando nossa assertiva, o TCU também ressalvou que:

> (...) A elaboração de projeto básico adequado e atualizado, assim considerado aquele que possua os elementos descritivos e que expressem a composição de todos os custos unitários, é imprescindível para a realização de qualquer obra pública, resguardando a Administração Pública de sobrepreços e manipulação indevida no contrato original.[53]

2.4 Lucro

Maçahico Tisaka conceitua o lucro ou margem como sendo:

> Uma parcela destinada a remunerar o custo de oportunidade do capital aplicado, capacidade administrativa, gerencial e tecnológica adquirida ao longo de anos de experiência no ramo, responsabilidade pela administração do contrato e condução da obra através da estrutura organizacional da empresa e investimentos na formação profissional do seu pessoal, e criar a capacidade de reinvestir no próprio negócio.[54]

Por conta dessa característica, a sua fixação passa a ser subjetiva, na medida em que somente o particular pode estabelecer a sua remuneração que acha ideal para a execução daquele objeto que passa pelo crivo da licitação.

3. Despesas indiretas

Enquanto os custos diretos são objetivos e vinculados à especificação do projeto da obra e suas quantificações, os indiretos são subjetivos e associados ao executor, às suas necessidades operacionais (administração central, seguros, garantia, caixa), de rentabilidade e obrigações tributárias. A denominação indiretos se dá em razão da sua valoração ser obtida em função de percentuais dos custos diretos, representando o caráter intrínseco ao projeto da obra que tem os custos diretos, diferentemente dos indiretos, que poderiam ser considerados extrínsecos, pois são subsequentes ao projeto já quantificado.[55]

Anote-se, ainda, que Maçahico Tisaka define que despesas indiretas "são todas as despesas que não fazem parte dos insumos da obra e sua infra-estrutura no local de execução, mas são necessárias para a sua realização."[56]

---

[53] TCU – Acórdão nº 1387/2006 – Plenário. Relatoria: Min. Walton Alencar Rodrigues. Brasil. Data da Sessão: 09/08/2006.

[54] TISAKA, Maçahico. *Orçamento na Construção Civil: Consultoria, Projeto e Execução.* São Paulo: Editora Pini, 2006. p. 93.

[55] TCU – Acórdão nº 325/2007 – Plenário. Relatoria: Min. Guilherme Palmeira. Brasil. Data da Sessão: 14/03/2007.

[56] TISAKA, Maçahico. *Orçamento na Construção Civil: Consultoria, Projeto e Execução.* São Paulo: Editora Pini, 2006. p. 49.

Além disso, os percentuais de BDI, *a priori*, podem variar razoavelmente, sem que isso represente necessariamente sobrepreço ou subpreço, desde que o contrato que contenha o BDI fora do normalmente aceitável decorra de certame público que tenha obedecido aos ditames da Lei de Licitações e do edital, e o preço final ajustado esteja seguramente compatível com o de mercado.[57]

Sobre tal questão da fixação de um BDI padrão, o TCU já se manifestou no sentido de que:

(...) não cumpre ao TCU estipular percentuais fixos para cada item que compõe a taxa de BDI, ignorando as peculiaridades da estrutura gerencial de cada empresa que contrata com a Administração Pública. O papel da Corte de Contas é impedir que sejam pagos valores abusivos ou injustificadamente elevado e por isso é importante obter valores de referência, mas pela própria logística da empresa é natural que ocorram certas flutuações de valores nas previsões das despesas indiretas e da margem de lucro a ser obtida.'

24. Nessa mesma linha, a estatal apresenta trechos dos Acórdãos nos 424/2008-PL e 2382/2007-PL que versam sobre a necessidade de se observar as características de cada empreendimento na composição do BDI contratual e a inadequação dos valores referenciais estabelecidos no Acórdão 325/2007-PL às obras de construção do edifício-sede da Procuradoria-Geral do Trabalho"[58]

"3. O percentual de Bônus e Despesas Indiretas – BDI a ser adotado, por não ser diretamente mensurável, deve levar em consideração as especificidades de cada contrato, não devendo ser prefixado no edital, sob pena de restringir a obtenção de proposta mais vantajosa para a Administração"[59].

Além disso, os percentuais de BDI, a priori, podem variar razoavelmente, sem que isso represente necessariamente sobrepreço ou subpreço, desde que o contrato que contenha o BDI fora do normalmente aceitável decorra de certame público que tenha obedecido aos ditames da lei de licitações e do edital, e o preço final ajustado esteja seguramente compatível com o de mercado".[60]

(...) reputo que não cumpre ao TCU estipular percentuais fixos para cada item que compõe a taxa de BDI, ignorando as peculiaridades da estrutura gerencial de cada empresa que contrata com a Administração Pública. O papel da Corte de Contas é impedir que sejam pagos valores abusivos ou injustificadamente elevado e por isso é importante obter valores de referência, mas pela própria logística da empresa é natural

---

[57] TCU – Acórdão nº 645/09 – Plenário. Relatoria: Min. Augusto Sherman Cavalcanti. Brasil. Data da Sessão: 08/04/2009.

[58] TCU – Acórdão nº 3.044/08 – Plenário. Relatoria: Min. Valmir Campelo. Brasil. Data da Sessão: 10/12/2008.

[59] TCU – Acórdão nº 1.595/06 – Plenário. Relatoria: Min. Guilherme Palmeira. Brasil. Data da Sessão: 30/08/2006.

[60] TCU – Acórdão nº 645/09 – Plenário. Relatoria: Min. Augusto Sherman Cavalcanti. Brasil. Data da Sessão: 08/04/2009.

DA FASE PREPARATÓRIA   ART° 23

que ocorram certas flutuações de valores nas previsões das despesas indiretas e da margem de lucro a ser obtida.

24. Nessa mesma linha, a estatal apresenta trechos dos Acórdãos nos 424/2008-PL e 2382/2007-PL que versam sobre a necessidade de se observar as características de cada empreendimento na composição do BDI contratual e a inadequação dos valores referenciais estabelecidos no Acórdão 325/2007-PL às obras de construção do edifício-sede da Procuradoria-Geral do Trabalho.[61]

3. O percentual de Bônus e Despesas Indiretas – BDI a ser adotado, por não ser diretamente mensurável, deve levar em consideração as especificidades de cada contrato, não devendo ser prefixado no edital, sob pena de restringir a obtenção de proposta mais vantajosa para a Administração.[62]

Tem-se adotado, em razão disso, a fixação de BDI médio ou por meio de faixas referenciais. Vejamos as razões do TCU, *in verbis*:

22. Na alegação da especificidade do BDI para cada empresa e cada empreendimento, assiste razão às contratadas; realmente, concordo que cada construtora tenha o seu BDI específico, visto a estrutura organizacional distinta de cada particular. De igual maneira, é verdade que cada obra exija nuanças administrativas diferentes ou necessidades díspares a impactar diferentemente em seus custos indiretos.

23. Entretanto, um BDI médio – aceitável – tomado a partir de obras de tipologia semelhante, não é somente possível, mas indispensável. É bem verdade que cada empresa alveja uma margem de lucro e que possui maior ou menor estrutura, mas a negação de um limite não somente pode propiciar um enriquecimento sem causa, mas violar uma série de princípios primordiais da Administração, mormente a economicidade, eficiência, moralidade e finalidade. Excessos na remuneração, provindos ou não do BDI, viciam a avença em seus basilares de boa-fé e função social do contrato.

24. Ao estabelecer um BDI referencial, portanto, não se alvitra, simplesmente, fixar um valor limite para o contratado. A utilização de um valor médio, em associação a outros custos do empreendimento, propicia a percepção de um preço esperado da obra – aceitável –, harmônico entre os interesses da Administração e do particular. (Grifos nosso – no mesmo sentido vide o Acórdão 1.923/2011-TCU-Plenário)

406. No entanto, sendo o BDI parte integrante do preço final de uma obra, a análise a ser realizada deve considerar o preço total da obra, composto por custos diretos mais taxa de BDI, está sendo praticado de forma compatíveis com os valores de mercado. Essa análise deve ser feita por meio do confronto entre preço orçado/contratado e preço de mercado, conforme ilustrado a seguir: a) Preço orçado/contratado <= Preço de mercado; ou b) Custo orçado/contratado + BDI orçado/contratado <= Custo paradigma + BDI paradigma

---

[61] TCU – Acórdão nº 3.044/08 – Plenário. Relatoria: Min. Valmir Campelo. Brasil. Data da Sessão: 10/12/2008.

[62] TCU – Acórdão nº 1.595/06 – Plenário. Relatoria: Min. Guilherme Palmeira. Brasil. Data da Sessão: 30/08/2006.

407. Nesse sentido, a análise isolada de apenas um dos componentes do preço (custo direto ou BDI) não é suficiente para imputação de sobrepreço. A análise de preços deve se dar sempre mediante a comparação de preço contratado/orçado com o preço de mercado (ou paradigma), visto que uma taxa de BDI elevada pode ser compensada por custos diretos inferiores aos do orçamento paradigma, desde que o preço total contratado esteja abaixo do preço de mercado.

408. Por isso as taxas referenciais não têm por objetivo limitar o BDI das propostas de preços das empresas licitantes, já que os valores do BDI podem oscilar de empresa para empresa, de acordo com as suas características particulares, tais como: remuneração desejável, situação econômico-financeira, localização e porte da empresa, estrutura administrativa, número de obras em execução, nível de competitividade do mercado etc.

409. Nesse sentido, durante a fase de licitação, a jurisprudência do TCU entende que a desclassificação de proposta de licitante que contenha taxa de BDI acima de limites considerados adequados por Tribunal só deve ocorrer quando o preço global ofertado também se revelar excessivo, dado que a majoração do BDI pode ser compensada por custos inferiores aos paradigmas (Acórdão 1.804/2012-TCU-Plenário).[63]

De forma a melhor entender o BDI, sugerimos a leitura de artigo de nossa lavra publicado no Boletim de Licitações e Contratos – BLC, Fevereiro/2010, p. 128.

Definição

Definição de Elaboração de orçamento proposta pelo CAU. Anexo da Resolução nº 21/12, do Conselho de Arquitetura e Urbanismo do Brasil: "Elaboração de orçamento – atividade, realizada 'a priori', que se traduz no levantamento de custos, de forma sistematizada, de todos os elementos inerentes à execução de determinada obra, serviço ou empreendimento."

Definição de "transporte" proposta pelo IBRAOP – Instituto Brasileiro de Auditoria de Obras Públicas na Orientação Técnica – OT – IBR 002/2009: "Transportar: conduzir de um ponto a outro cargas cujas condições de manuseio ou segurança obriguem a adoção de técnicas ou conhecimentos de engenharia."

Jurisprudência e decisões dos Tribunais de Contas

Fiscalização, supervisão de obras e serviços de engenharia. Necessidade de que a ART seja recolhida: TCU – Súmula nº 260 – "É dever do gestor exigir apresentação de Anotação de Responsabilidade Técnica – ART referente a projeto, execução, supervisão e fiscalização de obras e serviços de engenharia, com indicação do responsável pela elaboração de plantas, orçamento-base, especificações técnicas, composições de custos unitários, cronograma físico-financeiro e outras peças técnicas."

---

[63] TCU – Acórdão nº 2622/2013 – Plenário. Relatoria: Min. Marcos Bemquerer Costa. Brasil. Data da Sessão: 25/09/2013.

DA FASE PREPARATÓRIA ART° 23

Condicionante para a instauração da licitação. Orçamento detalhado. Necessidade de que o orçamento represente os preços praticados no mercado correlato: TCU – Acórdão nº 90/2004 – 2ª Câmara – "9.2.15. proceda ao levantamento prévio dos custos para a aquisição de materiais, evitando, desta forma, a realização de despesas em valores superiores aos praticados no mercado."

Condicionante para a instauração da licitação. Orçamento detalhado. Sistema SINAPI. TCU reconhece como válido e necessário como fonte para elaboração do orçamento de custo unitário. Disciplina fixada na LDO: TCU – Acórdão nº 84/2006 – Plenário – "9.1.3. diversifique os parâmetros de consulta de preços a serem utilizados na orçamentação de obras, com ênfase para o uso do SINAPI – Sistema Nacional de Pesquisa de Custos e Índices da Construção Civil, tendo em vista o disposto no art. 112 da Lei 11.178/2005, com vistas à devida certificação dos preços a serem contratados e, sobretudo, no intuito de obter o preço mais vantajoso para os cofres públicos."

Condicionante para a instauração da licitação. Orçamento detalhado. Pesquisas e fontes que arrimaram o orçamento. Necessidade de que sejam juntadas aos autos do processo administrativo: TCU – Acórdão nº 1.595/2007 – 2ª Câmara – "1.11. promova, nos processos licitatórios, a realização de pesquisas de preços, anexando os comprovantes aos autos do procedimento."

Condicionante para a instauração da licitação. Orçamento detalhado. Necessidade de que o item discrimine o objeto, sem denominação genérica não representativa da natureza do bem ou serviço cotado: TCU – Acórdão nº 861/2005 – Plenário – "9.1. determinar à Coordenação-Geral de Recursos Logísticos do Ministério da Cultura (MinC) que, quando da elaboração de planilhas orçamentárias, evite incluir itens sob denominação genérica, não representativa da natureza do bem ou serviço cotado, e sem a discriminação de quantitativos, e, ainda, que proceda a acurada pesquisa prévia de preços, evitando distorções acentuadas entre o preço orçado e o afinal contratado."

Condicionante para a instauração da licitação. Orçamento detalhado. BDI: TCU – Súmula nº 258/2010 – "As composições de custos unitários e o detalhamento de encargos sociais e do BDI integram o orçamento que compõe o projeto básico da obra ou serviço de engenharia, devem constar dos anexos do edital de licitação e das propostas das licitantes e não podem ser indicados mediante uso da expressão 'verba' ou de unidades genéricas."

Condicionante para a instauração da licitação. Orçamento detalhado. BDI. No orçamento base para licitação de obras, os valores referentes à cobertura de riscos eventuais ou imprevisíveis devem estar contidos no BDI, não nos custos diretos – Acórdão nº 3637/2013-Plenário, TC 013.843/2010-9, relator Ministro Relator José Jorge, 10.12.2013.

Condicionante para a instauração da licitação. Orçamento detalhado. BDI – O IRPJ e CSLL não integram o BDI – Súmula nº 254/2010 – "O IRPJ – Imposto de

COMENTÁRIOS À NOVA LEI DE LICITAÇÕES PÚBLICAS E CONTRATOS ADMINISTRATIVOS

Renda Pessoa Jurídica – e a CSLL – Contribuição Social sobre o Lucro Líquido – não se consubstanciam em despesa indireta passível de inclusão na taxa de Bonificações e Despesas Indiretas – BDI do orçamento-base da licitação, haja vista a natureza direta e personalística desses tributos, que oneram pessoalmente o contratado."

Condicionante para a instauração da licitação. Orçamento detalhado. BDI. Definição: TCU – Acórdão nº 538/2008 – Trecho do relatório do Ministro Relator Marcos Vilaça "(...) BDI (Benefícios e Despesas Indiretas), (...) é a taxa correspondente às despesas indiretas e ao lucro que, aplicada ao custo direto de um empreendimento (materiais, mão-de-obra, equipamentos), eleva-o a seu valor final, que constitui o preço. Ou seja, apenas o lucro e as despesas indiretas que incidem sobre todos os serviços da obra devem compor o BDI. As despesas classificadas como custos diretos de produção, que compreendem serviços quantificáveis, devem compor a planilha de custos, e não a taxa de BDI (...)"

Condicionante para a instauração da licitação. Orçamento detalhado. Necessidade de o BDI ser analiticamente demonstrado tanto na planilha da licitação quanto da planilha de preço do contrato: TCU – Acórdão 2272/2011 – Plenário – Relatoria: Ministro Augusto Sherman Cavalcanti – "9.6.1.2 faça constarem, do respectivo processo, as composições de todos os custos unitários dos serviços e o detalhamento do Bônus e Despesas Indiretas BDI e dos encargos sociais que estão sendo utilizados na formação dos preços, tanto da planilha de referência da licitação quanto da planilha de preço do contrato, exigindo da licitante vencedora, no respectivo edital, essa apresentação, em atendimento aos arts. 3º, 6º, inciso IX, e 7º, § 2º, inciso II, da Lei 8.666/1993, com Súmula TCU 258/2010."

Condicionante para a instauração da licitação. Orçamento detalhado. BDI. Apresentação da planilha analítica (detalhamento da composição) onde conste a composição do BDI e seus respectivos percentuais: TCU – Acórdão nº 325/2007 – Plenário – Relatoria: Ministro Guilherme Palmeira – "9.1.3. o gestor público deve exigir dos licitantes o detalhamento da composição do LDI e dos respectivos percentuais praticados."

Condicionante para a instauração da licitação. Orçamento detalhado. Necessidade de ser explicitado no edital a composição do BDI que está sendo utilizado na formação dos preços: TCU – Acórdão nº 1.726/2008- Plenário – Relatoria: Ministro Augusto Sherman Cavalcanti – "9.1. determinar à Fundação Nacional de Artes (Funarte/MinC) que: 9.1.8.4. explicite no edital a composição do BDI que está sendo utilizado na formação dos preços, em respeito ao disposto no art. 7º, § 2º, inciso II, da Lei 8.666/93, exigindo o mesmo procedimento dos participantes no certame."

Condicionante para a instauração da licitação. Orçamento detalhado. BDI. Fixação de um BDI padrão no edital. Impossibilidade: TCU – Acórdão nº 1.595/2006 – Plenário – Relatoria: Ministro Guilherme Palmeira – "3. O percentual de Bônus e Despesas Indiretas – BDI a ser adotado, por não ser diretamente

DA FASE PREPARATÓRIA ART° 23

mensurável, deve levar em consideração as especificidades de cada contrato, não devendo ser prefixado no edital, sob pena de restringir a obtenção de proposta mais vantajosa para a Administração."

Condicionante para a instauração da licitação. Orçamento detalhado. BDI. Composição. Fixação de um BDI padrão no edital. Impossibilidade. Particularidades da empresa devem ser consignadas no BDI: TCU – Acórdão nº 2.346/2007 – Plenário – Trecho do voto do Ministro Relator Augusto Nardes – "8. (...) É que, a meu ver, a formação do percentual de BDI pelas empresas licitantes só pode ser questionada segundo critérios objetivos, visto que a metodologia utilizada por cada uma delas não é uniforme e se conforma às suas particularidades."

Condicionante para a instauração da licitação. Orçamento detalhado. BDI. Fixação de um BDI padrão no edital. Impossibilidade. Característica de cada empreendimento deve ser observada na composição do BDI – TCU – Acórdão nº 3.044/2008 – Plenário – Trecho do voto do Ministro Relator Valmir Campelo – "24. Nessa mesma linha, a estatal apresenta trechos dos Acórdãos nos 424/2008-PL e 2382/2007-PL que versam sobre a necessidade de se observar as características de cada empreendimento na composição do BDI contratual e a inadequação dos valores referenciais estabelecidos no Acórdão nº 325/2007-PL às obras de construção do edifício-sede da Procuradoria-Geral do Trabalho."

Condicionante para a instauração da licitação. Orçamento detalhado. BDI. Impossibilidade de fixar BDI padrão: TCU – Acórdão nº 2.469/2007 – Plenário – Trecho do voto do Ministro Relator Marcos Bemquerer Costa "17. Nesse sentido, diferentemente do que sustenta a unidade técnica, reputo que não cumpre ao TCU estipular percentuais fixos para cada item que compõe a taxa de BDI, ignorando as peculiaridades da estrutura gerencial de cada empresa que contrata com a Administração Pública."

Condicionante para a instauração da licitação. Orçamento detalhado. BDI. Equipamentos de toda sorte, Equipamentos de proteção individual – EPI, Ferramentas e Serviços. Inclusão indevida no BDI: TCU – Acórdão nº 538/2008 – Plenário – Relatório do Ministro Marcos Vinicios Vilaça – "12. Nesta análise, deve-se remeter à conceituação de BDI (Benefícios e Despesas Indiretas), que é a taxa correspondente às despesas indiretas e ao lucro que, aplicada ao custo direto de um empreendimento (materiais, mão-de-obra, equipamentos), eleva-o a seu valor final, que constitui o preço. Ou seja, apenas o lucro e as despesas indiretas que incidem sobre todos os serviços da obra devem compor o BDI. As despesas classificadas como custos diretos de produção, que compreendem serviços quantificáveis, devem compor a planilha de custos, e não a taxa de BDI."

Condicionante para a instauração da licitação. Orçamento detalhado. BDI. Administração local. Inclusão indevida no BDI: TCU – Acórdão nº 1.801/2008 – Plenário – Relatoria: Ministro Guilherme Palmeira – "9.1.7. efetue o pagamento de

COMENTÁRIOS À NOVA LEI DE LICITAÇÕES PÚBLICAS E CONTRATOS ADMINISTRATIVOS

obrigações contratuais referentes à Administração Local como despesas diretas, em função do efetivamente realizado e registrado nas medições, abstendo-se da prática de incidir percentualmente o item estimado como Administração Local sobre os demais custos."

Condicionante para a instauração da licitação. Orçamento detalhado. BDI. Administração local, instalação de canteiro e acampamento e mobilização e desmobilização. Inclusão indevida no BDI: TCU – Acórdão nº 608/2008 – Plenário – Relatoria: Ministro Benjamin Zymler – "9.3.11. para maior transparência do certame, faça constar os itens Administração Local, Instalação de Canteiro e Acampamento e Mobilização e Desmobilização na planilha orçamentária e não no BDI."

Condicionante para a instauração da licitação. Orçamento detalhado. BDI. ISS. Necessidade de observância da alíquota do ISS fixada no município onde o objeto será executado, e não da localidade onde está estabelecido o particular ou a Administração: TCU – Acórdão nº 32/2008 – Plenário – Relatoria: Ministro Ubiratan Aguiar – "9.2.2. preveja, nas futuras licitações, os percentuais de recolhimento a título de ISS a serem aplicados na composição de BDI dos licitantes, com base nas alíquotas adotadas pelos municípios situados nas áreas de influência das obras."

Condicionante para a instauração da licitação. Orçamento detalhado. BDI. ISS. O ISS somente deve recair sobre a mão de obra e não sobre todo o objeto incluindo o equipamento ou serviços: TCU – Acórdão nº 720/2008 – Plenário – Trecho do voto do Ministro Relator Augusto Nardes – "18. Mas já tive ocasião de relatar alguns julgados desta Corte no sentido da modificação do BDI incidente sobre grandes fornecimentos. Nessa linha, há os Acórdãos 155, 406 e 2.114, de 2006, e 2.186, de 2007, todos do Plenário, nos quais prevaleceu a tese da retirada do ISS do BDI aplicável aos equipamentos previstos em contratos de implantação de perímetros irrigados de responsabilidade do Departamento Nacional de Obras contra as Secas – Dnocs."

Condicionante para a instauração da licitação. Orçamento detalhado. BDI. Fixação de BDI diferenciado para determinados itens da planilha de custo: TCU – Acórdão nº 2.368/2006 – Plenário – Trecho do relatório do Ministro Relator Augusto Nardes – "Entendemos cabível, outrossim, determinação ao DNIT no sentido de que seja renegociada a taxa de BDI incidente sobre o fornecimento desses insumos, uma vez que é reduzida a incidência da estrutura administrativa da empresa sobre esse fornecimento, assemelhando-se a taxa do BDI, no caso, a um ágio ou taxa de administração. Deve ser lembrado, para evitar desde já argumentação em sentido contrário, que a aplicação de diferentes taxas de BDI no âmbito de obras do porte da BR-101 é recomendada pelo Instituto de Engenharia, em sua Metodologia de Cálculo do Orçamento de Edificações, como segue:

'Para a execução de obras com projetos especiais, complexos ou de maior porte recomenda-se calcular o BDI especificamente para cada situação, observadas as peculiaridades físicas e técnicas de cada uma delas.'"

DA FASE PREPARATÓRIA   ART° 23

Condicionante para a instauração da licitação. Orçamento detalhado. BDI. Fixação de BDI diferenciado para determinados itens da planilha de custo: TCU – Súmula nº 253/2010 – "Comprovada a inviabilidade técnico-econômica de parcelamento do objeto da licitação, nos termos da legislação em vigor, os itens de fornecimento de materiais e equipamentos de natureza específica que possam ser fornecidos por empresas com especialidades próprias e diversas e que representem percentual significativo do preço global da obra devem apresentar incidência de taxa de Bonificação e Despesas Indiretas – BDI reduzida em relação à taxa aplicável aos demais itens."

Condicionante para a instauração da licitação. Orçamento detalhado. BDI. A adoção de BDI único e pré-fixado no ato convocatório. Descabimento: TCU – Acórdão nº 424/2008 – Plenário – Relatoria: Ministro Benjamin Zymler – "15. Como é cediço, a fixação de taxa de BDI compatível com o orçamento de obras civis é questão de notória complexidade, com que há muito se depara este Tribunal. 16. Embora já se tenha avançado em relação ao tema, é forçoso reconhecer que o estabelecimento de faixas ideais para taxas de BDI esbarra, no mais das vezes, na especificidade de cada contrato, resultando em difícil aplicabilidade de percentuais pré-definidos. Por tal razão, conforme jurisprudência invocada pela embargante, já reconheceu este Plenário, no mencionado Acórdão nº 1595/2006, que não deve constar de previsão editalícia a taxa de BDI a ser adotada na contratação, 'sob pena de restringir a obtenção de proposta mais vantajosa para a Administração." 17. Em corroboração à sua linha argumentativa, a recorrente apontou o entendimento consagrado por este Plenário, quando da aprovação do Acórdão nº 2469/2007, na Sessão de 21.11.2007. Do Voto Condutor, proferido pelo Auditor Marcos Bemquerer Costa, extrai-se o excerto que se segue: '...reputo que não cumpre ao TCU estipular percentuais fixos para cada item que compõe a taxa de BDI, ignorando as peculiaridades da estrutura gerencial de cada empresa que contrata com a Administração Pública.' 18. Estes argumentos levam-me a reconhecer a procedência das razões recursais, no que se refere à inadequação dos valores referenciais estabelecidos no Acórdão nº 325/2007 – TCU – Plenário, às obras de construção do edifício-sede da Procuradoria-Geral do Trabalho, objeto do Contrato nº 23/2006. 19. O caráter particularizado das obras de linhas de transmissão e subestações difere, naturalmente, de obras civis de edificação predial. Portanto, há de se considerar que as características intrínsecas de cada empreendimento reflitam diretamente na composição do BDI dos contratos correspondentes. 20. Sob este enfoque, a adoção de parâmetros diferenciados de BDI pode refletir diretamente no balanceamento econômico-financeiro do contrato, estabelecido em conformidade às condições editalícias, posto que estar-se-ia impondo parâmetros redutores calcados em obras com especificidade diversa. 21. É de se considerar, portanto, o argumento da embargante, fundado no Acórdão nº 2469/2007, segundo o qual 'não cumpre ao TCU estipular percentuais fixos para cada item que compõe a taxa de BDI, ignorando as peculiaridades da estrutura gerencial de cada empresa que contrata com a Administração Pública'."

COMENTÁRIOS À NOVA LEI DE LICITAÇÕES PÚBLICAS E CONTRATOS ADMINISTRATIVOS

Condicionante para a instauração da licitação. Orçamento detalhado. BDI. Exclusão da CPMF do BDI. Recomposição de preço a favor da Administração Contratante: TCU – Acórdão nº 2.063/2008 – Plenário – Relatoria: Ministro André Luís de Carvalho – "9.1.2. nos termos do art. 65, inciso II, § 5º, da Lei nº 8.666/1993, reveja a composição do BDI do Contrato nº 12/2007, de forma que os pagamentos a serem realizados no exercício de 2008 não contemplem a incidência da CPMF, devendo, ainda, ser glosados das faturas a serem pagas à Construtora B. S/A os valores pagos a maior, no referido exercício, em virtude da não-exclusão da mencionada contribuição do BDI da contratada."

Condicionante para a instauração da licitação. Orçamento detalhado. BDI. Presença de item denominado "taxa diversa". Expurgo. Necessidade: TCU – Acórdão nº 1.795/2009 – Plenário – Relatoria: Ministro Marcos Bemquerer Costa – "9.1. determinar à Secretaria Estadual de Infra-estrutura de Roraima – Seinf que: 9.1.3. expurgue do percentual de BDI o item denominado 'taxas diversas', por não se caracterizar como custo indireto e por não constar elementos que discriminem a que tipo de despesa esse item se refere."

ARTIGO 24

Condicionante para a instauração da licitação. Orçamento detalhado. Erros ou deficiência. Apenação dos responsáveis. Necessidade de comprovação de efetivo dano ao erário: TCU – Acórdão nº 1.595/2006 – Relatoria: Ministro Guilherme Palmeira – "2. A ocorrência de erros ou deficiência de análise comparativa na formulação do orçamento não enseja, por si só, a apenação dos responsáveis, quando não comprovado o efetivo dano ao erário." **Art. 24. Desde que justificado, o orçamento estimado da contratação poderá ter caráter sigiloso, sem prejuízo da divulgação do detalhamento dos quantitativos e das demais informações necessárias para a elaboração das propostas, e, nesse caso:**

I – o sigilo não prevalecerá para os órgãos de controle interno e externo;

II – (VETADO).

Parágrafo único. Na hipótese de licitação em que for adotado o critério de julgamento por maior desconto, o preço estimado ou o máximo aceitável constará do edital da licitação.

O art. 24 trata da questão do orçamento sigiloso, sobre o qual já nos manifestamos anteriormente, opinando por sua inconstitucionalidade em razão de ofensa ao princípio da publicidade, isso sem falar da corrupção caracterizada pela quebra do sigilo De qualquer sorte, a norma encontra-se vigente e deve ser examinada com o rigor necessário.

DA FASE PREPARATÓRIA   ART° 24

A norma em questão deve ser interpretada como uma exceção, pois a regra é que o orçamento seja revelado, mediante expressa disposição do edital, até por isso, se adotado o sigilo do orçamento, o art. 24 exige a apresentação dos motivos que levaram a Administração a tomar esta decisão.

Ainda que a regra seja a publicização do valor estimado da contratação, é de bom alvitre lembrar que as disposições do art. 6º inc. XXIII, al. "i", exige que a estimativa do orçamento deve constar do termo de referência mediante "documento separado e classificado". Dito isso, infere-se que se o orçamento deve ser alocado em documento separado e classificado, conforme expressa disposição de Lei, é porque o legislador permitiu a adoção do sigilo. Nesse passo, e considerando que o termo de referência é utilizado nas hipóteses de aquisição de material e serviços, excluídos aqueles relativos à engenharia, concluímos, por obrigatório, que no pregão o sigilo é uma regra, até porque, em se tratando de anteprojeto, projeto básico e projeto executivo não há qualquer remissão ao valor estimado da contratação.

Dito de outra forma, no pregão o sigilo é uma regra, e nos demais casos só se admitirá o sigilo do orçamento mediante expressa justificativa que demonstre a conveniência de se adotar essa posição.

Ainda que o valor do orçamento seja um dos fatores necessários à elaboração da proposta, é de se registrar que, se adotado o sigilo, a divulgação do detalhamento dos quantitativos e das demais informações necessárias para a elaboração das propostas devem ser explicitamente previstas no edital.

Aqueles que se manifestam favoráveis à adoção do sigilo, argumentam que isso não obstaria o controle da licitação, porquanto isto não se aplicaria aos órgãos de controle interno e externo.

Em nosso pensar, esse argumento vem desprovido de adequado sustentáculo jurídico. Para chegar a essa conclusão vamos imaginar que dado órgão público, apesar de todas as exigências legais, estimou erroneamente, a menor, o valor do orçamento. Posteriormente, os licitantes ofertam a sua proposta, atribuindo ao objeto da licitação o valor real para a futura contratação que é significativamente superior ao valor orçado pela Administração. Ora, não resta qualquer dúvida que, se o orçamento fosse revelado por ocasião da publicação do edital, essa disposição poderia ser impugnada, eis que sujeita ao controle dos licitantes, possibilitando a sua correção, ao passo que, na hipótese por nós suscitada, o destino da licitação seria a anulação, por vício na estimativa do orçamento da contratação.

Em razão do veto constante do inc. II, a legislação não alude em qual momento processual deva ser revelado o valor estimado da contratação. Isso não significa que o sigilo possa ser perpetuado eternamente. Nesse sentido, é preciso usar de razoabilidade para determinar o momento em que o sigilo deixa de existir. Assim, levando-se em consideração que o sigilo reflete diretamente na questão da avaliação das propostas comerciais, entende-se possível revelar o valor do orçamento, após o encerramento da disputa, desde que não mais exista qualquer atuação dos licitantes partícipes quanto às propostas comerciais.

O parágrafo único alude às licitações em que for adotado o critério de julgamento por maior desconto, determinando que o preço estimado ou o máximo aceitável constará do edital da licitação.

A regra em questão nos parece bastante óbvia e poderia ser perfeitamente dispensada, pois se tornaria impossível oferecer desconto sobre um orçamento que não se tem a menor ideia de sua estimativa.

Artigo 25

O edital deverá conter o objeto da licitação e as regras relativas à convocação, ao julgamento, à habilitação, aos recursos e às penalidades da licitação, à fiscalização e à gestão do contrato, à entrega do objeto e às condições de pagamento.

§ 1º Sempre que o objeto permitir, a Administração adotará minutas padronizadas de edital e de contrato com cláusulas uniformes.

§ 2º Desde que, conforme demonstrado em estudo técnico preliminar, não sejam causados prejuízos à competitividade do processo licitatório e à eficiência do respectivo contrato, o edital poderá prever a utilização de mão de obra, materiais, tecnologias e matérias-primas existentes no local da execução, conservação e operação do bem, serviço ou obra.

§ 3º Todos os elementos do edital, incluídos minuta de contrato, termos de referência, anteprojeto, projetos e outros anexos, deverão ser divulgados em sítio eletrônico oficial na mesma data de divulgação do edital, sem necessidade de registro ou de identificação para acesso.

§ 4º Nas contratações de obras, serviços e fornecimentos de grande vulto, o edital deverá prever a obrigatoriedade de implantação de programa de integridade pelo licitante vencedor, no prazo de 6 (seis) meses, contado da celebração do contrato, conforme regulamento que disporá sobre as medidas a serem adotadas, a forma de comprovação e as penalidades pelo seu descumprimento.

§ 5º O edital poderá prever a responsabilidade do contratado pela:

I – obtenção do licenciamento ambiental;

II – realização da desapropriação autorizada pelo poder público.

§ 6º Os licenciamentos ambientais de obras e serviços de engenharia licitados e contratados nos termos desta Lei terão prioridade de

DA FASE PREPARATÓRIA ARTº 25

tramitação nos órgãos e entidades integrantes do Sistema Nacional do Meio Ambiente (Sisnama) e deverão ser orientados pelos princípios da celeridade, da cooperação, da economicidade e da eficiência.

§ 7º Independentemente do prazo de duração do contrato, será obrigatória a previsão no edital de índice de reajustamento de preço, com data-base vinculada à data do orçamento estimado e com a possibilidade de ser estabelecido mais de um índice específico ou setorial, em conformidade com a realidade de mercado dos respectivos insumos.

§ 8º Nas licitações de serviços contínuos, observado o interregno mínimo de 1 (um) ano, o critério de reajustamento será por:

I – reajustamento em sentido estrito, quando não houver regime de dedicação exclusiva de mão de obra ou predominância de mão de obra, mediante previsão de índices específicos ou setoriais;

II – repactuação, quando houver regime de dedicação exclusiva de mão de obra ou predominância de mão de obra, mediante demonstração analítica da variação dos custos.

§ 9º O edital poderá, na forma disposta em regulamento, exigir que percentual mínimo da mão de obra responsável pela execução do objeto da contratação seja constituído por:'

I – mulheres vítimas de violência doméstica;

II – oriundos ou egressos do sistema prisional.

A Lei nº 14.133/2021 não se preza pela melhor técnica legislativa, dispondo sobre as mais diversas matérias, sem uma adequada organização de forma sistematizada. O art. 25 veio a dispor sobre as regras para a elaboração do edital, ainda que seja possível encontrar em outros dispositivos questões relativas ao instrumento convocatório.

Como dito anteriormente, o edital se traduz em um dos mais importantes instrumentos da licitação, estabelecendo as regras do certame propriamente dito, como também fixando questões relativas ao futuro contrato, constituindo-se em ato administrativo unilateral que consagra o exercício de competências vinculadas e discricionárias da Administração.

Com o advento da nova Lei de Licitações, enganam-se aqueles que entendem ser possível limitar a elaboração do edital, sem a devida observância da fase interna da licitação, pois o instrumento convocatório deverá refletir as decisões que foram anteriormente tomadas e devidamente motivadas no decorrer da fase preparatória do certame.

É indispensável que o edital, além de conter todas as informações necessárias para que os eventuais interessados possam participar do certame, conte com uma ampla publicidade, nos moldes determinados pelo § 3º do dispositivo em exame, garantindo o controle dos licitantes e cidadãos, bem como dos órgãos fiscalizadores.

A partir da publicação do edital, as suas normas se tornam vinculantes, para a Administração e para os licitantes partícipes, em estrita obediência ao princípio da vinculação ao edital, até porque, o instrumento convocatório é considerado a lei interna da licitação, ainda que também se possa afirmar que as disposições editalícias devem estar fundadas na Constituição e na legislação infralegal.

Do edital deverá constar minuciosa descrição do objeto da licitação, comportando todas as suas características e especificações, garantindo ao licitante a mais perfeita compreensão daquilo que a Administração pretende contratar.

Demais disso, o edital também deverá contemplar as regras relativas à licitação propriamente dita, concernentes ao processamento do certame, abrangendo o julgamento das propostas comerciais, de acordo com critérios objetivamente previstos, trazendo também em seu bojo os documentos que deverão ser apresentados para efeito de habilitação. Além das normas de julgamento, deverá ser previsto também o processamento do recurso administrativo, previsão de aplicação de penalidades, bem como as formalidades necessárias para o futuro contrato.

O § 1º prevê a adoção de minutas padronizadas do edital e do contrato, sempre que possível, ou seja, é preciso examinar esta possibilidade à luz do caso em concreto, mesmo porque licitações com objetos mais complexos ensejam, via de regra, a elaboração de instrumentos específicos.

A hipótese contemplada no § 2º, para ser utilizada, depende de se examinar a questão da competitividade e da eficiência. Significa dizer que mão de obra, materiais, tecnologias e matérias-primas existentes no local da execução, conservação e operação do bem, serviço ou obra, poderão ser utilizadas, desde que não reste qualquer prejuízo à competitividade e eficiência.

Em nosso entender, dificilmente a competitividade e a eficiência do respectivo contrato estariam comprometidas pela utilização dos recursos disponíveis no local de prestação de serviços, cabendo, no entanto, um acurado exame do objeto da licitação.

Assim, a previsão do § 2º é muito bem-vinda e encontra-se expressada em boa hora, ainda que se pudesse dizer que a utilização de recursos disponíveis no local de prestação dos serviços pudesse ocorrer automaticamente por decisão do contratado. Porém, a lógica utilizada pela Administração exige que tal possibilidade seja expressamente prevista no contrato, permitindo, quando possível, uma economia aos cofres públicos.

O § 3º vem a expressar regra que seria perfeitamente dispensável, se não fosse a cultura que alguns órgãos públicos se utilizam, ao ocultar informações de todo necessárias ao licitante para a exata compreensão do objeto da licitação.

Consequentemente, o edital deverá contemplar a minuta de contrato, termos de referência, anteprojeto, projetos e outros anexos, que deverão ser divulgados em sítio eletrônico oficial na mesma data de divulgação do edital, sem necessidade de registro ou de identificação para acesso.

É necessário enfatizar que o conhecimento do edital e seus anexos dispensa qualquer identificação de registro ou de identificação para acesso, inviabilizando que a Administração tenha conhecimento prévio dos potenciais licitantes, evitando os eventuais conluios.

A exigência da implantação de programas de integridade nas contratações de obras, serviços e fornecimentos de grande vulto vem disciplinada no § 4º, que determina a necessidade de expressa previsão editalícia quanto à implantação do referido programa, pelo licitante vencedor, que terá um prazo de 6 (seis) meses, contados da celebração do contrato para a tomada das providências necessárias para tanto, conforme regulamento que deverá dispor sobre as medidas a serem adotadas, a forma de comprovação e as penalidades pelo seu descumprimento.

Averbe-se, a tudo isso, que o programa de integridade foi devidamente examinado quando analisamos as disposições do art. 11, parágrafo único. É de relevo enfatizar que o programa de integridade implica em um processo de governança que tem por objetivo evitar fraudes, em especial no que diz respeito à questão da corrupção.

A previsão com relação às responsabilidades do contratado encontram-se previstas no § 5º, colocando o particular como responsável pelos riscos da obtenção da licença ambiental e realização da desapropriação quando autorizada pelo Poder Público.

Por certo, não será toda licitação que venha a ensejar obtenção de licença ambiental e necessidade de desapropriação. Também não seria certo supor que aludidas responsabilidades podem ser atribuídas ao contratado de forma casuística. Logo, as competências determinadas pelo § 5º, incs. I e II, encontram-se no campo da competência discricionária da Administração, que deverá avaliar os critérios de conveniência e oportunidade que indiquem a melhor solução, atendidos os requisitos de economicidade e eficiência, que deverão ser justificadas nos autos do processo licitatório.

Encontra-se preconizado no § 6º que os licenciamentos ambientais de obras e serviços de engenharia licitados e contratados, sob regime da Lei nº 14.133/2021, terão prioridade de tramitação nos órgãos e entidades integrantes do Sistema Nacional do Meio Ambiente (Sisnama) e deverão ser orientados pelos princípios da celeridade, da cooperação, da economicidade e da eficiência.

COMENTÁRIOS À NOVA LEI DE LICITAÇÕES PÚBLICAS E CONTRATOS ADMINISTRATIVOS

O que se postula, em razão do § 6º, é a necessidade de se impor a maior celeridade possível para a obtenção da licença ambiental quando necessária. Isso não quer dizer, por óbvio, que os eventuais atrasos deixarão de existir, o que se demanda é evitar demoras que sejam injustificáveis.

Por sua vez, o § 7º exige previsão obrigatória de índice de reajustamento de preço, independentemente do prazo de duração do contrato, com data-base vinculada à data do orçamento estimado e com a possibilidade de ser estabelecido mais de um índice específico ou setorial, em conformidade com a realidade de mercado dos respectivos insumos.

Sabidamente, o reajustamento de preços tem por objetivo evitar que o preço do contrato seja corroído pela inflação. Na legislação precedente, o reajuste de preços somente poderia ser concedido após 12 (doze) meses, ensejando, por conta disso, uma grande controvérsia em razão de contratos com prazos inferiores ao lapso temporal sobredito e que, posteriormente, eram estendidos por período superior a doze meses.

A novel legislação procurou estancar a controvérsia existente, determinando a adoção de índice de reajustamento de preços, independente do prazo de duração do contrato administrativo, que deverá ser aplicado, se necessário.

Outra questão, que sempre foi alvo das mais diversas polêmicas, diz respeito ao marco inicial para a contagem do prazo para a concessão de reajustes. A prática nos mostrou que o entendimento corrente era que o marco inicial para a contagem do prazo de reajustamento deveria coincidir com a data da celebração do contrato, ainda que outros entendimentos, vez ou outra, fossem utilizados. O § 7º veio a colocar uma pá de cal sobre essa polêmica, estabelecendo que a data-base para efeito de reajustamento de preços encontra-se vinculada à data do orçamento estimado elaborado pela Administração Pública.

Importante dizer que a regra do § 7º não configura discricionariedade da Administração para dispor de forma diferente no edital de licitação, sob pena do cometimento de flagrante ilegalidade. Logo, na hipótese do orçamento ter sido elaborado há seis meses atrás, e entre a data da celebração do contrato e a data do término do ajuste for superior a 6 (seis) meses (basta um dia a mais), será perfeitamente possível a concessão do reajuste, eis que houve o decurso de prazo de mais de doze meses, atendendo, assim, a Lei do Plano Real que, até o presente momento, rege o reajustamento de preços.

No § 8º encontra-se regra destinada à contratação de serviços contínuos, com observância do interregno mínimo de 1 (um) ano, para utilização do critério de reajustamento, estabelecendo a hipótese de reajustamento em sentido estrito e a repactuação que, a bem da verdade, são figuras jurídicas distintas, que serão alvo de nossas considerações quando do exame do art. 135.

DA FASE PREPARATÓRIA ART° 25

Derradeiramente, o § 9º disciplina que o contratado deverá contratar mulheres vítimas de violência doméstica e oriundos ou egressos do sistema prisional. Não obstante o tratamento determinado pelo comando legal em exame, com relação aos vulneráveis, é nítida a intenção do Estado transferir para a iniciativa privada um dever que, sem dúvida alguma, encontra-se sob sua responsabilidade.

Entretanto, em um país com milhões de desempregados, que vivem muitas vezes em condições subumanas, talvez essa seja uma alternativa adequada para minorar esse quadro dantesco, desde que os atores contemplados no § 9º se mostrem capazes de executar as tarefas para as quais foram contratados.

Enfatizamos, por fim, que as regras constantes do art. 25 nem de longe esgotam os regramentos que devem se encontrar dispostos no edital de licitação, pois em razão da péssima técnica legislativa utilizada, encontramos outros dispositivos contemplados na Lei nº 14.133/2021 dispondo sobre questões relativas ao instrumento convocatório e que serão oportunamente alvo de nossas considerações.

Jurisprudência e decisões dos Tribunais de Contas

Edital. Requisitos. Objeto. Definições de objeto imprecisas ou demasiadamente amplas. Descabimento: TCU – Decisão nº 420/2002 – Plenário – Relatoria: Ministro Augusto Sherman Cavalcanti – "8.1.2.1- observe, rigorosamente, os arts. 8º e 23, §§ 1º e 2º, da Lei 8.666/93 quanto à imposição do parcelamento do objeto; 8.1.2.2 – abstenha-se de inserir nos editais definições de objeto imprecisas ou demasiadamente amplas, cuja interpretação possa levar à possibilidade de contratação de mais de uma obra, serviço ou fornecimento em decorrência de uma única licitação."

Edital. Requisitos. Objeto claro e conciso. Necessidade: TCU – Súmula nº 177 – "A definição precisa e suficiente do objeto licitado constitui regra indispensável da competição, até mesmo como pressuposto do postulado de igualdade entre os licitantes, do qual é subsidiário o princípio da publicidade, que envolve o conhecimento, pelos concorrentes potenciais das condições básicas da licitação, constituindo, na hipótese particular da licitação para compra, a quantidade demandada em uma das especificações mínimas e essenciais à definição do objeto do pregão."

Edital. Requisitos. Objeto impreciso e a amplo. Descabimento: TCU – Decisão nº 420/2002 – Plenário – Relatoria: Ministro Augusto Sherman Cavalcanti – "8.1.2.2- abstenha-se de inserir nos editais definições de objeto imprecisas ou demasiadamente amplas, cuja interpretação possa levar à possibilidade de contratação de mais de uma obra, serviço ou fornecimento em decorrência de uma única licitação."

Edital. Requisitos. Objeto. Excessivo detalhamento pode direcionar a licitação. Restrição ao caráter competitivo da licitação: TCU – Acórdão nº 2.407/2006 – Plenário – Relatoria: Ministro Benjamin Zymler – "9.3. determinar ao Ministério da

COMENTÁRIOS À NOVA LEI DE LICITAÇÕES PÚBLICAS E CONTRATOS ADMINISTRATIVOS

Integração Nacional que: 9.3.2. observe o disposto nos arts. 3º, 14 e 40, inciso I, da Lei nº 8.666/93, e no art. 3º da Lei nº 10.520/02, abstendo-se de incluir, nos instrumentos convocatórios, excessivo detalhamento do objeto, de modo a evitar o direcionamento da licitação ou a restrição de seu caráter competitivo, devendo justificar e fundamentar tecnicamente quaisquer especificações ou condições que restrinjam o universo de possíveis fornecedores dos bens ou prestadores de serviços o objeto do certame."

Edital. Requisitos. Objeto. Modificação no objeto. Prosseguimento da licitação. Descabimento: Acórdão nº 305/2000 – 2ª Câmara – Relatoria: Ministro Valmir Campelo – "e.12) não dê prosseguimento a licitações cujos editais sofram alterações substanciais, a exemplo de modificações do objeto, pois nesses casos torna-se necessário publicação de novo edital e reabertura dos prazos legais."

Edital. Requisitos. Prazo de assinatura do contrato. Necessidade de observância do prazo fixado no ato convocatório. É indevida assinatura do ajuste após transcorrido tal lapso: TCU – Acórdão nº 1317/2006 – Plenário – Relatoria: Ministro Ubiratan Aguiar – "3. É indevida a assinatura de contrato após transcorrido prazo que inviabilize a verificação da adequabilidade das condições propostas no certame."

Edital. Requisitos. Forma de convocação para assinatura do contrato. Necessidade de observância do teor consignado no ato convocatório: TJ/SP – APELAÇÃO COM REVISÃO Nº 0143845-52.2007.8.26.0000- Relatoria: Des. Décio Notarangeli – "CONSTITUCIONAL E ADMINISTRATIVO MANDADO DE SEGURANÇA LICITAÇÃO CONTRATO ADMINISTRATIVO CONVOCAÇÃO DO ADJUDICATÁRIO PARA ASSINATURA FAC-SIMILE APLICAÇÃO DE MULTA – INVALIDADE. 1. A convocação do adjudicatário para assinar o termo de contrato deve se dar na forma prevista no ato convocatório. Omisso o edital, a convocação deverá ser feita na forma escrita, com entrega formal ao interessado. 2. Não tendo a convocação cumprido um dos requisitos dos atos administrativos, a forma, considera-se inválido o ato, pois o revestimento exteriorizador do ato administrativo constitui requisito vinculado e imprescindível à sua perfeição. Sentença reformada. Segurança concedida. Recurso provido. Sentença reformada. Segurança concedida. Recurso provido." (Órgão julgador: 9ª Câmara de Direito Público, Data do julgamento: 11/07/2012, Data de registro: 11/07/2012)

Edital. Cláusula de reajuste. Disciplina. Regramento deve ser claro: TCU – Acórdão nº 1.172/2012 – Plenário – Relatoria: Ministro José Múcio Monteiro Filho – "9.1.4. definam claramente no edital os critérios de reajustamento de preços contratuais, conforme o art. 40, inciso XI, da Lei nº 8.666/1993 e a jurisprudência do Tribunal."

Edital. Cláusula de reajuste. Manutenção do equilíbrio econômico-financeiro nas contratações administrativas. Garantia constitucional fixada no art. 37, inc. XXI, da CF/88: TCU – Acórdão nº 1.931/2004 – Plenário Trecho do voto do Ministro Relator Walton Alencar Rodrigues – "De outra parte, devo consignar, no tocante à adoção desses procedimentos, sem que estivessem previstos no instrumento convocatório,

DA FASE PREPARATÓRIA ARTº 25

que, nos termos da melhor doutrina, é pacífico o entendimento de que o direito à manutenção do equilíbrio econômico-financeiro, nos contratos administrativos, decorre da própria garantia constitucional (art. 37, inciso XXI, da Carta Magna), e não apenas da previsão contida no edital.

Edital. Cláusula de reajuste. Manutenção do equilíbrio econômico-financeiro nas contratações administrativas. O reajustamento contratual foi insuficiente para recompor a equação econômico-financeira. Recomposição de preços cabível: TCU – Acórdão nº 474/2005 – Plenário – Trecho do relatório do Ministro Relator Augusto Sherman Cavalcanti – "Finalmente, a recomposição de preços atende a situações imprevisíveis, oriundas de condições do mercado ou de determinações da própria Administração, em que o reajuste não foi suficiente para manter o equilíbrio econômico-financeiro do contrato. Está colocado no art. 65 da Lei 8.666/93."

Edital. Cláusula de reajuste. Disciplina. Necessidade de que o reajuste somente restabeleça a equação econômico-financeira e a justa remuneração: TCU – Acórdão nº 1.105/2004 – Segunda Câmara – Relatoria: Ministro-Substituto Lincoln Magalhães da Rocha – "9.3.16. no que se refere à operacionalização de certames licitatórios, realizados pela FNS/CR/RR: 9.3.16.8. quando do reajustamento de preços dos contratos em vigor e daqueles que vierem a ser firmados pela Administração, observe os critérios de composição de custos aplicáveis ao respectivo serviço, adequando o reajuste a esses critérios admitidos, tão somente com o fim de restabelecer o equilíbrio econômico-financeiro e a justa remuneração do serviço, em obediência ao art. 65, inciso II, alínea 'd' do Estatuto das Licitações."

Edital. Cláusula de reajuste. Disciplina. Necessidade de previsão contratual: STJ – Resp nº 730.568/SP – Relatoria: Ministra Eliana Calmon – "1. O reajuste do contrato administrativo é conduta autorizada por lei e convencionada entre as partes contratantes que tem por escopo manter o equilíbrio financeiro do contrato. 2. Ausente previsão contratual, resta inviabilizado o pretendido reajustamento do contrato administrativo." (DJe: 07/10/2008)

Edital. Cláusula de reajuste. Disciplina. Marco inicial para concessão. Data da apresentação da proposta ou a do orçamento a que a mesma se referir, de acordo com o previsto no edital. Procedimento a ser seguido em caso de vir a ocorrer o decurso de prazo superior a um ano entre a data da apresentação da proposta vencedora da licitação e a assinatura do respectivo instrumento contratual: TCU – Acórdão nº 474/2005 – Plenário – Relatoria: Ministro Augusto Sherman Cavalcanti "9.1.conhecer da presente consulta e responder aos quesitos apresentados da seguinte forma: (...) 9.1.2. Na hipótese de vir a ocorrer o decurso de prazo superior a um ano entre a data da apresentação da proposta vencedora da licitação e a assinatura do respectivo instrumento contratual, o procedimento de reajustamento aplicável, em face do disposto no art. 28, § 1º, da Lei 9.069/95 c/c os arts. 2º e 3º da Lei 10.192/2001, consiste em firmar o contrato com os valores originais da proposta e, antes do início da execução contratual, celebrar termo aditivo reajustando os preços de acordo com a variação do índice previsto no edital relativa ao período de somente um ano, contado a partir da data da apresentação das propostas ou da data do orçamento a que ela se referir, devendo os demais reajustes ser efetuados quando se completarem períodos múltiplos de um ano, contados sempre desse marco inicial, sendo necessário que estejam devidamente caracterizados tanto o interesse público na contratação quanto a presença de condições legais para a contratação, em especial: haver autorização orçamentária (incisos II, III e IV do § 2o do art. 7o da Lei 8.666/93); tratar-se da proposta mais vantajosa para a Administração (art. 3o da Lei 8.666/93); preços ofertados compatíveis com os de mercado (art. 43, IV, da Lei 8.666/93); manutenção das condições exigidas para habilitação (art. 55, XIII, da Lei 8.666/93); interesse do licitante vencedor, manifestado formalmente, em continuar vinculado à proposta (art. 64, § 3o, da Lei 8.666/93); 9.1.3. não é cabível a correção monetária das propostas de licitação, vez que esse instituto visa a preservar o valor a ser pago por serviços que já foram prestados, considerando-se somente o período entre o faturamento e seu efetivo pagamento, consoante disposto nos arts. 7º, § 7º; 40, XIV, 'c'; e 55, III, da Lei 8.666/93."

Edital. Cláusula de reajuste. Disciplina. O reajustamento do contrato deverá ser realizada com aqueles índices eleitos no instrumento editalício e contratual e não em estranhos: TCU – Acórdão nº 1.364/2008 –Plenário – Relatoria: Ministro Augusto Sherman Cavalcanti – "9.1.3. se abstenha de promover reajustes, em contratos em andamento, com base em índices diferentes daqueles originalmente previstos nesses contratos."

Edital. Cláusula de reajuste. Disciplina. Serviços contínuos. Reajuste ou repactuação. Disciplina para a esfera federal: AGU – Orientação Normativa nº 23 – "O edital e o contrato de serviço continuado deverão indicar o critério de reajustamento de preços, que deverá ser sob a forma de reajuste em sentido estrito, com previsão de índice setorial, ou por repactuação, pela demonstração analítica da variação dos componentes dos custos." (Diário Oficial da União – Seção 1 – 07.04.2009, pg. 15)

Edital. Cláusula de reajuste. Disciplina. Contratos para prestação de serviço continuado: AGU – Orientação Normativa nº 24 – "O edital e o contrato para prestação de serviço continuado devem conter apenas um evento como marco inicial para a contagem do interregno de um ano para o primeiro reajuste ou repactuação: ou a data da proposta ou a data do orçamento a que a proposta se referir." (Diário Oficial da União – Seção 1 – 07.04.2009, pg. 15)

Edital. Cláusula de reajuste. Disciplina. Administração Pública federal. Aumento das despesas para execução do ajuste motivado pela majoração salarial. Concessão de repactuação de preços: AGU – Orientação Normativa nº 25 – "A alteração dos insumos da planilha de preços decorrente de acordo, convenção ou dissídio coletivo de trabalho somente poderá ser objeto de pedido de repactuação contratual." (Diário Oficial da União – Seção 1 – 07.04.2009, pg. 15)

DA FASE PREPARATÓRIA   ART° 25

Cláusula de reajuste. Disciplina. Administração Pública federal. Concessão de repactuação de preços. Início da contagem da anualidade exigida pelo Plano Real: AGU – Orientação Normativa nº 26 – "Na contratação de serviço em que a maior parcela do custo for decorrente de mão-de-obra, o edital e o contrato deverão indicar expressamente que o prazo de um ano, para a primeira repactuação, conta-se da data do orçamento a que a proposta se referir." (Diário Oficial da União – Seção 1 – 07.04.2009, pg. 15)

Edital. Cláusula de reajuste. Disciplina. Necessidade de constar no processo administrativo a forma da concessão do reajuste: TCU – Acórdão nº 197/2010 – Plenário – Relatoria: Ministro Marcos Bemquerer Costa – "9.4.3. estabeleça nos editais, e respectivos contratos, cláusula específica acerca do critério a ser utilizado, quando do reajuste do preço pactuado na contratação, fazendo constar, nos respectivos processos administrativos, memória de cálculo e demais esclarecimentos pertinentes, de maneira a demonstrar como se deram os devidos reajustes, com base no art. 13 c/c o art. 26, ambos do Regulamento de Licitações e Contratos do SESI/DN."

Edital. Cláusula de atualização financeira. Correção monetária. Pagamentos efetuados com atraso devem ser atualizados com correção monetária: TJ/SP – Apelação Cível nº 0122604-91.2006.8.26.0053 – Relatoria: Des. Eduardo Gouvêa – "APELAÇÃO CÍVEL Contrato Administrativo Ação Ordinária de Cobrança Pagamentos referentes às medições que foram efetuados com atraso Incidência de juros de mora pactuados (0,5% ao mês), a partir do 7º (sétimo) dia corrido de atraso, bem como direito à atualização monetária Trata-se de obrigação líquida. Juros moratórios incidentes a partir do vencimento da obrigação Aplicação do artigo 397 do Código Civil."

Edital. Cláusula de atualização financeira. Correção monetária. Pagamento devido mesmo em caso de inexistência de previsão contratual: STJ – Resp nº 1178903/DF – Relatoria Ministra Eliana Calmon – "3. Esta Corte tem pacífico entendimento no sentido de ser devida a correção monetária em razão do pagamento de parcelas em atraso pela Administração, independente de expressa previsão contratual nesse sentido." (DJE: 03/05/2010)

Edital. Cláusula de atualização financeira. Pagamento devido mesmo em caso de inexistência de previsão contratual: STJ – AgRg no Ag nº 570102/DF – Relatoria: Ministro Benedito Gonçalves – ". – É pacífico o entendimento desta Eg. Corte no sentido de que o atraso no pagamento do preço avençado nos contratos de obras públicas constitui ilícito contratual sendo devida a correção monetária. Incide, à espécie, o enunciado 83/STJ, fundamento suficiente para a negativa de seguimento ao agravo de instrumento. Agravo regimental improvido." (Relatoria Min. Francisco Peçanha Martins, 2ªT., j. 14/02/2006)

Edital. Cláusula de atualização financeira. O termo inicial da correção monetária: STJ – EREsp nº 968.835/SC – Relatoria: Ministro Benedito Gonçalves – "3.

O termo inicial da correção monetária, nos contratos administrativos, deve se dar nos moldes previstos no art. 55, III, da Lei 8.666/1993, ou seja, entre a data do adimplemento das obrigações – tanto da contratada (medição) como da contratante (vencimento de prazo sem pagamento) e a data do efetivo pagamento.4. A jurisprudência do STJ é firme no sentido de que é cabível a correção monetária a partir do vencimento da obrigação, mesmo não havendo previsão contratual a esse respeito."

Edital. Cláusula de atualização financeira. Critérios para atualização monetária. Inserção obrigatória nos instrumentos convocatório e contratual: TCU – Acórdão nº 474/2005 – Plenário – Trecho do voto do Ministro Relator Augusto Sherman Cavalcanti – "A correção monetária é utilizada para preservar o valor do pagamento a ser realizado pela Administração ao contratado que já prestou seu serviço ou entregou o seu bem, apresentou sua fatura, até esta ser quitada. Está previsto nos seguintes artigos da Lei 8.666/93: 5º, § 1º; 7º, § 7º; 40, inciso XIV, alínea 'c'; 40, § 4º, inciso II; e 55, inciso III."

Edital. Necessidade de que as cláusulas fixadas na minuta do contrato sejam observadas na ocasião da contratação, não podendo ser modificadas para atender qualquer interesse: TCU – Acórdão nº 668/2005 – Plenário – Relatoria: Augusto Sherman Cavalcanti – "9.4.4. observe o princípio da vinculação ao instrumento convocatório, previsto artigos 3º e 54, § 1º, da Lei 8.666/93, abstendo-se de prever nas minutas de contratos regras distintas das fixadas no edital."

Artigo 26

No processo de licitação, poderá ser estabelecida margem de preferência para:

I – bens manufaturados e serviços nacionais que atendam a normas técnicas brasileiras;

II – bens reciclados, recicláveis ou biodegradáveis, conforme regulamento.

§ 1º A margem de preferência de que trata o caput deste artigo:

I – será definida em decisão fundamentada do Poder Executivo federal, no caso do inciso I do caput deste artigo;

II – poderá ser de até 10% (dez por cento) sobre o preço dos bens e serviços que não se enquadrem no disposto nos incisos I ou II do caput deste artigo;

III – poderá ser estendida a bens manufaturados e serviços originários de Estados Partes do Mercado Comum do Sul (Mercosul), desde que haja reciprocidade com o País prevista em acordo internacional aprovado pelo Congresso Nacional e ratificado pelo Presidente da República.

DA FASE PREPARATÓRIA ART² 26

§ 2º Para os bens manufaturados nacionais e serviços nacionais resultantes de desenvolvimento e inovação tecnológica no País, definidos conforme regulamento do Poder Executivo federal, a margem de preferência a que se refere o caput deste artigo poderá ser de até 20% (vinte por cento).

§ 3º (VETADO)

§ 4º (VETADO)

§ 5º A margem de preferência não se aplica aos bens manufaturados nacionais e aos serviços nacionais se a capacidade de produção desses bens ou de prestação desses serviços no País for inferior:

I – à quantidade a ser adquirida ou contratada; ou

II – aos quantitativos fixados em razão do parcelamento do objeto, quando for o caso.

§ 6º Os editais de licitação para a contratação de bens, serviços e obras poderão, mediante prévia justificativa da autoridade competente, exigir que o contratado promova, em favor de órgão ou entidade integrante da Administração Pública ou daqueles por ela indicados a partir de processo isonômico, medidas de compensação comercial, industrial ou tecnológica ou acesso a condições vantajosas de financiamento, cumulativamente ou não, na forma estabelecida pelo Poder Executivo federal.

§ 7º Nas contratações destinadas à implantação, à manutenção e ao aperfeiçoamento dos sistemas de tecnologia de informação e comunicação considerados estratégicos em ato do Poder Executivo federal, a licitação poderá ser restrita a bens e serviços com tecnologia desenvolvida no País produzidos de acordo com o processo produtivo básico de que trata a Lei nº 10.176, de 11 de janeiro de 2001.

O art. 26 trata da margem de preferência para bens manufaturados e serviços nacionais que atendam às normas técnicas brasileiras e bens reciclados, recicláveis ou biodegradáveis. O dispositivo em comento tem a nítida finalidade de promover o desenvolvimento nacional sustentável, mediante processo licitatório, incentivando o desenvolvimento da indústria nacional, isso sem falar da possibilidade de geração de empregos.

Cumpre-nos dizer que o art. 26 trata de uma competência discricionária da Administração Pública, sendo necessário uma avaliação da conveniência e oportunidade de se adotar as preferências estabelecidas no dispositivo em questão.

Além disso, exige-se a edição de regulamento por parte do Poder Executivo Federal, de modo a detalhar os condicionantes que devem ser atendidos para a adoção das margens de preferência, sendo ilegal usar da competência do art. 26 sem que a matéria se encontre devidamente regulamentada.

De qualquer maneira, para a implementação do art. 26, primeiramente se faz necessário a fixação da margem de preferência, que se constitui em um valor percentual. No que diz respeito ao exame das propostas comerciais, deve ser identificada a empresa que ofertou a proposta de menor valor. Nessa hipótese, em se tratando de um produto que atenda aos requisitos relativos ao tratamento preferencial, esta proposta deverá se sagrar vencedora da licitação.

Caso contrário, em que a proposta de menor valor não atenda aos requisitos de tratamento preferencial, deverá ser calculado o valor da margem de preferência, obtido pela aplicação do percentual sobre a proposta de menor valor. É de se concluir, *in casu*, que o dispositivo permite a contratação de proposta de valor mais elevado, desde que esta se encontre dentro da margem de preferência.

A intelecção do dispositivo leva-nos a afirmar que é admitida margem de preferência de até 10 % (dez por cento) para bens manufaturados nacionais e serviços nacionais, desde que atendidas as normas técnicas.

É relevante observar que o regime de preferência estende-se para os fornecedores dos países integrantes do Mercosul, desde que exista reciprocidade com o país, previsto em acordo internacional aprovado pelo Congresso Nacional e ratificado pelo Chefe do Executivo Federal, nos termos do inc. III, § 1º.

No que concerne ao § 2º, restou estabelecido que, para os bens manufaturados nacionais e serviços nacionais decorrentes de inovações tecnológicas, ainda que dependam de regulamentação, a margem de preferência é de até 20% (vinte por cento), ressalvadas as contratações diretas, que também versam sobre inovações tecnológicas e encontram-se dispostas no art. 75.

O § 5º impede a aplicação da preferência em se tratando de bens manufaturados nacionais e aos serviços nacionais, no caso da capacidade de produção destes bens ou serviços foram inferiores à quantidade a ser adquirida ou decorrentes de quantitativos fixados em razão do parcelamento do objeto, quando for o caso.

A seu turno, o § 6º admite que os editais de bens, serviços e obras poderão, mediante prévia justificativa da autoridade competente, exigir que o contratado promova, em favor de órgão ou entidade integrante da Administração Pública ou daqueles por ela indicados a partir de processo isonômico, medidas de compensação comercial, industrial ou tecnológica ou acesso a condições vantajosas de financiamento, cumulativamente ou não, na forma estabelecida pelo Poder Executivo federal.

É de se entender que medidas de compensação são aquelas que se constituem em uma prestação adicional exigida do licitante vencedor, conforme expressa disposição do edital. Ou seja, a compensação é uma vantagem a mais que deve ser ofertada para a Administração pelo vencedor da licitação.

O § 7º traz consigo disposição relativa às contratações destinadas à implantação, à manutenção e ao aperfeiçoamento dos sistemas de tecnologia de informação e comunicação considerados estratégicos em ato do Poder Executivo federal. A licitação poderá ser restrita a bens e serviços com tecnologia desenvolvida no País, produzidos de acordo com o processo produtivo básico de que trata a Lei nº 10.176, de 11 de janeiro de 2001.

ARTIGO 27

Será divulgada, em sítio eletrônico oficial, a cada exercício financeiro, a relação de empresas favorecidas em decorrência do disposto no art. 26 desta Lei, com indicação do volume de recursos destinados a cada uma delas.

O comando constante do art. 27 veio a obrigar a divulgação, em sítio eletrônico oficial, da relação das empresas favorecidas em razão das benesses do art. 26, inclusive no que diz respeito ao volume de recursos destinados a cada uma das beneficiadas.

É de cristalina clareza que o dispositivo em questão tem por finalidade obedecer ao princípio da transparência, em nada implicando sobre a validade das contratações realizadas no exercício financeiro.

SEÇÃO II – Das Modalidades de Licitação

ARTIGO 28

São modalidades de licitação:

I – pregão;

II – concorrência;

III – concurso;

IV – leilão;

V – diálogo competitivo.

§ 1º Além das modalidades referidas no caput deste artigo, a Administração pode servir-se dos procedimentos auxiliares previstos no art. 78 desta Lei.

§ 2º É vedada a criação de outras modalidades de licitação ou, ainda, a combinação daquelas referidas no caput deste artigo.

O art. 28 trouxe novidades significativas no que concerne às modalidades de Licitação. De plano, é de se notar a inexistência das modalidades de tomada de preços e convite, no rol constante do *caput* do dispositivo legal em exame, pelo que foram, desde logo, extintas.

COMENTÁRIOS À NOVA LEI DE LICITAÇÕES PÚBLICAS E CONTRATOS ADMINISTRATIVOS

Deveras, as modalidades de licitação se constituem em um rol exaustivo, não sendo admissível a alteração ou criação de outras modalidades licitatórias como, aliás, expressa o § 1º do art. 28, salvo a possibilidade de a Administração se servir de instrumentos auxiliares, tais como o registro cadastral e o sistema de ata de registro de preços.

Considerando que a licitação pode ser concebida em uma acepção procedimental, infere-se que as modalidades de licitação se diferenciam umas das outras, em razão das diversas formas de procedimentos que poderão ser adotados, desde que expressamente previstos em Lei e observada a destinação de cada uma, para fins de se atingir o interesse público colimado.

A concorrência, nos termos do art. 6º, inc. XXXVIII, é "modalidade de licitação para contratação de bens e serviços especiais e de obras e serviços comuns e especiais de engenharia,(...)."

A redação do referido comando legal parece trazer ao operador do direito uma certa dificuldade de interpretação. Entretanto, uma nova leitura vai nos levar ao correto sentido do dispositivo. Assim, por "contratação de bens" devemos entender por "aquisição de material". Dessa mesma maneira, "(...) e serviços especiais e de obras e serviços comuns e especiais de engenharia,(...)", vem a permitir a utilização da concorrência na contratação de serviços especiais, inclusive serviços especiais de engenharia, obras e serviços comuns.

O pregão, nos termos do art. 6, inc. XLI, se constitui em modalidade de licitação obrigatória para aquisição de bens e serviços comuns, cujo critério de julgamento poderá ser o de menor preço ou o de maior desconto. A grande novidade com relação ao pregão refere-se à sua utilização para a contratação de serviços de engenharia, consoante disposição do art. 29, parágrafo único, c/c o art. 6º, inc. XXI, al. "a".

O concurso, por sua vez, é modalidade de licitação para a escolha de trabalho técnico, científico ou artístico, com critério de julgamento de melhor técnica ou conteúdo artístico e para concessão de prêmio ou remuneração ao vencedor, com fulcro no art. 6º, inc. XXXIX.

O leilão, nos termos do art. 6º, inc. XL, é modalidade de licitação para alienação de bens imóveis ou de bens móveis inservíveis ou legalmente apreendidos a quem oferecer o maior lance. Diferentemente da Lei nº 8.666/1993, permitia a utilização do pregão, enquanto regra, apenas para a venda de bens móveis inservíveis para a Administração, a atual legislação prevê que o leilão deve ser utilizado quando da alienação de bens imóveis.

Finalmente, o diálogo competitivo é a modalidade de licitação criada pela nova Lei de Licitações e Contratações, objetivando a contratação de obras, serviços e compras em que a Administração Pública realiza diálogos com licitantes previamente selecionados mediante critérios objetivos, com o intuito de

DA FASE PREPARATÓRIA ART° 29

desenvolver uma ou mais alternativas capazes de atender às suas necessidades, devendo os licitantes apresentar proposta final após o encerramento dos diálogos, consoante determina o art. 6º, inc. XLII.

Dessume-se que o diálogo competitivo deve ser utilizado na hipótese da Administração, em razão de sobranceira complexidade do objeto da licitação, precisar do auxílio da iniciativa privada, de modo a definir corretamente as especificações da obra, serviço ou compra que se pretenda realizar.

Importante se faz mencionar que a Lei nº 14.133/2021 não prevê a vinculação das modalidades de licitação com o valor estimado da contratação. Palmilhando o texto legal, chega-se à conclusão que, doravante, a modalidade de licitação deve ser escolhida de acordo com a natureza do objeto da licitação.

Artigo 29

A concorrência e o pregão seguem o rito procedimental comum a que se refere o art. 17 desta Lei, adotando-se o pregão sempre que o objeto possuir padrões de desempenho e qualidade que possam ser objetivamente definidos pelo edital, por meio de especificações usuais de mercado.

Parágrafo único. O pregão não se aplica às contratações de serviços técnicos especializados de natureza predominantemente intelectual e de obras e serviços de engenharia, exceto os serviços de engenharia de que trata a alínea "a" do inciso XXI do caput do art. 6º desta Lei.

O *caput* do art. 29 prevê a adoção do mesmo rito procedimental para a concorrência e para o pregão. Sem embargo, isto significa que ambas as modalidades de licitação adotam, como regra, o exame das propostas comerciais antes da fase de habilitação, sem prejuízo da inversão de fases, que se encontra prevista no art. 17, § 1º, podendo ser adotado o modo eletrônico ou presencial, com disputa aberta ou fechada.

Conveniente se faz lembrar que, embora o pregão e a concorrência possuam o mesmo rito procedimental, é possível apontar alguns diferenciais. A licitação na modalidade de concorrência caracteriza-se pela apresentação de proposta, que será julgada de acordo com o critério de julgamento adotado e previsto no edital, admitida a conjugação de propostas comerciais e técnicas. O pregão, por outro lado, tem como característica imanente a essa modalidade de licitação a apresentação de uma proposta de preços inicial, com posterior formulação de lances sucessivos em ordem decrescente de preços, sendo inadmissível a exigência de propostas técnicas, pois o seu objetivo é viabilizar a contratação de bens e serviços comuns.

Vale salientar que a prática administrativa, desde os primórdios do pregão, vem utilizando essa modalidade de licitação de forma indiscriminada e errônea, notadamente quando da aquisição de bens.

Não é demais insistir que o pregão destina-se à contratação de bens e serviços comuns e, portanto, de natureza padronizada, onde pequenas variações de qualidade não prejudicam a contratação. No entanto, o que se percebe é a adoção de pregão para toda e qualquer contratação, onde licitantes apresentam produtos das mais diversas qualidades, inclusive aqueles de qualidade sobejamente duvidosa, que não atendem às necessidades da Administração, mas terminam por se sagrar vencedores do certame, em razão do preço.

Por oportuno, é de se reconhecer que muitas vezes o licitante, em razão da apresentação de sua proposta comercial, promete a entrega do produto de acordo com as especificações do objeto da licitação, mas, à vista de significativo decréscimo de preço, o objeto que será entregue é de qualidade infinitamente menor do que aquele desejado pela Administração. Ainda que se exija a tradicional amostra, de sorte a se demonstrar que o produto atende às exigências do edital, isto não garante que na execução do contrato o objeto entregue será aquele com as características estabelecidas no instrumento convocatório.

Em outro dizer, tudo isso significa que a licitação foi implementada sem o devido cuidado e, posteriormente, quando da execução do contrato, em face da ausência de fiscalização, o objeto é aceito de forma indiscriminada, sem que a Administração promova testes de qualidade visando verificar se o produto atende às exigências constantes do instrumento convocatório.

Essa distorção da utilização indiscriminada do pregão, embora aparentemente não cause dano ao erário, por conta do produto ter sido adquirido pelo menor preço, não atende às necessidades da Administração, pelo que reputamos que isso configura grave irregularidade, passível de responsabilização.

Por último, quanto aos requisitos de habilitação, estes se encontram dispostos nos arts. 62 e seguintes, devendo ser exigidos conforme a complexidade do objeto da licitação, que será examinada oportunamente.

ARTIGO 30

O concurso observará as regras e condições previstas em edital, que indicará:

I – a qualificação exigida dos participantes;

II – as diretrizes e formas de apresentação do trabalho;

III – as condições de realização e o prêmio ou remuneração a ser concedida ao vencedor.

DA FASE PREPARATÓRIA ART° 30

Parágrafo único. Nos concursos destinados à elaboração de projeto, o vencedor deverá ceder à Administração Pública, nos termos do art. 93 desta Lei, todos os direitos patrimoniais relativos ao projeto e autorizar sua execução conforme juízo de conveniência e oportunidade das autoridades competentes.

O concurso, enquanto modalidade de licitação, vem grafado no art. 30 da Lei nº 14.133/21, e é destinado à escolha de trabalho técnico, científico ou artístico, cujo critério de julgamento será o de melhor técnica ou conteúdo artístico, e para concessão de prêmio ou remuneração ao vencedor, nos termos do art. 6º, inc. XXXIX.

Dentre as modalidades de licitação previstas na nova legislação, o concurso possui características diferenciadas. A regra do concurso exige que os licitantes partícipes apresentem o seu trabalho técnico, científico ou artístico no ato da licitação. O edital, além de prever os critérios de avaliação, também deve trazer a forma de apresentação do trabalho que deverá ser examinado pela Administração.

Embora o inc. I determine que o edital deverá prever a qualificação dos licitantes, a nosso ver, o concurso prescinde de tal exigência, devendo esta imposição ser reservada para situações especialíssimas.

Questão extremamente delicada diz respeito ao nome dos licitantes partícipes. Em alguns casos, o nome do artista ou do cientista que apresentou o trabalho pode influenciar no julgamento do concurso, motivo pelo qual justifica-se o estabelecimento de disposição editalícia que preserve o anonimato dos partícipes, cuja autoria será revelada apenas ao final da licitação.

Insta dizer que os critérios de avaliação, ainda que devam ser de caráter objetivo, nem sempre estarão livres de subjetividade, pois o julgamento de trabalhos técnicos, científicos ou artísticos, no mais das vezes, impedem o pleno atendimento do princípio do julgamento objetivo.

O que não se permite, sob qualquer hipótese, é que o julgamento se faça mediante critérios desconhecidos ou, ainda, quando expressamente dispostos no edital, a Comissão não apresente as suas justificativas, em obediência ao princípio da motivação.

Após o julgamento dos trabalhos, o vencedor do concurso deverá receber o prêmio ou a remuneração, que necessariamente deverá estar expresso no edital, como forma de incentivo às artes, ciência e tecnologia, conforme o caso.

O parágrafo único exige que nos concursos destinados à elaboração de projeto, o vencedor deverá ceder à Administração Pública, nos termos do art. 93, todos os direitos patrimoniais relativos ao projeto e autorizar sua execução conforme juízo de conveniência e oportunidade das autoridades competentes, ressalvados os direitos de natureza personalíssima relativos à autoria, que permanecerão sob titularidade do vencedor do concurso.

ARTIGO 31

O leilão poderá ser cometido a leiloeiro oficial ou a servidor designado pela autoridade competente da Administração, e regulamento deverá dispor sobre seus procedimentos operacionais.

§ 1º Se optar pela realização de leilão por intermédio de leiloeiro oficial, a Administração deverá selecioná-lo mediante credenciamento ou licitação na modalidade pregão e adotar o critério de julgamento de maior desconto para as comissões a serem cobradas, utilizados como parâmetro máximo os percentuais definidos na lei que regula a referida profissão e observados os valores dos bens a serem leiloados.

§ 2º O leilão será precedido da divulgação do edital em sítio eletrônico oficial, que conterá:

I – a descrição do bem, com suas características, e, no caso de imóvel, sua situação e suas divisas, com remissão à matrícula e aos registros;

II – o valor pelo qual o bem foi avaliado, o preço mínimo pelo qual poderá ser alienado, as condições de pagamento e, se for o caso, a comissão do leiloeiro designado;

III – a indicação do lugar onde estiverem os móveis, os veículos e os semoventes;

IV – o sítio da internet e o período em que ocorrerá o leilão, salvo se excepcionalmente for realizado sob a forma presencial por comprovada inviabilidade técnica ou desvantagem para a Administração, hipótese em que serão indicados o local, o dia e a hora de sua realização;

V – a especificação de eventuais ônus, gravames ou pendências existentes sobre os bens a serem leiloados.

§ 3º Além da divulgação no sítio eletrônico oficial, o edital do leilão será afixado em local de ampla circulação de pessoas na sede da Administração e poderá, ainda, ser divulgado por outros meios necessários para ampliar a publicidade e a competitividade da licitação.

§ 4º O leilão não exigirá registro cadastral prévio, não terá fase de habilitação e deverá ser homologado assim que concluída a fase de lances, superada a fase recursal e efetivado o pagamento pelo licitante vencedor, na forma definida no edital.

O art. 31 trata da licitação na modalidade de leilão, que tem por objetivo a alienação de bens pertencentes à Administração, pelo critério do maior lance, e deverá ser alvo de regulamento específico por força das disposições estabelecidas em seu *caput*.

É bom que se diga, de plano, que as alienações decorrentes do Programa Nacional de Desestatização – PND estão sujeitas à disciplina específica, ditada pela Lei nº 9.491/1997.

Posto isso, o leilão poderá ser atribuído a leiloeiro oficial, admitido a sua condução por agente público especialmente designado para esse fim, por ato da autoridade competente.

Com efeito, a profissão de leiloeiro oficial vem regulamentada pelo Dec. nº 21.981/1932, mediante matrícula concedida pelas Juntas Comerciais do Distrito Federal e dos Estados.

Veja-se que, na hipótese da alienação de bens ser atribuída a leiloeiro oficial, exige-se, em razão da pluralidade de leiloeiros, que seja instaurado credenciamento ou licitação na modalidade de pregão, com adoção do critério do maior desconto para as comissões do leiloeiro oficial.

Atente-se que a comissão do leiloeiro oficial deve ser calculada sobre os valores dos bens alienados, na forma do que dispõe o art. 24 do Dec. nº 21.981/1932.

Quanto ao rito procedimental, o § 2º, inc. I, exige que o leilão seja precedido da necessária publicidade, mediante publicação de edital. Afora isso, também deve restar estabelecido que o bem alvo de alienação deva ser suficientemente descrito, com todas as suas características, de modo que os interessados tenham a exata noção daquilo que a Administração pretende alienar. Mas não é só isso. O edital deverá contemplar o local onde se possa encontrar os bens móveis, veículos e semoventes, para que sejam examinados pelos interessados em participar do leilão, conforme expressa o inc. III do § 2º.

Sobremodo disso, o edital deverá indicar a existência de eventuais ônus, gravames ou pendências existentes sobre os bens, sejam eles móveis ou imóveis, conforme § 1º, inc. V.

Em se tratando de bens imóveis, a disciplina do § 2º, inc. I, exige, ainda que de maneira não explícita, a sua localização, além de determinar as suas divisas, com remissão à matrícula e ao registro imobiliário.

É válido destacar que o bem a ser alienado exige avaliação prévia, cujo valor deverá constar do edital, que também deverá estabelecer o preço mínimo da alienação, bem como a sua forma de pagamento e comissão que será paga pelo adquirente ao leiloeiro oficial, consoante determina o inc. II do § 1º.

O § 1º, inc. IV, estabelece, como regra, que o leilão deverá adotar a forma eletrônica, salvo se comprovadamente, por questões de ordem técnica ou desvantagem para a Administração, poderá ser utilizada, excepcionalmente, a forma presencial.

Tratando-se de leilão eletrônico, o edital deverá contemplar o sítio eletrônico em que ocorrerá o certame, bem como data e horário de sua realização, assim como, no leilão presencial, o edital deverá estabelecer o local, data e horário do leilão.

A inteligência do § 3º exige a mais ampla publicidade que, além da divulgação no sítio eletrônico e da fixação do edital em local de ampla circulação de pessoas, poderá ainda ser divulgado por outros meios com vistas à ampliação da competição.

Ainda que o § 3º imponha como dever a divulgação do leilão em local de grande circulação de pessoas, se nos afigura que essa forma de publicidade encontra-se em total descompasso com a realidade e, portanto, os seus efeitos serão diminutos, pelo que concluímos que outros meios de publicização, além da divulgação no sítio eletrônico e publicação na imprensa oficial, podem e devem ser utilizados.

O § 4º, acertadamente, dispensa a necessidade de cadastramento, bem como a fase de habilitação, pois os requisitos de ordem subjetiva dos interessados são completamente desnecessários. Assim, findo o procedimento, com o decurso de prazo do recurso administrativo e, desde que efetivado o pagamento pelo licitante vencedor, o processo será remetido para a autoridade competente para fins de homologação.

ARTIGO 32

A modalidade diálogo competitivo é restrita a contratações em que a Administração:

I – vise a contratar objeto que envolva as seguintes condições:

a) inovação tecnológica ou técnica;

b) impossibilidade de o órgão ou entidade ter sua necessidade satisfeita sem a adaptação de soluções disponíveis no mercado; e

c) impossibilidade de as especificações técnicas serem definidas com precisão suficiente pela Administração;

II – verifique a necessidade de definir e identificar os meios e as alternativas que possam satisfazer suas necessidades, com destaque para os seguintes aspectos:

a) a solução técnica mais adequada;

b) os requisitos técnicos aptos a concretizar a solução já definida;

c) a estrutura jurídica ou financeira do contrato;

III – (VETADO).

§ 1º Na modalidade diálogo competitivo, serão observadas as seguintes disposições:

DA FASE PREPARATÓRIA ARTº 32

I – a Administração apresentará, por ocasião da divulgação do edital em sítio eletrônico oficial, suas necessidades e as exigências já definidas e estabelecerá prazo mínimo de 25 (vinte e cinco) dias úteis para manifestação de interesse na participação da licitação;

II – os critérios empregados para pré-seleção dos licitantes deverão ser previstos em edital, e serão admitidos todos os interessados que preencherem os requisitos objetivos estabelecidos;

III – a divulgação de informações de modo discriminatório que possa implicar vantagem para algum licitante será vedada;

IV – a Administração não poderá revelar a outros licitantes as soluções propostas ou as informações sigilosas comunicadas por um licitante sem o seu consentimento;

V – a fase de diálogo poderá ser mantida até que a Administração, em decisão fundamentada, identifique a solução ou as soluções que atendam às suas necessidades;

VI – as reuniões com os licitantes pré-selecionados serão registradas em ata e gravadas mediante utilização de recursos tecnológicos de áudio e vídeo;

VII – o edital poderá prever a realização de fases sucessivas, caso em que cada fase poderá restringir as soluções ou as propostas a serem discutidas;

VIII – a Administração deverá, ao declarar que o diálogo foi concluído, juntar aos autos do processo licitatório os registros e as gravações da fase de diálogo, iniciar a fase competitiva com a divulgação de edital contendo a especificação da solução que atenda às suas necessidades e os critérios objetivos a serem utilizados para seleção da proposta mais vantajosa e abrir prazo, não inferior a 60 (sessenta) dias úteis, para todos os licitantes pré-selecionados na forma do inciso II deste parágrafo apresentarem suas propostas, que deverão conter os elementos necessários para a realização do projeto;

IX – a Administração poderá solicitar esclarecimentos ou ajustes às propostas apresentadas, desde que não impliquem discriminação nem distorçam a concorrência entre as propostas;

X – a Administração definirá a proposta vencedora de acordo com critérios divulgados no início da fase competitiva, assegurada a contratação mais vantajosa como resultado;

XI – o diálogo competitivo será conduzido por comissão de contratação composta de pelo menos 3 (três) servidores efetivos ou empregados públicos pertencentes aos quadros permanentes da Administração, admitida a contratação de profissionais para assessoramento técnico da comissão;

XII – (VETADO).

§ 2º Os profissionais contratados para os fins do inciso XI do § 1º deste artigo assinarão termo de confidencialidade e abster-se-ão de atividades que possam configurar conflito de interesses

O art. 32 vem a disciplinar a modalidade de licitação denominada de diálogo competitivo que, a nosso ver, representa uma das grandes novidades da nova Lei de Licitações e Contratações.

Em caráter preliminar, impõe-se, por pertinente, dizer que o princípio da supremacia do interesse público sempre foi levado a extremos pela Administração Pública. Muitas vezes, é utilizado para amesquinhar o direito dos administrados, em verdadeiro desrespeito à sua finalidade.

De qualquer modo, o vetor principiológico em comento estabelece uma relação hierarquizada, pautada pela verticalização das relações entre a Administração e o particular. Até por isso, que a relação contratual sempre adotou uma modelagem concebida no seio da supremacia da Administração em face do particular, desconsiderando que o contrato administrativo é uma forma colaborativa, fundada em uma relação de cooperação.

Porém, nos últimos anos é fato que a supremacia do interesse público tem-se atenuado, em face da necessidade de se primar por uma principiologia dos direitos fundamentais, dentre os quais reconhece-se o direito a uma Administração Pública eficiente.

Assinalamos, por consequência, que o exercício dos poderes administrativos, até então exercitados como meio de imposição unilateral de decisões autoritárias, se democratizou, permitindo-se um diálogo entre a Administração e o particular, de sorte que esse último possa participar da vontade administrativa.

Daí decorre a denominada Administração Pública Dialógica, como um dos consectários da adoção do Estado Democrático de Direito, em que a participação cidadã da gestão e do controle da Administração Pública são medidas impositivas.

Ainda que tudo isso expresse um direito administrativo contemporâneo, voltado precipuamente para o cidadão, a concepção de contrato, ditada pela Lei nº 8.666/1993, não permitia uma atuação mais próxima do particular, tal qual estava acontecendo em países mais desenvolvidos.

Entretanto, com o advento do diálogo competitivo é possível dizer que se encontra consagrado, na prática, o direito administrativo contemporâneo, que veio a possibilitar uma relação pautada pela consensualidade, estabelecendo uma verdadeira parceria entre a Administração e o particular.

Conquanto seja possível indicar vantagens dessa nova modalidade de licitação, reconhece-se que suas disposições não passam de uma cópia do direito comunitário europeu, cujas interações distanciam-se do sistema jurídico

DA FASE PREPARATÓRIA · ART° 32

adotado no Brasil, o que dará ensejo às mais diversas discussões até que doutrina e jurisprudência encontrem-se minimamente assentadas.

É de se ver que o diálogo competitivo pressupõe o reconhecimento de que a atuação da Administração não será suficiente para se atingir o objetivo por ela desejado, pois inexiste uma solução já consagrada, imperando a incerteza e o desconhecimento quanto às soluções que podem resolver o problema enfrentado pelo Poder Público.

A disciplina do diálogo competitivo, nos termos do inc. I, alíneas "a" a "c", é restrito às hipóteses de contratação para: i) inovação tecnológica ou técnica; ii) impossibilidade de o órgão ou entidade ter sua necessidade satisfeita sem a adaptação de soluções disponíveis no mercado; e iii) impossibilidade de as especificações técnicas serem definidas com precisão suficiente pela Administração.

Como se pode observar, as hipóteses contempladas nas alíneas "a" a "c" do inc. I trazem consigo uma fluidez mais do que significativa, podendo ser aplicadas a uma série de situações práticas. Em que pese essa característica, não vislumbramos óbices em considerar que o dispositivo estabeleceu um rol exaustivo, que vai indicar à Administração a utilização do diálogo competitivo.

Entenda-se por inovação tecnológica e técnica a inexistência de uma solução que possa ser útil à Administração para a resolução de seu problema. A nosso ver, ainda que se possa fazer uma diferenciação semântica entre "tecnologia" e "técnica", isso vem a ser irrelevante, pois ambas implicam na inexistência de uma solução ou soluções encontradas no mercado.

A par disso, a al. "b", em verdade, traz o pré-requisito que é comum a todas as hipóteses contempladas pelo inc. I, que, de forma genérica, exige a inexistência ou insuficiência das soluções que possam ser encontradas no mercado.

A terceira hipótese, gizada na al. "c", diz respeito à inviabilidade de definição das especificações técnicas, com a necessária precisão. Ou seja, inexiste no mercado a adequada solução para a resolução da problemática enfrentada pela Administração.

As considerações precedentes levam-nos a afirmar que existe um regime de complementaridade constante das hipóteses insculpidas no inc. I. Concluímos, assim, que, além de formarem um rol exaustivo, estabeleceu-se também um regime de cumulatividade dos requisitos que servirão de sustentáculo para a adoção do diálogo competitivo.

Em contrapartida, o inc. II estabeleceu um rol exemplificativo, eis que a Administração para implementar o dever do aludido inciso deve verificar a necessidade de definir e identificar os meios e alternativas que possam satisfazer suas necessidades, **com destaque** para as hipóteses elencadas nas alíneas "a" a "c". Em outro falar, podem existir outras hipóteses que não só aquelas encontradas no inc. II que destacou, dentre aquelas consideradas possíveis, as que apresentam uma maior relevância.

O inc. II, al. "a", pressupõe a existência de uma pluralidade de soluções, cabendo ao particular indicar aquela mais adequada para ser adotada pela Administração. Por conseguinte, o diálogo competitivo não se presta apenas para que se possa conceber uma solução técnica adequada, mas também para indicar, dentre as diversas soluções possíveis, aquela que vai atender aos anseios da Administração.

O inc. II, al. "b", parte do pressuposto de que a Administração, embora já seja detentora da adequada solução, não conhece ainda os requisitos de ordem técnica necessários à execução da futura contratação. Nessa linha de pensamento, é possível concluir que a identificação da solução adequada foi implementada anteriormente, padecendo apenas da necessidade das especificações técnicas que serão identificadas pela instauração de licitação na modalidade de diálogo competitivo. Contudo, nada obsta que tudo isso seja feito em um único procedimento, em que se identifique solução e especificação, na medida em que a modalidade examinada comporta essa possibilidade sem qualquer impedimento.

A implementação do diálogo competitivo deve ocorrer quando a contratação envolver questões da mais alta complexidade que, no mais das vezes, também envolverá um grande vulto financeiro. Logo, a estruturação jurídica ou financeira da contratação pode exigir uma modelagem distinta, com concepções inovadoras.

O § 1º traça os aspectos procedimentais do diálogo competitivo. Essa modalidade de licitação, assim como as demais, exige uma fase preparatória que, ao seu final, deve concluir que foi impossível identificar uma solução que possa ser alvo de imediata disputa, objetivando a celebração de um contrato que reflita as necessidades da Administração.

Consequentemente, aquela que seria a etapa do planejamento da licitação deverá ser desenvolvida em conjunto com a iniciativa privada, mediante divulgação do edital em sítio eletrônico oficial, onde estarão apontadas as necessidades da Administração, bem como as exigências já definidas, e estabelecerá prazo mínimo de 25 (vinte e cinco) dias úteis para manifestação de interesse na participação da licitação.

Por óbvio, essa convocação deverá ser implementada mediante critérios para pré-seleção dos licitantes, que deverão ser previstos em edital, e serão admitidos todos os interessados que preencherem os requisitos objetivos estabelecidos.

É de bom alvitre lembrar que o edital de pré-seleção dos licitantes é significativamente diferente dos demais, pois as suas disposições ficam restritas ao estabelecimento das necessidades da Administração e das exigências já

DA FASE PREPARATÓRIA · ART° 32

estabelecidas, devendo ser disponibilizadas todas as informações relevantes, inclusive aquela que ensejou a impossibilidade de se instaurar um procedimento atinente à contratação propriamente dita.

Para essa pré-seleção o edital deve contemplar requisitos de ordem objetiva que os interessados deverão atender para participarem do diálogo competitivo. Contudo, a lei não estabeleceu quais seriam esses pré-requisitos, dada a impossibilidade de se estabelecer uma disciplina geral, em face da multiplicidade dos temas que possam ensejar a necessidade de se utilizar o diálogo competitivo.

Consequentemente, os critérios de pré-seleção encontram-se no âmbito da discricionariedade técnica da Administração, e deverão ser estabelecidos e detalhados no edital da forma mais objetiva possível, e previamente justificados.

A experiência tem demonstrado que uma ampla discricionariedade, por motivos óbvios, tem se demonstrado perigosa. Assim, o princípio da segregação das funções deve ser observado, envolvendo todas as áreas e departamentos que, de alguma forma, sejam interessados na licitação, na tentativa de se diminuir erros e desvios de finalidade.

Outra questão que deve ser considerada com o devido cuidado e cautela diz respeito ao perfil dos licitantes. Ora, forçoso é concluir que, se a contratação do objeto em sua completude se afigurou impossível, exigindo-se primeiramente que os particulares auxiliem a Administração na solução da problemática existente, é acertado dizer que nem todo particular poderá participar da licitação, mas apenas e tão somente aqueles que demonstrarem a necessária e indispensável aptidão, fruto de experiência anterior, e qualificação técnico-profissional que demonstre a capacidade de desenvolver as melhores soluções para a problemática apresentada pela Administração.

Disto decorre que os requisitos de ordem objetiva para a pré-seleção importam, desde logo, em um julgamento que deverá ser proferido identificando-se aqueles que atenderam às exigências do edital, mediante decisão devida e exaustivamente fundamentada.

Mas não é só isso, pois o diálogo competitivo tem uma estruturação complexa. Assim, uma vez selecionados os licitantes considerados aptos a participarem da licitação, nada impede a sua posterior exclusão se restar demonstrado a ausência de capacidade para conceber uma adequada solução, devendo essas e outras hipóteses serem disciplinadas pelo edital.

O exame dos dispositivos relativos ao diálogo competitivo revela que o legislador deixou de disciplinar muitas questões, deixando isso ao crivo da Administração. Assim, nada impede, e nem configura ilegalidade, que tal procedimento contemple que, a cada etapa concluída, uma ou mais soluções propostas sejam descartadas por inviáveis, sempre mediante critérios objetivos e de forma fundamentada, nos termos do inc. VII.

COMENTÁRIOS À NOVA LEI DE LICITAÇÕES PÚBLICAS E CONTRATOS ADMINISTRATIVOS

O inc. III veda a divulgação de informações de modo discriminatório, que possa implicar em vantagem para algum licitante. No mesmo passo, o inc. IV é determinante, no sentido de vedar que as soluções propostas sejam reveladas a outros licitantes, abrangendo, inclusive, eventuais informações protegidas pelo sigilo.

O encerramento dos diálogos encontra-se previsto no inc. V. Com efeito, o diálogo poderá ser mantido até que a Administração, em decisão fundamentada, identifique a solução ou as soluções que atendam às suas necessidades.

Quando da conclusão do diálogo competitivo, a Administração deverá juntar aos autos do processo licitatório os registros e as gravações da fase de diálogo, nos termos do inc. VI, e iniciar a fase competitiva com a divulgação de edital contendo a especificação da solução que atenda às suas necessidades e os critérios objetivos a serem utilizados para seleção da proposta mais vantajosa e abrir prazo, não inferior a 60 (sessenta) dias úteis, para todos os licitantes pré-selecionados na forma do inc. II deste parágrafo apresentarem suas propostas, que deverão conter os elementos necessários para a realização do projeto.

Para o encerramento do diálogo competitivo, a Comissão deverá elaborar relatório de todo o procedimento, bem como elencar a solução escolhida, com posterior remessa do processo à autoridade competente, a quem caberá a homologação.

A seguir, o edital da fase competitiva deverá ser instaurado, contemplando apenas a apresentação de propostas e julgamento, pois os requisitos de habilitação já foram exigidos quando da instauração do diálogo competitivo. Note-se que o procedimento de disputa ficará restrito a aqueles que foram pré-selecionados, sendo vedada a participação de terceiros, bem como daqueles que foram excluídos por não demonstrarem o atendimento aos pré-requisitos do diálogo competitivo.

A Administração, com vistas a solucionar vícios sanáveis, poderá solicitar esclarecimentos ou ajustes às propostas apresentadas, desde que não impliquem discriminação nem distorçam a concorrência entre as propostas, nos termos do inc. IX.

Finda a licitação que teve por objetivo a contratação da solução escolhida, com a definição da proposta vencedora, de acordo com critérios divulgados no início da fase competitiva, será assegurada a contratação mais vantajosa como resultado.

Cabe ainda esclarecer que o diálogo competitivo, por força do inc. XI, será conduzido por comissão de contratação composta de pelo menos 3 (três) servidores efetivos ou empregados públicos pertencentes aos quadros permanentes da Administração, admitida a contratação de profissionais para assessoramento técnico da comissão, que deverão assinar termo de confidencialidade e abster-se de atividades que possam configurar conflito de interesses.

240

DA FASE PREPARATÓRIA ART⁰ 33

Vale lembrar que o dispositivo examinado, em nenhum momento, contemplou a possibilidade de recurso administrativo, mas isso não inviabiliza a sua propositura, nos termos do art. 165, com expressa previsão no edital.

SEÇÃO III – Dos Critérios de Julgamento

ARTIGO 33

O julgamento das propostas será realizado de acordo com os seguintes critérios:

I – menor preço;
II – maior desconto;
III – melhor técnica ou conteúdo artístico;
IV – técnica e preço;
V – maior lance, no caso de leilão;
VI – maior retorno econômico.

A Lei nº 14.133/2021, diferentemente da Lei nº 8.666/1993, não se utilizou da nomenclatura "tipos de Licitação", limitando-se a estabelecer os critérios de julgamento estampados nos incs. I a VI do art. 33.

É indene, de qualquer dúvida, que o rol elencado no art. 33 tem natureza exaustiva, sendo legalmente impossível criar novos critérios de julgamento, ou mesmo combiná-los, de sorte a se obter um critério híbrido.

A escolha do critério de julgamento encontra-se intrinsecamente ligada aos objetivos buscados pela Administração Pública, bem como em razão das características do objeto da futura contratação.

Em outro falar, inexiste ampla liberdade de escolha quanto aos critérios de julgamento da licitação, no sentido de permitir que a Administração venha a adotar aquele que, a seu juízo, lhe pareça mais conveniente, reduzindo, assim, a discricionariedade do gestor público.

Assim, na fase preparatória será necessário acurado exame das características do objeto da contratação, que sempre deverá estar associada ao exame da finalidade concreta desejada pela Administração, determinando, também, o modo da disputa, bem como a eventual necessidade de se inverter as fases da licitação.

O edital, dentre outras previsões necessárias, deverá contemplar, explicitamente, o critério de julgamento adotado que, conforme dito à exaustão, deverá atender ao princípio do julgamento objetivo, permitindo, assim, a correta avaliação das vantajosidades das propostas apresentadas.

Ainda que alguns critérios, notadamente aqueles que envolvem técnica ou conteúdo artístico, carreguem consigo uma margem de subjetividade, esta

COMENTÁRIOS À NOVA LEI DE LICITAÇÕES PÚBLICAS E CONTRATOS ADMINISTRATIVOS

deverá ser reduzida ao mínimo possível, exigindo que a Comissão oferte as suas justificativas quando do julgamento da licitação.

Oportunamente, os critérios de julgamento serão mais bem examinados.

Artigo 34

O julgamento por menor preço ou maior desconto e, quando couber, por técnica e preço considerará o menor dispêndio para a Administração, atendidos os parâmetros mínimos de qualidade definidos no edital de licitação.

§ 1º Os custos indiretos, relacionados com as despesas de manutenção, utilização, reposição, depreciação e impacto ambiental do objeto licitado, entre outros fatores vinculados ao seu ciclo de vida, poderão ser considerados para a definição do menor dispêndio, sempre que objetivamente mensuráveis, conforme disposto em regulamento.

§ 2º O julgamento por maior desconto terá como referência o preço global fixado no edital de licitação, e o desconto será estendido aos eventuais termos aditivos.

O critério de julgamento do menor preço ou maior desconto e, quando couber, por técnica e preço, vem disciplinado no art. 34, que veio a estabelecer os seus condicionantes.

A este passo, o edital, além de prever o critério de julgamento adotado, deverá contemplar quais os condicionantes que serão aptos a levar a Administração a escolher a proposta de menor dispêndio, sem prejuízo da necessária qualidade do objeto da licitação.

Oportuno assinalar que o menor dispêndio aplica-se não só ao critério do menor preço, mas abrange também os critérios de maior desconto e, quando couber, a técnica e preço. É de curial importância dizer que o menor dispêndio, nem sempre será a proposta de menor preço, pois o critério da qualidade não pode ser esquecido, sob pena de se contratar um objeto inapropriado.

Assim, o edital deverá estabelecer, de forma objetiva, quais serão os critérios para que seja identificada a qualidade mínima desejada, desclassificando propostas não compatíveis com as disposições editalícias, em especial com aquelas relativas aos objetos da licitação.

Se, por um lado, veda-se a contratação de objetos desprovidos de qualidade, por outro também proíbe-se a contratação de objetos com qualidade excessiva. A compreensão de nossa afirmação deve ser entendida em termos, pois tudo dependerá dos objetivos que a Administração pretende atingir.

Assim, para que possamos melhor expressar nosso entendimento, vale lembrar que a escolha do objeto da licitação e suas especificações encontram-se no âmbito da competência discricionária da Administração, que tem o dever de adotar a melhor solução para o caso em concreto.

Dito isso, imaginemos que a Administração pretende adquirir cadernos, canetas, lápis e borracha para os seus servidores. Fácil é concluir que esses produtos devem ser dotados de qualidade mínima, que permitam aos servidores utilizarem esses objetos no contexto da finalidade de cada um, cumprindo o ciclo de vida de cada produto de maneira adequada.

Doutra parte, vamos imaginar que a secretaria de educação de determinado município pretenda adquirir material escolar para os alunos matriculados nas escolas da municipalidade. Não é demais concluir que os cadernos, lápis e borrachas, dentre outros materiais, devem possuir qualidade superior em relação àquela utilizada pelos servidores, pelo que seria mais conveniente e oportuno adquirir produtos sustentáveis e atóxicos, dentre outras características possíveis, tendo em vista que serão manuseados por crianças das mais diversas idades.

Portanto, a questão do mínimo e máximo de qualidade deve ser entendida em razão da finalidade desejada pela Administração, para cada caso concreto, inexistindo um padrão a ser seguido.

O que se exige, enquanto dever, é que na fase preparatória a Administração examine todas as possibilidades para identificar a relação existente entre o objeto da licitação e o preço ofertado, fixando esses parâmetros no edital, caso contrário o instrumento convocatório será defeituoso, e o princípio da vantajosidade da proposta não terá sido observado em sua verdadeira dimensão.

O § 1º do art. 34 prevê que os custos indiretos, relacionados com as despesas de manutenção, utilização, reposição, depreciação e impacto ambiental do objeto licitado, entre outros fatores vinculados ao seu ciclo de vida, poderão ser considerados para a definição do menor dispêndio, sempre que objetivamente mensuráveis, conforme disposto em regulamento.

Dito de outro modo, a vantajosidade da proposta deve ser avaliada não somente em relação ao preço ofertado, mas também em razão dos custos que devem ser suportados pela Administração, incluindo eventuais benefícios de ordem econômica, se possível.

Tomemos, por exemplo, os insumos hospitalares, que devem ser adquiridos pelas unidades de saúde, tais como agulhas, seringas, gases, algodão, luvas, materiais cortantes e cateteres. Após a utilização, todos esses materiais deverão ser descartados. Não é difícil concluir que o correto descarte desses produtos é muito mais do que uma preocupação com o meio ambiente, é, principalmente, uma questão de saúde pública.

A Agência Nacional de Vigilância Sanitária – ANVISA determina regras para armazenar, transportar e destinar corretamente esses resíduos, exigindo a contratação de uma empresa especializada para a retirada do lixo nos estabelecimentos de saúde.

Daí decorre que, se o edital não contemplar previsão que determine que a retirada e destinação desses insumos fique por conta da vencedora do certame, que deverá agregar esse custo ao seu preço, caberá à Administração contratar empresa que faça esse serviço com vistas a resolver esse problema.

Em face disso, caberá à Administração, na fase preparatória, definir qual seria a solução mais econômica para o caso. Mais precisamente, cabe à Administração verificar se seria mais vantajoso assumir essa obrigação, ou transferi-la para o vencedor da licitação que, nesta hipótese, deverá contemplar em seu custo a obrigação de retirada e correto descarte dos insumos hospitalares, em razão de expressa disposição constante do edital.

No que concerne ao critério de julgamento do maior desconto, impõe-se, em caráter preliminar, que o valor do orçamento necessariamente deverá constar do edital. Claro, seria impossível conceber que o licitante estaria obrigado a oferecer um desconto sobre o valor do orçamento, que se encontra sob sigilo.

De toda sorte, sagrar-se-á vencedora da licitação aquela empresa que ofertar o maior desconto sobre o valor do orçamento ou, em outro falar, a vencedora do certame será aquela que apresentou desconto que propicie um menor valor de desembolso.

Assim, a remuneração da futura contratada será satisfeita aplicando-se, em princípio, o desconto sobre o valor do orçamento, inclusive no que diz respeito à celebração de eventuais termos aditivos.

Cumpre-nos advertir que as disposições do § 2º somente poderão ser aplicadas quando as cláusulas e condições originariamente contratadas forem mantidas, disso decorre que, na hipótese da ocorrência de fatos supervenientes, que venham a alterar o equilíbrio econômico-financeiro da avença, inaplicável será a regra do dispositivo em comento.

ARTIGO 35

O julgamento por melhor técnica ou conteúdo artístico considerará exclusivamente as propostas técnicas ou artísticas apresentadas pelos licitantes, e o edital deverá definir o prêmio ou a remuneração que será atribuída aos vencedores.

Parágrafo único. O critério de julgamento de que trata o caput deste artigo poderá ser utilizado para a contratação de projetos e trabalhos de natureza técnica, científica ou artística.

Trata o art. 35 do julgamento da licitação em razão do critério da melhor técnica ou conteúdo artístico. Ainda que essa hipótese legal possa lembrar a licitação do tipo melhor técnica, isso nem de longe deve ser cogitado.

O critério de julgamento em questão deve ser utilizado para a escolha de trabalhos de natureza técnica ou artística, prevendo-se a possibilidade do vencedor da licitação ser remunerado ou auferir um prêmio.

O edital deverá contemplar única e exclusivamente uma proposta de natureza técnica ou artística que será avaliada, observados os critérios objetivos determinados pelo instrumento convocatório, inexistindo qualquer oferta de preço.

Uma vez escolhido o vencedor da licitação, com a entrega do prêmio ou remuneração, e superada eventual fase recursal, o processo será remetido para a autoridade competente, para fins de homologação do certame, inexistindo futura obrigação consolidada em contrato.

Como anteriormente dissemos, inexiste uma proposta de preço que deve ser avaliada. Cabe aqui, no entanto, assinalar que nas licitações de melhor técnica, o menor custo vem a ser um critério relevante. Para melhor entendimento, vamos lançar mão da possibilidade prevista no parágrafo único do art. 35, que admite a contratação de projetos.

Ora, não é difícil de se constatar que um projeto de qualidade que importe em um menor custo será elegível como critério que pode perfeitamente ser determinado pelo edital. Entretanto, insistimos: isso não significa que deverá haver uma proposta de preços, mas única e tão somente uma proposta técnica ou artística, conforme o caso.

Sabidamente, licitações que envolvem técnica e conteúdo artístico implicam em grande dificuldade para o estabelecimento de critérios objetivos. Ainda assim, os parâmetros necessários ao julgamento da licitação deverão ser contemplados, de modo a se atender, na medida do possível, o princípio do julgamento objetivo.

Artigo 36

O julgamento por técnica e preço considerará a maior pontuação obtida a partir da ponderação, segundo fatores objetivos previstos no edital, das notas atribuídas aos aspectos de técnica e de preço da proposta.

§ 1º O critério de julgamento de que trata o caput deste artigo será escolhido quando estudo técnico preliminar demonstrar que a avaliação e a ponderação da qualidade técnica das propostas que superarem os requisitos mínimos estabelecidos no edital forem relevantes aos fins pretendidos pela Administração nas licitações para contratação de:

COMENTÁRIOS À NOVA LEI DE LICITAÇÕES PÚBLICAS E CONTRATOS ADMINISTRATIVOS

I – serviços técnicos especializados de natureza predominantemente intelectual, caso em que o critério de julgamento de técnica e preço deverá ser preferencialmente empregado;

II – serviços majoritariamente dependentes de tecnologia sofisticada e de domínio restrito, conforme atestado por autoridades técnicas de reconhecida qualificação;

III – bens e serviços especiais de tecnologia da informação e de comunicação;

IV – obras e serviços especiais de engenharia;

V – objetos que admitam soluções específicas e alternativas e variações de execução, com repercussões significativas e concretamente mensuráveis sobre sua qualidade, produtividade, rendimento e durabilidade, quando essas soluções e variações puderem ser adotadas à livre escolha dos licitantes, conforme critérios objetivamente definidos no edital de licitação.

§ 2º No julgamento por técnica e preço, deverão ser avaliadas e ponderadas as propostas técnicas e, em seguida, as propostas de preço apresentadas pelos licitantes, na proporção máxima de 70% (setenta por cento) de valoração para a proposta técnica.

§ 3º O desempenho pretérito na execução de contratos com a Administração Pública deverá ser considerado na pontuação técnica, observado o disposto nos §§ 3º e 4º do art. 88 desta Lei e em regulamento.

O art. 36 trata das licitações com critério de julgamento por técnica e preço, exigindo a apresentação de duas propostas. A primeira deverá versar sobre a solução que o licitante entendeu ser mais viável para a execução do objeto da licitação, e, a segunda, refere-se à apresentação do preço.

O critério de julgamento, por expressa disposição do art. 36, exige que seja considerada a maior pontuação obtida a partir da ponderação das notas atribuídas às propostas técnicas e de preço.

Anote-se, desde logo, que nas licitações de técnica e preço nem sempre a proposta de menor desembolso será a vencedora do certame, em razão da ponderação das notas. Em outro giro, a proposta mais vantajosa decorre da conjugação das notas técnicas auferidas pelos licitantes e do preço ofertado.

É oportuno lembrar que inexiste qualquer óbice jurídico à possibilidade de proposta de maior valor sagrar-se vencedora do certame, pois entendeu--se que o critério mais relevante é a solução técnica ofertada pelo licitante, que, em última análise, diz respeito ao fator qualidade. Melhor dizendo, o que se demanda é a escolha de uma proposta de qualidade, com o menor desembolso possível que, insistimos, pode não ser aquela que ofertou o menor preço.

246

O § 1º determina em qual hipótese caberá o critério de julgamento de técnica e preço. Como não poderia deixar de ser, essa escolha dependerá do estudo técnico preliminar que deve demonstrar que a avaliação e a ponderação da qualidade técnica das propostas que superarem os requisitos mínimos estabelecidos no edital forem relevantes aos fins pretendidos pela Administração.

É fato que as licitações com critério de técnica e preço não dispensam o estabelecimento de uma qualidade mínima que deve ser observada, como, aliás, também deve ocorrer nas licitações que tenham por parâmetro o menor desembolso.

Não é demais apontar que as licitações de técnica e preço encontram-se jungidas "aos fins pretendidos pela Administração", implicando, pois, no interesse público perseguido.

Impende dizer, de sua vez, que o rol constante do § 1º é taxativo, não cabendo outras hipóteses para a adoção da licitação pelo critério de técnica e preço, diferentemente da Lei nº 8.666/1993 que admitia que esse critério de julgamento fosse utilizado para os mais diversos objetos, desde que justificadamente e devidamente autorizado pelo agente público competente. Assim, a solução adotada para as licitações de técnica e preço deve ser louvada, pois impede o atendimento de interesses outros, que não o interesse público.

Trata o inc. I dos serviços técnicos especializados de natureza predominantemente intelectual, definido no inc. XVIII do art. 6º. Um exame mais detido do dispositivo sobrefalado revela que os serviços técnicos especializados de natureza predominantemente intelectual exigem a atuação de profissional diferenciado, permitindo, inclusive, a contratação de pessoas físicas.

Atente-se, ainda, que, quando constatada a hipótese de inviabilidade de competição, a licitação deverá ser afastada, celebrando-se um contrato fundado em inexigibilidade de licitação.

A seu tempo, o inc. II contempla os serviços majoritariamente dependentes de tecnologia sofisticada e de domínio restrito como requisito para a adoção de técnica e preço. Há que se considerar que a tecnologia caminha a passos largos e muitas vezes esse conhecimento técnico-científico não se encontra à livre disposição no mercado, em razão de sua natureza sofisticada.

Ainda que serviços de tecnologia mais sofisticada sejam de domínio restrito, isso não significa ausência de competição, pois diversas soluções tecnicamente possíveis podem ser adotadas. Outro fator preponderante para a utilização do critério de técnica e preço reside na inexistência de uma prestação de serviços padronizada, o que ensejaria a instauração de licitação cujo critério seria o de menor desembolso.

Sobremais disso, o dispositivo determina que a prestação de serviços de natureza tecnológica sofisticada venha atestada por autoridades técnicas de

COMENTÁRIOS À NOVA LEI DE LICITAÇÕES PÚBLICAS E CONTRATOS ADMINISTRATIVOS

reconhecida qualificação, que, necessariamente, não precisa ser emitida pela Administração Pública, mas, sim, por particular de reputação reconhecida no âmbito da atividade objeto da licitação.

O inc. III admite a realização de licitação por técnica e preço para bens e serviços especiais de tecnologia da informação e de comunicação.

Em caráter preliminar, é possível afirmar que a contratação de bens e serviços de tecnologia da informação e de comunicação devem se sujeitar à licitação na modalidade de pregão que, por sua própria natureza, afasta o critério da técnica e preço.

Assim, somente poderá ser adotado o critério da técnica e preço quando a contratação de serviços de tecnologia da informação e de comunicação se constituir em um serviço especial, demandando, assim, que as necessidades da Administração exijam um nível de satisfação inovador.

As obras e serviços especiais de engenharia encontram-se dispostos no inc. IV. Vale rememorar que a Lei admite duas espécies de serviços de engenharia, aquele de natureza comum e aquele de natureza especial, conforme art. 6º, inc. XXI, al. "a".

Sem sombra de dúvidas, os serviços comuns de engenharia ensejam a instauração de licitação na modalidade de pregão, ao passo que os serviços não comuns, ou especiais, devem ser licitados mediante concorrência, ressalvada a possibilidade de diálogo competitivo, quando for o caso.

De qualquer sorte, entenda-se por serviços especiais de engenharia aqueles que comportam múltiplas soluções, com a utilização das mais diversas técnicas, impondo à Administração escolher aquela que melhor atenda às suas necessidades.

Por fim, o inc. V também admite licitação de técnica e preço para objetos que admitam soluções específicas e alternativas e variações de execução, com repercussões significativas e concretamente mensuráveis sobre sua qualidade, produtividade, rendimento e durabilidade, quando essas soluções e variações puderem ser adotadas à livre escolha dos licitantes, conforme critérios objetivamente definidos no edital de licitação.

O inc. V é de difícil interpretação. Em que pese a redação do dispositivo, que nos parece bastante confusa, é possível afirmar que a prestação de serviços pretendida comporta as mais diversas soluções, capazes de repercutir nos requisitos de qualidade, produtividade, rendimento e durabilidade e, por isso, podem ficar à livre escolha dos licitantes, mediante critérios objetivos expressados no edital. Via de consequência, isso quer dizer que referidos serviços, em síntese, não possuem uma natureza padronizada.

As considerações precedentes autorizam que a Administração, ao invés de escolher a solução que lhe pareça mais adequada, deixa isso ao crivo do

DA FASE PREPARATÓRIA ART° 36

particular, para posterior avaliação, no decorrer da licitação, mediante o atendimento de critérios objetivos.

Releva dizer que, para a adoção da hipótese examinada é preciso que a Administração defina alguns parâmetros, como, por exemplo, o objetivo que pretende atingir com a contratação, bem como padrões de qualidade, que necessariamente devem ser observados.

O § 2º é de preponderante importância, pois dispõe sobre o julgamento propriamente dito das licitações que se utilizam do critério de julgamento por técnica e preço. Para tanto, deverão ser avaliadas e ponderadas as propostas técnicas e, em seguida, as propostas de preço apresentadas pelos licitantes, na proporção máxima de 70% (setenta por cento) de valoração para a proposta técnica.

O dispositivo é de competência discricionária, podendo a Administração adotar ponderação de até 70% (setenta por cento) para as propostas técnicas. Isso também quer dizer que admite-se a mera média aritmética quando propostas técnica e de preços tiverem o mesmo peso.

De qualquer sorte, é o caso de trazer um exemplo, de modo a propiciar um melhor entendimento sobre a questão. Nesse passo, vamos adotar a ponderação máxima de 70% para a proposta técnica e, por consequência, a proposta de preços será ponderada em 30%. Para o cálculo das notas técnicas, vamos lançar mão de procedimento que é corriqueiramente utilizado pela Administração Pública nas licitações de técnica e preço.

Imagine-se que, no decorrer da licitação, a empresa "A" ofertou o preço de R$ 100,00 (cem reais) e a empresa "B" o preço de R$ 120,00. Para converter o preço em nota técnica faz-se necessário dividir o valor ofertado pela empresa que apresentou o menor dispêndio (empresa A) por todas as demais propostas que, *in casu*, são apenas 2 (duas). Logo, R$ 100,00 (cem reais) dividido por R$ 100,00 (cem reais) é igual a 1; R$ 100,00 (cem reais) dividido por R$ 120,00 (cento e vinte reais) é igual a 0,83. Feito isso, multiplicamos os valores obtidos por 100, de modo a obter a nota das propostas de preços – A com nota 100 e B com nota 83.

Por fim, considerando que o edital estabeleceu ponderação de 70% (setenta por cento) para a proposta técnica e 30% (trinta por cento) para a proposta comercial, faz-se necessário promover o último cálculo. Para a empresa A: 100 multiplicado por 0,30 acrescido de 83 multiplicado por 0,70 chegando ao valor de 88,1; para a empresa B: 83 multiplicado por 0,30 acrescido de 100 multiplicado por 0,70 chegando a um valor de 94,1.

Com isso, chegamos ao seguinte resultado: B teve média ponderada de 94,1, enquanto A teve média ponderada de 88,1. Veja-se que, embora A tenha oferecido um preço inferior a B, quem se sagrou vencedor foi esta última, a empresa B, porque o peso da nota técnica é superior ao peso da nota de preço.

Não nos é defeso concluir que a licitação de técnica e preço enseja a adoção de um procedimento deveras complexo. A par disso, também é de se observar que não serão todas as empresas capazes de preparar uma proposta técnica adequada e, futuramente, executá-la.

Em razão disso, é preciso verificar, previamente, a idoneidade e a capacidade da licitante para executar o futuro contrato. Por conseguinte, se nos afigura que, por conta disso, justifica-se a inversão de fases, admitindo-se que primeiramente seja examinada a questão documental inerente à fase de habilitação, pelo que somente passará à fase seguinte, de avaliação da proposta técnica dos licitantes habilitados.

Uma vez examinadas as propostas técnicas, serão classificadas aquelas que demonstrarem ser aceitáveis, de acordo com os critérios objetivos previstos no edital e, finalmente, será aberta a proposta de preços das já aludidas propostas técnicas classificadas.

ARTIGO 37

O julgamento por melhor técnica ou por técnica e preço deverá ser realizado por:

I – verificação da capacitação e da experiência do licitante, comprovadas por meio da apresentação de atestados de obras, produtos ou serviços previamente realizados;

II – atribuição de notas a quesitos de natureza qualitativa por banca designada para esse fim, de acordo com orientações e limites definidos em edital, considerados a demonstração de conhecimento do objeto, a metodologia e o programa de trabalho, a qualificação das equipes técnicas e a relação dos produtos que serão entregues;

III – atribuição de notas por desempenho do licitante em contratações anteriores aferida nos documentos comprobatórios de que trata o § 3º do art. 88 desta Lei e em registro cadastral unificado disponível no Portal Nacional de Contratações Públicas (PNCP).

§ 1º A banca referida no inciso II do caput deste artigo terá no mínimo 3 (três) membros e poderá ser composta de:

I – servidores efetivos ou empregados públicos pertencentes aos quadros permanentes da Administração Pública;

II – profissionais contratados por conhecimento técnico, experiência ou renome na avaliação dos quesitos especificados em edital, desde que seus trabalhos sejam supervisionados por profissionais designados conforme o disposto no art. 7º desta Lei.

§ 2º Ressalvados os casos de inexigibilidade de licitação, na licitação para contratação dos serviços técnicos especializados de natureza predominantemente intelectual previstos nas alíneas "a", "d" e "h" do inciso XVIII do caput do art. 6º desta Lei cujo valor estimado da contratação seja superior a R$ 300.000,00 (trezentos mil reais), o julgamento será por:

I – melhor técnica; ou

II – técnica e preço, na proporção de 70% (setenta por cento) de valoração da proposta técnica (Promulgação partes vetadas – § 2º e incisos rejeitados)

O art. 37 traz consigo a regra para o julgamento de licitações que adotem o critério de melhor técnica ou técnica e preços. Reconheça-se, por imperativo, que a disciplina do comando legal examinado padece de uma distorção, com relação à licitação cujo critério de julgamento adotado seja a melhor técnica.

Nessa medida, cabe lembrar que a melhor técnica destina-se à escolha da melhor proposta técnica ou conteúdo artístico. Assim, não se justifica exigir do artista que a sua capacitação e experiência sejam comprovadas mediante atestados de regular desempenho e, menos ainda, atribuir notas em razão do conhecimento do objeto, metodologia, programa de trabalho, e qualificação de equipe técnica.

Logo, é de rigor mencionar que as determinações do art. 37 devem ser interpretadas com a devida reserva, dependendo, precipuamente, do caso em concreto.

Com efeito, o inc. I disciplina a verificação da capacidade e da experiência do licitante, que deverá ocorrer mediante a apresentação de atestados de obras, produtos ou serviços previamente realizados, reportando-se, portanto, à fase de habilitação.

Em se tratando de documento exigido para efeito de habilitação, não se justifica a sua exigência às licitações de melhor técnica ou conteúdo artístico, até porque, em princípio, inexiste fase habilitatória nos certames em que se busca a escolha da melhor proposta técnica ou melhor conteúdo artístico.

Quanto ao inc. II, que prevê a atribuição de notas a quesitos de natureza qualitativa, sua disciplina, diferentemente do inc. I, deve ser aplicada para efeito de julgamento da licitação e, portanto, suas disposições se referem à proposta técnica. O legislador minudeou cada um dos condicionantes que serão objeto de avaliação, com a respectiva atribuição de notas, que deverá constar expressamente no edital.

Finalmente, quanto ao inc. III, suas disposições referem-se à atribuição de notas, tendo por sustentáculo o desempenho do licitante em contratações

COMENTÁRIOS À NOVA LEI DE LICITAÇÕES PÚBLICAS E CONTRATOS ADMINISTRATIVOS

anteriores, que serão aferidas mediante a apresentação dos documentos constantes do § 3º do art. 88.

O art. 88, § 3º, disciplina que a atuação do contratado será avaliada pelo contratante, que emitirá documento comprobatório da avaliação realizada, mencionando o seu desempenho na execução contratual, baseado em indicadores objetivamente definidos e aferidos, e a eventuais penalidades aplicadas, o que constará do registro cadastral em que a inscrição for realizada.

Não custa dizer que as exigências plasmadas no inc. III do art. 37 e art. 88, § 3º, em última análise, referem-se ao desempenho anterior do licitante, sendo considerada, inclusive, as anotações constantes de registro cadastral unificado disponível no Portal Nacional de Contratações Públicas (PNCP).

Preocupante, no que concerne ao desempenho anterior do licitante, são as anotações do cadastro, que podem fazer menção à aplicação de penalidade, bem como demonstraram performances insatisfatórias e, por fim, se constituírem em impeditivo de participação na licitação.

Assim, todas essas questões devem ser decididas na fase preparatória da licitação, com o necessário bom senso, expressado pela observância dos princípios da razoabilidade e da proporcionalidade, de sorte a não se fazer restrição indesejada.

Para o julgamento da licitação, nos moldes preconizados pelo inc. II do art. 37, exige-se a formação de uma banca, que deverá contar com 3 (três) membros, podendo ser composta por servidores ou empregados públicos – § 1º, inc. I – e por profissionais contratados, em razão de seu conhecimento ou renome – § 1º, inc. II –.

Essa banca poderá ser constituída por servidores ou empregados públicos, conforme o caso, e também por profissionais especificamente contratados para fazer a necessária avaliação, nos termos do edital.

Uma leitura mais atenta do inc. II do art. 37 prevê a instituição de banca para o fim único de fazer as avaliações necessárias, nos termos do edital. Em outro falar, exige-se a constituição de uma "banca" e não de uma "comissão" de avaliação diferenciada. O só fato disso revela que estamos diante de uma excepcionalidade, caso contrário não haveria sentido em fazer essa distinção. Portanto, os membros da banca devem ser diferenciados, mais precisamente, profissionais especializados, no ramo de atividade compatível com o objeto da proposta técnica, caso contrário, não haveria razão para a adoção dessa excepcionalidade.

Por conta disso, a competência prevista no § 1º, incs. I e II, que admite a constituição de banca, integrada por servidores ou empregados públicos e, no mesmo passo, admite que profissionais sejam contratados especificamente para fins de avaliação, tem-se por pressuposto que, em qualquer das hipóteses, os integrantes deverão ser profissionais especializados.

Outra questão que não pode ser ignorada é a necessidade de se designar uma comissão de contratação. Veja-se que a instituição da banca não exonera a administração do dever de constituir uma comissão de contratação, a quem caberá tomar as providências administrativas decorrentes da instauração do processo licitatório.

No tocante ao §2º do artigo em comento, tem-se que o mesmo restou devidamente vetado pelo Presidente da República, adotando-se as seguintes razões para decidir:

> "Razões do veto
>
> A propositura legislativa prevê a obrigatoriedade de julgamento por melhor técnica e técnica e preço nos serviços técnicos especializados de natureza predominantemente intelectual previstos nas alíneas 'a', 'd' e 'h' do inciso XVIII do caput do art. 6º desta Lei cujo valor estimado da contratação seja superior a R$ 300.000,00 (trezentos mil reais).
>
> Entretanto, e embora a boa intenção do legislador, a medida contraria o interesse público, já que cabe ao gestor, analisando caso a caso, vocacionado no poder discricionário e com base na Lei, decidir, a depender do objeto a adoção do critério de julgamento.
>
> Ademais, esta imposição, vinculada – critério de julgamento com base na melhor técnica ou técnica e preço –, não se mostra a mais adequada e fere o interesse público, tendo em vista que não se opera para todos os casos possíveis de contratação, ao contrário, poderá haver um descompasso entre a complexidade/rigor da forma de julgamento versus objeto de pouca complexidade que prescindem de valoração por técnica e preço."

Ocorre, todavia, que o mesmo restou devidamente promulgado em 10 de junho de 2021 em razão do Congresso Nacional derrubar em 1º do referido mês o tal veto realizado pelo presidente à nova Lei de Licitações e Contratos Administrativos.

Artigo 38

No julgamento por melhor técnica ou por técnica e preço, a obtenção de pontuação devido à capacitação técnico-profissional exigirá que a execução do respectivo contrato tenha participação direta e pessoal do profissional correspondente.

O art. 38 dispõe sobre o julgamento das licitações pelo critério da melhor técnica e técnica e preços. Por isso, qualquer interpretação que conclua que a questão da capacitação técnico-profissional se refira à fase de habilitação deve ser terminantemente afastada.

A correta intelecção do dispositivo determina que aquele profissional que foi apresentado para a obtenção de pontuação decorrente da capacitação técnico-profissional deverá participar da execução do futuro contrato.

Artigo 39

O julgamento por maior retorno econômico, utilizado exclusivamente para a celebração de contrato de eficiência, considerará a maior economia para a Administração, e a remuneração deverá ser fixada em percentual que incidirá de forma proporcional à economia efetivamente obtida na execução do contrato.

§ 1º Nas licitações que adotarem o critério de julgamento de que trata o caput deste artigo, os licitantes apresentarão:

I – proposta de trabalho, que deverá contemplar:

a) as obras, os serviços ou os bens, com os respectivos prazos de realização ou fornecimento;

b) a economia que se estima gerar, expressa em unidade de medida associada à obra, ao bem ou ao serviço e em unidade monetária;

II – proposta de preço, que corresponderá a percentual sobre a economia que se estima gerar durante determinado período, expressa em unidade monetária.

§ 2º O edital de licitação deverá prever parâmetros objetivos de mensuração da economia gerada com a execução do contrato, que servirá de base de cálculo para a remuneração devida ao contratado.

§ 3º Para efeito de julgamento da proposta, o retorno econômico será o resultado da economia que se estima gerar com a execução da proposta de trabalho, deduzida a proposta de preço.

§ 4º Nos casos em que não for gerada a economia prevista no contrato de eficiência:

I – a diferença entre a economia contratada e a efetivamente obtida será descontada da remuneração do contratado;

II – se a diferença entre a economia contratada e a efetivamente obtida for superior ao limite máximo estabelecido no contrato, o contratado sujeitar-se-á, ainda, a outras sanções cabíveis.

O art. 39 trata do julgamento da licitação pelo critério do maior retorno econômico. É restrito aos contratos de eficiência, que tem por finalidade reduzir as despesas do contratante, e será oportunamente examinado. O *caput* do art. 39 prevê que a remuneração do contratado deverá ser fixada em percentual que incidirá de forma proporcional à economia efetivamente obtida na execução

DA FASE PREPARATÓRIA ART° 39

do contrato. Isso significa que o particular terá a sua remuneração em razão de uma parcela da economia obtida.

O licitante deverá, nos termos do § 1º, incs. I e II, apresentar proposta de trabalho e proposta de preços.

Na proposta de trabalho, o licitante deverá articular a sua acepção sobre o trabalho que deverá ser desenvolvido, bem como estabelecer os resultados esperados, decorrentes de sua intervenção.

Essa proposta de trabalho deverá descrever as obras e serviços que deverão ser implementados, além dos bens, que deverão ser fornecidos, com os respectivos prazos de realização ou fornecimento.

Mas não é só isso. A proposta de trabalho deverá conter uma estimativa da economia que se pretende atingir, que deverá ser expressada em unidade de medida associada à obra, ao bem ou ao serviço e em unidade monetária.

O comando legal constante do § 1º, incs. I e II, não deixa claro se as suas exigências são taxativas ou exemplificativas. Porém, em se tratando de uma proposta de trabalho em que o licitante deve formular a sua concepção sobre o trabalho que deve ser realizado, é cristalino que isso dependerá de outros fatores que devem ser disciplinados pelo edital, tais como a exigência de certificações que demonstrem a correção da proposta formulada, isso sem falar nos aspectos imanentes a uma engenharia financeira.

O inc. II disciplina a apresentação da proposta de preços, que deve corresponder ao percentual incidente sobre a economia que se estima gerar durante determinado período, expressa em unidade monetária.

Quanto ao instrumento convocatório, o § 2º exige a expressa previsão dos parâmetros objetivos de mensuração da economia gerada com a execução do contrato, que servirá de base de cálculo para a remuneração devida ao contratado.

Quanto ao rito do processo licitatório, a avaliação dos aspectos subjetivos do licitante revela-se deveras importante, ensejando a adoção da inversão de fases como modo de se avaliar a necessária capacidade e idoneidade do licitante, como disputa fechada, pois a adoção de lances poderia carrear consequências desastrosas, que evidentemente poderão repercutir de forma negativa na qualidade do objeto do futuro contrato.

De todo modo, o edital deverá disciplinar os critérios de aceitabilidade da proposta de trabalho, que envolverá não só a sua exequibilidade como os sempre necessários critérios de qualidade mínima, que, caso não sejam atendidos, ensejará a desclassificação do licitante.

Extremamente complexo é o julgamento da licitação que implica, nos termos do § 3º, a avaliação do retorno econômico resultante da economia que se estima gerar com a execução da proposta de trabalho, deduzida a proposta de

COMENTÁRIOS À NOVA LEI DE LICITAÇÕES PÚBLICAS E CONTRATOS ADMINISTRATIVOS

preço. Significa dizer que a escolha da proposta mais vantajosa deve contemplar a associação da proposta de trabalho e da proposta de preços. Considera-se vencedora do certame aquela que demonstrar o maior benefício econômico decorrente do montante da economia prevista, conforme proposta de trabalho, que será abatido da remuneração explicitada na proposta de preços.

SEÇÃO IV – Disposições Setoriais

SUBSEÇÃO I – Das Compras

ARTIGO 40

O planejamento de compras deverá considerar a expectativa de consumo anual e observar o seguinte:

I – condições de aquisição e pagamento semelhantes às do setor privado;

II – processamento por meio de sistema de registro de preços, quando pertinente;

III – determinação de unidades e quantidades a serem adquiridas em função de consumo e utilização prováveis, cuja estimativa será obtida, sempre que possível, mediante adequadas técnicas quantitativas, admitido o fornecimento contínuo;

IV – condições de guarda e armazenamento que não permitam a deterioração do material;

V – atendimento aos princípios:

a) da padronização, considerada a compatibilidade de especificações estéticas, técnicas ou de desempenho;

b) do parcelamento, quando for tecnicamente viável e economicamente vantajoso;

c) da responsabilidade fiscal, mediante a comparação da despesa estimada com a prevista no orçamento.

§ 1º O termo de referência deverá conter os elementos previstos no inciso XXIII do caput do art. 6º desta Lei, além das seguintes informações:

I – especificação do produto, preferencialmente conforme catálogo eletrônico de padronização, observados os requisitos de qualidade, rendimento, compatibilidade, durabilidade e segurança;

II – indicação dos locais de entrega dos produtos e das regras para recebimentos provisório e definitivo, quando for o caso;

III – especificação da garantia exigida e das condições de manutenção e assistência técnica, quando for o caso.

§ 2º Na aplicação do princípio do parcelamento, referente às compras, deverão ser considerados:

256

DA FASE PREPARATÓRIA · ART° 40

I – a viabilidade da divisão do objeto em lotes;

II – o aproveitamento das peculiaridades do mercado local, com vistas à economicidade, sempre que possível, desde que atendidos os parâmetros de qualidade; e

III – o dever de buscar a ampliação da competição e de evitar a concentração de mercado.

§ 3º O parcelamento não será adotado quando:

I – a economia de escala, a redução de custos de gestão de contratos ou a maior vantagem na contratação recomendar a compra do item do mesmo fornecedor;

II – o objeto a ser contratado configurar sistema único e integrado e houver a possibilidade de risco ao conjunto do objeto pretendido;

III – o processo de padronização ou de escolha de marca levar a fornecedor exclusivo.

§ 4º Em relação à informação de que trata o inciso III do § 1º deste artigo, desde que fundamentada em estudo técnico preliminar, a Administração poderá exigir que os serviços de manutenção e assistência técnica sejam prestados mediante deslocamento de técnico ou disponibilizados em unidade de prestação de serviços localizada em distância compatível com suas necessidades.

As disposições do art. 40 tem por objetivo disciplinar o processo de compras na Administração Pública, estabelecendo, logo de início, o planejamento que deverá contemplar o seu consumo anual, em complementação às disposições constantes do art. 12.

Assim, o inc. I estabelece que as condições de aquisição e pagamento devem se assemelhar às do setor privado. Em que pese esta disposição, do ponto de vista prático, é bastante difícil compatibilizar a burocracia do sistema público com a agilidade do setor privado, até porque a Administração Pública se submete ao princípio da legalidade.

De qualquer sorte, a questão de sobrelevo, que aproxima a Administração Pública dos particulares, é a possibilidade do pagamento antecipado, observadas as determinações constantes do art. 145 que, mais a seu tempo, será alvo de nossos comentários.

O inc. II traz consigo a determinação de se utilizar, quando possível, o sistema de registro de preços, comentado quando do exame dos arts. 82 e ss., que, quando gerenciado adequadamente, permite se atingir a necessária eficiência, notadamente no que toca ao ganho de tempo. As compras devem se realizar em estrita observância do consumo e utilização provável, sendo determinadas em razão de suas unidades e respectivos quantitativos, nos termos do inc. III.

A sua estimativa será obtida, na medida do possível, mediante adequadas técnicas quantitativas, admitido o fornecimento contínuo.

Importante verificar que a finalidade das disposições do inc. III é chegar o mais próximo possível das necessidades futuras, ainda que fatos supervenientes possam vir a alterar essa estimativa. Vale dizer que o indispensável planejamento das compras tem por objetivo evitar a instauração de licitações de afogadilho, cujas repercussões normalmente não se afiguram como ideais.

A par disso, e para evitar o atropelo na instauração das licitações necessárias, o legislador faz expressa menção aos fornecimentos contínuos, cuja modelagem se mostra como uma adequada solução para o atendimento das necessidades administrativas, comportando a entrega periódica de quantitativos necessários ao consumo da Administração, em prazos predeterminados, conforme o estabelecido no instrumento contratual pertinente.

Por óbvio, as compras devem ser realizadas em razão do consumo e em razão das condições de armazenamento. Não só por isso, o inc. IV determina expressamente a necessidade de existir condições de guarda e adequado armazenamento para evitar a deterioração dos produtos adquiridos pela Administração Pública.

O inc. V é dedicado aos princípios aplicáveis às compras públicas, sem prejuízo dos demais vetores constantes do art. 5º da Lei nº 14.133/2021.

O princípio da padronização das compras públicas, disciplinado no inc. V, al. "a", se revela da mais alta relevância, pelo que remetemos o leitor aos nossos comentários quando do exame do art. 42.

De toda maneira, não é demais dizer que a padronização deve se revestir de cuidados especiais, tais como a instauração de processo específico, onde estejam consignadas as diversas especificações do objeto que a Administração Pública pretenda padronizar, com as justificativas que nortearam a escolha do produto mais adequado às necessidades administrativas.

A al. "b" do inc. V prevê a adoção do princípio do parcelamento, desde que tecnicamente possível e observada a necessária vantajosidade. O parcelamento, em última análise, significa dividir o objeto da licitação em um número certo de lotes, possibilitando a instauração de diversos processos licitatórios, aumentando, inclusive, a competitividade do certame.

Evidentemente, a decisão acerca do parcelamento exige adequado estudo, que deve se concretizar na fase preparatória da licitação, observados os requisitos técnicos e econômicos, que deverão pautar a decisão administrativa.

Assim, com esse intuito, o § 2º, incs. I a III, trata dos requisitos para que o parcelamento seja adotado.

O primeiro requisito, previsto no inc. I, é de natureza material, na medida em que o parcelamento somente poderá acontecer se o objeto da licitação

DA FASE PREPARATÓRIA ART⁰ 40

comportar a sua divisão em lotes, pelo que se depreende, desde logo, que o produto, cuja aquisição se pretenda fazer, não pode ser desnaturado.

O inc. II exige, para efeito de parcelamento, que se aproveite as peculiaridades do mercado local, com vistas à economicidade, sempre que possível, desde que atendidos os parâmetros de qualidade. Ou seja, a vantajosidade na adoção do parcelamento deve abranger não apenas a questão do preço, mas também o indissociável critério da qualidade do produto.

Afora parte isso, o parcelamento deve atender à ampliação da competitividade e um critério de direito econômico, de sorte a se evitar a concentração do mercado, nos termos do inc. III do § 2º.

Importa dizer que a decisão acerca do parcelamento deve se revestir dos cuidados necessários, pois há hipóteses em que não se justifica a sua adoção. Para tanto, o § 3º, incs. I a III, veio estabelecer as condições em que é vedada a adoção do parcelamento do objeto da licitação.

O § 3º, inc. I, é determinante ao vedar o parcelamento quando a economia de escala, a redução de custos de gestão de contratos ou a maior vantagem na contratação recomendar a compra do item do mesmo fornecedor.

A vantajosidade é medida que se impõe, em qualquer uma das contratações celebradas pela Administração Pública. Calha, aqui, insistir mais uma vez, que a vantajosidade nem sempre implicará na proposta de menor preço. Logo, se observadas a incidência dos condicionantes do inc. I, o parcelamento não será devido.

Assim, se o aumento do quantitativo importar em efetivo aumento da economia de escala, o parcelamento deixa de ter razão de ser. No mesmo passo, se o parcelamento implicar em um aumento de custo, em razão da administração de diversos contratos, é certo dizer que a adoção da solução pretendida também não se justifica.

Outro aspecto, que exige especial atenção, diz respeito ao objeto da contratação, vedando-se o parcelamento se isto implicar na desnaturação do produto que se pretenda adquirir, conforme determina o inc. II do § 3º.

Por último, o parcelamento também deverá ser afastado se, no processo de padronização, restar demonstrado que é caso de fornecedor exclusivo, podendo propiciar, inclusive, a contratação direta, com sustentáculo na inexigibilidade de licitação.

O princípio da responsabilidade fiscal vem grafado no inc. V da al. "c" do art. 40, impondo a compatibilização da despesa estimada com aquela prevista no orçamento.

A Lei Complementar nº 101/2000, denominada Lei de Responsabilidade Fiscal – LRF, estabelece normas de finanças públicas voltadas para a responsabilidade na gestão fiscal, com a finalidade de reduzir o déficit público, estabilizar a economia e, principalmente, controlar os gastos governamentais.

COMENTÁRIOS À NOVA LEI DE LICITAÇÕES PÚBLICAS E CONTRATOS ADMINISTRATIVOS

Assim, a compatibilização da despesa estimada com aquela prevista no orçamento, vem a exigir o cumprimento das disposições do art. 16, § 1º, inc. I, da LRF, que, de clareza lapidar, estabelece que a adequação com a lei orçamentária anual impõe que a despesa seja objeto de dotação específica e suficiente, ou que esteja abrangida por crédito genérico, de forma que somadas todas as despesas da mesma espécie, realizadas e a realizar, previstas no programa de trabalho, não sejam ultrapassados os limites estabelecidos para o exercício.

O § 1º dos incs. I a III do art. 40 trata do termo de referência, que, além dos elementos determinados pelo inc. XXIII do *caput* do art. 6º, deverá conter outras informações.

A especificação do produto deverá acontecer, preferencialmente, de acordo com o catálogo eletrônico de padronização, observados os requisitos de qualidade, rendimento, compatibilidade, durabilidade e segurança, nos termos expressados pelo § 1º, inc. I.

O requisito da qualidade é imperativo em todas as contratações públicas. Entretanto, dúvidas não há, quanto a natureza exemplificativa dos requisitos de rendimento, compatibilidade, durabilidade e segurança que não estarão presentes em todas as aquisições planejadas pela Administração Pública.

A expressão rendimento é emprestada de outra disciplina, que não o direito. Mais precisamente a expressão em comento advém da química, e indica se o produto tem a necessária aptidão para satisfazer as necessidades administrativas, que são quantitativamente variáveis.

A compatibilidade se constitui na possibilidade de dois ou mais objetos, quando reunidos, funcionarem conjuntamente, como, por exemplo, equipamentos médicos que tenham sido adquiridos anteriormente. Nessa hipótese, somente será possível a aquisição de determinado produto, de modo que o equipamento anteriormente adquirido funcione em sua plenitude.

Entenda-se por durabilidade, o lapso temporal em que determinado produto poderá ser continuamente utilizado.

Por fim, a segurança que, diga-se de passagem, é de grande relevância. Logo, o atributo da segurança deve demandar que o manuseio do produto não importe em qualquer risco para as pessoas.

O § 1º, inc. II, exige que o termo de referência indique os locais de entrega dos produtos e das regras para recebimentos provisório e definitivo, quando for o caso.

Não resta qualquer dúvida que o local de entrega do produto, além de ser condicionante da execução do contrato, também pode ser elemento que deve encontrar-se previsto na formação do preço ofertado, em especial quando se tratar de localidades distantes. Quanto às regras do recebimento provisório e definitivo, remetemos o leitor às disposições do art. 140, inc. II.

DA FASE PREPARATÓRIA   ART° 40

A seu turno, o § 1º, inc. III, exige que o termo de referência especifique a garantia exigida e as condições de manutenção e assistência técnica, quando for o caso. Note-se que a exigência em comento diz respeito à garantia do produto propriamente dito, e não aquelas relativas à licitação.

Nesse contexto, há de ser considerado, ainda, as disposições do § 4º que admite que a prestação dos serviços de manutenção e assistência técnica sejam prestados mediante deslocamento de técnico ou disponibilizados em unidade de prestação de serviços localizada em distância compatível com as necessidades da Administração.

É caso, portanto, da aquisição de produtos que exijam manutenção e assistência técnica que poderá ser contratada em conjunto com a aquisição ou, ainda, separadamente, mediante a instauração de processo licitatório específico, tudo a depender de estudos técnicos preliminares, devidamente justificados, na fase preparatória da licitação.

Definições e conceito

Padronização do objeto. Definição: TJ/SP – Apelação Cível nº 0002012-90.2009. 8.26.0480 – Relatoria: Ronaldo Andrade – "Padronizar significa igualar, uniformizar. Para Aurélio Buarque de Holanda Ferreira, padronização é a redução dos objetivos do mesmo gênero a um só tipo, unificado e simplificado, segundo um padrão ou modelo preestabelecido."

Definição de "assistência técnica" proposta pelo CAU. Anexo da Resolução nº 21/12, do Conselho de Arquitetura e Urbanismo do Brasil: "Assistência técnica – atividade que consiste na prestação de serviços em geral, por profissional que detém conhecimento especializado em determinado campo de atuação profissional, visando prestar auxílio com vistas a suprir necessidades técnicas."

Conceito de "economia de escala" – Conceito proposto por Jessé Torres Pereira Junior e Marinês Restelatto Dotti "3. Economia de Escala significa que quanto maior for a quantidade licitada menor poderá se o custo unitário do produto a ser adquirido"[64]

Jurisprudência e decisões dos Tribunais de Contas

Padronização do objeto. Benesses observadas quando da utilização deste expediente: TCU – Decisão nº 443/2001 – Plenário – Trecho do voto do Ministro Relator Valmir Campelo – "23. Quanto à questão da padronização sustentada pela ECT, embora não seja no caso em exame de preponderável importância, não pode, todavia,

---

[64] JUNIOR, Jessé Torres Pereira e DOTTI, Marinês Restelatto. Da responsabilidade de Agentes Públicos e Privados nos Processos Administrativos de Licitação e Contratação. São Paulo: NDJ, 2012. p. 93.

COMENTÁRIOS À NOVA LEI DE LICITAÇÕES PÚBLICAS E CONTRATOS ADMINISTRATIVOS

ser desconsiderada, posto que, além de constituir regra a ser observada pelo administrador, opera como instrumento de racionalização da atividade administrativa, reduzindo custos e otimizando a aplicação dos limitados recursos públicos disponíveis, na medida em que se observam na espécie ganhos na execução do contrato, ante a redução dos custos de treinamento dos servidores públicos que venham a operar o sistema, incluindo aí a edição de manuais, e, ainda, em face de as providências de conservação e manutenção permanecerem idênticas ou bastante similares às já praticadas no órgão."

Padronização do objeto. Necessidade de que o estudo inequívoco que ampara tal expediente seja juntado nos autos do processo administrativo: TCU – Acórdão nº 539/2007 – Plenário – Relatoria: Ministro Marcos Bemquerer Costa – "9.2. determinar à Agência de Promoção de Exportações e Investimentos – Apex-Brasil que, nas próximas licitações: 9.2.6. na hipótese de optar pela padronização de produtos, faça constar do respectivo procedimento justificativa respaldada em comprovação inequívoca de ordem técnica, apresentando estudos, laudos, perícias e pareceres que demonstrem as vantagens econômicas e o interesse da Administração, considerando as condições de operação, manutenção, assistência técnica e garantias oferecidas."

Padronização do objeto. Expediente legal: TJ/PR – Apelação Cível nº 71269-7 – Relatoria: Des. Airvaldo Stela Alves – "Absolutamente legal o ato da Administração em especificar, no edital de concorrência pública, determinada marca de equipamento de informática, com adoção do princípio da padronização, plenamente justificado pela existência de outros, da mesma marca, que já integram o seu patrimônio, visando não só a harmonização dos serviços de informática, bem como a redução de custos de conservação e manutenção." (TJPR – 4ª Câmara Cível – Ap. Cível nº 71269-7 – Relatoria Airvaldo Stela Alves – DJ: 07/02/2000)

Padronização do objeto. Expediente legal: TJ/SP – Apelação Cível nº 0002012-90.2009.8.26.0480 – Relatoria: Des. Ronaldo Andrade – "MANDADO DE SEGURANÇA. Licitação. Princípio da Padronização. Aquisição de veículo de determinada marca. Alegação de ilegalidade, tendo em vista preferência de marca e dirigismo licitatório. Não ocorrência, uma vez que é permitida a padronização. A vedação de indicação de marca, como qualquer regra, não é absoluta, exigindo-se, para sua perfeita compreensão, uma análise sistemática com outros dispositivos, igualmente relevantes, constantes da Lei n. 8.666/93, quais sejam, os artigos 15, I, e 7º, § 5º. Sentença mantida. Recurso improvido"

Padronização do objeto. Indicação de marcas. Possibilidade: TCU – Súmula nº 270/2012 – "Em licitações referentes a compras, inclusive de 'softwares', é possível a indicação de marca, desde que seja estritamente necessária para atender exigências de padronização e que haja prévia justificação" (TC-013.542/2009-9, Acórdão nº 849/2012-Plenário).

DA FASE PREPARATÓRIA   ART⁰ 40

Padronização de objeto. Indicação de marcas. Possibilidade: TCU – Decisão nº 516/2002 – Plenário – Relatoria: Ministro Adylson Motta – "8.2.2 atente para o disposto nos art. 7º, § 5º, da Lei nº 8.666/93 e para o entendimento deste Tribunal, firmado na Sessão Plenária de 29/08/2001, (Decisão nº 664/2001, Ata 35/2001), no sentido de que, quando tratar-se de objeto com características e especificações exclusivas, a justificativa para a indicação de marca, para fins de padronização, seja fundamentada em razões de ordem técnica, as quais devem, necessariamente, constar no processo respectivo, invocando, sempre que possível, a faculdade prevista no art. 75, do mesmo diploma legal."

Parcelamento obrigatório do objeto. Objeto divisível. Adjudicação por itens. Expediente que prestigia a competitividade do certame: TCU – Súmula nº 247 – "É obrigatória a admissão da adjudicação por item e não por preço global, nos editais das licitações para a contratação de obras, serviços, compras e alienações, cujo objeto seja divisível, desde que não haja prejuízo para o conjunto ou complexo ou perda de economia de escala, tendo em vista o objetivo de propiciar a ampla participação de licitantes que, embora não dispondo de capacidade para a execução, fornecimento ou aquisição da totalidade do objeto, possam fazê-lo com relação a itens ou unidades autônomas, devendo as exigências de habilitação adequar-se a essa divisibilidade."

Parcelamento obrigatório do objeto. Objeto divisível. Adjudicação por itens. Expediente que prestigia a competitividade do certame: TCU – Acórdão nº 1.768/2008 – Plenário – Relatoria: Ministro Raimundo Carreiro – "9.5.2. efetue o parcelamento do objeto, de sorte a adjudicar por itens e não pelo preço global, com vistas a propiciar ampla participação dos licitantes que, embora não dispondo de capacidade para a execução da totalidade do objeto, possam, contudo, fazê-lo com referência a itens ou unidades autônomas, a teor do § 1º do art. 23 da Lei nº 8.666/93 e das orientações contidas nas Decisões nº 393/1994 e 1.089/2003-TCU-Plenário."

Parcelamento obrigatório do objeto. Objeto divisível. Afastamento do parcelamento. Necessidade de análise prévia sob a ótica técnica e econômica: TCU – Acórdão nº 2.407/2006 – Plenário – Relatoria: Ministro Benjamin Zymler – "9.3. determinar ao Ministério da Integração Nacional que: 9.3.5. realize sempre prévia avaliação técnica e econômica antes de descartar o parcelamento previsto no § 1º do artigo 23 da Lei nº 8.666/93, fazendo constar do processo licitatório o conjunto probatório de que o parcelamento seria inviável sob estes aspectos."

Parcelamento obrigatório do objeto. Objeto divisível. Afastamento do parcelamento. Necessidade das razões serem acostadas nos autos do processo administrativo: TCU – Acórdão nº 146/2009 – Plenário – Relatoria: Ministro Raimundo Carreiro – "1.5. Determinar à Caixa Econômica Federal, com fulcro no art. 250, II, do RI/TCU, que, em futuras licitações, quando o objeto for divisível e o parcelamento não for viável, demonstre devidamente no processo licitatório as razões para o não parcelamento, em conformidade ao disposto no art. 23, § 1º, da Lei 8.666/93 e da Súmula 247 do TCU."

Parcelamento obrigatório do objeto. Objeto divisível. Possibilidade de apresentação de proposta para apenas um item: TCU – Acórdão 531/2007 – Plenário – Relatoria: Ministro Ubiratan Aguiar – "3. Em respeito ao princípio do parcelamento, a definição de itens deve ser clara, explicitando-se, inclusive, a possibilidade de cotação para um único item."

Parcelamento obrigatório do objeto. Serviços de naturezas distintas. Adoção de licitações distintas. Impossibilidade de licitação única. Exigência habilitatória deve ser a mínima para garantir a regular execução do objeto (lote) e não de todo o objeto (conjunto dos lotes): TCU – Acórdão nº 1.536/2008- Plenário – Relatoria: Ministro Guilherme Palmeira "9.1.1. estabeleça nas próximas licitações, onde o objeto seja dividido em lotes, os requisitos de habilitação econômico-financeira individualmente, e não em relação a todos os lotes, discriminando, no instrumento convocatório, critérios objetivos a serem observados, visando a assegurar que somente sejam adjudicados a uma mesma empresa os lotes para os quais apresente os requisitos necessários para garantir o cumprimento das obrigações contratuais assumidas."

Parcelamento obrigatório do objeto. Objeto divisível. Preço deve refletir os observados no mercado correlato, devendo ser aferido, ainda, eventual ganho na economia de escala: TCU – Acórdão nº 168/2009 – Plenário – Relatoria: Ministro José Jorge – "9.3.8. certifique-se, quando da adjudicação do bem licitado, que o preço ofertado é compatível com os praticados no mercado, sem prejuízo de averiguar, no caso de compras, se aquele reflete a economia de escala derivada do porte do pedido e de suas condições favoráveis de pagamento, com vistas a assegurar a obtenção da proposta mais vantajosa para a Administração, em consonância com o disposto no art. 3º, 'caput', da Lei nº 8.666, de 1993."

Fracionamento de despesas. Caracterização. Requisitos: TCU – Acórdão nº 935/2007 – Plenário – Relatoria: Ministro Ubiratan Aguiar – "1. Um dos requisitos para que se caracterize o fracionamento de despesas é que os objetos licitados separadamente pudessem ser realizados concomitantemente."

ARTIGO 41

No caso de licitação que envolva o fornecimento de bens, a Administração poderá excepcionalmente:

I – indicar uma ou mais marcas ou modelos, desde que formalmente justificado, nas seguintes hipóteses:

a) em decorrência da necessidade de padronização do objeto;

b) em decorrência da necessidade de manter a compatibilidade com plataformas e padrões já adotados pela Administração;

c) quando determinada marca ou modelo comercializados por mais de um fornecedor forem os únicos capazes de atender às necessidades do contratante;

DA FASE PREPARATÓRIA   ART° 41

d) quando a descrição do objeto a ser licitado puder ser mais bem compreendida pela identificação de determinada marca ou determinado modelo aptos a servir apenas como referência;

II – exigir amostra ou prova de conceito do bem no procedimento de pré-qualificação permanente, na fase de julgamento das propostas ou de lances, ou no período de vigência do contrato ou da ata de registro de preços, desde que previsto no edital da licitação e justificada a necessidade de sua apresentação;

III – vedar a contratação de marca ou produto, quando, mediante processo administrativo, restar comprovado que produtos adquiridos e utilizados anteriormente pela Administração não atendem a requisitos indispensáveis ao pleno adimplemento da obrigação contratual;

IV – solicitar, motivadamente, carta de solidariedade emitida pelo fabricante, que assegure a execução do contrato, no caso de licitante revendedor ou distribuidor.

Parágrafo único. A exigência prevista no inciso II do caput deste artigo restringir-se-á ao licitante provisoriamente vencedor quando realizada na fase de julgamento das propostas ou de lances.

As compras encontram-se previstas no art. 41 que, de início, prevê uma competência discricionária da administração, permitindo, excepcionalmente, algumas exigências relativas ao julgamento das propostas que, se admitidas, devem estar explicitamente dispostas no edital, inclusive quanto aos critérios de avaliação.

A escolha, por tratar-se de competência discricionária, pode recair em cima de qualquer uma das exigências previstas nos incs. I a IV do art. 41. Nessa linha de pensamento, vale consignar a inexistência de obrigatoriedade de se escolher qualquer uma das possibilidades traçadas no dispositivo invocado. O que não se admite é o estabelecimento de exigência fora das hipóteses contempladas nos incisos supracitados. Trata-se, pois, de rol exaustivo.

Contudo, é possível afirmar que, havendo uma exigência, sempre haverá uma restrição. Logo, no âmbito da fase preparatória é preciso verificar se a exigência encontra-se em consonância com o princípio da isonomia e, portanto, possui um nexo de pertinência lógica com a finalidade desejada. Nessa hipótese, a exigência será cabível e deverá ser alvo de justificativas por parte do agente público responsável.

Exigências simplesmente restritivas de competição, com vistas a unicamente diminuir o número de interessados, ou, até mesmo, direcionar a licitação, são práticas inadmitidas e ilegais, sem prejuízo de apuração de responsabilidades.

O inc. I permite que o edital faça expressa previsão sobre a necessidade de se ofertar determinada marca ou modelo, vale lembrar, a título excepcional e desde que devidamente justificada na fase preparatória. Disso decorre que a regra é a não exigência de marca ou modelo, deixando por conta do licitante ofertar aquela que venha atender às disposições do edital.

Outro aspecto que deve ser considerado, é fazer descrição das especificações do objeto da licitação direcionada para determinada marca ou modelo, ainda que se faça isso sem expressa previsão editalícia. Para que não reste qualquer dúvida, válido é dizer que utilizar as características do objeto da licitação para, indiretamente, contemplar a exigência em exame, é procedimento feito ao arrepio da Lei e, portanto, ilegal.

Por sua vez, as justificativas que podem ser invocadas para a exigência de marca ou modelo são aquelas que se encontram elencadas nas alíneas "a" a "d". A al. "a" admite a exigência de marca ou modelo em razão de processo de padronização. A padronização exige a adoção de especificações de determinado produto, que tenha qualidade, durabilidade e outras características da marca ou modelo escolhido, considerados indispensáveis para o atendimento de futuras contratações.

Por envolver uma restrição, a escolha da marca ou modelo deve ser alvo de extensa justificativa, mediante a instauração de processo específico, que será melhor examinado quando de nossos comentários ao art. 43.

Outra motivação que pode ser elencada é aquela disposta na al. "b", em decorrência da necessidade de manter a compatibilidade com plataformas e padrões já adotados pela Administração.

Nessa hipótese, temos que partir do pressuposto que a Administração Pública, por qualquer motivo que seja, adquiriu produtos e máquinas, dentre outras possibilidades, cujo funcionamento depende de aquisição de insumos que lhes sejam compatíveis, caso em que, não admitida a exigência de marca ou modelo, poderá causar o comprometimento da finalidade do bem que foi adquirido anteriormente.

A al. "c" fala por si só ao admitir a exigência de marca ou modelo comercializado por mais de um fornecedor, e for o único capaz de atender às necessidades do contratante.

Quando as características de determinada marca ou modelo se constituírem nas únicas a atenderem às necessidades da Administração será possível que a contratação se concretize mediante ausência de competição, em razão de inexigibilidade de licitação.

Por outro lado, é perfeitamente possível a existência de competitividade, desde que exista uma pluralidade de particulares que comercializem a marca ou modelo que atendam às necessidades da Administração.

DA FASE PREPARATÓRIA   ART° 41

Ao final, na al. "d", restou estabelecida a possibilidade de se utilizar determinada marca ou modelo apenas como referência. Trata-se do já consagrado "ou similar". Por essa interpretação conclui-se que a previsão editalícia aceita outras marcas, desde que possuam um nexo de equivalência dentre elas.

O inc. II permite a exigência de amostra ou prova de conceito do bem no procedimento de pré-qualificação permanente, na fase de julgamento das propostas ou de lances, ou no período de vigência do contrato ou da ata de registro de preços, desde que previsto no edital da licitação e justificada a necessidade de sua apresentação.

A amostra, tradicionalmente, tem sido exigida nas licitações de compras há muitos anos, ainda que, no mais das vezes, a sua finalidade – demonstrar que o produto ofertado pelo licitante atende às especificações do objeto da licitação – não seja atingida.

Por óbvio, uma vez exigida amostra, esta deve ser devidamente examinada pelo órgão público licitante, exigindo, na maioria das vezes, ensaios técnicos, que somente poderão ser realizados por laboratórios idôneos, como, por exemplo, o Instituto de Pesquisas Tecnológicas – IPT, às expensas do licitante.

A prova de conceito, também prevista no inc. II, é o nome que se dá à demonstração da possibilidade de validação de uma ideia (ou conceito), muito comum na área da Tecnologia da Informação – TI.

Em última análise, a prova de conceito se faz mediante a apresentação de um protótipo que tem por objetivo demonstrar uma solução, parcial ou total, com agendamento de um período de testes, de modo a simular uma operação real da solução apresentada, bem como também contempla outras possibilidades que serão examinadas quando das nossas considerações acerca do art. 42.

Infere-se, portanto, que as exigências constantes do inc. II – amostra e prova de conceito – são distintas, pelo que o edital deverá disciplinar a apresentação de uma delas, observados os diferenciais existentes. É de fundamental importância lembrar que as exigências em comento dizem respeito ao objeto da licitação e, portanto, devem ser examinadas conjuntamente com a proposta comercial, sendo incabível a sua exigência na fase de habilitação, salvo situações especialíssimas devidamente justificadas.

Oportuno, nesse momento, trazer à baila as disposições do parágrafo único do art. 41, que são determinantes no sentido de permitir a exigência de amostra ou prova de conceito tão somente do licitante classificado provisoriamente em primeiro lugar. Assim, se aprovada a amostra ou a prova de conceito, o licitante será declarado vencedor da licitação.

Decorrente disso, na hipótese das exigências de amostra ou prova de conceito demonstrarem dissonância com as especificações do objeto licitado, o licitante partícipe deve ser desclassificado.

Impossível refazer o procedimento de análise, bem como também não podem ser aceitas aquelas alegações corriqueiramente encontradas nos recursos administrativos, onde se afirma que, embora o produto apresentado não tenha demonstrado a sua compatibilidade com o edital, firma-se o compromisso de, futuramente, na execução do contrato administrativo entregar o bem de acordo com as especificações desejadas pela administração.

O inc. II prevê que a amostra ou prova de conceito pode ser exigida nas licitações de pré-qualificação, que tem por objetivo a celebração de contratos futuros, que será melhor detalhada quando do exame do art. 80.

A par disso, o inc. III veda a contratação de marca ou produto, quando, mediante processo administrativo, restar comprovado que produtos adquiridos e utilizados anteriormente pela Administração não atendem a requisitos indispensáveis ao pleno adimplemento da obrigação contratual.

A redação do inc. III deve ser interpretada em termos. A vedação do inc. III deve ser entendida como proibitiva de se aceitar propostas que ofertem marca ou produto que, anteriormente, não tenham atendido os requisitos desejados pela administração.

Outro aspecto de suma importância diz respeito a diversos bens de determinada marca. Veja-se que a vedação não se aplica à marca propriamente dita, mas, sim, com relação a um produto específico. Melhor dizendo, a vedação não alcança todos os produtos da marca, mas somente aquele que foi anteriormente adquirido, mas que não tenha atendido às expectativas da administração.

Conveniente também observar que decidir pela exclusão de determinada marca ou produto não pode ocorrer sem a instauração do devido processo legal, em estrita obediência ao princípio do contraditório e ampla defesa, e observado o vetor principiológico da segregação de funções, com vistas a produzir um julgamento imparcial.

A natureza jurídica da decisão de exclusão de determinada marca ou produto é de caráter proibitivo, mas desprovida de qualquer característica sancionatória, ainda que dependa sempre da observância do devido processo legal, e poderá ser revista a qualquer momento, desde que comprovado que houve eliminação da imperfeição anteriormente identificada.

Na hipótese do licitante se constituir em um revendedor ou distribuidor, poderá a administração, nos termos do inc. IV, exigir carta de solidariedade emitida pelo fabricante do produto, assegurando a execução do contrato. Em síntese, a carta de solidariedade é um documento onde o fabricante do produto, em face da falha de seu revendedor ou distribuidor, se compromete a executar o contrato.

A carta de solidariedade durante muitos anos foi amplamente discutida, pois era corriqueiramente exigida, ainda que sem expressa previsão legal que a

DA FASE PREPARATÓRIA | ART° 41

autorizasse, nos termos da Lei nº 8.666/1993, sendo, ao final, reconhecida como documento ilegal e, portanto, inexigível em matéria de licitação.

A Lei nº 14.133/2021 veio a resolver essa questão, em face de expresso arrimo no inc. IV, trazendo a carta de solidariedade para o âmbito da legalidade, que, a partir de agora, poderá ser exigida juntamente com a proposta apresentada.

Lembramos, por oportuno, que o fabricante, ao emitir a carta de solidariedade, não assume a posição de copartícipe da licitação e, portanto, se constitui em flagrante ilegalidade exigir os seus documentos de habilitação.

Em nosso pensamento, a carta de solidariedade não é documento que possa ser exigido em todas as licitações de aquisição de produtos, devendo ser utilizada para certames em que a execução do objeto imponha complexidade que venha a justificar essa exigência.

Jurisprudência e decisões dos Tribunais de Contas

Indicação de marcas. Possibilidade: TCU – Súmula nº 270/2012 – "Em licitações referentes a compras, inclusive de 'softwares', é possível a indicação de marca, desde que seja estritamente necessária para atender exigências de padronização e que haja prévia justificação"

Indicação de marcas. Regra. Impossibilidade. Possibilidade, desde que justificado tecnicamente. Necessidade de que tal justificativa seja acostada nos autos do processo administrativo: TCU – Acórdão nº 484/2005 – Plenário – Trecho do voto do Ministro Relator Guilherme Palmeira – "Certamente, usar de subterfúgios para se obter o produto da marca desejada é o caminho menos indicado para um gestor, porquanto tal procedimento fere os princípios da impessoalidade, da igualdade e do julgamento objetivo, que devem nortear os atos no âmbito da administração pública. Nesse sentido, faz-se necessário o encaminhamento de determinação à Universidade Federal de Sergipe no sentido de que, na hipótese de em certames licitatórios optar pela padronização de produtos, atente para o disposto no art. 7º, § 5º, da mesma Lei, fazendo constar do respectivo processo justificativa respaldada em comprovação inequívoca de ordem técnica, com estudos, laudos, perícias e pareceres que demonstrem as vantagens econômicas e o interesse da administração, considerando as condições de manutenção, assistência técnica e garantias oferecidas."

Indicação de marcas. Regra. Impossibilidade. Descrição do objeto, incluindo a expressão "da mesma marca do fabricante da impressora, similares, equivalentes ou de melhor qualidade, não se admitindo produtos recuperados ou manufaturados": TCU – Acórdão nº 2.154/2008 – 1ª Câmara – Relatoria: Ministro Guilherme Palmeira – "1. determinar à Fundação Universidade Federal de São Carlos – UFSCar que nos próximos certames licitatórios que vier a realizar para aquisição de cartuchos de tinta e 'toner', em obediência ao disposto no art. 15, § 7º, inciso I, da Lei

COMENTÁRIOS À NOVA LEI DE LICITAÇÕES PÚBLICAS E CONTRATOS ADMINISTRATIVOS

n.º 8.666/93, inclua, no instrumento convocatório, no que se refere à descrição do produto, a expressão 'da mesma marca do fabricante da impressora, similares, equivalentes ou de melhor qualidade, não se admitindo produtos recuperados ou manufaturados'."

Indicação de marcas. Regra. Impossibilidade. Exceção. Processo de padronização. A realização do processo de padronização não dispensa a Administração de instaurar a competente licitação futuramente para adquirir o objeto padronizado, caso exista viabilidade de competição entre particulares que possam fornecer o objeto pretendido, o qual foi padronizado: TCU – Decisão nº 686/1997 – Plenário – Trecho do voto do Ministro Relator Bento José Bugarin – "5. Ainda que fosse admitida a preferência de marca, para fins de padronização, como permitido pela norma regedora da matéria (art. 15, I, da Lei nº 8.666/93), afastando, 'in casu', a contratação de veículos de outra marca, havendo a possibilidade de os bens serem fornecidos por várias empresas, justificada e obrigatória seria a licitação. Nesse sentido, comenta o Professor J. Cretella Júnior: 'o problema da exclusividade da marca se circunscreve em saber se o bem de que necessita a Administração pode ou não ser adquirido de vários fornecedores. Em caso positivo, a Administração deverá sujeitar-se à licitação. Em caso negativo, devidamente comprovado, poderá ser feita a dispensa de licitação.' ('in' Das Licitações Públicas. 10ª Ed., Forense, 1997, p. 242)."

Indicação de marcas. Regra. Impossibilidade. Exceção. Necessidade de justificativa técnica: TCU – Acórdão nº 1720/2010 – Segunda Câmara – Relatoria: Ministro André Luís de Carvalho – "9.6.4. é vedada a indicação de marcas de produtos em edital quando tal indicação não for tecnicamente justificada, dependendo ainda de parecer técnico, nesse sentido, que conste do processo, nos termos do artigo 7º, § 5º, da Lei nº 8.666, de 1993."

Indicação de marcas. Regra. Impossibilidade. Exceção. Processo de padronização. Na ocasião onde for justificado tecnicamente, com respaldo em documentos aptos a demonstrar as vantagens econômicas e o interesse da Administração: TCU – Acórdão nº 1437/2004 – 1ª Câmara – Trecho do voto do Ministro Relator Augusto Sherman Cavalcanti – "b) na hipótese de optar pela padronização, atente ao disposto no art. 7º, § 5º, da Lei nº 8.666/93, assim como o entendimento deste Tribunal firmado na Sessão Plenária de 29/8/2001 (Decisão nº 664/2001, Ata 35/2001), e faça constar do processo licitatório justificativa respaldada em comprovação inequívoca de ordem técnica, com estudos, laudos, perícias e pareceres que demonstrem as vantagens econômicas e o interesse da administração, considerando as condições de manutenção, assistência técnica e garantias oferecidas."

Indicação de marcas. Regra. Impossibilidade. Exceção. Possibilidade de indicação de marcas. Justificativa técnica ou como indicativo de qualidade: TCU – Acórdão nº 2401/2006 – Plenário – Relatoria: Ministro Augusto Sherman Cavalcanti – "9.3.2. cuidar para que o 'termo de referência' não contenha a indicação de marcas, a não ser quando devidamente justificada por critérios técnicos ou expressamente indicativa da qualidade do material a ser adquirido, hipótese em que a descrição do item deverá ser acrescida de expressões como 'ou similar', 'ou equivalente', 'ou de melhor qualidade'"

ARTIGO 42

A prova de qualidade de produto apresentado pelos proponentes como similar ao das marcas eventualmente indicadas no edital será admitida por qualquer um dos seguintes meios:

I – comprovação de que o produto está de acordo com as normas técnicas determinadas pelos órgãos oficiais competentes, pela Associação Brasileira de Normas Técnicas (ABNT) ou por outra entidade credenciada pelo Inmetro;

II – declaração de atendimento satisfatório emitida por outro órgão ou entidade de nível federativo equivalente ou superior que tenha adquirido o produto;

III – certificação, certificado, laudo laboratorial ou documento similar que possibilite a aferição da qualidade e da conformidade do produto ou do processo de fabricação, inclusive sob o aspecto ambiental, emitido por instituição oficial competente ou por entidade credenciada.

§ 1º O edital poderá exigir, como condição de aceitabilidade da proposta, certificação de qualidade do produto por instituição credenciada pelo Conselho Nacional de Metrologia, Normalização e Qualidade Industrial (Conmetro).

§ 2º A Administração poderá, nos termos do edital de licitação, oferecer protótipo do objeto pretendido e exigir, na fase de julgamento das propostas, amostras do licitante provisoriamente vencedor, para atender a diligência ou, após o julgamento, como condição para firmar contrato.

§ 3º No interesse da Administração, as amostras a que se refere o § 2º deste artigo poderão ser examinadas por instituição com reputação ético-profissional na especialidade do objeto, previamente indicada no edital.

O art. 42 é dedicado à prova de qualidade do produto ofertado pelo licitante, como meio de se assegurar a devida qualidade do objeto da licitação. Em nosso entender, a disposição em comento é uma preocupação legítima da Administração Pública quando de suas aquisições de bens, notadamente em se tratando das licitações na modalidade de pregão que, em razão de um entendimento canhestro, deixam de examinar se as especificações do produto ofertado efetivamente atendem às disposições do edital, julgando o certame tão somente pelo critério do menor preço.

COMENTÁRIOS À NOVA LEI DE LICITAÇÕES PÚBLICAS E CONTRATOS ADMINISTRATIVOS

Para o sucesso da prova de qualidade do produto, exige-se que, na fase preparatória da licitação, o bem que será posteriormente adquirido seja adequadamente descrito, com as suas respectivas especificações, inclusive no que diz respeito ao atendimento das normas técnicas, estabelecendo, destarte, uma qualidade mínima aceitável.

Não é sem razão que o inc. I determina que seja comprovado que o produto ofertado encontra-se de acordo com as normas técnicas determinadas pelos órgãos oficiais competentes, pela Associação Brasileira de Normas Técnicas (ABNT) ou por outra entidade credenciada pelo Inmetro.

Por evidente, não são todos os produtos que são regrados por normas técnicas. Entretanto, caso elas existam, a Administração tem o dever de adotá-las como critério de qualidade.

Para objetos que, eventualmente, não sejam regrados por normas técnicas, o edital deverá contemplar os critérios mínimos de qualidade, no exercício de sua competência discricionária. Lembramos, por oportuno, que a discricionariedade existente deverá ser exercitada quando da fase preparatória da licitação, com as devidas justificativas para a adoção da solução que se entendeu oportuna.

O exame do inc. II revela que a prova de qualidade poderá se realizar mediante declaração de atendimento satisfatório emitida por outro órgão ou entidade de nível federativo equivalente ou superior que tenha adquirido o produto.

Não podemos deixar de registrar nossa preocupação em relação à hipótese contemplada no inc. II. Primeiramente, não vislumbramos razões pelas quais a aceitabilidade do documento se circunscreve a "órgão ou entidade de nível federativo equivalente ou superior que tenha adquirido o produto." Ora, os entes federativos não são dispostos de sorte a existir uma hierarquia entre eles, pelo que, aponta-se a existência de uma inaceitável distorção no dispositivo legal em exame. Da mesma forma, o inc. II permite que declarações de atendimento satisfatório sejam recusadas por se encontrarem em "nível hierárquico inferior". Em outras palavras, uma licitação instaurada por um dos estados da federação, não poderá aceitar uma declaração emitida por qualquer um dos municípios do País. Essa conclusão, embora consentânea com o dispositivo, é completamente despropositada.

Ademais disso, o fato de dado produto ter atendido satisfatoriamente determinado ente federado, não significa que, necessariamente, atenderá o órgão promotor da licitação que, certamente, terá necessidades administrativas distintas.

Enfim, parece-nos que a hipótese contemplada no inc. II será alvo de múltiplos questionamentos. Todavia, caso o órgão público faça opção por essa espécie de prova de qualidade, afigura-se-nos imperioso que o edital estabeleça todas as especificações desejadas e que a referida prova de satisfação contemple todas as especificações do produto adquirido por outro ente da Administração.

Quanto ao inc. III, restou estabelecido a possibilidade de se exigir certificação, certificado, laudo laboratorial ou documento similar que possibilite a aferição da qualidade e da conformidade do produto ou do processo de fabricação, inclusive sob o aspecto ambiental, emitido por instituição oficial competente ou por entidade credenciada.

O mandamento contemplado no inc. III, embora possa implicar em um certo dispêndio para os licitantes, se afigura como uma prova segura de qualidade. Para tanto, poderá ser exigido a apresentação de certificados, certificações e laudos, dentre outros.

Em nosso entendimento, a certificação, até por força do § 1º, diz respeito ao produto ofertado pelo licitante, eis que o dispositivo é claro em dizer que a "certificação é exigida como condição de aceitabilidade da proposta". Logo, considerando que a certificação é exigida em razão da proposta e, portanto, diz respeito ao objeto da licitação, é inadmissível exigir esse documento da pessoa jurídica do licitante.

Acresça-se a isso que somente poderão ser aceitos certificados que tenham sido emitidos por instituições credenciadas perante o Conselho Nacional de Metrologia, Normalização e Qualidade Industrial (Conmetro).

Dado à complexidade que pode advir da exigência de certificações, isso demonstra o caráter excepcional deste documento, devendo ser exigido apenas em razão da complexidade do objeto da licitação.

O § 2º permite *sui generis* solução, pois admite que a Administração apresente um protótipo como condicionante para a aceitabilidade da proposta, materializando o objeto da licitação. Ainda que isso seja possível, isso não desonera a Administração do dever de descrever o objeto e suas especificações.

No que concerne ao § 3º, estabeleceu-se que as amostras poderão ser examinadas por instituição com reputação ético-profissional na especialidade do objeto, previamente indicada no edital, a quem caberá expedir o laudo laboratorial que deverá demonstrar a sua compatibilidade com o objeto da licitação, sob pena de desclassificação.

Definição e conceitos
Definição de "fabricação" proposta pelo IBRAOP – Instituto Brasileiro de Auditoria de Obras Públicas na Orientação Técnica – OT – IBR 002/2009 – "Fabricar: produzir ou transformar bens de consumo ou de produção através de processos industriais ou de manufatura."

COMENTÁRIOS À NOVA LEI DE LICITAÇÕES PÚBLICAS E CONTRATOS ADMINISTRATIVOS

Jurisprudência e decisões dos Tribunais de Contas

Normas da ABNT. Necessidade da observância daquelas normas que detêm caráter procedimental e não certificativo: TCU – Acórdão nº 2.392/2006 – Plenário – Relatoria: Ministro Benjamin Zymler – "1. A obrigatoriedade de observância das normas técnicas da ABNT, consoante o disposto no art. 6º, inciso X, da Lei nº 8.666/1993, não se aplica aos casos de normas de cunho certificativo, mas, tão-somente, àquelas de natureza procedimental, cujo objetivo seja o detalhamento das etapas a serem seguidas na execução de obras e serviços de engenharia."

Projeto Executivo. O projeto executivo não pode desconfigurar o projeto básico: TCU – Acórdão nº 1.428/2003 Plenário – Trecho do voto do Ministro Relator Ubiratan Aguiar – "Não se alegue que não houve alteração do projeto básico, mas apenas o seu detalhamento no projeto executivo, pois, apesar de reconhecer que este possa fazer algumas correções naquele, não pode alterá-lo de modo a se constituir objeto completamente distinto do inicialmente licitado. Alterações significativas, antes de iniciada a obra, exigem a realização de novo procedimento licitatório, e não assinatura de termo aditivo.

ARTIGO 43

O processo de padronização deverá conter:

I – parecer técnico sobre o produto, considerados especificações técnicas e estéticas, desempenho, análise de contratações anteriores, custo e condições de manutenção e garantia;

II – despacho motivado da autoridade superior, com a adoção do padrão;

III – síntese da justificativa e descrição sucinta do padrão definido, divulgadas em sítio eletrônico oficial.

§ 1º É permitida a padronização com base em processo de outro órgão ou entidade de nível federativo igual ou superior ao do órgão adquirente, devendo o ato que decidir pela adesão a outra padronização ser devidamente motivado, com indicação da necessidade da Administração e dos riscos decorrentes dessa decisão, e divulgado em sítio eletrônico oficial.

§ 2º As contratações de soluções baseadas em software de uso disseminado serão disciplinadas em regulamento que defina processo de gestão estratégica das contratações desse tipo de solução.

O art. 43 disciplina as formalidades que o processo de padronização deverá observar. A padronização é procedimento administrativo que tem por objetivo organizar as aquisições da Administração Pública, com vistas à redução de custos e de tempo, para contratações futuras.

DA FASE PREPARATÓRIA ARTº 43

Evidentemente, a padronização para a aquisição de determinado produto traz os mais diversos ganhos para a Administração, mas deve ser realizada com a cautela necessária para se evitar direcionamentos indesejados e despropositados ou mesmo a padronização de um produto inadequado.

A padronização exige a instauração de processo específico distinto, portanto, do processo licitatório.

Recomenda-se que o processo de padronização seja conduzido por uma Comissão, especialmente designada para esse fim, que terá por atribuição fazer todos os levantamentos necessários, tais como: especificações desejadas, durabilidade, estimativa de quantitativos, bem como outras informações que se entenderem necessárias.

Questão relevante, que não pode ser olvidada, é a publicidade do processo de padronização, pois seria inadmissível pensar que esse procedimento poderia ser feito às portas fechadas. Há de se ter publicidade, de modo que seja informado aos particulares que determinado produto será padronizado, convocando aqueles que quiserem participar do procedimento, a apresentar o seu produto, demonstrando as especificações e demais vantagens para a Administração Pública.

Posteriormente, e de posse das informações apresentadas pelos particulares, deverá ser elaborado parecer que, a teor do art. 43, deverá coligir os resultados alcançados, demonstrando as especificações técnicas estéticas, desempenho, análise de contratações anteriores, custo e condições de manutenção e garantia, indicando o produto que melhor atende às necessidades administrativas.

O parecer deverá ser submetido ao crivo da autoridade superior que, mediante despacho motivado, deverá indicar a adoção do produto que se entendeu satisfazer às necessidades da administração. A padronização não é algo estático, mas, antes de tudo, tem a sua dinâmica própria, levando-se em consideração a evolução das tecnologias, bem como a possibilidade de variação do interesse público. Daí decorre a necessidade de se estabelecer um prazo para a padronização, permitindo que, a cada período de tempo, o procedimento seja revisto e, se não mais atender às necessidades da administração, seja encerrado em razão do decurso do lapso temporal, sem prejuízo da possibilidade de revogação a qualquer momento, observado o contraditório e a ampla defesa.

Uma vez autorizada a padronização, exige-se a divulgação dessa decisão em sítio eletrônico oficial, devendo constar a descrição sucinta do padrão definido, conforme prevê o inc. III.

O § 1º permite a padronização com base em processo de outro órgão ou entidade. Ainda que legalmente possível, parece-nos induvidoso que a simples adoção da padronização, sem levar em conta as peculiaridades e necessidades

COMENTÁRIOS À NOVA LEI DE LICITAÇÕES PÚBLICAS E CONTRATOS ADMINISTRATIVOS

administrativas do órgão que pretende aderir ao procedimento, pode ensejar consequências indevidas, tais como a inadequação do produto.

O § 2º espelha aquelas situações relativas à tecnologia da informação em que se verifica a utilização de *softwares*, de forma disseminada, em que se percebe uma padronização informal. Nessas condições, a matéria será disciplinada por regulamento próprio, para efeito de padronização.

Artigo 44

Quando houver a possibilidade de compra ou de locação de bens, o estudo técnico preliminar deverá considerar os custos e os benefícios de cada opção, com indicação da alternativa mais vantajosa.

O art. 44 trata das licitações para compra ou locação de bens, traçando uma competência discricionária, devendo o agente público optar entre a aquisição ou a locação do bem, no decorrer da fase preparatória do certame. Averbe-se que essa opção deve vir sustentada em razão do custo-benefício de cada uma das hipóteses, mediante a observância dos requisitos dos arts. 51 e 74, § 5º.

SUBSEÇÃO II – Das Obras e Serviços de Engenharia

Artigo 45

As licitações de obras e serviços de engenharia devem respeitar, especialmente, as normas relativas a:

I – disposição final ambientalmente adequada dos resíduos sólidos gerados pelas obras contratadas;

II – mitigação por condicionantes e compensação ambiental, que serão definidas no procedimento de licenciamento ambiental;

III – utilização de produtos, de equipamentos e de serviços que, comprovadamente, favoreçam a redução do consumo de energia e de recursos naturais;

IV – avaliação de impacto de vizinhança, na forma da legislação urbanística;

V – proteção do patrimônio histórico, cultural, arqueológico e imaterial, inclusive por meio da avaliação do impacto direto ou indireto causado pelas obras contratadas;

VI – acessibilidade para pessoas com deficiência ou com mobilidade reduzida.

DA FASE PREPARATÓRIA   ART° 45

O art. 45 disciplinou as licitações de obras e serviços de engenharia, notadamente no que concerne à implementação de políticas públicas. As disposições constantes dos incs. I a VI são de caráter exemplificativo, haja vista que a Lei nº 14.133/2021 elenca outras imposições para a atividade administrativa disciplinada no art. 45, como aquelas constantes do art. 19.

O inc. I exige a observância das normas relativas à adequada destinação dos resíduos sólidos gerados pelas obras contratadas. A Lei nº 12.305/2010, que dispõe sobre a Política Nacional de Resíduos Sólidos, disciplina a matéria.

Cabe à Administração, no edital, determinar como será realizado o descarte dos resíduos sólidos gerados pelas obras contratadas, pelo que caberá ao licitante a observância das normas editalícias. Outra possibilidade, que também deve estar prevista no edital, é deixar que o particular apresente a solução que lhe pareça a mais adequada, com observância da legislação que rege a matéria. Ambas as possibilidades vão implicar em custos que, logicamente, serão parte integrante do preço ofertado.

O inc. II exige que as medidas mitigatórias e compensatórias, definidas por ocasião do licenciamento ambiental, sejam observadas, Assim, caso essa providência já tenha sido tomada, bastará que o edital faça expressa previsão de seus condicionantes. Caso contrário, se o licenciamento ambiental ainda não foi requerido, caberá ao edital traçar as diretrizes para a obtenção da licença.

A questão deve ser examinada a lume do princípio do desenvolvimento nacional sustentável, adotando-se as soluções menos agressivas ao meio ambiente, além de promover as medidas mitigatórias e compensatórias, adotando-se soluções que prestigiem o princípio da economicidade.

O inc. III impõe a utilização de produtos, equipamentos e serviços que, comprovadamente, favoreçam a redução do consumo de energia e de recursos naturais.

Cabe dizer que a determinação contida no inc. III impõe à administração o dever de buscar a eficiência econômica, no contexto de uma relação de custos e benefícios. Assim sendo, a Administração, ao antever as soluções ambientais possíveis, que insistimos, sejam as menos agressivas possíveis, a opção indicada será aquela que trouxer consigo a desejável eficiência econômica.

O inc. IV contempla o dever de se avaliar o impacto de vizinhança, na forma da legislação urbanística.

O Direito Urbanístico assumiu, nos últimos anos, um necessário protagonismo, pois o planejamento urbano não se restringe apenas a ordenar o espaço das cidades, pois envolve aspectos econômicos sociais, ecológicos, dentre outros, objetivando a qualidade de vida do cidadão, bem como a conservação dos recursos ambientais.

Vislumbra-se, de plano, que as intervenções estatais devem ser fruto de uma avaliação que atenda às necessidades coletivas e, ao mesmo tempo, considere todos os impactos econômicos, sociais e ecológicos, dentre outros, respeitadas as disposições do Estatuto da Cidade, Lei nº 10.257/2001, e da Lei da Mobilidade Urbana, Lei nº 12.587/2012.

Por conta disso, a avaliação do impacto de vizinhança deve ocorrer quando da intervenção decorrente de serviços e obras, exigindo a sua compatibilidade com o planejamento urbano.

Outra medida, de caráter inarredável, se constitui na proteção do patrimônio histórico, cultural, arqueológico e imaterial, inclusive por meio da avaliação do impacto direto ou indireto causado pelas obras contratadas, nos termos do inc. V.

Não é demais dizer que a proteção aos bens materiais e imateriais não se estende a todo e qualquer bem, restringindo-se àqueles que, de alguma maneira, expressam a identidade nacional. Portanto, preservar o nosso patrimônio é manter viva uma série de memórias que carregam uma rica bagagem cultural.

O dever de proteger o nosso patrimônio é de competência de todos os entes que integram a federação, possuindo instrumentos adequados para viabilizar uma efetiva preservação desses bens.

De toda maneira, em face da necessidade de serviços e obras de engenharia, será necessário, perante o caso concreto, cotejar os interesses públicos envolvidos e adotar a solução menos agressiva ao patrimônio que deve ser preservado.

O inc. VI visa garantir a acessibilidade para pessoas com deficiência ou com mobilidade reduzida, tutelada constitucionalmente pelo art. 227, § 2º, de nossa Lei Fundamental, e regulamentado pela Lei nº 10.098/2000.

Artigo 46

Na execução indireta de obras e serviços de engenharia, são admitidos os seguintes regimes:

I – empreitada por preço unitário;
II – empreitada por preço global;
III – empreitada integral;
IV – contratação por tarefa;
V – contratação integrada;
VI – contratação semi-integrada;
VII – fornecimento e prestação de serviço associado.

§ 1º É vedada a realização de obras e serviços de engenharia sem projeto executivo, ressalvada a hipótese prevista no § 3º do art. 18 desta Lei.

DA FASE PREPARATÓRIA ART° 46

§ 2º A Administração é dispensada da elaboração de projeto básico nos casos de contratação integrada, hipótese em que deverá ser elaborado anteprojeto de acordo com metodologia definida em ato do órgão competente, observados os requisitos estabelecidos no inciso XXIV do art. 6º desta Lei.

§ 3º Na contratação integrada, após a elaboração do projeto básico pelo contratado, o conjunto de desenhos, especificações, memoriais e cronograma físico-financeiro deverá ser submetido à aprovação da Administração, que avaliará sua adequação em relação aos parâmetros definidos no edital e conformidade com as normas técnicas, vedadas alterações que reduzam a qualidade ou a vida útil do empreendimento e mantida a responsabilidade integral do contratado pelos riscos associados ao projeto básico.

§ 4º Nos regimes de contratação integrada e semi-integrada, o edital e o contrato, sempre que for o caso, deverão prever as providências necessárias para a efetivação de desapropriação autorizada pelo poder público, bem como:

I – o responsável por cada fase do procedimento expropriatório;

II – a responsabilidade pelo pagamento das indenizações devidas;

III – a estimativa do valor a ser pago a título de indenização pelos bens expropriados, inclusive de custos correlatos;

IV – a distribuição objetiva de riscos entre as partes, incluído o risco pela diferença entre o custo da desapropriação e a estimativa de valor e pelos eventuais danos e prejuízos ocasionados por atraso na disponibilização dos bens expropriados;

V – em nome de quem deverá ser promovido o registro de imissão provisória na posse e o registro de propriedade dos bens a serem desapropriados.

§ 5º Na contratação semi-integrada, mediante prévia autorização da Administração, o projeto básico poderá ser alterado, desde que demonstrada a superioridade das inovações propostas pelo contratado em termos de redução de custos, de aumento da qualidade, de redução do prazo de execução ou de facilidade de manutenção ou operação, assumindo o contratado a responsabilidade integral pelos riscos associados à alteração do projeto básico.

§ 6º A execução de cada etapa será obrigatoriamente precedida da conclusão e da aprovação, pela autoridade competente, dos trabalhos relativos às etapas anteriores.

§ 7º (VETADO)

§ 8º (VETADO)

§ 9º Os regimes de execução a que se referem os incisos II, III, IV, V e VI do caput deste artigo serão licitados por preço global e adotarão sistemática de medição e pagamento associada à execução de etapas do cronograma físico-financeiro vinculadas ao cumprimento de metas de resultado, vedada a adoção de sistemática de remuneração orientada por preços unitários ou referenciada pela execução de quantidades de itens unitários.

O comando legal, constante do art. 46, trata da execução indireta de obras e serviços de engenharia. A Lei nº 14.133/2021, embora trate das hipóteses de ocorrência da execução indireta, não traz a sua definição. Contudo, parece-nos ser o caso do silêncio eloquente, na medida em que fácil é inferir que a execução indireta ocorre quando a Administração Pública contrata um terceiro, mediante licitação, para a execução de obras e serviços de engenharia.

Via de consequência, temos a execução direta quando a Administração executa determinado objeto, mediante a força de trabalho de seu próprio quadro de servidores públicos.

Avulta dizer que, na execução indireta, juntamente com a atividade que está sendo transferida ao particular, transfere-se, de maneira concomitante, todos os riscos e responsabilidades decorrentes dessa operação, pelo que o prestador de serviços recebe uma remuneração, consoante disposições constantes do contrato administrativo celebrado.

Com efeito, os regimes de execução indireta previstos nos incs. I a IV do art. 46 se constituem em contratos de empreitada, figura jurídica emprestada do Direito Civil. Os contratos de empreitada, celebrados sob a égide do regime jurídico administrativo, podem contemplar apenas o fornecimento dos serviços, eis que inexiste qualquer impedimento legal para essa hipótese. Contudo, essa possibilidade não costuma ser utilizada pela Administração Pública, tendo em vista que isso demandaria a instauração de processo licitatório para aquisição dos insumos necessários e, portanto, dificultaria a execução do contrato de obras e serviços de engenharia, correndo risco, inclusive, da avença ser fadada ao insucesso.

Feitas essas considerações preambulares, passemos ao exame do dispositivo propriamente dito.

Com efeito, o inc. I elenca a empreitada por preços unitários como uma das formas de execução indireta. Note-se que a adoção da empreitada por preços unitários significa, em última análise, que o particular foi contratado por preço certo por unidades determinadas, ensejando uma remuneração decorrente da somatória dos diversos itens realizados em dado lapso temporal.

É bom que se diga, de modo a não gerar dúvidas, que mesmo se tratando de contratação sob o regime de empreitada por preços unitários, o julgamento da licitação ocorre em razão da somatória de todos os itens contemplados para a execução do objeto.

No que concerne à empreitada por preço global, prevista no inc. II do art. 46, como o próprio *nomen iuris* indica, existe um preço global estimado para a remuneração do licitante, que será pago em razão das etapas previamente estipuladas no contrato. Isto não significa que a planilha de preços dessa modelagem de contratação não tenha que contemplar adequado nível de precisão.

Para viabilizar as contratações públicas, mediante empreitada por preços unitários ou global, impõe-se a necessária existência de um projeto executivo. Essa afirmação decorre do fato de que na contratação integrada inexiste projeto básico e executivo, enquanto na contratação semi-integrada não há projeto executivo.

O inc. III veio a dispor sobre a empreitada integral, conhecida como *"turnkey"* (chave na mão), onde o particular se obriga a entregar o objeto da licitação, contemplando não só a sua infraestrutura, como também colocando-a em pleno funcionamento. Mas não é só isso. Na empreitada integral, o particular tem sob sua responsabilidade desenvolver a solução técnica mais adequada para se atingir a finalidade da contratação, impondo, assim, um maior risco ao contratado e, por isso, uma maior remuneração se faz necessária.

Em se falando de riscos, conclui-se que cada uma das partes contratantes deverá arcar com os riscos constantes de suas decisões, inclusive a Administração Pública, em razão das eventuais soluções tomadas quando da fase preparatória da licitação.

A contratação por tarefa, prevista no inc. IV, caracteriza-se pela implementação de objetos mais simples, de dimensões significativamente reduzidas, em que não é necessário a utilização de equipamentos sofisticados prescindindo de licitação.

De modo completamente oposto ao regime de empreitada por tarefa, a contratação integrada, nos termos do inc. V, se afigura como um contrato de empreitada de obras e serviços de engenharia, em que a Administração apresenta única e tão somente um anteprojeto de engenharia, como vem preceituado no § 2º do dispositivo legal em exame. Assim, a Administração é dispensada da elaboração de projeto básico nos casos de contratação integrada, hipótese em que deverá ser elaborado anteprojeto de acordo com metodologia definida em ato do órgão competente, observados os requisitos estabelecidos no inc. XXIV do art. 6º da Lei nº 14.133/2021.

Nesse passo, caberá ao contratado, além de prover as adequadas soluções, elaborar projetos básico e executivo, com posterior execução do objeto, fornecendo todos os materiais necessários, equipamentos, bens de informática, dentre outros, de modo a entregar o objeto em pleno funcionamento.

COMENTÁRIOS À NOVA LEI DE LICITAÇÕES PÚBLICAS E CONTRATOS ADMINISTRATIVOS

É de se notar que a contratação integrada deve ser utilizada para aqueles casos em que a complexidade do objeto da licitação é diferenciada, exigindo não só a implementação das obras e serviços, mas compreendendo também montagem, testes e pré-operação do empreendimento, nos termos do art. 6º, inc. XXXII, da Lei nº 14.133/2021.

Das considerações sobreditas é possível inferir os requisitos que servirão de norte ao Administrador, para promover a escolha da contratação integrada. No entanto, é de curial importância dizer que a adoção da contratação integrada se revela em razão de uma competência discricionária, eis que os seus pressupostos não se encontram efetivamente detalhados na legislação em exame.

Não é demais insistir, como, aliás, sempre insistimos, inclusive em nossas aulas, que a discricionariedade não significa ampla liberdade de opção, encontrando-se limitada pelos princípios da razoabilidade e da proporcionalidade, com uma margem de discrição muito menor do que aquela que o Administrador Público imagina ter. Por conseguinte, é de fundamental importância que a escolha dessa modalidade de regime contratual seja compatível com a natureza do objeto e que a sua adoção traga para a Administração uma evidente vantajosidade econômica.

Outro aspecto que se faz relevante observar é quanto ao critério de julgamento da licitação para a contratação integrada que, necessariamente, será o de técnica e preço, eis que se faz imperioso examinar as vantagens técnicas decorrentes das soluções ofertadas pelo licitante, que serão julgadas mediante critérios objetivos dispostos no edital.

É de se ver, por oportuno, que o § 3º exige que na contratação integrada, após a elaboração do projeto básico pelo contratado, o conjunto de desenhos, especificações, memoriais e cronograma físico-financeiro deverá ser submetido à aprovação da Administração, que avaliará sua adequação em relação aos parâmetros definidos no edital e conformidade com as normas técnicas, vedadas alterações que reduzam a qualidade ou a vida útil do empreendimento e mantida a responsabilidade integral do contratado pelos riscos associados ao projeto básico.

A autonomia do contratado para a elaboração dos projetos básico e executivo não pode ser ignorada. Ainda que preservada a autonomia, não pode o particular, na concepção de suas soluções, desbordar dos limites dispostos no edital e no contrato, sob pena de desnaturação do objeto da contratação.

Por sua vez, no que diz respeito à contratação semi-integrada, prevista no inc. VI, a sua principal característica reside no fato de que caberá ao contratado a elaboração do projeto executivo, ficando o projeto básico sob responsabilidade da Administração.

Cumpre-nos esclarecer que a ausência de elaboração de projeto executivo não pode decorrer de eventual dificuldade administrativa da Administração em elaborá-lo, pois isso certamente significaria uma desobediência ao princípio do planejamento.

Basicamente, as considerações que fizemos acerca da contratação integrada aplicam-se à de natureza semi-integrada. Entretanto, vale observar as disposições do § 5º do art. 46, que admite que, na contratação semi-integrada, mediante prévia autorização da Administração, o projeto básico poderá ser alterado, desde que demonstrada a superioridade das inovações propostas pelo contratado em termos de redução de custos, de aumento da qualidade, de redução do prazo de execução ou de facilidade de manutenção ou operação, assumindo o contratado a responsabilidade integral pelos riscos associados à alteração do projeto básico.

Por fim, temos uma última modalidade de regime de execução contratual, que admite o fornecimento e prestação de serviço associado. Nessa hipótese, além de fornecer o objeto, o contratado deverá responsabilizar-se por sua operação, manutenção, ou ambos, por tempo indeterminado, conforme preceitua o art. 6º, inc. XXXIV.

As disposições do art. 6º, inc. XXXIV, parecem-nos suficientes para se concluir que o objeto fornecido não pode ser dissociado do serviço. Melhor dizendo, torna-se impossível a existência de contratos administrativos distintos, de modo a contemplar um contrato para o fornecimento do objeto e outro para a prestação de serviços.

Calha aqui, por extremamente pertinente, lembrar que a expressão "fornecimento" não pode se confundir com a mera aquisição de um bem, isto porque o *caput* do art. 46 é expresso em se tratar de obras e serviços de engenharia.

O § 4º traz em seu bojo importantíssima disposição quanto à necessidade de desapropriação nos regimes de contratação integrada e semi-integrada. Para tanto, o edital e o contrato, quando for o caso, deverão prever as providências necessárias para as expropriações autorizadas pelo Poder Público.

A nosso ver, o aludido dispositivo traz consigo uma imprecisão. A desapropriação é medida que pode ocorrer em qualquer modalidade contratual, não se restringindo apenas aos regimes de contratação integrada e semi-integrada.

Não podemos olvidar que a desapropriação, de acordo com o Dec.-Lei nº 3.365/1941, é declarada pelo Chefe do Executivo, nos termos de seu art. 6º. Logo, toda e qualquer desapropriação, que seja necessária para a implementação de obras e serviços de engenharia, deve ser submetida ao crivo do Chefe do Executivo do ente federado no âmbito do qual a contratação deverá se desenvolver, pois a ele foi atribuída a competência para a declaração do ato de desapropriação.

Os incs. de I a V, que dizem respeito à desapropriação, deverão constar explicitamente do edital, de modo que o particular possa preparar a sua proposta de forma adequada.

COMENTÁRIOS À NOVA LEI DE LICITAÇÕES PÚBLICAS E CONTRATOS ADMINISTRATIVOS

O inc. I determina a delimitação das responsabilidades de cada um nas diversas fases da desapropriação, como, por exemplo, atribuir ao contratado a execução da desapropriação, devendo, ainda, estabelecer que a responsabilidade pelo pagamento das indenizações sejam fixadas no edital, bem como a estimativa de seu valor, conforme prevê, respectivamente, os incs. II e III do § 4º.

A matriz de risco deve ser devidamente elaborada, com a inclusão de eventual diferença entre o custo da desapropriação e a estimativa de valor e pelos eventuais danos e prejuízos ocasionados por atraso na disponibilização dos bens expropriados, nos termos do inc. IV.

Finalmente, o inc. V determina a necessidade de especificação em nome de quem será promovido o registro de imissão provisória na posse, em razão de urgência, conforme o disposto no art. 15 do Dec.-Lei nº 3.365/1941 e o registro dos bens a serem desapropriados.

A interpretação do § 6º não pode ser dissociada do caso em concreto, sob risco de inviabilizar a execução do contrato administrativo, quando a Administração, a exemplo, não se pronunciar sobre a conclusão de uma etapa para que o contratado iniciasse a etapa subsequente. Assim, não haveria qualquer sentido em, por conta das disposições do § 6º, paralisar a obra, esperando a decisão da Administração.

Outra questão que pode ser suscitada é aquela que aponta para a execução concomitante de diversas etapas, auferindo, destarte, vantagens para a Administração.

Por fim, o § 9º determina que as hipóteses contempladas nos incs. de II a VI deverão ser licitadas pelo preço global, por óbvio, sem prejuízo da adoção dos critérios de técnica e preço.

SUBSEÇÃO III – Dos Serviços em Geral

ARTIGO 47

As licitações de serviços atenderão aos princípios:

I – da padronização, considerada a compatibilidade de especificações estéticas, técnicas ou de desempenho;

II – do parcelamento, quando for tecnicamente viável e economicamente vantajoso.

§ 1º Na aplicação do princípio do parcelamento deverão ser considerados:

I – a responsabilidade técnica;

II – o custo para a Administração de vários contratos frente às vantagens da redução de custos, com divisão do objeto em itens;

DA FASE PREPARATÓRIA · ARTº 47

III – o dever de buscar a ampliação da competição e de evitar a concentração de mercado.

§ 2º Na licitação de serviços de manutenção e assistência técnica, o edital deverá definir o local de realização dos serviços, admitida a exigência de deslocamento de técnico ao local da repartição ou a exigência de que o contratado tenha unidade de prestação de serviços em distância compatível com as necessidades da Administração.

O art. 47 veio a disciplinar as licitações voltadas para a contratação de serviços, impondo, em seu inc. I, o atendimento ao princípio da padronização, ainda que isso nem sempre seja possível.

Para efeito de padronização deverá ser considerada a compatibilidade de especificações estéticas, técnicas ou de desempenho, de sorte a se escolher a solução mais adequada para dado serviço. Dito de outra forma, os aspectos estéticos, técnicos ou de desempenho se constituem nos critérios que deverão ser utilizados com vistas à padronização dos serviços, exigindo da Administração diretrizes objetivas, de modo a se chegar na solução desejada.

Entretanto, significativas dificuldades deverão ser enfrentadas, pois a concreção dos serviços carrega consigo uma subjetividade, caracterizada pela presença do indivíduo que pode afetar a padronização.

O inc. II exige o parcelamento do serviço, quando tecnicamente viável e economicamente vantajoso. A aplicação desse dispositivo exige certa prudência, requerendo um acurado estudo sobre a possibilidade da padronização, sob pena de consequências imprevistas, que poderão levar a Administração ao não atingimento da finalidade pretendida.

Quanto ao § 1º do inc. I, a responsabilidade técnica deverá ser considerada. Exige-se, portanto, uma figura central, personalizada em um profissional com adequado conhecimento técnico que responda ética, legal e tecnicamente pelos atos dos indivíduos envolvidos na prestação dos serviços, devendo ter capacitação para planejar, orientar e coordenar toda a cadeia objeto da contratação.

Logo, é de se concluir que o responsável técnico deve ter um grau de capacitação e experiência capaz de antever possíveis problemas, notadamente em se tratando de serviços que envolvam significativas quantidades de atividades e profissionais.

Por sua vez, o § 1º do inc. II exige que se considere os custos da padronização. Anote-se que o parcelamento dos serviços, embora possa incrementar a competitividade, pode resultar em um custo maior para a Administração, não havendo, neste caso, sentido em se fracionar os serviços.

Assim, é imperioso considerar que o parcelamento dos serviços certamente levará a uma gestão contratual mais complexa e com maiores custos para a Administração.

Por consequência, o dever de ampliação da competitividade, como meio de se evitar a concentração do mercado, não pode ser dissociada do exame relativo aos custos.

Outro aspecto que deve ser considerado diz respeito à materialidade dos serviços, que podem envolver uma cadeia produtiva de caráter indissociável, em que a pluralidade de contratados não só prejudicará a execução do contrato, como, ao final, se revelará completamente inviável.

A sabendas, a manutenção e assistência técnica exigem que o profissional se desloque para determinado local indicado pela Administração Pública no edital, onde os serviços serão efetivamente prestados. Normalmente, tais serviços decorrem de compras realizadas pela Administração que exigem constante manutenção e assistência técnica e foram contratados dissociados do fornecimento do produto.

Admite-se, ainda, que o edital faça expressa previsão de que o contratado tenha unidade de prestação de serviços, em distância compatível com as necessidades da Administração.

Cumpre-nos deixar claro, curialmente claro, que a exigência de unidade de prestação de serviços, em distância compatível com as necessidades da Administração, é cláusula de execução do contrato e não condição de participação no certame, que fatalmente implicaria no comprometimento da competitividade, a ponto de direcionar a licitação.

Artigo 48

Poderão ser objeto de execução por terceiros as atividades materiais acessórias, instrumentais ou complementares aos assuntos que constituam área de competência legal do órgão ou da entidade, vedado à Administração ou a seus agentes, na contratação do serviço terceirizado:

I – indicar pessoas expressamente nominadas para executar direta ou indiretamente o objeto contratado;

II – fixar salário inferior ao definido em lei ou em ato normativo a ser pago pelo contratado;

III – estabelecer vínculo de subordinação com funcionário de empresa prestadora de serviço terceirizado;

IV – definir forma de pagamento mediante exclusivo reembolso dos salários pagos;

V – demandar a funcionário de empresa prestadora de serviço terceirizado a execução de tarefas fora do escopo do objeto da contratação;

VI – prever em edital exigências que constituam intervenção indevida da Administração na gestão interna do contratado.

DA FASE PREPARATÓRIA   ART° 48

Parágrafo único. Durante a vigência do contrato, é vedado ao contratado contratar cônjuge, companheiro ou parente em linha reta, colateral ou por afinidade, até o terceiro grau, de dirigente do órgão ou entidade contratante ou de agente público que desempenhe função na licitação ou atue na fiscalização ou na gestão do contrato, devendo essa proibição constar expressamente do edital de licitação.

O art. 48 da nova Lei de Licitações reproduz disciplina que já era fixada pelo art. 10 da Instrução Normativa nº 2, de 30 de abril de 2008, da SLTI do MPOG, e pelo art. 5º da Instrução Normativa nº 5, de 26 de maio de 2017, da SG da MPDG, cujo teor veda a prática de alguns comportamentos até então observados durante a elaboração do ato convocatório e durante a gestão dos contratos administrativos tidos como prejudiciais ou incompatíveis com os princípios arrolados no art. 5º da NLLC, a saber:

1 – Indicar pessoas expressamente nominadas para executar direta ou indiretamente o objeto contratado

Com efeito, a Administração contratante não deve intervir na contratação dos colaboradores alocados na prestação de serviços contratados, os quais podem ser substituídos pelo novo prestador de serviços a qualquer momento. O que deve o gestor do contrato é se preocupar e intervir na prestação dos serviços, exigindo que sejam adequados, de forma a atender às exigências fixadas no ato convocatório.

Demais disso, é terminantemente proibido que o gestor do contrato ou outra autoridade faça qualquer tipo de interferência na contratação, indicando, recomendando ou impondo ao atual ou futuro contratado a contratação dos colaboradores necessários para executar o serviço devidamente contratado durante a execução ou no momento da transição dos serviços, quando da contratação de uma nova empresa.

Mesmo sendo louvável a preocupação em garantir a eficiência dos contratos administrativos, por tal razão da indicação de profissionais cuja atuação é conhecida, ingerências desta natureza acabam por violar o princípio da impessoalidade.

Ademais, tem-se que o direcionamento da contratação de determinadas pessoas para trabalhar na empresa contratada, por eventualmente caracterizar subordinação entre o colaborador e a Administração, pode gerar problemas de toda sorte na Justiça do Trabalho.

COMENTÁRIOS À NOVA LEI DE LICITAÇÕES PÚBLICAS E CONTRATOS ADMINISTRATIVOS

2 – Fixar salário inferior ao definido em lei ou em ato normativo a ser pago pelo contratado

O referido inciso determina que é vedado à Administração Pública promotora do certame fixar no ato convocatório, ou também aceitar proposta cujo valor fixado a título de remuneração dos profissionais alocados na execução do objeto seja inferior àquela parcela ou salário fixado nos acordos coletivos.

Com efeito, é dever da Administração licitante empreender diligência para localizar o acordo ou convenção coletiva, sentença normativa ou lei vigente aplicado à categoria profissional alocada na prestação dos serviços e adotar, necessariamente, o valor lá constante, nunca inferior.

Acerca da necessidade de realização de pagamento de salário cuja monta seja correta e legítima, devendo tal valor ser observado pela Administração quando da elaboração do edital e fazer parte do cálculo do valor estimado da contratação, e também pelo licitante, que deverá fixar na sua proposta comercial, assevera Marçal Justen Filho, *in verbis*:

> No entanto, é obrigatória a observância de pisos salariais, fixados em lei ou em convenções ou dissídios coletivos. Nesse caso, não existe autonomia do futuro contratado quanto à determinação da remuneração. A infração do piso salarial configuraria proposta inexequível, inclusive com potencial risco de responsabilização da Administração por eventuais verbas devidas aos empregados. Por outro lado, os valores salariais eventualmente previstos em planilhas apresentadas pelo licitante apresentam cunho vinculante, na acepção que o desembolso do valor mais reduzido importa descumprimento das propostas.[65]

Ilustrando a nossa assertiva, não é de outra forma que se manifesta o eg. Tribunal de Contas da União, *in verbis*:

> 9.3.3.1. para modelos de execução indireta de serviços, inclusive os baseados na alocação de postos de trabalho, se a categoria profissional requerida se encontra amparada por convenção coletiva de trabalho, ou outra norma coletiva aplicável a toda a categoria, determinando o respectivo valor salarial mínimo, esse pacto laboral deve ser rigorosamente observado nas licitações efetivadas pela Administração Pública e nas contratações delas decorrentes;.[66]

---

[65] JUSTEN FILHO, Marçal. *Comentários à Lei de Licitações e Contratos Administrativos*, 13ª ed., São Paulo: Dialética, 2009, p. 592.

[66] TCU – Acórdão nº 614/2008 – Plenário. Relatoria: Min. Augusto Sherman Cavalcanti. Brasil. Data da Sessão: 09/04/2008.

DA FASE PREPARATÓRIA   ART° 48

3 – Estabelecer vínculo de subordinação com funcionário de empresa prestadora de serviço terceirizado

No que tange à proibição da prática de atos ou interlocução que caracterize vínculo de subordinação do gestor do contrato ou outro agente público sobre os colaboradores da empresa contratada, tem-se que tal vedação é imposta de forma a impor ao gestor do contrato que apenas dialogue com o preposto formalmente designado, para que este, posteriormente, repasse aos profissionais as orientações ou determinações trespassadas.

Com efeito, a referida determinação também tem o condão de afastar a imposição de atribuições ou encargos que escapem daqueles regularmente desempenhados pelos colaboradores, necessários para que o particular contratado regularmente execute os serviços devidos, afastando problemas de toda sorte para os agentes públicos.

4 – Definir forma de pagamento mediante exclusivo reembolso dos salários pagos

Devendo a remuneração do colaborador alocado na prestação de serviços ocorrer mensalmente por meio do trespasse do valor constante da nota fiscal, para que a empresa contratada realize o repasse aos trabalhadores, é proibido definir no ato convocatório a forma de pagamento mediante exclusivo reembolso dos salários pagos.

5 – Demandar a funcionário de empresa prestadora de serviço terceirizado a execução de tarefas fora do escopo do objeto da contratação

Outrossim, sob pena de caracterização de flagrante desvio de finalidade, não poderá a Administração contratante demandar os colaboradores da empresa contratada em atividades estranhas àquelas estritamente necessárias para a viabilização da prestação do serviço contratado.

Não é incomum observar no âmbito administrativo colaboradores de empresas contratadas para prestar serviços, a exemplo da limpeza dos prédios públicos, atuando como recepcionistas no horário do almoço ou após o expediente como porteiros ou realizando compras para os servidores nos centros comerciais próximos.

A referida proibição tem como escopo garantir que os colaboradores alocados na execução do serviço contratado sejam aproveitados de forma a evitar a queda de qualidade no serviço prestado, prestigiando, assim, o princípio da eficiência.

Assim deve ocorrer, pois afasta problemas de toda sorte, a exemplo da ocorrência de um infortúnio com o colaborador que está em desvio de função, cuja responsabilização pode recair sobre o agente público que solicitou a atuação indevida. Imagine-se o fato de um auxiliar de limpeza, que pode ser atropelado quando atravessa a rua para realizar uma compra para o chefe do departamento da Administração contratante.

6 – Prever em edital exigências que constituam intervenção indevida da Administração na gestão interna do contratado

Não poderão ser fixadas no ato convocatório exigências que acabem por intervir ou causar futura interferência da Administração contratante na gestão interna do particular contratado. Tal proibição tem como escopo afastar eventual desestímulo à participação no certame, uma vez que exigências dessa natureza, além de eventualmente causar algum tipo de ônus ao particular, seja econômico ou operacional, pode ainda gerar assunção de um encargo que posteriormente não poderá ser efetivamente cumprido pelo contratado, podendo tal comportamento exigido contratualmente não realizado acarretar a instauração de um procedimento rescisório ou sancionatório, fato que pode gerar prejuízos de toda sorte para o particular.

7 – Vedação ao nepotismo

Por derradeiro, fixa o parágrafo único do art. 48 a vedação ao nepotismo, proibido pela Súmula Vinculante nº 11 do STF, por flagrante afronta aos princípios da moralidade e da impessoalidade, sendo fixado ao contratado a proibição de contratar as pessoas lá arroladas, devendo tal vedação constar expressamente do edital, sendo obrigação do gestor do contrato aferir a observância do referido encargo.

Sendo assim, durante a vigência do contrato é vedado ao contratado contratar cônjuge, companheiro ou parente em linha reta, colateral ou por afinidade, até o terceiro grau, de dirigente do órgão ou entidade contratante ou de agente público que desempenhe função na licitação ou atue na fiscalização ou na gestão do contrato.

Princípios da Licitação. Violação ao princípio da competitividade. Fixação da remuneração dos trabalhadores, bem como valor do valor do vale-transporte e cotação de tíquete alimentação e de plano de saúde: TCU – Acórdão nº 190/2007 – Plenário – Relatoria: Ministro Ubiratan Aguiar – "1.1.1 abstenha-se de incluir nos editais de licitação exigências que violem o princípio da competitividade, da seleção da proposta mais vantajosa e representem invasão à esfera de vontade do particular, a exemplo da fixação de salários dos prestadores de serviços (ressalvados os pisos remuneratórios estabelecidos por acordos coletivos de trabalho), determinação do valor do vale-transporte e cotação de tíquete alimentação e de plano de saúde para prestadores de serviços e da obrigação de o licitante cotar a destinação de recursos para custear a seleção, capacitação e treinamento de pessoal."

DA FASE PREPARATÓRIA ART° 49

ARTIGO 49

A Administração poderá, mediante justificativa expressa, contratar mais de uma empresa ou instituição para executar o mesmo serviço, desde que essa contratação não implique perda de economia de escala, quando:

I – o objeto da contratação puder ser executado de forma concorrente e simultânea por mais de um contratado; e

II – a múltipla execução for conveniente para atender à Administração.

Parágrafo único. Na hipótese prevista no caput deste artigo, a Administração deverá manter o controle individualizado da execução do objeto contratual relativamente a cada um dos contratados.

Fixa o art. 49 da nova Lei de Licitações, a possibilidade da Administração Pública celebrar múltiplos contratos administrativos com o objetivo de buscar a execução de um mesmo objeto por meio de mais de uma empresa.

Assim poderá ocorrer, desde que exista motivada justificativa, a ser assentada nos autos do processo administrativo, acerca das razões para adoção de uma contratação dessa natureza.

Com efeito, também é condição para a celebração de uma contratação múltipla a ausência da perda da economia de escala observada nas contratações de elevados quantitativos. Por economia de escala entende-se quanto maior for a quantidade licitada menor poderá ser o custo unitário do produto a ser adquirido.[67]

Acerca das benesses na adoção de uma contratação dessa natureza, pode ocorrer que o ajuste com apenas uma empresa para execução de um determinado objeto, por exemplo, que apresenta um quantitativo elevado, pode apresentar alguma dificuldade operacional, sendo essa reduzida ou mitigada caso o objeto seja executado por mais de um particular.

Demais disso, deverá estar justificado nos autos do processo administrativo o atendimento do inc. I do artigo em estudo, que exige que "o objeto da contratação puder ser executado de forma concorrente e simultânea por mais de um contratado", bem como do inc. II, que estabelece que "a múltipla execução for conveniente para atender à Administração."

Haja vista tratar-se de celebração de contratos distintos, cada um ajustado com um contratado diferente, é dever da Administração Pública contratante realizar a gestão individualizada de cada contrato, passando a implementar todos os encargos constantes do art. 117 individualmente.

---

[67] JUNIOR,, Jessé Torres Pereira e DOTTI, Marinês Restelatto, *Da responsabilidade de Agentes Públicos e Privados nos Processos Administrativos de Licitação e Contratação*, São Paulo, ed. NDJ, 2012, p. 93.

COMENTÁRIOS À NOVA LEI DE LICITAÇÕES PÚBLICAS E CONTRATOS ADMINISTRATIVOS

Artigo 50

Nas contratações de serviços com regime de dedicação exclusiva de mão de obra, o contratado deverá apresentar, quando solicitado pela Administração, sob pena de multa, comprovação do cumprimento das obrigações trabalhistas e com o Fundo de Garantia do Tempo de Serviço (FGTS) em relação aos empregados diretamente envolvidos na execução do contrato, em especial quanto ao:

I – registro de ponto;

II – recibo de pagamento de salários, adicionais, horas extras, repouso semanal remunerado e décimo terceiro salário;

III – comprovante de depósito do FGTS;

IV – recibo de concessão e pagamento de férias e do respectivo adicional;

V – recibo de quitação de obrigações trabalhistas e previdenciárias dos empregados dispensados até a data da extinção do contrato;

VI – recibo de pagamento de vale-transporte e vale-alimentação, na forma prevista em norma coletiva.

Grande é a preocupação da Administração Pública, principalmente em relação à implementação de mecanismos para afastar a responsabilização subsidiária na esfera trabalhista no tocante às condenações trabalhistas impostas aos contratados em razão do cumprimento da legislação trabalhista. Sobre tal questão, recomenda-se a leitura dos comentários lançados no art. 121 desta Lei.

Sendo assim, de forma a afastar as condenações em âmbito trabalhista, em razão da caracterização da culpa *in vigilando*, determina o art. 50 da NLLC que deverá o contratado apresentar, quando solicitado pela Administração, sob pena de multa, comprovação do cumprimento das obrigações trabalhistas e com o Fundo de Garantia do Tempo de Serviço (FGTS) em relação aos empregados diretamente envolvidos na execução do contrato, em especial quanto ao: I – registro de ponto; II – recibo de pagamento de salários, adicionais, horas extras, repouso semanal remunerado e 13º salário; III – comprovante de depósito do FGTS; IV – recibo de concessão e pagamento de férias e do respectivo adicional; V – recibo de quitação de obrigações trabalhistas e previdenciárias dos empregados dispensados até a data da extinção do contrato; e VI – recibo de pagamento de vale-transporte e vale-alimentação, na forma prevista em norma coletiva.

Fixando o referido artigo que o contratado deverá apresentar, quando solicitado pela Administração, o rol de documentos acima arrolado, sob pena de imposição de multa, deverá o edital e minuta do contrato administrativo, na cláusula punitiva, de inserção obrigatória na forma do art. 92, inc. XIV, da

NLLC, fixar que o não atendimento da referida obrigação acarretará a imposição de multa, prevendo, ainda, a base de cálculo para a sanção pecuniária.

Não sendo cumprido tal encargo pela contratada, deverá ser desencadeado o processo sancionatório, devendo, para tanto, ser observado o teor contido a partir do art. 155, dispositivos legais que recomendamos a leitura.

SUBSEÇÃO IV – Da Locação de Imóveis

Artigo 51

Ressalvado o disposto no inciso V do caput do art. 74 desta Lei, a locação de imóveis deverá ser precedida de licitação e avaliação prévia do bem, do seu estado de conservação, dos custos de adaptações e do prazo de amortização dos investimentos necessários.

Ao tratar da locação de bem imóvel, o art. 51 exige a prévia licitação, excepcionando a hipótese contemplada no art. 74, inc. V, que dispõe sobre a inexigibilidade de licitação.

Por conseguinte, quando a Administração se coloca na posição de locatária, é imperativo que se promova a avaliação prévia do bem, verificando o seu estado de conservação, bem como os custos de eventuais adaptações e o prazo de amortização dos investimentos necessários.

Em outro falar, o que se exige é uma avaliação dos custos diretos e indiretos de uma locação para efeito de instauração da licitação, de forma a escolher a proposta de menor desembolso possível.

Ainda que a Lei nº 14.133/2021 traga em seu bojo a inexigibilidade de licitação para a locação de bens imóveis, tal hipótese somente se justifica quando as características de instalações e de localização tornem necessária sua escolha.

De outro viés, a licitação será devida todas as vezes que as características do bem sejam irrelevantes para a Administração, devendo a Administração da mesma forma avaliar os custos envolvidos na locação.

SUBSEÇÃO V – Das Licitações Internacionais

Artigo 52

Nas licitações de âmbito internacional, o edital deverá ajustar-se às diretrizes da política monetária e do comércio exterior e atender às exigências dos órgãos competentes.

§ 1º Quando for permitido ao licitante estrangeiro cotar preço em moeda estrangeira, o licitante brasileiro igualmente poderá fazê-lo.

§ 2º O pagamento feito ao licitante brasileiro eventualmente contratado em virtude de licitação nas condições de que trata o § 1º deste artigo será efetuado em moeda corrente nacional.

§ 3º As garantias de pagamento ao licitante brasileiro serão equivalentes àquelas oferecidas ao licitante estrangeiro.

§ 4º Os gravames incidentes sobre os preços constarão do edital e serão definidos a partir de estimativas ou médias dos tributos.

§ 5º As propostas de todos os licitantes estarão sujeitas às mesmas regras e condições, na forma estabelecida no edital.

§ 6º Observados os termos desta Lei, o edital não poderá prever condições de habilitação, classificação e julgamento que constituam barreiras de acesso ao licitante estrangeiro, admitida a previsão de margem de preferência para bens produzidos no País e serviços nacionais que atendam às normas técnicas brasileiras, na forma definida no art. 26 desta Lei.

O art. 52, a seu turno, trata das licitações internacionais e, por óbvio, o edital deverá se ajustar às diretrizes da política monetária e do comércio exterior, além do atendimento de outras exigências ditadas por órgãos competentes.

Desde logo, é bom que se diga, que nada impede o licitante estrangeiro de participar de licitação nacional, desde que expressamente permitida pelo edital, mas a questão do interesse pode ser elemento que venha a comprometer a participação de empresas estrangeiras, que, nesta hipótese, terão o seu pagamento em moeda nacional.

Dito isso, importante se faz lembrar que a licitação, ainda que de caráter internacional, norteia-se pelo princípio da isonomia, logo, não poderá existir qualquer diferenciação de tratamento entre licitantes nacionais e estrangeiros, como, aliás, já se depreende do § 1º, que admite a formulação de propostas em outra moeda, que não a brasileira, sendo possível, assim, que empresas brasileiras e estrangeiras possam cotar o seu preço em moeda estrangeira.

Para evitar maiores transtornos, o ideal é que o edital venha a contemplar previsão acerca da moeda que será aceita na formulação das propostas, sujeitando todos os licitantes a essa previsão editalícia.

Infere-se que o pagamento em moeda estrangeira exige providências que devem ser tomadas para viabilizar a contraprestação pecuniária financeira. É preciso, antes de tudo, compatibilizar a contratação com as diretrizes da política monetária, por expressa disposição do *caput* do art. 52, verificando a existência de recursos orçamentários para efeito de reserva de verba, mas, principalmente, é preciso verificar a existência do elemento financeiro em moeda estrangeira.

DA FASE PREPARATÓRIA ART° 52

Afora isso, é preciso verificar as normas relativas à importação de bens e serviços. Todas essas questões são condições preliminares à formulação do edital, que, posteriormente, deverá contar com expressa previsão no instrumento convocatório.

Quanto ao § 2º, a sua redação faz alusão ao pagamento feito a licitante brasileiro, quando contratado em razão de licitação internacional, determinando que o pagamento será efetuado em moeda corrente nacional.

Calha, aqui, lembrar que a Lei nº 8.666/1993, em seu § 2º, determina que o pagamento, feito ao licitante brasileiro contratado em virtude de licitação internacional, ocorrerá em moeda brasileira, à taxa de câmbio vigente no dia útil imediatamente anterior à data do efetivo pagamento. Em que pese tal fato, a Lei nº 14.133/2021 omitiu-se quanto a esse aspecto operacional do pagamento ao licitante brasileiro, cabendo ao edital disciplinar a matéria, com especial observância do princípio da isonomia, impedindo, destarte, qualquer prejuízo ao licitante brasileiro.

Em nosso sentir, e considerando que a regra do pagamento ao licitante brasileiro deve ser disciplinada pelo edital, nada obsta que se adote a regra da legislação anterior, que sempre se apresentou adequada.

Os §§ 3º e 5º, a todas as luzes, são ditados em absoluta consonância com o princípio da isonomia, garantindo-se ao licitante brasileiro e estrangeiro as mesmas garantias, relativas ao pagamento e a sujeição às mesmas regras e condições que deverão estar explicitamente previstas no edital.

O § 4º prevê que os gravames incidentes sobre os preços constarão do edital e serão definidos a partir de estimativas ou médias dos tributos como forma de, mais uma vez, preservar a isonomia entre licitantes brasileiros e estrangeiros.

É fato que o sistema tributário nacional é extremamente gravoso, podendo ensejar um desequilíbrio, à vista que o licitante estrangeiro estaria sujeito a uma carga tributária, no mais das vezes, inferior àquela paga pelo licitante brasileiro.

Ora, considerando que a questão fiscal é englobada pelo preço ofertado, isso poderia trazer um prejuízo à disputa, em virtude de um "privilégio" do licitante internacional.

A solução encontrada pelo legislador foi remeter o deslinde dessa problemática ao edital, que deverá disciplinar adequadamente a matéria, tendo por diretriz as estimativas ou médias dos tributos, determinando os acréscimos de encargos que deverão ser contemplados na proposta de preços.

A questão, embora seja extremamente complexa, deve comportar solução que atenda ao princípio da isonomia, equalizando os preços ofertados por brasileiros e estrangeiros, para efeito de julgamento das propostas.

O § 6º consagra disposição que tem por finalidade afastar qualquer elemento que possa ser traduzido como um obstáculo para a participação de

COMENTÁRIOS À NOVA LEI DE LICITAÇÕES PÚBLICAS E CONTRATOS ADMINISTRATIVOS

licitantes estrangeiros, admitindo-se, tão somente, margem de preferência, nos termos do art. 26.

Cabe-nos, ainda, uma última consideração. O art. 26 assegura a participação de empresa internacional como meio de se incrementar a competitividade inerente a qualquer processo licitatório. Assim, os condicionantes estabelecidos no edital devem ter por elemento norteador o princípio da isonomia, pelo que qualquer vantagem ao licitante brasileiro poderá ser feita apenas em razão de expresso dispositivo de lei.

CAPÍTULO III – DA DIVULGAÇÃO DO EDITAL DE LICITAÇÃO

ARTIGO 53

Ao final da fase preparatória, o processo licitatório seguirá para o órgão de assessoramento jurídico da Administração, que realizará controle prévio de legalidade mediante análise jurídica da contratação.

§ 1º Na elaboração do parecer jurídico, o órgão de assessoramento jurídico da Administração deverá:

I – apreciar o processo licitatório conforme critérios objetivos prévios de atribuição de prioridade;

II – redigir sua manifestação em linguagem simples e compreensível e de forma clara e objetiva, com apreciação de todos os elementos indispensáveis à contratação e com exposição dos pressupostos de fato e de direito levados em consideração na análise jurídica;

III – (VETADO)

§ 2º (VETADO)

§ 3º Encerrada a instrução do processo sob os aspectos técnico e jurídico, a autoridade determinará a divulgação do edital de licitação conforme disposto no art. 54.

§ 4º Na forma deste artigo, o órgão de assessoramento jurídico da Administração também realizará controle prévio de legalidade de contratações diretas, acordos, termos de cooperação, convênios, ajustes, adesões a atas de registro de preços, outros instrumentos congêneres e de seus termos aditivos.

§ 5º É dispensável a análise jurídica nas hipóteses previamente definidas em ato da autoridade jurídica máxima competente, que deverá considerar o baixo valor, a baixa complexidade da contratação, a entrega imediata do bem ou a utilização de minutas de editais e instrumentos de contrato, convênio ou outros ajustes previamente padronizados pelo órgão de assessoramento jurídico.

§ 6º (VETADO)

DA DIVULGAÇÃO DO EDITAL DE LICITAÇÃO   ARTº 53

O controle da legalidade é impositivo para a Administração Pública, consagrando-se como dever inarredável para a consecução da atividade administrativa, devendo se concretizar de ofício ou provocadamente.

Nossa afirmação encontra eco no art. 53, que é determinante ao dispor que, ao final da fase preparatória, o processo deverá seguir à consultoria jurídica, a quem caberá o controle prévio da legalidade da contratação. Conquanto o art. 53, *caput*, faça referência apenas à contratação, o entendimento correto deve abranger a licitação, pois o objeto de análise do órgão de assessoramento será o edital e a minuta de contrato que deverá integrar o processo licitatório.

O exame da legalidade encarta diversas possibilidades. Em alguns casos, a legalidade restrita pode se fazer necessária. Em outros, a inexistência de prévio arrimo em lei não significa impossibilidade de adoção de determinada solução, desde que seja possível extrair do nosso sistema jurídico uma autorização normativa adequada. O exame de atos vinculados, embora necessários, não suscitam maiores problemas, ao contrário de competências discricionárias que devem ser examinadas levando-se em conta o interesse protegido, sem que o profissional adentre no campo da escolha da conveniência e oportunidade da autoridade competente para proferir a decisão administrativa.

Afastado qualquer corporativismo de nossa parte, o exame do edital de licitação é de fundamental importância e, portanto, de observância obrigatória. A ausência da prévia oitiva do órgão jurídico pode levar à anulação do processo licitatório, salvo se o edital e a respectiva minuta do contrato encontrarem-se indenes de qualquer irregularidade.

Hipótese que não pode ser descartada é a adoção de editais-padrão que, quando bem elaborados, implica em considerável ganho de tempo. Nesse contexto, o órgão jurídico após exame do edital-padrão, poderia aprová-lo, exarando um parecer com as considerações pertinentes, inclusive no que diz respeito aos objetos que poderiam ser contratados mediante o instrumento convocatório examinado. É cristalino que aquelas licitações mais complexas serão alvo de exame caso a caso, por absoluta impossibilidade de adoção de um instrumento padrão.

O § 1º traz consigo algumas regras para a emissão do parecer jurídico. O inc. I estabelece que a apreciação do processo licitatório deve ocorrer mediante critérios prévios de prioridade. Estabelece-se, portanto, uma regra de preponderância, em que assuntos mais urgentes devem ser tratados com a premência que o caso requer.

O inc. II impõe ao assessor jurídico que o seu parecer seja elaborado com a utilização de uma linguagem simples, compreensível e de forma clara e objetiva, apreciando todos os elementos considerados indispensáveis à contratação, com a exposição dos pressupostos de fato e de direito levados em consideração na análise jurídica.

Em última análise, o parecer jurídico deve cumprir a sua finalidade, no sentido de expressar o entendimento do órgão jurídico sobre a validade, ou não, do edital apresentado. Ainda que a linguagem deva ser simples, isso não desautoriza o profissional de utilizar termos técnicos, que venham a melhor expressar dada situação. Demais disso, exige-se a correta fundamentação, com as exposição dos condicionantes fáticos e de direito, atendendo, assim, ao princípio da motivação.

É de relevante importância a questão da natureza do parecer, se opinativa ou vinculativa. Embora essa questão já tenha sido amplamente discutida, volta e meia a matéria é suscitada novamente, em face de um novo instrumento normativo.

É de se reconhecer que o advogado público, no exercício da advocacia consultiva, deve manter conduta absolutamente imparcial, pautando-se, precipuamente, na legislação e nos princípios, regentes da matéria, além do fato de se considerar, por relevante, que a sua função não tem por missão executar qualquer política pública.

Em que pese tudo isso, o Supremo Tribunal Federal já entendeu que o parecerista deve ser responsabilizado:

ADVOGADO PÚBLICO – RESPONSABILIDADE – ART. 38 DA LEI Nº 8.666/93 – TRIBUNAL DE CONTAS DA UNIÃO – ESCLARECIMENTOS. Prevendo o art. 38 da Lei nº 8.666/93 que a manifestação da assessoria jurídica quanto a editais de licitação, contratos, acordos, convênios e ajustes não se limita a simples opinião, alcançando a aprovação ou não, descabe a recusa à convocação do Tribunal de Contas da União para serem prestados esclarecimentos.[68]

Restaram vencidos os Ministros Eros Grau, Gilmar Mendes e Carmem Lúcia, decidindo-se responsabilizar o parecerista e o administrador, solidariamente, no caso de assentar que a decisão do administrador dependeu do parecer jurídico para ser concretizado.

A decisão proferida pelo STF, a nosso ver, não cuidou de fazer distinção entre as diversas espécies de parecer que, sem sombra de dúvidas, é fulcral para se chegar a uma correta conclusão. Com efeito, a matéria foi mais uma vez submetida ao Tribunal que assim se expressou:

CONSTITUCIONAL. ADMINISTRATIVO. CONTROLE EXTERNO. AUDITORIA PELO TCU. RESPONSABILIDADE DE PROCURADOR DE AUTARQUIA POR EMISSÃO DE PARECER TÉCNICO-JURÍDICO DE NATUREZA OPINATIVA.

---

[68] STF – MS 24584 / DF – DISTRITO FEDERAL – MANDADO DE SEGURANÇA. Relator(a): Min. MARCO AURÉLIO MELO. Julgamento: 09/08/2007 Órgão Julgador: Tribunal Pleno.

SEGURANÇA DEFERIDA.I. Repercussões da natureza jurídico-administrativa do parecer jurídico: (i) quando a consulta é facultativa, a autoridade não se vincula ao parecer proferido, sendo que seu poder de decisão não se altera pela manifestação do órgão consultivo; (ii) quando a consulta é obrigatória, a autoridade administrativa se vincula a emitir o ato tal como submetido à consultoria, com parecer favorável ou contrário, e se pretender praticar ato de forma diversa da apresentada à consultoria, deverá submetê-lo a novo parecer; (iii) quando a lei estabelece a obrigação de decidir à luz de parecer vinculante, essa manifestação de teor jurídica deixa de ser meramente opinativa e o administrador não poderá decidir senão nos termos da conclusão do parecer ou, então, não decidir.II. No caso de que cuidam os autos, o parecer emitido pelo impetrante não tinha caráter vinculante. Sua aprovação pelo superior hierárquico não desvirtua sua natureza opinativa, nem o torna parte de ato administrativo posterior do qual possa eventualmente decorrer dano ao erário, mas apenas incorpora sua fundamentação ao ato. III. Controle externo: É lícito concluir que é abusiva a responsabilização do parecerista à luz de uma alargada relação de causalidade entre seu parecer e o ato administrativo do qual tenha resultado dano ao erário. Salvo demonstração de culpa ou erro grosseiro, submetida às instâncias administrativo-disciplinares ou jurisdicionais próprias, não cabe a responsabilização do advogado público pelo conteúdo de seu parecer de natureza meramente opinativa. Mandado de segurança deferido.[69]

É de ver que a diferenciação entre as espécies de parecer é de fundamental importância para se chegar a uma conclusão com relação à responsabilidade. Logo, conclui-se que apenas os de natureza vinculante obrigam a autoridade a agir conforme o parecer, ensejando, assim, a responsabilidade do parecerista.

De outra banda, é claro que a questão do parecer pode ser vista por outros ângulos que são plenamente aceitáveis e podem gerar a responsabilidade do parecerista, independentemente de seu caráter vinculativo, como, por exemplo, no caso de opiniões teratológicas, ou que se traga, a toda evidência, o elemento volitivo do dolo ou erro inescusável.

O § 4º estende a necessidade de parecer, de lavra da consultoria jurídica, às contratações diretas, acordos, termos de cooperação, convênios, ajustes, adesões a atas de registro de preços, bem assim como outros instrumentos congêneres e de seus termos aditivos, salvo quando se tratar de hipóteses previamente definidas em ato da autoridade jurídica máxima competente, que, em razão do baixo valor, da baixa complexidade da contratação, da entrega imediata do bem ou, ainda, em razão de minutas padronizadas pelo órgão de assessoramento jurídico, não serão necessárias, na forma do que dispõe o § 5º.

O § 3º, que deixamos por último, em razão de seu evidente deslocamento da lógica jurídica do dispositivo, é tão óbvio e de conteúdo absolutamente

---

[69] STF – MS 24.631 / DF – DISTRITO FEDERAL – MANDADO DE SEGURANÇA. Relator(a): Min. JOAQUIM BARBOSA. Julgamento: 09/08/2007 Órgão Julgador: Tribunal Pleno.

dispensável, na medida em que, encerrada a instrução com a oitiva do órgão jurídico, e técnico, quando for o caso, o processo licitatório deverá ser divulgado mediante ato da autoridade competente.

Artigo 54

A publicidade do edital de licitação será realizada mediante divulgação e manutenção do inteiro teor do ato convocatório e de seus anexos no Portal Nacional de Contratações Públicas (PNCP).

§ 1º Sem prejuízo do disposto no caput, é obrigatória a publicação de extrato do edital no Diário Oficial da União, do Estado, do Distrito Federal ou do Município, ou, no caso de consórcio público, do ente de maior nível entre eles, bem como em jornal diário de grande circulação. (Promulgação partes vetadas)

§ 2º É facultada a divulgação adicional e a manutenção do inteiro teor do edital e de seus anexos em sítio eletrônico oficial do ente federativo do órgão ou entidade responsável pela licitação ou, no caso de consórcio público, do ente de maior nível entre eles, admitida, ainda, a divulgação direta a interessados devidamente cadastrados para esse fim.

§ 3º Após a homologação do processo licitatório, serão disponibilizados no Portal Nacional de Contratações Públicas (PNCP) e, se o órgão ou entidade responsável pela licitação entender cabível, também no sítio referido no § 2º deste artigo, os documentos elaborados na fase preparatória que porventura não tenham integrado o edital e seus anexos.

O atendimento ao princípio da publicidade é uma das "pedras de toque" do Direito Administrativo, relacionando-se diretamente com os princípios estruturantes do Estado, notadamente com o princípio republicano. No mesmo passo, o princípio da publicidade se configura com uma das perspectivas da cidadania, permitindo o controle social dos atos emanados da Administração Pública.

Não é sem razão que o art. 54 exige a publicidade do edital, mediante a divulgação e manutenção de inteiro teor do instrumento convocatório, bem assim de seus anexos, no Portal Nacional de Contratações Públicas – PNCP que, até o presente momento, ainda não foi implementado.

É de sobranceira importância destacar que a exigência constante do *caput* do art. 54 não obstaculiza outras formas de publicidade, em especial aquela que indica a publicação da licitação no veículo oficial de publicação do ente federativo, bem como no sítio eletrônico de cada um dos órgãos da Administração Pública e também em jornais de grande circulação. Necessário se faz dizer que, embora a publicação do edital na imprensa oficial e também nos jornais de grande circulação tenha sido vetada, isso não impossibilita a sua adoção, até porque cada ente federativo tem a autonomia necessária para decidir sobre a exigência da publicação, desde que a finalidade pretendida – convocar licitantes interessados no certame – seja atingida.

Novidade, que não pode deixar de ser mencionada, é a possibilidade da mantença de cadastro, para que se faça a divulgação direta da licitação entre as empresas cadastradas. Verifique-se que a Lei nº 14.133/2021 não obriga a Administração a institucionalizar o cadastro em referência, mas, no caso de ser instituído, surge o dever de promover a divulgação da licitação entre os cadastrados.

Exige-se, ainda, que a publicidade se faça com a devida antecedência, de modo que o licitante, ao tomar conhecimento do edital de seu interesse, tenha tempo hábil para se preparar para a licitação que, por vezes, exige complexas atividades por parte dos licitantes.

Logo, publicação defeituosa, como muito acontecia em um passado não tão longínquo, é causa de invalidade da licitação, em razão de inaceitável restrição ao princípio da publicidade.

Finalmente, uma vez homologada a licitação, essa decisão também deve receber a necessária divulgação. Afora isso, a juízo do contratante, poderão ser divulgados os documentos elaborados na fase preparatória que eventualmente não tenham integrado o edital e seus anexos, como, por exemplo, no caso do orçamento sigiloso.

Embora a divulgação em comento venha gizada como uma competência discricionária da Administração Pública, entendemos que, por força do princípio da transparência, a implementação desse desiderato se configura como obrigatória.

No tocante ao §1º do art. 54, tem-se que o mesmo restou devidamente vetado pelo Presidente da República, adotando-se as seguintes razões para decidir:

Razões do veto

'A propositura estabelece que os entes federativos poderão instituir sítio eletrônico oficial para divulgação complementar e realização das respectivas contratações, e que, até 31 de dezembro de 2023, os Municípios deverão realizar divulgação complementar de suas contratações mediante publicação de extrato de edital de licitação em jornal diário de grande circulação local.

Todavia, e embora se reconheça o mérito da proposta, a determinação de publicação em jornal de grande circulação contraria o interesse público por ser uma medida desnecessária e antieconômica, tendo em vista que a divulgação em 'sítio eletrônico oficial' atende ao princípio constitucional da publicidade.

Além disso, tem-se que o princípio da publicidade, disposto no art. 37, caput da Constituição da República, já seria devidamente observado com a previsão contida no caput do art. 54, que prevê a divulgação dos instrumentos de contratação no Portal Nacional de Contratações Públicas (PNCP), o qual passará a centralizar a publicidade dos atos relativos às contratações públicas.'

Ocorre, todavia, que o mesmo restou devidamente promulgado em 10 de junho de 2021 em razão do Congresso Nacional rejeitar em 1º do referido mês o tal veto realizado pelo presidente à nova Lei de Licitações e Contratos Administrativos.

CAPÍTULO IV – DA APRESENTAÇÃO DE PROPOSTAS E LANCES

ARTIGO 55

Os prazos mínimos para apresentação de propostas e lances, contados a partir da data de divulgação do edital de licitação, são de:

I – para aquisição de bens:

a) 8 (oito) dias úteis, quando adotados os critérios de julgamento de menor preço ou de maior desconto;

b) 15 (quinze) dias úteis, nas hipóteses não abrangidas pela alínea "a" deste inciso;

II – no caso de serviços e obras:

a) 10 (dez) dias úteis, quando adotados os critérios de julgamento de menor preço ou de maior desconto, no caso de serviços comuns e de obras e serviços comuns de engenharia;

b) 25 (vinte e cinco) dias úteis, quando adotados os critérios de julgamento de menor preço ou de maior desconto, no caso de serviços especiais e de obras e serviços especiais de engenharia;

c) 60 (sessenta) dias úteis, quando o regime de execução for de contratação integrada;

d) 35 (trinta e cinco) dias úteis, quando o regime de execução for o de contratação semi-integrada ou nas hipóteses não abrangidas pelas alíneas "a", "b" e "c" deste inciso;

III – para licitação em que se adote o critério de julgamento de maior lance, 15 (quinze) dias úteis;

IV – para licitação em que se adote o critério de julgamento de técnica e preço ou de melhor técnica ou conteúdo artístico, 35 (trinta e cinco) dias úteis.

§ 1º Eventuais modificações no edital implicarão nova divulgação na mesma forma de sua divulgação inicial, além do cumprimento dos mesmos

DA APRESENTAÇÃO DE PROPOSTAS E LANCES ART° 55

prazos dos atos e procedimentos originais, exceto quando a alteração não comprometer a formulação das propostas.

§ 2º Os prazos previstos neste artigo poderão, mediante decisão fundamentada, ser reduzidos até a metade nas licitações realizadas pelo Ministério da Saúde, no âmbito do Sistema Único de Saúde (SUS).

O art. 55 dispõe sobre os prazos mínimos de publicação do edital, de maneira que os eventuais interessados tomem conhecimento da licitação e possam se preparar adequadamente para o certame.

Desde logo, faz-se de curial relevo esclarecer que os prazos constantes do art. 55 se configuram em lapsos temporais mínimos, sendo vedado à Administração, invocando a urgência de determinada contratação, diminuí-los, salvo a expressa disposição constante do § 2º, desde que apresentadas as devidas justificativas, mediante decisão fundamentada.

Há que se deixar claro, que não basta a mera publicação de aviso da licitação, sem que todas as informações necessárias estejam à disposição de todos aqueles que se interessarem pelo certame, abrangendo, inclusive, o cidadão.

Com relação à contagem do prazo, o *caput* do art. 55 dispõe que a data de início da contagem coincide com a data da publicação do edital. Contudo, o art. 183, § 1º, inc. I, determina, como regra, que o regular transcurso do prazo terá início no primeiro dia útil seguinte ao da "disponibilização da informação na internet".

Deve-se reputar que as disposições do art. 183, § 1º, inc. I, guardam a necessária coerência com o instituto das licitações, pois de nada adianta a divulgação do edital, sem a disponibilização de todas as informações necessárias para que os interessados possam avaliar a conveniência de participar da licitação, evitando, desta forma, um expediente muito utilizado no passado, em que o aviso da licitação era publicado, mas as disposições editalícias somente se encontrariam disponíveis em data próxima do início do certame. Insistimos, neste sentido, que, na hipótese do edital não se encontrar disponível em sua completude, o prazo mínimo de publicação estará obstado, somente passando a correr quando da efetiva disponibilização de todas as informações necessárias para os interessados.

Por conseguinte, na contagem dos prazos deve-se excluir o dia do início (publicação do edital) e incluir a data do vencimento, devendo a licitação iniciar-se no primeiro dia útil posterior a essa data.

Ainda com relação aos prazos, que não se olvide a necessidade de prorrogação destes, em face da ocorrência da data do vencimento cair em dia não útil, houver término do expediente antes do horário normal, ou, ainda, em face de problemas de comunicação eletrônica, conforme disposições do art. 183, § 2º.

Esclareça-se que dias úteis são aqueles que importam no devido expediente do órgão público, ainda que isso, principalmente nos dias de hoje, em razão da pandemia de Covid-19, o atendimento aconteça de forma remota.

Doutra parte, a simples leitura do art. 55 é suficiente para se concluir que os prazos mínimos de publicação foram demarcados em razão dos mais diversos fundamentos, conforme se perceberá do exame de cada um dos incisos do aludido dispositivo.

O inc. I, al. "a", trata dos prazos para a aquisição de bens, de 8 (oito) dias úteis quando se tratar da adoção dos critérios de julgamento de menor preço ou maior desconto, em especial no que diz respeito às licitações na modalidade de pregão.

Em se tratando de licitações outras, cujo critério de julgamento não adote o menor preço ou o maior desconto, o prazo mínimo de publicação será de 15 (quinze) dias úteis, o que nos leva a afirmar que se trata de certames com critério de julgamento de técnica e preço.

O inc. II disciplina as licitações de serviços e obras. A al. "a" do inc. II determina a adoção do prazo mínimo de 10 (dez) dias úteis, para o critério de menor preço ou maior desconto, em se tratando de objeto comum, inclusive de engenharia.

No inc. II, al. "b", restou estabelecido o prazo de 25 (vinte e cinco) dias úteis, quando adotado o critério de julgamento de menor preço ou de maior desconto no caso de serviços especiais e de obras e serviços especiais de engenharia.

Note-se que, em se tratando de contratação integrada, o inc. II, al. "c", estabelece o prazo mínimo de publicação de 60 (sessenta) dias.

Por fim, a al. "d" crava o prazo de 35 (trinta e cinco) dias úteis, em se tratando de contratação semi-integrada ou, em razão de critério excludente, nas hipóteses não abrangidas pelas alíneas "a", "b" e "c" do inc. II, que fatalmente vão se referir às licitações de técnica e preços e melhor técnica.

Quanto ao inc. III fixou-se o prazo de 15 (quinze) dias úteis para as licitações de maior lance.

Por último, o inc. IV estabelece o prazo de 35 (trinta e cinco) dias úteis em se tratando de julgamento pelo critério de julgamento de técnica e preço ou de melhor técnica ou conteúdo artístico.

Estranhamente, o art. 59 não definiu, ao menos explicitamente, o prazo mínimo de publicação para as licitações de maior retorno econômico, pelo que deve se utilizar o critério da excludência constante da al. "d" do inc. II, fixado em 35 (trinta e cinco) dias úteis.

De forma completamente deslocada, e dificultando o trabalho do intérprete, o prazo mínimo de publicação destinado ao diálogo competitivo vem disposto no art. 32, § 1º. O inc. I estabelece o prazo para a primeira publicação do edital,

DA APRESENTAÇÃO DE PROPOSTAS E LANCES ART° 55

fixado em 25 (vinte e cinco) dias úteis. Após a identificação da solução mais adequada ao caso concreto, nova publicação será necessária para convocar os licitantes, com prazo não inferior a 60 (sessenta) dias úteis, nos termos do inc. VIII do art. 32.

O § 1º consagra regra que já constava da Lei nº 8.666/1993, em que eventuais modificações no edital implicarão nova divulgação na mesma forma de sua divulgação inicial, além do cumprimento dos mesmos prazos dos atos e procedimentos originais, exceto quando a alteração não comprometer a formulação das propostas.

Desnecessárias maiores ilações para se concluir que, uma vez modificado o edital, este deverá ser novamente publicado, observado o mesmo prazo da publicação originariamente realizada, exceto se comprovadamente a alteração não comprometer a formulação das propostas.

Perdeu-se excelente oportunidade para se corrigir distorção que já constava da legislação anterior, pois, se, eventualmente alterada qualquer disposição relativa à apresentação dos documentos, certo é afirmar que a devolução do prazo aos licitantes deve observar a mesma regra estabelecida para as propostas.

Jurisprudência e decisões dos Tribunais de Contas
Oferecimento de lances. Poderes do representante. A concessão dos poderes para assinar a proposta franqueia, também, a possibilidade de ofertar lances: TCU – Acórdão nº 2.392/2007- Plenário – Relatoria: Ministro Benjamin Zymler – "2. O ato de 'assinar proposta' não deve ser visto apenas como o ato formal de subscrever um documento, mas sim como o ato de indicar, apontar uma proposta, o que abrange, por óbvio, o ato de ofertar lances no âmbito de um pregão."

Alterações das condições fixadas no ato convocatório. Caso seja afetada a formulação das propostas, deve ser novamente reaberto o prazo de publicidade. Violação ao princípio da estrita vinculação ao edital: STJ – MS nº 5.631/DF – Relatoria: Ministro José Delgado – "2. Há violação ao princípio da estrita vinculação ao edital, quando a Administração cria nova exigência editalícia sem a observância do prescrito no § 4º do art. 21 da Lei nº 8.666/93."

Alterações das condições fixadas no ato convocatório. Caso seja afetada a formulação das propostas, deve ser novamente reaberto o prazo de publicidade: STJ – MS nº 5755/DF – Relatoria: Ministro Demócrito Reinaldo – "O princípio da vinculação ao 'instrumento convocatório' norteia a atividade do Administrador no procedimento licitatório, que constitui ato administrativo formal e se erige em freios e contrapesos aos poderes da autoridade julgadora. O devido processo legal se traduz (no procedimento da licitação) na obediência à ordenação e à sucessão das fases procedimentais consignadas na lei e do edital de convocação, sendo este inalterável através de mera comunicação interna aos licitantes (art. 21, § 4º, da Lei nº 8.666/93). Desde que

COMENTÁRIOS À NOVA LEI DE LICITAÇÕES PÚBLICAS E CONTRATOS ADMINISTRATIVOS

iniciado o procedimento do certante, a alteração do Edital, com reflexo nas propostas já apresentadas, exige a divulgação pela mesma forma que se deu ao texto original, determinando-se a publicação (do Edital) pelo mesmo prazo inicialmente estabelecido. O aviso interno, como meio de publicidade às alterações subsequentes ao instrumento de convocação, desatende à legislação de regência e gera aos participantes o direito subjetivo a ser protegido pelo mandado de segurança."

Alterações das condições fixadas no ato convocatório. Caso seja afetada a formulação das propostas, deve ser novamente reaberto o prazo de publicidade: TCU – Acórdão nº 114/2007 – Plenário – Relatoria: Ministro Benjamin Zymler – "4. Constatada incompatibilidade entre dispositivos do edital de licitação, impõe-se sua adequação e divulgação da retificação pelos mesmos meios utilizados para publicidade do texto original e a reabertura do prazo inicialmente estabelecido."

Alterações das condições fixadas no ato convocatório na véspera da sessão pública de abertura da licitação. Aviso apenas àqueles já participantes da licitação. Descabimento. Necessidade de reabertura do prazo de publicidade, por meio de publicação no mesmo veículo que de seu anteriormente: TRF 1ª Região – REOMS 2003.33.00.010210-9/BA; Relatoria: Des. Fed. Daniel Paes Ribeiro – "I – O princípio da publicidade, previsto no art. 3º da Lei nº 8.666/93, alcança todas as fases do procedimento licitatório, para assegurar a participação de interessados e a fiscalização de sua legalidade. II – A comunicação de alteração das exigências editalícias para participação na Concorrência GRA/BA nº 02/2003 apenas àqueles já participantes da licitação, sem a devida publicidade através de novo edital, deixando de oportunizar a interessados a oferta de novas propostas, implica violação ao princípio da publicidade, consubstanciado no artigo 21, parágrafo 4º, da Lei n. 8.666/93, cujo texto estabelece que: 'qualquer modificação no edital exige divulgação pela mesma forma que se deu o texto original, reabrindo-se o prazo inicialmente estabelecido, exceto quando, inquestionavelmente, a alteração não afetar a formulação das propostas.' III – Necessidade de publicação do novo edital, a fim de permitir a habilitação de outras empresas porventura interessadas. IV – Remessa oficial desprovida" (REOMS 2003.33.00.010210-9/BA; Relatoria: Des. Fed. Daniel Paes Ribeiro – Órgão Julgador: 6ª T- Publicação: 24/04/2006).

ARTIGO 56

O modo de disputa poderá ser, isolada ou conjuntamente:

I – aberto, hipótese em que os licitantes apresentarão suas propostas por meio de lances públicos e sucessivos, crescentes ou decrescentes;

II – fechado, hipótese em que as propostas permanecerão em sigilo até a data e hora designadas para sua divulgação.

§ 1º A utilização isolada do modo de disputa fechado será vedada quando adotados os critérios de julgamento de menor preço ou de maior desconto.

DA APRESENTAÇÃO DE PROPOSTAS E LANCES ARTº 56

§ 2º A utilização do modo de disputa aberto será vedada quando adotado o critério de julgamento de técnica e preço.

§ 3º Serão considerados intermediários os lances:

I – iguais ou inferiores ao maior já ofertado, quando adotado o critério de julgamento de maior lance;

II – iguais ou superiores ao menor já ofertado, quando adotados os demais critérios de julgamento.

§ 4º Após a definição da melhor proposta, se a diferença em relação à proposta classificada em segundo lugar for de pelo menos 5% (cinco por cento), a Administração poderá admitir o reinício da disputa aberta, nos termos estabelecidos no instrumento convocatório, para a definição das demais colocações.

§ 5º Nas licitações de obras ou serviços de engenharia, após o julgamento, o licitante vencedor deverá reelaborar e apresentar à Administração, por meio eletrônico, as planilhas com indicação dos quantitativos e dos custos unitários, bem como com detalhamento das Bonificações e Despesas Indiretas (BDI) e dos Encargos Sociais (ES), com os respectivos valores adequados ao valor final da proposta vencedora, admitida a utilização dos preços unitários, no caso de empreitada por preço global, empreitada integral, contratação semi-integrada e contratação integrada, exclusivamente para eventuais adequações indispensáveis no cronograma físico-financeiro e para balizar excepcional aditamento posterior do contrato.

As disposições do art. 56 versam sobre as espécies de disputa, que sofrerão variações caso a licitação seja presencial ou eletrônica, admitida, ainda, que seja realizada isolada ou conjuntamente, constituindo-se em um sistema híbrido de disputa. Disso deflui que os modos de disputa encontram-se intimamente ligados com o procedimento da licitação.

À míngua de disposições legais, em relação aos aspectos procedimentais dos modos de disputa, é de se concluir que será necessário a devida regulamentação do dispositivo em exame. Releva dizer, por outro lado, que nada obsta, a título excepcional, que os decretos regulamentadores, atinentes ao pregão presencial e eletrônico, sejam devidamente recepcionados, na medida que couber, pela Lei nº 14.133/2021, ao menos até que o Chefe do Executivo Federal promova a regulamentação da atual legislação.

Considera-se disputa pelo modo aberto aquela que os licitantes apresentarem propostas por meio de lances públicos sucessivos, crescentes ou decrescentes, conforme previsão do inc. I. O modo de disputa aberto, com lances públicos sucessivos crescentes, importa nas licitações cujo critério de

COMENTÁRIOS À NOVA LEI DE LICITAÇÕES PÚBLICAS E CONTRATOS ADMINISTRATIVOS

julgamento seja o maior lance ou maior desconto. Em se tratando de lances sucessivos decrescentes, a licitação terá como critério de julgamento o menor preço.

Por disputa fechada devemos entender que as propostas permanecerão sob sigilo, até o dia e hora dispostos no edital, quando o seu conteúdo será a todos revelado, nos termos do inc. II. Assim, no modo fechado de disputa, cada licitante apresentará uma única proposta, sem a possibilidade de oferta de lances.

Afora as possibilidades isoladas de disputa, é perfeitamente possível a sua combinação, estabelecendo-se um modo de disputa híbrido, conforme se depreende do *caput* do art. 56.

O modo de disputa fechado-aberto exige a apresentação de uma proposta, por escrito, que, após exame de sua aceitabilidade, comportará lances verbais ofertados pelos licitantes melhores classificados, como normalmente ocorre nas licitações na modalidade de pregão.

No modo de disputa aberto-fechado, após os licitantes ofertarem lances sucessivos, os melhores classificados serão convidados a ofertarem uma proposta fechada.

Vale dizer que, ao explanar o nosso entendimento em relação aos modos de disputa, nos limitamos a falar em licitantes melhores classificados, admitindo-se a possibilidade de utilização dos decretos regulamentadores do pregão presencial, Dec. nº 3.555/2000, e do pregão eletrônico, Dec. nº 10.024/2019, naquilo que diz respeito aos valores percentuais para fins de classificação preliminar.

O § 1º do art. 56 veda a utilização do modo de disputa fechado, quando adotados os critérios de julgamento de menor preço ou de maior desconto. Por força da excludência determinada pelo dispositivo em exame, conclui-se que os critérios de julgamento sobreditos admitem o modo de disputa aberto, fechado--aberto ou aberto-fechado.

De outra banda, o § 2º veda o modo de disputa aberto, quando adotado o critério de julgamento de técnica e preço, ensejando a adoção única e exclusiva do modo fechado de disputa.

As considerações até aqui expendidas nos autorizam a dizer que a disciplina dos modos de disputa, além de estarem detalhadamente dispostos no edital, deverão ser alvo de cauteloso exame na fase preparatória da licitação, levando-se em conta a complexidade do objeto, para se concluir pelo modo mais adequado de disputa, apresentadas as devidas justificativas.

O § 3º, por sua vez, traz a definição daquilo que deve ser considerado lance intermediário. Assim, para efeito das disposições do inc. I, serão considerados intermediários aqueles lances que sejam iguais ou inferiores ao maior já ofertado, quando adotado o critério de julgamento de maior lance.

Admitindo-se a possibilidade do lance intermediário de igual valor daquele já ofertado, é de se perquirir como ficará a classificação decorrente da oferta de lances. Por óbvio, deverá ser adotado um critério cronológico, pautado naquele que primeiro tiver formulado o lance.

O § 4º disciplina procedimento que deverá ser adotado após a definição da melhor proposta. Caso a diferença em relação à proposta classificada em segundo lugar for de pelo menos 5% (cinco por cento), a Administração poderá admitir o reinício da disputa aberta, nos termos estabelecidos no instrumento convocatório, para a definição das demais colocações.

O § 5º admite a alteração do preço ofertado nas licitações de obras ou serviços de engenharia, após o julgamento. Nesse contexto, o licitante vencedor deverá reelaborar e apresentar à Administração, por meio eletrônico, as planilhas com indicação dos quantitativos e dos custos unitários, bem como com detalhamento das Bonificações e Despesas Indiretas (BDI) e dos Encargos Sociais (ES), com os respectivos valores adequados ao valor final da proposta vencedora. Acerca do estudo do BDI, recomenda-se a leitura dos comentários lançados no art. 23 desta obra.

Volvemos a enfatizar que, no exame do art. 56, procuramos nos limitar a tecer os comentários que entendemos pertinentes, tendo por baliza apenas as disposições do aludido comando legal. Enquanto não houver a necessária regulamentação, a nossa sugestão é pela adoção dos decretos regulamentadores do pregão presencial e eletrônico.

Jurisprudência e decisões dos Tribunais de Contas

Princípio da sigilosidade das propostas: TCE/MG – Representação nº 706695 – Relatoria: Conselheiro Moura e Castro – "Cabe observar que o sigilo de que trata o §3º do art. 3º da Lei 8.666/93 não constitui um princípio norteador das licitações, mas uma exceção ao caráter público dos procedimentos de contratação, restringindo-se apenas ao conteúdo das propostas." (Sessão do dia 08/08/2006)

Princípio da sigilosidade das propostas. Necessidade de que o conteúdo das propostas seja sigiloso até o momento oportuno das aberturas das mesmas: TCU – Acórdão nº 67/2000 – Plenário – Relatoria: Ministro-Substituto José Antonio Barreto de Macedo – "8.4.3.8 – não aceite proposta de licitante enviada via fax, haja vista o conteúdo sigiloso de tal documento até que se realize a sessão de julgamento das propostas, conforme reiteradas decisões emanadas deste Tribunal, a exemplo do Acórdão n. 134/97-1a Câmara."

ARTIGO 57

O edital de licitação poderá estabelecer intervalo mínimo de diferença de valores entre os lances, que incidirá tanto em relação aos lances intermediários quanto em relação à proposta que cobrir a melhor oferta.

O comando legal em apreço permite que o edital de licitação imponha uma limitação, estabelecendo um intervalo mínimo de diferença entre os lances, tratando-se, pois, de uma licitação realizada com modo de disputa aberta.

É inerente ao modo de disputa aberta a oferta de lances, que tem por objetivo chegar àquela proposta que se revele como a mais vantajosa. Cumpre-nos deixar claro que na hipótese do edital não contemplar um intervalo mínimo entre os lances ofertados, a licitação poderá se arrastar além do devido, tendo em vista que os licitantes, de modo a preservar ao máximo a sua margem de lucro, poderão dar lances ínfimos.

Logo, a fixação de intervalo mínimo entre os lances, de acordo com o permissivo do art. 57, é medida necessária para o bom andamento do certame, podendo incidir tanto em relação aos lances intermediários quanto em relação à proposta que cobrir a melhor oferta.

Interessante, ainda, se faz dizer, que a Lei não dispõe sobre qual seria o intervalo mínimo entre os lances, pois isto seria sabidamente impossível, tendo em vista que tudo dependerá da natureza do objeto da licitação, devendo o edital dispor explicitamente sobre a matéria, observados os princípios da razoabilidade e da proporcionalidade, com vistas a preservar a competitividade.

Questão que não comporta qualquer discussão, diz respeito ao momento da decisão sobre o intervalo mínimo que, certamente deverá ser decidido na fase interna da licitação, com a oferta das devidas justificativas.

Artigo 58

Poderá ser exigida, no momento da apresentação da proposta, a comprovação do recolhimento de quantia a título de garantia de proposta, como requisito de pré-habilitação.

§ 1º A garantia de proposta não poderá ser superior a 1% (um por cento) do valor estimado para a contratação.

§ 2º A garantia de proposta será devolvida aos licitantes no prazo de 10 (dez) dias úteis, contado da assinatura do contrato ou da data em que for declarada fracassada a licitação.

§ 3º Implicará execução do valor integral da garantia de proposta a recusa em assinar o contrato ou a não apresentação dos documentos para a contratação.

§ 4º A garantia de proposta poderá ser prestada nas modalidades de que trata o § 1º do art. 96 desta Lei.

Deveras, ainda que muitos possam identificar possível inconstitucionalidade na exigência do art. 54, por entendê-la em absoluta dissonância com o art. 37, inc. XXI, da Constituição Federal, não é esse o nosso entendimento.

O art. 37, inc. XXI, faz expressa alusão à possibilidade de se fazer exigências de ordem econômico-financeira. Ainda que seja considerado que a regra do art. 58 se encontra deslocada, bem como faça referência a uma pré-habilitação, que se constitui em figura jurídica desconhecida, reputamos pela constitucionalidade da exigência de garantia da proposta, enquanto competência discricionária da Administração, exigindo justificativa que deverá ser apresentada na fase preparatória da licitação, demonstrando-se os parâmetros que levaram a adotar a exigência em comento.

Causa certa perplexidade verificar que o *caput* do art. 58 permite que a garantia seja exigida juntamente com a proposta como requisito de pré-qualificação. De todo modo, considerando a inexistência de uma fase de pré-qualificação, entendemos que a garantia deva ser, quando exigida, apresentada juntamente com a proposta de preços.

Levando-se em consideração as disposições do § 1º, que fixa o limite da garantia em até 1% (um por cento) do valor estimado da contratação, forçoso é concluir que essa exigência somente poderá ser adotada em face de licitações cujo valor estimado da contratação não seja sigiloso.

O § 2º determina o momento da devolução da garantia, que deverá acontecer no prazo de 10 (dez) dias, contados da assinatura do contrato pelo licitante vencedor. O dispositivo padece de incorreção e, portanto, exige uma interpretação ampliativa. Somente poder-se-á falar em devolução da garantia quando esta for feita em dinheiro, o que não é comum, pois, no mais das vezes, o expediente utilizado é a contratação de seguro-garantia ou fiança bancária.

O § 3º dirige-se ao licitante vencedor que, ao não assinar o contrato, perderá a garantia da proposta em favor da Administração Pública, além de se sujeitar às demais penalidades previstas em lei.

Por fim, o § 4º vem a corrigir a disposição do *caput* do art. 58 que alude à "comprovação do recolhimento de quantia", pois caberá ao licitante escolher, dentre as hipóteses previstas no art. 96, § 1º, aquele que entender mais conveniente empresarialmente.

CAPÍTULO V – DO JULGAMENTO

ARTIGO 59

Serão desclassificadas as propostas que:

I – contiverem vícios insanáveis;

II – não obedecerem às especificações técnicas pormenorizadas no edital;

III – apresentarem preços inexequíveis ou permanecerem acima do orçamento estimado para a contratação;

COMENTÁRIOS À NOVA LEI DE LICITAÇÕES PÚBLICAS E CONTRATOS ADMINISTRATIVOS

IV – não tiverem sua exequibilidade demonstrada, quando exigido pela Administração;

V – apresentarem desconformidade com quaisquer outras exigências do edital, desde que insanável.

§ 1º A verificação da conformidade das propostas poderá ser feita exclusivamente em relação à proposta mais bem classificada.

§ 2º A Administração poderá realizar diligências para aferir a exequibilidade das propostas ou exigir dos licitantes que ela seja demonstrada, conforme disposto no inciso IV do caput deste artigo.

§ 3º No caso de obras e serviços de engenharia e arquitetura, para efeito de avaliação da exequibilidade e de sobrepreço, serão considerados o preço global, os quantitativos e os preços unitários tidos como relevantes, observado o critério de aceitabilidade de preços unitário e global a ser fixado no edital, conforme as especificidades do mercado correspondente.

§ 4º No caso de obras e serviços de engenharia, serão consideradas inexequíveis as propostas cujos valores forem inferiores a 75% (setenta e cinco por cento) do valor orçado pela Administração.

§ 5º Nas contratações de obras e serviços de engenharia, será exigida garantia adicional do licitante vencedor cuja proposta for inferior a 85% (oitenta e cinco por cento) do valor orçado pela Administração, equivalente à diferença entre este último e o valor da proposta, sem prejuízo das demais garantias exigíveis de acordo com esta Lei.

O art. 59 disciplina o julgamento das propostas, que se encontra intimamente ligado com os critérios de julgamento dispostos nos arts. 33 e ss. da Lei nº 14.133/2021, portanto, suas disposições devem ser consideradas com o dispositivo ora examinado.

O julgamento das propostas envolve a verificação da presença de dois condicionantes concomitantes configurados em razão de sua aceitabilidade e vantajosidade. Na hipótese de um dos condicionantes não se verificar presente, a proposta deverá ser desclassificada, alijando-se o licitante, observada a necessária fundamentação.

É de fundamental importância registrar que o ato de desclassificação pode ocorrer em razão da conduta do licitante e, no mesmo passo, pela constatação de vício insanável constante da proposta apresentada, por desatendimento à lei e/ou edital.

Convém explicitar que o julgamento das propostas deve se realizar a lume dos princípios da razoabilidade e da proporcionalidade, pois questões de ordem formal, que não venham a trazer prejuízos para a Administração e licitante, devem ser relevadas. Em outro dizer, meras irregularidades de ordem formal

DO JULGAMENTO ARTº 59

não são suficientes para que se promova a desclassificação, desde que o conteúdo da proposta, que expressa a assunção de uma obrigação para com a Administração, caso se sagre vencedora do certame, não seja atingido.

As propostas remanescentes serão consideradas classificadas e ordenadas por ordem crescente de vantajosidade, nos termos das disposições editalícias.

O inc. I traz consigo o dever de se desclassificar propostas com vícios insanáveis. A amplitude do dispositivo abrange uma série de situações que podem ser consideradas e, portanto, tem uma aplicação genérica, cujos limites são delineados pelos princípios da razoabilidade e da proporcionalidade.

As considerações precedentes autorizam que o edital faça expressa previsão daquilo que pode ser considerado vício formal e, por conseguinte, alvo de saneamento.

O inc. II, assim como os demais, configura vício insanável a ensejar a desclassificação da proposta apresentada, mas a Lei, em face de sua relevância, houve por bem trazer uma disciplina específica, objetivando cada uma das hipóteses que podem importar na aludida desclassificação.

Assim é, que o edital, ao explicitar as especificações do objeto da licitação, em última análise, decidiu sobre a qualidade mínima esperada que deve ser aferida, com vistas à classificação da proposta.

É importante dizer que não basta a proposta simplesmente copiar as especificações do edital ou, ainda, fazer a clássica e tradicional declaração de concordância com as disposições do instrumento convocatório, inclusive no que diz respeito às especificações do objeto da licitação.

Ainda que tal declaração possa ser utilizada futuramente, caso o particular, quando da execução do contrato, o faça de maneira diversa daquela que se comprometeu no decorrer da licitação, aplicando-se uma das penas constantes da Lei nº 14.133/2021, isso tem um reflexo extremamente negativo, pois aquele licitante que apresentou proposta efetivamente de acordo com o edital foi, sobremaneira, prejudicado, em absoluta desconformidade com o princípio da isonomia.

A melhor solução para se aferir a conformidade da proposta apresentada com as especificações do edital exige a apresentação de certificações, amostras ou laudos laboratoriais de lavra de laboratório idôneo. É caso aqui de esclarecer que o exercício dessa competência é de caráter vinculado, configurando um dever do agente de contratação, sob pena de responsabilidade, por autorizar a celebração de avença em desconformidade com as especificações técnicas do objeto da licitação.

O inc. III consagra a desclassificação de propostas com preços inexequíveis ou que permaneçam acima do orçamento estimado da contratação, que se constitui em um dos grandes problemas para a sua efetiva aferição.

313

COMENTÁRIOS À NOVA LEI DE LICITAÇÕES PÚBLICAS E CONTRATOS ADMINISTRATIVOS

Preço inexequível, a rigor, é a proposta comercial ofertada pelo particular cujo teor apresenta valores insuficientes para cobrir os custos necessários para a regular execução do objeto da licitação nos moldes estabelecidos pela Administração no termo de referência ou projeto básico. Logo, uma proposta inexequível não possui condições de ser executada pelo proponente e, fatalmente, surtirá os seus efeitos consubstanciados no inadimplemento contratual.

Logo, o exame da inexequibilidade da proposta é questão de fundamental relevo e, portanto, deve ser examinada quando do julgamento das propostas, propiciando a conversão do julgamento em diligência, nos termos do § 2º do art. 59, para aferir a exequibilidade das propostas ou exigir dos licitantes que ela seja demonstrada.

Com fundamento no comando legal em exame, a Administração pode promover as suas avaliações, tomando por base contratações similares às já realizadas pelo órgão promotor da licitação, ou mesmo se utilizar de outras informações obtidas de outros órgãos públicos, bem como da iniciativa privada. Embora esta hipótese seja plenamente aceitável, é preciso que se faça um acurado exame da contratação que se encontra sendo utilizada como parâmetro, não só com relação às especificações do objeto, mas também com os condicionantes relativos a prazo de entrega ou prazo de execução, localidade e lapso temporal decorrido, dentre outros condicionantes que devem ser examinados, sob pena de se comparar situações absolutamente diferentes, e ao invés de solucionar adequadamente o problema, a revés, chegar-se-á a uma conclusão absolutamente distorcida.

Admite-se, ainda, que, observando-se uma oferta supostamente inexequível na fase de julgamento, deve a Administração promotora do certame franquear a oportunidade para o licitante comprovar que ela é exequível para executar o objeto demandado nos moldes estabelecidos pela Administração, comprovando tal viabilidade através da apresentação da planilha de formação de preço, além de documentação necessária para justificar as despesas lá assentadas.

Ainda que a Lei disponha de modos distintos de verificação da exequibilidade da proposta, com disciplina alternativa, nos moldes preconizados pelo § 2º, nada obsta que isto ocorra concomitantemente, de forma que o agente de contratação forme a sua convicção, inclusive para efeito de examinar adequadamente as razões ofertadas pelo licitante.

O que não se admite, a qualquer pretexto que seja, é a não aferição da existência de uma proposta inexequível ou, ainda, a desclassificação sumária da proposta, sem ser concedida a oportunidade do proponente comprovar a viabilidade da sua oferta.

De toda forma, não restando comprovada a capacidade do licitante de executar o objeto da licitação, mediante o valor assentado em sua proposta, deverá

DO JULGAMENTO · ART° 59

tal oferta, justificadamente, ser devidamente desclassificada do certame com arrimo no inc. III do art. 59, em prejuízo ao direito a recurso administrativo.

Doutra parte, e respeitados os diferenciais, a disciplina da verificação da exequibilidade do preço ofertado, aplica-se também às contratações diretas realizadas mediante dispensa ou inexigibilidade de licitação.

Quanto a obras e serviços de engenharia é preciso verificar a ocorrência de duas questões absolutamente relevantes.

A primeira delas é aquela em que o licitante, por erro ou por uma concepção errônea do objeto da licitação, não contempla adequadamente os seus custos, seja porque deixou de fazer expressa previsão quanto a isso, ou porque, embora contemplado, o fez em estimativa inferior, dando margem à configuração do preço inexequível.

Evidentemente, a hipótese que ora suscitamos somente terá o condão de afastar o licitante, em razão de itens relevantes que possam efetivamente influir no preço global apresentado.

A par disso, o preço excessivo, em especial naquilo que diz respeito ao lucro do particular, deve encontrar-se devidamente alocado na composição do BDI e, em princípio, não enseja a desclassificação da proposta, ainda que superior ao preço adotado pelo mercado, até porque na hipótese de oferta de preço significativamente excessivo, a competitividade inerente à licitação ensejará automaticamente a sua desclassificação.

Aspecto que não pode deixar de ser observado relaciona-se com o já famoso "jogo de planilha". Para a sua ocorrência é preciso que o licitante, durante o processamento da licitação, tome conhecimento da inadequação do projeto básico, em especial da planilha elaborada para subsidiar a execução do objeto licitado. Logo, sabendo-se que o referido objeto será devidamente alterado durante a sua execução, a fim de corrigir a distorção e viabilizar sua conclusão, ofertará o licitante sobrepreço para determinados itens cujos quantitativos licitados são subestimados e subpreços para os superestimados, o que torna o valor global da sua proposta reduzido, sagrando-se, desta feita, vencedor da licitação.

Posteriormente, durante a execução do objeto contratado, momento em que se observará a inconsistência do projeto básico, em sendo realizados tais acréscimos e supressões, por meio de competente termo aditivo contratual, verificar-se-á que a remuneração do particular contratado, reduzida inicialmente, será majorada indevidamente, circunstância que anula a vantajosidade observada na licitação, fato que é extremamente danoso ao interesse público.

Ademais, tendo em vista a alteração substancial das quantidades constantes do edital e proposta, o objeto que efetivamente será recebido pela Administração Pública não será o que passou pelo crivo da licitação. Com

COMENTÁRIOS À NOVA LEI DE LICITAÇÕES PÚBLICAS E CONTRATOS ADMINISTRATIVOS

relação ao "jogo de planilha", o eg. Tribunal de Contas da União assim já se pronunciou:

> 5. O 'jogo de planilha' ocorre em dois momentos distintos. No primeiro, verifica-se a adoção de projeto básico deficiente, que dará origem ao dano ao erário. Em uma segunda etapa, há a consumação do prejuízo, com as revisões no contrato para acréscimo de quantitativos de itens com preços acima dos praticados no mercado ou para a redução ou exclusão de itens que foram contratados com valores inferiores aos habitualmente negociados.[70]

Para afastar a ocorrência do "jogo de planilha", deve o projeto básico ser elaborado adequadamente, sendo desprovido de erros ou omissões, e tais estudos subsidiarem a elaboração das planilhas de composição de custos e de quantitativos do objeto que futuramente será licitado, o que, com a devida precisão, minimizaria a realização de alterações quantitativas no objeto.

Para se evitar o "jogo de planilha", o ato convocatório deverá estabelecer critérios de aceitabilidade de preços unitários, fixando os preços máximos aceitáveis por itens, de acordo com os valores praticados no mercado ou constantes de fontes oficiais, o que afastaria a possibilidade de o particular, em sua proposta, oferecer sobrepreço para os itens em quantidades subestimadas que, posteriormente, poderiam ser acrescidos, circunstância que caracterizará o indesejável "jogo de planilha".

Neste sentido, com o objetivo de afastar a ocorrência do artifício acima apontado, grife-se que o tema em destaque foi devidamente sumulado pelo eg. Tribunal de Contas da União, bem como objeto de orientação normativa fixada pela AGU, a saber, respectivamente, *in verbis*:

> Nas contratações de obras e serviços de engenharia, a definição do critério de aceitabilidade dos preços unitários e global, com fixação de preços máximos para ambos, é obrigação e não faculdade do gestor.[71]
>
> Na contratação de obra ou serviço de engenharia, o instrumento convocatório deve estabelecer critérios de aceitabilidade dos preços unitários e global.[72]

Com efeito, a tomada das cautelas necessárias afasta das licitações a ocorrência do "jogo de planilha", expediente que torna efetivamente desvantajosa uma proposta que, inicialmente, se apresentava como a mais benéfica para o erário.

---

[70] TCU – Acórdão nº 1.380/08 – Plenário. Relatoria: Min.Marcos Vinicios Vilaça. Brasil. Data da Sessão: 16/07/2008.

[71] TCU – Súmula nº 259/10.

[72] Orientação Normativa AGU nº 5/09.

DO JULGAMENTO ARTº 59

Em face das disposições do § 4º, é fato que a legislação adotou um critério matemático e, portanto, de natureza objetiva para se aferir a exequibilidade do preço ofertado. Consideram-se inexequíveis as propostas cujos valores forem inferiores a 75% (setenta e cinco por cento) do valor orçado pela Administração.

Ainda que a disposição do § 4º seja taxativa, não vislumbramos óbices a que se conceda ao licitante o direito de fazer a prova da exequibilidade de seu preço, ainda que em sede de recurso administrativo, como, aliás, já decidiu por diversas vezes a Corte de Contas da União. Vejamos:

Exequibilidade da sua proposta: Súmula TCU nº 262/2010 – "O critério definido no art. 48, inciso II, § 1º, alíneas 'a' e 'b', da Lei nº 8.666/93 conduz a uma presunção relativa de inexequibilidade de preços, devendo a Administração dar à licitante a oportunidade de demonstrar a exequibilidade da sua proposta."

Julgamento das propostas. Critérios fixados no art. 48, inc. II da LLC. Presunção relativa de inexequibilidade de preços. Necessidade de concessão de oportunidade ao licitante para demonstração da exequibilidade da sua proposta: TCU – Acórdão nº 1055/2009 – Plenário – Relatoria: Ministro Raimundo Carreiro – "É vedada a desclassificação de propostas de licitantes por manifesta inexequibilidade de preços, conforme disposições do art. 48, inciso II, da Lei 8.666/93, sem que haja informações suficientes sobre os custos dos itens questionados, comparativamente com seus respectivos quantitativos previstos no edital."

Julgamento das propostas. Proposta aparentemente inexequível. Necessidade de que a Administração franqueie oportunidade para o licitante justificar o seu preço proposto: TCU – Acórdão nº 363/2007 – Plenário – Relatoria: Ministro Benjamin Zymler – "1. A conciliação do disposto no § 3º do art. 44 da Lei n.º 8.666/1993 com o inciso X do art. 40 da mesma lei, para serviços outros que não os de engenharia, tratados nos §§ 1º e 2º do art. 48 da Lei n.º 8.666/1993, impõe que a Administração não fixe limites mínimos absolutos de aceitabilidade de preços unitários, mas que faculte aos licitantes a oportunidade de justificar situação peculiar que lhes permita ofertar preços aparentemente inexequíveis ou de questionar os valores orçados pela Administração."

Julgamento das propostas. Observância de propostas aparentemente inexequíveis. Necessidade de que seja franqueado ao licitante a oportunidade de comprovar a viabilidade de sua oferta: TCU – Acórdão nº 612/2004 – 1ª Câmara – Relatoria: Ministro Walton Alencar Rodrigues – "9.4. determinar à empresa Furnas Centrais Elétricas S.A que observe, por ocasião da realização de futuros procedimentos licitatórios, nos casos de propostas aparentemente inexequíveis, o disposto no inciso II, art. 48 da Lei 8.666/93 que dispõe acerca da obrigatoriedade de demonstração de que o preço sugerido torna inexequível o objeto da licitação, franqueando à licitante interessada a oportunidade de comprovar a viabilidade de sua oferta."

COMENTÁRIOS À NOVA LEI DE LICITAÇÕES PÚBLICAS E CONTRATOS ADMINISTRATIVOS

Julgamento das propostas. Realização por meio de critérios objetivos fixados no ato convocatório: TCU – Acórdão nº 1159/2007 – 2ª Câmara – Relatoria: Ministro Ubiratan Aguiar – "9.3 determinar à Coordenação-Geral de Recursos Logísticos do Ministério das Cidades que: (...) 9.3.3 estabeleça, nos instrumentos convocatórios de licitações, critérios objetivos para a desclassificação de licitantes em razão de preços excessivos ou manifestamente inexequíveis, atendendo ao princípio do julgamento objetivo, nos termos do art. 3º da Lei 8.666/93, sem prejuízo de que, antes de qualquer providência para desclassificação por inexequibilidade, seja esclarecido junto ao licitante acerca de sua capacidade de cumprimento do objeto no preço ofertado."

Julgamento das propostas. Critérios fixados no art. 48, inc. II, da LLC. Presunção relativa de inexequibilidade de preços. Necessidade de concessão de oportunidade ao licitante para demonstração da exequibilidade da sua proposta: TCU – Acórdão nº 1.720/2010 – Segunda Câmara – Relatoria: Ministro André Luís de Carvalho – "9.6.2. a desclassificação de licitantes pela apresentação de propostas que contenham preços considerados inexequíveis, sem que antes lhe seja facultada a oportunidade de apresentar justificativas para os valores ofertados, vai de encontro ao contido no art. 48, inciso II, da Lei nº 8.666, de 1993, e à jurisprudência desta Corte (Acórdãos 612/2004 e 559/2009, ambos da 1ª Câmara, e 1.100/2008-Plenário)."

Julgamento das propostas. Proposta aparentemente inexequível. Necessidade de que a Administração franqueie a oportunidade para o licitante se justificar: TCU – Acórdão nº 363/2007 – Plenário – Relatoria: Ministro Benjamin Zymler – "1. A conciliação do disposto no § 3º do art. 44 da Lei n.º 8.666/1993 com o inciso X do art. 40 da mesma lei, para serviços outros que não os de engenharia, tratados nos §§ 1º e 2º do art. 48 da Lei n.º 8.666/1993, impõe que a Administração não fixe limites mínimos absolutos de aceitabilidade de preços unitários, mas que faculte aos licitantes a oportunidade de justificar situação peculiar que lhes permita ofertar preços aparentemente inexequíveis ou de questionar os valores orçados pela Administração."

O § 5º determina que, nas contratações de obras e serviços de engenharia, seja exigida garantia adicional do licitante vencedor cuja proposta for inferior a 85% (oitenta e cinco por cento) do valor orçado pela Administração, equivalente à diferença entre este último e o valor da proposta, sem prejuízo das demais garantias exigíveis previstas em lei.

O dispositivo contempla regra absolutamente inócua e sem razão de ser, pois a questão da inexequibilidade do preço não tem qualquer relação com as garantias ofertadas pelo particular.

Jurisprudência e decisões dos Tribunais de Contas

Julgamento das propostas. Necessidade de que a Administração verifique a incidência dos tributos e encargos sociais nas propostas: TCU – Acórdão nº 262/2006 – 2ª Câmara – Relatoria: Ministro Walton Alencar Rodrigues – "1.1.1.4.

DO JULGAMENTO   ART.º 59

oriente os integrantes de suas Comissões de Licitação para que examinem detalhadamente as propostas dos licitantes habilitados, classificando tão-somente as propostas que apresentem a correta incidência das alíquotas de tributos e dos encargos sociais."

Julgamento das propostas. Critérios fixados no art. 48, inc. II da LLC. Presunção relativa de inexequibilidade de preços. Necessidade de concessão de oportunidade ao licitante para demonstração da Exequibilidade da sua proposta: Súmula TCU nº 262/2010 – "O critério definido no art. 48, inciso II, § 1º, alíneas 'a' e 'b', da Lei nº 8.666/93 conduz a uma presunção relativa de inexequibilidade de preços, devendo a Administração dar à licitante a oportunidade de demonstrar a exequibilidade da sua proposta."

Julgamento das propostas. Critérios fixados no art. 48, inc. II da LLC. Presunção relativa de inexequibilidade de preços. Necessidade de concessão de oportunidade ao licitante para demonstração da exequibilidade da sua proposta: TCU – Acórdão nº 1055/2009 – Plenário – Relatoria: Ministro Raimundo Carreiro – "É vedada a desclassificação de propostas de licitantes por manifesta inexequibilidade de preços, conforme disposições do art. 48, inciso II, da Lei 8.666/93, sem que haja informações suficientes sobre os custos dos itens questionados, comparativamente com seus respectivos quantitativos previstos no edital."

Julgamento das propostas. Proposta aparentemente inexequível. Necessidade de que a Administração franqueie oportunidade para o licitante justificar o seu preço proposto: TCU – Acórdão nº 363/2007 – Plenário – Relatoria: Ministro Benjamin Zymler – "1. A conciliação do disposto no § 3º do art. 44 da Lei n.º 8.666/ 1993 com o inciso X do art. 40 da mesma lei, para serviços outros que não os de engenharia, tratados nos §§ 1º e 2º do art. 48 da Lei n.º 8.666/1993, impõe que a Administração não fixe limites mínimos absolutos de aceitabilidade de preços unitários, mas que faculte aos licitantes a oportunidade de justificar situação peculiar que lhes permita ofertar preços aparentemente inexequíveis ou de questionar os valores orçados pela Administração."

Julgamento das propostas. Observância de propostas aparentemente inexequíveis. Necessidade de que seja franqueado ao licitante a oportunidade de comprovar a viabilidade de sua oferta: TCU – Acórdão nº 612/2004 – 1ª Câmara – Relatoria: Ministro Walton Alencar Rodrigues – "9.4. determinar à empresa Furnas Centrais Elétricas S.A que observe, por ocasião da realização de futuros procedimentos licitatórios, nos casos de propostas aparentemente inexequíveis, o disposto no inciso II, art. 48 da Lei 8.666/93 que dispõe acerca da obrigatoriedade de demonstração de que o preço sugerido torna inexequível o objeto da licitação, franqueando à licitante interessada a oportunidade de comprovar a viabilidade de sua oferta."

Julgamento das propostas. Realização por meio de critérios objetivos fixados no ato convocatório: TCU – Acórdão nº 1159/2007 – 2ª Câmara – Relatoria: Ministro Ubiratan Aguiar – "9.3 determinar à Coordenação-Geral de Recursos Logísticos do

COMENTÁRIOS À NOVA LEI DE LICITAÇÕES PÚBLICAS E CONTRATOS ADMINISTRATIVOS

Ministério das Cidades que: (...) 9.3.3 estabeleça, nos instrumentos convocatórios de licitações, critérios objetivos para a desclassificação de licitantes em razão de preços excessivos ou manifestamente inexequíveis, atendendo ao princípio do julgamento objetivo, nos termos do art. 3º da Lei 8.666/93, sem prejuízo de que, antes de qualquer providência para desclassificação por inexequibilidade, seja esclarecido junto ao licitante acerca de sua capacidade de cumprimento do objeto no preço ofertado."

Julgamento das propostas. Critérios fixados no art. 48, inc. II, da LLC. Presunção relativa de inexequibilidade de preços. Necessidade de concessão de oportunidade ao licitante para demonstração da exequibilidade da sua proposta: TCU – Acórdão nº 1.720/2010 – Segunda Câmara – Relatoria: Ministro André Luís de Carvalho – "9.6.2. a desclassificação de licitantes pela apresentação de propostas que contenham preços considerados inexequíveis, sem que antes lhe seja facultada a oportunidade de apresentar justificativas para os valores ofertados, vai de encontro ao contido no art. 48, inciso II, da Lei nº 8.666, de 1993, e à jurisprudência desta Corte (Acórdãos 612/2004 e 559/2009, ambos da 1ª Câmara, e 1.100/2008-Plenário)."

Julgamento das propostas. Proposta aparentemente inexequível. Necessidade de que a Administração franqueie a oportunidade para o licitante se justificar: TCU – Acórdão nº 363/2007 – Plenário – Relatoria: Ministro Benjamin Zymler – "1. A conciliação do disposto no § 3º do art. 44 da Lei n.º 8.666/1993 com o inciso X do art. 40 da mesma lei, para serviços outros que não os de engenharia, tratados nos §§ 1º e 2º do art. 48 da Lei n.º 8.666/1993, impõe que a Administração não fixe limites mínimos absolutos de aceitabilidade de preços unitários, mas que faculte aos licitantes a oportunidade de justificar situação peculiar que lhes permita ofertar preços aparentemente inexequíveis ou de questionar os valores orçados pela Administração."

Julgamento das propostas. Apresentação de objeto na proposta em desacordo com o edital. Desclassificação devida: TCU – Acórdão nº 781/2006 – Plenário – Relatoria: Ministro Ubiratan Aguiar "9.2.5.3. proceda à desclassificação de licitante cuja proposta contenha produtos e serviços em desacordo com o edital ou, ainda, apresente preços superiores aos critérios de aceitabilidade constantes do edital."

Julgamento das propostas. Definição do critério de aceitabilidade dos preços unitários e global nas licitações de obras e serviços de engenharia. Necessidade: TCU – Súmula nº 259/2010 – "Nas contratações de obras e serviços de engenharia, a definição do critério de aceitabilidade dos preços unitários e global, com fixação de preços máximos para ambos, é obrigação e não faculdade do gestor."

Julgamento das propostas. Atuação estatal com excesso de rigorismo. Descabimento: STJ – MS nº 5.418/DF – Relatoria: Ministro Demócrito Reinaldo – Observância do "valor" da proposta "grafado" somente em "algarismos" – sem a indicação por extenso. Desclassificação. Descabimento (P. DJ. 01/06/98)

Julgamento das propostas. Atuação estatal com excesso de rigorismo. Descabimento: STJ – MS nº 5.869/DF – Relatoria: Ministra Laurita Vaz – Arguição de falta de assinatura no local predeterminado. Inabilitação. Descabimento (P. DJ: 07/10/2002)

320

Julgamento das propostas. Atuação estatal com excesso de rigorismo. Descabimento: STJ – MS nº 5.866/DF – Relatoria: Ministro Francisco Falcão – Desclassificação de concorrente por não ter o seu dirigente posto sua assinatura no espaço destinado a tanto, mas em outro, sem prejuízo da proposta. Desclassificação. Descabimento (DJ: 10/03/2003)

Julgamento das propostas. Atuação estatal com excesso de rigorismo. Descabimento: TCU – Decisão nº 681/2000 – Plenário – Relatoria: Ministro Walton Alencar Rodrigues – Ausência da razão social no campo próprio da proposta. Desclassificação. Descabimento.

Julgamento das propostas. Atuação estatal com excesso de rigorismo. Descabimento: TCU – Decisão 56/1998 – Plenário – Relatoria: Ministro Bento José Bugarin – Ausência de apresentação em sua proposta comercial o preço unitário por extenso. Desclassificação. Descabimento

Julgamento das propostas. Atuação estatal com excesso de rigorismo. Descabimento: TJ/DF ApCv nº 50.433/98 – Relatoria: Des. Angelo Canducci Passareli – Erro crasso na proposta que mencionava a palavra "locação" quando, na verdade, pretendia referir-se à "venda" das máquinas fotocopiadoras. Desclassificação. Descabimento

Julgamento das propostas. Atuação estatal com excesso de rigorismo. Descabimento: TRF 1ª Região – Processo: AGA 2008.01.00.019616-0/DF – Relatoria: Des. Fed. Selene Maria de Almeida- Eliminação de propostas que tenham planilhas apresentadas em formato distinto do ".doc". Desclassificação. Descabimento

Julgamento das propostas. Atuação estatal com excesso de rigorismo. Descabimento: TJ/DF Processo: 47.354/98 – Relatoria: Des. Mario Machado – Troca de envelopes de documentação e proposta. Inabilitação. Descabimento

Julgamento das propostas. Proposta financeira sem assinatura é inválida: STJ – MS nº 6.105 / DF – Relatoria: Ministro Garcia Vieira – "A proposta financeira é o documento mais importante da licitação, por representar o compromisso em realizar os pagamentos. Estando ela sem assinatura, não possui valor probante, sendo inexistente." (P. DJ.18/10/99)

Julgamento das propostas. Atuação estatal com excesso de rigorismo. Descabimento: TJ/MA MS nº 023443/2007 – Relatoria: Des. Cleones Carvalho Cunha – Discriminação Equivocada da Quantidade do Objeto. Desclassificação. Descabimento

Artigo 60

Em caso de empate entre duas ou mais propostas, serão utilizados os seguintes critérios de desempate, nesta ordem:

I – disputa final, hipótese em que os licitantes empatados poderão apresentar nova proposta em ato contínuo à classificação;

COMENTÁRIOS À NOVA LEI DE LICITAÇÕES PÚBLICAS E CONTRATOS ADMINISTRATIVOS

II – avaliação do desempenho contratual prévio dos licitantes, para a qual deverão preferencialmente ser utilizados registros cadastrais para efeito de atesto de cumprimento de obrigações previstos nesta Lei;

III – desenvolvimento pelo licitante de ações de equidade entre homens e mulheres no ambiente de trabalho, conforme regulamento;

IV – desenvolvimento pelo licitante de programa de integridade, conforme orientações dos órgãos de controle.

§ 1º Em igualdade de condições, se não houver desempate, será assegurada preferência, sucessivamente, aos bens e serviços produzidos ou prestados por:

I – empresas estabelecidas no território do Estado ou do Distrito Federal do órgão ou entidade da Administração Pública estadual ou distrital licitante ou, no caso de licitação realizada por órgão ou entidade de Município, no território do Estado em que este se localize;

II – empresas brasileiras;

III – empresas que invistam em pesquisa e no desenvolvimento de tecnologia no País;

IV – empresas que comprovem a prática de mitigação, nos termos da Lei nº 12.187, de 29 de dezembro de 2009.

§ 2º As regras previstas no caput deste artigo não prejudicarão a aplicação do disposto no art. 44 da Lei Complementar nº 123, de 14 de dezembro de 2006.

Trata o art. 60 da figura jurídica do empate, configurado quando duas ou mais propostas contemplem valoração idêntica. O empate pode, ainda, classificar-se em real ou fictício.

O empate real se configura a partir do momento que se observa a apresentação de um mesmo preço para duas ou mais propostas, podendo somente ocorrer no modo de disputa fechada.

Quanto ao empate ficto, este decorre de expressa disposição de lei, como aquela disposta no art. 44 da Lei Complementar nº 123/2006. O dispositivo prevê que estará configurado o empate quando, uma microempresa ou empresa de pequeno porte, apresentar proposta com valor igual ou até 10% (dez por cento) superior à proposta mais bem classificada,. Nesse contexto, será assegurado à microempresa ou empresa de pequeno porte o direito de apresentar uma nova proposta e, assim, se sagrar vencedora do certame. No caso de pregão, o intervalo percentual para que seja possível a aplicação do art. 44 da LC nº 123/2006 será de até 5% (cinco por cento).

O art. 60, ao disciplinar a aplicação do critério de desempate, o fez, de sorte que se observe a ordem constante dos incisos de I a IV.

322

O inc. I estabelece o primeiro critério que deve ser aplicado no caso de empate, constituindo-se na disputa final, em que os licitantes poderão apresentar nova proposta em ato contínuo à classificação.

O inc. I faz expressa referência à apresentação de uma "nova proposta", pelo que parece-nos induvidosa que a hipótese de desempate que decorra de lances deva ser afastada. Nesse sentido, se revela perfeitamente possível a aplicação do inc. I nas licitações de menor desembolso, bem como naquelas de maior oferta de preço.

Veja-se, ainda, que a nova proposta deve ser exigida "ato contínuo", portanto, logo após a classificação. Porém, o dispositivo de lei em exame não determina em seu bojo em qual prazo esta hipótese deverá ocorrer, exigindo que a matéria seja regulada pelo edital.

Sobreleva dizer que a apresentação de nova proposta é uma faculdade concedida ao licitante. Inexiste qualquer imposição legal que determine a obrigatoriedade de se tomar a atitude de formulação de uma nova proposta.

Contudo, caso outro licitante o faça, este se sagrará vencedor da licitação, pelo que aquele que se quedou inerte deverá arcar com o ônus da perda da licitação.

Caso não seja superado o empate pela aplicação do inc. I, incide a disciplina da regra do inc. II, que tem como fundamento o desempenho contratual prévio dos licitantes.

Mesmo levando em conta que a Lei não tenha disposto de maneira adequada a qual contrato o dispositivo legal se refere, entendemos ser completamente sem sentido tomar por parâmetro um ajuste que seja completamente distinto daquele que se encontra sendo licitado, pois isto seria completamente desarrazoado.

Por consequência, a utilização do critério constante do inc. II somente poderá se referir a contrato de objeto igual ou similar a aquele que se encontra sendo licitado. Nessa linha de pensamento, conclui-se que aquele licitante que demonstrou um bom desempenho, em contrato igual ou similar ao licitado, será declarado vencedor da licitação.

Assevere-se que as disposições do inc. II em exame somente reunirá condições de prosperar quando existir parâmetros objetivos de desempenho, sendo vedada a utilização de critérios subjetivos, a juízo do agente de contratação.

Caso o critério determinado pelo inc. II seja de impossível aplicação, passar-se-á para o inc. III, que tem por parâmetro o desenvolvimento de ações de equidade entre homens e mulheres no ambiente de trabalho.

A equidade entre homem e mulher no ambiente de trabalho não só é desejável como também é extremamente louvável. Ainda assim, causa-nos espécie o critério em comento, posto que isto não tem qualquer relação com a finalidade pretendida, que diz respeito ao desempate de uma licitação.

COMENTÁRIOS À NOVA LEI DE LICITAÇÕES PÚBLICAS E CONTRATOS ADMINISTRATIVOS

Sobremodo disso, o dispositivo, por expressa disposição, deve ser alvo de regulamentação, sem a qual parece-nos impossível de ser aplicado.

Finalmente, caso não seja possível a aplicação do inc. III, o inc. IV estabelece como critério de desempate o desenvolvimento, pelo licitante, de programa de integridade, que se constitui no *compliance*.

Caso nenhuma das alternativas tenha sido suficiente para o desempate da licitação, o § 1º estabelece outros critérios para que o impasse seja superado.

No § 1º, inc. I, o critério do domicílio parece-nos absurdo, senão inconstitucional, em razão da isonomia entre os entes federados.

Do mesmo modo, o inc. II também se revela inconstitucional, pois o art. 171 da Constituição Federal, que permitia o tratamento privilegiado da empresa brasileira, foi revogado pela EC nº 6/1995.

O inc. III consagra como critério de desempate empresas que invistam em pesquisa e no desenvolvimento de tecnologia no País que, a nosso ver, se afigura como critério possível, tal qual o do inc. IV, que faz expressa alusão à prática de mitigação destinada a reduzir a emissão de gases de efeito estufa, desde que objetivamente comprovado.

ARTIGO 61

Definido o resultado do julgamento, a Administração poderá negociar condições mais vantajosas com o primeiro colocado.

§ 1º A negociação poderá ser feita com os demais licitantes, segundo a ordem de classificação inicialmente estabelecida, quando o primeiro colocado, mesmo após a negociação, for desclassificado em razão de sua proposta permanecer acima do preço máximo definido pela Administração.

§ 2º A negociação será conduzida por agente de contratação ou comissão de contratação, na forma de regulamento, e, depois de concluída, terá seu resultado divulgado a todos os licitantes e anexado aos autos do processo licitatório.

O art. 61 traça a disciplina da negociação de condições mais vantajosas com o primeiro colocado.

O exame do dispositivo revela a instituição de uma competência discricionária, devendo o agente de contratação examinar a conveniência e oportunidade dessa negociação. Melhor dizendo, se o preço ofertado demonstrar a vantajosidade da proposta, não há cabimento de se promover uma negociação para a obtenção de um preço menor, inclusive com ameaças de revogação do certame, caso a melhora de preços não seja obtida, como se tornou corriqueiro nas licitações na modalidade de pregão.

324

DO JULGAMENTO ART° 61

Advirta-se, portanto, que a negociação de preços somente será lícita se, e somente se, houver a comprovada margem para uma melhora de preços. Caso contrário, estar-se-ia promovendo uma atividade que vai frontalmente contra a finalidade da lei, pois uma diminuição de preço, sem a devida razão, pode comprometer a execução do futuro contrato.

E mais ainda. O § 1º vem a demonstrar que a negociação do preço ofertado pelo primeiro colocado somente será devida se a sua proposta permanecer acima do preço máximo definido pela Administração

Dessume-se, ainda, do § 1º, que, se o preço ofertado encontrar-se igual ou pouco abaixo do orçamento da Administração, não haverá necessidade de negociação, até porque isso poderá levar a Administração, e como de fato tem levado, a uma diminuição da qualidade, pois em razão de uma negociação adicional, certamente haverá uma diminuição de custos que comprometerá a vantajosidade da proposta ofertada.

Cabe aqui lembrar que o princípio da supremacia do interesse público não pode ser utilizado como um meio para pressionar o licitante, como se houvesse uma batalha entre dois oponentes. Antes de tudo, o contratado tem que ser visto como um agente auxiliar da Administração Pública na consecução da atividade administrativa.

Decorrente disso, a licitação deve se realizar em um ambiente absolutamente sadio, em que exista uma paridade de forças, de modo a se obter o necessário equilíbrio. Logo, é impossível se falar de uma negociação, na hipótese de orçamento sigiloso, pois as forças estariam desequilibradas, colocando-se o particular em uma posição de desconforto, obrigando-o a uma melhoria do preço ofertado, sem que tivesse o necessário parâmetro para a tomada de uma decisão empresarial responsável.

Insistimos, uma vez mais, que a novel legislação demanda a escolha da proposta mais vantajosa para a Administração, e não aquela pura e simplesmente considerada de menor preço que, em razão de descontos feitos no escuro, muitas vezes tornavam o preço ofertado inexequível, que somente seria aferido tardiamente, com uma execução de contrato de péssima qualidade.

De todo modo, o § 1º ainda determina que, no caso da negociação com o primeiro colocado não for bem-sucedida, passa-se ao segundo colocado e, assim, sucessivamente, até se chegar a uma proposta com preço aceitável ou, ainda, com a desclassificação de todas as propostas.

Caso a negociação seja bem-sucedida, deverá o licitante vencedor ofertar nova planilha de preços, devidamente readequada, no prazo determinado pelo edital, sob pena de desclassificação.

Uma vez concluída a negociação, o seu resultado deverá ser divulgado e juntado nos autos do processo licitatório, nos termos do § 2º do art. 59.

CAPÍTULO VI – DA HABILITAÇÃO

ARTIGO 62

A habilitação é a fase da licitação em que se verifica o conjunto de informações e documentos necessários e suficientes para demonstrar a capacidade do licitante de realizar o objeto da licitação, dividindo-se em:

I – jurídica;

II – técnica;

III – fiscal, social e trabalhista;

IV – econômico-financeira.

A Administração Pública, quando busca a contratação de particulares com a finalidade de adquirir bens, execução de obras ou a prestação de serviços fundamentais para perseguir seus objetivos institucionais, por conta da necessidade de reverência aos princípios da indisponibilidade e supremacia do interesse público, deve aferir a capacidade desses interessados em executar o objeto pretendido, devendo, para tanto, utilizar-se dos parâmetros fixados, atualmente, pela Lei nº 14.133/2021, a partir de seu art. 62.

A nova Lei de Licitações, a partir do artigo *supra*, determina que a Administração afira dos particulares somente a sua capacidade jurídica; técnica; fiscal, social, trabalhista e econômico-financeira, para executar o ajuste, devendo tais exigências serem indispensáveis e suficientes à garantia do cumprimento da obrigação, em obediência ao disposto no inc. XXI do art. 37 da Constituição Federal.

O exame do dispositivo legal em tela, bem como dos subsequentes, revela ao intérprete que o rol de documentos estabelecidos em lei é de caráter taxativo, e não exemplificativo, não podendo, portanto, a Administração exigir outros, que não aqueles estabelecidos na norma geral.

Neste sentido, ensina a professora Yara Darcy Police Monteiro quando versa sobre a disciplina fixada na Lei de Licitações e Contratos Administrativos e que se aplica ao caso proposto:

"Frise-se que é vedado pedir documentos além dos arrolados nos arts. 28 a 31, pois constituem o limite máximo de documentos passíveis de serem exigidos" (cf. in *Licitação: Fases & Procedimento*, 1ª ed., Editora NDJ, São Paulo, 1999, p. 39).

Professa ainda o jurista Adilson de Abreu Dallari, que[73]:

> Coerentemente com essa orientação, no art. 27, ao dispor especificamente sobre os requisitos para a habilitação, enuncia uma série de exigências, mas deixa perfeitamente

---

[73] DALLARI, Adilson de Abreu. *Aspectos Jurídicos da Licitação*, 4ª ed., São Paulo: Saraiva, 1997, p. 115

claro o caráter exemplificativo desse rol, mediante a indicação de que elas serão incluídas no edital 'conforme o caso' e que deverão limitar-se ao que está previsto na lei. Vale dizer: não há necessidade de se exigir todos esse requisitos, sempre, em qualquer caso; mas está vedada a inclusão no edital de outros requisitos que não esses, ainda assim desde que necessários à garantia de execução do futuro contrato, conforme o caso as peculiaridades do caso.

Com efeito, tem-se que os documentos elencados na Lei de Licitações são suficientes para atestar se o licitante encontra-se habilitado a contratar com a Administração Pública. A exigência de documentos outros tem como consequência a restrição do caráter competitivo do certame, em desacordo com o disposto no art. 5 da NLLC.

É importante ressaltar que o art. 70 da NLLC fixa a forma como os documentos habilitatórios serão entregues, estabelecendo que poderá ser: I – apresentada em original, por cópia ou por qualquer outro meio expressamente admitido pela Administração; II – substituída por registro cadastral emitido por órgão ou entidade pública, desde que previsto no edital e que o registro tenha sido feito em obediência ao disposto nesta Lei; e III – dispensa, total ou parcialmente, nas contratações para entrega imediata, nas contratações em valores inferiores a 1/4 (um quarto) do limite para dispensa de licitação para compras em geral e nas contratações de produto para pesquisa e desenvolvimento até o valor de R$ 300.000,00 (trezentos mil reais). O parágrafo único do art. 70 da NLLC fixa que as empresas estrangeiras que não funcionem no País deverão apresentar documentos equivalentes, na forma de regulamento emitido pelo Poder Executivo federal.

É necessário atentar-se que não só a apresentação dos documentos arrolados a partir do art. 62 permite o avanço do licitante no certame, devendo o particular se atentar para outras exigências constantes da norma geral, a exemplo daquelas relacionadas à elaboração de declarações fixadas ao longo da lei e solicitadas no ato convocatório, cuja não apresentação demandará a exclusão do participante do certame.

Greve dos servidores públicos do órgão ou entidade expedidora de certidões e demais documentos necessários para comprovação da habilitação dos proponentes

Como é sabido, a paralisação de servidores públicos, engrenagem principal para o funcionamento da máquina administrativa, provoca problemas de toda espécie, tanto para a população, que necessita dos serviços públicos essenciais prestados pelo Estado para viver, como para empresas, que precisam da atuação do Poder Público para viabilizar seus negócios.

COMENTÁRIOS À NOVA LEI DE LICITAÇÕES PÚBLICAS E CONTRATOS ADMINISTRATIVOS

Nesse contexto, observa-se que a ocorrência de greve do servidor público acaba por gerar problemas para particulares que participam de licitações públicas. Isto porque a comprovação da habilitação de interessados em contratar com a Administração Pública é realizada, dentre outros documentos, por meio de apresentação de certidões expedidas por órgãos ou entidades da Administração Pública, que devem estar válidas na data da sessão pública de entrega e recebimento dos respectivos envelopes.

Observa-se, assim, que a ocorrência da paralisação dos servidores públicos lotados nestas repartições poderá inviabilizar a emissão das certidões exigidas no ato convocatório, fato que prejudicará a participação de licitantes que solicitarem a expedição desses documentos durante a greve, pois se sabe que a não apresentação dos documentos exigidos para fins de habilitação acarretará a inabilitação do respectivo licitante.

Nesta situação, não restará alternativa para a Comissão de Licitação e/ou o pregoeiro, uma vez constatada a existência da greve e a efetiva impossibilidade de os licitantes obterem a certidão atualizada, inclusive por meios eletrônicos (situação que também inviabiliza a realização de uma consulta *on-line*), senão a de considerá-los habilitados para continuar na licitação.

Assim ocorrendo, entende-se que a Comissão de Licitação ou pregoeiro deverá consignar em ata que, em função da greve devidamente comprovada dos funcionários do órgão responsável pela emissão dos documentos, alguns (ou todos os) licitantes não conseguiram obter as certidões pertinentes, razão pela qual se comprometem a providenciá-las assim que possível, ou seja, tão logo a greve seja suspensa, sob pena de inabilitação posterior, impedimento para a contratação ou rescisão contratual, se já firmado o contrato (conforme a fase procedimental na época adequada para a apresentação). A ata será assinada por todos os participantes, inclusive pelos licitantes que não apresentaram as referidas certidões.

Recomenda-se, outrossim, que esses licitantes subscrevam uma declaração, sob as penas da lei, reiterando a sua regularidade no tocante ao quesito habilitatório investigado por meio de documento que não pode ser apresentado, e que, tão logo o mesmo possa ser disponibilizado, este será apresentado para os devidos fins de comprovar os termos da declaração. Essa atitude reafirma a sua boa-fé e o vincula perante a Administração promotora do certame. A declaração poderá ser feita de próprio punho e na sessão pública.

Grife-se que a adoção desse expediente durante o processamento decorre da aplicação do princípio da razoabilidade no âmbito das licitações públicas, e poderá ser implementado independentemente de qualquer comunicação anterior aos participantes do certame ou mesmo de previsão no ato convocatório. Fundamenta-se, ademais, no fato de que não é lícito à Administração

DA HABILITAÇÃO ARTº 62

exigir o impossível a seus administrados, sob pena de ferir o princípio da isonomia.

Corroborando a nossa assertiva, já decidiu o Poder Judiciário a respeito do tema trazido à baila, *in verbis*[74]:

> Apelação cível. Mandado de segurança. Habilitação. Licitação modalidade tomada de preço. Sercomtel. Falta de Certidão Negativa de Débitos atualizada. Greve dos servidores públicos que impossibilitou a obtenção da Certidão. Caso fortuito. Impossibilidade de impor responsabilização à empresa concorrente. Recurso de apelação desprovido (TJPR – ApCv nº 415.588-0).
>
> "Processual Cível. Apelação. Mandado de segurança. Licitação. Certidão Negativa de Débito. Greve dos servidores do INSS ao tempo da concorrência. Impossibilidade de renovação em tempo hábil. Inabilitação de concorrente com CND vencida. Impossibilidade. I – Em virtude do estado de greve dos servidores do INSS, ao tempo da concorrência, impossibilitando a licitante a renovar, em tempo hábil, a sua Certidão Negativa de Débito, não deve a mesma arcar com os ônus decorrentes desse fato, para o qual não deu causa, sob pena de infringência ao seu direito líquido e certo de participar do certame, em igualdade de condições com os demais concorrentes. II – Recurso conhecido e improvido (TJMA – ApCv nº 019848-2003 – Acórdão nº 48.204/2004).
>
> Mandado de segurança. Administrativo. Habilitação em procedimento licitatório. Inabilitação. Falta de Certidão Negativa de Falência e Concordata. Greve dos servidores do Judiciário Estadual. Força maior.
>
> 1. A licitação pública caracteriza-se como um procedimento administrativo que possui dupla finalidade, sendo a primeira a de escolher a proposta mais vantajosa para a Administração, e a segunda a de estabelecer a igualdade entre os participantes.
>
> 2. Impetrante, a despeito de ter sido vencedora na fase dos lances, foi declarada inabilitada, por não apresentar Certidão Negativa do Juízo de Falência e Concordatas, no prazo fixado pelo edital, em razão da greve dos servidores do Judiciário Paulista.
>
> 3. A greve dos servidores públicos consiste em motivo superveniente, suficiente e razoável a garantir à impetrante o direito de apresentar referido documento em prazo ulterior ao fixado pelo edital, com o fito de buscar o atendimento do próprio interesse público de contratação da empresa que ofereça melhor proposta.
>
> 4. Apresentada a Certidão Negativa, a impetrante foi considerada vencedora e o objeto licitado foi-lhe adjudicado, com a consequente contratação para prestação dos serviços de atendimento médico de emergências a passageiros, tripulantes e usuários no Aeroporto de Congonhas, São Paulo (TRF 3ª Região – REOMS nº 7003-21.2004.4.03.6119).

Logo, na forma acima estampada, entende-se que a Administração promotora do certame poderá habilitar um licitante prejudicado pela ocorrência de

---

[74] TRF 3ª Região – REOMS nº 7003-21.2004.4.03.6119. Relatoria: Leonel Ferreira. São Paulo. Data da sessão: 22/10/2020. D.E. Publicado em: 24/11/2010.

COMENTÁRIOS À NOVA LEI DE LICITAÇÕES PÚBLICAS E CONTRATOS ADMINISTRATIVOS

greve dos servidores públicos, caso seja confirmado que o referido fato impediu o proponente de apresentar a certidão válida devidamente exigida no ato convocatório, desde que adotadas as cautelas acima recomendadas.

Jurisprudência e decisões do Poder Judiciário e Cortes de Contas

Habilitação. Exigências editalícias não podem ultrapassar os limites impostos pela Lei nº 8.666/93: TCU – Acórdão nº 808/2003 – Plenário – Trecho do voto do Ministro Relator Benjamin Zymler – "4. Os arts. 27 a 31 do Estatuto das Licitações estabelecem quais os documentos podem ser exigidos dos interessados em participar de certame promovido pelo Poder Público com o objetivo de celebrar contrato futuro. Referidos dispositivos buscam evitar que pessoas, físicas ou jurídicas, que não tenham qualificação mínima venham a ser contratadas, colocando em risco a execução do ajuste e, em última análise, o atingimento do interesse público adjacente. 5. Entretanto, a própria Norma Legal que rege a matéria veda a exigência de documentos outros que não aqueles estabelecidos nos dispositivos acima. Garante-se, com tal medida, que todos aqueles que preencham os requisitos mínimos para contratar com a Administração possam participar do certame em igualdade de condições. Concretiza-se, dessa forma, o princípio constitucional da impessoalidade, uma vez que evita que o agente público possa, por motivos de índole subjetiva, afastar do certame este ou aquele interessado."

Habilitação. Exigências editalícias devem ser aquelas suficientemente necessárias à garantia da execução do futuro contrato. Tal expediente guarda relação com a parte final do inc. XXI do art. 37 da CF/88: TCU – Acórdão 2.504/2010 – Plenário – Relatoria: Ministro Marcos Bemquerer Costa – "1. Os critérios para habilitação de interessados em participar de torneios licitatórios deflagrados pela Administração Pública devem-se pautar nos limites consagrados no art. 37, inciso XXI, da Constituição Federal e nos arts. 27 a 33 da Lei n. 8.666/1993, não podendo as exigências contidas nos instrumentos convocatórios superar tais demarcações legais ou ainda se revelar desnecessárias ao objeto pretendido, sob pena de se comprometer o princípio da isonomia, basilar e norteador dos procedimentos dessa natureza."

Habilitação. Exigências editalícias devem ser aquelas suficientemente necessárias à garantia da execução do futuro contrato, sem impor restrições desnecessárias que possam comprometer o caráter competitivo do certame: TCU – Acórdão nº 1.405/2006 – Plenário – Relatoria: Ministro Marcos Vinicios Vilaça – "3. As exigências previstas na fase de habilitação devem ser suficientes para selecionar o licitante capacitado prestar o serviço, fazer a obra ou fornecer o bem, sem impor restrições desnecessárias que venham a comprometer o caráter competitivo do certame."

Habilitação. Não apresentação de determinado documento habilitatório em face de ocorrência de greve no órgão ou entidade emissora da certidão. Possibilidade de habilitação do particular prejudicado pela paralisação

DA HABILITAÇÃO   ARTº 62

do funcionalismo público: TJ/PR – AC nº. 415.588-0 – Relatoria: Des. Edison de Oliveira Macedo Filho – "APELAÇÃO CÍVEL. MANDADO DE SEGURANÇA. HABILITAÇÃO. LICITAÇÃO MODALIDADE TOMADA DE PREÇO. SERCOMTEL. FALTA DE CERTIDÃO NEGATIVA DE DÉBITOS ATUALIZADA. GREVE DOS SERVIDORES PÚBLICOS QUE IMPOSSIBILITOU A OBTENÇÃO DA CERTIDÃO. CASO FORTUITO. IMPOSSIBILIDADE DE IMPOR RESPONSABILIZAÇÃO À EMPRESA CONCORRENTE. RECURSO DE APELAÇÃO DESPROVIDO." (TJ/PR – APELAÇÃO CÍVEL Nº. 415.588-0)

Habilitação. Não apresentação de determinado documento habilitatório em face de ocorrência de greve no órgão ou entidade emissora da certidão. Possibilidade de habilitação do particular prejudicado pela paralisação do funcionalismo público: TJ/MA – Ac n. º 019848-2003 – Acórdão nº: 48.204/2004 – Relatoria: Maria Dulce Soares Clementino – PROCESSUAL CÍVEL. APELAÇÃO. MANDADO DE SEGURANÇA. LICITAÇÃO. CERTIDÃO NEGATIVA DE DÉBITO. GREVE DOS SERVIDORES DO INSS AO TEMPO DA CONCORRÊNCIA. IMPOSSIBILIDADE DE RENOVAÇÃO EM TEMPO HÁBIL. INABILITAÇÃO DE CONCORRENTE COM CND VENCIDA. IMPOSSIBILIDADE.

I – Em virtude do estado de greve dos servidores do INSS, ao tempo da concorrência, impossibilitando a licitante a renovar, em tempo hábil, a sua Certidão Negativa de Débito, não deve a mesma arcar com os ônus decorrentes desse fato, para o qual não deu causa, sob pena de infringência ao seu direito líquido e certo de participar do certame, em igualdade de condições com os demais concorrentes. II – Recurso conhecido e improvido."

Habilitação. Não apresentação de determinado documento habilitatório em face de ocorrência de greve no órgão ou entidade emissora da certidão. Possibilidade de habilitação do particular prejudicado pela paralisação do funcionalismo público: TRF 3ª REGIÃO – REOMS 7003 SP 2004.61.19.007003-7 – Relatoria: Juiz Federal Convocado Leonel Ferreira – "MANDADO DE SEGURANÇA. ADMINISTRATIVO. HABILITAÇÃO EM PROCEDIMENTO LICITATÓRIO. INABILITAÇÃO. FALTA DE CERTIDÃO NEGATIVA DE FALÊNCIA E CONCORDATA. GREVE DOS SERVIDORES DO JUDICIÁRIO ESTADUAL. FORÇA MAIOR.

1. A licitação pública caracteriza-se como um procedimento administrativo que possui dupla finalidade, sendo a primeira a de escolher a proposta mais vantajosa para a Administração e a segunda, a de estabelecer a igualdade entre os participantes.

Impetrante, a despeito de ter sido vencedora na fase dos lances, foi declarada inabilitada, por não apresentar 2. Certidão Negativa do Juízo de Falência e Concordatas, no prazo fixado pelo edital, em razão da greve dos servidores do Judiciário Paulista.

3. A greve dos servidores públicos consiste em motivo superveniente, suficiente e razoável a garantir à impetrante o direito de apresentar referido documento em prazo

COMENTÁRIOS À NOVA LEI DE LICITAÇÕES PÚBLICAS E CONTRATOS ADMINISTRATIVOS

ulterior ao fixado pelo edital, com o fito de buscar o atendimento do próprio interesse público de contratação da empresa que ofereça melhor proposta.

4. Apresentada a Certidão Negativa, a impetrante foi considerada vencedora e o objeto licitado foi-lhe adjudicado, com a consequente contratação para prestação dos serviços de atendimento médico de emergências de passageiros, tripulantes e usuários no Aeroporto de Congonhas, São Paulo."

Habilitação. Exigências impertinentes. Verificar também as decisões constantes do art. 5º, dispostas acima.

ARTIGO 63

Na fase de habilitação das licitações serão observadas as seguintes disposições:

I – poderá ser exigida dos licitantes a declaração de que atendem aos requisitos de habilitação, e o declarante responderá pela veracidade das informações prestadas, na forma da lei;

II – será exigida a apresentação dos documentos de habilitação apenas pelo licitante vencedor, exceto quando a fase de habilitação anteceder a de julgamento;

III – serão exigidos os documentos relativos à regularidade fiscal, em qualquer caso, somente em momento posterior ao julgamento das propostas, e apenas do licitante mais bem classificado;

IV – será exigida do licitante declaração de que cumpre as exigências de reserva de cargos para pessoa com deficiência e para reabilitado da Previdência Social, previstas em lei e em outras normas específicas.

§ 1º Constará do edital de licitação cláusula que exija dos licitantes, sob pena de desclassificação, declaração de que suas propostas econômicas compreendem a integralidade dos custos para atendimento dos direitos trabalhistas assegurados na Constituição Federal, nas leis trabalhistas, nas normas infralegais, nas convenções coletivas de trabalho e nos termos de ajustamento de conduta vigentes na data de entrega das propostas.

§ 2º Quando a avaliação prévia do local de execução for imprescindível para o conhecimento pleno das condições e peculiaridades do objeto a ser contratado, o edital de licitação poderá prever, sob pena de inabilitação, a necessidade de o licitante atestar que conhece o local e as condições de realização da obra ou serviço, assegurado a ele o direito de realização de vistoria prévia.

§ 3º Para os fins previstos no § 2º deste artigo, o edital de licitação sempre deverá prever a possibilidade de substituição da vistoria por declaração formal assinada pelo responsável técnico do licitante acerca do conhecimento pleno das condições e peculiaridades da contratação.

§ 4º Para os fins previstos no § 2º deste artigo, se os licitantes optarem por realizar vistoria prévia, a Administração deverá disponibilizar data e horário diferentes para os eventuais interessados.

1. Da inversão das fases como regra e da necessidade de apresentação de declaração assentando o atendimento aos requisitos de habilitação

Um dos objetivos da nova Lei de Licitações é conferir ao processo de contratação pública celeridade processual, haja vista a sempre urgência na necessidade de atendimento do interesse público, que ocorre por meio dos objetos que passam pelo crivo da licitação.

Para alcançar tal objetivo, a NLLC incorporou-se à processualística observada na Lei do Pregão (Lei nº 10.520/2002), cuja sistemática efetivamente tem garantido a redução do lapso temporal para o regular processamento de uma licitação.

Sendo assim, com a introdução na nova Lei de Licitações dos mecanismos observados na Lei nº 10.520/2002, especialmente a fixação da fase de habilitação em momento anterior a de julgamento, o art. 63, inc. I, da NLLC, passa a exigir dos licitantes uma declaração cujo teor assenta que o licitante atende aos requisitos de habilitação fixados no ato convocatório, respondendo o declarante pela veracidade das informações prestadas, na forma da lei.

Tal declaração tem como escopo permitir a punição do particular que ingressa no certame, participando na fase de lances e interferindo no valor final da contratação, porém, por não atender aos requisitos habilitatórios, encontra-se impedido de celebrar o ajuste, de modo a executar o ajuste pelo valor oferecido. Caso assim proceda, incorrerá no comportamento infracional concretizado em deixar de entregar a documentação exigida para o certame, conforme previsto no art. 155, inc. IV, da NLLC, e sofrerá as consequentes sanções previstas na forma do art. 156 da referida norma.

2. Da apresentação da documentação pelo licitante melhor classificado

Além disso, com o intuito de garantir efetivamente maior celeridade no processamento das licitações, o art. 63, inc. II, da NLLC, estabelece que será exigida a apresentação dos documentos de habilitação apenas do primeiro colocado na grade classificatória, exceto quando a fase de habilitação anteceder o julgamento.

Mais uma vez, observa-se a sistemática do pregão de forma a afastar a necessidade de análise de toda a documentação habilitatória de todos aqueles que acudiram ao chamamento da Administração, mas apenas daquele melhor classificado. A exceção que se coloca será observada quando, primeiramente, ocorrer a fase de habilitação de todos os proponentes para posterior julgamento das propostas comerciais. Nesta hipótese, deverá a Administração Pública abrir todos os envelopes habilitatórios, passando a analisar o documento, passando a declarar os habilitados e inabilitados.

3. Da comprovação da regularidade fiscal, em qualquer caso, somente em momento posterior ao julgamento das propostas, e apenas do licitante mais bem classificado

Por derradeiro, o art. 63, inc. III, da NLLC, de forma a permitir a maior participação das empresas nas contratações públicas, sendo um dos empecilhos a ausência de regularidade fiscal no momento da apresentação da documentação habilitatória, estabelece que, em qualquer caso, vale dizer, invertidas as fases ou não, serão exigidos documentos arrolados no art. 68 em momento posterior ao julgamento das propostas comerciais e apenas do licitante bem mais classificado, devendo o ato convocatório assim disciplinar tal questão.

Observa-se que a NLLC apresenta uma inovação em relação ao disposto no art. 43 da Lei Complementar nº 123/2006. Com efeito, determina expressamente o referido dispositivo legal que as microempresas e empresas de pequeno porte, quando de sua participação nos respectivos certames licitatórios, deveriam apresentar toda a documentação exigida para fins de regularidade fiscal, ainda que esta apresente restrições, sendo oferecido, pelo § 1º do referido artigo, prazo de 5 dias úteis para a regularização da documentação. No âmbito da NLLC somente serão exigidos os documentos relativos à regularidade fiscal, em qualquer caso, somente em momento posterior ao julgamento das propostas e apenas do licitante mais bem classificado. Ou seja, tais documentos, mesmo irregulares, não precisarão mais ser encartados no envelope habilitatório ou anexados no sistema no momento da abertura da licitação

Sempre foi objeto de crítica a utilização das contratações públicas como uma forma indireta de cobrança de impostos, quando exige-se na fase preambular da licitação a apresentação de uma certidão de regularidade fiscal, fato que exigia dos interessados a busca da regularização para fins de viabilização de participação nas licitações públicas. Tal fato efetivamente afasta do certame potenciais interessados justamente em razão da impossibilidade de honrar compromissos tributários ou realizar o devido parcelamento para fins de participação no certame. Sendo assim, observa-se que o disposto no art. 63, inc. III, da NLLC, vem em bom momento, haja vista que tal permissibilidade pode efetivamente ampliar o número de participantes nas contratações públicas.

Outrossim, de forma a utilizar as contratações públicas como instrumento de fomento a políticas públicas, conforme infere-se do art. 116 da nova Lei de Licitações, para fins de cumprimento da legislação que reserva cargos para pessoa com deficiência e para aqueles reabilitados da Previdência Social, conforme

DA HABILITAÇÃO ART° 63

art. 63, inc. IV, da NLLC, será exigida do licitante, declaração cujo teor assente a observância das referidas normas inclusivas.

4. Da declaração dos custos de mão de obra do licitante

Fixa o § 1º do artigo em comento, a obrigação do edital de licitação exigir dos licitantes, sob pena de desclassificação, que declarem que as suas propostas compreendem a integralidade dos custos para atendimento dos direitos trabalhistas assegurados na Constituição Federal, nas leis trabalhistas, nas normas infralegais, nas convenções coletivas de trabalho e nos termos de ajustamento de conduta vigentes na data de entrega das propostas.

Acerca do conteúdo jurídico do referido parágrafo, temos a considerar que a NLLC fixa em diversas passagens mecanismos legais com o objetivo: 1) de evitar a realização de termos aditivos que majorem os valores contratados durante a execução do objeto demandado, fato que acarreta as perdas dos ganhos econômicos observados durante o processamento da licitação; e 2) impor ao contratado o cumprimento dos encargos assumidos tendo como contrapartida o valor consignado em sua proposta comercial.

Um desses expedientes verificados na NLLC, fixado no art. 63, § 1º, relaciona-se ao fato de o particular ter de apresentar, obrigatoriamente, sob pena de desclassificação, documento que declare que a sua proposta comercial assenta a integralidade dos custos para atendimento dos direitos trabalhistas assegurados na Constituição Federal, nas leis trabalhistas, nas normas infralegais, nas convenções coletivas de trabalho e nos termos de ajustamento de conduta vigentes na data de entrega das propostas.

Com efeito, tem-se que, mesmo o particular assentando corretamente todos os custos de mão de obra necessária para executar o objeto contratado, a não apresentação de declaração que assim declare gerará a necessidade de desclassificação, conforme determina o dispositivo legal em estudo.

De outra banda, mesmo a lei estabelecendo que o particular interessado deve apresentar o referido documento, deverá a Administração licitante empreitar análise no conteúdo da proposta comercial com o objetivo de verificar se a proposta efetivamente assenta a integralidade dos custos relacionados à mão de obra, na forma constante do referido parágrafo, devendo desclassificar aquelas que não atenderem à legislação, haja vista a patente inexequibilidade.

Assim, é necessário que as Comissões de Licitação examinem detalhadamente as propostas dos licitantes habilitados, classificando tão somente as propostas que apresentem a correta incidência das alíquotas de tributos e dos encargos sociais (Tribunal de Contas da União – Acórdão nº 262/2006 – 2ª Câmara).

5. Da declaração de conhecimento do local da obra e a facultatividade da vistoria técnica

No âmbito da Lei nº 8.666/1993, consoante denota-se da leitura do inc. III do art. 30, observa-se que a vistoria técnica do local onde será executado o objeto constante do instrumento contratual é expediente que poderá ou não ser fixado na peça editalícia, sendo, por conseguinte, uma faculdade para o administrador público.

Com efeito, tal exigência tem por escopo afastar eventuais e futuras alegações de que o futuro contratado não conhecia todas as peculiaridades da obrigação que assumiu, buscando a complementação de custos necessários para execução do objeto demandado, não identificado ou visualizado nas planilhas de composição de custos.

Dado o caráter restritivo que a visita técnica pode gerar na licitação, na medida em que pode desestimular a participação em razão da distância do local onde será executado o objeto contratado, o § 2º do art. 63, da NLLC, fixa que, quando a avaliação prévia do local de execução for imprescindível para o conhecimento pleno das condições e peculiaridades do objeto a ser contratado, o edital de licitação poderá prever, sob pena de inabilitação, a necessidade de o licitante atestar que conhece o local e as condições de realização da obra ou serviço, assegurado a ele o direito de realização de vistoria prévia.

Com efeito, esclareça-se que, quando a avaliação prévia do local de execução não for imprescindível para o conhecimento pleno das condições e peculiaridades do objeto a ser contratado, não poderá tal declaração ser exigida no ato convocatório.

Andou bem a NLLC, pois é cristalino que a exigência da realização de vistoria técnica poderá onerar demasiadamente o proponente e, por conseguinte, violar a competitividade do certame. Sendo assim, fixou-se no novo diploma legal regras mais flexíveis para a realização do referido expediente.

Já o § 3º do referido artigo, em complemento ao parágrafo suprarreferido, fixa que poderá ser apresentada declaração de conhecimento do local da obra, acerca do conhecimento pleno das condições e peculiaridades da contratação, em substituição da vistoria, que deverá ser assinada pelo responsável técnico do licitante.

Por derradeiro, fixa o § 4º do referido artigo que, no âmbito da referida facultatividade, se os licitantes optarem por realizar vistoria prévia, a Administração deverá disponibilizar data e horário diferentes para os eventuais interessados. Com efeito, a exigência de visita ou vistoria técnica em único dia e em horário predeterminado pode ferir a competitividade do certame, devendo ser estabelecido que tal expediente pode ocorrer em qualquer dia útil até a data anterior à da sessão pública de abertura dos envelopes.

DA HABILITAÇÃO | ART⁰ 63

Jurisprudência e decisões dos Tribunais de Contas
**Qualificação técnica. Vistoria técnica. Objetivos: TCU – Acórdão nº 4.968/2011
– Segunda Câmara** – Trecho do relatório do Ministro Relator Raimundo Carreiro
"11.1.3.1. A visita de vistoria tem por objetivo dar à Entidade a certeza e a comprovação
de que todos os licitantes conhecem integralmente o objeto da licitação e, via de
consequência, que suas propostas de preços possam refletir com exatidão a sua plena
execução, evitando-se futuras alegações de desconhecimento das características dos
bens licitados, resguardando a Entidade de possíveis inexecuções contratuais.

11.1.3.2. Portanto, a finalidade da introdução da fase de vistoria prévia no edital
é propiciar ao proponente o exame, a conferência e a constatação prévia de todos os
detalhes e características técnicas do objeto, para que o mesmo tome conhecimento de
tudo aquilo que possa, de alguma forma, influir sobre o custo, preparação da proposta
e execução do objeto."

**Qualificação técnica. Vistoria técnica. Realização da visita técnica. Fixação de
expediente que, de alguma forma, possa se apresentar como restritivo. Impossibilidade:** TCU – Acórdão nº 1.117/2012 – 1ª Câmara – Relatoria: Ministro Valmir
Campelo "1.6.dar ciência ao município de Mogeiro/PB, das impropriedades na Tomada
de Preços 01/2011 com recursos do Convênio 01068/2008 (Siafi 700917) do Ministério
da Integração Nacional: 1.6.6. exigência de visita aos locais das obras apenas pelo
responsável técnico da empresa e em datas pré-agendadas (item 7.1.17)."

**Qualificação técnica. Vistoria técnica. Realização da visita técnica. Fixação
de expediente que, de alguma forma, possa restringir o caráter competitivo da
licitação. Impossibilidade:** TCU – Acórdão nº 2.272/2011 – Plenário – Relatoria:
Ministro Augusto Sherman Cavalcanti – "9.4 dar ciência à Prefeitura de Aparecida
de Goiânia/GO para que: 9.4.1 nos futuros procedimentos licitatórios que envolvam
recursos públicos federais:9.4.1.6 estabeleça prazo adequado para a realização de visitas
técnicas, não as restringindo o dia e horário fixos, tanto no intuito de inibir que os
potenciais licitantes tomem conhecimento prévio do universo de concorrentes, quanto
a fim de que os possíveis interessados ainda contenham, após a realização da visita,
tempo hábil para a finalização de suas propostas."

**Qualificação técnica. Vistoria técnica. Realização da visita técnica. Fixação de
expediente que, de alguma forma, possa se apresentar como restritivo. Impossibilidade:** TCU – Acórdão nº 1.172/2012 – Plenário – Relatoria: Ministro José Múcio
Monteiro Filho – "9.4.2. existência de cláusulas que podem restringir a competitividade da licitação, em desacordo com o art. 3º, § 1º, inciso I, da Lei nº 8.666/1993, mais
particularmente as seguintes:9.4.2.1. obrigatoriedade de visita técnica ao local das
obras, quando, por sua limitação de tempo e em face da complexidade e extensão do
objeto licitado, pouco acrescente no conhecimento dos concorrentes sobre os serviços,
sendo suficiente a declaração do licitante de que conhece as condições locais para a
execução do objeto."

337

COMENTÁRIOS À NOVA LEI DE LICITAÇÕES PÚBLICAS E CONTRATOS ADMINISTRATIVOS

Qualificação técnica. Vistoria técnica. A realização da visita técnica não pode onerar de forma desnecessária o licitante, sob pena de caracterizar restrição ao caráter competitivo da licitação. Nulidade do certame: TCU – Acórdão nº 874/2007 – 2ª Câmara – Relatoria: Ministro Aroldo Cedraz – "1. A exigência de vistoria que onere de forma desnecessária a participação de interessados em procedimento licitatório caracteriza restrição ao caráter competitivo da licitação, de que trata o art. 3º da Lei nº 8.666/93, ensejando, por isso mesmo, a nulidade do procedimento."

Qualificação técnica. Vistoria técnica. A visita técnica pode ser realizada por qualquer preposto da licitante. Tal expediente não pode ser utilizado com o objetivo de restringir à participação no certame: TCU – Acórdão nº 1.731/2008 – Plenário – Relatoria: Ministro Benjamin Zymler – "9.3.2.4. estabeleça que eventuais vistorias possam ser realizadas por qualquer preposto da licitante, a fim de ampliar a competitividade do certame."

Qualificação técnica. Vistoria técnica. O ato convocatório deve fixar condições razoáveis para realização de visita técnica ao local da execução do objeto, evitando o estabelecimento de regras restritivas: TCU – Acórdão nº 2.985/2008 – 2ª Câmara – Relatoria: Ministro André Luís de Carvalho – "7.1. ao Município de Foz do Iguaçu/PR que, em relação à gestão de recursos federais, especialmente no novo certame licitatório para conclusão do Centro de Convenções dessa municipalidade, atente para os seguintes aspectos: (...)7.1.3. estabeleça condições razoáveis para realização de visita técnica ao local das obras, evitando o estabelecimento de regras restritivas, em atendimento ao art. 30, § 5º, da Lei nº 8666/1993."

Qualificação técnica. Vistoria técnica. Objeto. Contratação de empresa especializada para realização de manutenção predial. A visita técnica pode ser realizada por qualquer técnico competente, na forma determinada pelo Confea: TCU – Acórdão nº 557/2007 – 2ª Câmara – Relatoria: Ministro Ubiratan Aguiar – "Determinações: à Caixa Econômica Federal – 2.1 doravante, nos editais destinados à contratação de serviços de manutenção predial, sejam observadas as seguintes questões: 2.1.8 defina que a vistoria, quando exigida, seja feita por técnico competente, na forma determinada pelo Confea, encarregando-se a Caixa de fornecer a declaração de vistoria que a empresa incluirá em sua proposta, conforme inciso III art. 30 da Lei. 8.666/93."

Qualificação técnica. Vistoria técnica. Realização da visita técnica em apenas um dia. Descabimento: TCU – Acórdão nº 3.831/2012 – 2ª Câmara – Relatoria: Ministro Aroldo Cedraz – "1.5.1. determinar ao Município de Guaçuí/ES que nas licitações envolvendo objetos custeados, no todo ou em parte, com recursos federais, abstenha-se de: 1.5.1.2. estabelecer um único dia e horário para realização da visita técnica obrigatória, o que não se mostra compatível com o art. 30, inc. II, e § 1º, c/c o art. 3º, § 1º, da Lei nº 8.666/93; importa ônus indevido à interessada, podendo afastar potenciais concorrentes, porque lhes cerceia o direito de definir o melhor momento para o cumprimento da obrigação; antagoniza com o entendimento firmado nos Acórdãos 1.332/2006; 1631/2007."

338

DA HABILITAÇÃO ARTº 64

Artigo 64

Após a entrega dos documentos para habilitação, não será permitida a substituição ou a apresentação de novos documentos, salvo em sede de diligência, para:

I – complementação de informações acerca dos documentos já apresentados pelos licitantes e desde que necessária para apurar fatos existentes à época da abertura do certame;

II – atualização de documentos cuja validade tenha expirado após a data de recebimento das propostas.

§ 1º Na análise dos documentos de habilitação, a comissão de licitação poderá sanar erros ou falhas que não alterem a substância dos documentos e sua validade jurídica, mediante despacho fundamentado registrado e acessível a todos, atribuindo-lhes eficácia para fins de habilitação e classificação.

§ 2º Quando a fase de habilitação anteceder a de julgamento e já tiver sido encerrada, não caberá exclusão de licitante por motivo relacionado à habilitação, salvo em razão de fatos supervenientes ou só conhecidos após o julgamento.

1. Dos limites à substituição dos documentos habilitatórios

A fim de buscar a declaração de habilitação, o que comprova que o proponente detém condições jurídicas, técnicas, econômicas e fiscais para executar o objeto da licitação, na data aprazada do ato convocatório, o proponente, seja de forma presencial ou eletrônica, deverá apresentar dentro de competente envelope ou anexar no sistema, o rol de documentos fixados no ato convocatório, consoante estabelece o art. 62 da nova Lei de Licitações.

Assim ocorrendo, estabelece o art. 64 da nova Lei de Licitações, como regra, que não será permitida a substituição ou apresentação de novos documentos. Excepcionalmente, nos casos que abaixo será arrolado, em sede de diligência, haverá a possibilidade de introdução de documentos posteriormente.

Neste sentido, o inc. I do art. 64 da nova Lei de Licitações permite, excepcionalmente e em sede de diligência, a substituição ou apresentação de novos documentos desde que tenha o condão de complementar informações acerca de documentos já apresentados pelo licitante anteriormente, e na condição de que tais documentos sejam necessários para apurar, comprovar ou esclarecer fatos existentes à época da abertura do certame. Com efeito, pode ocorrer que a Administração deseje ter acesso a informações que constam de documento, para declarar ou não a habilitação dos proponentes, e a permissão em estudo vem garantir segurança jurídica para os agentes designados realizar tal diligência para viabilizar o julgamento do certame.

339

Já o inc. II do art. 64 da nova Lei de Licitações permite a substituição e apresentação de novos documentos para fins de mera atualização dos mesmos, a exemplo de certidões de regularização fiscal expedidas por órgãos cuja validade tenha expirado após a data de recebimento das propostas. Neste caso, não se admite a introdução de documentos habilitatórios cuja expiração ocorreu em momento anterior ao recebimento das propostas cuja emissão somente tenha acontecido após tal oportunidade, com o intento de buscar a declaração de habilitação supervenientemente.

2. Do afastamento do julgamento da licitação com excesso de formalismo

O § 1º do art. 64 da nova Lei de Licitações positiva o entendimento pacificado pelas Cortes de Contas e pelos Tribunais de Justiça que estabelece que a Administração Pública, quando da análise dos documentos de habilitação e quando do julgamento das propostas, deve atuar sem excesso de rigor, rigidez, ou inflexibilidade, de forma a buscar o saneamento em caso de observar no conteúdo dos envelopes meros erros ou falhas que não alterem a substância dos documentos e sua validade jurídica.

Para tanto, deverão os membros da Comissão de Licitação, mediante despacho fundamentado, cujo teor passe a registrar efetivamente o erro e as falhas formais observadas no caso concreto, devendo, ainda, tal decisão estar registrada de forma acessível a todos para garantir o controle posterior, devendo a referida decisão atribuir-lhes eficácia para fins de habilitação e classificação.

Haja vista a necessidade de observância dos princípios da razoabilidade, proporcionalidade e economicidade, expressamente previstos no art. 5º da NLLC, é descabida a declaração de inabilitação de particulares e desclassificação de propostas em razão de exame da documentação por excesso de formalismo, já que muitas vezes alija-se do certame proponentes em razão de erros identificados aparentemente secundários, mas que acaba por comprovar uma situação ou intenção manifestada. Julgamentos realizados com rigor prejudicam o alcance de um dos objetivos da licitação, que é garantir a ampla participação, bem como a contratação de uma proposta vantajosa.

Jurisprudência e decisões do Poder Judiciário e Cortes de Contas

Princípios de observância obrigatória na licitação. Princípio da Razoabilidade. Julgamento da licitação. Excesso de rigorismo na atuação estatal. Descabimento: STJ – MS nº 7.724/DF – Relatoria: Ministro Milton Luiz Pereira – "1. Cláusulas editalícias com dicção condicional favorecem interpretação amoldada à sua finalidade lógica, merecendo compreensão moderada a exigência obstativa do fim primordial de licitação, aberta para ampla concorrência. A interpretação soldada ao

DA HABILITAÇÃO ART° 64

rigor tecnicista deve sofrer temperamentos lógicos, diante de inafastáveis realidades, sob pena de configuração de revolta contra a razão do certame lucrativo."

Princípios de observância obrigatória na licitação. Princípio da Razoabilidade. Julgamento da licitação. Excesso de rigorismo na atuação estatal. Descabimento: STJ – MS n° 5.693/DF – Relatoria: Ministro Milton Luiz Pereira – "1. O interesse público reclama o maior número possível de concorrentes, configurando ilegalidade a exigência desfiliada da lei básica de regência e com interpretação de cláusulas editalícias impondo condição excessiva para a habilitação."

Princípios de observância obrigatória na licitação. Princípio da Razoabilidade. Julgamento da licitação. Excesso de rigorismo na atuação estatal. Descabimento: STJ – MS n° 5.779/DF – Relatoria: Ministro José Delgado – "1. A interpretação das regras do edital de procedimento licitatório não deve ser restritiva. Desde que não possibilitem qualquer prejuízo à administração e aos interessados no certame, é de todo conveniente que compareça à disputa o maior número possível de interessados, para que a proposta mais vantajosa seja encontrada em um universo mais amplo. 2. O ordenamento jurídico regulador da licitação não prestigia decisão assumida pela Comissão de Licitação que inabilita concorrente com base em circunstância impertinente ou irrelevante para o específico objeto do contrato, fazendo exigência sem conteúdo de repercussão para a configuração de habilitação jurídica, da qualificação técnica, da capacidade econômico-financeira e da regularidade fiscal."

Princípios de observância obrigatória na licitação. Princípio da Razoabilidade. Julgamento da licitação. Excesso de rigorismo na atuação estatal. Descabimento: STJ – MS n° 5.631/DF – Relatoria: Ministro José Delgado – "3. O procedimento licitatório há de ser o mais abrangente possível, a fim de possibilitar o maior número possível de concorrentes, tudo a possibilitar a escolha da proposta mais vantajosa. 4. Não deve ser afastado candidato do certame licitatório, por meros detalhes formais. No particular, o ato administrativo deve ser vinculado ao princípio da razoabilidade, afastando-se de produzir efeitos sem caráter substancial. 5. Segurança concedida."

Princípios de observância obrigatória na licitação. Princípio da Razoabilidade. Julgamento da licitação. Excesso de rigorismo na atuação estatal. Descabimento: STJ – Resp n° 542.333/RS – Relatoria: Ministro Castro Meira – "1. A ausência de reconhecimento de firma é mera irregularidade formal, passível de ser suprida em certame licitatório, em face dos princípios da razoabilidade e proporcionalidade."

Princípios de observância obrigatória na licitação. Princípio da Razoabilidade. Julgamento da licitação. Excesso de rigorismo na atuação estatal. Descabimento: STJ – MS n° 5.418/DF – Relatoria: Ministro Demócrito Reinaldo – "O formalismo no procedimento licitatório não significa que se possa desclassificar propostas eivadas de simples omissões ou defeitos irrelevantes."

COMENTÁRIOS À NOVA LEI DE LICITAÇÕES PÚBLICAS E CONTRATOS ADMINISTRATIVOS

Princípios de observância obrigatória na licitação. Princípio da Razoabilidade. Julgamento da licitação. Excesso de rigorismo na atuação estatal. Descabimento: TJ/SC – MS n. 2008.081629-4 – Relatoria: Des. Newton Janke – "No procedimento licitatório, a Administração não pode, na fase de habilitação, surpreender os licitantes com exigências que não estejam, clara, objetiva e previamente dispostas, assim como o princípio da vinculação ao edital 'não significa que a Administração deva ser formalista a ponto de fazer exigências inúteis ou desnecessárias à licitação, como também não quer dizer que se deva anular o procedimento ou o julgamento, ou inabilitar licitantes, ou desclassificar propostas diante de simples omissões ou irregularidades na documentação ou na proposta, desde que tais omissões ou irregularidades sejam irrelevantes e não causem prejuízos à Administração ou aos concorrentes' (Hely Lopes Meirelles)."

Princípios de observância obrigatória na licitação. Princípio da Razoabilidade. Julgamento da licitação. Excesso de rigorismo na atuação estatal. Descabimento: TJ/SC – MS n. 2006.013114-5, Relatoria: Des. Luiz Cézar Medeiros – "Se houve mera irregularidade na juntada da documentação exigida pelo edital, que foi suprida pelos outros documentos anexados, é violadora de direito líquido e certo a inabilitação da empresa licitante."

Princípios de observância obrigatória na licitação. Princípio da Razoabilidade. Julgamento da licitação. Excesso de rigorismo na atuação estatal. Descabimento: TJ/SC – ACMS n. 2006.040074-1 – Relatoria: Des. Sérgio Roberto Baasch Luz – "Não se pode perder de vista que a finalidade precípua da licitação é a escolha da contratação mais vantajosa para a Administração Pública e, para atingi-la, não pode o administrador ater-se a rigorismos formais exacerbados, a ponto de afastar possíveis interessados do certame, o que limitaria a competição e, por conseguinte, reduziria as oportunidades de escolha para a contratação.

Princípios de observância obrigatória na licitação. Princípio da Razoabilidade. Julgamento da licitação. Excesso de rigorismo na atuação estatal. Descabimento: TJ/RS – Apelação Cível – Nº 7016971616 – Relatoria: Des. Liselena Schifino Robles Ribeiro – "1. Válida licitação pública se as supostas irregularidades apontadas não implicaram prejuízo aos demais concorrentes, tendo sido atingido o objetivo das cláusulas do instrumento convocatório. O rigorismo formal da interpretação da norma legal não pode vir em prejuízo à viabilidade de concorrência e à possibilidade de melhor oferta à Administração."

Princípios de observância obrigatória na licitação. Princípio da Razoabilidade. Julgamento da licitação. Excesso de rigorismo na atuação estatal. Descabimento: TCU – Decisão nº 695/1999 – Plenário – Trecho do voto do Ministro Relator Marcos Vinicios Vilaça – "19. O apego a formalismos exagerados e injustificados é uma manifestação perniciosa da burocracia que, além de não resolver apropriadamente problemas cotidianos, ainda causa dano ao Erário, sob o manto da legalidade estrita.

DA HABILITAÇÃO · ART° 64

Esquece-se o interesse público e passa-se a conferir os pontos e vírgulas como se isso fosse o mais importante a fazer."

Princípios de observância obrigatória na licitação. Princípio da Razoabilidade. Julgamento da licitação. Excesso de rigorismo na atuação estatal. Descabimento: TCU – Acórdão nº 366/2007 – Plenário – Trecho do voto do Ministro Relator Augusto Nardes – "De fato, foram identificados apenas erros de ordem formal, sem maiores consequências para o objetivo do certame e para a Administração. Nesse sentir, entendo que desclassificar licitantes por conta de erro material na apresentação da proposta e da documentação exigida constituiria excesso de rigor, além de ferir os princípios da competitividade, proporcionalidade e razoabilidade. De modo contrário, estaria a Comissão de Licitação alijando de participar do certame empresa que poderia ofertar a proposta mais vantajosa.

Também não vislumbro quebra de isonomia no certame, tampouco inobservância ao princípio da vinculação ao instrumento convocatório. Como já destacado no parecer transcrito no relatório precedente, o edital não constitui um fim em si mesmo, mas um instrumento que objetiva assegurar a contratação da proposta mais vantajosa para a Administração e a igualdade de participação dos interessados.

Sem embargo, as normas disciplinadoras da licitação devem sempre ser interpretadas em favor da ampliação da disputa entre os interessados, desde que não comprometam o interesse da Administração, a finalidade e a segurança da contratação."

Princípios de observância obrigatória na licitação. Princípio da Razoabilidade. Julgamento da licitação. Excesso de rigorismo na atuação estatal. Descabimento: TCU – Decisão nº 56/1998 – Plenário – Trecho do voto do Ministro Relator Bento José Bugarin – "2. Com efeito, desclassificar a empresa por não ter apresentado em sua proposta o preço unitário por extenso seria agir com excessivo rigor, o que não traria qualquer benefício, principalmente para a Administração da ECT. É bom ressaltar, todavia, que o preço total foi informado por extenso.

Por outro lado, a Lei nº 8.666/93, alterada pela Lei nº 8.883/94, faculta, em seu art. 43, § 3º, à Comissão, em qualquer fase da licitação, propor diligência destinada a esclarecer ou complementar a instrução do processo.

O licitante, a empresa Rapistan, percebendo a imprecisão das informações referentes à indicação da marca ou modelo do equipamento, adiantou-se em elucidar o ponto, remetendo-as via fax. Diante do exposto, e considerando que as falhas, de caráter formal, não ensejam determinações, já que as mesmas foram plenamente sanadas, acolho os pareceres e VOTO no sentido de que o Tribunal adote a decisão que ora submeto à apreciação deste Plenário."

Princípios de observância obrigatória na licitação. Princípio da Razoabilidade. Julgamento da licitação. Excesso de rigorismo na atuação estatal. Descabimento: TRF 1ª Região – Processo: AGA 2008.01.00.019616-0/DF – Relatoria: Des.

COMENTÁRIOS À NOVA LEI DE LICITAÇÕES PÚBLICAS E CONTRATOS ADMINISTRATIVOS

Fed. Selene Maria de Almeida – "1. A formulação de exigências excludentes ou que diminuam a competitividade deve ser declarada nula por afronta aos princípios da ampla concorrência e da isonomia, previstos no artigo 8º, I, da Lei nº 8.666/93.

2. A previsão editalícia de eliminação de propostas que tenham planilhas apresentadas em formato distinto do '.doc' previsto no edital não encontra respaldo legal e sequer pode ser acolhida como aplicação do princípio da eficiência, pois o arquivo exigido não é designado pelo fabricante como editor de planilhas, mas de textos, o que demonstra de forma indelével a falta de razoabilidade e restrição à concorrência inseridos na exigência.

3. A restrição à concorrência pode ser observada na eliminação de quatro propostas econômicas mais vantajosas para a Administração que foram eliminadas apenas porque as planilhas foram apresentadas em formato '.xls' ('EXCEL'), que é conveniente relembrar, faz parte do pacote office do mesmo fabricante do processador de textos 'WORD' que permite a gravação de textos com a terminação '.doc'. 4. A realização de procedimento licitatório visando à aquisição de bens ou serviços tem por finalidade obter a proposta mais vantajosa para a Administração. Qualquer restrição estabelecida no edital que se demonstre inadequada, impertinente ou incompatível com o seu objeto é abusiva, devendo ser afastada.

A contratação de licitante que ofertou preço para executar serviços de conservação e limpeza com valor anual superior a R$ 369.000,00 (trezentos e sessenta e nove mil reais) em relação à proposta da agravante, que ressalte-se, sequer é a melhor proposta financeira do certame, traduz flagrante violação ao interesse público que não pode ser ignorada pelo Poder Judiciário.Declaração de nulidade da exigência de formato '.doc' para a apresentação da planilha de proposta que se mantém. 7. Agravo regimental improvido." (Publicação: 20/06/2008 e-DJF1 p.128 – Data da decisão: 28/05/2008)

Princípios de observância obrigatória na licitação. Princípio da Razoabilidade. Julgamento da licitação. Excesso de rigorismo na atuação estatal. Descabimento: TCU – Decisão nº 17/2001 – Plenário – Trecho do voto do Ministro Relator Adylson Mota – "Com efeito, configuraria um desarrazoado formalismo inabilitar um participante de certame licitatório tão-somente à conta de que, ao contrário do previsto no edital, a proposta não fora apresentada em 2 (duas) vias e de que o envelope não indicava na sua parte externa o nome do proponente e informações referentes à licitação. Desde que a ausência desses elementos não crie qualquer dificuldade à identificação dos licitantes e à análise das propostas apresentadas, não atenderia ao interesse público, a pretexto de um rigoroso cumprimento da 'lei do certame', afastar do procedimento licitatório os concorrentes cujas propostas se apresentassem com tais imprecisões. Como bem assentou-se em acórdão do Superior Tribunal de Justiça, 'o formalismo no procedimento licitatório não significa que se possam desclassificar propostas eivadas de simples omissões ou defeitos irrelevantes'."

Princípios de observância obrigatória na licitação. Princípio da Razoabilidade. Julgamento da licitação. Excesso de rigorismo na atuação estatal. Descabimento: TCU – Decisão nº 681/2000 – Plenário – Voto do Ministro Relator Walton Alencar – "Entre os vários princípios que orientam o procedimento licitatório, destaco os do procedimento formal, do julgamento objetivo e o da vinculação ao edital, por terem relação direta com as questões tratadas nesta Representação.

Segundo Hely Lopes Meirelles ('in' Direito Administrativo Brasileiro, 22ª edição, Malheiros Editores), o princípio do procedimento formal 'é o que impõe a vinculação da licitação às prescrições legais que a regem em todos os seus atos e fases. Essas prescrições decorrem não só da lei mas, também, do regulamento, do caderno de obrigações e até do próprio edital ou convite, que complementa as normas superiores, tendo em vista a licitação a que se refere (Lei 8.666/93, art. 4º).'

Ressalva, no entanto, aquele administrativista, que o procedimento formal não se confunde com 'formalismo', que se caracteriza por exigências inúteis e desnecessárias. Por isso mesmo, não se anula o procedimento diante de meras omissões ou irregularidades formais na documentação ou nas propostas desde que, por sua irrelevância, não causem prejuízo à Administração ou aos licitantes.'

O princípio do julgamento objetivo é o que se baseia no critério indicado no edital e nos termos específicos das propostas. O julgamento da licitação deve apoiar-se em fatores concretos pedidos pela Administração, em confronto com o ofertado pelos proponentes dentro do permitido no edital. Já a vinculação ao instrumento convocatório é princípio básico de toda licitação. Ainda segundo Hely Lopes Meirelles, o edital é a lei interna da licitação, e, como tal, vincula aos seus termos tanto os licitantes como a Administração que o expediu (art. 41 da Lei 8.666/93).

Sobre as questões levantadas pelo Representante, a primeira – ausência da razão social no campo próprio da proposta – pode ser classificada como formalismo, pois essa exigência revela-se inútil e desnecessária na medida que a proposta foi apresentada em papel timbrado da própria proponente e admitir essa pequena omissão, por irrelevante, em nada prejudicaria os demais licitantes ou a Administração."

Princípios de observância obrigatória na licitação. Princípio da Razoabilidade. Julgamento da licitação. Excesso de rigorismo na atuação estatal. Descabimento: TCU – Acórdão nº 1.758/2003 – Plenário – Trecho do voto do Ministro Relator Walton Alencar Rodrigues – "Assiste, portanto, razão à unidade técnica ao considerar regular a inclusão de documentos no processo licitatório, no ato da sessão, conforme autorizado pela pregoeira, no exercício de suas regulares atribuições, tratadas nos incisos XIII e XIV, do art. 11, do Decreto 3.555/2000."

3. Da inabilitação em face de ocorrência de fatos supervenientes

A nova Lei de Licitações apresenta-se como o diploma legal cujo teor condensou as melhores práticas administrativas observadas nas últimas décadas, que efetivamente garantiu, protegeu e reverenciou vários princípios observados tanto na Constituição Federal quanto na legislação ordinária. Dentro desse contexto, reverenciando o princípio da eficiência administrativa, adotou-se ampla dinâmica processual observada no âmbito das licitações processadas pela modalidade pregão, onde observa-se, primeiramente, o julgamento das propostas comerciais e posterior análise da documentação habilitatória apenas do particular melhor classificado.

Sendo assim, observa-se que o art. 17 da NLLC fixa expressamente tal dinâmica processual, sendo autorizado, conforme análise do contido no seu § 1º, a possibilidade da fase habilitatória ocorrer antes do momento de oferecimento de lances ou do julgamento das propostas. Ou seja, a dinâmica que era observada como regra no âmbito da Lei nº 8.666/1993 passou a ser a exceção, desde que justificada. Sendo assim, quando tal excepcionalidade ocorrer, ou seja, quando a fase de habilitação anteceder o julgamento e esta já estiver encerrada, o § 2º do art. 64 da NLLC não permite, como regra, a exclusão do licitante por motivo relacionado à sua habilitação, salvo em razão de fatos supervenientes ou só conhecidos após o julgamento.

Estabelece, assim e excepcionalmente, o referido dispositivo legal, pois após o julgamento da habilitação até o momento anterior à celebração do ajuste, pode ser que as condições habilitatórias do proponente exigidas no ato convocatório e apresentadas no momento oportuno podem não mais ser verificadas. Tal evento pode ocorrer, pois, após o julgamento da habilitação, poderá ocorrer a declaração de falência do licitante, a extinção proposital da pessoa jurídica, a imposição de uma sanção administrativa suspendendo temporariamente o direito do licitante participar da licitação. Nesse caso, em razão de um fato superveniente, não deterá mais o particular, após o julgamento da habilitação, condições habilitatórias para manter-se no certame.

Neste caso, deverá a situação fática que retirou a condição habilitatória do proponente ser devidamente declinada do processo administrativo, devendo ser motivada a inabilitação, alijando a referida pessoa do certame. Da referida decisão cabe recurso, consoante determina o art. 165, inc. I, al. "c", da NLLC.

Com efeito, tal possibilidade de declaração de inabilitação superveniente também poderá ocorrer nas licitações onde não se observa a inversão das fases, após declaração de habilitação, durante o lapso que antecede a celebração do contrato ou retirada do instrumento equivalente, devendo a Administração licitante assim declarar e convocar o proponente classificado subsequentemente. Todavia, após a assinatura do contrato administrativo, não mais poderá ser declarada a inabilitação do licitante, mas, sim, instaurado um processo administrativo para a extinção do ajuste, com estribo nos incs. III e IV do art. 137 da nova Lei de Licitações, por exemplo.

DA HABILITAÇÃO   ART° 64

Jurisprudência e decisões dos Tribunais de Contas
Comissão de Licitação. Atribuições. Impossibilidade de delegação das suas atribuições: TCU- Acórdão nº 1.182/2004 – Plenário – Relatoria: Ministro Walton Alencar Rodrigues – "9.3.1. observe as seguintes disposições normativas relativas às licitações e contratos administrativos: 9.3.1.15. obrigatoriedade de a Comissão Permanente de Licitação não delegar competências exclusivas de sua alçada, tais como habilitação e julgamento das propostas, para outras unidades da empresa, conforme preconiza o art. 6º, inciso XVI, c/c o art. 45, todos da Lei 8.666/93, ressalvada a possibilidade de solicitar parecer técnico ou jurídico relativo à matéria submetida à sua apreciação."

Comissão de Licitação. Atribuições. Elaboração de projeto básico e de orçamento pela Comissão de Licitação. Necessidade de conhecimento técnico. Descabimento: TCU – Acórdão nº 4.430/2009 – Primeira Câmara – Relatoria: Ministro Walton Alencar Rodrigues – "1. A responsabilidade pela elaboração de projeto básico e de orçamento detalhado em planilhas de obras e serviços de engenharia recai sobre os profissionais dessa área do conhecimento e não alcança o presidente e os membros da comissão de licitação."

Diligência – Diligência é o expediente administrativo por meio do qual a Comissão de Licitação ou Pregoeiro pode esclarecer ou complementar a instrução do processo licitatório.

Existindo dúvidas em relação à condução do processo licitatório, tem-se que a conversão do processo em diligência não será uma faculdade do administrador público, mas sim uma obrigação.

Sob pena de caracterização de desvio de finalidade, não poderá a diligência ser utilizada com o objetivo de inserir no processo licitatório um documento faltante no envelope que assentou a documentação habilitatória ou oferta comercial.

Conforme prolatou o Eg. Superior Tribunal de Justiça, *in verbis*:

> À Administração Pública é lícito proceder a diligências para averiguar se os licitantes estão em situação de regularidade fiscal. 2. As diligências para esclarecimento no curso de procedimento licitatório visam impor segurança jurídica à decisão a ser proferida, em homenagem aos princípios da legalidade, da igualdade, da verdade material e da guarda aos ditames do edital. 3. Comprovação da regularidade fiscal que impera. 4. Ausência de qualquer ilegalidade no procedimento licitatório. 5. Denegação da segurança."[75]

Jurisprudência e decisões dos Tribunais de Contas
Realização de diligências. Impossibilidade de serem inseridos novos documentos por meio da diligência: TCU – Acórdão nº 1.614/2009 – 1ª Câmara – Relatoria: Ministro Augusto Nardes – "1.5. Determinação: 1.5.5. abstenha-se de aceitar

---

[75] STJ – MS 0083167- Relator: Ministro José Delgado –

ou solicitar novos documentos ou informações que deveriam constar da proposta original ou dos documentos de habilitação ao realizar diligências previstas no Regulamento de Licitações e Contratos, à semelhança da regra prevista no § 3º do art. 43 da Lei nº 8.666/1993."

Realização de diligências. Impossibilidade de serem inseridos novos documentos no certame: TCU – Acórdão nº 718/2004 – Plenário – Relatoria: Ministro Lincoln Magalhães da Rocha – "9.3. – determinar ao Ministério do Trabalho e Emprego que, nas próximas licitações realizadas pelo Ministério, após a fase de habilitação, abstenha-se de aceitar documentos concernentes a esta etapa do certame, restringindo-se, portanto, a analisar e esclarecer dúvidas acerca da documentação originalmente apresentada (Lei 8.666/93, artigo 33, inciso III e Decreto 3.555/00, artigo 17, inciso I)."

ARTIGO 65

As condições de habilitação serão definidas no edital.

§ 1º As empresas criadas no exercício financeiro da licitação deverão atender a todas as exigências da habilitação e ficarão autorizadas a substituir os demonstrativos contábeis pelo balanço de abertura.

§ 2º A habilitação poderá ser realizada por processo eletrônico de comunicação a distância, nos termos dispostos em regulamento.

Estabelece o *caput* do art. 65, da NLLC, que as condições de habilitação deverão ser fixadas no ato convocatório, estando tanto os proponentes como a Administração licitante vinculados aos seus termos. A inobservância dos termos lá delineados acarretará a decretação de ilegalidade do certame, em razão da violação ao princípio da estrita vinculação ao edital, previsto no art. 5º da nova norma geral de licitação.

O edital é um ato administrativo unilateral que, para efeito de licitação, pode ser conceituado como ato indispensável, cujo teor fixa as regras do certame e do futuro contrato, tendo por objetivo convocar todos os interessados em contratar com a Administração a ofertarem a documentação e a proposta, de acordo com os termos estabelecidos em seu bojo. Atente-se, portanto, que as regras estabelecidas no edital devem ser rigorosamente obedecidas pela Administração e licitantes.

Em razão de tudo isso, afirmamos, sem medo de errar, que o edital se constitui em um dos mais importantes instrumentos da licitação, pelo que deve obedecer rigorosamente a lei, além de ofertar aos licitantes proponentes todos os subsídios necessários relativos às regras da licitação propriamente dita, bem como do futuro contrato.

DA HABILITAÇÃO   ARTº 65

Por conta disso, um edital em desconformidade com a lei, omisso ou mesmo controverso reputamos por ilegal.

No tocante ao § 1º do referido artigo, temos a considerar que pode ocorrer situações onde uma empresa recém-criada não detenha, ainda, o seu balanço patrimonial, na medida em que não teve um exercício financeiro encerrado, já que a sua elaboração é realizada com arrimo em informações contábeis obtidas no exercício anterior.

Todavia, tais empresas, mesmo detendo constituição recente, podem possuir as condições habilitatórias necessárias para executar o objeto que a Administração pretende adquirir. Nesse caso, não pode ser alijada do certame ante tal fato, expediente que seria contrário ao princípio da competitividade e, por conseguinte, à busca pelo melhor preço.

Assim, a simples apresentação do balanço de abertura e constituição, demonstrações de resultado, demonstrações de lucros ou prejuízos acumulados, demonstrações das mutações do patrimônio líquido e demonstrações das origens e aplicações de recursos é suficiente para comprovar a sua capacidade econômico-financeira para executar o objeto licitado, contornando tal problema. É o que determina o art. 65 da nova Lei de Licitações.

Sobre o assunto, não é de outra forma que entendem os Tribunais:

1. Entre os princípios que regem a licitação está o da igualdade entre os licitantes. A discriminação entre os participantes reduz o número de licitantes qualificados, constituindo prejuízo para a própria Administração na busca da proposta mais vantajosa. 2. O balanço patrimonial não é documento ainda exigível para empresas com menos de um ano, posto que o exercício social se constitui no período de doze meses. 3. A própria autoridade coatora informa ter mudado seu entendimento, não mais exigindo o balanço patrimonial das empresas com menos de um ano para a habilitação parcial no SICAF, mas somente o balanço de abertura. 4. Remessa oficial improvida. 5.Sentença confirmada." (TRF 1ª Região – Remessa Ex-ofíccio nº 1997.01.00.021470-8/DF; 1ª Turma; Rel.: Cantão Alves Publicado em 20/09/1999 DJ p. 34)

Quanto à exigência de cópia do Balanço Patrimonial da anualidade anterior ao contrato, o que, no entendimento da Representante, restringiria a participação de sociedades recém-constituídas, (...) entendo que tal exigência, de fato, não condiz com o princípio da ampla concorrência, na medida em que empresas recém-constituídas, mas com potencial para a execução do serviço, deveriam poder participar do presente certame. Cabe ressaltar que tais empresas, mesmo sendo novas no mercado, poderiam comprovar sua potencialidade de outra forma, como através da apresentação de seus balanços de abertura, conforme decidido nos julgados do Tribunal de Contas do Distrito Federal, nos Processos n.º 36.761/05 e n.º 36.645/05. No mesmo sentido, o STJ, ao apreciar a exigência do art. 31, inciso I, da Lei de Licitações, concluiu que a comprovação de qualificação econômico-financeira das empresas licitantes pode ser aferida mediante a apresentação de outros documentos, além do balanço patrimonial e das demonstrações

COMENTÁRIOS À NOVA LEI DE LICITAÇÕES PÚBLICAS E CONTRATOS ADMINISTRATIVOS

contábeis relativas ao último exercício social, para fins de habilitação, conforme decisão da citada Corte no Recurso Especial n.º 4025.711/SP, publicado no Diário da Justiça de 19/08/02, pg. 145.[76]

ADMINISTRATIVO – LICITAÇÃO – EXIGÊNCIAS NÃO PREVISTAS NO EDITAL – ILICITUDE – EMPRESA RECÉM CRIADA – DEMONSTRATIVOS FINANCEIROS. Se o edital dispensa as empresas recém criadas de apresentarem balanço e demonstrações financeiras, não pode a comissão de licitação – a pretexto de responder consultas – tornar obrigatória tal documentação.[77]

Já em relação ao disposto no § 2º do artigo em comento, fixa a NLLC que apresentação dos documentos poderá ser realizada por processo eletrônico de comunicação a distância, nos termos dispostos em regulamento, como, aliás, ocorre no âmbito do pregão eletrônico.

Artigo 66

A habilitação jurídica visa a demonstrar a capacidade de o licitante exercer direitos e assumir obrigações, e a documentação a ser apresentada por ele limita-se à comprovação de existência jurídica da pessoa e, quando cabível, de autorização para o exercício da atividade a ser contratada.

Da leitura do art. 66 da NLLC, não mais observa-se um rol de documentos os quais demonstrariam a regularidade jurídica, que deveria ser exigida dos interessados. Parece-nos ser acertada uma redação desta natureza, tendo em vista a dinâmica documental e criação de novas figuras societárias, pois a fixação de um rol de documentos poderia, em curto espaço de tempo, apresentar-se como desatualizado. Buscou-se, portanto, simplificar a demonstração da capacidade jurídica.

Com efeito, a documentação a ser exigida deve limitar-se à comprovação de existência jurídica da pessoa e, quando cabível, de autorização para o exercício da atividade a ser contratada, devendo o ato convocatório assim disciplinar, conforme fixa o art. 65 acima comentado.

No caso concreto, o excesso de exigência, ou seja, a fixação daquilo que apresenta-se como excessivo apenas para comprovar a existência jurídica da pessoa deve ser impugnada, apresentada aos órgãos de controle, ou questionada judicialmente.

---

[76] TCE/MG – Representação nº 712424. Relatoria: Conselheira Adriene Andrade. Sessão do dia 13/05/2008.

[77] STJ – MS 5.642/DF, Relatoria:. Min. Humberto Gomes de Barros. Primeira Sessão. Julgado em 27/05/1998, DJ 10/08/1998, p. 4.

350

ARTIGO 67

A documentação relativa à qualificação técnico-profissional e técnico-operacional será restrita a:

I – apresentação de profissional, devidamente registrado no conselho profissional competente, quando for o caso, detentor de atestado de responsabilidade técnica por execução de obra ou serviço de características semelhantes, para fins de contratação;

II – certidões ou atestados, regularmente emitidos pelo conselho profissional competente, quando for o caso, que demonstrem capacidade operacional na execução de serviços similares de complexidade tecnológica e operacional equivalente ou superior, bem como documentos comprobatórios emitidos na forma do § 3º do art. 88 desta Lei;

III – indicação do pessoal técnico, das instalações e do aparelhamento adequados e disponíveis para a realização do objeto da licitação, bem como da qualificação de cada membro da equipe técnica que se responsabilizará pelos trabalhos;

IV – prova do atendimento de requisitos previstos em lei especial, quando for o caso;

V – registro ou inscrição na entidade profissional competente, quando for o caso;

VI – declaração de que o licitante tomou conhecimento de todas as informações e das condições locais para o cumprimento das obrigações objeto da licitação.

§ 1º A exigência de atestados será restrita às parcelas de maior relevância ou valor significativo do objeto da licitação, assim consideradas as que tenham valor individual igual ou superior a 4% (quatro por cento) do valor total estimado da contratação.

§ 2º Observado o disposto no caput e no § 1º deste artigo, será admitida a exigência de atestados com quantidades mínimas de até 50% (cinquenta por cento) das parcelas de que trata o referido parágrafo, vedadas limitações de tempo e de locais específicos relativas aos atestados.

§ 3º Salvo na contratação de obras e serviços de engenharia, as exigências a que se referem os incisos I e II do caput deste artigo, a critério da Administração, poderão ser substituídas por outra prova de que o profissional ou a empresa possui conhecimento técnico e experiência prática na execução de serviço de características semelhantes, hipótese em que as provas alternativas aceitáveis deverão ser previstas em regulamento.

§ 4º Serão aceitos atestados ou outros documentos hábeis emitidos por entidades estrangeiras quando acompanhados de tradução para o português, salvo se comprovada a inidoneidade da entidade emissora.

COMENTÁRIOS À NOVA LEI DE LICITAÇÕES PÚBLICAS E CONTRATOS ADMINISTRATIVOS

§ 5º Em se tratando de serviços contínuos, o edital poderá exigir certidão ou atestado que demonstre que o licitante tenha executado serviços similares ao objeto da licitação, em períodos sucessivos ou não, por um prazo mínimo, que não poderá ser superior a 3 (três) anos.

§ 6º Os profissionais indicados pelo licitante na forma dos incisos I e III do caput deste artigo deverão participar da obra ou serviço objeto da licitação, e será admitida a sua substituição por profissionais de experiência equivalente ou superior, desde que aprovada pela Administração.

§ 7º Sociedades empresárias estrangeiras atenderão à exigência prevista no inciso V do caput deste artigo por meio da apresentação, no momento da assinatura do contrato, da solicitação de registro perante a entidade profissional competente no Brasil.

§ 8º Será admitida a exigência da relação dos compromissos assumidos pelo licitante que importem em diminuição da disponibilidade do pessoal técnico referido nos incisos I e III do caput deste artigo.

§ 9º O edital poderá prever, para aspectos técnicos específicos, que a qualificação técnica seja demonstrada por meio de atestados relativos a potencial subcontratado, limitado a 25% (vinte e cinco por cento) do objeto a ser licitado, hipótese em que mais de um licitante poderá apresentar atestado relativo ao mesmo potencial subcontratado.

§ 10. Em caso de apresentação por licitante de atestado de desempenho anterior emitido em favor de consórcio do qual tenha feito parte, se o atestado ou o contrato de constituição do consórcio não identificar a atividade desempenhada por cada consorciado individualmente, serão adotados os seguintes critérios na avaliação de sua qualificação técnica:

I – caso o atestado tenha sido emitido em favor de consórcio homogêneo, as experiências atestadas deverão ser reconhecidas para cada empresa consorciada na proporção quantitativa de sua participação no consórcio, salvo nas licitações para contratação de serviços técnicos especializados de natureza predominantemente intelectual, em que todas as experiências atestadas deverão ser reconhecidas para cada uma das empresas consorciadas;

II – caso o atestado tenha sido emitido em favor de consórcio heterogêneo, as experiências atestadas deverão ser reconhecidas para cada consorciado de acordo com os respectivos campos de atuação, inclusive nas licitações para contratação de serviços técnicos especializados de natureza predominantemente intelectual.

§ 11. Na hipótese do § 10 deste artigo, para fins de comprovação do percentual de participação do consorciado, caso este não conste expressamente do atestado ou da certidão, deverá ser juntada ao atestado ou à certidão cópia do instrumento de constituição do consórcio.

DA HABILITAÇÃO ART? 67

§ 12. Na documentação de que trata o inciso I do caput deste artigo, não serão admitidos atestados de responsabilidade técnica de profissionais que, na forma de regulamento, tenham dado causa à aplicação das sanções previstas nos incisos III e IV do caput do art. 156 desta Lei em decorrência de orientação proposta, de prescrição técnica ou de qualquer ato profissional de sua responsabilidade.

Conforme mandamento insculpido no inc. XXI do art. 37 da Constituição Federal de 1988, no âmbito das licitações públicas, as exigências habilitatórias a serem fixadas pela Administração Contratante no ato convocatório, para fins de qualificação técnica, fixadas no art. 67 do Estatuto federal licitatório, se limitarão àquelas indispensáveis à garantia do cumprimento das obrigações.

Já se ressalta, portanto, que as exigências editalícias excessivas e desarrazoadas, ou seja, dispensáveis, por não guardarem consonância com a determinação constitucional acima destacada, poderão configurar-se como restritivas ao caráter competitivo da licitação, inserindo a Administração nas vedações impostas pelo inc. I do § 1º do art. 9º do Estatuto federal licitatório.

Ilustrando essa assertiva, temos o entendimento pacificado do eg. Tribunal de Contas da União, *in verbis*:

> Primeiramente, a leitura que se faz do dispositivo constitucional mencionado é que seu enunciado somente estabelece que não pode haver exigências desnecessárias para qualificação, de forma a garantir o maior número possível de participantes nos certames licitatórios. Há, na doutrina, manifestações nessa mesma linha, como a de Adilson Abreu Dallari in Aspectos Jurídicos da Licitação:
>
> 'Quais os requisitos que podem ou devem ser exigidos para a habilitação de licitantes? Para responder a essa questão é preciso, inicialmente, esclarecer o óbvio: só se pode exigir, e não se pode deixar de exigir, tudo aquilo que figurar como exigência ou condição de habilitação no edital da concorrência. A dificuldade se encontra, portanto, em desvendar o que pode, o que deve e o que não deve ser exigido no edital do certame.
>
> A solução deve ser buscada a partir do próprio texto da Constituição Federal, cujo art. 37, XXI, determina que somente serão permitidas 'exigências de qualificação técnica e econômica indispensáveis à garantia do cumprimento das obrigações'. Fica perfeitamente claro que a participação de licitantes deve ser a mais ampla possível. A Constituição não fixa requisitos ou critérios a serem obrigatoriamente consignados no edital; ela apenas indica que não pode haver requisitos que não sejam pertinentes, necessários e indispensáveis à garantia do cumprimento do futuro contrato'.[78]

---

[78] TCU – Acórdão 1844/2005 – Plenário, Data de Julgamento: 16/11/2005

Observando-se a diretriz constitucional acima aduzida, prevê o art. 67 da Lei nº 14.133/2021, que a comprovação da aptidão técnica dos proponentes para execução do objeto da licitação, conforme previsto nos seus dois incisos, ocorrerá por meio da aferição da qualificação técnico-profissional e técnico-operacional dos proponentes.

Conceituando tais espécies de comprovação da qualificação técnica dos interessados em contratar com a Administração, "A qualificação técnica operacional e profissional seriam exigências distintas previstas na lei de licitações.

A capacidade técnico-operacional é um atributo da empresa e reflete sua aptidão para realização de determinado tipo de obra sob o aspecto gerencial, ou seja, mobilizar instalações e pessoal para execução do objeto. Já a capacidade técnico-profissional é um atributo dos profissionais da empresa, ou seja, dos responsáveis pela realização dos serviços e reflete a experiência na sua realização."[79]

De toda forma, tem-se que a qualificação técnica do particular licitante é pressuposto indispensável ao adimplemento de sua habilitação no certame público, uma vez que a Administração somente poderá confiar-lhe a execução do objeto da licitação, se o interessado possuir e comprovar, nos termos da lei (art. 30, inc. I, da Lei n.º 8.666/1993), a sua habilitação jurídica plena.[80]

Sendo assim, de forma a proteger o interesse público, é praxe dos diplomas licitatórios a criação de regramento necessário para o administrador público aferir as condições técnicas dos interessados em travar contratos com a Administração Pública brasileira.

De forma a garantir que somente sejam fixadas no ato convocatório as exigências de qualificação técnica indispensáveis à garantia do cumprimento das obrigações, o art. 67, *caput*, da NLLC, fixa que a Administração Pública somente poderá exigir dos eventuais interessados em participar de certames, no máximo, a documentação arrolada em seus incisos em razão da expressão "será restrita a".

Logo, os seis documentos elencados no referido artigo, bem como as demais solicitações, na forma lá estabelecida, são suficientes para comprovar que o licitante encontra-se habilitada tecnicamente a contratar com a Administração Pública, sendo que a exigência de outros documentos tem ainda como consequência, a nosso ver, a restrição do caráter competitivo do certame, em desacordo com o disposto no art. 9º, § 1º, inc. I, da nova Lei de Licitações.

---

[79] TCU – Acórdão 1238/2019 – Plenário, Data de Julgamento: 29/05/2019
[80] STJ – RMS: 10736 BA 1999/0020847-1, Segunda Turma, Data de Julgamento: 26/03/2002

DA HABILITAÇÃO   ART° 67

Jurisprudência e decisões dos Tribunais de Contas

Qualificação técnica. Impossibilidade de o edital exigir documentos não previstos no art. 30: TCU – Decisão nº 739/2001 – Plenário – Trecho do voto do Ministro Relator Ubiratan Aguiar – "As exigências contidas no art. 30 da Lei nº 8.666/93 são do tipo *numerus clausus*, ou seja, encontram-se esgotadas naquele dispositivo, sendo defeso, aos diversos órgãos e entidades da Administração Pública Federal, inovar.

A esse respeito, ensina Marçal Justen Filho:

"A Lei nº 8.666 disciplinou de modo minucioso a matéria da qualificação técnica. Um dos caracteres mais marcantes da Lei nº 8.666/93 foi a redução da margem de liberdade da Administração Pública nesse campo e a limitação do âmbito das exigências. Buscou evitar que exigências formais e desnecessárias acerca da qualificação técnica constituam-se em instrumento de indevida restrição à liberdade de participação em licitação. O objetivo é eliminar distorções ocorridas no sistema anterior, onde os requisitos de qualificação técnica acabavam por inviabilizar o acesso de muitas empresas à licitação. (in Comentários à Lei de Licitações e Contratos Administrativos, 5ª ed., p. 305)

Nesse sentido, vejo como não justificadas as exigências constantes dos seguintes itens:

'6.2.3.3. Alvará expedido pela Secretaria do Estado da Saúde – Centro de Vigilância Sanitária, acompanhado de Certidão de Anotação Técnica do Conselho Regional de Química (C.R.Q.) Exercício de 2001, conforme parágrafo 2º do art. 30 da Lei nº 8.666 de 21 de junho de 1993;

6.2.3.4. Alvará para uso de produtos químicos fornecido pela divisão de produtos controlados do Departamento Estadual de Polícia Científica da Secretaria de Segurança Pública do Amazonas ou da sede da licitante, conforme parágrafo 2º do art. 30 da Lei nº 8.666, de 21 de junho de 1993;

6.2.3.5. declaração firmada por médico ou engenheiro de segurança no trabalho, pertencente ao quadro da empresa a mais de 6 (seis) meses, comprovado através de documentação legal (Certidão de registro no SESMT – Serviços Especializados em Engenharia de Segurança e Medicina do Trabalho – junto ao órgão do Ministério do Trabalho da Delegacia Regional do Trabalho no Estado do Amazonas, de acordo com o estabelecido na Consolidação das Leis do Trabalho e regulamentado pela NR 4, Portaria nº 3.214/78), constando que a empresa vem cumprindo todas as normas relativas à saúde e segurança no trabalho, conforme parágrafo 2º do art. 30 da Lei nº 8.666/93.'

Tais exigências somente seriam justificáveis se os referidos requisitos fossem previstos em lei especial, passando a situação, então, a enquadrar-se no inciso IV do referido art. 30. Tal situação, entretanto, caso existisse, deveria ser expressamente consignada no edital de licitação, em nome da motivação que deve nortear os atos administrativos. No caso em exame, tem-se que o edital não fez qualquer alusão a eventuais leis especiais que estivessem a requerer o cumprimento das ditas exigências."

355

COMENTÁRIOS À NOVA LEI DE LICITAÇÕES PÚBLICAS E CONTRATOS ADMINISTRATIVOS

Qualificação técnica. Limites. As exigências de qualificação técnica devem ser essenciais para garantir a regular execução do objeto contratado. Disciplina editalícia deve guardar relação com a parte final insculpida no art. 37, inc. XXI, da CF/88: TCU – Acórdão nº 642/2004 – Plenário – Relatoria: Ministro Ubiratan Aguiar – "9.2. com fundamento no art. 250, inciso II, do Regimento Interno, determinar à Agência Nacional de Energia Elétrica a adoção das seguintes providências: 9.2.3. somente admita em seus editais de licitações exigências de qualificação técnica indispensáveis à garantia do cumprimento das obrigações, nos termos do art. 37, inciso XXI, da CF/88, de forma a evitar restrições ao caráter competitivo do certame, vedação constante do art. 3º, § 1º, inciso I, da Lei 8.666/93, a exemplo do que ocorreu na Concorrência 14/2001."

Qualificação técnica. Exigências impertinentes. A qualificação técnica a ser exigida deve ser a mínima suficiente para garantir a satisfatória execução do objeto: TCU – Acórdão nº 1.405/2006 – Plenário – Relatoria: Ministro Marcos Vinicios Vilaça – "9.2.1. abstenha-se, em editais de futuras licitações, de elaborar itens que permitam mais de uma interpretação, apresentando texto claro e objetivo, especialmente no tocante às exigências de qualificação técnica, e evitando qualquer exigência desarrazoada, em atenção ao art. 37, inciso XXI, da Constituição Federal e art. 30, inciso II e § 5º, da Lei nº 8.666/93."

Qualificação técnica. Comprovação da capacitação técnica. Apresentação, na ocasião da licitação, da capacitação técnica de eventual particular que será subcontratado pelo contratado. Descabimento: TRF 1ª Região – AG 2006.01.00.027357-9/DF – Relatoria: Des. Fed. Fagundes de Deus – ". 1. Constituindo o objeto da licitação a contratação de empresa especializada para execução dos serviços de integração de tecnologia da informação, resultados e jogos – Pan Americano Rio 2007, revela-se legítima a exigência contida no edital, de apresentação de, pelo menos, um atestado de capacidade técnica que comprove a experiência da licitante no fornecimento de tecnologia e serviços em Eventos Esportivos internacionais. Inteligência da CF, art. 37, XXI; e Lei 8.666/90, art. 30, II e § 1º. 2. Por outro lado, mostra-se desarrazoado permitir que a licitante apresente atestados de capacidade técnica referentes a outras empresas que possam, eventualmente, vir a ser por ela subcontratadas, tendo presente que essa subcontratação, apesar de ser prevista no edital, é um evento futuro e incerto e, ainda que venha a ocorrer, não isenta nem transfere as responsabilidades da licitante pela fiel execução dos serviços contratados. 3. Agravo de instrumento da licitante Ansett Tecnologia E Engenharia Ltda. Desprovido. (Processo: 2006.01.00.027357-9/DF; Agravo de Instrumento – Relatoria: Des. Fed. Fagundes de Deus – Órgão Julgador: 5ª T – Publicação: 18/12/2006 DJ p.226).

Qualificação técnica. Comprovação da capacitação técnica. Possibilidade de apresentação de atestados que comprovam a execução pretérita de objeto genérico: TCE/SP – Súmula nº 30 – "Em procedimento licitatório, para aferição da

DA HABILITAÇÃO ART° 67

capacitação técnica, poderão ser exigidos atestados de execução de obras e/ou serviços de forma genérica, ficando vedado o estabelecimento de apresentação de prova de experiência anterior em atividade específica, como realização de rodovias, edificação de presídios, de escolas, de hospitais, e outros itens."

Qualificação técnica. Comprovação da capacitação técnica em licitações do tipo "técnica e preço". Vedação de pontuação de atestado que comprove experiência: TCE/SP – Súmula nº 22 – "Em licitações do tipo 'técnica e preço', é vedada a pontuação de atestados que comprovem experiência anterior, utilizados para fins de habilitação."

1. Exigência de certidões ou atestados que demonstrem qualificação técnico-profissional

Consoante já apontamos acima, não se constitui em ilegalidade o estabelecimento de parâmetros para comprovação de capacidade técnica, seja sob o aspecto técnico-profissional, desde que conste no respectivo processo os motivos e a adequação técnica daqueles parâmetros, assegurando-se que essa exigência não implique restrição ao caráter competitivo do certame.

Sendo assim, existindo justificativa para a exigência de apresentação de qualificação técnica pretérita do responsável técnico, a documentação a ser exigida dos proponentes será restrita à apresentação de profissional, devidamente registrado no conselho profissional competente, quando for o caso, detentor de atestado de responsabilidade técnica por execução de obra ou serviço de características semelhantes, para fins de contratação.

No tocante à apresentação, entende-se que deverá o proponente, na verdade, indicar o responsável técnico pela execução do objeto demandado, que deverá ser registrado no conselho profissional competente, quando a legislação assim exigir, devendo ser demonstrado o competente documento que comprove tal condição.

Consoante se denota da leitura do inc. I do art. 67 da NLLC, somente será legal a exigência de atestado de responsabilidade técnica que comprove experiência anterior na execução de obra ou serviço que detenha características semelhantes daquelas que pretende a Administração Pública ter executado, sendo descabida a exigência de apresentação de documento que demonstre a construção ou prestação de serviço de algo idêntico ao objeto demandado pelo Poder Público licitante.

A NLLC não mais estabelece a exigência de que o responsável técnico deve pertencer ao quadro funcional permanente da licitante, a qual foi apontada como restritiva pelo Tribunal de Contas, conforme abaixo verifica-se das decisões prolatadas. Com efeito, admite-se que o vínculo do responsável técnico pode ser, por exemplo, por meio de um contrato de prestação de serviços, contrato de trabalho regido pela CLT e societário.

Jurisprudência e decisões dos Tribunais de Contas

Qualificação técnica. Quadro permanente. Formas de comprovação da vinculação do profissional à empresa licitante. Exigência apenas de registro na CTPS, em data anterior à abertura das propostas, é descabida. Forma de comprovação não deve ser restrita a apresentação de registro na CTPS: TCU – Acórdão nº 2.272/2011 – Plenário – Relatoria: Ministro Augusto Sherman Cavalcanti – "9.4 dar ciência à Prefeitura de Aparecida de Goiânia/GO para que: 9.4.1 nos futuros procedimentos licitatórios que envolvam recursos públicos federais: 9.4.1.5 abstenha-se de exigir como requisito de aceitação de atestado de capacitação técnico-profissional, que os profissionais constantes do atestado possuam necessariamente vínculo empregatício com a licitante na data da licitação, por afrontar a jurisprudência deste Tribunal (Acórdão 103/2009-P e Voto do Acórdão 361/2006-P, entre outros), tendo em vista que podem ser admitidos outros vínculos com os profissionais, tais como contrato de prestação de serviços ou contrato de sociedade.

"Qualificação técnica. Quadro permanente. Formas de comprovação da vinculação do profissional à empresa licitante. Exigência apenas de registro na CTPS, em data anterior à abertura das propostas, é descabida. Forma de comprovação não deve ser restrita a apresentação de registro na CTPS: TCU – Acórdão nº 546/2008 – Plenário – Relatoria: Augusto Sherman Cavalcanti – "9.2.4.6. não seja exigida das licitantes, para efeito de comprovação de capacidade técnico-profissional, que disponham dos profissionais indicados em seu quadro permanente, com comprovação por meio da apresentação de carteiras de trabalho assinadas anteriormente à abertura das propostas, uma vez que, para essa comprovação, é suficiente a apresentação de contrato de prestação de serviços, sem vínculo trabalhista, regido pela legislação civil comum, de acordo com jurisprudência do TCU, a exemplo dos Acórdãos 2.297/2005-TCU-Plenário e 361/2006-TCU-Plenário."

Qualificação técnica. Quadro permanente. É ilegal exigir vínculo empregatício do responsável técnico de nível superior, com a empresa licitante, na data da publicação do edital: TCU – Acórdão nº 170/2007 – Plenário – Relatoria: Ministro Valmir Campelo – "2. É ilegal a exigência de comprovação de vínculo empregatício do responsável técnico de nível superior, com a empresa licitante, na data da publicação do edital."

Qualificação técnica. Comprovação da capacitação técnico-profissional. Comprovação deve ser dar com relação ao profissional e não em relação à empresa: TCU – Acórdão nº 3.053/2006 – 1ª Câmara – Relatoria: Ministro Marcos Vinicios Vilaça – "Determinar à Agência Nacional de Energia Elétrica – Aneel que se abstenha de exigir, para fins de comprovação da capacitação técnico-profissional, que os atestados de capacidade técnica sejam apresentados em nome da empresa licitante, considerando que o art. 30, § 1º, inciso I, da Lei nº 8.666/93, estabelece que tal comprovação deverá se dar com relação ao profissional de nível superior ou outro devidamente

DA HABILITAÇÃO   ART° 67

reconhecido pela entidade competente, que, na data prevista para entrega da proposta, componha o quadro permanente da licitante."

Qualificação técnica. Comprovação da capacitação técnica dos proponentes. Elemento de convicção para a comprovação da capacitação das licitantes: TCU – Acórdão n° 492/2006 – Plenário – Relatoria: Ministro Lincoln Magalhães da Rocha – "1. A exigência de atestados de capacidade técnica emitidos em nome dos profissionais consubstancia-se em elemento de convicção para a comprovação da capacitação das licitantes, especificamente da parte técnico-profissional."

Qualificação técnica. Comprovação da capacitação técnica. A imposição de tempo de vinculação do responsável técnico com a empresa licitante. Descabimento: TCU – Acórdão n° 3.835/2012 – 2ª Câmara – Relatoria: Ministro Aroldo Cedraz – "1.5.1. determinar ao Município de São José do Calçado/ES que, nas licitações envolvendo objetos custeados, no todo ou em parte, com recursos federais, abstenha-se de: 1.5.1.12. exigir, em se tratando de vínculo empregatício entre o profissional responsável técnico e a empresa, que o mesmo figure ao menos há 02 (dois) meses em seus quadros, ao arrepio da vedação contida no § 5° do art. 30 da Lei 8.666/93."

Qualificação técnica. Quadro permanente. Formas de comprovação da vinculação do profissional à empresa licitante: TCE/SP – Súmula n° 25 – "Em procedimento licitatório, a comprovação de vínculo profissional pode se dar mediante contrato social, registro na carteira profissional, ficha de empregado ou contrato de trabalho, sendo possível a contratação de profissional autônomo que preencha os requisitos e se responsabilize tecnicamente pela execução dos serviços."

2. Exigência de certidões ou atestados que demonstrem capacidade operacional

Temos a considerar, inicialmente, que a "capacitação técnica operacional consiste na exigência de organização empresarial apta ao desempenho de um empreendimento(...)."[81]

Haja vista os efeitos nocivos que a inaptidão para realização de determinado tipo de obra sob o aspecto gerencial pode acarretar no atendimento ou proteção do interesse público, consoante já apontamos acima, não se constitui em ilegalidade o estabelecimento de parâmetros para comprovação de capacidade técnica, sob o aspecto técnico-operacional, desde que conste no respectivo processo os motivos e a adequação técnica daqueles parâmetros, assegurando-se que essa exigência não implique restrição ao caráter competitivo do certame.[82]

---

[81] STJ – Resp n° 331215/SP – Relator: Ministro Luiz Fux, Primeira Turma, Data de Julgamento: 26/03/2002

[82] TCU – Acórdão n° 1.351/2003 – Primeira Câmara – Data de Julgamento: 24/06/2003.

COMENTÁRIOS À NOVA LEI DE LICITAÇÕES PÚBLICAS E CONTRATOS ADMINISTRATIVOS

Ante a legalidade na exigência de comprovação de capacidade técnica, portanto, sob o aspecto técnico-operacional, analisando o conteúdo jurídico do referido inciso, consoante fixa o art. 57, parágrafo único, da Resolução CONFEA nº 1.025/2009, que: "(...) o atestado é a declaração fornecida pela contratante da obra ou serviço, pessoa física ou jurídica de direito público ou privado, que atesta a execução da obra ou a prestação de serviço e identifica seus elementos quantitativos e qualitativos, o local e o período de execução, os responsáveis técnicos envolvidos e as atividades técnicas executadas". Ante tal redação, entende-se ser inapropriada a redação a qual estabelece que a comprovação da qualificação técnico-operacional ocorrerá por meio de "certidões ou atestados, regularmente emitidos pelo conselho profissional competente", salvo se, doravante, tal modelagem será adotada pelas entidades de fiscalização profissional.

Demais disto, consoante se denota da leitura do inc. II do art. 67 da NLLC, somente será legal a exigência de atestado técnico-operacional que comprove a capacidade operacional na execução de serviços similares de complexidade tecnológica e operacional equivalente ou superior, sendo descabida a exigência de apresentação de documento que demonstre a execução de algo idêntico ao objeto demandado pelo Poder Público licitante ou de complexidade tecnológica inferior.

Outrossim, o proponente deverá, obrigatoriamente, para fins de declaração de habilitação, apresentar atestado fornecido por terceiros a fim de cumprir a exigência do ato convocatório, independentemente de ser uma pessoa física ou jurídica, seja de Direito Público – emitido por um órgão ou entidade estatal – ou Privado – emitido por uma empresa privada ou associação.

Desta forma, conforme observa-se na parte final do referido inc. II do art. 67 da NLLC, poderão fazer parte da aferição da qualificação técnico-operacional os documentos comprobatórios emitidos na forma do § 3º do art. 88 da NLLC, os quais assentam informações acerca da atuação pretérita do licitante.

Não é demais por salientar que o art. 60 da NLLC fixa que, em caso de empate entre duas ou mais propostas, a avaliação do desempenho contratual prévio dos licitantes, para a qual deverão preferencialmente ser utilizados registros cadastrais para efeito de atesto de cumprimento de obrigações, será utilizada como critérios de desempate

2.1 – Número mínimo e máximo de atestados para comprovação de capacidade técnica

Observando-se a diretriz constitucional acima aduzida, prevê o art. 30 da Lei nº 8.666/93, que a comprovação da aptidão técnica dos proponentes para execução do objeto da licitação, conforme previsto no seu § 1º, deverá ocorrer

DA HABILITAÇÃO ART° 67

por meio de atestados fornecidos por pessoas de direito público ou privado, devidamente registrados nas entidades profissionais competentes, se estas existirem, que atestem execução anterior, aptos a comprovar execução de atividade pertinente e compatível em características, quantidades e prazos com o objeto da licitação.

Realizando-se uma interpretação literal do dispositivo *retro*, verifica-se que a comprovação de aptidão técnica, no caso das licitações pertinentes a obras e serviços, será realizada por meio de "atestados" fornecidos por pessoas jurídicas de direito público ou privado, o que, em princípio, autorizaria a Administração Contratante exigir mais de um atestado objetivando comprovar a execução do objeto da licitação, circunstância que poderia diminuir a angulação de participantes.

Grife-se, todavia, que atualmente encontra-se quase pacificado na doutrina que a expressão "atestados", verificada no dispositivo supracitado, não teria o condão de determinar que sempre seria imprescindível a exigência de mais de um atestado de capacitação, sendo esse o melhor entendimento que se enquadra na moldura constitucional acima aduzida.

Por conseguinte, parece-nos que seria perfeitamente possível a Administração exigir genericamente a apresentação de atestados, não especificando a quantidade, sendo certo que nada obstará a habilitação de determinado licitante que apresentar apenas um atestado, comprovando a execução do objeto licitado, desde que preencha os demais requisitos habilitatórios.

Corroborando o referido entendimento, ensina o Procurador-Geral do Ministério Público junto ao Tribunal de Contas da União, Lucas Rocha Furtado, que: "A palavra 'atestados' citada no § 1º, encontra-se no plural porque o licitante tem a liberdade de apresentar tantos atestados quanto julgar necessários para comprovar a sua aptidão."[83]

Outrossim, caso a Administração promotora da licitação apenas reproduza os termos consignados no dispositivo legal em estudo, exigindo que os licitantes apresentem "atestados", a fim de verificar se o proponente já desempenhou atividade pertinente e compatível em características, quantidades e prazos com o objeto da licitação, entende-se que aquele licitante que apresente apenas um atestado comprovando a sua execução deverá, reiterando-se o raciocínio acima aduzido, ser habilitado nesse quesito, devendo o mesmo permanecer no processo seletivo.

Isso não significa asseverar, todavia, que a Administração não poderá, em determinados casos, exigir dos proponentes a apresentação de uma quantidade

---

[83] FURTADO, Lucas Rocha. Curso de Licitações e Contratos Administrativos, Belo Horizonte, Fórum, 2007, p. 239.

COMENTÁRIOS À NOVA LEI DE LICITAÇÕES PÚBLICAS E CONTRATOS ADMINISTRATIVOS

mínima de atestados de capacidade técnica, pertinentes e compatíveis com o objeto, desde que a referida exigência seja considerada, em face da complexidade e da peculiaridade envolvidos no objeto licitado, condição de garantia à regular execução do contrato.

Deverá existir, entretanto, uma estreita relação de compatibilidade entre a referida exigência, as características e a complexidade do objeto da licitação, que será motivadamente justificável, a fim de que a solicitação editalícia não implique em restrição ao caráter competitivo da licitação, fato que estaria em desacordo com as determinações constitucionais acima delineadas.

Desta feita, ante a complexidade do objeto, sendo indispensável para garantir o cumprimento das obrigações pactuadas, como determina o art. 37, inc. XXI, da CF/88, existindo motivadas justificativas, poderá a Administração, promotora da licitação, exigir dos licitantes, a título de qualificação técnica, a comprovação da sua aptidão por meio de um número mínimo de atestados.

Sobre tal questão, o TCU já prolatou que, *in verbis*:

> 9.4.2. existência de cláusulas que podem restringir a competitividade da licitação, em desacordo com o art. 3º, § 1º, inciso I, da Lei nº 8.666/1993, mais particularmente as seguintes: 9.4.2.3. limitação do número de atestados para comprovação de capacidade técnico-operacional e proibição do somatório de quantitativos desses atestados, em confronto com o entendimento do Tribunal no Acórdão nº 597/2008 – Plenário.[84]

Grife-se que também poderá a Administração promotora da licitação estabelecer uma quantidade máxima de atestados que aceitará, objetivando comprovar a execução de determinado objeto, já que, em tese, um único documento será suficiente para atender ao requisito habilitatório, dadas as características do objeto licitado.

Assim, evita-se a desnecessária juntada de atestados de capacitação técnica no envelope habilitatório, documentos esses que serão encartados no processo administrativo, o que pode prejudicar a celeridade do procedimento licitatório, na medida em que a presença de atestados em demasia acarretará na necessidade de análise desses documentos pela Administração licitadora inutilmente, indo de encontro ao princípio da eficiência administrativa.

Em sendo encerrada a execução de um determinado objeto, caso seja solicitado pelo particular, deverá a Administração emitir o competente atestado, de forma a assentar na referida declaração a execução pretérita do antigo contratado. Grife-se que a verificação de penalização do contratado ou outras intercorrências verificadas durante a execução contratual não prejudica a emissão da referida declaração.

---

[84] TCU – Acórdão nº 1.172/2012 – Plenário

DA HABILITAÇÃO · ART 67

3. Indicação do pessoal técnico, das instalações e do aparelhamento adequados e disponíveis para a realização do objeto da licitação, bem como da qualificação de cada membro da equipe técnica que se responsabilizará pelos trabalhos

Permite o art. 67, inc. III, da NLLC, que a Administração licitante solicite expressamente no ato convocatório a indicação do pessoal técnico que deverá participar da obra ou serviço objeto da licitação, conforme exige o § 2º do artigo em estudo, das instalações e do aparelhamento adequados e disponíveis para a realização do objeto da licitação, bem como da qualificação de cada membro da equipe técnica que se responsabilizará pelas atividades necessárias para o cumprimento das obrigações pactuadas.

A exigência de indicação do pessoal técnico, das instalações e do aparelhamento adequados e disponíveis para a realização do objeto da licitação não se traduz na necessidade de comprovação do vínculo destes profissionais ou a apresentação de documentos que comprovem a propriedade. Com efeito, basta a apresentação da relação explícita e da declaração formal da sua disponibilidade.

Jurisprudência e decisões dos Tribunais de Contas

Qualificação técnica. Comprovação da capacitação técnica. Exigências impertinentes. Comprovação de propriedade, apresentação de laudos e licenças. Descabimento: TCE/SP – Súmula nº 14 – "Exigências de comprovação de propriedade, apresentação de laudos e licenças de qualquer espécie só são devidas pelo vencedor da licitação; dos proponentes poder-se-á requisitar tão somente declaração de disponibilidade ou de que a empresa reúne condições de apresentá-los no momento oportuno."

Qualificação técnica. Comprovação da capacitação técnica. Comprovação do pessoal técnico. Atendimento por meio de apresentação de relação explícita e da declaração formal da sua disponibilidade: TCU – Acórdão nº 1.351/2003 – Primeira Câmara – Relatoria: Ministro-Substituto Lincoln Magalhães da Rocha – "9.2.determinar, com fundamento no art. 250, II, do Regimento Interno do TCU, à Empresa Brasileira de Correios e Telégrafos que oriente suas comissões de licitação no sentido de (que): 9.2.5. as exigências mínimas relativas a pessoal técnico especializado, considerado essencial para o cumprimento do objeto da licitação, devem ser atendidas mediante a apresentação de relação explícita e da declaração formal da sua disponibilidade, sob as penas cabíveis, em obediência ao § 6º do art. 30 da Lei nº 8.666/93."

Qualificação técnica. Comprovação da capacitação técnica. Exigências impertinentes. Comprovação de propriedade e localização prévia dos equipamentos que serão utilizados para executar o objeto. Descabimento: TCU – Acórdão nº 2.656/2007 – Plenário – Trecho do relatório do Ministro Relator Augusto Nardes – "116.3.2. no caso de nova licitação para a execução das obras em comento:

COMENTÁRIOS À NOVA LEI DE LICITAÇÕES PÚBLICAS E CONTRATOS ADMINISTRATIVOS

k) abstenha-se de exigir, para a comprovação da qualificação técnico-operacional dos licitantes, o requisito de propriedade dos equipamentos a serem utilizados na obra, bem como a sua localização prévia, conforme disposto no § 6º do art. 30 da Lei nº 8.666/93."

Qualificação técnica. Comprovação da capacitação técnica. Exigências impertinentes. Exigência de propriedade e localização prévia. Descabimento: TCU – Acórdão nº 1.265/2009 – Plenário – Relatoria: Ministro Benjamin Zymler – "9.4. determinar à Secretaria de Educação do Estado de Mato Grosso que: 9.4.3. não exija, como condição para participar de processos licitatórios, que os propensos licitantes comprovem a propriedade dos equipamentos a serem utilizados na execução do objeto, bem como das suas localizações prévias, permitindo-se apenas a relação explícita e a declaração formal quanto a sua disponibilidade, conforme disposto no § 6º do art. 30 da Lei nº 8.666/93."

4. Prova do atendimento de requisitos previstos em lei especial, quando for o caso

Conforme dissertou-se na parte preambular deste artigo, as exigências fixadas no art. 67 da NLLC afiguram-se como capazes de assegurar que um proponente detém condições técnicas para executar o objeto da licitação, passando, se a sua proposta for vantajosa, a celebrar o contrato ou retirar o seu instrumento. A exigência de outros documentos caracteriza restrição do caráter competitivo do certame, em desacordo com o disposto no art. 9º, § 1º, inc. I, da Lei nº 14.133/2021.

Não obstante, tem-se que, diante das particularidades do objeto demandado, a Administração poderá exigir a prova do atendimento dos requisitos previstos em lei especial ou regulamentos, consoante denota-se da leitura do inc. IV do art. 67, sendo esses, portanto, requisitos específicos.

Nesse sentido, merece ressalva a válida lição de Marçal Justen Filho, ao comentar o art. 30, inc. IV, da Lei de Licitações:

> O exercício de determinadas atividades ou o fornecimento de certos bens se encontram disciplinados em legislação específica. Assim, há regras acerca da fabricação e comercialização de alimentos, bebidas, remédios, explosivos, etc. Essas regras tanto podem constar de lei como estar explicitadas em regulamentos executivos. Quando o objeto do contrato envolver bens ou atividades explicitadas por legislação específica, o instrumento convocatório deverá reportar-se expressamente às regras correspondentes.[85]

---

[85] JUSTEN FILHO, *Comentários à lei de licitações e contratos administrativos*. 15. ed. São Paulo: Dialética, 2012, p. 530.

No caso concreto, é obrigação da Administração promotora da licitação verificar quais os documentos que, diante do objeto que pretende contratar e da legislação específica que disciplina a atividade, são essenciais para fins habilitatórios, a fim de que possam ser exigidos, nos termos dos dispositivos acima enunciados

Esclareça-se que a inexistência de exigência legal impondo ao particular participante da licitação, por exemplo, o registro do bem comercializado em determinada entidade ou autorização para funcionamento em dado órgão público inviabiliza a sua exigência no processo seletivo, sob pena de tal solicitação – tida como impertinente e irrelevante – violar o princípio da competitividade do certame.

5. Registro ou inscrição na entidade profissional competente, quando for o caso.

O inc. V do art. 67 da NLLC permite que a Administração Pública introduza no ato convocatório a exigência de apresentação de registro ou inscrição dos proponentes na entidade profissional competente, quando for o caso, ou seja, somente será lícita caso exista uma lei que regulamente e fiscalize a atividade profissional desempenhada para fins de execução do objeto demandado.

Com efeito, para comprovação da qualificação técnica exige-se o registro ou inscrição na entidade profissional competente, e não a certidão de regularidade com a entidade profissional competente.

De forma a evitar a fixação de exigência indevida no ato convocatório, fato que acarretará a incursão da Administração no disposto do art. 9º, inc. I, al. "a", da NLLC, deverá na fase preparatória do certame empreender pesquisa com o objetivo de identificar, se for o caso, a entidade profissional que exerce a fiscalização e regulação da atividade, passando a exigir o seu registro ou inscrição.

Por exemplo, buscando a Administração Pública a contratação de uma sociedade de advogados, parece-nos que seria possível a exigência editalícia de registro ou inscrição na Ordem dos Advogados do Brasil – OAB. Outrossim, buscando a Administração a contratação de uma empresa exploradora de serviços de alimentação para preparação de alimentação, deverá tal particular estar inscrito ou registrado perante o respectivo Conselho Regional de Nutricionistas (CRN). Buscando a Administração a contratação de uma empresa para a construção de um edifício, deverá tal particular ser inscrito no CREA. Sendo necessária a contratação de um projeto de arquitetura, exigir-se-á a inscrição do escritório no CAU – Conselho de Arquitetura e Urbanismo.

Jurisprudência e decisões dos Tribunais de Contas

Qualificação técnica. Exigências impertinentes. Comprovação da regularidade perante o seu conselho profissional: TCU – Acórdão nº 1.529/2006 – Plenário – Relatoria: Ministro Augusto Nardes – "9.2.2.1. abstenha-se de exigir dos licitantes, na qualificação técnica realizada com fins de habilitação, a comprovação da regularidade com o conselho de fiscalização profissional ao qual a empresa e os profissionais estejam ligados, pois isto não está previsto na lei, em especial o 'caput' do art. 30 da Lei nº 8.666/1993, e já foi objeto de decisão pelo TCU, como no Acórdão nº 1.708/2003-Plenário, Ata 45/2003, para que não ocorra novamente a ilegalidade verificada no item 14.4 'a' do edital da Concorrência nº 431/2005-0."

Qualificação técnica. Exigências impertinentes. Comprovação da regularidade perante o seu conselho profissional. Impossibilidade de exigir comprovação de quitação: TCE/SP – Súmula nº 28 – "Em procedimento licitatório, é vedada a exigência de comprovação de quitação de anuidade junto a entidades de classe como condição de participação."

Qualificação técnica. Exigências impertinentes. Comprovação de quitação de anualidade junto aos conselhos de regulamentação profissional. Impossibilidade de exigir comprovação que quitação: TCU – Acórdão nº 3.835/2012 – 2ª Câmara – Relatoria: Ministro Aroldo Cedraz – "1.5.1. determinar ao Município de São José do Calçado/ES que, nas licitações envolvendo objetos custeados, no todo ou em parte, com recursos federais, abstenha-se de: 1.5.1.11. obrigar a apresentação das guias de recolhimento da última anuidade devida à entidade profissional competente, exorbitando do disposto no art. 30, inciso I, da Lei 8.666/93, que somente legitima a exigência de regularidade do registro ou inscrição, nada dispondo acerca de quitação."

Qualificação técnica. Exigências impertinentes. Comprovação de registro em entidade profissional cuja área de atuação é incompatível com o objeto da licitação: TCU – Acórdão nº 2.655/2007 – Plenário – Relatoria: Ministro Augusto Nardes – "1. É vedada a exigência de registro de atestado de capacitação técnica e profissional em área de atuação incompatível com o objeto da licitação."

Qualificação técnica. Exigências impertinentes. Comprovação de registro em entidade profissional cuja área de atuação não é a básica ou preponderante prestada da empresa. Descabimento: TCU – Acórdão nº 1.368/2008 – Plenário – Relatoria: Ministro Raimundo Carreiro – "9.3.1. abstenha-se de exigir, a título de habilitação técnica, comprovante de registro em entidade de fiscalização profissional que não a relativa à atividade básica ou serviço preponderante prestada pela empresa, ainda que a exigência consista na comprovação de capacitação técnico-profissional do responsável técnico pela prestação dos serviços a serem contratados."

Qualificação técnica. Exigências impertinentes. Prestação de serviços de informática. Ausência de obrigatoriedade legal que determine que as empresas prestadoras de serviços sejam inscritas no CREA: TCU – Acórdão nº 168/2009

DA HABILITAÇÃO   ART° 67

– Plenário – Relatoria: Ministro José Jorge – "1. Inexiste obrigatoriedade legal de inscrição de empresas ou registro de profissionais perante o Conselho Regional de Engenharia, Arquitetura e Agronomia – CREA cujas atividades estejam relacionadas à comercialização e à manutenção, inclusive assistência técnica, de bens e serviços de informática."

Qualificação técnica. Exigências impertinentes. Serviços de informática. Exigência de registro no Conselho Regional de Administração. Descabimento. Inexistência de obrigatoriedade legal ou judicial: TCU – Acórdão nº 264/2006 – Plenário – Relatoria: Ministro Marcos Bemquerer Costa – "9.4.1. abstenha-se de: 9.4.1.1 exigir que os Atestados de Capacidade Técnica em contratos de prestação de serviços de informática sejam registrados nos Conselhos Regionais de Administração, enquanto não sobrevier legislação ou decisão judicial que defina qual o conselho profissional que detém esta competência."

Qualificação técnica. Exigências impertinentes. Exigir o registro ou inscrição dos responsáveis técnicos somente quando o registro da empresa não o indicar: TCU – Acórdão nº 1.768/2008 – Plenário – Relatoria: Ministro Raimundo Carreiro – "9.3.4. abstenha-se de exigir o registro ou inscrição dos responsáveis técnicos no Conselho Regional de Engenharia, Arquitetura e Agronomia quando o registro da empresa nominalmente os indique."

Qualificação técnica. Exigências impertinentes. Exigir que o registro nos conselhos de classe sejam visados pela entidade de classe do local onde o objeto será executado ou licitação realizada: TCU – Acórdão nº 1.117/2012- 1ª Câmara – Relatoria: Ministro Valmir Campelo – "1.6.dar ciência ao município de Mogeiro/PB, das impropriedades na Tomada de Preços 01/2011 com recursos do Convênio 01068/2008 (Siafi 700917) do Ministério da Integração Nacional:1.6.3. exigência de que a empresa licitante, que tenha sede em outro estado da federação, apresente visto do CREA/PB, (item 7.1.12), comprometendo o caráter competitivo do certame."

Qualificação técnica. Exigências impertinentes. Exigir que o registro nos conselhos de classe sejam visados pela entidade de classe do local onde o objeto será executado ou licitação realizada: TCE/MG – Licitação nº 696088. Relatoria Conselheiro Moura e Castro – "Considero ilegal e restritiva ao caráter competitivo do procedimento a exigência de visto do CREA-MG na certidão de registro da empresa para proponentes sediadas em outros Estados como condição para habilitação" (Licitação nº 696088. Relatoria Conselheiro Moura e Castro. Sessão do dia 20/09/2005)

Qualificação técnica. Exigências impertinentes. Comprovação de inscrição junto aos conselhos de classe quando o objeto a ser contratado versar sobre comercialização de bens de informática. Descabimento: TCU – Acórdão nº 168/ 2009 – Plenário – Relatoria: Ministro José Jorge – "2. É indevida a inabilitação de empresa licitante por ausência de apresentação de certidão expedida pelo Conselho Regional de Engenharia, Arquitetura e Agronomia – CREA, para fins de comprovação

367

de qualificação técnica, quando o objeto da licitação tratar-se de mera aquisição de bens e serviços de informática."

Qualificação técnica. Exigências impertinentes. Comprovação de certificado expedido por entidade de classe relacionada à atividade básica da empresa: TCU – Acórdão nº 597/2007 – Plenário – Relatoria: Ministro Marcos Bemquerer Costa – "9.3. determinar à Fundação Biblioteca Nacional que, nas próximas licitações: 9.3.1. restrinja-se a solicitar das empresas licitantes a apresentação de certificados expedidos por conselhos de classe referentes à atividade básica do objeto da contratação, em conformidade com o art. 1º da Lei n. 6.839/1980."

Qualificação técnica. Exigências impertinentes. Comprovação de inscrição junto a órgão de fiscalização profissional do local em que o serviço será prestado. Exigência descabida. Possibilidade, para fins de contratação: TCU – Acórdão nº 703/2007 – Plenário – Relatoria: Ministro Benjamin Zymler – "3. A comprovação de inscrição, junto a órgão de fiscalização profissional do local em que o serviço será prestado, só deve ser exigida por ocasião da contratação da licitante vencedora, sendo indevida tal exigência na fase de habilitação."

Qualificação técnica. Julgamento da licitação. Atuação estatal com excesso de rigorismo. Descabimento: TJ/SP – Apelação n. 0571001-91.2009.8.26.0577 – Inabilitação de licitante que apresentou certidão do CREA com dados desatualizados. Inabilitação. Descabimento

6. Declaração de que o licitante tomou conhecimento de todas as informações e das condições locais para o cumprimento das obrigações objeto da licitação.

Quando for o caso e for exigida expressamente no ato convocatório, deverá o proponente apresentar declaração de que o licitante tomou conhecimento de todas as informações e das condições locais para o cumprimento das obrigações objeto da licitação, sob pena de inabilitação.

Acerca da necessidade de conhecimento de todas as informações e das condições locais para o cumprimento das obrigações objeto da licitação, o jurista Jessé Torres Pereira Junior assevera, *in verbis*:

> A prova de haver o habilitante tomado conhecimento das condições locais para o cumprimento das obrigações objeto da licitação servirá a segundo propósito, qual seja o de vincular o licitante a tais condições locais, por mais adversas que possam revelar-se durante a execução, desde que corretamente indicadas na fase de habilitação. Sendo esta a hipótese, não se admitirá escusa para inexecução, fundada em alegadas dificuldades imprevistas no local em que se deva realizar a obra ou o serviço.[86]

---

[86] JUNIOR, Jessé Torres Pereira. *Comentários à Lei das Licitações e Contratações da Administração Pública*, 9ª ed., Renovar, Rio de Janeiro, 2009, p. 395.

DA HABILITAÇÃO   ARTº 67

Desta forma, a exigência da referida declaração não será obrigatória e somente será solicitada quando, tendo em vista o escopo do objeto licitado, for imprescindível para o conhecimento pleno das condições e peculiaridades do objeto a ser contratado, para que essas informações subsidiem a elaboração da proposta, que a lei exige que seja firme e séria.

Aliás, é o que estabelece o § 2º do art. 63 da NLLC, que fixa, "quando a avaliação prévia do local de execução for imprescindível para o conhecimento pleno das condições e peculiaridades do objeto a ser contratado, o edital de licitação poderá prever, sob pena de inabilitação, a necessidade de o licitante atestar que conhece o local e as condições de realização da obra ou serviço, assegurado a ele o direito de realização de vistoria prévia."

Observa-se, portanto, que a vistoria técnica, cuja solicitação pode restringir o caráter competitivo da licitação, não é mais uma obrigação a ser imposta ao particular, mas uma facultatividade que deve ser assegurada ao particular, passando a ser exigida do interessado, quando for o caso, apenas uma declaração de que o licitante tomou conhecimento de todas as informações e das condições locais para o cumprimento das obrigações objeto da licitação, conforme exige o art. 67, inc. VI, da NLLC.

Jurisprudência e decisões dos Tribunais de Contas

Qualificação técnica. Vistoria técnica. Objetivos: TCU – Acórdão nº 4.968/2011 – Segunda Câmara – Trecho do relatório do Ministro Relator Raimundo Carreiro "11.1.3.1. A visita de vistoria tem por objetivo dar à Entidade a certeza e a comprovação de que todos os licitantes conhecem integralmente o objeto da licitação e, via de consequência, que suas propostas de preços possam refletir com exatidão a sua plena execução, evitando-se futuras alegações de desconhecimento das características dos bens licitados, resguardando a Entidade de possíveis inexecuções contratuais.

11.1.3.2. Portanto, a finalidade da introdução da fase de vistoria prévia no edital é propiciar ao proponente o exame, a conferência e a constatação prévia de todos os detalhes e características técnicas do objeto, para que o mesmo tome conhecimento de tudo aquilo que possa, de alguma forma, influir sobre o custo, preparação da proposta e execução do objeto."

Qualificação técnica. Vistoria técnica. Realização da visita técnica. Fixação de expediente que, de alguma forma, possa se apresentar como restritivo. Impossibilidade: TCU – Acórdão nº 1.117/2012 – 1ª Câmara – Relatoria: Ministro Valmir Campelo "1.6.dar ciência ao município de Mogeiro/PB, das impropriedades na Tomada de Preços 01/2011 com recursos do Convênio 01068/2008 (Siafi 700917) do Ministério da Integração Nacional: 1.6.6. exigência de visita aos locais das obras apenas pelo responsável técnico da empresa e em datas pré-agendadas (item 7.1.17)."

Qualificação técnica. Vistoria técnica. Realização da visita técnica. Fixação de expediente que, de alguma forma, possa restringir o caráter competitivo da

369

COMENTÁRIOS À NOVA LEI DE LICITAÇÕES PÚBLICAS E CONTRATOS ADMINISTRATIVOS

licitação. Impossibilidade: TCU – Acórdão nº 2.272/2011 – Plenário – Relatoria: Ministro Augusto Sherman Cavalcanti – "9.4 dar ciência à Prefeitura de Aparecida de Goiânia/GO para que: 9.4.1 nos futuros procedimentos licitatórios que envolvam recursos públicos federais:9.4.1.6 estabeleça prazo adequado para a realização de visitas técnicas, não as restringindo o dia e horário fixos, tanto no intuito de inibir que os potenciais licitantes tomem conhecimento prévio do universo de concorrentes, quanto a fim de que os possíveis interessados ainda contenham, após a realização da visita, tempo hábil para a finalização de suas propostas."

Qualificação técnica. Vistoria técnica. Realização da visita técnica. Fixação de expediente que, de alguma forma, possa se apresentar como restritivo. Impossibilidade: TCU – Acórdão nº 1.172/2012 – Plenário – Relatoria: Ministro José Múcio Monteiro Filho – "9.4.2. existência de cláusulas que podem restringir a competitividade da licitação, em desacordo com o art. 3º, § 1º, inciso I, da Lei nº 8.666/1993, mais particularmente as seguintes:9.4.2.1. obrigatoriedade de visita técnica ao local das obras, quando, por sua limitação de tempo e em face da complexidade e extensão do objeto licitado, pouco acrescente no conhecimento dos concorrentes sobre os serviços, sendo suficiente a declaração do licitante de que conhece as condições locais para a execução do objeto."

Qualificação técnica. Vistoria técnica. A realização da visita técnica não pode onerar de forma desnecessária o licitante, sob pena de caracterizar restrição ao caráter competitivo da licitação. Nulidade do certame: TCU – Acórdão nº 874/2007 – 2ª Câmara – Relatoria: Ministro Aroldo Cedraz – "1. A exigência de vistoria que onere de forma desnecessária a participação de interessados em procedimento licitatório caracteriza restrição ao caráter competitivo da licitação, de que trata o art. 3º da Lei nº 8.666/93, ensejando, por isso mesmo, a nulidade do procedimento."

Qualificação técnica. Vistoria técnica. A visita técnica pode ser realizada por qualquer preposto da licitante. Tal expediente não pode ser utilizado com o objetivo de restringir à participação no certame: TCU – Acórdão nº 1.731/2008 – Plenário – Relatoria: Ministro Benjamin Zymler – "9.3.2.4. estabeleça que eventuais vistorias possam ser realizadas por qualquer preposto da licitante, a fim de ampliar a competitividade do certame."

Qualificação técnica. Vistoria técnica. O ato convocatório deve fixar condições razoáveis para realização de visita técnica ao local da execução do objeto, evitando o estabelecimento de regras restritivas: TCU – Acórdão nº 2.985/2008 – 2ª Câmara – Relatoria: Ministro André Luís de Carvalho – "7.1. ao Município de Foz do Iguaçu/PR que, em relação à gestão de recursos federais, especialmente no novo certame licitatório para conclusão do Centro de Convenções dessa municipalidade, atente para os seguintes aspectos: (...)7.1.3. estabeleça condições razoáveis para realização de visita técnica ao local das obras, evitando o estabelecimento de regras restritivas, em atendimento ao art. 30, § 5º, da Lei nº 8666/1993."

Qualificação técnica. Vistoria técnica. Realização da visita técnica em apenas um dia. Descabimento: TCU – Acórdão nº 3.831/2012 – 2ª Câmara – Relatoria: Ministro Aroldo Cedraz – "1.5.1. determinar ao Município de Guaçuí/ES que nas licitações envolvendo objetos custeados, no todo ou em parte, com recursos federais, abstenha-se de: 1.5.1.2. estabelecer um único dia e horário para realização da visita técnica obrigatória, o que não se mostra compatível com o art. 30, inc. II, e § 1º, c/c o art. 3º, § 1º, da Lei nº 8.666/93; importa ônus indevido à interessada, podendo afastar potenciais concorrentes, porque lhes cerceia o direito de definir o melhor momento para o cumprimento da obrigação; antagoniza com o entendimento firmado nos Acórdãos 1.332/2006; 1631/2007."

7. Da exigência de comprovação das parcelas de maior relevância ou valor significativo em atestado

O § 1º do art. 67 da NLLC fixa que a exigência de atestados será restrita às parcelas de maior relevância ou valor significativo do objeto da licitação, assim consideradas as que tenham valor individual igual ou superior a 4% (quatro por cento) do valor total estimado da contratação.

A fixação de limites nas exigências de atestados, consoante observa-se da leitura do referido parágrafo, é limitada ao solicitar experiência pretérita na execução das parcelas de maior relevância do objeto da demanda ou de valor significativo, são essenciais e adequadas para aferição da capacidade técnica dos proponentes que acudiram ao chamado da Administração, sendo que exigir a comprovação de serviços de menor relevância pode prejudicar a competitividade da licitação.

Entende-se por parcela de maior relevância, o:

> conjunto de características e elementos que individualizam e diferenciam o objeto, evidenciando seus pontos mais críticos, de maior dificuldade técnica, bem como que representam risco mais elevado para a sua perfeita execução. Trata-se aqui da essência do objeto licitado, aquilo que é realmente caracterizador da obra ou do serviço, que é de suma importância para o resultado almejado pela contratação.[87]

Já para o TCU, "as parcelas de maior relevância são os serviços de maior complexidade técnica e vulto econômico, cuja inexecução importe em risco mais elevado para a Administração."[88]

---

[87] FERREIRA, Camila Cotovicz. Como identificar a parcela de maior relevância e valor significativo do objeto da licitação? Blog Zenite, 10 jan. 2015. Disponível em: <https://www.zenite.blog.br/como--identificar-a-parcela-de-maior-relevancia-e-valor-significativo-do-objeto-da-licitacao/>. Acesso em: 27 set. 2021)

[88] VCE Detalhes do Termo. Pesquisa integrada TCU. Disponível em: https://contas.tcu.gov.br/ords/f?p=1678:10:102146440703048::NO::P10_COD_TERMO:1104849. Acesso em: 27 set. 2021.

COMENTÁRIOS À NOVA LEI DE LICITAÇÕES PÚBLICAS E CONTRATOS ADMINISTRATIVOS

No âmbito da Lei nº 8.666/1993 inexistia um parâmetro acerca do que seria valor significativo, circunstância reparada pela NLLC, cujo teor fixa como valor significativo aquele que tenha valor individual igual ou superior a 4% (quatro por cento) do custo total estimado da contratação.

Observe-se, atentamente, que a lei utiliza a conjunção aditiva "ou". Assim, no caso concreto, não poderá ser exigida a comprovação de ambas as condições concomitantemente, mas apenas uma. Então, somente podem ser cobrados atestados em relação a itens que representem parcelas de maior relevância da obra ou que possuam valor significativo em relação ao objeto da licitação.

8. Da exigência de atestados com quantidades mínimas de até 50%, vedadas limitações de tempo e de locais específicos

Fixa o § 2º do art. 67 da NLLC que, nos atestados apresentados na forma dos incs. I e II do referido artigo, serão admitidas quantidades mínimas de até 50% (cinquenta por cento) das parcelas de maior relevância ou valor significativo do objeto da licitação, vedadas limitações de tempo e de locais específicos relativas aos atestados.

A exigência de fixação de quantitativos mínimos, para fins de comprovação da qualificação técnica, nos termos acima aduzidos, das parcelas de maior relevância ou valor significativo do objeto da licitação, alcança tanto a capacidade técnico-operacional quanto a capacidade técnico-profissional.

Com efeito, sendo a exigência mínima de até 50% das parcelas de maior relevância ou valor significativo do objeto da licitação, poderá a Administração licitante fixar um percentual, sendo o referido percentual o máximo admitido.

Tal determinação legal reflete o acolhimento da remansosa jurisprudência dos Tribunais de Contas, que fixou tal percentual como limite máximo a ser exigido dos licitantes por entender que a exigência de percentual superior caracteriza cláusula restritiva, fato que viola a competitividade do certame.

Qualificação técnica. Comprovação da capacitação técnico-profissional. Apresentação da CAT (Certidão de Acervo Técnico): TCE/SP – Súmula nº 23 – "Em procedimento licitatório, a comprovação da capacidade técnico-profissional, para obras e serviços de engenharia, se aperfeiçoará mediante a apresentação da CAT (Certidão de Acervo Técnico), devendo o edital fixar as parcelas de maior relevância, vedada a imposição de quantitativos mínimos ou prazos máximos."

Qualificação técnica profissional ou operacional. Exigência de quantitativos mínimos. Sumularização: TCE/SP – Súmula nº 24 – "Em procedimento licitatório, é possível a exigência de comprovação da qualificação operacional, nos termos do inciso II, do artigo 30 da Lei Federal nº 8.666/93, a ser realizada mediante apresentação de atestados fornecidos por pessoas jurídicas de direito público ou privado, devidamente

DA HABILITAÇÃO ART^0 67

registrados nas entidades profissionais competentes, admitindo-se a imposição de quantitativos mínimos de prova de execução de serviços similares, desde que em quantidades razoáveis, assim consideradas 50% a 60% da execução pretendida, ou outro percentual que venha devida e tecnicamente justificado."

Qualificação técnica profissional ou operacional. Exigência de quantitativos mínimos. Sumularização: TCU – Súmula nº 263: "Para a comprovação da capacidade técnico-operacional das licitantes, e desde que limitada, simultaneamente, às parcelas de maior relevância e valor significativo do objeto a ser contratado, é legal a exigência de comprovação da execução de quantitativos mínimos em obras ou serviços com características semelhantes, devendo essa exigência guardar proporção com a dimensão e a complexidade do objeto a ser executado"

Qualificação técnica. Limites. A exigência de prazo no atestado técnico. Condições: TCU – Acórdão nº 2.048/2006 – Plenário – Relatoria: Ministro Benjamin Zymler – "2. A exigência de prazo no atestado técnico, para comprovação de desempenho de atividade anterior, somente é legal quando essencial à comprovação da capacidade de executar o objeto e se referir à execução dentro de determinado prazo e não durante determinado tempo."

Qualificação técnica. Comprovação da capacitação técnica. Exigências impertinentes. Fixação de pontuação técnica que leva em consideração o tempo de existência do licitante no mercado correlato: TCU – Acórdão nº 2.105/2008 – Plenário – Relatoria: Ministro Ubiratan Aguiar – "9.5.4. evite a inclusão, em seus editais de licitação, de quesito de pontuação técnica que atribua pontos à licitante tão somente pelo seu tempo de existência no mercado."

Qualificação técnica. Comprovação da capacitação técnica. Exigências impertinentes. Comprovação de aptidão por meio de atestado fixando limitação de tempo: TCU – Acórdão nº 337/2005 Plenário – Relatoria: Ministro Marcos Bemquerer Costa – "9.2.4 – não admita quesito de pontuação pela prestação de serviços por meses ininterruptos, por restringir injustificadamente o princípio da competitividade, contemplado no art. 3º, § 1º, inciso I, da Lei n. 8.666/1993, e por ofender o disposto pelo art. 30, § 5º, da referida norma legal."

Qualificação técnica. Comprovação da capacitação técnica. Exigências impertinentes. Comprovação de aptidão por meio de atestado fixando limitação de tempo e local: Acórdão nº 1.045/2006 – Plenário – Relatoria: Ministro Benjamin Zymler – "9.2.3. à Fundação de Ciência e Aplicações Tecnológicas – Funcate, que: 9.2.3.2. abstenha-se de exigir nas licitações comprovantes de qualificação técnica com limitações de tempo e de local específico, conforme estabelece o art. 30, § 5o, da Lei 8.666/1993."

Qualificação técnica. Comprovação da capacitação técnica. Exigências impertinentes. Exigência de que o licitante possua revenda no local de execução do objeto: TCU – Acórdão nº 654/2012 – Plenário – Relatoria: Ministro Aroldo Cedraz

COMENTÁRIOS À NOVA LEI DE LICITAÇÕES PÚBLICAS E CONTRATOS ADMINISTRATIVOS

– "9.3 determinar ao Município de Afonso Cláudio/ES que, em relação aos atos convocatórios das futuras licitações envolvendo a aplicação de recursos públicos federais para aquisição de máquinas, equipamentos e outros itens de natureza permanentes, abstenha-se de exigir que os fabricantes dos bens ofertados possuam revenda no Estado do Espírito Santo, porquanto consubstancia infringência ao art. 3º, §1º, inciso I, e ao art. 30, §5º, da Lei 8.666/93."

Qualificação técnica. Comprovação da capacitação técnica. Exigências impertinentes. Atribuição de pontos a licitantes previamente sediados na cidade onde o objeto será executado. Descabimento: TCU – Acórdão nº 2048/2006 – Plenário – Relatoria: Ministro Benjamin Zymler – "5. A atribuição de pontos a licitantes previamente sediados na cidade de prestação dos serviços não é cláusula que assegure a boa execução do contrato, pelo que deve ser repudiada."

9. Da possibilidade de substituição do atestado de capacitação técnica por outra prova de que o profissional ou a empresa possui conhecimento técnico e experiência prática

Fixa o § 3º do art. 67 da NLLC que, nas licitações cujo objeto não seja a contratação de obras e serviços de engenharia, as exigências de qualificação técnica, a critério da Administração, poderão ser substituídas por outra prova de que o profissional ou a empresa possui conhecimento técnico e experiência prática na execução de serviço de características semelhantes, hipótese em que as provas alternativas aceitáveis deverão ser previstas em regulamento. Um dos grandes entraves que impedem a ampliação do número de participantes nos certames é a ausência de possibilidade de um interessado comprovar que detém qualificação técnica para executar o objeto da licitação.

Sendo assim, na forma do futuro regulamento, restarão disciplinadas as formas alternativas de comprovação de experiência anterior de maneira a permitir a participação de licitantes capacitados, porém desprovidos de possibilidade de demonstração.

10. Da aceitação de atestados ou documentos emitidos por entidades estrangeiras

Num planeta cada vez mais globalizado e da redução das distâncias, em razão da tecnologia da informação, será comum a participação de proponentes que apresentam documentos ou atestados emitidos por empresas ou entidades estrangeiras.

No âmbito da Lei nº 8.666/1993, tem-se que o art. 32, § 4º fixa que as empresas estrangeiras que não funcionem no País, tanto quanto possível, atenderão, nas licitações internacionais, às exigências dos parágrafos anteriores mediante documentos equivalentes, autenticados pelos respectivos consulados

DA HABILITAÇÃO   ARTº 67

e traduzidos por tradutor juramentado, devendo ter representação legal no Brasil com poderes expressos para receber citação e responder administrativa ou judicialmente.

Por sua vez, de forma a desburocratizar as licitações, permitindo a participação de empresas estrangeiras sem maiores dificuldades ou ônus, fixa o § 4º do art. 67 da NLLC que serão aceitos atestados ou outros documentos hábeis emitidos por entidades estrangeiras quando acompanhados de tradução para o português, salvo se comprovada a inidoneidade da entidade emissora.

Da leitura do referido dispositivo legal, não observa-se exigências de tradução juramentada, bastando que o proponente apresente atestados ou outros documentos hábeis emitidos por entidades estrangeiras quando acompanhados de tradução para o português.

Todavia, caso comprovada a inidoneidade da entidade emissora após regular diligência, deverá tal documento ser rechaçado pela Administração licitante, passado o proponente ser inabilitado, devendo o licitante em sede recursal apresentar as devidas justificativas de forma a permitir que tal decisão, motivadamente, seja revista.

11. Da comprovação da prestação de serviços continuados

Fixa o § 5º do art. 67 da NLLC que, nas licitações cujo objeto do certame seja contratação de serviços contínuos, o edital poderá exigir certidão ou atestado que demonstre que o licitante tenha executado serviços similares ao objeto da licitação, em períodos sucessivos ou não, fixando um prazo mínimo que não poderá ser superior a 3 (três) anos.

De forma a ampliar a competitividade, não poderá ser exigida no ato convocatório a comprovação da execução de serviço contínuo idêntico ao demandado pela Administração, mas, sim, assemelhado. Demais disto, limita o referido parágrafo que não poderá ser exigida comprovação de atuação superior a 3 anos, podendo tal máximo período ser fixado no ato convocatório, justificadamente, devendo ser aceita a demonstração de atuação no período eleito, sem que a prestação de serviço tenha sido continuada.

12. Da necessidade de atuação efetiva do profissional técnico na execução do objeto contratado

Fixa o § 6º que os profissionais indicados pelo licitante na forma dos incs. I e III do *caput* do artigo em estudo deverão efetivamente participar na execução da obra ou no serviço objeto da licitação.

Com efeito, afigura-se desnecessária uma determinação dessa natureza na NLLC, haja vista que, sendo anotado na entidade de fiscalização da profissão que um técnico se responsabiliza pela execução de um determinado objeto, dada a assunção de responsabilidade, entende-se que tal profissional necessariamente acompanhará a evolução da construção ou prestação de serviços atentamente, sob pena da execução em desconformidade gerar as punições fixadas na lei.

Para que tal determinação seja efetivamente reverenciada, deverá ser fiscalizado pelo gestor do contrato a efetiva presença do responsável técnico durante a execução do contrato, devendo o contratado ser devidamente notificado para exigir a presença efetiva do responsável técnico no canteiro de obras, serviço de engenharia ou outro local de execução do objeto demandado, caso não observe a atuação do técnico.

13. Da possibilidade de substituição do profissional técnico

Outrossim, tendo em vista a possibilidade do vínculo da contratada com responsável técnico, seja trabalhista, contratual ou societário se desfazer por diversas razões, a exemplo da dispensa, rescisão do contrato, retirada da sociedade, suspensão de exercício da atividade ou até mesmo falecimento da pessoa, será admitida a sua substituição por profissionais de experiência equivalente ou superior.

Tem-se que a substituição do profissional inicialmente indicado pelo licitante na licitação, na documentação relacionada à qualificação técnica, embora expressamente admitida pela Lei em estudo, está condicionada ao preenchimento de dois requisitos: a substituição por profissionais de experiência equivalente ou superior e a aprovação pela Administração, sob pena de ilegalidade.

14. Da exigência de registro da sociedade estrangeira

Estabelece o § 7º do art. 67 da NLLC que as sociedades empresárias estrangeiras atenderão à exigência prevista no inc. V do *caput* do referido artigo por meio da apresentação, no momento da assinatura do contrato, da solicitação de registro perante a entidade profissional competente no Brasil.

Busca-se, mais uma vez, por meio da referida determinação, reduzir a barreira de entrada de novos proponentes nas compras governamentais brasileiras. Sabe-se que a inscrição em entidades profissionais exige a necessidade de apresentação de diversos documentos cuja reunião acaba por demandar tempo e investimentos.

Sendo assim, de forma a incentivar a participação de empresas estrangeiras, afasta-se a necessidade da apresentação de documento que, por não aferir efetivamente a capacidade do particular executar o objeto demandado no momento da análise dos documentos habilitatórios, deixa-se para demonstrá-lo apenas no momento da celebração do contrato.

15. Da apresentação de relação dos compromissos assumidos pelo licitante que importem em diminuição da disponibilidade do responsável

Do que adianta o Poder Público exigir no edital a comprovação da execução pretérita de objeto similar dos interessados, de forma a verificar se tais proponentes detêm capacidade técnica para executar aquilo que é demandado pela Administração Pública, se o licitante, em razão de inúmeros compromissos assumidos, tem reduzida as condições operacionais para execução do objeto contratado ou a diminuição da disponibilidade de atuação do responsável técnico e demais colaboradores em razão da atuação cumulativa.

Sendo tal situação um fato que efetivamente pode ocorrer no caso concreto, o § 8º do art. 67 da NLLC fixa que será admitida a exigência da relação dos compromissos assumidos pelo licitante, que importem em diminuição da disponibilidade do responsável técnico e da equipe indicada pelo proponente, provida, ainda, de informações acerca da viabilidade da celebração de mais um ajuste.

16. Da utilização da qualificação técnica da subcontratada

Determina o § 9º do art. 67 da NLLC que o edital poderá prever, para aspectos técnicos específicos, que a qualificação técnica seja demonstrada por meio de atestados relativos a potencial subcontratado, limitado a 25% (vinte e cinco por cento) do objeto a ser licitado, hipótese em que mais de um licitante poderá apresentar atestado relativo ao mesmo potencial subcontratado.

Admitida a subcontratação expressamente no edital de licitação, poderá o certame prever, para alguns aspectos técnicos específicos, que a comprovação da qualificação técnica ocorra por meio de mais de uma empresa, aliás, como ocorre na participação de empresas consorciadas. Nesse caso, ao invés de apresentar um atestado em seu nome, demonstrará a capacitação técnica por meio de atestado em nome de um potencial subcontratado, acostando, também, documento que aponte um compromisso da referida empresa em executar futuramente a parte do objeto contratado cujo atestado demonstra a capacidade de realizar.

Sendo assim, para alguns aspectos técnicos específicos, a qualificação técnica poderá ser demonstrada por meio de atestados relativos a potencial subcontratado, limitado a 25% (vinte e cinco por cento).

17. Da comprovação da qualificação técnica de empresas consorciadas

O consórcio empresarial consiste na reunião transitória de dois ou mais proponentes, com o escopo de viabilizar a participação em certo procedimento licitatório, tendo em vista que, se participassem isoladamente, nenhum deles atenderia às exigências editalícias de ordem técnica e econômica necessárias para se sagrarem vencedores da licitação.

COMENTÁRIOS À NOVA LEI DE LICITAÇÕES PÚBLICAS E CONTRATOS ADMINISTRATIVOS

Nesse sentido, ensina Lucas Rocha Furtado, *in verbis:* "A possibilidade de formação de consórcios permite que as empresas somem suas experiências e possam atender às exigências editalícias ampliando a competitividade de licitações para as contratações de grande vulto"[89].

A fim de garantir a ampliação da competitividade em contratações de grande vulto, o art. 15 fixa que, salvo vedação devidamente justificada no processo licitatório, pessoa jurídica poderá participar de licitação em consórcio, devendo, necessariamente, ser observada a disciplina assentada em seus incisos.

Quando do processamento das licitações, em caso de apresentação por licitante de atestado de desempenho anterior emitido em favor de consórcio do qual tenha feito parte, se o atestado ou o contrato de constituição do consórcio não identificar a atividade desempenhada por cada consorciado individualmente, serão adotados os seguintes critérios na avaliação de sua qualificação técnica:

I – caso o atestado tenha sido emitido em favor de consórcio homogêneo, as experiências atestadas deverão ser reconhecidas para cada empresa consorciada na proporção quantitativa de sua participação no consórcio, salvo nas licitações para contratação de serviços técnicos especializados de natureza predominantemente intelectual, em que todas as experiências atestadas deverão ser reconhecidas para cada uma das empresas consorciadas;

II – caso o atestado tenha sido emitido em favor de consórcio heterogêneo, as experiências atestadas deverão ser reconhecidas para cada consorciado de acordo com os respectivos campos de atuação, inclusive nas licitações para contratação de serviços técnicos especializados de natureza predominantemente intelectual.

Por consórcio homogêneo tende-se aqueles onde cada uma das empresas consorciadas atua em determinado segmento da atividade que será executada no ajuste, possuindo a mesma qualificação técnica distinta. Já um consórcio homogêneo, observa-se que as empresas executam objetos similares, possuindo qualificação técnica assemelhada.

Haja vista a problemática verificada no caso concreto, caso o atestado de capacitação técnica não identifique a atividade desempenhada por cada consorciado, individualmente, permite o §11 do artigo em estudo que, para fins de comprovação do percentual de participação do consorciado, caso este não conste expressamente do atestado ou da certidão, deverá ser juntada ao atestado ou à certidão cópia do instrumento de constituição do consórcio.

---

[89] FURTADO, Lucas Rocha. Curso de Licitações e Contratos Administrativos. Belo Horizonte: Fórum, 2007. p. 249

DA HABILITAÇÃO ARTº 67

18. Da não aceitação de atestados de responsabilidade técnica de profissionais cuja atuação específica acarretou a imposição da sanção de impedimento de licitar e contratar e a declaração de inidoneidade

É notória a preocupação do novo diploma licitatório com o alijamento de pessoas pertencentes às pessoas jurídicas, cuja atuação tenha incorrido em um dos incisos arrolados no art. 155 da NLLC, a exemplo da desconsideração da personalidade jurídica, conforme prevê o art. 160 da referida norma.

Não satisfeita, fixa o § 12 do art. 67 que não será aceito pela Administração licitante atestados de responsabilidade técnica de profissionais que, na forma de regulamento, tenham dado causa à aplicação das sanções previstas nos incs. III e IV do *caput* do art. 156 da NLLC, diga-se, impedimento de licitar e contratar com a administração ou a declaração de inidoneidade, em decorrência de orientação proposta, de prescrição técnica ou de qualquer ato profissional de sua responsabilidade.

Sendo assim, não só a pessoa jurídica contratante que sofrerá os impactos negativos da sanção, não podendo mais celebrar ajuste durante um lapso de tempo, mas também o responsável técnico pela execução que não mais poderá apresentar atestados de responsabilidade técnica em seu nome no certame.

Com efeito, observa-se que tal profissional poderá continuar atuando em outra empresa, desempenhando as atribuições conferidas pela lei, mas não como responsável técnico.

Haja vista os prejuízos que gera ao profissional impedido de ser o responsável técnico pela execução do objeto demandado e a necessidade de uni-formização do regramento, a implementação do disposto no § 12 da nova Lei de Licitações somente ocorrerá após o regulamento, sendo ilegal o alijamento que ocorra em descompasso com as regras a serem impostas, futuramente.

Observando a moldura legal, somente será lícito o afastamento em razão das sanções acima colacionadas ocorrer em decorrência de orientação proposta, de prescrição técnica ou de qualquer ato profissional de sua responsabilidade.

Caso o sancionamento não se enquadre nos contornos fixados no §12 do artigo em estudo, vale dizer, em caso de imposição de multa ou advertência ou da prática de outros comportamentos pelo responsável técnico que não seja aqueles descritos no dispositivo em estudo, será necessário recebimento e aceitação do documentos do referido.

Outras decisões dos órgãos de controle

Qualificação técnica. Comprovação da capacitação técnica. Exigências impertinentes. Atribuição de pontos em função da quantidade de contratos já celebrados: TCU – Acórdão nº 2048/2006 – Plenário – Relatoria: Ministro Benjamin Zymler – "1. A atribuição de pontos em função da quantidade e do montante dos

COMENTÁRIOS À NOVA LEI DE LICITAÇÕES PÚBLICAS E CONTRATOS ADMINISTRATIVOS

contratos já celebrados pelos licitantes não é critério hábil a aferir o desempenho ou a capacitação técnica da empresa."

Qualificação técnica. Comprovação da capacitação técnica. Exigências imper-tinentes. Comprovação de certificações de qualidade ou quaisquer outras: TCE/SP – Súmula nº 17 – "Em procedimento licitatório, não é permitido exigir-se, para fins de habilitação, certificações de qualidade ou quaisquer outras não previstas em lei."

Qualificação técnica. Comprovação da capacitação técnica. Exigências imper-tinentes. Comprovação de certificação CMMI (Capability Maturity Model Integration) ou MPS.Br (Melhoria de Processos do Software Brasileiro. Descabi-mento: TCU – Acórdão nº 3663/2013-Plenário, (TC 016.684/2013-3) , relator Ministro-Substituto Marcos Bemquerer Costa – "1. A exigência de certificação de qualidade de processo de software (CMMI e MPS.BR) é vedada na fase de habilitação."

Qualificação técnica. Comprovação da capacitação técnica. Exigências imper-tinentes. Comprovação de Certificação do Programa Qualiop do Governo do Estado da Bahia: TCU – Acórdão nº 1.291/2007 – Plenário – Relatoria: Ministro Augusto Sherman Cavalcanti – "9.3.4. exigência de apresentação de atestado de qua-lificação vinculado ao Programa Qualiop, contrariando o disposto no art. 30 da Lei 8.666/93 e caracterizando restrição à competitividade do certame."

Qualificação técnica. Comprovação da capacitação técnica. Exigências imper-tinentes. Comprovação de Certificação do Programa PBQP-H do Ministério das Cidades: TCU – Acórdão nº 2.575/2008 – 2ª Câmara – Relatoria: Ministro André Luís de Carvalho – "11.1. à Direção Regional do Senac/MS que, caso ainda seja de seu interesse a realização da obra objeto do Edital de Concorrência nº 001/2008, publique novo edital de licitação na modalidade concorrência, sem exigência da apresentação de certificado PBQP-H – Programa Brasileiro de Qualidade e Produtividade do Habitat como condição eliminatória dos licitantes, e sim, apenas como critério de pontuação técnica, procedimento esse que deve ser adotado em todos os certames licitatórios que vierem a ser realizados pela instituição."

Qualificação técnica. Comprovação da capacitação técnica. Exigências imper-tinentes. Apresentação de carta de solidariedade do fabricante dos equipamentos licitados: TCU – Acórdão nº 1.622/2010 – Plenário – Relatoria: Ministro André Luís de Carvalho – "9.3.2. abstenha-se de exigir, para fins de habilitação nas licitações realizadas, documentos não previstos no Capítulo V do seu Regulamento de Licitações e Contratos, como a carta/declaração de solidariedade exigida no item 13.2.4.6 do edital da Concorrência nº 5/2007."

ARTIGO 68

As habilitações fiscal, social e trabalhista serão aferidas mediante a verificação dos seguintes requisitos:

DA HABILITAÇÃO · ART⁰ 68

I – a inscrição no Cadastro de Pessoas Físicas (CPF) ou no Cadastro Nacional da Pessoa Jurídica (CNPJ);

II – a inscrição no cadastro de contribuintes estadual e/ou municipal, se houver, relativo ao domicílio ou sede do licitante, pertinente ao seu ramo de atividade e compatível com o objeto contratual;

III – a regularidade perante a Fazenda federal, estadual e/ou municipal do domicílio ou sede do licitante, ou outra equivalente, na forma da lei;

IV – a regularidade relativa à Seguridade Social e ao FGTS, que demonstre cumprimento dos encargos sociais instituídos por lei;

V – a regularidade perante a Justiça do Trabalho;

VI – o cumprimento do disposto no inciso XXXIII do art. 7º da Constituição Federal.

§ 1º Os documentos referidos nos incisos do caput deste artigo poderão ser substituídos ou supridos, no todo ou em parte, por outros meios hábeis a comprovar a regularidade do licitante, inclusive por meio eletrônico.

§ 2º A comprovação de atendimento do disposto nos incisos III, IV e V do caput deste artigo deverá ser feita na forma da legislação específica.

Inicialmente, esclarecemos que a documentação habilitatória (regularidade fiscal) a ser exigida pela Administração promotora do certame deverá guardar pertinência com o objeto da licitação e com as características das empresas participantes, somente podendo ser exigidos os documentos constantes do rol lá verificado, que passa-se abaixo a analisar, um a um.

1 – A inscrição no Cadastro de Pessoas Físicas (CPF) ou no Cadastro Nacional da Pessoa Jurídica (CNPJ)

A inscrição de pessoas físicas ou naturais no Cadastro de Pessoas Físicas (CPF) e as jurídicas no Cadastro Nacional da Pessoa Jurídica (CNPJ) é imposição legal e decorre da Lei nº 4.862, de 29 de novembro de 1965, e da Instrução Normativa SRF nº 27/1998, respectivamente.

Objetivam os referidos cadastros, o acompanhamento fiscal de pessoas naturais, bem como a supervisão de abertura, encerramento e modificação de pessoas jurídicas.

Ante a necessidade de supervisão fiscal e legal, a inscrição no CNPJ faz parte da documentação relativa à regularidade fiscal e pode ser exigida para fins habilitatórios com fundamento no art. 68, inc. I, da NLLC.

No tocante ao CNPJ, a exigência do referido documento objetiva não só verificar a regularidade da pessoa jurídica junto à Administração tributária federal, mas também comprovar o ramo de atividade exercida. Com efeito, a atividade econômica é identificada no CNPJ (Cadastro Nacional de Pessoa Jurídica) pelo

COMENTÁRIOS À NOVA LEI DE LICITAÇÕES PÚBLICAS E CONTRATOS ADMINISTRATIVOS

CNAE (Classificação Nacional de Atividade Econômica). Ressalte-se que a classificação constante do CNAE apresenta-se como genérica, que dificilmente contemplará todas as atividades desenvolvidas por determinada empresa.

Com efeito, exigido o referido documento no ato convocatório, a não apresentação acarretará a declaração de inabilitação do proponente, não podendo tal documento ser substituído por outro documento que traga em seu bojo o número do CNPJ.

2 – A inscrição no cadastro de contribuintes estadual e/ou municipal, se houver, relativo ao domicílio ou sede do licitante, pertinente ao seu ramo de atividade e compatível com o objeto contratual

Deverão os licitantes apresentar no envelope habilitatório a prova de inscrição no cadastro de contribuintes estadual e/ou municipal, se houver, relativo ao domicílio ou sede do licitante, pertinente ao seu ramo de atividade e compatível com o objeto contratual.

Dissecando o referido dispositivo legal, apresentando seu conteúdo jurídico fragmentadamente, tem-se a inscrição no cadastro de contribuintes estadual e/ou municipal, se houver, relativo ao domicílio ou sede do licitante.

Aliás, é esse o entendimento que se depreende da expressão "se houver" e "pertinente ao seu ramo de atividade e compatível com o objeto contratual ", estabelecido no inc. II, ambos dispositivos constantes do art. 68 do NLLC.

Sendo assim, não poderá ser exigido que os interessados sejam cadastrados na Administração Tributária do Estado onde o Município licitante pertencer ou no próprio fisco da comuna licitante, mas, sim, e se for o caso, daquela unidade federativa onde estiver estabelecida, ou cidade onde está localizada.

Outrossim, se determinado licitante, em função da natureza da atividade econômica exercida, não for obrigado a se inscrever numa determinada Administração tributária, não poderá o ato convocatório exigir a prova de inscrição na referida Fazenda.

3 – A regularidade perante a Fazenda federal, estadual e/ou municipal do domicílio ou sede do licitante, ou outra equivalente, na forma da lei.

3.1 Da comprovação da regularidade com as Fazendas. Da ilegalidade da exigência de apresentação de Certidão Negativa de Débito

Da leitura do art. 68, inc. III, do NLLC, observa-se que deverão os proponentes apresentarem regularidade com as Fazendas. Sendo assim, não poderá o ato convocatório exigir a apresentação de "certidão negativa de débitos", pois a prova de regularidade fiscal ocorrerá por meio da apresentação da "certidão negativa de débito" ou pela "certidão positiva com efeitos de negativa", nos termos dos arts. 205 e 206 da Lei nº 5.172/1966 (Código Tributário Nacional).

DA HABILITAÇÃO   ART° 68

Sobre exigência desta natureza, o Tribunal de Contas do Estado de São Paulo já ressaltou que, *in verbis*:

A exigência de comprovação da regularidade fiscal por meio de certidão negativa de débito, sem menção de que a certidão positiva com efeitos de negativa também cumpriria a mesma finalidade, tem potencial restritivo e pode ter contribuído para a baixa competitividade do torneio. Ainda que neste caso não tenha ocorrido inabilitação em razão dessa específica exigência, ela representa sempre um risco à competitividade do certame, uma vez que se os membros da Comissão de Licitações, caso se apeguem excessivamente ao princípio da vinculação ao instrumento convocatório, poderão inabilitar licitantes simplesmente pelo fato de o edital não ter previsto expressamente a possibilidade de comprovação da regularidade fiscal também através de certidão positiva com efeitos de negativa[90].

3.2 A comprovação de regularidade fiscal deve guardar pertinência temática com o objeto licitado

Novamente ressaltamos que a documentação habilitatória relacionada à regularidade fiscal a ser exigida pela Administração licitante deverá guardar pertinência com o objeto da licitação e com as características das empresas participantes, sob pena da licitação ser utilizada como um instrumento indireto de cobrança de tributos. Há muito tempo o TCU tem-se inclinado para tal entendimento, conforme se manifesta na decisão que abaixo transcrevemos, *in verbis*:

Recomendação: à Subsecretaria de Planejamento, Orçamento e Administração da Previdência Social – SPOA 4.4 que as exigências de regularidade fiscal nos certames licitatórios atenham-se ao que dispõe o art. 29 da Lei 8.666/93, e que essas exigências não sejam excessivas para não se confundirem com instrumento indireto de cobrança de tributos e créditos fiscais, o que configuraria desvio de poder, e também para não restringirem o caráter competitivo da licitação[91].

Assim, diante de um objeto a ser adquirido, deverá ser examinado o perfil da futura empresa a ser contratada, passando-se a individualizar a documentação a ser exigida para fins de habilitação, sob pena de violação ao princípio da competitividade.

Ainda, em relação às exigências da prova de regularidade, estas serão exigidas "na forma da lei", consoante o inc. III do art. 68 da NLLC. Assim, se o desempenho de determinada atividade não exige o pagamento de determinado

---

[90] TCE-SP: TC – 001167/002/07. Relator Sidney Estanislau Beraldo, Data de Julgamento: 04/06/2014.
[91] TCU – Acórdão n° 4/2006 – 2ª Câmara, Data de Julgamento: 24/01/2006

COMENTÁRIOS À NOVA LEI DE LICITAÇÕES PÚBLICAS E CONTRATOS ADMINISTRATIVOS

tributo, não faz sentido exigir a sua regularidade e, por conseguinte, a sua certidão.

Por outro lado, somente deverá ser exigida a regularidade fiscal apenas do licitante e, no caso dos tributos municipais e estaduais, a regularidade apenas com as suas respectivas fazendas, sendo, ainda, impertinente exigir cadastro na Administração Fazendária do Município ou Estado onde está se processando a licitação.

Assim, por exemplo, se a atividade do particular que deseja a Administração relacionar-se não incidir tributo municipal, mas, sim, estadual, é descabida a exigência de regularidade fiscal com o referido fisco da comuna, mas da unidade federativa.

Além disso, se na atividade do particular que deseja a Administração relacionar-se incidir apenas o ICM/ICMS, é válida a certidão que apenas arrolou a regularidade com esse tributo e não, por exemplo, informações acerca do IPVA.

Neste sentido, leciona Marçal Justen Filho:

> Conjugando a Lei nº 8.666 com a Constituição Federal e os princípios atinentes à atividade administrativa do Estado, deve concluir-se que o sentido de 'regularidade fiscal' é diverso daquele que vem sendo praticado. Pode (deve) exigir-se do licitante comprovação de regularidade fiscal atinente ao exercício de atividade relacionada com o objeto do contrato que se pretende firmar. Não se trata de comprovar que o sujeito não tem dívidas em face da 'Fazenda' (em qualquer nível) ou quanto a qualquer débito possível e imaginável. O que se demanda é que o particular, no ramo de atividade pertinente ao objeto licitado, encontre-se em situação fiscal regular. Trata-se de evitar contratação de sujeito que descumpre obrigações fiscais relacionadas com o âmbito da atividade a ser executada. (...) Portanto, não há cabimento em exigir que o sujeito – em licitações de obras, serviços ou compras – comprove regularidade fiscal atinente a impostos municipais sobre a propriedade imobiliária ou impostos estaduais sobre a propriedade de veículos. Nem há fundamento jurídico-constitucional para investigar se o sujeito pagou a taxa de polícia para a CVM e assim por diante. Todos esses tributos não se relacionam com o exercício regular, para fins tributários, da atividade objeto do contrato licitado[92].

Corroborando, preleciona a professora Yara Darcy Police Monteiro, *in verbis:*

> No que concerne à documentação relativa à regularidade fiscal, cumpre notar que, considerando o texto do inciso II do art. 29 da Lei nº 8.666/93, que exige a prova de inscrição no cadastro de contribuintes estadual ou municipal 'pertinente ao seu ramo de atividade e compatível com o objeto contratual' a prova de regularidade para com as Fazendas Federal, Estadual e Municipal, prevista no inciso seguinte, só pode ser

---

[92] FILHO, Marçal Justen, *Comentários à Lei de Licitações e Contratos Administrativos*, 11ª ed., Dialética, São Paulo, 2005, p. 316

entendida com restrita ao ramo de atividade da empresa, por sua vez conexa com o objeto licitado. Portanto, impertinentes e ilegais as prescrições que tornam obrigatória a apresentação de prova de regularidade com os impostos municipais imobiliários, a exemplo do IPTU e ITIVBI, bem como com os impostos estaduais ITMCBI, ITDBC e IPVA, salvo se diretamente relacionados com o ramo de atividade da empresa e com o objeto da licitação[93].

Vale a pena apontar a reflexão realizada pelo Nobre Conselheiro do TCE/SP, Dimas Eduardo Ramalho:

2.3. Outra questão que não restou devidamente dirimida pela Administração diz respeito à exigência de Regularidade Fiscal relativa a tributos imobiliários. Vale registrar que existem limites derivados da Constituição que impõem que as exigências relacionadas à prova de regularidade fiscal devem guardar relação de estrita pertinência e proporcionalidade com o objeto licitado e, via de consequência, com o ramo de atividade da licitante. Com efeito, não se pode exigir de uma licitante a prova de regularidade concernente a imposto do qual não é necessariamente contribuinte e cujo fato gerador não incide sobre sua atividade[94].

4 – A regularidade relativa à Seguridade Social e ao FGTS, que demonstre cumprimento dos encargos sociais instituídos por lei

No tocante à exigência da demonstração da regularidade relativa à Seguridade Social e ao FGTS, que demonstre cumprimento dos encargos sociais instituídos por lei, tem-se que o fundamento da aferição desses requisitos detém estribo no art. 195, § 3º, da Constituição Federal de 1988, e art. 2º da Lei nº 9.012/1995.

Acerca dos objetivos da aferição das obrigações com a Previdência, o STJ já prolatou que a exigência de comprovação de regularidade a "fim de garantir o equilíbrio financeiro da seguridade social e evitar a contratação de pessoas inidôneas, que possam tornar-se inaptas economicamente para os encargos contratuais, à vista das dívidas fiscais não pagas, resguardando-se, outrossim, a isonomia no procedimento licitatório, ao expurgar concorrentes que tendem a apresentar custos mais reduzidos, justamente devido ao fato de não honrar com suas obrigações."[95]

Tem-se observado que a mitigação da comprovação da regularidade fiscal arrima-se no fato de que no âmbito da execução de serviços essenciais, onde

---

[93] MONTEIRO, Yara Darcy Police, *Licitação: Fases e Procedimento*, Editora NDJ, São Paulo, 2000, p. 41
[94] TCE-SP, TC-001247/009/11, relator: Dimas Eduardo Ramalho, Primeira Câmara – Data do Julgamento:18/03/14
[95] STJ, REsp 997.259/RS, Rel. Ministro CASTRO MEIRA, SEGUNDA TURMA, Data do Julgamento: 17/08/2010

COMENTÁRIOS À NOVA LEI DE LICITAÇÕES PÚBLICAS E CONTRATOS ADMINISTRATIVOS

a sua prestação é monopolizada (estando ausente a concorrência), inexistem outras empresas para prestar os serviços pretensos.

Neste sentido é o que se observa da Orientação Normativa/AGU nº 9, de 1º de abril de 2009, que fixa:

> A comprovação da regularidade fiscal na celebração do contrato ou no pagamento de serviços já prestados, no caso de empresas que detenham o monopólio de serviço público, pode ser dispensada em caráter excepcional, desde que previamente autorizada pela autoridade maior do órgão contratante e concomitantemente, a situação de irregularidade seja comunicada ao agente arrecadador e à agência reguladora.

Tem razão a Advocacia Pública federal, pois não contratar uma concessionária ou não realizar os competentes pagamentos pela utilização dos serviços prestados gerará a supressão dos mesmos e acabará por prejudicar a Administração contratante daquele serviço essencial na persecução dos seus objetivos institucionais, o que acaba por violar o princípio da continuidade do serviço público.

Corroborando nossa assertiva, "não pode a Administração Pública deixar de atender às necessidades fundamentais da coletividade e dos indivíduos, com mais razão ainda quando os usuários dos serviços públicos ditos essenciais forem entidades ou órgãos da própria Administração, cuja atividade repercute em toda a sociedade"[96].

Esclareça-se que não se admite a utilização desse expediente em qualquer situação. Ressalte-se que a regra continua a ser a da necessidade do particular detentor do monopólio comprovar a sua competente regularidade fiscal. Assim, a situação caracterizada como excepcional, que merecerá interpretação restritiva, deverá ser devidamente justificada no processo administrativo.

Ademais, tal expediente deve ser previamente autorizado pela autoridade maior do órgão contratante e, concomitantemente, a situação de irregularidade com a Administração Fazendária deve ser comunicada ao agente arrecadador e à agência que regula aquele serviço público.

5 – A regularidade perante a Justiça do Trabalho

Grandes são as condenações da Administração Pública brasileira na Justiça do Trabalho, em razão da contratação de empresas que não repassam aos colaboradores os seus direitos trabalhistas, que fazem parte da planilha de composição de custos da prestação de serviços e execução de obras.

---

[96] TCU, Acórdão 1105/ 2006 – Plenário, Data do julgamento: 05/07/2006

De forma a afastar empresas que violam a legislação trabalhista dos certames públicos, por meio da Lei nº 12.440/11, inseriu-se o art. 642-A na Consolidação das Leis do Trabalho (Decreto-Lei nº 5.452/1943), cujo teor institui a Certidão Negativa de Débitos Trabalhistas (CNDT), expedida gratuita e eletronicamente, para comprovar a inexistência de débitos inadimplidos perante a Justiça do Trabalho.

> Para expedição da CNDT, organizou-se o Banco Nacional de Devedores Trabalhistas – BNDT, centralizado no Tribunal Superior do Trabalho, a partir de informações remetidas por todos os 24 Tribunais Regionais do Trabalho do país. Deste Banco – BNDT – constam as pessoas físicas e jurídicas que são devedoras inadimplentes em processo de execução trabalhista definitiva.
>
> (...)
>
> As dívidas registradas no BNDT incluem as obrigações trabalhistas, de fazer ou de pagar, impostas por sentença, os acordos trabalhistas homologados pelo juiz e não cumpridos, os acordos realizados perante as Comissões de Conciliação Prévia (Lei nº 9958/2000) e não cumpridos, os termos de ajuste de conduta firmados com o Ministério Público do Trabalho (Lei nº 9958/2000) e não cumpridos, as custas processuais, emolumentos, multas, honorários de perito e demais despesas oriundas dos processos trabalhistas e não adimplidas[97].

Tem-se que a referida lei modificou o disposto no art. 29, inc. V, da Lei de Licitações, determinando que a Administração Pública brasileira, além da regularidade fiscal, também verifique a regularidade trabalhista, por meio da apresentação da CNDT. Na NLLC tal exigência encontra-se vertida no art. 68, inc. V.

Em sendo exigida a comprovação de regularidade trabalhista, para fins de habilitação, cremos que sua não comprovação ou a apresentação de documento com irregularidades necessariamente impõe a inabilitação do respectivo licitante.

À luz dos problemas que a exigência desta certidão pode afastar, caberá à Administração avaliar, em face do objeto licitado, a pertinência da exigência da certidão negativa de débitos trabalhistas, haja vista ser um documento que pode ser dispensado das exigências habilitatórias, consoante prevê o art. 70, inc. III, da NLLC.

Consoante fixa o § 2º do art. 68 da NLLC, a apresentação de certidão negativa de débitos trabalhistas deverá ser feita na forma da legislação específica, conforme fixada pela Resolução TST nº 1.470/2011.

---

[97] SEGP – Secretaria Geral da Presidência, Tribunal Superior do Trabalho, O que é CNDT, Disponível em: http://www.tst.jus.br/web/guest/o-que-e-cndt, acesso em 23 ago 2021.

COMENTÁRIOS À NOVA LEI DE LICITAÇÕES PÚBLICAS E CONTRATOS ADMINISTRATIVOS

6 – O cumprimento do disposto no inc. XXXIII do art. 7º da Constituição Federal de 1988.

Busca-se o cumprimento do disposto no inc. XXXIII do art. 7º da Constituição Federal de 1988 no âmbito das contratações públicas por meio da apresentação de uma declaração, consoante exige o inc. VI do art. 68 da NLLC.

Fixa o referido dispositivo constitucional que é proibido o trabalho noturno, perigoso ou insalubre a menores de 18 anos e de qualquer trabalho a menores de 16 anos, salvo na condição de aprendiz, a partir de 14 anos.

A declaração a ser exigida assenta que o licitante não emprega menor de 18 anos em trabalho noturno, perigoso ou insalubre, nem menor de 16 anos, salvo a partir de 14 anos, na condição de aprendiz. A ausência desta declaração no envelope da documentação habilitatória ensejará, inevitavelmente, a inabilitação do licitante.

Jurisprudência e decisões dos Tribunais de Contas

Prova de regularidade fiscal. Impossibilidade de exigir a apresentação de certidão de quitação de obrigações fiscais, e sim exigir a prova de sua regularidade com a Administração Tributária: Súmula nº 283 do TCU – "Para fim de habilitação, a Administração Pública não deve exigir dos licitantes a apresentação de certidão de quitação de obrigações fiscais, e sim prova de sua regularidade."

Prova de regularidade fiscal. Apresentação de certidão positiva com efeitos negativos. Possibilidade de participação nas licitações públicas: TRF 1ª Região – AG 2007.01.00.059633-7 – Relatoria: Des. Fed. Fagundes de Deus – "5. A existência de débitos com a Receita Federal, por si só, não impossibilita a participação de empresa em licitação, uma vez que estão eles com exigibilidade suspensa, tendo sido emitida certidão positiva com efeito de negativa." (Processo nº 2007.01.00.059633-7/DF; Agravo de Instrumento; 5ºT; Rel: Des. Fed. Fagundes de Deus; Publicação: 22/05/2009 e-DJF1 p. 195)

Regularidade fiscal. Emissão de certidões negativas ou positivas com efeitos negativos: STJ – MS nº 6253/DF – Relatoria: Ministro Francisco Peçanha Martins – "ADMINISTRATIVO. MANDADO DE SEGURANÇA. LICITAÇÃO PÚBLICA. TRANSPORTES TERRESTRES. CERTIDÃO POSITIVA DE DÉBITO. EQUIVALÊNCIA À CND. INEXEQUIBILIDADE DO CONTRATO E FORMAÇÃO DE CARTEL. INEXISTÊNCIA DE PROVA. CARÊNCIA DE DIREITO LÍQUIDO E CERTO.

1 – Certidão positiva de dívida garantida por depósito judicial, emitida na forma do art. 206/CTN, tem o mesmo efeito da certidão negativa de débitos comprobatória da regularidade tributária, para fins de habilitação em processo licitatório."

Regularidade fiscal. **Comprovação da regularidade fiscal refere-se ao efetivo estabelecimento que participa do processo licitatório:** TCU – Acórdão nº 69/2010 – Plenário – Voto do Ministro Relator Raimundo Carreiro – "A conjugação do disposto no art. 29, incisos II e III, da Lei nº 8.666/93, com o que prescreve o § 1º do art. 75 do Código Civil Brasileiro, e, ainda, com o estabelecido no inciso II do art. 127 do Código Tributário Nacional (Lei nº 5.172/66) permite concluir que a comprovação da regularidade fiscal refere-se ao efetivo estabelecimento que participa do processo licitatório, no caso a filial da empresa T. S.A"

Regularidade fiscal. **Comprovação da regularidade fiscal deve ser compatível com o objeto: (TCE/SP-TC-015713/026/08):** "Quanto à exigência de regularidade fiscal, esta deve ser compatível com o objeto, na forma do art. 29, da Lei 8.666/93, guardando relação entre a finalidade da licitação e a atividade desempenhada pelo licitante. Sob esta ótica, a exigência de regularidade com a Fazenda Municipal deve estar relacionada com a área de atuação econômica do interessado, evitando também outro excesso nas exigências habilitatórias das licitantes, tal como dispõe o edital, em seu subitem 4.2.5."

Regularidade fiscal. **Comprovação da regularidade fiscal deve ser condizente com o ramo do objeto colocado em disputa:** TCE/SP: TC 23841/989/18-9 – "A demonstração de regularidade fiscal deve ser condizente com o ramo do objeto colocado em disputa, carecendo, portanto, da eliminação de exigência em relação a tributos mobiliários municipais."

Regularidade fiscal. **Comprovação da regularidade fiscal. O edital deve evidenciar os tributos que devem a regularidade ser comprovada:** TCE/SP: TC-001396.989.20-4 – "Quanto à regularidade fiscal, as letras "d" e "f" do item 7.2.3 do edital traz genericamente a necessidade de apresentação de prova de regularidade de débito com as Fazendas Municipal e Estadual, sem evidenciar quais os tributos objeto de comprovação (mobiliário e/ou imobiliário), o que fere entendimento desta Corte, que impõe que a comprovação de regularidade fiscal guarde pertinência temática com o objeto licitado."

ARTIGO 69

A habilitação econômico-financeira visa a demonstrar a aptidão econômica do licitante para cumprir as obrigações decorrentes do futuro contrato, devendo ser comprovada de forma objetiva, por coeficientes e índices econômicos previstos no edital, devidamente justificados no processo licitatório, e será restrita à apresentação da seguinte documentação:

I – balanço patrimonial, demonstração de resultado de exercício e demais demonstrações contábeis dos 2 (dois) últimos exercícios sociais;

II – certidão negativa de feitos sobre falência expedida pelo distribuidor da sede do licitante.

§ 1º A critério da Administração, poderá ser exigida declaração, assinada por profissional habilitado da área contábil, que ateste o atendimento pelo licitante dos índices econômicos previstos no edital.

§ 2º Para o atendimento do disposto no caput deste artigo, é vedada a exigência de valores mínimos de faturamento anterior e de índices de rentabilidade ou lucratividade.

§ 3º É admitida a exigência da relação dos compromissos assumidos pelo licitante que importem em diminuição de sua capacidade econômico-financeira, excluídas parcelas já executadas de contratos firmados.

§ 4º A Administração, nas compras para entrega futura e na execução de obras e serviços, poderá estabelecer no edital a exigência de capital mínimo ou de patrimônio líquido mínimo equivalente a até 10% (dez por cento) do valor estimado da contratação.

§ 5º É vedada a exigência de índices e valores não usualmente adotados para a avaliação de situação econômico-financeira suficiente para o cumprimento das obrigações decorrentes da licitação.

§ 6º Os documentos referidos no inciso I do caput deste artigo limitar-se-ão ao último exercício no caso de a pessoa jurídica ter sido constituída há menos de 2 (dois) anos.

No tocante à qualificação econômico-financeira, tem-se que este dispositivo visa demonstrar a aptidão econômica do licitante para cumprir as obrigações decorrentes do futuro contrato, de forma a evitar inexecuções contratuais e toda a problemática delas decorrentes.

De forma a garantir que somente sejam fixadas no ato convocatório as exigências de qualificação econômica indispensáveis à garantia do cumprimento das obrigações, conforme determina o art. 37, inc. XXI, da CF/88, o art. 69, *caput*, da NLLC, fixa que a Administração Pública somente poderá exigir dos eventuais interessados em participar de certames, no máximo, a documentação arrolada em seus incisos em razão da expressão "será restrita a".

Logo, todos os documentos elencados no referido artigo, em seus parágrafos e incisos, na forma lá estabelecida, são suficientes para comprovar que a licitante detém condições econômicas para executar o objeto pretenso pela Administração Pública, sendo a fixação de outros documentos no edital traz como consequência a restrição do caráter competitivo do certame, em desacordo com o disposto no art. 9º, § 1º, inc. I, da nova Lei de Licitações.

Passa-se a analisar tais exigências, uma a uma.

1. Dos coeficientes e índices econômicos previstos no edital, devidamente justificados no processo licitatório

Fixa o *caput* do art. 69, da NLLC, que a habilitação econômico-financeira visa a demonstrar a aptidão econômica do licitante para cumprir as obrigações decorrentes do futuro contrato, devendo ser comprovada de forma objetiva, por coeficientes e índices econômicos previstos no edital, devidamente justificados no processo licitatório.

Melhor esclarecendo, permitindo de forma expressa a possibilidade de verificação dos coeficientes e índices econômicos, o § 1º do artigo em comento fixa que, "A critério da Administração, poderá ser exigida declaração, assinada por profissional habilitado da área contábil, que ateste o atendimento pelo licitante dos índices econômicos previstos no edital."

Por meio das informações contidas e extraídas do balanço patrimonial é possível verificar se o licitante atende os índices, cujos parâmetros são fixados no ato convocatório. Atendido o índice fixado no edital, comprovado está que o licitante detém capacidade econômico-financeira de executar o objeto demandado.

Logo, sendo exigido, deverá o licitante apresentar tal declaração, assinada por profissional habilitado da área contábil, que ateste o atendimento pelo licitante dos índices econômicos previstos no edital.

Haja vista a flagrante possibilidade de redução do número de competidores, é vedada a fixação de exigência de certos índices contábeis, a serem apresentados sob a forma de um coeficiente mínimo, sendo escolhido aleatoriamente, fixado de forma padronizada, ou eleito em percentual alto, rigoroso ou que destoe do mercado correlato. Nesse sentido, tem-se que o § 5º do artigo em estudo fixou que, "É vedada a exigência de índices e valores não usualmente adotados para a avaliação de situação econômico-financeira suficiente para o cumprimento das obrigações decorrentes da licitação."

Por sua vez, o índice fixado no ato convocatório deve ser eleito à luz das particularidades do objeto a ser contratado ou ramo de atividade econômica, devendo as razões serem fixadas motivadamente no processo administrativo de licitação. Tanto é assim que o TCU editou a Súmula nº 289 com a seguinte redação:

A exigência de índices contábeis de capacidade financeira, a exemplo dos de liquidez, deve estar justificada no processo da licitação, conter parâmetros atualizados de mercado e atender às características do objeto licitado, sendo vedado o uso de índice cuja fórmula inclua rentabilidade ou lucratividade (grifamos).

2. Do balanço patrimonial

A finalidade da apresentação do balanço patrimonial é verificar se o particular detém condições econômicas e financeiras para executar satisfatoriamente o objeto da contratação, ou como salienta o saudoso jurista Diogenes Gasparini, visa constatar se o licitante possui aptidão para responder pelos encargos financeiros e econômicos decorrentes do contrato.[98]

Com efeito, verificando-se como uma novidade, fixa o art. 69, inc. I, da NLLC, que poderá ser exigida a apresentação do balanço patrimonial, de forma a demonstrar o resultado do exercício e demais demonstrações contábeis dos 2 (dois) últimos exercícios sociais. Com efeito, no inc. I do art. 31 da Lei nº 8.666/1993, exige-se apenas a apresentação do balanço referente ao último exercício social. Sendo assim, busca-se analisar a saúde financeira não mais num exercício financeiro, mas em dois, o que permite uma melhor verificação da aptidão econômica do licitante para cumprir as obrigações decorrentes do futuro contrato, dada a possibilidade de ser verificado pelo fluxo contábil no período alongado se ocorreu uma melhora, uma estabilidade ou piora das condições econômicas do proponente.

2.1 – Da apresentação do balanço patrimonial de empresa pessoa jurídica ter sido constituída há menos de 2 (dois) anos

Com efeito, no caso de a pessoa jurídica ter sido constituída há menos de 2 (dois) anos, fixa do § 6º do artigo em comento que o balanço patrimonial a ser apresentado limitar-se-á ao último exercício.

A não apresentação do referido documento, quando exigido, é causa de inabilitação, devendo o particular ser devidamente alijado do certame.

2.2 – Da impossibilidade de substituição do balanço patrimonial por qualquer outro documento

Afigura-se descabida a substituição do balanço patrimonial por qualquer outro documento, como, por exemplo, o imposto de renda da pessoa jurídica licitante. Sobre a questão, o TCU já prolatou:

> 3.9 Note-se que no caso da qualificação econômica-financeira – letra 'c', a parte final da exigência ('..., acompanhado da cópia da declaração de Imposto de Renda correspondente ao exercício do balanço, com carimbo de recebido da Secretaria da Receita Federal, devendo ser apresentado o Estatuto ou Contrato Social consolidado em vigor ou Ato Constitutivo da empresa, para comprovação do capital social mínimo, devidamente

---

[98] GASPARINI. Diogenes. *Direito Administrativo*, 14ª ed., São Paulo: Saraiva, 2009, p. 612.

DA HABILITAÇÃO — ARTº 69

registrado na Junta Comercial') não encontra amparo na Lei de Licitações. Quanto às demais letras acima listadas, nenhuma delas encontra-se elencada nos incisos dos artigos 30 e 31 da Lei nº 8.666/93, sendo portanto ilegal incluí-las no Edital.[99]

2.3 – Da participação de empresa recém-criada desprovida de balanço patrimonial. Necessidade de apresentação do Balanço de abertura

Pode acudir ao chamado da Administração um proponente recém-constituído que não tenha ainda elaborado o seu balanço patrimonial, na medida em que ainda não teve um exercício financeiro encerrado. É oportuno relembrar que a elaboração do balanço patrimonial ocorre com arrimo em informações contábeis obtidas no exercício anterior.

Todavia, tais empresas, mesmo detendo constituição recente, podem possuir as condições habilitatórias necessárias para executar o objeto que a Administração pretende adquirir. Nesse caso, não pode ser alijada do certame ante tal fato, expediente que seria contrário ao princípio da competitividade e, por conseguinte, da busca pelo melhor preço.

Assim, a simples apresentação do balanço de abertura e constituição, demonstrações de resultado, demonstrações de lucros ou prejuízos acumulados, demonstrações das mutações do patrimônio líquido e demonstrações das origens e aplicações de recursos é suficiente para comprovar a sua capacidade econômico-financeira para executar o objeto licitado, contornando tal problema.

Sobre o assunto, não é de outra forma que entendem o Poder Judiciário e Cortes de Contas:

> 1. Tratando-se de sociedade constituída há menos de um ano e não havendo qualquer exigência legal a respeito do tempo mínimo de constituição da pessoa jurídica para participar da concorrência pública, não se concebe condicionar a comprovação da Idoneidade financeira à apresentação dos demonstrativos contábeis do último exercício financeiro, sendo possível demonstrá-la por outros documentos. a exemplo da exibição do balanço de abertura.[100]
>
> 1. Entre os princípios que regem a licitação está o da igualdade entre os licitantes. A discriminação entre os participantes reduz o número de licitantes qualificados, constituindo prejuízo para a própria Administração na busca da proposta mais vantajosa.
>
> 2. O balanço patrimonial não é documento ainda exigível para empresas com menos de um ano, posto que o exercício social se constitui no período de doze meses.

---

[99] TCU – Acórdão 2783/2003 – Primeira Câmara. Relatoria: Min. Marcos Vinicios Vilaça. Brasil. Data da Sessão: 11/11/2003.

[100] STJ – REsp 1381152 RJ2013/0103121-5 2ª Turma. Relatoria: Min. Mauro Luiz Campbell Marques.

COMENTÁRIOS À NOVA LEI DE LICITAÇÕES PÚBLICAS E CONTRATOS ADMINISTRATIVOS

3. A própria autoridade coatora informa ter mudado seu entendimento, não mais exigindo o balanço patrimonial das empresas com menos de um ano para a habilitação parcial no SICAF, mas somente o balanço de abertura. 4. Remessa oficial improvida. 5. Sentença confirmada.[101]

Quanto à exigência de cópia do Balanço Patrimonial da anualidade anterior ao contrato, o que, no entendimento da Representante, restringiria a participação de sociedades recém-constituídas, (...) entendo que tal exigência, de fato, não condiz com o princípio da ampla concorrência, na medida em que empresas recém-constituídas, mas com potencial para a execução do serviço, deveriam poder participar do presente certame. Cabe ressaltar que tais empresas, mesmo sendo novas no mercado, poderiam comprovar sua potencialidade de outra forma, como através da apresentação de seus balanços de abertura, conforme decidido nos julgados do Tribunal de Contas do Distrito Federal, nos Processos n.º 36.761/05 e n.º 36.645/05. No mesmo sentido, o STJ, ao apreciar a exigência do art. 31, inciso I, da Lei de Licitações, concluiu que a comprovação de qualificação econômico-financeira das empresas licitantes pode ser aferida mediante a apresentação de outros documentos, além do balanço patrimonial e das demonstrações contábeis relativas ao último exercício social, para fins de habilitação, conforme decisão da citada Corte no Recurso Especial n.º 4025.711/SP, publicado no Diário da Justiça de 19/08/02, pg. 145.[102]

2.4 – Da apresentação do balanço patrimonial pelas MEs e EPPS

Consoante denota-se da leitura dos arts. 970 e 1.179 da Lei nº 10.406/2002 (Código Civil), bem como do art. 25 da LC nº 123/2006, as microempresas e empresas de pequeno porte são dispensadas da elaboração e deliberação do balanço patrimonial.

Todavia, no âmbito das contratações públicas não observa-se a dispensa do referido documento quando da leitura do art. 31 da Lei nº 8.666/1993 e do art. 69 da Lei nº 14.133/2021.

Sendo assim, para fins de participação em licitações, em regra, as empresas beneficiadas pelo contido na LC nº 123/2006 deverão elaborar e deliberar sobre tal documento e, sendo exigido no ato convocatório, inseri-lo no competente envelope habilitatório, sob pena de ter a sua inabilitação declarada.

Poderá ocorrer, todavia, que a legislação da Administração licitante venha a afastar tal exigência, com o objetivo de ampliar a competitividade do certame, pois sabe-se que o tempo e custo para elaborar tal documento podem

---

[101] TRF 1ª Região – Remessa Ex-officio nº 1997.01.00.021470-8/DF.1ª Turma. Relatoria: Catão Alves.
[102] TCE/MG – Representação nº 712424. Relatoria: Conselheira Adriene Andrade. Publicado no Diário da Justiça de 19/08/08, pg. 145.

DA HABILITAÇÃO · ART° 69

inviabilizar a participação. Acerca da referida dispensa de apresentação do balanço, observa-se o teor constante do art. 3º do Dec. nº 8.538/2015, que fixa, "na habilitação em licitações para o fornecimento de bens para pronta entrega ou para a locação de materiais, não será exigida da microempresa ou da empresa de pequeno porte a apresentação de balanço patrimonial do último exercício social."

2.5 – Necessidade da assinatura do contabilista e empresário. Determinação fixada pelo art. 1.184, § 2º, do Código Civil Brasileiro

A necessidade de apresentação do balanço patrimonial assinado por profissional habilitado, vale dizer, o contador ou contabilista[103] ou técnico em contabilidade, bem como a do empresário ou sociedade é determinada pelo art. 1.184, § 2º, do Novo Código Civil.

Assim, observa-se a inexistência de excesso de rigorismo no julgamento da licitação, onde o ato convocatório exigiu que o balanço patrimonial seja devidamente assinado por tais pessoas, uma vez que tal regra advém da lei, como acima apontado.

Não é de outra forma que manifestou o STJ, quando apreciou matéria que versava sobre esse tema, *in verbis*:

Não é irregular, para fins de habilitação em processo licitatório, o balanço contendo a assinatura do contador, competente legalmente para elaborar o documento como técnico especializado.[104]

Por fim, da mesma forma, salienta o jurista Marçal Justen Filho, *in verbis*:

O princípio da instrumentalidade das formas tem de ser aplicado para conduzir à satisfatoriedade da exibição de original ou cópia autenticada do Livro ou de extrato do balanço, devidamente firmado pelo representante legal da sociedade e pelo contador.[105]

---

[103] "A assinatura do balanço patrimonial necessariamente por contador afasta, indevidamente, os contabilistas, desatendendo à Lei no 6404/76, art. 177, § 4o."TCE/SP- Processo: TC-020504.989.20-3; TC-020700.989.20-5. "Dessa forma, o balanço patrimonial deve ser assinado por contabilista legalmente habilitado, sendo representado tanto por contador, como por técnico em contabilidade, neste caso, registrado no Conselho Regional de Contabilidade até 1º de junho de 2015, nos termos do artigo 76 da Lei federal nº 12.249/10, que alterou o Decreto-Lei nº 9.295/46." (TC-20559.989.20-7 e TC-20659.989.20-6 – Rel. Conselheira Cristiana de Castro Moraes)

[104] STJ – MS 5693 / DF – S1. Primeira Seção. Relatoria: Min. Milton Luiz Pereira. Data de julgamento: 14/04/2000. Publicação DJ 22/05/2000 p. 62.

[105] JUSTEN FILHO, Marçal. *Comentários à Lei de Licitações e Contratos Administrativos*, 15º Ed, São Paulo: Dialética, 2012, p. 538.

COMENTÁRIOS À NOVA LEI DE LICITAÇÕES PÚBLICAS E CONTRATOS ADMINISTRATIVOS

Jurisprudência e decisões dos Tribunais de Contas

Qualificação econômico-financeira. Exigências impertinentes. Impossibilidade de exigir-se o balanço patrimonial e demonstrações contábeis que não seja o do último exercício social: TCU – Acórdão nº 354/2008 – Plenário – Relatoria: Ministro Augusto Nardes – "9.2.5. de igual modo, abstenha-se, em futuros certames, de exigir balanços referentes a exercícios sociais anteriores ao último, obedecendo estritamente ao disposto no art. 31, inciso I, da Lei 8.666/1993."

Qualificação econômico-financeira. Apresentação de balanço patrimonial e demonstrações contábeis. Sociedade anônima. As demonstrações publicadas na forma fixada na Lei possuem fé pública: TCU – Acórdão 2141/2007 – Plenário – Relatoria: Ministro Benjamin Zymler – "9.2.3. exima-se de fazer exigências desarrazoadas às licitantes, sendo certo que as demonstrações contábeis publicadas pelas sociedades anônimas em diários oficiais ou jornais de grande circulação possuem fé pública."

Qualificação econômico-financeira. Apresentação de balanço patrimonial e demonstrações contábeis. Necessidade de que os editais contemplem todas as formas de apresentação do balanço patrimonial, levando-se em consideração o tipo societário: TCU – Acórdão nº 1351/2003 – Primeira Câmara – Relatoria: Ministro-Substituto Lincoln Magalhães da Rocha – "9.2. determinar, com fundamento no art. 250, II, do Regimento Interno do TCU, à Empresa Brasileira de Correios e Telégrafos que oriente suas comissões de licitação no sentido de (que): 9.2.6. os editais de licitação contemplem todas as formas de apresentação do balanço patrimonial e das demonstrações contábeis, de modo a evitar que determinados tipos de empresas venham a ser excluídas do certame, a exemplo da alínea 'b1' do subitem 3.2.4 do Edital da Concorrência nº 020/2002/CEL, que não previu a forma legal de apresentação do balanço patrimonial e das demonstrações contábeis das empresas prestadoras de serviço e das sociedades por quotas de responsabilidade limitada."

Qualificação econômico-financeira. Exigências impertinentes. Apresentação do balanço patrimonial assinado pelo sócio gerente. Excessividade. O § 2º do art. 1.184 do Código Civil Brasileiro apenas exige que o balanço patrimonial seja assinado por técnico em ciências contábeis legalmente habilitado ou pelo sócio gerente: STJ – MS nº 5631/DF – Relatoria: Ministro José Delgado – "1. É excessiva a exigência feita pela Administração Pública de que, em procedimento licitatório, o balanço da empresa seja assinado pelo sócio gerente, quando a sua existência, validade e eficácia não foram desconstituídas, haja vista estar autenticado pelo contador e rubricado pelo referido sócio."

Qualificação econômico-financeira. Exigências impertinentes. Apresentação do balanço patrimonial de empresa constituída há menos de um ano: TRF 1ª Região – MAS nº 96.01.26999-1/DF – Relatoria: Juiz Federal Vallisney de Souza Oliveira – "1. A exigência de apresentação de balanço patrimonial de empresa com

DA HABILITAÇÃO ART? 69

menos de um ano de registro para fins de habilitação parcial no SICAF, restringe o universo de participantes nos procedimentos licitatórios, prejudica o interesse público objetivado pelo certame, malfere o princípio da isonomia (que rege a licitação), além de não encontrar-se especificamente prevista no art. 31 da Lei de Licitações.

2. Para fins de habilitação, a capacidade econômico-financeira do concorrente pode ser comprovada com a apresentação de outros documentos, a exemplo de Certidão de Registro Cadastral e certidões de falência e concordata. Precedentes desta Corte e do STJ. 3. Apelação e remessa oficial não providas." (Processo: 96.01.26999-1/DF; Apelação Em Mandado de Segurança – Relatoria: Juiz Federal Vallisney de Souza Oliveira – Órgão Julgador: Suplementar – Publicação: 02/12/2004 DJ p.31)

Qualificação econômico-financeira. Exigências impertinentes. Apresentação do balanço patrimonial lançado no livro diário. Ausência de supedâneo legal: TJ/RS – MS nº 70007148141 – Relatoria: Des. Irineu Mariani – "1. O art. 31, I, da Lei 8.666/93, autoriza a exigência, quanto à qualificação econômico-financeira, tão-só do balanço patrimonial em si. Portanto, mostra-se exorbitante do sistema legal, e por conseguinte feridora de direito líquido e certo, a exigência de que o balanço patrimonial esteja lançado no Livro Diário. Tanto pela legislação anterior, quanto pela atual (CC/2002, art. 1.184, § 2º), é o Livro Diário que tem como requisito de regularidade o lançamento do Balanço Patrimonial, e não o Balanço Patrimonial, para ter validade, o lançamento no Diário. 2. Segurança concedida, por maioria. (Mandado de Segurança Nº 70007148141, Primeiro Grupo de Câmaras Cíveis, Relator: Irineu Mariani, Julgado em 07/11/2003)

Qualificação econômico-financeira. Exigências impertinentes. Apresentação do balanço patrimonial juntamente com as notas explicativas. Ausência de supedâneo legal: TJ/RS – Apelação Cível nº 70024316176 – Relatoria: Genaro José Baroni Borges – "A Lei de Licitações traz a exigência de apresentação do balanço patrimonial e demonstrações contábeis da licitante. Nada refere a regra legal quanto à necessidade de notas explicativas ao balanço contábil. Aliás, quanto aos documentos comprobatórios da qualificação econômico-financeira dos licitantes, vige o princípio da instrumentalidade das formas, de modo que para exame de capacitação financeira basta que os documentos sejam suficientes para que a Administração analise a condição econômica da empresa. E isso é possível com o extrato do balanço contábil, sendo que a ausência de tais notas explicativas não implica em presunção de inidoneidade de sua contabilidade. APELO PROVIDO. UNÂNIME." (Apelação Cível Nº 70024316176, Vigésima Primeira Câmara Cível, Relatoria: Genaro José Baroni Borges, Julgado em 09/07/2008) Diário da Justiça do dia 31/07/2008.

Qualificação econômico-financeira. Balanço patrimonial. Empresas recém-constituídas. Apresentação do balanço de abertura: TRF 1ª Região – Remessa 'ex-officio' nº 1997.01.00.021470-8/DF – Relatoria: Juiz Catão Alves "1. Entre os princípios que regem a licitação está o da igualdade entre os licitantes. A discriminação entre

COMENTÁRIOS À NOVA LEI DE LICITAÇÕES PÚBLICAS E CONTRATOS ADMINISTRATIVOS

os participantes reduz o número de licitantes qualificados, constituindo prejuízo para a própria Administração na busca da proposta mais vantajosa.

2. O balanço patrimonial não é documento ainda exigível para empresas com menos de um ano, posto que o exercício social se constitui no período de doze meses.

3. A própria autoridade coatora informa ter mudado seu entendimento, não mais exigindo o balanço patrimonial das empresas com menos de um ano para a habilitação parcial no SICAF, mas somente o balanço de abertura.

4. Remessa oficial improvida.5. Sentença confirmada." (Remessa Ex-officio nº 1997.01.00.021470-8/DF; 1ª Turma; Relatoria: Juiz Catão Alves; Publicação: 20/09/1999 DJ p.34)

Qualificação econômico-financeira. Exigências impertinentes. Impossibilidade de ser exigido o balanço patrimonial antes do fim do prazo legal fixado para a sua elaboração: TJ/RS – Reexame Necessário nº 70000496943 – Relatoria: Des. Maria Isabel de Azevedo Souza "Enquanto não decorrido o prazo fixado na lei comercial para a realização do balanço patrimonial do exercício anterior, há de ser aceito, na fase de habilitação da licitação, o último balanço. As formalidades no edital devem ser examinadas à luz da sua utilidade e finalidade, bem como do princípio da competitividade que domina todo o procedimento. Recurso desprovido." (Reexame Necessário Nº 70000496943, Segunda Câmara Cível, Tribunal de Justiça do RS, Relator: Maria Isabel de Azevedo Souza, Julgado em 29/12/1999)

Qualificação econômico-financeira. Exigências impertinentes. Exigência de que o balanço patrimonial seja acompanhado da cópia da declaração de imposto de renda correspondente ao exercício do balanço, carimbado pela Secretaria da Receita Federal, devendo ser apresentado o estatuto ou contrato social consolidado em vigor ou ato constitutivo da empresa, para comprovação do capital social mínimo, devidamente registrado na Junta Comercial. Descabimento. Art. 31. Caráter exaustivo: TCU – Acórdão nº 2.783/2003 – Primeira Câmara – Relatoria: Ministro Marcos Vinicios Vilaça – "9.2.2.2. quando das especificações em relação à qualificação econômico-financeira das empresas licitantes, limite-as tão-somente às elencadas no art. 31 da Lei nº 8.666/93, haja vista seu caráter exaustivo, bem como obedeça ao art. 37, inciso XXI, da Constituição Federal."

Qualificação econômico-financeira. Julgamento da licitação. Atuação estatual com excesso de rigorismo. Descabimento: TJ/SP – Apelação Civil nº 226.280-5/3 – Relatoria: Des. Hamid Bdine – "LICITAÇÃO. Inabilitação de participante porque o balanço patrimonial apresentado não continha assinatura em todas as folhas, mas só nos termos de abertura e de encerramento. INVIABILIDADE. Rigor excessivo não previsto em lei e nem no edital. Interpretação da cláusula editalícia que acabaria limitando o número de participantes. Segurança concedida. Recursos desprovidos." (Outros números: 9043432-82.2001.8.26.0000)

DA HABILITAÇÃO   ARTº 69

3. Da certidão negativa de feitos sobre falência

Outro requisito exigido pela NLLC atinente à qualificação econômico-financeira é a exigência da certidão negativa de feitos sobre falência expedida pelo distribuidor da sede do licitante, consoante denota-se da leitura do disposto no inc. II do art. 69.

Com efeito, a exigência acima colacionada refere-se à certidão expedida pelo distribuidor (comarca) da sede da licitante, não podendo ser exigida tal certidão expedida por outro distribuidor que não seja esse.

Com a informatização dos processos judiciais afigura-se possível a obtenção da referida certidão pelo sistema eletrônico. Deve-se atentar, todavia, se a referida certidão expedida pelo sistema eletrônico contempla também processos físicos. Se assim não ocorrer, a certidão negativa de certidão negativa de feitos sobre falência deve ser solicitada ao distribuidor local.

Decisões dos Tribunais de Contas
Qualificação econômico-financeira. Apresentação de certidão negativa de falência ou concordata da empresa. Documento é apenas expedido em nome da pessoa jurídica: TCU – Acórdão nº 1.265/2010 – Plenário – Relatoria: Ministro Aroldo Cedraz – "9.3.3. exigência de apresentação de certidão negativa de falência ou concordata da empresa e dos sócios, posto que tal certidão somente é fornecida para pessoas jurídicas; 9.3.4. exigência de apresentação de certidão negativa de execução patrimonial pelos sócios das licitantes, transgredindo o disposto no art. 31, inciso II, da Lei 8.666/1993, que só admite tal exigência por ocasião da contratação de pessoa física."

4. Da possibilidade de participação de empresas no certame que se encontrem em recuperação extrajudicial, com plano aprovado e em vigor

Haja vista o silêncio na NLLC em relação à proibição de participação no certame de empresas que se encontrem em recuperação judicial e extrajudicial,[106] com plano aprovado e em vigor, para nós, levando-se em consideração as recor-

---

[106] "Neste sentido, embora o item 4.4.1.3 não tenha mencionado expressamente a possibilidade de participação na licitação de empresas em recuperação extrajudicial, essa circunstância decorre da sua leitura conjunta com o item 6.13.6 do instrumento convocatório, bem como do entendimento consagrado por esse E. Tribunal de que deve-se aplicar àquelas empresas o mesmo tratamento jurídico concedido às empresas sob recuperação judicial (conforme decidido no TC 009625.989.19-9, Rel. Conselheiro Renato Martins Costa e nos TC'S 015688.989.20-1; TC-015789.989.20-1; TC-015985.989.20-1 e TC-016103.989.20- 8, Rel. Conselheiro-Substituto Alexandre Manir Figueiredo Sarquis)." – TCE/SP – TC-020559.989.20-7 e TC-020659.989.20-6 – Rel. Conselheira Cristiana de Castro Moraes.

rentes decisões prolatadas pelo Judiciário e Cortes de Contas, tem-se que tal discussão encontra-se ultrapassada.

Com efeito, a NLLC, como observa-se em várias passagens, positivou o entendimento pacificado, que vale a pena reproduzir, *in verbis*:

> A interpretação sistemática dos dispositivos das Leis 8.666/93 e 11.101/05 leva à conclusão de que é possível uma ponderação equilibrada dos princípios nelas contidos, pois a preservação da empresa, de sua função social e do estímulo à atividade econômica atendem também, em última análise, ao interesse da coletividade, uma vez que se busca a manutenção da fonte produtora, dos postos de trabalho e dos interesses dos credores.[107]

Igualmente, o TCE/SP já tinha editado a Súmula nº 50, asseverando que:

> Em procedimento licitatório, não pode a Administração impedir a participação de empresas que estejam em recuperação judicial, das quais poderá ser exigida a apresentação, durante a fase de habilitação, do Plano de Recuperação já homologado pelo juízo competente e em pleno vigor, sem prejuízo do atendimento a todos os requisitos de habilitação econômico-financeira estabelecidos no edital.

Sendo assim, doravante, devem os editais de licitação, explicitamente e de maneira clara, expressamente permitir a participação de empresas que estejam em recuperação judicial ou extrajudicial,[108] com plano de recuperação devidamente homologado e em pleno vigor.

5. Da proibição de exigência de valores mínimos de faturamento anterior e de índices de rentabilidade ou lucratividade

Haja vista a impertinência, o § 2º do art. 69 da NLLC veda a exigência de valores mínimos de faturamento anterior e de índices de rentabilidade ou lucratividade.

Com efeito, a análise da qualificação econômico-financeira do licitante, para fins de habilitação nas contratações públicas, deverá limitar-se à comprovação da capacidade financeira do particular em arcar com os compromissos que terá que assumir em face do objeto do futuro contrato.

Tal cautela visa assegurar a isonomia e a competitividade na licitação, impedindo exigências demasiadas e que burlem tais preceitos. Portanto, o edital não pode exigir valores mínimos de liquidez, rentabilidade ou lucratividade.

---

[107] STJ – AREsp 309.867-ES. Órgão Julgador: T1 – Primeira Turma. Relatoria: Min. Gurgel de Faria. Publicação DJe 08/08/2018. Julgamento 26 de Junho de 2018.

[108] "O edital deverá prever as condições para a participação de empresas em recuperação extrajudicial, em analogia ao tratamento dado às sociedades em recuperação judicial, nos termos dispostos na Súmula 50." TCE/SP – TC-015688.989.20-1

DA HABILITAÇÃO   ART° 69

Exigências dessa natureza apresentavam tamanha recorrência que o TCU, por bem, editou a Súmula nº 289, cujo conteúdo jurídico restou incorporado pela NLLC. Vejamos:

> A exigência de índices contábeis de capacidade financeira, a exemplo dos de liquidez, deve estar justificada no processo da licitação, conter parâmetros atualizados de mercado e atender às características do objeto licitado, sendo vedado o uso de índice cuja fórmula inclua rentabilidade ou lucratividade

6. Da possibilidade de exigência da relação dos compromissos assumidos pelo licitante que importem em diminuição de sua capacidade econômico-financeira

Já o § 3º admite a exigência da relação dos compromissos assumidos pelo licitante que importem em diminuição de sua capacidade econômico-financeira, excluídas parcelas já executadas de contratos firmados.

A finalidade da exigência de apresentação da relação de compromissos já assumidos seria a de verificar se a assunção de obrigações pretéritas pelo licitante não acabaria por comprometer a sua saúde financeira, que se apresenta necessária para a assunção das obrigações que lhes serão impostas se vencedor do certame.

7. Da exigência de capital mínimo ou de patrimônio líquido mínimo equivalente a até 10% (dez por cento) do valor estimado da contratação em caso de compras para entrega futura e na execução de obras e serviços

Fixa o art. 69, § 4º, da NLLC, que a Administração, nas licitações de compras para entrega futura e na execução de obras e serviços, poderá estabelecer no edital a exigência de demonstração de capital social mínimo ou de patrimônio líquido mínimo equivalente a até 10% (dez por cento) do valor estimado da contratação.

Inicialmente, temos a esclarecer que as exigências de capital social ou de patrimônio líquido mínimo insere-se no poder discricionário do administrador, respeitados os limites previstos na lei de regência, somente podendo ser exigido, no âmbito da NLLC, em caso de compras para entrega futura e na execução de obras e serviços. Sendo assim, por exemplo, no caso de contratação de fornecimento de bens para entrega imediata, a fixação da referida exigência apresenta-se como ilegal.

Acerca da diferença entre capital social e patrimônio líquido, ensina Roberto Ribeiro Bazzilli, *in verbis*:

> O **capital social** é o que compõe a sociedade civil ou comercial para que possa realizar seus objetivos, e é representado por cotas ou ações, conforme o tipo de sociedade.

O fato de o licitante ter capital social mínimo compatível com o objeto em licitação, contudo, não é indício seguro de sua saúde econômico-financeira, até porque o licitante pode, na realidade, apresentar acentuada dívida e prejuízos em suas atividades, que superam o capital mínimo exigido.

Sem dúvida, melhor do que o capital social mínimo, é o indicador do **patrimônio líquido mínimo**, que é o saldo apurado entre o ativo e o passivo do licitante, observado um limite mínimo como necessário a caracterizar objetivamente sua qualificação econômico-financeira" (grifos nossos).[109]

Demais disso, tendo em vista o conectivo "ou" observado no dispositivo em comento, afigura-se ilegal a exigência simultânea de requisitos de capital social mínimo e garantias para a comprovação da qualificação econômico-financeira dos licitantes. Aliás, sobre a referida questão, o TCU editou a Súmula nº 275, *in verbis*:

Para fins de qualificação econômico-financeira, a Administração pode exigir das licitantes, de forma não cumulativa, capital social mínimo, patrimônio líquido mínimo ou garantias que assegurem o adimplemento do contrato a ser celebrado, no caso de compras para entrega futura e de execução de obras e serviços.

É importante ressaltar que a faculdade conferida à Administração possui o limite máximo de até 10% do valor estimado para a contratação. Neste sentido, poderá a Administração solicitar a apresentação de um percentual menor, sendo ilegal exigências superiores a esse percentual, sob pena de ser violado esse dispositivo em estudo.

Jurisprudência e decisões dos Tribunais de Contas

Qualificação econômico-financeira. Exigência de capital mínimo para participação. Acervo técnico e precatório não integra o capital social: TCU – Acórdão nº 1.957/2008 – Plenário – Relatoria: Ministro Benjamin Zymler – "1. Sabendo-se que a qualificação econômico-financeira corresponde à disponibilidade de recursos para a satisfatória execução do objeto da contratação, só será titular de direito de licitar com a Administração Pública aquele que comprovar, em termos efetivos, as condições mínimas exigidas no edital para satisfazer tal requisito, rejeitando-se, para esse fim, o 'know-how' e créditos titularizados com execução suspensa por decisão judicial utilizados na integralização de capital social, porquanto tais elementos não revelam concretude na disponibilidade de recursos a ser demonstrada para confirmar a viabilidade da execução contratual."

---

[109] BAZZILLI. Roberto Ribeiro. Licitação *à Luz do Direito Positivo*, São Paulo, Malheiros, 1999, p. 244.

DA HABILITAÇÃO   ARTº 69

Qualificação econômico-financeira. Exigência de capital mínimo para participação. Impossibilidade de cumulação de capital mínimo e garantia para participação: TCU – Súmula n.º 275 – "Para fins de qualificação econômico-financeira, a Administração pode exigir das licitantes, de forma não cumulativa, capital social mínimo, patrimônio líquido mínimo ou garantias que assegurem o adimplemento do contrato a ser celebrado, no caso de compras para entrega futura e de execução de obras e serviços."

Qualificação econômico-financeira. Exigência de capital mínimo para participação. Impossibilidade de cumulação de capital mínimo e garantia para participação: TCU – Acórdão nº 701/2007 – Plenário – Relatoria: Ministro Benjamin Zymler – "1. É ilegal a exigência simultânea, nos instrumentos convocatórios, de requisitos de capital social mínimo e garantias para a comprovação da qualificação econômico--financeira dos licitantes."

Qualificação econômico-financeira. Exigência de capital social mínimo. Fixação de prazo mínimo para integralização do referido capital social. Descabimento: TCU – Acórdão nº 808/2003 – Plenário – Relatoria: Ministro Benjamin Zymler – "9.2.4. abstenha-se de estabelecer: 9.2.4.4. exigência de prazo mínimo para integralização de capital social de empresa como condição de habilitação em certame licitatório."

Qualificação econômico-financeira. Exigência de patrimônio líquido mínimo. Exigência nos termos da Lei não afronta nenhum dos princípios da licitação. Impossibilidade de ser ultrapassado o percentual dos 10% do valor estimado para a contratação: TCU – Acórdão nº 702/2007 – Plenário – Trecho do voto do Ministro Relator Benjamin Zymler – "A exigência de patrimônio líquido indistintamente a todos os potenciais participantes do certame não configura violação a esse dispositivo, pois não houve nenhum direcionamento ou condições diferenciadas aos participantes. À Administração é facultada a exigência de patrimônio líquido mínimo nos certames que se destinem a compras para entrega futura e à execução de obras e serviços, conforme se extrai do disposto no art. 31 e parágrafos da Lei nº 8.666/199. Observe-se que essa faculdade conferida à Administração possui o limite máximo de 10% do valor estimado para a contratação. Nesse sentido, não há falar em exigências superiores a esse percentual, sob pena de ser violado esse dispositivo."

Qualificação econômico-financeira. Exigência de capital social devidamente integralizado. Ilegalidade: TCU – Acórdão nº 170/07 – Plenário – Relatoria Ministro: Valmir Campelo – "É ilegal a exigência de comprovação de capital social devidamente integralizado, uma vez que esta exigência não consta da Lei 8.666/93. (...) Cumpre, contudo, apontar outra falha do Edital não mencionada pela Unidade Técnica. Diz respeito à exigência de comprovação de capital social devidamente integralizado, contida no item 7.3, 'c', do instrumento convocatório, transcrito pela instrução da SECEX/RJ. O Acórdão nº 1871/2005 – Plenário, ao analisar situação análoga, em que o órgão exigia

COMENTÁRIOS À NOVA LEI DE LICITAÇÕES PÚBLICAS E CONTRATOS ADMINISTRATIVOS

comprovação de capital integralizado, reafirmou a jurisprudência deste Tribunal, de que são indevidas exigências de habilitação que não estejam expressamente previstas na Lei. Não se pode exigir comprovação de o capital estar integralizado, uma vez que esta exigência não consta da Lei."

Qualificação econômico-financeira. Exigência de capital mínimo ou patrimônio líquido para participação do certame. Fixação da comprovação do capital social ou patrimônio líquido não poderá exceder 10% do valor estimado da contratação, mesmo quando houver previsão para prorrogação: TCU – Acórdão nº 781/2006 – Plenário – Relatoria: Ministro Ubiratan Aguiar – "9.2.4. ao fixar exigência de comprovação de capital social ou patrimônio líquido das licitantes para contratação de bens e serviços de informática, observe que o limite máximo estabelecido no § 3º do art. 31 da Lei nº 8.666/93 deve ser calculado com base no valor estimado para a vigência inicial do contrato, mesmo quando houver previsão para sua prorrogação."

Qualificação econômico-financeira. Exigência de capital mínimo ou patrimônio líquido para participação do certame. Impossibilidade de fixação da comprovação do capital social ou patrimônio líquido superior a 10% do valor estimado da contratação: TCU – Acórdão nº 653/2007 – Plenário – Relatoria: Ministro Benjamin Zymler –"9.3. determinar ao Banco do Brasil S.A., que nos futuros procedimentos licitatórios, abstenha-se de: 9.3.4. exigir, para efeitos de comprovação de qualificação econômico-financeira do licitante ou de garantia ao adimplemento contratual, capital mínimo ou valor do patrimônio líquido superior a 10% (dez por cento) do valor estimado da contratação, considerando que tal prática contraria o disposto no art. 31, § 3º da Lei nº 8.666/1993."

Qualificação econômico-financeira. Exigência de capital mínimo ou patrimônio líquido para participação do certame. Possibilidade: TCU – Acórdão nº 1.105/2007 – Plenário – Relatoria: Ministro Aroldo Cedraz – "1. Observado o limite do § 3º do art. 31 da Lei 8666/1993, é legal a exigência de capital social proporcional ao valor total de contrato cujo objeto será executado em mais de um exercício"

8. Da dispensa da documentação

Com efeito, fixa o art. 70 da NLLC que a documentação suprarreferida poderá ser: I – apresentada em original, por cópia ou por qualquer outro meio expressamente admitido pela Administração; II – substituída por registro cadastral emitido por órgão ou entidade pública, desde que previsto no edital e que o registro tenha sido feito em obediência ao disposto nesta Lei; e III – dispensada, total ou parcialmente, nas contratações para entrega imediata, nas contratações em valores inferiores a 1/4 (um quarto) do limite para dispensa de licitação para compras em geral e nas contratações de produto para pesquisa e desenvolvimento até o valor de R$ 300.000,00 (trezentos mil reais).

DA HABILITAÇÃO   ARTº 70

Não obstante a exigência estabelecida pela NLLC, a apresentação do balanço patrimonial e certidão de falência para comprovar a qualificação econômico-financeira pode ser afastada, conforme estabelece o inc. III do art. 70 da norma *supra*, nos casos de contratações para entrega imediata, nas contratações em valores inferiores a 1/4 (um quarto) do limite para dispensa de licitação para compras em geral e nas contratações de produto para pesquisa e desenvolvimento até o valor de R$ 300.000,00 (trezentos mil reais), situações que, em face das características do objeto, demandam menor rigor na apreciação da capacidade do particular em executar o objeto pretendido pela futura contratação.

Por conseguinte, conforme a natureza e complexidade do objeto a ser contratado, conforme o dispositivo legal acima disposto, a Administração poderá afastar a exigência de comprovação da qualificação econômico-financeira, desde que se revele desnecessária para a apuração da boa execução do ajuste a ser celebrado, conforme competente e motivada justificativa.

Artigo 70

A documentação referida neste Capítulo poderá ser:

I – apresentada em original, por cópia ou por qualquer outro meio expressamente admitido pela Administração;

II – substituída por registro cadastral emitido por órgão ou entidade pública, desde que previsto no edital e que o registro tenha sido feito em obediência ao disposto nesta Lei;

III – dispensada, total ou parcialmente, nas contratações para entrega imediata, nas contratações em valores inferiores a 1/4 (um quarto) do limite para dispensa de licitação para compras em geral e nas contratações de produto para pesquisa e desenvolvimento até o valor de R$ 300.000,00 (trezentos mil reais).

Parágrafo único. As empresas estrangeiras que não funcionem no País deverão apresentar documentos equivalentes, na forma de regulamento emitido pelo Poder Executivo federal.

A aferição do cumprimento pelos proponentes dos requisitos habilitatórios fixados no ato convocatório ocorre por meio da análise documental pelos agentes de licitação designados para tanto.

De forma a efetivamente ser comprovado o atendimento das condições habilitatórias exigidas no edital, estabelece o art. 70 da nova Lei de Licitações a forma como a documentação será apresentada, para posterior análise pela administração promotora do certame.

405

COMENTÁRIOS À NOVA LEI DE LICITAÇÕES PÚBLICAS E CONTRATOS ADMINISTRATIVOS

Tal regramento é essencial e necessário, haja vista a imensa quantidade de notícias, condenações criminais e imposição de sanções administrativas relacionadas à apresentação de documentos habilitatórios falsificados ou que não atendam à forma fixada na lei etc.

1. Da apresentação dos documentos originais, por cópia ou por qualquer outro meio expressamente admitido pela Administração

No âmbito das licitações públicas, tem-se que a comprovação da idoneidade dos proponentes que pretendem futuramente executar o objeto do certame deve ser realizada por meio da documentação arrolada no art. 27 da Lei nº 8.666/1993, caso ainda utilize do referido regramento para processar licitações ou aquela arrolada a partir do art. 62 da NLLC.

Para tal desiderato, *ex vi* do teor disposto no *caput* do art. 32 da Lei nº 8.666/1993, aplicável subsidiariamente ao pregão e ao RDC por força do contido no art. 9º da Lei nº 10.520/2002 e do art. 14 da Lei nº 12.462/2011, respectivamente, verifica-se que tais documentos poderão ser apresentados em: 1) original; 2) cópia autenticada por cartório competente; 3) cópia autenticada por servidor da Administração; ou, ainda, 4) por publicação em órgão da imprensa oficial.

Já no âmbito da NLLC, fixa o art. 70 que a documentação habilitatória poderá ser apresentada: 1) em original; 2) por cópia ou por qualquer outro meio expressamente admitido pela Administração; ou 3) substituída por registro cadastral emitido por órgão ou entidade pública, desde que previsto no edital e que o registro tenha sido feito em obediência ao disposto nesta Lei. Outrossim, o art. 12, inc. IV, da NLLC, fixa que a prova de autenticidade de cópia de documento público ou particular poderá ser feita: 4) perante agente da Administração, mediante apresentação de original; ou 5) declaração de autenticidade por advogado, sob sua responsabilidade pessoal.

Sendo assim, o art. 70, inc. I, da nova Lei de Licitações, estabelece que a documentação habilitatória poderá ser apresentada por meio de documento original, sendo aquele efetivamente editado, produzido, expedido por pessoa, órgão, entidade detentora da competência legal ou delegada para expedi-lo. Outrossim, entende-se como documento original, "1. Documento produzido pela primeira vez ou em primeiro lugar. 2.Versão final de um documento, já na sua forma apropriada"[110].

No tocante à fixação de documentos não originais no processo administrativo, tem-se que o art. 12, inc. IV, da NLLC, fixa que a prova de autenticidade de

---

[110] ARQUIVO NACIONAL. *Dicionário brasileiro de terminologia arquivística*. Rio de Janeiro: Arquivo Nacional, 2005. p. 127; Publicações Técnicas, 41.

cópia de documento público ou particular poderá ser feita: 4) perante agente da Administração, mediante apresentação de original; ou de 5) declaração de autenticidade por advogado, sob sua responsabilidade pessoal.

Assim, tais profissionais, por terem fé pública, os advogados, em razão da Lei nº 11.925/2009, poderão declarar que os mesmos conferem com o original, passando a responder pela divergência de dados constantes do original e cópia simples apresentada com autenticação por eles realizados.

Além disso, a documentação habilitatória também poderá ser substituída por meio de documento que comprove estar devidamente registrado num sistema de registro cadastral, aliás, conforme fixa o art. 70, inc. II, da NLLC.

Com efeito, saliente-se que a exigência de que somente documentos originais ou autenticados componham o processo administrativo licitatório tem o condão de afastar o recebimento de documentos falsos ou adulterados. Logo, não é admitida a comprovação das exigências habilitatórias mediante a apresentação de cópias simples.

Não obstante as possibilidades franqueadas pelo legislador para que os proponentes cumpram os requisitos habilitatórios assentados no edital, ressaltou-se acima a possibilidade de servidor público competente e advogados, detentores de fé pública, autenticar os documentos habilitatórios apresentados por interessados em participar de prélios licitatórios.

A autenticação desses documentos demandará, por parte do proponente, a apresentação do documento original e a sua respectiva cópia ao servidor público incumbido desta atribuição ou advogado, para que estes possam, mediante regular conferência, verificar se a reprodução apresentada pelo proponente foi, de fato, devidamente extraída do original, também apresentado.

Uma vez confirmada a sua veracidade, a autenticação será devida, com respaldo no art. 32 da Lei nº 8.666/1993 e art. 12, inc. IV, da Lei nº 14.133/2021.

Verifica-se, portanto, não ser possível que o servidor público competente ou advogado realize a autenticação de uma cópia simples desacompanhada do respectivo original, a exemplo da apresentação de uma reprodução comum acompanhada de uma cópia já autenticada anteriormente – fazendo esta as vezes do original não apresentado –.

Corroborando nossa assertiva, ensina o jurista Jessé Torres Pereira Junior, *in verbis:*

> Será aceita autenticação por cartório ou servidor autorizado; o critério segue a orientação dos arts. 364 e 365 do Código de Processo Civil, não fossem as normas do direito processual judiciário, direito público que é, influentes sobre o processo administrativo. Note-se que a lei menciona servidor, o que exclui pessoal estranho aos quadros do órgão ou da entidade, como um prestador eventual ou autônomo de serviço,

por exemplo. Segue-se que documento apresentado por cópia poderá ser autenticado por qualquer dos membros da Comissão de Licitação, mediante conferência com o original.[111] (destacou-se).

Não é de outra forma que se manifesta o eg. Tribunal de Contas da União, *in verbis*:

No que concerne à alegação de que a exigência de que todos os documentos relacionados no edital sejam apresentados em original ou cópia autenticada por cartório competente ou publicação em órgão da imprensa oficial fere as disposições contidas nos arts. 384 e 385 do CPC, visto que não considera a possibilidade de servidor da comissão de licitação ou nomeado por ela certificar a autenticidade de fotocópia apresentada em conjunto com o original, tal interpretação não encontra abrigo. Ora, para que servidor possa atestar a autenticidade de cópias de documentos devem ser disponibilizados necessariamente seus originais, justamente uma das formas de apresentação de documentos prevista no questionado item 4.5 do edital da referida licitação.[112] (destacou-se).

Pois não é de outra forma a informação que consta do *site* do Colégio Notarial do Brasil – Seção São Paulo, aplicada à situação proposta, *mutatis mutandis, in verbis*:

Autenticação de Cópias O que é? A cópia autenticada é a reprodução ("xerox") de um documento, na qual o Tabelião atesta que se trata de cópia fiel ao documento original, que conserva todos os sinais característicos e necessários à sua identificação.

Como é feita?

A parte interessada apresenta o documento original no tabelionato de notas e solicita a cópia autenticada. A reprodução (xerox) do documento original pode ser feita no próprio tabelionato ou fornecida pelo usuário junto com o documento original. Em ambos os casos será conferida com o documento original para verificar se a cópia conserva seus elementos identificadores, em seguida é aposto um selo de autenticidade, carimbo e assinatura do encarregado pela autenticação.

É vedada a utilização de cópia de documento, autenticada ou não, para fazer nova autenticação, ou seja, a cópia autenticada só pode ser feita mediante apresentação de documentos originais.

Também é vedada a extração de cópia autenticada se o documento original contiver rasuras, tiver sido adulterado por raspagem ou corretivo, contiver escritos a lápis.

---

[111] JUNIOR, Jessé Torres Pereira. *Comentários à Lei das Licitações e Contratações da Administração Pública*, 8ª ed., São Paulo: Renovar, 2009. p. 657.
[112] TCU – Acórdão nº 801/2004 – Plenário. Relatoria:. Min.Humberto Guimarães Solto. Brasil. Data da Sessão: 13/04/2004.

DA HABILITAÇÃO · ART° 70

No caso de documentos de identificação, é vedada a extração de cópia autenticada se o documento estiver replastificado.[113]

Desta feita, haja vista a impossibilidade de aceitação de documento que não esteja devidamente autenticado, verifica-se que o fato de o servidor público não autenticar uma cópia simples desacompanhada do original imporá a inabilitação do licitante.

É oportuno citar os ensinamentos de Marçal Justen Filho, *in verbis*:

> A Lei determina a apresentação dos documentos no original, por publicação na imprensa oficial ou por cópia autenticada. Deve-se entender que também se admite a cópia (desde que autenticada) da publicação na imprensa oficial. Como regra, a ausência de autenticação desqualifica o documento. O interessado tem o dever de apresentar documento autenticado. Ainda quando a exigência não constituir em formalidade que se exaura em si própria, trata-se de dever que recai sobre as partes no exercício de seu direito de licitar. [...] Aquele que não apresenta os documentos exigidos ou os apresenta incompletos ou defeituosos descumpre seus deveres e deverá ser inabilitado.[114] (destacou-se).

Novamente ensina o eminente jurista Jessé Torres Pereira Junior acerca do tema, *in verbis*:

> Não se admite que o documento relativo à habilitação de licitante possa ser apresentado sem autenticação. Ou virá no original, ou por cópia (vale qualquer processo de reprodução) autenticada, ou em exemplar do veículo da imprensa oficial que o publicou.[115]

2. Da substituição da documentação habilitatória por certificado de registro cadastral emitido por órgão ou entidade pública

De forma a tornar o processo de contratação pública eficiente, haja vista não se tratar uma atividade-fim da Administração, mas apenas um meio para viabilizar a execução indireta de terceiros e algo que faz parte da sua missão institucional, os órgãos e entidades da Administração Pública que promovem licitações com frequência devem manter registros cadastrais para efeito de habilitação de licitantes interessados que desejarem fazê-lo.

---

[113] COLÉGIO NOTARIAL DO BRASIL. *Atos Notariais*. c.2021. Disponível em: <http://www.cnbsp. org.br/AtosNotariais.aspx?AtoID=3&AspxAutoDetectCookieSupp ort=1> Acesso em: 22 de ago. de 2021.
[114] JUSTEN FILHO, Marçal. *Comentários à Lei de Licitações e Contratos Administrativos*. 15ª ed. São Paulo: Dialética, 2012. p. 555.
[115] JUNIOR, Jessé Torres Pereira. *Comentário à Lei das Licitações e Contratações da Administração Pública*, 8ª ed., São Paulo: Renovar, 2009, ob. cit., p. 657.

Assim, por meio do registro cadastral, observa-se a possibilidade da Administração substituir ou até mesmo dispensar a entrega dos documentos de habilitação em certames licitatórios, haja vista que, por meio do referido sistema, consoante fixa o art. 88 da NLLC, ao requerer, a qualquer tempo, inscrição no cadastro ou a sua atualização, o interessado fornecerá os elementos necessários exigidos para habilitação previstos nesta Lei.

Logo, na condição de cadastrado, por ter a Administração promotora do certame aferido antecipadamente os elementos necessários exigidos para habilitação constantes a partir do art. 62 da NLLC, fixa o art. 70, inc. II, que a documentação habilitatória exigida no ato convocatório poderá ser substituída por registro cadastral emitido por órgão ou entidade pública, desde que previsto no edital e que o registro tenha sido feito em obediência ao disposto nesta Lei.

3. Da possibilidade de afastamento de documentos e da documentação mínima a ser exigida

Conforme acima restou esclarecido, é *vedado* à Administração licitadora exigir documento *não arrolado* entre os arts. 63 e 69 da NLLC. Tal determinação não afasta a possibilidade de o administrador dispensar exigência da apresentação, por exemplo, de documentos que comprovam a qualificação técnica ou econômico-financeira daqueles que, em cada caso concreto, entenda desnecessários para se salvaguardar de eventuais problemas futuros, à época da execução do ajuste, que deverá ser justificado nos autos do processo administrativo.

Grife-se, todavia, que afastar os documentos constantes dos dispositivo legais do edital permitirá a participação de empresas desprovidas de condições técnicas e econômicas, o que pode ser temerário para a Administração, já que tais particulares podem não observar as normas impostas por tal entidade de classe fiscalizadora, fato que não resguarda a Administração de eventuais problemas durante a execução do objeto e depois de ser recebido pela contratante, ou contratar uma empresa com uma saúde financeira que não permite a execução do objeto na forma do pactuado.

Sobre o afastamento da exigência da documentação habilitatória, o jurista Adilson de Abreu Dallari leciona que:

> Coerentemente com essa orientação, no art. 27, ao dispor especificamente sobre os requisitos para a habilitação, enuncia uma série de exigências, mas deixa perfeitamente claro o caráter exemplificativo desse rol, mediante a indicação de que elas serão incluídas no edital 'conforme o caso' e que deverão limitar-se ao que está previsto na lei. **Vale dizer: não há necessidade de se exigir todos esse requisitos, sempre, em qualquer caso**; mas

está vedada a inclusão no edital de outros requisitos que não esses, ainda assim desde que necessários à garantia de execução do futuro contrato, conforme as peculiaridades do caso.[116] (grifos nossos).

Adotando tal entendimento, observa-se que o art. 70. fixa que a documentação arrolada a partir do art. 60 poderá ser dispensada, total ou parcialmente, nas contratações para entrega imediata, nas contratações em valores inferiores a 1/4 (um quarto) do limite para dispensa de licitação para compras em geral e nas contratações de produto para pesquisa e desenvolvimento até o valor de R$ 300.000,00 (trezentos mil reais).

Porém, advirta-se que, em face do disposto no art. 195, § 3º, da Constituição Federal, e do art. 2º da Lei nº 9.012/1995, em tese, não poderá ser afastada a apresentação dos competentes documentos que comprovam a regularidade perante o INSS e FGTS, respectivamente.

4. Dos documentos habilitatórios a serem apresentados por empresa estrangeira

A licitação internacional detém suas particularidades fixadas no art. 50 da NLLC, de forma a viabilizar a participação de empresas nacionais e estrangeiras sem funcionamento no País.

"As empresas estrangeiras que participam das licitações públicas brasileiras podem ou não ter funcionamento em nosso país, uma observação que requer exame mais detido, na esteira dos argumentos mobilizados para fundamentar a distinção entre licitações nacionais e internacionais.

A instalação e o funcionamento de filial, sucursal, agência ou estabelecimento de empresa estrangeira no país são objeto dos arts. 1.134 a 1.141 da Lei n.º 10.406, de 10 de janeiro de 2002 ('Código Civil'), regulamentados pela Instrução Normativa (IN) n.º 77, de 18 de março de 2020, do Departamento Nacional de Registro Empresarial e Integração da Secretaria de Governo Digital da Secretaria Especial de Desburocratização, Gestão e Governo Digital do Ministério da Economia (DREI/SGD/SEDGG/ME)".[117]

De forma a garantir segurança jurídica aos interessados, haja vista a possibilidade de cada ente federativo disciplinar os pormenores, o parágrafo único do art. 70 estabelece que o Poder Executivo Federal regulamentará tal questão da apresentação de documentos habilitatórios equivalentes pelos licitantes estrangeiros.

---

[116] DALLARI, Adilson de Abreu. *Aspectos Jurídicos da Licitação*, 4ª ed., São Paulo: Saraiva, 1997, p. 115
[117] GOVERNO FEDERAL.https://www.gov.br. 2020. *Participação de empresas estrangeiras em licitações.* Disponível em: https://www.gov.br/compras/pt-br/centrais-de-conteudo/cadernos-de-logistica/midia/empresas-estrangeiras-em-licitacoes-publicas.pdf. Acesso em: 28/08/2021.

CAPÍTULO VII – DO ENCERRAMENTO DA LICITAÇÃO

Artigo 71

Encerradas as fases de julgamento e habilitação, e exauridos os recursos administrativos, o processo licitatório será encaminhado à autoridade superior, que poderá:

I – determinar o retorno dos autos para saneamento de irregularidades;

II – revogar a licitação por motivo de conveniência e oportunidade;

III – proceder à anulação da licitação, de ofício ou mediante provocação de terceiros, sempre que presente ilegalidade insanável;

IV – adjudicar o objeto e homologar a licitação.

§ 1º Ao pronunciar a nulidade, a autoridade indicará expressamente os atos com vícios insanáveis, tornando sem efeito todos os subsequentes que deles dependam, e dará ensejo à apuração de responsabilidade de quem lhes tenha dado causa.

§ 2º O motivo determinante para a revogação do processo licitatório deverá ser resultante de fato superveniente devidamente comprovado.

§ 3º Nos casos de anulação e revogação, deverá ser assegurada a prévia manifestação dos interessados.

§ 4º O disposto neste artigo será aplicado, no que couber, à contratação direta e aos procedimentos auxiliares da licitação

A nova Lei de Licitações novamente inova no sentido de determinar os comportamentos que poderão ser praticados pela Administração Pública licitante quando do encerramento da licitação.

Neste sentido, estabelece o art. 71 da NLLC que, encerradas as fases de julgamento e de habilitação, ou seja, já identificado o licitante detentor da proposta mais vantajosa e concluída a fase recursal, o processo licitatório será encaminhado à autoridade superior, que poderá praticar apenas e tão somente quatro comportamentos, os quais se encontram arrolados nos incisos do referido artigo.

Sendo assim, analisando um a um, fixa o inc. I do art. 71, da NLLC, que, encaminhado o processo licitatório à autoridade superior, verificando-se algum equívoco no processamento do certame, poderá a referida autoridade determinar o retorno dos autos para saneamento das irregularidades identificadas no expediente administrativo.

Encaminhando os autos para o setor competente, para que este sane a irregularidade identificada, deverá ser determinado o retorno dos autos para que tal autoridade dê o encaminhamento oportuno, a exemplo de adjudicar o objeto ao particular detentor da proposta mais vantajosa e homologar a licitação,

DO ENCERRAMENTO DA LICITAÇÃO   ART° 71

passando a convocar o particular para celebrar o contrato administrativo ou retirar o instrumento equivalente.

Já o inc. II do art. 71, da NLLC, estabelece que, encaminhado o processo licitatório à autoridade superior, esta também poderá revogar a licitação por motivo de conveniência e oportunidade. Para tanto, conforme exige o § 2º do referido artigo, deverá ser consignado nos autos do processo licitatório a razão determinante para a sua revogação, que deverá ser consequência do surgimento de um fato superveniente, devidamente comprovado, surgido apenas e tão somente após a instauração da licitação.

Em caso de justificada pretensão de revogação do certame, exige o § 3º do referido artigo que deverá ser assegurada a prévia manifestação dos interessados, devendo, ainda, conforme estabelece o art. 165 inc. I, al. "d", da NLLC, ser franqueado o prazo de 3 dias úteis para que o particular que se sinta prejudicado interponha o devido recurso do ato de revogação da licitação.

No tocante ao inc. III do art. 71 da nova Lei de Licitações, sendo encaminhado à autoridade superior o processo licitatório, esta poderá proceder à anulação do certame, de ofício ou mediante provocação de terceiros, sempre que presente ilegalidade insanável.

Com efeito, sendo a ilegalidade sanável, conforme estabelece o inc. I do artigo em comento, deverá a autoridade determinar o retorno dos autos para saneamento das irregularidades. Todavia, vislumbrando tal ilegalidade como insanável, não restará alternativa a não ser a declaração de nulidade pela autoridade competente.

Para tanto, existindo efetivamente justificativa para a pretensão de anular o certame, exige o § 3º do referido artigo que deverá ser assegurada a prévia manifestação dos interessados, devendo, ainda, conforme estabelece o art. 165 inc. I, al. "d", da NLLC, ser franqueado o prazo de 3 dias úteis para que o particular que se sinta prejudicado interponha o devido recurso do ato de revogação da licitação.

Por derradeiro, estabelece o inc. III do artigo em comento que, encerrada a fase de julgamento e habilitação, concluída a fase recursal, o processo licitatório será encaminhado à autoridade superior para que ocorra a manifestação de adjudicação do objeto do certame ao particular detentor da proposta mais vantajosa, bem como a declaração de homologação do certame, passando a administração licitante a convocar o particular contratado para que este celebre o competente contrato administrativo ou retire o instrumento equivalente, na forma fixada no ato convocatório.

CAPÍTULO VIII – DA CONTRATAÇÃO DIRETA

SEÇÃO I – Do Processo de Contratação Direta

ARTIGO 72

O processo de contratação direta, que compreende os casos de inexigibilidade e de dispensa de licitação, deverá ser instruído com os seguintes documentos:

I – documento de formalização de demanda e, se for o caso, estudo técnico preliminar, análise de riscos, termo de referência, projeto básico ou projeto executivo;

II – estimativa de despesa, que deverá ser calculada na forma estabelecida no art. 23 desta Lei;

III – parecer jurídico e pareceres técnicos, se for o caso, que demonstrem o atendimento dos requisitos exigidos;

IV – demonstração da compatibilidade da previsão de recursos orçamentários com o compromisso a ser assumido;

V – comprovação de que o contratado preenche os requisitos de habilitação e qualificação mínima necessária;

VI – razão da escolha do contratado;

VII – justificativa de preço;

VIII – autorização da autoridade competente.

Parágrafo único. O ato que autoriza a contratação direta ou o extrato decorrente do contrato deverá ser divulgado e mantido à disposição do público em sítio eletrônico oficial.

Preliminarmente, esclarecemos que o inc. XXI do art. 37 da Constituição Federal, preconiza que, salvo os casos de contratação direta, entendidos aqui a dispensa e a inexigibilidade de licitação, as contratações serão obrigatoriamente realizadas por meio de licitação pública, consubstanciando, assim, o princípio da licitação.

Assim, as situações fáticas que permitem a contratação direta, como são exceções à regra de licitar, deverão sempre observar estritamente os permissivos legais que permitem tal expediente, não se admitindo, ainda, interpretações ampliativas, a fim de evitar futuro questionamento pelos órgãos de controle.

Neste sentido, ressalva Jorge Ulisses Jacoby Fernandes, *in verbis*:

DA CONTRATAÇÃO DIRETA ART.º 72

De qualquer modo, como as normas que versam sobre dispensa de licitação abrem exceção à regra da obrigatoriedade da licitação, recomenda a hermenêutica que a interpretação seja sempre restritiva, não comportando ampliação.[118]

Corroborando tal assertiva, ainda salienta Alexandre de Moraes, *in verbis*:

Ora, se a Constituição exige como regra a licitação e, excepcionalmente, admite que a lei defina os casos em que esta poderá ser afastada, claro está que o legislador constituinte propugnou uma interpretação absolutamente restrita e taxativa das hipóteses infraconstitucionais de dispensa e inexigibilidade do certame licitatório, em respeito ao caráter finalístico da norma constitucional.

(...)

A exegese constitucional indica que havendo possibilidade de concorrência, sem prejuízo ao interesse público, deverá haver licitação e somente, excepcionalmente, a dispensa ou a inexigibilidade prevista na legislação ordinária deverão ser aplicadas.[119]

Ilustrando nossa assertiva, observe a manifestação do Tribunal de Contas da União:

1.5. Determinar ao Hospital Geral de Campo Grande que: 1.5.6 observe que a regra a ser cumprida pela Administração Pública é a licitação, sendo que sua dispensa só pode ser efetuada em casos excepcionais, devidamente justificados, de modo que a contratação direta deve ser realizada com muita cautela;" (Acórdão nº 2.965/2009 – 2ª Câmara – TC: 016.561/2007-1).

9.2.1. abstenha-se de contratar diretamente, com fulcro o art. 25 da Lei n.º 8.666/93, quando as circunstâncias demonstrarem viabilidade jurídica de competição;" (Acórdão nº 93/2008 – Plenário).

Feito tal registro, portanto, para que uma contratação direta se revista de legalidade, o que evitaria questionamento pelos órgãos de controle, deve haver total preenchimento dos requisitos que permitem a dispensa da licitação ou reste configurada a inviabilidade fática de competição, o que tornaria, assim, a licitação inexigível.

Haja vista a constante e regular preocupação dos órgãos de controle com a formalização, bem como a existência dos demais documentos necessários para que seja comprovado, nos autos do processo administrativo, que efetivamente ocorreu o preenchimento de todas as condições fixadas nos arts. 74 e 75, fato

---

[118] FERNANDES. Jorge Ulisses Jorge Ulisses. *Contratação Direta sem Licitação: Dispensa de Licitação; Inexigibilidade de Licitação: Comentários às Modalidades de Licitação, inclusive o Pregão*, 7ª ed., Fórum, Belo Horizonte, 2008, p. 489.

[119] MORAES, Alexandre. *Direito Constitucional*, 23ª ed., Atlas, São Paulo, 2008, p. 356.

COMENTÁRIOS À NOVA LEI DE LICITAÇÕES PÚBLICAS E CONTRATOS ADMINISTRATIVOS

que permite análise e, por conseguinte, a possibilidade de tais contratações diretas serem julgadas regulares, arrola o art. 72 da nova Lei de Licitações todos os documentos necessários, os quais deverão ser produzidos e encartados no expediente administrativo de cada demanda administrativa atendida pela dispensa ou inexigibilidade de licitação.

De igual importância, estabelece o parágrafo único do art. 72, da nova Lei de Licitações, que o ato praticado pela autoridade competente, que autoriza a celebração de uma contratação direta, vale dizer dispensa ou inexigibilidade de licitação, bem como extrato ou resumo do contrato efetivamente celebrado, deverá ser divulgado e mantido, não apenas ser objeto de uma publicação, mas efetivamente constar permanentemente, em sítio eletrônico oficial do órgão ou entidade licitante, devendo este estar à disposição do público.

Jurisprudência, decisões dos Tribunais de Contas e demais orientações

Processamento da contratação direta. Justificativa do preço. Mesmo quando há o afastamento da licitação a busca pelo melhor preço se impõe. Necessidade de reverência ao princípio da economicidade. Realização de negociação, sempre que possível: TCU – Acórdão nº 2.314/2008 – Plenário – Relatoria: Ministro Guilherme Palmeira – "9.3.2. intente, sempre que possível, junto ao contratado, ainda que nos casos dispensa ou inexigibilidade de licitação, negociação com vistas à obtenção de proposta mais vantajosa para a Administração, conforme o art. 3º da Lei n.º 8.666, de 1993."

Processamento da contratação direta. Justificativa do preço. Comparação do preço praticado pela futura contratada junto a outros órgãos públicos ou pessoas privadas. Necessidade: AGU – Orientação Normativa nº 17 – "É obrigatória a justificativa de preço na inexigibilidade de licitação, que deverá ser realizada mediante a comparação da proposta apresentada com preços praticados pela futura contratada junto a outros órgãos públicos ou pessoas privadas." (Diário Oficial da União – Seção 1 – 07.04.2009, pg. 14).

Processamento da contratação direta. Justificativa do preço. As pesquisas mercadológicas devem ser elaboradas recentemente a cada dispensa de licitação: TCU – Acórdão nº 1.565/2008 – Plenário – Relatoria: Ministro Marcos Vinicios Vilaça – "1.5.2. efetue previamente à realização de cada contratação direta, sob fundamento de inexigibilidade ou inviabilidade de competição, pesquisa mercadológica com vistas a identificar as mudanças ocorridas no mercado e a existência de fornecedores para o bem/serviço requerido."

Processamento da contratação direta. Justificativa do preço. A pesquisa mercadológica deve ser juntada nos autos do processo administrativo: TCU – Acórdão nº 291/2009 – 2ª Câmara – Relatoria: Ministro Augusto Sherman Cavalcanti – "9.3.3. realize pesquisa de preços e inclua os resultados nos Processos de contratação por

DA CONTRATAÇÃO DIRETA   ART° 73

dispensa de licitação, em atendimento ao disposto no art. 26, parágrafo único, inciso III, da Lei 8.666/93."

Processamento da contratação direta. Justificativa do preço. Necessidade de que os preços sejam de mercado: TCU – Acórdão nº 819/2005 – Plenário – Relatoria: Ministro Marcos Bemquerer Costa – "9.1.3. quando contratar a realização de cursos, palestras, apresentações, shows, espetáculos ou eventos similares, demonstre, a título de justificativa de preços, que o fornecedor cobra igual ou similar preço de outros com quem contrata para evento de mesmo porte, ou apresente as devidas justificativas, de forma a atender ao inc. III do parágrafo único do art. 26 da Lei 8.666/1993."

Processamento da contratação direta. Justificativa do preço. Necessidade de que os preços sejam de mercado: TCU – Decisão nº 439/1998 – Plenário – Trecho do relatório do Ministro Relator Adhemar Paladini Ghisi – "Finalmente, não é demais registrar que, no caso de qualquer contratação direta, o preço ajustado deve ser coerente com o mercado. No caso específico do treinamento de servidores, acreditamos que o contratante deva certificar-se de que o preço seja compatível com o de outros contratos firmados no âmbito do próprio órgão e da Administração em geral, permitida a graduação em função da excelência do notório especialista contratado."

Processamento da contratação direta. Justificativa do preço. Necessidade de que os preços sejam de mercado: AGU – Orientação Normativa nº 17 – "A razoabilidade do valor das contratações decorrentes de inexigibilidade de licitação poderá ser aferida por meio da comparação da proposta apresentada com os preços praticados pela futura contratada junto a outros entes públicos e/ou privados, ou outros meios igualmente idôneos."

Artigo 73

Na hipótese de contratação direta indevida ocorrida com dolo, fraude ou erro grosseiro, o contratado e o agente público responsável responderão solidariamente pelo dano causado ao erário, sem prejuízo de outras sanções legais cabíveis.

Aperfeiçoando o disposto no art. 25 da Lei nº 8.666/1993, determina o art. 73 da nova Lei de Licitações que, nas hipóteses de contratação direta cujos termos observe-se a presença de dolo, fraude ou erro grosseiro, o contratado e agente público responsável pela contratação responderão solidariamente pelo dano causado ao erário, sem prejuízo de outras sanções cabíveis.

Primeiramente, temos que considerar que somente responderão solidariamente o contratado e o agente público nas hipóteses de dispensa ou inexigibilidade de licitação, cujo controle realizado pelos órgãos competentes

COMENTÁRIOS À NOVA LEI DE LICITAÇÕES PÚBLICAS E CONTRATOS ADMINISTRATIVOS

cabalmente demonstra a prática de atos dolosos, fraudulentos ou erros grosseiros.

O glossário jurídico do Supremo Tribunal Federal define o dolo como sendo, no direito civil, "vício de consentimento consubstanciado no propósito de induzir alguém em erro mediante artifícios maliciosos, visando beneficiar-se, prejudicar ou fraudar outrem."[120]

Fraudar, do latim *fraudare*, significa enganar, tapear, trapacear, iludir, ludibriar, manipular. Materialmente, a fraude é o acobertamento, por meio de uma prática maliciosa, de uma falha na execução do contrato, com o escopo de enganar intencionalmente a Administração para obter vantagens de qualquer sorte.

No tocante ao erro grosseiro, tem-se que o Dec. nº 9.830/2019, que regulamenta o disposto nos art. 20 ao art. 30 do Dec.-Lei nº 4.657, de 4 de setembro de 1942, considera "erro grosseiro aquele manifesto, evidente e inescusável praticado com culpa grave, caracterizado por ação ou omissão com elevado grau de negligência, imprudência ou imperícia."

Sendo comprovado, no caso concreto, o dolo, fraude ou erro grosseiro na contratação direta, o contratado e o agente público responsável responderão solidariamente pelo dano causado.

Jurisprudência e decisões

Princípio da licitação. Afastamento da licitação, sendo essa exigível. Responsabilização: TCE/MG – Enunciado nº 89 "Quem ordenar despesa pública sem a observância do prévio procedimento licitatório, quando este for exigível, poderá ser responsabilizado civil, penal e administrativamente, sem prejuízo da multa pecuniária a que se referem os artigos 71, inciso VIII, da Constituição Federal e 76, inciso XIII, da Carta Estadual." (Publicado no Diário Oficial de MG de 08/10/91 – pág. 32 – Ratificado no Diário Oficial de MG de 26/08/97 – pág. 18 – Mantido no Diário Oficial de MG de 26/11/08 – pág. 72).

Princípio da licitação. Afastamento da licitação, sendo essa exigível. Caracterização de ato de improbidade administrativa: TJ/SP – AC 994.09.240252-1 – Relatoria: Des. Oscild de Lima Júnior – "AÇÃO CIVIL PÚBLICA – Improbidade administrativa – Prefeito Municipal – Contratação de sistema corporativo de telefonia móvel sem observância de procedimento licitatório – Ausência de procedimento licitatório ou de procedimento para contratação direta (dispensa ou inexigibilidade de licitação) – Conduta ímproba caracterizada – Artigo 10, VIII, da Lei n. 8429/92 – Lesão ao erário – Decreto de nulidade do contrato celebrado – Cabimento – Situação apresentada no caso em tela que se mostra completamente dissociada da

---

[120] BRASIL. SUPREMOTRIBUNALFEDERAL. Glossário Jurídico, c.2021."Dolo". Disponível em: <http://www.stf.jus.br/portal/glossario/>. Acesso em: 05 de set. de 2021.

DA CONTRATAÇÃO DIRETA   ARTº 74

simples inexperiência e da falta de organização – Recurso do réu desprovido. (Apelação n. 994.09.240252-1 – Bragança Paulista – 11ª Câmara de Direito Público – Relator: Des. Oscild de Lima Júnior – 02/04/2012 – 7374 – Maioria de votos com voto declarado)

SEÇÃO II – Da Inexigibilidade de Licitação

Artigo 74

É inexigível a licitação quando inviável a competição, em especial nos casos de:

I – aquisição de materiais, de equipamentos ou de gêneros ou contratação de serviços que só possam ser fornecidos por produtor, empresa ou representante comercial exclusivos;

II – contratação de profissional do setor artístico, diretamente ou por meio de empresário exclusivo, desde que consagrado pela crítica especializada ou pela opinião pública;

III – contratação dos seguintes serviços técnicos especializados de natureza predominantemente intelectual com profissionais ou empresas de notória especialização, vedada a inexigibilidade para serviços de publicidade e divulgação:

a) estudos técnicos, planejamentos, projetos básicos ou projetos executivos;

b) pareceres, perícias e avaliações em geral;

c) assessorias ou consultorias técnicas e auditorias financeiras ou tributárias;

d) fiscalização, supervisão ou gerenciamento de obras ou serviços;

e) patrocínio ou defesa de causas judiciais ou administrativas;

f) treinamento e aperfeiçoamento de pessoal;

g) restauração de obras de arte e de bens de valor histórico;

h) controles de qualidade e tecnológico, análises, testes e ensaios de campo e laboratoriais, instrumentação e monitoramento de parâmetros específicos de obras e do meio ambiente e demais serviços de engenharia que se enquadrem no disposto neste inciso;

IV – objetos que devam ou possam ser contratados por meio de credenciamento;

V – aquisição ou locação de imóvel cujas características de instalações e de localização tornem necessária sua escolha.

§ 1º Para fins do disposto no inciso I do caput deste artigo, a Administração deverá demonstrar a inviabilidade de competição mediante atestado de exclusividade, contrato de exclusividade, declaração do fabricante

COMENTÁRIOS À NOVA LEI DE LICITAÇÕES PÚBLICAS E CONTRATOS ADMINISTRATIVOS

ou outro documento idôneo capaz de comprovar que o objeto é fornecido ou prestado por produtor, empresa ou representante comercial exclusivos, vedada a preferência por marca específica.

§ 2º Para fins do disposto no inciso II do caput deste artigo, considera--se empresário exclusivo a pessoa física ou jurídica que possua contrato, declaração, carta ou outro documento que ateste a exclusividade permanente e contínua de representação, no País ou em Estado específico, do profissional do setor artístico, afastada a possibilidade de contratação direta por inexigibilidade por meio de empresário com representação restrita a evento ou local específico.

§ 3º Para fins do disposto no inciso III do caput deste artigo, considera--se de notória especialização o profissional ou a empresa cujo conceito no campo de sua especialidade, decorrente de desempenho anterior, estudos, experiência, publicações, organização, aparelhamento, equipe técnica ou outros requisitos relacionados com suas atividades, permita inferir que o seu trabalho é essencial e reconhecidamente adequado à plena satisfação do objeto do contrato.

§ 4º Nas contratações com fundamento no inciso III do caput deste artigo, é vedada a subcontratação de empresas ou a atuação de profissionais distintos daqueles que tenham justificado a inexigibilidade.

§ 5º Nas contratações com fundamento no inciso V do caput deste artigo, devem ser observados os seguintes requisitos:

I – avaliação prévia do bem, do seu estado de conservação, dos custos de adaptações, quando imprescindíveis às necessidades de utilização, e do prazo de amortização dos investimentos;

II – certificação da inexistência de imóveis públicos vagos e disponíveis que atendam ao objeto;

III – justificativas que demonstrem a singularidade do imóvel a ser comprado ou locado pela Administração e que evidenciem vantagem para ela.

1. A inexigibilidade em decorrência da observância da inviabilidade de competição

A inexigibilidade de licitação afigura-se como espécie de contratação direta por meio da qual a Administração está desobrigada de realizar o procedimento licitatório, por flagrante inviabilidade de competição, devidamente comprovada em razão das particularidades do objeto demandado.

Para o professor Diogenes Gasparini:

> Inexigível é que não pode ser exigido, asseguram os dicionaristas. Inexigibilidade, a seu turno, é a qualidade do que não pode ser exigido. Desse modo, a inexigibilidade

420

DA CONTRATAÇÃO DIRETA   ARTº 74

da licitação é a circunstância de fato encontrada na pessoa que se quer contratar, ou com quem se quer contratar, que impede o certame, a concorrência; que impossibilita o confronto das propostas para os negócios pretendidos por quem, em princípio, está obrigado a licitar, e permitir a contratação direta, isto é sem a prévia licitação. Assim, ainda que a Administração desejasse a licitação, esta seria inviável ante a absoluta ausência de concorrentes. Com efeito, onde não há disputa ou competição não há licitação. É uma particularidade da pessoa que se quer contratar, encontrável, por exemplo, no profissional de notória especialização e no artista consagrado pela crítica especializada. É circunstância encontrada na pessoa com quem se quer contratar a qualidade de ser a proprietária do único ou de todos os bens existentes.[121]

Esclareça-se que "A lei de regência alista hipóteses *in numerus apertus*, de sorte que não se interdita a aferição de outros casos alheios da possibilidade factual de competição: *ex facto oritur ius.*"[122] Observa-se, portanto, que a listagem arrolada no art. 74 da NLLC detém caráter exemplificativo, melhormente identificado pela parte final do dispositivo legal que fixa "em especial".

Sendo assim, verificando-se no caso concreto a inviabilidade fática de licitação, haja vista existir apenas e tão somente um particular que possa fornecer o bem ou prestar o serviço pretenso, poderá a contratação direta ser arrimada no *caput* do art. 74 da NLLC.

Da mesma forma leciona o Ministro do eg. Tribunal de Contas Benjamin Zymler, em licitação plenamente válida, *in verbis*:

> O *caput* do art. 25 abarca todos os casos de contratação direta em virtude de inviabilidade de competição não abrangidos pelos incs. I, II e III. Entre as hipóteses abarcadas pelo dito caput, existem as que decorrem de exclusividade não classificável no inc. I do art. 25. Se a hipótese de inviabilidade de licitação de que se cuida decorre da exclusividade, nada mais natural que a Administração, objetivando melhor fundamentar o seu posicionamento pela contratação direta, exija o correspondente atestado.[123]

2. A inexigibilidade de licitação em razão do fornecimento do bem ou prestação de serviços ser exclusivo

Estabelece o art. 74, inc. I, da NLLC, que é inexigível a licitação quando for inviável a competição, em especial nos casos de aquisição de materiais, de equipamentos ou contratação de serviços que só possam ser fornecidos por produtor, empresa ou representante comercial exclusivos.

Nosso primeiro comentário acerca do referido permissivo refere-se à ampliação da redação observada no art. 25, inc. I, da Lei nº 8.666/93, antes limitada à

---

[121] GASPARINI, Diogenes. *Direito Administrativo*, 12ª ed., São Paulo: Saraiva, 2007, p. 542.
[122] TJ/SP – Apelação Cível 0004557-84.2010.8.26.0097 – Relatoria: Des. Ricardo Dip.
[123] ZYMLER, Benjamin. *Direito Administrativo e Controle*, 2ª ed., Belo Horizonte, Fórum, 2010, p. 70.

compra de bens, que no âmbito da Lei nº 14.133/2021, no dispositivo correlato, contempla a contratação de serviços. A dúvida era tamanha que a Advocacia Geral da União – AGU, por meio da Orientação Normativa nº 15, de 1º/4/2009, sedimenta o referido entendimento: "A contratação direta com fundamento na inexigibilidade prevista no art. 25, inc. I, da Lei nº 8.666, de 1993, é restrita aos casos de compras, não podendo abranger serviços".

Sendo assim, conforme a redação acima colacionada, poderá a licitação ser afastada em razão da comprovada inviabilidade de competição para aquisição de materiais, de equipamentos ou de gêneros ou contratação de serviços que só possam ser fornecidos por produtor, empresa ou representante comercial exclusivos.

Para que tal contratação se revista de legalidade, conforme determina o § 1º do artigo em comento, deverá a Administração demonstrar nos autos do processo administrativo a inviabilidade de competição por meio de atestado de exclusividade, contrato de exclusividade, declaração do fabricante ou outro documento idôneo capaz de comprovar que o objeto é fornecido ou prestado por produtor, empresa ou representante comercial exclusivos.

2.1 Vedada a preferência por marca específica

Objetivando efetivamente garantir que a inexigibilidade de licitação decorra apenas da exclusividade do fornecimento do bem ou prestação de serviços, observa-se que a parte final do § 1º veda a preferência por marca específica.

Assim, ante a vedação legal pela fixação de preferência de marca, a referida descrição do objeto pretenso, ao estabelecer as devidas especificações/características, também não poderá indiretamente direcionar a contratação para uma determinada marca.

2.2 A amplitude da exclusividade e a inexigibilidade de licitação

No âmbito da representação comercial observa-se as figuras da atuação com "exclusividade absoluta" e "exclusividade relativa". Melhor esclarecendo tais espécies, observa-se a "exclusividade absoluta" quando a comercialização do objeto pretenso pela Administração ocorre apenas pelo seu fabricante, ainda, quando tal produtor contratar apenas uma empresa ou representante para comercializá-lo em todo o território nacional.

A "exclusividade absoluta" acarreta a inexigibilidade de licitação, atualmente com arrimo no art. 74, inc. I, da Lei nº 14.133/2021, ante a ausência de competição entre interessados ou pela impossibilidade de confrontar propostas comerciais, haja vista que a comercialização está concentrada em apenas um particular.

Acerca da comprovação dessa exclusividade, a Súmula nº 255 do eg. TCU estabelece que, *in verbis*:

Nas contratações em que o objeto só possa ser fornecido por produtor, empresa ou representante comercial exclusivo, é dever do agente público responsável pela contratação a adoção das providências necessárias para confirmar a veracidade da documentação comprobatória da condição de exclusividade.

Observa-se a "exclusividade relativa" quando a comercialização do objeto demandado pela Administração Pública ocorrer por outros distribuidores, nas diversas praças do país, e pelo próprio fabricante, ou não.

A "exclusividade relativa", a rigor, não autoriza a inexigibilidade de licitação, atualmente com arrimo no art. 74, inc. I, da Lei nº 14.133/2021, visto que se torna viável estabelecer a competição entre as diversas empresas ou representantes comerciais exclusivos no país, inclusive com o próprio fabricante.

Grife-se que, no âmbito da "exclusividade relativa", a licitação poderá se tornar inexigível caso exista na praça comercial apenas um fornecedor exclusivo.

Melhor elucidando a questão, preleciona o jurista Hely Lopes Meirelles, *in verbis*:

> Para a Administração a exclusividade do produtor é absoluta e afasta sumariamente a licitação em qualquer de suas modalidades, mas a do vendedor e a do representante comercial é na praça, tratando-se de convite; no registro cadastral, no caso de tomada de preços; no país, na hipótese de concorrência. Considera-se, portanto, vendedor ou representante comercial exclusivo, para efeito de convite, o que é único na localidade; para tomada de preço, o que é único no registro cadastral; para concorrência, o que é único no país.[124]

Ante a existência das limitações de atuação nos documentos que assentam a exclusividade, o TCU tem cobrado dos seus jurisdicionados que se atentem para a abrangência, em termos territoriais, dos atestados de exclusividade expedidos pelas instituições indicadas no art. 25, inc. I, da Lei nº 8.666/1993.[125]

2.3 Da necessidade de averiguação da veracidade do atestado de exclusividade apresentado nos termos do art. 74, inc. I, da Lei nº 14.133/2021

Como acima asseverou-se, a comprovação desse atributo do particular é realizada, conforme determina o art. 74, § 1º, da NLLC, por meio do atestado de exclusividade, contrato de exclusividade, declaração do fabricante ou outro documento idôneo capaz de comprovar que o objeto é fornecido ou prestado por produtor, empresa ou representante comercial exclusivos.

---

[124] MEIRELLES, Hely Lopes. *Direito Administrativo Brasileiro*, 42ª ed., Malheiros, São Paulo, 2016, p. 334
[125] TCU – Acórdão nº 1.565/2008 – Plenário – Relatoria: Ministro Marcos Vinicios Vilaça.

COMENTÁRIOS À NOVA LEI DE LICITAÇÕES PÚBLICAS E CONTRATOS ADMINISTRATIVOS

Assim, como nas contratações diretas, exceção à regra de licitar, deve existir maior atenção e cuidado da Administração no processamento desses expedientes, na medida em que todos os requisitos impostos pelo dispositivo que afasta a licitação devem ser preenchidos. É necessário averiguar a veracidade do atestado de exclusividade apresentado, a fim de que inexista qualquer dúvida de que aquele particular efetivamente é o único que pode contratar com a Administração.

Por conseguinte, em eventual suspeita, deve a Administração adotar medidas cautelares para afastá-la, como, por exemplo, empreender diligência, conforme autorização constante do art. 64 da nova Lei de Licitações, a fim de verificar se tal atestado é verossímil, não aceitando documentos emitidos em desconformidade com o dispositivo estudado, não sendo, ainda, possível a apresentação de atestados emitidos por empresas privadas, devendo, ainda, se for necessário, ser consultado o fabricante/produtor do objeto, a fim de verificar a verossimilhança das informações lá contidas. Como ressaltamos acima, ademais, que tal assunto recentemente foi sumulado pelo Tribunal de Contas da União.

Por fim, esclareça-se que as empresas ou entidades que podem emitir as ditas declarações arroladas no dispositivo em destaque devem conferir a veracidade das informações que constarão de tal documento, na medida em que possa não refletir a realidade, quando acionado pelos particulares a declararem a exclusividade em relevo. Neste sentido, já determinou o eg. TCU, vejamos, *in verbis.*

> 9.3. determinar ao Sindicato do Comércio Varejista do Distrito Federal (Sindivarejista) e ao Sindicato das Indústrias Metalúrgicas, Mecânicas e de Material (SIMEB) que, quando do fornecimento de atestados de exclusividade de materiais, equipamentos ou gêneros (art. 25, inciso I, da Lei n.º 8.666/93), adote procedimentos criteriosos visando a comprovar a autenticidade das informações que constarão dos certificados;[126]

Jurisprudência, decisões dos Tribunais de Contas e demais orientações
Inexigibilidade de licitação em face de produtor ou fornecedor exclusivo. Aceitação da certidão de exclusividade. Averiguação da veracidade do atestado. Necessidade de verificar tal situação com o fabricante ou produtor, como, por exemplo, consultando o fabricante: TCU – Acórdão nº 1.796/2007 – Plenário – Relatoria: Ministro Guilherme Palmeira – "9.1.1. quando do recebimento de atestados de exclusividade de fornecimento de materiais, equipamentos ou gêneros (art. 25, inciso I, da Lei n. 8.666, de 1993), adote, com fulcro nos princípios da igualdade e da proposta mais vantajosa para a Administração, medidas cautelares visando a assegurar

---

[126] TCU – Acórdão nº 223/2005 – Plenário. Relatoria: Min. Marcos Bemquerer Costa. Brasil. Data da Sessão: 09/03/2005.

DA CONTRATAÇÃO DIRETA ART° 74

a veracidade das declarações prestadas pelos órgãos e entidades emitentes, como, por exemplo, consulta ao fabricante."

Inexigibilidade de licitação em face de produtor ou fornecedor exclusivo. Aceitação da certidão de exclusividade. Averiguação da abrangência, em termos territoriais, dos atestados de exclusividade expedidos pelas instituições indicadas – TCU – Acórdão nº 1.565/2008 – Plenário – Relatoria: Ministro Marcos Vinicios Vilaça –"1.5. Determinar ao Senado Federal que:1.5.3. atente para a abrangência, em termos territoriais, dos atestados de exclusividade expedidos pelas instituições indicadas no art. 25, inciso I, da Lei nº 8.666/93."

Inexigibilidade de licitação em face de produtor ou fornecedor exclusivo. Aceitação da certidão de exclusividade. Averiguação da veracidade do atestado. Necessidade: TCU – Súmula nº 255/2010 – "Nas contratações em que o objeto só possa ser fornecido por produtor, empresa ou representante comercial exclusivo, é dever do agente público responsável pela contratação a adoção das providências necessárias para confirmar a veracidade da documentação comprobatória da condição de exclusividade." (DOU de 13.04.2010, S. 1, p. 76)

Inexigibilidade de licitação em face de produtor ou fornecedor exclusivo. Aceitação da certidão de exclusividade. Averiguação da veracidade do atestado no que tange aos limites territoriais: TCU – Acórdão nº 1.565/2008 – TCU – Plenário – Relatoria: Ministro Marcos Vinicios Vilaça – "1.5.3. atente para a abrangência, em termos territoriais, dos atestados de exclusividade expedidos pelas instituições indicadas no art. 25, inciso I, da Lei nº 8.666/93."

Inexigibilidade de licitação em face de produtor ou fornecedor exclusivo. Aceitação da certidão de exclusividade. Necessidade de observância da disciplina legal. Impossibilidade de aceitarem atestados emitidos por empresas privadas: TCU – Acórdão nº 640/2007 – Plenário – Relatoria: Ministro Benjamin Zymler – "9.1. com fundamento no art. 43, I, da Lei nº 8.443/92, c/c o art. 16, II, da IN/TCU nº 49/2005, determinar à Secretaria de Saúde Pública do Governo do Estado do Rio Grande do Norte – SESAP/RN que: 9.1.1. não realize, com verbas federais, a exemplo do ocorrido nos processos nºs 29.624/2004, 19.571/2004 e 19.556/2004, contratação direta, sob o fundamento de inviabilidade de competição, com base em certidões de exclusividade emitidas pelos laboratórios e tão-somente arquivadas na junta comercial local, pois tal prática viola o disposto no comando contido no art. 25, inciso I, Lei nº 8.666/93."

Inexigibilidade de licitação em face de produtor ou fornecedor exclusivo. Aceitação da certidão de exclusividade. Averiguação da veracidade do atestado. Necessidade: AGU – Orientação Normativa nº 16, de 01.04.2009 – "Compete à Administração averiguar a veracidade do atestado de exclusividade apresentado nos termos do art. 25, inc. I, da Lei nº 8.666, de 1993." (Diário Oficial da União – Seção 1 – 07.04.2009, pg. 14)

COMENTÁRIOS À NOVA LEI DE LICITAÇÕES PÚBLICAS E CONTRATOS ADMINISTRATIVOS

3. A inexigibilidade de licitação em decorrência da consagração pública ou crítica especializada – Contratação de profissional do setor artístico

Demais disso, estabelece o art. 74, inc. II, da NLLC, que é inexigível a licitação quando inviável a competição, em especial nos casos de contratação de profissional do setor artístico, diretamente ou por meio de empresário exclusivo, desde que consagrado pela crítica especializada ou pela opinião pública.

A ausência de competição deriva da necessidade de o profissional efetivamente realizar a apresentação, em razão da sua fama ou popularidade. Logo, não podendo outra pessoa realizar a apresentação, o que permitiria a realização de uma licitação, só cabe à Administração contratar tal artista, sendo contraproducente, portanto, a realização de uma licitação.

Pelo que se depreende do conteúdo jurídico do permissivo em comento, somente poderá ser utilizado o expediente da inexigibilidade para contratação desde que haja interesse público devidamente justificado e sejam preenchidos os seguintes requisitos legais: (1) contratação de profissional do setor artístico, (2) diretamente ou por meio de empresário exclusivo, e (3) desde que consagrado pela crítica especializada ou pela opinião pública. Passa-se a analisar tais requisitos.

3.1 Contratação de profissional do setor artístico

Inicialmente, temos a considerar que profissionais do setor artístico devem ser profissionais, não podendo ser utilizado tal permissivo legal com o objetivo de contratar artistas amadores ou iniciantes, de forma a gerar a transferência de recursos a título de incentivo.

3.2 Contratação direta ou por meio de empresário exclusivo

Autoriza o dispositivo legal em comento somente a contratação de profissional do setor artístico, que poderá ocorrer diretamente, passando a Administração Pública a celebrar o ajuste com o artista, sem a existência de qualquer intermediário, ou, ainda, por meio de empresário exclusivo, haja vista ser apenas tal pessoa física ou jurídica que intermedia a contratação do artista escolhido pelo Poder Público.

De forma a afastar qualquer tipo de dúvidas e interpretações, o § 2º do referido artigo define como empresário exclusivo a pessoa física ou jurídica que possua contrato, declaração, carta ou outro documento que ateste a exclusividade permanente e contínua de representação, no País ou em Estado específico, do profissional do setor artístico. Com efeito, como ressaltamos acima, deverá a Administração diligenciar no sentido de confirmar a veracidade de tais informações.

Demais disso, o referido parágrafo afasta a possibilidade de contratação direta por inexigibilidade por meio de empresário cuja representação seja

DA CONTRATAÇÃO DIRETA   ARTº 74

restrita a evento ou local específico, vale dizer, com empresário de ocasião, expediente que pode acarretar intermediações desnecessárias, aumento do valor da contratação, corrupção de toda natureza, sendo esse foco de malversação de recursos públicos.

Sendo esses os limites da contratação, por exemplo, afigura-se ilegal a contratação de uma associação que organizará a produção e apresentação dos artistas.

3.3 Necessidade de consagração pela crítica especializada ou pela opinião pública

O pretenso profissional deve ser consagrado pela crítica especializada ou pela opinião pública, devendo constar do processo administrativo informações e dados que comprovam a popularidade ou fama, bem como as razões que levam a pretensão de contratação deste profissional ou grupo.

De forma a reverenciar o princípio da impessoalidade, não se exige que seja declinado. nos autos do processo administrativo, a opinião do administrador público acerca da popularidade, renome, aclamação, importância ou ovação do profissional artístico que se pretende contratar, mas, sim, o ponto de vista de terceiros, adotado pela crítica especializada ou pela opinião pública, devendo ser juntado mídia existente que comprova tal fato, como recortes de jornais, revistas, impressões da internet ou gravação em rádios e televisão.

Por derradeiro, exige o art. 94, § 2º, da NLLC, a divulgação do extrato de contrato quando referente à contratação de profissional do setor artístico por inexigibilidade, devendo ser identificado analiticamente os custos do cachê do artista, dos músicos ou da banda, quando houver, do transporte, da hospedagem, da infraestrutura, da logística do evento e das demais despesas específicas.

4. A inexigibilidade de licitação para contratação de serviço especializado

Já o art. 74, inc. III, da NLLC, estabelece que é inexigível a licitação quando inviável a competição, em especial nos casos de contratação dos serviços técnicos especializados abaixo enumerados, os quais detém natureza predominantemente intelectual, ajuste esse que ocorrerá com profissionais ou empresas de notória especialização, vedada a inexigibilidade para serviços de publicidade e divulgação.

Sendo assim, apenas os seguintes serviços técnicos especializados poderão ser contratados tendo a licitação inexigível com profissionais ou empresas que demonstrem notória especialização:

a) estudos técnicos, planejamentos, projetos básicos ou projetos executivos;

b) pareceres, perícias e avaliações em geral;

COMENTÁRIOS À NOVA LEI DE LICITAÇÕES PÚBLICAS E CONTRATOS ADMINISTRATIVOS

c) assessorias ou consultorias técnicas e auditorias financeiras ou tributárias;

d) fiscalização, supervisão ou gerenciamento de obras ou serviços;

e) patrocínio ou defesa de causas judiciais ou administrativas;

f) treinamento e aperfeiçoamento de pessoal;

g) restauração de obras de arte e de bens de valor histórico;

h) controles de qualidade e tecnológico, análises, testes e ensaios de campo e laboratoriais, instrumentação e monitoramento de parâmetros específicos de obras e do meio ambiente e demais serviços de engenharia que se enquadrem no disposto neste inciso.

Observa-se que o art. 74, inc. III, da NLLC, expressamente veda a inexigibilidade para serviços de publicidade e divulgação.

Delimitados os objetos, os quais podem ser objeto de contratação por meio de inexigibilidade de licitação, passa-se a identificar o perfil profissional ou empresarial que permite uma contratação sem passar pelo crivo da licitação.

Tem-se que o § 3º do artigo em estudo conceitua a "notória especialização", ou seja, a condição do profissional ou a empresa cujo conceito no campo de sua especialidade, decorrente de desempenho anterior, estudos, experiência, publicações, organização, aparelhamento, equipe técnica ou outros requisitos relacionados com suas atividades, permita inferir que o seu trabalho é essencial e reconhecidamente adequado à plena satisfação do objeto do contrato.

A preocupação é tamanha que o TCU editou a Súmula nº 39 com a seguinte redação:

> A inexigibilidade de licitação para a contratação de serviços técnicos com pessoas físicas ou jurídicas de notória especialização somente é cabível quando se tratar de serviço de natureza singular, capaz de exigir, na seleção do executor de confiança, grau de subjetividade insuscetível de ser medido pelos critérios objetivos de qualificação inerentes ao processo de licitação, nos termos do art. 25, inciso II, da Lei nº 8.666/1993.

Sendo assim, no caso concreto, não sendo possível comprovar justificadamente a notória especialização do futuro contratado, ou havendo dúvidas acerca destas características encontradas no serviço e no particular, tal expediente de exceção não deve ser realizado, devendo, neste caso, ser instaurada a competente licitação.

Por derradeiro, dada a importância, haja vista serem inúmeras as reprovações pelos órgãos de controle, esclarecemos que o assunto foi sumulado pelo Tribunal de Contas da União, por meio da Súmula nº 252/2010.

DA CONTRATAÇÃO DIRETA ART° 74

A inviabilidade de competição para a contratação de serviços técnicos, a que alude o inciso II do art. 25 da Lei nº 8.666/1993, decorre da presença simultânea de três requisitos: serviço técnico especializado, entre os mencionados no art. 13 da referida lei, natureza singular do serviço e notória especialização do contratado.

Haja vista que a contratação de serviços técnicos especializados leva em consideração a capacidade intelectual do contratado, observa-se que o § 4º do artigo em comento veda a subcontratação de empresas ou a atuação de profissionais distintos daqueles que tenham justificado a inexigibilidade.

Definições

Definição de "Fiscalização de obra ou serviço técnico" proposta pelo CAU. Anexo da Resolução nº 51/13, do Conselho de Arquitetura e Urbanismo do Brasil: "Fiscalização de obra ou serviço técnico: atividade que consiste na inspeção e no controle técnico sistemático de obra ou serviço técnico, tendo por finalidade verificar se a execução obedece às diretrizes, especificações e prazos estabelecidos no projeto."

Definição de "Supervisão de obra ou serviço técnico" proposta pelo CAU. Anexo da Resolução nº 51/13, do Conselho de Arquitetura e Urbanismo do Brasil: "Supervisão de obra ou serviço técnico: atividade exercida por profissional ou empresa de Arquitetura e Urbanismo que consiste na verificação da implantação do projeto na obra ou serviço técnico, visando assegurar que sua execução obedeça fielmente às definições e especificações técnicas nele contidas."

Definição de "gerenciamento de obra" proposta pelo CAU. Anexo da Resolução nº 21/12, do Conselho de Arquitetura e Urbanismo do Brasil: "Gerenciamento de obra – atividade que consiste no controle dos aspectos técnicos e econômicos do desenvolvimento de uma obra, envolvendo a administração do contrato de construção ou implantação da edificação, com rigoroso controle do cronograma físico-financeiro estabelecido, quantidade e qualidade dos materiais empregados, mão de obra utilizada e toda a sistemática técnica e administrativa do canteiro de obras."

Definição de "Gerenciamento de obra ou serviço técnico" proposta pelo CAU. Anexo da Resolução nº 51/13, do Conselho de Arquitetura e Urbanismo do Brasil: "Gerenciamento de obra ou serviço técnico: atividade que consiste no controle dos aspectos técnicos e econômicos do desenvolvimento de uma obra ou serviço técnico, envolvendo a administração dos contratos e incluindo um rigoroso controle do cronograma físico-financeiro estabelecido."

Definição de "Fiscalização de obra ou serviço" proposta pelo CAU. Anexo da Resolução nº 21/12, do Conselho de Arquitetura e Urbanismo do Brasil: "Fiscalização de obra ou serviço: atividade que consiste na inspeção e controle técnico sistemático de obra ou serviço, com a finalidade de examinar ou verificar se a execução obedece ao projeto e às especificações e prazos estabelecidos."

COMENTÁRIOS À NOVA LEI DE LICITAÇÕES PÚBLICAS E CONTRATOS ADMINISTRATIVOS

Definição de "serviço técnico" proposta pelo CAU. Anexo da Resolução nº 21/12, do Conselho de Arquitetura e Urbanismo do Brasil: "Serviço técnico – desempenho de qualquer das atividades técnicas compreendidas no âmbito do campo profissional considerado."

Definição de "planejamento" proposta pelo CAU. Anexo da Resolução nº 21/12, do Conselho de Arquitetura e Urbanismo do Brasil: "Planejamento – atividade que envolve a formulação sistematizada de um conjunto de decisões devidamente integradas, expressas em objetivos e metas, que explicita os meios disponíveis ou necessários para alcançá-los, num dado prazo."

Conceito de "parecer" proposto por Oswaldo Aranha Bandeira de Mello – "Parecer é o ato administrativo unilateral pelo qual se manifesta opinião acerca de questão submetida para pronunciamento. Diz respeito a problema jurídico, técnico ou administrativo."[127]

Definição de "perícia" proposta pelo CAU. Anexo da Resolução nº 21/12, do Conselho de Arquitetura e Urbanismo do Brasil: "Perícia – atividade que consiste na apuração das causas de determinado evento, na qual o profissional, por conta própria ou a serviço de terceiros, efetua trabalho técnico visando a emissão de conclusão fundamentada."

Definição de "perícia" proposta pelo CAU. Anexo da Resolução nº 51/13, do Conselho de Arquitetura e Urbanismo do Brasil: "Perícia: atividade técnica que consiste na apuração das causas de determinado evento, na qual o profissional legalmente habilitado, por conta própria ou a serviço de terceiros, efetua trabalho técnico visando à emissão de conclusão fundamentada."

Definição de "parecer técnico" proposta pelo CAU. Anexo da Resolução nº 21/12, do Conselho de Arquitetura e Urbanismo do Brasil: "Parecer técnico – expressão de opinião tecnicamente fundamentada sobre determinado assunto, emitida por especialista."

Definição de "consultoria" proposta pelo CAU. Anexo da Resolução nº 21/12, do Conselho de Arquitetura e Urbanismo do Brasil: "Consultoria – atividade de prestação de serviços de aconselhamento, mediante exame de questões específicas e elaboração de parecer ou trabalho teórico pertinente, devidamente fundamentado."

Definição "assessoria" proposta pelo CAU. Anexo da Resolução nº 21/12, do Conselho de Arquitetura e Urbanismo do Brasil: "Assessoria – atividade que consiste na prestação de serviços por profissional que detém conhecimento especializado em determinado campo profissional, visando ao auxílio técnico à elaboração de projeto ou execução de obra ou serviço."

---

[127] MELLO, Oswaldo Aranha Bandeira de Mello, Princípios Gerais de Direito Administrativo, V. 1, 2º ed., Rio de Janeiro, Forense, 1979.p. 575.

DA CONTRATAÇÃO DIRETA ARTº 74

Definição de "auditoria" proposta pelo CAU. Anexo da Resolução nº 21/12, do Conselho de Arquitetura e Urbanismo do Brasil: "Auditoria – atividade que se constitui de exame e verificação de obediência a condições formais estabelecidas para o controle de processos e a lisura de procedimentos."

Definição de "treinamento" proposta pelo CAU. Anexo da Resolução nº 21/12, do Conselho de Arquitetura e Urbanismo do Brasil: "Treinamento – atividade cuja finalidade consiste na transmissão de competências, habilidades e destrezas de maneira prática."

Definição de "Restauração" proposta pelo CONFEA: Decisão Normativa CONFEA nº 83, de 26 de setembro de 2008, art. 2º, inc. II, 2. al. f) restauração ou restauro: conjunto de ações destinado a restabelecer a unidade da edificação do ponto de vista de sua concepção e legibilidade originais, ou relativa a uma dada época, que deve ser baseada em investigações e análises históricas inquestionáveis e utilizar materiais que permitam uma distinção clara, quando observados de perto, entre original e não original.

Definição de "restauração" proposta pelo CAU. Anexo da Resolução nº 21/12, do Conselho de Arquitetura e Urbanismo do Brasil: "Restauração – recuperação da unidade primitiva do edifício, monumento ou sítio e suas artes integradas."

Definição de "restauro" proposta pelo CAU. Anexo da Resolução nº 51/13, do Conselho de Arquitetura e Urbanismo do Brasil: "Restauro: atividade técnica que consiste em recuperar ou reintegrar, em parte ou integralmente, os elementos de um edifício, monumento ou conjunto arquitetônico, por meio das diversas formas de intervenção física, de caráter técnico e científico, que visem a sua preservação."

Jurisprudência, decisões dos Tribunais de Contas e demais orientações

Inexigibilidade de licitação. Natureza singular do objeto. O conceito de singularidade de que trata o art. 25, inciso II, da Lei 8.666/1993 não está vinculado à ideia de unicidade, mas de complexidade e especificidade. Dessa forma, a natureza singular não deve ser compreendida como ausência de pluralidade de sujeitos em condições de executar o objeto, mas sim como uma situação diferenciada e sofisticada a exigir acentuado nível de segurança e cuidado: TCU – Acórdão nº 1074/2013 – Plenário – Trecho do voto do Ministro Benjamin Zymler – "13. Diante desse contexto, considero que os serviços jurídicos ligados ao Promef podem ser caracterizados como singulares e, por isso, não passíveis de serem licitados.

14. Trata-se, na verdade, de exemplo típico de inexigibilidade de licitação.

15. Primeiramente, porque o conceito de singularidade não está vinculado à ideia de unicidade. Para fins de subsunção ao art. 25, inciso II, da Lei 8.666/93, entendo não existir um serviço que possa ser prestado apenas e exclusivamente por uma única pessoa. A existência de um único sujeito em condições de ser contratado conduziria à inviabilidade de competição em relação a qualquer serviço e não apenas em relação

COMENTÁRIOS À NOVA LEI DE LICITAÇÕES PÚBLICAS E CONTRATOS ADMINISTRATIVOS

àqueles considerados técnicos profissionais especializados, o que tornaria letra morta o dispositivo legal.

16. Em segundo lugar, porque singularidade, a meu ver, significa complexidade e especificidade. Dessa forma, a natureza singular não deve ser compreendida como ausência de pluralidade de sujeitos em condições de executar o objeto, mas sim como uma situação diferenciada e sofisticada a exigir acentuado nível de segurança e cuidado.

17. Por conseguinte, no presente caso, entendo ter restado devidamente justificada, pelos responsáveis, a natureza singular das atividades a serem realizadas pelo escritório contratado.

18. Considero, ainda, que a notória especialização não foi descaracterizada pela solicitação de pareceres junto a juristas de renome, não pertencentes ao escritório Tostes & Associados, bem como junto a outros escritórios contratados pela própria Petrobras Transportadora. Isso porque, conforme consta dos autos, os pareceres esparsos foram produzidos em situações pontuais em que a Transpetro entendeu necessário reforçar a tese defendida pelo escritório especialista, em face da complexidade e do ineditismo do programa, ou em casos em que era necessário obter ponto de vista de agentes não envolvidos diretamente no desenvolvimento do Promef."

Inexigibilidade de licitação. Natureza singular do objeto. É necessária que tal singularidade seja demonstrada no processo administrativo – TCU – Acórdão nº 935/2007 – Plenário – Relatoria: Ministro Ubiratan Aguiar- "3. Sem prejuízo de outros requisitos, para que a contratação por inexigibilidade de licitação com base no art. 25, inciso II, da Lei 8.666/1993 seja considerada legal, é necessário a demonstração da singularidade do objeto contratado."

Inexigibilidade de licitação. Contratação de serviços de notória especialização. Na ausência de comprovação dos requisitos da inviabilidade de competição, a licitação se imporá: TCU – Acórdão nº 1.039/2008 – 1ª Câmara – Relatoria: Ministro Marcos Bemquerer Costa – "4. Veda-se a inexigibilidade de licitação quando não comprovados os requisitos da inviabilidade de competição, especialmente, quanto à singularidade do objeto e à notória especialização."

Inexigibilidade de licitação. Contratação de conferencista para ministrar cursos. A singularidade do objeto deve restar comprovada: AGU – Orientação Normativa nº 18 – "Contrata-se por inexigibilidade de licitação com fundamento no art. 25, inc. II, da Lei nº 8.666, de 1993, conferencistas para ministrar cursos para treinamento e aperfeiçoamento de pessoal, ou a inscrição em cursos abertos, desde que caracterizada a singularidade do objeto e verificado tratar-se de notório especialista." (Diário Oficial da União – Seção 1 – 07.04.2009, pg. 14)

Inexigibilidade de licitação. Contratação de advogado para prestação de serviços advocatícios especializados. Notória especialização e singularidade do serviço bem demonstradas – Ato de improbidade administrativa não caracterizado no caso concreto: TJ/SP – Apelação Civil nº 0001270-31.2008.8.26.0244 – Relatoria: Des.

DA CONTRATAÇÃO DIRETA   ART° 74

João Batista Morato Rebouças de Carvalho – "AÇÃO CIVIL PÚBLICA – Improbidade administrativa – Ex-Presidente da Câmara Municipal de Iguape que contrata sem licitação advogado para prestação de serviços advocatícios especializados – Inexigibilidade da licitação admitida pelo artigo 25, II, cumulado com o artigo 13, V, da Lei Federal n. 8666/93, e que não poderá ser confundida com ato de improbidade administrativa – Notória especialização e singularidade do serviço bem demonstradas – Ato de improbidade administrativa não caracterizado no caso concreto – Improcedência da ação decretada por este Colegiado – Recurso dos co-réus provido." (Apelação n. 0001270-31.2008.8.26.0244 – Iguape – 9ª Câmara de Direito Público – Relator: João Batista Morato Rebouças de Carvalho – 16/11/2011 – 6384 – Unânime)

5. A inexigibilidade de licitação para contratação de objetos que devam ou possam ser contratados por meio de credenciamento

O art. 74, inc. IV, da NLLC, estabelece que é inexigível a licitação quando inviável a competição, em especial, nos casos de contratação de objetos que devam ou possam ser contratados por meio de credenciamento.

Acerca do referido procedimento auxiliar de licitação, conceitua o art. 6º, inc. XLIII, da NLLC, a figura do credenciamento como o "processo administrativo de chamamento público em que a Administração Pública convoca interessados em prestar serviços ou fornecer bens para que, preenchidos os requisitos necessários, se credenciem no órgão ou na entidade para executar o objeto quando convocados", na forma do que estabelece o art. 79 da referida lei.

Tal positivação apresenta-se como oportuna, haja vista garantir segurança jurídica tanto ao administrador público como aos credenciados. Todavia, há muito tempo, "o credenciamento tem sido admitido pela doutrina e pela jurisprudência como hipótese de inexigibilidade inserida no 'caput' do referido dispositivo legal, porquanto a inviabilidade de competição configura-se pelo fato de a Administração dispor-se a contratar todos os que tiverem interesse e que satisfaçam as condições por ela estabelecidas, não havendo, portanto, relação de exclusão."[128]

No mesmo sentido, esclareça-se que o Superior Tribunal de Justiça entendeu que o credenciamento de serviços pode ser utilizado pela Administração Pública, ainda que não haja expressa previsão legal, pois se trata de hipótese de inexigibilidade de licitação amplamente reconhecida pela doutrina especializada e pela jurisprudência do TCU, que pressupõe a inviabilidade de competição entre os credenciados.[129]

---

[128] TCU – Acórdão nº 351/2010 – Plenário – Relatoria: Min. Marcos Bemquerer Costa. Brasil. Data da Sessão: 03/03/2010.

[129] STJ – REsp nº 1.747.636/PR – Relatoria Min. Marco Buzzi. Publicação: DJ 04/06/2019.

COMENTÁRIOS À NOVA LEI DE LICITAÇÕES PÚBLICAS E CONTRATOS ADMINISTRATIVOS

Muito oportuno, consoante denota-se da leitura do art. 74, inc. IV, ora estudado, tem-se que o raciocínio restou absorvido pela NLLC, estabelecendo ser inexigível a licitação quando inviável a competição, em especial nos casos de objetos que devam ou possam ser contratados por meio de credenciamento.

6. Inexigibilidade de licitação para aquisição ou locação de imóvel cujas características de instalações e de localização tornem necessária sua escolha

Por derradeiro, tem-se que o art. 74, inc. V, da NLLC, estabelece que é inexigível a licitação quando inviável a competição, em especial nos casos de aquisição ou locação de imóvel cujas características de instalações e de localização tornem necessária a sua escolha.

É oportuno esclarecer que a hipótese de aquisição ou locação de imóvel destinado às finalidades precípuas da Administração, cujas necessidades de instalação e localização realmente condicionem a sua escolha, era tratado no art. 24, inc. X, da Lei nº 8.666/1993. Porém, haja vista serem as características do imóvel um elemento que inviabiliza a realização de uma licitação para contratá-lo, a doutrina enquadra tal hipótese de afastamento do certame, não como uma dispensa, mas, sim, inexigibilidade de licitação. Ante a tal entendimento, observa-se que o mesmo restou agasalhado pela NLLC, estando tal hipótese de contratação direta arrolada no art. 74 e não no art. 75.

Para que a inexigibilidade de licitação ocorra, deverá ser demonstrado nos autos do processo administrativo os requisitos fixados no § 5º do artigo em estudo, a saber: I – avaliação prévia do bem, do seu estado de conservação, dos custos de adaptações, quando imprescindíveis às necessidades de utilização, e do prazo de amortização dos investimentos; II – certificação da inexistência de imóveis públicos vagos e disponíveis que atendam ao objeto; III – justificativas que demonstrem a singularidade do imóvel a ser comprado ou locado pela Administração e que evidenciem vantagem para ela.

Por derradeiro, tem-se que o art. 82, § 6º, fixa que o sistema de registro de preços poderá, na forma de regulamento, ser utilizado nas hipóteses de inexigibilidade e de dispensa de licitação para a aquisição de bens ou para a contratação de serviços por mais de um órgão ou entidade.

7. A contratação chamada *"built to suit"* ou *"locação sob medida"* ou *"construção sob encomenda"*

A contratação chamada *"built to suit"* ou *"locação sob medida"* ou *"construção sob encomenda"* encontra-se prevista no *caput* do art. 54-A da Lei nº 8.245/1991, bem como sua aplicação, no âmbito da Administração Pública,

434

DA CONTRATAÇÃO DIRETA ART° 74

está amparada no disposto no art. 47-A 10 da Lei nº 13.190/2015, cujo teor estabelece, que:

Art. 47-A . A administração pública poderá firmar contratos de locação de bens móveis e imóveis, nos quais o locador realiza prévia aquisição, construção ou reforma substancial, com ou sem aparelhamento de bens, por si mesmo ou por terceiros, do bem especificado pela administração.

§ 1º A contratação referida no *caput* sujeita-se à mesma disciplina de dispensa e inexigibilidade de licitação aplicável às locações comuns.

§ 2º A contratação referida no caput poderá prever a reversão dos bens à administração pública ao final da locação, desde que estabelecida no contrato.

§ 3º O valor da locação a que se refere o caput não poderá exceder, ao mês, 1% (um por cento) do valor do bem locado. (destacou-se).

Acerca desta modalidade contratual em que o Poder Público pode implementar de forma a tornar o uso dos recursos públicos mais eficientes, utilizamos um trecho de um acórdão proferido pelo eg. Tribunal de Contas do Estado de São Paulo, no TC-009451.989.15-4, *in verbis*:

A operação "built to suit" é um tipo de locação na qual a contratada/locadora, por sua conta, em terreno próprio ou cedido pela contratante/locatária, a partir de um projeto, executará as obras de construção ou reforma, conforme as especificações e necessidades desta última, cedendo-lhe o uso do imóvel construído/reformado, mediante locação, por período suficiente para a amortização do investimento efetuado e que, ao término do contrato, poderá ser revertido em favor do contratante/locatário. Trata-se, portanto, de uma conjugação de empreitada com locação.

Essa espécie de ajuste possui características peculiares, a exemplo de condição suspensiva para o início dos desembolsos mensais do aluguel, a constituição do direito de superfície, a contabilização orçamentária do ajuste na categoria "despesas corrente", a possibilidade de previsão de reversão do bem ao término do contrato, a delegação da elaboração do projeto final à contratada, entre outros.

Outrossim, são os ensinamentos do eg. Tribunal de Contas do Estado de São Paulo, conforme se verifica da leitura da Cartilha: Licitações e Contratos: Principais aspectos da fase preparatória e gestão contratual, de 2019. Vale a pena colacionar, *in verbis*:

Com relação à adoção do RDC nos contratos de locação nos quais o contratado (locador) realiza prévia aquisição, construção ou reforma substancial do bem especificado pela entidade contratante, por si mesmo ou por terceiros, trata-se da introdução no âmbito da Administração Pública da contratação denominada "built to suit" ou "locação sob medida" ou "construção sob encomenda.

COMENTÁRIOS À NOVA LEI DE LICITAÇÕES PÚBLICAS E CONTRATOS ADMINISTRATIVOS

Ressalte-se a necessidade de estudos técnicos que demonstrem a viabilidade econômica dessa modalidade de contratação no caso concreto, comprovando que a mesma é mais vantajosa economicamente do que outra forma de atendimento ao interesse público, como a construção ou reforma de prédio próprio da Administração, por exemplo.

Esclareça-se que tal modalidade contratual é regularmente utilizada pela Administração Pública paulista, inclusive pelo Poder Judiciário, que, ao invés de imobilizar vultosos recursos na aquisição de imóvel e construção de prédio com a especificação pretensa, vem recorrendo a tal instituto para ampliar ou melhorar o funcionamento do Poder Judiciário por meio de locações customizadas, sendo tais contratações julgadas regulares pela TCE/SP, nos seguintes processos:TC 032581-026-99, TC-036120/026/2000, TC–36120/026/00, TC-001159/007/12.

Sendo assim, tomadas as cautelas de estilo, afigura-se possível e estritamente legal a utilização desta modalidade de contratação para viabilização da implantação do equipamento público, haja vista a Administração não deter imóvel público com as características necessárias, conforme comprovado e, na forma da pesquisa realizada, não ser encontrado um prédio privado para locação com as especificações pretensas.

SEÇÃO III – Da Dispensa de Licitação

Artigo 75

É dispensável a licitação:

I – para contratação que envolva valores inferiores a R$ 100.000,00 (cem mil reais), no caso de obras e serviços de engenharia ou de serviços de manutenção de veículos automotores;

II – para contratação que envolva valores inferiores a R$ 50.000,00 (cinquenta mil reais), no caso de outros serviços e compras;

III – para contratação que mantenha todas as condições definidas em edital de licitação realizada há menos de 1 (um) ano, quando se verificar que naquela licitação:

a) não surgiram licitantes interessados ou não foram apresentadas propostas válidas;

b) as propostas apresentadas consignaram preços manifestamente superiores aos praticados no mercado ou incompatíveis com os fixados pelos órgãos oficiais competentes;

IV – para contratação que tenha por objeto:

DA CONTRATAÇÃO DIRETA ART° 75

a) bens, componentes ou peças de origem nacional ou estrangeira necessários à manutenção de equipamentos, a serem adquiridos do fornecedor original desses equipamentos durante o período de garantia técnica, quando essa condição de exclusividade for indispensável para a vigência da garantia;

b) bens, serviços, alienações ou obras, nos termos de acordo internacional específico aprovado pelo Congresso Nacional, quando as condições ofertadas forem manifestamente vantajosas para a Administração;

c) produtos para pesquisa e desenvolvimento, limitada a contratação, no caso de obras e serviços de engenharia, ao valor de R$ 300.000,00 (trezentos mil reais);

d) transferência de tecnologia ou licenciamento de direito de uso ou de exploração de criação protegida, nas contratações realizadas por instituição científica, tecnológica e de inovação (ICT) pública ou por agência de fomento, desde que demonstrada vantagem para a Administração;

e) hortifrutigranjeiros, pães e outros gêneros perecíveis, no período necessário para a realização dos processos licitatórios correspondentes, hipótese em que a contratação será realizada diretamente com base no preço do dia;

f) bens ou serviços produzidos ou prestados no País que envolvam, cumulativamente, alta complexidade tecnológica e defesa nacional;

g) materiais de uso das Forças Armadas, com exceção de materiais de uso pessoal e administrativo, quando houver necessidade de manter a padronização requerida pela estrutura de apoio logístico dos meios navais, aéreos e terrestres, mediante autorização por ato do comandante da força militar;

h) bens e serviços para atendimento dos contingentes militares das forças singulares brasileiras empregadas em operações de paz no exterior, hipótese em que a contratação deverá ser justificada quanto ao preço e à escolha do fornecedor ou executante e ratificada pelo comandante da força militar;

i) abastecimento ou suprimento de efetivos militares em estada eventual de curta duração em portos, aeroportos ou localidades diferentes de suas sedes, por motivo de movimentação operacional ou de adestramento;

j) coleta, processamento e comercialização de resíduos sólidos urbanos recicláveis ou reutilizáveis, em áreas com sistema de coleta seletiva de lixo, realizados por associações ou cooperativas formadas exclusivamente de pessoas físicas de baixa renda reconhecidas pelo poder público como catadores de materiais recicláveis, com o uso de equipamentos compatíveis com as normas técnicas, ambientais e de saúde pública;

COMENTÁRIOS À NOVA LEI DE LICITAÇÕES PÚBLICAS E CONTRATOS ADMINISTRATIVOS

k) aquisição ou restauração de obras de arte e objetos históricos, de autenticidade certificada, desde que inerente às finalidades do órgão ou com elas compatível;

l) serviços especializados ou aquisição ou locação de equipamentos destinados ao rastreamento e à obtenção de provas previstas nos incisos II e V do caput do art. 3º da Lei nº 12.850, de 2 de agosto de 2013, quando houver necessidade justificada de manutenção de sigilo sobre a investigação;

m) aquisição de medicamentos destinados exclusivamente ao tratamento de doenças raras definidas pelo Ministério da Saúde;

V – para contratação com vistas ao cumprimento do disposto nos arts. 3º, 3º-A, 4º, 5º e 20 da Lei nº 10.973, de 2 de dezembro de 2004, observados os princípios gerais de contratação constantes da referida Lei;

VI – para contratação que possa acarretar comprometimento da segurança nacional, nos casos estabelecidos pelo Ministro de Estado da Defesa, mediante demanda dos comandos das Forças Armadas ou dos demais ministérios;

VII – nos casos de guerra, estado de defesa, estado de sítio, intervenção federal ou de grave perturbação da ordem;

VIII – nos casos de emergência ou de calamidade pública, quando caracterizada urgência de atendimento de situação que possa ocasionar prejuízo ou comprometer a continuidade dos serviços públicos ou a segurança de pessoas, obras, serviços, equipamentos e outros bens, públicos ou particulares, e somente para aquisição dos bens necessários ao atendimento da situação emergencial ou calamitosa e para as parcelas de obras e serviços que possam ser concluídas no prazo máximo de 1 (um) ano, contado da data de ocorrência da emergência ou da calamidade, vedadas a prorrogação dos respectivos contratos e a recontratação de empresa já contratada com base no disposto neste inciso;

IX – para a aquisição, por pessoa jurídica de direito público interno, de bens produzidos ou serviços prestados por órgão ou entidade que integrem a Administração Pública e que tenham sido criados para esse fim específico, desde que o preço contratado seja compatível com o praticado no mercado;

X – quando a União tiver que intervir no domínio econômico para regular preços ou normalizar o abastecimento;

XI – para celebração de contrato de programa com ente federativo ou com entidade de sua Administração Pública indireta que envolva prestação de serviços públicos de forma associada nos termos autorizados em contrato de consórcio público ou em convênio de cooperação;

DA CONTRATAÇÃO DIRETA ARTº 75

XII – para contratação em que houver transferência de tecnologia de produtos estratégicos para o Sistema Único de Saúde (SUS), conforme elencados em ato da direção nacional do SUS, inclusive por ocasião da aquisição desses produtos durante as etapas de absorção tecnológica, e em valores compatíveis com aqueles definidos no instrumento firmado para a transferência de tecnologia;

XIII – para contratação de profissionais para compor a comissão de avaliação de critérios de técnica, quando se tratar de profissional técnico de notória especialização;

XIV – para contratação de associação de pessoas com deficiência, sem fins lucrativos e de comprovada idoneidade, por órgão ou entidade da Administração Pública, para a prestação de serviços, desde que o preço contratado seja compatível com o praticado no mercado e os serviços contratados sejam prestados exclusivamente por pessoas com deficiência;

XV – para contratação de instituição brasileira que tenha por finalidade estatutária apoiar, captar e executar atividades de ensino, pesquisa, extensão, desenvolvimento institucional, científico e tecnológico e estímulo à inovação, inclusive para gerir administrativa e financeiramente essas atividades, ou para contratação de instituição dedicada à recuperação social da pessoa presa, desde que o contratado tenha inquestionável reputação ética e profissional e não tenha fins lucrativos;

XVI – para aquisição, por pessoa jurídica de direito público interno, de insumos estratégicos para a saúde produzidos por fundação que, regimental ou estatutariamente, tenha por finalidade apoiar órgão da Administração Pública direta, sua autarquia ou fundação em projetos de ensino, pesquisa, extensão, desenvolvimento institucional, científico e tecnológico e de estímulo à inovação, inclusive na gestão administrativa e financeira necessária à execução desses projetos, ou em parcerias que envolvam transferência de tecnologia de produtos estratégicos para o SUS, nos termos do inciso XII do caput deste artigo, e que tenha sido criada para esse fim específico em data anterior à entrada em vigor desta Lei, desde que o preço contratado seja compatível com o praticado no mercado.

§ 1º Para fins de aferição dos valores que atendam aos limites referidos nos incisos I e II do caput deste artigo, deverão ser observados:

I – o somatório do que for despendido no exercício financeiro pela respectiva unidade gestora;

II – o somatório da despesa realizada com objetos de mesma natureza, entendidos como tais aqueles relativos a contratações no mesmo ramo de atividade.

§ 2º Os valores referidos nos incisos I e II do caput deste artigo serão duplicados para compras, obras e serviços contratados por consórcio público ou por autarquia ou fundação qualificadas como agências executivas na forma da lei.

§ 3º As contratações de que tratam os incisos I e II do caput deste artigo serão preferencialmente precedidas de divulgação de aviso em sítio eletrônico oficial, pelo prazo mínimo de 3 (três) dias úteis, com a especificação do objeto pretendido e com a manifestação de interesse da Administração em obter propostas adicionais de eventuais interessados, devendo ser selecionada a proposta mais vantajosa.

§ 4º As contratações de que tratam os incisos I e II do caput deste artigo serão preferencialmente pagas por meio de cartão de pagamento, cujo extrato deverá ser divulgado e mantido à disposição do público no Portal Nacional de Contratações Públicas (PNCP).

§ 5º A dispensa prevista na alínea "c" do inciso IV do caput deste artigo, quando aplicada a obras e serviços de engenharia, seguirá procedimentos especiais instituídos em regulamentação específica.

§ 6º Para os fins do inciso VIII do caput deste artigo, considera-se emergencial a contratação por dispensa com objetivo de manter a continuidade do serviço público, e deverão ser observados os valores praticados pelo mercado na forma do art. 23 desta Lei e adotadas as providências necessárias para a conclusão do processo licitatório, sem prejuízo de apuração de responsabilidade dos agentes públicos que deram causa à situação emergencial.

§ 7º Não se aplica o disposto no § 1º deste artigo às contratações de até R$ 8.000,00 (oito mil reais) de serviços de manutenção de veículos automotores de propriedade do órgão ou entidade contratante, incluído o fornecimento de peças.

1. Considerações gerais sobre dispensa de licitação
1.1 Da licitação dispensável e não dispensada

As hipóteses legais em que uma licitação é legalmente dispensável encontram-se arroladas, em princípio, no art. 75 da Lei nº 14.133/2021.

Trata-se o conteúdo jurídico constante do referido artigo como uma norma de norma de regramento discricionário, devendo a Administração realizar um juízo de valor, avaliando a conveniência e a oportunidade de se afastar ou não a licitação, com vistas a uma tomada de decisão, quanto à melhor forma de atendimento ao interesse público.

Logo, a licitação não deve ser dispensada, não sendo uma obrigação do administrador público afastar o certame. Pelo contrário, trata-se de dispensabilidade, devendo o gestor público avaliar a conveniência e oportunidade para afastar o certame.

Neste sentido, ensina o jurista Diogenes Gasparini, quando analisa o tema:

> Tirante essa impropriedade, cabe mencionar, desde já, que a Administração Pública não está dispensada da licitação, como ocorre nas hipóteses do art. 17, embora seja comum essa assertiva. A dispensa de licitação não se opera automaticamente, ex vi lege, ainda que os fatos se enquadrem em uma das hipóteses arroladas nesse artigo. Tal dispositivo apenas prescreve que a licitação é dispensável. Por conseguinte, à Administração Pública cabe ajuizar, a cada caso, da conveniência e oportunidade da dispensa. Nessas hipóteses a entidade obrigada a licitar tem uma faculdade, não uma obrigação. Assim, se for possível a licitação e esta forma realização, não incide, pelo menos em tese, a entidade em qualquer vício. Pode se afirmar que a realização da licitação nesses casos prestigia os princípios da moralidade administrativa, da igualdade e da competitividade, mas isso em tese, porque haverá vício, sem, se a realização da licitação configurar um disparate e com ela se onerar a Administração Pública, como é o caso de ter-se realizado uma concorrência quando a licitação era dispensada em razão do pequeno valor (art. 24, I e II)[130]

1.2 Da possibilidade de criação de uma hipótese de dispensa de licitação fora da Lei nº 14.133/2021

Cumpre-nos esclarecer que as hipóteses de dispensa de licitação escapam do rol fixado no art. 75 da nova Lei de Licitações.

Neste sentido, a título de ilustração, tem-se o art. 14 da Lei federal nº 11.947, de 16 de junho de 2009, que permite o afastamento da licitação para aquisição de gêneros alimentícios diretamente da agricultura familiar e do empreendedor familiar rural ou de suas organizações, priorizando-se os assentamentos da reforma agrária, as comunidades tradicionais indígenas e comunidades quilombolas para alimentação escolar; o § 2º do art. 8º da Lei nº 11. 652/2008, o qual dispensa a licitação para a contratação da Empresa Brasileira de Comunicação; e, por fim, o art. 2º da Lei nº 5.615/1970, que dispõe sobre o Serviço Federal de Processamento de Dados (SERPRO), que estabelece que "É dispensada a licitação para a contratação do Serviço Federal de Processamento de Dados – SERPRO pela União, por intermédio dos respectivos órgãos do Ministério da Fazenda e do Ministério do Planejamento, Orçamento e Gestão, para a prestação de serviços de tecnologia da informação considerados estratégicos, relacionados com as atividades de sua especialização." (Redação dada pela Lei nº 12.249, de 2010).

---

[130] GASPARINI. Diogenes. *Direito Administrativo*, 14ª ed., São Paulo: Saraiva, 2009, p. 522.

COMENTÁRIOS À NOVA LEI DE LICITAÇÕES PÚBLICAS E CONTRATOS ADMINISTRATIVOS

Com efeito, tem-se que a própria Constituição Federal abarca tal possibilidade, na medida em que estabelece no inc. XXI do art. 37, que, "ressalvados os casos especificados na legislação, as obras, serviços, compras e alienações serão contratados mediante processo de licitação pública (...)."

Esclareça-se que, se as exceções à regra de licitar estivessem, ou necessitassem estar, arroladas em apenas uma lei, o mandamento constitucional acima colacionado não seria grafado da forma mencionada, mas, sim, desta forma: "ressalvados os casos especificados na lei, as obras, serviços, compras e alienações serão contratados mediante processo de licitação pública (...)", o que não ocorreu.

Corroborando a nossa assertiva e concedendo outros exemplos acerca da criação de hipóteses de dispensa de licitação em normas esparsas, ressalva o jurista Jorge Ulisses Jacoby Fernandes, *in verbis*:

> No art. 24 da Lei nº 8.666/93, com a redação alterada pela Lei nº 8.883/94, foram estabelecidas originariamente vinte hipóteses em que é dispensável a licitação. A Lei nº 9.648/98 acresceu mais quatro. Posteriormente, novas leis vêm ampliando esse já extenso rol de novas hipóteses.
>
> (...)
>
> Há possibilidade de adventícias legislações esparsas inovarem o tema, reconhecendo outros casos de dispensa de licitação, como ocorreu com a Lei nº 8.880/94, (...) autorizando a contratação de institutos de pesquisas sem licitação. O que mais se evidencia no estudo da dispensa de licitação é a falta de sistematização, o casuísmo, com que tem procedido o legislador. Incisos com má redação foram inseridos no art. 24 muitas vezes para regularizar a contratação considerada irregular pelo TCU.
>
> No que tange a legislação posterior à Lei nº 8.883/94, a situação é de fácil equacionamento:
>
> – se for lei federal que criar outras hipóteses de dispensa, poderá ser constitucional e válida[131]

Sendo assim, será comum a edição de leis cujo teor criará hipóteses de dispensa de licitação quando tratar de questões específicas que, para efetivar a intenção da lei, sempre protegendo o interesse público, seja necessário o afastamento da licitação.

---

[131] FERNANDES. Jorge Ulisses. *Contratação Direta sem Licitação: Dispensa de Licitação; Inexigibilidade de Licitação: Comentários às Modalidades de Licitação, inclusive o* Pregão, 7ª ed., Belo Horizonte: Fórum, 2008, p. 278.

2. Dispensa de licitação de obras e serviços de engenharia ou de serviços de manutenção de veículos automotores em razão do pequeno valor

Artigo 75
É dispensável a licitação:
(...)
I – para contratação que envolva valores inferiores a R$ 100.000,00 (cem mil reais), no caso de obras e serviços de engenharia ou de serviços de manutenção de veículos automotores;

É praxe nos diplomas legais licitatórios afastar a necessidade de processamento de uma licitação quando, no caso concreto, contratar objetos cujo somatório dos valores despendidos no exercício financeiro, pela respectiva unidade gestora, for inferior aos valores lá fixados.

Assim ocorre, haja vista a custosa movimentação da máquina administrativa, seja do ponto de vista operacional, seja do ponto de vista financeiro, para o processamento de uma licitação, de modo a viabilizar a celebração de um contrato que detenha um pequeno valor.

Logo, prioriza-se a licitação para a contratação de objetos com valores elevados, complexos tecnicamente etc., cuja gestão acaba por mobilizar significativamente o pessoal lotado na Administração licitante, sob pena de prejuízo à eficiência administrativa.

Para corroborar o exposto, vale destacar as palavras de Marçal Justen Filho, ao tratar da dispensa de licitação:

> A dispensa de licitação verifica-se em situações em que, embora viável competição entre os particulares, a licitação afigura-se objetivamente incompatível com os valores norteadores da atividade administrativa. (...) Em contrapartida, a licitação produz benefícios para a Administração. Esses benefícios consistem em que a Administração efetivará (em tese) contratação mais vantajosa do que realizaria se a licitação não tivesse existido. A dispensa de licitação decorre do reconhecimento por lei de que os custos inerentes a uma licitação superam os benefícios que dela poderiam advir. A lei dispensa a licitação para evitar o sacrifício dos interesses coletivos e supraindividuais.[132]

Sendo assim, fixa o inc. I do art. 75, da NLLC, ser dispensável a licitação para contratação que envolva valores inferiores a R$ 100.000,00 (cem mil reais), no caso de obras e serviços de engenharia ou de serviços de manutenção de veículos automotores.

---

[132] JUSTEN FILHO, Marçal. *Comentários à Lei de Licitações e Contratos Administrativos*, 14ª ed., Dialética, São Paulo, 2010, p. 301.

Permite-se a contratação direta, por meio do referido inciso, de qualquer outro tipo de obras e serviços de engenharia ou de serviços de manutenção de veículos automotores.

Consoante estabelece o art. 6º, inc. XII, da NLLC, é conceituada como "obra: toda atividade estabelecida, por força de lei, como privativa das profissões de arquiteto e engenheiro que implica intervenção no meio ambiente por meio de um conjunto harmônico de ações que, agregadas, formam um todo que inova o espaço físico da natureza ou acarreta alteração substancial das características originais de bem imóvel."

Por sua vez, o art. 6º, inc. XXI , da NLLC, conceitua serviço de engenharia como sendo "toda atividade ou conjunto de atividades destinadas a obter determinada utilidade, intelectual ou material, de interesse para a Administração e que, não enquadradas no conceito de obra a que se refere o inciso XII do caput deste artigo, são estabelecidas, por força de lei, como privativas das profissões de arquiteto e engenheiro ou de técnicos especializados."

Já por manutenção entende-se o "conjunto de serviços destinados à realização de pequenos consertos, correções e prevenção de danos, bem como à revisão sistemática e periódica de determinado bem."[133]

Com efeito, haja vista a necessidade de interpretação restritiva das hipóteses de contratação direta, tem-se que a contratação de serviços de manutenção que não sejam de veículos automotores deverá ser submetida às regras contidas no inc. II do art. 75 da NLLC.

Fixa o § 1º do art. 75, da NLLC, que, para fins de aferição dos valores que atendam aos limites referidos no inciso em estudo, *in casu*, R$ 100.000,00 (cem mil reais), deverão ser observados (1.) o somatório do que for despendido no exercício financeiro pela respectiva unidade gestora, o que já era observado no âmbito da Lei nº 8.666/1993, ou (2.) o somatório da despesa realizada com objetos de mesma natureza, entendidos como tais aqueles relativos a contratações no mesmo ramo de atividade.

Nesses termos, para que tal dispensa de licitação seja julgada regular, as contratações que envolvam valores inferiores a R$ 100.000,00, conforme estabelece o § 1º, inc. I, do referido artigo, devem referir-se aos gastos incorridos durante o exercício financeiro e, ainda, deve representar o somatório das despesas realizadas com objetos de mesma natureza, entendidos como tais aqueles relativos a contratações no mesmo ramo de atividade, *ex vi* do § 1º, inc. II, da norma estudada.

---

[133] TCU – *Vocabulário de Controle Externo.* c.2021 Disponível em: https://portal.tcu.gov.br/vocabulario-de-controle-externo/. Acesso em: 30 de ago. de 2021.

444

DA CONTRATAÇÃO DIRETA · ARTº 75

Em outras palavras, tem-se que os valores-limites para dispensa de licitação fixados no dispositivo em comento apresentam-se como os gastos anuais e não mensais ou por realizadas por construtoras, e levam em conta a natureza do objeto a ser contratado, e não o elemento de despesa orçamentária/classificação orçamentária a que este se vincula.

Logo, antes de decidir pela dispensa de licitação, deverá ser feito um planejamento no sentido de verificar qual é o valor despendido com o objeto anualmente. Se for verificado nos cálculos que o valor ultrapassa o teto constante do inciso em comento, deverá o objeto pretenso ser objeto de licitação.

Exemplificando a hipótese de dispensa de licitação em tela, imagine-se que o Departamento de Engenharia da Administração intenciona encaminhar, ao Setor de Licitações, solicitação de dispensa de licitação para contratação de empresa para elaborar projetos de segurança para todas as escolas municipais, os quais serão apresentados ao Corpo de Bombeiros para aprovação. O serviço está orçado em R$ 15.000,00. Tais projetos constituirão futuramente elementos para eventuais contratações de obras e serviços. – Poderia este serviço de elaboração de projeto de segurança ser contratado por meio de dispensa de licitação face às dispensas já autorizadas para realização dos mesmos serviços de engenharia?

Com efeito, se no caso concreto for observado que a necessidade administrativa verificada – elaboração dos projetos de segurança para todas as escolas municipais – superar o limite anual do valor previsto no dispositivo legal supracitado, a licitação impor-se-á.

Assim, como fixa o art. 75, § 1º, da Lei nº 14.133/2021, os valores referidos no inciso em estudo, vale dizer, R$ 100.000,00 (cem mil reais), serão duplicados para obras e serviços contratados por consórcio público ou por autarquia ou fundação qualificada como agência executiva na forma da lei.

Já o § 3º do art. 75, da Lei nº 14.133/2021, fixa que as contratações, em face do pequeno valor, serão preferencialmente precedidas de divulgação de aviso em sítio eletrônico oficial, pelo prazo mínimo de 3 (três) dias úteis, com a especificação do objeto pretendido e com a manifestação de interesse da Administração em obter propostas adicionais de eventuais interessados, devendo ser selecionada a proposta mais vantajosa. Trata o referido parágrafo da possibilidade da dispensa eletrônica, instituído no âmbito federal pela Instrução Normativa SEGES/ME nº 67/2021, que criou o Sistema de Dispensa Eletrônica, e constitui ferramenta informatizada integrante do Sistema de Compras do Governo Federal – Comprasnet 4.0, disponibilizada pela Secretaria de Gestão da Secretaria Especial de Desburocratização, Gestão e Governo Digital, do Ministério da Economia, para a realização dos procedimentos de contratação direta de obras, bens e serviços, incluídos os serviços de engenharia.

Já o § 4º do art. 75, da Lei nº 14.133/2021, fixa que as contratações de que tratam o inciso estudado serão preferencialmente pagas por meio de cartão de pagamento, cujo extrato deverá ser divulgado e mantido à disposição do público no Portal Nacional de Contratações Públicas (PNCP).

Por derradeiro, o § 7º do artigo em comento estabelece que não se aplica o disposto no § 1º deste artigo às contratações de até R$ 8.000,00 (oito mil reais) de serviços de manutenção de veículos automotores de propriedade do órgão ou entidade contratante, incluído o fornecimento de peças.

Haja vista a necessidade constante de reparo da frota da Administração Pública, que deve ocorrer de forma ágil, a fim de afastar prejuízo ao serviço público, de forma a evitar a extrapolação dos limites de até R$ 100.000,00 (cem mil reais), que exigiria a realização de licitação, tem-se que o § 7º do artigo em comento excepciona a regra, fixando que as despesas de até R$ 8.000,00 não entram no cômputo do limite global da despesa gasta no exercício financeiro.

Jurisprudência

Dispensa de licitação. Contratação direta em face do pequeno valor. Dispensas indevidas e fracionamentos de licitação, caracteriza ausência de planejamento e conduz à irregularidade das contas: TCU – Acórdão 1.323/2007 – Segunda Câmara – "1. O contumaz descumprimento da Lei nº 8.666/93, caracterizado por reiteradas dispensas indevidas e fracionamentos de licitação, caracteriza ausência de planejamento e conduz à irregularidade das contas."

Dispensa de licitação. Contratação direta em face do pequeno valor. Possibilidade de fundamentar as aquisições previstas nos arts. 24, incs. III e seguintes, e 25, da Lei 8.666/93 quando o valor despendido no ajuste encontrar-se abaixo do montante fixado nos incs. I e II do art. 24 da Lei de Licitações: TCU – Acórdão nº 1.336/2006 – Plenário – Relatoria: Ministro Ubiratan Aguiar – "As aquisições caracterizadas por dispensa ou inexigibilidade de licitação, previstas nos arts. 24, incisos III e seguintes, e 25, da Lei 8.666/93, podem ser fundamentadas em dispensa de licitação, alicerçadas no art. 24, incisos I e II, da referida Lei, quando os valores se enquadrarem nos limites estabelecidos neste dispositivo."

Dispensa de licitação. Contratação direta em face do pequeno valor. Necessidade de que o expediente seja devidamente instrumentalizado: TCU – Acórdão nº 100/2003 – Plenário Trecho do relatório do Ministro Relator Marcos Bemquerer Costa – "Tal como afirmado inúmeras vezes, é incorreto afirmar que a contratação direta exclui um 'procedimento licitatório'. Os casos de dispensa e inexigibilidade de licitação envolvem, na verdade, um procedimento especial e simplificado para seleção do contrato mais vantajoso para a Administração Pública. Há uma série ordenada de atos, colimando selecionar a melhor proposta e o contratante mais adequado."

DA CONTRATAÇÃO DIRETA ART° 75

3. Dispensa de licitação em outros serviços e compras de pequeno valor

Artigo 75
É dispensável a licitação:
(...)
II – para contratação que envolva valores inferiores a R$ 50.000,00 (cinquenta mil reais), no caso de outros serviços e compras;

Adotando-se como introdução desses comentários as razões expostas no inciso antecedente, mudado o que deve ser mudado, o art. 75, inc. II, da NLLC, fixa que é dispensável a licitação para contratação que envolva valores inferiores a R$ 50.000,00 (cinquenta mil reais), no caso de outros serviços e compras.

Permite-se a contratação direta, por meio do referido inciso, para qualquer outro tipo de serviço, desde que não seja de engenharia, bem como aquisição de bens de qualquer natureza.

Consoante estabelece o art. 6º, inc. X, da NLLC, compra é definida como a "aquisição remunerada de bens para fornecimento de uma só vez ou parceladamente, considerada imediata aquela com prazo de entrega de até 30 (trinta) dias da ordem de fornecimento." Por sua vez, o art. 6º, inc. XI, da NLLC, conceitua serviço como a "atividade ou conjunto de atividades destinadas a obter determinada utilidade, intelectual ou material, de interesse da Administração."

Fixa o § 1º do art. 75, da NLLC, que, para fins de aferição dos valores que atendam aos limites referidos no inciso em estudo, vale dizer, R$ 50.000,00 (cinquenta mil reais), deverão ser observados (1.) o somatório do que for despendido no exercício financeiro pela respectiva unidade gestora, o que já era observado no âmbito da Lei nº 8.666/1993, e (2.) o somatório da despesa realizada com objetos de mesma natureza, entendidos como tais aqueles relativos a contratações no mesmo ramo de atividade.

Em outras palavras, tem-se que o valor-limite para dispensa de licitação fixado no dispositivo em comento apresenta-se como os gastos anuais e não mensais ou por fornecedores ou prestadores de serviço e devem levar em conta a natureza do objeto a ser contratado, e não o elemento de despesa orçamentária/classificação orçamentária a que este se vincula. Logo, antes de decidir pela dispensa de licitação, em face do pequeno valor, deverá ser feito um planejamento no sentido de verificar qual é o valor despendido com o objeto anualmente. Se for verificado nos cálculos que o valor ultrapassa o teto constante do inciso em comento, deverá o objeto pretenso ser objeto de licitação.

Demais disso, determina o § 1º do art. 75, da NLLC, que o teto máximo verificado refere-se ao somatório da despesa realizada com objetos de mesma natureza, entendidos como tais aqueles relativos a contratações no mesmo ramo de atividade. Para tanto, deverá considerar os produtos ou serviços de um mesmo gênero (mesma natureza), necessários durante o período correspondente ao exercício financeiro. Exemplificando, no caso de compras, não poderá a Administração Pública adquirir por meio de dispensa de licitação R$ 49 mil em caderno, R$ 49 mil em lápis, R$ 49 mil em borracha. Com efeito, de forma a atender ao inc. II do § 1º do art. 75, da NLLC, poderá ser adquirido até R$ 50 mil em material escolar, desde que essa seja a despesa anual com todos os objetos dessa categoria, ramo de atividade, serem assemelhados ou comercializados no mesmo mercado correlato.

Caso seja observado no caso concreto que a necessidade administrativa supera o limite anual do valor previsto no dispositivo legal supracitado, a licitação impor-se-á, devendo ser adotada a modalidade pregão ou concorrência.

Demais disso, fixa o art. 75, § 1º, da Lei nº 14.133/2021, que os valores referidos nos inciso em estudo, vale dizer, R$ 50.000,00 (cinquenta mil reais), serão duplicados para compras e demais serviços contratados por consórcio público ou por autarquia ou fundação qualificada como agência executiva na forma da lei.

Já o § 3º do art. 75, da Lei nº 14.133/2021, fixa que as contratações, em face do pequeno valor, serão preferencialmente precedidas de divulgação de aviso em sítio eletrônico oficial, pelo prazo mínimo de 3 (três) dias úteis, com a especificação do objeto pretendido e com a manifestação de interesse da Administração em obter propostas adicionais de eventuais interessados, devendo ser selecionada a proposta mais vantajosa. Trata o referido parágrafo da possibilidade da dispensa eletrônica, instituído no âmbito federal pela Instrução Normativa SEGES/ME nº 67/2021, que criou o Sistema de Dispensa Eletrônica, e constitui ferramenta informatizada integrante do Sistema de Compras do Governo Federal – Comprasnet 4.0, disponibilizada pela Secretaria de Gestão da Secretaria Especial de Desburocratização, Gestão e Governo Digital, do Ministério da Economia, para a realização dos procedimentos de contratação direta de obras, bens e serviços, incluídos os serviços de engenharia.

Por derradeiro, o § 4º do art. 75, da Lei nº 14.133/2021, fixa que as contratações de que tratam o inciso em estudo serão preferencialmente pagas por meio de cartão de pagamento, cujo extrato deverá ser divulgado e mantido à disposição do público no Portal Nacional de Contratações Públicas (PNCP).

Jurisprudência e demais orientações

Dispensa de licitação. Contratação direta em face do pequeno valor daqueles objetos que, durante o exercício financeiro, ultrapasse o limite fixado no inc. II do art. 24 da Lei de Licitações. Fracionamento de despesas: TCU – Acórdão

DA CONTRATAÇÃO DIRETA ART° 75

nº 305/2000 – 2ª Câmara – Relatoria: Ministro Valmir Campelo – "e.10) abstenha-se de realizar despesas de mesma espécie, com dispensa de licitação, cujos montantes ultrapassem o limite estabelecido pelo art. 24, inciso II, da Lei nº 8.666/93, sob pena de se configurar fracionamento de despesa com fuga ao procedimento licitatório, e atente para o fato de que compras realizadas a intervalos superiores a 30 dias não descaracterizam o fracionamento e de que o art. 24, inciso XII, da Lei nº 8.666/93 não ampara a aquisição de perecíveis indefinidamente."

Dispensa de licitação. Contratação direta em face do pequeno valor. Concentração dos processos de dispensa de licitação em um número restrito de fornecedores. Impossibilidade: TCU – Acórdão nº 626/2012 – Plenário Relatoria: Ministro Marcos Bemquerer Costa – "1.6. Determinações/Recomendação: 1.6.2. determinar ao 4º Batalhão de Infantaria Leve que se abstenha de concentrar processos de dispensa de licitação em um número restrito de fornecedores, tendo em vista que a baixa prospecção do mercado torna menos garantida a obtenção da proposta mais vantajosa para a Administração, além de comprometer a observância do princípio constitucional da isonomia."

Dispensa de licitação. Contratação direta em face do pequeno valor. Contratação de serviços contínuos. Para fins de afastamento da licitação, deverá ser considerada a possibilidade da duração do ajuste vigorar por até 60 meses. Orientação normativa da Advocacia Geral da União: AGU – Orientação Normativa nº 10 – "Na contratação de serviço contínuo, com fundamento no art. 24, inc. II, da Lei nº 8.666, de 1993, o limite máximo de R$ 8.000,00 (oito mil reais) deverá considerar a possibilidade da duração do contrato pelo prazo de 60 (sessenta) meses". (Diário Oficial da União – Seção 1 – 07.04.2009, pg. 14)

Dispensa de licitação. Contratação direta em face do pequeno valor. Afastamento da licitação em casos em que o valor anual com as aquisições ultrapassar o limite do art. 24, inciso II, da Lei n. 8.666/1993. Impossibilidade: TCU – Acórdão nº 589/2010 – Primeira Câmara – Relatoria: Ministro Marcos Bemquerer Costa – "9.2. determinar à 1ª Superintendência de Polícia Rodoviária Federal – SPRF/GO que: 9.2.3. não contrate serviços, por dispensa de certame, quando o total das despesas anuais não se enquadrar no limite estabelecido pelo art. 24, inciso II, da Lei n. 8.666/1993."

4. Da dispensa de licitação em caso de certames fracassados ou desertos há menos de um ano

Artigo 75
É dispensável a licitação:
(...)
III – para contratação que mantenha todas as condições definidas em edital de licitação realizada há menos de 1 (um) ano, quando se verificar que naquela licitação:

a) não surgiram licitantes interessados ou não foram apresentadas propostas válidas;

b) as propostas apresentadas consignaram preços manifestamente superiores aos praticados no mercado ou incompatíveis com os fixados pelos órgãos oficiais competentes;

Fixa o inc. III do art. 75, da NLLC, ser dispensável a licitação para contratação do objeto de um certame realizado anteriormente há menos de 1 (um) ano, ocasião, todavia, se:

(1.) observou fracassado ou deserto; ou

(2) as propostas consignaram preços manifestamente superiores aos praticados no mercado ou incompatíveis com os fixados pelos órgãos oficiais competentes.

Analisando a primeira hipótese, conceitua-se licitação deserta como o certame onde observa-se que nenhum interessado acode ao chamamento da Administração Pública licitante, não comparecendo ninguém à sessão pública de abertura dos envelopes. Por sua vez, a licitação fracassada é vislumbrada quando interessados acodem ao chamado da Administração Pública licitante, mas, na ocasião do processamento do certame, observa-se que todos são devidamente inabilitados ou detêm suas propostas comerciais desclassificadas.

Na segunda hipótese, deverá ter verificado na licitação a presença de propostas que consignaram preços manifestamente superiores aos praticados no mercado ou incompatíveis com os fixados pelos órgãos oficiais competentes.

Acerca dos requisitos que deverão ser comprovados no processo administrativo, de forma a garantir a legalidade da dispensa, deverá a licitação para contratação do objeto pretenso a ser contratado diretamente, na nova oportunidade, ser realizado há menos de 1 (um) ano.

Demais disto, deverá a Administração manter todas as condições definidas no edital de licitação também na contratação direta, de forma a permitir efetivamente a contratação do objeto pretenso, sem beneficiar o contratado com alguma modificação pontual, por exemplo, dos encargos do contratado, descrição do objeto, de forma a tornar benéfica a contratação ou, ainda, expurgando da contratação alguma exigência habilitatória que acabou por desestimular a participação ou que acarretou a inabilitados de todos os licitantes ou a desclassificação de todas as propostas.

DA CONTRATAÇÃO DIRETA ART° 75

5. Da dispensa de licitação em caso de aquisição de bens especiais, peculiares e estratégicos

Artigo 75
É dispensável a licitação:
(...)
IV – para contratação que tenha por objeto:
(...)
a) bens, componentes ou peças de origem nacional ou estrangeira necessários à manutenção de equipamentos, a serem adquiridos do fornecedor original desses equipamentos durante o período de garantia técnica, quando essa condição de exclusividade for indispensável para a vigência da garantia;

De forma a manter a garantia de equipamentos adquiridos pela Administração Pública no período da garantia legal ou, ainda, da contratualmente ajustada, permite o art. 75, inc. IV, al. "a", da NLLC, sacrificar a licitação.

Assim poderá ocorrer, uma vez que fabricantes de determinados equipamentos oferecem exclusividade de comercialização das peças para um fornecedor original, impondo, ainda, o fabricante do bem, a compra com tal determinado particular como condição indispensável para a vigência da garantia.

Com efeito, tendo em vista que a licitação é dispensável para a contratação que tenha por objeto bens, componentes ou peças, entende-se ser cabível apenas a dispensa de licitação para aquisições (compras), não podendo tal dispensa ser utilizada para a prestação de serviços.

Ultrapassado o período de garantia legal ou contratual, tem-se que deverá a aquisição de peças para manutenção ser objeto de licitação, salvo se a situação concreta não se enquadrar no disposto no art. 75, inc. II, da NLLC, ou seja, permitir a dispensa de licitação em face do pequeno valor.

O processamento da referida contratação direta deverá observar, no mais, o disposto no art. 72 da nova Lei Licitatória.

Artigo 75
É dispensável a licitação:
(...)
IV – para contratação que tenha por objeto:
(...)
b) bens, serviços, alienações ou obras, nos termos de acordo internacional específico aprovado pelo Congresso Nacional, quando as condições ofertadas forem manifestamente vantajosas para a Administração;

COMENTÁRIOS À NOVA LEI DE LICITAÇÕES PÚBLICAS E CONTRATOS ADMINISTRATIVOS

Fixa o referido dispositivo legal que é dispensável a licitação para contratação que tenha por objeto bens, serviços, alienações ou obras, nos termos de acordo internacional específico aprovado pelo Congresso Nacional, quando as condições ofertadas forem manifestamente vantajosas para a Administração.

O referido permissivo é categórico em apenas afastar a licitação em caso de contratação que tenha por objeto o fornecimento de bens, a prestação de serviços, alienações de bens ou obras execução de obras, não podendo outro objeto ser contemplado, como a concessão de uso de bem público etc.

Para que tal dispensa de licitação seja lícita, deverá o afastamento da licitação estar no bojo de acordo internacional específico, aprovado pelo Congresso Nacional, colocando-os, em regra, no mesmo nível das leis ordinárias, devendo o objeto da dispensa de licitação ser expressamente constante do seu teor, sob pena de violação ao princípio da legalidade.

Por derradeiro, conforme observa-se da leitura do referido dispositivo legal, tal hipótese de contratação direta somente poderá ocorrer quando restar justificado nos autos do processo administrativo, que as condições ofertadas forem manifestamente vantajosas para a Administração.

Artigo 75
É dispensável a licitação:
(...)
IV – para contratação que tenha por objeto:
(...)
c) produtos para pesquisa e desenvolvimento, limitada a contratação, no caso de obras e serviços de engenharia, ao valor de R$ 300.000,00 (trezentos mil reais);

Beneficiando a comunidade científica, verifica-se que o dispositivo legal em comento incentiva a realização de pesquisa científica e tecnológica, desenvolvimento de tecnologia ou inovação tecnológica, tornando célere e simplificada a aquisição de insumos e equipamentos, bem como a contratação de obras e serviços de engenharia necessários à realização das atividades laboratoriais, por meio da redução da burocracia e da agilização de procedimentos administrativos.

Como bem aponta Marcos Juruena Vilela Souto, a competição, nem sempre, é a melhor saída para tais contratações, uma vez que tal pesquisador busca itens específicos, determinados em função das contingências; não raro, se que há prazo para competição.[134]

---

[134] SOUTO. Marcos Juruena Vilela. *Direito Administrativo Contratual.*Rio de janeiro, Lumes Juris: 2004, pp.117/118.

DA CONTRATAÇÃO DIRETA · ART° 75

Aproveita-se da referida vantagem os órgãos e entidades estatais que atuam em pesquisa tecnológica, desenvolvimento e inovação, a exemplo das universidades públicas e demais entidades, que poderão afastar o certame licitatório com o escopo de adquirir bens, insumos, obras e serviços de engenharia para pesquisa e desenvolvimento.

Analisando os requisitos impostos no dispositivo legal em comento, verifica-se que qualquer órgão ou entidade poderá afastar a licitação com o escopo de adquirir bens e insumos. Todavia, deverá ficar subjacente a correlação entre a atividade de pesquisa científica ou tecnológica e a finalidade do órgão.[135]

Alerte-se que o afastamento da licitação para a aquisição de insumos e bens necessários para realização de pesquisa não afasta a necessidade de contratação da proposta mais vantajosa e nem é justificativa da escolha do futuro contratado, *ex vi* do que consta do art. 72 da NLLC.

Neste sentido, ensina Marçal Justen Filho que, *in verbis*:

> A natureza experimental da atividade de pesquisa não autoriza a gestão desatinada dos recursos públicos. Se o Estado necessitar adquirir determinado equipamento científico, a destinação à pesquisa científica não legitimará pagamento excessivo ou superior ao preço de mercado. Se um fornecedor, apercebendo-se do interesse estatal em obter equipamento para pesquisa, elevar desmedidamente o preço, não poderá promover-se a compra. Até se poderá caracterizar abuso de poder econômico.[136]

Verifica-se, portanto, que, por meio do referido dispositivo legal, as pesquisas realizadas por órgãos e entidades públicas, em tese, podem se tornar mais céleres em razão do afastamento da licitação necessária para aquisição do instrumental necessário, o que, repita-se, representa um ganho para a comunidade científica.

É oportuno esclarecer que o único limite fixado pelo inciso estudado é limitado a contratação, no caso de obras e serviços de engenharia, ao valor de R$ 300.000,00 (trezentos mil reais). Sobre essa questão, estabelece o § 5º do referido artigo que, quando utilizada a contratação direta para execução de obras e serviços de engenharia, deverão ser seguidos os procedimentos especiais instituídos em regulamentação específica.

---

[135] JACOBY FERNANDES, Jorge Ulisses. *Contratação direta sem licitação: dispensa de licitação; inexigibilidade de licitação: comentários às modalidades de licitação, inclusive o pregão*, 9. ed. Belo Horizonte:Fórum, 2014, p. 486.

[136] JUSTEN FILHO, Marçal. *Comentários à lei de licitações e contratos administrativos*. 15. ed. São Paulo: Dialética, 2012. 485.

COMENTÁRIOS À NOVA LEI DE LICITAÇÕES PÚBLICAS E CONTRATOS ADMINISTRATIVOS

Artigo 75
É dispensável a licitação:
(...)
IV – para contratação que tenha por objeto:
(...)
d) transferência de tecnologia ou licenciamento de direito de uso ou de exploração de criação protegida, nas contratações realizadas por instituição científica, tecnológica e de inovação (ICT) pública ou por agência de fomento, desde que demonstrada vantagem para a Administração;

Tal hipótese de dispensa de licitação foi inicialmente inserida no art. 24, inc. XXV, da Lei nº 8.666/1993, pela Lei nº 10.973/04, sendo, novamente, tal possibilidade reproduzida pela NLLC, haja vista os efetivos benefícios verificados para a comunidade científica, dada a concretização de uma medida de fomento à inovação e à pesquisa científica e tecnológica no ambiente produtivo, em cumprimento ao teor contido nos arts. 218 e 219 da Constituição de 1988.

A dispensa de licitação incluída neste inciso traduz-se num complemento facilitador da exploração dos resultados alcançados, em vista da faculdade dos arts. 6º e 7º da Lei nº 10.973/2004, para a celebração de contratos de transferência de tecnologia e de licenciamento para outorga de direito de uso, além da possibilidade de obtenção do direito de uso ou da exploração de criação protegida.

Artigo 75
É dispensável a licitação:
(...)
IV – para contratação que tenha por objeto:
(...)
e) hortifrutigranjeiros, pães e outros gêneros perecíveis, no período necessário para a realização dos processos licitatórios correspondentes, hipótese em que a contratação será realizada diretamente com base no preço do dia;

Primeiramente, haja vista a necessidade de realização de contratações temporárias de bens cuja interrupção pode gerar problemas de toda sorte para a Administração Pública, temos a considerar que o referido inciso é constante das normas licitatórias, sendo a mesma a reproduzida no disposto no art. 24, inc. XII, da Lei nº 8.666/1993.

Sendo assim, permite o art. 75, inc. IV, al. "e", da NLLC, a aquisição de hortifrutigranjeiros, pães e outros gêneros perecíveis, no período necessário para a realização dos processos licitatórios correspondentes.

Acerca dos requisitos ou condições fixadas no referido inciso, tem-se que somente os hortifrutigranjeiros, pães e outros gêneros perecíveis podem ser adquiridos por dispensa de licitação fundada no referido dispositivo legal, não podendo outros objetos serem contratados com arrimo nesse permissivo.

Segundo o Dicionário Caldas Aulete, por hortifrutigranjeiros entende-se os "produtos provenientes tanto da horta, como, p. ex., a alface, quanto dos pomares e das granjas, como, p. ex., as laranjas e os ovos."

No tocante ao conceito de "pão", estabelece a Resolução nº 12/78, da Comissão Nacional de Normas e Padrões para Alimentos – CNPPA (D.O. de 24/07/1978), que tal alimento "é o produto obtido pela cocção, em condições técnicas adequadas, de massa preparada com farinha de trigo, fermento biológico, água e sal, podendo conter outras substâncias alimentícias aprovadas."

Já gêneros ou mercadoria perecível são aqueles produtos ou alimentos cujo prazo de consumo é exíguo, haja vista o rápido apodrecimento.

Sendo esses os objetos que poderão ser contratados diretamente, não poderá ser dispensada a licitação com o escopo de contratar diretamente gêneros alimentícios estocáveis,[137] como a contratação de cestas básicas,[138] produtos congelados, produtos industrializados não perecíveis etc.

Com efeito, tem-se que contratação direta com fulcro no art. 75, inc. II, al. "e", da NLLC, detém a natureza temporária e somente restará autorizada a utilização pelo "tempo necessário" para a realização da licitação, haja vista a possibilidade:

1. do certame não ter sido desencadeado, hipótese em que deverá ser instaurada processo administrativo para buscar a responsabilidade de quem deu causa;

2. do contrato administrativo vigente ter sido objeto de anulação ou rescisão unilateralmente, fato que exigirá a instauração de uma nova licitação;

3. de não ter sido concluída a licitação regularmente instaurada e em processamento etc.

Com efeito, nas duas últimas hipóteses, existindo justificativa para a continuidade da entrega dos bens perecíveis, exemplo do fornecimento de merenda aos alunos da rede municipal de ensino, serviço essencial que não pode sofrer interrupções,[139] poderá a empresa contratada que já executava o objeto continuar realizando o fornecimento, apenas pelo tempo necessário para

---

[137] TCE/SP – TC-000772.989.17-4. 1ª Câmara. Relatoria: Conselheiro Sidney Estanislau Beraldo. Data da Sessão: 02/09/2019. Publicado no DOE em: 10/09/2019.

[138] TCE/SP – TC-001001.010.11.Tribunal Pleno. Relatoria: Conselheiro Antonio Carlos dos Santos. Data da Sessão: 30/08/2017. Publicado no DOE em: 25/10/2017.

[139] TCE/SP – TC-000858.002.12. 2ª Câmara. Relatoria: Conselheiro Sidney Estanislau Beraldo. Data da Sessão: 24/02/2015. Publicado no DOE em: 21/03/2015.

COMENTÁRIOS À NOVA LEI DE LICITAÇÕES PÚBLICAS E CONTRATOS ADMINISTRATIVOS

a realização ou conclusão dos processos licitatórios correspondentes. Nesse caso, todavia, o pagamento será realizado pelo preço do dia e não mais pelo valor da contratação.[140]

Com efeito, comprovando-se que a contratação não foi realizada pelo prazo necessário para a realização de novo processo licitatório correspondente, mas por período superior, inexistindo justificativa, eivada de ilegalidade estará a contratação.

Jurisprudência

Dispensa de licitação. Aquisição de hortifrutigranjeiros, pão e outros gêneros perecíveis. Permissivo legal não ampara a aquisição de alimentos perecíveis indefinidamente: TCU – Acórdão nº 305/2000 – 2ª Câmara – Relatoria: Ministro Valmir Campelo – "e.10) abstenha-se de realizar despesas de mesma espécie, com dispensa de licitação, cujos montantes ultrapassem o limite estabelecido pelo art. 24, inciso II, da Lei nº 8.666/93, sob pena de se configurar fracionamento de despesa com fuga ao procedimento licitatório, e atente para o fato de que compras realizadas a intervalos superiores a 30 dias não descaracterizam o fracionamento e de que o art. 24, inciso XII, da Lei nº 8.666/93 não ampara a aquisição de perecíveis indefinidamente."

Artigo 75
É dispensável a licitação:
(...)
IV – para contratação que tenha por objeto:
(...)
f) bens ou serviços produzidos ou prestados no País que envolvam, cumulativamente, alta complexidade tecnológica e defesa nacional;

Inicialmente, temos a esclarecer que a possibilidade de contratação direta para incentivar a inovação e a pesquisa científica e tecnológica no ambiente produtivo foi criada pela Lei nº 11.484/2007, cujo teor introduziu o inc. XXVIII no art. 24 da Lei 8.666/1993.

Acerca dos requisitos de validade da referida contratação direta, temos a considerar que a possibilidade de afastamento da licitação é lícita apenas para a contratação de bens e serviços, não sendo contemplada a contratação de obras e serviços de engenharia.

Grife-se que o referido dispositivo legal exige que os bens e os serviços deverão ser produzidos ou prestados no Brasil, não podendo ocorrer a atuação do contratado em órgão ou entidade localizada fora do país.

---

[140] TCE/SP – TC-002946.989.14-2. Tribunal Pleno. Relatoria: Conselheiro Renato Martins Costa. Data da Sessão: 06/08/2014. Publicado no DOE em: 22/08/2014.

DA CONTRATAÇÃO DIRETA ART° 75

Deverá na descrição do objeto demandado constar expressamente a alta complexidade tecnológica e defesa nacional, vale dizer, deverão as duas características ser efetivamente demonstradas nos autos do processo administrativo.

É oportuno considerar que o referido dispositivo legal não conceitua o que seria "alta complexidade tecnológica" e "defesa nacional", cabendo as três condições serem devidamente demonstradas em manifestação.

Artigo 75
É dispensável a licitação:
(...)
IV – para contratação que tenha por objeto:
(...)
g) materiais de uso das Forças Armadas, com exceção de materiais de uso pessoal e administrativo, quando houver necessidade de manter a padronização requerida pela estrutura de apoio logístico dos meios navais, aéreos e terrestres, mediante autorização por ato do comandante da força militar;

Analisando o teor constante do art. 75, inc. IV, al. "g", da NLLC, temos a considerar que a dispensa de licitação somente ocorrerá quando houver necessidade de manter a padronização requerida pela estrutura de apoio logístico dos meios navais, aéreos e terrestres de materiais de uso das Forças Armadas, com exceção de materiais de uso pessoal e administrativo.

Sendo assim, cabe inicialmente esclarecer que a autorização legal para a contratação direta contida no dispositivo em estudo limita-se, apenas, às Forças Armadas, não sendo permitida sua utilização para quaisquer outros órgãos, inclusive os das forças auxiliares e reserva do Exército, a exemplo das polícias militares e os corpos de bombeiros militares, consoante determina o art. 114, § 6º, da CF/88.

Para que a referida contratação direta seja viabilizada, deverá existir prévia padronização efetivada no âmbito interno de uma das Forças Militares, fruto de processo administrativo a ser requerido pela estrutura de apoio logístico dos meios navais, aéreos e terrestres, mediante autorização por ato do comandante da força militar.

Com efeito, inexistindo a padronização citada no dispositivo em comento, a contratação direta não poderá ocorrer com base neste dispositivo legal.

COMENTÁRIOS À NOVA LEI DE LICITAÇÕES PÚBLICAS E CONTRATOS ADMINISTRATIVOS

Artigo 75
É dispensável a licitação:
(...)
IV – para contratação que tenha por objeto:
(...)
h) bens e serviços para atendimento dos contingentes militares das forças singulares brasileiras empregadas em operações de paz no exterior, hipótese em que a contratação deverá ser justificada quanto ao preço e à escolha do fornecedor ou executante e ratificada pelo comandante da força militar;

De forma a garantir a eficiência e assertividade no tocante à atuação das Forças Armadas Brasileiras em operações de paz no exterior, a exemplo do que ocorreu no Haiti, o art. 75, inc. IV, al. "h", da NLLC, permite a dispensa de licitação para aquisição de bens e o fornecimento de serviços que se apresentem como necessários para atendimento dos contingentes militares para missões desta natureza.

Exige o referido dispositivo legal, que, em tal hipótese de contratação direta, deverá o preço dos bens ou serviços contratados ser justificado nos autos do processo administrativo, bem como a escolha do fornecedor ou prestador de serviço, devendo tal razão e preferência ser devidamente ratificados pelo comandante da força militar.

Artigo 75
É dispensável a licitação:
(...)
IV – para contratação que tenha por objeto:
(...)
i) abastecimento ou suprimento de efetivos militares em estada eventual de curta duração em portos, aeroportos ou localidades diferentes de suas sedes, por motivo de movimentação operacional ou de adestramento;

Esclareça-se, inicialmente, ser comum que aeronaves e embarcações das Forças Armadas estejam pousadas ou atracadas em aeroportos ou portos no estrangeiro, em estada eventual de curta duração, por motivo de movimentação operacional ou de adestramento.

Ante a tal situação, é necessário a existência de viabilidade operacional que ocorra o abastecimento das aeronaves e embarcações e a provisão de suprimentos para os efetivos militares, devendo, para tanto, ocorrer a contratação dos referidos bens.

DA CONTRATAÇÃO DIRETA · ART 75

É oportuno considerar que dada a exiguidade do prazo de estada no estrangeiro, tem-se que o atendimento da necessidade de abastecimento e provisionamento de suprimentos é incompatível com a instauração de licitação. Logo, de forma a afastar a demora no atendimento da referida necessidade, permite o art. 75, inc. IV, al. "i", da NLLC, a dispensa de licitação para contratação daquilo que é para viabilizar o abastecimento e suprimento apenas e tão somente em estada eventual de curta duração em portos, aeroportos ou localidades diferentes de suas sedes.

Artigo 75
É dispensável a licitação:
(...)
IV – para contratação que tenha por objeto:
(...)
j) coleta, processamento e comercialização de resíduos sólidos urbanos recicláveis ou reutilizáveis, em áreas com sistema de coleta seletiva de lixo, realizados por associações ou cooperativas formadas exclusivamente de pessoas físicas de baixa renda reconhecidas pelo poder público como catadores de materiais recicláveis, com o uso de equipamentos compatíveis com as normas técnicas, ambientais e de saúde pública;

De forma a fortalecer as associações ou cooperativas de catadores de materiais recicláveis, garantindo trabalho e renda, art. 75, inc. IV, al. "j", da NLLC, permite a contratação dessas pessoas jurídicas para coleta, processamento e comercialização de resíduos sólidos urbanos recicláveis ou reutilizáveis, em áreas com sistema de coleta seletiva de lixo.

Acerca dos requisitos para garantir a legalidade da contratação direta, tem-se que não poderá ser utilizado o referido permissivo para realização de coleta, do processamento e da comercialização, dos resíduos não recicláveis, como a coleta de lixo doméstico (reciclável ou não), uma vez que o dispositivo legal não contempla tal tipo de detrito.

Somente poderão ser contratadas associações ou cooperativas formadas exclusivamente por pessoas físicas de baixa renda reconhecidas pelo poder público como catadores de materiais recicláveis.

A quantidade de associações ou cooperativas contratadas poderá variar de acordo com a área do Município a ser coberta pela coleta seletiva de lixo. Sobre tal situação, ensina Diogenes Gasparini que:

> Dependendo da área a ser coberta pela coleta, processamento e comercialização dos resíduos sólidos urbanos recicláveis ou reutilizáveis, a Administração Pública poderá

COMENTÁRIOS À NOVA LEI DE LICITAÇÕES PÚBLICAS E CONTRATOS ADMINISTRATIVOS

celebrar sempre com associações ou cooperativas, tantos contratos quantos forem necessários para a satisfatória execução desses serviços.[141]

Sendo assim, em virtude dos benefícios à população de baixa renda, agrupada em associações que objetivam a coleta de resíduos sólidos recicláveis, ante o aumento da demanda do lixo reciclável na comuna, não nos parece existir óbices para que a Administração contrate, auxilie e subsidie tantas outras que venham a constituir-se na localidade, não sendo tal direito conferido apenas àquela que primeiramente veio a constituir-se.

Sendo assim, diante da importância econômica e social, nos parece ser possível a existência de duas ou mais entidades congregadoras de catadores de papel, podendo o Poder Público incentivar, contratar ou subsidiar o seu funcionamento.

Por ser exigência expressa constante do dispositivo estudado, deverão os profissionais vinculados à associação e cooperativas utilizarem equipamentos compatíveis com as normas técnicas, ambientais e de saúde pública.

Artigo 75
É dispensável a licitação:
(...)
IV – para contratação que tenha por objeto:
(...)
k) aquisição ou restauração de obras de arte e objetos históricos, de autenticidade certificada, desde que inerente às finalidades do órgão ou com elas compatível;

Tendo em vista que a gestão de obras de arte e objetos históricos é incompatível com o processo de licitação, permite o art. 75, inc. IV, al. "k", da NLLC, a dispensa de licitação para aquisição ou restauração de obras de arte e objetos históricos, de autenticidade certificada, desde que inerente às finalidades do órgão ou com elas compatíveis.

Analisando os requisitos impostos pelo referido permissivo legal, observa-se que somente poderá ser dispensada a licitação para fins de aquisição ou restauração de obras de arte e objetos históricos.

Consoante determina o referido inciso, aquisição de obras de arte e objetos históricos, deverá ter a autenticidade certificada, sob pena de aportar significativos recursos públicos na compra de uma obra que pode ser falsa.

---

[141] GASPARINI, Diogenes. *Direito Administrativo*, 12ª ed., São Paulo: Saraiva, 2007, p. 541.

DA CONTRATAÇÃO DIRETA   ARTº 75

Acerca do certificado de autenticidade, leciona Hely Lopes Meirelles:

Justifica-se a dispensa de licitação por se tratar de objetos certos e determinados, valiosos por sua originalidade, e, por isso mesmo, não sujeitos a substituição por cópias ou similares. Daí por que se exigir o certificado de legitimidade[142]

Por derradeiro, a contratação direta cujo objeto busque à aquisição ou restauração de uma obra de arte ou de objetos de valor histórico somente será legal se ocorrer por meio de órgãos ou entidades cuja missão institucional seja a gestão do patrimônio cultural, a exemplo de museus, fundações culturais, Ministério da Cultura etc., sendo descabido às Administrações que não detenham as atribuições acima delineadas efetivar a contratação direta com fundamento no dispositivo em comento.

Definições

Restauração. Definição proposta pelo CONFEA. Decisão Normativa CONFEA nº 83, de 26 de setembro de 2008 – art. 2º, inc. II, 2. al. f: "f) restauração ou restauro: conjunto de ações destinado a restabelecer a unidade da edificação do ponto de vista de sua concepção e legibilidade originais, ou relativa a uma dada época, que deve ser baseada em investigações e análises históricas inquestionáveis e utilizar materiais que permitam uma distinção clara, quando observados de perto, entre original e não original."

Restauração. Definição proposta pelo CAU. Anexo da Resolução nº 21/12, do Conselho de Arquitetura e Urbanismo do Brasil: "Restauração – recuperação da unidade primitiva do edifício, monumento ou sítio e suas artes integradas."

Jurisprudência e decisões dos Tribunais de Contas

Contratação direta para aquisição ou restauração de obras de arte. Necessidade do laudo de autenticidade e avaliação: TCE/SP – Súmula nº 9 – "As aquisições de obras de arte ou de valor histórico devem ser precedidas de laudo de autenticidade e avaliação."

Artigo 75
É dispensável a licitação:
(...)
IV – para contratação que tenha por objeto:
(...)

---

[142] MEIRELLES, Hely Lopes. *Licitação e Contrato Administrativo*, 14ª ed.,São Paulo: Malheiros, 2007, p. 121

COMENTÁRIOS À NOVA LEI DE LICITAÇÕES PÚBLICAS E CONTRATOS ADMINISTRATIVOS

l) serviços especializados ou aquisição ou locação de equipamentos destinados ao rastreamento e à obtenção de provas previstas nos incisos II e V do caput do art. 3º da Lei nº 12.850, de 2 de agosto de 2013, quando houver necessidade justificada de manutenção de sigilo sobre a investigação;

Permite-se a dispensa de licitação com fundamento no art. 75, inc. IV, al. "l", da NLLC, para contratação de serviços especializados, aquisição ou locação de equipamentos destinados ao rastreamento e obtenção de provas previstas nos incs. II e V do *caput* do art. 3º da Lei nº 12.850, de 2 de agosto de 2013, quando houver necessidade justificada de manutenção de sigilo sobre a investigação.

Fixa o art. 3º, incs. II e V, da Lei nº 12.850/2013, que, em qualquer fase da persecução penal, serão permitidos, sem prejuízo de outros já previstos em lei, como meios de obtenção da prova, (II) a captação ambiental de sinais eletromagnéticos, ópticos ou acústicos e a (V) interceptação de comunicações telefônicas e telemáticas, nos termos da legislação específica.

Sendo assim, de forma a garantir a celeridade de contratação de serviços especializados ou aquisição ou locação de equipamentos destinados ao rastreamento e à obtenção de provas, bem como a reduzir publicidade, permite o art. 75, inc. IV, al. "l", da NLLC, a contratação direta, sem licitação, dos referidos objetos.

Artigo 75
É dispensável a licitação:
(...)
IV – para contratação que tenha por objeto:
(...)
m) aquisição de medicamentos destinados exclusivamente ao tratamento de doenças raras definidas pelo Ministério da Saúde;

Preliminarmente, consoante determinam os arts. 6º e 196, da Constituição da República de 1988, é garantido o direito à saúde a qualquer pessoa, sendo, portanto, uma obrigação do Estado brasileiro fornecer os medicamentos demandados pela população.

Ante a tal fato, que acaba por gerar constante judicialização, tendo em vista o alto custo dos remédios produzidos pelos laboratórios para combater doenças raras, de forma a garantir eficiência no atendimento de demandas dessa natureza, o art. 75, inc. IV, al. "m", da NLLC, permite a dispensa de licitação para a aquisição de medicamentos destinados exclusivamente ao tratamento de doenças raras definidas pelo Ministério da Saúde.

DA CONTRATAÇÃO DIRETA ART° 75

6. Da dispensa de licitação em contratos que versem sobre medidas de incentivo à inovação e à pesquisa científica

Artigo 75
É dispensável a licitação quando:
(...)
V – para contratação com vistas ao cumprimento do disposto nos arts. 3º, 3º-A, 4º, 5º e 20 da Lei nº 10.973, de 2 de dezembro de 2004, observados os princípios gerais de contratação constantes da referida Lei;

O inc. V do art. 75, da NLLC, torna dispensável a licitação nas contratações visando o cumprimento do disposto nos arts. 3º-A, 4º, 5º e 20 da Lei nº 10.973, de 2 de dezembro de 2004, devendo ser observados os princípios gerais de contratação dela constantes.

De nada adianta o Poder Público criar políticas públicas para o progresso da ciência, tecnologia e inovação, cumprindo o mandamento constitucional acima apontado, se for mantida a observância de licitação, expediente moroso e burocrático, muito criticado em razão de atravancar a implementação dos programas governamentais.

Destaque-se que o art. 3º-A da Lei nº 10.973/04 permite que a Financiadora de Estudos e Projetos – FINEP, como secretaria executiva do Fundo Nacional de Desenvolvimento Científico e Tecnológico – FNDCT, o Conselho Nacional de Desenvolvimento Científico e Tecnológico – CNPq e as Agências Financeiras Oficiais de Fomento firme convênios e contratos sem licitação, por prazo determinado, com as fundações de apoio, com a finalidade de dar apoio às IFES e demais ICTs, inclusive na gestão administrativa e financeira dos projetos mencionados no *caput* do art. 1º da Lei nº 8.958, de 20 de dezembro de 1994, com a anuência expressa das instituições apoiadas.

Já o art. 4º estabelece que os ICT poderão, mediante remuneração e por prazo determinado, nos termos de contrato ou convênio: I – compartilhar seus laboratórios, equipamentos, instrumentos, materiais e demais instalações com microempresas e empresas de pequeno porte em atividades voltadas à inovação tecnológica, para a consecução de atividades de incubação, sem prejuízo de sua atividade finalística; II – permitir a utilização de seus laboratórios, equipamentos, instrumentos, materiais e demais instalações existentes em suas próprias dependências por empresas nacionais e organizações de direito privado sem fins lucrativos voltadas para atividades de pesquisa, desde que tal permissão não interfira diretamente na sua atividade-fim, nem com ela conflite.

Por sua vez, o art. 5º autoriza a União e suas entidades a participar minoritariamente do capital de empresa privada de propósito específico que vise

COMENTÁRIOS À NOVA LEI DE LICITAÇÕES PÚBLICAS E CONTRATOS ADMINISTRATIVOS

ao desenvolvimento de projetos científicos ou tecnológicos para obtenção de produto ou processos inovadores.

Por derradeiro, verifica-se que o art. 20 da lei retrocitada permite que os órgãos e entidades da Administração Pública, em matéria de interesse público, contratem empresa, consórcio de empresas e entidades nacionais de direito privado sem fins lucrativos voltadas para atividades de pesquisa, de reconhecida capacitação tecnológica no setor, visando à realização de atividades de pesquisa e desenvolvimento, que envolvam risco tecnológico, para solução de problema técnico específico ou obtenção de produto ou processo inovador.

As medidas consubstanciadas no inc. V do art. 75, da NLLC, demonstram o claro intuito de potencializar as ações autorizadas pela Lei nº 10.973/2004, a denominada Lei de Inovação. Desta forma, a proposição reúne elementos para fortalecer setores industriais e serviços nacionais voltados à inovação e para alavancar o desenvolvimento tecnológico, por meio de empresas estimuladas e apoiadas para atingir tais objetivos. Registre-se, ademais, que o referido mecanismo de estímulo, na forma proposta, não se contrapõe às normas da Organização Mundial do Comércio – OMC.

Especificamente no que tange às encomendas tecnológicas, referenciadas no art. 20 da Lei nº 10.973, de 2004, é importante frisar que a possibilidade de dispensa de licitação para aquisição dos produtos contemplados sob esta modalidade reúne condições para viabilizar o surgimento, o fortalecimento e a multiplicação de empresas inovadoras brasileiras, notadamente de empreendimentos atuantes em setores com amplo impacto na economia e que podem, com esse estímulo, promover uma efetiva autonomia tecnológica do País.

Observa-se, portanto, que as contratações necessárias para implementar o teor contido nos dispositivos legais retrocitados poderão ter a licitação afastada, fato que torna mais célere a implementação das políticas públicas relacionadas ao desenvolvimento científico e tecnológico no país.

7. Da dispensa de licitação em contratações que possam acarretar comprometimento da segurança nacional

Artigo 75
É dispensável a licitação quando:
(...)
VI – para contratação que possa acarretar comprometimento da segurança nacional, nos casos estabelecidos pelo Ministro de Estado da Defesa, mediante demanda dos comandos das Forças Armadas ou dos demais ministérios;

DA CONTRATAÇÃO DIRETA ART° 75

Sabe-se que o processamento de uma licitação representa uma efetiva postergação da efetiva utilização do objeto pretenso, haja vista a necessidade de estrita observância do procedimento fixado na legislação. Por tal razão, uma das tônicas da NLLC é o planejamento administrativo, de forma a permitir que o administrador se antecipe e instaure uma licitação previamente.

Demais disto, em um típico procedimento licitatório deve ser garantida a publicização integral dos atos praticados no certame, bem como a totalidade dos termos da contratação pública, o que acaba por expor os agentes públicos por meio da divulgação de dados do referido servidor ou empregado público, bem como do particular contratado, seus representantes legais, demais colaboradores etc.

Logo, tendo em vista que determinados objetos, seja em razão da demora da efetiva contratação, seja em razão do conteúdo efetivamente contratado, seja em razão da exposição dos agentes públicos ou pessoa jurídica contratada, podem acarretar, de alguma forma, o comprometimento da segurança nacional.

Sendo assim, existindo motivada justificativa que recairá sobre o prejuízo da segurança nacional, poderá ser dispensada a licitação passando a ser celebrada uma contratação direta nos casos estabelecidos pelo Ministro de Estado da Defesa, mediante demanda dos comandos das Forças Armadas ou dos demais ministérios.

Com efeito, no caso da referida dispensa, verifica-se que a razão efetiva para a dispensa da licitação é a necessidade de sigilo dos seus termos, sob pena do prejuízo que o próprio dispositivo legal aponta.

A contratação direta fundamentada no inc. VI do art. 75, da NLLC, e regulamentada por meio do Dec. nº 2.295/97, em regra, tão somente pode ser utilizada pela União, tendo em vista sua competência para assegurar a defesa nacional, nos termos do disposto no art. 21, inc. III, da CF/88.

Nesse sentido, conforme fixa o referido Decreto, modificado pelo Decreto nº 10.63/2021, ficam dispensadas de licitação as compras e contratações de obras ou serviços quando a revelação de sua localização, necessidade, característica de seu objeto, especificação ou quantidade coloque em risco objetivos da segurança nacional, e forem relativas a:

I – aquisição de recursos bélicos navais, terrestres e aeroespaciais;

II – contratação de serviços técnicos especializados na área de projetos, pesquisas e desenvolvimento científico e tecnológico;

III – aquisição de equipamentos e contratação de serviços técnicos especializados para as áreas de:

a) inteligência;
b) segurança da informação;
c) segurança cibernética;

COMENTÁRIOS À NOVA LEI DE LICITAÇÕES PÚBLICAS E CONTRATOS ADMINISTRATIVOS

d) segurança das comunicações; e

e) defesa cibernética; e

IV – lançamento de veículos espaciais e respectiva contratação de bens e serviços da União para a sua operacionalização.

Por derradeiro, esclareça-se que o afastamento da licitação em caso de comprometimento da segurança nacional somente poderá ocorrer em razão do comprometimento da segurança nacional. Sendo assim, ações de segurança da União, Estados e Municípios não autorizam a dispensa de licitação com arrimo neste dispositivo legal, dada a sua aplicabilidade restrita.

Sobre tal questão o Tribunal de Contas da União já prolatou que:

1. Para fins da dispensa de licitação prevista no inciso IX do art. 24 da Lei n.º 8.666, de 1993, não se enquadram, a princípio, no conceito de 'segurança nacional' as ações de segurança pública empreendidas pela União Federal, Estados, Distrito Federal e Municípios, a depender, no sentido contrário, do exame do caso concreto.[143]

8. Da dispensa de licitação durante a ocorrência de estado de exceção

Artigo 75
É dispensável a licitação quando:
(...)
VII – nos casos de guerra, estado de defesa, estado de sítio, intervenção federal ou de grave perturbação da ordem;

Vislumbrando-se que, quando a ordem pública ou a paz social encontra-se ameaçada por uma grave e iminente instabilidade institucional ou, ainda, em razão da verificação de calamidades naturais de grandes proporções, afigura-se totalmente descabida a realização de um planejamento administrativo para processar uma licitação, sob pena do prejuízo experimentado pela população ser exponenciado, devendo, em situações dessa natureza, ocorrer a contratação imediata de objetos que justificadamente forem necessários para o enfrentamento da adversidade verificada no caso concreto.

Ante uma situação dessa natureza, ocorrendo formal declaração de guerra, declaração de estado de defesa, estado de sítio, intervenção federal, ou, ainda, de grave perturbação da ordem, poderá a licitação ser afastada, passando a Administração a celebrar contratações diretas, com arrimo no inc. VII do art. 75 da NLLC.

---

[143] TCU – Acórdão nº 2314/2008 – Plenário. Relatoria: Min. Guilherme Palmeira. Brasil. Data da Sessão: 22/10/2008.

DA CONTRATAÇÃO DIRETA · ARTº 75

9. Da dispensa de licitação para contratações que garantam a continuidade de serviços essenciais em casos de calamidade pública e/ou urgência

Artigo 75
É dispensável a licitação quando:
(...)
VIII – nos casos de emergência ou de calamidade pública, quando caracterizada urgência de atendimento de situação que possa ocasionar prejuízo ou comprometer a continuidade dos serviços públicos ou a segurança de pessoas, obras, serviços, equipamentos e outros bens, públicos ou particulares, e somente para aquisição dos bens necessários ao atendimento da situação emergencial ou calamitosa e para as parcelas de obras e serviços que possam ser concluídas no prazo máximo de 1 (um) ano, contado da data de ocorrência da emergência ou da calamidade, vedadas a prorrogação dos respectivos contratos e a recontratação de empresa já contratada com base no disposto neste inciso;

Já o art. 75, inc. VIII, da NLLC, dispensa a licitação nos casos de emergência ou de calamidade pública, quando caracterizada urgência de atendimento de situação que possa ocasionar prejuízo ou comprometer a continuidade dos serviços públicos ou a segurança de pessoas, obras, serviços, equipamentos e outros bens, públicos ou particulares.

Não sendo vislumbrado, no caso concreto, urgência de atendimento, deverá a Administração planejar a instauração de uma licitação.

Tem-se que a situação fática que desencadeia a contratação direta emergencial não pode ter como origem a falta de planejamento, desídia administrativa ou má gestão dos recursos disponíveis, sob pena de caracterização de "emergência ficta" pelos órgãos de controle e futura responsabilização.

Pelo contrário, a emergência e/ou urgência da contratação há de ser real e o processo de dispensa deverá conter obrigatoriamente a demonstração concreta e efetiva da potencialidade de dano e a demonstração de que a contratação direta é a via adequada e efetiva para eliminar o risco, a fim de evitar eventuais e futuras manifestações contrárias por parte dos controles interno e externo. Assim, uma vez comprovados os requisitos legalmente exigidos, a contratação emergencial será legítima.

Nesses termos, a dispensa de licitação somente será lícita para aquisição dos bens, serviços ou obras necessárias apenas para o atendimento da situação emergencial ou calamitosa, sendo ilegal a contratação de qualquer outro objeto que não objetive eliminar o risco verificado no caso concreto.

Não obstante seja assim, observando-se no caso concreto que a emergência é ficta ou fabricada, deverá ocorrer o atendimento da situação observada no

COMENTÁRIOS À NOVA LEI DE LICITAÇÕES PÚBLICAS E CONTRATOS ADMINISTRATIVOS

caso concreto, sendo necessário, ato contínuo, a instauração de um processo administrativo com o escopo de apurar a responsabilidade do servidor em razão da negligência causadora da contratação direta.

Neste sentido é o entendimento do eg. Tribunal de Contas da União, *in verbis*:

> É possível a contratação direta, mesmo quando a situação de emergência decorrer da falta de planejamento, da desídia administrativa ou da má gestão dos recursos públicos. Caberá analisar, para fins de responsabilização, a conduta do agente público que não adotou tempestivamente as providências cabíveis.[144]

Demais disso, apresentando-se como uma novidade no âmbito da NLLC, fixa o inciso em estudo que somente será regular a dispensa de licitação para a contratação das parcelas de obras e serviços que possam ser concluídas no prazo máximo de 1 (um) ano, contado da data de ocorrência da emergência ou da calamidade, vedadas a prorrogação dos respectivos contratos e a recontratação de empresa já contratada.

Destaque-se que a determinação contida na NLLC tem como condão afastar expediente até então observado nas contratações emergenciais previstas na Lei nº 8.666/1993, que permitia a extrapolação lícita do prazo de 180 dias da contratação direta. Vejamos.

Esclareça-se que o inc. IV do art. 24 da Lei de Licitações determina que a duração dos contratos emergenciais terá prazo máximo de duração de 180 (cento e oitenta dias) consecutivos e ininterruptos, sendo estes contados da ocorrência da emergência ou calamidade, vedada a prorrogação dos respectivos contratos.

Contudo, verificando, ao fim do prazo inicialmente previsto de vigência do contrato, que a situação emergencial permanece, e estando presentes os pressupostos insertos no inc. IV do art. 24 da Lei nº 8.666/1993, é admitida a realização de uma contratação.

Assim, haja vista a impossibilidade de se prorrogar o contrato firmado por expressa previsão legal, celebra-se um novo contrato, até com o mesmo contratado, com fundamento neste mesmo dispositivo legal, pelo prazo máximo de cento e oitenta dias, na forma prevista pelo dispositivo em comento, devendo-se observar os ditames contidos no art. 26 do Estatuto federal Licitatório.

Sobre o tema, ensina o ilustre jurista Antônio Cintra do Amaral, *in verbis*:

---

[144] TCU – Acórdão nº 3521/2010 – Segunda Câmara – Relatoria: Min. Benjamin Zymler. Brasil. Data da Sessão: 06/07/2010.

Nos contratos por emergência, a prorrogação do prazo contratual é vedada expressamente pela lei. Assim, o contrato não pode conter cláusula de prorrogação, o que a torna juridicamente inviável. Resta, pois, examinar se cabe a renovação do contrato, vale dizer, a celebração de um novo contrato por emergência.

A lei veda a prorrogação do prazo nos contratos por emergência. Mas não proíbe – e seria insensato admitir que pudesse fazê-lo – a continuidade da situação emergencial após os 180 dias. A norma jurídica contém uma hipótese. Ocorrido o fato contemplado na hipótese normativa, aplica-se a norma ao caso concreto. A norma jurídica não tem o condão de criar fatos. Nem de impedir que eles se verifiquem. A lei prevê situações fáticas. Não pode, obviamente, criá-las ou proibi-las.

Se, vencido o prazo máximo previsto em lei, há a caracterização de uma situação de emergência, quer seja a continuidade da anterior, quer uma nova situação, juridicamente existe, para todos os efeitos, uma nova emergência. A essa nova emergência aplica-se a norma que prevê a dispensa de licitação, acarretando o dever de o agente público efetuar uma nova contratação direta.

O agente público não pode prorrogar o prazo contratual, porque este é – como foi exposto acima – improrrogável. Mas isso não significa – nem poderia significar – que a extinção do contrato (consequência jurídica do término do prazo contratual) corresponda, necessariamente, à extinção da emergência (situação fática). O contrato está extinto, mas há uma nova incidência da norma jurídica sobre a situação fática emergencial atual. O agente público tem, portanto, o dever de efetuar nova contratação por emergência.

MARÇAL JUSTEN FILHO ('Comentários à Lei de Licitações e Contratos Administrativos', 4ª ed., Rio, AIDE Editora, p. 154) diz que:

'A prorrogação é indesejável, mas não pode ser proibida. Nesse ponto, a lei deve ser interpretada em termos. A prorrogação poderá ocorrer, dependendo das circunstâncias supervenientes.'

O ilustre comentarista da Lei 8.666/93 percebeu o problema. No entanto, não é a prorrogação do prazo contratual que a lei não pode proibir. O que ela não pode proibir é a caracterização, ao término do contrato, de uma situação fática de nova emergência. Proibir a prorrogação a lei pode. E o faz. Não pode, isso sim, é proibir a renovação. Somente poderia fazê-lo se pudesse proibir uma nova situação fática emergencial. Ou a continuidade da situação original, o que dá no mesmo.[145]

Sobre o tema também versou Lucas Rocha Furtado, *in verbis*:

O Tribunal de Contas da União, ao proceder ao exame do Processo TC nº 625.189/97-3, entendeu que a ocorrência de nova situação calamitosa requer a celebração de novo contrato, não sendo possível a renovação – e não prorrogação, como equivocadamente indica o dispositivo legal – do anteriormente celebrado.[146]

---

[145] AMARAL, Antônio Carlos Cintra do. *Licitação e Contrato Administrativo, Estudos, Pareceres e Comentário*. Belo Horizonte: Fórum, 2006, pp. 201/211.
[146] FURTADO, Lucas Rocha. *Curso de Licitações e Contratos Administrativos*, Belo Horizonte: Fórum, 2007, p. 78.

COMENTÁRIOS À NOVA LEI DE LICITAÇÕES PÚBLICAS E CONTRATOS ADMINISTRATIVOS

Sendo esse um expediente que ocorre no âmbito dos contratos emergenciais, de forma a afastá-lo, ampliou-se o prazo de vigência dos contratos emergenciais de 180 (cento e oitenta) dias para 1 (um) ano, contado da data de ocorrência da emergência ou da calamidade, passando a ser vedada a prorrogação dos respectivos contratos, bem como a recontratação de empresa já contratada.

Por derradeiro, apresentando-se como uma novidade na NLLC, tem-se que o § 6º do artigo em comento considera-se emergencial a contratação por dispensa com o objetivo de manter a continuidade do serviço público, devendo ser adotadas as providências necessárias para a conclusão do processo licitatório, sem prejuízo de apuração de responsabilidade dos agentes públicos que deram causa à situação emergencial.

Acerca da referida positivação, há muito tempo os órgãos de controle têm tolerado a celebração de um contrato administrativo provisório ou emergencial pela Administração (podendo ser contratado o atual fornecedor ou prestador de serviço), efetivado com dispensa de licitação fundamentada no art. 24, inc. IV, da Lei de Licitações, desde que a Administração Consulente demonstrasse, no caso concreto, urgência de atendimento de situação que pudessem ocasionar prejuízo ou comprometer a segurança de pessoas, obras, serviços, equipamentos e outros bens, desde que destinado exclusivamente à conclusão do procedimento licitatório instaurado para, observadas as regras constantes no art. 26, *caput* e parágrafo único, da Lei nº 8.666/1993, inclusive quanto à justificativa de preço.

Ilustrando os nossos comentários, manifestava-se o eg. Tribunal de Contas da União, *in verbis*:

> 9.3. com fundamento no art. 250, inciso III, do Regimento Interno, determinar à Empresa Brasileira de Correios e Telégrafos – ECT que:
>
> 9.3.1. proceda à rescisão contratual de todos os contratos porventura vigentes com as empresas Skymaster Airlines Ltda., Beta – Brazilian Express Transportes Aéreos Ltda. e Aeropostal Brasil Transporte Aéreo Ltda. e providencie, caso necessário, abertura imediata de certame licitatório para execução dos serviços que estejam sendo realizados por essas empresas;
>
> 9.3.2. realize, se necessário, contratação de natureza emergencial, para realização das operações referidas no item acima, limitada ao prazo máximo de 180 dias de duração do contrato;[147]
>
> 9.3. determinar à Companhia Brasileira de Trens Urbanos (CBTU) que: 9.3.2. caso venha a realizar contratação emergencial de serviços técnicos de advocacia, limite

---

[147] TCU –Acórdão nº 1.262/09 – Plenário. Relatoria: Min. Walton Alencar Rodrigues. Brasil. Data da Sessão: 10/06/2009.

DA CONTRATAÇÃO DIRETA ART° 75

a vigência do respectivo contrato ao prazo necessário à conclusão do procedimento licitatório que suceder a concorrência 2/2011 Galic-AC/CBTU;[148]

Observa-se, todavia, que, não obstante tal possibilidade, restando caracterizada que a referida contratação emergencial provisória é fruto de incúria ou inércia do administrador público, tal servidor deverá, concomitante à referida contratação provisória, ser devidamente responsabilizado por meio da instauração de competente processo administrativo disciplinar.

Jurisprudência e demais orientações

Dispensa de licitação. Contratação emergencial. A situação fática que desencadeia a contratação direta emergencial não pode ter como origem a falta de planejamento, desídia administrativa ou má gestão dos recursos disponíveis: TCU – Acórdão nº 932/2008 – Plenário – Relatoria: Ministro Raimundo Carreiro – "1. De acordo com a jurisprudência desta Corte, é aplicável o art. 24, inciso IV, da Lei 8.666/93 – dispensa de licitação nos casos de emergência ou calamidade pública –, desde que a situação adversa, dada como de emergência ou de calamidade pública, não se tenha originado, total ou parcialmente, de falta de planejamento, da desídia administrativa ou da má gestão dos recursos disponíveis, ou seja, que ela não possa, em alguma medida, ser atribuída à culpa ou a dolo do agente público que tinha o dever de agir para prevenir a ocorrência de tal situação."

Dispensa de licitação. Contratação emergencial. Emergência ficta, ocasionada pela falta de planejamento do administrador público. Instauração de licitação com a ausência de tempo hábil para conclusão do certame. Dispensa de licitação indevida: TCU – Acórdão nº 1.705/2003 – Plenário – Relatoria: Ministro Marcos Bemquerer Costa – "9.5.10 – adote procedimentos administrativos com vistas à abertura e tramitação de processos licitatórios em tempo hábil, de modo a evitar dispensas indevidas de licitação, embasadas no inciso IV do artigo 24 da Lei n. 8.666/1993 (item V-J do relatório de auditoria)."

Dispensa de licitação. Contratação emergencial. O interesse em agilizar a inauguração de uma obra não é motivo para o afastamento da licitação, contratando-se emergencialmente: TRF 1ª Região – "1. A contratação de empresa para fornecimento de materiais para a nova sede do CREA-AC, sem a devida licitação e sem as devidas formalidades legais, amolda-se à conduta típica descrita na Lei nº 8.666/93 (art. 89), e, portanto, passível de punição. 2. O interesse em realizar a inauguração da nova sede ainda no curso da gestão do acusado não constitui emergência capaz de viabilizar a dispensa de licitação.3. Improvimento do recurso de apelação. (Apelação

---

[148] TCU – Acórdão nº 525/2012 – Plenário. Relatoria: Min. Weder de Oliveira. Brasil. Data da Sessão: 07/03/2012.

COMENTÁRIOS À NOVA LEI DE LICITAÇÕES PÚBLICAS E CONTRATOS ADMINISTRATIVOS

criminal nº 1999.30.00.000545-4/AC; Relatoria: Des. Fed. Olindo Menezes – Public.: 12/05/2006 DJ p.09).

Dispensa de licitação. Contratação emergencial. Emergência deverá restar comprovada no processo administrativo: TCU – Acórdão nº 3.153/2006 – 2ª Câmara – Relatoria: Ministro Benjamin Zymler – "1. Para a realização da contratação emergencial, prevista no art. 24, inciso IV, da Lei nº 8.666/1993, deve ficar demonstrada a concreta potencialidade do dano, devendo a contratação direta ser via adequada e efetiva para eliminar o risco, não derivando de eventual desídia do administrador (Decisão nº 347/1994-TCU-Plenário)."

Dispensa de licitação. Contratação direta em face de emergência e calamidade. Cautelas que se fazem necessárias: TCU – Decisão nº 347/1994 – Plenário – "O Tribunal Pleno, diante das razões expostas pelo Relator, DECIDE: 1. conhecer do expediente formulado pelo ilustre Ministro de Estado dos Transportes para informar a Sua Excelência que, de acordo com as normas que disciplinam a matéria, o Tribunal não responde a consultas consubstanciadas em caso concreto; responder ao ilustre Consulente, quanto à caracterização dos casos de emergência ou de calamidade pública, em tese:

que, além da adoção das formalidades previstas no art. 26 e seu parágrafo único da Lei nº 8.666/93, são pressupostos da aplicação do caso de dispensa preconizado no art. 24, inciso IV, da mesma Lei:

a.1) que a situação adversa, dada como de emergência ou de calamidade pública, não se tenha originado, total ou parcialmente, da falta de planejamento, da desídia administrativa ou da má gestão dos recursos disponíveis, ou seja, que ela não possa, em alguma medida, ser atribuída a culpa ou dolo do agente público que tinha o dever de agir para prevenir a ocorrência de tal situação;

a.2) que exista urgência concreta e efetiva do atendimento a situação decorrente do estado emergencial ou calamitoso, visando afastar risco de danos a bens ou à saúde ou à vida de pessoas;

a.3) que o risco, além de concreto e efetivamente provável, se mostre iminente e especialmente gravoso;

a.4) que a imediata efetivação, por meio de contratação com terceiro, de determinadas obras, serviços ou compras, segundo as especificações e quantitativos tecnicamente apurados, seja o meio adequado, efetivo e eficiente de afastar o risco iminente detectado;

que, tratando-se de caso efetivamente enquadrável no art. 24, da Lei nº 8.666/93:

b.1) nada obsta, em princípio, sejam englobados, numa mesma aquisição, os quantitativos de material entendidos adequados para melhor atender à situação calamitosa ou emergencial de que se cuida;

b.2) tal procedimento, contudo, não deve ser adotado, se verificado não ser o que melhor aproveita as peculiaridades do mercado, tendo em vista o princípio da economicidade (arts. 15, IV, e 25, § 2º, da Lei nº 8.666/93);

DA CONTRATAÇÃO DIRETA ART° 75

b.3) se o material se destinar à aplicação em contrato vigente de obra ou serviço, cujo valor inclua o relativo a material que devesse ser adquirido pelo contratado, devem ser adotadas as seguintes cautelas:

b.3.1) consignar em termo aditivo a alteração acordada;

b.3.2) cuidar para que, no cálculo do valor acumulado do contrato, para fins de observância ao limite de acréscimo fixado no art. 55, § 1º, do revogado DL nº 2.300/86 ou no art. 65, §§ 1º e 2º, da Lei nº 8.666/93, seja incluído também o preço do material que antes integrava o valor do contrato e que passou a ser adquirido pela própria Administração."

Dispensa de licitação. Contratação emergencial. Contratação emergencial provisória com o fim de fornecer o objeto necessitado pela Administração contratante até o fim do processamento da regular licitação que visa contratar o mesmo. Possibilidade de contratação do antigo contratado. TCU – Acórdão nº 3.233/2012-1ª Câmara – "9.5. determinar ao Tribunal Regional Eleitoral no Estado de Santa Catarina que realize o devido processo licitatório para a contratação dos serviços continuados e especializados em arquitetura e de serviços técnicos na área de edificações, objeto do pregão eletrônico 133/2010, devendo a unidade jurisdicionada manter o contrato em vigor com a empresa P. Engenharia Ltda. pelo prazo estritamente necessário à celebração de novo contrato derivado de um escorreito certame licitatório."

Dispensa de licitação. Contratação emergencial. Contratação emergencial provisória com o fim de fornecer o objeto necessitado pela Administração contratante até o fim do processamento da regular licitação que visa legalmente a contratar. Possibilidade: TCU – Acórdão nº 1.262/2009-Plenário – Relatoria: Ministro Walton Alencar Rodrigues – "9.3. com fundamento no art. 250, inciso III, do Regimento Interno, determinar à Empresa Brasileira de Correios e Telégrafos – ECT que: 9.3.1. proceda à rescisão contratual de todos os contratos porventura vigentes com as empresas Skymaster Airlines Ltda., Beta – Brazilian Express Transportes Aéreos Ltda. e Aeropostal Brasil Transporte Aéreo Ltda. e providencie, caso necessário, abertura imediata de certame licitatório para execução dos serviços que estejam sendo realizados por essas empresas;

9.3.2. realize, se necessário, contratação de natureza emergencial, para realização das operações referidas no item acima, limitada ao prazo máximo de 180 dias de duração do contrato."

Dispensa de licitação. Contratação emergencial. Contratação emergencial provisória com o fim de fornecer o objeto necessitado pela Administração contratante até o fim do processamento da regular licitação que visa legalmente a contratar. Vigência do ajuste. Prazo suficiente para conclusão da licitação: TCU – Acórdão 525/2012 – Plenário Relatoria: Ministro Weder de Oliveira –"9.3. determinar à Companhia Brasileira de Trens Urbanos (CBTU) que: 9.3.2. caso venha a realizar contratação emergencial de serviços técnicos de advocacia, limite a vigência

COMENTÁRIOS À NOVA LEI DE LICITAÇÕES PÚBLICAS E CONTRATOS ADMINISTRATIVOS

do respectivo contrato ao prazo necessário à conclusão do procedimento licitatório que suceder a concorrência 2/2011 Galic-AC/CBTU."

Dispensa de licitação. Contratação emergencial. Celebração de novo contrato emergencial decorrente de expiração de outro ajuste de mesma natureza. Emergência se manteve. Legalidade do ato: TJ/SP – Ap. nº 642.399.5/0-00 –0188265-45.2007.8.26.0000 – Relatoria: Des. Rubens Rihl – " Apelação. Ação popular. Licitação. Dispensa fundamentada no art. 24, IV, da Lei nº 8.663/93. Ajuste direto, em situação de emergência, para contratação de serviços de limpeza técnica hospitalar. Emergência decorrente da expiração de contrato emergencial anterior e procedimento licitatório em andamento. Suspensão do serviço que poderia causar calamidade pública, considerada a propensão de contaminações no ambiente hospitalar. Legalidade do ato. Improcedência da ação corretamente pronunciada em primeiro grau. Negado provimento ao recurso." (Órgão julgador: 8ª Câmara de Direito Público – Data do julgamento: 03/06/2009 – Data de registro: 06/07/2009)

Dispensa de licitação. Contratação emergencial. Desleixo e falta de planejamento por parte do administrador público – Calamidade pública ou emergência não configurada: TJ/SP – Apelação n. 0009283-48.2007.8.26.0278 – Relator: Des. José Roberto Peiretti de Godoy – "AÇÃO POPULAR – Requisitos – Ilegalidade do ato administrativo – Danos ao erário público – Contrato administrativo – locação de veículos leves e caminhões, pelo período de cento e oitenta dias – Dispensa fraudulenta de licitação – Município de Itaquaquecetuba – Desleixo e falta de planejamento por parte do administrador público – Calamidade pública ou emergencial não configurada – Descaracterização da hipótese do inciso IV do artigo 24 da Lei n. 8666/93 – Sentença de improcedência que se reforma – Custas, despesas e honorários a cargo dos réus – Recursos do autor e do Ministério Público providos para estes fins." (Apelação n. 0009283-48.2007.8.26.0278 – Itaquaquecetuba – 13ª Câmara de Direito Público – Relator: José Roberto Peiretti de Godoy – 30/11/2011 – 16461 – Unânime)

Dispensa de licitação. Contratação emergencial. Impossibilidade de o ajuste ser prorrogado – TJ/SP – Ap. 9038384-16.1999.8.26.0000 – Relator: José Raul Gavião de Almeida – "CONTRATO – Prestação de serviços para coleta de lixo – Contratação não precedida de licitação – Enquadramento na hipótese de dispensa excepcionadas pelo artigo 24, inciso IV da Lei 8.666/93, pela natureza emergencial – Prazo – Prorrogações e novo contrato considerados ilegais, porque ultrapassado o prazo admitido na lei para caracterizar o estado de urgência – Impossibilidade lógica de condenar a municipalidade na devolução, aos próprios cofres, do dinheiro despendido para o pagamento dos contratados –Agravo retido não conhecido e reexame necessário parcialmente provido." (1ª Câmara de Direito Público – Relator: José Raul Gavião de Almeida – 26.09.2000 .)

Dispensa de licitação. Contratação emergencial. A presença de cláusula de prorrogação em contrato emergencial é indevida: TCU – Acórdão nº 2079/2005

DA CONTRATAÇÃO DIRETA   ART? 75

– 1ª Câmara – Relatoria: Ministro Marcos Bemquerer Costa – "9.3.4. não inclua em contratos firmados com fundamento no art. 24, inciso IV, da Lei nº 8.666/93, cláusulas prevendo sua prorrogação, por ausência de previsão legal."

Dispensa de licitação. Contratação emergencial. Possibilidade de extrapolação do prazo 180 dias, caso houver retardamento do início da execução do objeto contratado: TCU – Decisão nº 820/1996 – Plenário – 500.296/1996-0 – Relatoria: Ministro Bento José Bugarin – "2. responder ao interessado que é possível, quando da dispensa de licitação nos casos de emergência ou calamidade, consoante o disposto no inciso IV do art. 24 da Lei nº 8.666/93, o retardamento do início e da devolução da contagem do prazo de 180 (cento e oitenta) dias, desde que as ações tomadas pela Administração tenham sido prejudicadas pela superveniência de fato excepcional ou imprevisível, estranho à vontade das partes, que altere fundamentalmente as condições de execução do contrato, a teor do disposto no art. 57, § 1º, da mencionada Lei, devendo ser adequadamente fundamentado, levando em conta, inclusive, as determinações contidas na Decisão nº 347/94 – TCU – Plenário ('in'D.O.U. de 21/06/94)."

Dispensa de licitação. Contratação emergencial. Inicio da contagem do prazo de 180 dias. Ocorrência da situação emergencial: TCU – Decisão nº 678/1998 – Plenário – Relatoria: Ministro Substituto José Antonio Barreto de Macedo – "Tribunal Pleno, diante das razões expostas pelo Relator, DECIDE: 8.1.1.3 – observe o art. 2º do Decreto n. 343/91, alterado pelo Decreto n. 1.656/95, no sentido de que as diárias sejam concedidas por dia de afastamento da sede do serviço; 8.1.1.4 – observe, fielmente, as normas de licitações e contratos previstas na Lei n. 8.666/93, em especial: d – o art. 24, inciso IV, abstendo-se de celebrar contrato por prazo superior a 180 (cento e oitenta) dias contados da ocorrência da situação emergencial ou calamitosa, em caso de dispensa de licitação de que trata esse inciso."

Dispensa de licitação. Contratação emergencial. A rapidez no atendimento do interesse público não autoriza a contratação direta emergencial: TCU – Acórdão 420/2010 – Plenário – Relatoria José Múcio Monteiro – "9.1.2. o art. 24, inciso IV, da Lei nº 8.666/1993 lista exaustivamente as situações que dão causa a dispensa de licitação; 9.1.3. a necessidade de impor maior rapidez ao início das obras de construção de superestrutura para escoamento de safra de grãos não encontra amparo na Lei nº 8.666/1993 para dispensa do procedimento licitatório."

Dispensa de licitação. Contratação emergencial. Deve ser apurado se a situação emergencial foi ocasionada pela falta de planejamento do administrador público. Orientação Normativa da Advocacia Geral da União: AGU – Orientação Normativa nº 11 – "A contratação direta com fundamento no inc. IV do art. 24 da Lei nº 8.666, de 1993, exige que, concomitantemente, seja apurado se a situação emergencial foi gerada por falta de planejamento, desídia ou má gestão, hipótese em que quem lhe deu causa será responsabilizado na forma da lei". (Diário Oficial da União – Seção 1 – 07.04.2009, pg. 14)

COMENTÁRIOS À NOVA LEI DE LICITAÇÕES PÚBLICAS E CONTRATOS ADMINISTRATIVOS

10. Da dispensa de licitação para aquisição de bens produzidos ou serviços prestados pela Administração Pública

Artigo 75
É dispensável a licitação quando:
(...)
IX – para a aquisição, por pessoa jurídica de direito público interno, de bens produzidos ou serviços prestados por órgão ou entidade que integrem a Administração Pública e que tenham sido criados para esse fim específico, desde que o preço contratado seja compatível com o praticado no mercado;

A descentralização administrativa é uma realidade observada na Administração Pública brasileira. Quando utilizamos o Metrô ou trens Urbanos ou realizamos a inscrição numa Companhia Habitacional Estadual ou Municipal, concretamente usufruímos os benefícios de uma Administração Pública descentralizada.

Nesse sentido são diversas as estatais criadas recebendo competências com o objetivo de oferecer não só para a população mas também para a Administração Direta, de forma especializada, o fornecimento de bens e serviços para permitir às pessoas jurídicas de direito público interno, vale dizer, a União, os Estados, o Distrito Federal, os Municípios, as autarquias, inclusive as associações públicas e as as demais entidades de caráter público criadas por lei, na forma do art. 41 do Código Civil, a melhor dedicação à sua missão institucional.

Dentro do contexto da descentralização administrativa, sendo instituído um órgão ou entidade pela Administração Pública para o fim específico de oferecer bens e serviços pelo Poder Público criado, submeter a contratação entre tais pessoas ao princípio da licitação, prejudicaria a efetivação da busca dos objetivos que a estruturação da Administração Indireta pode oferecer.

Sendo assim, permite o art. 75, inc. IX, da NLLC, que a licitação seja dispensada para a aquisição, por pessoa jurídica de direito público interno, de bens produzidos ou serviços prestados por órgão ou entidade que integrem a Administração Pública e que tenham sido criados para esse fim específico, desde que o preço contratado seja compatível com o praticado no mercado.

Sendo assim, somente será possível a contratação direta com arrimo neste dispositivo caso sejam preenchidos os seguintes requisitos:

1) que o órgão contratante deverá ser pessoa jurídica de Direito Público interno, vale dizer, União, os Estados, o Distrito Federal, os Municípios, as autarquias, inclusive as associações públicas e as demais entidades de caráter público criadas por lei, na forma do art. 41 do Código Civil;

DA CONTRATAÇÃO DIRETA ART⁹ 75

2) que o contratado seja órgão ou entidade que integre a Administração Pública;

3) que o contratado tenha sido criado para o fim específico de atender aos interesses da Administração Pública;

4) que o preço contratado deve ser compatível com o praticado no mercado.

Tendo em vista que o dispositivo em comento apenas e tão somente permite a contratação direta por pessoa jurídica de Direito Público interno, vale dizer, União, os Estados, o Distrito Federal, os Municípios, as autarquias, inclusive as associações públicas e as demais entidades de caráter público criadas por lei, na forma do art. 41 do Código Civil, não poderá figurar como "contratante" empresas públicas e sociedade de economia mista. Alerte-se que tais estatais somente poderão figurar no ajuste como "contratada", haja vista poder fornecer um bem ou prestar um serviço, em razão de ser esse o motivo da sua criação.

Em relação à referida exigência legal, tem-se que a futura contratada deverá ser um órgão ou entidade pertencente à Administração Pública contratante, haja vista ter sido por ela criado para o fim específico de prestar serviço ou fornecer bens.

Logo, tem-se que, se órgão ou entidade que se pretenda contratar integre outra estrutura administrativa, entende-se ser proibida sua contratação direta com arrimo neste dispositivo. Exemplificando: um determinado Município não poderá contratar com arrimo no art. 75, inc. IX, da NLLC, a Companhia de Processamento de Dados do Estado de São Paulo – PRODESP, na qualidade de empresa de economia mista prestadora de serviços públicos para desenvolver uma ferramenta tecnológica. Somente o governo do Estado de São Paulo poderia contratar tal estatal com arrimo no dispositivo em comento.

No tocante ao requisito de que o contratado tenha sido criado para o fim específico de atender aos interesses da Administração Pública, afasta-se a possibilidade de contratação de empresa pública ou sociedade de economia mista que exerça atividade econômica, pois o objetivo da sua criação não foi atuar de forma a atender uma necessidade da sociedade, mas especificamente da Administração criadora.

Nesse sentido, temos a esclarecer que a "empresa pública ou sociedade de economia mista que exerça atividade econômica não se enquadra como órgão ou entidade que integra a Administração Pública, para os fins de dispensa de licitação com fundamento no inc. VIII do art. 24 da Lei nº 8.666, de 1993", conforme bem apontou a AGU por meio da Orientação Normativa/AGU nº 13.

Isso porque tais entidades governamentais, exercentes de atividade econômica, não se enquadram no requisito, "criada para o fim específico" estabelecido no permissivo supramencionado, o qual entende a doutrina que foram criadas com a finalidade específica de atender apenas demanda da Administração

COMENTÁRIOS À NOVA LEI DE LICITAÇÕES PÚBLICAS E CONTRATOS ADMINISTRATIVOS

Pública, dando suporte à atuação administrativa, o que não é o caso destas pessoas jurídicas apontadas, na medida que prestam serviços ou vendem os bens que produzem também para particulares.

Neste sentido claramente salienta a doutrina, prelecionada novamente por Diogenes Gasparini, *in verbis*:

> A validade dessas aquisições somente se verificará se a contratação com órgão ou entidade que integra uma dessas pessoas públicas, ainda assim, se criada antes do Estatuto federal Licitatório para esse fim específico, ou seja, para fornecer-lhe bens e lhes prestar serviços. De toda sorte que se prestar serviços ou produzir bens para outrem ou se não for integrante da entidade que deseja seus bens e serviços, não se enquadra na hipótese examinada, e a licitação será indispensável.[149]

Além do mais, esclareça-se que, no mercado correlato, onde tais entidades governamentais exploradoras de atividade econômica atuam, como, por exemplo, na atividade bancária, serviços gráficos,[150] aquisição e distribuição de combustíveis,[151-152] serviços postais[153] (excetos atividades monopolizadas),

---

[149] GASPARINI, Diogenes. *Direito Administrativo*, 12ª ed., São Paulo: Saraiva, 2007, p. 534.

[150] TCU, Acórdão nº 576/2009- Plenário – "1.5.1. Determinar à Infraero que, nas próximas contratações de "selos adesivos de controle de embarque de passageiros", abstenha-se de contratar a Casa da Moeda do Brasil por meio da dispensa de licitação de que trata o art. 24, VIII, da Lei nº 8.666/93, e promova o correspondente procedimento licitatório, em obediência ao art. 2º da referida lei;"

[151] TCE/SP, SÚMULA Nº 12 – "Depende de licitação a aquisição de combustíveis e derivados de petróleo pelos órgãos e entidades da administração pública estadual e municipal, direta e indireta, aí incluídas as fundações instituídas pelo poder público e empresas sob seu controle, não podendo eventual dispensa fundar-se no inciso VIII do artigo 24 da Lei nº 8.666, de 21 de junho de 1993."

[152] TCU – Acórdão 2063/2005 – Plenário – "6. Elucidativo a esse respeito é, ainda, o seguinte trecho do Parecer do Ministério Público junto ao TCU no presente processo: 'Convém destacar que o art. 173, § 1º, da Constituição, dispõe que empresas públicas e sociedades de economia mista sujeitam-se ao regime jurídico próprio das empresas privadas e, portanto, não podem gozar de privilégios nas contratações." Admitindo-se como correta a situação examinada (contratação direta), desconsiderar-se-ia um dos princípios maiores da República, qual seja, o da livre concorrência. A sociedade de economia mista em questão (Petrobras Distribuidora S.A.) não foi criada com o fim exclusivo de promover fornecimento de combustível à Administração Pública, faltando assim o quesito necessário à aplicação da norma do art. 24, inciso VIII, da Lei nº 8.666/93."

[153] TCU, Acórdão 6931/2009 – Primeira Câmara – "1. Os serviços prestados pelos Correios, em caráter complementar aos previstos na Lei 6.538/1978, não integram o serviço postal, explorado em regime de monopólio pela União (CF, art. 21, X). 2. Apenas as entidades que prestam serviços públicos de suporte à Administração Pública, criadas para esse fim específico, podem ser contratadas com dispensa de licitação, nos termos do art. 24, inciso VIII, da Lei 8.666/1993. 3. As empresas públicas e sociedades de economia mista que se dedicam à exploração de atividade econômica de produção ou comercialização de bens ou de prestação de serviços sujeitam-se ao regime jurídico das empresas privadas (CF, 173), em consonância com os princípios constitucionais da livre concorrência e da isonomia, e não podem ser contratadas com dispensa de licitação fundamentada no art. 24, inciso VIII, da Lei 8.666/1993".

DA CONTRATAÇÃO DIRETA ART° 75

há flagrante viabilidade de competição. Assim, inexistindo privilégios para tais entidades, competindo em pé de igualdade com os demais particulares no mercado correlato, a licitação, como regra, se imporá.

Por outro enfoque, admitir-se que tais empresas públicas e sociedades de economia mista sejam contratadas diretamente, com arrimo no dispositivo estudado, ofenderia o art. 173 da Constituição Federal, que restringe a participação do Poder Público na economia e estabelece, ainda, o princípio da livre iniciativa. Assim, tais pessoas jurídicas, que concorrem com o mercado, não podem deter privilégios na ocasião em que contratam com a Administração Pública, como claramente estabelece o seu § 2º.[154]

Neste sentido, claramente preleciona o jurista Marçal Justen Filho, *in verbis*:

> Se o inc. VIII pretendesse autorizar a contratação direta no âmbito das atividades econômicas, estaria caracterizada inconstitucionalidade. É que as entidades exercentes de atividade econômicas, estão disciplinadas pelo art. 173, §1º da CF/88. Daí decorre a submissão ao mesmo regime reservado para os particulares. Não é permitido qualquer privilégio nas contratações dessas entidades.[155]

Assim, com arrimo no inc. VIII do art. 24 do Estatuto federal Licitatório somente seria lícita a contratação de empresas governamentais prestadoras de serviço público.

Colocando fim ao estudo dos requisitos impostos pelo art. 75, inc. IX, da NLLC, tem-se que o referido permissivo estabelece que os valores ajustados entre a Administração contratante e órgão ou entidade criada para esse fim devem ser compatíveis com o mercado, devendo existir subsídio no processo administrativo, de forma a comprovar tal fato.

Jurisprudência, decisões dos Tribunais de Contas e demais orientações
Contratação direta de bens produzidos ou serviços prestados por órgão ou entidade pública. Impossibilidade de contratação de empresas governamentais que exerçam atividade econômica: TCU – Acórdão nº 2.203/2005 – 1ª Câmara – Relatoria: Ministro Augusto Nardes – "1.7. observe, em especial, o inciso VIII, do art. 24, da Lei n.º 8.666/93 e o § 2º do art. 173 da Constituição Federal, de forma a aplicar

---

[154] Oportunamente, assevera José Afonso da Silva que "Apesar da previsão de que o estatuto deve dispor sobre a sujeição das empresas estatais ao regime jurídico das empresas privadas, inclusive quanto aos seus direitos e obrigações tributárias, a Constituição ainda acrescenta a direta e expressa proibição de gozarem de privilégios fiscais não extensíveis ao setor privado. Sem num caso concreto, isso acontecer, as empresas discriminadas podem recorrer a judiciários." (cf. in Comentário contextual da Constituição, 5º ed., São Paulo, Ed. Malheiros, 2008, p. 719)
[155] JUSTEN FILHO, Marçal. Comentários à Lei de Licitações e Contratos Administrativos. 12ª Ed., São Paulo: Dialética, 2008 p. 305.

COMENTÁRIOS À NOVA LEI DE LICITAÇÕES PÚBLICAS E CONTRATOS ADMINISTRATIVOS

a dispensa de licitação apenas às entidades integrantes da administração pública que tenham como finalidade específica a prestação de serviços públicos ou a prestação de serviços de apoio, bem como às empresas públicas e sociedades de economia mista que não desempenhem atividade econômica, sujeita à livre concorrência, pois estas não devem possuir privilégios que não sejam extensíveis às empresas da iniciativa privada."

Contratação direta de bens produzidos ou serviços prestados por órgão ou entidade pública. Impossibilidade de afastar a licitação para a aquisição de combustíveis e derivados de petróleo. TCE/SP – Súmula nº 12 – "Depende de licitação a aquisição de combustíveis e derivados de petróleo pelos órgãos e entidades da administração pública estadual e municipal, direta e indireta, aí incluídas as fundações instituídas pelo poder público e empresas sob seu controle, não podendo eventual dispensa fundar-se no inciso VIII do artigo 24 da Lei nº 8.666, de 21 de junho de 1993."

11. Da dispensa de licitação quando da intervenção no domínio econômico pela União

Artigo 75
É dispensável a licitação quando:
(...)
X – quando a União tiver que intervir no domínio econômico para regular preços ou normalizar o abastecimento;

É notório que as Leis de Licitações, ao longo do tempo, vêm criando determinadas hipóteses de dispensa de licitação com o escopo de garantir a eficiência no exercício de atribuições estratégicas e não recorrentes de alguns órgãos, entidades, forças militares etc., haja vista que a processualização necessária e existente nos certames licitatórios acaba por prejudicar a assertividade da atuação. Exige-se, portanto, em algumas situações, a necessidade de atuação célere do Estado, algo que somente poderá ser garantido por meio do afastamento da licitação.

Dentro desse contexto, haja vista a necessidade de atuação ágil da União, sob pena da demora ou impossibilidade do restabelecimento das condições econômicas que podem estar em risco, observa-se o art. 75, inc. X, da NLLC, cujo teor fixa ser dispensável a licitação quando a União tiver que intervir no domínio econômico para regular preços ou normalizar o abastecimento.

Acerca dos requisitos fixados pelo inciso em comento, temos a considerar que somente a União poderá realizar contratações diretas com tal arrimo legal, sendo descabida a sua utilização pelos Estados, Distrito Federal e Municípios,

DA CONTRATAÇÃO DIRETA ART° 75

bem como pelos demais Poderes e entidades dotadas de autonomia, quando do exercício da função atípica administrativa.

Outrossim, somente será lícito a contratação daquilo que for observado no caso concreto que, com o escopo de intervir no domínio econômico, venha a regular preços ante a um descontrole verificado ou normalizar o abastecimento, sendo totalmente descabida a contratação de algo divorciado das duas intenções fixadas pela lei.

12. Da dispensa de licitação em contratos de consórcio público ou convênios de cooperação

Artigo 75
É dispensável a licitação quando:
(...)
XI – para celebração de contrato de programa com ente federativo ou com entidade de sua Administração Pública indireta que envolva prestação de serviços públicos de forma associada nos termos autorizados em contrato de consórcio público ou em convênio de cooperação;

Esclareça-se que a referida hipótese de dispensa de licitação tem como escopo viabilizar a execução do contido na Lei nº 11.445/2007, cujo teor estabelece as diretrizes nacionais para o saneamento básico e para a política federal de saneamento básico.

Neste sentido, é importante ressaltar que o § 5º do art. 13 da Lei nº 11.107/2005, também prevê a possibilidade de celebração de contrato de programa por entidades de direito público ou privado que integrem a administração indireta de quaisquer entes da Federação consorciados ou conveniados.

Para tanto, denota-se a necessidade de prévia existência de um desses ajustes (contrato de consórcio público ou de convênio de cooperação) a fundamentar a celebração de contrato de programa com ente da Federação ou entidade de sua Administração indireta, para a prestação dos serviços públicos.

Existindo, portanto, prévia celebração de contrato de consórcio público ou de convênio de cooperação entre entes federativos, para viabilizar as ações lá fixadas e os encargos verificados, de forma a realizar a gestão associada dos serviços públicos, fixa o art. 13 da referida lei que poderá ser celebrado contrato de programa, devendo ser observados os pormenores lá fixados, podendo ser celebrado tal ajuste diretamente, de forma a efetivamente garantir o usufruto dos benefícios vislumbrados, os quais geraram o interesse na celebração do contrato de consórcio público ou de convênio de cooperação.

13. Da dispensa de licitação para contratações com transferência de produtos estratégicos e tecnologia ao Sistema Único de Saúde (SUS)

Artigo 75

É dispensável a licitação quando:

(...)

XII – para contratação em que houver transferência de tecnologia de produtos estratégicos para o Sistema Único de Saúde (SUS), conforme elencados em ato da direção nacional do SUS, inclusive por ocasião da aquisição desses produtos durante as etapas de absorção tecnológica, e em valores compatíveis com aqueles definidos no instrumento firmado para a transferência de tecnologia;

O inc. XII do art. 75, da nova Lei de Licitações, torna dispensável a licitação nas contratações que houver transferência de tecnologia de produtos estratégicos para o Sistema Único de Saúde (SUS), conforme elencados em ato da direção nacional do SUS, inclusive por ocasião da aquisição desses produtos durante as etapas de absorção tecnológica, e em valores compatíveis com aqueles definidos no instrumento firmado para a transferência de tecnologia.

De nada adianta o Poder Público criar políticas públicas para o progresso da ciência, tecnologia e inovação, cumprindo o mandamento constitucional fixado no art. 218, se fosse mantida a observância de licitação, expediente moroso e burocrático, quando não inviabilizador, muito criticado em razão de atravancar a implementação dos programas governamentais, principalmente os voltados para inovação.[156]

Acerca da implementação de políticas públicas, *in casu*, de promoção e incentivo ao desenvolvimento científico, a pesquisa, a capacitação científica e tecnológica e a inovação, por meio da contratação direta de determinados particulares, em detrimento de outros que poderiam participar de uma licitação em pé de igualdade, ensinam Jessé Torres Pereira Júnior e Marinês Restelatto Dotti, *in verbis*:

6.3 Licitação dispensável e políticas públicas setoriais

O tempo e o custo administrativo da contratação direta experimental considerável decréscimo, o que torna mais ágil, sem prescindir da segurança jurídica que deve cercar todo contrato administrativo. Daí esses contratos habilitarem a Administração Pública a

---

[156] PARZIALE, Aniello. *As compras governamentais como instrumento para impulsionar a inovação no país: Government purchases as an instrument to impulse innovation in the country.* Revista de Direito Administrativo e Infraestrutura – RDAI, Thomson Reuters – RT, São Paulo, v. 4, n. 12, p. 159–184, 2020. Disponível em: https://rdai.com.br/index.php/rdai/article/view/242. Acesso em: 9 set. 2021.

DA CONTRATAÇÃO DIRETA ART° 75

intervir com maior presteza nos respectivos objetivos, que podem ser esgrimidos, assim, como instrumentos de estímulo e fomento de políticas públicas específicas. Por isto que o art. 24, sede das hipóteses de licitação dispensável, concentra grande número desses instrumentos. Nada obstante, nada se altera no exame do caso concreto, quanto ao fato de normas de exceção somente comportarem interpretação estrita. Em outras palavras: mesmo tratando-se de estímulo à consecução de políticas públicas, a dispensa somente será deferida se presentes todos os requisitos previstos na norma de regência.[157]

Sendo assim, haja vista o efetivo benefício que algumas contratações podem gerar para o avanço tecnológico do país, dada a possibilidade de transferência de tecnologia quando da aquisição de produtos durante as etapas de absorção tecnológica, permite o inc. XII do art. 75, da nova Lei de Licitações, o afastamento da licitação nas contratações em que houver transferência de tecnologia de produtos estratégicos para o Sistema Único de Saúde (SUS), desde que ocorra, ainda, a implementação dos demais requisitos lá fixados.

14. Da dispensa de licitação para contratação de profissionais para compor a Comissão de Avaliação de Critérios de Técnica

Artigo 75
É dispensável a licitação quando:
(...)
XIII – para contratação de profissionais para compor a comissão de avaliação de critérios de técnica, quando se tratar de profissional técnico de notória especialização;

Diversas são as oportunidades em que a Administração Pública tem por obrigação constituir uma comissão de avaliação técnica para fins de julgamento de licitações (v. arts. 32, inc. XI, 37, § 1º, inc. II, da NLLC) ou concursos, produzir laudos e demais documentos, sendo necessário, para tanto, socorrer-se de profissionais que muitas das vezes não integram os quadros permanentes do órgão ou entidade.

Com efeito, a contratação do técnico somente poderá recair sobre profissionais que detenham notória especialização, sendo obrigação da Administração Pública assentar nos autos do processo administrativo os competentes documentos que demonstram tal condição, a exemplo dos títulos acadêmicos obtidos, currículo o qual assenta a sua trajetória e histórico profissional, documento

---

[157] JUNIOR, Jessé Torres Pereira e DOTTI, Marinês Restelatto. *Políticas públicas nas licitações e contratações administrativas*, 2. ed. Belo Horizonte: Editora Fórum, 2012, pp. 36/37.

COMENTÁRIOS À NOVA LEI DE LICITAÇÕES PÚBLICAS E CONTRATOS ADMINISTRATIVOS

emitido pelo órgão de fiscalização profissional que demonstra os projetos por ele executados, se for o caso etc.

Por meio da referida permissão legal, garante-se segurança jurídica aos administradores públicos na condução da atividade administrativa, bem como celeridade na contratação desses profissionais, sob pena de travamento dos projetos em execução que demanda a atuação dos referidos técnicos no julgamento dos certames.

15. Da dispensa de licitação para contratação de associação de pessoas com deficiência

Artigo 75
É dispensável a licitação quando:
(...)
XIV – para contratação de associação de pessoas com deficiência, sem fins lucrativos e de comprovada idoneidade, por órgão ou entidade da Administração Pública, para a prestação de serviços, desde que o preço contratado seja compatível com o praticado no mercado e os serviços contratados sejam prestados exclusivamente por pessoas com deficiência;

Implementando o disposto no art. 24, inc. XIV, da CF/88, cujo teor estabelece que compete à União, aos Estados e ao Distrito Federal legislar concorrentemente sobre proteção e integração social das pessoas portadoras de deficiência, estabelece o art. 75, inc. XIV, da NLLC, que é dispensável a licitação para a contratação de associação de pessoas com deficiência, sem fins lucrativos e de comprovada idoneidade, por órgão ou entidade da Administração Pública, para a prestação de serviços, desde que o preço contratado seja compatível com o praticado no mercado e os serviços contratados sejam prestados exclusivamente por pessoas com deficiência.

Observa-se em tal hipótese mais uma oportunidade de utilização das compras governamentais como instrumento de implementação de políticas públicas. Diante desse novo desiderato, sustenta-se a existência da "função social da licitação", haja vista a finalidade extraordinária dos certames que não seja a de garantir a isonomia entre aqueles que acudiram ao chamado da administração adquirindo os bens e/ou contratando os serviços necessários para a persecução dos objetivos institucionais do Estado consumidor pelo valor da proposta mais vantajosa.

Sobre o tema, ensina Daniel Ferreira, *in verbis*:

484

DA CONTRATAÇÃO DIRETA ART° 75

Como se verá em capítulo apartado, a noção de desenvolvimento (sustentável) engloba as mais relevantes expressões da 'função social' em matéria de licitações e de contratos administrativos.

Destarte, quando se alocou, como terceira finalidade legal da licitação, a promoção do desenvolvimento nacional sustentável, fez-se como que uma "função social" extraordinariamente desejada passasse a figurar num rol de possibilidade exigidas por lei.

Melhor dizendo, o que dantes se sustentou como dever-poder administrativo extraível do sistema jurídico a partir da Constituição da República e de leis esparsas, passa a figurar como uma obrigação genérica e ordinária, da qual o gestor público apenas poderá se desonerar por justa causa, devidamente motivada e comprovada. Caso contrário estará a descumprir uma finalidade (de três) para a licitação, contaminando-se de vício insanável.[158]

Analisando os requisitos fixados pelo referido dispositivo legal, somente poderá ser contratada uma associação de pessoas com deficiência, sem fins lucrativos e de comprovada idoneidade, devendo tais requisitos serem demonstrados nos autos do processo administrativo.

Com efeito, no ajuste a ser celebrado, deverá figurar como contratada uma associação de portadores de deficiência, pessoa jurídica de direito privado, sendo descabida a realização da contratação em nome da pessoa física do deficiente.

Demais disto, não se observa no inciso em comento a limitação na contratação da associação de portadores de deficiência física, como é observado no inc. XX do art. 24 da Lei nº 8.666/1993, podendo existir, ao menos, em tese, no âmbito na NLLC, a possibilidade de contratação de associação de portadores de quaisquer deficiências, seja física ou não.

Com efeito, tem-se que a contratação nos termos consignados no dispositivo em comento poderá ser realizada por órgão ou entidade da Administração Pública, não estabelecendo o referido dispositivo legal qualquer limitação ou proibição acerca das entidades integrantes da Administração indireta, como as Autarquias, Fundações, Empresas Públicas e Sociedades de Economia Mista se ajustarem diretamente na forma lá estampada.

É oportuno ressaltar que o referido dispositivo, diferentemente do que estabelece o art. 24, inc. XX, da Lei nº 8.666/1993, somente permite a contratação de prestação de serviços executados exclusivamente por pessoas com deficiência e não mais fornecimento de mão de obra. Com efeito, nos parece acertada tal limitação, haja vista que a contratação de mão de obra pelo Poder Público somente deve ocorrer por meio de concurso público, como regra.

---

[158] FERREIRA, Daniel. *A licitação pública no Brasil e sua nova finalidade legal*, Belo Horizonte: Fórum, 2012, p. 39.

COMENTÁRIOS À NOVA LEI DE LICITAÇÕES PÚBLICAS E CONTRATOS ADMINISTRATIVOS

Determina o referido permissivo legal que os serviços a serem contratados devem ser prestados exclusivamente por pessoas portadoras de deficiência, afigurando-se ilegal a contratação de associação para prestação de serviço alocando na atividade pessoas desprovidas de qualquer tipo de deficiência.

Sendo assim, tendo em vista a limitação motora e psíquica que poderá apresentar os membros da associação, de forma a evitar eventuais responsabilizações perante o Poder Judiciário, deve-se avaliar a complexidade e dificuldade dos serviços que serão objeto de contratação, a serem realizados por meio da atuação exclusiva de colaboradores portadores de deficiência.

16. Da dispensa de licitação para contratação de instituição de ensino, pesquisa, extensão, desenvolvimento institucional, científico e tecnológico e estímulo à inovação

Artigo 75
É dispensável a licitação quando:
(...)
XV – para contratação de instituição brasileira que tenha por finalidade estatutária apoiar, captar e executar atividades de ensino, pesquisa, extensão, desenvolvimento institucional, científico e tecnológico e estímulo à inovação, inclusive para gerir administrativa e financeiramente essas atividades, ou para contratação de instituição dedicada à recuperação social da pessoa presa, desde que o contratado tenha inquestionável reputação ética e profissional e não tenha fins lucrativos;

O art. 75, inc. XV, da Lei nº 14.133/2021, permite o afastamento da licitação quando a Administração Pública desejar, tendo em vista o interesse público que objetiva atingir, "para contratação de instituição brasileira que tenha por finalidade estatutária apoiar, captar e executar atividades de ensino, pesquisa, extensão, desenvolvimento institucional, científico e tecnológico e estímulo à inovação, inclusive para gerir administrativa e financeiramente essas atividades, ou para contratação de instituição dedicada à recuperação social da pessoa presa, desde que o contratado tenha inquestionável reputação ética e profissional e não tenha fins lucrativos", devendo, para tanto, serem observados todos os requisitos legais impostos.

Primeiramente, para fins de contratação direta dessas entidades, a Administração Pública deverá, necessariamente, levar em consideração a sua inquestionável qualificação ético-profissional na respectiva área de atuação, bem como a ausência de fins lucrativos. Os documentos que comprovam tais características, haja vista ser exigência fixada pela Lei, deverão ser acostados no processo administrativo.

DA CONTRATAÇÃO DIRETA ART? 75

Permite o referido dispositivo apenas a contratação de instituição brasileira que tenha por finalidade estatutária apoiar, captar e executar atividades de ensino, pesquisa, extensão, desenvolvimento institucional, científico e tecnológico e estímulo à inovação, devendo haver relação entre os fins institucionais da entidade e o objeto que se pretende ajustar, o que, em tese, afasta a possibilidade de utilização de um contrato dessa natureza para a realização de atividades que não guardem estrita relação com os seus objetivos estatutários.

Neste sentido, aliás, é o que estabelece a Súmula nº 250 do eg. Tribunal de Contas da União:

> A contratação de instituição sem fins lucrativos, com dispensa de licitação, com fulcro no art. 24, inciso XIII, da Lei n.º 8.666/93, somente é admitida nas hipóteses em que houver nexo efetivo entre o mencionado dispositivo, a natureza da instituição e o objeto contratado, além de comprovada a compatibilidade com os preços de mercado.

Em nosso sentir, não poderá ser contratada uma entidade desta natureza para a prestação de meros serviços administrativos, cuja execução será, não raras vezes, subcontratada, dada a ausência de sua experiência na área correlata. Tal fato, inevitavelmente, caracteriza burla à licitação que seria destinada a contratar tais atividades-meio.

Sob esse prisma, de forma inovadora, o inc. XV do art. 75, da NLLC, permite a contratação da entidade para "gerir" administrativa e financeiramente as atividades de ensino, pesquisa, extensão, desenvolvimento institucional, científico e tecnológico e estímulo à inovação. Ressalte-se que "gerir" significa superintender, administrar, comandar, controlar, coordenar, dirigir, gerenciar.

Logo, apenas e tão somente sendo permitida a contratação da entidade para gestão administrativa e financeira das atividades de ensino, pesquisa, extensão, desenvolvimento institucional, científico e tecnológico e estímulo à inovação, continua, em nosso sentir, sendo ilegal a contratação da entidade para prestação de serviços de limpeza, vigilância, apoio administrativo e conservação predial etc.

Assevere-se, outrossim, que ante a *expertise* da instituição em executar o objeto contratado diretamente, cuja atividade deverá estar contemplada regimental ou estatutariamente para realizar aquilo que a Administração deseja, não se vislumbra permissão para a subcontratação de seu objeto a um terceiro, uma vez que o afastamento da licitação levou-se em consideração justamente a sua qualificação ético-profissional. Assim, o objeto pretenso deve ser implementado, efetiva e necessariamente, pela entidade contratada.

Grife-se que a preocupação com o desvirtuamento dos objetivos almejados com a contratação direta fundada no art. 24, inc. XIII, da Lei de Licitações, e

COMENTÁRIOS À NOVA LEI DE LICITAÇÕES PÚBLICAS E CONTRATOS ADMINISTRATIVOS

doravante pelo art. 75, inc. XV, da NLLC, é tamanha que foi acrescentado o § 4º no art. 1º da Lei nº 8.958/94, que dispõe sobre as relações entre as instituições federais de ensino superior e de pesquisa científica e tecnológica e as fundações de apoio, vedando expressamente a subcontratação total do objeto dos ajustes realizados pelas universidades federais, bem como a subcontratação parcial que delegue a terceiros a execução do núcleo do objeto contratado.

Neste sentido, restou editada pela AGU a Orientação Normativa nº 14, cujo teor assenta que:

> Os contratos firmados com as fundações de apoio com base na dispensa de licitação prevista no inc. XIII do art. 24 da Lei nº 8.666, de 1993, devem estar diretamente vinculados a projetos com definição clara do objeto e com prazo determinado, sendo vedadas a subcontratação; a contratação de serviços contínuos ou de manutenção; e a contratação de serviços destinados a atender às necessidades permanentes da instituição.

Esclareça-se que a orientação normativa também objetiva vedar que terceiros executem os serviços a cargo da entidade contratada, expediente que caracteriza a subcontratação do objeto contratado. Neste sentido, pode a fundação de apoio apenas servir de fachada para a realização de um ajustamento com um terceiro particular que, para a sua contratação, necessitaria da instauração da competente licitação. Assim, veda-se que a referida entidade contratada diretamente apenas canalize a contratação para que um estranho o execute, o que, por evidente, configura flagrante burla à licitação

Recomenda-se à Administração Pública, desta feita, que as contratações diretas realizadas com arrimo no art. 24, inc. XIII, da Lei de Licitações e, doravante, pelo art. 75, inc. XV, da NLLC, sejam cercadas de cautela, especialmente quanto à verificação do nexo entre o objeto e a finalidade institucional da futura entidade a ser contratada, de modo a manter a excepcionalidade da dispensa e afastar eventual reprovação da Corte de Contas competente a esse respeito.

Jurisprudência e demais orientações

Contratação direta de instituições de apoio ou de desenvolvimento institucional. É possível a contratação de fundação de apoio por dispensa de licitação, com fundamento no art. 24, inciso XIII, da Lei 8.666/1993, para a realização de vestibular, desde que haja nexo efetivo entre a natureza da instituição e o objeto contratado e compatibilidade com os preços de mercado: TCU – Acórdão 2506/2013-Segunda Câmara, TC 019.856/2005-5, Relatoria: Ministro José Jorge – "3. Antes de tratar do possível sobrepreço apontado pela unidade técnica, farei alguns comentários sobre a aplicabilidade da dispensa de licitação, com fundamento no inciso XIII, do art. 24, da Lei 8.666/1993, na contratação de fundação de apoio por universidade para a realização de vestibular.

488

DA CONTRATAÇÃO DIRETA ART⁰ 75

4. Entende a unidade técnica que a contratação da Fundação Riomar, diretamente, com dispensa de licitação, pela UNIR, é irregular por 'não se poder conceber dispensa de licitação tendo por objeto atividade rotineira, como é o caso do vestibular. A dispensa (...) somente se aplica a desenvolvimento institucional, algo relevante e excepcional.'

5. O Tribunal já enfrentou esta matéria em algumas oportunidades. Ao longo dos anos, o TCU primeiramente entendeu ser possível a aplicação do art. 24, inciso XIII, da Lei 8.666/1993 às atividades relacionadas à promoção de concurso público, desde que tendo pertinência com o desenvolvimento institucional da contratante (Acórdão 569/2005 – Plenário). A contratação, por dispensa, para a realização de vestibulares ainda não estava albergada nessas primeiras deliberações.

6. O debate sobre a aplicabilidade do art. 24, inciso XIII, da Lei 8.666/1993, para a contratação de fundações de apoio por universidades, para a realização de vestibulares, começou a ser dirimido a partir do Acórdão 1534/2009 – 1ª Câmara, que reconheceu a legitimidade desse procedimento.

7. De fato, o Tribunal, hoje, entende que não há diferença substancial entre a contratação para realização de concurso para admissão de servidores e o vestibular para ingresso nas instituições de ensino. Nesse sentido, a tese encampanda pela unidade instrutiva quanto à contratação, por dispensa, da fundação Riomar, não encontra respaldo na jurisprudência desta Corte.

8. Alias, há pouco tempo esta Corte se deparou novamente com a discussão sobre a aplicabilidade do art. 24, inciso XIII, da Lei 8.666/1993, desta feita, quanto às contratações feitas pelo INEP destinadas à seleção de estudantes pelo ENEM. No Acórdão 3019/2012-Plenário, de minha relatoria, o Tribunal recomendou ao INEP que:

'9.3.1. pondere, em face dos valores envolvidos e do interesse de outras instituições, sobre a possibilidade de realizar certame licitatório para a contratação de serviços objeto desta representação;

9.3.2. realize, na hipótese de ser realizada contratação direta, rodízio das empresas contratadas;'

9. Na oportunidade, o Tribunal firmou entendimento de que a contratação, por dispensa de licitação, para realização do Enem é admitida desde que haja nexo efetivo entre a natureza da instituição e o objeto contratado e compatibilidade com os preços de mercado. A propósito, assim posicionei-me no Voto condutor:

44. Especificamente quanto à contratação direta destinada à realização do ENEM, cujo objeto hoje contempla a seleção de estudantes para ingressarem em univerisdades, pondero que as diversas acepções que o termo "desenvolvimento institucional' possui, somadas ao entendimento consolidado deste Tribunal de que é possível a contratação direta com arrimo no referido dispositivo ordinário para a realização de concurso e de vestibulares, a amparam.

45. Desse modo, não obstante minha convicção pessoal, no sentido de que o enquadramento no multicitado artigo 24, inciso XIII, da Lei 8.666, de 1993, não é o mais

COMENTÁRIOS À NOVA LEI DE LICITAÇÕES PÚBLICAS E CONTRATOS ADMINISTRATIVOS

adequado, curvo-me à jurisprudência desta Corte de Contas, no sentido de que as contratações destinadas à seleção de estudantes para o ingresso no ensino superior podem se dar com base no referido dispositivo.'"

Contratação direta de instituições de apoio ou de desenvolvimento institucional. Os objetivos da entidade devem guardar relação com o objeto a ser contratado. Ademais, os preços contratados devem ser consentâneos com os de mercado: TCU – Súmula nº 250 – "A contratação de instituição sem fins lucrativos, com dispensa de licitação, com fulcro no art. 24, inciso XIII, da Lei n.º 8.666/93, somente é admitida nas hipóteses em que houver nexo efetivo entre o mencionado dispositivo, a natureza da instituição e o objeto contratado, além de comprovada a compatibilidade com os preços de mercado."

Contratação direta de instituições de apoio ou de desenvolvimento institucional. Impossibilidade de contratação de serviços de informática a serem prestados por tais pessoas jurídicas. Interpretação do termo desenvolvimento institucional deve ser restrita: TCU – Acórdão nº 3.564/2006 – 1ª Câmara – Relatoria: Ministro Marcos Bemquerer Costa – "2. A dispensa de licitação com base no art. 24, inciso XIII, da Lei 8.666/93, não permite a contratação de serviços de informática, complexos ou ordinários, tendo em vista a existência de diversas empresas de reconhecido conhecimento em informática. 3. O fato de determinado órgão ou entidade enquadrar-se no conceito de desenvolvimento institucional não pode levar à interpretação em sentido amplo de que pode ser realizada a contratação, sem maiores critérios, mediante dispensa de licitação."

Contratação direta de instituições de apoio ou de desenvolvimento institucional. A interpretação de desenvolvimento institucional deve ser restrita: TCU – Acórdão nº 1.616/2003 – Plenário – Relatoria: Ministro Augusto Sherman Cavalcanti – "9.2.2. atente que o requisito 'desenvolvimento institucional', previsto no inciso XIII do art. 24 da Lei 8.666/93, deve receber interpretação restrita, não podendo ser entendido como qualquer atividade que promova melhoria no desempenho das organizações, sob pena de inconstitucionalidade."

Contratação direta de instituições de apoio ou de desenvolvimento institucional. Deve o objeto pretendido guardar relação com a natureza da instituição a ser contratada: TCU – Acórdão nº 723/2005 – Plenário – Relatoria: Ministro Ubiratan Aguiar – "9.9.2. abstenha-se de celebrar contratos, por dispensa de licitação com base no art. 24, inciso XIII, da Lei n.º 8.666/93, sem que haja nexo entre o objeto contratado, o dispositivo e a natureza da instituição."

Contratação direta de instituições de apoio ou de desenvolvimento institucional. Os objetivos da entidade devem guardar relação com o objeto contratado – TCU – Decisão nº 1.097/2002 – Plenário – "8.1.7 abstenha-se de proceder a qualquer contratação sem licitação com base no disposto no inciso XIII do art. 24 da Lei nº 8.666/93, quando o objeto pretendido não for conexo com as atividades de pesquisa,

DA CONTRATAÇÃO DIRETA   ART⁰ 75

ensino ou desenvolvimento institucional precipuamente desenvolvidas pela instituição que se pretenda contratar;

(...)

8.2 esclarecer que a dispensa de licitação com fundamento no art. 24, XIII, da Lei nº 8.666/93 só pode ser aplicada para execução de serviços, desde que os objetivos da pessoa jurídica a ser contratada guardem estreita correlação com o objeto."

Contratação direta de instituições de apoio ou de desenvolvimento institucional. Os objetivos da entidade devem guardar relação com o objeto contratado. Possibilidade de contratação empresas públicas e sociedades de economia mista, prestadoras de serviços públicos ou de apoio, que não desempenhem atividade econômica: TCU – Acórdão nº 2.203/2005 – 1ª Câmara – Relatoria: Ministro Augusto Nardes – "1. Determinar à Delegacia Federal de Agricultura/AM que: 1.7. observe, em especial, o inciso VIII, do art. 24, da Lei n.º 8.666/93 e o § 2º do art. 173 da Constituição Federal, de forma a aplicar a dispensa de licitação apenas às entidades integrantes da administração pública que tenham como finalidade específica a prestação de serviços públicos ou a prestação de serviços de apoio, bem como às empresas públicas e sociedades de economia mista que não desempenhem atividade econômica, sujeita à livre concorrência, pois estas não devem possuir privilégios que não sejam extensíveis às empresas da iniciativa privada."

Contratação direta de instituições de apoio ou de desenvolvimento institucional. Impossibilidade de contratar tais particulares para prestarem de serviços de manutenção da instituição: TCU – Acórdão nº 1.193/2006 – Plenário – Relatoria: Ministro Marcos Vinicios Vilaça – "9.2.1.5. a manutenção e o desenvolvimento institucional não devem ser confundidos e, nesse sentido, não cabe a contratação para atividades de manutenção da instituição, a exemplo de serviços de limpeza, vigilância, apoio administrativo e conservação predial."

17. Aquisição de insumos estratégicos para a saúde

Artigo 75

É dispensável a licitação quando:

(...)

XVI – para aquisição, por pessoa jurídica de direito público interno, de insumos estratégicos para a saúde produzidos por fundação que, regimental ou estatutariamente, tenha por finalidade apoiar órgão da Administração Pública direta, sua autarquia ou fundação em projetos de ensino, pesquisa, extensão, desenvolvimento institucional, científico e tecnológico e de estímulo à inovação, inclusive na gestão administrativa e financeira necessária à execução desses projetos, ou em parcerias que envolvam transferência de tecnologia de produtos estratégicos para o SUS,

nos termos do inciso XII do caput deste artigo, e que tenha sido criada para esse fim específico em data anterior à entrada em vigor desta Lei, desde que o preço contratado seja compatível com o praticado no mercado."

O inc. XVI do art. 75, da nova Lei de Licitações, dispensa o certame licitatório para aquisição por Pessoa Jurídica de Direito Público interno de insumos estratégicos para a saúde.

Como já foi objeto de esclarecimento acima, o processamento de licitações muita das vezes apresenta-se como um obstáculo, dada a processualidade exigida pelas normas gerais de licitação, e, levando-se em consideração a política pública ou ação estratégica a ser efetivada implementada pela Administração, tem-se que o certame licitatório apresenta-se como um dificultador para a implementação de políticas públicas.

Levando em consideração tal peculiaridade, estabelece o art. 75, inc. XVI, da NLLC, a possibilidade de afastamento da licitação quando for necessário a compra de insumos estratégicos para a saúde.

Por pessoas jurídicas de direito público entende-se aquelas arroladas no art. 41 do Código Civil, ou seja, a União, os Estados, o Distrito Federal, os Municípios, as autarquias, inclusive as associações públicas e as demais entidades de caráter público criadas por lei.

Somente poderá figurar como contratado uma fundação que, regimental ou estatutariamente, tenha por finalidade apoiar órgão da Administração Pública direta, sua autarquia ou fundação em projetos de ensino, pesquisa, extensão, desenvolvimento institucional, científico e tecnológico e de estímulo à inovação, inclusive na gestão administrativa e financeira necessária à execução desses projetos, ou em parcerias que envolvam transferência de tecnologia de produtos estratégicos para o SUS.

Exige ainda o inciso, de forma expressa, que a referida fundação tenha sido criada para esse fim específico em data anterior à entrada da nova Lei de Licitações, vale dizer, 1º de abril de 2021. A limitação ora fixada tem o condão de evitar que novas fundações sejam criadas doravante para buscar a contratação direta com arrimo no permissivo legal estudado.

Por fim, exige o referido dispositivo legal que o preço contratado pela pessoa jurídica de direito privado deve ser compatível com o praticado no mercado correlato, devendo ser realizada competente pesquisa mercadológica, de forma a comprovar tal circunstância nos autos do processo administrativo.

Por derradeiro, esclareça-se que os sete parágrafos arrolados após o inc. XVI do artigo em estudo foram objeto de análise e comentados nos correspondentes incisos, que tais dispositivos legais buscam oferecer esclarecimentos ou outras determinações.

CAPÍTULO IX – DAS ALIENAÇÕES

Artigo 76

A alienação de bens da Administração Pública, subordinada à existência de interesse público devidamente justificado, será precedida de avaliação e obedecerá às seguintes normas:

I – tratando-se de bens imóveis, inclusive os pertencentes às autarquias e às fundações, exigirá autorização legislativa e dependerá de licitação na modalidade leilão, dispensada a realização de licitação nos casos de:

a) dação em pagamento;

b) doação, permitida exclusivamente para outro órgão ou entidade da Administração Pública, de qualquer esfera de governo, ressalvado o disposto nas alíneas "f", "g" e "h" deste inciso;

c) permuta por outros imóveis que atendam aos requisitos relacionados às finalidades precípuas da Administração, desde que a diferença apurada não ultrapasse a metade do valor do imóvel que será ofertado pela União, segundo avaliação prévia, e ocorra a torna de valores, sempre que for o caso;

d) investidura;

e) venda a outro órgão ou entidade da Administração Pública de qualquer esfera de governo;

f) alienação gratuita ou onerosa, aforamento, concessão de direito real de uso, locação e permissão de uso de bens imóveis residenciais construídos, destinados ou efetivamente usados em programas de habitação ou de regularização fundiária de interesse social desenvolvidos por órgão ou entidade da Administração Pública;

g) alienação gratuita ou onerosa, aforamento, concessão de direito real de uso, locação e permissão de uso de bens imóveis comerciais de âmbito local, com área de até 250 m² (duzentos e cinquenta metros quadrados) e destinados a programas de regularização fundiária de interesse social desenvolvidos por órgão ou entidade da Administração Pública;

h) alienação e concessão de direito real de uso, gratuita ou onerosa, de terras públicas rurais da União e do Instituto Nacional de Colonização e Reforma Agrária (Incra) onde incidam ocupações até o limite de que trata o § 1º do art. 6º da Lei nº 11.952, de 25 de junho de 2009, para fins de regularização fundiária, atendidos os requisitos legais;

i) legitimação de posse de que trata o art. 29 da Lei nº 6.383, de 7 de dezembro de 1976, mediante iniciativa e deliberação dos órgãos da Administração Pública competentes;

j) legitimação fundiária e legitimação de posse de que trata a Lei nº 13.465, de 11 de julho de 2017;

II – tratando-se de bens móveis, dependerá de licitação na modalidade leilão, dispensada a realização de licitação nos casos de:

a) doação, permitida exclusivamente para fins e uso de interesse social, após avaliação de oportunidade e conveniência socioeconômica em relação à escolha de outra forma de alienação;

b) permuta, permitida exclusivamente entre órgãos ou entidades da Administração Pública;

c) venda de ações, que poderão ser negociadas em bolsa, observada a legislação específica;

d) venda de títulos, observada a legislação pertinente;

e) venda de bens produzidos ou comercializados por entidades da Administração Pública, em virtude de suas finalidades;

f) venda de materiais e equipamentos sem utilização previsível por quem deles dispõe para outros órgãos ou entidades da Administração Pública.

§ 1º A alienação de bens imóveis da Administração Pública cuja aquisição tenha sido derivada de procedimentos judiciais ou de dação em pagamento dispensará autorização legislativa e exigirá apenas avaliação prévia e licitação na modalidade leilão.

§ 2º Os imóveis doados com base na alínea "b" do inciso I do caput deste artigo, cessadas as razões que justificaram sua doação, serão revertidos ao patrimônio da pessoa jurídica doadora, vedada sua alienação pelo beneficiário.

§ 3º A Administração poderá conceder título de propriedade ou de direito real de uso de imóvel, admitida a dispensa de licitação, quando o uso destinar-se a:

I – outro órgão ou entidade da Administração Pública, qualquer que seja a localização do imóvel;

II – pessoa natural que, nos termos de lei, regulamento ou ato normativo do órgão competente, haja implementado os requisitos mínimos de cultura, de ocupação mansa e pacífica e de exploração direta sobre área rural, observado o limite de que trata o § 1º do art. 6º da Lei nº 11.952, de 25 de junho de 2009.

§ 4º A aplicação do disposto no inciso II do § 3º deste artigo será dispensada de autorização legislativa e submeter-se-á aos seguintes condicionamentos:

I – aplicação exclusiva às áreas em que a detenção por particular seja comprovadamente anterior a 1º de dezembro de 2004;

II – submissão aos demais requisitos e impedimentos do regime legal e administrativo de destinação e de regularização fundiária de terras públicas;

III – vedação de concessão para exploração não contemplada na lei agrária, nas leis de destinação de terras públicas ou nas normas legais ou administrativas de zoneamento ecológico-econômico;

IV – previsão de extinção automática da concessão, dispensada notificação, em caso de declaração de utilidade pública, de necessidade pública ou de interesse social;

V – aplicação exclusiva a imóvel situado em zona rural e não sujeito a vedação, impedimento ou inconveniente à exploração mediante atividade agropecuária;

VI – limitação a áreas de que trata o § 1º do art. 6º da Lei nº 11.952, de 25 de junho de 2009, vedada a dispensa de licitação para áreas superiores;

VII – acúmulo com o quantitativo de área decorrente do caso previsto na alínea "i" do inciso I do caput deste artigo até o limite previsto no inciso VI deste parágrafo.

§ 5º Entende-se por investidura, para os fins desta Lei, a:

I – alienação, ao proprietário de imóvel lindeiro, de área remanescente ou resultante de obra pública que se tornar inaproveitável isoladamente, por preço que não seja inferior ao da avaliação nem superior a 50% (cinquenta por cento) do valor máximo permitido para dispensa de licitação de bens e serviços previsto nesta Lei;

II – alienação, ao legítimo possuidor direto ou, na falta dele, ao poder público, de imóvel para fins residenciais construído em núcleo urbano anexo a usina hidrelétrica, desde que considerado dispensável na fase de operação da usina e que não integre a categoria de bens reversíveis ao final da concessão.

§ 6º A doação com encargo será licitada e de seu instrumento constarão, obrigatoriamente, os encargos, o prazo de seu cumprimento e a cláusula de reversão, sob pena de nulidade do ato, dispensada a licitação em caso de interesse público devidamente justificado.

§ 7º Na hipótese do § 6º deste artigo, caso o donatário necessite oferecer o imóvel em garantia de financiamento, a cláusula de reversão e as demais obrigações serão garantidas por hipoteca em segundo grau em favor do doador.

1. Do interesse público justificado

Haja vista a possibilidade do interesse público almejado pelo Poder Público ser modificado no tempo e no espaço, de forma a melhor alcançá-lo ou protegê-lo, poderá existir a necessidade de alienação dos bens imóveis que integram o patrimônio público.

Para que assim ocorra deverá existir motivada justificativa, de forma que a finalidade pretensa seja bem delineada para fins de controle, tanto pelos órgãos ou entidades que detenham tal missão em suas atribuições institucionais como pela sociedade.

2. Da necessidade de observância do disposto na Lei de Licitações, bem como eventuais limitações e exigências fixadas na Constituição Estadual, Lei Orgânica Municipal e legislação local

É oportuno considerar que, além do disposto no artigo que se inicia o estudo, é também necessário que o administrador público, bem como os interessados em contratar com o Poder Público, analisem eventuais limitações ou condicionantes previstos na Constituição Estadual da unidade federativa que o Município integre, bem como na Lei Orgânica do Município, caso a Administração alienante seja municipal. Neste sentido, o STF já prolatou que, "nos casos de alienação de bens públicos, a municipalidade deve observar, além das exigências administrativas e financeiras previstas no ordenamento jurídico, a necessidade do certame licitatório."[159]

Por exemplo, o art. 180, inc. VII da Constituição Estadual Paulista, veda a desafetação de áreas institucionais para futura alienação. Outrossim, o art. 117 da LOM do Guarujá/SP proíbe a doação, venda ou concessão de uso de qualquer fração dos parques, praças, jardins ou largos públicos, salvo pequenos espaços destinados ao exercício do comércio eventual.

3. Da necessidade de desafetação

Como já ressaltado, somente poderá ser objeto de alienação, na forma permitida pela Lei de Licitações, observando, ainda, eventuais exigências contidas na Constituição Estadual e Lei Orgânica Municipal.

Demais disso, é oportuno esclarecer que os bens públicos são, em regra, inalienáveis, consoante determina o art. 100 do atual Código Civil, exceção feita àqueles que foram devidamente desafetados de sua destinação pública, que ocorrerá por meio de lei. Em outras palavras, "a inalienabilidade dos bens públicos é relativa, restando autorizada a sua disposição, desde que preenchidas as condições previstas em lei."[160]

---

[159] STF – RE nº 1075499 / SP. Decisão Monocrática. Relator: Min. Ricardo Lewandowski. Publicado no DJe em 21/06/2018.

[160] STF – ARE 1178400 / MG. Decisão Monocrática. Relatora: Min. Cármen Lúcia. Publicado no DJe em 06/02/2019.

DAS ALIENAÇÕES · ART° 76

Sendo assim, "ocorre a desafetação quando há a alteração da finalidade, onde o bem que, inicialmente, tinha destinação pública, passa a não mais tê-la, temporariamente ou definitivamente."[161]

Descaracterizada, regularmente, a natureza de "bem de uso comum do povo", por meio de desafetação, passa o imóvel a deter condição de "bem dominical", que, consoante fixa o art. 101 do Código Civil Brasileiro, podem ser alienados, observadas as exigências da lei.

Assim ocorrendo, tal imóvel passará a integrar o patrimônio público disponível, podendo ser transferida a propriedade para terceiros, na forma como estabelece os incisos e alíneas do art. 76 da nova Lei de Licitações.

Artigo 76

A alienação de bens da Administração Pública, subordinada à existência de interesse público devidamente justificado, será precedida de avaliação e obedecerá às seguintes normas:

1. Da alienação como institutos jurídicos de transferência de propriedade

Primeiramente, temos que considerar que o conceito de "alienação" deve ser compreendido como todas as hipóteses previstas no ordenamento jurídico como transferência de propriedade e não apenas compra e venda.

Corroborando o exposto, para Hely Lopes Meirelles, "Alienação é toda transferência de propriedade, remunerada ou gratuita, sob a forma de venda, doação, dação em pagamento, permuta, investidura, legitimação de posse ou concessão de domínio."[162]

2. Necessidade de demonstração de interesse público justificado

Haja vista que todo ato administrativo deve ser motivado, tem-se que a justificativa a ser lançada de forma a comprovar a exigência legal deverá apresentar pormenorizadamente justificativas e motivos que assentem um interesse público a ser melhormente alcançado com a alienação do referido imóvel.

3. Necessidade de avaliação prévia

Uma das exigências fixadas no excerto legal ora estudado é a necessidade de prévia avaliação do valor do imóvel que se pretende alienar.

---

[161] STJ – AREsp n° 300745 / GO (2013/0046020-7). Segunda Turma. Relator: Min. Herman Benjamin. Publicado no DJe em 22/03/2013.
[162] MEIRELLES, Hely Lopes. *Direito Administrativo Brasileiro*, 29ª ed., São Paulo: Malheiros, 2011, p. 580.

Com efeito, determinada que tal avaliação ocorra previamente, não podendo tal atividade ocorrer posteriormente à alienação do mesmo, haja vista a importância de ser conhecido o valor do bem a ser alienado em momento anterior ao leilão, de forma a permitir a fixação da oferta mínima.

3.1 Da avaliação de bens móveis

No tocante à avaliação de bens móveis para fins de alienação nas formas estampadas no inc. II do art. 76, da NLLC, é comum a constituição de comissão de vistoria e avaliação para fins de realização de leilão público para alienação de bens móveis inservíveis.

Tal colegiado deverá ser composto por servidores ou empregados públicos, que preferencialmente deverão integrar o quadro permanente da Administração, consoante prevê o art. 7º, inc. I, da NLLC, devendo a designação recair sobre condições técnicas de avaliar e definir o estado dos bens em questão.

Neste sentido, tal colegiado, deverá realizar o levantamento dos bens, vistoria e avaliação, sendo consignada a conclusão da atuação num Termo de Avaliação, cujo teor assentará as características, o estado de conservação e o valor de cada bem.

Em nosso sentir, deverá a conclusão da avaliação ser encaminhada à autoridade competente para fins de ser realizado leilão público ou, ainda, realizar a contratação direta, alienando-os na forma e limites constantes nas alíneas arroladas no inc. II do art. 76 da NLLC.

3.2 Da avaliação de bens imóveis

Com efeito, tem-se que o serviço de avaliação de imóveis caracteriza-se como técnico e deve oferecer o mínimo de idoneidade e certeza sobre o valor do metro quadrado a ser cobrado pela venda do bem imóvel. Para tanto, a sua elaboração deve adotar métodos consagrados nas normas técnicas pertinentes. (NBR 14653-1, NBR 14653-2 e NBR 14653-3 da ABNT; Resoluções 205, 1.010 e 345 do CONFEA; Índice IBC da Revista PINI).[163]

Em razão disso, deve-se afastar a praxe de ser juntada aos autos três avaliações fornecidas por imobiliárias da cidade, elaboradas informalmente por corretores de imóvel, desatendendo os requisitos mínimos constantes das normas técnicas.

Haja vista que tal avaliação encontra-se no bojo de um laudo técnico, deve o mesmo ser elaborado por engenheiro e/ou arquiteto com capacitação para promover perícias e avaliações.

---

[163] TCE/SP – 00003578.989.16-2 e 00003597.989.16-9. Relatoria: Conselheiro Antonio Carlos dos Santos. Julgado em: 24/02/2016. Publicado no DOE: 05/03/2016.

DAS ALIENAÇÕES ART° 76

Não obstante seja assim, tem-se conhecimento de decisões prolatadas pelo Superior Tribunal de Justiça, cujo teor manifesta-se pela elaboração de avaliação de imóvel, o que não é atividade privativa de engenheiro, permitindo-se que um corretor de imóveis, devidamente capacitado para tanto, realizasse tal atividade:

> 3. Mesmo que superado esse óbice, o STJ já se posicionou no sentido de que a redação do art. 7º da Lei 5.194/1966 é genérica e não impede, de forma peremptória, que profissionais de outras áreas possam realizar as atividades ali determinadas, desde que não necessitem de conhecimentos técnicos próprios de tais profissões (REsp 779196/RS, Rel. Ministro Teori Albino Zavascki, Primeira Turma, DJe 9/9/2009)[164]
>
> A determinação do valor de um imóvel depende principalmente do conhecimento do mercado imobiliário local e das características do bem, matéria que não se restringe às áreas de conhecimento de engenheiro, arquiteto ou agrônomo, podendo, via de regra, ser aferida por outros profissionais.[165]

Admitindo-se a possibilidade do corretor de imóveis produzir tal laudo, conforme verifica-se da Resolução nº 1.066/2007, atualizada pelo Ato Normativo nº 001/2011, tem-se que o documento seja expedido conforme estipulado pela ABNT (Associação Brasileira de Normas Técnicas), o que garantirá, portanto, que tal documento seja elaborado adotando-se os métodos consagrados nas normas técnicas pertinentes.

I – tratando-se de bens imóveis, inclusive os pertencentes às autarquias e às fundações, exigirá autorização legislativa e dependerá de licitação na modalidade leilão, dispensada a realização de licitação nos casos de:

1. Dos bens imóveis

Consoante fixa o art. 79 do Código Civil: "São bens imóveis o solo e tudo quanto se lhe incorporar natural ou artificialmente". Por sua vez, estabelece, ainda, o art. 80 da Lei nº 10.402/2002, que: "Consideram-se imóveis para os efeitos legais: I – os direitos reais sobre imóveis e as ações que os asseguram; II – o direito à sucessão aberta".

Nesses termos, todos os bens públicos que se enquadrarem na definição constante do Código Civil terão a sua alienação observada pelo disposto no art. 76, inc. I e incisos.

---

[164] STJ – AgRg no Agravo em Recurso Especial nº 88.459/DF. Segunda Turma. Relatoria: Min. Herman Benjamin. Publicado no DJe em 15/06/2012.

[165] STJ – MC 15.976/PR. Terceira Turma. Relatoria: Min. Nancy Andrighi. Publicado no DJe em 9/10/2009.

COMENTÁRIOS À NOVA LEI DE LICITAÇÕES PÚBLICAS E CONTRATOS ADMINISTRATIVOS

Demais disso, conforme observa-se da leitura do *caput* do art. 76, submete-se a tal regramento a "Administração Pública", na forma do disposto no inc. III, da NLLC, a saber: administração direta e indireta da União, dos Estados, do Distrito Federal e dos Municípios, inclusive as entidades com personalidade jurídica de direito privado sob controle do poder público e as fundações por ele instituídas ou mantidas; inclusive os pertencentes às autarquias e às fundações. De forma a não deixar laivo de dúvidas, o art. 76, inc. I, da NLLC, reforça a necessidade dos pertencentes às autarquias e às fundações se submeter ao regramento lá ventilado.

2. Da necessidade de autorização legislativa

Esclareça-se, inicialmente, que o gestor dos bens imóveis pertencentes a uma esfera administrativa é o Chefe do Poder Executivo, vale dizer, o Prefeito, o Governador e o Presidente da República.

Melhor ilustrando, colaciona-se o entendimento do mestre Hely Lopes Meirelles quando trata da gestão dos bens públicos municipais, *in verbis*:

> Em sentido estrito a administração dos bens municipais compreende unicamente a sua utilização e conservação segundo a destinação natural ou legal de cada coisa, e, em sentido amplo, abrange também a alienação dos bens que se revelarem inúteis ou inconvenientes ao domínio público, como, ainda, a aquisição de novos bens necessários ao serviço público local. O administrador do Município – o prefeito – tem, portanto, o poder de utilização e o dever de conservação dos bens municipais. *Daí por que, para utilizá-los e conservá-los segundo a sua normal destinação, não precisa de autorização especial da Câmara, mas para mudar a destinação, aliená-los ou destruí-los dependerá de lei autorizativa.*[166]

Sendo assim, existindo motivo justificado, a ser devidamente acostado no projeto de lei, deverá o Chefe do Poder Executivo deflagrar o processo legislativo, por meio do encaminhamento de projeto de lei de sua autoria, solicitando autorização legislativa e, se for o caso, a desafetação do imóvel, caso ele não seja bem dominical, podendo a desconsagração e autorização da Câmara constar em apenas uma propositura.

De forma a tornar célere, facilitando a alienação dos bens públicos, estabelece o § 1º do art. 76, da NLLC, que a alienação de bens imóveis da Administração Pública, cuja aquisição tenha sido derivada de procedimentos judiciais ou de dação em pagamento dispensará autorização legislativa e exigirá apenas avaliação prévia e licitação na modalidade leilão. Haja vista que tais bens não foram transferidos para o patrimônio público com determinada atribuição,

---

[166] MEIRELLES, Hely Lopes. *Direito Municipal Brasileiro*, 16ª ed., São Paulo: Malheiros, 2007, p. 312. (grifos nossos).

encargo ou finalidade, ou seja, nunca foram afetados, restaria afastada a necessidade de desconsagração.

3. Da adoção da licitação na modalidade leilão

No âmbito da Lei nº 8.666/1993, tratando de alienação de bem imóvel pertencente à Administração Pública, como regra, conforme determina o art. 17, inc. I, da Lei de Licitações, exige-se a instauração de uma licitação apenas na modalidade concorrência.

Na referida norma geral, observa-se a possibilidade da Administração licitante adotar, além da modalidade concorrência, excepcionalmente a modalidade leilão, restringindo-se apenas às hipóteses do art. 19 da Lei nº 8.666/1993, no caso dos bens imóveis objeto de alienação serem integrados ao patrimônio público em decorrência de procedimentos judiciais ou de dação em pagamento.

No âmbito da Lei nº 14.133/2021, todavia, observa-se a adoção da modalidade leilão obrigatoriamente, o que vislumbra potencial e significativa vantajosidade, haja vista a possibilidade do oferecimento de lances elevar o valor da alienação, permitindo que a Administração licitante aufira recursos superiores ao valor constante da avaliação prévia.

Artigo 76. (...)
I – (...)
a) dação em pagamento;

Temos a considerar que a dação em pagamento caracteriza-se como um negócio jurídico, com previsão no art. 356 do Código Civil, que permite que "O credor pode consentir em receber prestação diversa da que lhe é devida." Permite o referido instituto a substituição de dinheiro por coisa *rem pro pecuni*.

Para De Plácido e Silva, "Chamam-na, principalmente, de dação em pagamento (*datio in solutum*), porque aí a ação de dar tem a função de extinguir a obrigação, que devia ser cumprida por outra prestação, que não é a que se constitui pela dação."[167]

Permite o art. 76, inc. I, al. "a", da NLLC, a dispensa de licitação em caso de dação em pagamento, em razão de evitar o desembolso de recursos públicos no pagamento de uma dívida por meio da dação de um imóvel público, desde que o credor consinta em receber prestação pecuniária diversa da que lhe é devida.

---

[167] SILVA, De Plácido. *Vocabulário Jurídico*, 21ª edição, São Paulo: Forense, 2003, p. 237.

COMENTÁRIOS À NOVA LEI DE LICITAÇÕES PÚBLICAS E CONTRATOS ADMINISTRATIVOS

Com efeito, deverá ser demonstrado motivadamente o interesse público na transferência de propriedade de um imóvel sem utilidade pública em substituição do pagamento em dinheiro, bem como se a dação efetivamente apresentar-se mais vantajosa para o erário, haja vista a regra da alienação ocorrer por meio da licitação na modalidade leilão.

Artigo 76. (...)

I – (...)

b) doação, permitida exclusivamente para outro órgão ou entidade da Administração Pública, de qualquer esfera de governo, ressalvado o disposto nas alíneas "f", "g" e "h" deste inciso;

Permite o art. 76, inc. I, al. "b", da NLLC, a dispensa de licitação em caso de doação em razão de ser buscado, com a transferência do bem para um terceiro, a proteção ou atendimento de um interesse público.

A doação caracteriza-se como "o *ato de liberalidade*, pelo qual a pessoa *dispõe* de bens ou vantagens integradas em seu patrimônio em benefício de outrem, que os aceita."[168]

Esclareça-se que a doação, por meio de dispensa de licitação, é permitida exclusivamente para outro órgão ou entidade da Administração Pública, de qualquer esfera de governo, ressalvado o disposto nas alíneas "f", "g" e "h" deste inciso. Sendo assim, além da possibilidade de utilização dos institutos lá arrolados, permite-se, ainda, a utilização da doação, haja vista cada um dos dispositivos iniciar a redação arrolando a hipótese de alienação, cujo conceito, conforme lançado acima, contempla também a doação.

A doação, com base no art. 538 do Código Civil, é o contrato segundo o qual uma pessoa, chamada doador, por liberalidade, transfere um bem do seu patrimônio para o patrimônio de outra, designada donatária, que o aceita.

É oportuno esclarecer que a ADIN 927-3-RS reafirmou o princípio constitucional da autonomia dos entes federativos e conferiu interpretação conforme à Constituição ao art. 17, inc. I, al. "b", da Lei Geral de Licitações, afastando do âmbito de incidência dos Estados e Municípios a proibição de doação em hipóteses outras que não a outros entes da Administração Pública.

Levando-se em consideração a referida decisão da Suprema Corte, bem como a possibilidade de dispensa de licitação para a doação de imóveis ocupados por particulares nas hipóteses das alíneas "f", "g" e "h" do inc. I, Marçal Justen Filho entende que:

---

[168] SILVA, De Plácido. *Vocabulário Jurídico*, 21ª edição, São Paulo: Forense, 2003, p. 286.

DAS ALIENAÇÕES ART° 76

A única interpretação razoável para o dispositivo é considerar que se trata de restringir as hipóteses de dispensa de licitação nos casos de doação de bens imóveis. Ou seja, o dispositivo determina que, se a doação for realizada para sujeito não integrante da Administração Pública, será obrigatória a licitação. A ressalva no tocante ao destinatário da doação se refere especificamente ao cabimento da dispensa.[169]

A doação somente se revestirá de legalidade caso a transferência de o bem para terceiro, independente de ser pessoa jurídica de direito público ou privado, ocorra em razão da proteção ou atendimento de um interesse público.

Todos os demais requisitos deverão ser observados, vale dizer, desafetação, se for o caso, autorização legislativa, avaliação prévia e, existindo justificativa, a dispensa da licitação.

Artigo 76. (...)
I – (...)
c) permuta por outros imóveis que atendam aos requisitos relacionados às finalidades precípuas da Administração, desde que a diferença apurada não ultrapasse a metade do valor do imóvel que será ofertado pela União, segundo avaliação prévia, e ocorra a torna de valores, sempre que for o caso;

Permite o art. 76, inc. I, al. "c", da NLLC, a dispensa de licitação em caso de permuta por outros imóveis que atendam aos requisitos relacionados às finalidades precípuas da Administração, uma vez que a permuta refere-se a bens individualizados, selecionados em razão do mesmo ser destinado para um atendimento público, o que não é possível ser viabilizado por meio de licitação.

Para De Plácido e Silva:

> PERMUTA. Derivado de permutar, do latim *permutare* (permutar, trocar, cambiar), na significação técnica do Direito exprime o contrato, em virtude dos qual os contratantes *trocam* ou *cambiam* entre si coisas de sua propriedade. Praticamente, é a troca de coisa por coisa.[170]

Somente será possível a viabilização da permuta desde que a diferença apurada não ultrapasse a metade do valor do imóvel que será ofertado pela União, segundo avaliação prévia, e ocorra a torna ou retorno de valores, sempre que for o caso.

---

[169] JUSTEN FILHO, Marçal. *Comentários à Lei de Licitações e Contratos Administrativos*. 15ª ed., São Paulo: Dialética, 2012, p.263.
[170] SILVA, De Plácido. *Vocabulário Jurídico*, 21ª edição, São Paulo: Forense, 2003, p. 605.

COMENTÁRIOS À NOVA LEI DE LICITAÇÕES PÚBLICAS E CONTRATOS ADMINISTRATIVOS

É importante ressaltar que a licitação somente estará dispensada nos casos em que, por meio da permuta, desejar-se a propriedade de bem determinado, para o atendimento das finalidades precípuas da Administração, devendo o bem pretenso ser provido de determinadas características construtivas, geológicas, localização etc., que o tornem singular e justifique a contratação direta.

Assim, ao invés de buscar a aquisição do bem pretenso, por meio do desembolso de recursos de capitais, poderá a Administração deixar de lançar mão dos escassos recursos públicos, viabilizando a incorporação do referido bem ao patrimônio público por meio da permuta.

Se verificando, no caso concreto, a existência de mais de um interessado em permutar bens que atendam às necessidades da Administração, caracterizada está a viabilidade de licitação, não podendo essa ser dispensada.

Artigo 76. (...)
I – (...)
d) investidura;

Permite o art. 76, inc. I, al. "d", da NLLC, a dispensa de licitação para alienação de bens imóveis em caso de investidura.

Investidura, conforme conceituação proposta por De Plácido e Silva, "refere-se ao ato em que se concede à pessoa um benefício, um poder, uma autoridade ou um direito. Indica-se, desta forma, o *título constitutivo* da posse, da propriedade, do benefício da dignidade ou da função."[171]

Não obstante tal conceito, esclareça-se que o § 5º do artigo em comento cria duas hipóteses como investidura: uma em favor de proprietário de imóvel lindeiro e outra a favor do possuidor ou Poder Público para fins residenciais. Vejamos:

1 – alienação, ao proprietário de imóvel lindeiro, de área remanescente ou resultante de obra pública que se tornar inaproveitável isoladamente, por preço que não seja inferior ao da avaliação nem superior a 50% (cinquenta por cento) do valor máximo permitido para dispensa de licitação de bens e serviços previsto nesta Lei.

2 – alienação, ao legítimo possuidor direto ou, na falta dele, ao poder público, de imóvel para fins residenciais construído em núcleo urbano anexo a usina hidrelétrica, desde que considerado dispensável na fase de operação da usina e que não integre a categoria de bens reversíveis ao final da concessão.

Esclareça-se que a investidura tem como objetivo se desfazer de bens públicos que não atendem mais o interesse público, a exemplo de área remanescente

---

[171] SILVA, De Plácido. *Vocabulário Jurídico*, 21ª edição, São Paulo: Forense, 2003, p. 451.

DAS ALIENAÇÕES   ART° 76

ou resultante de obra pública que se tornar inaproveitável, bem como de imóvel para fins residenciais construído em núcleo urbano anexo a usina hidrelétrica.

Artigo 76. (...)
I – (...)
e) venda a outro órgão ou entidade da Administração Pública de qualquer esfera de governo;

Permite o art. 76, inc. I, al. "e", da NLLC, a dispensa de licitação para alienação de bens imóveis em caso de venda a outro órgão ou entidade da Administração Pública de qualquer esfera de Governo.

Com efeito, a justificativa do afastamento da licitação é o atendimento da necessidade pública a ser tutelada com aquisição do bem por outra Administração.

Esclareça-se que, como não há, nesse caso, sobreposição do interesse individual sobre o público, a licitação acaba por ser dispensada, sob pena, aliás, da instauração de um certame, prejudicando a possibilidade do Poder Público vir a adquirir o referido imóvel.

Artigo 76. (...)
I – (...)
f) alienação gratuita ou onerosa, aforamento, concessão de direito real de uso, locação e permissão de uso de bens imóveis residenciais construídos, destinados ou efetivamente usados em programas de habitação ou de regularização fundiária de interesse social desenvolvidos por órgão ou entidade da Administração Pública;

O art. 76, inc. I, al. "f", da NLLC, permite a dispensa de licitação em razão de alienação gratuita ou onerosa, aforamento, concessão de direito real de uso, locação e permissão de uso de bens imóveis residenciais construídos, destinados ou efetivamente usados em programas de habitação ou de regularização fundiária de interesse social desenvolvidos por órgão ou entidade da Administração Pública.

Para o Conselho de Arquitetura e Urbanismo do Brasil, consoante estabelece o anexo da Resolução nº 51/13:

> Plano de regularização fundiária: instrumento técnico constituído do conjunto dos elementos necessários à adoção das medidas jurídicas, urbanísticas, ambientais e sociais que visam à regularização de assentamentos irregulares e à titulação de seus ocupantes, de modo a garantir o direito social à moradia, o pleno desenvolvimento das funções sociais da propriedade urbana e o direito ao meio ambiente ecologicamente equilibrado, nos termos da legislação vigente.

COMENTÁRIOS À NOVA LEI DE LICITAÇÕES PÚBLICAS E CONTRATOS ADMINISTRATIVOS

De forma a buscar a regularização de assentamentos irregulares, deve o Poder Público entregar competente titulação de seus ocupantes, de modo a garantir o direito social à moradia, os quais poderão ser objeto de alienação gratuita ou onerosa, aforamento, concessão de direito real de uso, locação e permissão de uso de bens imóveis.

Acerca da possibilidade de dispensa de licitação, que, na verdade, afigura-se como hipótese de inexigibilidade de certame, somente por meio do afastamento da competição é que poderá a Administração beneficiar aquela pessoa que encontra-se ocupando a área pública.

Artigo 76. (...)

I – (...)

g) alienação gratuita ou onerosa, aforamento, concessão de direito real de uso, locação e permissão de uso de bens imóveis comerciais de âmbito local, com área de até 250 m² (duzentos e cinquenta metros quadrados) e destinados a programas de regularização fundiária de interesse social desenvolvidos por órgão ou entidade da Administração Pública;

Permite o art. 76, inc. I, al. "g", da NLLC, a dispensa de licitação de bens imóveis em caso de alienação gratuita ou onerosa, aforamento, concessão de direito real de uso, locação e permissão de uso de bens imóveis comerciais de âmbito local, com área de até 250 m² (duzentos e cinquenta metros quadrados) e destinados a programas de regularização fundiária de interesse social desenvolvidos por órgão ou entidade da Administração Pública.

Conforme acima comentamos, de forma a buscar a regularização de assentamentos irregulares, deve o Poder Público entregar competente titulação de seus ocupantes, de modo a garantir o direito social à moradia, os quais poderão ser alienação gratuita ou onerosa, aforamento, concessão de direito real de uso, locação e permissão de uso de bens imóveis.

Com efeito, a possibilidade de dispensa de licitação, que, na verdade, afigura-se como hipótese de inexigibilidade de certame, é a única forma de a Administração contemplar aquela pessoa que encontra-se ocupando a área pública.

Artigo 76. (...)

I – (...)

h) alienação e concessão de direito real de uso, gratuita ou onerosa, de terras públicas rurais da União e do Instituto Nacional de Colonização e Reforma Agrária (Incra) onde incidam ocupações até o limite de que trata o § 1º do art. 6º da Lei nº 11.952, de 25 de junho de 2009, para fins de regularização fundiária, atendidos os requisitos legais;

506

O art. 76, inc. I, al. "h", da NLLC, permite a dispensa de licitação para alienação de bens imóveis em caso de alienação e concessão de direito real de uso, gratuita ou onerosa, de terras públicas rurais da União e do Instituto Nacional de Colonização e Reforma Agrária (Incra), onde incidam ocupações até o limite de que trata o § 1º do art. 6º da Lei nº 11.952, de 25 de junho de 2009, para fins de regularização fundiária, atendidos os requisitos legais.

Esclareça-se que a Lei nº 11.952/2009 dispõe sobre a regularização fundiária das ocupações incidentes em terras situadas em áreas da União, no âmbito da Amazônia Legal, estabelecendo o seu art. 6º, § 1º, que serão regularizadas as ocupações de áreas não superiores a 2.500 ha (dois mil e quinhentos hectares).

Haja vista que a instauração de licitação poderia acarretar a concessão da propriedade ou direito real de uso para uma pessoa que não seja a que efetivamente estava ocupando de forma irregular o bem da União, somente por meio da dispensa do certame garante-se a efetiva regularização.

Artigo 76. (...)
I – (...)
i) legitimação de posse de que trata o art. 29 da Lei nº 6.383, de 7 de dezembro de 1976, mediante iniciativa e deliberação dos órgãos da Administração Pública competentes;

Permite o art. 76, inc. I, al. "i", da NLLC, a dispensa de licitação para alienação de bens imóveis em caso de legitimação de posse de que trata o art. 29 da Lei nº 6.383, de 7 de dezembro de 1976.

Esclareça-se que o art. 29 da Lei nº 6.383/1976 estabelece que o ocupante de terras públicas, que as tenha tornado produtivas com o seu trabalho e o de sua família, fará jus à legitimação da posse de área contínua até 100 (cem) hectares, desde que preencha os seguintes requisitos: I – não seja proprietário de imóvel rural; II – comprove a morada permanente e cultura efetiva, pelo prazo mínimo de 1 (um) ano.

De forma a efetivamente garantir que o ocupante das terras públicas, após preenchimento dos requisitos fixados em lei, receba a licença de ocupação, dispensa de licitação de bens imóveis em caso de legitimação fundiária e legitimação de posse.

Artigo 76. (...)
I – (...)
j) legitimação fundiária e legitimação de posse de que trata a Lei nº 13.465, de 11 de julho de 2017;

Permite o art. 76, inc. I, al. "j", da NLLC, a dispensa de licitação para alienação de bens imóveis em caso de legitimação fundiária e legitimação de posse de que trata a Lei nº 13.465, de 11 de julho de 2017.

Entende-se por legitimação fundiária, o mecanismo de reconhecimento da aquisição originária do direito real de propriedade sobre unidade imobiliária objeto da Reurb, consoante prevê o art. 11, inc. VII, da lei federal retrocitada.

Por sua vez, a legitimação de posse é o instrumento de uso exclusivo para fins de regularização fundiária e constitui ato do poder público destinado a conferir título, por meio do qual fica reconhecida a posse de imóvel objeto da Reurb, com a identificação de seus ocupantes, do tempo da ocupação e da natureza da posse, o qual é conversível em direito real de propriedade, conforme art. 25 da norma acima colacionada.

Sendo assim, tendo em vista a função de efetivamente viabilizar a regularização fundiária, de forma a efetivamente cumprir o direito constitucional de moradia previsto no *caput* do art. 6º, permite-se a dispensa de licitação.

II – tratando-se de bens móveis, dependerá de licitação na modalidade leilão, dispensada a realização de licitação nos casos de:
a) doação, permitida exclusivamente para fins e uso de interesse social, após avaliação de oportunidade e conveniência socioeconômica em relação à escolha de outra forma de alienação;

No tocante aos bens móveis em geral, tem-se que a alienação dos móveis de escritório, veículos, equipamentos etc., inservíveis ou não, demandará justificativa motivada acerca da intenção do desfazimento dos mesmos.

Com efeito, é importante ressaltar que na alienação de bens móveis não há necessidade de existir autorização legislativa, estando, porém, subordinada à existência de interesse público devidamente justificado, avaliação prévia.

Observa-se, novamente, a adoção da modalidade leilão, em detrimento da concorrência, haja vista a possibilidade de aumento do valor verificado na avaliação em razão da possibilidade de oferecimento de lances.

O art. 76, inc. II, al. "a", da NLLC, permite a dispensa de licitação para a alienação de bens móveis em caso de doação, permitida exclusivamente para fins e uso de interesse social, após avaliação de oportunidade e conveniência socioeconômica em relação à escolha de outra forma de alienação.

Observa-se que o referido dispositivo legal exige que a doação exclusivamente para fins e uso de interesse social, devendo, no caso concreto, a doação beneficiar toda a coletividade, a exemplo da doação de ambulância ser utilizada na remoção de pacientes, ou determinada parcela da sociedade, a exemplo da doação de móveis para um abrigo que acolhe crianças carentes.

DAS ALIENAÇÕES   ART° 76

Demais disso, a doação somente poderá ser deliberada pela autoridade competente após regular avaliação de oportunidade e conveniência socioeconômica em relação à escolha de outra forma de alienação.

Tal justificativa afigura-se necessária, haja vista restar declinado no processo administrativo que o benefício auferido por aqueles que receberão os bens móveis doados é maior que os valores auferidos em caso de leilão realizado pela Administração.

Artigo 76. (...)
II – (...)
b) permuta, permitida exclusivamente entre órgãos ou entidades da Administração Pública;

O art. 76, inc. II, al. "b", da NLLC, permite a dispensa de licitação para a alienação de bens móveis em caso de permuta, quando for exclusivamente entre órgãos ou entidades da Administração Pública.

É importante ressaltar que a licitação somente estará dispensada nos casos em que, por meio da permuta, desejar-se deter a propriedade de um bem determinado, providos de dadas características e atributos que o torne único. A dispensa de licitação somente será permitida exclusivamente entre órgãos ou entidades da Administração Pública.

Não obstante isso, há a possibilidade de realização de permuta quando verificado, no caso concreto, a existência de mais de um interessado em permutar bens que atendam às necessidades da Administração. Neste caso, caracterizada está a viabilidade de licitação, não podendo essa ser dispensada.

Decidindo-se pela licitação, afigura-se necessária a avaliação dos bens a serem permutados, bem como a sua plena individualização, como a marca, modelo, dimensões, materiais, estado de conservação etc., devendo o processo da licitação e ato convocatório ser instruídos com tais dados.

Artigo 76. (...)
II – (...)
c) venda de ações, que poderão ser negociadas em bolsa, observada a legislação específica;

O art. 76, inc. II, al. "c", da NLLC, permite a dispensa de licitação para a alienação de bens móveis, especificamente a venda de ações, que poderão ser negociadas em bolsa, observada a legislação específica.

Com efeito, afigura-se comum a desestatização de participação acionária determinada em lei por meio da alienação de ações de propriedade da União,

509

COMENTÁRIOS À NOVA LEI DE LICITAÇÕES PÚBLICAS E CONTRATOS ADMINISTRATIVOS

Estados, Distrito Federal, Municípios e demais entidades da Administração Pública.

Sendo assim, a hipótese de dispensa de licitação aventada relaciona-se à possibilidade, observada a legislação específica, de comercialização de ações de sua propriedade na Bolsa de Valores, por meio da dinâmica lá verificada.

Para tanto, deverá ser aplicada a Instrução CVM (Comissão de Valores Mobiliários) nº 286, de 31/7/98 (que "Dispõe sobre alienação de ações de propriedade de pessoas jurídicas de direito público e de entidades controladas direta ou indiretamente pelo Poder Público e dispensa os registros de que tratam os arts. 19 e 21 da Lei nº 6.385, de 7 de dezembro de 1976, nos casos que especifica"), que aponta as condutas a serem adotadas quando da alienação de valores mobiliários pelas pessoas jurídicas de direito público, com fundamento na Lei nº 6.385/76, e al. "c" do inc. II do art. 17 da Lei nº 8.666/1993.

Artigo 76. (...)

II – (...)

d) venda de títulos, observada a legislação pertinente;

De forma a gerar receitas de capital para o Poder Público, no âmbito da política monetária governamental, afigura-se ser comum a emissão de títulos mobiliários.

Haja vista a dinâmica observada na venda dos títulos públicos, nota-se que tal atividade é incompatível com a licitação, em virtude do tempo necessário para garantir o decurso do procedimento na forma da Lei. Sendo assim, o art. 176 inc. II, da nova Lei de Licitações, como, aliás, prevê também o art. 24, inc. II, al. "d", da Lei nº 8.666/1993, permitem a dispensa de certame.

Artigo 76. (...)

II – (...)

e) venda de bens produzidos ou comercializados por entidades da Administração Pública, em virtude de suas finalidades;

É comum a existência de órgãos e entidades que, no âmbito das suas atividades finalísticas, produzem bens para o desempenho de suas finalidades, podendo existir, no caso concreto, a produção em excesso, o que poderia ser objeto de comercialização para particulares. Demais disso, poderá a Administração criar uma estatal com o intuito de concorrer no mercado, mediante exploração econômica com fim lucrativo, mormente em face dos imperativos contidos no art. 173 da Constituição Federal.

510

DAS ALIENAÇÕES ART° 76

Haja vista a burocracia e tempo necessário para legalmente ser processada uma licitação, fato que prejudica o desempenho de atividades de comércio, tem-se que o art. 76, inc. II, al. "e", da nova Lei de Licitações, estabelece que, nas hipóteses de venda de bens produzidos ou comercializados por entidades da Administração Pública, em virtude de suas finalidades, a licitação poderá ser dispensada.

Por "Administração Pública", consoante fixa o art. 6°, inc. III, da Lei nº 14.133/2021, entende-se a "administração direta e indireta da União, dos Estados, do Distrito Federal e dos Municípios, inclusive as entidades com personalidade jurídica de direito privado sob controle do poder público e as fundações por ele instituídas ou mantidas." Ao interpretar o art. 76, inc. II, al. "e", da nova Lei de Licitações, em conjunto com o art. 6°, inc. III, da referida lei, conclui-se que a hipótese de dispensa de licitação poderá ser tanto a Administração direta quanto a Administração indireta.

Imagine-se que a Administração detém uma usina de asfalto que produz em excesso. Uma companhia habitacional que detém uma fábrica de blocos que produziu em demasia, de forma a não inutilizar um estoque de cimento que estava próximo de vencimento.

Artigo 76. (...)
II – (...)
f) venda de materiais e equipamentos sem utilização previsível por quem deles dispõe para outros órgãos ou entidades da Administração Pública.

Haja vista ser uma realidade no âmbito da Administração Pública a observância de estoques de bens e equipamentos cuja não utilização dos mesmos pode acarretar a sua inutilização em razão desses objetos deter prazo de validade, o art. 76, inc. II, al. "f", da NLLC, permite a dispensa de licitação para venda de materiais e equipamentos sem utilização previsível por quem deles dispõe para outros órgãos ou entidades da Administração Pública

Tal permissivo, em nosso sentir, poderá representar o início de uma atuação colaborativa no âmbito das administrações públicas brasileiras, haja vista que existindo materiais e equipamentos com utilização previsíveis, poderá uma Administração demandante do mesmo objeto realizar uma contratação direta do mesmo de forma lícita para sua aquisição, fato que acaba por afastar, assim, toda a processualidade e burocracia verificadas quando da celebração de uma licitação.

511

COMENTÁRIOS À NOVA LEI DE LICITAÇÕES PÚBLICAS E CONTRATOS ADMINISTRATIVOS

§ 1º A alienação de bens imóveis da Administração Pública cuja aquisição tenha sido derivada de procedimentos judiciais ou de dação em pagamento dispensará autorização legislativa e exigirá apenas avaliação prévia e licitação na modalidade leilão.

De forma a tornar célere, facilitando a alienação dos bens públicos, estabelece o § 1º do art. 76, da NLLC, que a alienação de bens imóveis da Administração Pública, cuja aquisição tenha sido derivada de procedimentos judiciais ou de dação em pagamento, dispensará autorização legislativa e exigirá apenas avaliação prévia e licitação na modalidade leilão. Haja vista que tais bens não foram transferidos para o patrimônio público com determinada atribuição, encargo ou finalidade, ou seja, nunca foram afetados, restaria afastada a necessidade de desconsagração.

§ 2º Os imóveis doados com base na alínea "b" do inciso I do caput deste artigo, cessadas as razões que justificaram sua doação, serão revertidos ao patrimônio da pessoa jurídica doadora, vedada sua alienação pelo beneficiário.

Haja vista a necessidade de proteção do patrimônio público, observa-se que o § 2º do art. 76, da NLLC, estabelece que os imóveis doados para um outro órgão ou entidade pública da Administração Pública, de qualquer esfera de governo, que tenha cessado as razões que justificaram a doação verificada, desde que demonstrada nos autos do processo administrativo, serão revertidos ao patrimônio público da pessoa jurídica doadora da alienação ao beneficiário.

Analisando o conteúdo jurídico do referido parágrafo, observa-se que a doação contida na al. "b" do inc. I do art. 76 não tem o condão de transferir de forma absoluta e irrevogável o bem para o donatário, mas, sim, conferir e garantir a utilização privativa de um bem público.

§ 3º A Administração poderá conceder título de propriedade ou de direito real de uso de imóvel, admitida a dispensa de licitação, quando o uso destinar-se a:

I – outro órgão ou entidade da Administração Pública, qualquer que seja a localização do imóvel;

II – pessoa natural que, nos termos de lei, regulamento ou ato normativo do órgão competente, haja implementado os requisitos mínimos de cultura, de ocupação mansa e pacífica e de exploração direta sobre área rural, observado o limite de que trata o § 1º do art. 6º da Lei nº 11.952, de 25 de junho de 2009.

512

DAS ALIENAÇÕES ART° 76

§ 4º A aplicação do disposto no inciso II do § 3º deste artigo será dispensada de autorização legislativa e submeter-se-á aos seguintes condicionamentos:

I – aplicação exclusiva às áreas em que a detenção por particular seja comprovadamente anterior a 1º de dezembro de 2004;

II – submissão aos demais requisitos e impedimentos do regime legal e administrativo de destinação e de regularização fundiária de terras públicas;

III – vedação de concessão para exploração não contemplada na lei agrária, nas leis de destinação de terras públicas ou nas normas legais ou administrativas de zoneamento ecológico-econômico;

IV – previsão de extinção automática da concessão, dispensada notificação, em caso de declaração de utilidade pública, de necessidade pública ou de interesse social;

V – aplicação exclusiva a imóvel situado em zona rural e não sujeito a vedação, impedimento ou inconveniente à exploração mediante atividade agropecuária;

VI – limitação a áreas de que trata o § 1º do art. 6º da Lei nº 11.952, de 25 de junho de 2009, vedada a dispensa de licitação para áreas superiores;

VII – acúmulo com o quantitativo de área decorrente do caso previsto na alínea "i" do inciso I do caput deste artigo até o limite previsto no inciso VI deste parágrafo.

Analisando o § 3º do artigo em comento, verifica-se as hipóteses em que a Administração poderá conceder "título de propriedade" ou de "direito real de uso de imóvel".

Por "título de propriedade" entende-se a escritura pública de transferência de propriedade de imóveis de valor superior a trinta vezes o maior salário mínimo vigente no País, devidamente registrada na matrícula do imóvel alienado.

Já em relação à concessão do "direito real de uso de imóvel", tem-se que o art. 48 do Estatuto da Cidade (Lei nº 10.257/2001) estabelece, que, "Nos casos de programas e projetos habitacionais de interesse social, desenvolvidos por órgãos ou entidades da Administração Pública com atuação específica nessa área, os contratos de concessão de direito real de uso de imóveis públicos."

A decisão de conceder o direito real de uso de imóvel público na forma permitida acima em detrimento da alienação, a exemplo da doação, poderá ser arrimada na política de preservação do patrimônio público ou, ainda, na eventual proibição constante na Constituição Estadual, Lei Orgânica do Município ou eventual legislação que recaia sobre a Administração.

COMENTÁRIOS À NOVA LEI DE LICITAÇÕES PÚBLICAS E CONTRATOS ADMINISTRATIVOS

Logo, é dever da Administração compulsar a legislação para verificar a preferência da concessão de direito real de uso em detrimento da doação de imóvel, sob pena de reprovação dos órgãos de controle.

Sobre tal questão, ensina José dos Santos Carvalho Filho:

> A Administração pode fazer doação de bens públicos, mas tal possibilidade deve ser tida como excepcional e atender a interesse público cumpridamente demonstrado. Qualquer violação a tais pressupostos espelha conduta ilegal e dilapidatória do patrimônio público. Embora não haja proibição constitucional para a doação de bens públicos, a Administração deve substituí-la pela concessão de direito real de uso, instituto pelo qual não há perda patrimonial no domínio estatal.[172]

Ressalte-se que a concessão de direito real de uso de imóvel público com previsão de doação do bem após determinado período, sem amparo em legislação específica, pode caracterizar ato de improbidade administrativa do agente público e enseja a aplicação das sanções previstas na Lei nº 8.429 , de 1992.[173-174]

Sendo assim, podendo utilizar entre um e outro instrumento, devendo a eleição ser devidamente justificada, observando-se, ainda, o disposto do artigo em estudo, estabelece o § 4º que a aplicação do disposto no inc. II do § 3º deste artigo, vale dizer, em caso de concessão de título de propriedade ou de direito real de uso de imóvel para pessoa natural no âmbito da Lei nº 11.952/2009, será dispensada de autorização legislativa e submeter-se-á aos seguintes condicionamentos:

I – aplicação exclusiva às áreas em que a detenção por particular seja comprovadamente anterior a 1º de dezembro de 2004;

II – submissão aos demais requisitos e impedimentos do regime legal e administrativo de destinação e de regularização fundiária de terras públicas;

III – vedação de concessão para exploração não contemplada na lei agrária, nas leis de destinação de terras públicas ou nas normas legais ou administrativas de zoneamento ecológico-econômico;

IV – previsão de extinção automática da concessão, dispensada notificação, em caso de declaração de utilidade pública, de necessidade pública ou de interesse social;

---

[172] CARVALHO FILHO, José dos Santos. *Manual de Direito Administrativo*, 19ª ed., Rio de Janeiro: Lumen Juris, 2008, pp. 1047 e 1048.

[173] TJ-MG – Apelação Cível nº 0023302-17.2010.8.13.0084 – 2ª Câmara Cível. Relatoria: Des. Caetano Levi Lopes.

[174] TJ/SP – Apelação Cível nº 1000699-57.2015.8.26.0063 – 11ª Câmara de Direito Público. Relatoria: Des. Aroldo Viotti.

DAS ALIENAÇÕES ART° 76

V – aplicação exclusiva a imóvel situado em zona rural e não sujeito a vedação, impedimento ou inconveniente à exploração mediante atividade agropecuária;

VI – limitação a áreas de que trata o § 1º do art. 6º da Lei nº 11.952, de 25 de junho de 2009, vedada a dispensa de licitação para áreas superiores;

VII – acúmulo com o quantitativo de área decorrente do caso previsto na al. "i" do inc. I do *caput* deste artigo até o limite previsto no inc. VI deste parágrafo.

§ 5º Entende-se por investidura, para os fins desta Lei, a:

I – alienação, ao proprietário de imóvel lindeiro, de área remanescente ou resultante de obra pública que se tornar inaproveitável isoladamente, por preço que não seja inferior ao da avaliação nem superior a 50% (cinquenta por cento) do valor máximo permitido para dispensa de licitação de bens e serviços previsto nesta Lei;

II – alienação, ao legítimo possuidor direto ou, na falta dele, ao poder público, de imóvel para fins residenciais construído em núcleo urbano anexo a usina hidrelétrica, desde que considerado dispensável na fase de operação da usina e que não integre a categoria de bens reversíveis ao final da concessão.

A análise do referido parágrafo ocorreu nos comentários lançados na investidura, modalidade de alienação de imóvel público que poderá ocorrer também tendo a sua licitação dispensada, conforme fixa o art. 17, al. "d", da nova Lei de Licitações.

§ 6º A doação com encargo será licitada e de seu instrumento constarão, obrigatoriamente, os encargos, o prazo de seu cumprimento e a cláusula de reversão, sob pena de nulidade do ato, dispensada a licitação em caso de interesse público devidamente justificado.

§ 7º Na hipótese do § 6º deste artigo, caso o donatário necessite oferecer o imóvel em garantia de financiamento, a cláusula de reversão e as demais obrigações serão garantidas por hipoteca em segundo grau em favor do doador.

Uma das espécies de doação estabelecidas em nossa legislação é a doação com encargo. Dependendo do interesse público a ser tutelado, poderá um particular manifestar o interesse de receber um determinado bem PÚBLICO por meio de doação, submetendo-se ao encargo fixado pela Administração Pública.

Condiciona a Lei, a regularidade da referida alienação, a necessidade de licitação, como regra, devendo o ato convocatório, ao fixar expressa e

COMENTÁRIOS À NOVA LEI DE LICITAÇÕES PÚBLICAS E CONTRATOS ADMINISTRATIVOS

pormenorizadamente os encargos que deverão constar do edital, ser fruto de justificativa nos autos do processo administrativo, bem como o prazo para cumprimento de encargo exigido, além da cláusula de reversão, de forma a permitir a retomada do imóvel.

Não obstante seja assim, no caso de doação com encargos deverá ser realizada licitação, nos termos do art. 76, § 6º, da nova Lei de Licitações, precedida de avaliação e lei autorizadora, podendo o certame ser afastado desde que exista um justificado interesse público.

A ausência das cláusulas assentando os encargos, o prazo de seu cumprimento e a reversão no ato convocatório, tornará nulo a alienação cujo certame foi afastado, devendo a Administração se atentar para tais requisitos, sendo obrigatória a designação de agentes públicos para fiscalizar o cumprimento dos encargos assumidos

O derradeiro do § 7º do referido artigo fixa que, se o donatário oferecer o imóvel em garantia de financiamento, a cláusula de reversão e as demais obrigações serão garantidas por hipoteca, em segundo grau, em favor do doador.

ARTIGO 77

Para a venda de bens imóveis, será concedido direito de preferência ao licitante que, submetendo-se a todas as regras do edital, comprove a ocupação do imóvel objeto da licitação.

Vislumbrado como mecanismo para fins de regularizar ocupações de imóveis públicos, observa-se que o art. 77 da nova Lei de Licitações garante o direito de preferência ao licitante que, submetendo-se a todas as regras do edital, comprova que ocupa o imóvel objeto de licitação.

Com efeito, o referido direito de preferência somente será garantido caso ocorra o processamento da licitação, por meio da modalidade leilão, não sendo garantido o direito de preferência quando o trespasse da propriedade ocorrer por meio de dispensa de licitação.

É notória e patente a ocupação no Brasil de bens públicos utilizados, principalmente, para habitação, não detendo o possuidor o justo título e inexistindo também, em tese, a possibilidade do Poder Público proprietário da área retomar a posse por meio de uma ação possessória, haja vista a inexistência de alternativa habitacional para as famílias que eventualmente sejam retiradas da área pública.

Não obstante o art. 76 da NLLC arrolar diversas hipóteses de alienação de bens públicos, principalmente para fins de regularização fundiária, o art. 77 apenas e tão somente garante o direito de preferência ao ocupante no âmbito de licitação, processada na modalidade leilão, cujo objeto do certame é a realização de vendas de imóveis, devendo nos casos arrolados no art. 76 ocorrer a dispensa de licitação em razão da necessidade de alienação diretamente ao ocupante da área pública.

Não obstante a possibilidade do exercício do direito de preferência, a usufruição do mesmo encontra-se condicionada à necessidade do proponente submeter-se a todas as demais regras do edital, vale dizer, atender todas as demais exigências editalícias.

Para que o direito de preferência seja usufruído no caso concreto durante o processamento do certame licitatório, deverá o proponente comprovar efetivamente a ocupação do imóvel objeto da licitação por meio da apresentação de documentos que assim demonstrem.

Guardadas as devidas proporções e traçando-se um paralelo ao direito de preferência garantido às micro e pequenas empresas pela Lei Complementar nº 123/2006, nos parece que, ao cabo da sessão de lances do leilão – não podemos esquecer que o art. 77 adota como modalidade licitatória padrão o leilão, em detrimento da concorrência –, comprovando o particular que ocupa o objeto da licitação, será concedido o direito de preferência ao licitante, de forma a ter para si adjudicado o objeto da licitação, devendo o possuidor da área assumir o valor da proposta mais vantajosa observada no certame. Com efeito, o direito de preferência observado no dispositivo legal não contempla a possibilidade de celebração do ajuste pelo valor do lance ofertado pelo ocupante do imóvel.

CAPÍTULO X – DOS INSTRUMENTOS AUXILIARES

SEÇÃO I – Dos Procedimentos Auxiliares

ARTIGO 78

São procedimentos auxiliares das licitações e das contratações regidas por esta Lei:

I – credenciamento;

II – pré-qualificação;

III – procedimento de manifestação de interesse;

IV – sistema de registro de preços;

V – registro cadastral.

§ 1º Os procedimentos auxiliares de que trata o caput deste artigo obedecerão a critérios claros e objetivos definidos em regulamento.

§ 2º O julgamento que decorrer dos procedimentos auxiliares das licitações previstos nos incisos II e III do caput deste artigo seguirá o mesmo procedimento das licitações.

COMENTÁRIOS À NOVA LEI DE LICITAÇÕES PÚBLICAS E CONTRATOS ADMINISTRATIVOS

Consoante estabelece o § 1º do art. 28 da nova Lei de Licitações, para além das modalidades elencadas no referido artigo, vale dizer, pregão, concorrência ou concurso, leilão e diálogo competitivo, a Administração poderá também utilizar os procedimentos auxiliares previstos a partir do art. 78.

Analisando o artigo em comento, verifica-se que este lista mais cinco procedimentos, classificando-os como auxiliares das licitações públicas, sendo eles credenciamento, pré-qualificação, procedimento de manifestação de interesse, sistema de registro de preço e registro cadastral.

Haja vista a sua estruturação procedimental, fixa o § 1º que os procedimentos auxiliares obedecerão a critérios claros e objetivos, os quais estarão definidos em regulamento, devendo, para tanto, ser observados os contornos legais fixados nos competentes artigos.

De modo a evitar a reprodução de regras em duplicidade no mesmo corpo legal, observa-se no § 2º do art. 78, da nova Lei de Licitações, que o julgamento que decorrer da pré-qualificação e procedimento de manifestação de interesse seguirá o mesmo regramento das licitações, que se encontra arrolado nos arts. 18 a 27 da referida norma.

SEÇÃO II – Do Credenciamento

ARTIGO 79

O credenciamento poderá ser usado nas seguintes hipóteses de contratação:

I – paralela e não excludente: caso em que é viável e vantajosa para a Administração a realização de contratações simultâneas em condições padronizadas;

II – com seleção a critério de terceiros: caso em que a seleção do contratado está a cargo do beneficiário direto da prestação;

III – em mercados fluidos: caso em que a flutuação constante do valor da prestação e das condições de contratação inviabiliza a seleção de agente por meio de processo de licitação.

Parágrafo único. Os procedimentos de credenciamento serão definidos em regulamento, observadas as seguintes regras:

I – a Administração deverá divulgar e manter à disposição do público, em sítio eletrônico oficial, edital de chamamento de interessados, de modo a permitir o cadastramento permanente de novos interessados;

II – na hipótese do inciso I do caput deste artigo, quando o objeto não permitir a contratação imediata e simultânea de todos os credenciados, deverão ser adotados critérios objetivos de distribuição da demanda;

DOS INSTRUMENTOS AUXILIARES ART° 79

III – o edital de chamamento de interessados deverá prever as condições padronizadas de contratação e, nas hipóteses dos incisos I e II do caput deste artigo, deverá definir o valor da contratação;

IV – na hipótese do inciso III do caput deste artigo, a Administração deverá registrar as cotações de mercado vigentes no momento da contratação;

V – não será permitido o cometimento a terceiros do objeto contratado sem autorização expressa da Administração;

VI – será admitida a denúncia por qualquer das partes nos prazos fixados no edital.

Muito utilizado, porém sem qualquer tipo de normatividade legal, passa o art. 79 da nova Lei de Licitações a fixar os parâmetros legais para a realização do credenciamento, cujos detalhes serão contidos em regulamento.

O conceito do credenciamento consta do art. 6º, inc. XLIII, e é o processo administrativo de chamamento público em que a Administração Pública convoca interessados em prestar serviços, ou fornecer bens, para que, preenchidos os requisitos necessários, se credenciarem no órgão ou na entidade para executar o objeto quando convocados.

Para o eg. Superior Tribunal de Justiça, *in verbis*:

> O credenciamento é um cadastro geral de todos os interessados em firmar contratação, cuja prestação dos serviços é realizada por todos, de modo que não há a seleção de apenas um participante, mas a seleção de todos os interessados que preencham os requisitos determinados no ato convocatório[175].

No âmbito da Lei nº 8.666/1993, salientou o TCU que, *in verbis*:

> o credenciamento tem sido admitido pela doutrina e pela jurisprudência como hipótese de inexigibilidade inserida no 'caput' do referido dispositivo legal, porquanto a inviabilidade de competição configura-se pelo fato de a Administração dispor-se a contratar todos os que tiverem interesse e que satisfaçam as condições por ela estabelecidas, não havendo, portanto, relação de exclusão.[176]

Assim ocorreu, haja vista o caráter exemplificativo verificado nos termos fixados no art. 25 da Lei nº 8.666/1993.

Demais disso, o Superior Tribunal de Justiça (STJ) entendeu que o credenciamento de serviços pode ser utilizado pela Administração Pública, ainda que

---

[175] STJ – REsp: 1747636 PR 2018/0143346-6, Relator Ministro Marco Buzzi
[176] TCU – Acórdão nº 351/2010 – Plenário – Relator Ministro Marcos Bemquerer Costa

COMENTÁRIOS À NOVA LEI DE LICITAÇÕES PÚBLICAS E CONTRATOS ADMINISTRATIVOS

não haja expressa previsão legal, pois se trata de hipótese de inexigibilidade de licitação amplamente reconhecida pela doutrina especializada e pela jurisprudência do TCU, que pressupõe a inviabilidade de competição entre os credenciados.[177]

Tal raciocínio restou absorvido pela NLLC, consoante denota-se da leitura do art. 74, inc. IV, que fixa ser inexigível a licitação quando inviável a competição, em especial nos casos de objetos que devam ou possam ser contratados por meio do credenciamento.

Já no âmbito da NLLC, o art. 79, inc. I, fixa que o credenciamento poderá ser usado nas hipóteses de contratação paralela e não excludente: caso em que é viável e vantajosa para a Administração a realização de contratações simultâneas em condições padronizadas.

É comum restar devidamente demonstrado que o atendimento a uma determinada necessidade administrativa não será bem atendida através da contratação de apenas uma empresa, mas, sim, por todas aquelas que acudirem ao chamado da Administração, haja vista o benefício vislumbrar, a exemplo da contratação de laboratórios clínicos para realização de exames, onde, de forma a melhor prestar o serviço para a população, poderá ser credenciado todo e qualquer laboratório localizado dentro do perímetro do município, que, logicamente, atenda às condições fixadas no ato convocatório.

Por contratação paralela deve-se entender aquela que é realizada simultaneamente e por não excludente entende-se que a contratação de um particular não excluirá o ajustamento com outro. De acordo com tal esclarecimento, podemos asseverar que nessa modalidade de credenciamento não há escolha apenas de um particular, sendo descabido afirmar que no referido certame haverá um vencedor.

Em outras palavras "a inviabilidade de competição configura-se pelo fato de a Administração dispor-se a contratar todos os que tiverem interesse e que satisfaçam as condições por ela estabelecidas, não havendo, portanto, relação de exclusão;" (Acórdão nº 351/2010 – Plenário, do TCU).

Na forma do inc. II do art. 79 da NLLC, também caberá o processamento de credenciamento nas hipóteses de contratação do fornecimento de um bem ou prestação de um serviço cuja seleção do particular credenciado fique a critério objetivo ou subjetivo de terceiros, situação em que a seleção do futuro contratado, vale dizer, credenciado, estará a cargo do beneficiário contido no fornecimento ou prestação de serviço.

No tocante à aquisição de bens, observa-se no Acórdão nº 351/2010 – Plenário, do TCU, que a referida Corte de Contas admitiu o uso do credenciamento para aquisição, mais especificamente para credenciar agricultores

---

[177] STJ – REsp:REsp 1.747.636/PR

520

DOS INSTRUMENTOS AUXILIARES ART? 79

para a formação de uma "rede de suprimento de gêneros para as organizações militares distribuídas na Amazônia Ocidental."

Por sua vez, nos autos dos TCs 11.222/026/01, 12.260/026/01 e 12.261/026/01, envolvendo a Sabesp, o eg. Tribunal de Contas do Estado de São Paulo manifestou-se favoravelmente ao credenciamento para prestar diversos serviços, entre os quais, jurídicos, médicos e tributários. No TC-024535/026/10, o referido órgão de controle manifestou-se pela regularidade da contratação de prestação de serviços de exames radiológicos e de análises clínicas por meio de credenciamento.

Por derradeiro, consoante permite o inc. III do art. 79 da NLLC, o credenciamento poderá ser usado na hipótese de contratação em mercados fluidos, onde a flutuação constante do valor da prestação e das condições de contratação inviabiliza a seleção de agente por meio de processo de licitação, ou seja, em razão da impossibilidade de fixação antecipada do valor a ser despendido pela Administração, inviabiliza-se a instauração de certame para contratar os objetos oferecidos pelo mercado correlato.

Logo, credenciados os interessados, abre-se a possibilidade de aceitação dos preços fluidos que aumentam e reduzem à luz de diversas variáveis, bem colocadas pelos professores Marcos Nóbrega e Ronny Charles L. de Torres, *in verbis*:

> Vale frisar, a utilização do credenciamento para "mercados fluidos" permite que a contratação decorrente deste procedimento auxiliar se dê sem a prévia definição de preços, o que induz a aceitação de "preços dinâmicos" pela Administração. Esses preços dinâmicos, também chamados de preços em tempo real ou preços algorítmicos, são flexíveis e variáveis com base na demanda, oferta, preço da concorrência, preços de produtos substitutos ou complementares. O preço pode até mudar de cliente para cliente com base em seus hábitos de compra. Assim, se um determinado bem é constantemente comprado por um determinado município em específica época, isso certamente impactará no preço do produto naquele período. O mercado intuitivamente já faz isso, no entanto, com regras algorítmicas de precificação, isso ficará mais fácil de captar. O preço dinâmico permite que os fornecedores sejam mais flexíveis e ajusta os preços para serem mais individualizados, especificamente para um determinado comprador do produto.[178]

Fixa o parágrafo único do art. 79, da NLLC, que os procedimentos de credenciamento serão definidos em regulamento, observadas as regras legais conforme seus incisos, obrigatoriamente,

---

[178] NÓBREGA, Marcos; TORRES, Ronny Charles L. De. A Nova Lei de Licitações, Credenciamento e E-marketplace: o Turning Point da Inovação nas Compras Públicas. Disponível em: www.licitacaoe-contrato.com.br. Acesso em: 30/08/2021.

COMENTÁRIOS À NOVA LEI DE LICITAÇÕES PÚBLICAS E CONTRATOS ADMINISTRATIVOS

Sendo assim, estabelece o inc. I do referido parágrafo que a Administração deverá divulgar e manter à disposição do público, em sítio eletrônico oficial, edital de chamamento de interessados, de modo a permitir o cadastramento permanente de novos interessados. Adota-se, pois, pela NLLC, o formato de credenciamento "aberto", em que estará a Administração ininterruptamente à disposição para recepcionar a documentação necessária para atribuição da condição de "credenciado" àquele que atender o constante do ato convocatório. É considerado "aberto" o credenciamento cujo prazo de cadastramento é indeterminado, sendo esse o formato adotado pela NLLC, e o "credenciamento fechado" quando houver expediente com prazo de cadastramento determinado.

Ressalte-se que o credenciamento, por ter como objetivo a contratação de apenas um interessado, não é caracterizado como procedimento licitatório. Sendo assim, inexiste fase habilitatória ou de julgamento das propostas, haja vista que serão devidamente credenciados todos aqueles que atenderem os termos constantes do regulamento do credenciamento, aceitando prestar os competentes serviços nos termos lá consignados.

Nesses termos, não há que se falar, portanto, na instauração de uma fase de habilitação, já que não se trata de uma licitação, mas, sim, do deferimento ou não do requerimento de credenciamento.

No credenciamento aberto, onde o prazo para inscrição é indeterminado, tem-se que o particular que não atendeu aos ditames consignados no referido regulamento, a exemplo da não apresentação de um documento, terá o seu pedido indeferido, mas poderá, a qualquer momento, apresentar novamente a competente documentação com o fito de ser credenciado pela Administração Pública.

De forma a garantir a isonomia entre os credenciados, fixa o inc. II que, na hipótese de credenciamento para contratação paralela e não excludente, modalidade em que a Administração contrata número máximo de fornecedores existente, quando o objeto não permitir a contratação imediata e simultânea de todos os credenciados, deverão ser adotados critérios objetivos de distribuição da demanda. Assim, a Administração é vedada a estabelecer, no credenciamento, condições que impliquem em um dirigismo.

Fixa o inc. III do referido parágrafo que o edital de chamamento de interessados deverá prever as condições padronizadas de ajustamento e na contratação paralela e não excludente, de forma a garantir uniformidade contratual para todos os credenciados, afastando, assim, injustiças, na medida que as condições para execução do objeto podem ser relativizadas para uns ou pioradas para outros, devendo as cláusulas contratuais constar da minuta do edital de credenciamento. Demais disso, o referido inciso estabelece nos credenciamentos

DOS INSTRUMENTOS AUXILIARES ART° 80

cujo critério de seleção do credenciado é de terceiros, além do edital de credenciamento, também os ajustes decorrentes deverão definir o valor da contratação.

Tendo em vista o mercado assentar preços com alta fluidez, fixa o inc. IV do parágrafo único do art. 79 que, na hipótese do inc. III do *caput* deste artigo, a Administração deverá registrar as cotações de mercado vigentes no momento da contratação.

Observa-se no inc. V do parágrafo único do art. 79, da NLLC, que não será permitido o cometimento a terceiros do objeto contratado sem autorização expressa da Administração, vale dizer, eventual subcontratação do objeto deverá ser autorizada pela contratante.

Haja vista a aplicação da teoria geral dos contratos nos contratos administrativos, o inc. VI do parágrafo único do art. 79, da NLLC, permite a fixação de cláusula de denúncia (rescisão antecipada), típica do direito privado, em que se admite a rescisão nos prazos fixados no edital, por qualquer das partes.

SEÇÃO III – Da Pré-Qualificação

ARTIGO 80

A pré-qualificação é o procedimento técnico-administrativo para selecionar previamente:

I – licitantes que reúnam condições de habilitação para participar de futura licitação ou de licitação vinculada a programas de obras ou de serviços objetivamente definidos;

II – bens que atendam às exigências técnicas ou de qualidade estabelecidas pela Administração.

§ 1º Na pré-qualificação observar-se-á o seguinte:

I – quando aberta a licitantes, poderão ser dispensados os documentos que já constarem do registro cadastral;

II – quando aberta a bens, poderá ser exigida a comprovação de qualidade.

§ 2º O procedimento de pré-qualificação ficará permanentemente aberto para a inscrição de interessados.

§ 3º Quanto ao procedimento de pré-qualificação, constarão do edital:

I – as informações mínimas necessárias para definição do objeto;

II – a modalidade, a forma da futura licitação e os critérios de julgamento.

§ 4º A apresentação de documentos far-se-á perante órgão ou comissão indicada pela Administração, que deverá examiná-los no prazo máximo de

COMENTÁRIOS À NOVA LEI DE LICITAÇÕES PÚBLICAS E CONTRATOS ADMINISTRATIVOS

10 (dez) dias úteis e determinar correção ou reapresentação de documentos, quando for o caso, com vistas à ampliação da competição.

§ 5º Os bens e os serviços pré-qualificados deverão integrar o catálogo de bens e serviços da Administração.

§ 6º A pré-qualificação poderá ser realizada em grupos ou segmentos, segundo as especialidades dos fornecedores.

§ 7º A pré-qualificação poderá ser parcial ou total, com alguns ou todos os requisitos técnicos ou de habilitação necessários à contratação, assegurada, em qualquer hipótese, a igualdade de condições entre os concorrentes.

§ 8º Quanto ao prazo, a pré-qualificação terá validade:

I – de 1 (um) ano, no máximo, e poderá ser atualizada a qualquer tempo;

II – não superior ao prazo de validade dos documentos apresentados pelos interessados.

§ 9º Os licitantes e os bens pré-qualificados serão obrigatoriamente divulgados e mantidos à disposição do público.

§ 10. A licitação que se seguir ao procedimento da pré-qualificação poderá ser restrita a licitantes ou bens pré-qualificados.

De forma mais abrangente do que se observa da leitura do art. 114 da Lei nº 8.666/1993, tem-se que o art. 80 da NLLC permite a realização de um procedimento preliminar com o objetivo de, além de pré-qualificar pessoas, de forma que elas participem efetivamente de uma competição no futuro, apresentando a proposta mais vantajosa, permitir a pré-qualificação de bens que atendam às exigências técnicas ou de qualidade estabelecidas pela Administração, na forma dos requisitos fixados nos seus parágrafos.

Conceitua o inc. XLIV do art. 6º da NLLC a pré-qualificação como sendo um procedimento seletivo prévio à licitação, convocado por meio de edital destinado à análise das condições de habilitação, total ou parcial, dos interessados ou do objeto.

Com efeito, fixa o art. 80 da NLLC que a pré-qualificação é o procedimento técnico-administrativo para selecionar previamente (I) os licitantes que reúnam condições de habilitação para participar de futura licitação ou de licitação vinculada a programas de obras ou de serviços objetivamente definidos; e (II) bens que atendam às exigências técnicas ou de qualidade estabelecidas pela Administração.

O procedimento auxiliar de licitação denominado de "pré-qualificação" tem como objetivo tornar célere e eficiente a futura licitação, tendo, assim, como condão selecionar determinados licitantes, bens ou serviços (*vide* § 5º do artigo em estudo), passando-os a pré-qualificar, na forma contida no ato convocatório.

524

DOS INSTRUMENTOS AUXILIARES · ART° 80

Futuramente, a Administração Pública instaurará um certame, cuja participação poderá ser reduzida às pessoas, bens ou serviços pré-qualificados.

No tocante à pré-qualificação, seja dos futuros contratantes, seja dos bens ou serviços pretendidos a serem contratados futuramente, de forma a tornar mais célere o deslinde do procedimento auxiliar, permite o § 1º do artigo em comento que a documentação habilitatória a ser exigida no ato convocatório poderá ser substituída pelo registro cadastral, consoante já determina o art. 70, inc. II, da NLLC, desde que o sistema de registro cadastral já tenha aferido antecipadamente os critérios de habilitação técnica solicitados no edital.

Demais disso, consoante estabelece o art. 41, inc. II, da NLLC, de forma a melhor analisar o objeto cuja qualificação ou exigências técnicas serão aferidas, poderá a Administração exigir amostra ou prova de conceito do bem no procedimento de pré-qualificação permanente.

Apresentando-se como uma das grandes novidades, permite o inc. II do § 1º do artigo em estudo que, quando o procedimento auxiliar buscar a qualificação de bens ou serviços, poderá ser exigido no ato convocatório que o interessado apresente certificações atestando efetivamente a sua qualidade.

De forma a garantir que a Administração Pública seja permanentemente servida de licitantes, bens ou serviços providos de qualidade, tecnologia ou providos de capacitação técnica, o § 2º do art. 80 da NLLC fixa que o procedimento de pré-qualificação ficará permanentemente aberto para a inscrição de interessados.

Já no tocante às informações mínimas que devem constar do ato convocatório, o inc. I do § 3º do art. 80 da NLLC determina que o ato convocatório contenha as informações mínimas acerca do objeto que pretende a Administração futuramente contratar, de forma a verificar antecipadamente se detém condições de o interessado ou o objeto por ele oferecido ou prestado poder ser pré-qualificado.

Demais disso, o inc. II do § 3º do art. 80, da NLLC, estabelece que o ato convocatório deverá fixar uma das modalidades arroladas no art. 28, vale dizer, o pregão; a concorrência; o concurso; o leilão; e o diálogo competitivo, a forma futura da licitação, bem como os critérios de julgamento previstos no art. 33, quais sejam, o menor preço; o maior desconto; a melhor técnica ou conteúdo artístico; a técnica e preço; o maior lance, no caso de leilão; e o maior retorno econômico.

Estabelece o § 3º do art. 80, da NLLC, que a apresentação dos documentos, seja do proponente, quando a pré-qualificação recair sobre o licitante, seja do objeto demandado pela Administração, quando a pré-qualificação recair sobre bens ou serviços, far-se-á perante o órgão ou comissão indicada pela Administração no ato convocatório, que deverá examiná-los no prazo de 10 dias

COMENTÁRIOS À NOVA LEI DE LICITAÇÕES PÚBLICAS E CONTRATOS ADMINISTRATIVOS

úteis, passando a determinar a correção ou a reapresentação de documentos, de modo a ampliar a competitividade e permitir a qualificação do maior número de proponentes, bens ou serviços.

Em relação a esse ponto, observa-se uma novidade no novo procedimento de pré-qualificação, pois, de forma a ampliar a competitividade, a Administração deverá franquear oportunidade para aquele que acudiu ao procedimento de pré-qualificação reapresente a documentação exigida no edital, caso tenha sido encaminhada de forma incorreta. No tocante a tais benesses, deverá a Administração fixar um prazo razoável para o encaminhamento da documentação escoimada dos erros apontados pela comissão, podendo o particular solicitar prorrogação do prazo justificadamente.

Após a conclusão da pré-qualificação dos objetos, vale dizer, certificada a qualidade dos bens ou serviços, objetos fixados no ato convocatório, estabelece o § 5º do art. 80, da NLLC, que eles deverão integrar o catálogo de bens e serviços da Administração, fato que permite aos demais órgãos ou entidades vinculadas àquela esfera de governo instaurar certame para contratação dos objetos certificados.

De forma a garantir a eficiência administrativa nos processos de pré-qualificação, principalmente de bens e serviços, levando em consideração a necessidade de composição de uma comissão provida de técnicos que tenham profundo conhecimento daquilo que está sendo objeto de aferição da qualidade ou qualificação técnica, permite o § 6º que o procedimento de pré-qualificação seja realizado em grupos ou segmentos, segundo as especialidades dos fornecedores.

Afigura-se tal medida como salutar, haja vista que, realizando-se um processo de pré-qualificação de segmentos ou grupos de objetos, de forma a aferir a qualidade deles em blocos, parcelas ou parte, viabiliza-se a padronização de objetos, de maneira a permitir a elaboração de catálogo de produtos, passando a Administração Pública futuramente, e se for o caso, apenas a instaurar licitações arrolando em seu objeto bens ou serviços que já foram devidamente certificados, afastando, assim, dos certames licitatórios, objetos desprovidos de qualidade.

Haja vista a possibilidade do aparecimento de novos licitantes devidamente capacitados ou surgimento de novos bens ou serviços adotando uma nova tecnologia, de forma a garantir a possibilidade de a Administração Pública contratá-los, o § 7º do art. 80, da NLLC, permite que a pré-qualificação de pessoas bens ou serviços ocorra parcial ou totalmente com alguns ou todos os requisitos técnicos ou de habilitação necessários para a contratação que melhor atenda ao interesse público, devendo, neste caso, e em qualquer hipótese, existir a igualdade de condições entre os concorrentes.

526

DOS INSTRUMENTOS AUXILIARES   ARTº 81

Sob esse prisma, o § 8º do art. 80, da NLLC, reza que a pré-qualificação terá validade de 1 (um) ano, no máximo, e poderá ser atualizada a qualquer tempo, ou seja, mesmo sendo fixado um prazo de vigência de um ano, conforme permite o dispositivo legal em comento, poderá a Administração Pública, neste intervalo de tempo, instaurar um novo processo, de forma a permitir que novos particulares e novos produtos ou serviços sejam pré-qualificados.

Por derradeiro, determina o § 10 do art. 80 que a licitação a ser instaurada para fins de contratação de um particular para execução de um determinado objeto ou para aquisição de um bem ou serviço, poderá ser restrita àqueles que detiveram tal declaração da Administração Pública, ou seja, aqueles que foram devidamente qualificados.

Todavia, numa leitura atenta ao disposto no referido parágrafo, observa-se que a licitação a ser realizada após o procedimento de pré-qualificação poderá ser restrita, ou seja, mesmo existindo particulares pré-qualificados, a licitação instaurada em busca de contratar um particular detentor de uma determinada qualificação técnica ou que ofereça um bem ou serviço que atendeu às exigências técnicas ou de qualidade, poderá admitir no certame licitantes que não se submeteram à pré-qualificação.

Assim deve ocorrer, uma vez que, durante ou após a realização da pré-qualificação, poderão surgir novos particulares detentores de qualificação técnica, bem como bens ou serviços com detentores de uma melhor técnica, que a Administração poderá se interessar. Em sendo permitida a participação daqueles que não se submeteram ao procedimento de pré-qualificação, devendo a condição técnica dos novos proponentes, serviços e objetos serem aferidas na oportunidade, garante a Administração a possibilidade de realizar uma melhor contratação em razão do surgimento de interessados supervenientemente.

SEÇÃO IV – Do Procedimento de Manifestação de Interesse

Artigo 81

A Administração poderá solicitar à iniciativa privada, mediante procedimento aberto de manifestação de interesse a ser iniciado com a publicação de edital de chamamento público, a propositura e a realização de estudos, investigações, levantamentos e projetos de soluções inovadoras que contribuam com questões de relevância pública, na forma de regulamento.

§ 1º Os estudos, as investigações, os levantamentos e os projetos vinculados à contratação e de utilidade para a licitação, realizados pela Administração ou com a sua autorização, estarão à disposição dos interessados, e o vencedor da licitação deverá ressarcir os dispêndios correspondentes, conforme especificado no edital.

§ 2º A realização, pela iniciativa privada, de estudos, investigações, levantamentos e projetos em decorrência do procedimento de manifestação de interesse previsto no caput deste artigo:

I – não atribuirá ao realizador direito de preferência no processo licitatório;

II – não obrigará o poder público a realizar licitação;

III – não implicará, por si só, direito a ressarcimento de valores envolvidos em sua elaboração;

IV – será remunerada somente pelo vencedor da licitação, vedada, em qualquer hipótese, a cobrança de valores do poder público.

§ 3º Para aceitação dos produtos e serviços de que trata o caput deste artigo, a Administração deverá elaborar parecer fundamentado com a demonstração de que o produto ou serviço entregue é adequado e suficiente à compreensão do objeto, de que as premissas adotadas são compatíveis com as reais necessidades do órgão e de que a metodologia proposta é a que propicia maior economia e vantagem entre as demais possíveis.

§ 4º O procedimento previsto no caput deste artigo poderá ser restrito a startups, assim considerados os microempreendedores individuais, as microempresas e as empresas de pequeno porte, de natureza emergente e com grande potencial, que se dediquem à pesquisa, ao desenvolvimento e à implementação de novos produtos ou serviços baseados em soluções tecnológicas inovadoras que possam causar alto impacto, exigida, na seleção definitiva da inovação, validação prévia fundamentada em métricas objetivas, de modo a demonstrar o atendimento das necessidades da Administração.

Estatuído originalmente pelo Dec. nº 8.428/2015 e posteriormente alterado pelo Dec. nº 10.104/2019, o Procedimento de Manifestação de Interesse (PMI), agora inserido na nova Lei de Licitações, é um procedimento auxiliar de licitação destinado a solicitar à iniciativa privada a propositura e a realização de estudos, investigações, levantamentos e projetos de soluções inovadoras que contribuam com questões de relevância pública.

Tal procedimento, a ser melhor detalhado em regulamento, tem início através da publicação do aviso pelo órgão interessado, por meio de chamamento público, de modo que os particulares possam manifestar interesse em apresentar os estudos de viabilidade, que estarão à disposição dos interessados.

É bom ressaltar que os custos incorridos pelo particular, os quais deverão ser analiticamente apresentados, serão ressarcidos pelo vencedor da licitação

DOS INSTRUMENTOS AUXILIARES   ART° 81

que venha executar o projeto apresentado, conforme especificado no edital, de acordo como fixa o § 1º do referido artigo.

Restando claro que tais estudos, projetos e demais atividades realizados pelo particular serão devidamente ressarcidos pelo vencedor da futura licitação, fixa o § 2º do art. 81, da NLLC, que a sua realização em decorrência do procedimento de manifestação de interesse (I) não atribuirá ao realizador direito de preferência no processo licitatório; (II) não obrigará o poder público a realizar licitação; (III) não implicará, por si só, direito a ressarcimento de valores envolvidos em sua elaboração; e (IV) será remunerada somente pelo vencedor da licitação, vedada, em qualquer hipótese, a cobrança de valores do poder público.

Assim deve ocorrer, uma vez que, sob pena de violação ao princípio da impessoalidade, o fato de um determinado particular ter realizado os estudos, as investigações, os levantamentos e os projetos, não lhe outorga qualquer tipo de benefício ou vantagem que o garanta a preferência quando da instauração da futura licitação.

Em que pese a constante e necessária observância da Administração Pública aos princípios constantes do *caput* do art. 37 da CF/1988, em especial o da impessoalidade, reza o § 3º do art. 81, da NLLC, acerca da necessidade de elaboração de parecer fundamentado com a demonstração de que o produto ou serviço entregue é adequado e suficiente à compreensão do objeto, de que as premissas adotadas são compatíveis com as reais necessidades do órgão e que a metodologia proposta é a que propicia maior economia e vantagem entre as demais possíveis. Assim deve ocorrer, uma vez que a elaboração de um estudo preliminar, às expensas do particular, pode gerar para a Administração um sentimento de gratidão, que poderá ser recompensado com a contratação do referido particular. Para que tal expediente não ocorra, exige o dispositivo em estudo que seja elaborado um parecer fundamentado com a demonstração de que o produto ou serviço entregue é efetivamente adequado. Assim, são inadmitidos quaisquer benefícios ao particular responsável pela elaboração dos estudos, levantamentos e demais pesquisas solicitadas pelo ente público.

Com o advento de novas formas de tecnologia e relações econômicas, o novo diploma licitatório federal, no art. 81, § 4º, inovou, ao permitir que *startups* pudessem participar de procedimentos exclusivos, assim considerados os micro-empreendedores individuais, as microempresas e as empresas de pequeno porte, de natureza emergente e com grande potencial, para oferecer soluções inovadoras para a Administração. Exige o dispositivo que tais particulares deverão se dedicar à pesquisa, ao desenvolvimento e à implementação de novos produtos ou serviços baseados em soluções tecnológicas inovadoras que possam causar alto impacto, exigida, na seleção definitiva da inovação, validação prévia fundamentada em métricas objetivas, de modo a demonstrar o atendimento das necessidades da Administração.

SEÇÃO V – Do Sistema de Registro de Preços

ARTIGO 82

O edital de licitação para registro de preços observará as regras gerais desta Lei e deverá dispor sobre:

I – as especificidades da licitação e de seu objeto, inclusive a quantidade máxima de cada item que poderá ser adquirida;

II – a quantidade mínima a ser cotada de unidades de bens ou, no caso de serviços, de unidades de medida;

III – a possibilidade de prever preços diferentes:

a) quando o objeto for realizado ou entregue em locais diferentes;

b) em razão da forma e do local de acondicionamento;

c) quando admitida cotação variável em razão do tamanho do lote;

d) por outros motivos justificados no processo;

IV – a possibilidade de o licitante oferecer ou não proposta em quantitativo inferior ao máximo previsto no edital, obrigando-se nos limites dela;

V – o critério de julgamento da licitação, que será o de menor preço ou o de maior desconto sobre tabela de preços praticada no mercado;

VI – as condições para alteração de preços registrados;

VII – o registro de mais de um fornecedor ou prestador de serviço, desde que aceitem cotar o objeto em preço igual ao do licitante vencedor, assegurada a preferência de contratação de acordo com a ordem de classificação;

VIII – a vedação à participação do órgão ou entidade em mais de uma ata de registro de preços com o mesmo objeto no prazo de validade daquela de que já tiver participado, salvo na ocorrência de ata que tenha registrado quantitativo inferior ao máximo previsto no edital;

IX – as hipóteses de cancelamento da ata de registro de preços e suas consequências.

§ 1º O critério de julgamento de menor preço por grupo de itens somente poderá ser adotado quando for demonstrada a inviabilidade de se promover a adjudicação por item e for evidenciada a sua vantagem técnica e econômica, e o critério de aceitabilidade de preços unitários máximos deverá ser indicado no edital.

§ 2º Na hipótese de que trata o § 1º deste artigo, observados os parâmetros estabelecidos nos §§ 1º, 2º e 3º do art. 23 desta Lei, a contratação posterior de item específico constante de grupo de itens exigirá prévia pesquisa de mercado e demonstração de sua vantagem para o órgão ou entidade.

§ 3º É permitido registro de preços com indicação limitada a unidades de contratação, sem indicação do total a ser adquirido, apenas nas seguintes situações:

I – quando for a primeira licitação para o objeto e o órgão ou entidade não tiver registro de demandas anteriores;

II – no caso de alimento perecível;

III – no caso em que o serviço estiver integrado ao fornecimento de bens.

§ 4º Nas situações referidas no § 3º deste artigo, é obrigatória a indicação do valor máximo da despesa e é vedada a participação de outro órgão ou entidade na ata.

§ 5º O sistema de registro de preços poderá ser usado para a contratação de bens e serviços, inclusive de obras e serviços de engenharia, observadas as seguintes condições:

I – realização prévia de ampla pesquisa de mercado;

II – seleção de acordo com os procedimentos previstos em regulamento;

III – desenvolvimento obrigatório de rotina de controle;

IV – atualização periódica dos preços registrados;

V – definição do período de validade do registro de preços;

VI – inclusão, em ata de registro de preços, do licitante que aceitar cotar os bens ou serviços em preços iguais aos do licitante vencedor na sequência de classificação da licitação e inclusão do licitante que mantiver sua proposta original.

§ 6º O sistema de registro de preços poderá, na forma de regulamento, ser utilizado nas hipóteses de inexigibilidade e de dispensa de licitação para a aquisição de bens ou para a contratação de serviços por mais de um órgão ou entidade.

Temos a considerar, inicialmente, que o inc. XLV do art. 6º, da NLLC, conceitua sistema de registro de preços como o conjunto de procedimentos para realização, mediante contratação direta ou licitação nas modalidades pregão ou concorrência, de registro formal de preços relativos a prestação de serviços, a obras e a aquisição e locação de bens para contratações futuras.

1. A utilização do SRP nas hipóteses de contratação direta

Primeiramente, temos a ressaltar que, da leitura do conceito fixado no inc. XLV do art. 6º, da NLLC, observa-se o sistema de registro de preços como um

COMENTÁRIOS À NOVA LEI DE LICITAÇÕES PÚBLICAS E CONTRATOS ADMINISTRATIVOS

conjunto de procedimentos para realização, mediante contratação direta, de registro formal de preços relativos a prestação de serviços, a obras e a aquisição e locação de bens para contratações futuras, uma novidade até então, haja vista que, no âmbito da Lei nº 8.666/1993, o SRP somente pode ser utilizado em caso de processamento de licitação por meio de concorrência ou pregão. Sobre tal novidade, complementamos nossos comentários acerca desse assunto colacionando o § 6º do art. 82, cujo teor fixa que "o sistema de registro de preços poderá, na forma de regulamento, ser utilizado nas hipóteses de inexigibilidade e de dispensa de licitação para a aquisição de bens ou para a contratação de serviços por mais de um órgão ou entidade."

2. A legalidade de registro de preços para obras e serviços de engenharia

Além disso, temos que considerar que, da leitura do conceito fixado no inc. XLV do art. 6º, da NLLC, tem-se que o sistema de registro de preços busca a realização do registro formal para: prestação de serviços, obras, aquisição de bens e locação de bens.

A novidade, neste ponto, é a verificação de permissão expressa para realização de procedimento para registro formal de obras, não sendo adjetivada com "comuns de engenharia". Com efeito, tal dúvida é sanada quando compulsamos o disposto no § 5º do art. 81, cujo teor reza que o sistema de registro de preços poderá ser usado para a contratação de bens e serviços, inclusive de obras e serviços de engenharia. Todavia, fixa as seguintes condições:

I – realização prévia de ampla pesquisa de mercado;

II – seleção de acordo com os procedimentos previstos em regulamento;

III – desenvolvimento obrigatório de rotina de controle;

IV – atualização periódica dos preços registrados;

V – definição do período de validade do registro de preços;

VI – inclusão, em ata de registro de preços, do licitante que aceitar cotar os bens ou serviços em preços iguais aos do licitante vencedor na sequência de classificação da licitação e inclusão do licitante que mantiver sua proposta original.

3. O edital de licitação para registro de preços e seu conteúdo obrigatório

De forma a garantir uniformidade nos editais de licitação para registro de preços, fixa o art. 82 que deverão ser observadas as regras gerais desta Lei e deverão dispor sobre:

I – as especificidades da licitação e de seu objeto, inclusive a quantidade máxima de cada item que poderá ser adquirida;

DOS INSTRUMENTOS AUXILIARES | ART° 82

II – a quantidade mínima a ser cotada de unidades de bens ou, no caso de serviços, de unidades de medida;

III – a possibilidade de prever preços diferentes:

a) quando o objeto for realizado ou entregue em locais diferentes;

b) em razão da forma e do local de acondicionamento;

c) quando admitida cotação variável em razão do tamanho do lote;

d) por outros motivos justificados no processo;

IV – a possibilidade de o licitante oferecer ou não proposta em quantitativo inferior ao máximo previsto no edital, obrigando-se nos limites dela;

V – o critério de julgamento da licitação, que será o de menor preço ou o de maior desconto sobre tabela de preços praticada no mercado;

VI – as condições para alteração de preços registrados;

VII – o registro de mais de um fornecedor ou prestador de serviço, desde que aceitarem cotar o objeto em preço igual ao do licitante vencedor, assegurada a preferência de contratação de acordo com a ordem de classificação;

VIII – a vedação à participação do órgão ou entidade em mais de uma ata de registro de preços com o mesmo objeto no prazo de validade daquela de que já tiver participado, salvo na ocorrência de ata que tenha registrado quantitativo inferior ao máximo previsto no edital;

IX – as hipóteses de cancelamento da ata de registro de preços e suas consequências.

4. Da excepcionalidade da utilização do critério de julgamento de menor preço por grupo de itens (preço global)

Estabelece o § 1º do art. 82, da NLLC, que a adoção do critério de julgamento de menor preço expressamente no ato convocatório por "grupo de itens", vale dizer, preço global, somente poderá ser adotado, motivada e justificadamente, quando for demonstrada a inviabilidade de se promover a adjudicação por item e for evidenciada a sua vantagem técnica e econômica, e o critério de aceitabilidade de preços unitários máximos deverá ser indicado no edital.

Com efeito, tal determinação legal concretiza a jurisprudência pacífica do TCU que remansosamente vem decidindo no "sentido de que, no âmbito do sistema de registro de preços, a modelagem de aquisição por preço global de grupo de itens é medida excepcional que precisa ser devidamente justificada, além de ser, em regra, incompatível com a aquisição futura de itens isoladamente"[179].

Dada a importância, tal matéria foi objeto de Súmula, conforme infere-se da leitura da nº 247 do TCU, cujo teor reza que, *in verbis*

---

[179] TCU, 022.355/2017-0, Acórdão nº 1.347/2018 – Plenário, Data do Julgamento: 13/06/2018

COMENTÁRIOS À NOVA LEI DE LICITAÇÕES PÚBLICAS E CONTRATOS ADMINISTRATIVOS

É obrigatória a admissão da adjudicação por item e não por preço global, nos editais das licitações para a contratação de obras, serviços, compras e alienações, cujo objeto seja divisível, desde que não haja prejuízo para o conjunto ou complexo ou perda de economia de escala, tendo em vista o objetivo de propiciar a ampla participação de licitantes que, embora não dispondo de capacidade para a execução, fornecimento ou aquisição da totalidade do objeto, possam fazê-lo com relação a itens ou unidades autônomas, devendo as exigências de habilitação adequar-se a essa divisibilidade.

ARTIGO 83

A existência de preços registrados implicará compromisso de fornecimento nas condições estabelecidas, mas não obrigará a Administração a contratar, facultada a realização de licitação específica para a aquisição pretendida, desde que devidamente motivada.

O art. 83 diz respeito aos efeitos do documento vinculativo denominado de ata de registro de preços que, embora vincule o particular à obrigação de fornecer o objeto constante da aludida ata, quando assim instado, não obriga a Administração à sua utilização.

A desobrigatoriedade de utilização, por parte da Administração, vem confirmada na parte final do dispositivo, que admite, inclusive, a faculdade de se instaurar novo processo licitatório para o objeto pretendido, desde que motivadamente.

Enfatize-se que a motivação é condicionante deveras importante para que se adote a instauração de um novo processo licitatório, pois não haveria razão de fazê-lo, eis que houve uma atividade administrativa anterior, que, para não ser utilizada, exige sérios e comprovados motivos que indiquem essa desnecessidade.

ARTIGO 84

O prazo de vigência da ata de registro de preços será de 1 (um) ano e poderá ser prorrogado, por igual período, desde que comprovado o preço vantajoso.

Parágrafo único. O contrato decorrente da ata de registro de preços terá sua vigência estabelecida em conformidade com as disposições nela contidas.

Trata o art. 84 do prazo de vigência da ata de registro de preços, que será de um ano, admitida a sua prorrogação por igual período, desde que se demonstre a vantajosidade do preço registrado.

Ainda que o dispositivo seja silente, quanto à necessidade da prorrogação encontrar-se disposta no edital, tal previsão se faz necessária. A possibilidade de prorrogação pode se constituir, inclusive, em um meio de se promover uma maior competitividade decorrente dessa expectativa.

Que fique claro que não estamos afirmando que, se prevista a prorrogação, a Administração estaria obrigada a adotar essa solução, até por que a prorrogabilidade somente restará satisfeita se ficar demonstrada a sua vantajosidade, caso contrário, será caso de não prorrogação.

Por derradeiro, é imperioso dizer que o prazo de vigência da ata de registro de preços não se confunde com o prazo decorrente do contrato administrativo celebrado, que são coisas absolutamente distintas.

O prazo de vigência do contrato deverá seguir as regras determinadas pelo edital, sendo plenamente admissível que o prazo do contrato celebrado durante a vigência da ata ultrapasse o prazo desta última.

Artigo 85

A Administração poderá contratar a execução de obras e serviços de engenharia pelo sistema de registro de preços, desde que atendidos os seguintes requisitos:

I – existência de projeto padronizado, sem complexidade técnica e operacional;

II – necessidade permanente ou frequente de obra ou serviço a ser contratado.

O art. 85 admite a celebração de ata de registro de preços para obras e serviços de engenharia, tendo como pressuposto a existência de projeto padronizado, e desde que ausente complexidade técnica e operacional.

A existência de projeto padronizado é essencial para se admitir registro de preços para obras e serviços de engenharia. Logo, se o caso em concreto exigir, que a cada contratação, seja necessário promover alterações e adaptações, isto será um elemento que afasta a utilização da ata de registro de preços.

De forma concomitante, a necessidade permanente ou frequente de obra ou serviço a ser contratado é outro elemento indispensável para a celebração da ata de registro de preços. Seria incompreensível se utilizar do sistema de registro de preços se não caracterizada, minimamente, a frequência da contratação.

Artigo 86

O órgão ou entidade gerenciadora deverá, na fase preparatória do processo licitatório, para fins de registro de preços, realizar procedimento

COMENTÁRIOS À NOVA LEI DE LICITAÇÕES PÚBLICAS E CONTRATOS ADMINISTRATIVOS

público de intenção de registro de preços para, nos termos de regulamento, possibilitar, pelo prazo mínimo de 8 (oito) dias úteis, a participação de outros órgãos ou entidades na respectiva ata e determinar a estimativa total de quantidades da contratação.

§ 1º O procedimento previsto no caput deste artigo será dispensável quando o órgão ou entidade gerenciadora for o único contratante.

§ 2º Se não participarem do procedimento previsto no caput deste artigo, os órgãos e entidades poderão aderir à ata de registro de preços na condição de não participantes, observados os seguintes requisitos:

I – apresentação de justificativa da vantagem da adesão, inclusive em situações de provável desabastecimento ou descontinuidade de serviço público;

II – demonstração de que os valores registrados estão compatíveis com os valores praticados pelo mercado na forma do art. 23 desta Lei;

III – prévias consulta e aceitação do órgão ou entidade gerenciadora e do fornecedor.

§ 3º A faculdade conferida pelo § 2º deste artigo estará limitada a órgãos e entidades da Administração Pública federal, estadual, distrital e municipal que, na condição de não participantes, desejarem aderir à ata de registro de preços de órgão ou entidade gerenciadora federal, estadual ou distrital.

§ 4º As aquisições ou as contratações adicionais a que se refere o § 2º deste artigo não poderão exceder, por órgão ou entidade, a 50% (cinquenta por cento) dos quantitativos dos itens do instrumento convocatório registrados na ata de registro de preços para o órgão gerenciador e para os órgãos participantes.

§ 5º O quantitativo decorrente das adesões à ata de registro de preços a que se refere o § 2º deste artigo não poderá exceder, na totalidade, ao dobro do quantitativo de cada item registrado na ata de registro de preços para o órgão gerenciador e órgãos participantes, independentemente do número de órgãos não participantes que aderirem.

§ 6º A adesão à ata de registro de preços de órgão ou entidade gerenciadora do Poder Executivo federal por órgãos e entidades da Administração Pública estadual, distrital e municipal poderá ser exigida para fins de transferências voluntárias, não ficando sujeita ao limite de que trata o § 5º deste artigo se destinada à execução descentralizada de programa ou projeto federal e comprovada a compatibilidade dos preços registrados com os valores praticados no mercado na forma do art. 23 desta Lei.

§ 7º Para aquisição emergencial de medicamentos e material de consumo médico-hospitalar por órgãos e entidades da Administração Pública

DOS INSTRUMENTOS AUXILIARES ARTº 86

federal, estadual, distrital e municipal, a adesão à ata de registro de preços gerenciada pelo Ministério da Saúde não estará sujeita ao limite de que trata o § 5º deste artigo.

§ 8º Será vedada aos órgãos e entidades da Administração Pública federal a adesão à ata de registro de preços gerenciada por órgão ou entidade estadual, distrital ou municipal.

O art. 86 prevê a hipótese legal de promover registro de preços em que seja possível atender os interesses de órgão distinto daquele que terá a incumbência de realizar a licitação. Com o objetivo de atingir essa finalidade, o órgão promotor da licitação deverá instaurar um procedimento de manifestação de interesse. Por conseguinte, para que isso seja possível, será necessário divulgar que estará sendo instaurado processo licitatório para a celebração de ata de registro de preços para determinado objeto, com suas respectivas condições.

Essa divulgação da intenção de se celebrar a ata de registro de preços ficará aberta pelo prazo mínimo de 8 (oito) dias úteis, para que os eventuais interessados possam aderir à licitação. Impende, pois, ficar claro que, para que essa adesão se consolide, é necessário que o órgão ou entidade interessada encaminhe, ao promotor da licitação, a sua intenção de participar, indicando os quantitativos e a periodicidade das contratações estimadas. Que fique assentado que essa possibilidade somente será implementada se ficar determinado que o sistema de registro de preços será compartilhado com outros órgãos ou entidades, nos termos do § 1º do art. 86.

Caso os eventuais interessados deixem de se manifestar, quando da divulgação do procedimento em questão, isso não prejudicará a futura adesão à ata de registro de preços, na condição de não participante, desde que observados os condicionantes constantes dos incs. I a III do § 2º. Isto quer dizer que está consagrada a possibilidade do famoso "carona", que foi amplamente discutida e criticada no âmbito da Lei nº 8.666/1993, em decorrência de inexistir autorização legislativa, problema este resolvido no âmbito da Lei nº 14.133/2021, que fez expressa previsão quanto a essa possibilidade.

Assim, o inc. I do § 2º, que autoriza a posterior adesão à ata de registro de preços, determina que deverá ser apresentada justificativa que demonstre a vantagem ou necessidade dessa adesão. Em princípio, a solução do "carona" passa por uma certa dificuldade, pois, se cada órgão público deve fazer o planejamento das suas necessidades, que importe na adoção de licitação para a celebração do futuro contrato, não haveria razão de se adotar essa condição excepcional de aderir a uma ata de registro de preços já celebrada. Assim, afigura-se-nos que a única possibilidade que venha a justificar o "carona" é aquela ditada por fato superveniente, de caráter imprevisível ou, ainda, a assunção de que o planejamento foi maculado por uma falha.

O inc. II do § 2º coloca o preço registrado como condicionante para a posterior adesão à ata de registro de preços. Assim, se demonstrada a vantajosidade do preço registrado, mediante pesquisa de mercado realizada, se afigura possível a posterior adesão ao sistema de registro de preços.

Por fim, o último condicionante, expressado no inc. III do § 2º, exige que se consulte o órgão gerenciador, bem como que o detentor da ata concorde em realizar o fornecimento, na medida em que inexiste qualquer obrigação de se aceitar o pedido do "carona".

O § 3º aduz que o "carona" está limitado a órgãos e entidades da Administração Pública federal, estadual, distrital e municipal que, na condição de não participantes, desejarem aderir à ata de registro de preços de órgão ou entidade gerenciadora federal, estadual ou distrital. Em outras palavras, a inteligência do dispositivo é determinante no sentido de não se permitir a adesão de atas cujos gerenciadores sejam os municípios. Essa disposição seria desprovida de maiores problemas, se não fosse a regra do § 8º, que veda aos órgãos e entidades da Administração Pública federal a adesão à ata de registro de preços gerenciada por órgão ou entidade estadual, distrital ou municipal.

A redação dos dispositivos mencionados é incompatível, pelo que, à guisa de se evitar problemas de ordem legal, entendemos que deve prevalecer a regra do § 8º, vedando-se à União a utilização de registro de preços, a título de "carona", às atas de registro de preços celebradas pelos estados, distrito federal e municípios.

Quanto ao § 4º estabeleceu-se um limite individual para os órgãos ou entidades que pretendem se utilizar de sistema de registro de preços já instaurado, que não poderá exceder a 50% (cinquenta por cento) dos quantitativos de cada item constante da ata de registro de preços para o órgão gerenciador e para os órgãos participantes.

Por sua vez, o § 5º prevê que o quantitativo decorrente das adesões à ata de registro de preços, a título de "carona", não poderá exceder, na totalidade, ao dobro do quantitativo para cada item registrado na ata de registro de preços para o órgão gerenciador e órgãos participantes, independentemente do número de órgãos não participantes que aderirem.

É de singular importância destacar que o limite máximo do "carona" não é determinado em razão de cada um dos órgãos aderentes, mas, sim, em razão do dobro do quantitativo registrado para cada item que, quando atingido, impede qualquer nova adesão.

Quando da transferência voluntária de recursos federais para outros entes federados, o § 6º condiciona que isso implica na adesão a atas de registro de preços já existentes na União, não ficando esta hipótese sujeita ao limite expressado no § 5º, desde que isso se destine à execução descentralizada de programa ou projeto federal e seja comprovada a vantajosidade do preço com o mercado.

DOS INSTRUMENTOS AUXILIARES ART° 87

O § 7º, por fim, trata de aquisição emergencial de medicamentos e material de consumo médico-hospitalar por órgãos e entidades da Administração Pública federal, estadual, distrital e municipal e a adesão à ata de registro de preços gerenciada pelo Ministério da Saúde também não se encontra sujeita às disposições do § 5º.

SEÇÃO VI – Do Registro Cadastral

ARTIGO 87

Para os fins desta Lei, os órgãos e entidades da Administração Pública deverão utilizar o sistema de registro cadastral unificado disponível no Portal Nacional de Contratações Públicas (PNCP), para efeito de cadastro unificado de licitantes, na forma disposta em regulamento.

§ 1º O sistema de registro cadastral unificado será público e deverá ser amplamente divulgado e estar permanentemente aberto aos interessados, e será obrigatória a realização de chamamento público pela internet, no mínimo anualmente, para atualização dos registros existentes e para ingresso de novos interessados.

§ 2º É proibida a exigência, pelo órgão ou entidade licitante, de registro cadastral complementar para acesso a edital e anexos.

§ 3º A Administração poderá realizar licitação restrita a fornecedores cadastrados, atendidos os critérios, as condições e os limites estabelecidos em regulamento, bem como a ampla publicidade dos procedimentos para o cadastramento.

§ 4º Na hipótese a que se refere o § 3º deste artigo, será admitido fornecedor que realize seu cadastro dentro do prazo previsto no edital para apresentação de propostas.

O art. 87 dispõe sobre um dos procedimentos auxiliares, que se encontra previsto no art. 78, inc. V, que se constitui no sistema de registro cadastral. Com efeito, o registro cadastral é um banco de dados destinado a demonstrar a situação jurídica, fiscal, técnica e financeira dos potenciais licitantes.

O objetivo do registro cadastral é simplificar a atividade administrativa desenvolvida no decorrer da licitação, substituindo, em um único documento, os requisitos de habilitação, podendo ser utilizado para qualquer processo licitatório que tenha sido instaurado pela Administração Pública.

O *caput* do art. 87 prevê a instituição de um registro cadastral unificado, que deverá ser utilizado por toda a Administração Pública e, quando constituído, deverá se encontrar disponível no Portal Nacional de Contratações Públicas

COMENTÁRIOS À NOVA LEI DE LICITAÇÕES PÚBLICAS E CONTRATOS ADMINISTRATIVOS

– PNCP, nos termos do art. 174, dependendo, para tanto, de regulamentação pelo Chefe do Executivo Federal.

O § 1º estabelece que o sistema de registro cadastral será público, devendo comportar ampla divulgação e estar permanentemente aberto a todos os interessados. A Administração Pública deverá promover, minimamente, uma vez por ano, chamamento público para a atualização do cadastro, além de permitir o ingresso de novos interessados. Correto é dizer, ainda, que independentemente de expressa convocação, os interessados poderão, a qualquer tempo, se cadastrar, assim como atualizar o seu registro cadastral.

Impende considerar que o sistema de registro cadastral deve ser único, pelo que é vedado ao órgão licitante ou entidade licitante exigir cadastro complementar, para acesso ao edital e seus anexos, conforme previsão constante do § 2º. Demais disso, deve-se entender que o sistema de registro cadastral, para atender ao princípio da publicidade e transparência, pode ser acessado por qualquer interessado, ainda que não seja cadastrado.

Por sua vez, o § 3º admite a instauração de processo licitatório que seja restrito aos licitantes cadastrados, desde que atendidas as exigências determinadas por regulamento.

Na hipótese disciplinada pelo § 3º, independentemente da eventual inversão de fases, que, nesta hipótese, inicia-se com a habilitação, nada obsta que o sistema de registro cadastral seja adotado nas modalidades de licitação em que se venha a exigir os documentos de cunho habilitatório, prevendo a substituição pelo registro cadastral, que, se inexistente, ensejará a inabilitação do licitante.

Importa dizer que instaurar a licitação restrita aos cadastrados não se constitui em inobservância do princípio da competitividade, pois o cadastramento poderá se realizar a qualquer tempo, inclusive no prazo de publicação de processo licitatório específico, nos termos do § 4º.

Insta deixar claro que a adoção do registro cadastral, como forma de simplificar a atividade administrativa no decorrer do processo licitatório, tem um cunho genérico de padronização. Com isso, é importante que, na fase preparatória da licitação, o agente público examine as características da contratação e verifique se as exigências cadastrais são suficientes para se atestar a capacidade e a idoneidade dos licitantes. Na hipótese de se concluir que as exigências do sistema de registro cadastral são insuficientes para o processo licitatório que se pretende instaurar, isto será indicativo da impossibilidade jurídica de se usar o banco de dados em referência.

Esclareça-se, por oportuno, que a decisão de se utilizar o sistema de registro cadastral, ou mesmo a sua não utilização, enseja atendimento ao princípio da motivação, com a apresentação das justificativas pertinentes. Anote-se que a exigência do atendimento do princípio da motivação se deve ao fato da Lei

DOS INSTRUMENTOS AUXILIARES · ART° 88

nº 14.133/2021 não estabelecer em qual modalidade de licitação poderá ser exigido o cadastro, deixando essa avaliação para o plano do caso em concreto.

ARTIGO 88

Ao requerer, a qualquer tempo, inscrição no cadastro ou a sua atualização, o interessado fornecerá os elementos necessários exigidos para habilitação previstos nesta Lei.

§ 1º O inscrito, considerada sua área de atuação, será classificado por categorias, subdivididas em grupos, segundo a qualificação técnica e econômico-financeira avaliada, de acordo com regras objetivas divulgadas em sítio eletrônico oficial.

§ 2º Ao inscrito será fornecido certificado, renovável sempre que atualizar o registro.

§ 3º A atuação do contratado no cumprimento de obrigações assumidas será avaliada pelo contratante, que emitirá documento comprobatório da avaliação realizada, com menção ao seu desempenho na execução contratual, baseado em indicadores objetivamente definidos e aferidos, e a eventuais penalidades aplicadas, o que constará do registro cadastral em que a inscrição for realizada.

§ 4º A anotação do cumprimento de obrigações pelo contratado, de que trata o § 3º deste artigo, será condicionada à implantação e à regulamentação do cadastro de atesto de cumprimento de obrigações, apto à realização do registro de forma objetiva, em atendimento aos princípios da impessoalidade, da igualdade, da isonomia, da publicidade e da transparência, de modo a possibilitar a implementação de medidas de incentivo aos licitantes que possuírem ótimo desempenho anotado em seu registro cadastral.

§ 5º A qualquer tempo poderá ser alterado, suspenso ou cancelado o registro de inscrito que deixar de satisfazer exigências determinadas por esta Lei ou por regulamento.

§ 6º O interessado que requerer o cadastro na forma do caput deste artigo poderá participar de processo licitatório até a decisão da Administração, e a celebração do contrato ficará condicionada à emissão do certificado referido no § 2º deste artigo.

Trata o art. 88 das exigências necessárias para que o particular se cadastre junto à Administração Pública. O *caput* do art. 88 referenda as disposições do art. 87, permitindo que o cadastramento possa ocorrer a qualquer tempo, mediante a apresentação dos documentos exigidos para a habilitação.

É possível inferir, pela redação do art. 87, *caput*, que a pretensão do legislador foi conceder ao sistema de registro cadastral a finalidade de substituir todos os documentos necessários à habilitação exigidos no processo licitatório. Inobstante o fato da dificuldade que isso possa significar, para efeito de implementar essa solução, vislumbramos a sua possibilidade, exigindo da Administração a adoção das cautelas necessárias.

Para melhor entendimento da hipótese suscitada, vale lembrar que, dentre os documentos de habilitação, existem aqueles que, por sua mera apresentação, observado o prazo de validade, são suficientes para se comprovar a sua finalidade, como, por exemplo a exigência de apresentação da prova da regularidade perante a Fazenda federal, estadual e/ou municipal do domicílio ou sede do licitante. Via de consequência, uma vez demonstrado que o licitante apresentou uma certidão negativa ou, ainda, uma certidão positiva, com efeitos de negativa, a exigência encontrar-se-á plenamente atendida.

O problema que se apresenta são aqueles documentos que possuam um nexo de pertinência lógica com o objeto da licitação, como é o caso da habilitação técnica em que se deve avaliar o desempenho anterior do licitante, em consonância com o objeto da licitação, mediante a apresentação de atestados, dentre outras exigências de cunho estritamente técnico.

Ainda que a questão da habilitação técnica possa representar dificuldades para a adoção do sistema de registro cadastral, entendemos que essa hipótese poderá ser solvida com a devida organização desse banco de dados.

É de se ver no § 1º que para a inscrição cadastral será considerada a área de atuação do interessado. Posto isto, o sistema de registro cadastral deverá contemplar uma classificação por categorias, subdivididas em grupos, segundo a qualificação técnica e econômico-financeira avaliada, de acordo com regras objetivas divulgadas em sítio eletrônico oficial.

Assim, sustentamos que a comprovação do desempenho anterior pode ser exigida para efeito de cadastro, até porque o *caput* do art. 88 permite a exigência dos documentos de habilitação, dentre os quais se encontra o atestado técnico. Uma vez apresentado o referido documento, o licitante ficará cadastrado em uma ou mais áreas de atuação, concernente com a prova de desempenho anterior, possibilitando a sua substituição pelo Certificado de Registro Cadastral, ao qual nos reportaremos oportunamente.

Possibilidade que deve ser considerada é a exigência de desempenho anterior que, por qualquer motivo que seja, não integra o sistema de registro cadastral. Nessa hipótese, inexiste qualquer impedimento de apresentação do atestado exigido, desde que o edital faça expressa alusão à possibilidade de apresentação de documentos não constantes do registro cadastral ou que, ainda, tenham perdido o seu prazo de validade.

DOS INSTRUMENTOS AUXILIARES   ART? 88

Quanto aos requisitos de ordem organizacional do sistema de registro cadastral, é possível dizer, com absoluto grau de certeza, que a sua organização deve acontecer mediante requisitos de ordem objetiva, contemplados no Portal Nacional de Contratações Públicas – PNCP, em especial no que diz respeito ao desempenho anterior e à forma de avaliação do balanço patrimonial.

Uma vez apresentados os documentos atinentes ao sistema de registro cadastral, se em ordem, será emitido o Certificado de Registro Cadastral – CRC, nos termos do § 2º, que poderá ser utilizado para fins de substituir a documentação relativa à habilitação. Evidentemente, com a proliferação das licitações eletrônicas, a via física do CRC perdeu quase que na integralidade a sua função. Contudo, acreditamos que o sistema deve permitir a sua impressão, para eventual apresentação em licitação presencial, quando necessário.

Questão de sobranceira importância é aquela que diz respeito às informações quanto ao desempenho do licitante, na execução de contratos administrativos, já celebrados e executados, consoante disposições estabelecidas no § 3º. Essa novidade, trazida pela Lei nº 14.133/2021, é da mais extrema relevância, em face das disposições do art. 60, inc. II, que permite a sua utilização como critério de desempate na licitação, isso sem falar do art. 37, inc. III, que veio estabelecer a atribuição de nota da proposta técnica, levando-se em conta o desempenho anterior do licitante, constante do registro cadastral.

Infere-se que a legislação trouxe mecanismos cujo objetivo final é incentivar que o licitante execute os seus contratos dentro dos melhores padrões de qualidade, de modo que, nas licitações vindouras, possa colher os efeitos positivos dos seus esforços.

Observe-se que o § 4º é explícito sobre a questão do incentivo aos licitantes para executarem contratos administrativos pontilhados por um ótimo desempenho. Para tanto, a atuação do contratado no cumprimento de obrigações assumidas será avaliada pelo contratante, que emitirá documento comprobatório da avaliação realizada, com menção ao seu desempenho na execução contratual, baseado em indicadores objetivamente definidos e aferidos, bem como também deverá conter eventuais penalidades aplicadas.

No que concerne ao § 5º, a sua redação é de cristalina clareza, dispensando maiores comentários. O cadastro, a qualquer tempo, poderá ser alterado, suspenso ou cancelado, em face da inobservância dos parâmetros a ele atinentes, bem como por inobservância do regulamento, quando editado.

O § 6º, de igual modo, traz regra hialina, admitindo que o interessado requeira a sua inscrição no sistema de registro cadastral e, em razão disso, a sua participação no certame será autorizada até a decisão da Administração, ficando condicionada a celebração do contrato à emissão do certificado referido no § 2º do art. 88.

543

COMENTÁRIOS À NOVA LEI DE LICITAÇÕES PÚBLICAS E CONTRATOS ADMINISTRATIVOS

Oportuno dizer, por pertinente, que a decisão de deferimento, indeferimento do cadastro, bem como a decisão de suspensão, alteração e cancelamento, por prejudiciais ao licitante, comportam a interposição de recurso administrativo, na forma do que dispõe o art. 165, inc. I, al. "a".

TÍTULO III – DOS CONTRATOS ADMINISTRATIVOS

CAPÍTULO I – DA FORMALIZAÇÃO DOS CONTRATOS

Artigo 89

Os contratos de que trata esta Lei regular-se-ão pelas suas cláusulas e pelos preceitos de direito público, e a eles serão aplicados, supletivamente, os princípios da teoria geral dos contratos e as disposições de direito privado.

§ 1º Todo contrato deverá mencionar os nomes das partes e os de seus representantes, a finalidade, o ato que autorizou sua lavratura, o número do processo da licitação ou da contratação direta e a sujeição dos contratantes às normas desta Lei e às cláusulas contratuais.

§ 2º Os contratos deverão estabelecer com clareza e precisão as condições para sua execução, expressas em cláusulas que definam os direitos, as obrigações e as responsabilidades das partes, em conformidade com os termos do edital de licitação e os da proposta vencedora ou com os termos do ato que autorizou a contratação direta e os da respectiva proposta.

Contrato Administrativo – O contrato administrativo é o consequente lógico do procedimento licitatório ou da contratação direta, na medida em que a Administração processa a licitação como meio de escolher a melhor proposta para o contrato de seu interesse, de modo a satisfazer o interesse público consubstanciado na alienação, obra, serviço ou bem.

Muitas são as divergências doutrinárias acerca do instituto dos contratos administrativos. Há os que negam a sua existência, tendo em vista que o contrato administrativo não observa o princípio da igualdade entre as partes, o da autonomia das vontades e da força obrigatória das convenções.

COMENTÁRIOS À NOVA LEI DE LICITAÇÕES PÚBLICAS E CONTRATOS ADMINISTRATIVOS

Realmente, a igualdade entre as partes é característica inexistente no contrato administrativo, tendo em vista que a Administração possui uma posição privilegiada em relação ao particular, decorrente das particularidades do denominado regime jurídico administrativo. Impossível é, também, falar-se em autonomia das vontades, vez que a Administração é serva da lei. Por derradeiro, quanto à força obrigatória das convenções, esta também é mais um elemento inexistente nos contratos administrativos, eis que o princípio da mutabilidade das cláusulas regulamentares atenua, significativamente, o princípio do *pacta sunt servanda*.

Uma outra corrente doutrinária entende que todos os contratos celebrados pela Administração são contratos administrativos, posto que determinadas regras de direito público sempre se farão presentes. Segundo essa teoria, as regras de direito público relativas à forma, competência, finalidade e procedimento deverão ser necessariamente observados.

Para essa corrente, o fato do contrato administrativo ser escrito, da competência ser aquela estabelecida em lei, do procedimento depender, dentre outros, da instauração de licitação, sem prejuízo de outras exigências de caráter procedimental e, ainda, ter como finalidade o cumprimento do interesse público, todas as avenças celebradas pela Administração devem ser consideradas contratos administrativos.

Por último, que nos parece ser a doutrina dominante, temos aqueles que admitem a existência do contrato administrativo, como espécie do gênero contrato, uma vez que presentes determinadas características que o diferenciam dos demais ajustes regidos pelo direito privado.

Nos permitimos, aqui, tecer algumas considerações que nos parecem de relevância, até para, ao final, tomarmos a nossa posição.

Acreditamos que negar a existência do contrato administrativo, em razão da inexistência de alguns dos caracteres do instituto jurídico do contrato, nos parece algo por demais radical. Não podemos esquecer que o direito público possui características próprias, que, por vezes, derrogam as regras de direito privado, todavia, isto não pode descaracterizar o instituto do contrato administrativo, de modo a implicar em negação de sua existência.

Quanto à segunda posição, que admite que todos os contratos celebrados com a Administração são contratos administrativos, também não nos parece ser o melhor entendimento. Afinal, o contrato administrativo possui características próprias, derivadas do regime jurídico administrativo a que se submete. Assim, não nos parece possível que um contrato, regido pelo direito privado, como, por exemplo, o comodato ou a locação, se submeta, na integralidade, ao regime de direito público, de forma a se transformar em um contrato administrativo na acepção jurídica da palavra.

DA FORMALIZAÇÃO DOS CONTRATOS   ART° 89

Destarte, temos, para nós, que o contrato administrativo é espécie do gênero contrato, uma vez que, independentemente da inexistência de alguns aspectos inerentes ao instituto jurídico dos ajustes, é certo dizer que o ato em comento é de natureza bilateral, ou seja, só se aperfeiçoa com a aceitação do contratado, fato este que, para nós, é suficiente para caracterizar a existência do contrato administrativo.

O contrato administrativo deve ser escrito, sendo nulo de pleno direito o ajuste verbal com a Administração, salvo para as despesas de pronto pagamento, entendidas aquelas de valor não superior a R$ 10.000,00 (dez mil reais), conforme art. 95, § 2º, da NLLC.

Ainda que assim seja, imperioso se faz destacar que a declaração de nulidade do contrato não exonera a Administração do dever de indenizar o particular. Afinal, se o particular realizou o serviço, a obra ou entregou o objeto solicitado pela Administração, não pode esta, sob pena de enriquecimento ilícito, negar-se a pagar o contratado, a título de indenização, o que é vedado pelo art. 884 do Código Civil. É o que se depreende do art. 149 da NLLC, que estabelece a indenização ao particular pelo que houver executado até a data em que for declarada ou tornada eficaz, bem como por outros prejuízos regularmente comprovados, desde que não lhe seja imputável, e será promovida a responsabilização de quem lhe tenha dado causa.

Da parte final do dispositivo, dessume-se, ainda, que a Administração estará exonerada de pagar o contratado, a título de indenização, na hipótese de este ter concorrido para a ocorrência da ilegalidade, na hipótese de contrato verbal.

Estabelece o § 1º do artigo estudado que todo contrato deve mencionar os nomes das partes e os de seus representantes, a finalidade, o ato que autorizou sua lavratura, o número do processo da licitação ou da contratação direta e a sujeição dos contratantes às normas desta Lei e às cláusulas contratuais. Assim ocorre, haja vista a necessidade de publicização no contrato dos atos processuais administrativos antecedentes à celebração do ajuste, de forma a permitir o controle posterior do processo de contratação, bem como permitir futuramente o acesso aos atos administrativos e legislação em caso de necessidade.

Observa-se ser possível a alteração contratual com o escopo de modificar o nome das partes contratantes, haja vista ser comum, de um lado, por exemplo, a reorganização societária de empresas, o que pode fazer com que um contratado seja incorporado ou fundido com outra empresa. Por sua vez, é comum, em caso de reestruturação administrativa, alguma secretaria ou ministério ser extinto, devendo tal ajuste e competente dotação orçamentária ser recepcionados pelo outro, de forma a viabilizar a continuidade da avença.

Por sua vez, o § 2º do artigo em estudo fixa que os contratos deverão estabelecer com clareza e precisão as condições para sua execução, expressas em

COMENTÁRIOS À NOVA LEI DE LICITAÇÕES PÚBLICAS E CONTRATOS ADMINISTRATIVOS

cláusulas que definam os direitos, as obrigações e as responsabilidades das partes, em conformidade com os termos do edital de licitação e os da proposta vencedora ou com os termos do ato que autorizou a contratação direta e os da respectiva proposta.

No tocante ao § 2º do artigo em comento, tem-se que o instrumento contratual é o revérbero, que acaba por compendiar todos os atos processuais administrativos que o antecede, a exemplo dos estudos técnicos preliminares, projeto básico, executivo, termo de referência, ato convocatório etc. e a sua clareza e precisão, como exige o § 2º do artigo comentado, depende da qualidade dos referidos documentos produzidos pela área técnica ou demandante. Para se chegar nesses adjetivos, é necessário muito empenho e dedicação, sob pena da execução contratual ser atabalhoada, sendo esses os grandes motivos pelo elevado número de aditivos contratuais, instauração de processos sancionatórios, rescisórios etc.

Quando a clareza e precisão dos encargos de ambas as partes não encontrarem-se expressamente fixados em cláusulas que definam os direitos, as obrigações e as responsabilidades das partes, deverão as partes buscar a resolução do conflito por meio de informações constantes no bojo do processo administrativo de contratação e proposta vencedora do certame ou escolhida na contratação direta.

ARTIGO 90

A Administração convocará regularmente o licitante vencedor para assinar o termo de contrato ou para aceitar ou retirar o instrumento equivalente, dentro do prazo e nas condições estabelecidas no edital de licitação, sob pena de decair o direito à contratação, sem prejuízo das sanções previstas nesta Lei.

§ 1º O prazo de convocação poderá ser prorrogado 1 (uma) vez, por igual período, mediante solicitação da parte durante seu transcurso, devidamente justificada, e desde que o motivo apresentado seja aceito pela Administração.

§ 2º Será facultado à Administração, quando o convocado não assinar o termo de contrato ou não aceitar ou não retirar o instrumento equivalente no prazo e nas condições estabelecidas, convocar os licitantes remanescentes, na ordem de classificação, para a celebração do contrato nas condições propostas pelo licitante vencedor.

§ 3º Decorrido o prazo de validade da proposta indicado no edital sem convocação para a contratação, ficarão os licitantes liberados dos compromissos assumidos.

DA FORMALIZAÇÃO DOS CONTRATOS ART° 90

§ 4º Na hipótese de nenhum dos licitantes aceitar a contratação nos termos do § 2º deste artigo, a Administração, observados o valor estimado e sua eventual atualização nos termos do edital, poderá:

I – convocar os licitantes remanescentes para negociação, na ordem de classificação, com vistas à obtenção de preço melhor, mesmo que acima do preço do adjudicatário;

II – adjudicar e celebrar o contrato nas condições ofertadas pelos licitantes remanescentes, atendida a ordem classificatória, quando frustrada a negociação de melhor condição.

§ 5º A recusa injustificada do adjudicatário em assinar o contrato ou em aceitar ou retirar o instrumento equivalente no prazo estabelecido pela Administração caracterizará o descumprimento total da obrigação assumida e o sujeitará às penalidades legalmente estabelecidas e à imediata perda da garantia de proposta em favor do órgão ou entidade licitante.

§ 6º A regra do § 5º não se aplicará aos licitantes remanescentes convocados na forma do inciso I do § 4º deste artigo.

§ 7º Será facultada à Administração a convocação dos demais licitantes classificados para a contratação de remanescente de obra, de serviço ou de fornecimento em consequência de rescisão contratual, observados os mesmos critérios estabelecidos nos §§ 2º e 4º deste artigo.

Após a conclusão do certame, que ocorre com a edição do ato administrativo de adjudicação do objeto ao vencedor do certame e a homologação do procedimento licitatório, existindo, ainda, o interesse público que desencadeou a licitação, ou seja, a necessidade daquilo que restou submetido ao certame, notificará formalmente a Administração Pública promotora do conclave o licitante detentor da proposta mais vantajosa para assinar o termo de contrato ou aceitar ou retirar o instrumento equivalente, dentro do prazo e nas condições estabelecidos no edital de licitação, sob pena de decair o direito à contratação e desencadeamento de processo sancionatório.

As condições para a assinatura do contrato, incluído o prazo para celebração do ajuste, portanto, será cláusula necessária do edital, fato que acaba por vincular tanto a Administração licitante quanto ao particular adjudicatário que acudiu ao chamado do Poder Público.

Sendo assim, deverá o prazo lá fixado e condições de assinatura serem estritamente observadas no futuro pelas partes contratantes, sob pena de violação ao princípio da estrita vinculação ao edital, expressamente previsto no *caput* do art. 5º da NLLC.

A fim de garantir que o particular adjudicatário honre o compromisso assumido ao atender o chamado para a licitação, concretizado na sua proposta comercial, condições de lances e negociação, estabeleceu o art. 155, inc. VI, da NLLC, que a não celebração do contrato é infração administrativa a ser punida com a sanção de impedimento de licitar ou contratar no âmbito da Administração Pública direta e indireta do ente federativo que aplicou a sanção, pelo prazo máximo de 3 (três) anos, quando, em razão do caso concreto, não se justificar a imposição de penalidade mais grave, podendo, ainda, ser imposta acumuladamente uma multa compensatória.

Logo, deve o licitante convocado manter-se atento ao prazo e condições de assinatura do ajuste com o objetivo de não inviabilizar a celebração do contrato administrativo e, por conseguinte, incorrer em infração administrativa, sofrendo a sanção correspondente, o que lhe acarretará prejuízos.

Haja vista ser inúmeras as adversidades que podem ocorrer durante o lapso fixado pela Administração para que o contratado viabilize a celebração do ajuste, o § 1º do art. 90 da NLLC possibilitou a prorrogação do prazo contido no edital por uma vez, por igual período, mediante formal pedido do convocado, assentando motivada justificativa durante o transcurso do lapso.

Observa-se que a possibilidade excepcional da prorrogação do prazo para celebração do contrato somente será legal caso sejam observadas todas as condicionantes expressamente elencadas no referido dispositivo legal. Sendo assim, por exemplo, será irregular o deferimento da prorrogação do prazo para a celebração do ajuste caso o mesmo seja fixado por mais de uma vez em período pela Administração; em hipótese de ser deferido com prazo superior ou inferior àquele fixado no ato convocatório; caso a sua solicitação ocorra após a expiração do período regularmente fixado, caso inexista motivada justificativa etc.

No tocante ao regime jurídico constante do art. 90, §§ 2º e 4º, da NLLC, por tal e qual motivo, poderá o particular adjudicatário desistir ou estar impossibilitado de assinar o termo de contrato ou não aceitar ou retirar o instrumento equivalente no prazo e nas condições estabelecidas. Inúmeros são os motivos, a exemplo da má formulação da proposta comercial ou lance, fato que o não atendimento da convocação da Administração para celebrar do contrato afastaria a assunção das péssimas obrigações decorrentes da sua proposta. Existiria, ainda, razões de ordem econômica, técnica ou jurídica surgidas ou notadas após a adjudicação do objeto da licitação ao particular, como a decretação da falência da empresa, impossibilidade de aquisição dos insumos necessários para a execução do objeto, perda de fluxo de caixa, perdimento da equipe técnica.

Com o objetivo de o interesse público não ficar desprotegido em razão da ausência da celebração do contrato administrativo pelo detentor da proposta mais vantajosa, estabelece o § 2º do art. 90 da NLLC que é facultado à Administração convocar os licitantes remanescentes, na ordem de classificação

DA FORMALIZAÇÃO DOS CONTRATOS ART° 90

observada na licitação para a celebração do contrato nas condições propostas pelo licitante vencedor.

Tal regramento detém o conteúdo jurídico que busca evitar que o certame se encerre precocemente, haja vista oferecer oportunidade para os demais licitantes classificados executarem o objeto demandado.

Cabe observar, todavia, que o novo diploma licitatório apresenta uma evolução no tocante à convocação e contratação dos licitantes remanescentes quando analisamos o disposto nos §§ 2º e 4º, ambos do art. 90 da NLLC, uma vez que reuniu tanto o regramento previsto na Lei nº 8.666/1993, como o constante da Lei nº 10.520/2002.

Melhor explicando, como regra, o § 2º do art. 90 da NLLC, reproduzindo a regra prevista no art. 64, § 2º, da Lei nº 8.666/1993, estabeleceu que é facultado à Administração, quando o convocado não assinar o termo de contrato ou não aceitar ou retirar o instrumento equivalente no prazo e nas condições estabelecidos, convocar os licitantes remanescentes, na ordem de classificação, para a celebração do contrato nas condições propostas pelo licitante vencedor. Ou seja, a regra estabelecida pela NLLC é convocar os licitantes classificados subsequentemente com o intuito de conhecer se os mesmos manifestam interesse em contratar, não nas condições da sua proposta, mas naquela fixada na oferta comercial da empresa vencedora do certame que não compareceu à convocação para assinar o ajuste ou aceitar ou retirar o instrumento equivalente.

Caso o expediente arrolado no § 2º reste infrutífero, deverá ser aplicado o conteúdo previsto no § 4º, ou seja, deverá ocorrer uma nova convocação dos licitantes constantes da grade classificatória para uma negociação, na ordem de classificação, visando à obtenção de uma oferta melhor, mesmo que acima do preço do adjudicatário, devendo ser observado como teto o valor estimado e sua eventual atualização nos termos do edital.

Ou seja, passará a Administração a convocar e indagar, um a um, na ordem da grade classificatória, se, nesta nova oportunidade, aceita celebrar o ajuste por outro valor que esteja entre o valor ofertado pelo adjudicatário desistente e sua proposta, negociando os termos econômicos da contratação.

Restando, ainda, frustrada tal negociação com vistas a buscar uma melhor condição de contratação – não sendo possível, nesta hipótese, instaurar processo sancionatório, conforme prevê o § 6º do artigo em estudo –, poderá a Administração licitante adjudicar e celebrar o contrato nas condições ofertadas pelos licitantes remanescentes, mesmo que acima do preço do adjudicatário, atendida a ordem classificatória. Neste caso, temos a aplicação da regra consagrada na modalidade pregão.

Analisando a evolução normativa, busca-se, como regra, garantir que seja contratada pela Administração a proposta mais vantajosa observada no certame licitatório. Todavia, haja vista as condições mercadológicas e da proposta do vencedor do certame, poderá inexistir interesse comercial de os licitantes subsequentes aceitarem executar o objeto contratado pelo valor da oferta proposta do adjudicatário. Neste caso, a fim de evitar fracasso do certame, o que geraria necessidade de instauração de uma nova licitação, excepcionalmente, introduziu-se um segundo expediente, regularmente utilizado no âmbito do pregão, com o objetivo de buscar a viabilidade daquela contratação, qual seja, a realização de negociação e possibilidade de contratação dos licitantes subsequentes pelo valor da sua oferta e não pelo preço do adjudicatário.

Estabelece o § 3º do art. 90 da nova Lei de Licitações que, decorrido prazo de validade das propostas comerciais, cujo período deverá constar no ato convocatório ou no processo de contratação direta, estarão todos os licitantes liberados dos seus compromissos assumidos no certame. O referido regramento detém o condão de proteger os licitantes de possíveis abusos da Administração promotora do certame, pois não permite que os proponentes fiquem vinculados por um longo lapso temporal à licitação, sem expectativa da contratação, fato que pode prejudicar a assunção de novos compromissos, entrega do bem por valor que não mais reflete as condições econômicas do mercado etc.

Observa-se uma evolução no conteúdo jurídico deste dispositivo legal, uma vez que a Lei nº 8.666/1993 estabelece, expressamente, no seu art. 64, § 3º, que o prazo de validade das propostas comerciais era de 60 (sessenta) dias. Já a Lei do Pregão, em seu art. 6º, fixa que o prazo de validade das propostas é de 60 (sessenta) dias, se outro não estiver fixado no edital.

Com efeito, o § 3º do art. 90 da NLLC deixa em aberto o prazo de validade das propostas comerciais, sendo imposto à Administração Pública licitante, motivadamente, fixar tal período no ato convocatório ou processo de contratação direta, levando em consideração as particularidades do objeto a ser contratado.

Entendemos ser pertinente a nova orientação, uma vez que há determinados objetos que o particular não consegue sustentar a sua proposta comercial por 60 dias, fato que desestimula a participação nas licitações públicas, pois a fixação de um período longo de validade da oferta poderá gerar, efetivamente, um prejuízo futuro.

Assim, diferentemente do que ocorre nas licitações processadas pelas modalidades tradicionais de licitação, verifica-se que o dispositivo legal em destaque deixou para o administrador público a discricionariedade para fixar o prazo de validade das propostas, que, em nosso sentir, deverá ser eleito de forma motivada nos autos do processo administrativo na fase interna da licitação ou atos preliminares da contratação direta, de acordo com as particularidades do objeto licitado.

DA FORMALIZAÇÃO DOS CONTRATOS ART° 90

Por ser oportuno, destaque-se que a fixação de prazo de validade da proposta comercial superior a 60 dias pode configurar uma causa restritiva de participação. Neste sentido, preleciona Marçal Justen Filho:

> Ampliar desmedidamente esse prazo produziria efeito desincentivador da competição. Imagine-se, por exemplo, estabelecer prazo de validade de dois ou três anos. Seria muito problemático participar de certame com risco dessa ordem.
>
> Logo, há limites para a fixação do prazo e tais limites derivam do postulado de que nenhuma exigência excessiva ou abusiva pode ser imposta no ato convocatório. O prazo deve ser norteado pelo princípio da razoabilidade.[180]

Acerca do termo inicial da contagem do prazo de validade das ofertas comerciais, verifica-se que o § 3º do art. 90 da NLLC, da mesma forma como ocorre no âmbito do pregão, é silente a respeito, como não ocorre, todavia, nas licitações realizadas pelas modalidades tradicionais de licitação, *ex vi* do art. 64, § 3º, da Lei nº 8.666/1993, que impõe como marco inicial a data da entrega das propostas. O novo dispositivo legal transferiu a problemática observada no pregão, em razão do disposto no art. 6º da Lei nº 10.520/2002, para a NLLC.

Sendo necessário fixar tal marco para garantir segurança jurídica nas contratações públicas, tem-se que o prazo de validade das propostas será aquele fixado no edital, a contar da entrega das propostas comerciais, entenda-se, data da abertura da sessão pública de processamento do pregão, seja este presencial ou eletrônico, como é previsto no art. 64, § 3º, da Lei nº 8.666/1993. Deve, portanto, a NLLC ser objeto de modificação, para tal problema ser extirpado do novo texto legal.

É oportuno frisar que o prazo de validade das propostas comerciais, a ser fixado no ato convocatório, deve ser contado em dias corridos e transcorrer de forma ininterrupta, sendo descabido sofrer interrupções em seu decurso.

Ultrapassado o prazo de validade das propostas sem que ocorra a formal e expressa convocação do licitante vencedor do certame para assinar o contrato administrativo ou aceitar e retirar o instrumento equivalente, estarão os proponentes devidamente liberados do compromisso assumido com a Administração para aquela contratação.

Com efeito, expirado o prazo de validade da proposta comercial, não poderá o Poder Público exigir que as condições da oferta apresentada ou lance concedido pelos proponentes sejam mantidos. Neste caso, salvo se ocorreu expressa e formal prorrogação da validade da proposta comercial, como abaixo será

---

[180] FILHO, Marçal Justen, *Comentários à Lei de Licitações e Contratos Administrativos*. 15ª Ed., São Paulo: Dialética, 2013, p. 234.

COMENTÁRIOS À NOVA LEI DE LICITAÇÕES PÚBLICAS E CONTRATOS ADMINISTRATIVOS

esclarecido, não há como caracterizar recusa de celebrar o ajuste ou retirar o instrumento equivalente, fato que acarretaria a aplicação de sanções.

Uma prática verificada no âmbito administrativo é o Poder Público licitante, próximo do termo final do prazo de validade das ofertas comerciais, realizar uma consulta formal e expressa aos licitantes que integram a grade classificatória final do certame, indagando se tais particulares manteriam as condições ofertadas (seja na proposta ou lance) pela Administração por um novo período, que poderá ser aquele fixado no edital ou não. Se assim concordarem, formal e expressamente, deverão honrar sua oferta comercial, bem como os lances concedidos na fase oportuna.

Neste sentido, assevera Jessé Torres Pereira Júnior:

"Ressalve-se que a convocação serôdia não inibirá o adjudicatário de aceitar o contrato, se o desejar, desde que nos termos da proposta. Apenas não estará a tanto obrigado. Por conseguinte, se o recusar, não estará sujeito às penas previstas no art. 81."[181]

Caso seja ultrapassado o prazo de validade das propostas comerciais, poderá a Administração Pública notificar os particulares com o objetivo de verificar se os mesmos mantêm as suas propostas comerciais pelo mesmo período ou por aquele proposto pelo particular

O art. 90, § 5º, da NLLC, a fim de forçar o particular adjudicatário a honrar a sua proposta comercial, atendendo ao chamado da Administração para celebrar o contrato administrativo ou retirar o instrumento equivalente, estabelece que o referido comportamento caracteriza descumprimento total da obrigação assumida, sujeitando o particular às penalidades legalmente estabelecidas, bem como a imediata perda da garantia de proposta em favor do órgão ou entidade licitante.

Analisando tal dispositivo legal, no tocante à imposição de penalidades, tem-se que a nova Lei de Licitação reproduziu o mecanismo previsto nos arts. 64, § 2º, e 81 da Lei nº 8.666/1993. Por sua vez, a novidade existente reside no estabelecimento de que a recusa injustificada do adjudicatário em assinar o contrato ou aceitar ou retirar o instrumento equivalente no prazo estabelecido gera o perdimento da garantia de participação apresentada nas licitações processadas pela NLLC como condição de participação no certame, prevista no seu art. 58. Haja vista o prejuízo econômico que pode surgir em caso de o vencedor da licitação declinar da celebração do contrato, nos parece que existirá uma mudança de comportamento nas contratações públicas, afastando aventureiros ou participantes com interesses anti-republicanos.

---

[181] JÚNIOR, Jessé Torres Pereira. *Comentário à Lei das Licitações e Contratações da Administração Pública*, 8ª ed., São Paulo, Renovar, 2009, p.706.

DA FORMALIZAÇÃO DOS CONTRATOS   ART° 90

Sendo analisado o § 6º do artigo em comento quando do estudo do § 4º, adentramos no estudo do § 7º, que estabelece que será facultada à Administração a convocação dos demais licitantes classificados para a contratação de remanescente de obra, de serviço ou de fornecimento em consequência de rescisão contratual, observados os mesmos critérios estabelecidos nos §§ 2º e 4º deste artigo.

O referido dispositivo fixa que, ao cabo do processo rescisório ou extintivo, após a atualização do projeto ou termo de referência de forma a individualizar o objeto remanescente, poderá a Administração, de forma a permitir a conclusão do objeto sem maiores delongas, em detrimento de instaurar uma nova licitação, convocar os licitantes arrolados na grade classificatória com o escopo de verificar se os mesmos manifestam interesse em concluir a obra, serviço ou fornecimento já iniciado, utilizando, para tanto, o regramento acima já comentado.

Jurisprudência e decisões dos Tribunais de Contas

Sanções administrativas. Existência de recusa justificada de assinar o contrato. Penalização. Descabimento: TRF1 – AC 2000.01.00.132157-6 – Rel. Des. Fed. João Batista Moreira – "ADMINISTRATIVO. LICITAÇÃO. EXIGÊNCIA NÃO PREVISTA NO EDITAL. RECUSA EM CONTRATAR. LEGITIMIDADE. 1. É legítima a recusa do licitante em celebrar contrato que estabeleça a necessidade de manutenção ininterrupta do quantitativo de pessoal cotado durante todo o horário previsto no edital, quando tal exigência destoa do instrumento convocatório e da proposta vencedora. 2. Apenas a recusa injusta em assinar o contrato no prazo estabelecido autoriza a aplicação de penalidade administrativa ao licitante." (AC 0130333-75.2000.4.01.0000/PA, Rel. Conv. JUIZ FEDERAL MARCELO ALBERNAZ (CONV.), QUINTA TURMA, DJ p.25 de 03/08/2006)

Convocação para assinatura do contrato. Prazo. Necessidade de ser fixado no ato convocatório: TCU – Acórdão nº 399/2003 – Plenário – Relatoria: Ministro Marcos Vinicios Vilaça – "9.6 – com base no art. 43 da Lei nº 8.443/92, determinar ao Hospital dos Servidores do Estado que: 9.6.3 – estabeleça, nos editais de licitação, prazo para assinatura dos contratos e retirada dos instrumentos correspondentes, nos termos dos arts. 40, inciso II, e 64 da Lei nº 8.666/93."

Convocação para assinatura do contrato. Prazo. É indevida a assinatura do contrato após transcorrido prazo que inviabiliza a verificação das condições propostas no certame: TCU – Acórdão nº 1.317/2006 – Plenário – Relatoria: Ministro Ubiratan Aguiar – "3. É indevida a assinatura de contrato após transcorrido prazo que inviabilize a verificação da adequabilidade das condições propostas no certame."

Convocação para assinatura do contrato. Forma. Observância do teor consignado no ato convocatório: TJ/SP – Apelação com Revisão nº 0143845-52. 2007.8.26.0000 – Relatoria: Des. Décio Notarangeli – "CONSTITUCIONAL E ADMINISTRATIVO MANDADO DE SEGURANÇA LICITAÇÃO CONTRATO

COMENTÁRIOS À NOVA LEI DE LICITAÇÕES PÚBLICAS E CONTRATOS ADMINISTRATIVOS

ADMINISTRATIVO CONVOCAÇÃO DO ADJUDICATÁRIO PARA ASSINATURA – FAC-SÍMILE – APLICAÇÃO DE MULTA – INVALIDADE. 1. A convocação do adjudicatário para assinar o termo de contrato deve se dar na forma prevista no ato convocatório. Omisso o edital, a convocação deverá ser feita na forma escrita, com entrega formal ao interessado. 2. Não tendo a convocação cumprido um dos requisitos dos atos administrativos a forma considera-se inválido o ato, pois o revestimento exteriorizador do ato administrativo constitui requisito vinculado e imprescindível à sua perfeição. Sentença reformada. Segurança concedida. Recurso provido. Sentença reformada. Segurança concedida. Recurso provido." (Órgão julgador: 9ª Câmara de Direito Público, Data do julgamento: 11/07/2012, Data de registro: 11/07/2012)

Prazo para assinatura do contrato. A não aceitação ou retirada do instrumento. Aplicação de penalidade: TCU – Acórdão nº 1.695/2006 – 1ª Câmara – Relatoria: Ministro Guilherme Palmeira – "1.4 aplicar as penalidades legalmente estabelecidas no caso de recusa injustificada do adjudicatário em assinar o contrato, aceitar ou retirar o instrumento equivalente, dentro do prazo estabelecido pela Administração nos termos do 'caput' do art. 81 da Lei nº 8.666/93."

Convocação dos classificados remanescentes para assinatura do contrato. Necessidade de ser observadas as condições ofertadas pelo primeiro colocado: TRF 1ª Região – AG 2004.01.00.001083-6/DF – Relatoria: Des. Fed. Fagundes de Deus – "3. Entretanto, nos termos do art. 64, § 2º, da Lei 8.666/93, impõe-se que o contrato com a segunda colocada seja efetivado nas mesmas condições propostas pela primeira classificada, inclusive quanto aos preços atualizados de conformidade com o ato convocatório." (AG 0002255-24.2004.4.01.0000 / DF, Rel. Desembargador Federal Fagundes de Deus, Rel. Conv. Juiz Federal Antonio Claudio Macedo da Silva (Conv.), Quinta Turma, DJ p.67 de 30/06/2004)

Convocação dos classificados remanescentes para assinatura do contrato. Necessidade de serem observadas as condições ofertadas pelo primeiro colocado. Não observância do ditame legal. Expediente nulo: TRF 1ª Região – AMS 1998.01.00.064088-6/GO – Relatoria: Juiz Federal Vallisney De Souza Oliveira – "ADMINISTRATIVO. LICITAÇÃO. CONCORRÊNCIA PÚBLICA. MENOR PREÇO. ADJUDICAÇÃO DO CONTRATO À EMPRESA VENCEDORA NO CERTAME, EM ATENDIMENTO À SOLICITAÇÃO DE REEQUILÍBRIO ECONÔMICO-FINANCEIRO DA PROPOSTA INICIAL. ILEGALIDADE.

1. É nulo o ato administrativo que adjudica o objeto da licitação à empresa vencedora em termos diversos do constante da proposta original, uma vez que, se quando convocada, a empresa vencedora não assina o contrato, compete à Administração convocar os licitantes remanescentes, na ordem de classificação, para fazê-lo em igual prazo e nas mesmas condições, ou revogar a licitação (art. 64, § 2º, da Lei nº 8.666/93). 2. Apelação e remessa oficial não providas." (Processo: AMS 1998.01.00.064088-6/ GO; Apelação em Mandado de Segurança; Relatoria: Juiz Federal Vallisney De Souza Oliveira (ConVer) – Órgão Julgador: Suplementar – Publicação: 13/05/2004 DJ p. 49)

DA FORMALIZAÇÃO DOS CONTRATOS · ART⁰ 91

ARTIGO 91

Os contratos e seus aditamentos terão forma escrita e serão juntados ao processo que tiver dado origem à contratação, divulgados e mantidos à disposição do público em sítio eletrônico oficial.

§ 1º Será admitida a manutenção em sigilo de contratos e de termos aditivos quando imprescindível à segurança da sociedade e do Estado, nos termos da legislação que regula o acesso à informação.

§ 2º Contratos relativos a direitos reais sobre imóveis serão formalizados por escritura pública lavrada em notas de tabelião, cujo teor deverá ser divulgado e mantido à disposição do público em sítio eletrônico oficial.

§ 3º Será admitida a forma eletrônica na celebração de contratos e de termos aditivos, atendidas as exigências previstas em regulamento.

§ 4º Antes de formalizar ou prorrogar o prazo de vigência do contrato, a Administração deverá verificar a regularidade fiscal do contratado, consultar o Cadastro Nacional de Empresas Inidôneas e Suspensas (Ceis) e o Cadastro Nacional de Empresas Punidas (Cnep), emitir as certidões negativas de inidoneidade, de impedimento e de débitos trabalhistas e juntá-las ao respectivo processo.

O art. 91 da NLLC assenta conteúdo jurídico afeto ao controle, transparência e publicidade dos termos contratuais no âmbito da Administração Pública brasileira. Nunca é demais a lei estabelecer expressamente um regramento dessa natureza, uma vez que, de tempos em tempos, observam-se pretensões anti-republicanas em algumas administrações, em especial, a de ocultar os termos ajustados dos órgãos de controle e da sociedade.

Com efeito, estabelece o *caput* do referido dispositivo que os contratos administrativos, os instrumentos equivalentes, bem como seus termos aditivos, necessariamente, terão a forma escrita, ou seja, representados por sinais gráficos, concretizados em letras e números do alfabeto, estando assentados em suporte físico, ou seja, papel ou digital, quando for o caso, devendo seu teor ser juntado ou estar acostado ao processo administrativo que originou a contratação, seja por meio de um certame licitatório ou contratação direta, vale dizer, dispensa ou inexigibilidade de licitação. Garante-se, por meio desta determinação, a prova da relação jurídica contratual.

Diante desta regra, observam-se ser vedadas, contratações verbais, exceção feita a algumas hipóteses de contratações emergenciais, onde a justificada urgência de atendimento impede a formalização do contrato no momento da contratação, a exemplo da aquisição de colchões e lonas ou a contratação de serviços de movimentação de terra, em caso de chuvas com deslizamento de terra. Nesta hipótese, toda a formalização do processo de contratação emergencial

COMENTÁRIOS À NOVA LEI DE LICITAÇÕES PÚBLICAS E CONTRATOS ADMINISTRATIVOS

ocorrerá após o atendimento da emergência verificada. Ademais, a contratação verbal é permitida no caso de pequenas compras de pronto pagamento, assim entendidas aquelas de valor não superior a R$ 10.000,00 (dez mil reais), conforme prevê o art. 95, § 2º, da nova Lei de Licitações.

Determina, ainda, o dispositivo legal estudado que os termos do contrato serão juntados ao processo que deu origem à contratação, de forma a garantir que o expediente administrativo contenha todos os atos administrativos necessários à conclusão do processo de contratação pública, que é o meio para se chegar à celebração do contrato administrativo. De nada adianta concluir o processo administrativo de contratação pública sem acostar, nas últimas páginas, o devido termo de ajuste.

Demais disto, fixa a parte final do *caput* do art. 91 da nova Lei de Licitações que seus termos serão divulgados e mantidos à disposição do público em sítio eletrônico oficial, garantindo, assim, que qualquer pessoa tenha acesso em qualquer local e momento. Hoje, observa-se que tal determinação já encontra-se em execução, em razão do disposto no art. 8º da Lei de Acesso à Informação (Lei nº 12.527, de 18 de novembro de 2011), que criou os portais da transparência e da constante fiscalização dos Tribunais de Contas, que exigem a publicização dos contratos administrativos e ajustes equivalentes.

O art. 91, § 1º, da NLLC, permite, excepcionalmente, a imposição e manutenção de sigilo do teor dos contratos administrativos, instrumentos equivalentes e de seus termos aditivos quando, justificadamente, se afigurar imprescindível garantir a segurança da sociedade e do Estado nos termos que regula o acesso às informações, reproduzindo, assim, o que está previsto no art. 4º, inc. III, da Lei nº 12.527, de 18 de novembro de 2011.

Assim nos parece ser plausível em razão de que, por exemplo, a divulgação de informações pessoais tanto de agentes públicos, a exemplo dos gestores e fiscais dos contratos, quanto dos particulares envolvidos nas contratações de determinados objetos, como diretores da empresa contratada, além de dados técnicos do objeto demandado, caso divulgados, afetariam a segurança da sociedade e do Estado, como ajustes afetos à segurança e saúde públicas. É comum o sequestro de pessoas detentoras de senhas de instituições bancárias para realização de roubos de valores depositados em cofres. Nos parece que assim deve ocorrer com os dados pessoais de pessoas e agentes públicos envolvidos na aquisição de dinamites, munições e armas, determinados serviços tecnológicos etc.

Já o § 2º do art. 91 da NLLC estabelece que os contratos relativos a direitos reais sobre imóveis, vale dizer, contratos de venda e compra de imóveis, permuta etc. formalizam-se por escritura pública lavrada em notas de tabelião, cujo teor deve ser divulgado e mantido à disposição do público em sítio

DA FORMALIZAÇÃO DOS CONTRATOS ART° 91

eletrônico oficial, como já estabelece a parte final do *caput* do artigo estudado. Isso porque, conforme reza o art. 108 do Código Civil, "Não dispondo a lei em contrário, a escritura pública é essencial à validade dos negócios jurídicos que visem à constituição, transferência, modificação ou renúncia de direitos reais sobre imóveis de valor superior a trinta vezes o maior salário mínimo vigente no País."

Dado ao avanço tecnológico, a exemplo da existência de certificação digital, que permite a concretização de assinatura eletrônica em documentos, o § 3º do art. 91 da NLLC admite a celebração de contratos de forma eletrônica, devendo ser observado no futuro regulamento a ser editado com o referido desiderato. Nos parece ser oportuna a fixação de um dispositivo desta natureza, pois a existência do pregão na forma eletrônica permite que uma empresa estabelecida no Rio Grande do Sul participe de um certame para oferecer um bem, prestar um serviço ou executar uma obra no Estado de Roraima, e a criação de mecanismos eletrônicos para a celebração dos contratos tornaria mais célere e menos custosa a lavratura dos ajustes, evitando incômodos ou contratempos, a exemplo da não celebração da avença no prazo pactuado, em razão da dificuldade de deslocamento, perda do instrumento assinado nos correios ou na empresa de logística contratada, demora da entrega do instrumento na repartição interessada etc.

Outro dispositivo importantíssimo inserido na nova Lei de Licitações é o § 4º do art. 91, cujo teor exige do administrador público que, antes de formalizar os contratos ou prorrogar sua vigência, seja consultado a regularidade fiscal, pois, conforme estabelece o art. 92. inc. XVI, é obrigação do contratado manter, durante toda a vigência do contrato administrativo, sua condição de habilitação, que engloba, logicamente, a regularidade fiscal.

Outrossim, o referido dispositivo legal fixa que deverá o administrador público também realizar consulta no Cadastro Nacional de Empresas Inidôneas e Suspensas (CEIS) e o Cadastro Nacional de Empresas Punidas (CNEP), exigindo-se a emissão de certidões negativas, com o objetivo de verificar se a condição de celebrar ou manter contratos com o Poder Público ainda persiste, pois a aplicação da sanção de impedimento de licitar e contratar e a declaração de inidoneidade, sanções previstas nos incs. III e IV do art. 156 da nova Lei de Licitações, tolhe da pessoa física ou jurídica o direito subjetivo de participar de licitações ou manter contratos com o Estado.

A prova de que tal determinação legal foi realizada pelo administrador público concretiza-se na emissão e juntada no processo administrativo das certidões de regularidade perante o fisco exigido para fins de licitação ou contratação direta, bem como documento que aponta ausência de registro nos cadastros, como exige expressamente a parte final do dispositivo estudado, quando da celebração ou prorrogação do ajuste.

COMENTÁRIOS À NOVA LEI DE LICITAÇÕES PÚBLICAS E CONTRATOS ADMINISTRATIVOS

Jurisprudência e decisões dos Tribunais de Contas

Contrato. Publicação do extrato de contrato. Informações necessárias: TCU – Acórdão nº 1.783/2008 – 2ª Câmara – Relatoria: Ministro André Luís de Carvalho – "2.1. ao Conselho Federal de Engenharia, Arquitetura e Agronomia – Confea que: 2.1.3. faça constar, quando da publicação dos extratos de contratos e dos seus aditivos, todos os elementos que tal publicação deve conter (art. 33, § 2º, do Decreto nº 93.872/1986 c/c art. 37, 'caput', da Constituição Federal), em especial a modalidade da licitação ou, se for o caso, o fundamento legal da dispensa desta ou de sua inexigibilidade e o valor do contrato."

Contrato. Publicação do extrato de contrato. Informações necessárias. Fundamentação legal: TCU – Acórdão nº 1.705/2003 – Plenário – Relatoria: Ministro Marcos Bemquerer Costa – "9.5.20 – faça constar nos contratos, termos aditivos, bem como nas publicações de seus extratos no Diário Oficial da União, os artigos, incisos e parágrafos da lei que os fundamentam (item VI-B do relatório de auditoria)."

Contrato. Publicação do extrato de contrato. Necessidade de observância do prazo legal para realização da publicação: TCU – Acórdão nº 4.409/2008 – 2ª Câmara – Relatoria: Ministro André Luís de Carvalho "1.7.1. à Delegacia Regional do Trabalho/AL que: 1.7.1.1. observe, rigorosamente, os prazos legais para publicação dos atos administrativos, com fundamento nos arts. 3º, 'caput'; 21; 26; 61, parágrafo único; e 109, § 1º, da Lei nº 8.666/1993."

Jurisprudência e decisões dos Tribunais de Contas

Contrato. Formalização. Necessidade. Contrato deve ser escrito. Afastamento da devida instrumentalização. Hipóteses: TCU – Acórdão nº 589/2010 – Primeira Câmara – Trecho do voto do Ministro Relator Marcos Bemquerer Costa – "11. Como regra, a Lei n. 8.666/1993 exige que os contratos e suas modificações sejam elaborados pelos órgãos ou entidades da Administração por escrito, isto é, de forma solene, sendo o termo contratual obrigatório nos casos de tomada de preços, concorrência; na dispensa ou inexigibilidade de licitação, cujo valor esteja compreendido nos limites das modalidades tomada de preços e concorrência; e nas contratações de qualquer valor das quais resultem obrigações futuras (art. 62, 'caput', e §4º da Lei n. 8.666/1993).

12. Noutras hipóteses o termo contratual é facultativo, podendo ser substituído pelos instrumentos hábeis, a saber: carta-contrato, nota de empenho de despesa, autorização de compra ou ordem de execução de serviço (art. 62, 'caput', da Lei n. 8.666/1993).

13. Também se pode dispensar o termo de contrato nas compras com entrega imediata e integral dos bens adquiridos, das quais não resultem obrigações futuras, inclusive assistência técnica, independentemente do valor e da modalidade licitatória realizada (art. 60, parágrafo único, da Lei n. 8.666/1993)."

DA FORMALIZAÇÃO DOS CONTRATOS ART? 91

Contrato. Ajuste sem cobertura contratual. Contratação verbal. Impossibilidade. Regra. Exceção. Despesas de pronto pagamento. Regime de adiantamento: TCU – Acórdão nº 1.215/2008 – Plenário – Relatoria: Ministro Ubiratan Aguiar – "9.7.2. evitem a realização de contrato verbal, sob pena de nulidade do ato de contratação, salvo para as compras de pronto pagamento, assim entendidas aquelas de valor não superior a 5% (cinco por cento) do limite estabelecido no art. 23, inciso II, alínea 'a', da citada Lei, feitas em regime de adiantamento."

Contrato. Ajuste sem cobertura contratual. Contratação verbal. Fixação de prazos retroativos. Impossibilidade: TCU Acórdão nº 25/2007 – Plenário – Relatoria: Ministro Ubiratan Aguiar – "REPRESENTAÇÃO. CONTRATO. REALIZAÇÃO DE SERVIÇOS SEM COBERTURA CONTRATUAL. PRAZOS DE VIGÊNCIA RETROATIVOS. DETERMINAÇÃO. – É vedada a realização de serviços sem a devida cobertura contratual e a celebração de contratos e aditivos com prazos de vigência retroativos." (...) "9.2. determinar à ECT que se abstenha de promover a aquisição de bens ou serviços sem cobertura contratual, bem assim de celebrar contratos com cláusula de vigência retroativa, caracterizando a existência de contrato verbal antes de sua formalização, por contrariar o disposto no parágrafo único do art. 60 da Lei nº 8.666/93."

Contrato. Ajuste sem cobertura contratual. Contratação verbal. Pagamento necessário. Enriquecimento ilícito. Apuração de responsabilidade: TCU – Acórdão nº 43/2007 – Plenário – Relatoria: Ministro Benjamin Zymler – "9.2.1. A prestação de serviços extraordinários deverá ser devidamente fundamentada pelo agente autorizador, com observância dos comandos contidos no art. 7º, inciso XV, da CF/88, e no art. 74 da Lei nº 8.112/1990, sob pena de responsabilização pelo seu descumprimento; 9.2.2. é devido o pagamento de serviço extraordinário efetivamente prestado, sob pena de enriquecimento ilícito da Administração, observando-se o disposto na Lei nº 8.112/1990 e demais legislações pertinentes, quanto à possibilidade de punição do responsável e/ou do servidor pela execução indevida."

Contrato. Ajuste sem cobertura contratual. Contratação verbal. Fixação de data retroativa. Descabimento: TCU – Acórdão nº 1.412/2005 – 1ª Câmara – "2.3 se abstenha de celebrar contrato com prazo de vigência retroativo à data de assinatura, sem respaldo legal."

Contrato. Ajuste sem cobertura contratual. Contratação verbal. Princípio da boa-fé nos contratos. Falta de formalização não afasta a responsabilidade da Administração: TRF 1ª Região – AC 2003.38.00.029129-7/MG – Rel. Des. Fed. Daniel Paes Ribeiro – "1. Não é possível imputar à empresa de transportes a responsabilidade pelo roubo dos malotes pertencentes à Caixa Econômica Federal (CEF), se o contrato que serve de fundamento à propositura da ação, mediante o qual a ré assume o compromisso de prestar o serviço de coleta, transporte e entrega de documentos e materiais dos bancos contratantes, nos termos da Cláusula Primeira, somente foi firmado em 21

COMENTÁRIOS À NOVA LEI DE LICITAÇÕES PÚBLICAS E CONTRATOS ADMINISTRATIVOS

de agosto de 2000, quando o evento danoso do qual busca ressarcir-se a autora ocorreu em 14.01.2000, como comprova o Boletim de Ocorrência que instrui os autos. 2. Em matéria de gestão de coisa pública, a regra geral é de que o pacto deve ser formalizado por escrito, pelo que se mostra eivado de nulidade, sendo ineficaz o contrato verbal eventualmente celebrado, consoante vedação constante do parágrafo único do art. 60 da Lei n. 8.666/1993, não observada, no caso. 3. Sentença confirmada. 4. Apelação desprovida." (AC 0029137-06.2003.4.01.3800 / MG, Rel. Des. Fed. Daniel Paes Ribeiro, Sexta Turma, e-DJF1 p.35 de 14/07/2008).

Artigo 92

São necessárias em todo contrato cláusulas que estabeleçam:

I – o objeto e seus elementos característicos;

II – a vinculação ao edital de licitação e à proposta do licitante vencedor ou ao ato que tiver autorizado a contratação direta e à respectiva proposta;

III – a legislação aplicável à execução do contrato, inclusive quanto aos casos omissos;

IV – o regime de execução ou a forma de fornecimento;

V – o preço e as condições de pagamento, os critérios, a data-base e a periodicidade do reajustamento de preços e os critérios de atualização monetária entre a data do adimplemento das obrigações e a do efetivo pagamento;

VI – os critérios e a periodicidade da medição, quando for o caso, e o prazo para liquidação e para pagamento;

VII – os prazos de início das etapas de execução, conclusão, entrega, observação e recebimento definitivo, quando for o caso;

VIII – o crédito pelo qual correrá a despesa, com a indicação da classificação funcional programática e da categoria econômica;

IX – a matriz de risco, quando for o caso;

X – o prazo para resposta ao pedido de repactuação de preços, quando for o caso;

XI – o prazo para resposta ao pedido de restabelecimento do equilíbrio econômico-financeiro, quando for o caso;

XII – as garantias oferecidas para assegurar sua plena execução, quando exigidas, inclusive as que forem oferecidas pelo contratado no caso de antecipação de valores a título de pagamento;

XIII – o prazo de garantia mínima do objeto, observados os prazos mínimos estabelecidos nesta Lei e nas normas técnicas aplicáveis, e as condições de manutenção e assistência técnica, quando for o caso;

XIV – os direitos e as responsabilidades das partes, as penalidades cabíveis e os valores das multas e suas bases de cálculo;

562

DA FORMALIZAÇÃO DOS CONTRATOS   ART° 92

XV – as condições de importação e a data e a taxa de câmbio para conversão, quando for o caso;

XVI – a obrigação do contratado de manter, durante toda a execução do contrato, em compatibilidade com as obrigações por ele assumidas, todas as condições exigidas para a habilitação na licitação, ou para a qualificação, na contratação direta;

XVII – a obrigação de o contratado cumprir as exigências de reserva de cargos prevista em lei, bem como em outras normas específicas, para pessoa com deficiência, para reabilitado da Previdência Social e para aprendiz;

XVIII – o modelo de gestão do contrato, observados os requisitos definidos em regulamento;

XIX – os casos de extinção.

§ 1º Os contratos celebrados pela Administração Pública com pessoas físicas ou jurídicas, inclusive as domiciliadas no exterior, deverão conter cláusula que declare competente o foro da sede da Administração para dirimir qualquer questão contratual, ressalvadas as seguintes hipóteses:

I – licitação internacional para a aquisição de bens e serviços cujo pagamento seja feito com o produto de financiamento concedido por organismo financeiro internacional de que o Brasil faça parte ou por agência estrangeira de cooperação;

II – contratação com empresa estrangeira para a compra de equipamentos fabricados e entregues no exterior precedida de autorização do Chefe do Poder Executivo;

III – aquisição de bens e serviços realizada por unidades administrativas com sede no exterior.

§ 2º De acordo com as peculiaridades de seu objeto e de seu regime de execução, o contrato conterá cláusula que preveja período antecedente à expedição da ordem de serviço para verificação de pendências, liberação de áreas ou adoção de outras providências cabíveis para a regularidade do início de sua execução.

§ 3º Independentemente do prazo de duração, o contrato deverá conter cláusula que estabeleça o índice de reajustamento de preço, com data-base vinculada à data do orçamento estimado, e poderá ser estabelecido mais de um índice específico ou setorial, em conformidade com a realidade de mercado dos respectivos insumos.

§ 4º Nos contratos de serviços contínuos, observado o interregno mínimo de 1 (um) ano, o critério de reajustamento de preços será por:

I – reajustamento em sentido estrito, quando não houver regime de dedicação exclusiva de mão de obra ou predominância de mão de obra, mediante previsão de índices específicos ou setoriais;

II – repactuação, quando houver regime de dedicação exclusiva de mão de obra ou predominância de mão de obra, mediante demonstração analítica da variação dos custos.

§ 5º Nos contratos de obras e serviços de engenharia, sempre que compatível com o regime de execução, a medição será mensal.

§ 6º Nos contratos para serviços contínuos com regime de dedicação exclusiva de mão de obra ou com predominância de mão de obra, o prazo para resposta ao pedido de repactuação de preços será preferencialmente de 1 (um) mês, contado da data do fornecimento da documentação prevista no § 6º do art. 135 desta Lei.

Estabelece o art. 92 da nova Lei de Licitações, as cláusulas necessárias dos contratos, haja vista entender a norma que são essenciais para garantir tanto à Administração como aos particulares seus direitos, obrigações e responsabilidades, permitindo, assim, que a contratante receba o objeto da contratação e o contratado a contraprestação pecuniária constante da sua proposta comercial.

Com efeito, nem todas as cláusulas abaixo arroladas constarão necessariamente nos contratos, devendo serem eleitas e fixadas de acordo com o caso concreto, haja vista, por exemplo, sendo a entrega de um objeto demandado pela Administração, realizado de forma imediata e integral, não há que se cogitar a fixação de regras para garantir o reajuste de preços. Sendo assim, o art. 92 da NLLC estabelece o conteúdo mínimo que deverá conter, obrigatoriamente, um contrato administrativo. É certo, todavia, que a Administração deverá avaliar a inserção de determinadas cláusulas frente ao objeto a ser licitado e futuramente contratado.

Além disso, poderão outras serem inseridas no bojo do ajuste, considerando-se a necessidade de consignar algo que as particularidades do caso concreto porventura possam exigir.

1. O objeto e seus elementos característicos

Afigura-se como essencial e necessário constar no instrumento contratual ou equivalente, o objeto a ser contratado pela Administração, arrolando, ainda, as suas especificações quantitativas, seus detalhes, vale dizer, os seus elementos característicos.

Com efeito, é obrigação da Administração, na fase interna do certame ou atos preliminares da contratação direta, definir o objeto pretenso, de forma precisa e suficientemente descrita, assentando os seus elementos característicos e detalhamento, haja vista permitir que os interessados, ao analisar o edital ou receber contato da Administração para apresentar sua proposta numa

DA FORMALIZAÇÃO DOS CONTRATOS   ART° 92

contratação direta, identifiquem, de forma clara, aquilo que deverá ser entregue ou realizado.

Dependendo do objeto, para evitar equívocos, prejuízos e malversação de recursos públicos, deverá o objeto demandado ser excessivamente detalhado, não podendo tal descrição, alerte-se, restringir a competitividade. Exemplificando, imaginemos que a Administração deseja adquirir impressora para impressão via *wireless*, ou seja, sem a necessidade do microcomputador estar conectado ao equipamento por meio de um cabo. Uma determinada fabricante de impressoras possui no mercado duas impressoras com nomes semelhantes, sendo a diferença apenas um número na descrição do produto. A que tem o numeral 5 é conectada por cabo, a que possui numeral 1, não. É o caso das impressoras da fabricante Epson, que detém dois produtos no mercado, a *Epson Ecotank L3110* ou *Epson Ecotank L3150*. As duas impressoras são praticamente iguais em relação ao seu design, com nomes muito parecidos, repousando a diferença apenas no número 5. A L3110 é conectada por meio de cabo e a L3150, não, ou seja, é a impressora desejada pela Administração.

No caso concreto, sendo excessivo o detalhamento do objeto a ser contratado, tem-se que a minuciosa descrição daquilo que será entregue, confeccionado, executado ou construído, deverá constar de um anexo contratual, fazendo dele parte integrante, de forma não tomar considerável espaço dentro do instrumento contratual.

Sob pena de violação ao princípio da estrita vinculação ao edital, não poderá constar do instrumento contratual objeto estranho àquele que constou no edital. Ademais, o particular contratado não poderá entregar ou cumprir o objeto que não seja aquele devidamente arrolado no termo contratual, e não poderá a Administração contratante exigir o cumprimento de algo que não seja aquele expressamente previsto no contrato.

2. A vinculação ao edital de licitação e à proposta do licitante vencedor ou ao ato que tiver autorizado a contratação direta e à respectiva proposta

Um dos princípios da licitação, o da vinculação ao instrumento convocatório, expressamente previsto nos arts. 5º e 92, inc. II, da Lei nº 14.133/2021, determina que as regras fixadas no ato convocatório devem ser obrigatoriamente observadas, tanto pela Administração promotora da licitação quanto pelos licitantes durante o certame e, especialmente, no transcurso da execução do objeto contratado.

Assim sendo, em qualquer fase da contratação pública, deve a Administração observar estritamente a disciplina delineada no ato convocatório, não havendo espaço para que se afaste dos requisitos ali delineados.

COMENTÁRIOS À NOVA LEI DE LICITAÇÕES PÚBLICAS E CONTRATOS ADMINISTRATIVOS

Assim sendo, o ajuste proveniente da licitação, na verdade, não poderá se afastar da disciplina contida no edital, bem como dos termos da proposta vencedora, que, aliás, também deverá estar em conformidade com as exigências contidas no instrumento convocatório.

É comum a pretensão da Administração, após a celebração do ajuste, buscar alterar os termos do contrato com o objetivo de inserir condições mais vantajosas para o particular contratado, como modificar as especificações do objeto, alteração dos prazos de entrega, execução ou conclusão. Tais pretensões, caso ocorram, maculam a legalidade do certame. Da mesma forma ocorre com o particular, após a celebração do ajuste busca executar aquilo que se comprometeu de forma divorciada dos termos pactuados. Tal pretensão, se implementada, caracteriza descumprimento contratual, devendo ser instaurado processo sancionatório e, se for o caso, rescisório.

Não obstante a necessidade de observância do princípio da vinculação ao edital, tanto no processamento da licitação quanto durante a vigência do contrato administrativo, em princípio, dada a inexistência de prejuízo ao contratado e desde que exista a devida justificativa, entende-se que poderá a Administração contratante realizar a regular alteração dos termos contratuais, a fim de modificar os contornos anteriormente estabelecidos, por exemplo, em relação às regras de fiscalização do objeto contratado, com o intento de atender, por exemplo, a uma reorganização administrativa onde se observa a redistribuição de competências.

Nesta toada, é possível, portanto, a modificação das cláusulas de serviço, unilateralmente, pela Administração contratante, não tendo nada que se opor o contratado acerca da modificação pretensa.

Esclareça-se, neste sentido, que "cláusulas de serviços", segundo Diogenes Gasparini:

> (...) são as de execução a cargo do contratado, a exemplo da obrigatoriedade de manter um preposto durante a execução da obra ou do serviço e da que obriga a remoção diária dos entulhos decorrentes da demolição. Essas cláusulas podem ser alteradas unilateralmente pela Administração contratante, sem que isso se possa opor contratado, cujo direito, no caso, é a compensação econômico-financeira decorrente desse comportamento estatal, salvo se essa medida for ilegal[182]

Seguindo esse mesmo raciocínio, leciona o mestre Hely Lopes Meirelles, *in verbis*:

---

[182] GASPARINI, Diógenes. *Direito Administrativo*, 16ª ed., São Paulo: Saraiva, 2011, p. 790

DA FORMALIZAÇÃO DOS CONTRATOS | ART° 92

A doutrina é uniforme no admitir que o poder de alteração e rescisão unilateral do contrato administrativo é inerente à Administração e pode ser exercido mesmo que nenhuma cláusula expressa o consigne. Mas a alteração só pode atingir as denominadas cláusulas regulamentares ou de serviço, isto, é, aquelas que dispõem sobre o objeto do contrato e o modo de sua execução. E sobrejam razões para essa orientação, já que a Administração tem o dever de acompanhar as mutações do progresso, dotando a comunidade das obras e serviços e meios técnicos que assegurem o bem-estar social.

(...)

Imobilizar as cláusulas regulamentares ou de serviço, nos contratos administrativos, importaria impedir a Administração de acompanhar as inovações tecnológicas, que também atingem as atividades do Poder Público e reclamam sua adequação às necessidades dos Administrados[183]

Demais disso, afigura-se possível que as regras contidas no instrumento contratual não sejam observadas durante a execução do objeto contratado sem que incida na violação do princípio da vinculação ao edital. Para tanto, deverá a pretensão de executar aquilo que não é previsto no contrato somente após a realização de termo aditivo, nas hipóteses arroladas no art. 124 da NLLC.

3. A legislação aplicável à execução do contrato, inclusive quanto aos casos omissos

Estabelece o art. 89 da Lei nº 14.133/2021 que os contratos de que trata esta Lei regular-se-ão pelas suas cláusulas e pelos preceitos de direito público, e a eles serão aplicados, supletivamente, os princípios da teoria geral dos contratos e as disposições de direito privado.

Sendo assim, ante a necessidade de o ajuste prever mecanismos que garantam a segurança jurídica ao ajuste – lembremos que tal princípio encontra-se previsto expressamente no *caput* do art. 5º da Lei nº 14.133/2021 –, é necessário que o instrumento contratual arrole a legislação aplicável. Por exemplo, num contrato de locação, deverá ser fixada no instrumento a necessidade de observância da Lei nº 8.245, de 18 de outubro de 1991. Na celebração de um contrato administrativo que assente a modelagem de uma parceria público privada, deverá ser observado o contido na Lei nº 11.079/2004.

4. Regime de execução ou a forma de fornecimento

O regime de execução ou forma de fornecimento do objeto contratado pela Administração Pública também deverá ser consignado no instrumento contratual, pois refere-se à forma pela qual a Administração contratante remunerará

---

[183] MEIRELLES, Helly Lopes. *Licitação e Contrato Administrativo*, 14ª ed., São Paulo: Malheiros, 2007, p. 204.

COMENTÁRIOS À NOVA LEI DE LICITAÇÕES PÚBLICAS E CONTRATOS ADMINISTRATIVOS

o particular em contrapartida da entrega do bem, serviço ou obra durante a vigência do ajuste.

A nova Lei de Licitações admite, em seu art. 46, os seguintes regimes de execução e forma de fornecimento: empreitada por preço unitário; empreitada por preço global; empreitada integral; contratação por tarefa; contratação integrada; contratação semi-integrada; fornecimento e prestação de serviço associado.

A escolha entre tais regimes de execução deriva das características da própria prestação a ser realizada pelo particular, devendo a eleição, motivadamente, ocorrer na fase interna da licitação e ser apontada no instrumento convocatório, minuta contratual e fixada no termo a ser celebrado.

É admitido, como abaixo restará demonstrado, conforme estabelece o art. 124, inc. II, al. *b*, da nova Lei de Licitações, a possibilidade de alteração bilateral, vale dizer, consensual, do contrato administrativo com o objetivo de modificar o regime de execução da obra ou do serviço, bem como o modo de fornecimento, em face de verificação técnica da inaplicabilidade dos termos contratuais originários.

5. O preço e as condições de pagamento, os critérios, a data-base e a periodicidade do reajustamento de preços e os critérios de atualização monetária entre a data do adimplemento das obrigações e a do efetivo pagamento

5.1 O preço e as condições de pagamento

O inc. V do art. 92 da NLLC fixa a necessidade de os contratos administrativos assentar cláusula contratual típica nos contratos bilaterais sinalagmáticos, qual seja, aquela que fixa o preço e condições de pagamento, uma vez que, quando uma parte pretende contratar um objeto, um serviço ou uma obra, oferece como contrapartida um determinado valor financeiro, devendo tal monta – sendo aquela constante da proposta comercial escrita, oferecido no lance verbal ou escrito ou, ainda, aquele negociado com administração – ser devidamente estampada no contrato administrativo ou instrumento equivalente.

O valor da contratação ou preço estampado no ajuste pode variar durante a vigência do contrato, pois, por exemplo, o quantitativo efetivamente contratado poderá sofrer modificações, dada a possibilidade de a Administração contratante empreitar acréscimos ou supressões quantitativas, na forma do art. 124, inc. I, al. *a*, da NLLC. Poderá ocorrer, ainda, alterações qualitativas, recomposição de preços, implementação de repactuação de preços cuja implementação da cláusula financeira do ajuste. Nestes casos, o valor da contratação será modificado por meio de um aditivo contratual.

DA FORMALIZAÇÃO DOS CONTRATOS · ARTº 92

5.2 Os critérios, a data-base e a periodicidade do reajustamento de preços

Estabelece o art. 37, inc. XXI, da Constituição Federal, que as contratações serão realizadas por meio de licitação pública, salvo os casos de contratação direta, onde serão mantidas durante a execução contratual as condições efetivas da proposta.

Cumprindo a parte final do referido mandamento constitucional, a Lei nº 14.133/2021, que disciplina as normas gerais de licitação e contratos administrativos, trouxe no seu bojo os institutos do reajuste contratual (inc. LVIII do art. 6º), do reequilíbrio econômico-financeiro, revisão contratual ou recomposição de preços (al. *d* do inc. II do art. 124) e da repactuação de preços (inc. LIX do art. 6º, art. 25, § 8º, inc. II, §§ 3º e art. 135), com o fim de garantir nas licitações que sejam mantidas as condições efetivas das propostas durante a execução contratual.

É importante citar que, "(...) o reajuste visa preservar a composição de custos apresentada pelo contratado no início da prestação de serviços, em função das variações setoriais dos preços e é cláusula necessária em todo contrato, conforme disposto no art. 55, inciso III, da Lei 8.666/93. A forma de sua implementação está disposta no art. 40, inciso XI, desse mesmo diploma (citado no item 2.7.1 desta instrução), bem como no art. 3º, § 1º, da Lei 10.192/2001."[184]

A implementação da cláusula de reajuste contratual encontra limitação imposta pela disciplina da Lei nº 10.192/2001, que dispõe sobre medidas complementares ao Plano Real, e estabelece no § 2º do art. 2º que é nula, de pleno direito, qualquer estipulação (diga-se, implementação) de reajuste ou correção monetária de periodicidade inferior a um ano, o que, desta forma, nos permite afirmar que o referido expediente poderá somente ser aplicado nos contratos com prazo de execução igual ou superior a um ano, observando o índice eleito, com a finalidade de neutralizar os efeitos da inflação que atinge o contrato em economias assoladas pela inflação, ajustando-o novamente às condições originárias pactuadas.

Todavia, haja vista a possibilidade dos contratos ultrapassaram a anualidade, o § 7º do art. 25 da Lei nº 14.133/2021 estabelece que: "independentemente do prazo de duração do contrato, será obrigatória a previsão no edital de índice de reajustamento de preço, com data-base vinculada à data do orçamento estimado e com a possibilidade de ser estabelecido mais de um índice específico ou setorial, em conformidade com a realidade de mercado dos respectivos insumos". Redação similar é a contida no § 3º do artigo em comento. Legaliza-se, assim,

---

[184] TCU, Acórdão nº 474/2005 – Plenário. Relatoria: Min. Augusto Sherman Cavalcanti. Brasil. Sessão: 27/04/2005.

no âmbito da NLLC, a cláusula preventiva de reajustamento, expediente que já vinha sendo recomendado pelo TCU, como abaixo será melhor delineado.

Ressalta-se, ainda, que o reajuste de preços, desde que previsto expressamente no ato convocatório e respectivo contrato administrativo, nos termos do art. 92, inc. V, da Lei nº 14.133/2021, e cumprida a periodicidade mínima exigida para a sua concessão, independe de requerimento, já que se trata de um direito subjetivo do contratado, não podendo ser dele subtraído, devendo retroagir à data da aquisição do direito, com efeitos para o futuro.

5.3 Os critérios de atualização monetária entre a data do adimplemento das obrigações e a do efetivo pagamento

No tocante ao pagamento da contraprestação pecuniária devida ao contratado em decorrência do cumprimento das suas obrigações em um contrato administrativo, estabelece o art. 37, inc. XXI, da nossa Carta Magna de 1988, que, ressalvados os casos especificados na legislação, as obras, serviços, compras e alienações serão contratados mediante processo de licitação pública que assegure igualdade de condições a todos os concorrentes, com cláusulas que estabeleçam obrigações de pagamento, mantidas as condições efetivas da proposta, nos termos da lei.

Quando o texto constitucional fixa o trecho acima colacionado, prescreve-se norma cogente impondo necessidade de manutenção do equilíbrio entre os encargos suportados pelo particular, bem como a contraprestação da Administração Pública durante toda a vigência do ajuste, sendo que o desbalanceamento deve ser combatido para se evitar o enriquecimento sem causa de quaisquer das partes do ajuste.

Cumprindo o mandamento constitucional de garantia da equação econômico-financeira, afora a possibilidade de recomposição, reajuste e recomposição de preços, o art. 92, inc. V, da Lei nº 14.133/2021 estabelece que o contrato deve fixar os critérios de atualização monetária entre a data do adimplemento das obrigações e a do efetivo pagamento, haja vista ser comum o Poder Público realizar o pagamento após um lapso de tempo considerável, que, acaba por gerar prejuízos de toda sorte para o contratado, acaba por afastar muitas empresas das licitações por meio de eventual "calote".

Percebe-se que o efetivo atraso no pagamento por parte da Administração, ainda que o contratado, quando possível, não opte ou não possa optar pela rescisão contratual, em muitos casos, pode acarretar o dever da recomposição do equilíbrio econômico-financeiro do ajuste e/ou eventual indenização por perdas e danos sofridos pelo contratado.

Logo, conforme determinação contida no dispositivo legal estudado, é necessário que a minuta e o contrato administrativo fixem os critérios de

DA FORMALIZAÇÃO DOS CONTRATOS   ART° 92

atualização monetária entre a data do adimplemento das obrigações e a do efetivo pagamento.

A jurisprudência do STJ é firme no sentido de que é cabível a correção monetária a partir do vencimento da obrigação, mesmo não havendo previsão contratual a esse respeito. (EREsp nº 968.835/SC – Relatoria: Ministro Benedito Gonçalves p. DJe: 21/11/2012).

Jurisprudência e decisões dos Tribunais de Contas
Contrato administrativo. Cláusulas necessárias. Condições de pagamento. Inserção obrigatória: TCU – Acórdão nº 1.726/2008 – Plenário – Relatoria: Ministro Augusto Sherman Cavalcanti – "9.1. determinar à Fundação Nacional de Artes (Funarte/MinC) que: 9.1.7. faça constar de seus contratos todas as cláusulas necessárias elencadas no art. 55 da Lei de Licitações, especialmente quanto às condições de pagamento, que devem estar correlacionadas aos serviços efetivamente medidos."

Contrato administrativo. Cláusulas necessárias. Critérios para concessão do reajustamento. Data-base. Definição constante do art. 3º do Dec. fed. nº 1.054/94, que regulamenta o reajuste de preços nos contratos da Administração federal direta e indireta, e dá outras providências: "A estabelecida no instrumento convocatório da licitação, ou nos atos de formalização de sua dispensa ou inexigibilidade, para o recebimento da proposta ou do orçamento, adotada como base para cálculo da variação do índice de custos ou de preços"

Contrato administrativo. Cláusulas necessárias. Critérios para concessão do reajustamento. Inserção obrigatória, quando a execução do objeto for superior a um ano: TCU – Acórdão nº 2.284/2006 – 2ª Câmara – Relatoria: Ministro Benjamin Zymler – "6- Distrito Meteorológico de Porto Alegre (DISME/RS); 6.1- faça constar dos contratos de duração continuada firmados pela Unidade, cláusula com os critérios, data-base e periodicidade de reajustamento de preços, consoante disposto no inciso III do art. 55 da Lei 8.666/93, e quando de concessão de reajuste de preços, na falta de elaboração de termo aditivo, registre por apostila no processo, consoante disposto no § 8.º do art. 65 da Lei 8.666/93."

Contrato administrativo. Cláusula de atualização financeira. Necessidade: TCU – Acórdão nº 474/2005 – Plenário – Trecho do relatório do Ministro Relator Augusto Sherman Cavalcanti – "A correção monetária é utilizada para preservar o valor do pagamento a ser realizado pela Administração ao contratado que já prestou seu serviço ou entregou o seu bem, apresentou sua fatura, até esta ser quitada. Está previsto nos seguintes artigos da Lei 8.666/93: 5º, § 1º; 7º, § 7º; 40, inciso XIV, alínea 'c'; 40, § 4º, inciso II; e 55, inciso III."

Contrato administrativo. Cláusula de atualização financeira. Pagamento devido mesmo em caso de inexistência de previsão contratual: TRF 1ª Região – AC 2001.34.00.031205-4/DF – Relatoria: Des. Fed. João Batista Moreira – "2. No que diz

COMENTÁRIOS À NOVA LEI DE LICITAÇÕES PÚBLICAS E CONTRATOS ADMINISTRATIVOS

respeito a correção monetária, conquanto a jurisprudência consagre a possibilidade de sua incidência mesmo sem previsão contratual, a autora não fez prova suficiente dos atrasos de pagamento e correspondentes valores de atualização monetária. Na fase de especificação de provas, não houve requerimento de perícia contábil, que seria a prova adequada à espécie, cujo ônus era da autora uma vez que a fazenda pública não se sujeita à pena de revelia em sentido estrito. 6. Apelações a que se nega provimento" (Processo: AC 2001.34.00.031205-4/DF; Apelação Cível – Relatoria: Des. Fed. João Batista Moreira – Órgão Julgador: 5ª T- Publicação: 18/12/2008 e-DJF1 p. 495)

Contrato administrativo. Cláusula de atualização financeira. Termo inicial da correção monetária. Ocorrência: STJ – EREsp nº 968.835/SC – Relatoria: Ministro Benedito Gonçalves – "3. O termo inicial da correção monetária, nos contratos administrativos, deve se dar nos moldes previstos no art. 55, III, da Lei 8.666/1993, ou seja, entre a data do adimplemento das obrigações – tanto da contratada (medição) como da contratante (vencimento de prazo sem pagamento) e a data do efetivo pagamento.

4. A jurisprudência do STJ é firme no sentido de que é cabível a correção monetária a partir do vencimento da obrigação, mesmo não havendo previsão contratual a esse respeito." (STJ – EREsp nº 968.835/SC – Relatoria: Ministro Benedito Gonçalves p. DJe: 21/11/2012)

Contrato administrativo. Inexecução contratual. Retenção de pagamento. Descabimento: STJ – AgRg no Ag nº 1.030.498/RO – Relatoria: Ministro Castro Meira – "2. Pode a Administração rescindir o contrato em razão de descumprimento de uma de suas cláusulas e ainda imputar penalidade ao contratado descumpridor. Todavia a retenção do pagamento devido, por não constar do rol do art. 87 da Lei nº 8.666/93, ofende o princípio da legalidade, insculpido na Carta Magna." (p. DJe: 10/10/2008).

6. Os critérios e a periodicidade da medição, quando for o caso, e o prazo para liquidação e para pagamento

Segundo o Instituto Brasileiro de Auditoria de Obras Públicas (Ibraop), a medição é o "registro da verificação das quantidades e qualidade dos serviços executados em cada etapa da execução contratual realizado pelo fiscal, legalmente habilitado".[185]

Ante a importância da medição realizada pelo fiscal do contrato, pois sem ela não ocorre o pagamento da contraprestação pecuniária ao particular, deverá a minuta do instrumento contratual e o ajuste efetivamente celebrado fixar os critérios e periodicidade da medição, quando for o caso, e o prazo para liquidação e pagamento, devendo o regramento ser construído à luz do caso concreto.

---

[185] IBRAOP. *Manual de Auditoria de Obras Públicas e Serviços de Engenharia.* Ano 2018. Disponível em: https://www.ibraop.org.br/wp-content/uploads/2020/09/Manual-de-Aud-de-Obras-e-Serv-de-Eng.pdf Acesso em 11 de set. de 2021.

Assim deve ocorrer, pois deve restar ajustados contratualmente os comportamentos ativos que a Administração deve praticar após o contratado executar o objeto, especialmente comprovar a execução do objeto, seja integral ou parcialmente, passando a remunerar o particular o valor devido, garantindo-se, assim, a previsibilidade da atuação estatal e, por consequência, a segurança jurídica.

Existem determinados objetos, a exemplo das construções, reformas e prestação de serviços, cuja execução ocorre durante um período extenso. Ante tal característica, é comum que seja fixado pela Administração Pública que o pagamento pelo serviço prestado ou obra executada ocorrerá em períodos predeterminados, sendo necessário que a contratante, por meio do gestor do contrato ou fiscal da obra, realize a medição dos serviços efetivamente executados no período fixado no edital e contrato, de forma a atestar a sua regular execução conforme as especificações técnicas constantes do ato convocatório.

Conforme estabelece o § 5º do art. 92 da Lei nº 14.133/2021, nos contratos de obras e serviços de engenharia, sempre que compatível com o regime de execução, a medição será mensal. É adequado que a medição nos contratos de prestação de serviços também observe o referido período, haja vista ser necessário que o particular receba sua contraprestação pecuniária mensalmente, de forma a recompor o capital aplicado no pagamento da mão de obra, materiais etc., necessário para executar o ajuste no período medido.

Por derradeiro, alerte-se que a medição de quantidades superiores às efetivamente executadas ou fornecidas caracteriza o fenômeno do superfaturamento, conceituado pelo art. 6º, inc. LVII, como dano provocado ao patrimônio da Administração.

7. Os prazos de início das etapas de execução, conclusão, entrega, observação e recebimento definitivo, quando for o caso

É dever da Administração Pública licitante fixar na minuta do instrumento convocatório e no termo contratual os prazos de início das etapas de execução do objeto demandado, prazo de conclusão, de entrega, de observação e de recebimento definitivo, quando for o caso daquilo que foi contratado. É necessário, portanto, que os prazos envolvidos na execução do pretendido pela administração sejam de conhecimento dos licitantes, administração pública e órgãos de controle.

Assim deve ocorrer, uma vez que a fixação de prazos para a execução do objeto contratado insere-se no planejamento da Administração Pública contratante, na decisão de participar do certame ou ofertar proposta na contratação direta e na programação dos particulares interessados. Logo, tais datas e períodos devem estar claros nos instrumentos contratuais ou equivalentes, de forma a garantir atendimento das necessidades públicas, protegendo a Administração

COMENTÁRIOS À NOVA LEI DE LICITAÇÕES PÚBLICAS E CONTRATOS ADMINISTRATIVOS

contratante, bem como garantindo a segurança jurídica para o particular contratado. Com efeito, é o que exige o art. 6º, inc. XXIII, al. *a*, e inc. XXV, da NLLC que exige expressamente a fixação do prazo de execução do objeto no termo de referência e projeto básico, respectivamente.

A individualização dos referidos prazos deverá ser realizada pelo setor requisitante do objeto demandado, sempre motivadamente, devendo, assim, constar de forma expressa no termo de referência, projeto básico, reproduzido no edital, na minuta do contrato e do termo efetivamente celebrado entre a administração e o particular contratado.

Os referidos prazos devem ser razoáveis, fixados motivadamente à luz das particularidades do objeto pretenso pela Administração, sob pena de caracterização de restrição à competitividade do certame, uma vez que a fixação de prazos inexequíveis pode desestimular a participação futura do certame. Assim, a fixação dos prazos para execução ou fornecimento do objeto pretenso levará em consideração as particularidades de cada objeto demandado, fornecido, prestado ou construído à luz das particularidades ou necessidades da Administração Pública, não podendo ser fixado de forma aleatória ou insuficiente.

No tocante aos prazos de início das etapas de execução, tratando-se de obras ou serviços, costuma-se verificar que a execução de um determinado objeto é dividida em fases. Por exemplo, na construção de um conjunto habitacional poderá o ato convocatório, minuta contratual e ajuste estabelecer um determinado prazo para a execução das atividades de terraplenagem, em um período específico para execução das obras de fundação, outro lapso apenas para a edificação do prédio, outro para a entrega definitiva e outro para a observação, ou seja, verificação da compatibilidade do que foi construído com o descritivo do edital no tempo. Esclareça-se que a pintura de um prédio realizada com tinta de baixa qualidade somente poderá ser observada ao longo de um determinado tempo, período esse que seria de observação. Caso a pigmentação passe a desaparecer e a vivacidade da tinta vá reduzindo, poderá a Administração convocar o contratado para que refaça, às suas expensas, novamente o serviço de pintura da edificação.

Tratando-se da montagem de um equipamento, poderá o ato convocatório, minuta contratual e ajuste fixar um prazo para entrega do objeto, um outro período para montagem do mesmo, um lapso para teste de funcionamento, um intervalo para observação do funcionamento do bem, e um para o recebimento definitivo daquilo que foi adquirido pela administração.

É oportuno esclarecer que tais prazos podem ser objeto de prorrogação, na forma da disciplina constante dos arts. 107, 111 e 115, § 5º,da NLLC.

DA FORMALIZAÇÃO DOS CONTRATOS · ART° 92

8. O crédito pelo qual correrá a despesa, com a indicação da classificação funcional programática e da categoria econômica

Fixa o art. 6º, inc. XXIII, al. *j*, da NLLC, que o termo de referência de uma licitação que objetiva a contratação de bens e serviços deve conter a adequação orçamentária. Outrossim, estabelece o art. 150 da NLLC que nenhuma contratação será feita sem a caracterização adequada de seu objeto e sem a indicação dos créditos orçamentários para pagamento das parcelas contratuais vincendas no exercício em que for realizada a contratação, sob pena de nulidade do ato e de responsabilização de quem lhe tiver dado causa.

Sendo assim, deverá o instrumento contratual, em razão do disposto no art. 92, inc. VIII, da nova Lei de Licitações, apontar a dotação orçamentária que fará frente aos pagamentos na fase da liquidação da despesa pública.

Pode ocorrer que durante a vigência do ajuste seja necessário, por tal e qual motivo, ser modificada a dotação orçamentária. Neste caso, não será necessário a celebração de instrumento de aditamento ao ajuste. Haja vista a dotação orçamentária não impactar nas condições contratuais, sendo a pretensão de modificação estar relacionada a questões contábeis e não de direito, o art. 136, inc. IV, da NLLC, fixa que tal registro (e não alteração contratual) deverá ocorrer por meio de apostila.

9. A matriz de risco

A cláusula de matriz de risco, cujo conceito encontra-se delineado no inc. XXVII do art. 6º da Lei nº 14.133/2021, é a disposição contratual que define os riscos e de responsabilidades assumidas tanto pela Administração Pública quanto pelo particular contratado e caracterizadora do equilíbrio econômico-financeiro inicial do contrato, em termos de ônus financeiro decorrente de eventos supervenientes à contratação.

Sobre tal cláusula, sugere-se a leitura dos comentários lançados no referido dispositivo.

10. O prazo para resposta ao pedido de repactuação de preços, quando for o caso

Estabelece o inc. XXI do art. 37 da Constituição Federal que as contratações serão realizadas por meio de licitação pública, salvo os casos de contratação direta, onde serão mantidas durante a execução contratual as condições efetivas da proposta.

Cumprindo o mandamento constitucional constante do art. 37, inc. XXI, da Constituição da República de 1988, a Lei nº 8.666/1993, que disciplinava as normas gerais de licitação e contratos administrativos, trouxe no seu bojo os institutos da recomposição de preços (al. *d* do inc. II do art. 65 da LLC), do reajustamento de preços (art. 40, inc. XI, da LLC), com o fim de garantir nas licitações que sejam mantidas as condições efetivas das propostas durante a execução contratual. Temos aí o princípio da intangibilidade da equação econômico-financeira.

Posteriormente, foi editado o Dec. nº 2.271/1997, que determinou a implementação da repactuação de preços, no lugar do reajustamento, de forma a manter as condições efetivas das propostas nos contratos de prestação de serviços da Administração Pública federal.

Além do reajuste e da recomposição de preços, a NLLC incorporou a figura da repactuação de preços, conforme inc. II do § 4º do art. 92, sendo a forma de reajustamento nos contratos administrativos cujo objeto envolva prestação de serviço que exija regime de dedicação exclusiva de mão de obra ou predominância de mão de obra, mediante demonstração analítica da variação dos custos.

Sendo assim, de forma a reverenciar o princípio da intangibilidade da equação econômico-financeira, garantindo efetivamente o conteúdo econômico das propostas, exigem os incs. X e XI que o contrato administrativo assente cláusula fixando o prazo para resposta ao pedido de repactuação de preços e restabelecimento do equilíbrio econômico-financeiro, quando for o caso. Não vemos tal disciplina no tocante à concessão do reajuste contratual, haja vista tal concessão ser automática pela Administração.

Extremamente oportuno, tal encargo exige da Administração a necessidade de priorização da análise dos pedidos realizados pelo particular e o reequilíbrio da equação econômico-financeira do contrato administrativo, seja por meio de repactuação ou recomposição de preços. É comum observar que pleitos desta natureza tramitam por meses no âmbito administrativo, exigindo do particular contratado a execução do objeto contratado com um maior ônus financeiro, uma vez que a contraprestação financeira paga pela Administração contratante. Tanto é assim que, quando o trâmite administrativo do pedido é concluído, os valores devidos a título de recomposição de preços devem ser novamente revistos, haja vista não mais representar os valores do mercado.

Tendo em vista o encargo imposto pelo princípio da intangibilidade da equação econômico-financeira à Administração, entende-se que uma cláusula contratual de tal natureza deve constar obrigatoriamente em todos os ajustes celebrados pela Administração.

Esclareça-se, por fim, que o § 6º do art. 92 fixa que nos contratos para serviços contínuos com regime de dedicação exclusiva de mão de obra ou com predominância de mão de obra, o prazo para resposta ao pedido de repactuação de preços será preferencialmente de 1 (um) mês, contado do fornecimento da documentação necessária para demonstração analítica da variação dos custos,

DA FORMALIZAÇÃO DOS CONTRATOS   ART.º 92

prevista no § 6º do art. 134, qual seja, planilha de custos e formação de preços, ou do novo acordo, convenção ou sentença normativa que fundamenta a repactuação.

A ausência de manifestação conclusiva pela Administração no prazo acima colacionado deverá ser justificada, sob pena de responsabilização disciplinar do agente público que der causa.

11. As garantias oferecidas para assegurar sua plena execução, quando exigidas, inclusive as que forem oferecidas pelo contratado no caso de antecipação de valores a título de pagamento

Quando a Administração Pública decide transferir para a iniciativa privada o encargo de receber bens, viabilizar serviços e obras necessárias para a consecução dos seus objetivos institucionais acaba por assumir diversos riscos, pois a atuação do contratado para a execução destes objetos, por tal e qual motivo, pode falhar, o que gerará diversos prejuízos para o poder público.

Sabedor destes riscos, é tradição dos diplomas legais licitatórios consignar a possibilidade de o administrador público lançar mão de garantias, exigindo daqueles que querem realizar negócios com o poder público com o objetivo de mitigar os eventuais e futuros prejuízos decorrentes da execução dos contratos administrativos.

Nesse passo, o art. 96 da NLLC estabelece que, a critério da autoridade competente, em cada caso, poderá ser exigida mediante previsão editalícia e contratual, prestação de garantia nas contratações de obras serviços e compras, devendo as regras eleitas para o caso concreto, na forma constante a partir do dispositivo acima colacionado ser fixado no instrumento contratual.

Sendo assim, exigindo-se a garantia no edital de licitação ou processo de contratação direta, na forma como acima asseverou-se, deverá o instrumento contratual fixar os seus pormenores.

12. O prazo de garantia mínima do objeto, observados os prazos mínimos estabelecidos nesta Lei e nas normas técnicas aplicáveis, e as condições de manutenção e assistência técnica

A depender das características do objeto a ser contratado, poderá o ato convocatório e minuta contratual fixar um prazo de garantia mínima do objeto, observados os prazos mínimos estabelecidos e nas normas técnicas aplicáveis, e as condições de manutenção e assistência técnica, devendo tal regramento ser expressamente previsto no contrato, conforme exige o art. 92, inc. XIII, da NLLC.

Assim deve ocorrer, haja vista a necessidade de afastamento de qualquer dúvida acerca do encargo ou imposição de responsabilidade ou compromisso que não seja aquele fixado no ato convocatório. Com efeito, tem-se que tais obrigações futuras devem ser fixadas com clareza e precisão.

Desta forma, o dispositivo legal em comento estabelece a necessidade de fixação dos contornos da garantia contratual no ajuste, que se apresenta como um acréscimo da garantia legal, a exemplo daquela fixada expressamente prevista no art. 24 do Código de Defesa do Consumidor, ou da oferecida pelo fabricante, a exemplo daquelas oferecidas pelas montadoras de carros, as quais fixam uma garantia de 5 anos.

Por meio desta cláusula necessária, portanto, fixa-se no ajuste cláusulas de obrigações futuras atinentes à assistência técnica que subsistem após a entrega do objeto contratado, devendo ser exigido pela Administração contratante a implementação da sua cláusula, sob pena da negativa acarretar instauração de processo sancionatório.

13. Os direitos e as responsabilidades das partes, as penalidades cabíveis e os valores das multas e suas bases de cálculo

Estabelece o inc. XIV do art. 92 da Lei nº 14.133/2021 que deverá constar do contrato administrativo a disciplina relacionada aos direitos e às responsabilidades das partes, levando-se em consideração as particularidades do objeto demandado. Cláusula clássica nos contratos administrativos, tal previsão tem o escopo de fixar os encargos e direitos de cada parte, haja vista que o seu descumprimento pode acarretar consequências para ambas.

No tocante às penalidades, exercendo função administrativa, de forma típica ou atípica, a Administração Pública, conforme se observa do art. 104, inc. III, da Lei nº 14.133/2021, tem o dever de fiscalizar a execução dos contratos que confiam a particulares, de forma a garantir que o objeto demandado que será executado indiretamente seja entregue ao Poder Público, observando estritamente os seus contornos fixados nos instrumentos editalício e contratual.

Não adiantaria a legislação conferir um poder-dever para a Administração Pública fiscalizar a execução dos contratos se não garantisse instrumentos coercitivos para constranger aqueles que não conseguem cumprir regras e observar os ditames fixados pelo Estado em relação àquilo que deseja receber.

Por tal razão, o art. 104, inc. IV, da Lei nº 14.133/2021, garante a prerrogativa punitiva ao Estado, que se constitui em um poder-dever para a Administração regular o comportamento dos proponentes no transcurso da licitação, de forma a proteger a isonomia entre os competidores e garantir a busca pela proposta mais vantajosa, bem como controlar a execução do contrato, por meio da coibição de desacertos contratuais, fato que compele o contratado a cumprir as obrigações assumidas, assegurando, assim, a efetiva execução do objeto demandado pela Administração.

DA FORMALIZAÇÃO DOS CONTRATOS ART° 92

Se tal competência peculiar inexistisse expressamente no ordenamento jurídico, vale dizer, se não pudesse o Estado apenar os colaboradores que não se comportassem adequadamente, estaria o Poder Público sujeito à prática de condutas prejudiciais à persecução do interesse público almejado por meio da colaboração particular. Imagine os problemas que surgiriam em decorrência do atraso na reforma de prédios escolares realizada durante o período das férias escolares em razão do cumprimento em lentidão do cronograma da obra, bem como o fracasso de licitação que objetiva o fornecimento de insumos médico--hospitalares necessários para viabilizar o atendimento na rede pública de saúde motivado em razão de condutas praticadas no âmbito do pregão que prejudicou a sua conclusão de forma exitosa, a deixar de entregar documentação exigida para o certame, conduta tipificada como infração administrativa pelo art. 155, inc. IV.

Afigura-se necessário, portanto, a existência de um poder-dever que permita à Administração Pública punir particulares em razão da inobservância do regramento administrativo, como forma de controlar a atuação dos particulares quando chamados para colaborar com a persecução do interesse público.

Para evitar prejuízo, elencou a legislação licitatória diversas condutas em razão dos seus efeitos lesivos e as caracterizou como infrações administrativas, fixando a correspondente sanção, devendo constar do edital, minuta e ajuste as penalidades cabíveis e os valores das multas e suas bases de cálculo.

Com efeito, inexistindo regramento punitivo no tocante à fixação da base de cálculo para aplicação das sanções pecuniárias, resta prejudicado o exercício da competência punitiva.

14. As condições de importação e a data e a taxa de câmbio para conversão

Quando a contratação de um determinado objeto envolver a importação de bens, de forma a garantir a segurança jurídica, deverá constar do ajuste condições de importação, haja vista a burocracia envolvida no desembaraço aduaneiro, bem como a data e a taxa de câmbio para conversão, de forma a garantir efetivamente as condições contidas na proposta comercial vencedora do certame ou fixada na contratação direta.

15. A obrigação do contratado de manter, durante toda a execução do contrato, em compatibilidade com as obrigações por ele assumidas, todas as condições exigidas para a habilitação na licitação, ou para a qualificação, na contratação direta

É comum observar a Administração Pública empreitando sobressalentes esforços e esmero na condução da licitação, de forma a garantir os objetivos do certame e, celebrado o contrato administrativo, a área demandante do objeto realiza inadequada gestão, prejudicando, assim, o objetivo institucional almejado com aquilo que o particular se comprometeu a entregar.

De forma a garantir êxito na contratação realizada, estabelece o art. 92, inc. XIII, que deverá o contrato administrativo assentar cláusula assentando a obrigação do contratado de manter, durante toda a execução do contrato, em compatibilidade com as obrigações por ele assumidas, todas as condições exigidas para a habilitação na licitação, ou para qualificação, na contratação direta.

Tal disciplina, anteriormente constante do inc. XIII do art. 55 da Lei nº 8.666/1993, tem como objetivo verificar se o particular mantém, durante o ajuste, as condições que o levou a celebrar o ajuste, sendo que o descumprimento desta regra contratual poderá ensejar a rescisão unilateral do próprio ajuste.

Concretiza-se tal obrigação, por exemplo, na inserção em contratos de cláusula que condicione o efetivo pagamento à comprovação de regularidade perante o INSS, o FGTS e as Fazendas federal, estadual e municipal. Neste caso, verificando-se a situação de irregularidade, cremos que deverá a Administração contratante oficiar a empresa contratada, concedendo-lhe prazo e esclarecendo a situação, apresentando os competentes documentos. Caso o particular não retome e demonstre as suas condições de habilitação, em razão do descumprimento da cláusula contratual, deverá a Administração Pública proceder à instauração de processo rescisório, com fundamento no art. 92, inc. XVI, c/c o art. 137, inc. I, da Lei nº 14.133/2021, sem embargo da aplicação de eventuais sanções à empresa contratada, desde que previstas expressamente no respectivo ajuste. Tal entendimento também se aplica para os casos de não atendimento da capacidade jurídica, econômico-financeira e técnica.

Jurisprudência e decisões dos Tribunais de Contas

Contrato administrativo. Cláusulas necessárias. Manutenção das condições habilitatórias durante a execução do objeto contratado. Necessidade: STJ – RMS nº 24.953/CE – "1. É necessária a comprovação de regularidade fiscal do licitante como requisito para sua habilitação, conforme preconizam os arts. 27 e 29 da Lei nº 8.666/93, exigência que encontra respaldo no art. 195, § 3º, da CF.

2. A exigência de regularidade fiscal deve permanecer durante toda a execução do contrato, a teor do art. 55, XIII, da Lei nº 8.666/93, que dispõe ser 'obrigação do contratado de manter, durante toda a execução do contrato, em compatibilidade com as obrigações por ele assumidas, todas as condições de habilitação e qualificação exigidas na licitação'.

3. Desde que haja justa causa e oportunidade de defesa, pode a Administração rescindir contrato firmado, ante o descumprimento de cláusula contratual.

DA FORMALIZAÇÃO DOS CONTRATOS   ARTº 92

4. Não se verifica nenhuma ilegalidade no ato impugnado, por ser legítima a exigência de que a contratada apresente certidões comprobatórias de regularidade fiscal." (Relatoria Ministro Castro Meira, Data do Julgamento – 04/03/2008, DJe: 17/03/2008)

Contrato administrativo. Cláusulas necessárias. Manutenção das condições habilitatórias durante a execução do objeto contratado. Necessidade, mesmo a contratação ocorrendo diretamente: TCU – Acórdão nº 216/2002 – Plenário – Relatoria: Ministro Valmir Campelo – "e) determinar, com fundamento nos arts. 43, inciso I, da Lei nº 8.443/92, e 194, inciso II, do Regimento Interno do TCU, à Delegacia Regional do Trabalho no Estado do Amapá que em prazo de 15 (quinze) dias, a contar da notificação, adote as providências necessárias à implementação das seguintes medidas: 5 – comprovação da regularidade das certidões do FGTS e Seguridade Social, por ocasião da contratação de bens e serviços por meio de dispensa ou inexigibilidade de licitação, bem assim por ocasião da liquidação de despesa, conforme exigência do Decreto nº 3.722/2001."

Contrato administrativo. Cláusulas necessárias. Manutenção das condições habilitatórias durante a execução do objeto contratado. Necessidade. A ausência das condições habilitatórias não afasta a supressão dos pagamentos. Vedação ao locupletamento ilícito pela Administração: TRF 1ª Região – REOMS 2001.34.00.033151-1/DF – Relatoria: Des. Fed. Maria Isabel Gallotti Rodrigues – "Inexiste autorização legal para suprimir pagamento por serviços prestados e entregues, em razão de irregularidade no Sistema de Cadastro de Fornecedores – SICAF, até porque tal atitude afronta a vedação constitucional de enriquecimento ilícito da Administração.

Uma vez detectada a irregularidade respectiva, deve a Administração aplicar as sanções legais cabíveis (inciso XIII do art. 55, art. 77 e inciso I do artigo 78, da Lei n. 8.666/93), e não condicionar o pagamento à exclusão da impetrante do SICAF. 3. Não provimento da remessa oficial" (Processo: REOMS 2001.34.00.033151-1/DF; Remessa 'Ex Officio' em Mandado de Segurança – Relatoria: Des. Fed. Maria Isabel Gallotti Rodrigues – Órgão Julgador: 6º T- Publicação: 04/08/2008 e-DJF1 p. 425)

Contrato administrativo. Cláusulas necessárias. Manutenção das condições habilitatórias do particular durante a execução do objeto contratado. Necessidade: TCU – Acórdão nº 1.299/2006 – Plenário – Relatoria: Ministro Ubiratan Aguiar – "1. A comprovação da regularidade fiscal junto às empresas contratadas deve ser feita pela Administração durante toda a execução do contrato e não apenas por ocasião da habilitação, devendo ocorrer, inclusive, antes da realização de cada pagamento."

Contrato administrativo. Cláusulas necessárias. Manutenção das condições habilitatórias durante a execução do objeto contratado. Necessidade de a Administração conferir tal situação: TCU – Acórdão nº 740/2004 – Plenário – Relatoria: Ministro Ubiratan Aguiar – "9.3. determinar ao Tribunal Regional do Trabalho da 1ª Região que adote as seguintes providências:9.3.1. efetuar pagamentos

COMENTÁRIOS À NOVA LEI DE LICITAÇÕES PÚBLICAS E CONTRATOS ADMINISTRATIVOS

decorrentes de obrigações assumidas mediante a verificação da situação da regularidade fiscal do credor, em observância à Decisão nº 705/94 – Plenário (Ata nº 54/94)."

16. A obrigação de o contratado cumprir as exigências de reserva de cargos prevista em lei, bem como em outras normas específicas, para pessoa com deficiência, para reabilitado da Previdência Social e para aprendiz

Conforme consta dos nossos comentários ao art. 116 da Lei nº 14.133/2021, afigura-se possível que a Administração Pública, por meio do seu poder de compras, ajude a implementação de políticas públicas.

Diante desta função, o art. 116 da nova Lei de Licitações determina expressamente que, ao longo de toda a execução do contrato, o contratado deverá cumprir a reserva de cargos prevista em lei para pessoa com deficiência, para reabilitado da Previdência Social ou para aprendiz, bem como as reservas de cargos previstas em outras normas específicas.

Ante o referido encargo contratual, consoante estabelece o inc. XIX do art. 92 da Lei nº 14.133/2021, passa-se a exigir tal compromisso por meio de cláusula nos contratos administrativos.

17. O modelo de gestão do contrato, observados os requisitos definidos em regulamento

Estabelece o art. 6º, inc. XXIII, al. *f*, da Lei nº 14.133/2021, que o termo de referência é o documento necessário para viabilizar a contratação de bens e serviços, devendo conter diversos parâmetros e elementos descritivos, especialmente o modelo de gestão do contrato, cujo teor descreve como a execução do objeto será acompanhada e fiscalizada pelo órgão ou entidade.

Tal documento tem o condão de guiar ou orientar o gestor do contrato durante todo o período de execução do objeto contratado, estabelecendo a forma e critérios da atuação dos serviços envolvidos com o escopo de verificar se as condições e encargos necessários para execução do contrato estão sendo cumpridos pelo contratado.

Dada a sua importância, exige o inc. XVII do art. 92 que tal documento seja introduzido nos termos do ajuste como uma cláusula contratual necessária. Em nosso sentir, haja vista a complexidade e dimensão que tal documento pode deter, nos parece que é razoável que o mesmo seja um anexo do contrato administrativo. Aguarda-se regulamento para melhor disciplinar a confecção e observância do referido documento.

18. Os casos de extinção

Os casos de extinção do contrato administrativo também devem estar arrolados no instrumento contratual. No âmbito da Lei nº 14.133/2021, os casos de

DA FORMALIZAÇÃO DOS CONTRATOS ARTº 92

extinção do ajuste encontram-se arrolados no art. 137, sugerindo-se, assim, a leitura dos comentários lá oferecidos.

19. As cláusulas dos contratos celebrados pela Administração Pública com pessoas físicas ou jurídicas no exterior

O art. 92, § 1º, da Lei nº 14.133/2021, estabelece que nos contratos celebrados pela Administração Pública com pessoas físicas ou jurídicas, inclusive aquelas domiciliadas em outros países, deverá constar obrigatoriamente cláusula contratual que declare expressamente como competente o foro da sede da Administração Pública contratante para dirimir qualquer questão relacionada aos termos pactuados.

Observa-se que tal disciplina fixa, como regra, uma competência absoluta, sendo norma de ordem pública, inafastável pela vontade das contraentes, vez que foi fixada em prol do interesse público por meio de lei, razão pela qual não poderá ser modificada pela vontade das partes.

Evita-se, por meio desta regra, que a procuradoria do órgão ou entidade, caso venha demandar judicialmente, tenha que ajuizar competente ação no foro do local onde o contratado encontra-se estabelecido, o que será demasiadamente oneroso e poderá desestimular o questionamento judicial dos contornos da contratação.

Excepcionando tais regras, o inc. I do § 1º do art. 92 estabelece a licitação internacional para a aquisição de bens e serviços cujo pagamento seja feito com o produto do financiamento concedido por organismo financeiro internacional de que o Brasil faça parte ou por agência estrangeira de cooperação.

Em relação à referida exceção, temos a considerar que os organismos internacionais de financiamento para o desenvolvimentos de nações, como condição para a realização do empréstimo, impõem como obrigação a necessidade de observância de suas *guidelines*, ou seja, diretrizes de contratação.

Neste sentido, "Salvo quando houver acordo formal para utilização de recursos do financiamento externo para pagamento de despesas realizadas pela entidade executora estadual antes da celebração do contrato de empréstimo do programa a ser financiado, a contratação dessas despesas deve ter por base legal a legislação nacional sobre licitações e contratos, podendo ser adotadas as normas do organismo internacional naquilo que não conflitar com as normas pátrias. Podem ser adotadas as normas e diretrizes do organismo internacional para contratações de obras e serviços e aquisições após a assinatura do contrato de empréstimo" (Tribunal de Contas de Santa Catarina – Consulta nº 02/05994806).

Sendo assim, considerando-se a possibilidade das diretrizes impostas pelo organismo de fomento fixar outro local como foro para dirimir litígios, inteligentemente, a lei de licitações já excepciona tal situação da regra, a qual fixa como competente o foro da sede da Administração Pública contratante.

Por sua vez, o inc. II do § 1º do art. 92 também excepciona a regra de que é competente o foro da sede da Administração Pública contratante quando da celebração de ajuste com empresa estrangeira para a compra de equipamentos fabricados e entregues no exterior precedida de autorização do Chefe do Poder Executivo. Neste caso, tem-se que a fixação da obrigação de qualquer discussão acerca dos contornos da contratação ocorra no Brasil poderá desestimular a participação de empresas estrangeiras de licitações internacionais.

Por fim, o inc. III do §1º do art. 92 igualmente excepciona a regra de que é competente o foro da sede da Administração Pública contratante quando da aquisição de bens e serviços realizada por unidades administrativas com sede no Exterior. Nos parece que o comentário oferecido no dispositivo acima também aplica-se nesse. Demais disto, nos parece que tal exceção, de alguma forma, enquadra-se na regra de que é competente o foro da sede da Administração Pública contratante, pois o Estado Brasileiro detém, por meio de seus entes federativos, unidades administrativas no Exterior, sendo tais órgãos, portanto, os efetivos contratantes, é no referido local que deverá ocorrer a discussão dos termos pactuados, haja vista as enormes dificuldades litigar em Brasília acerca da discussão de inexecução contratual de um contrato de prestação de serviço contratado, por exemplo, no Japão, pela Embaixada japonesa, com uma empresa nipônica.

20. Dos atos preliminares à expedição da ordem de serviços

Uma das grandes falhas constantes da Lei nº 8.666/1993, que poderia ser atualizada por meio de mudança legislativa, era o fraco regime jurídico de vigência dos contratos administrativos. A redação constante do art. 57 era pífio. O administrador público, por exemplo, detinha pouco cabedal normativo para estruturar a execução de contratos administrativos com objetos complexos, a exemplo das soluções integradas, que envolvia locação, fornecimento e prestação de serviços.

No bojo da nova Lei de Licitações, todavia, avançou em muito no sentido de oferecer soluções normativas com o escopo de permitir à Administração Pública a contratação de objetos que efetivamente garantirá a tão sonhada eficiência administrativa.

Neste sentido, observa-se o constante no § 2º do art. 92 da Lei nº 14.133/ 2021, que estabelece que, de acordo com as peculiaridades do objeto a ser contratado e do seu regime de execução, o ajuste conterá cláusula prevendo um período antecedente à expedição da ordem de serviço, para verificação de pendências, liberação de áreas ou adoção de outras providências cabíveis para a regularidade do início da sua execução.

DA FORMALIZAÇÃO DOS CONTRATOS | ARTº 92

Primeiro ponto a considerar é que o referido dispositivo assenta uma determinação obrigatória, ou seja, tal cláusula não é facultativa, devendo a área demandante, quando do planejamento da contratação, verificar quais são os impedimentos, obstáculos, pendências ou providências a ser tomada antes da expedição da ordem de serviço ou fornecimento, fixando o adequado período no edital e contrato. Imagine-se que para expedir a ordem de serviço de início de obra de uma construção de edificação é necessário retirar invasores da área que receberá o equipamento público. Igualmente, pensemos num caso onde para instalar um determinado equipamento seja necessário a realização de obras, modificação de parte elétrica, contratação de um caminhão provido de um munck para içá-lo até a altura necessária etc.

De acordo com o dispositivo em estudo, nos contratos administrativos, dependendo do objeto, existirá cláusula no bojo do instrumento contratual fixando dois prazos, um assentando a vigência do ajuste (esse maior) e o outro para execução do objeto contratado (esse menor).

Com efeito, o prazo de vigência do contrato relaciona-se à duração, ou seja, é aquele fixado como necessário para que as partes cumpram as prestações que foram avençadas. Neste, o lapso eleito computará o período necessário para que a Administração verifique pendências, libere áreas ou adote outras providências cabíveis para a regularidade que seja permitida a execução do objeto pelo particular posteriormente.

Já o prazo de execução do objeto contratado será o período necessário para que o objeto seja executado conforme contido no termo de referência e projeto básico. Assim, o prazo de execução do objeto deverá estar contido no prazo de vigência do contrato.

De longa data, o eg. Tribunal de Contas da União vem manifestando tal entendimento, hoje abarcado pela Lei nº 14.133/2021:

> 14. Ressaltamos que, apesar de coadunarmos com o entendimento exposto pela CPL, entendemos, também, que o Edital poderia esclarecer que o prazo de vigência do contrato teria acréscimo de um mês em relação ao prazo de execução dos serviços, para o devido cumprimento das obrigações contratuais. Opinamos, assim, por determinar à CERON que, doravante, nos processos licitatórios instaurados, faça constar as pertinentes justificativas quando for necessário estabelecer prazos distintos de execução dos serviços e vigência contratual.[186]

---

[186] TCU – Decisão nº 155/02 – Plenário, Processo nº 015.669/01-1. Relatoria: Min. Ubiratan Aguiar. Brasil. Data da Sessão: 06/03/2002.

21. Da obrigatoriedade de cláusula de reajuste nos contratos, independentemente do prazo de duração da avença

A implementação do reajustamento de preços em sentido estrito, forma de manutenção do equilíbrio econômico-financeiro de contrato (art. 6º, inc. LVIII, da Lei nº 14.133/2021), além de observar o contido na nova Lei de Licitações, também deve respeitar a disciplina contida na Lei nº 10.192/2001, que dispõe sobre medidas complementares ao Plano Real.

Assim, admite-se a aplicação do índice de correção monetária previsto nos instrumentos editalício e contratual, eleito em razão de melhor retratar a variação efetiva do custo de produção, sendo admitida a adoção de índices específicos ou setoriais, devendo os mesmos serem motivadamente eleitos pela Administração na fase interna da licitação ou processo administrativo da contratação direta.

A implementação da cláusula de reajuste observará o interregno mínimo de 1 (um) ano, ou seja, não serão reajustados os valores do contrato antes da ocorrência da periodicidade de doze meses, mesmo porque se encontra o reajuste condicionado à observância desse lapso anual, em face das determinações insertas na Lei nº 9.069/1995 e dos critérios estabelecidos na Lei nº 10.192/2001 e, doravante, o disposto no § 8º do art. 25 e §§ 3º e 4º do art. 92 da Lei nº 14.133/2021.

No tocante à introdução de cláusula de reajuste em contratos com cláusula de vigência com prazo de vigência inferior a 1 ano, temos a considerar que, no âmbito da Lei nº 8.666/1993, um contrato administrativo que assentava prazo de vigência de duração inferior a 12 meses era destituído de cláusula de reajuste de preços, haja vista que o art 2º, § 1º, da Lei do Plano Real estabelecia, que, "É nula de pleno direito qualquer estipulação de reajuste ou correção monetária de periodicidade inferior a um ano." Assim, caso fosse objeto de prorrogação, tal ajuste não poderia ser reajustado nos termos da legislação em pauta, sob pena de ilegalidade, haja vista não deter, em seu bojo, cláusula que assim permitisse.

De forma a evitar prejuízo ao particular em razão do desbalanceamento da equação econômico-financeira, uma vez que o reajuste é a forma de manutenção das condições efetivas da proposta, o eg. Tribunal de Contas da União e doutrina passaram com o tempo a admitir a possibilidade de a Administração inserir nos editais e contratos uma cláusula "preventiva" de reajuste no ajuste que, embora tenha prazo de vigência inicial inferior a 12 meses, possa eventualmente, e em razão de fatos supervenientes à sua celebração, superar este período.

Neste sentido sustenta Marçal Justen Filho, ao tratar do regramento contido no art. 2º, § 1º, da Lei nº 10.192/2001: Essas regras também não proíbem a

DA FORMALIZAÇÃO DOS CONTRATOS   ART° 92

inserção de cláusulas de reajuste preventivas para contratos que inicialmente são firmados para períodos inferiores a doze meses[187].

Neste sentido também entende o eg. Tribunal de Contas da União, *in verbis*:

> 39. O raciocínio inverso também é verdadeiro em nossa jurisprudência, inclusive para contratos com prazo de execução inferior a 12 meses. Mesmo nesta situação, pode ser prevista a possibilidade de reajuste de preços, para os casos em que, inexistindo culpa do contratado, o prazo inicialmente pactuado não seja cumprido.
>
> ....
>
> d) No voto do Ministro Relator no Acórdão 297/2005 – TCU – Plenário:
> Por analogia, a jurisprudência do TCU admite que nos contratos com duração inferior a um ano, pode ser prevista a possibilidade de reajuste, com menção ao indicador setorial aplicável, para os casos em que, inexistindo culpa do contratado o prazo inicialmente pactuado não foi cumprido (Decisão 698/2000 – TCU – Plenário). (grifos nossos)
>
> 40. Portanto, inclusive quando o prazo de duração dos contratos administrativos for inferior a 12 (doze) meses, deve o respectivo edital de licitação prever a possibilidade de reajuste, fazendo menção ao indicador setorial aplicável, tendo em vista a possibilidade de, inexistindo culpa do contratado, o prazo inicialmente pactuado não ser cumprido. Nesse sentido, aliás, o disposto no item 8.1.6 da Decisão n° 698/2000 – TCU – Plenário.[188]

Apresentando-se como uma evolução, o § 3º do art. 92 da NLLC, agasalhando o entendimento suprarreferido por força do princípio da intangibilidade da equação econômico-financeira previsto no art. 37, inc. XXI, da Constituição da República de 1988, determina que, independentemente do prazo de duração, todo contrato deverá conter cláusula que estabeleça o índice de reajustamento de preço.

É obrigação, portanto, do edital e contrato prever tal cláusula de reajustamento, sob pena de ilegalidade, devendo ser eleita aquela que, em conformidade com a realidade de mercado dos respectivos insumos, mantenha a equação econômico-financeira.

22.1 Data-base do reajustamento vinculada à data do orçamento estimado

No tocante às condições de implementação da cláusula de reajustamento nos contratos públicos, estabelece o art. 3º, § 1º, da Lei n° 10.192/2001, que a periodicidade anual nos contratos administrativos será contada a partir

---

[187] JUSTEN FILHO, Marçal. *Comentários à Lei de Licitações e Contratos Administrativos*. 15ª ed., São Paulo: Dialética, 2012, p. 644.

[188] TCU – Acórdão n° 2458/2012 – Plenário. Relatoria: Min. José Jorge. Brasil. Data da Sessão: 11/09/2012.

(1.) da data-limite para apresentação da proposta ou (2.) do orçamento a que essa se referir. Diante dessa redação, é importante já fixar uma premissa, qual seja, não poderá a promotora do certame fixar a data da assinatura do contrato ou expedição da ordem de serviço ou qualquer outra como data-base do reajuste de preços.

Com efeito, observam-se duas opções na norma retrocitada, ou seja, pode-se adotar como termo inicial a data-limite para apresentação das propostas ou a data do orçamento. Na primeira hipótese, os preços poderão ser reajustados a partir do mesmo dia e mês do ano seguinte da data da sessão de abertura do certame. Na segunda, é necessário, de início, estabelecer o que se deve entender por data do orçamento a que se referir. Em nosso sentir, a data do orçamento refere-se ao momento em que o Poder Público elaborou o projeto básico ou termo de referência, orçando os custos dos itens necessários para execução do objeto pretenso por meio de pesquisa de mercado ou, ainda, a data da tabela oficial utilizada, o que é costumeiro no caso de obras.

Sendo essa a disciplina constante da Lei do Plano Real e utilizada até então, de forma inovadora, estabelece o art. 92, §3º, da Lei nº 14.133/2021 que, independentemente do prazo de duração, o contrato deverá conter cláusula que estabeleça o índice de reajustamento de preço, com data-base vinculada à data do orçamento estimado.

Ante o estudo do referido dispositivo legal, observa-se que o art. 2º, § 1º, da Lei do Plano Real, que fixava dois marcos temporais para início da contagem da periodicidade anual, restou derrogado em razão do disposto no dispositivo ora comentado. Assim, não mais poderá ser utilizado como data-base para a contagem da anualidade exigida pela Lei nº 10.192/2001, a data da apresentação das propostas comerciais, mas apenas a data da elaboração do orçamento da Administração ou a data da tabela oficial utilizada.

Tal regramento corrige uma tremenda injustiça, fator de desestimulação de participação em certames, haja vista que os orçamentos de composição de custos de algumas licitações têm sido elaborados há muitos meses anteriores ao desencadeamento da licitação e, geralmente, quando a Administração concede o reajustamento conta, como início da anualidade exigida, a data da apresentação das propostas comerciais.

Nesse sentido, utilizando, doravante, o critério constante da Lei nº 14.133/2021, qual seja, a data do orçamento, prestigia-se o princípio da intangibilidade da equação econômico-financeira, pois reduz os problemas advindos de orçamentos desatualizados em virtude do transcurso de vários meses entre a data-base da estimativa de custos e a data de abertura das propostas. Destaque-se que tal entendimento já vinha sendo recomendado pelo eg. TCU, conforme infere-se da leitura do TC 028.129/2020-2.

DA FORMALIZAÇÃO DOS CONTRATOS ART⁰ 92

Por fim, o reajustamento do contrato, desde que previsto expressamente no ato convocatório e respectivo contrato administrativo e cumprida a periodicidade mínima exigida para a sua concessão, independe de requerimento do contratado, já que se trata de um direito já fixado no contrato, não podendo ser subtraído, desde que presentes os requisitos autorizadores.

Neste sentido, corrobora o eminente jurista Celso Antônio Bandeira de Mello, ressalvando, *in verbis*:

> Daí as cláusulas de reajuste, as quais prevêem, como o próprio nome indica, um ajuste automático do valor dos pagamentos à variação do preço dos insumos. Este ajuste se faz de acordo com a fórmula ou sistema preestabelecido, atrelados a índices do custo dos insumos publicados com base em dados oficiais ou por instituições de alta credibilidade, como os da Fundação Getúlio Vargas. Trata-se, como se vê, de mecanismo pelo qual se busca manter incólume, intacta, a igualdade que as partes convencionarem ao travarem o contrato[189]

22.2 – Da fixação de mais de um índice de reajustamento para adequada manutenção da equação econômico-financeira

Demais disso, estabelece o art. 92, § 3⁰, da NLLC, que poderá ser estabelecido mais de um índice específico ou setorial, em conformidade com a realidade de mercado dos respectivos insumos.

Nesse passo, é oportuno esclarecer que existem objetos contratados pela Administração Pública que o seu bojo envolve a execução de atividades distintas, todas, porém, interligadas ao bem maior que deseja receber a Administração. É o caso da construção de conjuntos habitacionais, cuja execução envolve a prestação de serviços de terraplenagem, construção de edificação e pavimentação etc. Haja vista as particularidades envolvidas em cada uma dessas atividades, pode ocorrer que os custos para a execução dos referidos objetos podem variar desproporcionalmente ao longo do tempo. Ante a tal realidade, por exemplo, a Fundação Instituto de Pesquisas Econômicas – Fipe calcula os índices de preços de obras públicas do Estado de São Paulo para a Secretaria da Fazenda estadual para utilização quando do reajuste de contratos de obras públicas no âmbito da administração pública paulista.

Sendo assim, ante a necessidade de manutenção do equilíbrio econômico-financeiro de contrato, não podendo a implementação do reajuste gerar um benefício para o particular até então inexistente ou, ainda, um prejuízo que não deseja experimentar, deverá o órgão demandante, à luz do objeto pretenso, empreender pesquisa com o objeto de conhecer se na sua região é calculado

---

[189] MELLO, Celso Antônio Bandeira de. *Curso de Direito Administrativo*, 25ª ed., São Paulo: Malheiros, 2008, p. 624.

índice específico ou setorial, em conformidade com a realidade de mercado dos respectivos insumos, passando-o a adotar.

22.3 – Da contagem da anualidade para fins de reajustamento nos contratos cujo objeto seja a execução de serviços contínuos

Os contratos cujo objeto assenta uma execução continuada são aqueles serviços auxiliares, necessários à Administração para o desempenho de suas atribuições, eleitos pelo órgão ou entidade à luz da sua missão institucional, cuja interrupção pode comprometer a continuidade de suas atividades e cuja contratação deva estender-se por mais de um exercício financeiro. Exemplificando, são serviços contínuos as atividades de limpeza, vigilância ou controle de acesso, manutenção de equipamentos etc.

Ante a tal conceito, estabelece o art. 91, § 4º, da NLLC, que nos contratos de serviços contínuos, observado o interregno mínimo de 1 (um) ano, o critério de reajustamento de preços será realizado por meio de dois expedientes distintos, eleitos em razão da presença ou não de regime de dedicação exclusiva ou com predominância de mão de obra na execução do objeto contratado.

Sendo assim, caso o objeto do contrato de serviços contínuos não detenha regime de dedicação exclusiva ou com predominância de mão de obra, o reajuste anual ocorrerá por meio de reajustamento em sentido estrito, realizado na forma da Lei do Plano Real (Lei nº 10.192/2001) e normas específicas constantes da NLLC, conforme já se explanou acima.

Por sua vez, caso a execução do objeto demandado exija dedicação exclusiva de mão de obra ou predominância de mão de obra, a exemplo da prestação de serviços de limpeza, portaria etc., o reajuste anual ocorrerá mediante demonstração analítica da variação dos custos incidentes na prestação, por meio do instituto da repactuação, remetendo-se o leitor para as considerações lançadas no art. 135.

23. Da necessidade de medição mensal nos contratos de obras e serviços de engenharia

Sobre tal determinação, recomenda-se a leitura dos comentários oferecidos no inc. VI deste artigo, acima.

24. Da resposta ao pedido de repactuação de preços no prazo de 1 mês

Acerca da referida disciplina, recomenda-se a leitura dos comentários oferecidos no inc. X deste artigo.

DA FORMALIZAÇÃO DOS CONTRATOS | ARTº 93

Artigo 93

Nas contratações de projetos ou de serviços técnicos especializados, inclusive daqueles que contemplem o desenvolvimento de programas e aplicações de internet para computadores, máquinas, equipamentos e dispositivos de tratamento e de comunicação da informação (software) – e a respectiva documentação técnica associada –, o autor deverá ceder todos os direitos patrimoniais a eles relativos para a Administração Pública, hipótese em que poderão ser livremente utilizados e alterados por ela em outras ocasiões, sem necessidade de nova autorização de seu autor.

§ 1º Quando o projeto se referir a obra imaterial de caráter tecnológico, insuscetível de privilégio, a cessão dos direitos a que se refere o caput deste artigo incluirá o fornecimento de todos os dados, documentos e elementos de informação pertinentes à tecnologia de concepção, desenvolvimento, fixação em suporte físico de qualquer natureza e aplicação da obra.

§ 2º É facultado à Administração Pública deixar de exigir a cessão de direitos a que se refere o caput deste artigo quando o objeto da contratação envolver atividade de pesquisa e desenvolvimento de caráter científico, tecnológico ou de inovação, considerados os princípios e os mecanismos instituídos pela Lei nº 10.973, de 2 de dezembro de 2004.

§ 3º Na hipótese de posterior alteração do projeto pela Administração Pública, o autor deverá ser comunicado, e os registros serão promovidos nos órgãos ou entidades competentes.

O referido dispositivo legal, já tido como praxe na legislação licitatória, tem como objetivo garantir à Administração Pública contratante os direitos patrimoniais de exploração daquilo que contratou de uma outra pessoa. Assim ocorre, haja vista a necessidade de o poder público deter, de forma absoluta, os direitos sobre os projetos ou de serviços técnicos especializados, sem maiores problemas ou entraves, de forma a garantir, por exemplo, a atualização, modificação, daquilo que buscou na iniciativa privada, sem aborrecimentos.

Buscar autorização formal e expressa da pessoa, herdeiros, sucessores, toda vez que se almeja discutir o escopo do projeto ou serviço técnico especializado contratado, logicamente, acarretaria prejuízo na realização de gestão, bem como na eficiência administrativa.

Sendo assim, exige o *caput* do art. 93 da NLLC que o autor da obra de natureza intelectual ceda todos os direitos patrimoniais a ele relativos para a Administração Pública, hipótese em que poderão ser livremente utilizados e alterados por ela em outras ocasiões, sem necessidade de nova autorização de seu autor.

Por sua vez, estabelece o § 1º do art. 93 da NLLC que, na ocasião em que o projeto técnico especializado se referir a obra imaterial de caráter tecnológico, insuscetível de privilégio, a cessão dos direitos incluirá o fornecimento de todos os dados, documentos e elementos de informação pertinentes à tecnologia de concepção, desenvolvimento, fixação em suporte físico de qualquer natureza e aplicação da obra. Por meio desta determinação, deverá ser aposta em meio físico toda a arquitetura de programação, organizada tecnologicamente, envolvida no trabalho de natureza intelectual contratado.

No tocante ao art. 93, § 2º, da NLLC, fixa o referido parágrafo que é facultado à Administração Pública deixar de exigir a cessão de direitos quando o objeto da contratação envolver atividade de pesquisa e desenvolvimento de caráter científico, tecnológico ou de inovação, considerados os princípios e os mecanismos instituídos pela Lei nº 10.973, de 2 de dezembro de 2004.

No tocante ao referido dispositivo, temos a considerar que o mesmo faculta à Administração Pública exigir a cessão dos direitos patrimoniais de objetos levando-se em consideração os objetivos da política pública fixada na Lei da Inovação. Com efeito, nos parece que a transferência dos direitos patrimoniais da solução tecnológica desenvolvida à Administração Pública pode, estrategicamente e de alguma forma, prejudicar a continuidade da pesquisa, prejudicando a persecução dos objetivos almejados com a referida lei, cujo teor oferece incentivos à inovação e à pesquisa científica e tecnológica no ambiente produtivo. Imagine-se que o criador da solução tecnológica desenvolvida, em razão da transferência dos direitos patrimoniais, seja impedido de continuar com as pesquisas e estudos daquilo que desenvolveu e que continua aprimorando. Assim, garante-se ao desenvolvedor o direito de continuar proprietário da ferramenta comercializada ou cedida à Administração Pública.

Estabelece o § 3º do art. 93 da NLLC que, em caso de posterior alteração do projeto contratado de terceiro pela Administração Pública, o autor da obra de natureza intelectual deverá ser comunicado e os registros serão promovidos nos órgãos ou entidades competentes. Com efeito, é garantido ao autor do programa de computador, a qualquer tempo, o direito de reivindicar a paternidade, conforme prevê o art. 2º, § 1º, da Lei nº 9.609/1998. Ante a tal direito, garante a nova Lei de Licitações que o autor seja comunicado das alterações da sua criação, bem como a realização dos registros competentes.

Por derradeiro, tem-se que art. 30, parágrafo único, da NLLC, fixa que, nos concursos destinados à elaboração de projeto, o vencedor deverá ceder à Administração Pública, nos termos do artigo em comento, todos os direitos patrimoniais relativos ao projeto e autorizar sua execução conforme juízo de conveniência e oportunidade das autoridades competentes.

DA FORMALIZAÇÃO DOS CONTRATOS ART⁰ 94

Artigo 94

A divulgação no Portal Nacional de Contratações Públicas (PNCP) é condição indispensável para a eficácia do contrato e de seus aditamentos e deverá ocorrer nos seguintes prazos, contados da data de sua assinatura:

I – 20 (vinte) dias úteis, no caso de licitação;

II – 10 (dez) dias úteis, no caso de contratação direta.

§ 1º Os contratos celebrados em caso de urgência terão eficácia a partir de sua assinatura e deverão ser publicados nos prazos previstos nos incisos I e II do caput deste artigo, sob pena de nulidade.

§ 2º A divulgação de que trata o caput deste artigo, quando referente à contratação de profissional do setor artístico por inexigibilidade, deverá identificar os custos do cachê do artista, dos músicos ou da banda, quando houver, do transporte, da hospedagem, da infraestrutura, da logística do evento e das demais despesas específicas.

§ 3º No caso de obras, a Administração divulgará em sítio eletrônico oficial, em até 25 (vinte e cinco) dias úteis após a assinatura do contrato, os quantitativos e os preços unitários e totais que contratar e, em até 45 (quarenta e cinco) dias úteis após a conclusão do contrato, os quantitativos executados e os preços praticados.

§ 4º (VETADO)

§ 5º (VETADO)

O artigo 94 da NLLC estabelece que será condição indispensável para a eficácia do contrato e seus aditamentos, a divulgação do ajuste e seus aditivos no Portal Nacional das Contratações Públicas, doravante PNCP, criado pelo art. 174 da nova Lei de Licitações.

O PNCP, a ser ainda objeto de implementação, será o sítio eletrônico oficial destinado à divulgação centralizada e obrigatória dos atos exigidos pela NLLC à realização facultativa das contratações pelos órgãos e entidades dos Poderes Executivo, Legislativo e Judiciário de todos os entes federativos (art. 174, incs. I e II).

É salutar a criação deste portal, uma vez ser necessário que o governo brasileiro detenha informações acerca do volume e demais particularidades das contratações públicas nacionais, o que somente será possível mediante a obrigação legal desta natureza, ou seja, condicionar o cadastramento do contrato e aditivos como condição indispensável para a eficácia dos atos lá observados.

Estabelecem os incisos do art. 94 da NLLC que deverá ser divulgado no referido portal, como condição de eficácia do ajuste e seus aditivos, a contar (I) da sua assinatura, em 20 dias úteis no caso de ajustes que precedeu certame licitatório e em (II) 10 dias úteis no caso de contratos administrativos decorrentes de contratação direta (dispensas e inexigibilidades de licitação), sob pena de o referido ajuste apresentar-se irregular.

Em caso de contratos celebrados com urgência, prevê o § 1º do artigo estudado que tais ajustes terão eficácia a partir da sua assinatura e deverão ser publicados nos prazos previstos nos incisos I e II do *caput* do artigo estudado, sob pena de nulidade. Ou seja, o referido dispositivo legal não fixa a publicação como condição de eficácia, haja vista a necessidade de atuação imediata do poder público por meio do objeto contratado. Sendo assim, da leitura do dispositivo, os contratos celebrados em caso de urgência são decorrentes de licitação, a publicação deverá ocorrer em 20 dias úteis e caso a contratação do objeto para atender a situação calamitosa ocorreu sem licitação, deverá a publicação do ajuste ocorrer em 10 dias úteis.

Caso sejam ultrapassados os prazos acima colacionados sem a realização da divulgação no portal, deverá a Administração contratante realizar a inserção, mesmo que extemporaneamente, o que sanearia a irregularidade, entretanto, a realização de tal expediente não afasta a responsabilização pela conduta omissiva do agente responsável.

Com o objetivo de tornar mais transparente os termos de ajustes de contratação de shows e demais apresentações artísticas, haja vista o histórico de superfaturamento observado em contratações diretas por inexigibilidade de licitação pelo País – Operação "Pão e Circo" (PB) e Operação "Máscara Negra" (RN) –, o § 2º do art. 94 da NLLC exige que, quando o objeto do contrato administrativo celebrado referir-se à contratação de profissional do setor artístico por inexigibilidade (art. 73, inc. II), deverá ser devidamente identificado no PNCP os valores despendidos com o cachê da apresentação do artista, dos músicos ou da banda que o acompanha, quando houver, bem como os valores despendidos com transporte dos artistas e estrutura, hospedagem do artista, grupo ou banda, e infraestrutura utilizada, logística necessária para a realização do evento, e outras despesas específicas que for necessárias para a viabilização da apresentação.

Por sua vez, o § 3º do art. 94 da nova Lei de Licitações estabelece que, no caso de contratação de obras, e em nosso sentir, serviços de engenharia, a Administração contratante também divulgará em seu sítio eletrônico oficial, em até 25 dias úteis após a assinatura do contrato, os quantitativos e os preços unitários e totais que contratou. Deverá, ainda e futuramente, em até 45 dias úteis após a conclusão do contrato, publicar ou divulgar os quantitativos executados e os preços efetivamente praticados, melhor dizendo, aqueles pagos ao particular contratado.

Nos parece que o objetivo da referida sistemática é confirmar se a vantajosidade observada na proposta vencedora do certame confirma-se na conclusão

DA FORMALIZAÇÃO DOS CONTRATOS   ART° 95

do objeto contratado, o que será possível com a inserção dos quantitativos e valores, haja vista a existência do expediente denominado "jogo de planilhas". Resumidamente, ocorre o expediente denominado "jogo de planilha" durante a execução de um contrato administrativo, cujo objeto é uma obra ou serviço de engenharia, quando se acrescem itens de quantidades inexpressivas, nos quais se observa sobrepreço, passando a ter quantidades significativas na execução do contrato, realizando-se, ato contínuo, a supressão de itens que se apresentam com quantidades elevadas e que o particular ofertou preço ínfimo.

Artigo 95

O instrumento de contrato é obrigatório, salvo nas seguintes hipóteses, em que a Administração poderá substituí-lo por outro instrumento hábil, como carta-contrato, nota de empenho de despesa, autorização de compra ou ordem de execução de serviço:

I – dispensa de licitação em razão de valor;

II – compras com entrega imediata e integral dos bens adquiridos e dos quais não resultem obrigações futuras, inclusive quanto a assistência técnica, independentemente de seu valor.

§ 1° Às hipóteses de substituição do instrumento de contrato, aplica-se, no que couber, o disposto no art. 92 desta Lei.

§ 2° É nulo e de nenhum efeito o contrato verbal com a Administração, salvo o de pequenas compras ou o de prestação de serviços de pronto pagamento, assim entendidos aqueles de valor não superior a R$ 10.000,00 (dez mil reais).

Estabelece o art. 95 da nova Lei de Licitação que o instrumento de contrato, seja ele administrativo ou não – a exemplo do contrato de aluguel ou outros de natureza privada –, precedidos ou não de licitação, com todas as cláusulas essenciais, as quais estão arroladas no art. 92, será obrigatório para todas as hipóteses contratuais, elencadas as exceções em seus dois incisos, hipóteses em que a Administração poderá substituí-lo por instrumento hábil, como carta-contrato, nota de empenho de despesa, autorização de compra ou ordem de execução de serviço.

O objetivo desse permissivo é desburocratizar o procedimento de compra naquelas hipóteses em que esteja evidenciado que o contrato será de pouca serventia para a Administração Pública devido à ausência de riscos na aquisição em questão.[190]

---

[190] TCU, Acórdão n° 367/03, Plenário – Data do Julgamento: 16/04/2003

COMENTÁRIOS À NOVA LEI DE LICITAÇÕES PÚBLICAS E CONTRATOS ADMINISTRATIVOS

Observa-se maior rigor no novo diploma legal, pois o termo contratual era obrigatório, na vigência da Lei nº 8.666/1993, nos casos de tomada de preços, concorrência, na dispensa ou inexigibilidade de licitação, cujo valor esteja compreendido nos limites das modalidades tomada de preços e concorrência; e nas contratações de qualquer valor das quais resultem obrigações futuras, sendo afastado nos demais casos. Hoje não. Exceção feita às duas hipóteses que abaixo restarão elencadas, a celebração do ajuste com o detentor da proposta mais vantajosa será obrigatória, independentemente de ser precedido ou não de licitação e da modalidade de certame adotada.

Com efeito, passa-se exigir formalidade e solenidade na formalização de contratos celebrados pelo Poder Público, haja vista a necessidade de tornar claro para ambas as partes do contrato administrativo as cláusulas obrigatórias, de forma a deixar explicitados os direitos e obrigações de cada uma das partes, num novo cenário de contratações, cujos ajustes podem vigorar por até 35 anos (art. 109, inc. II), e tal ajuste pode ser manuseado por diversas pessoas, em ambos os polos do ajuste.

Excepcionalizando tal regra, de forma a desburocratizar as compras governamentais, arrola o art. 95 da NLLC dois incisos onde o termo do ajuste poderá ser afastado, vale dizer, quando: (I) a Administração tiver celebrado um ajuste em razão do pequeno valor, conforme estabelece o art. 75, incs. I e II, da NLLC e (II) quando o objeto da contratação for compras com entrega imediata e integral dos bens adquiridos e dos quais não resultem obrigações futuras, inclusive quanto à assistência técnica, independentemente de seu valor.

Existindo as devidas razões para a celebração do ajuste, haja vista a necessidade de proteção do interesse público, mesmo diante da possibilidade de afastamento da celebração do contrato, poderá a Administração formalizar e assinar ajuste, considerando-se a discricionariedade verificada no *caput* do artigo em estudo.

Acerca dos motivos que levam a NLLC a afastar a celebração de ajuste típico em casos de contratação direta em razão do pequeno valor, tem-se que eles repousam no fato que o diminuto dispêndio de recursos públicos não justifica a movimentação da custosa máquina administrativa, tanto para processar a devida licitação ou contratação direta, como para celebrar um contrato administrativo solene, com todas as cláusulas arroladas no art. 92.

Por sua vez, sobre a possibilidade do afastamento da celebração de contrato administrativo típico, com todas as suas cláusulas essenciais previstas no art. 92 da NLLC, tal pretensão poderá ocorrer quando o objeto demandado for compras com entrega imediata e integral dos bens adquiridos e dos quais não resultem obrigações futuras, inclusive quanto à assistência técnica, independentemente de seu valor.

596

DA FORMALIZAÇÃO DOS CONTRATOS   ART° 95

Analisando as condições impostas, observa-se que o conceito de entrega imediata encontra-se previsto no inc. X do art. 6º da NLLC, considerando a nova Lei de Licitações como "entrega imediata" aquela realizada com prazo de entrega de até 30 (trinta) dias da ordem de fornecimento. Observa-se que a entrega imediata deve ser integral, ou seja, deve ocorrer em apenas uma oportunidade – diferentemente de uma compra parcelada –, ou seja, ser inteira, completa, sem a falta de nenhum elemento ou componente essencial, assim, não está relacionada apenas ao quantitativo, mas, sim, ao estado da coisa; imagine-se que poderá o quantitativo inteiro ser contratado, porém faltando uma peça ou parte para o pleno funcionamento – sendo que a pretensão de entregar da forma que não seja na integralidade já impede a substituição do ajuste por um instrumento equivalente.

Acerca do segundo condicionante, poderá ser afastada a celebração do contrato administrativo, substituindo por um instrumento equivalente quando o objeto do contrato for compras com entrega imediata e integral dos bens adquiridos dos quais não resultem obrigações futuras, inclusive quanto à assistência técnica. Sendo assim, à luz do objeto contratado, existindo obrigações futuras, como a montagem, a realização de testes, a configuração, a manutenção, o funcionamento, o licenciamento, bem como a assistência técnica, não poderá o instrumento contratual ser afastado.

Estabelece o art. 95, § 1º, da NLLC, que, quando for o caso de substituição do instrumento de contrato por um instrumento equivalente, aplica-se, no que couber, o disposto no art. 92 desta lei. Sendo assim, deverá o administrador público estar atento quando substituir o instrumento de contrato por um equivalente, pois a não celebração do típico contrato administrativo, com suas cláusulas necessárias, constantes do art. 92, não afasta a necessidade da sua previsão nos instrumentos equivalentes, devendo ser previsto no corpo da carta-contrato, nota de empenho de despesa, autorização de compra ou ordem de execução de serviço ou como anexo, as cláusulas que couber à luz das particularidades do caso concreto. Assim, deverá conter os elementos característicos do objeto, o prazo de entrega do objeto, os direitos e responsabilidades das partes, as penalidades cabíveis, dentre outras informações, respeitadas, por óbvio, as limitações do próprio instrumento.

Exemplificando, em relação à prerrogativa fiscalizatória e sancionatória, deverão as regras sancionatórias constar do instrumento equivalente, sob pena de inviabilizar a aplicação de penalidade. Melhor esclarecendo, mesmo sendo o ajuste formalizado por meio de instrumento equivalente ao contrato, conforme disposto no art. 95 desta lei, para que uma penalidade seja aplicada deve haver expressa previsão (no processo administrativo ou como anexo) das penalidades cabíveis em caso de inadimplemento contratual.

COMENTÁRIOS À NOVA LEI DE LICITAÇÕES PÚBLICAS E CONTRATOS ADMINISTRATIVOS

Assim, com a finalidade de evitar a não-aplicação das penalidades ao contratante que descumprir o ajuste, nas contratações que se derem por meio de instrumentos mais simplificados, por exemplo, o art. 11 do Decreto do Município de São Paulo nº 49.129/2008, determina que, quando a nota de empenho substituir o termo de contrato ou outros instrumentos hábeis, *é obrigatória a emissão do anexo de empenho, que deverá conter todos os dados essenciais de um contrato*, que entendemos ser as cláusulas essenciais do contrato, as quais estão devidamente elencadas no art. 92 da NLLC, o que, dessa forma, autorizaria a aplicação da penalidade.

Já o § 2º do art. 95 da NLLC, estabelece que é nulo e de nenhum efeito o contrato verbal com a Administração, salvo o de pequenas compras ou o de prestação de serviços de pronto pagamento, assim entendidos aqueles de valor não superior a R$ 10.000,00.

Esclarecendo o conteúdo jurídico desse dispositivo legal, quando a Administração Pública se relaciona com particulares, buscando o fornecimento de bens ou a prestação de serviços necessários a fim de perseguir seus objetivos institucionais, podem ocorrer situações em que a realização de uma despesa não receba o suporte de um contrato administrativo, ou do instrumento equivalente, na forma do art. 94 da NLLC, válido.

Ilustra-se, por exemplo, a aquisição de um bem ou contratação de um serviço sem a competente licitação, ou celebração de contrato ou instrumento equivalente; realização de serviços extraordinários aos regularmente contratados ou de acréscimos quantitativos que superem os limites fixados no art. 125 da Lei nº 8.666/1993, dentre outros.

Quando assim ocorrer, estabelece o art. 95, § 2º, da NLLC, que é nulo e de nenhum efeito tal contrato verbal, excepcionalizado aqueles ajustes cujo objeto refere-se a pequenas compras de pronto pagamento, assim entendidas aquelas de valor não superior a R$ 10.000,00 (dez mil reais).

CAPÍTULO II – DAS GARANTIAS

Artigo 96

A critério da autoridade competente, em cada caso, poderá ser exigida, mediante previsão no edital, prestação de garantia nas contratações de obras, serviços e fornecimentos.

§ 1º Caberá ao contratado optar por uma das seguintes modalidades de garantia:

I – caução em dinheiro ou em títulos da dívida pública emitidos sob a forma escritural, mediante registro em sistema centralizado de liquidação

DAS GARANTIAS ARTº 96

e de custódia autorizado pelo Banco Central do Brasil, e avaliados por seus valores econômicos, conforme definido pelo Ministério da Economia;

II – seguro-garantia;

III – fiança bancária emitida por banco ou instituição financeira devidamente autorizada a operar no País pelo Banco Central do Brasil.

§ 2º Na hipótese de suspensão do contrato por ordem ou inadimplemento da Administração, o contratado ficará desobrigado de renovar a garantia ou de endossar a apólice de seguro até a ordem de reinício da execução ou o adimplemento pela Administração.

§ 3º O edital fixará prazo mínimo de 1 (um) mês, contado da data de homologação da licitação e anterior à assinatura do contrato, para a prestação da garantia pelo contratado quando optar pela modalidade prevista no inciso II do § 1º deste artigo.

É notório que a Administração Pública assume diversos riscos quando decide transferir para a iniciativa privada o encargo de receber bens, viabilizar serviços e obras necessárias para a consecução dos seus objetivos institucionais, já que a atuação do contratado para a execução desses objetos, por tal e qual motivo, pode fracassar ou não ocorrer da forma planejada, o que gerará diversos prejuízos para o poder público, tendo em vista o interesse público envolvido.

Sabedor desses riscos, é tradição dos diplomas legais licitatórios consignar a possibilidade de o administrador público lançar mão de garantias contratuais, exigindo daqueles que querem realizar negócios com o Poder Público, com o objetivo de mitigar os prejuízos futuros decorrentes da má execução dos contratos administrativos.

Sendo assim, o art. 96 da NLLC estabelece que, a critério da autoridade competente, em cada caso, mediante previsão editalícia e contratual, poderá ser exigida prestação de garantia nas contratações de obras, serviços e compras, na forma dos dispositivos subsequentes. A ausência dos requisitos acima colacionados macularão a legalidade do certame, uma vez que tal exigência será entendida como restritiva.

Pois bem. Analisando o conteúdo jurídico assentado no *caput* do art. 96 da nova Lei de Licitações, observa-se que a inserção da exigência de garantia no ato convocatório é critério da Administração licitante, devendo existir motivada justificada da autoridade competente para permitir a fixação de uma exigência desta natureza no instrumento convocatório.

Destaque-se que tal justificativa, a ser prolatada pela autoridade competente, deverá ocorrer em cada caso, ou seja, para cada necessidade administrativa concretizada num processo licitatório autônomo, deverá existir uma motivação para exigência da garantia contratual, sendo, portanto, descabida

COMENTÁRIOS À NOVA LEI DE LICITAÇÕES PÚBLICAS E CONTRATOS ADMINISTRATIVOS

uma autorização genérica para solicitar uma garantia para todos os contratos que porventura venha o Poder Público celebrar.

Caso a Administração decida exigir no instrumento convocatório garantia de contratação, a mesma deverá ocorrer nos estritos termos da lei, não podendo o Poder Público criar regras específicas, podendo apenas agir discricionariamente dentro dos parâmetros permitidos na lei, a exemplo de fixar um percentual até o limite estabelecido.

Entende-se que, em caso de licitações cujo objeto é dividido por itens ou lotes, será admitida a prestação de garantia de licitação ou contratual proporcionalmente ao item ou lote que apresentará oferta.

Previsto motivadamente no instrumento convocatório a prestação de garantia contratual, deverá a Administração exigir o cumprimento da referida obrigação, não podendo afastar tal encargo ou admitir que ocorra em desconformidade com as regras do edital, sob pena de violação do princípio da estrita vinculação ao edital.

O não atendimento da apresentação da garantia contratual exigida no instrumento convocatório no momento oportuno caracteriza inexecução parcial do contrato, sendo tal comportamento um elemento acarretador de instauração de processo administrativo sancionatório e rescisório, na forma do art. 115 da NLLC.

As garantias que poderão ser exigidas dos proponentes são aquelas arroladas no § 1º do art. 96 da NLLC, sendo entendido tal rol como *numerus clausus*, ou seja, não poderá a Administração exigir outra espécie que não seja aquelas expressamente arroladas.

Em relação às modalidades de garantia previstas no § 1º do art. 96 da NLLC, não foram arroladas outras que não sejam aquelas tradicionalmente previstas nos diplomas legais anteriores.

Exceção feita ao disposto no art. 102 da NLLC, conforme estabelece o § 1º do art. 96 da referida norma, como regra, a eleição de uma das garantias arroladas em seus incisos é prerrogativa do licitante ou contratado, devendo ele adotar aquela que lhe seja a mais conveniente dentro da sua estratégia empresarial, sendo vedado à Administração Pública exigir uma em detrimento de outra, não podendo o Poder Público realizar tal escolha no lugar do particular ou recusar a espécie adotada, salvo se a garantia apresentada estiver em desconformidade com o regramento que fixa a sua validade.

Como regra, caso assim ocorra, estará maculada a legalidade do certame, sendo passível de anulação. A exceção de tal regra, no caso de contratação de obras e serviços de engenharia de grande vulto, poderá a Administração exigir do particular contratado que apresente a sua garantia por meio de seguro-garantia, conforme infere-se da leitura do art. 102.

DAS GARANTIAS · ART° 96

Constituem-se em modalidades de garantia o dinheiro, os títulos da dívida pública, a fiança bancária e o seguro-garantia, na forma do que dispõe o art. 96, § 1º, incs. I a III da NLLC.

De forma a proteger o particular contratado, evitando desembolsos financeiros injustificáveis, o § 2º do art. 96 da NLLC fixa que, na hipótese de suspensão do contrato por ordem ou inadimplemento da Administração, o contratado ficará desobrigado de renovar a garantia ou de endossar a apólice de seguro até a ordem de reinício da execução ou o adimplemento pela Administração. Disciplina acertada, pois estando a execução do contrato suspensa por ordem ou inadimplemento da Administração, estando suspenso o recebimento de valores atinentes à execução daquilo que foi interrompido, não poderá o particular incorrer em despesas desnecessárias, as quais podem piorar a situação financeira do contratado.

Outro dispositivo legal que merece aplauso é o § 3º do art. 96 da NLLC, que estabelece que o ato convocatório fixará prazo mínimo de 1 (um) mês, contado da data da homologação da licitação e anterior à assinatura do contrato, para a prestação da garantia pelo contratado quando optar pela modalidade prevista no inc. II do § 1º deste artigo, vale dizer, o seguro-garantia.

Esclarecendo as razões, observa-se que as instituições bancárias analisam a situação econômica das empresas para fins de contratação do seguro-garantia, podendo, portanto, existir dificuldades para que as empresas contratem e apresentem tal modalidade de garantia contratual de forma a atender o requisito editalício. Pode ocorrer que a empresa adjudicatária detenha alguma restrição nos órgãos de proteção ao crédito e precise de algum tempo para saldá-la e conseguir, assim, a emissão do referido produto bancário.

Diante da tal dificuldade, necessariamente, o edital fixará prazo mínimo de 1 mês para a apresentação da garantia, podendo o referido prazo ser superior caso o valor da garantia seja excessivo ou as particularidades do seguro-garantia ou objeto a ser segurado exijam maiores análises das instituições financeiras. O início da contagem do prazo fixado no edital será a data da homologação da licitação.

Deverá o ato convocatório fixar a ocasião em que o particular contratado apresentará a garantia contratual a ser prestada. O ideal é que o cumprimento da exigência editalícia ocorra em momento anterior à celebração do contrato administrativo, evitando, assim, a movimentação da máquina administrativa para rescindir o ajuste em caso de não apresentação de garantia contratual.

Sendo prestada em dinheiro, tem-se que a sua restituição deverá ocorrer ao final do contrato, devendo estar atualizada monetariamente, como veremos nos comentários ofertados no art. 100.

COMENTÁRIOS À NOVA LEI DE LICITAÇÕES PÚBLICAS E CONTRATOS ADMINISTRATIVOS

Jurisprudência e decisões dos Tribunais de Contas

Contrato administrativo. Garantia contratual. Alteração da garantia prestada. Impossibilidade, salvo nos casos de atualização: TCU – Acórdão nº 1.617/2006 – Plenário – Relatoria: Ministro Guilherme Palmeira – "2. É vedado à Administração autorizar alteração no valor da garantia contratual prevista em edital, salvo quando haja alteração do valor do objeto do contrato prevista no § 2º do art. 56 da Lei nº 8.666/93."

Contrato administrativo. Garantia contratual. Prorrogação. Necessidade de revalidação ou apresentação de nova garantia contratual: TCU – Decisão 407/2002 – Segunda Câmara – Relatoria: Ministro Relator Adylson Motta – "8.1.4.verifique a vigência das garantias prestadas aos contratos firmados, exigindo da empresa contratada o cumprimento da cláusula contratual que lhes exige revalidar ou apresentar nova garantia, em caso de assinatura de termo aditivo para prorrogação contratual."

Contrato administrativo. Garantia contratual. Prestação da garantia. Momento oportuno. Ocasião da assinatura do contrato: TCU – Decisão nº 419/1996 – Plenário – Relatoria: Ministro Humberto Guimarães Souto – "O Tribunal Pleno, diante das razões expostas pelo Relator, DECIDE: 1 – determinar ao Tribunal Regional Eleitoral do estado de São Paulo a adoção das seguintes medidas tendo em vista os ditames contidos na Lei nº 8.666/93: 1.8 – exigir dos contratados a apresentação da garantia quando da assinatura do contrato, nas ocasiões em que essa for considerada necessária, ou que faça constar do edital de licitação o prazo para o cumprimento dessa obrigação (art. 56)."

Contrato administrativo. Garantia contratual. Caução. Aceitação de Cheque. Descabimento: TCU – Acórdão nº 1.981/2009 – Plenário – Ministro Relator Valmir Campelo – "9.7.3. limite-se a prever em seus editais e aceitar como garantia as modalidades previstas no art. 56, § 1º, da Lei n. 8.666/93, abstendo de incluir itens não previstos no diploma legal, como a apresentação de cheques;"

Contrato administrativo. Garantia contratual. Títulos da dívida pública. Papéis podres. Aceitação é descabida: TCU – Acórdão nº 3.892/2009 – 1ª Câmara – Relatoria: Ministro Augusto Nardes – "1.5.2. determinar: (...) 1.5.2.2. à Prefeitura de Boa Vista/RR que, ao realizar licitações, abstenha-se de aceitar em garantia títulos públicos que não tenham qualquer valor legal, em estrita observância aos preceitos estabelecidos nos Decretos-leis nºs 263, de 28/2/1967, e 396, de 30/12/1968, no Decreto nº 20.910, de 6/1/1932, e na Lei nº 4.069, de 11/6/1962."

Artigo 97

O seguro-garantia tem por objetivo garantir o fiel cumprimento das obrigações assumidas pelo contratado perante à Administração, inclusive as multas, os prejuízos e as indenizações decorrentes de inadimplemento, observadas as seguintes regras nas contratações regidas por esta Lei:

DAS GARANTIAS   ART° 97

I – o prazo de vigência da apólice será igual ou superior ao prazo estabelecido no contrato principal e deverá acompanhar as modificações referentes à vigência deste mediante a emissão do respectivo endosso pela seguradora;

II – o seguro-garantia continuará em vigor mesmo se o contratado não tiver pago o prêmio nas datas convencionadas.

Parágrafo único. Nos contratos de execução continuada ou de fornecimento contínuo de bens e serviços, será permitida a substituição da apólice de seguro-garantia na data de renovação ou de aniversário, desde que mantidas as mesmas condições e coberturas da apólice vigente e desde que nenhum período fique descoberto, ressalvado o disposto no § 2º do art. 96 desta Lei.

O art. 97 da nova Lei de Licitações é expresso no sentido de estabelecer que o objetivo do seguro-garantia, no âmbito das contratações públicas, é garantir o fiel cumprimento das obrigações assumidas pelo contratado junto à Administração, inclusive as multas, prejuízos e indenizações decorrentes de inadimplemento.

Logo, sob pena de caracterização de ilegalidade, não poderão os recursos públicos ingressados nos cofres a título de pagamento do seguro-garantia ter um fim que não seja garantir o estrito cumprimento das condições do contrato administrativo, seu objeto principal e acessório, devendo ainda os valores percebidos compensar as multas contratuais impostas pela Administração contratante, ao cabo do devido processo legal, na forma do que consta o edital e o contrato, para fazer frente aos prejuízos experimentados pela Administração em razão do descumprimento das condições pactuadas, além de adimplir as indenizações apuradas também por meio do devido processo decorrentes do inadimplemento das obrigações assumidas pelo particular contratado.

Estabelece o inc. I do art. 97, da NLLC, que o prazo de vigência da apólice do seguro-garantia contratado por instituição financeira será igual ou superior ao estabelecido no contrato principal e deverá acompanhar as modificações empreitadas no ajuste referentes à vigência do contrato mediante a emissão do respectivo endosso pela seguradora.

Analisando o conteúdo jurídico do referido inciso, observa-se que não poderá a Administração aceitar uma apólice de seguro-garantia cujo teor não apresente cobertura referente a todo o período de vigência contratual, sob pena de não ser protegido o objetivo da garantia contratual, pois a qualquer momento poderá a contratante acionar a seguradora, sendo necessário que a apólice de seguro esteja vigente,.

Logo, deverá a Administração se atentar continuamente para o prazo de vigência da apólice do seguro-garantia apresentada, de forma a garantir a estrita cobertura securitária durante todo o período do contrato administrativo, devendo acompanhar as modificações referentes à vigência deste, por exemplo, modificação do valor da contratação em razão da reajustamento, acréscimo quantitativo ou qualitativo do objeto, mediante a emissão do respectivo endosso pela seguradora ou, ainda, a prorrogação do ajuste, de forma a permitir a cobertura durante o período alongado.

Quando trata o referido inciso que a garantia deve ser superior ao prazo de contrato, busca-se proteger e garantir que a seguradora seja acionada após o prazo de conclusão do objeto, haja vista a possibilidade de ser observada a ocorrência de circunstância que caracterize inexecução contratual ou, ainda, seja necessário suportar multas contratuais ou indenizar a Administração dos prejuízos comprovados.

Por sua vez, o inc. II do § 1º do art. 97, da NLLC, estabelece que o seguro-garantia contratado com instituição financeira continuará vigente mesmo se o particular não tiver pago o prêmio nas datas convencionadas, sendo mantida a cobertura da apólice. Analisando o referido dispositivo legal, entende-se que ele vem a proteger a Administração daqueles particulares que contratam seguro-garantia pagando o prêmio parceladamente, vindo a honrar apenas a primeira parcela, sendo esse um risco para a seguradora. Impondo-se tal regramento, evita-se o esvaziamento do objetivo da exigência de seguro-garantia para obras, pois o mesmo deverá ser garantido à Administração, mesmo que o contratado não honre seu compromisso de pagar o prêmio. Neste caso, deverá a instituição financeira buscar o pagamento dos valores devidos pelo contratado, amigável ou judicialmente.

Já o parágrafo único do art. 97, da NLLC, permite a substituição da apólice do seguro-garantia nos contratos cujo objeto for de execução continuada ou fornecimento continuado de bens e serviços, na data da renovação ou do aniversário, vale dizer, quando o referido título vier a perder a sua validade, devendo ser mantida pelo particular e pela instituição financeira, as mesmas condições e coberturas da apólice vigente, para que nenhum período fique descoberto, ressalvado o disposto no § 2º do art. 96, cujo teor estabelece que, na hipótese de suspensão do contrato por ordem ou inadimplemento da Administração, o contratado ficará desobrigado de renovar a garantia ou de endossar a apólice de seguro até a ordem de reinício da execução ou o adimplemento pela Administração.

Nos parece que a substituição da apólice de seguro-garantia na data da renovação ou do aniversário pode ter como objetivo a busca pelo contratado de melhores condições econômicas quando da renovação da apólice.

DAS GARANTIAS ART.º 98

Deverá o gestor do contrato atuar atentamente quando da análise de tal pretensão, com o escopo de verificar se a nova apólice mantém as mesmas condições e coberturas da daquela que será substituída, para que nenhum período fique descoberto, sob pena de o objetivo da referida garantia contratual restar esvaziado em caso de acionamento da instituição financeira.

Jurisprudência e decisões dos Tribunais de Contas

Contrato administrativo. Garantia contratual. Atualização da garantia na ocasião da alteração dos valores contratuais. Necessidade: TCU – Acórdão nº 1.726/ 2008 – Plenário – Relatoria: Ministro Augusto Sherman Cavalcanti – "9.1. determinar à Fundação Nacional de Artes (Funarte/MinC) que: 9.1.6. exija das empresas contratadas a atualização da garantia prevista no art. 56 da Lei 8.666/93, sempre que houver alteração do valor do contrato, em respeito ao § 2º do citado dispositivo legal."

ARTIGO 98
Nas contratações de obras, serviços e fornecimentos, a garantia poderá ser de até 5% (cinco por cento) do valor inicial do contrato, autorizada a majoração desse percentual para até 10% (dez por cento), desde que justificada mediante análise da complexidade técnica e dos riscos envolvidos.
Parágrafo único. Nas contratações de serviços e fornecimentos contínuos com vigência superior a 1 (um) ano, assim como nas subsequentes prorrogações, será utilizado o valor anual do contrato para definição e aplicação dos percentuais previstos no caput deste artigo.

O art. 98 da NLLC, com a mesma intenção verificada no § 3º do art. 56 da Lei nº 8.666/1993, permitiu a majoração do percentual da garantia contratual, fixada como regra, em 5%, para até 10% do valor inicial da contratação.

No âmbito da antiga Lei de Licitações, todavia, tal possibilidade somente poderia legalmente ocorrer caso o objeto da licitação fosse enquadrado como obras, serviços e fornecimentos de grande vulto, envolvendo, ainda, alta complexidade técnica e riscos financeiros consideráveis. No âmbito da Lei nº 8.666/1993, obra, serviço ou compra de grande vulto são aquelas contratações cujo valor estimado apresenta-se superior a 25 vezes (art. 6º, inc. V, Lei nº 8.666/1993) o limite estabelecido na al. "c" do inc. I do art. 23 da Lei nº 8.666/1993, ou seja, R$ 37.500.000,00. Assim, além do objeto da contratação ser estimado em mais de R$ 37.500.000,00, deveria, ainda, envolver alta complexidade técnica e riscos financeiros consideráveis.

No âmbito da NLLC, todavia, a majoração do percentual de até 5% para até 10% poderá ocorrer desde que exista motivada justificativa nos autos do

COMENTÁRIOS À NOVA LEI DE LICITAÇÕES PÚBLICAS E CONTRATOS ADMINISTRATIVOS

processo administrativo arrimada na análise da complexidade técnica e dos riscos envolvidos na execução do objeto pretenso, inexistindo, portanto, o critério financeiro. Deverá assim ocorrer, sob pena de caracterização de ilegalidade e restrição ao caráter competitivo da licitação, haja vista que tal majoração pode exigir uma saúde financeira maior dos competidores, fato que pode desestimular a participação.

É oportuno esclarecer que os percentuais de 5% ou 10% apresentam-se como o teto máximo que a Administração Pública poderá fixar, sendo possível, se motivadamente, ser fixado um percentual menor, de acordo com as particularidades do caso concreto.

De forma a garantir de que a reforçada garantia contratual também seja realizada não só no primeiro período da execução do objeto mas também nos demais, levando-se em consideração que o contrato poderá ser prorrogado por até 10 anos, o parágrafo único do art. 98, da NLLC, estabelece que, nas contratações de objetos de execução continuada com vigência superior a 1 ano, assim como nas subsequentes prorrogações, será utilizado o valor despendido anualmente no contrato para definição e aplicação dos percentuais previstos no *caput* do artigo estudado, vale dizer, 5% ou 10%.

ARTIGO 99

Nas contratações de obras e serviços de engenharia de grande vulto, poderá ser exigida a prestação de garantia, na modalidade seguro-garantia, com cláusula de retomada prevista no art. 102 desta Lei, em percentual equivalente a até 30% (trinta por cento) do valor inicial do contrato.

A nova Lei de Licitações, em diversas passagens, aperfeiçoou os mecanismos preexistentes previstos nos diplomas legais anteriores, com o objetivo de garantir que os objetos contratados sejam devidamente executados e entregues fielmente nos termos ajustados, atendendo, assim, dentro do planejamento administrativo fixado pelo governo, o interesse público com aquilo que foi contratado.

Dentre os vários mecanismos criados que objetivam inaugurar um novo cenário para um segmento mercadológico tão criticado, estabelece o art. 99 da nova Lei de Licitações que poderá a Administração licitante exigir nas contratações de obras e serviços de engenharia de grande vulto – objetos cujo valor estimado supera R$ 200.000.000,00 (duzentos milhões de reais), conforme art. 6º, inc. XXII, da NLLC –, desde que fundamentado nos autos do processo administrativo, mediante análise da complexidade técnica e dos riscos envolvidos, a garantia na modalidade seguro-garantia, com cláusula de

DAS GARANTIAS ART° 99

retomada prevista no art. 102 da Lei, em percentual equivalente a até 30% do valor inicial do contrato.

A primeira consideração a tecer relaciona-se ao fato de que tal modalidade de garantia contratual somente poderá ser fixada no instrumento convocatório em caso de licitações de obras e serviços de engenharia cujo valor estimado da contratação supere R$ 200.000.000,00 (duzentos milhões de reais), não podendo, assim, ser utilizada em contratações com valores inferiores e para objetos que não sejam esses, a exemplo de prestação de serviços continuados ou de fornecimento de bens.

Outrossim, a inexistência de motivação justificada nos autos do processo administrativo que justifique tal modalidade de garantia macula a legalidade do certame e pode ser entendida como uma cláusula restritiva de participação, uma vez que o seu atendimento futuro exigirá do particular adjudicatário a apresentação de condições financeiras extraordinárias para contratar tal produto securitário no mercado correlato.

Com efeito, busca-se com o referido regramento garantir a efetiva conclusão de obras de infraestrutura no país por meio desta modalidade de garantia. No diploma anterior já havia previsão do instituto da garantia para obras públicas, serviços e fornecimento de grande vulto, envolvendo alta complexidade e riscos financeiros consideráveis, conforme arts. 6°, inc.V, e 56, § 3°, da Lei n° 8.666/1993, cujo limite máximo está fixado em até 10% do valor do contrato. Tal limite foi ampliado para até 30%, permitindo, ainda, a cláusula de retomada.

O aumento deste percentual de cobertura, ainda com a possibilidade da seguradora assumir a obra, aumenta a hipótese da obra ser concluída, pois o pagamento de uma apólice de seguro-garantia com prêmio de 5% não compensa financeiramente a seguradora assumir a execução da obra, mas, sim, pagar a indenização.

Já no caso da contratação de um seguro-garantia equivalente a 30% do valor do contrato, a depender do avanço do cronograma da obra, a assunção da execução da objeto com o escopo de buscar concluí-lo passa a ser mais atrativo para a seguradora, pois os custos para a finalização da obra ou serviço de engenharia podem ser inferiores à monta necessária para o pagamento da indenização.

Ademais, deverá o percentual a ser fixado no edital, que poderá ser de 1%, 5%, 10% ou até 30%, ser motivadamente eleito pela Administração licitante, não podendo ultrapassar 30% do valor inicial do contrato.

Com efeito, não poderá a referida modalidade de garantia ser exigida do adjudicatário sem que o ato convocatório tenha assim exigido expressamente, ou em percentual que não seja aquele fixado no edital. Outrossim, não poderá a sua prestação ser afastada na ocasião oportuna, ou aceita em percentual inferior

COMENTÁRIOS À NOVA LEI DE LICITAÇÕES PÚBLICAS E CONTRATOS ADMINISTRATIVOS

àquele verificado, quando exigida no instrumento convocatório, sob pena de violação ao princípio da estrita vinculação ao edital.

A fixação no ato convocatório de percentuais próximos ao teto estabelecido pelo artigo em comento deve ser feita de forma parcimoniosa, levando-se em consideração o universo de competidores, pois somente conseguirão contratar um seguro-garantia desta natureza particulares que portarem considerável saúde financeira, pois tal produto securitário acaba por aumentar os custos globais do futuro contratado, haja vista que tais apólices são custosas.

Além disso, as companhias de seguro serão mais rigorosas na contratação deste produto, em virtude da envergadura da indenização que deverá pagar à Administração em caso de sinistro ou descumprimento contratual. Logo, a utilização do instrumento previsto nos arts. 99 e 102 da nova Lei de Licitações poderá reduzir a angulação de proponentes, haja vista exigir dos futuros participantes robustez financeira como condição de contratação do seguro-garantia.

Por fim, cremos que a limitação da prestação da referida garantia apenas para a modalidade seguro-garantia, em detrimento da caução em dinheiro, títulos da dívida pública ou fiança bancária, objetiva evitar o uso deste expediente para gerar restrição indevida do universo de competição, uma vez que poucas empresas teriam a possibilidade de imobilizar uma quantidade significativa de moeda pelo prazo da execução do objeto ou deter um valor mobiliário tão elevado.

Artigo 100

A garantia prestada pelo contratado será liberada ou restituída após a fiel execução do contrato ou após a sua extinção por culpa exclusiva da Administração e, quando em dinheiro, atualizada monetariamente.

Conforme estabelece o art. 100 da nova Lei de Licitações, as garantias contratuais, exigidas em cada caso, conforme estabelece o art. 139, inc. III, destinam-se a: a) ressarcimento da Administração Pública por prejuízos decorrentes da não execução; b) pagamento de verbas trabalhistas, fundiárias e previdenciárias, quando cabível; c) pagamento das multas devidas à Administração Pública; e d) exigência da assunção da execução e da conclusão do objeto do contrato pela seguradora, quando cabível.

Detendo, portanto, as garantias contratuais os referidos objetivos, observando-se ao cabo do competente contrato administrativo que o objeto contratado foi fiel e devidamente executado pelo particular, na forma do que constou do instrumento editalício e contratual, ou, ainda, em caso de extinção do contrato administrativo por culpa exclusiva da Administração contratante, não terá a contratante alternativa, a não ser formalmente liberar ou restituir aquilo que foi oferecido como garantia contratual.

Neste sentido, prestada a garantia em dinheiro, fixa o dispositivo em comento que a devolução dos devidos valores deverão ocorrer de forma atualizada monetariamente. Assim, somente ocorrerá caso a caução em dinheiro prestada fique recolhida nos cofres públicos por prazo superior a 12 meses, uma vez que atualização monetária deve observar as regras do Plano Real.

Em hipótese alguma poderá a referida liberação ocorrer em momento anterior à verificação da fiel execução do objeto contratado, sob pena de responsabilização do servidor público que der causa.

Artigo 101

Nos casos de contratos que impliquem a entrega de bens pela Administração, dos quais o contratado ficará depositário, o valor desses bens deverá ser acrescido ao valor da garantia.

O art. 101 da nova Lei de Licitação, reproduzindo aquilo que já era previsto no § 5º do art. 56 da Lei nº 8.666/1993, determina que, nos casos de contratos administrativos cujo objeto que implique na entrega de bens de propriedade da Administração contratante para viabilizar a execução do objeto demandado, o contratado ficará depositário dos mesmos, sendo de sua responsabilidade guardar e zelar pelo bem durante a vigência do contrato, devendo no *quantum* da garantia contratual prestada ser computado o valor desses bens.

Ilustrando a situação que a NLLC deseja tutelar, observa-se na entrega de um trator com motoniveladora de propriedade do Município para uma construtora, contratada por meio de licitação, destinado a realizar serviços de terraplenagem na ocasião da realização de pavimentação asfáltica das suas ruas e avenidas.

É oportuno uma determinação dessa natureza, pois a Administração Pública contratante deve se cercar de garantias quando entrega bens de sua propriedade a particulares, já que tal bem, na posse do contratado, pode sofrer adversidades de toda sorte, como, por exemplo, ser danificado, ou até mesmo ser retirado dessa pessoa, em caso de furto ou roubo do equipamento.

Artigo 102

Na contratação de obras e serviços de engenharia, o edital poderá exigir a prestação da garantia na modalidade seguro-garantia e prever a obrigação de a seguradora, em caso de inadimplemento pelo contratado, assumir a execução e concluir o objeto do contrato, hipótese em que:

COMENTÁRIOS À NOVA LEI DE LICITAÇÕES PÚBLICAS E CONTRATOS ADMINISTRATIVOS

I – a seguradora deverá firmar o contrato, inclusive os aditivos, como interveniente anuente e poderá:

a) ter livre acesso às instalações em que for executado o contrato principal;

b) acompanhar a execução do contrato principal;

c) ter acesso a auditoria técnica e contábil;

d) requerer esclarecimento ao responsável técnico pela obra ou pelo fornecimento;

II – a emissão de empenho em nome da seguradora, ou a quem ela indicar para a conclusão do contrato, será autorizada desde que demonstrada sua regularidade fiscal;

III – a seguradora poderá subcontratar a conclusão do contrato, total ou parcialmente.

Parágrafo único. Na hipótese de inadimplemento do contratado, serão observadas as seguintes disposições:

I – caso a seguradora execute e conclua o objeto do contrato, estará isenta da obrigação de pagar a importância segurada indicada na apólice;

II – caso a seguradora não assuma a execução do contrato, pagará a integralidade da importância segurada indicada na apólice.

Da leitura do art. 96 ao art. 102 da nova Lei de Licitações, observa-se um regramento que possibilita ao administrador público exigir no ato convocatório garantias com o objetivo de buscar ressarcimento da Administração Pública por prejuízos decorrentes da não execução; do não pagamento de verbas trabalhistas, fundiárias e previdenciárias, quando cabível, e do não pagamento de valores das multas devidas à Administração Pública.

Por sua vez, o art. 99 da nova Lei de Licitações faculta ao administrador público, conforme o caso, motivadamente, solicitar do futuro particular contratado a contratação de um seguro-garantia com cláusula de retomada, cujo escopo permite além de garantir os objetivos acima delineados, também a assunção da execução e conclusão do objeto do contrato pela seguradora.

Admite-se, assim, uma nova modelagem para o seguro-garantia, que prevê a fiscalização e assunção da obra pelas seguradoras, o que faz com que o Brasil adote as práticas bem-sucedidas do plano internacional, especialmente nos Estados Unidos, sendo esse produto securitário denominado de *performance bond*, cujo objetivo é acabar com o cenário comum de obras não concluídas em nosso país. Doravante, o seguro-garantia terá como escopo garantir a conclusão de obras e serviços de engenharia.

Conforme esclarecem os professores Cristiana Fortini e Rafael Amorim:

610

DAS GARANTIAS ART° 102

No modelo norte-americano, o seguro-garantia é, em essência, um instrumento que alcança sua finalidade, o que significa, na prática, a efetiva mitigação dos riscos de obras paralisadas ou inacabadas, com as seguradoras realmente contribuindo para a solução dos problemas nos casos de inadimplemento dos segurados. Isso porque não se trata apenas de impor às seguradoras o ônus indenizatório, mas há a possibilidade de elas assumirem a obra em andamento. Logo, diante de um risco muito superior, as seguradoras adotam maior cautela e investigam mais as empresas antes da emissão das apólices e, depois de emiti-las, ainda promovem contínuo acompanhamento da atuação dos tomadores, com o objetivo de se precaverem de possíveis inadimplementos, caracterizadores de sinistro. Tudo isso favorece o interesse público.[191]

Diante deste cenário e fazendo a leitura do referido dispositivo legal juntamente com o disposto no art. 99, na contratação de obras públicas e serviços de engenharia de grande vulto – vale dizer, com valor estimado superior a R$ 200.000.000,00, conforme art. 6º, inc. XXII – , será permitido que o edital exija do futuro contratado a prestação de seguro-garantia com cláusula de retomada, prevendo à seguradora a obrigação contratual de que, em caso de inadimplemento do particular contratado, essa terceira, ou quem ela indicar, assuma a execução do objeto demandado, de forma a concluí-lo.

Observa-se que a nova modelagem apresenta-se como um avanço em relação a tudo aquilo que até hoje foi permitido pela legislação licitatória para garantir à Administração Pública o recebimento fiel daquilo que foi devidamente estabelecido no ato convocatório. A nova modelagem garante que, não tendo o particular condições de concluir o objeto demandado pela Administração, passará a seguradora a assumir o contrato, devendo por esta ser executado o objeto até a sua conclusão ou subcontratando empresa apta a executar o objeto remanescente, devendo, para tanto, ser observados os requisitos que abaixo serão apresentados.

Analisando tal hipótese, conforme estabelece o inc. I do art. 102 da nova Lei de Licitações, a seguradora passará, doravante, a figurar como parte da relação contratual, firmado o contrato administrativo e os termos aditivos decorrentes, até então limitado à administração pública contratante e o particular contratado. Assim, surgirá a figura do interveniente anuente da contratação pública, vale dizer, consentirá com os termos pactuados, passando a assumir, por exemplo, as obrigações de executar o objeto contratado caso o particular não tenha condições de concluí-lo.

---

[191] FORTTINI, Cristiane e AMORIM, Rafael. Conjur. *O seguro-garantia no âmbito do Projeto de Lei nº 1.292/1995*. Disponível em: https://www.conjur.com.br/2020-nov-12/interesse-publico-seguro-garantia-ambito-pl-12921995, Acesso em: 02 de set. de 2021.

Observa-se, assim, que:

Os riscos assumidos pelas seguradoras serão mais significativos e com isso mais incentivos para a realização de análises mais aprofundadas, o que poderá possibilitar a seleção de agentes privados mais aptos para a execução contratual. Quando emitir sua apólice, a seguradora terá mais estímulos para efetivamente acompanhar a execução contratual.[192]

Com efeito, tendo em vista as obrigações e responsabilidades que as seguradoras passam a assumir doravante, garantiu, a Lei de Licitações, mecanismos com o objetivo de permitir o permanente acompanhamento e fiscalização da gestão empresarial do contratado, de forma a permitir a mitigação dos riscos de sinistros durante a execução do objeto contratado.

Nessa vereda, permite a al. "a" do inc. I do art. 102, da NLLC, que poderá a seguradora ter livre e incondicional acesso às instalações, da área em que for executado o contrato principal, incluindo, também, acesso às instalações das subcontratadas e fornecedoras de equipamentos a serem alocados no objeto, de forma a viabilizar o seu funcionamento, a exemplo das bobinas geradoras de energia numa obra de construção de usina hidrelétrica.

Por sua vez, ante o fato de que a seguradora assumirá a condição de anuente do contrato administrativo, ou seja, que assumirá responsabilidade pela execução da obra e serviço de engenharia de forma subsidiária caso o particular contratado não honre as obrigações contratuais, a companhia de seguros terá todo interesse de acompanhar, atenta e proximamente, a execução do objeto pelo contratado, com o escopo de melhor conhecer se a execução observa todos os pormenores constantes dos projetos de engenharia, evitando, assim, eventuais sinistros. Logo, as alíneas "b", "c" e "d" do inc. I do art. 102 da nova Lei de Licitações permitem que a seguradora acompanhe a execução do contrato principal, tenha acesso ao conteúdo produzido por auditoria técnica e contábil e faça esclarecimentos ao responsável técnico da obra ou fornecimento daquilo que é alocado no objeto, não podendo tal direito ser restringido, salvo abusos motivadamente demonstrados.

Por sua vez, o inc. II do art. 102 da nova Lei de Licitações autoriza, caso a seguradora venha efetivamente a assumir a execução da obra até concluí--la, a emissão do empenho em nome da companhia de seguro ou, ainda, a quem por ela for indicada para executar os competentes serviços, em caso de subcontratação. Nesta hipótese, exige a lei que a empresa subcontratada

---

[192] FORTTINI, Cristiane e AMORIM, Rafael. Conjur. *O seguro-garantia no âmbito do Projeto de Lei nº 1.292/1995*. Disponível em: https://www.conjur.com.br/2020-nov-12/interesse-publico-seguro--garantia-ambito-pl-12921995. Acesso em: 02 de set. de 2021.

DAS GARANTIAS ART. 102

demonstre deter a regularidade fiscal exigida pelo contratado. Vale lembrar que a Administração Pública não pode contratar com pessoas físicas/jurídicas, que se encontrem irregulares diante das obrigações tributárias, especialmente quando esta irregularidade for apurada perante a seguridade social, em face das disposições contidas no art. 195, § 3º, da Constituição Federal, e junto ao FGTS, em decorrência do disposto no art. 2º da Lei nº 9.012/1995, que, a nosso ver, são as documentações mínimas que devem ser exigidas.

Já o inc. III do art. 102 da nova Lei de Licitações permite à seguradora subcontratar a conclusão do objeto, total ou parcialmente. Com efeito, a execução de obras públicas não é uma atividade regular e afeta às seguradoras, cuja atividade é o oferecimento de produtos securitários. Diante desta realidade, permite-se que a seguradora contrate uma empresa de engenharia, fiscalizada pelo CREA, que observe todos os normativos por ele expedidos, detentora da *expertise* necessária, a fim de que a mesma execute o remanescente da obra, total ou parcial e adequadamente.

Por subcontratação, entende Maria Helena Diniz, como a: (...) transferência da posição contratual, feita por uma das partes a terceiros, sem desvincular-se do contrato[193]. A subcontratação total é observada quando o regular contratado transfere a execução do objeto na integralidade para um terceiro. Por sua vez, a subcontratação parcial ocorre quando apenas parte do objeto é executado por um estranho, alheio à contratação.

O critério da escolha da empresa para subcontratar a obra, total ou parcialmente, é da seguradora, pois o encargo de concluir a obra é apenas dela. Neste caso, sugere-se que o referido particular crie um processo de escolha, analisando as condições técnicas das interessadas, ou passe a convocar as empresas que se encontram arroladas na grade de classificação final do certame, combinando o preço com ela, haja vista que tais particulares já estão habilitados para executar a obra demandada pela própria Administração.

Por derradeiro, estabelece o parágrafo único do art. 102 da nova Lei de Licitações, que, na hipótese de inadimplemento do contratado, caso a seguradora execute e conclua o objeto do contrato, esta estará isenta de pagar a importância segurada indicada na apólice de seguro, haja vista ter reparado o prejuízo do contratado.

Por outro lado, caso a seguradora não assuma a execução do contrato, de forma a concluir o objeto demandado, deverá pagar a integralidade segurada indicada na apólice. Com efeito, observa-se que o referido parágrafo oferece à seguradora a opção de executar a obra ou trespassar à administração contratante a integralidade da importância segurada.

---

[193] DINIZ, Maria Helena. *Dicionário Jurídico*, vol. 4, 1ª ed., São Paulo: Saraiva, 1998, p. 431.

A adoção de uma opção em detrimento da outra recairá sobre o estágio da execução da obra ou serviço de engenharia, pois, se a conclusão da obra apresentar-se em valores superiores ao valor da apólice, a melhor opção é pagar a importância segurada constante do título do que mobilizar vultoso montante para concluir o objeto demandado pela Administração. Neste caso, esvazia-se a intenção de todo o regramento acerca do seguro-garantia, cujo objetivo é viabilizar o recebimento do objeto pretenso.

CAPÍTULO III – DA ALOCAÇÃO DE RISCOS

Artigo 103

O contrato poderá identificar os riscos contratuais previstos e presumíveis e prever matriz de alocação de riscos, alocando-os entre contratante e contratado, mediante indicação daqueles a serem assumidos pelo setor público ou pelo setor privado ou daqueles a serem compartilhados.

§ 1º A alocação de riscos de que trata o caput deste artigo considerará, em compatibilidade com as obrigações e os encargos atribuídos às partes no contrato, a natureza do risco, o beneficiário das prestações a que se vincula e a capacidade de cada setor para melhor gerenciá-lo.

§ 2º Os riscos que tenham cobertura oferecida por seguradoras serão preferencialmente transferidos ao contratado.

§ 3º A alocação dos riscos contratuais será quantificada para fins de projeção dos reflexos de seus custos no valor estimado da contratação.

§ 4º A matriz de alocação de riscos definirá o equilíbrio econômico-financeiro inicial do contrato em relação a eventos supervenientes e deverá ser observada na solução de eventuais pleitos das partes.

§ 5º Sempre que atendidas as condições do contrato e da matriz de alocação de riscos, será considerado mantido o equilíbrio econômico-financeiro, renunciando as partes aos pedidos de restabelecimento do equilíbrio relacionados aos riscos assumidos, exceto no que se refere:

I – às alterações unilaterais determinadas pela Administração, nas hipóteses do inciso I do caput do art. 124 desta Lei;

II – ao aumento ou à redução, por legislação superveniente, dos tributos diretamente pagos pelo contratado em decorrência do contrato.

§ 6º Na alocação de que trata o caput deste artigo, poderão ser adotados métodos e padrões usualmente utilizados por entidades públicas e privadas, e os ministérios e secretarias supervisores dos órgãos e das entidades da Administração Pública poderão definir os parâmetros e o detalhamento dos procedimentos necessários a sua identificação, alocação e quantificação financeira.

1. O instituto da alocação de riscos como garantia à segurança jurídica nas contratações públicas

As regras contidas na nova Lei de Licitações acerca da alocação de riscos por meio da cláusula de matriz de riscos encontram-se vertidas em diversos artigos do novo diploma legal, a exemplo dos arts. 6º, inc. XXVII, 22 e 103. De forma a melhor estruturar os nossos comentários, os lançaremos apenas neste artigo.

Um dos grandes objetivos da nova Lei de Licitações é efetivamente garantir a segurança jurídica no âmbito das compras governamentais, previsto expressamente no *caput* do art. 5º, com o escopo de, dentre vários objetivos, ampliar o universo de competidores, de atrair um número maior de empresas melhor qualificadas, favorecendo a celebração de contratos mais vantajosos, técnica e economicamente, para o Poder Público.

É oportuno frisar que um dos grandes obstáculos para que mais empresas atendam ao chamado da Administração são os riscos observados nas contratações cujo objeto demandado detenha complexidade na sua execução, cuja resolutividade do sinistro esteja atrelada ao maior dispêndio de recursos os quais não se encontram previstos contratualmente, o que exigirá do particular a busca administrativa por meio de pedido de recomposição de preços ou, em caso de negativa, por meio de ingresso judicial para o ressarcimento das despesas extraordinárias incorridas para transpor o óbice verificado.

De forma a afastar ou mitigar os riscos existentes – aliás, risco é algo regular ou padrão para aqueles que exercem uma atividade econômica –, garantindo, assim, a justa remuneração, para manter as condições efetivas da proposta, a nova Lei de Licitações, em seu art. 22, estabelece a possibilidade do edital de licitação distribuir os riscos identificados que podem efetivamente ocorrer durante a execução do objeto demandado, por meio da previsão de cláusula que assenta uma matriz de risco.

Com efeito, conforme fixa o § 1º do art. 22 da NLLC, a matriz de risco deverá promover a alocação eficiente dos riscos de cada contrato e estabelecer a responsabilidade que cabe a cada parte contratante, bem como os mecanismos que afastem a ocorrência do sinistro e mitiguem os seus efeitos, caso este ocorra durante a execução contratual.

Já o § 2º do suprarreferido artigo fixa que o contrato deverá refletir a alocação realizada pela matriz de riscos, especialmente quanto: I – às hipóteses de alteração para o restabelecimento da equação econômico-financeira do contrato nos casos em que o sinistro seja considerado na matriz de riscos como causa de desequilíbrio não suportada pela parte que pretenda o restabelecimento; II – à possibilidade de resolução quando o sinistro majorar excessivamente ou impedir a continuidade da execução contratual; e III – à contratação de seguros obrigatórios previamente definidos no contrato, integrando o custo de contratação ao preço ofertado.

2. Do conteúdo mínimo da cláusula de matriz de riscos

Para que assim ocorra, consoante estabelece o art. 6º, inc. XXVII, da NLLC, matriz de riscos é cláusula contratual definidora de riscos e de responsabilidades entre as partes e caracterizadora do equilíbrio econômico-financeiro inicial do contrato, em termos de ônus financeiro decorrente de eventos supervenientes à contratação, contendo, no mínimo, as seguintes informações:

a) listagem de possíveis eventos supervenientes à assinatura do contrato que possam causar impacto em seu equilíbrio econômico-financeiro e previsão de eventual necessidade de prolação de termo aditivo por ocasião de sua ocorrência;

b) no caso de obrigações de resultado, estabelecimento das frações do objeto com relação às quais haverá liberdade para os contratados inovarem em soluções metodológicas ou tecnológicas, em termos de modificação das soluções previamente delineadas no anteprojeto ou no projeto básico;

c) no caso de obrigações de meio, estabelecimento preciso das frações do objeto com relação às quais não haverá liberdade para os contratados inovarem em soluções metodológicas ou tecnológicas, devendo haver obrigação de aderência entre a execução e a solução predefinida no anteprojeto ou no projeto básico, consideradas as características do regime de execução no caso de obras e serviços de engenharia.

3. A matriz de riscos como definidora do equilíbrio econômico-financeiro e a impossibilidade de pedido de recomposição de preços futuro

No caso concreto, existindo cláusula de matriz de riscos cujo teor estabeleça os riscos e responsabilidades para a Administração contratante e para o particular contratado, bem como um rol de possíveis eventos previstos ou presumíveis que, caso ocorram após a assinatura do contrato, inviabilizarão a recomposição de equilíbrio econômico-financeiro do contrato.

Melhor esclarecendo, por meio da referida cláusula e seus componentes, ocorrendo a alocação do risco para o particular, terá o interessado durante a fase de publicidade do certame condições e obrigação para avaliar os riscos previstos e presumíveis que poderão surgir durante a execução do objeto demandado, devendo precificar os custos para eventual resolução do risco assumido, caso o evento danoso venha a ocorrer, fixando o valor apurado por meio de uma taxa de risco, que deverá ser compatível com o objeto a ser contratado

Tanto é assim que o § 5º do art. 103 da NLLC estabelece que, sempre que atendidas as condições do contrato e da matriz de alocação de riscos, será

DA ALOCAÇÃO DE RISCOS   ART° 103

considerado mantido o equilíbrio econômico-financeiro, renunciando as partes aos pedidos de restabelecimento do equilíbrio relacionado aos riscos assumidos, exceto no que se refere: I – às alterações unilaterais determinadas pela Administração, nas hipóteses do inc. I do *caput* do art. 124 desta Lei; e II – ao aumento ou à redução, por legislação superveniente, dos tributos diretamente pagos pelo contratado em decorrência do contrato.

Logo, a cláusula que assenta a matriz de riscos apresenta-se como um balizador que orientará o mercado na tomada de decisão de participar do certame. Logicamente, conhecedor dos riscos que assumirá durante a execução do contrato administrativo, precificados estarão os custos para a eventual resolutividade do problema por meio da taxa de risco, que deverá constar da proposta comercial e, logicamente, fará parte do equilíbrio econômico-financeiro de sua proposta comercial. Caso, futuramente, tal fato adverso venha a ser observado durante a execução do objeto contratado, a parte que assumiu aquele risco, caso assim esteja previsto, não poderá solicitar a recomposição da equação econômico-financeira, haja vista a ausência de desbalanceamento.

Por tal razão, fixa o § 4° do art. 103 da NLLC que a matriz de alocação de riscos definirá o equilíbrio econômico-financeiro inicial do contrato em relação a eventos supervenientes e deverá ser observada na solução de eventuais pleitos das partes.

4. O instituto da alocação de riscos como garantia da eficiência administrativa nas contratações públicas

De forma a prestigiar o princípio da eficiência administrativa, a fixação da matriz de riscos nos contratos administrativos com a delimitação precisa da responsabilidade de cada uma das partes afasta a produção de requerimentos, laudos, pareceres e tramitação desnecessária de processos administrativos com o objetivo de se buscar a recomposição de preços.

Assim ocorrerá, pois os valores verificados para resolver ou ultrapassar o sinistro ou adversidade observada durante a execução do contrato, alocado para o particular, estarão já contidos na taxa de risco fixada em sua proposta comercial.

5. O instituto da alocação de riscos como adoção facultativa ou obrigatória

Consoante observa-se da leitura do *caput* do art. 103, como regra, a cláusula que assenta a matriz de riscos, cujo teor distribui eventuais eventos danosos para uma das partes ou aqueles que serão compartilhados entre ambas, apresenta-se como uma faculdade, devendo ser avaliado no caso concreto a sua pertinência, uma vez que a determinação de alguns riscos devem ser assumidos pelo futuro contratado, o que acaba por majorar o valor da contratação, ou seja, quanto mais riscos alocados ao particular, maior será o valor despendido da contratação, haja vista o acréscimo lá observado em face da taxa de risco fixado.

Logo, tal fato deverá ser sopesado pela Administração Pública licitante quando da pretensão de introduzir este instituto na licitação, devendo tal mecanismo ser utilizado na execução dos objetos que apresentar alguma complexidade técnica de execução, que poderá estar relacionada ao local de feitura, ao tempo necessário para a sua construção, montagem ou instalação, ou ao período do dia de execução etc.

Ressalte-se que o art. 22, § 3º, da NLLC, fixa a obrigatoriedade de contemplação da matriz de alocação de riscos entre o contratante e o contratado, quando a contratação se referir a obras e serviços de grande vulto ou forem adotados os regimes de contratação integrada e semi-integrada.

Outrossim, o art. 22, § 4º, da NLLC, fixa que, nas contratações integradas ou semi-integradas, os riscos decorrentes de fatos supervenientes à contratação associados à escolha da solução de projeto básico pelo contratado deverão ser alocados como de sua responsabilidade na matriz de riscos. Assim estabelece, pois nas contratações integradas ou semi-integradas toda a concepção do projeto é transferida e realizada pelo particular, de forma a evitar a realização de aditamentos em face de erros por ele praticados. Exige-se a distribuição de risco, devendo o contratado assumir eventuais encargos resultantes de erros, incompletudes e omissões do anteprojeto, identificados quando da elaboração dos projetos básico e executivo, uma vez que tal situação, inerente a esse regime de contratação, pode ser considerada álea ordinária.[194]

Afigura-se impossível na celebração de termo aditivo, para introdução do contrato administrativo, cláusula assentando a matriz de riscos, devendo tal matriz ser cunhada durante a fase preparatória do certame, haja vista que ela acaba por refletir significativamente na elaboração das propostas comerciais. Nos casos em que a referida cláusula é obrigatória, deve constar do ato convocatório e sua inobservância acaba por macular a legalidade do certame.

6. O instituto da alocação de riscos e o desvio de finalidade

A matriz de riscos não poderá ser utilizada de forma a transferir para o particular contratado eventuais intercorrências que poderão ser verificadas durante a execução do ajuste, cuja causa esteja diretamente relacionada à falha de projeto de engenharia, planejamento etc., sob pena de caracterização de desvio de finalidade na utilização do referido expediente.

---

[194] TCU, Acórdão 544/2021 – Plenário, Data do Julgamento:17/03/2021

DA ALOCAÇÃO DE RISCOS ART? 103

Outrossim, é inadmissível ser arrolado na matriz de riscos como sinistro um determinado evento danoso de impossível consumação no caso concreto apenas para garantir uma remuneração superior à contratada.

7. Da taxa de riscos compatível com o objeto da licitação e com os riscos atribuídos ao contratado, de acordo com metodologia predefinida pelo ente federativo

É importante ressaltar que a cláusula de matriz de riscos e seus componentes não se apresentam como uma estrutura redacional padrão, que poderá ser aproveitada em todos os ajustes, devendo ser redigida motivada e adequadamente para cada objeto, o que acarreta que a taxa de risco eleita deva ser compatível com os riscos atribuídos ao contratado, conforme estabelece o *caput* do art. 22.

Sendo assim, para cada objeto a ser licitado, deliberando-se pela alocação de riscos, deverá ser realizado um devido estudo técnico, de forma a permitir a identificação dos reais e prováveis riscos ou adversidades que poderão ocorrer durante a execução do objeto no caso concreto, devendo estes serem distribuídos ou partilhados os mesmos entre as partes, motivadamente.

Conforme estabelece o art. 22 da NLLC, os critérios para alocação ou distribuição dos riscos ocorrerão de acordo com a metodologia predefinida pelo ente federativo. Demais disto, o § 6º do art. 103, da NLLC, também permite a adoção de métodos e padrões usualmente utilizados por entidades públicas e privadas, e os ministérios e secretarias supervisores dos órgãos e das entidades da Administração Pública poderão definir os parâmetros e o detalhamento dos procedimentos necessários à sua identificação, alocação e quantificação financeira.

8. Critérios para distribuição dos riscos à luz do objeto a ser executado

O art. 103 da NLLC fixa que o contrato poderá identificar os riscos contratuais previstos e presumíveis e prever matriz de alocação de riscos, distribuindo-os entre contratante e contratado, mediante indicação daqueles a serem assumidos pelo setor público ou pelo setor privado ou daqueles a serem compartilhados.

Para tanto, o § 1º do referido artigo estabelece que a alocação de riscos considerará, em compatibilidade com as obrigações e os encargos atribuídos às partes no contrato, a natureza do risco, o beneficiário das prestações a que se vincula e a capacidade de cada setor para melhor gerenciá-lo.

Nesses termos, deverão ser identificados 1) os riscos contratuais previstos e 2) os riscos contratuais presumíveis, passando a distribuí-los entre o 3) contratado e o 4) contratante ou, ainda, 5) compartilhando-os, levando-se em consideração os encargos assumidos, bem como a natureza do risco, o beneficiário das prestações a que se vincula e a capacidade de cada setor para melhor gerenciá-lo.

Logo, como ensina Marçal Justen Filho: "O risco deve ser atribuído à parte em melhores condições para evitar a consumação do dano ou para gerenciar os efeitos danosos decorrentes dos eventos futuros".[195]

Ademais, sob pena de tornar o ajuste oneroso para o erário desnecessariamente, não poderá a Administração assumir um risco que é comum e que justificadamente é assumido pelo particular ou, ainda, trespassar ao contratado um risco melhor gerido e com melhor resolutividade pelo Poder Público contratante.

Logo, a alocação deve ser eficiente. Sobre tal questão novamente ressalta Marçal Justen Filho:

> A alocação eficiente de riscos implica atribuir o risco à parte melhores condições de sua gestão. Isso significa identificar a parte que detém as condições mais adequadas para evitar a consumação do dano e para, em caso de sua consumação, minorar os efeitos nocivos.[196]

Sendo assim, a distribuição dos riscos não ocorrerá aleatoriamente, mas, sim, justificadamente, levando em consideração a posição contratual, os encargos assumidos, a natureza do risco, que poderá estar afeta à execução do objeto ou não, e, especialmente, a capacidade de cada parte para melhor geri-lo e fulminá-lo.

É oportuno ressaltar que quanto maior os encargos e riscos transferidos para o particular, maior será a contraprestação financeira a ser realizada pela Administração ao contratado.

Outrossim, é inadmissível ser arrolado como risco um determinado evento danoso de impossível consumação no caso concreto apenas para garantir uma remuneração superior à contratada, sob pena de caracterização de desvio de finalidade.

9. Do repasse preferencial ao contratado dos riscos que tenham cobertura oferecida por seguradoras

Haja vista a possibilidade da existência de um seguro oferecido pelo mercado correlato, cujo evento danoso é contemplado em apólice, estabelece o

---

[195] FILHO, Marçal Justen, *Comentários à Lei de Licitações e Contratações Administrativas: Lei 14.133/2021.* São Paulo: Thomson Reuters Brasil, 2021. p.1274

[196] FILHO, Marçal Justen, *Comentários à Lei de Licitações e Contratações Administrativas: Lei 14.133/2021.* São Paulo: Thomson Reuters Brasil, 2021. p.1274

DAS PRERROGATIVAS DA ADMINISTRAÇÃO · ART° 104

§ 2º do artigo em comento que tais riscos serão preferencialmente transferidos ao contratado, para que o particular possa repassar o ônus financeiro para um terceiro.

Adotando-se tal mecanismo, o custo da indenização acaba sendo reduzido significativamente, haja vista a necessidade de pagamento apenas do prêmio do seguro e não a realização do dispêndio real do valor da despesa incorrida para dar resolutividade ao evento superveniente. Logo, observa-se a redução da taxa de risco que não assentará o valor efetivo do custo para pagar o sinistro, mas, sim, o valor pago a título de prêmio no seguro contratado.

CAPÍTULO IV – DAS PRERROGATIVAS DA ADMINISTRAÇÃO

ARTIGO 104

O regime jurídico dos contratos instituído por esta Lei confere à Administração, em relação a eles, as prerrogativas de:

I – modificá-los, unilateralmente, para melhor adequação às finalidades de interesse público, respeitados os direitos do contratado;

II – extingui-los, unilateralmente, nos casos especificados nesta Lei;

III – fiscalizar sua execução;

IV – aplicar sanções motivadas pela inexecução total ou parcial do ajuste;

V – ocupar provisoriamente bens móveis e imóveis e utilizar pessoal e serviços vinculados ao objeto do contrato nas hipóteses de:

a) risco à prestação de serviços essenciais;

b) necessidade de acautelar apuração administrativa de faltas contratuais pelo contratado, inclusive após extinção do contrato.

§ 1º As cláusulas econômico-financeiras e monetárias dos contratos não poderão ser alteradas sem prévia concordância do contratado.

§ 2º Na hipótese prevista no inciso I do caput deste artigo, as cláusulas econômico financeiras do contrato deverão ser revistas para que se mantenha o equilíbrio contratual.

Não é demais dizer que a Administração Pública submete-se a um regime especial, composto por prerrogativas e restrições. Por conseguinte, a Administração, com vistas a concretizar o interesse coletivo, possui uma série de privilégios em face do particular e, ao mesmo tempo, todas as suas atividades estão jungidas à lei, que traz em seu bojo uma série de sujeições.

De rigor, os privilégios da Administração decorrem da supremacia do interesse público em face do particular, estabelecendo-se, assim, uma relação de

COMENTÁRIOS À NOVA LEI DE LICITAÇÕES PÚBLICAS E CONTRATOS ADMINISTRATIVOS

verticalização entre ambos. Com efeito, as peculiaridades do regime jurídico-
-administrativo, que estabelece a prevalência do interesse público sobre o
particular, manifestam-se no contrato administrativo mediante as denominadas
cláusulas exorbitantes.

Cumpre-nos, neste ponto, externarmos o nosso entendimento sobre a chamada cláusula exorbitante. Para nós, cláusula exorbitante outra coisa não é,
que não a própria manifestação do regime jurídico-administrativo nas avenças
públicas. Posto isso, preferimos falar em regime jurídico do contrato administrativo e não cláusulas exorbitantes.

Assim é que o regime jurídico dos contratos administrativos traz para a
Administração uma série de privilégios, tais como as hipóteses de alteração e
rescisão unilateral, a fiscalização, aplicação de penalidades, anulação, a retomada do objeto, dentre outras.

1. Alteração unilateral

Já dissemos, anteriormente, que o contrato administrativo em razão do interesse público, norteia-se pelo princípio da mutabilidade, podendo a qualquer
momento ser alterado. Claro está que esta alteração não é livre. A sua hipótese
de ocorrência e incidência encontra-se disposta no art. 124 da NLLC.

De fato, o art. 104, inc. I, da NLLC, estabelece que a Administração pode
modificar unilateralmente o contrato administrativo, para melhor adequação às
finalidades de interesse público, respeitados os direitos do contratado.

Por sua vez, o art. 124, inc. I, da NLLC, determina, em concreto, as possibilidades de alteração unilateral do contrato:

a) quando houver modificação do projeto ou das especificações, para
melhor adequação técnica a seus objetivos;

b) quando for necessária a modificação do valor contratual em decorrência
de acréscimo ou diminuição quantitativa de seu objeto, nos limites permitidos
por esta Lei.

Cabe aqui assinalar que o dispositivo estabelece duas espécies de alteração
unilateral: a primeira, de caráter qualitativo, decorrente da necessidade de
alterar o projeto ou as especificações, e a segunda, de caráter quantitativo,
que implica em aumento ou diminuição de quantidades relativas ao objeto do
contrato.

Note-se que as alterações de caráter qualitativo, expressadas no art. 124, inc.
I, al. "a", da NLLC, cingem-se à questão de modificação do projeto ou especificações e, portanto, encontram-se intimamente ligadas ao objeto do contrato
propriamente dito.

Isso não significa, sob nenhuma hipótese, que o objeto do contrato possa ser
alterado. Todavia, nada impede que as suas especificações ou o próprio projeto
sejam modificados, em razão de fato superveniente à celebração da avença

DAS PRERROGATIVAS DA ADMINISTRAÇÃO ART° 104

e ditado por motivos de ordem técnica que, em última análise, traduzem o interesse público perseguido na avença.

De outra parte, temos as alterações quantitativas, que implicam em uma modificação de quantidades do objeto nos limites estabelecidos em Lei. Tal limitação vem expressada no art. 125 da NLLC, que determina a obrigatoriedade do contratado aceitar, nas mesmas condições contratuais, acréscimos ou supressões de até 25% (vinte e cinco por cento) do valor inicial atualizado do contrato que se fizerem nas obras, nos serviços ou nas compras, e, no caso de reforma de edifício ou de equipamento, o limite para os acréscimos será de 50% (cinquenta por cento).

De forma a afastar qualquer tipo de discussão, haja vista a omissão constante da Lei nº 8.666/1993, as alterações qualitativas também observam os limites acima fixados, conforme art. 125 da NLLC.

Outro aspecto que merece ser abordado é o direito do contratado, posto que ainda que a Administração possa alterar unilateralmente o contrato administrativo, deve, obrigatoriamente, respeitar o equilíbrio econômico-financeiro da avença, que, logo mais adiante, será estudado.

2. Extinção unilateral do contrato administrativo

A extinção unilateral do contrato administrativo encontra-se contemplada no art. 104, inc. II, da NLLC, que remete o intérprete para o art. 137, do mesmo diploma legal, que vem a estabelecer as diversas hipóteses de rescisão, que trataremos mais à frente, quando nos debruçarmos sobre as formas extintivas do contrato administrativo.

Um simples perpassar de olhos no comando legal, em exame, é suficiente para se concluir que a rescisão unilateral ocorre, fundamentalmente, em razão da falta do contratado, falha no cumprimento dos encargos da Administração contratante e por motivos de interesse público.

Há de se entender, portanto, que a rescisão unilateral do contrato, em razão da falta do contratado, poderá implicar, conforme o caso, na aplicação das prerrogativas determinadas no art. 139 da NLLC, quais sejam: assunção imediata do objeto do contrato, no estado e local em que se encontrar, por ato próprio da Administração; ocupação e utilização do local, das instalações, dos equipamentos, do material e do pessoal empregados na execução do contrato e necessários à sua continuidade; execução da garantia contratual para ressarcimento da Administração Pública por prejuízos decorrentes da não execução; pagamento de verbas trabalhistas, fundiárias e previdenciárias, quando cabível; pagamento das multas devidas à Administração Pública; exigência da assunção da execução e da conclusão do objeto do contrato pela seguradora, quando cabível; retenção dos créditos decorrentes do contrato até o limite dos prejuízos causados à Administração Pública e das multas aplicadas.

COMENTÁRIOS À NOVA LEI DE LICITAÇÕES PÚBLICAS E CONTRATOS ADMINISTRATIVOS

Cumpre, ainda, deixar curialmente claro, que a extinção unilateral do contrato depende da instauração de regular processo administrativo, com observância do contraditório e da ampla defesa, conforme determina o *caput* do art. 137 da NLLC.

Vale lembrar que a NLLC não estabelece um rito específico para a observância do contraditório e da ampla defesa. Em razão disso, devem ser observadas, naquilo que lhe for aplicável, as disposições da Lei nº 9.784/1999, que dispõe sobre o processo administrativo federal, notadamente no que diz respeito à fase instrutória, de modo a permitir que o particular tenha reais chances de exercitar o seu sagrado direito de defesa.

De qualquer forma, após a decisão proferida pela Administração cabe ainda o direito de recurso administrativo, nos termos do art. 165, inc. I, al. "e", da NLLC.

3. Fiscalização da execução do objeto contratado

Assim como as demais prerrogativas, a fiscalização encontra-se prevista no art. 104, inc. III, cuja disciplina encontra-se prevista no art. 117, ambos da NLLC. Da análise do texto legal, percebe-se que a execução do contrato administrativo deverá ser acompanhada e fiscalizada por representantes da Administração especialmente designados, permitida a contratação de terceiros para assisti-los e subsidiá-los de informações pertinentes a essa atribuição.

Anote-se que a fiscalização tem por objetivo assegurar que a execução do contrato ocorra nos moldes efetivamente avençados entre as partes, tanto no que diz respeito às especificações quanto nos prazos estipulados.

Todas as ocorrências deverão ser anotadas em livro próprio, inclusive as faltas cometidas pelo contratado, que poderão ensejar a rescisão do contrato, conforme art. 137, incs. I e II, da NLLC.

4. Imposição de penalidades

A imposição de penalidades, em razão da inexecução parcial ou total do contrato, é matéria prevista no art. 104, inc. IV, disciplinado a partir do art. 155, ambos da NLLC, cujos artigos recomenda-se a leitura.

5. Retomada do objeto

Por fim, o art. 104, inc. V, da NLLC, prevê a hipótese da Administração, nos casos de serviços essenciais, ocupar provisoriamente bens móveis e imóveis e utilizar pessoal e serviços vinculados ao objeto do contrato, nas hipóteses de risco à prestação de serviços essenciais e à necessidade de acautelar apuração administrativa de faltas contratuais pelo contratado, inclusive após extinção do contrato, na forma do art. 139.

CAPÍTULO V – DA DURAÇÃO DOS CONTRATOS

ARTIGO 105

A duração dos contratos regidos por esta Lei será a prevista em edital, e deverão ser observadas, no momento da contratação e a cada exercício financeiro, a disponibilidade de créditos orçamentários, bem como a previsão no plano plurianual, quando ultrapassar 1 (um) exercício financeiro.

A nova Lei de Licitações, a partir de seu art. 105, fixa um novo regime jurídico de duração contratual cujo teor muda radicalmente o regramento dos prazos até então utilizados pela Administração Pública brasileira.

Assim ocorreu, uma vez que o regime jurídico revogado, previsto no *caput* e incisos do art. 57 da Lei nº 8.666/1993, fixa, como regra, a anualidade dos contratos administrativos – vale dizer, de 1º de janeiro até 31 de dezembro – ou seja, estabelece um período estático, adstrito à vigência dos respectivos créditos orçamentários e, excepcionalmente, um lapso estendido para objetos específicos, arrolados em seus incisos, o que exige sérios esforços do administrador público para enquadrar as particularidades da sua necessidade administrativa na moldura permitida pela lei, o que, muitas das vezes, por não ocorrer adequadamente, é objeto de reprovações pelos órgãos de controle. É latente, portanto, que o referido regime jurídico verificado, criado e utilizado desde a edição do Dec.-Lei nº 2.300/1986, já não se apresenta adequado, dada a complexidade dos objetos demandados pela Administração nas últimas décadas.

Com efeito, não se observa no novo regime jurídico constante da Lei nº 14.133/2021, a rigidez observada no *caput* e incisos do art. 57 da Lei nº 8.666/1993, uma vez que o art. 105 é reluzente ao fixar que o prazo de vigência dos contratos administrativos será aquele fixado no instrumento convocatório, que se afigurou como o necessário ou apropriado para a satisfação da necessidade administrativa ou adequado para a regular execução daquilo que é demandado.

Assim, o período propício para execução do objeto pretenso pela Administração será aquele justificadamente aposto no processo administrativo licitatório, ainda na fase interna da licitação pela unidade requisitante, devendo tal prazo ser devidamente arrolado no ato convocatório e instrumento contratual e nos atos administrativos que instruem a contratação direta, não existindo mais, doravante, as limitações impostas pelo princípio da anualidade.

Para aqueles objetos cuja execução porventura venham a ultrapassar o exercício financeiro, o *caput* do art. 105 da nova Lei de Licitações exige a previsão das disponibilidades orçamentárias nas leis orçamentárias referentes aos exercícios financeiros que a execução contratual venha a ocorrer, bem como a

COMENTÁRIOS À NOVA LEI DE LICITAÇÕES PÚBLICAS E CONTRATOS ADMINISTRATIVOS

previsão na Lei que assenta o plano plurianual daquela Administração, quando for o caso.

ARTIGO 106

A Administração poderá celebrar contratos com prazo de até 5 (cinco) anos nas hipóteses de serviços e fornecimentos contínuos, observadas as seguintes diretrizes:

I – a autoridade competente do órgão ou entidade contratante deverá atestar a maior vantagem econômica vislumbrada em razão da contratação plurianual;

II – a Administração deverá atestar, no início da contratação e de cada exercício, a existência de créditos orçamentários vinculados à contratação e a vantagem em sua manutenção;

III – a Administração terá a opção de extinguir o contrato, sem ônus, quando não dispuser de créditos orçamentários para sua continuidade ou quando entender que o contrato não mais lhe oferece vantagem.

§ 1º A extinção mencionada no inciso III do caput deste artigo ocorrerá apenas na próxima data de aniversário do contrato e não poderá ocorrer em prazo inferior a 2 (dois) meses, contado da referida data.

§ 2º Aplica-se o disposto neste artigo ao aluguel de equipamentos e à utilização de programas de informática.

É grande a preocupação da nova Lei de Licitações com objetos de execução continuada, no sentido de buscar garantir que aquilo que é demandado pela Administração Pública não sofra interrupção de continuidade entre o encerramento de um contrato e o início da execução de outro, pois no período são notórios os prejuízos que geram ao interesse público quando ocorre a sua descontinuidade. Exemplificando, a interrupção da prestação de serviços de limpeza em estabelecimentos de ensino público acarreta, em poucos dias, a suspensão das aulas, em razão do problema sanitário gerado pela ausência de pessoas realizando higienização de banheiros das demais dependências da unidade escolar.

Por serviços contínuos ou continuados, entende-se por aqueles que a interrupção possa causar sério risco da continuidade da atividade administrativa, a exemplo de serviços de limpeza, vigilância, manutenção etc.

Já em relação aos objetos de fornecimento continuado, grande novidade nessa nova Lei de Licitações, enquadram-se os bens demandados pela Administração contratante cuja interrupção na entrega provocará prejuízos para o Poder Público, a exemplo do fornecimento de combustível, gás GLP,

DA DURAÇÃO DOS CONTRATOS ARTº 106

água para consumo, gases medicinais, material de limpeza, papelaria, impressos gráficos, alguns itens de higiene, como papel higiênico, sabonete etc.

Levando-se em consideração tal circunstância, observa-se que o art. 106 da NLLC permite que os contratos administrativos, cujo objeto seja a prestação de serviços e fornecimento contínuos, possam ser celebrados com prazo de vigência de até cinco anos, desde que sejam observadas as condições fixadas em seus incisos, podendo, ainda, os mesmos serem prorrogados sucessivamente até 10 anos, na forma do art. 107, que abaixo será estudado.

O enquadramento justificado de um objeto como serviço ou fornecimento continuado somente pode ser realizado a par do caso concreto, levando-se em consideração as especificidades de cada serviço ou fornecimento, as consequências de sua interrupção observando-se a atividade desempenhada pela Administração contratante. Tanto é assim que se desconhece norma geral que arrole quais serviços ou objetos seriam de natureza contínua.

No regime da Lei nº 8.666/1993 exigia-se que o contrato administrativo fixasse período de vigência de 12 meses, podendo o ajuste ser prorrogado, excepcionalmente, por até 60 meses, conforme autorização constante do art. 57, inc. II c/c seu § 4º da Lei nº 8.666/1993, o que demanda, anualmente, que seja movimentada a custosa máquina administrativa com o objetivo de estender o período de vigência do ajuste, o que não ocorrerá mais, pois bastará o atendimento dos requisitos abaixo fixados para que o contrato administrativo já assente um prazo de vigência de até 5 anos.

Para tanto, deverá existir motivada declaração nos autos do processo administrativo, a ser fixada na fase interna da licitação e também no ato convocatório, de que o objeto da contratação é de execução continuada, devendo, ainda, e em nosso sentir, ser consignadas as consequências que a interrupção pode gerar na atividade administrativa.

Demais disso, conforme estabelece o inc. I do art. 106 da Lei nº 14.133/2021, deverá a autoridade competente do órgão ou entidade contratante atestar a maior vantagem econômica vislumbrada em razão da contratação plurianual. As razões podem ser as mais diversas, necessariamente econômicas, a exemplo da verificação da economia de escala na celebração de uma contratação extensa, a redução dos custos com determinados insumos ou equipamentos necessários para execução do objeto, diminuição do custo mensal da contratação, haja vista a diluição dos investimentos do particular no número maior de meses da contratação, caso esse tenha que adquirir bens, materiais etc., para viabilizar a prestação de serviços.

Outrossim, o inc. II do art. 106 da Lei nº 14.133/2021 determina que o administrador público competente declare, no início da contratação, vale dizer, na fase interna da licitação e nos exercícios financeiros subsequentes, em momento próximo da ocasião da prorrogação, a existência de créditos orçamentários consignados na Lei Orçamentária Anual. Ademais, para que a contratação vigore no exercício financeiro, a autoridade competente, motivadamente, deverá declarar nos autos do processo administrativo a vantagem de manutenção da avença, ou seja, os benefícios que a prorrogação propiciará, a exemplo de vantagens operacionais e econômicas subsequentes, as quais deverão ser demonstradas.

Por fim, em relação ao inc. III do art. 106 da Lei nº 14.133/2021, com o objetivo de evitar que a Administração contratante receba um serviço ou bem inadequado, fato que poderá gerar prejuízos por não atender aos interesses do Poder Público ou os da Lei Orçamentária Anual por não consignar os necessários recursos públicos para honrar as obrigações contratuais assumidas; fixou ainda o referido dispositivo legal que a Administração contratante terá a opção, sem ônus algum, de extinguir o contrato.

Para equilibrar os interesses da Administração contratante com os do contratado, de modo a garantir segurança jurídica à relação contratual, afastando, ainda, prejuízos ao contratado, estabelece o § 1º do art. 106 da Lei nº 14.133/2021, algumas condições para colocar fim ao ajuste: 1) a extinção antecipada somente poderá ocorrer próximo da data do aniversário do contrato, vale dizer, em vias de completar 12 meses de vigência; e 2) nunca antes de 60 dias da data do natalício.

Em nosso sentir, a permissão de extinção do ajuste próximo da sua anualidade, além de garantir a previsibilidade do contratado da possibilidade da referida ação estatal, exigirá a necessidade do devido planejamento anual do particular em relação aos contratos que futuramente celebrar.

Por fim, o § 2º art. 106 da Lei nº 14.133/2021 estabelece a possibilidade da celebração de contratos pela Administração Pública com prazo de vigência por até cinco anos, cujo objeto seja aluguel de equipamentos e a utilização de programas de informática, que limitava, no regime jurídico anterior, pelo art. 57, inc. IV, da Lei nº 8.666/1993, a sua vigência pelo prazo de até 48 meses.

Com efeito, a possibilidade de contratos cujo objeto seja locação de equipamento de qualquer natureza já vigorar por até cinco anos acaba por despertar no mercado correlato maior interesse na contratação, haja vista que a extensão do tempo de vigência do ajuste pode compensar o investimento do particular na aquisição dos bens necessários para alocar na prestação de serviços pretensos haja vista a diluição da despesa no referido tempo.

Além disso, sabe-se que a Administração Pública é totalmente dependente de bens ou serviços de tecnologia. Sendo a interrupção de acesso a sistemas ou supressão do fornecimento de alguns objetos prejudicial, tornando flagrante a natureza continuada.

DA DURAÇÃO DOS CONTRATOS   ART° 106

Definição

Prazo de vigência dos contratos. Prorrogação do ajuste cujo objeto é execução de serviços contínuos. Serviços Contínuos. Definição. TCU – Manual de Orientações: "Serviços Contínuos – aqueles serviços auxiliares, necessários à Administração para o desempenho de suas atribuições, cuja interrupção possa comprometer a continuidade de suas atividades e cuja contratação deva estender-se por mais de um exercício financeiro. "(BRASIL, 2010, p. 892).

Prazo de vigência dos contratos. Prorrogação do ajuste cujo objeto é a execução de serviços contínuos. Características: TCU – Acórdão n° 1.382/03 – Primeira Câmara – Trecho do relatório do Ministro Relator Augusto Sherman – "17. No relatório para a Decisão n° 1098/2001 – Plenário, o Ministro Adylson Motta afirma que: 'De natureza continuada são os serviços que não podem ser interrompidos, por imprescindíveis ao funcionamento da entidade pública que deles se vale. Enquadram-se nessa categoria os serviços de limpeza e de vigilância, o fornecimento de água e de energia elétrica, a manutenção de elevadores.'

18.Constata-se, portanto, a inexistência de rol taxativo para serviços continuados visto que cada doutrinador faz sua própria relação exemplificativa, a partir da inteligência dos dispositivos legais e regulamentares. Alguns doutrinadores incluem serviços não constantes do Decreto n° 2.271/97, dando à relação deste diploma também um caráter exemplificativo. A jurisprudência desta Corte adota esse mesmo posicionamento, entendendo que a definição de um serviço como continuado depende de suas características específicas."

Prazo de vigência dos contratos. Prorrogação do ajuste cujo objeto é a execução de serviços contínuos. Comprovação motivada da vantajosidade. Necessidade: TCU – Acórdão n° 1.797/2005 – Plenário – Relatoria: Ministro Ubiratan Aguiar – "1. Conhece-se de representação para determinar à entidade que por ocasião da prorrogação da vigência dos contratos, avalie acerca da economicidade dos preços arcados relativamente àqueles praticados no mercado, de modo a se certificar da conveniência de se estender ou não a avença, esclarecendo que, se optar por nova contratação, o faça por meio de pregão."

Prazo de vigência dos contratos. Prorrogação do ajuste cujo objeto é execução de serviços contínuos. Comprovação motivada da vantajosidade. Necessidade: TCU – Acórdão n° 1.913/2006 – 2ª Câmara – Relatoria: Ministro Walton Alencar Rodrigues – "1.1. Determinar: 1.1.1. à CEAL que: 1.1.1.7. nas prorrogações de contratos, com ou sem repactuação de preços, observe como indispensável, a prática de consulta/ pesquisa de preços de mercado de modo a aferir se as condições e preços contratados continuam mais vantajosos para a administração, na forma preconizada no art. 57, II, da Lei 8.666/93, bem como faça constar manifestação formal e fundamentada, nos casos de eventual discordância da autoridade administrativa ao parecer da área jurídica."

COMENTÁRIOS À NOVA LEI DE LICITAÇÕES PÚBLICAS E CONTRATOS ADMINISTRATIVOS

Prazo de vigência dos contratos. Prorrogação do ajuste cujo objeto é a execução de serviços contínuos. Comprovação da vantajosidade. Se não restar comprovada a vantajosidade, a realização da dilação do prazo é indevida: TCU – Acórdão nº 162/2008 – 2ª Câmara – Relatoria: Ministro Ubiratan Aguiar – "determinar à Justiça Federal do Primeiro Grau em São Paulo que acompanhe, com a máxima atenção, o cumprimento do Contrato nº 04.394.10.07, firmado com a Essencial Sistema de Segurança e Vigilância Ltda. e do Contrato nº 04.395.10.07, firmado com a empresa GSV- Grupo de Segurança e Vigilância Ltda. e, expirados os 12 meses contados da data das propostas, caso se confirme que a prorrogação do(s) referido(s) contrato(s) não proporcionará à Administração a obtenção de preços e condições tão vantajosos quanto os obtidos inicialmente, se abstenha de prorrogá-lo(s) e providencie a realização de novo certame licitatório."

Prazo de vigência dos contratos. Duração do ajuste cujo objeto é a prestação de serviços contínuos. Possibilidade de o ajuste vigorar por até 60 meses. Não há direito garantido ao particular de ter o contrato vigente por tal período: TRF 1ª Região – MS 2008.01.00.008921-0/DF – Relatoria: Des. Fed. Maria Isabel Gallotti Rodrigues –"1. O art. 57, inciso II, da Lei 8.666/93, alterado pela Lei 9.648/98, de 27/04/98, impede a duração de contratos de prestação de serviços a serem executados de forma contínua por mais de sessenta meses.

2. Assim, a conduta da Administração de, antes do término do prazo de validade de contrato não mais passível de prorrogação, proceder à licitação para a celebração de novo contrato não viola direito algum da atual contratada, não havendo sequer indícios de que se pretenda descumprir o contrato ainda em vigor. 3. Segurança denegada."

ARTIGO 107

Os contratos de serviços e fornecimentos contínuos poderão ser prorrogados sucessivamente, respeitada a vigência máxima decenal, desde que haja previsão em edital e que a autoridade competente ateste que as condições e os preços permanecem vantajosos para a Administração, permitida a negociação com o contratado ou a extinção contratual sem ônus para qualquer das partes.

Conforme consta do art. 106 da nova Lei de Licitações, anteriormente estudado, é permitido que os contratos administrativos cujos objetos sejam serviços ou fornecimentos continuados, assentem prazo de vigência de até 5 anos, afastando, assim, a necessidade de celebração de termos aditivos de prorrogação anualmente, cuja processualização apresenta-se com custosa e burocrática para a Administração contratante.

630

DA DURAÇÃO DOS CONTRATOS ARTº 107

Visto como inovação no novo regime jurídico dos contratos administrativos, o art. 107 da Lei nº 14.133/2021 estabelece que um ajuste cujo objeto seja prestação de serviço e fornecimento continuados poderá ser prorrogado sucessivamente, ou seja, seguidamente, sem interrupção, fixando-se, como teto máximo, 10 anos, desde que sejam implementadas as condições que abaixo passa-se a arrolar.

Primeiramente, deverá a possibilidade de prorrogação constar previamente do instrumento convocatório e contratual ou processo que afastou a licitação, em caso de contratação direta. Parece-nos que a mera previsão no edital e no processo administrativo possibilitam a prorrogação mesmo o contrato sendo silente. Sendo assim, não poderá o prazo do ajuste ser estendido sem lastro editalício ou processo de contratação direta ou inobservando as regras lá verificadas, sob pena de ilegalidade em razão da violação do princípio da vinculação ao edital, expressamente previsto no art. 5º, *caput*, da nova Lei de Licitações.

Demais disso, a cada prorrogação deliberada pela Administração deverá ser precedida de motivada declaração emanada da autoridade competente, a ser manifestada nos autos do processo administrativo, afirmando que as condições de execução, vale dizer, particularidades da execução e preços contratados permanecem vantajosos para a Administração, o que já era previsto no regime jurídico anterior.

Outrossim, quando da prorrogação da vigência do contrato administrativo, muito embora o dispositivo legal estabeleça que o administrador "poderá" empreender tratativas com o contratado para melhorar as condições do ajuste, entende-se ser necessária e devida a realização de negociação (não sendo, portanto, uma faculdade, ao administrador público competente, mas, sim, um "poder-dever", que, sem embargo, poderá recair sobre questões financeiras ou não) com particular contratado com o escopo de buscar condições ainda mais vantajosas para a Administração contratante, a exemplo do afastamento da implementação da cláusula de reajuste, redução do valor contratado, acréscimo do objeto contratado sem aumento do valor do contrato, renúncia do direito de receber algum pedido de recomposição de preços, remuneração extraordinária em razão de pagamento em atraso etc.

É permitido, ainda, caso a manutenção do ajuste não se apresente vantajosa para a Administração contratante, situação em que deverá ser motivadamente justificada nos autos do processo administrativo para posterior controle, a extinção contratual sem ônus para qualquer das partes.

Ressalte-se que não há direito adquirido do particular em ter o ajuste prorrogado na ocasião oportuna, passando a exigir da Administração celebração de termo aditivo de dilação do prazo de vigência do ajuste. Por sua vez, não poderá o Poder Público contratante compelir o contratado em aceitar a prorrogação da avença sem que o particular manifeste espontaneamente seu interesse.

Por derradeiro, cabe lembrar que aquela limitação fixada no art. 57, inc. II, da Lei nº 8.666/1993, que exigia que os contratos administrativos fossem prorrogados por iguais períodos não existe mais. Sendo assim, à luz dos princípios da eficiência e da eficácia, a prorrogação do ajuste deverá ocorrer conforme a necessidade administrativa verificada no caso concreto, sendo a sua única limitação o prazo fixado no dispositivo em comento, fincado em 10 anos.

Artigo 108

A Administração poderá celebrar contratos com prazo de até 10 (dez) anos nas hipóteses previstas nas alíneas "f" e "g" do inciso IV e nos incisos V, VI, XII e XVI do caput do art. 75 desta Lei.

Existem determinados objetos que, por serem estratégicos à segurança nacional e incentivar a inovação, receberam um regime jurídico diferenciado no âmbito das contratações públicas.

Sendo assim, no artigo em comento observa-se que os contratos administrativos que detenham tais objetos assentem vigência de até 10 anos, desde que motivadamente. Assim, poderão os seguintes objetos terem prazo de vigência por até 10 anos:

1) bens ou serviços produzidos ou prestados no país que envolvam, cumulativamente, alta complexidade tecnológica e defesa nacional (art. 75, inc. IV, al. "f");

2) materiais de uso das Forças Armadas, com exceção de materiais de uso pessoal e administrativo, quando houver necessidade de manter a padronização requerida pela estrutura de apoio logístico dos meios navais, aéreos e terrestres, mediante autorização por ato do comandante da força militar (art. 75, inc. IV, al. "g");

3) para contratação com vistas ao cumprimento do disposto nos arts. 3º, 3º A, 4º, 5º e 20 da Lei nº 10.973, de 2 de dezembro de 2004, observados os princípios gerais de contratação constantes da referida Lei (art. 75, inc. V);

4) para contratação em que houver transferência de tecnologia de produtos estratégicos para o Sistema Único de Saúde (SUS), conforme elencados em ato da direção nacional do SUS, inclusive por ocasião da aquisição desses produtos durante as etapas de absorção tecnológica, e em valores compatíveis com aqueles definidos no instrumento firmado para a transferência de tecnologia (art. 75, inc. XII);

5) para aquisição, por pessoa jurídica de direito público interno, de insumos estratégicos para a saúde produzidos por fundação que, regimental ou

DA DURAÇÃO DOS CONTRATOS ART² 108

estatutariamente, tenha por finalidade apoiar órgão da Administração Pública direta, sua autarquia ou fundação em projetos de ensino, pesquisa, extensão, desenvolvimento institucional, científico e tecnológico e de estímulo à inovação, inclusive na gestão administrativa e financeira necessária à execução desses projetos, ou em parcerias que envolvam transferência de tecnologia de produtos estratégicos para o SUS, nos termos do inc. XII do *caput* do art. 75, e que tenha sido criada para esse fim específico em data anterior à entrada em vigor desta Lei, desde que o preço contratado seja compatível com o praticado no mercado (art. 75, inc. XII).

Assim, estabeleceu, pois tais objetos estão relacionados a políticas públicas de inovação, cujos projetos ultrapassam o exercício financeiro e não podem sofrer interrupção, sob pena de prejuízo, por seus objetivos não serem alcançados na forma programada.

Sobre a importância de contratos cujo objeto esteja relacionado à busca de novidade tecnológica no país, conforme se infere do art. 2º da Lei nº 10.973/ 2004, cujo teor estabelece medidas de incentivo à inovação e à pesquisa científica e tecnológica no ambiente produtivo, com vistas à capacitação e ao alcance da autonomia tecnológica e ao desenvolvimento industrial do país, tem-se que inovação é a introdução de novidade ou aperfeiçoamento no ambiente produtivo ou social que resulte em novos produtos, processos ou serviços.

Verifica-se que a política de inovação é parte essencial de toda e qualquer política industrial contemporânea, objetivando inaugurar, inclusive, um novo padrão de competitividade, dado o seu dinamismo e poder multiplicador.[197]

Não se pode olvidar que a busca pelo desenvolvimento nacional é um dos objetivos da República Federativa do Brasil, consoante se verifica do art. 3º, inc. II, do Texto Constitucional de 1988. Grife-se que o desenvolvimento nacional que cumpre realizar, um dos objetivos da República Federativa do Brasil, e o pleno emprego que impede assegurar supõem economia auto sustentada, suficientemente equilibrada para permitir ao homem reencontrar-se consigo próprio, como ser humano e não apenas como um dado ou índice econômico.[198]

Para alcançar tal objetivo, dedicou a Constituição Federal de 1988 um capítulo exclusivo à ciência, tecnologia e inovação, conforme observa-se a partir do art. 218, fixando vetores a serem observados por todos os entes políticos, de acordo com a sua competência, também vertida no texto constitucional.

---

[197] BERCOVICI, Gilberto. Ciência e inovação sob a Constituição de 1988, *Revista dos Tribunais*, v. 101, n. 916, fev., 2012, p. 267–295.
[198] GRAU, Eros Roberto. *A ordem econômica na Constituição de 1988*, 15. ed. São Paulo: Malheiros: 2012, p. 251

COMENTÁRIOS À NOVA LEI DE LICITAÇÕES PÚBLICAS E CONTRATOS ADMINISTRATIVOS

Com efeito, a necessidade de o Poder Público impulsionar a inovação é tamanha, haja vista as benesses conferidas ao país, que a Constituição da República de 1988, por meio da Emenda nº 85, introduziu em diversos dispositivos constitucionais a palavra "inovação", fato que traduz, de forma cristalina, a postura estatal de inserir o assunto na agenda desenvolvimentista brasileira, em razão da questão estratégica para o futuro nacional, em especial quando se verifica o teor constante do art. 218, que determina, *in verbis*: "Art. 218. O Estado promoverá e incentivará o desenvolvimento científico, a pesquisa, a capacitação científica e tecnológica e a inovação".

Sendo essa a matriz constitucional da inovação, verifica-se que a necessidade de garantia ao desenvolvimento nacional impõe ao Estado a obrigação de promover e incentivar o desenvolvimento científico, a pesquisa, a capacitação tecnológica e a inovação, devendo, para tanto, serem instituídas as devidas políticas públicas a esse respeito, a exemplo daquela fixada na Lei do Bem.

Tendo em vista que as pesquisas de inovação ocorrem dentro de laboratórios e universidades públicas, cujo trabalho científico muitas das vezes necessita de insumos, instrumentos e serviços contratados por meio de licitação ou contratação direta, necessita-se que os contratos administrativos detenham prazo de vigência alargado, haja vista que tais atividades laboratoriais se estendem por mais de um exercício financeiro.

Sob outro prisma, para que tais contratações sejam viáveis financeiramente, há necessidade da celebração de contrato administrativos com longo prazo de vigência, a fim de permitir a amortização dos investimentos privados realizados pelo colaborador do Estado.

Assim, a possibilidade de vigência, pelo período proposto, garante a viabilidade das ações e reúne condições para assegurar maior efetividade aos recursos públicos alocados em contratos dessa natureza.

Sobre tal questão, leciona Marçal Justen Filho:

> Considerada a questão sob outro enfoque, a existência de um objeto complexo e de execução demorada conduziria a que o particular se opusesse à realização de contratações sucessivas, cada qual com um período limitado de tempo. Isso criaria uma simples expectativa de direito à renovação. Portanto, haveria uma competência discricionária para a Administração renovar o contrato. A estipulação desde logo de um prazo mais longo assegura ao particular a garantia necessária à realização de investimentos com amortização de médio e longo prazo e ao comprometimento correspondente à complexidade do objeto contratado.

Verifica-se, portanto, ser pertinente a previsão do alongamento do prazo de vigência dos referidos contratos, uma vez que somente garantindo os investimentos do parceiro do Estado na viabilização da estrutura será possível

DA DURAÇÃO DOS CONTRATOS   ART° 110

implementar as políticas públicas destinadas a impulsionar a inovação no país. Com efeito, guardadas as devidas proporções, as razões acima delineadas também se aplicam aos contratos cujo objeto sejam estratégicos à segurança nacional.

Artigo 109

A Administração poderá estabelecer a vigência por prazo indeterminado nos contratos em que seja usuária de serviço público oferecido em regime de monopólio, desde que comprovada, a cada exercício financeiro, a existência de créditos orçamentários vinculados à contratação.

O art. 109 da nova Lei de Licitações veio corrigir uma falha da Lei nº 8.666/ 1993, que, em seu art. 57, § 3º, vedava categoricamente a celebração de contratos administrativos que fixavam em seu teor um prazo de vigência indeterminado.

Acerca da mudança de entendimento, é oportuno esclarecer que há situações, como a celebração de contratação para o fornecimento de energia elétrica ou água potável por empresa que, embora privada, é a única na região que provê tais objetos, os quais são necessários para que a Administração contratante exerça as suas atribuições institucionais.

Com efeito, a verificação da referida situação acaba por gerar uma inexigibilidade de licitação, em razão da inexistência de outro particular que possa fornecer o que é demandado, e sendo a necessidade de energia elétrica e água demanda permanente, autoriza a celebração do contrato por prazo indeterminado, sob pena de anualmente ter que celebrar um termo aditivo com a mesma empresa desnecessariamente.

Diante desta situação excepcional, o art. 109 da nova Lei de Licitações, de forma a conferir segurança jurídica para os administradores públicos, expressamente autorizou a Administração a celebrar contratos com vigência por prazo indeterminado nos contratos em que seja usuária de serviço público oferecido em regime de monopólio, desde que comprovada, a cada exercício financeiro, a existência de créditos orçamentários vinculados à contratação.

Artigo 110

Na contratação que gere receita e no contrato de eficiência que gere economia para a Administração, os prazos serão de:

I – até 10 (dez) anos, nos contratos sem investimento;

II – até 35 (trinta e cinco) anos, nos contratos com investimento, assim considerados aqueles que impliquem a elaboração de benfeitorias

permanentes, realizadas exclusivamente a expensas do contratado, que serão revertidas ao patrimônio da Administração Pública ao término do contrato.

Inicialmente, anote-se que as ESCO's (*Energy Services Company*) se configuram como empresas de engenharia especializadas em serviços de conservação de energia e redução de consumo de água que atuam por meio de contrato de performance.

A atuação dessas empresas ocorre em etapas que compreendem a identificação de oportunidades para a redução de gastos com energia e água, por exemplo, em suas várias formas de utilização, bem como a avaliação da confiabilidade de fornecimento e possibilidade de substituição parcial ou integral do insumo em consumo, além da análise de atrativos e oportunidades econômicas propondo sugestões viáveis, assessoramento de contratação de financiamentos e implantação de oportunidades identificadas.

Haja vista que a execução do objeto contratado ocorre em etapas e tendo em vista os benefícios efetivamente observados com os serviços executados, em razão de economia para o erário, os prazos de vigência desses ajustes serão de:

I – até 10 (dez) anos, nos contratos sem investimento;

II – até 35 (trinta e cinco) anos, nos contratos com investimento, assim considerados aqueles que impliquem a elaboração de benfeitorias permanentes, realizadas exclusivamente às expensas do contratado, que serão revertidas ao patrimônio da Administração Pública ao término do contrato.

Fixar um prazo dessa envergadura, haja vista que um período longo de vigência acaba por amortizar os investimentos realizados pelo Poder Público.

Artigo 111

Na contratação que previr a conclusão de escopo predefinido, o prazo de vigência será automaticamente prorrogado quando seu objeto não for concluído no período firmado no contrato.

Parágrafo único. Quando a não conclusão decorrer de culpa do contratado:

I – o contratado será constituído em mora, aplicáveis a ele as respectivas sanções administrativas;

II – a Administração poderá optar pela extinção do contrato e, nesse caso, adotará as medidas admitidas em lei para a continuidade da execução contratual.

Apresentando-se como uma grande novidade na nova Lei de Licitações, o novo regime de contratações públicas agasalhou o entendimento doutrinário

DA DURAÇÃO DOS CONTRATOS ART⁰ 111

e jurisprudencial do "contrato a termo" e "contrato por escopo", conferindo, assim, segurança jurídica durante a vigência dos ajustes.

Os contratos "a termo" ou "por duração" ou "de execução continuada" são aqueles ajustes que se extinguem em razão do escoamento do prazo de vigência fixado no contrato administrativo, independentemente da conclusão do serviço ou do dia em que o mesmo venha a vencer, seja dia útil ou não. Ou seja, a defluência do lapso temporal é critério automático e irreversível de extinção das obrigações contratuais assumidas pelas partes.

Por sua vez, os "contratos por escopo" são aqueles ajustes cuja extinção não decorre do exaurimento do prazo de execução de uma obra (TCE/SP – TC-013838/026/91), mas da efetiva conclusão do projeto, na forma das especificações constantes do edital ou, ainda, com a entrega do bem adquirido (TCE/SP – TC-011332/026/13) conforme termo de referência, de modo que o prazo verificado no contrato ou ordem de serviço ou fornecimento é meramente referencial e tem por objetivo determinar um período máximo para que se execute a prestação, cuja ultrapassagem caracteriza a mora do particular. Sendo assim, "Nos contratos de escopo, a vigência contratual somente se encerra com a conclusão do respectivo objeto." (TCE/SP – TC-011332/026/13). Assim ocorre, pois a Administração Pública "busca para seu patrimônio um objeto certo e acabado." (TCE/SP – TC-010130.989.19-7)

Além disso, "neste tipo de contrato, pela sua natureza, ocorrerá sua extinção normal com a conclusão de seu objeto, realizando a conduta específica e definida no objeto do contrato". Então, a fixação do prazo será relevante para que a Administração possa exigir do particular executante um mínimo de eficiência e celeridade necessário para a satisfação do interesse público. (TCU – Acórdão 1689/2003 – Plenário)

No caso dos "contratos por escopo", conforme regramento constante no art.111, superando-se o prazo vertente no instrumento contratual, sem que reste concluída a obrigação assumida pelo particular, deve a Administração proceder à formalização da prorrogação do ajuste automaticamente independente de autorização editalícia e contratual, pois a verificação da superação do prazo de execução opera a rescisão tácita pelo decurso de prazo (TCE-TC-024071.989.19-8). Assim, "o tempo não implica, necessariamente, no encerramento das obrigações contratuais assumidas pelas partes contratantes." (TCE-TC-012065.989.19-6)

Há tempos tal entendimento já era manifestado pela doutrina. Corroborando para a nossa assertiva, nos valemos da lição prelecionada pelo jurista Diogenes Gasparini, ao tratar da extinção dos contratos pelo cumprimento do prazo, *in verbis*:

COMENTÁRIOS À NOVA LEI DE LICITAÇÕES PÚBLICAS E CONTRATOS ADMINISTRATIVOS

Assim não será se o objeto do contrato for a execução de uma obra ou fornecimento de bens à Administração Pública contratante. Nesses casos, o contrato restará automaticamente prorrogado se chegou ao seu termo formal sem a conclusão da obra ou sem a entrega de todos os bens. Essa é a inteligência, pois não se contratou uma obra inacabada, nem se promoveu a compra de uns poucos bens, ainda mais quando nada será pago pela conclusão da obra ou pelo fornecimento dos bens faltantes. Nesses casos, em havendo culpa ou dolo do contratado pelo atraso, aplica-se-lhe a devida sanção, observado o indispensável processo legal, e formaliza-se, pelo tempo necessário, a prorrogação de fato já ocorrera. Se não há culpa ou dolo do contratado, poderá ser necessária a promoção do reequilíbrio econômico-financeiro do contrato[199].

Jessé Torres Pereira Junior traz à colação entendimento manifestado em processo administrativo do Tribunal de Justiça do Rio de Janeiro, *in verbis*:

> Assim é, e deve ser, porque os 'contratos por escopo', em que a vontade dos contratantes somente estará plenamente atendida se do contrato resulta a consecução do objeto, ou seja, a realização da obra ou do serviço. Nesta espécie contratual – diversamente do que ocorre nos contratos a termo ('por duração') –, o prazo é de índole apenas moratória, podendo ser prorrogado se, no tempo previsto, não houver sido viável a completa realização da obra ou do serviço de engenharia[200].

Haja vista que a inobservância do cumprimento do prazo de execução do objeto pode gerar responsabilização, tanto para o particular – por meio da instauração de processo sancionatório – quanto para o servidor ou empregado público, caso este tenha atuado culposa ou dolosamente na elaboração de estudo técnico preliminar, termo de referência ou projeto básico, de forma a acarretar a impossibilidade de execução do objeto na forma pactuada, entende-se que a apuração de tal fato deve ocorrer no bojo de um processo administrativo, devendo ser oferecido ao particular ou agentes públicos envolvidos o direito ao contraditório e à ampla defesa, a fim de que ocorra a justificativa dos erros que porventura tenha praticado, cada um no seu âmbito de atuação.

Apurando-se a razão da impossibilidade do objeto contratado ser executado na forma pactuada, caso tal motivo escapou dos limites de atuação do particular, haja vista, por exemplo, ter ocorrido um fato de terceiro que apresenta-se como impeditivo para o cumprimento da obrigação, deve-se concluir a apuração do acontecimento adverso e voltar-se os esforços para a conclusão do objeto demandado.

---

[199] GASPARINI, Diogenes, *Direito Administrativo*, 16ª ed., Saraiva, São Paulo, 2011, p. 842

[200] JUNIOR, Jessé Torres Pereira, *Comentários à Lei de Licitações e Contratações da Administração Pública*, 8ª ed., Renovar, Rio de Janeiro, 2009, p. 663

DA DURAÇÃO DOS CONTRATOS ARTº 112

Todavia, verificando-se que a não conclusão decorre de culpa do contratado, ou seja, em razão do particular ou seus colaboradores terem atuado de forma imperita, negligente ou imprudente, fixa o inc. I do parágrafo único do art. 111 da nova Lei de Licitações que o contratado será formalmente constituído em mora, devendo, nesta oportunidade, ser devidamente instaurado um processo sancionatório em desfavor do particular, devendo ser observado o regramento punitivo arrolado a partir do art. 155 da nova Lei de Licitações, devendo, se for o caso, ser aplicado sanção decorrente da mora.

Mesmo garantindo o *caput* do art. 111 que ocorrerá a prorrogação automática do ajuste, em nosso sentir, entende-se que tal situação deve ser objeto de celebração de um termo aditivo, mesmo que ocorra após o término da vigência contratual, haja vista a necessidade de documentação da excepcionalidade verificada.

Por sua vez, o inc. II do parágrafo único do art. 111 da Lei nº 14.133/2021 fixa que, em caso de culpa do contratado na ausência de conclusão do objeto contratado, poderá a Administração também optar pela extinção unilateral do contrato, providenciando, ato contínuo, a contratação da execução do remanescente, na forma do § 7º do art. 90. Em nosso sentir, tendo em vista a necessidade de observância dos princípios da eficiência e da eficácia, expressamente fixados no *caput* do art. 5º da nova Lei de Licitações, a decisão de colocar cabo ao ajuste deverá ser pormenorizadamente justificada, haja vista os prejuízos a serem observados em caso de contratação de outro particular, a exemplo da postergação do recebimento do objeto para atendimento do interesse público.

ARTIGO 112

Os prazos contratuais previstos nesta Lei não excluem nem revogam os prazos contratuais previstos em lei especial.

Conforme consta do *caput* do art. 1º, a Lei nº 14.133/2021 é considerada norma geral de licitações e de contratos públicos. Não obstante, existem no ordenamento jurídico brasileiro outras normas, estas tidas como especiais ou específicas, que disciplinam outras formas de contratações onde a Administração Pública pode figurar como contratante.

Exemplificando, é comum que a Administração Pública celebre contratos de locação de bens imóveis, cujos ajustes deverão observar, no que couber, o disposto na Lei do Inquilinato (Lei nº 8.245/1991). Demais disso, é comum a Administração celebrar parceria público-privada, que observará o disposto na Lei nº 11.079/2004, ou, ainda, transferir serviços públicos para terceiros, por meio de contratos de concessão, na forma da Lei nº 8.987/1995.

COMENTÁRIOS À NOVA LEI DE LICITAÇÕES PÚBLICAS E CONTRATOS ADMINISTRATIVOS

É comum que tal legislação especial fixe prazos contratuais específicos, que podem deter lapsos maiores e menores levando-se em consideração as particularidades envolvidas na política pública constante da norma peculiar, no âmbito de cada modalidade contratada. Com efeito, os prazos de vigência dos contratos são fundamentais para a viabilidade da contratação, pois amortizam os investimentos dos particulares. Sendo assim, o art. 111 da Lei nº 14.133/2021 estabelece que os prazos contratuais não excluem nem revogam aqueles previstos em lei especial.

Não poderá a Administração, portanto, limitar o termo contratual ao lapso legal constante da norma geral de licitação quando o objeto do contrato for regido por lei especial que fixar período distinto daquele fixado na Lei nº 14.133/2021. Com efeito, a Lei especial prevalece sem revogar norma geral. Logo, a NLLC é subsidiária da lei especial.

Veja-se que a subsidiariedade decorre de "subsidiário", que, para De Plácido e Silva, "designa o que vem em segundo lugar, isto é secundário, auxiliar"[201], ou seja, serve de ajuda ou de subsídio para a interpretação de alguma norma ou mesmo um instituto.[202]

Não obstante a necessidade de observância das normas especiais de contratação, sendo omissa a lei específica acerca da condução de dado assunto ou postura da Administração em relação a algum encaminhamento, a Lei nº 14.133/2021 deverá ser aplicada subsidiariamente no caso concreto, consoante estabelece o disposto no art. 186.

Artigo 113

O contrato firmado sob o regime de fornecimento e prestação de serviço associado terá sua vigência máxima definida pela soma do prazo relativo ao fornecimento inicial ou à entrega da obra com o prazo relativo ao serviço de operação e manutenção, este limitado a 5 (cinco) anos contados da data de recebimento do objeto inicial, autorizada a prorrogação na forma do art. 107 desta Lei.

A Lei nº 14.133/2021, como já asseverado acima, apresenta um significativo avanço em relação à duração dos contratos administrativos, haja vista que a Lei 8.666/1993 assentava um regime jurídico arcaico, que, dada às limitações fixadas na lei, impossibilitava ao administrador público implementar modelos

---

[201] SILVA, De Plácido e. *Dicionário jurídico*, 21. ed., Rio de Janeiro: Forense. 2003. p. 777
[202] CARNEIRO, Paulo César Pinheiro. *Breves comentários ao novo Código de Processo Civil*, coord. Teresa Arruda Alvim *e. al*, São Paulo, Revista dos Tribunais, 2016, p. 110.

DA DURAÇÃO DOS CONTRATOS   ART° 114

ideais de contratação que atendessem suas necessidades institucionais e coletivas.

Sendo assim, ante a necessidade de desburocratizar e de fato tornar eficiente e eficaz as contratações públicas brasileiras, o art. 6º, inc. XXXIV, da Lei nº 14.133/2021, prevê a possibilidade de realização de contratação de fornecimento de objeto agregando uma prestação de serviço, sendo conceituada tal modelagem como o regime de contratação em que, além do fornecimento do objeto, o contratado responsabiliza-se também por sua operação, manutenção ou ambas, por tempo determinado.

Analisando tal regime de contratação, acrescentamos, ainda, o disposto no art. 113 da Lei nº 14.133/2021, que estabelece que o contrato firmado sob o regime de fornecimento e prestação de serviço associado terá sua vigência máxima definida pela soma do prazo relativo ao fornecimento inicial ou a entrega da obra com o período relativo à prestação de serviço de operação e manutenção, este limitado a 5 (cinco) anos contados da data de recebimento do objeto inicial, autorizada a prorrogação, caso seja considerado de natureza continuada, em até 10 anos.

Para que tal modelagem seja regularmente implementada, afigura-se necessário que o termo de referência ou projeto básico, além da plena definição do objeto a ser fornecido ou instalação, também assente as particularidades do serviço a ser prestado pelo particular, devendo as planilhas orçamentárias consignar o valor estimado do objeto, bem como do serviço a ser prestado.

Imaginemos um contrato administrativo cujo objeto refere-se à instalação de equipamento médico de última geração, sendo que o prazo de reforma do espaço, adequação elétrica e montagem do equipamento leve um ano, sendo contratado, ainda, a manutenção do mesmo por 5 anos. Neste caso, tal ajuste terá a sua vigência de 6 anos, podendo ser prorrogado por mais 4, considerando o teto legal de vigência fixado em 10 anos, na forma do art. 107.

Cabe lembrar que aquela limitação fixada no art. 57, inc. II, da Lei nº 8.666/1993, que exigia que os contratos administrativos fossem prorrogados por iguais períodos, não existe mais. Sendo assim, à luz dos princípios da eficiência e da eficácia, a prorrogação do ajuste deverá ocorrer conforme a motivada necessidade administrativa verificada no caso concreto, sendo a sua única limitação o prazo fixado no dispositivo em comento, estabelecido em 10 anos.

Artigo 114

O contrato que previr a operação continuada de sistemas estruturantes de tecnologia da informação poderá ter vigência máxima de 15 (quinze) anos.

Os sistemas estruturantes são ferramentas de tecnologia da informação que oferecem suporte informatizado para desempenho de atividades pelos órgãos setoriais.

Ante o tamanho da estrutura das Administrações Públicas brasileiras e a quantidade de atribuições por ela desempenhadas, a ausência dos sistemas estruturantes tornaria muito mais difícil administrar a coisa pública. Por tal razão, há muitas décadas, o Decreto-Lei nº 200, de 1967, cujo teor dispôs sobre a organização administrativa do Governo Federal, determinou, em seu art. 30, a organização sob a forma de sistema as atividades de pessoal, orçamento, estatística, administração financeira, contabilidade, auditoria e serviços gerais, além de outras atividades auxiliares comuns a todos os órgãos da Administração, que, a critério do Poder Executivo, necessitem de coordenação central. Observa-se, portanto, que o desenho dos atuais sistemas estruturantes foi realizado no passado, sendo aperfeiçoado ao longo de todo esse tempo.

A exemplo de um sistema estruturante, conforme teor constante da Portaria nº 352, de 31 de janeiro de 2020, editada pela Controladoria-Geral da União, temos o Sistema de Serviços Gerais – SISG, que organiza as atividades de administração de edifícios públicos e imóveis residenciais, bens, serviços, transporte, comunicações administrativas e documentação.

De forma a desburocratizar tal segmento, garantindo que os servidores alocados na implementação destas ferramentas dediquem seu tempo no desenvolvimento e aperfeiçoamento e não na elaboração de termos de referendo e projetos básicos para processar licitações, o art. 114 da nova Lei de Licitações permite que tais contratos detenham prazo de vigência de até 15 anos.

Para que possa a Administração Pública implementar o conteúdo jurídico constante do dispositivo legal em epígrafe, deverá existir motivada justificativa de que a solução que busca o Poder público contratar caracteriza-se como um sistema estruturante de tecnologia da informação, sob pena de reprovação pelos órgãos de controle. Além disso, o objeto deve ser necessário para viabilizar a operação contínua.

Exigir que tal contrato seja renovado por períodos inferiores a 15 anos é permitir que as ferramentas viabilizadoras do funcionamento de um sistema estruturante possam ser mudadas de tempos em tempos, o que pode afigurar-se como algo ruim para a Administração, que deverá reprogramar toda a sua estrutura de tecnologia da informação para se adequar à nova ferramenta de operação do sistema. Tal permissibilidade prestigia os princípios da eficiência e da eficácia administrativa, ambos previstos expressamente no *caput* do art. 5º da nova Lei de Licitações.

Com efeito, deve a Administração Pública nesta seara, durante o tempo do contrato, empreender esforços para aprimorar e refinar a ferramenta de TI

DA EXECUÇÃO DOS CONTRATOS ART⁰ 115

contratada, modernizando-a, interligando-a ou incorporando outras soluções, e não esgotar esforços elaborando novos termos de referência para o próximo certame, bem como programando a nova solução contratada, caso o contrato detenha um prazo exíguo, pois sabe-se que, com a instauração de um novo certame, poderá sagrar-se vencedora da licitação uma nova empresa que oferecerá uma nova tecnologia.

Demais disso, permitir que contratos com o objeto desta natureza vigorem diretamente por 15 anos, garante à Administração Pública preços mais vantajosos na contratação, pois os investimentos realizados pelo particular no desenvolvimento e/ou disponibilização da ferramenta da operação continuada de sistemas estruturantes de tecnologia da informação poderá ser diluído no tempo. Assim, quanto maior o tempo de vigência do ajuste, menor será o desembolso mensal.

Por outro lado, deve-se ter muita cautela na fixação de períodos longos de contrato, pois durante o transcurso do prazo ajustado, pode ser observada redução da qualidade, desempenho e empenho no oferecimento da solução de informática, e a vigência alongada do contrato pode se caracterizar como um óbice na contratação de um novo particular. Desta feita, pode-se fixar lapsos menores de vigência do ajuste, com a possibilidade de prorrogação, desde atendidos alguns requisitos, até se completar 15 anos de vigência, ocasião em que deverá ser desencadeada uma nova licitação.

CAPÍTULO VI – DA EXECUÇÃO DOS CONTRATOS

ARTIGO 115

O contrato deverá ser executado fielmente pelas partes, de acordo com as cláusulas avençadas e as normas desta Lei, e cada parte responderá pelas consequências de sua inexecução total ou parcial.

§ 1º É proibido à Administração retardar imotivadamente a execução de obra ou serviço, ou de suas parcelas, inclusive na hipótese de posse do respectivo chefe do Poder Executivo ou de novo titular no órgão ou entidade contratante.

§ 2º (VETADO).

§ 3º (VETADO).

§ 4º Nas contratações de obras e serviços de engenharia, sempre que a responsabilidade pelo licenciamento ambiental for da Administração, a manifestação prévia ou licença prévia, quando cabíveis, deverão ser obtidas antes da divulgação do edital. (Promulgação de parte vetada).

§ 5º Em caso de impedimento, ordem de paralisação ou suspensão do contrato, o cronograma de execução será prorrogado automaticamente

COMENTÁRIOS À NOVA LEI DE LICITAÇÕES PÚBLICAS E CONTRATOS ADMINISTRATIVOS

pelo tempo correspondente, anotadas tais circunstâncias mediante simples apostila.

§ 6º Nas contratações de obras, verificada a ocorrência do disposto no § 5º deste artigo por mais de 1 (um) mês, a Administração deverá divulgar, em sítio eletrônico oficial e em placa a ser afixada em local da obra de fácil visualização pelos cidadãos, aviso público de obra paralisada, com o motivo e o responsável pela inexecução temporária do objeto do contrato e a data prevista para o reinício da sua execução.

§ 7º Os textos com as informações de que trata o § 6º deste artigo deverão ser elaborados pela Administração.

Determina o art. 115 da nova Lei de Licitações que os contratos administrativos devidamente celebrados, precedidos ou não de licitação, ata de registro de preços ou credenciamento, deverão ser executados fielmente pelas partes celebrantes, devendo cada um dos signatários do contrato público honrar, necessária e automaticamente, todos os encargos por eles assumidos no ajuste, não podendo qualquer um deles se afastar do regramento vertido.

A implementação do pactuado no contrato administrativo, utilizando--se de regras divorciadas daquelas inicialmente firmadas no ajuste, somente se revestirá de legalidade caso ocorra após a devida e regular celebração do termo aditivo contratual, conforme determinam os arts. 124, 130 e 132 desta lei.

Ademais, quando o art. 115 estabelece que o contrato administrativo deverá ser executado fielmente pelas partes, de acordo com as cláusulas avençadas e as normas da Lei de Licitações, estabelece-se que não será tolerado a inserção ou presença de qualquer tipo de regramento que não esteja compatibilizado com a norma geral de licitação, sob pena de patente ilegalidade na condução da atividade administrativa, a exemplo de inserir ou permitir acréscimos quantitativos superiores aos permitidos por lei ou prorrogar o ajuste de forma divorciada do que consta na norma geral de licitação.

Estabelece a parte final do dispositivo em comento que a inobservância dos termos pactuados enseja profundas consequências jurídicas, tanto para a Administração contratante, a exemplo do pagamento de atualizações, compensações e indenizações ao contratado, caso realize adimplemento da obrigação pecuniária em atraso, conforme prevê o art. 92, inc. V, e art. 136, inc. II, da nova norma licitatória, como para o particular contratado, como a imposição de penalidades, na forma dos arts. 155 e seguintes da nova Lei de Licitações, além da rescisão do ajuste, conforme estabelece o art. 137 do novo diploma licitatório, se for o caso, quando observado o descumprimento dos encargos assumidos contratualmente.

644

DA EXECUÇÃO DOS CONTRATOS · ART° 115

Os contratos administrativos são celebrados com o objetivo de terem seus objetos efetivamente executados, de forma a atender um interesse público justificável, manifestamente declarado no processo licitatório, ainda na fase interna da licitação. Após o martírio processual administrativo no sentido de proporcionalizar a contratação, seja por meio da licitação ou contratação direta, que ocorre em semanas ou meses, busca-se, imediatamente, após a celebração do contrato ou retirada do instrumento equivalente, o início da execução do objeto almejado a fim de atender aquela necessidade administrativa.

Desta feita, a retardação imotivada da execução do objeto contratado, além de prejuízo para o atendimento do interesse público justificado, também é extremamente danoso para o particular contratado, uma vez que o mesmo é obrigado a realizar um planejamento financeiro, de recursos humanos, operacional etc., destacando parte da sua estrutura para executar o objeto demandado, e a não autorização de início da execução do serviço, obra ou fornecimento acaba por prejudicar tal programação, gerando danos de toda sorte.

É comum, demais disso, quando da troca do gestor público, que a nova administração determine a realização de auditorias nos contratos celebrados pelo anterior administrador com o escopo de verificar a regularidade da contratação, haja vista que consequências podem recair sobre a sua gestão. Tal constatação de irregularidade pode gerar retardamento da execução do objeto.

Ante a tal cenário prejudicial, o § 1º do art. 115 da nova Lei de Licitações proíbe, como regra, à Administração retardar imotivadamente a execução de obra ou serviço, ou de suas parcelas, inclusive na hipótese de posse do respectivo chefe do Poder Executivo ou de novo titular no órgão ou entidade contratante.

Analisando o conteúdo jurídico do referido dispositivo, observa-se, como regra, que a aludida determinação estabelece ser vedado ao administrador público inobservar estritamente os prazos fixados no edital, processo administrativo que assenta a contratação direta e contrato ou, ainda, não expedir, ato contínuo à celebração do ajuste, a ordem de serviço ou fornecimento, fato que acaba por adiar, postergar ou prolongar o início da execução de obra ou serviço, ou de suas parcelas.

Tratada a regra, passamos a estudar a exceção, concretizada na existência de justa motivação, que deverá ser declinada nos autos do processo administrativo. Pois bem. Existindo motivada justificativa formalmente apontada nos autos do processo administrativo, manifestada por agente competente, é permitido adiar o início da execução de obra ou serviço, ou de suas parcelas. Destaque-se que tal justificativa pode repousar sobre diversos motivos, como a alteração do projeto ou especificações do objeto, a superveniência de fato excepcional ou imprevisível, estranho à vontade das partes, impedimento de execução do contrato

645

por fato ou ato de terceiro reconhecido pela Administração em documento contemporâneo à sua ocorrência etc.

No tocante ao §4º do referido artigo, tem-se que o mesmo restou devidamente vetado pelo Presidente da República, adotando-se as seguintes razões para decidir:

> Razões do veto
>
> A propositura legislativa dispõe que nas contratações de obras e serviços de engenharia, sempre que a responsabilidade pelo licenciamento ambiental for da Administração, a manifestação prévia ou licença prévia, quando cabíveis, deverão ser obtidas antes da divulgação do edital.
>
> Todavia, o dispositivo contraria o interesse público, uma vez que restringe o uso do regime de contratação integrada, tendo em vista que o projeto é condição para obter a licença prévia numa fase em que o mesmo ainda será elaborado pela futura contratada.[203]

Ocorre, todavia, que o mesmo restou devidamente promulgado em 10 de junho de 2021 em razão do Congresso Nacional derrubar em 1º do referido mês o tal veto realizado pelo presidente à nova Lei de Licitações e Contratos Administrativos.

Acerca do referido dispositivo legal reintroduzido na Lei nº 14.133/2021, temos a considerar que imposição constante no referido parágrafo é pertinente e válido haja vista o flagrante descabimento do início do processamento da fase externa da licitação sem que o objeto a ser licitado futuramente esteja devidamente licenciado, sob pena de após ocorrer a celebração do contrato administrativo tal ajuste ser o início da execução do objeto contratado ser imediatamente suspenso enquanto não ocorrer a expedição do ato de polícia pelo órgão ou entidade encarregada de aprovar o projeto, além de futuramente ter que recompor a equação econômico-financeira em razão dos valores contratados não mais ser suficientes para executar o objeto contratado.

O art. 115 da nova Lei de Licitações reproduz o conteúdo jurídico constante do § 5º do art. 90 da Lei nº 8.666/1993, o que estabelece a possibilidade da prorrogação automática dos contratos administrativos quando da ocorrência de impedimento, paralisação ou suspensão do contrato.

Já o § 5º do art. 115 da nova Lei de Licitações estabelece que, em caso de impedimento, ordem de paralisação ou suspensão do contrato, o cronograma de execução será prorrogado automaticamente pelo tempo correspondente, anotadas tais circunstâncias mediante simples apostila.

---

[203] BRASIL. Lei Federal Nº 14.133, de 01 de abril de 2021. Disponível em http://www.planalto.gov.br/ccivil_03/_ato2019-2022/2021/Msg/VEP/VEP-118.htm. Acesso em 10 de set. 2021.

DA EXECUÇÃO DOS CONTRATOS   ART° 115

Esclareça-se que o cronograma físico-financeiro é representação gráfica do desenvolvimento das atividades a serem executadas ao longo do tempo de duração da obra, demonstrando em cada período o percentual físico a ser executado e o respectivo valor financeiro a ser despendido. Tal cronograma possibilita estimar ao longo do tempo de execução da obra o pagamento de parcela do objeto contratado, ensejando a realização de um planejamento financeiro. Sendo elaborado justificadamente na fase interna da licitação, passando o mesmo a ser anexo do ato convocatório ou integrado ao processo de contratação direta, tal documento servirá como um orientador durante a vigência do contrato, devendo a Administração Pública observar, tanto para cobrar a execução da parcela do objeto quanto para realizar o desembolso financeiro, o que lá está disposto, sob pena de violação ao princípio da estrita vinculação ao edital.

Pode ocorrer, por tal e qual motivo, a exemplo da necessidade de alteração do projeto ou especificações, superveniência de fato excepcional ou imprevisível, estranho à vontade das partes, impedimento de execução do contrato por fato ou ato de terceiro reconhecido pela Administração em documento contemporâneo à sua ocorrência, submissão do projeto a agentes financiadores, a exemplo do Banco Caixa, órgão convenentes etc., que seja determinado, formalmente e por meio do agente público competente, o impedimento, paralisação ou suspensão da execução do objeto do contrato.

Assim ocorrendo, a planilha que assenta o cronograma de execução físico e financeiro será objeto de modificação automática, de forma a devolver ao prazo de execução do objeto pelo período no qual a operação restou impedida, paralisada ou suspensa, ou seja, pelo tempo correspondente. Sendo assim, afasta-se a necessidade de grandes e infindáveis tramitações processuais, colheita de manifestação positiva de diversos agentes públicos, pois o dispositivo estudado garante a devolução do período automaticamente pelo tempo correspondente.

O que se recomenda, a fim de evitar questionamentos futuros, é que todas as ocorrências relacionadas ao impedimento, paralisação ou a suspensão do cronograma de execução de objeto demandado sejam formal e satisfatoriamente documentadas nos autos do processo administrativo, a fim de que se tenha o lastro de todas as prorrogações apostiladas no futuro, de forma a evitar apontamentos necessários pelos órgãos de controle.

Sabe-se que as alterações substanciais nos contratos administrativos, a exemplo das prorrogações, onde se observa a mudança dos dados da cláusula de vigência do ajuste, que gera repercussão jurídica tanto para ambos os partícipes, deve ocorrer por meio de termos aditivos, devendo esses termos serem submetidos à assessoria jurídica.

Nesse sentido, merece ressalva a lição do saudoso professor Diogenes Gasparini:

A prorrogação é formalizada por termo de aditamento, ou, como preferem alguns, por termo de prorrogação. Este deve ser analisado e aprovado pela assessoria jurídica da Administração (art. 38, parágrafo único). Assinado o aditamento, deve ele, em resumo, ser publicado (art. 61, parágrafo único), para que alcance a eficácia desejada, e promovido o registro junto aos órgãos competentes da Administração Pública contratante e, quando for o caso, nos demais registros.[204]

Excepcionalmente, haja vista a norma jurídica em estudo garantir que a prorrogação do ajuste, neste caso específico, ocorra automaticamente, de forma a objetivamente garantir a eficiência e eficácia administrativa, afasta-se a necessidade de formalização da dilação do prazo contratual por termo aditivo, adotando-se, desta situação especial, o apostilamento.

Com efeito, apostilamento são as alterações contratuais cujo teor não produz ou representa uma inovação substancial no contrato administrativo, gerando, por exemplo, nova obrigação ou ônus não previsto anteriormente na avença. Grife-se que o apostilamento não demanda a necessidade de publicação na imprensa oficial competente como condição de eficácia, diferentemente da celebração de um termo aditivo contratual. Na prática, a realização do apostilamento se consubstancia em uma mera anotação da ocorrência no verso ou à margem do instrumento de contrato constante do processo administrativo.

O § 6º do artigo em comento tem o condão de ampliar a publicidade das compras governamentais, de forma a efetivamente informar à população a razão da paralisação da execução de um determinado objeto. Diante da recorrência da verificação de canteiros de obras paradas, grande é a crítica que a sociedade faz à Administração e a razão de ampliar a publicização é afastar julgamentos antecipados, desprovidos de checagem, que recaem sobre a pecha de incompetência, despreparo, inidoneidade etc.

Sendo assim, nos casos de impedimento, ordem de paralisação ou suspensão da execução de uma obra por mais de 1 (um) mês, a Administração contratante deverá empreender divulgação, no seu sítio eletrônico oficial e em nova placa a ser afixada em local da obra, que detenha fácil visualização de todos, um aviso público de obra paralisada, devendo neste comunicado, a ser elaborado pela Administração contratante, assentar o motivo da interrupção da execução da obra, bem como o responsável pela inexecução temporária do objeto do contrato e a data prevista para o reinício da sua execução, caso seja possível,

---

[204] GASPARINI, Diogenes *Direito Administrativo*, 16ª ed., Saraiva, São Paulo, 2011, p. 779

DA EXECUÇÃO DOS CONTRATOS   ART° 115

Definição

Apostila. Conceito proposto por Hely Lopes Meirelles: "Apostilas são atos enunciativos ou declaratórios de uma situação anterior criada por lei. Ao postular um título a Administração não cria um direito, pois apenas reconhece a existência de um direito criado por norma legal. Equivale a uma averbação." (2011, p. 199)

Apostila. Conceito proposto por Oswaldo Aranha Bandeira de Mello – "Ato jurídico pelo qual se faz anotação, em documento anterior, de fato que o completa, ou interpreta como seja o aditamento em título de nomeação."(1979, p. 580)

Jurisprudência, decisões dos Tribunais de Contas e demais orientações

Apostila. Reajustamento. Formalização mediante simples apostilamento: TCU – Acórdão nº 976/2005 – Plenário – Relator: Ministro Marcos Bemquerer Costa – "9.1. determinar ao DNIT que formalize mediante simples apostilamento as alterações decorrentes de reajustes previstos no próprio contrato, em consonância com o art. 65, § 8º, da Lei nº 8.666/1993, evitando a utilização de aditamentos contratuais para esse fim."

Apostila. Indicação do crédito orçamentário e do respectivo empenho: AGU – Orientação Normativa nº 35 – "Nos contratos cuja duração ultrapasse o exercício financeiro, a indicação do crédito orçamentário e do respectivo empenho para atender a despesa relativa ao exercício futuro poderá ser formalizada por apostilamento."

Jurisprudência e decisões dos Tribunais de Contas

Condicionante para a instauração da licitação. Aprovação do projeto junto à autoridade municipal competente: TCU – Acórdão nº 2279/2004 – Segunda Câmara – Relatoria: Ministro-Substituto Lincoln Magalhães da Rocha – "9.1. conhecer da presente representação com fulcro no inciso VII e parágrafo único do artigo 237 do Regimento Interno/TCU c/c os artigos 68 e 69, § 2º e §3º da Resolução/TCU 136/00, para, no mérito, considerá-la, em parte, procedente, determinando ao Tribunal Regional Eleitoral de Goiás que: 9.1.1. proceda, em futuras licitações a ser realizadas, previamente à abertura das propostas, ao registro/aprovação dos projetos junto ao órgão municipal competente; 9.1.2. providencie, em futuras obras/reformas, junto ao órgão municipal competente, a liberação do respectivo alvará com a antecedência que se faz necessária, de modo a evitar empecilho à execução do empreendimento."

Condicionante para o início da fase externa da licitação. Projeto básico. Necessidade de que o projeto receba as devidas licenças. A necessidade de observar o disposto no art. 7º da Lei fed. nº 8.666/93 não afasta a obrigatoriedade de o projeto submeter-se às autoridades competentes: TCU – Acórdão nº 2.438/2005 – 1ª Câmara – Plenário – Relatoria: Ministro Augusto Nardes- "9.1.7. providencie, para as obras que vierem a ser executadas pela UFRN, todos os documentos exigidos nas posturas municipais, a exemplo do alvará de construção, da declaração do órgão ambiental

COMENTÁRIOS À NOVA LEI DE LICITAÇÕES PÚBLICAS E CONTRATOS ADMINISTRATIVOS

competente da necessidade ou desnecessidade de licença ambiental, do Relatório de Impacto de Trânsito e da licença do Corpo de Bombeiros, previstos no art. 97, § 3º, da Lei Municipal 3.882/1989."

Condicionante para o início da fase externa da licitação. Projeto básico. Necessidade de que o projeto receba as devidas licenças ambientais: TCU – Acórdão nº 2.204/2008 – Plenário – Relatoria: Ministro Guilherme Palmeira – "9.4. determinar à Secretaria Municipal de Obras, Saneamento Básico e Habitação da Cidade de Manaus/AM que apresente, a este Tribunal, Licença Ambiental de Instalação do Terminal de Cargas Geral e Pesqueiro de Manaus, devidamente renovada, de acordo com o art. 5º da Resolução CONAMA 237, de 19/12/1997, assim como os resultados das consultas aos órgãos ambientais da União e do Estado, de acordo com o art. 6º da mesma Resolução."

Condicionante para o início da fase externa da licitação. Existência de projeto básico. Projeto básico contratado por terceiros. Necessidade de que tal projeto seja submetido à área técnica antes de sua aprovação: TCU – Acórdão nº 1.726/2008- Plenário – Relatoria: Ministro Augusto Sherman Cavalcanti – "9.1. determinar à Fundação Nacional de Artes (Funarte/MinC) que: 9.1.3. adote providências para que os projetos básicos de obras atendam aos requisitos mínimos previstos no art. 6º, IX, 'a' a 'f', da Lei 8.666/93, submetendo aqueles projetos contratados de terceiros à área técnica competente, antes de sua aprovação."

Ocorrência de impedimento, paralisação ou sustação do contrato. Prorrogação automática do ajuste por igual tempo: TCU – Decisão nº 35/1992 – Plenário Trecho do voto do Ministro Relator Luciano Brandão Alves de Souza – "2. é legítima a devolução do prazo 'decorrente da paralisação da obra, por iniciativa da própria Administração, e no interesse desta, ainda que atingidos ou ultrapassados os 05 (cinco) anos, com vistas 'a completar o prazo estipulado no contrato', mantidos os preços inicialmente avençados...' 8. Infere-se daí que a admitida 'devolução de prazo' tinha tão-somente como objeto 'reconstituir o prazo inicial' delimitado no contrato. Veja-se, também, que o mencionado art. 777 do RGCP referia-se a 'obra de grande vulto', não se aplicando, portanto, a serviços de natureza contínua. 9. Posteriormente, esse entendimento veio a ser consagrado na Súmula TCU nº 191, que prescreve: 'Torna-se, em princípio, indispensável a fixação dos limites de vigência dos contratos administrativos, de forma que o tempo não comprometa as condições originais da avença, não havendo, entretanto, obstáculo jurídico à devolução de prazo, quando a Administração mesma concorre, em virtude da própria natureza do avençado, para interrupção da sua execução pelo contratante."'

Ocorrência de impedimento, paralisação ou sustação do contrato. Prorrogação automática do ajuste por igual tempo. Não pode ser comprometida as condições originais ajustadas: TCU – Súmula nº 191 – "Torna-se, em princípio, indispensável a fixação limites de vigência dos contratos administrativos, de forma que

DA EXECUÇÃO DOS CONTRATOS   ART° 116

o tempo não comprometa as condições originais da avença, não havendo, entretanto, obstáculo jurídico à devolução de prazo, quando a Administração mesma concorre, em virtude da própria natureza do avençado, para interrupção da sua execução pelo contratante."

ARTIGO 116

Ao longo de toda a execução do contrato, o contratado deverá cumprir a reserva de cargos prevista em lei para pessoa com deficiência, para reabilitado da Previdência Social ou para aprendiz, bem como as reservas de cargos previstas em outras normas específicas.

Parágrafo único. Sempre que solicitado pela Administração, o contratado deverá comprovar o cumprimento da reserva de cargos a que se refere o caput deste artigo, com a indicação dos empregados que preencherem as referidas vagas.

Consoante prevê o art. 37, inc. XXI, da Constituição da República de 1988, a licitação, como regra, é o expediente administrativo utilizado pelo Estado para selecionar particulares que desejam se relacionar comercialmente com o Poder Público com o propósito de fornecer bens, prestar serviços, construir obras e equipamentos etc.

Não se pode deixar de conceituar que licitação é o procedimento administrativo mediante o qual a Administração Pública seleciona a proposta mais vantajosa para o contrato de seu interesse. Como procedimento, desenvolve-se por meio de uma sucessão ordenada de atos vinculantes para a Administração e para os licitantes, o que propicia igual oportunidade a todos os interessados e atua como fator de eficiência e moralidade nos negócios administrativos[205].

Conforme divulgado pela Organização para a Cooperação e o Desenvolvimento Econômico (OCDE), o impacto econômico das compras governamentais alcança 20% do Produto Interno Bruto (PIB)[206].

Diante do referido percentual, não restam dúvidas de que o Estado comprador brasileiro, por meio da União federal, dos 26 Estados, Distrito Federal e dos 5.570 municípios, apresenta-se como um grande consumidor, adquirindo bens, que vão desde objetos comuns e simplórios até objetos complexos, de alto valor agregado, estratégicos etc.

---

[205] MEIRELLES, Hely Lopes. Direito Administrativo Brasileiro. 33. ed. São Paulo: Malheiros, 2007, p. 272

[206] SILVA, Antonio Araujo da. A economia das compras governamentais em decorrência do pregão eletrônico: uma abordagem econométrica. Dissertação (Mestrado Profissional) – Programa de Pós-Graduação em Economia CAEN, Universidade Federal do Ceará, Fortaleza-CE, 2007. p. 12

COMENTÁRIOS À NOVA LEI DE LICITAÇÕES PÚBLICAS E CONTRATOS ADMINISTRATIVOS

Diante deste enorme potencial que permite ao maior comprador ditar as regras do mercado, observa-se o Estado como um grande consumidor, utilizando gradativamente as compras governamentais como atividade de fomento administrativo para estimular determinados setores da economia.

Conceitua José Roberto Dromi, a atividade de fomento administrativo como "(...) una actividad de la Administración que trata de ayudar, encauzar y orientar la iniciativa privada cuando ésta se muestra insuficiente".[207]

Assim, a função administrativa através da qual o Estado ou seus delegados estimulam e incentivam direta, imediata e concretamente a iniciativa dos administrados ou de outras entidades, públicas ou privadas, para que estas desempenhem ou estimulem, por seu turno, as atividades que a lei haja considerada de interesse público para o desenvolvimento integral e harmonioso da sociedade.[208]

Desta feita, uma política pública de fomento à atividade empresarial, como forma de garantir o desenvolvimento nacional, *ex vi* do art. 3º, inc. II, da CF/88, pode ser implementada por meio das compras governamentais, a exemplo da fixação de tratamento diferenciado às microempresas e empresas de pequeno porte ou a pretensão de garantir o desenvolvimento nacional sustentável, conforme se infere do art. 5º, *caput*, da nova Lei de Licitações.

Corroborando nossa assertiva, ensina Marçal Justen Filho, *in verbis*:

> O Estado brasileiro dispõe do dever-poder de incentivar o desenvolvimento da indústria nacional, protegendo o emprego para os brasileiros e reconhecendo preferências em favor do progresso da Nação. A utilização dos recursos estatais (inclusive por meio de contratações administrativas) como instrumento de defesa do interesse nacional é um dever do governante, diretamente derivado dos princípios fundamentais: soberania nacional, República, dever de redução do desemprego e assim por diante.[209]

Observa-se que a orientação do poder de compra do Estado para estimular a produção doméstica de bens e serviços constitui importante diretriz de política pública. São ilustrativas, nesse sentido, as diretrizes adotadas nos Estados Unidos, consubstanciadas no "Buy American Act", em vigor desde 1933, que estabeleceram preferência a produtos manufaturados no país, desde que aliados

---

[207] DROMI, Roberto. Derecho Administrativo. 12. ed Buenos Aires: Madrid – México – Ciudad Argentina – Hispânia Libros, 2009. p. 977.

[208] MOREIRA NETO, Diogo de Figueiredo. Curso de Direito Administrativo. 14. ed. Rio de Janeiro: Forense, 2006. p. 524.

[209] JUSTEN FILHO, Marçal. O Estatuto da Microempresa e as Licitações Públicas. 2. ed. As compras governamentais como instrumento para impulsionar a inovação no país. São Paulo: Dialética, 2007. p. 89.

DA EXECUÇÃO DOS CONTRATOS ARTº 116

à qualidade satisfatória, provisão em quantidade suficiente e disponibilidade comercial em bases razoáveis. No período recente, merecem registro as ações contidas na denominada "American Recovery and Reinvestment Act", implementada em 2009. A China contempla norma similar, conforme disposições da Lei nº 68, de 29 de junho de 2002, que estipula orientações para a concessão de preferência a bens e serviços chineses em compras governamentais, ressalvada a hipótese de indisponibilidade no país. Na América Latina, cabe registrar a política adotada pela Colômbia, que instituiu, nos termos da Lei nº 816, de 2003, uma margem de preferência entre 10% e 20% para bens ou serviços nacionais, com vistas a apoiar a indústria nacional por meio da contratação pública. A Argentina também outorgou, por meio da Lei nº 25.551, de 28 de novembro de 2001, preferência aos provedores de bens e serviços de origem nacional, sempre que os preços forem iguais ou inferiores aos estrangeiros, acrescidos de 7% em ofertas realizadas por micro e pequenas empresas e de 5%, para outras empresas.[210]

Concebeu-se, portanto, o uso da licitação com o objetivo maior que não seja a busca da proposta mais vantajosa para o erário ou garantir a isonomia entre aqueles que acudiram ao chamado da Administração, mas, sim, proteger mercados, pessoas jurídicas ou estimular determinados segmentos econômicos.

Não é de outra forma o entendimento de Marçal Justen Filho, *in verbis*:

> Em termos simples, cabem ao Estado não apenas competências repressivas e delimitadoras da autonomia privada e o fornecimento de utilidades destinadas à satisfação de necessidades coletivas. Também lhe incumbe uma função promocional orientada a incentivar o desenvolvimento econômico e social. Aliás, essa intervenção orientada a alterar o cenário socioeconômico é consagrada constitucionalmente como uma das finalidades primordiais do Estado brasileiro. Assim, o art. 3º da CF/88 [...] [...] Esse é o contexto necessário ao exame das preferências outorgadas em favor das ME e EPP, especialmente porque a LC nº 123 introduziu uma inovação marcante em face das concepções tradicionais adotadas relativamente às licitações e contratações administrativas. No enfoque até então prevalente (que caracteriza a própria Lei nº 8.666), a licitação e a contratação administrativa são disciplinadas sob o exclusivo enfoque do aprovisionamento de bens e serviços necessários ao desempenho das funções estatais. Tratava-se, portanto, de atuação administrativa norteada exclusivamente pela concepção da vantajosidade. [...] Ocorre que a promoção das finalidades contempladas nos incs. I, II e III do art. 3º da CF/88 pode impor ao Estado brasileiro a adoção de providências de outra ordem. [...] Trata-se da utilização da contratação administrativa para promover fins sociais e econômicos, além da mera e simples obtenção dos bens e serviços necessários

---

[210] BRASIL. Medida provisória 495, de 19 de julho de 2010. Diário Oficial [da] República Federativa do Brasil, Poder Executivo, Brasília, DF, 20 jul. 2010. Seção 1. p. 1).

ao desempenho das atividades materiais do Estado. Utilizei, no passado, a expressão função social do contrato administrativo para indicar essa forma de instrumentalização da contratação administrativa. Adota-se função social para o contrato administrativo quando a finalidade buscada por meio.[211]

Diante deste novo desiderato, sustenta-se a existência da "função social da licitação", haja vista a finalidade extraordinária dos certames que não seja a de garantir a isonomia entre aqueles que acudiram ao chamado da administração adquirindo os bens e/ou contratando os serviços necessários para a persecução dos objetivos institucionais do Estado consumidor pelo valor da proposta mais vantajosa.

Sobre o tema, ensina Daniel Ferreira, *in verbis*:

> Como se verá em capítulo apartado, a noção de desenvolvimento (sustentável) engloba as mais relevantes expressões da 'função social' em matéria de licitações e de contratos administrativos.
>
> Destarte, quando se alocou, como terceira finalidade legal da licitação, a promoção do desenvolvimento nacional sustentável, fez-se como que uma "função social" extraordinariamente desejada passasse a figurar num rol de possibilidade exigidas por lei.
>
> Melhor dizendo, o que dantes se sustentou como dever-poder administrativo extraível do sistema jurídico a partir da Constituição da República e de leis esparsas, passa a figurar como uma obrigação genérica e ordinária, da qual o gestor público apenas poderá se desonerar por justa causa, devidamente motivada e comprovada. Caso contrário estará a descumprir uma finalidade (de três) para a licitação, contaminando-se de vício insanável.[212]

Os mecanismos que consubstanciam a implementação das políticas públicas pelo Estado-consumidor se referem à concessão de novas oportunidades de apresentação de documentação habilitatória e propostas comerciais, realização de licitação exclusiva para determinados particulares, margem de preferência de aquisição de conteúdo nacional, promoção de processos seletivos simplificados para determinados grupos. Assim, não se concede um contrato administrativo diretamente a um determinado particular, como se verificará, mas apenas garantem condições especiais de participação de particulares que, sem um tratamento diferenciado no transcurso da licitação, não conseguiriam sagrar-se vencedores do prélio licitatório.

---

[211] JUSTEN FILHO. O Estatuto da Microempresa e as Licitações Públicas. 2. ed. As compras governamentais como instrumento para impulsionar a inovação no país. São Paulo: Dialética, 2007, p. 27-28.

[212] FERREIRA, Daniel Ferreira. A licitação pública no Brasil e sua nova finalidade legal. Belo Horizonte: Editora Fórum, 2012. p. 39.

Por sua vez, verifica-se a implementação de políticas públicas por meio da contratação direta de determinados particulares sem a necessidade da realização da licitação, devendo, neste caso, serem preenchidos os requisitos fixados na legislação, a exemplo do que se infere da leitura dos incs. XX, XXVII, XXX, XXI, XXXIII, constantes do art. 24 da Lei nº 8.666/1993 e art. 14, § 1º, da Lei nº 11.947, de 16 de junho de 2009, bem como nos incs. IV, al. c e d, V, XII, XVI do art. 75 da NLLC.

Nesse sentido, acerca da implementação de políticas públicas por meio da contratação direta de determinados particulares, em detrimento de outros que poderiam participar de uma licitação em pé de igualdade, ensinam Jessé Torres Pereira Júnior e Marinês Restelatto Dotti, *in verbis*:

> 6.3 Licitação dispensável e políticas públicas setoriais
> O tempo e o custo administrativo da contratação direta experimentam considerável decréscimo, o que torna mais ágil, sem prescindir da segurança jurídica que deve cercar todo contrato administrativo. Daí esses contratos habilitarem a Administração Pública a intervir com maior presteza nos respectivos objetivos, que podem ser esgrimidos, assim, como instrumentos de estímulo e fomento de políticas públicas específicas. Por isto que o art. 24, sede das hipóteses de licitação dispensável, concentra grande número desses instrumentos. Nada obstante, nada se altera no exame do caso concreto, quanto ao fato de normas de exceção somente comportarem interpretação estrita. Em outras palavras: mesmo tratando-se de estímulo à consecução de políticas públicas, a dispensa somente será deferida se presentes todos os requisitos previstos na norma de regência.[213]

Não se pode deixar de asseverar que tal mecanismo de fomento a determinados setores recebe críticas, pois tais políticas públicas acarretarão a aquisição de produtos mais caros para a Administração, gerando, assim, mais despesas para o contribuinte.

Nesse sentido, destaca Polyane Denobi, *in verbis*:

> De todo o exposto se verifica que o procedimento licitatório vem sendo objeto de promoção de políticas públicas na órbita econômica, promovendo a discussão sobre quais devem ser as finalidades das compras públicas, pois algumas dessas medidas estão resultando em contratações mais onerosas ou desvantajosas para o Estado.
> O posicionamento mais tradicional entende que os processos de aquisições públicas visam exclusivamente a garantir a contratação da melhor proposta para a Administração Pública, vista sob o aspecto econômico, garantindo o mínimo de qualidade necessário à satisfação das necessidades imediatas do ente promotor do certame.

---

[213] PEREIRA JUNIOR, Jessé Torres e DOTTI, Marines Restelato. Políticas públicas nas licitações e contratações administrativas. 2. ed. Belo Horizonte: Editora Fórum, 2012. p. 36-37.

COMENTÁRIOS À NOVA LEI DE LICITAÇÕES PÚBLICAS E CONTRATOS ADMINISTRATIVOS

Como há no mercado uma pluralidade de fornecedores em condições de serem contratados pela Administração, esta necessariamente deve observar o princípio da isonomia, possibilitando que todos os interessados disputem em igualdade de condições oferecendo suas propostas.

No entanto, conforme demonstram os exemplos normativos citados, vem sendo criados critérios de favorecimento que, com o suposto intuito de promover condições de igualdade entre os concorrentes, não vem necessariamente resultando em compras mais vantajosas para a Administração.[214]

Restando cristalina, portanto, a possibilidade da Administração Pública realizar atividade de fomento por meio de seu poder de compras com o escopo de viabilizar a implementação de políticas públicas, seja por meio de concessão de tratamento diferenciado a determinados proponentes no transcurso da licitação, seja por meio da celebração de contratos administrativos diretamente com dados particulares, passa-se a analisar tal função social na nova Lei de Licitações.

Posto isso, o art. 116 da nova Lei de Licitações determina expressamente que ao longo de toda a execução do contrato, o contratado deverá cumprir a reserva de cargos prevista em lei para pessoa com deficiência, para reabilitado da Previdência Social ou para aprendiz, bem como as reservas de cargos previstas em outras normas específicas, editadas pela União, Estados, Distrito federal e municípios.

Para viabilizar a implementação do conteúdo jurídico constante do referido dispositivo legal, deverá a Administração contratante, na fase interna da licitação, realizar pesquisa para identificar todas as normas que reservam percentual de cargos dos colaboradores a serem alocados para viabilizar o objeto demandado pela Administração ou outros encargos desta natureza, passando a ser fixada no instrumento convocatório e contratual a necessidade de cumprir estas leis, preenchidas as condições, percentuais e outras particularidades lá observadas.

Tendo em vista a determinação legal, independentemente da previsão editalícia e contratual, durante a execução do objeto contratado, deverá o gestor devidamente designado exigir a implementação das cotas e outros encargos fixados pela legislação, sendo que a inobservância injustificada do referido ditame caracterizará inexecução contratual, podendo ser imputada a ele uma sanção administrativa, se for o caso ou, até mesmo, em razão do descumprimento dos termos contratuais, a extinção unilateral antecipada do contrato.

---

[214] DENOBI, Polyane. A MP 495/10 e o Estado consumidor como indutor de políticas econômicas. Revista de Direito Público, Londrina, v. 5, n. 3, dez. 2010. p. 193.

DA EXECUÇÃO DOS CONTRATOS   ART. 117

Para possibilitar a fiscalização do referido dispositivo legal pelo fiscal do contrato, no contrato estabelece o parágrafo único do dispositivo em comento que, sempre que solicitado pela Administração, o contratado deverá comprovar o cumprimento da reserva de cargos a que se refere o *caput* do artigo em estudo, com a indicação dos empregados que preencherem as referidas vagas.

ARTIGO 117

A execução do contrato deverá ser acompanhada e fiscalizada por 1 (um) ou mais fiscais do contrato, representantes da Administração especialmente designados conforme requisitos estabelecidos no art. 7º desta Lei, ou pelos respectivos substitutos, permitida a contratação de terceiros para assisti-los e subsidiá-los com informações pertinentes a essa atribuição.

§ 1º O fiscal do contrato anotará em registro próprio todas as ocorrências relacionadas à execução do contrato, determinando o que for necessário para a regularização das faltas ou dos defeitos observados.

§ 2º O fiscal do contrato informará a seus superiores, em tempo hábil para a adoção das medidas convenientes, a situação que demandar decisão ou providência que ultrapasse sua competência.

§ 3º O fiscal do contrato será auxiliado pelos órgãos de assessoramento jurídico e de controle interno da Administração, que deverão dirimir dúvidas e subsidiá-lo com informações relevantes para prevenir riscos na execução contratual.

§ 4º Na hipótese da contratação de terceiros prevista no caput deste artigo, deverão ser observadas as seguintes regras:

I – a empresa ou o profissional contratado assumirá responsabilidade civil objetiva pela veracidade e pela precisão das informações prestadas, firmará termo de compromisso de confidencialidade e não poderá exercer atribuição própria e exclusiva de fiscal de contrato;

II – a contratação de terceiros não eximirá de responsabilidade o fiscal do contrato, nos limites das informações recebidas do terceiro contratado.

1. Da necessidade de acompanhamento e fiscalização da execução dos objetos contratados

Celebrado o contrato administrativo pela Administração Pública e contratado ou retirado o instrumento equivalente pelo referido particular, os atos subsequentes atinentes à execução do objeto demandado devem estar relacionados à designação do fiscal do contrato.

Haja vista os grandes desafios que surgem para a Administração ato contínuo à situação acima colacionada, a NLLC, aperfeiçoando o regramento constante do art. 67 da Lei nº 8.666/1993, fixa a partir do art. 117 novos encargos para aqueles que desempenham a atribuição de constatar se o objeto do termo de referência ou projeto básico efetivamente está sendo executado ou entregue pelo particular contratado, bem como outras obrigações acessórias.

Sendo assim, estabelece o *caput* do art. 117 da nova Lei de Licitações que a execução do contrato, independentemente de ter sido precedida de licitação ou não, deve ser acompanhada e fiscalizada pelos agentes públicos da Administração contratante.

O verbo "acompanhar" se relaciona ao encargo do Poder Público contratante de monitorar a execução do objeto durante toda a sua trajetória, observar a evolução e o desenvolvimento daquilo que foi contratado e que se aguarda a entrega. Sendo assim, desde a expedição da ordem de serviço ou fornecimento até a expedição do devido ato administrativo que assenta o recebimento definitivo do objeto demandado pela Administração devem os agentes destacados para tal desiderato conhecer efetivamente os detalhes da execução do objeto em tempo real, bem como manifestar comportamentos ativos no sentido de exigir o cumprimento dos prazos, especificações contratuais e demais encargos assumidos pelo particular.

Demais disto, ante a necessidade de observância do novo princípio da eficácia, fixado expressamente no *caput* do art. 5º da nova Lei de Licitações, exigir-se-á também a necessidade de busca criativa e sensata para resolução de adversidades de toda sorte que podem surgir durante o transcurso fixado pela Administração para entrega do objeto demandado. Tal eficácia somente poderá ser garantida se efetivamente ocorrer um acompanhamento ativo da execução do contrato administrativo. Com efeito, não basta a atuação estatal eficiente. Doravante, a ação administrativa deverá também ser eficaz, ou seja, as decisões deverão ser criativas e tomadas de modo a gerir melhor os recursos públicos com o máximo custo-benefício, buscando sempre melhores resultados positivos e menores adversidades, por meio de alternativas adequadas.

Por sua vez, o verbo "fiscalizar" se concretiza no comportamento ativo de vigiar e zelar pelo cumprimento dos encargos assumidos pelo particular no contrato administrativo, sejam os primários, vale dizer, a execução do objeto em si, ou secundários, a exemplo de obrigações acessórias ou secundárias constantes do edital e contrato. Assim, o servidor designado para tal atribuição deve continuamente examinar e controlar a execução do objeto, exigindo o refazimento daquilo que foi feito ou devolução do que foi entregue em desconformidade com o pactuado ou, por exemplo, entregar mensalmente relatórios ou apresentar documentos etc.

DA EXECUÇÃO DOS CONTRATOS — ARTº 117

2. Da designação de fiscal, preferencialmente, servidor efetivo ou empregado público dos quadros permanentes da Administração Pública

Sendo assim, estabelece o *caput* do art. 117 da nova Lei de Licitações que deverá ser designado, formalmente no bojo do processo administrativo que assenta os atos administrativos da execução do objeto contratado, um fiscal ou mais (constituição de comissão) para o acompanhamento e fiscalização do contrato, os quais serão os representantes da Administração, devendo tais agentes ou comissão ser devidamente cientificados, sendo necessário que o documento designatório aponte as atribuições pela autoridade competente. Entende-se que a designação de mais de um fiscal do contrato está relacionada à complexidade da execução do objeto contratado, ou seja, quanto mais heterogênea e múltipla as etapas de execução do serviço, obra ou fornecimento, mais servidores deverão ser designados para acompanhar e fiscalizar o objeto contratado.

Estabelece o *caput* do art. 117 da nova Lei de Licitações a designação dos fiscais do contrato observar o regramento vertido no art. 7º do mesmo diploma, cujo teor estabelece requisitos para indicação de servidores para desempenhar atribuições necessárias para conduzir as contratações públicas brasileiras.

Analisando tais requisitos, estabelece o inc. I do art. 7º da nova Lei de Licitações que a designação de fiscais recaia, preferencialmente, sobre servidor ou empregado público pertencente aos quadros permanentes da Administração Pública, vale dizer, efetivos. Sendo assim, o agente público competente para realizar a fiscalização da execução dos contratos celebrados pela Administração Pública será preferencialmente aquele detentor de cargo ou emprego efetivo, especialmente designado para tanto, podendo, ainda, tal designação recair sobre um agente que ocupe um cargo de provimento em comissão, devendo ser declinadas as razões da não preferência pelo empregado e servidor efetivo.

Diferentemente do que era estabelecido na Lei nº 8.666/1993, não se impunha a preferência de designação de servidor de carreira, ocupante de cargo ou emprego público, mas, sim, se exigia que esse fosse obrigatoriamente servidor ou funcionário de carreira. Quer se priorizar servidores efetivos em atuações estratégicas, haja vista que os servidores comissionados, por deterem um vínculo precário e político, que é suscetível a pressões, pode acarretar ou permitir a observância de comportamentos ativos ou passivos que acabam por viabilizar o recebimento de algo em desconformidade com o pactuado, a exemplo do recebimento do objeto fora do prazo estabelecido ou especificações exigidas no ato convocatório, ou, ainda, a certificação do cumprimento de uma obrigação secundária sem que a mesma inexista; daí a possibilidade de designação de servidor comissionado. Todavia, sabe-se da dificuldade de atendimento do referido dispositivo legal, a exemplo da resistência de servidores efetivos de

COMENTÁRIOS À NOVA LEI DE LICITAÇÕES PÚBLICAS E CONTRATOS ADMINISTRATIVOS

serem designados para tais posições, a inexistência de pessoal capacitado, baixo número de servidores efetivos e o acúmulo de serviço etc.

Assim, conjugando-se o disposto no art. 117 com a redação contida no art. 7º, inc. I, todos da nova Lei de Licitações, deverá o fiscal (ou fiscais) do contrato a ser designado para supervisionar e acompanhar o objeto contratado, ser, preferencialmente, ocupante de cargo ou emprego efetivo, devendo a não designação dessa categoria de servidor público ser motivada nos autos do processo administrativo.

3. Da necessidade de designação de fiscal do contrato com atribuições relacionadas a licitações e contratos ou possuam formação compatível ou qualificação atestada por certificação profissional

Avançando, o inc. II do art. 7º, da Lei nº 14.133/2021, conjugado com o art. 117 da mesma norma, fixa que o fiscal do contrato deve deter atribuições relacionadas a licitações e contratos ou possua formação compatível ou qualificação atestada por certificação profissional emitida por escola de governo criada e mantida pelo poder público. Desta feita, exige-se que o referido servidor público detenha conhecimentos técnicos sobre contratações públicas, haja vista o seu cargo assentar atribuições relacionadas a licitações e contratos, o que denota especialização.

Demais disto, exige o referido inciso que tais agentes públicos possuam formação compatível ou qualificação atestada por certificação profissional, de forma a evitar a designação de servidores públicos com baixa escolaridade, tecnicamente despreparados, fato que propicia a atuação não satisfatória, ou que sejam facilmente ludibriados e venham acompanhar e fiscalizar a execução do ajuste de forma divorciada das regras fixadas pela Administração no ato convocatório e processo administrativo que assentou a contratação direta etc. Sendo esse um requisito a ser exigido para a designação desses agentes públicos, é dever da Administração Pública submeter tais servidores ou empregados públicos a constante capacitação, e não designar para a função agentes que não se enquadrem no perfil fixado pela lei.

4. Da impossibilidade de designação de fiscal do contrato com vínculo conjugal, de parentesco, técnica, comercial, econômica, financeira, trabalhista e civil com o contratado

Por derradeiro, o inc. III do art. 7º, da Lei nº 14.133/2021, conjugado com o art. 117 da referida lei, proíbe a designação de fiscais de contrato cujo cônjuge ou companheiro seja licitante ou contratado habitual da Administração, nem tenham com eles vínculo de parentesco, colateral ou por afinidade, até o terceiro grau, ou de natureza técnica, comercial, econômica, financeira, trabalhista e civil.

Tal determinação tem como escopo evitar a violação dos princípios da impessoalidade e da moralidade, uma vez que a existência de vínculo conjugal, de parentesco, técnica, comercial, econômica, financeira, trabalhista e civil do fiscal ou gestor do contrato administrativo gere eventuais beneplácitos e facilitações, de forma a garantir que o encargo imposto ao particular seja menor ou que descumprimentos contratuais sejam relativizados em prejuízo do interesse público.

Com efeito, salvo a impossibilidade de o servidor público se enquadrar em um dos três incisos arrolados no art. 7º da nova Lei de Licitações ou ordem ilegal, não cabe ao agente público recusar a designação para a atuação como fiscal do contrato administrativo.

A respeito do assunto, o saudoso mestre Diogenes Gasparini, assim assevera:

> Não cabe ao servidor recusar o convite para integrar, como membro titular ou suplente, comissão de licitação ou outra qualquer das mencionadas pelo Estatuto federal Licitatório, vez que submisso ao princípio da obediência, salvo ilegalidade do convite (já era membro no período anterior). As justificativas ('não gosto', 'não tenho jeito', 'nada se ganha', 'não quero', 'tenho outros afazeres', 'é muita responsabilidade', 'vou arranjar inimigos sem razão') não podem ser aceitas como fundamento da recusa[215].

5. Da necessidade de observância do princípio da segregação de funções

Acerca da necessidade de observância do princípio da segregação de funções, consoante fixa o § 1º do art. 7º, da Lei nº 14.133/2021, conjugado com o art. 117 da referida lei, há tempo o referido princípio é exigido nas rotinas administrativas no âmbito do poder público, a exemplo do disposto no Anexo VIII da Portaria nº 3/06, da Controladoria Geral da União – CGU, que exige, que, administrativamente, deve existir a divisão entre as funções de autorização ou aprovação de operações, execução, controle e contabilização, de tal forma que nenhuma pessoa detenha competências e atribuições em desacordo com este princípio.

Com efeito, o princípio da segregação de funções objetiva proibir que um agente público atue em um mesmo processo dentre as suas várias etapas, principalmente naquelas fases subsequentes em que ocorre o controle daquilo que foi elaborado ou produzido na anterior. Assim, busca-se evitar que um mesmo agente público controle o ato antecedente por ele produzido que, por eventualmente estar eivado de ilegalidade, poderá por ele ser acobertado.

Os órgãos de controle, há muito tempo, vêm se manifestando da necessidade de observância deste expediente no âmbito das contratações públicas. Por

---

[215] GASPARINI, Diogenes, *Comissão de Licitação*, 3ª ed., Editora NDJ, São Paulo, 2011, p. 56.

COMENTÁRIOS À NOVA LEI DE LICITAÇÕES PÚBLICAS E CONTRATOS ADMINISTRATIVOS

exemplo, na homologação do certame e adjudicação do objeto ao vencedor, tal expediente não pode ser realizado pelos membros da Comissão de Licitação (TCU – Acórdão nº 3.548/2006 – 1ª Câmara – Relatoria: Ministro Valmir Relator: Ministro Valmir Campelo). Outrossim, a autoridade superior não pode compor a Comissão de Licitações, sob pena de violação do princípio de segregação de funções (TCU – Acórdão nº 1.481/2012 – Plenário – Relator: Ministro Marcos Bemquerer Costa). Ademais, quando do recebimento do objeto contratado, ocasião em que um agente público tem que atestar o recebimento, guardar e distribuir o objeto contratado, não poderá tais expedientes serem realizados por apenas um agente público (TCU – Acórdão nº 159/2012 – Plenário – Relator: Ministro André Luís de Carvalho). Deverão ser designados servidores distintos para compor a comissão de licitação e para efetuar a fiscalização de contratos, em respeito ao princípio da segregação de funções (Acórdão nº 1.997/2006 – TCU – 1ª Câmara).

No tocante ao § 2º do art. 7º, da Lei nº 14.133/2021, conjugado com o art. 117 da referida lei, tem-se que o princípio da segregação de funções também se aplica aos órgãos de assessoramento jurídico e de controle interno da Administração. Sendo assim, não poderá figurar como fiscal do contrato ou como membro do colegiado um integrante da procuradoria, assessoria jurídica, que se manifestou sobre questões relacionadas à gestão do contrato administrativo. Além disso, não poderá um membro do órgão de controle interno atuar como fiscal da obra, haja vista que futuramente exercerá atribuições fiscalizatórias sobre o referido objeto.

Sem laivo de dúvidas, compete, portanto, ao controlador interno da edilidade analisar o cumprimento da legislação do processo licitatório e execução contratual. Por conseguinte, os atos praticados pela comissão de contratação e do fiscal do ajuste deverão ser aferidos posteriormente pelo controle, cuja lisura do controle pode ser prejudicada caso nestes colegiados seja designado um membro da controladoria.

6. Da necessidade de designação do fiscal suplente

Além da designação do fiscal ou da comissão de fiscalização, quando for o caso, pela autoridade competente, em cada contrato administrativo, deverão, ainda, ser formalmente indicados os agentes públicos suplentes, que substituirão os titulares quando estes estiverem impossibilitados de desempenharem as atribuições da referida função, em caso, por exemplo, do afastamento do titular durante as férias anuais, para gozo de licença maternidade ou paternidade, quando ocorrer desligamento definitivo da Administração. Quando do desempenho efetivo das atribuições de fiscal pelo servidor público designado como suplente, deverá ser editado formalmente um ato administrativo atribuindo

DA EXECUÇÃO DOS CONTRATOS ART° 117

o encargo durante o período necessário, devendo constar tal lapso no referido documento, para fins de individualização de responsabilidade.

§ 1º O fiscal do contrato anotará em registro próprio todas as ocorrências relacionadas à execução do contrato, determinando o que for necessário para a regularização das faltas ou dos defeitos observados.

Estabelece o § 1º do art. 117 que o fiscal ou comissão de fiscalização do contrato anotará em registro próprio todas as ocorrências relacionadas à execução do contrato, determinando o que for necessário para a regularização das faltas ou dos defeitos observados.

Pois bem. Tendo em vista que a atividade administrativa é processualizada, deve, *in casu*, a atividade contratual do Estado ser devidamente assentada no processo administrativo, devendo tal registro próprio ser acostado nos autos do expediente, não se permitindo que existam anotações ou interlocução com o particular contratado que não estejam assentados em seus autos.

Sendo assim, interlocução realizada por meio de mensagem eletrônicas convencionais ou instantâneas, por exemplo, determinando o que for necessário para a regularização das faltas ou dos defeitos observados, deve ser objeto de impressão e juntada aos autos do processo administrativo, de forma a comprovar fatos atinentes à má ou oportuna execução do objeto contratado.

§ 2º O fiscal do contrato informará a seus superiores, em tempo hábil para a adoção das medidas convenientes, a situação que demandar decisão ou providência que ultrapasse sua competência.

A atividade fiscalizatória no âmbito das contratações públicas delegadas pela autoridade competente aos fiscais de contrato tem como condão vigiar e controlar a execução do objeto almejado. Sendo assim, estabelece o art. 117, § 2º, da nova Lei de Licitações, que o fiscal ou comissão de fiscalização do contrato reportará formalmente a seus superiores, em tempo hábil, para a adoção das medidas convenientes, a situação que demandar decisão ou providência que ultrapasse sua competência.

Tendo em vista as suas limitadas atribuições, o fiscal ou comissão de fiscalização do contrato são obrigados a reportar informações às autoridades superiores sobre o ocorrido no caso concreto, de forma a permitir a adoção de medidas convenientes, sob pena de responsabilização legal. Além disso, exige o referido dispositivo legal que a comunicação da autoridade superior ocorra em tempo hábil, ou seja, no tempo adequado e necessário para a adoção das medidas que a situação concreta exigir. Ressalta-se que reportar a situação

COMENTÁRIOS À NOVA LEI DE LICITAÇÕES PÚBLICAS E CONTRATOS ADMINISTRATIVOS

concreta à autoridade superior extemporaneamente, fora de tempo hábil para adoção de providências, acarretará a responsabilização do servidor ou colegiado caso ocorra prejuízo irreparável.

Entende-se que tal comunicação somente deverá ser realizada caso o agente ou comissão não consiga, em razão das limitações da sua competência, adotar comportamento ou exigir providências de forma a buscar a correção de rota da execução do contrato. Existindo a possibilidade de atuação, é dever deste servidor, empregado ou colegiado agir de ofício, devendo somente comunicar fatos e solicitar providências para a autoridade superior de algo que escape de suas atribuições. De forma a prestigiar o princípio da eficiência e eficácia, é necessário a sua atuação, no sentido de, por exemplo, notificar o contratado para que este refaça parte do serviço contratado, sendo descabido solicitar providências à autoridade superior, sob pena de responsabilização do fiscal que demandar seus superiores e no período em que as providências não forem tomadas ocorrer um prejuízo irreparável. Entende-se, por exemplo, que deve ser submetido à autoridade superior relato de descumprimento contratual e solicitação de instauração de processo rescisório ou sancionatório.

§ 3º O fiscal do contrato será auxiliado pelos órgãos de assessoramento jurídico e de controle interno da Administração, que deverão dirimir dúvidas e subsidiá-lo com informações relevantes para prevenir riscos na execução contratual.

Durante a execução de um objeto de um contrato administrativo diversas dúvidas podem surgir relacionadas a inúmeros assuntos, a exemplo da falta de insumos necessários para executar o objeto, prazo de execução insuficiente, morte do responsável técnico, decretação de falência do contratado, subcontratação de parcela do objeto não autorizado, descumprimento da legislação trabalhista etc. Diante das inúmeras situações, há a necessidade do fiscal ou comissão de fiscalização ser auxiliada por órgão de assessoria técnica da Administração contratante, a exemplo da procuradoria, setor de engenharia, contabilidade etc., bem como da controladoria. Não podendo tais órgãos negar assessoramento, devendo ocorrer satisfatoriamente no prazo que a situação concreta exigir.

§ 4º Na hipótese da contratação de terceiros prevista no caput deste artigo, deverão ser observadas as seguintes regras:
I – a empresa ou o profissional contratado assumirá responsabilidade civil objetiva pela veracidade e pela precisão das informações prestadas,

DA EXECUÇÃO DOS CONTRATOS   ART° 117

firmará termo de compromisso de confidencialidade e não poderá exercer atribuição própria e exclusiva de fiscal de contrato;

II – a contratação de terceiros não eximirá de responsabilidade o fiscal do contrato, nos limites das informações recebidas do terceiro contratado.

Como acima já foi ressaltado, o art. 117 da nova Lei de Licitações permite que a atividade fiscalizatória, realizada preferencialmente por servidores e empregados públicos efetivos, seja assistida e auxiliada por pessoa física ou jurídica. Sendo assim, buscando delimitar a responsabilidade do ente contratado, estabelece o § 4º do artigo em estudo que, na hipótese da contratação de terceiros, deverão ser observadas as seguintes regras: I – a empresa ou o profissional contratado assumirá responsabilidade civil objetiva pela veracidade e pela precisão das informações prestadas, firmará termo de compromisso de confidencialidade e não poderá exercer atribuição própria e exclusiva de fiscal de contrato; e II – a contratação de terceiros não eximirá de responsabilidade o fiscal do contrato, nos limites das informações recebidas do terceiro contratado.

De forma a permitir que as atribuições do fiscal ou comissão de fiscalização sejam adequadas, para possibilitar a satisfatória e segura atuação dos agentes públicos, afastando, assim, futura responsabilização destes servidores ou empregados públicos, deverão tais agentes ter acesso ilimitado a qualquer ato administrativo produzido durante a fase interna ou externa da licitação, vistas a qualquer processo licitatório na sua íntegra, bem como passagem livre para locais, departamentos, canteiros de obras etc.

A contratação de terceiros para fiscalização dos contratos administrativos, seja uma pessoa física ou jurídica, somente será permitida para fins de assistir e subsidiar o agente público designado com informações pertinentes a essa atribuição. Sendo assim, é descabida e ilegal a terceirização das atividades de acompanhamento e fiscalização dos contratos administrativos, de forma a transferir para um terceiro o encargo de controlar a execução do objeto demandado, sendo, portanto, responsabilidade do agente. Os documentos produzidos assentando informações relacionadas à execução do ajuste deverão ser assinados pelo fiscal ou comissão de fiscalização.

A busca de apoio de terceiros para o melhor desempenho da fiscalização do contrato por meio de oferecimento de subsídio técnico e assistência de toda sorte somente é justificada à luz do caso concreto, ante a complexidade da execução do objeto, não podendo ocorrer a contratação de empresas para realização de atividade simples ou comum.

Dispositivos legais correlatos

Fiscalização da execução do objeto contratado. Guia de fiscalização dos contratos de terceirização. Aplicação da Instrução Normativa nº 5, de 26 de maio de 2017. Instrução Normativa SEGES/NE nº 75, de 13 de agosto de 2021, cujo teor estabelece regras para a designação e atuação dos fiscais e gestores de contratos nos processos de contratação direta, de que dispõe a Lei nº 14.133, de 1º de abril de 2021, no âmbito da Administração Pública federal direta, autárquica e fundacional. "Art. 1º Fica autorizada a aplicação da Instrução Normativa nº 5, de 26 de maio de 2017, no que couber, para a designação dos fiscais e gestores de contratos, bem como para a atuação da gestão e fiscalização da execução contratual nos processos de contratação direta de que dispõe a Lei nº 14.133, de 1º de abril de 2021, no âmbito da Administração Pública federal direta, autárquica e fundacional."

Fiscalização da execução do objeto contratado. Execução de serviços na Administração federal: Ver Decreto nº 9.507 de 21 de setembro de 2018, cujo teor dispõe sobre a execução indireta, mediante contratação, de serviços da administração pública federal direta, autárquica e fundacional e das empresas públicas e das sociedades de economia mista controladas pela União.

Jurisprudência e decisões dos Tribunais de Contas

Fiscalização da execução do objeto contratado. Supervisão da entrega do objeto contratado: TCU – Acórdão nº 159/2012 – Plenário – Relator: Ministro André Luís de Carvalho – "9.9. dar ciência ao 9º Batalhão de Infantaria Motorizado (de) que foram constatadas as seguintes irregularidades na gestão da unidade: 9.9.5. ausência de supervisão, pelo Fiscal Administrativo, dos recebimentos de materiais feitos por agente único, contrariando a previsão contida no artigo 66, item nº 1, do ERA."

Fiscalização, supervisão de obras e serviços de engenharia. Necessidade de que a ART seja recolhida: TCU – Súmula nº 260 – "É dever do gestor exigir apresentação de Anotação de Responsabilidade Técnica – ART referente a projeto, execução, supervisão e fiscalização de obras e serviços de engenharia, com indicação do responsável pela elaboração de plantas, orçamento-base, especificações técnicas, composições de custos unitários, cronograma físico-financeiro e outras peças técnicas."

Fiscalização da execução do objeto contratado. Necessidade de que os fiscais atestem o que efetivamente foi verificado e medido, sob pena de responsabilização: TCU – Acórdão nº 1.330/2008 – Plenário – Relator: Ministro Benjamin Zymler – "9.4.20. instrua seus fiscais de contrato quanto à forma de verificar e medir a execução de serviços e o recebimento de bens, observando os preceitos dos arts. 73 e 76 da Lei nº 8.666/1993, alertando-os para a responsabilidade pessoal pelos 'atestos' emitidos."

Fiscalização da execução do objeto contratado. Nomeação do fiscal do contrato deve ser anterior ao início da vigência do ajuste: TCU – Acórdão nº 633/2006 –

DA EXECUÇÃO DOS CONTRATOS ART⁰ 117

1ª Câmara – Relator: Ministro Marcos Vinicios Vilaça –"4. observe, na execução de contratos, o preceituado no art. 67 da Lei nº 8.666/93, quanto à necessária nomeação de fiscais para os contratos celebrados, que deverá ser efetuada tempestivamente, evitando a emissão de portarias de nomeação após o início da vigência daqueles."

Fiscalização da execução do objeto contratado. É descabido que o particular contratado forneça equipamentos para que o fiscal da Administração exerça suas atribuições: Acórdão nº 136/2004 – Plenário – Trecho do relatório do Ministro Relator Adylson Motta – "Os autos demonstram a ocorrência de várias impropriedades na gestão dos Contratos nos 11/90 e 12/90, a saber: a) ambos contêm cláusulas vedadas pelo ordenamento jurídico, como previsão de cobrança de taxa de administração/fiscalização e cessão de veículos pelos contratados."

Fiscalização da execução do objeto contratado. Atribuições: TCU – Acórdão nº 3.945/2012 – Segunda Câmara – Relator: Ministro Augusto Nardes – "9.4. dar ciência à Universidade Federal de Rondônia (UNIR) que: 9.4.1. é responsabilidade do fiscal do contrato zelar pela regular execução contratual e pelo efetivo cumprimento das obrigações pela contratada, devendo as medidas sancionatórias previstas no instrumento de contrato serem aplicadas sempre que a execução contratual não esteja ocorrendo a contento."

Fiscalização da execução do objeto contratado. Otimização da supervisão da execução do contrato. Criação de rotinas de trabalho, realizando o devido 'check-list': TCU – Acórdão nº 2.438/2005 – 1ª Câmara- Relatoria: Ministro Augusto Nardes – "9.1.6. adote providências junto à Superintendência de Infra-Estrutura da Universidade a fim de otimizar a supervisão das obras realizadas pela Universidade, criando rotinas de trabalho, realizando check-list de atividades e supervisão de tarefas, efetuando reuniões de equipe com visita ao local da obra, e propiciando a interação dos profissionais que trabalham na mesma obra, bem como a sua reciclagem técnica."

Fiscalização da execução do objeto contratado. Expediente importante e necessário para o regular pagamento dos serviços prestados: TCU – Acórdão nº 1.330/2008 – Plenário – Relator: Ministro Benjamin Zymler – "9.4.17. somente pague serviços prestados na totalidade, mediante evidência documental da realização dos serviços contratados, de acordo com a qualidade prevista no edital da licitação e após o efetivo controle dos fiscais do contrato, conforme disposto no art. 3º da Lei nº 8.666/1993."

Fiscalização da execução do objeto contratado. Peculiaridades inerentes ao objeto contratado podem justificar a exigência da Administração em acompanhar o início da execução do objeto de ajuste: TCU – Acórdão nº 114/2007 – Plenário – Relator: Ministro Benjamin Zymler – "5. Peculiaridades inerentes ao objeto licitado podem justificar a exigência da Administração em acompanhar a fase inicial de execução do contrato. Não há se falar em limitação à competitividade ou violação

COMENTÁRIOS À NOVA LEI DE LICITAÇÕES PÚBLICAS E CONTRATOS ADMINISTRATIVOS

da igualdade entre os licitantes visto tratar-se de medida que visa o atendimento e a satisfação do interesse da Administração."

Fiscalização da execução do objeto contratado. Crimes licitatórios. Admissão de vantagens ao adjudicatário ou contratado. Atesto de serviços não realizados. Fatura apresentando medição de serviços não executados: TRF 1ª Região – ACR 1998.42.00.000287-6/RR – Relator: Des. Fed.Tourinho Neto " 1. A administração pública pauta-se pelos princípios constitucionais da legalidade, moralidade, impessoalidade, publicidade e eficiência. Estão estabelecidos no art. 37 da Constituição Federal de 1988. Os servidores públicos devem agir estritamente dentro da lei. 2. Ao fiscal do contrato administrativo não é dado o poder de agir a seu bel-prazer. Informalidades não são admissíveis, principalmente se considerado que a Lei 8.666/93 estabelece procedimentos rígidos quanto à execução de contratos de obras, com base em determinações constitucionais." (ACR 1998.42.00.000287-6/RR; Apelação Criminal – Relator: Des. Fed.Tourinho Neto – Órgão Julgador: – Publicação: 22/07/2005 DJ p.25)

Fiscalização da execução do objeto contratado. Obras e serviços de engenharia. Necessidade do diário de obra, onde devem constar os registros de ocorrências durante a execução do objeto: TCU – Acórdão nº 2.194/2005 – 1ª Câmara – Relator: Ministro Marcos Vinicios Vilaça – "Determinar ao responsável pela Prefeitura Municipal de Barra do Piraí – RJ, para evitar a ocorrência de falhas, tais como as identificadas nas obras de Drenagem e Pavimentação de ruas nos Bairros de Santo Antônio e Química, fazendo cumprir: 1. o art. 67, § 1º Lei nº 8666/93, em vista de ter sido detectada a ausência dos Diários de Obras, contendo os registros relacionados aos aludidos empreendimentos."

Fiscalização da execução do objeto contratado. Necessidade do diário de obra, onde devem constar registros de ocorrências durante a execução do objeto. Expediente orienta a Administração em futuros aditivos de prorrogação: TCU – Acórdão nº 262/2006 – 2ª Câmara – Relatoria: Ministro Walton Alencar Rodrigues – "1.1.1.2. oriente seus administradores de contratos para que, na ocasião de ocorrências que possam ensejar atrasos na execução de obras e, consequentemente, futuros aditivos de prorrogação do respectivo contrato, promova o registro desses fatos no Diário de Obra, observando, assim, os ditames do art. 67, § 1º, da Lei 8.666/93."

Fiscalização da execução do objeto contratado. Necessidade do diário de obra. Imposição legal: CONFEA – Resolução nº 1.024, de 21.08.2009 – Dispõe sobre a obrigatoriedade de adoção do Livro de Ordem de obras e serviços de Engenharia, Arquitetura, Agronomia, Geografia, Geologia, Meteorologia e demais profissões vinculadas ao Sistema Confea/CREA.

ARTIGO 118

O contratado deverá manter preposto aceito pela Administração no local da obra ou do serviço para representá-lo na execução do contrato.

DA EXECUÇÃO DOS CONTRATOS   ART° 118

1. A figura do preposto

O preposto é o representante da empresa contratada, pessoa jurídica ou física, que figura no contrato administrativo como parte, tendo como incumbência receber comunicações realizadas pela Administração ao particular contratado. Logo, o preposto não é o colaborador de uma empresa subcontratada ou outra que porventura venha realizar qualquer tipo de interlocução com a Administração contratante. O preposto pode ser empregado ou não da contratada.[216]

Acerca dos objetivos do preposto, ensina Antonio Marcello da Silva, *in verbis*:

> A fim de facilitar as relações entre a Administração e o contratante, este manterá no local da obra ou serviço preposto com poderes suficientes para resolver sobre as questões que ocorrerem, nos limites das cláusulas contratuais, e receber as ordens, notificações e outras comunicações, como se fora a própria parte. Com isso procuram-se evitar os contratempos comumente observados quando o contrato deve processar-se diretamente com os representantes legais das firmas contratadas[217]

Em outras palavras, aponta Marçal Justen Filho que a figura do preposto: evitar tumultos e confusões. A incerteza ou multiplicidade de representantes acarretaria contradição de informações ou decisões, necessidade de repetição de atos,incerteza acerca de comunicações etc.[218]

Com efeito, a representação exerce a função de trazer ao cenário jurídico a pessoa que age investida na personalidade de outrem ou personalizando uma instituição ou corporação, como se fosse o próprio representado, isto é, o substituído.[219]

Sendo assim, de forma a tornar eficiente e eficaz a interlocução com o contratado, o referido artigo estabelece que deve existir uma pessoa designada pela contratada e aceita pela Administração para receber solicitações e determinações.

É dever da Administração realizar esforços para que o preposto seja formal e devidamente designado pela contratada e que a pessoa eleita seja devidamente aceita pelo Poder Público contratante, devendo a referida informação constar do

---

[216] JÚNIOR, Jessé Torres Pereira e DOTTI, Marinês Restelatto, *Da responsabilidade de Agentes Públicos e Privados nos Processos Administrativos de Licitação e Contratação*, São Paulo, ed. NDJ, 2012.

[217] SILVA, Antonio Marcello da. *Contratações administrativas: comentários à lei de obras, serviços, compras e alienações da administração centralizada e autárquica do estado de São Paulo*, São Paulo, Revista dos Tribunais, 1971, p.130;

[218] FILHO, Marçal Justen, Comentários à Lei de Licitações e Contratos Administrativos. 12ª Ed., São Paulo: Dialética, 2008, p. 937.

[219] SILVA, De Plácido e. *Dicionário Jurídico*. 21. ed. Rio de Janeiro: Forense, 2003, p. 704.

COMENTÁRIOS À NOVA LEI DE LICITAÇÕES PÚBLICAS E CONTRATOS ADMINISTRATIVOS

processo administrativo. O mesmo deve ocorrer em casos onde tal pessoa venha a ser substituída, como veremos abaixo.

A não aceitação, ou seja, a recusa ou a rejeição do preposto designado pelo particular contratado deve ser motivadamente justificada nos autos do processo administrativo, podendo as razões, por exemplo, recaírem sobre a falta de condições técnicas para realizar a adequada interlocução técnica etc.

O silêncio da Administração no tocante à anuência do particular, somado ao início de interlocução com o preposto designado, pode ser entendido com uma anuência tácita, não podendo, no futuro, após a realização de comunicação cujo teor seja a discussão da execução do objeto contratado, ser rechaçada tal pessoa em virtude de ausência de documento que comprove a não aceitação expressa.

De forma a tornar eficaz a interlocução entre a Administração contratante e o particular, entende-se que o preposto da contratada deve manter a sua presença física no local da execução da obra ou da prestação de serviço, devendo a ausência contumaz ser objeto de prévia comunicação ou até substituição do representante da empresa.

Podem ocorrer situações onde o preposto da empresa venha a ter o seu vínculo desfeito com a contratada, licenciar-se na forma da lei ou gozar as suas férias anuais, por exemplo. Neste caso, deverá tal representante ser devidamente substituído, sendo necessário que seja novamente submetido o nome de outro colaborador para a Administração contratante, para que essa pessoa seja aceita pela contratante formalmente. É imprescindível, nesse caso, que o contratado imediatamente reporte tal informação para a Administração contratante, de forma a cessar qualquer tipo de interlocução com o antigo colaborador, pois a ausência de vínculo do preposto com a empresa poderá acarretar a ausência de encaminhamento dos comunicados, cuja inobservância poderá prejudicar o contratado sob vários enfoques, a exemplo da não entrega de notificação de instauração de processo administrativo sancionador, rescisório, pedido de refazimento de serviço etc.

A Administração pode, durante a vigência do ajuste, desde que motivada-mente, exigir a substituição do preposto da empresa contratada, haja vista a possibilidade de, por exemplo, tal pessoa atuar negligentemente na represen-tação da empresa contratada ou não mais deter condições de estar à frente da interlocução, por exemplo, caso o mesmo venha reiteradamente se ausentando no local do serviço, apresentar-se embriagado, sob uso de entorpecentes etc.

2. Da qualificação do preposto

Entende-se que o preposto, à luz do objeto contratado, deve apresentar qualificação adequada para representar o contratado no local de execução do objeto demandado, haja vista ser necessário que tal pessoa compreenda

DA EXECUÇÃO DOS CONTRATOS ARTº 119

tecnicamente aquilo que foi contratado, de forma a possibilitar a realização de diálogo adequado acerca da execução do objeto com os representantes da Administração, quando necessário.

Deve-se deixar claro, todavia, que o preposto não absorve as atribuições, encargos ou assume as responsabilidades do responsável técnico da empresa contratada, existente e necessário na execução de alguns objetos, por exemplo, como os de engenharia e de fornecimento de refeições, que recai sobre o engenheiro e o nutricionista, respectivamente.

3. A figura do encarregado

Tendo em vista a confusão que, às vezes, se instaura na medida em que se confunde o preposto com o encarregado, tem-se que esse profissional é responsável pela execução do serviço contratado, tendo como incumbência garantir o bom andamento do mesmo, a fim de que o cumprimento do pactuado ocorra de forma satisfatória.

Deve o encarregado permanecer no local do trabalho, em tempo integral, fiscalizando e ministrando a orientação necessária aos executantes dos serviços.

Esse colaborador terá a obrigação de reportar-se, quando houver necessidade, ao responsável pelo acompanhamento dos serviços da Administração e tomar as providências pertinentes para que sejam corrigidas todas as falhas detectadas.

O encarregado pela execução dos serviços também poderá ser o preposto da contratada. Isso ocorrerá sempre que existir um comunicado oficial da empresa regularmente contratada para executar o objeto demandado e a Administração venha a aceitar tal situação.

Caso não exista tal documentação, não poderá o encarregado pela execução dos serviços representar o contratado, de forma a realizar a interlocução com o poder público, a exemplo de receber comunicados.

Artigo 119

O contratado será obrigado a reparar, corrigir, remover, reconstruir ou substituir, a suas expensas, no total ou em parte, o objeto do contrato em que se verificarem vícios, defeitos ou incorreções resultantes de sua execução ou de materiais nela empregados.

Consoante estabelece o disposto no art. 115 da nova Lei de Licitações, é dever do licitante executar fielmente o objeto contratado, na forma, especificações, prazos e afins estabelecidos pela Administração contratante, fixando, ainda, que cada parte responderá pelas consequências de sua inexecução total ou parcial.

COMENTÁRIOS À NOVA LEI DE LICITAÇÕES PÚBLICAS E CONTRATOS ADMINISTRATIVOS

Exige-se, portanto, seriedade e empenho do particular contratado na execução do encargo, o qual se comprometeu contratualmente, haja vista que, por meio do objeto demandado pela Administração, ocorrerá o atendimento de um interesse público.

Pode ocorrer, todavia, por tal motivo, que o particular contratado venha a executar o objeto demandado em desarmonia com as especificações e formas constantes do edital e seus anexos, fato que deve ser objeto de verificação e constatação pelo fiscal ou comissão de fiscalização, e rejeição daquilo que foi executado ou entregue quando de seu recebimento.

Assim, por exemplo, no caso de aquisição de um determinado veículo, cuja especificação contratual exija que detenha 4 portas, seja entregue veículo provido de apenas 2 portas, deverá o automóvel ser rejeitado. Também deverá ser determinado o refazimento do objeto contratado, caso ocorra a solicitação da pintura de uma sala utilizando-se tinta na cor branca sendo o referido cômodo pintado na cor amarela.

Ante a verificação de uma situação desta natureza, sendo tal fato constatado pelo fiscal do contrato formalmente designado para tal desiderato, a Administração contratante deverá rejeitar formalmente o objeto entregue, parcial ou totalmente, em razão da execução em desconformidade com os termos pactuados, devendo o particular ser notificado da decisão administrativa imediatamente, conferindo a possibilidade do contratado se manifestar a respeito.

Sobre questões dessa natureza, o TCE/SP já se manifestou no seguinte sentido, *in verbis*:

> Em caso de aquisição parcelada de um determinado objeto que não seja condizente com a qualidade estampada no edital e no contrato decorrente, é necessário que a Administração contratante, por meio de processo próprio, com subsídio em análises técnicas, laudos e provas, resguardado, a toda evidência, o princípio do contraditório e à ampla defesa, considerá-lo não apto à satisfação do interesse público. São elementos colhidos da própria execução contratual, adotadas todas as medidas técnicas e jurídicas necessárias, que possibilitam à Administração decidir pela rejeição de determinado produto em licitações futuras, já que, comprovadamente reprovado em razão do não atendimento às especificações técnicas visadas para o interesse público a ser satisfeito.[220]

Deverá a Administração contratante, ante a constatação da inexecução contratual, ponderar, à luz das particularidades do caso concreto, observando-se, ainda, o princípio da razoabilidade e eficácia, decidir se mantém vigente o ajuste com o particular inadimplente, haja vista a possibilidade de desencadear

---

[220] TCE/SP – TC-000301/002/09, Plenário, Relator Antonio Roque Citadini, Data do Julgamento: 08/09/2009

DA EXECUÇÃO DOS CONTRATOS ARTº 120

o processo rescisório para colocar cabo ao ajuste, conforme prevê o art. 137 da nova Lei de Licitações.

Constatada efetivamente a execução do objeto em desconformidade com o edital e contrato, a instauração do processo sancionatório não poderá ser objeto de discricionariedade, devendo a autoridade instaurar o expediente punitivo, de forma a punir o contratado em razão da incursão na infração administrativa constante do art. 155, incs. I, II ou III, da nova Lei de Licitações, caso a justificativa apresentada não seja adequada.

Deliberando-se pela manutenção da avença, deverá ser solicitado ao contratado, com estribo no art. 119 da nova Lei de Licitações, que repare, corrija, remova, reconstrua ou substitua, às suas expensas, no total ou em parte, o objeto do contrato.

Para tanto, deverá ser fixado pela autoridade competente um prazo razoável para que o objeto seja executado conforme as regras do ajuste, levando-se em consideração as particularidades daquilo que será refeito. Caso o lapso oferecido pela Administração afigure-se como exíguo, poderá o particular, motivadamente, solicitar a dilação do período franqueado pela contratante, que deverá ser objeto de análise para o deferimento ou não.

Artigo 120

O contratado será responsável pelos danos causados diretamente à Administração ou a terceiros em razão da execução do contrato, e não excluirá nem reduzirá essa responsabilidade a fiscalização ou o acompanhamento pelo contratante.

O art. 120 da nova Lei de Licitações fixa que o contratado será responsável pelos danos causados diretamente à Administração ou a terceiros em razão da execução do contrato, e não excluirá nem reduzirá essa responsabilidade à fiscalização ou o acompanhamento pelo contratante.

Fixa-se, assim, o referido dispositivo legal em estudo, os contornos da responsabilidade civil do contratado, que detém aplicabilidade independentemente de previsão editalícia e contratual.

Com efeito, tem-se que tal responsabilidade recai sobre o contratado, vale dizer, aquele arrolado em um polo do contrato administrativo e não o colaborador, subcontratado ou qualquer outra pessoa alocada para executar o objeto demandado.

Acerca de tal encargo, por exemplo, uma obra ou serviço de engenharia for executada inobservando normas técnicas vigentes à época em que foram contratadas e executadas, tal dispositivo legal ampara uma ação de responsabilização

COMENTÁRIOS À NOVA LEI DE LICITAÇÕES PÚBLICAS E CONTRATOS ADMINISTRATIVOS

dos construtores pelos danos causados à Administração, inclusive os valores decorrentes do refazimento, reconstrução, reparo ou consertos que serão por ela efetivados.

Esclareça-se que tal responsabilidade pode decorrer também de outros dispositivos legais. Neste sentido, por exemplo, o art. 618 da Lei nº 10.406/2002 (Código Civil Brasileiro), prevê a responsabilidade do empreiteiro nos contratos de empreitada de edifícios ou outras construções consideráveis, assinalando que, nesses casos, o empreiteiro de materiais e execução responderá, durante o prazo de cinco anos, pela solidez e segurança do trabalho, assim em razão dos materiais, como do solo. Entretanto, o parágrafo único desse dispositivo legal estabelece que decairá do direito assegurado no mesmo artigo do Código Civil Brasileiro o dono da obra que não promover a ação contra o empreiteiro nos cento e oitenta dias seguintes ao aparecimento do vício ou defeito.

Acerca da responsabilidade civil do contratado, aproveitamos dos ensinamentos de Hely Lopes Meirelles:

4.3.1 Responsabilidade civil – Responsabilidade civil é a que impõe a obrigação de reparar o dano patrimonial. Pode provir da lei (responsabilidade legal), do ato ilícito (responsabilidade por ato ilícito) e da inexecução do contrato (responsabilidade contratual), que é a que nos interessa nesta exposição.

Na inexecução do contrato administrativo a responsabilidade civil surge como uma das primeiras consequências, pois, toda vez que o descumprimento do ajustado causar prejuízo à outra parte, o inadimplente fica obrigado a indenizá-la. Essa é a regra, só excepcionada pela ocorrência de causa justificadora da inexecução, porquanto o fundamento normal da responsabilidade civil é a culpa, em sentido amplo.

A responsabilidade civil decorrente do contrato administrativo rege-se pelas normas pertinentes do Direito Privado, observado o que as partes pactuaram para o caso de inexecução e atendidas previamente as especificações do Direito Administrativo no que concerne ao objeto do ajuste, cuja contratação tem regência própria em cada entidade estatal (União, Estados e Municípios) e seus desmembramentos autárquicos.[221]

(destaques do autor)

Caso o contrato se encontre em vigência, os danos causados à Administração Contratante poderão também desencadear processo rescisório ou sancionatório, caso a situação concreta se enquadre nos fatos e comportamentos constantes dos arts. 137 e 155 da nova Lei de Licitações.

Para que tal responsabilização seja imputada ao particular, entende-se que deverá a Administração instaurar um processo administrativo com a finalidade

---

[221] MEIRELLES, Hely Lopes. *Direito Administrativo Brasileiro*, 34ª ed., Malheiros, São Paulo, 2008, pp. 243 e 244.

DA EXECUÇÃO DOS CONTRATOS ART° 120

de apurar todas as circunstâncias ligadas ao dano experimentado pela contratante, das condições e particularidades da contratação por meio de oitiva dos fiscais e demais gestores dos contratos, a fim de obter todos os elementos necessários para viabilizar o ressarcimento do prejuízo estatal, seja amigável ou judicialmente. Assim deve ocorrer, pois a responsabilidade civil da contratada é subjetiva, ou seja, a responsabilidade pelo dano causado dependerá da efetiva comprovação de que agiu com dolo, vale dizer, intencionalmente, ou com culpa, em caso de prática de comportamento negligente, imprudente ou imperito.

Assim é necessário, pois os processos administrativos em que se constatar irregularidades passíveis de ensejar responsabilização deverão, obrigatoriamente, atender aos princípios constitucionais da ampla defesa e do contraditório, sob pena de serem declaradas nulas as consequentes decisões, haja vista que o inc. LV do art. 5º da Constituição Federal é expresso ao dispor que: "(...) aos litigantes, em processo judicial ou administrativo, e aos acusados em geral são assegurados o contraditório e a ampla defesa, com os meios e recursos a ela inerentes".

Caso não sejam respeitados os princípios constitucionais do contraditório e da ampla defesa, de modo a não assegurar à contratada o direito de defesa, de apresentar provas ou recorrer etc., em nosso entendimento, o processo administrativo encontra-se eivado de ilegalidade e deve, portanto, ser nulo.

Sendo assim, ao cabo do processo administrativo, e em sendo constatada eventual culpa ou dolo, é que o contratado será responsável pelos danos causados à Administração, consoante determina o artigo em estudo, sem embargo da imposição de sanções ou extinção antecipada do ajuste, ao fim do competente processo administrativo.

Cabe ainda dissertar que a fiscalização ou o acompanhamento pelos fiscais ou comissão de fiscalização, formalmente designados pela Administração Contratante, na forma do art. 117 da nova Lei de Licitações, não excluirá nem reduzirá a responsabilidade por danos causados. É comum a justificativa do particular contratado no sentido de apontar que o dano verificado é consequência de eventual negligência da fiscalização, ou melhor, que aquilo que gerou o dano foi objeto de fiscalização acompanhada, medição e pagamento. Assim, a parte final do dispositivo em comento tem o condão de rechaçar tal argumento.

No tocante à responsabilização do dano a terceiro, é importante consignar que a Constituição Federal de 1988 estabelece no § 6º do art. 37, que: " (...) As pessoas jurídicas de direito público e as de direito privado prestadoras de serviços públicos responderão pelos danos que seus agentes, nessa qualidade, causarem a terceiros, assegurado o direito de regresso contra o responsável nos casos de dolo ou culpa".

COMENTÁRIOS À NOVA LEI DE LICITAÇÕES PÚBLICAS E CONTRATOS ADMINISTRATIVOS

Desta feita, observa-se que o Texto Constitucional adotou a teoria da responsabilidade objetiva da Administração Pública em relação aos danos causados a terceiros.

Logo, haja vista a determinação constitucional, caso um dano praticado pelo contratado afete também particulares – a exemplo de um andaime utilizado para realização de pintura que venha a cair sobre um veículo –, caberá ao ente público a responsabilidade pelo ressarcimento dos danos causados aos particulares. Entretanto, caso a Administração Contratante comprove que tais danos foram causados por dolo ou culpa da empresa contratada, deverá o particular contratado recompor o erário espontaneamente ou por meio de ação regressiva. Sobre a questão, fazemos uso dos ensinamentos de Hely Lopes Meirelles:

> O dano causado por obra pública gera para a Administração a mesma responsabilidade objetiva estabelecida para os serviços públicos, porque, embora a obra seja um fato administrativo, deriva sempre de um ato administrativo de quem ordena sua execução. Mesmo que a obra pública seja confiada a empreiteiros particulares, a responsabilidade pelos danos oriundos do só fato da obra é sempre do Poder Público que determinou sua realização.
>
> O construtor particular de obra pública só responde por atos lesivos resultantes de sua imperícia, imprudência ou negligência na condução dos trabalhos que lhe são confiados. Quanto às lesões a terceiros ocasionadas pela obra em si mesma, ou seja, por sua natureza, localização, extensão ou duração prejudicial ao particular, a Administração Pública que a planejou responde objetivamente, sem indagação de culpa de sua parte.
>
> Exemplificando: se na abertura de um túnel ou de uma galeria de águas pluviais só o fato da obra causa danos aos particulares, por estes danos responde objetivamente a Administração que ordenou os serviços; se, porém, o dano é produzido pela imperícia, imprudência ou negligência do construtor na execução do projeto, a responsabilidade originária é da Administração, como dona da obra, mas pode ela haver do executor culpado tudo quanto pagou à vítima.[222]

Por derradeiro, conforme ensina Márcio dos Santos Barros, há situações onde a responsabilidade do contratado é solidária com a Administração contratante ou até mesmo afastada:

> Há casos em que a responsabilidade pode vir a ser solidária como, por exemplo, quando a atividade do particular exige a prévia aprovação da autoridade ou da fiscalização e, até mesmo, situações em que a responsabilidade é integral da administração. Imagine se um erro de projeto, inclusive alertado pelo contratado, mas que administração, ainda assim, exige a sua realização.[223]

---

[222] MEIRELLES, Hely Lopes. *Direito Administrativo Brasileiro*, 27ª ed., Malheiros, São Paulo, p. 625.

[223] BARROS, Márcio dos Santos. *502 Comentários sobre Licitações e Contratos Administrativos*, 2ª ed., Editora NDJ, São Paulo, 2011, p. 473.

DA EXECUÇÃO DOS CONTRATOS   ARTº 121

Artigo 121

Somente o contratado será responsável pelos encargos trabalhistas, previdenciários, fiscais e comerciais resultantes da execução do contrato.

§ 1º A inadimplência do contratado em relação aos encargos trabalhistas, fiscais e comerciais não transferirá à Administração a responsabilidade pelo seu pagamento e não poderá onerar o objeto do contrato nem restringir a regularização e o uso das obras e das edificações, inclusive perante o registro de imóveis, ressalvada a hipótese prevista no § 2º deste artigo.

§ 2º Exclusivamente nas contratações de serviços contínuos com regime de dedicação exclusiva de mão de obra, a Administração responderá solidariamente pelos encargos previdenciários e subsidiariamente pelos encargos trabalhistas se comprovada falha na fiscalização do cumprimento das obrigações do contratado.

§ 3º Nas contratações de serviços contínuos com regime de dedicação exclusiva de mão de obra, para assegurar o cumprimento de obrigações trabalhistas pelo contratado, a Administração, mediante disposição em edital ou em contrato, poderá, entre outras medidas:

I – exigir caução, fiança bancária ou contratação de seguro-garantia com cobertura para verbas rescisórias inadimplidas;

II – condicionar o pagamento à comprovação de quitação das obrigações trabalhistas vencidas relativas ao contrato;

III – efetuar o depósito de valores em conta vinculada;

IV – em caso de inadimplemento, efetuar diretamente o pagamento das verbas trabalhistas, que serão deduzidas do pagamento devido ao contratado;

V – estabelecer que os valores destinados a férias, décimo terceiro salário, a ausências legais e a verbas rescisórias dos empregados do contratado que participarem da execução dos serviços contratados serão pagos pelo contratante ao contratado somente na ocorrência do fato gerador.

§ 4º Os valores depositados na conta vinculada a que se refere o inciso III do § 3º deste artigo são absolutamente impenhoráveis.

§ 5º O recolhimento das contribuições previdenciárias observará o disposto no art. 31 da Lei nº 8.212, de 24 de julho de 1991.

A Lei de Licitações reserva ao contratado a responsabilidade pelos encargos trabalhistas, previdenciários, fiscais e comerciais resultantes da execução do contrato, isentando a Administração Contratante de quaisquer pagamentos disso decorrentes, bem como desonerando o negócio de valores eventualmente provenientes dos aludidos ônus.

Em razão disto, deve o valor de sua proposta comercial quando elaborado contemplar todos os encargos trabalhistas, previdenciários, fiscais e comerciais resultantes da execução do contrato.

Afigura-se ilegal, durante a execução do contrato administrativo, buscar repassar ou modificar os seus termos com o objetivo de inserir as referentes diferenças relacionadas a encargos trabalhistas, previdenciários, fiscais e comerciais resultantes da execução do contrato, não arrolados na ocasião da elaboração da proposta comercial, para torná-la reduzida e garantir o primeiro lugar na grade classificatória do certame, salvo se no período da execução observar-se majoração de impostos, criação de um novo encargo trabalhista etc., que venha onerar a execução do objeto. Temos aí um "fato do príncipe", que garante o restabelecimento da equação econômico-financeira, na forma do que prevê o art. 124, inc. II, al. "d", da NLLC.

§ 1º A inadimplência do contratado em relação aos encargos trabalhistas, fiscais e comerciais não transferirá à Administração a responsabilidade pelo seu pagamento e não poderá onerar o objeto do contrato nem restringir a regularização e o uso das obras e das edificações, inclusive perante o registro de imóveis, ressalvada a hipótese prevista no § 2º deste artigo.

Observa-se da leitura do referido parágrafo, a reprodução do conteúdo jurídico constante do art. 70, § 1º, da Lei nº 8.666/1993.

Com efeito, estabelece o referido parágrafo que a inadimplência do contratado em relação aos encargos trabalhistas, fiscais e comerciais não transferirá à Administração a responsabilidade pelo seu pagamento e não poderá onerar o objeto do contrato nem restringir a regularização e o uso das obras e das edificações, inclusive perante o registro de imóveis, ressalvada a hipótese prevista no § 2º deste artigo, caso seja comprovada falha na fiscalização do cumprimento das obrigações do contratado.

§ 2º Exclusivamente nas contratações de serviços contínuos com regime de dedicação exclusiva de mão de obra, a Administração responderá solidariamente pelos encargos previdenciários e subsidiariamente pelos encargos trabalhistas se comprovada falha na fiscalização do cumprimento das obrigações do contratado.

A redação constante do § 2º reproduz a determinação constante dos itens IV e V da Súmula nº 331 e pelo Supremo Tribunal Federal (STF) em tese firmada com repercussão geral (Tema 246).

DA EXECUÇÃO DOS CONTRATOS   ART° 121

Melhor esclarecendo, já há algum tempo, a jurisprudência do Tribunal Superior do Trabalho – TST, em harmonia com o entendimento do Supremo Tribunal Federal – STF, firmou-se no sentido de que os entes integrantes da Administração Pública direta e indireta respondem subsidiariamente caso seja evidenciada a sua conduta culposa, concretizada na omissão da fiscalização do cumprimento das obrigações trabalhistas assumidas pelo contratado quando da contratação de colaboradores para executar o objeto contratado e solidariamente pelos encargos previdenciários.

Assim, a Súmula nº 331 do TST, em seu inc. V, atualmente, estabelece que: "Os entes integrantes da Administração Pública direta e indireta respondem subsidiariamente, nas mesmas condições do item IV, caso evidenciada a sua conduta culposa no cumprimento das obrigações da Lei n.º 8.666, de 21.06.1993, especialmente na fiscalização do cumprimento das obrigações contratuais e legais da prestadora de serviço como empregadora. A aludida responsabilidade não decorre de mero inadimplemento das obrigações trabalhistas assumidas pela empresa regularmente contratada".

Assim, nos contratos administrativos, a Administração Contratante deve efetivamente fiscalizar a execução do objeto principal, por exemplo, uma prestação de serviços, e também o cumprimento pelo contratado das obrigações trabalhistas da categoria profissional alocada na execução daquilo que foi contratado, sob pena de ser condenado na Justiça Trabalhista em razão da comprovação de conduta culposa.

Com efeito, a comprovação da omissão culposa da Administração contratante, que acarretará a responsabilidade subsidiária no cumprimento das obrigações trabalhistas, decorrerá da impossibilidade de demonstrar, no âmbito da Justiça do Trabalho, se criou e adotou métodos de fiscalização adequados para a execução do contrato de prestação de serviços, conforme determina a Lei de Licitações. No tocante às obrigações previdenciárias, a responsabilidade passa a ser solidária.

Logo, o Poder Público contratante não pode mais ficar alheio, desatento ou distraído da fiscalização do fiel cumprimento dos encargos sociais devidos pela contratada em face da execução do objeto contratado.

Passando a ser dever da Administração Contratante de serviços com alocação de mão de obra demonstrar empenho na fiscalização do cumprimento dos encargos do particular, especialmente o trabalhista, sob pena de ter que honrar com as verbas rescisórias não pagas pelo contratado, o que exige o Anexo VIII-B da Instrução Normativa nº 5, de 26 de maio de 2017, que fixa e exige fiscalização inicial na ocasião em que o serviço é iniciado; mensalmente no momento em que antecede o pagamento da nota fiscal; diariamente, no acompanhamento dos empregados alocados na prestação do serviço e, de forma especial, a exemplo da análise da concessão de reajuste salarial na data-base da categoria prevista em normas coletivas, controle de férias e estabilidades provisórias, entre outros.

§ 3º Nas contratações de serviços contínuos com regime de dedicação exclusiva de mão de obra, para assegurar o cumprimento de obrigações trabalhistas pelo contratado, a Administração, mediante disposição em edital ou em contrato, poderá, entre outras medidas:

I – exigir caução, fiança bancária ou contratação de seguro-garantia com cobertura para verbas rescisórias inadimplidas;

II – condicionar o pagamento à comprovação de quitação das obrigações trabalhistas vencidas relativas ao contrato;

III – efetuar o depósito de valores em conta vinculada;

IV – em caso de inadimplemento, efetuar diretamente o pagamento das verbas trabalhistas, que serão deduzidas do pagamento devido ao contratado;

V – estabelecer que os valores destinados a férias, a décimo terceiro salário, a ausências legais e a verbas rescisórias dos empregados do contratado que participarem da execução dos serviços contratados serão pagos pelo contratante ao contratado somente na ocorrência do fato gerador.

De forma a afastar ao máximo o dispêndio dos minguados recursos públicos para fazer frente às condenações na Justiça do Trabalho decorrente da culpa *in vigilando*, por não efetivar a fiscalização necessária no cumprimento das obrigações trabalhistas, o § 3º do art. 121, da nova Lei de Licitações, estabelece que o edital ou instrumento contratual pode fixar algumas exigências ao particular, a exemplo de: I – exigir caução, fiança bancária ou contratação de seguro-garantia com cobertura para verbas rescisórias inadimplidas; II – condicionar o pagamento à comprovação de quitação das obrigações trabalhistas vencidas relativas ao contrato; III – efetuar o depósito de valores em conta vinculada; IV – em caso de inadimplemento, efetuar diretamente o pagamento das verbas trabalhistas, que serão deduzidas do pagamento devido ao contratado; e V – estabelecer que os valores destinados a férias e 13º salário, a ausências legais e a verbas rescisórias dos empregados do contratado que participarem da execução dos serviços contratados serão pagos pelo contratante ao contratado somente na ocorrência do fato gerador.

Observa-se que os cinco incisos arrolados no referido parágrafo são apenas exemplos, podendo a Administração contratante fixar no edital ou no contrato outros instrumentos para assegurar o cumprimento das obrigações trabalhistas, desde que os mesmos não sejam inoportunos, de forma a reduzir

DA EXECUÇÃO DOS CONTRATOS ART° 121

a angulação de competidores ou onerar demasiadamente a Administração contratante.

Estudando cada um desses incisos, tem-se que o inc. I do § 3º do art. 121, da nova Lei de Licitações, possibilita que a Administração licitante exija no edital e no contrato que uma das garantias previstas no art. 98 da NLLC contemple o valor necessário para a cobertura das verbas rescisórias. Assim, deverá a Administração Pública, de posse dos devidos cálculos das obrigações trabalhistas que recaem sobre o contrato, na ocasião oportuna, verificar se a garantia apresentada pelo particular contratado contempla o desejo do legislador. Existindo dúvidas pelo fiscal do contrato acerca do incremento de valor em caso de apresentação de caução em dinheiro ou fiança bancária ou cobertura específica no seguro-garantia, deverá ser remetido à assessoria jurídica o competente documento para que a dúvida seja dirimida.

Por sua vez, o inc. II do § 3º do art. 121, da nova Lei de Licitações, estabelece que a Administração Pública licitante poderá fixar no instrumento editalício ou contratual que o efetivo pagamento dos valores devidos mensalmente ao particular contratado estará condicionado à apresentação dos competentes documentos que efetivamente comprovem a quitação das obrigações trabalhistas vencidas relativas ao contrato. Assim, caso não seja entregue juntamente com as notas fiscais os documentos aptos a comprovar que o encargo trabalhista mensal, anual, ou de outro período, foi adimplido pelo particular, está autorizado o poder público contratante a suspender o pagamento enquanto tal condição não for devidamente implementada. Para que tal expediente ocorra, deverá a Administração realizar pesquisa com o escopo de identificar os encargos trabalhistas incidentes sobre a categoria alocada na execução do contrato e a sua periodicidade.

No tocante ao inc. III do § 3º do art. 121, da nova Lei de Licitações, tem-se que poderá a Administração Pública licitante fixar no instrumento editalício e contratual que será aberta uma conta corrente vinculada, de forma a ser depositados os valores referentes a algumas obrigações trabalhistas, sendo a monta lá depositada absolutamente impenhorável.

A utilização da Conta-Depósito Vinculada, que é bloqueada para movimentação, é ferramenta já institucionalizada e sedimentada na Administração Pública federal, nos termos da al. "a" do item 1.1 do Anexo VII-B e do Anexo XII da Instrução Normativa nº 5, de 26 de maio de 2017, da Secretaria de Gestão do Ministério do Planejamento, Desenvolvimento e Gestão, sendo um mecanismo de proteção e gestão de riscos na execução de contratos de prestação de serviço com dedicação exclusiva de mão de obra, contribuindo para assegurar os recursos necessários para o cumprimento das obrigações sociais e trabalhistas em caso de inadimplemento da contratada, bem como para a segurança jurídica dos gestores e fiscais de contrato.

COMENTÁRIOS À NOVA LEI DE LICITAÇÕES PÚBLICAS E CONTRATOS ADMINISTRATIVOS

Já o inc. IV do § 3º do art. 121, da nova Lei de Licitações, estabelece que, em caso de inadimplemento das obrigações do particular, poderá a Administração contratante efetuar diretamente o pagamento das verbas trabalhistas, que serão deduzidas do pagamento devido ao contratado.

Poderão ocorrer situações onde os trabalhadores alocados na execução do objeto contratado não recebam, na data oportuna, alguns direitos fixados na legislação trabalhista ou convenção coletiva de trabalho, de modo a inviabilizar a execução contratada ou gerar condenações na Justiça do Trabalho. Sendo assim, por exemplo, não sendo pagos na data oportuna o vale-transporte, vale-alimentação, 13º salário, férias anuais, dentre outros encargos inadimplidos, pode a Administração Pública descontar o competente valor da monta devida ao particular contratado e realizar o devido pagamento àquela mão de obra alocada para viabilizar a execução de seu contrato.

Por derradeiro, o inc. V do § 3º do art. 121, da nova Lei de Licitações, estabelece que os valores destinados a férias, e 13º salário, a ausências legais e a verbas rescisórias dos empregados do contratado que participarem da execução dos serviços contratados serão pagos pelo contratante ao contratado somente na ocorrência do fato gerador.

É comum que os valores devidos pela Administração relacionados a tais encargos sociais sejam pagos de forma diluída e parceladamente ao longo do contrato, devendo tais valores ser provisionados, ou seja, reservados pelo particular a remunerar o colaborador na ocasião oportuna.

Ocorre que alguns contratados não reservam tais valores, passando a fazer mau uso de recursos, utilizando-os para fins diversos, fato que acarreta na ausência de cumprimento dos encargos trabalhistas. De forma a evitar tal ocorrência, o que pode prejudicar a execução do objeto contratado ou condenações futuras na Justiça do Trabalho, permite-se que os encargos trabalhistas acima colacionados sejam apenas pagos pelo contratante ao contratado somente na ocorrência do fato gerador.

§ 4º Os valores depositados na conta vinculada a que se refere o inciso III do § 3º deste artigo são absolutamente impenhoráveis.

De forma a garantir efetivamente que os valores constantes da conta vinculada sirvam para os seus fins e diante da possibilidade das contas públicas serem objeto de penhora, na forma da lei, tem-se que o referido parágrafo veda, de forma absoluta, a penhora da monta lá contida, sendo devido, caso ocorra, a imediata liberação.

682

§ 5º O recolhimento das contribuições previdenciárias observará o disposto no art. 31 da Lei nº 8.212, de 24 de julho de 1991.

De forma a afastar dúvida acerca da obrigatoriedade de retenção da contribuição previdenciária pela Administração Pública contratante, tida como tomadora de serviços, fixa o § 5º do art. 121, da NLLC, que deverá ser retido, obrigatoriamente, na forma do que estabelece o art. 31 da Lei nº 8.212, de 24 de julho de 1991, as contribuições destinadas à Seguridade Social de todas as contratações que tenham por objeto a "empreitada de mão-de-obra".

Assim ocorrendo, afasta-se a responsabilidade solidária, estabelecida no art. 121, § 2º, da NLLC, perante a Justiça do Trabalho.

Artigo 122

Na execução do contrato e sem prejuízo das responsabilidades contratuais e legais, o contratado poderá subcontratar partes da obra, do serviço ou do fornecimento até o limite autorizado, em cada caso, pela Administração.

§ 1º O contratado apresentará à Administração documentação que comprove a capacidade técnica do subcontratado, que será avaliada e juntada aos autos do processo correspondente.

§ 2º Regulamento ou edital de licitação poderão vedar, restringir ou estabelecer condições para a subcontratação.

§ 3º Será vedada a subcontratação de pessoa física ou jurídica, se aquela ou os dirigentes desta mantiverem vínculo de natureza técnica, comercial, econômica, financeira, trabalhista ou civil com dirigente do órgão ou entidade contratante ou com agente público que desempenhe função na licitação ou atue na fiscalização ou na gestão do contrato, ou se deles forem cônjuge, companheiro ou parente em linha reta, colateral, ou por afinidade, até o terceiro grau, devendo essa proibição constar expressamente do edital de licitação.

A subcontratação caracteriza-se na transferência da execução do objeto contratado para um terceiro alheio à contratação que, por meio de um ajuste travado com o contratado, se obrigará a executar parte do objeto demandado para a Administração.

Para Maria Helena Diniz, a subcontratação é definida como a transferência da posição contratual, feita por uma das partes a terceiros, sem desvincular-se do contrato.[224]

---

[224] DINIZ. Maria Helena, Dicionário Jurídico, Vol. 4, 1ª ed., São Paulo: Saraiva, 1998. p.431.

COMENTÁRIOS À NOVA LEI DE LICITAÇÕES PÚBLICAS E CONTRATOS ADMINISTRATIVOS

A subcontratação não cria qualquer tipo de vínculo jurídico entre o subcontratado e a Administração nem reduz ou diminui aquele estabelecido entre a contratante e o particular adjudicatário que celebrou ajuste com o Poder Público.

Mesmo subcontratando parte do objeto, o contratado continuará a responder perante a contratante pela execução do objeto do contrato como um todo, sendo descabido qualquer tipo de interlocução com o estranho à contratação. Por sua vez, mesmo parte do objeto sendo executado por terceiro, a Administração contratante deverá realizar todos os pagamentos ao contratado, cabendo a este, nos termos da subcontratação, repassar os valores devidos ao subcontratado.

Não obstante, o subcontratado responsabiliza-se conjuntamente com o contratado pela qualidade da parte que contratualmente executou. Neste sentido, leciona o mestre Marçal Justen Filho:

> A subcontratação não produz uma relação jurídica direta entre a Administração e o subcontratado. Não será facultado ao subcontratado demandar contra a Administração por qualquer questão relativa ao vínculo que mantém com o subcontratante.
>
> Embora não haja vínculo direto entre Administração e subcontratado, este último responde solidariamente com o subcontratante pela perfeição da prestação executada. Essa solução nada apresenta de esdrúxula, pois não deriva do contrato com a Administração Pública, mas decorre da responsabilidade que recai sobre o fabricante ou prestador de serviço pela perfeição da prestação realizada.[225]

Estabelece, ainda, o *caput* do art. 122, da nova Lei de Licitações, a subcontratação de partes da obra, do serviço ou do fornecimento até o limite admitido, em cada caso, pela Administração.

Assim, o limite da subcontratação deverá ser fixado pela própria Administração, de acordo com as particularidades do caso concreto, no ato convocatório e instrumento contratual.

O § 1º do art. 122, da nova Lei de Licitações, estabelece que o contratado apresentará à Administração a documentação, não fixando qual, de forma a comprovar a capacidade técnica do futuro subcontratado, devendo ser avaliada e anuída pela contratante.

Com o objetivo de resguardar o interesse público e evitar descontrole em relação à subcontratação de partes da obra, serviço ou fornecimento, fixa o § 2º do art. 122, da nova Lei de Licitações, que poderá ser editado um regulamento pela Administração, ou em cada caso, no ato convocatório ou processo de

---

[225] FILHO, Marçal Justen, *Comentários à Lei de Licitações e Contratos Administrativos*, 15ª ed., Dialética, São Paulo, 2012, p. 948.

DA EXECUÇÃO DOS CONTRATOS   ART° 123

contratação direta, com regramento que vede, restrinja ou fixe as condições para a subcontratação.

Logo, tendo em vista a redação ora analisada e ausência de hipótese de rescisão do ajuste em caso de subcontratação na NLLC, nos parece que o silêncio ou ausência de delimitação caracteriza-se como permitida a subcontratação.

Por fim, o § 3º do art. 122, da nova Lei de Licitações, veda a subcontratação de pessoa física ou jurídica, se aquela ou os dirigentes desta mantiverem vínculo de natureza técnica, comercial, econômica, financeira, trabalhista ou civil com dirigente do órgão ou entidade contratante ou com agente público que desempenhe função na licitação ou atue na fiscalização ou na gestão do contrato, ou se deles forem cônjuge, companheiro ou parente em linha reta, colateral, ou por afinidade, até o terceiro grau, devendo essa proibição constar expressamente do edital de licitação.

Tal vedação tem como objetivo reverenciar os princípios da impessoalidade e da moralidade administrativa previstos no *caput* do art. 5º, da nova Lei de Licitações, haja vista que proíbe agentes públicos sejam beneficiados com negócios gerados pela subcontratação.

ARTIGO 123

A Administração terá o dever de explicitamente emitir decisão sobre todas as solicitações e reclamações relacionadas à execução dos contratos regidos por esta Lei, ressalvados os requerimentos manifestamente impertinentes, meramente protelatórios ou de nenhum interesse para a boa execução do contrato.

Parágrafo único. Salvo disposição legal ou cláusula contratual que estabeleça prazo específico, concluída a instrução do requerimento, a Administração terá o prazo de 1 (um) mês para decidir, admitida a prorrogação motivada por igual período.

É comum durante a execução dos contratos administrativos a ausência de manifestação decisória e expressa da Administração em relação a requerimentos realizados pelo particular, cujo teor assentam circunstâncias verificadas durante a execução do objeto contratado, solicitando-se providências à contratante, que acabam por gerar consequências de toda sorte, tanto para a contratante quanto para o contratado.

Tal constatação fática é o que a doutrina chama de silêncio administrativo. Acerca deste fato, ensina Diogenes Gasparini:

> (...) comumente, a Administração Pública deve pronunciar-se sobre os pedidos que lhe são apresentados pelos administrados na defesa de seus próprios interesses ou tem

de manifestar-se, no exercício da função de controle, sobre o ato praticado por outro órgão, no prazo estabelecido pela ordem jurídica. Quando esses pronunciamentos não acontecem tem-se o chamado silêncio da Administração Pública ou simplesmente silêncio administrativo, que não é outra coisa senão um fato jurídico administrativo. Não é ato administrativo porque não houve qualquer pronunciamento da Administração Pública.[226]

Tal silêncio administrativo, manifestado muitas das vezes propositalmente, de forma a evitar que a resposta ao requerimento acabe por criar um direito para o contratado e/ou dever para a Administração, é uma das barreiras que afasta milhares de empresas do segmento das compras governamentais, haja vista a insegurança jurídica observada.

Ante tal situação, fixa o art. 123 da NLLC que a Administração terá o dever de explicitamente emitir decisão sobre todas as solicitações e reclamações relacionadas à execução dos contratos regidos por esta lei, ressalvados os requerimentos manifestamente impertinentes, meramente protelatórios ou de nenhum interesse para a boa execução do contrato.

Nesses termos, tem-se que a resposta decisória ao requerimento ou solicitação realizada pelo particular deve ser devidamente motivada pela Administração, devendo ser aduzida as devidas razões, explicitamente, ou seja, clara, aberta e declaradamente, exposta formalmente em ofício a ser encaminhado diretamente ao particular contratado, no endereço físico ou eletrônico verificado nos documentos apresentados na licitação ou apontado no instrumento contratual, ou ao seu regular preposto, aquele devidamente designado e aceito pela Administração, na forma do art. 118 da nova Lei de Licitações.

Já os requerimentos manifestamente impertinentes, meramente protelatórios ou de nenhum interesse para a boa execução do contrato, ressalva o *caput* do art. 123 que não demandam serem respondidos. Em nosso sentir, entende-se que a impertinência ou inconveniência do conteúdo da solicitação deve ser devidamente declarada pelo agente público competente, de forma a permitir que a decisão ao particular não seja regularmente produzida.

Haja vista que o silêncio administrativo afigura-se como prejudicial no âmbito da execução do contrato administrativo para ambas as partes no ajuste, pois, por exemplo, a ausência de resposta pode prejudicar financeiramente o particular, haja vista assentar um pedido de reajuste ou recomposição de preços ou, ainda, acarretar a execução do objeto de forma inadequada, pois o contratado poderá relatar uma falha no projeto da obra que está produzindo e o requerimento pode solicitar providências pela Administração.

---

[226] GASPARINI, Diógenes, *Direito Administrativo*, 13ª ed., Saraiva, São Paulo, 2008, pp. 959/960

DA ALTERAÇÃO DOS CONTRATOS E DOS PREÇOS   ART° 124

Sendo assim, de forma a afastar ou mitigar prejuízos, estabelece o parágrafo único do art. 123, da nova Lei de Licitações, que, salvo disposição legal ou cláusula contratual que estabeleça prazo específico, concluída a instrução do requerimento, a Administração terá o prazo de 1 (um) mês para decidir, admitida a prorrogação motivada por igual período.

Temos a esclarecer que a ausência da manifestação estatal, no prazo fixado pela norma específica ou no parágrafo único do art. 123 da nova Lei de Licitações, pode gerar a responsabilização funcional daquele que detém a incumbência de se manifestar e se omite, quando deverá analisar o fato apresentado à Administração e expressar a sua decisão.

CAPÍTULO VII – DA ALTERAÇÃO DOS CONTRATOS E DOS PREÇOS

ARTIGO 124
Os contratos regidos por esta Lei poderão ser alterados, com as devidas justificativas, nos seguintes casos:

I – unilateralmente pela Administração:

a) quando houver modificação do projeto ou das especificações, para melhor adequação técnica a seus objetivos;

b) quando for necessária a modificação do valor contratual em decorrência de acréscimo ou diminuição quantitativa de seu objeto, nos limites permitidos por esta Lei;

II – por acordo entre as partes:

a) quando conveniente a substituição da garantia de execução;

b) quando necessária a modificação do regime de execução da obra ou do serviço, bem como do modo de fornecimento, em face de verificação técnica da inaplicabilidade dos termos contratuais originários;

c) quando necessária a modificação da forma de pagamento por imposição de circunstâncias supervenientes, mantido o valor inicial atualizado e vedada a antecipação do pagamento em relação ao cronograma financeiro fixado sem a correspondente contraprestação de fornecimento de bens ou execução de obra ou serviço;

d) para restabelecer o equilíbrio econômico-financeiro inicial do contrato em caso de força maior, caso fortuito ou fato do príncipe ou em decorrência de fatos imprevisíveis ou previsíveis de consequências incalculáveis, que inviabilizem a execução do contrato tal como pactuado, respeitada, em qualquer caso, a repartição objetiva de risco estabelecida no contrato.

§ 1º Se forem decorrentes de falhas de projeto, as alterações de contratos de obras e serviços de engenharia ensejarão apuração de

COMENTÁRIOS À NOVA LEI DE LICITAÇÕES PÚBLICAS E CONTRATOS ADMINISTRATIVOS

responsabilidade do responsável técnico e adoção das providências necessárias para o ressarcimento dos danos causados à Administração.

§ 2º Será aplicado o disposto na alínea "d" do inciso II do caput deste artigo às contratações de obras e serviços de engenharia, quando a execução for obstada pelo atraso na conclusão de procedimentos de desapropriação, desocupação, servidão administrativa ou licenciamento ambiental, por circunstâncias alheias ao contratado.

1. Da alteração do objeto do contrato supervenientemente

É obrigação da Administração Pública brasileira, antes de instaurar um certame licitatório ou deliberar uma contratação direta, planejar-se de forma a fixar motivadamente as características do objeto que pretende adquirir, a quantidade do bem que atenderá o interesse público, o regime de execução do contrato, a forma como será realizada o pagamento ao particular etc.

Para tanto, deverá o projeto básico, projeto executivo, termo de referência e demais especificações do objeto, elaborados na fase interna da licitação, fixar as características e quantitativos, bem como as demais especificações, de forma a permitir uma adequada orçamentação para a fixação do valor estimado da contratação, e garantir que o particular produza uma adequada proposta comercial. Da mesma forma, deverão ser empreendidos esforços para ser definido o regime de execução, dentre aqueles arrolados no art. 6º, ou, ainda, ser estabelecida a forma de adequadamente remunerar o contratado, à luz das particularidades daquilo que foi ajustado.

Fixando-se tais elementos durante a fase interna da licitação, vinculados estão a Administração e contratado aos termos ajustados durante o tempo necessário para a execução do bem pretenso, devendo todas as condições lá impostas serem implementadas na forma do pactuado, não podendo outro comportamento ser exigido das partes, sob pena de responsabilização.

Existindo, todavia, um motivo superveniente, devidamente justificado, surgido após a celebração do ajuste, é permitido pelo art. 124, inc. I, da nova Lei de Licitações, que o conteúdo dos contratos administrativos sofram modificações para ajustar a avença à situação verificada pós-contratação, podendo tais alterações serem de natureza unilateral, que possibilita ao Poder Público contratante introduzir modificações sem que o contratado manifeste anterior e expressa concordância. Por sua vez, o referido dispositivo legal em estudo, em seu inc. II, também permite a realização de alterações bilaterais, modificações estas que somente ocorrerão mediante a concordância das partes.

Como caracterizam medida de exceção, haja vista a exigência de planejamento administrativo, de forma a garantir que o objeto licitado seja efetivamente entregue e recebido pela Administração, as alterações unilaterais

DA ALTERAÇÃO DOS CONTRATOS E DOS PREÇOS · ART° 124

nos contratos administrativos devem ser realizadas limitada e cautelosamente, sob pena de reprovação dos órgãos de controle.

2. Da alteração unilateral qualitativa do objeto contratado

Destaca-se que as modificações unilaterais dos contratos administrativos decorrem do poder exorbitante, previsto no art. 104, inc. I, da NLLC, assegurado à Administração Pública como garantia para melhor adequação às finalidades de interesse público, respeitados os direitos do contratado.

Analisando as hipóteses arroladas no inc. I do art. 124 da Lei nº 14.133/2021, tem-se que a al. "a" permite que o objeto dos contratos administrativos sofra modificação unilateral quando existir motivada justificativa para alteração do projeto ou das especificações, para melhor adequação técnica a seus objetivos.

Poderá ocorrer, no caso concreto, a intenção da Administração contratante de introduzir no objeto do contrato um item que guarda pertinência com a execução do objeto demandado, que, porém, não passou pelo crivo da licitação, mas garante a execução mais adequada do objeto demandado.

Por exemplo, imagine-se que a Administração contratou a locação de equipamentos de informática, como *notebooks* e impressoras, conectadas aos microcomputadores por meio de cabos. Após a contratação, observou-se no mercado correlato a existência de impressoras que realizam impressões sem a necessidade de estarem conectadas com cabo. Vislumbrou-se, também, a impossibilidade de passagem de cabos em um determinado setor. Ante a necessidade de viabilizar a realização de impressão no local, deliberou-se pela alteração qualitativa do objeto contratado, de forma a inserir na contratação a locação de uma impressora que permite a impressão sem a necessidade de cabeamento.

Sobre as alterações qualitativas, citem-se os ensinamentos de Marçal Justen Filho:

> A melhor adequação técnica do projeto adotado para a licitação e em que se fundou a proposta selecionada como vencedora supõe a descoberta ou a revelação de circunstâncias desconhecidas acerca da execução da prestação ou a constatação de que a solução técnica anteriormente adotada não era a mais adequada. Os contratos de longo prazo ou de grande especialização são mais suscetíveis a essa modalidade de alteração. Não há muito cabimento para essa hipótese em contratos de execução instantânea ou cujo objeto seja simples e sumário.[227]

Portanto, desde que justificadamente, nada impede que a Administração contratante, após a celebração do ajuste e na sua vigência, altere o projeto ou

---

[227] JUSTEN FILHO, Marçal Justen, *Comentários à Lei de Licitações e Contratos Administrativos*, 16ª ed., Revista dos Tribunais, São Paulo, 2014, p. 1006.

suas especificações do objeto demandado, para fins de uma melhor adequação técnica aos seus objetivos.

Deverá o respectivo contrato celebrado ser modificado por meio do competente termo aditivo, instrumento este necessário ainda que não haja alteração no valor do contrato.

Esclareça-se que a modificação pretendida não poderá alterar radicalmente o objeto contratado, transfigurando-o em outro, qualitativamente distinto.

3. Da alteração unilateral quantitativa do objeto contratado

Por sua vez, a al. "b" do inc. II do art. 124, da Lei nº 14.133/2021, permite a modificação unilateral do contrato em decorrência de acréscimo ou diminuição quantitativa de seu objeto, nos limites permitidos pelo art. 125.

Haja vista a possibilidade do interesse público se modificar no tempo, entendeu o legislador ser pertinente e necessário garantir uma margem para o aumento ou redução das quantidades inicialmente contratadas.

Imagine-se que um Município realize uma pesquisa para dimensionar a quantidade de refeições consumidas na rede de ensino para contratar alimentação escolar durante o ano letivo. Concluído o certame licitatório, observa-se um inédito fluxo migratório para aquele Município e o quantitativo inicialmente fixado no edital não atende à demanda fática observada. Neste caso, como se deve garantir a adequada alimentação do alunado, garante a Lei que a Administração contratante deva exigir do particular contratado a entrega do objeto demandado em quantitativo que represente até 25% do valor atualizado do contrato, de forma a permitir que o interesse público seja protegido.

Na alteração quantitativa do objeto contratado, não é permitida a inserção de item que não passou pelo crivo da licitação, sendo cabível apenas a modificação das quantidades do objeto contratado, por exemplo, em caso de insumo necessário para execução de uma obra, conforme consta do projeto, sendo ilegal buscar agregar no contrato item que não constou inicialmente no ajuste.

4. Da alteração bilateral do objeto contratado

Passando a estudar as modificações no contrato administrativo que ocorrem bilateralmente, vale dizer, que decorrem de acordo e não podem ser impostas ao particular pela Administração ou pelo contratado ao Poder Público contratante, o inc. II do art. 124, da nova Lei de Licitações, permite, mediante justificativa e excepcionalmente, a alteração do ajuste, por termo aditivo contratual, nas seguintes hipóteses:

a) quando conveniente a substituição da garantia de execução;

b) quando necessária a modificação do regime de execução da obra ou do serviço, bem como do modo de fornecimento, em face de verificação técnica da inaplicabilidade dos termos contratuais originários;

DA ALTERAÇÃO DOS CONTRATOS E DOS PREÇOS ART? 124

c) quando necessária a modificação da forma de pagamento por imposição de circunstâncias supervenientes, mantido o valor inicial atualizado e vedada a antecipação do pagamento em relação ao cronograma financeiro fixado sem a correspondente contraprestação de fornecimento de bens ou execução de obra ou serviço;

d) para restabelecer o equilíbrio econômico-financeiro inicial do contrato em caso de força maior, caso fortuito ou fato do príncipe ou em decorrência de fatos imprevisíveis ou previsíveis de consequências incalculáveis, que inviabilizam a execução do contrato tal como pactuado, respeitada, em qualquer caso, a repartição objetiva de risco estabelecida no contrato.

4.1 – Da substituição da garantia

Analisando cada uma das hipóteses legais em que é permitida a modificação bilateral dos termos pactuados, estudaremos a possibilidade de modificação mediante acordo quando conveniente a substituição da garantia de execução.

Imagine-se a realização de apostilamento em que restou concedido o devido reajuste contratual, expressamente previsto no instrumento convocatório e em cláusula do contrato administrativo. Diante da implementação da referida cláusula de reajuste, verifica-se que o valor da contratação em destaque restou majorado, sobejando a garantia contratual inicialmente prestada insuficiente, haja vista a cláusula do ajuste determinar a necessidade de realização de prestação da mesma na ordem de 5% do valor do ajuste.

Desta feita, com o escopo de afastar eventual caracterização de inexecução pelo contratado, com arrimo no art. 124, inc. II, al. "a", da nova Lei de Licitações, é necessário a substituição da caução em dinheiro inicialmente prestada, que atualmente se apresenta insuficiente, por exemplo, por um seguro-garantia, cuja vigência coincidirá com o novo prazo de execução do objeto contratado, detendo a monta de 5% do valor do contrato, já atualizado.

4.2 – Da modificação do regime de execução da obra ou do serviço

Conforme permissão contida no art. 124, inc. II, al. "b", da nova Lei de Licitações, observa-se também ser permitida a modificação bilateral do contrato administrativo mediante acordo quando for necessário a alteração do regime de execução da obra ou do serviço, bem como do modo de fornecimento, em face de verificação técnica da inaplicabilidade dos termos contratuais originários.

Exemplificando, imagine-se um contrato administrativo cujo objeto é o fornecimento de 150 computadores ao Poder Público, conforme especificação constante no anexo do instrumento contratual. Nesse passo, obrigou-se contratualmente o particular a fornecer todo o quantitativo parceladamente,

COMENTÁRIOS À NOVA LEI DE LICITAÇÕES PÚBLICAS E CONTRATOS ADMINISTRATIVOS

sendo entregue a quantidade desejada pela Administração, de acordo com a necessidade administrativa, durante a vigência do ajuste, fixado em 6 meses.

Ocorre, todavia, que o contratado recebeu do fabricante dos bens um comunicado informando que a montagem dos equipamentos contratados foi descontinuada, haja vista a evolução contínua dos bens de informática. Relatou em tal comunicado, ainda, que receberá pedidos de fornecimento do referido equipamento até determinado dia, ocasião em que sua linha de produção restará encerrada em relação a tal máquina. Diante desta situação e do fato de a requerente estar obrigada a fornecer tais computadores até uma data superior àquela fixada para o encerramento da linha de produção, informa que restará prejudicado o cumprimento da avença. A fim de evitar, portanto, futura caracterização de inexecução contratual, a contratada requer a modificação do modo de fornecimento da execução do objeto, com arrimo no art. 124, inc. II, al. "b", da nova Lei de Licitações, de modo que o contratado entregue todo o quantitativo de uma só vez, em detrimento da forma assentada no ajuste, qual seja, fornecimento parceladamente.

Acerca da possibilidade jurídica de alterar o modo de fornecimento, preleciona o jurista Roberto Ribeiro Bazilli, *in verbis*:

> Constatada a inadequação do regime contratualmente fixado aos fins propostos no contrato, qualquer parte pode propugnar pela alteração, promovendo o ajustamento necessário e de interesse público. O mesmo sucede no caso de fornecimento; o modo acolhido na avença, se restar inadequado, pode vir a ser alterado de comum acordo entre as partes.[228]

No mesmo sentido é o magistério de Raul Armando Mendes, em lição ainda válida, quando anota seus precisos comentários ao Dec.-lei nº 2.300/1986, sobre a forma de execução dos contratos administrativos e a sua possibilidade de alteração, *in verbis*:

> A forma ou modo de fornecimento refere-se às compras, cujo objeto pode ser entregue de uma só vez ou parceladamente, dependendo do que tiver contido no edital (art. 5º, IIII) só podendo também ser alterada em conformidade com o art. 55, II, b2.[229]

Observa-se, portanto, que tal permissivo garante maleabilidade na condução dos contratos, haja vista as incontáveis adversidades que podem ocorrer, devendo o ajuste ser modificado, de forma a permitir a continuidade da avença.

---

[228] BAZILLI, Roberto Ribeiro, *Contratos Administrativos*, São Paulo, Malheiros, 1996, pp. 91/92.
[229] MENDES, Raul Armando, *Comentários ao Estatuto das Licitações e Contratos Administrativos*, São Paulo, Editora Revista dos Tribunais, 1988, p. 120

4.3 – Da modificação da forma de pagamento

O art. 124, inc. II, al. "c", da nova Lei de Licitações também permite a modificação bilateral do contrato administrativo, mediante acordo, quando necessária a alteração da forma de pagamento por imposição de circunstâncias supervenientes, mantido o valor inicial atualizado e vedada a antecipação do pagamento em relação ao cronograma financeiro fixado sem a correspondente contraprestação de fornecimento de bens ou execução de obra ou serviço.

Ilustrando tal permissivo, um contrato administrativo cujo objeto seja a contratação de particular para organizar, durante o exercício financeiro, o lançamento de quatro revistas científicas editadas por uma universidade. No bojo do objeto contratado, demanda-se a organização de palestra de professores renomados em auditório da universidade e posterior oferecimento de *buffet* aos participantes, devendo o contratado disponibilizar o local para a realização do evento em destaque, mão de obra e insumos necessários para viabilizá-la, de acordo com o memorial descritivo assentado no anexo do instrumento contratual. Nesse passo, como forma de remuneração do particular contratado pela prestação dos serviços acima destacados, restou convencionado que o devido pagamento ocorreria ao final de cada evento, ou seja, a remuneração do contratado seria realizada trimestralmente. Após a realização do primeiro evento, o qual ocorreu regularmente e sem a ocorrência de adversidade alguma, restou surpreendida a contratada por um ofício emitido pelo proprietário do prédio locado solicitando, a título de reserva e a fim de garantir a data do evento escolhida, a realização de um depósito no valor da locação, devendo este ocorrer em até 30 dias anteriores ao evento. Não restando alternativa para a contratado, haja vista a possibilidade de perda das datas já escolhidas pela Administração e da inexistência de outro local adequado que comporte tal evento na região, restou respondido positivamente ao locador do espaço que nos três próximos eventos seria depositado previamente o valor ajustado para locação, sendo atendido, assim, o seu pleito. Diante desta situação superveniente, surge um problema para a requerente, consubstanciado no fato de que a remuneração ajustada prevê tão somente a realização de pagamentos trimestrais, que apenas ocorrem após a realização do competente evento e ao cabo da regular liquidação da despesa, não detendo a contratada fôlego financeiro para realizar tal pagamento e aguardar entre 60 e 90 dias para ser remunerada do valor depositado.

Ante a uma situação desta natureza, restaria admitida a modificação da forma de pagamento, devendo, para tanto, ser celebrado um termo aditivo contratual, de forma a permitir o pagamento da locação do espaço para garantia da data de realização do evento, sendo essa a praxe do mercado.

Acerca da possibilidade de alterar a forma de pagamento diante da ocorrência de um evento superveniente, ensina Jessé Torres Pereira Junior, *in verbis*:

> Alterações há que, admitidas embora, somente poderão ser validamente introduzidas no contrato se contarem com o consenso das partes contraentes, o que não significa que outras alterações não possam ser convencionadas entre os contraentes. O que o preceito visa a assegurar é o contrário – as quatro situações de mutabilidade referidas nas alíneas somente podem resultar do consenso, vedada a sua imposição por ato unilateral da Administração, a saber:
>
> (c) modificação da forma de pagamento (por fases do projeto; por etapas de medição de serviços ou obras executadas; por períodos, independentemente de fases ou etapas; ao final do contrato etc.), desde que para atender a circunstâncias posteriores à celebração do contrato (por exemplo, atrasos justificáveis no cumprimento do cronograma, nos casos de que se ocupa o art. 57, § 1º) e sob duas condições – 1ª, a manutenção do valor original, que será atualizado monetariamente; 2ª, vedada a antecipação de pagamentos a que não corresponda fornecimento de bens ou execução de obra ou serviço (vale dizer que poderá a Administração antecipar pagamentos se também houver antecipação no fornecimento de bens ou na execução de obra ou serviço, compreendido o pagamento devido por etapa ou aquele previsto para ocorrer apenas quando do implemento do termo final do contrato).[230]

4.4 – Do restabelecimento do equilíbrio econômico-financeiro do contrato

Por derradeiro, o art. 124, inc. II, al. "d", da nova Lei de Licitações, permite a modificação bilateral do contrato administrativo, mediante acordo, com o intuito de ser restabelecido o equilíbrio econômico-financeiro inicial do contrato caso se observe, no caso concreto, circunstâncias caracterizadas como força maior, caso fortuito, fato do príncipe ou situações decorrentes de fatos imprevisíveis ou previsíveis de consequências incalculáveis, que inviabilizem a execução do contrato tal como pactuado, respeitada, em qualquer caso, a repartição objetiva de risco estabelecida no contrato.

Analisando tal hipótese de modificação bilateral dos contratos públicos, é importante ressaltar que estabelece o inc. XXI do art. 37, da Constituição Federal de 1988, que as contratações serão realizadas por meio de licitação pública, salvo os casos de contratação direta, onde serão mantidas durante a execução contratual as condições efetivas da proposta.

Cumprindo o mandamento constitucional, de forma a garantir que a equação econômico-financeira seja efetivamente intangível, protegida e respeitada,

---

[230] JUNIOR, Jessé Torres Pereira, *Comentários à Lei das Licitações e Contratações da Administração Pública*, 8ª ed., Renovar, Rio de Janeiro, 2009, p. 717.

DA ALTERAÇÃO DOS CONTRATOS E DOS PREÇOS ART° 124

a Lei nº 14.1333/2021, que disciplina as normas gerais de licitação e contratos administrativos, trouxe no seu bojo os institutos da revisão ou recomposição de preços (al. "d" do inc. II do art. 124 da NLLC), do reajustamento de preços (art. 6º, inc. LVIII, da NLLC), bem como da repactuação de preços (art. 6º, inc. LIX, da NLLC).

4.4.1 – Circunstâncias em que a recomposição de preços é necessária

Analisando nesta quadra a revisão ou recomposição de preços, tem-se que o restabelecimento da equação econômico-financeira é o expediente que busca a majoração (recomposição a favor do particular) ou redução da remuneração da contratação (recomposição a favor da Administração), de forma a retomar as condições econômicas iniciais da respectiva proposta, prejudicadas em razão de aumento ou diminuição dos custos para execução do objeto demandado, que acabou por desequilibrar a justa remuneração inicialmente pactuada, nos casos abaixo arrolados.

Imagine-se que durante a elaboração da proposta comercial, ocasião em que o particular orça e fixa o preço para executar o objeto demandado, com base nos custos dos insumos necessários praticados pelo mercado na ocasião da elaboração da sua oferta. Poderá ocorrer, todavia, uma situação adversa, caracterizada como força maior, caso fortuito ou fato do príncipe ou em decorrência de fatos imprevisíveis ou previsíveis de consequências incalculáveis, cuja problemática observada no mercado correlato pode impactar negativamente nos custos do particular para execução do objeto, passando a onerá-lo demasiadamente, de forma a inviabilizar a execução do objeto demandado pelo valor oferecido na sua proposta comercial. Sendo comprovadas tais circunstâncias, conforme abaixo esclarecemos, deverá a recomposição de preços ser deferida, sob pena de violação ao disposto no art. 37, inc. XXI, da CF/88.

Só caberá recomposição ou revisão de preços para os ajustes cuja quebra da equação econômico-financeira ocorra em caso de força maior, caso fortuito ou fato do príncipe ou em decorrência de fatos imprevisíveis ou previsíveis de consequências incalculáveis, que inviabilizem a execução do contrato tal como pactuado, respeitada, em qualquer caso, a repartição objetiva de risco estabelecida no contrato, caso tenham o edital e contrato adotados a sistemática constante dos arts. 22 e 103, da NLLC, que cuida da matriz de alocação dos riscos nos contratos.

4.4.2 – Circunstâncias em que a recomposição de preços é indevida

Já os acontecimentos previsíveis, ou seja, aqueles de regular conhecimento do contratado, por estarem relacionados ao risco do negócio, haja vista a possibilidade de ocorrência, bem como os riscos previstos ou previsíveis fixados

695

expressamente na matriz de riscos, por estarem precificados e inseridos na taxa de risco constante da proposta, devem ser suportados pelo particular, sendo descabida a concessão de recomposição de preços.

Nesse sentido, merece destaque a lição do jurista Diogenes Gasparini, na qual leciona que: "Os gravames normais e os decorrentes da má gestão do contrato (álea ordinária) não determinam qualquer revisão, devendo ser suportados exclusivamente pelo contratado".[231]

Somente será lícito o deferimento de pleitos que busquem o restabelecimento da equação econômico-financeira fixada na proposta comercial, sendo descabida a utilização desse expediente para corrigir, por exemplo, lances demasiados que prejudicaram a lucratividade ou tornou a execução do contrato por demais onerosa, afastar prejuízos que o particular esteja sofrendo em razão de erro na composição de sua proposta, eventual proposta inexequível formalmente aceita pela Administração etc.

Outrossim, a recomposição de preços não poderá, além de remunerar adequadamente o particular em relação a um ou mais insumos que passaram a custar mais em razão da ocorrência de uma das situações legais, gerar um ganho, uma vantagem ou lucratividade inexistente quando da formulação da proposta comercial.

4.4.3 – Recomposição de preços e a cláusula de matriz de alocação de riscos entre o contratante e o contratado

Por derradeiro, sendo uma das inovações da nova Lei de Licitações, os arts. 22 e 103 estabelecem que o ato convocatório poderá contemplar matriz de alocação de riscos entre o contratante e o contratado, hipótese em que o cálculo do valor estimado da contratação poderá considerar a taxa de risco compatível com o objeto da licitação e com os riscos atribuídos ao contratado, de acordo com metodologia predefinida pelo ente federativo.

Sem prejuízo de melhor esclarecimento nos comentários lançados no art. 103 desta obra, tem-se que algumas circunstâncias que poderão ser observadas durante a execução do contrato que, como regra, acarretariam a recomposição de preços, podem, caso venham a ser previstas na cláusula da matriz de riscos, não gerar o restabelecimento da equação econômico-financeira.

4.4.4 – Momento do rompimento da equação econômica do contrato

A recomposição de preços será devida a partir do momento em que foi observado e comprovado o rompimento da equação econômico-financeira, devendo retroagir o pagamento, se for o caso. Suponha-se que os custos para

---

[231] GASPARINI, Diógenes, *Direito Administrativo*, 16ª ed., Saraiva, São Paulo, 2011, p. 644.

DA ALTERAÇÃO DOS CONTRATOS E DOS PREÇOS   ART° 124

execução de uma obra sofram o majoramento extraordinário em janeiro de um determinado ano, ocasião em que o contratado adquire o insumo para aplicar no objeto contratado, sendo o aumento constatado e comprovado por meio de nota fiscal. Passando o particular a requerer expressamente em fevereiro do corrente, observa-se que o deferimento ocorreu no mês de maio daquele ano. Na ocasião do efetivo pagamento em julho, por exemplo, tem-se que o mesmo deverá retroagir a janeiro, devendo ser repassado para o particular a diferença entre o valor da parcela majorada e da monta recebida. Sendo assim, tem-se que revisão deverá abarcar parcela da obra já executada, medida e paga.

É descabido, portanto, limitar o pagamento a partir da realização do requerimento do contratado, manifestação técnica, jurídica, ou concessão pela autoridade superior etc., devendo a diferença entre o valor pago inicialmente e o restabelecido ser repassado desde o momento em que a equação econômico--financeira foi rompida, que deverá ser objeto de comprovação por meio de nota fiscal de pagamento de insumo aplicado para execução do objeto contratado ou a criação de um novo direito aos trabalhadores, por exemplo.

4.4.5 – A limitação temporal e a forma de concessão da recomposição de preços

Após a celebração do ajuste ou retirada do instrumento equivalente, o reequilíbrio econômico-financeiro poderá ser concedido a qualquer tempo, independentemente de previsão contratual, desde que verificadas as circuns-tâncias elencadas na lei, devendo a solicitação ocorrer durante a vigência do ajuste, limitação fixada no art. 131, parágrafo único, da nova Lei de Licitações. Não concordamos com tal limitação, haja vista que pode o contratado, por tal e qual motivo, não conseguir formular o pedido antes da expiração do prazo de vigência do ajuste. Adotou-se a sistemática da repactuação dos preços da Administração federal, que fixa tal limitação temporal, para concessão do equilíbrio econômico-financeiro de contrato utilizado para serviços contínuos com regime de dedicação exclusiva de mão de obra ou predominância de mão de obra, por meio da análise da variação dos custos contratuais. No caso da recomposição de preços, todavia, busca-se recompor outros custos da planilha orçamentária e não questões salariais, podendo existir dificuldade no caso concreto para a produção do requerimento que efetivamente demonstre o rompimento do equilíbrio econômico-financeiro. Caso não seja modificada a referida disciplina legal, a alternativa aqui posta será o contratado requerer a recomposição de preços genericamente, protestando no pedido a juntada posterior da planilha que demonstra o rompimento do equilíbrio econômico--financeiro e demais documentos aptos a demonstrar tal fato.

4.4.6 – A possibilidade de recomposição do reequilíbrio econômico-financeiro do contrato a qualquer momento após a celebração do contrato ou retirada do instrumento equivalente

Esclareça-se que a recomposição de preços afigura-se como instituto distinto da repactuação ou reajustamento de preços, não exigindo o cumprimento de qualquer tipo de interregno ou período pré-definido.

Observando-se, no caso concreto, após a celebração do ajuste ou retirada do instrumento equivalente, o desbalanceamento da equação econômico-financeira, estando tal fato devidamente comprovado no requerimento do particular, a recomposição de preços poderá ocorrer em qualquer momento da vigência do ajuste, devendo o pedido ser feito durante a vigência do contrato e antes de eventual prorrogação, nos termos do art. 107 desta Lei. Nesse sentido, salienta o Tribunal de Contas da União que, *in verbis*:

> 24. O reequilíbrio econômico-financeiro pode se dar a qualquer tempo; conseqüentemente não há que se falar em periodicidade mínima para o seu reconhecimento e respectiva concessão. Com efeito, se decorre de eventos supervenientes imprevisíveis na ocorrência e (ou) nos efeitos, não faria sentido determinar tempo certo para a sua concessão. Na mesma linha de raciocínio, não pede previsão em edital ou contrato, visto que encontra respaldo na lei e na própria Constituição Federal, sendo devida desde que presentes os pressupostos.
>
> 25. Nesse sentido, Jorge Ulisses Jacoby Fernandes (Comentando as licitações públicas – Série: grandes nomes. Rio de Janeiro: Temas e Idéias, 2002, p. 185) ensina que 'enquanto o reajuste e a repactuação têm prazo certo para ocorrer e periodicidade pré-definida, o reequilíbrio pode se dar a qualquer tempo (...).[232]

Ainda sobre essa questão, poderá o rompimento da equação econômico-financeira ocorrer em momento posterior à abertura do certame e antes da assinatura do ajuste ou retirada do instrumento equivalente. Sendo assim, ato contínuo à assinatura do ajuste ou retirada do instrumento equivalente, poderá o particular requerer a recomposição de preços.

É necessário que o pedido de recomposição de preços seja formalmente processado perante a Administração contratante, não podendo tal majoração ocorrer verbalmente ou por meio de apostilamento.

Deverá a situação que caracteriza o rompimento da equação econômico-financeira ser devidamente demonstrada nos autos do processo administrativo, por meio de competentes documentos, como notas fiscais, de forma a indicar a variação dos valores dos insumos e demais custos incidentes na execução do objeto. Tais documentos deverão estar devidamente organizados

---

[232] TCU – Acórdão nº 1.563/2004 – Plenário, Data do Julgamento: 06/10/2004

DA ALTERAÇÃO DOS CONTRATOS E DOS PREÇOS ART° 124

e demonstrados em planilhas, bem como por fatos notórios, demonstrados na mídia, apontando majoração excessiva, como notícias de jornais, diagnósticos realizados por entidades representativas etc.

Corroborando a nossa assertiva, ressalva Jorge Ulisses Jacoby Fernandes, *in verbis*:

> 2. Demonstração do desequilíbrio:
>
> Ao pleitear o reequilíbrio caberá ao contratado apresentar duas planilhas de custos: uma do tempo atual, e outra da época da proposta.
>
> São esses períodos que devem ser considerados pela Administração Pública e somente esses justificam o atendimento do pleito.
>
> (...)
>
> Atento ao que foi exposto, não deve o administrador conceder o reequilíbrio confiando apenas nos dados apresentados pelo contratado. Ao contrário, impõe-se-lhe o dever de verificar, item por item, a compatibilidade e veracidade da informação apresentada[233]

Deve o processo que assenta o pedido de restabelecimento da equação econômico-financeira ser submetido à assessoria jurídica do órgão ou entidade contratante para verificação da legalidade, devendo a recomposição de preços ser assentada num termo aditivo contratual, assinado pelas partes, passando o mesmo a ser publicizado como exige a lei.

Esclareça-se que não é atribuição da assessoria jurídica confirmar o desbalanceamento, sendo tal incumbência da área técnica correlata ao objeto contratado, mas sim apenas e tão somente a verificação do atendimento das formalidades legais.

Restando devidamente comprovada a negativa do pedido de restabelecimento da equação econômico-financeira, sob pena de caracterização de locupletamento ilícito pela Administração contratante, o que é vedado pelo art. 884 do Código Civil, poderá o particular insatisfeito socorrer-se do Poder Judiciário para a satisfação do seu direito.

4.5 – Recomposição a favor da Administração

É importante salientar que a recomposição ou revisão de preços também poderá ser objeto de solicitação pela Administração contratante nas situações onde a execução do ajuste tornar-se menos onerosa para o particular contratado, a exemplo da extinção de tributo, como ocorreu com a CPMF, ou redução da sua alíquota ou percentual, como ocorreu com a diminuição do percentual da multa do FGTS etc.

---

[233] GASPARINI, Diógenes, *Vade-Mécum de Licitações e Contratos*, 2ª ed., Fórum, Belo Horizonte, 2005, p. 870.

Sobre a questão são os ensinamentos de Diogenes Gasparini:

> Essa relação de encargo – remuneração é inatingível por ato do Poder Público, e como tal, deve ser mantida durante toda a vigência do contrato. Desse modo, qualquer alteração unilateral que onere (obrigação de construir abrigo para passageiros em pontos de parada de ônibus) ou desagrave (redução do percurso de uma linha de ônibus) a execução da prestação a cargo do particular, feita pela Administração Pública, deve ser levada em conta para restabelecimento desse equilíbrio. Tal alteração impõem ao Poder público contratante a imediata obrigação de promover o reajustamento correspondente, de forma que, de pronto, ocorra o reequilíbrio da avença[234]

Estabelece o § 1º do art. 124, da nova Lei de Licitações, que, se a recomposição de preços, no caso concreto, for decorrente de falhas de projeto, as alterações de contratos de obras e serviços de engenharia ensejarão apuração de responsabilidade do responsável técnico e adoção das providências necessárias para o ressarcimento dos danos causados à Administração.

Assim ocorre, tendo em vista ser obrigação do servidor ou empregado público atuar com esmero na produção dos projetos necessários, para permitir a regular orçamentação ou adequada execução das obras e serviços de engenharia, observando as normas técnicas e demais orientações emanadas pelos órgãos de controle e entidades de fiscalização profissionais.

Exige-se, doravante, maior responsabilidade dos servidores públicos incumbidos de planejar a contratação pública.

Por derradeiro, estabelece o § 2º do art. 124, da nova Lei de Licitações, que será aplicado o disposto na al. "d" do inc. II do *caput* deste artigo às contratações de obras e serviços de engenharia, quando a execução for obstada pelo atraso na conclusão de procedimentos de desapropriação, desocupação, servidão administrativa ou licenciamento ambiental, por circunstâncias alheias ao contratado.

Destaque-se que a ocorrência da situação acima aventada, por gerar a paralisação da execução do objeto por tempo demasiado, pode prejudicar o contratado que não mais poderá cumprir os seus encargos contratuais recebendo como contraprestação pecuniária o valor contido na sua proposta comercial, haja vista a possibilidade de majoração dos custos com insumos, mão de obra etc. no período cuja execução restou suspensa.

Jurisprudência, decisões dos Tribunais de Contas e demais orientações
Responsabilização dos agentes públicos. Projeto básico. Necessidade de que os elementos constantes no projeto básico sejam precisos, sob pena de responsabilização: TCU – Acórdão nº 1658/2003 – Plenário – Trecho do voto do Ministro

---

[234] GASPARINI, Diógenes, *Direito Administrativo*, 17ª ed., Saraiva, São Paulo, 2012, p. 820.

DA ALTERAÇÃO DOS CONTRATOS E DOS PREÇOS   ART° 124

Relator Guilherme Palmeira – "É evidente que a imprecisão do projeto básico tipifica ofensa ao estatuto licitatório e enseja, por sua gravidade, a apenação do agente responsável. Contudo, nas circunstâncias retratadas nos autos, não me parece que atenda ao interesse público anular o contrato já firmado, onerando com isso a administração (inclusive com despesas indenizatórias) e retardando o usufruto, pela população, dos benefícios do empreendimento."

Condicionante para a instauração da licitação. Orçamento detalhado. Erros ou deficiência. Apenação dos responsáveis. Necessidade de comprovação de efetivo dano ao erário: TCU – Acórdão nº 1.595/2006 – Relatoria: Ministro Guilherme Palmeira – "2. A ocorrência de erros ou deficiência de análise comparativa na formulação do orçamento não enseja, por si só, a apenação dos responsáveis, quando não comprovado o efetivo dano ao erário."

Reequilíbrio econômico-financeiro do contrato. Recomposição. Necessidade de comprovação das circunstâncias fixadas na Lei. Concessão a qualquer tempo: AGU – Orientação Normativa nº 22 – "O reequilíbrio econômico-financeiro pode ser concedido a qualquer tempo, independentemente de previsão contratual, desde que verificadas as circunstâncias elencadas na letra 'd' do inc. II do art. 65, da Lei nº 8.666, de 1993." (Diário Oficial da União – Seção 1 – 07.04.2009, pg. 15)

Reequilíbrio econômico-financeiro do contrato. Possibilidade. Ocorrência de fato imprevisível, ou previsível de consequências incalculáveis, retardadores ou impeditivos da execução do que foi contratado. Necessidade: TCU – Acórdão nº 3.742/2010 – Primeira Câmara – Relatoria: Ministro Augusto Nardes – "1. O reequilíbrio econômico-financeiro do contrato somente se justifica na ocorrência de fato imprevisível, ou previsível de consequências incalculáveis, retardadores ou impeditivos da execução do que foi contratado."

Reequilíbrio econômico-financeiro do contrato. Álea extraordinária. Definição: TCU – Acórdão nº 1563/2004 – Plenário – Relatoria: Ministro Augusto Sherman Cavalcanti – "9.2 A álea extraordinária pode ser entendida como o 'risco futuro imprevisível que, pela sua extemporaneidade, impossibilidade de previsão e onerosidade excessiva a um dos contratantes, desafie todos os cálculos feitos no instante da celebração contratual' (DINIZ, 1998, p. 158), por essa razão autoriza a revisão contratual, judicial ou administrativa, a fim de restaurar o seu equilíbrio original."

Reequilíbrio econômico-financeiro do contrato. Álea ordinária. Definição : TCU – Acórdão nº 1563/2004 – Plenário – TCU – Relatoria: Ministro Augusto Sherman Cavalcanti – "9.1. – A álea ordinária, também denominada empresarial, consiste no 'risco relativo à possível ocorrência de um evento futuro desfavorável, mas previsível ou suportável, por ser usual no negócio efetivado' (Maria Helena Diniz. Dicionário jurídico. São Paulo: Saraiva, 1998, p. 157). Exatamente por ser previsível ou suportável é considerado risco inerente ao negócio, não merecendo nenhum pedido de alteração contratual, pois cabe ao empresário adotar medidas para gerenciar eventuais

COMENTÁRIOS À NOVA LEI DE LICITAÇÕES PÚBLICAS E CONTRATOS ADMINISTRATIVOS

atividades deficitárias. Contudo, nada impede que a lei ou o contrato contemple a possibilidade de recomposição dessas ocorrências. No caso de estar prevista, a efetivação do reajuste será mera execução de condição pactuada, e não alteração."

Reequilíbrio econômico-financeiro do contrato. Recomposição. Necessidade de comprovação da imprevisibilidade ou previsibilidade, cuja consequência incalculada. Condição para concessão: TCU – Acórdão nº 1.180/2007 – 2ª Câmara – Relatoria: Ministro Aroldo Cedraz – "1.1.7. não conceda reequilíbrio econômico--financeiro de contratos, baseado no art. 65, II, d, da Lei nº 8.666/1993, quando não ficar indiscutivelmente caracterizada a total impossibilidade de previsão da situação ocorrida ou a incapacidade de cálculo de seus efeitos, e não afastada a hipótese de que algum outro participante do processo licitatório tenha montado suas propostas com base na previsibilidade de fatos futuros."

Reequilíbrio econômico-financeiro do contrato. Recomposição. Necessidade de comprovação da imprevisibilidade ou previsibilidade, cuja consequência era incalculada: TCU – Acórdão nº 7/2007 – 1ª Câmara – Relatoria: Ministro Augusto Nardes – "2. Em casos de recomposição de preços motivada por ocorrência de fato comprovadamente imprevisível, deve constar do processo análise fundamentada e criteriosa sobre o ocorrido, a fim de ficar caracterizado como extraordinário e extra-contratual quanto à sua ocorrência e/ou quanto aos seus efeitos."

Reequilíbrio econômico-financeiro do contrato. Recomposição. Necessidade de comprovação das circunstâncias ensejadoras. Necessidade de apresentação de planilhas com o objetivo de comprovar o desequilíbrio: TCU – Acórdão nº 975/2007 – Plenário – Relatoria: Ministro Ubiratan Aguiar – "1.1 que, no atendimento a futuras solicitações de reequilíbrio econômico-financeiro, verifique se os fatos motivadores do pleito atendem às exigências do art. 65, inc. II, alínea 'd', da Lei nº 8.666/93, bem como exija, como condição prévia de admissão do pleito, a apresentação de Planilha de Custos e Formação de Preços – conforme art. 7º, parágrafo 2º, inc. II da Lei nº 8.666/93 –, com o detalhamento necessário para se avaliar o desequilíbrio alegado pela contratada."

Reequilíbrio econômico-financeiro do contrato. Recomposição. Aumento salarial decorrente de dissídio coletivo. Álea ordinária. Recomposição de preço descabida: STJ – AgRg no REsp nº 417.989 – Relatoria: Ministro Herman Benjamin – ". 1. O aumento salarial determinado por dissídio coletivo de categoria profissional é acontecimento previsível e deve ser suportado pela contratada, não havendo falar em aplicação da Teoria da Imprevisão para a recomposição do equilíbrio econômico--financeiro do contrato administrativo. Precedentes do STJ. 2. Agravo Regimental provido. (DJe: 24/03/2009)

Reequilíbrio econômico-financeiro do contrato. Recomposição. Aumento salarial decorrente de dissídio coletivo. Álea ordinária. Recomposição de preço descabida: STJ – REsp nº 668.367 – Relatoria: Ministro Paulo Gallotti ". 1. Não pode

DA ALTERAÇÃO DOS CONTRATOS E DOS PREÇOS ART° 124

ser aplicada a teoria da imprevisão para a recomposição do equilíbrio econômico--financeiro do contrato administrativo (Lei 8666/93, art. 65, II, d) na hipótese de aumento salarial dos empregados da contratada em virtude de dissídio coletivo, pois constitui evento certo que deveria ser levado em conta quando da efetivação da proposta. Precedentes: RESP 411101/PR, 2ª T., Min. Eliana Calmon, DJ de 08.09.2003 e RESP 134797/DF, 2ª T., Min. Paulo Gallotti, DJ de 1º.08.2000. 2. Recurso especial provido."(P. DJ: 05/10/2006)

Reequilíbrio econômico-financeiro do contrato. Recomposição. Aumento salarial decorrente de dissídio coletivo. Álea ordinária. Recomposição de preço descabida: TCU – Acórdão nº 1.563/2004 – Plenário – Relatoria: Augusto Sherman Cavalcanti – "ACORDAM os Ministros do Tribunal de Contas da União, reunidos em Sessão Plenária, em: 9.1. expedir as seguintes orientações dirigidas à Segedam: 9.1.2. os incrementos dos custos de mão-de-obra ocasionados pela data-base de cada categoria profissional nos contratos de prestação de serviços de natureza contínua não se constituem em fundamento para a alegação de desequilíbrio econômico-financeiro."

Reequilíbrio econômico-financeiro do contrato. Recomposição. Não contemplação na proposta a totalidade do reajuste determinado na convenção coletiva. Álea ordinária. Recomposição de preço descabida: TCU – Acórdão nº 3.153/2006 – 2ª Câmara – Relatoria: Ministro Benjamin Zymler – "9.2.1. não promova repactuação contratual, em razão de a empresa SENA não ter contemplado, em sua proposta, a totalidade do reajuste determinado pela convenção coletiva da categoria de vigilante para 2006, cabendo a essa empresa absorver os custos para equalização entre o valor apresentado na proposta e o determinado pela convenção."

Reequilíbrio econômico-financeiro do contrato. Recomposição. O argumento de que o mercado, na forma de outros contratos firmados pela empresa, está operando com preços mais elevados não autoriza a recomposição de preços. Recomposição de preço descabida: TCU – Acórdão nº 624/2007 – Plenário – Relatoria: Ministro Benjamin Zymler – "O realinhamento de preços contratados sob o argumento de que o mercado, na forma de outros contratos firmados pela empresa, está operando com preços mais elevados, carece de amparo legal, vez que inexiste autorização para tal procedimento no art. 65, inciso II, alínea 'd', da Lei n.º 8.666/93, bem como no subitem 7.2 do Regulamento do Procedimento Licitatório Simplificado da Petrobras, aprovado pelo Decreto n.º 2.745/98, que disciplinam a matéria"

Reequilíbrio econômico-financeiro. Recomposição a favor da Administração. Pagamento de salário em nível inferior ao da proposta oferecida na licitação: TCU – Acórdão nº 1.233/2008 – Plenário – "9.3. alertar ao Departamento Nacional de Infra-Estrutura de Transportes – DNIT que o pagamento de salários em nível inferior ao da proposta oferecida na licitação constitui causa para o reequilíbrio econômico--financeiro do contrato em favor da Administração, devendo as medidas cabíveis ser adotadas imediatamente à constatação de que os salários efetivamente pagos pelas contratadas aos trabalhadores alocados ao DNIT são inferiores aos consignados nas propostas apresentadas na licitação, sob pena de responsabilidade solidária dos responsáveis pelos pagamentos indevidos."

Reequilíbrio econômico-financeiro. Recomposição a favor da Administração. Extinção de tributo constante da proposta do particular. Exclusão da CPMF: TCU – Acórdão nº 2.063/2008 – Plenário – Relatoria: Ministro André Luís de Carvalho – "9.1.2. nos termos do art. 65, inciso II, § 5º, da Lei nº 8.666/1993, reveja a composição do BDI do Contrato nº 12/2007, de forma que os pagamentos a serem realizados no exercício de 2008 não contemplem a incidência da CPMF, devendo, ainda, serem glosados das faturas a serem pagas à Construtora B. S/A os valores pagos a maior, no referido exercício, em virtude da não-exclusão da mencionada contribuição do BDI da contratada."

Reequilíbrio econômico-financeiro do contrato. Diminuição ou paralisação do ritmo da execução do objeto. Necessidade de que a Administração adote providências para a manutenção do equilíbrio econômico-financeiro dos contratos de supervisão, fiscalização e gerenciamento de obras rodoviárias em vigência: TCU – Decisão nº 90/2001 – Primeira Câmara – Relatoria: Ministro Marcos Vinicios Vilaça – "8.2.4 – adote providências para a manutenção do equilíbrio econômico-financeiro dos contratos de supervisão, fiscalização e gerenciamento de obras rodoviárias em vigência, durante todo o prazo de execução, principalmente nas situações em que sobrevier paralisação ou diminuição de ritmo das obras correspondentes que onere em demasia os encargos da entidade, tendo em consideração o que dispõe o artigo 65, inciso II, alínea 'd', da Lei nº 8.666/93."

Reequilíbrio econômico-financeiro do contrato. Aumento do câmbio. Possibilidade – TCU – Acórdão nº 25/2010 – Plenário – Trecho do voto do Ministro Relator Benjamin Zymler – "9. Conforme já salientado pela unidade técnica, este Tribunal já decidiu, conforme Acórdão nº n. 1.595/2006 – Plenário, no sentido de que 'é aplicável a teoria da imprevisão e a possibilidade de recomposição do equilíbrio contratual em razão de valorização cambial'"

Reequilíbrio econômico-financeiro do contrato. Oscilações típicas do mercado ou variações de preços que não constituem fato gerador de onerosidade excessiva, de desequilíbrio econômico-financeiro: TJ/SP – Apelação Cível nº 0016688-67.2008.8.26.0451 – Relatoria: Des. Rebouças de Carvalho – "ORDINÁRIA Contrato administrativo Restauração do equilíbrio econômico-financeiro dos contratos firmados com a Prefeitura Fornecimento de gêneros alimentícios Elevação de preços decorrentes de fatores imprevisíveis. Inadmissibilidade – Oscilações típicas do mercado que não constituem fato gerador de onerosidade excessiva, de desequilíbrio econômico-financeiro e de danos irreparáveis ou de difícil reparação à empresa contratada. Ação improcedente. Sentença reformada. Recursos voluntário e oficial providos" (Órgão julgador: 9ª Câmara de Direito Público, Data do julgamento: 15/06/2011, Data de registro: 15/06/2011)

DA ALTERAÇÃO DOS CONTRATOS E DOS PREÇOS   ART° 125

Reequilíbrio econômico-financeiro do contrato. Oscilações típicas do mercado ou variações de preços que não constituem fato gerador de onerosidade excessiva, de desequilíbrio econômico-financeiro: TJ/SP – Apelação Cível nº 9168812-08.2007.8.26.0000 – Relatoria: Des. Edson Ferreira – "COBRANÇA. Contrato administrativo. Fornecimento de materiais de obra e pavimentação ao Município. Alegação de quebra do equilíbrio econômico-financeiro, em razão do aumento do preço dos insumos. Inocorrência. Variação dos preços de mercado que constitui fato previsível. Autora que, ciente, assumiu o risco inerente ao negócio à época da contratação. Petição inicial que não aponta fatos excepcionais, imprevistos e imprevisíveis, ocorridos depois da proposta de preços que se sagrou vencedora no processo de licitação, que justificassem o pedido de revisão contratual. Demanda improcedente. Recurso não provido" (Comarca: Jacareí, Órgão julgador: 12ª Câmara de Direito Público, Data do julgamento: 24/02/2010-Data de registro: 23/03/2010)

Reequilíbrio econômico-financeiro do contrato. Pedido deve ocorrer durante a vigência do ajuste: TJ/SP – AR n. 9168935-06.2007.8.26.0000 – Relatoria: Des. Teresa Cristina Motta Ramos Marques "CONTRATO ADMINISTRATIVO – Equilíbrio econômico-financeiro – Implantação de rede de esgoto – Isenção de ISS revogada após a entrega da proposta – Obras concluídas – Resolução do contrato – Recomposição dos preços que deveria ter sido reclamada antes da assinatura do contrato ou na sua vigência – Recurso não provido." (Órgão julgador: 10ª Câmara de Direito Público, Data do julgamento: 28/05/2012, Data de registro: 31/05/2012)

ARTIGO 125

Nas alterações unilaterais a que se refere o inciso I do caput do art. 124 desta Lei, o contratado será obrigado a aceitar, nas mesmas condições contratuais, acréscimos ou supressões de até 25% (vinte e cinco por cento) do valor inicial atualizado do contrato que se fizerem nas obras, nos serviços ou nas compras, e, no caso de reforma de edifício ou de equipamento, o limite para os acréscimos será de 50% (cinquenta por cento).

Atento à falta de planejamento nas compras governamentais e a observância de intercorrências de toda sorte durante a execução dos contratos administrativo, é tradição nos diplomas licitatórios a fixação de limites para a modificação quantitativa do objeto contratado.

Sendo assim, o art. 125 da nova Lei de Licitações, calcado no poder exorbitante estabelecido no seu art. 104, inc. I, fixa que, nas alterações qualitativas e quantitativas, o contratado será obrigado a aceitar, nas mesmas condições contratuais, acréscimos ou supressões de até 25% (vinte e cinco por cento) do valor inicial atualizado do contrato que se fizerem necessários nas obras, nos

705

serviços ou nas compras, e, no caso de reforma de edifício ou de equipamento, o limite para os acréscimos será de 50% (cinquenta por cento).

A novidade verificada no referido artigo é a absorção do entendimento de longa data prolatado pelo eg. TCU, fixado na Decisão nº 215/1999, o qual, diante do silêncio legal, utilizava, como regra, o teto percentual imposto para a modificação das quantidades na alteração quantitativa também para as modificações qualitativas.

Não obstante, havia entendimento em relação às alterações qualitativas, as quais não demandariam observar os limites legais de 25% e 50% insertos no § 1º do art. 65 da Lei de Licitações, de observância para os casos das alterações quantitativas.

Neste sentido, posicionou-se Diogenes Gasparini: Não observam o limite de 25% as alterações qualitativas que o objeto do contrato pode sofrer. Alterações qualitativas são as decorrentes da modificação do projeto ou de suas especificações.[235]

Entendia, assim, o referido autor, uma vez que as alterações qualitativas, que ocorrem quando houver modificação do projeto ou das especificações, para melhor adequação técnica a seus objetivos, no caso concreto, podem criar um custo que ultrapasse os 25% do valor atualizado da contratação, o que poderá gerar problemas em relação à continuidade da execução de um objeto que não mais atende o interesse da Administração. A ausência de limite permite que o objeto possa qualitativamente ser refeito, de forma a melhor atender os interesses da Administração, desde que não ocorra a transfiguração do objeto.

No tocante à reforma de edifício e equipamento, o dispositivo em estudo permite alteração qualitativa ou quantitativa na ordem de 50% do valor atualizado da contratação, haja vista ser notório que, quando da reforma de um determinado objeto, toda a programação realizada pode ser rapidamente modificada ou colocada por terra em razão da ocorrência de diversos motivos que escapam do planejamento.

Por exemplo, a ocorrência de um mero furo realizado na encanação exigirá a abertura de um buraco na parede, teto ao chão para repará-lo ou, em caso da demolição de uma parede, utilizando-se um equipamento cuja vibração acaba por soltar o reboco do teto, o que demandará a necessidade de alocar uma equipe para verificar o que está ainda solto, e ainda não caiu, passando a retirá-lo e proceder no refazimento do revestimento. Como são tantas as adversidades que podem ocorrer, preveem acertadamente os diplomas licitatórios ao longo do tempo que poderão os quantitativos, em caso de reforma de edifício ou

---

[235] GASPARINI, Diogenes. Direito administrativo. 16. ed. São Paulo: Saraiva, 2011. p. 827.

DA ALTERAÇÃO DOS CONTRATOS E DOS PREÇOS   ARTº 125

equipamento, serem acrescidos ou suprimidos unilateralmente até 50% do valor inicial atualizado do contrato.

O novo Estatuto federal licitatório, assim como as normas anteriores, não delineia o conceito do que seria um edifício ou equipamento. Para Maria Helena Diniz, o edifício é uma "[c]onstrução de grande porte incorporada ao solo, constituído bem imóvel destinado a fins residenciais, recreativos, hospitalares, educacionais, comerciais, industriais, públicos".[236] Por sua vez, para a referida autora, equipamento seria um "(...) conjunto de instrumentos e instalações necessário para o exercício de uma atividade ou profissão."[237]

O teto daquilo que poderá ser acrescido ou suprimido será um percentual do valor inicial atualizado do contrato. Como valor inicial atualizado do contrato administrativo deve-se entender a importância fixada pelo contratado devidamente majorada pela aplicação de mecanismos previstos na legislação para manter a equação econômico-financeira do ajuste, a exemplo da implementação da cláusula de reajuste, revisão ou repactuação de preços. Não se deve utilizar como critério de atualização do valor do contrato aquilo que foi agregado na cláusula financeira do contrato administrativo em razão de acréscimos ou supressões quantitativas, além de prorrogações da vigência do contrato realizado no passado.

Como se exige do administrador público a necessidade de planejar as contratações públicas, sendo, portanto, o referido expediente uma exceção, tem-se que referidos percentuais de forma alguma podem ser ultrapassados nem mesmo por acordo entre a administração pública e o particular.

Deverão os acréscimos e supressões contratuais ser objeto de aditamento, devendo, portanto, ser celebrado termo aditivo contratual, devendo os seus termos serem examinados e aprovados pela assessoria jurídica, e após assinados e publicados na forma do art. 94 para adquirir eficácia.

Com efeito, a nova Lei de Licitações não estabelece limite para a celebração de termos aditivos contratuais, e nem assim poderia fixar, uma vez que o interesse público é mutável, sendo que um limitador desta natureza poderia inviabilizar a adequação dos termos do contrato à necessidade fática observada.

Definição
Alteração do objeto do contrato. Acréscimo quantitativo do objeto. Reforma. Conceito proposto por Hely Lopes Meirelles: "Reforma: é obra de melhoramento nas construções, sem aumentar sua área ou capacidade. Caracteriza-se pela colocação de seu objeto em condições normais de utilização ou funcionamento, sem ampliação das medidas originais de seus elementos." (2011, p. 263)

---

[236] DINIZ. Maria Helena, *Dicionário Jurídico*, vol. 2, Saraiva, São Paulo, 1998, p. 262.
[237] DINIZ. Maria Helena, *Dicionário Jurídico*, vol. 2, Saraiva, São Paulo, 1998, p. 354.

COMENTÁRIOS À NOVA LEI DE LICITAÇÕES PÚBLICAS E CONTRATOS ADMINISTRATIVOS

Definição de "reforma" proposta pelo CONFEA: Decisão Normativa CONFEA nº 83, de 26 de setembro de 2008, art. 2º, inc. II, al. "e" reforma: conjunto de técnicas pelo qual se estabelece uma nova forma e condições de uso, sem compromisso com valores históricos, estéticos, formais, arquitetônicos, técnicos etc., ressalvados os aspectos técnicos e físicos de habitabilidade das obras que norteiam determinada ação, não se aplicando, portanto, ao escopo desta decisão normativa.

Definição de "reforma" proposta pelo IBRAOP – Instituto Brasileiro de Auditoria de Obras Públicas na Orientação Técnica – OT – IBR 002/2009 – "Reformar: consiste em alterar as características de partes de uma obra ou de seu todo, desde que mantendo as características de volume ou área sem acréscimos e a função de sua utilização atual."

Definição de "Reforma de edificação" proposta pelo CAU. Anexo da Resolução nº 51/13, do Conselho de Arquitetura e Urbanismo do Brasil: "Reforma de edificação: renovação ou aperfeiçoamento, em parte ou no todo, dos elementos de uma edificação, a serem executados em obediência às diretrizes e especificações constantes do projeto arquitetônico de reforma."

Alteração do objeto do contrato. Acréscimo quantitativo do objeto. Reforma. Definição de CONFEA: Decisão Normativa CONFEA nº 83, de 26 de setembro de 2008, art. 2º, inc. II, al. e – "reforma: conjunto de técnicas pelo qual se estabelece uma nova forma e condições de uso, sem compromisso com valores históricos, estéticos, formais, arquitetônicos, técnicos etc, ressalvados os aspectos técnicos e físicos de habitabilidade das obras que norteiam determinada ação, não se aplicando, portanto, ao escopo desta decisão normativa." (Publicada no D.O.U. de 9 de outubro de 2008 – Seção 1, pág. 92)

Alteração do objeto do contrato. Acréscimo quantitativo do objeto. Edifício. Conceito proposto por Hely Lopes Meirelles: "Construção e edificação são expressões técnicas de sentido diverso, *mui* comumente confundidas pelos leigos. Construção é o gênero, do qual a edificação é a espécie. Construção, como realização material, é toda obra executada, intencionalmente, pelo homem; edificação é a obra destinada a habitação, trabalho, culto, ensino ou recreação. Nas edificações distingue-se ainda o edifício, das edículas: edifício é a obra principal; edículas são as obras complementares (garagem, dependências de serviços etc.)" (2000, p. 353)

Alteração do objeto do contrato. Acréscimo quantitativo do objeto. Equipamento. Conceito proposto CAU. Anexo da Resolução nº 21/12, do Conselho de Arquitetura e Urbanismo do Brasil: "Equipamento – unidade ou conjunto de instrumentos, dispositivos ou máquinas, necessário ao funcionamento de um edifício ou instalação, implantados mediante normas técnicas."

Jurisprudência, decisões dos Tribunais de Contas e demais orientações

Alteração do objeto do contrato. Supressão quantitativa do objeto. Percentuais de observância obrigatória: TCU – Acórdão nº 456/2008 – 2ª Câmara

708

DA ALTERAÇÃO DOS CONTRATOS E DOS PREÇOS   ARTº 125

– Relatoria: Ministro Aroldo Cedraz – "8.2.1 cumpra rigorosamente as disposições constantes dos §§ 1º e 2º, do art. 65 da Lei nº 8.666/93, no sentido de não excederem o limite de 25% para supressão que se fizerem nos contratos de prestação de serviços."

Alteração do objeto do contrato. Acréscimo quantitativo do objeto. Necessidade de que tal expediente passe pelo crivo da assessoria jurídica: TCU – Acórdão nº 777/2006 – Plenário – Relatoria: Ministro Valmir Campelo – "9.3. determinar, com base no art. 43, inciso II, da Lei nº 8.443/92, a realização das audiências a seguir especificadas, para que os responsáveis indicados apresentem, no prazo de 15 (quinze) dias, razões de justificativa:(...) 9.3.2. do Sr. B.M.C , Secretário de Estado de Infra-Estrutura do Estado do P. a respeito das seguintes ocorrências na execução do Contrato nº AJ 027/99: (...) 9.3.2.6. ausência de pareceres jurídicos, para fundamentar as alterações do contrato, ante o disposto no art. 38, parágrafo único, e art. 65, da Lei nº 8.666/93."

Alteração do objeto do contrato. Acréscimo quantitativo do objeto. Necessidade de acréscimo dos itens que efetivamente foram contratados: TCU – Acórdão nº 93/2008 – Plenário – Relatoria: Ministro Guilherme Palmeira – "9.2.8. abstenha-se de formalizar termo aditivo cujo objeto, pelas características, não tenha relação com o objeto do contrato original, em observância ao art. 65 da Lei n.º 8.666/93 e aos princípios da isonomia e da obrigatoriedade da licitação."

Alteração do objeto do contrato. Acréscimo quantitativo do objeto. Inserção de objeto não licitado. Impossibilidade: TCU – Acórdão nº 1.989/2008 – Plenário – Relatoria: Ministro Raimundo Carreiro – "REPRESENTAÇÃO. PREGÃO ELETRÔNICO. ILEGALIDADES. CONHECIMENTO. PROCEDÊNCIA PARCIAL. DETERMINAÇÕES. Não se coaduna com os ditames da Lei nº 8.666/1993 a previsão editalícia que possibilita a execução de serviços além dos limites do objeto licitado."

Alteração do objeto do contrato. Acréscimo quantitativo do objeto. Necessidade de que sejam observados limites fixados na Lei. Impossibilidade de acrescer objeto não licitado: TCU – Acórdão nº 740/2004 – Plenário – Relatoria: Ministro Ubiratan Aguiar – "9.3. determinar ao Tribunal Regional do Trabalho da 1ª Região que adote as seguintes providências: 9.3.21. não promover acréscimo contratual de bem e/ou equipamento não contemplado no objeto do edital da modalidade pregão, haja vista a possibilidade de transgressão ao princípio da economicidade, bem como a observância ao princípio da isonomia e ao art. 3º, do Decreto nº 3.555/00."

Alteração do objeto do contrato. Acréscimo quantitativo do objeto. Necessidade de significativos acréscimos quantitativos. Contratação dos referidos serviços em separado. Apuração de responsabilidade: TCU – Acórdão nº 1.033/2008 – Plenário – Relatoria: Ministro Augusto Nardes – "9.2. alertar o DNIT de que pode esta Corte, em casos futuros nos quais se verifique a necessidade de significativos acréscimos de quantitativos do serviço de remoção de solos moles, determinar a realização de procedimento licitatório em separado, sem prejuízo da devida apenação dos

COMENTÁRIOS À NOVA LEI DE LICITAÇÕES PÚBLICAS E CONTRATOS ADMINISTRATIVOS

responsáveis e projetistas que, de uma forma ou de outra, vierem a dar causa a esse tipo de irregularidade."

Alteração do objeto do contrato. Acréscimo quantitativo do objeto. Necessidade de que sejam observados limites fixados na Lei. Possibilidade de ultrapassar tal teto. Ocorrência de sujeições imprevisíveis: TCU – Acórdão nº 1.595/2007 – 2ª Câmara – Relatoria: Ministro Guilherme Palmeira – "1.15 abstenha-se de realizar aditivos contratuais de valor superiores aos limites previstos no art. 65, §§1º e 2º, da Lei nº 8.666/93, salvo nas hipóteses e condições excepcionalíssimas previstas na Decisão nº TCU nº 215/1999 – Plenário."

Alteração do objeto do contrato. Acréscimo quantitativo do objeto. A prorrogação de contrato de supervisão, decorrente de atrasos na execução das obras, não implica alteração qualitativa ou quantitativa de seu objeto: TCU – Acórdão nº 1.317/2006 – Plenário – Relatoria: Ministro Ubiratan Aguiar – "5. A prorrogação de contrato de supervisão, decorrente de atrasos na execução das obras, não implica alteração qualitativa ou quantitativa de seu objeto prevista no art. 65 da Lei 8.666/93."

Alteração do objeto do contrato. Acréscimo quantitativo do objeto. Formalização por meio de termo aditivo: TCU – Acórdão nº 965/2005 – Plenário – Relatoria: Ministro Marcos Bemquerer Costa – "9.4.4. providencie o respectivo termo aditivo ao contrato, nos casos em que houver eventuais acréscimos, nos limites estabelecidos no art. 65, § 1º, da Lei n. 8.666/1993."

Alteração do objeto do contrato. Acréscimo quantitativo do objeto. Necessidade de que sejam observados limites fixados na Lei. Impossibilidade da realização de compensação entre supressão e acréscimos: TCU – Acórdão nº 749/2010 – Plenário – Relatoria: Ministro Augusto Nardes – "9.2. determinar ao Departamento Nacional de Infraestrutura de Transportes que, em futuras contratações, para efeito de observância dos limites de alterações contratuais previstos no art. 65 da Lei nº 8.666/1993, passe a considerar as reduções ou supressões de quantitativos de forma isolada, ou seja, o conjunto de reduções e o conjunto de acréscimos devem ser sempre calculados sobre o valor original do contrato, aplicando-se a cada um desses conjuntos, individualmente e sem nenhum tipo de compensação entre eles, os limites de alteração estabelecidos no dispositivo legal."

Acréscimo quantitativo do objeto. Necessidade de que sejam observados limites fixados na Lei. Impossibilidade da realização de compensação entre supressões e acréscimos TCU – Acórdão nº 1.200/2010 – Plenário – Relatoria: Ministro Marcos Bemquerer Costa – "9.1.3. em caso de aditivos contratuais em que se incluam ou se suprimam quantitativos de serviços: 9.1.3.1. abstenha-se de extrapolar os limites de alterações contratuais previstos no art. 65 da Lei n. 8.666/1993, tendo em vista que o conjunto de reduções e o conjunto de acréscimos devem ser sempre calculados sobre o valor original do contrato, aplicando-se a cada um desses conjuntos, individualmente e sem nenhum tipo de compensação entre eles, os limites de alteração estabelecidos no referido dispositivo legal"

DA ALTERAÇÃO DOS CONTRATOS E DOS PREÇOS ART? 126

Acréscimo quantitativo do objeto. Necessidade de que sejam observados limites fixados na Lei. Impossibilidade da realização de compensação entre supressões e acréscimos AGU – Orientação Normativa nº 50 – "OS ACRÉSCIMOS E AS SUPRESSÕES DO OBJETO CONTRATUAL DEVEM SER SEMPRE CALCULADOS SOBRE O VALOR INICIAL DO CONTRATO ATUALIZADO, APLICANDO-SE A ESTAS ALTERAÇÕES OS LIMITES PERCENTUAIS PREVISTOS NO ART. 65, § 1º, DA LEI Nº 8.666, DE 1993, SEM QUALQUER COMPENSAÇÃO ENTRE SI." (Portaria nº 124/14 – DOU de 02/05/2014, Seção 1, pág. 2)

ARTIGO 126

As alterações unilaterais a que se refere o inciso I do caput do art. 124 desta Lei não poderão transfigurar o objeto da contratação.

O art. 126 da nova Lei de Licitações é um dos dispositivos legais da série "o óbvio tem que ser explicado", haja vista determinar ao administrador público que, na ocasião em que empreender alteração unilateral nos contratos administrativos, ou seja, introduzindo modificação qualitativa ou quantitativa no objeto contratado. Tal alteração não poderá, de forma alguma, transfigurar ou modificar radicalmente o objeto da prestação ajustada. Busca-se garantir que exatamente aquilo que foi devidamente planejado e licitado pelo particular ao cabo do contrato administrativo seja executado, sob pena de caracterização de flagrante falta de planejamento administrativo.

Sendo assim, passando pelo crivo da licitação a construção de uma edificação a ser destinada para funcionamento de um estabelecimento de ensino, por exemplo, com características e particularidades necessárias para garantir tal destinação, não podem ser introduzidas modificações no objeto, tanto sob o aspecto qualitativo quanto sob a ótica quantitativa, que venha a permitir que o objeto a ser recebido pela Administração seja um prédio que tenha características hospitalares ou ambulatoriais, de forma a acomodar o funcionamento de uma Unidade Básica de Saúde.

Da mesma forma, sendo a pretensão do Poder Público a aquisição de veículos para ronda escolar, cujas características permitem que a Administração licitante receba veículos da espécie "sedan", é vedado que seja empreendida modificação qualitativa no contrato administrativo que permita que o órgão ou entidade receba veículos do tipo "picapes" e "jipes" para atender demandas de uma guarnição ambiental, por exemplo.

Observa-se, portanto, mais um dispositivo legal que exige do Poder Público a devida organização e planificação das suas contratações na fase interna da licitação, sendo esse mais um dos grandes pilares do novo sistema de compras públicas, haja vista observar que o planejamento foi elevado ao patamar de princípio da licitação, conforme verifica-se do art. 5º, *caput*, da Lei nº 14.133/2021.

Artigo 127

Se o contrato não contemplar preços unitários para obras ou serviços cujo aditamento se fizer necessário, esses serão fixados por meio da aplicação da relação geral entre os valores da proposta e o do orçamento-base da Administração sobre os preços referenciais ou de mercado vigentes na data do aditamento, respeitados os limites estabelecidos no art. 125 desta Lei.

Nas alterações qualitativas do objeto contratado, conforme vislumbra-se da leitura do art. 124, inc. I, al. "a", da NLLC, a modificação do projeto ou das especificações para melhor adequação técnica a seus objetivos acarretará, muita das vezes, a execução de um serviço ou utilização de um insumo não contemplado na planilha de composição de preços unitários.

Não sendo tais insumos ou serviços contemplados na referida planilha, de forma a afastar sobrepreço ou superfaturamento quando da fixação de tais valores, mantendo o desconto global oferecido pelo particular, deverá a Administração Pública observar a disciplina prevista no art. 127 do novo estatuto federal licitatório, cujo teor fixa que, se o contrato não contemplar preços unitários para obras ou serviços cujo aditamento se fizer necessário, esses serão fixados por meio da aplicação da relação geral entre os valores da proposta e o do orçamento-base da Administração sobre os preços referenciais ou de mercado vigentes na data do aditamento, respeitados os limites estabelecidos no art. 125 desta Lei.

O objetivo do referido artigo é garantir que a equação econômico-financeira fixada na proposta do particular quando oferece um desconto sobre a planilha do órgão ou entidade licitante seja devidamente mantida durante a execução da obra, pois a necessidade de observância do desconto global impede, quando da celebração do termo aditivo, a perda da economia obtida.

Ressalte-se que a NLLC reproduz a regra constante do regulamento do RDC, o Decreto nº 7.581/2011, em seu art. 42, § 7º, bem como a disciplina contida no art. 14 do Dec. nº 7.983/2013, *in verbis*:

> Art. 14. A diferença percentual entre o valor global do contrato e o preço global de referência não poderá ser reduzida em favor do contratado em decorrência de aditamentos que modifiquem a planilha orçamentária.[238]

---

[238] BRASIL. Decreto nº 7.983, de 8 de abril de 2013. Disponível em: http://www.planalto.gov.br/ccivil_03/_ato2011-2014/2013/decreto/d7983.htm. Acesso em 5 de set. de 2021.

DA ALTERAÇÃO DOS CONTRATOS E DOS PREÇOS   ART° 128

Vale trazer à colação, ainda, o posicionamento do eg. Tribunal de Contas da União, a seguir transcrito, em se tratando de contratos celebrados com a Administração Federal:

2. A inclusão de novos serviços, mediante termos aditivos, deve observar o valor médio de serviços similares presentes nos demais lotes de uma mesma licitação, em atendimento ao que determina o Acórdão 2013/2004 – Plenário, bem como ao disposto no § 6º do art. 109 da Lei 11.768/08, mantendo-se, no que se refere ao valor total contratado, o percentual de desconto oferecido no certame licitatório. Levantamento de Auditoria realizado nas obras de duplicação da BR-101/SC apontou, dentre outros aspectos, possível sobrepreço decorrente da inclusão de novos serviços, mediante termos aditivos, com base em fatores inadequados, com preços ou BDI excessivos em relação ao mercado. Além dos encaminhamentos sugeridos pelas unidades técnicas que atuaram no feito, destinados à emissão de determinações para ajustes nas composições de preços unitários, o relator acatou as ponderações sugeridas pela SecobRodov no tocante à desnecessidade da aplicação do percentual de desconto alcançado na licitação sobre os preços unitários de novos serviços incluídos, sendo bastante que, em consonância com a exigência constante do § 6º do art. 109 da Lei 11.768/08 (LDO 2009), o desconto global seja mantido, caso sobrevenham aditamentos aos contratos. O Tribunal, ao deliberar, acolheu a proposição do relator, expedindo determinações destinadas à recomposição do erário e aos ajustes necessários nas composições de preços unitários, consignando no corpo das determinações expedidas que "quando da inclusão de novos serviços, observe o valor médio de serviços similares presentes nos demais lotes da mesma licitação, em atendimento ao que determina o Acórdão 2013/2004 – TCU – Plenário, cuidando, ainda, de observar o disposto no § 6º do art. 109 da Lei 11.768/2008, no sentido de que, no que se refere ao valor total contratado, seja mantido o percentual de desconto oferecido no certame licitatório.[239]

Nesta situação, os preços unitários a serem introduzidos, caso sejam superiores àqueles constantes da proposta vencedora do certame, não poderão ser mais fixados por acordo das partes, cuja negociação poderia reduzir o percentual de desconto oferecido na licitação, conforme estabelecia o art. 65, § 3º, da Lei nº 8.666/1993, mas, sim, pela aplicação da relação geral entre os valores da proposta e o do orçamento-base da Administração sobre os preços referenciais ou de mercado vigentes na data do aditamento.

Artigo 128
Nas contratações de obras e serviços de engenharia, a diferença percentual entre o valor global do contrato e o preço global de referência não

---

[239] TCU – 00740720099, Relator: Augusto Sherman, Data de Julgamento: 16/11/2016, Plenário

COMENTÁRIOS À NOVA LEI DE LICITAÇÕES PÚBLICAS E CONTRATOS ADMINISTRATIVOS

poderá ser reduzida em favor do contratado em decorrência de aditamentos que modifiquem a planilha orçamentária.

Uma das prerrogativas da Administração Pública no âmbito dos contratos administrativos é a possibilidade do Poder Público modificar os termos do ajuste unilateralmente, conforme se observa dos poderes exorbitantes constantes do art. 104 da nova Lei de Licitações e cujos limites encontram-se vertidos a partir do art. 124.

Sendo assim, garante-se que o objeto contratado pela Administração Pública seja modificado qualitativa e quantitativamente, não podendo tais alterações introduzirem custos que ultrapassem 25% do valor inicial e atualizado do contrato e, no caso de reforma de edifício ou de equipamento, o limite de 50%.

Ocorre que a modificação do objeto contratado, seja qualitativa e quantitativamente, não pode impactar a equação econômico-financeira fixada na proposta comercial do contratado no sentido de torná-la mais ou menos vantajosa para o particular, devendo tal ser intangível durante todo o período de vigência do contrato.

Sendo assim, quando da celebração de termo de aditamento em contrato cujo objeto seja obras e serviços de engenharia, estabelece o artigo em comento que deverá a Administração contratante se certificar de que a diferença percentual entre o valor global do contrato e o preço global de referência – vale dizer, o desconto global oferecido pelo particular contratado sobre a planilha orçamentária – não foi reduzida em favor do contratado em decorrência de aditamentos que modifiquem a planilha orçamentária.

Tal regra apresenta-se como mais um expediente que busca a afastar, de vez, a realização do "jogo de planilha", cuja ocorrência restou explicada no artigo anterior.

Exemplificando, oferecendo o contratado um desconto global de 11% sobre o valor estimado da contratação, constante da planilha de composição de preços unitário, na ocasião do aditamento não poderá tal percentual ser reduzido, fato que reduzirá os custos com a execução, incrementando, todavia, a lucratividade do particular.

Todavia, caso o particular aceite tal condição, que, no caso concreto, gerará para o contratado certa redução da lucratividade fixada na sua proposta comercial, nos parece que o termo aditivo não estará eivado de ilegalidade.

ARTIGO 129
Nas alterações contratuais para supressão de obras, bens ou serviços, se o contratado já houver adquirido os materiais e os colocado no local dos trabalhos, estes deverão ser pagos pela Administração pelos custos

714

DA ALTERAÇÃO DOS CONTRATOS E DOS PREÇOS · ART° 129

de aquisição regularmente comprovados e monetariamente reajustados, podendo caber indenização por outros danos eventualmente decorrentes da supressão, desde que regularmente comprovados.

Imaginemos que a Administração Pública pretenda construir um auditório para destiná-lo à Secretaria Municipal de Cultura, para fazer frente às demandas locais de apresentação de peças teatrais, de grupos tradicionais de dança, realização de formatura de alunos da rede pública de ensino etc., detendo tal equipamento 100 assentos. Ante a tal número, é necessário contratar a aquisição de 100 poltronas para acomodar o público, na forma da especificação constante do termo de referência, anexo do ato convocatório de uma licitação processada pela modalidade pregão. De forma a cumprir os prazos assumidos, é desencadeada a licitação para a aquisição das poltronas concomitantemente à execução das obras de construção do referido equipamento cultural, passando a ser assinado o devido ajuste nesta ocasião.

Verificou-se, todavia, que durante a execução da construção do auditório, sobreveio pela área técnica que o referido projeto não contemplou as saídas de emergência, conforme exige o código de obras municipal, sendo necessário, portanto, o refazimento do desenho arquitetônico, tendo em vista a necessidade de garantir no espaço rotas de fuga.

Para tanto, chegou-se a um consenso de que seria necessário reduzir o tamanho do auditório, para criar um corredor lateral, sendo tal passagem viabilizada por meio da redução da área destinada à acomodação do público, o que, automaticamente, inviabilizaria a instalação de 20 assentos, lembremos, já contratados e em confecção.

Diante de tal fato e estando devidamente celebrado o contrato de fornecimento das poltronas, sendo, inclusive, expedida a competente ordem de fornecimento, e achando-se o particular na iminência de entregar os referidos assentos, empreendeu a administração contratante a alteração unilateral no objeto contratado com o objetivo de suprimir as 20 poltronas do ajuste, haja vista o redimensionamento do referido espaço público.

Sendo tal caso um exemplo clássico de supressão unilateral do objeto de um contrato administrativo, de forma a evitar o flagrante prejuízo do particular contratado, fixa o art. 129 da nova Lei de Licitações, que, se, na situação fática, o contratado já houver adquirido os materiais e os colocado no local dos trabalhos, estes deverão ser pagos pela Administração pelos custos de aquisição regularmente comprovados e monetariamente reajustados, podendo, ainda, caber indenização por outros danos eventualmente decorrentes da supressão, desde que regularmente comprovados.

Com efeito, o poder exorbitante assegurado à Administração Pública pelo art. 104, inc. I, da NLLC, garante ao Poder Público o afastamento de

COMENTÁRIOS À NOVA LEI DE LICITAÇÕES PÚBLICAS E CONTRATOS ADMINISTRATIVOS

indenização do particular por eventuais prejuízos que o mesmo venha a comprovar em razão da supressão de parte do objeto contratado. É sempre de bom alvitre rememorar que a parte final do art. 37, inc. XXI, da Constituição Federal de 1988, reserva ao particular a manutenção das condições efetivas das propostas, que, dentro de várias perspectivas, protege o conteúdo econômico da sua proposta, que poderá ser prejudicado pela supressão do objeto.

Entende-se que também deverão ser indenizados os objetos não entregues no local de trabalho, haja vista a impossibilidade de resolução do contrato de fornecimento do insumo aplicado na produção, elaboração ou confecção do objeto. Com efeito, o fato de um material não entregue não enseja concluir que o contrato celebrado para o seu fornecimento poderá ser desfeito sem prejuízo para o fornecedor, que poderá não aceitar o encerramento do ajuste. Sabe-se que muitos insumos, peças, itens adquiridos para viabilizar a execução de um objeto contratado, são realizados por encomenda ou customizados especificamente para atender o interesse público, o que impede que tal contrato seja desfeito. Sendo assim, tal dispositivo garante a indenização das despesas com a execução do objeto, em nosso sentir, independentemente de ser disponibilizado no local da execução do serviço, devendo ser analisado caso a caso.

Existindo flagrante demora na devolução da monta que individualiza o prejuízo do particular, o valor apurado no bojo do processo administrativo deverá ser monetariamente reajustado, conforme índices regularmente utilizados para recompor a corrosão da moeda em face da inflação daquele objeto.

Para que sejam mantidas as condições efetivas da proposta contratada, garante o dispositivo em estudo que outros danos eventualmente decorrentes da supressão do ajuste também sejam indenizados. É comum a existência de cláusulas punitivas e que garantam indenização nos contratos caso esses sejam extintos sem que o seu objeto seja executado. Sendo assim, caso o contratado tenha que remunerar fornecedor ou prestador de serviços em razão do desfazimento de contratos, tendo como fundamento a supressão contratual, desde que comprovado, deverá também a Administração ressarcir o prejuízo.

O dispositivo legal em comento é claro no sentido de que somente poderão ser objeto de ressarcimento pela Administração Pública contratante aquilo que for documentalmente comprovado no âmbito da requisição ou solicitação, sendo totalmente descabido qualquer tipo de repasse de valores sem que ocorra a devida justificativa.

ARTIGO 130

Caso haja alteração unilateral do contrato que aumente ou diminua os encargos do contratado, a Administração deverá restabelecer, no mesmo termo aditivo, o equilíbrio econômico-financeiro inicial.

DA ALTERAÇÃO DOS CONTRATOS E DOS PREÇOS / ART° 130

Não é demais dizer que a Administração Pública submete-se a um regime especial, caracterizado por prerrogativas e restrições. Por conseguinte, a Administração, com vistas a concretizar o interesse coletivo, possui uma série de privilégios em face do particular e, ao mesmo tempo, todas as suas atividades estão jungidas à lei, que traz em seu bojo uma série de sujeições.

A rigor, os privilégios da Administração decorrem da supremacia do interesse público em face do particular, estabelecendo-se, assim, uma relação de verticalização entre ambos. Com efeito, as peculiaridades do regime jurídico administrativo, que estabelecem a prevalência do interesse público sobre o particular, manifestam-se no contrato administrativo mediante as denominadas cláusulas exorbitantes.

Atualmente, tal regime jurídico encontra-se arrolado no art. 104 da nova Lei de Licitações e no art. 58 da Lei nº 8.666/1993, sendo garantido, no inc. I de ambos artigos, a possibilidade de modificação unilateral dos contratos administrativos.

De forma a afastar qualquer tipo de prejuízo ao particular em decorrência de acréscimos e supressões no objeto contratado, garantindo, assim, segurança jurídica no âmbito das compras governamentais, fixa o art. 130 da nova Lei de Licitações que as modificações empreendidas pela Administração unilateralmente, que acabam por aumentar ou diminuir os encargos do contratado com a execução do objeto demandado, acarretarão o restabelecimento, no mesmo termo aditivo, o equilíbrio econômico-financeiro inicial.

Tal dispositivo vem garantir ao particular contratado que, no mesmo termo aditivo contratual que vem acrescer ou reduzir quantitativamente o objeto contratado ou venha alterar qualitativamente aquilo que foi demandado pela Administração, já ocorra o restabelecimento da equação econômico-financeira que eventualmente seja desbalanceada. Sendo assim, concomitantemente aos estudos necessários para a adequação do objeto contratado em razão de fato superveniente, deverá também existir empenho da Administração para restabelecer a equação econômico-financeira.

A postergação da recomposição de preços, não sendo realizada na mesma ocasião, caracteriza ilegalidade na condução do expediente, podendo o agente público responsável ou negligente ser responsabilizado disciplinarmente.

Sabe-se que, após a formulação das propostas comerciais, os valores consignados na oferta do particular contratado poderão sofrer modificações em razão de inúmeros motivos. Assim acontece em razão da majoração ou redução dos insumos necessários para a execução do objeto demandado pela Administração Pública, dos custos com mão de obra, da carga tributária etc.

Ante a uma situação desta natureza, após a efetiva celebração do contrato, haja vista que tais adversidades podem ocorrer ainda durante o processamento

COMENTÁRIOS À NOVA LEI DE LICITAÇÕES PÚBLICAS E CONTRATOS ADMINISTRATIVOS

do certame, o art. 130 da nova Lei de Licitações expressamente garante que os preços contratados serão – e não poderão, ou seja, a lei impõe – devidamente alterados, de forma a garantir a manutenção das condições efetivas das propostas comerciais, conforme determina o art. 37, inc. XXI, da Constituição Federal de 1988.

ARTIGO 131
A extinção do contrato não configurará óbice para o reconhecimento do desequilíbrio econômico-financeiro, hipótese em que será concedida indenização por meio de termo indenizatório.
Parágrafo único. O pedido de restabelecimento do equilíbrio econômico-financeiro deverá ser formulado durante a vigência do contrato e antes de eventual prorrogação nos termos do art. 107 desta Lei.

É pacífico que o pedido de recomposição ou revisão de preços poderá ser invocado a qualquer tempo e independentemente de previsão editalícia e/ou contratual por ambas as partes. Assim ocorrendo, será instaurado um processo administrativo específico, onde as partes contratantes rediscutem os termos e condições sob os quais o ajuste fora celebrado, devendo, para tanto, serem apresentados os documentos que comprovem o desbalanceamento da equação econômico-financeira.

Assim deve ocorrer, sob pena de violação ao disposto no art. 37, inc. XXI, da Constituição Federal de 1988, que garante a manutenção das condições efetivas das propostas comerciais daqueles que realizam negócios com o governo.

Demonstrado cabalmente o efetivo rompimento do equilíbrio econômico-financeiro pelo contratado, nos autos do competente processo administrativo, por meio da apresentação dos documentos hábeis, a Administração deverá alterar o contrato, por um acordo entre as partes, devendo, para tanto, ser celebrado um termo aditivo contratual.

Com efeito, poderão ser conferidos efeitos retroativos, de modo a abarcar todo o período em que restou demonstrada a ruptura da equação econômico-financeira do ajuste, uma vez que é notória a lentidão do processamento de pedidos desta natureza.

Não comprovado o desequilíbrio contratual por meio dos competentes documentos, o pleito revisional deverá ser motivadamente indeferido, devendo o contratado suportar o aumento dos encargos.

Dúvida que existia era aquela acerca dos litígios, cobranças e questionamentos dos encargos, direitos e responsabilidades fixados em um contrato administrativo os quais deveriam ser realizados e deferidos durante a sua

DA ALTERAÇÃO DOS CONTRATOS E DOS PREÇOS ART° 131

vigência, ou se o fim do ajuste provocava a impossibilidade de qualquer discussão daquilo que ocorreu durante o período em que o mesmo vigorou.

Diante desta dúvida e da possibilidade de reprovação pelos órgãos de controle, era prática recorrente da Administração contratante o indeferimento de pedidos de recomposição de preços, concessões de reajustes etc., motivado pelo fato de que o ajuste tinha expirado, não restando ao particular alternativa a não ser buscar seu direito judicialmente.

A fim de evitar dúvidas acerca da necessidade de pagamento de valores apurados em regular pedido de revisão de preços solicitado após a expiração do contrato e afastando o enriquecimento ilícito da Administração, o que é vedado pelo art. 884 do Código Civil, a nova Lei de Licitações, no art. 131, garante expressamente a possibilidade do deferimento do pedido, sendo necessário o pagamento do apurado após a extinção do contrato por meio de indenização.

Grife-se, contudo, que, muito embora o pedido de restabelecimento do equilíbrio econômico-financeiro possa ser invocado a qualquer tempo, independentemente de previsão editalícia e contratual, o parágrafo único do art. 131 da NLLC estabelece que a solicitação deverá ser protocolizada na Administração contratante ainda durante a vigência do ajuste, o que, consequentemente, impossibilita o deferimento ou apreciação de pedidos realizados após a extinção do contrato administrativo.

Ousamos discordar de tal encaminhamento, sendo o caso de reparo do referido dispositivo legal, pois podem ocorrer situações em que o desequilíbrio econômico-financeiro ocorreu dias antes da extinção do contrato, sem que exista tempo hábil para o contratado formular o pedido de revisão adequadamente com os elementos necessários para viabilizar o regular deferimento.

Com efeito, não pode uma garantia constitucional, que protege a intangibilidade da equação econômico-financeira, de forma a permitir a justa remuneração, ser afastada em razão de uma mera perda de prazo para ingresso com devido requerimento. De nada adianta o legislador criar políticas públicas para atrair o interesse de mais empresas pelas compras governamentais se há na legislação uma regra esdrúxula e contraproducente que impede a justa remuneração em decorrência de inobservância de circunstância formal secundária. Se o contrato foi executado com prejuízo, o pedido de reparação deve ser recebido e processado mesmo após a extinção do contrato.

Nesse caso, absorveu-se o encaminhamento dado pela Administração Pública Federal, em relação ao processamento da repactuação de preços de contratos de serviços continuados com regime de dedicação exclusiva de mão de obra, que, conforme prevê o art. 57, § 7º, da Instrução Normativa nº 05/17, do extinto Ministério do Planejamento, Orçamento e Gestão, estabelece que "as repactuações a que o contratado fizer jus e que não forem solicitadas durante a vigência do contrato serão objeto de preclusão com a assinatura da prorrogação contratual ou com o encerramento do contrato."

É oportuno relembrar que a nova Lei de Licitações, no art. 6º, inc. XVII, e no art. 111, cujo teor acomoda o entendimento consagrado pela doutrina e jurisprudências dos tribunais de contas atinente ao contrato por escopo, sendo aqueles que não se extinguem em decorrência do escoamento do prazo de vigência do ajuste, devidamente previsto no seu instrumento, sendo prorrogados automaticamente. Sendo assim, não estando o objeto contratado devidamente entregue e formalmente recebido pela Administração, vigente está o ajuste em razão da prorrogação automática garantida legalmente, sendo, portanto, necessário o recebimento do requerimento do particular contratado, mesmo o prazo de vigência do ajuste tendo sido escoado.

No caso de observância de efetiva extinção do contrato administrativo, seja por por meio do escoamento do prazo de vigência do ajuste em caso de "contratos a termo" ou pela entrega do objeto, serviço ou obra, nas hipóteses dos "contratos por escopo", uma vez comprovada a efetiva quebra do equilíbrio econômico-financeiro do contrato, a Administração poderá efetuar o pagamento devido a título de indenização, justificando a despesa.

Artigo 132

A formalização do termo aditivo é condição para a execução, pelo contratado, das prestações determinadas pela Administração no curso da execução do contrato, salvo nos casos de justificada necessidade de antecipação de seus efeitos, hipótese em que a formalização deverá ocorrer no prazo máximo de 1 (um) mês.

Uma das falhas mais comuns observadas durante a gestão dos contratos administrativos é a introdução de mudanças nos termos pactuados verbalmente, de forma a permitir, por exemplo, a modificação do modo de pagamento, do regime de execução do fornecimento, de um serviço ou obra, acréscimo quantitativo ou qualitativo do objeto demandado, para posterior formalização, o que acaba, muitas das vezes, por não acontecer, haja vista a impossibilidade de celebração de termo aditivo retroativo, incorrendo flagrante prejuízo ao particular contratado.

A ocorrência de situações desta natureza é uma das principais queixas de empresas, que deixam de celebrar contratos com o governo, haja vista a patente insegurança jurídica, pois executam algo ou praticam atos que não fazem parte do contrato administrativo, não conseguindo, posteriormente, receber aquilo que lhe é devido.

DA ALTERAÇÃO DOS CONTRATOS E DOS PREÇOS   ARTº 132

A fim de garantir um novo ambiente nos negócios com o Poder Público, o art. 132 da nova Lei de Licitações estabelece que a formalização do termo aditivo é condição para a implementação, devendo ser realizada preliminarmente à execução daquilo que será introduzido na avença, pelo contratado, das prestações determinadas pela Administração no curso da execução do contrato, salvo nos casos de justificada necessidade de antecipação de seus efeitos, hipótese em que a formalização deverá ocorrer no prazo máximo de 1 (um) mês.

Excepcionou o referido dispositivo legal, a possibilidade de formalização *a posteriori*, que deverá ocorrer em um mês, desde que exista motivada justificativa, haja vista existirem situações em que a Administração não poderá aguardar a movimentação da custosa máquina administrativa para viabilizar a celebração do termo aditivo contratual, sob pena de flagrante prejuízo. Por exemplo, há situações em que o caso concreto não pode aguardar a celebração do termo aditivo para execução daquilo que não foi inicialmente pactuado, a exemplo do acréscimo quantitativo de contratos cujo objeto é o fornecimento de alimentação escolar ou insumos médicos, para um atendimento de urgência, pontualmente verificada.

Jurisprudência, decisões dos Tribunais de Contas e demais orientações

Contrato. Celebração de termo aditivo contratual. Assessoria jurídica. Parecer jurídico. Necessidade: TCU – Acórdão nº 1.330/2008 – Plenário – Relatoria: Ministro Benjamin Zymler – "2. Recomende à Procuradoria-Geral da Fazenda Nacional que: 9.2.2. ao opinar sobre editais, contratos e aditivos, nos termos do parágrafo único do art. 38 da Lei nº 8.666/1993, realize um controle mais efetivo da legalidade."

Contrato. Celebração de termo aditivo contratual. Objetivos: TCU – Acórdão 2.504/2010 – Plenário – Relatoria: Ministro Marcos Bemquerer Costa – "4. A regra geral é a de que os contratos administrativos devem ser formalizados por escrito, com exceção dos casos de pequenas compras, com pagamento à vista, que poderão ser feitos de modo verbal. Por sua vez, as avenças pactuadas podem ser modificadas nos casos especificados em lei, mas, seguindo igualmente a regra geral, tais modificações devem ser formalizadas mediante termo de aditamento, comando esse que faz deferência aos princípios da publicidade, da transparência e da eficácia desses contratos (art. 60 e seu parágrafo único c/c art. 3º todos da Lei n. 8.666/1993), além de possibilitar o desenvolvimento de fiscalizações mais precisas."

Contrato. Vigência e validade. Necessidade da devida formalização antes do início da execução do ajuste: TCU – Acórdão nº 346/2007- Plenário – Relatoria: Ministro Ubiratan Aguiar – "9.3.3. realize a formalização por escrito dos contratos antes do início da execução, exceto no caso previsto pelo art. 60, § único, da Lei

COMENTÁRIOS À NOVA LEI DE LICITAÇÕES PÚBLICAS E CONTRATOS ADMINISTRATIVOS

nº 8.666/93, principalmente nos contratos de serviço e de aquisição de materiais relativos aos investimentos da empresa."

Contrato. Gestão de processos: AGU – Orientação Normativa nº 2 – "Os instrumentos dos contratos, convênios e demais ajustes, bem como os respectivos aditivos, devem integrar um único processo administrativo, devidamente autuado em sequência cronológica, numerado, rubricado, contendo cada volume os respectivos termos de abertura e encerramento." (Diário Oficial da União – Seção 1 – 07.04.2009, pg. 13).

Contrato. Vigência e validade. A realização do termo aditivo deve ocorrer previamente à expiração do prazo contratual. Execução do objeto sem cobertura contratual. Contratação verbal: TCU – Acórdão 740/2004 – Plenário – Relatoria: Ministro Ubiratan Aguiar – "9.3.14. celebrar o correspondente termo aditivo previamente à expiração do prazo contratual, de modo a evitar a execução de serviços sem cobertura contratual, nos termos do art. 60, da Lei nº 8.666/93."

Artigo 133

Nas hipóteses em que for adotada a contratação integrada ou semiintegrada é vedada a alteração dos valores contratuais exceto nos seguintes casos:

I – para restabelecimento do equilíbrio econômico-financeiro decorrente de caso fortuito ou força maior;

II – por necessidade de alteração do projeto ou das especificações para melhor adequação técnica aos objetivos da contratação, a pedido da Administração, desde que não decorrente de erros ou omissões por parte do contratado, observados os limites estabelecidos no art. 125 desta Lei;

III – por necessidade de alteração do projeto nas contratações semi-integradas, nos termos do § 5º do art. 46 desta Lei;

IV – por ocorrência de evento superveniente alocado na matriz de riscos como de responsabilidade da Administração.

Consoante fixa o art. 6º, inc. XXXII, da NLLC, a contratação integrada caracteriza-se como o regime de contratação de obras e serviços de engenharia em que o contratado é responsável por elaborar e desenvolver os projetos básico e executivo, executar obras e serviços de engenharia, fornecer bens ou prestar serviços especiais e realizar montagem, teste, pré-operação e as demais operações necessárias e suficientes para a entrega final do objeto.

Demais disso, estabelece o art. 6º, inc. XXXIII, da NLLC que a contratação semi-integrada é regime de contratação de obras e serviços de engenharia em que o contratado é responsável por elaborar e desenvolver o projeto executivo, executar obras e serviços de engenharia, fornecer bens ou prestar serviços

DA ALTERAÇÃO DOS CONTRATOS E DOS PREÇOS   ART? 133

especiais e realizar montagem, teste, pré-operação e as demais operações necessárias e suficientes para a entrega final do objeto.

Conforme estabelece o § 2º do art. 22, da NLLC, quando a contratação se referir a obras e serviços de grande vulto ou forem adotados os regimes de contratação integrada e semi-integrada, o edital obrigatoriamente contemplará a matriz de alocação de riscos entre o contratante e o contratado. A NLLC, que acaba por utilizar a sistemática do RDC, estabelece aquilo que o TCU já vinha prolatando:

> Nas contratações integradas, é imprescindível a inclusão da matriz de risco detalhada no instrumento convocatório, com alocação a cada signatário dos riscos inerentes ao empreendimento.[240]

Ficando a cargo do contratado a elaboração e desenvolvimento dos projetos básico e executivo, a execução de obras e serviços de engenharia, o fornecimento de bens ou prestação de serviços especiais e realização de montagem, teste, pré-operação e as demais operações necessárias e suficientes para a entrega final do objeto, impondo-se, ainda, a distribuição de eventuais riscos, subentende-se o particular que produziu os estudos técnicos com regular qualidade, esmero e precisão, ou, ainda, de outra banda, tenha produzido uma artimanha no projeto, de forma a alavancar a sua remuneração por meio de jogo de planilha.

Assim podendo ocorrer, o artigo em comento, quando da celebração de contratação integrada ou semi-integrada, veda a alteração dos valores contratuais, exceto nos seguintes casos: I – para restabelecimento do equilíbrio econômico-financeiro decorrente de caso fortuito ou força maior; II – por necessidade de alteração do projeto ou das especificações para melhor adequação técnica aos objetivos da contratação, a pedido da Administração, desde que não decorrente de erros ou omissões por parte do contratado, observados os limites estabelecidos no art. 125 desta Lei; III – por necessidade de alteração do projeto nas contratações semi-integradas, nos termos do § 5º do art. 46 desta Lei; e IV – por ocorrência de evento superveniente alocado na matriz de riscos como de responsabilidade da Administração.

Analisando cada um das hipóteses acima arroladas, em relação ao inc. I do referido artigo, tem-se que poderá excepcionalmente ocorrer o restabelecimento do equilíbrio econômico-financeiro apenas para caso fortuito ou força maior, sendo vedado para os demais casos, haja vista a existência da

---

[240] TCU – Acórdão nº 2980/2015 – Plenário. Relatoria: Min. Ana Arraes. Brasil. Data da Sessão: 18/11/2015.

matriz de risco. Com efeito, a repercussão financeira de eventos da natureza e circunstâncias proveniente de ato humano, imprevisível e inevitável, deve ser objeto de ressarcimento pela Administração, modificando-se, assim, os valores da contratação.

No tocante ao inc. II do art. 133, da NLLC, comprovando a Administração justificada e supervenientemente necessidade de alterar o projeto ou das especificações para melhor adequação técnica aos objetivos da contratação, desde que não decorrente de erros ou omissões por parte do contratado, observados os limites estabelecidos no art. 125 desta Lei, permite-se ocorrer a modificação dos valores contratados. Com efeito, existindo erros ou omissões nos projetos elaborados pelo contratado, deverá esse se responsabilizar pela imperícia na confecção das peças técnicas necessárias para a execução da obra.

Por sua vez, em relação ao inc. III do art. 133, da Lei nº 14.133/2021, poderá ocorrer a alteração dos valores contratuais, por necessidade de alteração do projeto nas contratações semi-integradas, mediante prévia autorização da Administração, desde que demonstrada a superioridade das inovações propostas pelo contratado em termos de redução de custos, de aumento da qualidade, de redução do prazo de execução ou de facilidade de manutenção ou operação, assumindo o contratado a responsabilidade integral pelos riscos associados à alteração do projeto básico. Sendo assim, no caso concreto, observando-se a ocorrência da situação acima colacionada, poderá o valor da contratação ser devidamente modificado.

Por derradeiro, fixa o inc. IV do art. 133, da Lei nº 14.133/2021, que poderá ocorrer a alteração dos valores contratuais caso aconteça um evento superveniente alocado na matriz de riscos do contrato como de responsabilidade da Administração, devendo, portanto, o Poder Público contratante suportar financeiramente os custos necessários para superar a dificuldade observada.

ARTIGO 134

Os preços contratados serão alterados, para mais ou para menos, conforme o caso, se houver, após a data da apresentação da proposta, criação, alteração ou extinção de quaisquer tributos ou encargos legais ou a superveniência de disposições legais, com comprovada repercussão sobre os preços contratados.

A criação, alteração, extinção de tributos, imposição de encargos pelo Poder Público ou a superveniência de disposições legais, de forma a causar repercussão financeira no contrato ou inviabilizar a execução do ajuste, caracteriza o "fato do príncipe", razão pela qual a ocorrência de uma atuação estatal desta

DA ALTERAÇÃO DOS CONTRATOS E DOS PREÇOS · ART° 134

natureza, após a apresentação das propostas pelos licitantes, e desde que reste efetivamente demonstrada a sua interferência na oferta comercial ou nas condições de execução do ajuste, poderá ensejar a alteração das condições de execução do objeto e/ou revisão de preços.

Neste sentido, aliás, merece destaque a lição do ilustre jurista Diogenes Gasparini, *in verbis*:

> Fato do príncipe – ato ou fato da autoridade pública – é toda determinação estatal, positiva ou negativa, geral e imprevisível ou previsível mas de conseqüências incalculáveis, que onera extraordinariamente ou que impede a execução do contrato e obriga a Administração Pública a compensar integralmente os prejuízos suportados pelo contratante particular.
>
> (...)
>
> O provimento estatal pode onerar (fato do príncipe positivo) como desonerar (fato do príncipe negativo) o contratado. No primeiro caso tem-se como exemplo o rompimento das relações comerciais com certo país em decorrência de provimento federal. Tal acontecimento onera a execução do contrato celebrado com a União, dado que outra solução, em substituição à que envolvia o bem que não pode ser importado, deve ser engendrada, como os consequentes estudos, projetos, bens e mão de obra. Tudo é óbvio, tem um custo além do natural atraso na execução do contrato, não computado no valor inicialmente ajustado.[241]

Exemplificando a ocorrência do "fato do príncipe", concretizado na redução ou majoração das despesas do particular contratado, temos o aumento ou diminuição do vale-transporte dos trabalhadores alocados na execução do objeto contratado, a criação ou extinção de tributo, a exemplo da Contribuição Provisória sobre Movimentação Financeira – CPMF, que onerava as movimentações bancárias, além da criação e extinção da multa adicional de 10% do FGTS.

Para amparar e permitir a revisão de preços, o art. 134 da nova Lei de Licitações, na mesma linha do que estabelece o art. 65, § 5º, da Lei nº 8.666/ 1993, determina que os preços contratados serão alterados, para mais ou para menos, conforme o caso, se houver, após a data da apresentação da proposta, criação, alteração ou extinção de quaisquer tributos ou encargos legais ou a superveniência de disposições legais, com comprovada repercussão sobre os preços contratados.

Pois bem. Uma questão interessante a colocar quando a oneração ou desoneração tributária não ocorre durante a execução do objeto contratado, mas, sim, durante o processamento da licitação.

---

[241] GASPARINI, Diogenes, *Direito Administrativo*, 15ª ed., Saraiva, São Paulo, 2010, p. 802

COMENTÁRIOS À NOVA LEI DE LICITAÇÕES PÚBLICAS E CONTRATOS ADMINISTRATIVOS

Caso a oneração ou desoneração tributária ocorra em momento anterior à publicação do aviso de licitação e disponibilização do ato convocatório, entende-se que deverá o orçamento da Administração já considerar a redução ou majoração dos tributos incidentes na execução do objeto demandado, devendo os agentes públicos envolvidos na licitação estarem atentos à política tributária brasileira. Da mesma forma, deverão as propostas comerciais daqueles que acudiram ao chamado da Administração também assentarem a nova tributação, sob pena de desclassificação, com arrimo no art. 59, incs. III e IV, da NLLC.

Observando-se, no caso concreto, que a lei que aumenta ou reduz um tributo incidente na atividade econômica relacionada ao objeto da licitação foi editada no lapso de publicidade do certame, de forma a atender o teor do art. 55, § 1º, da NLLC, deverá a Administração suspender a sessão de abertura da licitação, passando a atualizar o orçamento, e republicar o edital, oferecendo, novamente, todo o prazo de publicidade na integralidade, haja vista que a referida desoneração altera a formulação das propostas comerciais.

Por fim, caso a alteração da legislação tributária ocorra durante o julgamento da licitação, considerando-se que todos os licitantes estão em pé de igualdade nessa oportunidade, em princípio, entende-se que deverá a Administração dar continuidade ao certame, passando a expurgar a tributação excedente da proposta do particular detentor da proposta mais vantajosa, ao cabo do processo seletivo, passando a celebrar o competente contrato administrativo, assentando, na cláusula financeira, o valor da proposta comercial desprovido da tributação excessiva. Caso a alteração da legislação tributária venha gerar maior incidência de tributação sobre o objeto contratado, deverá a cláusula financeira sofrer a devida modificação por meio de termo aditivo com o escopo de repassar ao contratado a diferença do custo tributário apurado.

Por derradeiro, tem-se que o Tribunal de Contas da União vem decidindo que a desoneração da folha de pagamento, mediante a alteração da planilha de custos de formação de preços, acarreta na revisão do ajuste, inclusive com efeitos retroativos[242].

ARTIGO 135

Os preços dos contratos para serviços contínuos com regime de dedicação exclusiva de mão de obra ou com predominância de mão de obra serão repactuados para manutenção do equilíbrio econômico-financeiro,

---

[242] TCU, Acórdão nº 1.212/14 – Plenário, Data do Julgamento: 14/05/2014

mediante demonstração analítica da variação dos custos contratuais, com data vinculada:

I – à da apresentação da proposta, para custos decorrentes do mercado;

II – ao acordo, à convenção coletiva ou ao dissídio coletivo ao qual a proposta esteja vinculada, para os custos de mão de obra.

§ 1º A Administração não se vinculará às disposições contidas em acordos, convenções ou dissídios coletivos de trabalho que tratem de matéria não trabalhista, de pagamento de participação dos trabalhadores nos lucros ou resultados do contratado, ou que estabeleçam direitos não previstos em lei, como valores ou índices obrigatórios de encargos sociais ou previdenciários, bem como de preços para os insumos relacionados ao exercício da atividade.

§ 2º É vedado a órgão ou entidade contratante vincular-se às disposições previstas nos acordos, convenções ou dissídios coletivos de trabalho que tratem de obrigações e direitos que somente se aplicam aos contratos com a Administração Pública.

§ 3º A repactuação deverá observar o interregno mínimo de 1 (um) ano, contado da data da apresentação da proposta ou da data da última repactuação.

§ 4º A repactuação poderá ser dividida em tantas parcelas quantas forem necessárias, observado o princípio da anualidade do reajuste de preços da contratação, podendo ser realizada em momentos distintos para discutir a variação de custos que tenham sua anualidade resultante em datas diferenciadas, como os decorrentes de mão de obra e os decorrentes dos insumos necessários à execução dos serviços.

§ 5º Quando a contratação envolver mais de uma categoria profissional, a repactuação a que se refere o inciso II do caput deste artigo poderá ser dividida em tantos quantos forem os acordos, convenções ou dissídios coletivos de trabalho das categorias envolvidas na contratação.

§ 6º A repactuação será precedida de solicitação do contratado, acompanhada de demonstração analítica da variação dos custos, por meio de apresentação da planilha de custos e formação de preços, ou do novo acordo, convenção ou sentença normativa que fundamenta a repactuação.

Estabelece o inc. XXI do art. 37 da Constituição Federal que as contratações serão realizadas por meio de licitação pública, salvo os casos de contratação direta, devendo ser mantidas durante a execução contratual as condições efetivas da proposta.

Cumprindo o mandamento constitucional constante do art. 37, inc. XXI, da Constituição da República de 1988, a Lei nº 8.666/1993, que disciplinava

COMENTÁRIOS À NOVA LEI DE LICITAÇÕES PÚBLICAS E CONTRATOS ADMINISTRATIVOS

as normas gerais de licitação e contratos administrativos, trouxe no seu bojo os institutos da recomposição de preços para fins de equilíbrio econômico e financeiro (al. *d* do inc. II do art. 65 da LLC), do reajustamento de preços (art. 40, inc. XI, da LLC), com o fim de garantir nas licitações que sejam mantidas as condições efetivas das propostas durante a execução contratual. Temos aí o princípio da intangibilidade da equação econômico-financeira.

Posteriormente, foi editado o Dec. nº 2.271/1997, que determinou a implementação da repactuação de preços, no lugar do reajustamento, de forma a manter as condições efetivas das propostas nos contratos de prestação de serviços com alocação de mão de obra da Administração Pública federal.

Além do reajuste e da recomposição de preços, a NLLC incorporou a figura da repactuação de preços, conforme inc. II do § 4º do art. 92, sendo a forma de reajustamento nos contratos administrativos cujo objeto envolva prestação de serviço que exija regime de dedicação exclusiva de mão de obra ou predominância de mão de obra, mediante demonstração analítica da variação dos custos.

Consoante estabelece o artigo em comento, a legalidade da utilização da repactuação de preços como forma de restabelecimento da equação econômica-financeira somente existirá caso sejam observados os requisitos fixados no *caput* do artigo em comento, vale dizer, deverá ser utilizado apenas nos contratos cujo objeto seja a prestação de serviços contínuos com regime de dedicação exclusiva de mão de obra ou com predominância de mão de obra desde que observado o prazo mínimo de 1 ano, a título exemplificativo cita-se a prestação de serviços de vigilância, copeiragem, recepção, limpeza etc.

Com efeito, consoante prevê o art. 25, § 8º, inc. I, da NLLC, a execução de serviço que não houver regime de dedicação exclusiva ou com predominância de mão de obra, a equação econômico-financeira será restaurada por meio da reajustamento em sentido estrito mediante previsão de índices específicos ou setoriais.

Demais disso, a sua concessão está atrelada à demonstração analítica da variação dos custos contratuais, que deverá estar assentada no requerimento produzido pelo contratado. Assim, comprovando-se a variação dos custos contratuais, deverá a equação econômico-financeira ser restaurada.

Com efeito, tem-se que a repactuação de preços poderá ocorrer em diversos momentos, e não apenas em uma oportunidade, como ocorre no reajustamento de preços, que exige a verificação da anualidade fixada pelo art. 2º da Lei 10.192/2001, que dispõe sobre medidas complementares ao Plano Real e dá outras providências.

Todavia, na espécie de restabelecimento da equação econômico-financeira, o artigo em comento, nos incs. I e II, fixa a marco inicial da anualidade para a repactuação em duas oportunidades, sendo a primeira, a data da apresentação

DA ALTERAÇÃO DOS CONTRATOS E DOS PREÇOS ART? 135

das propostas comerciais, para aqueles custos de insumos aplicados na execução do contrato, cuja variação decorre do aumento dos valores no mercado correlato, e a segunda, cujo começo da contagem é a celebração do novo acordo, convenção coletiva ou dissídio coletivo ao qual a proposta esteja vinculada, para os custos de mão de obra.

No tocante ao art. 135, inc. I, da NLLC, observado o período de um ano cujo início é a data da apresentação das propostas comerciais (§ 3º), o contratado ingressará com a solicitação de repactuação de preços dos insumos, equipamentos etc., a serem alocados na execução do contrato, devendo apresentar e demonstrar analiticamente o aumento dos custos necessários para executar o objeto do contrato.

Por sua vez, em relação à repactuação dos custos de mão de obra necessários para a execução do objeto contratado, na forma do inc. II do art. 135 da NLLC, estando a data vinculada ao acordo, convenção coletiva ou dissídio coletivo ao qual a proposta esteja atrelada, após 1 ano da data de celebração destes ajustes coletivos de trabalho, poderá a repactuação ser concedida,desde que seja precedida de solicitação do contratado e esteja acompanhada da demonstração analítica da variação dos custos, a qual é composta pela planilha de custos e formação de preços, ou seja acompanhada de novo acordo, convenção ou sentença normativa que fundamenta a repactuação.

Considerando-se a possibilidade do serviço ser executado por mão de obra vinculada a diversos sindicatos, que detêm variados acordos, convenções coletivas ou dissídio coletivo, celebrados em ocasiões diferentes, fixa o § 4º do artigo em estudo que a repactuação poderá ser dividida em tantas parcelas quantas forem necessárias, desde que observado o princípio da anualidade do reajuste de preços da contratação, podendo ser realizada em momentos distintos para discutir a variação de custos que tenham sua anuidade resultante em datas diferenciadas, como os decorrentes de mão de obra e dos insumos necessários à execução dos serviços.

Ressalta-se também o § 5º do artigo em comento que quando a contratação envolver mais de uma categoria profissional, a repactuação a que se refere o inc. II do *caput* deste artigo poderá ser dividida em quantos acordos, convenções ou dissídios coletivos de trabalho forem necessários às categorias envolvidas na contratação.

Ilustrando a implementação da repactuação de preços, seja em relação aos custos de insumos aplicados para execução do objeto, seja em relação à majoração do custos com mão de obra, imaginemos que a abertura da licitação, cujo objeto seja a contratação de serviços continuados de copeiragem e vigilância, ocorreu em 3 de maio de 2021, sendo celebrado o ajuste em junho do referido ano. Ultrapassado um ano, vale dizer, após 3 de maio de 2022, desde que

729

demonstrado analiticamente no requerimento realizado pelo particular contratado, deverá a Administração conceder a repactuação em relação aos insumos alocados na execução do serviço de natureza continuada.

Por sua vez, em relação aos custos de mão de obra alocados na execução do serviço de natureza continuada de copeiragem, temos que o acordo, convenção ou dissídio coletivo de trabalho utilizado na elaboração da proposta comercial foi celebrado em julho de 2020. Nesse caso, em julho de 2021, um mês após a celebração do ajuste, desde que demonstrado analiticamente, deverá a repactuação ocorrer por meio do apostilamento e não celebração de termo aditivo, conforme exige o art. 136, inc. I, da NLLC, de forma a majorar a remuneração das copeiras, mantendo a remuneração das demais categorias intocáveis. Assim ocorrerá subsequente e anualmente, conforme fixa o § 3º do artigo em estudo.

Imaginemos que a data-base da categoria dos vigilantes ocorreu em agosto de 2021, se passados dois meses de vigência do ajuste e o particular contratado realizar uma nova solicitação, a qual deverá estar acompanhada de demonstração analítica da variação dos custos, que é composta pela apresentação da planilha de custos e formação de preços, ou pelo novo acordo, convenção ou sentença normativa que fundamenta a repactuação, esta deverá ser deferida e ser anotada como apostila no contrato.

Com efeito, consoante prevê o art. 92, inc. X, da NLLC, são necessárias em todo contrato cláusulas que estabeleçam o prazo para resposta ao pedido de repactuação de preços. Assim, deve ocorrer, devendo o edital desprovido desta informação ser impugnado, pois a não concessão da repactuação no prazo fixado no ato convocatório onerará sobremaneira os custos do contratado, em especial aqueles relacionados à mão de obra, não podendo o particular suportar tal condição, fato que poderá gerar intercorrências na execução do contrato por conta da desídia estatal, bem como a responsabilização do agente público que deu causa.

De forma a evitar onerosidade excessiva após a celebração do ajuste, fixa o § 1º do art. 135 que a Administração contratante não se vinculará às disposições contidas em acordos, convenções ou dissídios coletivos de trabalho que tratarem de: a) matéria não trabalhista, b) pagamento de participação dos trabalhadores nos lucros ou resultados do contratado (PLR), ou c) que estabeleçam direitos não previstos em lei, como valores ou índices obrigatórios de encargos sociais ou previdenciários, bem como de preços para os insumos relacionados ao exercício da atividade. Sendo assim, vincula-se à Administração Pública somente as questões remuneratórias trabalhistas, não se vinculando à parcela remuneratória cuja obrigatoriedade decorre de liberalidade fixada nas negociações coletivas, a exemplo do pagamento de participação dos trabalhadores nos lucros ou resultados do contratado.

Para além, de forma a evitar abusos ou a criação de onerosidade diferenciada apenas para as empresas que detém contratos com o Poder Público, haja vista o repasse dos novos encargos previstos no acordo, convenção ou dissídio coletivo no pedido de repactuação, fixa o § 2º do artigo em comento que é vedado a órgão ou entidade contratante vincular-se às disposições previstas nos acordos, convenções ou dissídios coletivos de trabalho que tratarem de obrigações e direitos que somente se aplicam aos contratos com a Administração Pública.

ARTIGO 136

Registros que não caracterizam alteração do contrato podem ser realizados por simples apostila, dispensada a celebração de termo aditivo, como nas seguintes situações:

I – variação do valor contratual para fazer face ao reajuste ou à repactuação de preços previstos no próprio contrato;

II – atualizações, compensações ou penalizações financeiras decorrentes das condições de pagamento previstas no contrato;

III – alterações na razão ou na denominação social do contratado;

IV – empenho de dotações orçamentárias.

Levando em conta a possibilidade da ocorrência de fatos supervenientes, erros, omissões, falta de planejamento na elaboração de termo de referência e, ainda, no projeto básico ou executivo durante a vigência do contrato administrativo, é comum a ocorrência da modificação dos termos anteriormente ajustados, cuja substancialidade verificada no conteúdo a ser introduzido na avença demanda a celebração de um termo aditivo contratual. Assim ocorre, em caso de prorrogação dos termos ajustados, na alteração dos quantitativos contratados, na modificação das partes, alteração do regime de execução do contrato administrativo, modo de fornecimento, etc.

Existem, todavia, hipóteses de alterações contratuais que não geram mudanças substanciais no ajuste, tendo em vista que tais alterações foram previamente contempladas no contrato administrativo ou não introduziram transformação significativa na avença.

Diante de tal situação, em virtude da custosa movimentação da máquina administrativa, necessária para a celebração de um termo aditivo contratual, de forma a concretizar o princípio da eficácia e da eficiência nos contratos públicos, o art. 134 da nova Lei de Licitações afastou a necessidade de formalização de termo aditivo em algumas hipóteses exemplificadamente, devendo a implementação ocorrer por meio de apostilamento.

COMENTÁRIOS À NOVA LEI DE LICITAÇÕES PÚBLICAS E CONTRATOS ADMINISTRATIVOS

Observa-se, assim, nos incisos do art. 136 da nova Lei de Licitações, situações cuja ocorrência não produz ou representa inovação substancial no contrato administrativo, gerando, por exemplo, nova obrigação ou ônus não previsto anteriormente na avença. Diante dessas situações, deverá ocorrer mero "registro", por meio de um apostilamento, que não exige a necessidade de publicação na imprensa oficial competente como condição de eficácia, diferentemente da celebração de um termo aditivo contratual. Na prática, a realização do apostilamento se consubstancia em uma mera anotação da ocorrência no verso ou à margem do instrumento de contrato constante do processo administrativo.

Analisando os incisos arrolados no art. 136 da NLLC, observa-se que o inc. I fixa que a implementação do reajustamento deve ser apenas registrada nos autos do processo administrativo que assenta os atos administrativos atinentes à gestão do contrato administrativo por meio de apostila.

Com efeito, tem-se que o reajustamento contratual é previsto no instrumento convocatório e no termo de contrato, tendo como objetivo recompor a equação econômico-financeira. Trata-se daqueles contratos administrativos cujo prazo de vigência é superior a um ano, de modo que as regras do reajustamento ou repactuação de preço já se encontram vertidas nas regras da contratação, sendo, portanto, um encargo da Administração Pública e o direito do contratado à sua concessão ou implementação e o deferimento do referido expediente, esse deverá ser registrado por meio de uma apostila.

Outra hipótese em que a lei afasta a necessidade de celebração de um termo aditivo contratual é a implementação da cláusula que trata das atualizações, compensações ou penalizações financeiras decorrentes das condições de pagamento previstas no contrato.

Tendo em vista que as cláusulas punitivas em desfavor da Administração devem obrigatoriamente estar previstas no competente ajuste, conforme estabelece o art. 92, inc. V, da NLLC, o mero descumprimento das regras de pagamento ajustados faz surgir para o particular contratado o direito de ter a sua parcela remuneratória atualizada, insistindo ainda na compensação ou penalização financeira.

Sendo assim, o descumprimento das condições de pagamento vertidas no instrumento contratual por gerar automático direito do contratado nas regras de atualização, compensação ou penalização já prevista no ajuste, o seu deferimento não demanda a celebração de termo aditivo contratual, uma vez que não se está criando direito novo, mas, sim, implementando, ou seja, implementando uma condição já prevista no contrato.

Já o inc. III do art. 136 da Lei de Licitações estabelece que a modificação da denominação do particular contratado não será objeto de inserção no contrato

DA ALTERAÇÃO DOS CONTRATOS E DOS PREÇOS   ART° 136

administrativo por meio de termo aditivo contratual, mas, sim, através de apostila, modificação da denominação do particular contratado, seja ele pessoa física ou jurídica.

Já a modificação do contratado, ou seja, substituição daquele que contratualmente determina cargo de contratar o objeto pretenso pela administração pública, deverá ocorrer por meio de termo aditivo, haja vista, substancialmente, a idade da modificação a ser empreendida na contratação.

Por derradeiro, permite o inc. IV do art. 136 da nova Lei de Licitações que a anotação do empenho da dotação orçamentária poderá ser introduzida no contrato administrativo por meio de apostilamento, sendo afastada, assim, a necessidade de celebração de um termo aditivo contratual.

Pode acontecer, por motivo da dotação orçamentária prevista no termo contratual ser modificada, a exemplo de uma suplementação em caso de prorrogação.

Apostila. Conceito proposto por Hely Lopes Meirelles: "Apostilas são atos enunciativos ou declaratórios de uma situação anterior criada por lei. Ao apostilar um título a Administração não cria um direito, pois apenas reconhece a existência de um direito criado por norma legal. Equivale a uma averbação." (2011, p. 199)

Apostila. Conceito proposto por Oswaldo Aranha Bandeira de Mello – "Ato jurídico pelo qual se faz anotação, em documento anterior, de fato que o completa, ou interpreta como seja o aditamento em título de nomeação." (1979, p. 580)

Jurisprudência, decisões dos Tribunais de Contas e demais orientações

Apostila. Reajustamento. Formalização mediante simples apostilamento: TCU – Acórdão nº 976/2005 – Plenário – Relatoria: Ministro Marcos Bemquerer Costa – "9.1. determinar ao DNIT que formalize mediante simples apostilamento as alterações decorrentes de reajustes previstos no próprio contrato, em consonância com o art. 65, § 8º, da Lei nº 8.666/1993, evitando a utilização de aditamentos contratuais para esse fim."

Apostila. Indicação do crédito orçamentário e do respectivo empenho: AGU – Orientação Normativa nº 35 – "Nos contratos cuja duração ultrapasse o exercício financeiro, a indicação do crédito orçamentário e do respectivo empenho para atender a despesa relativa ao exercício futuro poderá ser formalizada por apostilamento."

COMENTÁRIOS À NOVA LEI DE LICITAÇÕES PÚBLICAS E CONTRATOS ADMINISTRATIVOS

CAPÍTULO VIII – DAS HIPÓTESES DE EXTINÇÃO DOS CONTRATOS

ARTIGO 137

Constituirão motivos para extinção do contrato, a qual deverá ser formalmente motivada nos autos do processo, assegurados o contraditório e a ampla defesa, as seguintes situações:

I – não cumprimento ou cumprimento irregular de normas editalícias ou de cláusulas contratuais, de especificações, de projetos ou de prazos;

II – desatendimento das determinações regulares emitidas pela autoridade designada para acompanhar e fiscalizar sua execução ou por autoridade superior;

III – alteração social ou modificação da finalidade ou da estrutura da empresa que restrinja sua capacidade de concluir o contrato;

IV – decretação de falência ou de insolvência civil, dissolução da sociedade ou falecimento do contratado;

V – caso fortuito ou força maior, regularmente comprovados, impeditivos da execução do contrato;

VI – atraso na obtenção da licença ambiental, ou impossibilidade de obtê-la, ou alteração substancial do anteprojeto que dela resultar, ainda que obtida no prazo previsto;

VII – atraso na liberação das áreas sujeitas a desapropriação, a desocupação ou a servidão administrativa, ou impossibilidade de liberação dessas áreas;

VIII – razões de interesse público, justificadas pela autoridade máxima do órgão ou da entidade contratante;

IX – não cumprimento das obrigações relativas à reserva de cargos prevista em lei, bem como em outras normas específicas, para pessoa com deficiência, para reabilitado da Previdência Social ou para aprendiz.

§ 1º Regulamento poderá especificar procedimentos e critérios para verificação da ocorrência dos motivos previstos no caput deste artigo.

§ 2º O contratado terá direito à extinção do contrato nas seguintes hipóteses:

I – supressão, por parte da Administração, de obras, serviços ou compras que acarrete modificação do valor inicial do contrato além do limite permitido no art. 125 desta Lei;

II – suspensão de execução do contrato, por ordem escrita da Administração, por prazo superior a 3 (três) meses;

III – repetidas suspensões que totalizem 90 (noventa) dias úteis, independentemente do pagamento obrigatório de indenização pelas sucessivas e contratualmente imprevistas desmobilizações e mobilizações e outras previstas;

DAS HIPÓTESES DE EXTINÇÃO DOS CONTRATOS   ART° 137

IV – atraso superior a 2 (dois) meses, contado da emissão da nota fiscal, dos pagamentos ou de parcelas de pagamentos devidos pela Administração por despesas de obras, serviços ou fornecimentos;

V – não liberação pela Administração, nos prazos contratuais, de área, local ou objeto, para execução de obra, serviço ou fornecimento, e de fontes de materiais naturais especificadas no projeto, inclusive devido a atraso ou descumprimento das obrigações atribuídas pelo contrato à Administração relacionadas a desapropriação, a desocupação de áreas públicas ou a licenciamento ambiental.

§ 3º As hipóteses de extinção a que se referem os incisos II, III e IV do § 2º deste artigo observarão as seguintes disposições:

I – não serão admitidas em caso de calamidade pública, de grave perturbação da ordem interna ou de guerra, bem como quando decorrerem de ato ou fato que o contratado tenha praticado, do qual tenha participado ou para o qual tenha contribuído;

II – assegurarão ao contratado o direito de optar pela suspensão do cumprimento das obrigações assumidas até a normalização da situação, admitido o restabelecimento do equilíbrio econômico-financeiro do contrato, na forma da alínea "d" do inciso II do caput do art. 124 desta Lei.

§ 4º Os emitentes das garantias previstas no art. 96 desta Lei deverão ser notificados pelo contratante quanto ao início de processo administrativo para apuração de descumprimento de cláusulas contratuais.

Como já se observou da leitura do art. 104, inc. II, da nova Lei de Licitações, em razão do interesse público que permeia os contratos administrativos, haja vista sempre envolver o atendimento de algum interesse coletivo com o objeto do ajuste, é conferida à Administração Pública prerrogativas que permitam extinguir unilateralmente a avença quando da ocorrência de uma das hipóteses arroladas nos incisos do art. 137, dada a prejudicialidade que a manutenção do acordado pode gerar à coletividade.

Não obstante, é dever da Administração contratante, diante do caso concreto, empreitar esforços para manter o contrato administrativo, haja vista a necessidade de observância do princípio da efetividade nas contratações públicas, pois a extinção antecipada do ajuste gera problemas de toda sorte para a Administração contratante, que deverá movimentar a máquina administrativa com o escopo de rescindir o ajuste, se apossar do objeto demandado e contratar o objeto remanescente, e a coletividade que terá postergado o recebimento daquilo que o Poder Público entendeu como necessário que fosse oferecido ou colocado à disposição, a exemplo da construção de uma escola, um viaduto, a compra de uma ambulância etc.

COMENTÁRIOS À NOVA LEI DE LICITAÇÕES PÚBLICAS E CONTRATOS ADMINISTRATIVOS

A extinção unilateral do contrato administrativo, caso assim seja decidido motivadamente, exigirá a instauração de um processo administrativo rescisório, iniciado por decisão motivada que assenta o comportamento caracterizador da incursão do contratado em um dos incisos arrolados no art. 137, devendo ser conferido ao particular prazo para que apresente uma defesa prévia, cujo teor assentará as devidas razões que se opõe à pretensão de se colocar fim ao ajuste antecipadamente.

Mais uma vez, o legislador não dedicou tempo para construir regras protetivas ao contratado, de forma a concretizar o princípio do devido processo legal, contraditório e ampla defesa, conforme fixam os incs. LIV e LV da Constituição Federal de 1988, quando da movimentação da máquina administrativa na ocasião em que pretende pôr fim antecipadamente ao contrato administrativo. Fala-se tanto em ampliar a participação de empresas nas compras governamentais por meio da criação de mecanismos de benesses, porém falhas dessa natureza, por permitir a prática de injustiças durante a execução dos contratos, acabam por inviabilizar a pretensão de aumentar o número de competidores neste segmento bilionário.

Por exemplo, não foi fixado na lei um fluxo processual para permitir a extinção antecipada, tampouco o prazo para oferecimento da defesa prévia pelo contratado, que poderá ser conferido em 15 dias úteis, como é garantido no processo sancionatório, conforme prevê o art. 156 da nova Lei de Licitações. Também não há clareza na lei se deverá ser conferida a oportunidade da apresentação de uma defesa prévia antes da declaração de extinção, que poderá ser combatida pelo competente recurso, conforme prevê o art. 163, inc. I, al. "e", da nova Lei de Licitações.

1 – Não cumprimento ou cumprimento irregular do contrato administrativo

Analisando as hipóteses que permitem a extinção antecipada do contrato administrativo, o inc. I, do artigo em estudo, estabelece que poderá a Administração contratante desencadear competente processo de extinção contratual em razão de comportamento comprovado nos autos do expediente administrativo que configure o não cumprimento ou o cumprimento irregular de normas editalícias ou de cláusulas contratuais, especificações, projetos ou prazos.

Por não cumprimento entendemos a não realização, o desatendimento, a inexecução, vale dizer, a omissão ou resultado de descumprir as normas contidas no instrumento convocatório, a exemplo de especificações, projetos e cláusulas contratuais, como os prazos lá estampados. Com efeito, a inércia do particular contratado em iniciar a execução do objeto demandado é caso de extinção antecipada do contrato administrativo.

DAS HIPÓTESES DE EXTINÇÃO DOS CONTRATOS   ART° 137

Com efeito, existindo motivada justificativa do não cumprimento das obrigações contratuais, que deverá ser formalmente apresentada no bojo da defesa prévia, deverá ser afastada a pretensão de extinguir o ajuste antecipadamente.

Por sua vez, o cumprimento de normas editalícias ou das cláusulas contratuais, especificações, projetos ou prazos, porém irregular, também apresenta-se como razão para a não manutenção do ajuste, pois a execução deve ocorrer nos estritos termos assentados no edital e contrato, sob pena de prejuízo ao interesse público almejado com o objeto contratado.

O objetivo da Administração quando celebra contratos com particulares é obter um objeto que reflita necessária e integralmente aquilo que consta do objeto dos instrumentos editalício e contratual, haja vista ser esse o que melhor atende ao interesse público.

Exemplificando, lançando a Administração Pública Estadual um edital com o objetivo de adquirir veículos para renovação da frota da Polícia Militar e fixando o instrumento convocatório justificadamente que o veículo pretenso deve portar quatro portas e motor acima de 1.8, afigura-se cumprimento irregular das cláusulas contratuais a entrega de veículo que detenha apenas duas portas e/ou detendo motor 1.0, pois tal objeto, além de não apresentar as especificações constantes do edital, não atenderá o interesse público almejado.

Imagine como seria para a polícia realizar perseguições policiais utilizando um veículo com motor 1.0 cilindradas – cujo desempenho é inferior ao previsto em edital –, pois seguramente os criminosos empreenderão fuga utilizando um veículo com motor superior ao utilizado pela guarnição. Outrossim, imagine o desembarque desses policiais utilizando um carro com duas portas. É flagrante a ineficiência, pois será necessário que os policiais que estão no banco de trás da viatura lancem mão do mecanismo para movimentar o banco da frente, fato que pode prejudicar a perseguição a pé.

Assim, não basta executar o objeto contratado se este não observar, na completude, todas as especificações constantes do ato convocatório e contratual, as quais foram fixadas motivadamente pelo setor requisitante na fase interna da licitação.

2 – Não cumprimento das determinações da Administração contratante

A nova Lei de Licitações, em seu art. 137, inc. II, caracteriza como comportamento suficiente para instauração de um processo com o objetivo de gerar a extinção antecipada do contrato administrativo ou o desatendimento das determinações regulares emitidas pela autoridade designada para acompanhar e fiscalizar sua execução ou por autoridade superior. Sendo assim, a postura omissa do contratado caracterizadora do não atendimento dos encaminhamentos, ordens de serviços, determinações e exigências regulares, ou seja, aquelas pertinentes e emanadas pela autoridade designada para acompanhar e fiscalizar a sua execução ou por autoridade superior, pode acarretar o fim precoce do ajuste, ao cabo do processo rescisório.

Não será qualquer desatendimento de orientações pelo contratado que terá condições de colocar fim antecipado ao contrato, mas tão somente aqueles regulares, cujo teor seja razoável ou proporcional e que a sua solicitação tenha pertinência com o objeto da contratação, suas regras e especificações.

Logo, determinações irregulares, anômalas, impertinentes, não serão suficientes para colocar prazo antecipado à avença. Demais disso, deverá a exigência ou determinação proposta ser emitida apenas pelo agente formalmente designado para acompanhar e fiscalizar a sua execução, ou por autoridade superior competente, sendo despropositada a pretensão de colocar o fim antecipado em caso de descumprimento de uma determinação emanada por servidor ou empregado público incompetente.

3 – A alteração social ou modificação da finalidade ou da estrutura da empresa que restrinja sua capacidade de concluir o contrato

Outra hipótese que constitui motivo justo e suficiente para a declaração antecipada de extinção do contrato é a alteração social ou modificação da finalidade ou da estrutura da empresa que restrinja sua capacidade de concluir o contrato, consoante a leitura do art. 137, inc. III, da nova Lei de Licitações.

Pode ocorrer, durante a execução do contrato administrativo, que a pessoa jurídica contratada para executar o objeto demandado venha sofrer alguma modificação ou reorganização societária, o que é natural no atual estágio do capitalismo.

Demais disso, é comum, por tal motivo, durante a existência da pessoa jurídica, que a empresa altere o seu objetivo social, haja vista desejar deixar de executar aquilo que anteriormente tinha sido colocado como propósito para empreender.

Desta feita, quando tal modificação ocorrer e seja verificado, no caso concreto, que tal alteração prejudica, restringe ou inviabiliza a sua capacidade operacional de concluir o objeto da contratação, poderá a Administração contratante instaurar o devido processo rescisório com o escopo de encerrar precocemente o ajuste.

Ressalte-se que, caso a reorganização societária verificada no caso concreto não prejudique a execução regular do objeto contratado, afetando a sua conclusão, é totalmente descabida a pretensão de colocar fim antecipado ao contrato, sob pena de violação ao princípio da eficácia e eficiência, expressamente previsto no art. 5º da NLLC.

DAS HIPÓTESES DE EXTINÇÃO DOS CONTRATOS   ART° 137

Assim também ocorrerá caso verifique-se no caso concreto, por meio de devidos documentos, que o contratado está praticando comportamento concretizado na modificação da finalidade da pessoa jurídica ou da sua estrutura empresarial, a exemplo da alienação de uma filial, venda de uma operação, locação ou dação em pagamento de um determinado equipamento, que possa prejudicar ou inviabilizar a execução do objeto pretendido, poderá a Administração contratante instaurar processo com o escopo de colocar o fim precoce do contrato administrativo.

O que deve ficar claro e motivadamente comprovado é que a ocorrência de uma das hipóteses acima relacionadas prejudica efetivamente a execução do contrato administrativo, pois, caso ocorra, no caso concreto, alteração no ato constitutivo da pessoa jurídica, a modificação da finalidade empresarial, bem como a alteração da estrutura da pessoa jurídica, mas reste garantido que efetivamente ocorrerá a execução do objeto contratado, não poderá a Administração Pública extinguir antecipadamente o contrato administrativo.

4 – Decretação de falência ou de insolvência civil, a dissolução da sociedade ou o falecimento do contratado

Outra hipótese em que a lei permite que o contrato administrativo seja extinto antecipadamente é a observância de prolação de decretação judicial da falência do particular contratado ou da sua insolvência civil, dissolução da sociedade empresarial ou falecimento do contratado.

Na hipótese de decretação judicial da falência da empresa ou insolvência civil do particular contratado, o particular contratado não mais terá condições econômicas para continuar executando aquilo que foi contratado pela Administração Pública, incorrendo, assim, na vedação contida no art. 69, inc. II, da nova lei, que exige como condição de habilitação a apresentação de certidão negativa de falência.

Parece que, mesmo nesta hipótese, demonstrando o particular contratado no caso concreto que detém condições para continuar executando o contrato administrativo, haja vista deter os insumos necessários para concluir o objeto contratado, pago aos colaboradores para executar, montar e construir aquele que foi demandado, não poderá a Administração antecipadamente encerrar o ajuste. Em nosso sentir, neste caso específico, em razão do princípio da eficácia e eficiência, deverá a Administração manter o ajuste com referido contratado, sob pena de gerar mais prejuízos ao falido. Assim, deverá a Administração Pública se esforçar para manter o referido aporte.

A remota possibilidade de pôr fim ao contrato administrativo somente poderá ser aventada no caso da prolação de decisão judicial que definitivamente declara a falência ou de insolvência civil, a dissolução da sociedade, não

COMENTÁRIOS À NOVA LEI DE LICITAÇÕES PÚBLICAS E CONTRATOS ADMINISTRATIVOS

podendo a mera distribuição ou verificação da existência da ação ou pretensão extintiva da pessoa jurídica.

Por sua vez, no caso da dissolução da sociedade ou o falecimento do contratado, observa-se que a pessoa incumbida contratualmente de executar o objeto demandado pela Administração Pública, em razão da sua capacidade intelectual, obviamente, não poderá mais dar continuidade na execução, inexistindo, portanto, razão para a manutenção do ajuste. Logo, existirá impossibilidade de cumprimento das obrigações contratuais assumidas, situação que é natural, logo a ocorrência destas situações não leva a Administração a não ser pôr fim antecipado à avença, devendo, nos autos do competente processo, restar cabalmente demonstrado tal situação.

5 – A ocorrência de caso fortuito ou força maior

Conforme denota-se no art. 137, inc. V, da NLLC, a ocorrência de uma situação no caso concreto enquadra-se como caso fortuito ou força maior, cuja consequência inviabiliza a execução e conclusão do objeto contratado, apresenta-se como hipótese de extinção unilateral antecipada do contrato administrativo, pois a ocorrência de evento que impeça a entrega daquilo que foi demandado pela Estado, no prazo ou cronograma previamente estabelecido, é consagrado na teoria geral das obrigações como causas excludentes de responsabilidade contratual.

Segundo o TJ/DF, acerca do caso fortuito ou força maior, no tocante à diferença entre um e outro "de maneira breve e simples, podemos dizer que o caso fortuito é o evento que não se pode prever e que não podemos evitar. Já os casos de força maior seriam os fatos humanos ou naturais, que podem até ser previstos, mas da mesma maneira não podem ser impedidos; por exemplo, os fenômenos da natureza, tais como tempestades, furacões, raios, etc. ou fatos humanos como guerras, revoluções, e outros."

Com efeito, no caso concreto, levando-se em consideração a intensidade do evento caracterizado como caso fortuito ou força maior, restará totalmente inviabilizada a execução do contrato. Por exemplo, imagine-se que em um galpão alugado pela contratada para armazenar o objeto contratado pela Administração, como a aquisição de uniformes escolares, venha ser totalmente tomado pelas águas da chuva, inviabilizando, assim, o seu fornecimento. Se o particular contratado não tiver condições e tempo razoável para substituir o bem tornado inservível para os fins a que se destina e não podendo a Administração justificadamente prorrogar os termos pactuados, não terá outra alternativa a Administração contratante a não ser colocar fim ao contrato.

Logicamente, caso o evento da natureza ou o praticado pelo homem, dada a sua apequenada envergadura, não impeça, ou melhor, não seja um

DAS HIPÓTESES DE EXTINÇÃO DOS CONTRATOS ART⁰ 137

fato impeditivo de execução do objeto contratado, na forma motivadamente explicitada pelo particular contratado na sua defesa, é dever da Administração Pública manter o contrato administrativo, devendo o mesmo receber as alterações para que possa o particular entregar aquilo que se obrigou contratualmente.

6 – Atraso ou a impossibilidade de obtenção da licença ambiental ou alteração substancial do anteprojeto

Sabe-se que qualquer obra ou serviço de engenharia deve ser submetido aos órgãos ambientais competentes com o escopo de averiguar se o mesmo observou a legislação competente incidente sobre o objeto demandado pelo Estado, independente do bem pretenso ser executado pela Administração ou por particulares.

Ante a tal encargo legal e da baixa qualidade técnica dos projetos apresentados aos órgãos de polícia administrativa, poderão os mesmos demandar modificação ou até mesmo rechaço, caso não atendam à legislação ambiental ou urbanística.

Diante de uma devolutiva cujo conteúdo assente a negativa da licença ambiental ou que determine a alteração substancial do anteprojeto elaborado pela Administração contratante, ou pelo particular contratado aos órgãos competentes (ver art. 25, § 5⁰, da NLLC), fato esse que prejudicará o início da execução do objeto demandado no prazo fixado no instrumento contratual, é permitido que a Administração Pública proceda na extinção antecipada e unilateral do contrato administrativo.

Em caso de mero atraso na obtenção da licença ambiental, verificando-se que a alteração proposta pelo órgão fiscalizatório ambiental no anteprojeto apresentado não é substancial, vale dizer, pode ser realizada pelo particular contratado sem demais problemas, em razão do princípio da eficácia e eficiência o contrato administrativo deve ser mantido, sendo necessária a introdução na avença dos rearranjos necessários para manter a contrato vigente.

No caso de impossibilidade de obtenção da licença ambiental, nos parece que inexiste alternativa para a Administração a não ser proceder à extinção antecipada do ajuste, haja vista a ilegalidade da execução do objeto sem aprovação ambiental ou urbanística.

Outrossim, observando-se que os apontamentos do órgãos de fiscalização ambiental demandam a introdução de alteração substancial do anteprojeto, tal manifestação sendo obtida no prazo previsto no instrumento contratual, haja vista a repercussão nos quantitativos do objeto contratado, caso sejam ultrapassados os limites previstos para alteração qualitativa ou quantitativa do objeto devidamente previstos no art. 125 da NLLC ou transfigure o objeto da

COMENTÁRIOS À NOVA LEI DE LICITAÇÕES PÚBLICAS E CONTRATOS ADMINISTRATIVOS

contratação, o que é vedado pelo art. 126 desta lei, não existirá alternativa para a Administração a não ser proceder na extinção antecipada do ajuste.

Por sua vez, verificando-se que a alteração proposta pelo órgão fiscalizatório no anteprojeto não é substancial, vale dizer, pode ser realizada pelo particular contratado sem demais problemas, mesmo que o prazo demande ser estendido, deve o contrato administrativo ser mantido, sendo necessária a introdução na avença dos rearranjos indispensáveis para a sua manutenção e as condições econômicas da proposta.

Diante de tal possibilidade, no caso do art. 25, § 5º, da NLLC, onde o particular tem a responsabilidade pela obtenção do licenciamento ambiental, deve a Administração contratante assentar nas planilhas de composição de custo da obra os valores necessários para o particular viabilizar a aprovação do competente projeto, haja vista a necessidade de pagamento das despesas referentes a esta parcela do objeto demandado em caso de extinção antecipada do objeto.

7 – Atraso ou a impossibilidade de liberação das áreas sujeitas à desapropriação, desocupação ou servidão administrativa

É condição para a execução de uma obra ou serviço de engenharia a liberação da área que receberá o objeto contratado pela Administração para a instalação do canteiro de obras para viabilizá-lo, sendo obrigação da Administração Pública empreender esforços para disponibilizar ou desobstruir o uso do referido espaço.

Ocorre, todavia, que a liberação da área que receberá a obra ou serviço de engenharia pode apresentar dificuldade, pois pode não ser de propriedade estatal, o que exigirá a realização de uma desapropriação ou a declaração de uma servidão. A mesma dificuldade poderá existir caso a área a receber o objeto demandado seja de propriedade da Administração Pública, porém, tenha de ser desocupada em razão de, por exemplo, lá existir outra edificação que deverá ser demolida, ou a sua posse estar com terceiros, por meio de um contrato de locação, cessão, permissão, concessão, autorização de uso ou até mesmo invadida, o que exigirá o ajuizamento de uma ação de reintegração de posse.

Diante deste cenário, o prazo fixado no instrumento contratual para liberação da área para viabilizar a execução da obra pública ou serviço de engenharia pode ser alongado no tempo, podendo, ainda, ser caracterizado como inconveniente para a Administração manter o contrato administrativo celebrado, sendo a decisão da contratante extinguir antecipadamente o contrato em razão do atraso e impossibilidade de liberação destas áreas.

Analisando, todavia, a vantajosidade na manutenção do contrato administrativo mesmo diante do atraso verificado, deverá o contrato administrativo mesmo

742

DAS HIPÓTESES DE EXTINÇÃO DOS CONTRATOS   ART° 137

ser devidamente prorrogado, como já permite-nos, de forma automática, em razão de objetos e contrato por escopo.

8 – Rescisão do contrato administrativo em face da existência de razões de interesse público

Conforme estabelece o art. 137, inc. VIII, da NLLC, poderá a Administração Pública desfazer precocemente o contrato administrativo, observando-se, no caso concreto, a presença de uma razão que assente um interesse público que torne desnecessária, incompatível com a manutenção do contrato administrativo.

Imagine que a Administração Pública instaurou competente licitação com o objetivo de adquirir móveis de escritório com o intuito de aparelhar a estrutura administrativa do órgão ou entidade, fixando o prazo de entrega dos mesmos e não tenha ainda sido expedida a ordem de fornecimento. Neste intervalo, a Administração Pública recebe a doação de móveis de escritório de uma das grandes empresas estabelecidas no município, que, de tempos em tempos, troca totalmente o seu mobiliário. Ante a tal doação, há interesse público justificado em não avançar com aquele ajuste, pois, neste caso, o erário municipal será onerado desnecessariamente.

Em outro exemplo, celebra a Administração Pública contrato com a construtora para realizar recapeamento asfáltico em uma determinada avenida e logo após é notificado o Poder Público que a concessionária de água e esgoto em alguns meses realizará obras no mesmo logradouro público, com o objetivo de substituir uma adutora enterrada sobre toda a trajetória do passeio público. Diante da referida informação, há justificativa para que a Administração Pública não avance com a contratação, haja vista que o recapeamento a ser realizado em poucos meses será objeto de danificação, em razão da realização das obras de infraestrutura da concessionária.

Sendo assim, a possibilidade de extinção de um contrato administrativo com arrimo no referido dispositivo legal somente poderá ser realizada quando existir motivada justificativa prolatada pela autoridade máxima do órgão ou da entidade contratante.

9 – O não cumprimento das obrigações relativas à reserva de cargos prevista em lei para pessoa com deficiência e para reabilitado da Previdência Social, bem como em outras normas específicas

Como já se observou no art. 116 da nova Lei de Licitações, é dever do particular contratado cumprir a reserva de cargos prevista em lei para pessoa com deficiência, para reabilitado da Previdência Social ou para aprendiz, bem como as reservas de cargos previstas em outras normas específicas.

COMENTÁRIOS À NOVA LEI DE LICITAÇÕES PÚBLICAS E CONTRATOS ADMINISTRATIVOS

De forma a forçar a Administração Pública a cumprir a vontade da lei, caso o particular contratado injustificadamente não atenda aos referidos ditames legais, permite o inciso IX do art. 137 da NLLC que a Administração contratante coloque fim antecipadamente ao ajuste.

§1º – Da edição de regulamento para especificação de procedimentos e critérios para verificação da ocorrência das hipóteses permissivas para a extinção antecipada do contrato

Estabelece o § 1º do art. 137 da nova Lei de Licitações que poderá ser editado um regulamento com o intuito de especificar procedimentos e critérios para a verificação da ocorrência que possibilitam a extinção antecipada do contrato administrativo em caso de observância de uma das hipóteses arroladas nos nove incisos do referido artigo.

Tal medida é necessária, mas não corrige a omissão contida na Lei nº 8.666/1993, que era omissa em relação aos pormenores do processo rescisório no âmbito das contratações públicas.

Com efeito, entende-se que a lei que estabelece as normas gerais de licitação é que deveria conter o regramento mínimo necessário, fixando amarras para garantir o devido processo legal, efetivo contraditório e ampla defesa, e não deixar à discricionariedade do administrador público de plantão, que poderá fixar o regramento de ocasião, podendo tal regulamento ser objeto de modificação a qualquer tempo, o que prejudica a segurança jurídica aos interessados em se relacionar comercialmente com o governo.

Ante os enormes prejuízos, que pode causar ao particular contratado, bem como ao interesse público tutelado com o objeto da contratação, que terá o seu fim antecipado pela Administração Pública contratante, o manejo do referido instrumento pelo responsável pelo ajuste deve ser feito com muita responsabilidade, sempre respeitando os contornos e condições e exigências fixadas na lei e, de forma absoluta, reverenciando sempre o princípio do devido processo legal, efetivo contraditório e ampla defesa.

§2º – Das hipóteses em que o contratado tem direito à extinção do contrato

Poderá ocorrer, por sua vez, circunstâncias que, quando observadas no caso concreto, acabam por gerar o direito ao particular contratado buscar colocar fim ao contrato administrativo, se desvinculando licitamente da relação jurídica estabelecida sem que a Administração contratante utilize umas das

744

suas prerrogativas constantes do art. 104 da NLLC, a exemplo da imposição de sanções motivadas pela inexecução total ou parcial do ajuste.

Andou bem a Lei nº 14.133/2021, cujo teor, na quadra em estudo, estruturou no texto legal de forma a fixar as hipóteses onde a Administração pode extinguir antecipadamente a avença e as situações em que o contratado tem o direito também à extinção. Didaticamente é importante tal organização, haja vista que o texto da Lei de Licitações não é apenas consultado pelos operadores do direito, mas também por pessoas físicas e jurídicas que se relacionam comercialmente com o Poder Público brasileiro.

Analisando os incisos arrolados no art. 137, § 2º, da NLLC, observa-se situações em que o contratado pode passar a assumir encargos aos quais não se obrigou contratualmente, fato que pode gerar prejuízos para o particular, de forma a tornar impossível a execução do contrato e, por conseguinte, a manutenção da avença. Com efeito, tal parágrafo assenta a teoria do *exceptio non adimpleti contractus*.

A referida teoria, também conhecida como exceção do contrato não cumprido, importa na possibilidade de uma parte descumprir com a sua obrigação, desde que a outra parte a tenha descumprido. Essa regra decorre de nossa legislação civil, mais precisamente em razão das disposições do art. 477 do Código Civil Brasileiro.

Entretanto, em razão do regime jurídico do contrato administrativo, notadamente considerando o princípio da supremacia do interesse público e da continuidade do serviço público, firmou-se que a teoria privatística em questão não poderia ser invocada no contexto do Direito Administrativo.

Evidentemente, a inoponibilidade absoluta da exceção do contrato não cumprido termina por trazer ao particular uma série de prejuízos e, portanto, de injustiças, que, a nosso ver, é repelida pelo nosso Direito.

Sendo assim, estabelece o art. 135, § 2º, inc. I, da NLLC, que o contratado terá direito à extinção do ajuste quando da supressão por parte da Administração Pública dos quantitativos de obras, serviços ou compras que acarretem modificação do valor inicial atualizado do contrato, além do limite permitido no art. 125 desta Lei.

No tocante a tal hipótese, esclareça-se que a supressão do objeto além dos 25% do valor inicial atualizado do contrato pode, no caso concreto e levando em conta as particularidades da execução, acarretar demasiado prejuízo ao contratado. Como exemplo, sabe-se que sobre as compras do bem objeto da contratação ou os insumos necessários para alocação do bem pretenso incide o princípio da economia de escala – que, em simples palavras, é o fenômeno da redução do valor unitário do bem proporcional à quantidade adquirida –, que permite a aquisição de grandes quantidades com valor reduzido. Ressalte-se

COMENTÁRIOS À NOVA LEI DE LICITAÇÕES PÚBLICAS E CONTRATOS ADMINISTRATIVOS

que, quando ocorre a supressão excessiva do bem ou insumo, a equação econômico-financeira pode não ser mantida, haja vista a possibilidade de verificação do aumento do objeto ou insumos, fato que pode prejudicar a lucratividade garantida na proposta ou até mesmo a gerar prejuízo, quando a rentabilidade é corroída pelo sobrepreço gerado.

Já o art. 137, § 2º, inc. II, da NLLC, permite ao particular contratado tomar a iniciativa de buscar a extinção antecipada do contrato quando o Poder Público Municipal suspender a execução do objeto do contrato administrativo desde que por ordem escrita da administração por prazo superior a três meses.

Com efeito, deseja-se evitar por meio deste dispositivo o prejuízo ao particular decorrente de interrupções por um período significativo, que geram dispêndios de toda sorte, haja vista que a entrepausa da execução do ajuste gera a necessidade de pagamento de despesas não previstas no edital, como pagamento de vigilância em período sem execução do objeto, eventuais punições contratuais em decorrência da suspensão ou interrupção em caso de subcontratação, majoração dos custos dos insumos alocados no objeto etc.

Por sua vez, o art. 137, § 2º, inc. III, da NLLC, dá o direito ao contratado de colocar fim antecipado ao ajuste quando observar no caso concreto repetidas suspensões que totalizam 90 (noventa) dias úteis, independentemente do pagamento obrigatório de indenização pelas sucessivas e contratualmente imprevistas desmobilizações e mobilizações e outras previstas.

Observa-se que tal hipótese se assemelha à situação acima já discorrida, constante do inc. I do artigo em estudo.

Sendo assim, para evitar demais prejuízos do contratado, fincou o legislador que as interrupções não continuadas também terão como limite 90 dias, sendo que, se as sobrepausas em menor período, quando somadas, ultrapassar o referido lapso, acabam por gerar para o contratado o direito de buscar a extinção antecipada do ajuste sem a conclusão do objeto.

Com efeito, tem o particular tal direito, independentemente do pagamento obrigatório de indenização pelas sucessivas e contratualmente imprevistas desmobilizações e mobilizações e outras previstas. Mesmo sendo ressarcidos pelas referidas despesas, podem outras advir das interrupções, conforme acima discorremos.

O art. 137, § 2º, inc. IV, da NLLC, também permite a extinção antecipada do contrato administrativo na ocorrência de atraso superior a 2 (dois) meses, contados da emissão da nota fiscal, dos pagamentos ou de parcelas de pagamentos devidos pela Administração por despesas de obras, serviços ou fornecimentos.

Não recebendo o contratado a contrapartida pecuniária pela execução de uma obra, prestação de um serviço ou fornecimento de bens, não pode o particular continuar vinculado a um contrato, sob pena de prejuízo ao seu

DAS HIPÓTESES DE EXTINÇÃO DOS CONTRATOS   ART° 137

fluxo de caixa e sua existência. Assim, permite-se que após dois meses de emissão da nota fiscal do pagamento integral ou parcial do contrato sem que ocorra o efetivo recebimento, o particular tenha direito de pôr cabo ao contrato administrativo.

Para que a referida faculdade possa ser utilizada pelo contratado, deverá o pagamento estar devidamente liquidado pela Administração contratante, uma vez que o pagamento pode estar condicionado ou relacionado a alguma glosa, condição, ou outro elemento obstativo.

Por fim, o art. 137, § 2º, inc. V, da NLLC confere ao particular contratado o direito à extinção antecipada do ajuste em caso de não liberação pela Administração, nos prazos contratuais, de área, local ou objeto, para execução de obra, serviço ou fornecimento, e de fontes de materiais naturais especificadas no projeto, inclusive devido a atraso ou descumprimento das obrigações atribuídas pelo contrato à Administração relacionadas à desapropriação, à desocupação de áreas públicas ou a licenciamento ambiental.

Esclarecendo o conteúdo jurídico do referido dispositivo legal, sabe-se que muitos objetos para ter iniciada a sua execução exigem um comportamento ativo e anterior da Administração contratante, que pode estar relacionada à liberação do local para execução da obra, prestação de um serviço ou entrega ou instalação de um bem, a liberação do objeto, a exemplo da entrega de um equipamento para reforma.

Sendo o encargo estatal uma condição para o início da execução do objeto pelo particular, por ser prejudicial à manutenção do vínculo contratual por muito tempo, em razão da variação de preços para a execução do objeto contratado, modificação ou perda da equipe técnica a ser alocada realizado da obrigação contratual, poderá o particular desejar extinguir antecipadamente o contrato.

O referido dispositivo legal também permite que o particular desencadeie o procedimento para buscar a rescisão antecipada do objeto contratado quando a Administração Pública atrasar ou descumprir as obrigações contratualmente assumidas no tocante à desapropriação, desocupação ou licenciamento ambiental do imóvel que receberá a obra pública, cujas razões acima asseverou-se.

§ 3º – Disposições atinentes aos incisos II, III e IV do § 2º deste artigo

O § 3º do art. 137 da nova Lei de Licitações fixa limitações e condicionantes às partes do contrato público no tocante à extinção antecipada da avença.

Sendo assim, nas hipóteses de extinção a que se referem os incisos II, III e IV do § 2º do artigo estudado, vale dizer, (inc. II) quando for observado repetidas suspensões que totalizem 90 (noventa) dias úteis, (inc. III) em caso de atraso

COMENTÁRIOS À NOVA LEI DE LICITAÇÕES PÚBLICAS E CONTRATOS ADMINISTRATIVOS

superior a 2 (dois) meses, contados da emissão da nota fiscal e (IV) observando-
-se a não liberação pela Administração, nos prazos contratuais, de área, local
ou objeto, para execução de obra, serviço ou fornecimento, estabelece o § 3º
do artigo em estudo que tais hipóteses (I) não serão admitidas em caso de
calamidade pública, de grave perturbação da ordem interna ou de guerra, bem
como quando decorrerem de ato ou fato que o contratado tenha praticado, do
qual tenha participado ou para o qual tenha contribuído e (II) assegurarão ao
contratado o direito de optar pela suspensão do cumprimento das obrigações
assumidas até a normalização da situação, admitido o restabelecimento do
equilíbrio econômico-financeiro do contrato, na forma da alínea "d" do inciso
II do *caput* do art. 124 desta NLLC.

Com efeito, a ocorrência de determinadas situações na sociedade,
a exemplo das acima colacionadas, as quais não foram criadas por ação ou
omissão da Administração contratante ou não podendo por essa impedir ou
cessar, pode acarretar a necessidade de supressão de parte do objeto contratado,
demandar a suspensão da execução do objeto por 3 meses, continuada ou
fragmentadamente, ou gere o atraso no pagamento de notas fiscais, de forma
a fazer nascer uma das hipóteses que poderiam admitir a rescisão do ajuste.
Diante desta situação, não surge o direito do contratado buscar a extinção
da avença.

Igualmente, não poderá a avença ser extinta antecipadamente por meio de
provocação do contratado caso tenha participado ou tenha contribuído para o
surgimento das situações constantes dos incisos II, III e IV do § 2º do artigo
estudado.

Com o objetivo do particular não ser onerado ante o impacto da situação
anormal por manter o contrato, é obrigação da Administração assegurar ao
contratado o direito de optar pela suspensão do cumprimento das obrigações
assumidas até a normalização da situação, admitido o restabelecimento do
equilíbrio econômico-financeiro do contrato, na forma da alínea "d" do inciso
II do *caput* do art. 124 desta Lei.

Colocando um fim ao estudo do art. 135 da nova Lei de Licitações, estabelece o § 4º que deverá a Administração Pública contratante, quando da
instauração do processo rescisório do contrato administrativo em que foi
observado o descumprimento das cláusulas contratuais, notificar a companhia
de seguro que emitiu a apólice apresentada para fins de contratação, para
acompanhar o desfecho do expediente administrativo, uma vez que, conforme
estabelece o art. 96 da NLLC, recairá sobre este terceiro o encargo de pagar o
prêmio contido no documento securitário ou concluir o objeto contratado na
forma como comprometeu-se contratualmente.

DAS HIPÓTESES DE EXTINÇÃO DOS CONTRATOS   ART⁰ 137

Rescisão do contrato. Cumprimento irregular das cláusulas contratuais. Necessidade de demonstração em competente processo administrativo rescisório: TRF 1ª Região: "1. Os contratos entre entes particulares e a Administração Pública são regidos pela Lei 8.666/93, que, de acordo com o seu art. 78, incisos I e II, autoriza a rescisão unilateral quando, dentre outras hipóteses, houver cumprimento irregular de cláusulas contratuais, o que se constatou no presente caso, conforme restou apurado em processo administrativo instaurado para tanto. 2. Apelo improvido." (Processo: AC 1999.01.00.014962-3/DF; Apelação Cível – Relatoria: Des. Fed. Souza Prudente – Órgão Julgador: 6º T – Publicação: 31/07/2006 DJ p.117)

Rescisão do contrato. Rescisão amigável. Necessidade de instauração de processo administrativo rescisório, mesmo o particular se esquivando da rescisão amigável: TCU – Acórdão nº 261/2003 – Plenário – Trecho do voto do Ministro Relator Humberto Guimarães Souto – "Sobre a questão apontada na alínea 'a', o fato de a empresa contratada se esquivar da rescisão amigável do ajuste, não legitima a ausência do devido processo administrativo no caso do rompimento mediante ato unilateral da Administração, assegurando-se o direito de defesa, com garantia do contraditório ao contratado, como requer o art. 78, parágrafo único da Lei nº 8.666/93."

Processo administrativo rescisório. Necessidade de observância do princípio do contraditório e ampla defesa. Necessidade de garantia à adequada instrução processual: STJ – RMS 20.385/PR – Relatoria Ministro Castro Meira – "2. Ao mesmo passo que a Constituição impõe à Administração Pública a observância da legalidade, atribui aos litigantes em geral, seja em processos judiciais seja administrativos, a obediência à garantia fundamental do contraditório e da ampla defesa (art. 5º, LV). Todavia, não se deve confundir o poder de agir de ofício, ou seja, de iniciar um procedimento independentemente de provocação das partes, com a tomada de decisões sem a prévia oitiva dos interessados. É nesse contexto, portanto, que se inserem os enunciados das Súmulas 346 e 473/STF. Dessarte, a rescisão unilateral do contrato administrativo deve observar o devido processo legal, no qual seja conferido ao administrado o direito à ampla defesa e ao contraditório."

Processo administrativo rescisório. Necessidade de observância do princípio da motivação, do contraditório e ampla defesa. STJ – RMS nº 5.478/RJ – Relatoria Ministro Milton Luiz Pereira – "1. A MOTIVAÇÃO DO ATO E O DEVIDO PROCESSO LEGAL, FAVORECENDO A AMPLA DEFESA SÃO GARANTIAS CONSTITUCIONAIS (ARTS. 5º, LV, E 93, X, CF).

2. DISCRICIONARIEDADE NÃO SE CONFUNDE COM O ENTENDIMENTO PESSOAL OU PARTICULAR DO ADMINISTRADOR, SUBMETENDO-SE À LEGALIDADE. EM CONTRÁRIO, CONFIGURARIA ATO ARBITRÁRIO. 3. SEGURANÇA CONCEDIDA PARA SER GARANTIDO O EXERCÍCIO DA AMPLA DEFESA, FORMANDO-SE O CONTRADITÓRIO. 4. RECURSO PROVIDO.

COMENTÁRIOS À NOVA LEI DE LICITAÇÕES PÚBLICAS E CONTRATOS ADMINISTRATIVOS

Processo administrativo rescisório. Necessidade de observância do princípio do contraditório e ampla defesa. Necessidade de motivação da decisão administrativa: TRF 1º Região – 0029361-43.2004.4.01.3400 – Relatoria: Des. Fed. Fagundes de Deus "I – O informalismo inerente ao processo administrativo não exime o administrador de declinar as razões de seu ato.

II – Ao afirmar que 'aos litigantes, em processo judicial ou administrativo, e aos acusados em geral são assegurados o contraditório e ampla defesa, com os meios e recursos a ela inerentes' (art. 5º, XL), a Constituição Federal vem permitir ao administrado não somente a apresentação de defesa, mas também que suas razões sejam levadas em consideração na hora de decidir, ainda que para rejeitá-las fundamentadamente, motivo pelo qual o administrador não pode declinar de apresentar as razões de sua decisão, sob pena de nulidade. III – Embargos Infringentes a que se nega provimento." (EIAC 0029361-43.2004.4.01.3400 / DF, Terceira Seção, e-DJF1 p.63 de 08/08/2011)

Processo administrativo rescisório. Necessidade de observância do princípio do contraditório e ampla defesa. Instrução processual. Necessidade de deferimento. TRF 1ª Região – AC 1997.01.00.041095-0 – Relatoria: Juiz Carlos Alberto Simões De Tomaz (CONV.) – "I. A Lei nº 8.666/93 assegura, em havendo rescisão contratual, o ressarcimento dos prejuízos regularmente comprovados que houver sofrido o contratado. II. Havendo necessidade de prover tal prejuízo, não pode o juiz indeferir a prova pericial, sob ofensa ao princípio do contraditório e da ampla defesa. III. Agravo a que se dá provimento. (AC 0034738-54.1997.4.01.0000 / PI, Rel., Terceira Turma Suplementar (Inativa), DJ p.113 de 11/07/2002)

Artigo 138

A extinção do contrato poderá ser:

I – determinada por ato unilateral e escrito da Administração, exceto no caso de descumprimento decorrente de sua própria conduta;

II – consensual, por acordo entre as partes, por conciliação, por mediação ou por comitê de resolução de disputas, desde que haja interesse da Administração;

III – determinada por decisão arbitral, em decorrência de cláusula compromissória ou compromisso arbitral, ou por decisão judicial.

§ 1º A extinção determinada por ato unilateral da Administração e a extinção consensual deverão ser precedidas de autorização escrita e fundamentada da autoridade competente e reduzidas a termo no respectivo processo.

§ 2º Quando a extinção decorrer de culpa exclusiva da Administração, o contratado será ressarcido pelos prejuízos regularmente comprovados que houver sofrido e terá direito a:

750

DAS HIPÓTESES DE EXTINÇÃO DOS CONTRATOS   ART⁰ 138

I – devolução da garantia;
II – pagamentos devidos pela execução do contrato até a data de extinção;
III – pagamento do custo da desmobilização.

O art. 138 da NLLC estabelece algumas formas de extinção antecipada dos contratos administrativos, elencando em seus três incisos aquela em que o Poder Público pode unilateralmente desencadear processo administrativo para tal objetivo; a extinção consensual, por acordo entre as partes; judicialmente; arbitral, modalidade essa admitida em decorrência da existência de cláusula compromissória ou compromisso arbitral no bojo do contrato administrativo.

Analisando cada uma dessas formas de extinção antecipada dos contratos administrativos, temos a considerar que o art. 138, inc. I, da NLLC permite que o contrato seja extinto unilateral e antecipadamente quando da ocorrência das hipóteses arroladas no artigo antecedente e diante da inexistência de condições para manutenção da avença. Tal extinção precederá de ato administrativo escrito da Administração contratante, ao cabo do competente processo administrativo rescisório, onde será garantido ao particular o contraditório e a ampla defesa. Acerca desta modalidade de extinção antecipada dos contratos administrativos, remete-se o leitor para as considerações tecidas no artigo anterior.

A rescisão consensual ou amigável do contrato se realiza por mútuo acordo entre as partes. Geralmente, ocorre nos casos de inadimplência sem culpa do contratado, ou mesmo em casos de interesse público, em que o contratado expressa a sua anuência ao distrato.

As tratativas necessárias para viabilizar a extinção antecipada e consensual do contrato administrativo deverão ocorrer com total transparência, devendo os termos, ao cabo das negociações, serem fixados nos autos do processo administrativo, necessitando assim ser celebrado o competente termo de distrato, sendo fixados os motivos para se colocar fim ao contrato administrativo.

Para que tal forma de extinção se revista de legalidade, deverá existir interesse da Administração, vale dizer, para o Poder Público deverá ser conveniente e adequado, não podendo existir prejuízo algum para o interesse público perseguido com aquele objeto, ou seja, não poderá ser utilizada tal modalidade de extinção de contrato quando existir apenas interesse do particular contratado. Assim, não caberá a rescisão do ajuste quando o contratado apresentar dificuldades financeiras para executar o objeto do contrato ou manifestar qualquer outro tipo de interesse próprio que não seja da coletividade.

Nos casos em que há manifesto interesse da Administração Pública em colocar um fim ao ajuste, deverá constar do termo, o afastamento, a forma de retomada do objeto pela Administração, bem como os detalhes relacionados aos

COMENTÁRIOS À NOVA LEI DE LICITAÇÕES PÚBLICAS E CONTRATOS ADMINISTRATIVOS

pagamentos e dívidas com colaboradores e mão de obra alocada no contrato, a fim de evitar prejuízos para o Poder Público futuramente, haja vista, além de retardar a entrega daquilo que foi contratado em razão da rescisão, não pode o Poder Público ser prejudicado em face de alguma repercussão jurídica que a antecipação da extinção do contrato administrativo gerou.

Por sua vez, o art. 138, inc. II, da NLLC, permite extinguir antecipadamente os contratos administrativos através de tratativas consensuais, como um acordo administrativo, conciliação, mediação e comitê de resolução de disputas.

Já o inc. III do mesmo diploma permite que a extinção do contrato ocorra por decisão arbitral, em decorrência de cláusula compromissória ou compromisso arbitral, ou por decisão judicial.

Conforme observa-se da parte final do art. 138, § 2º, da NLLC, é direito do particular contratado buscar a extinção antecipada do contrato administrativo nas hipóteses lá arroladas. Para que tal pretensão ocorra, caso não seja possível extinguir o ajuste consensualmente, por meio de provocação do particular, não restará alternativa para este a não ser socorrer-se das vias judiciais, devendo ser ajuizada a competente ação, com escopo do Poder Judiciário declarar o fim antecipado do ajuste. Somente após a decretação judicial ou consensual estará o particular liberado de todos os encargos assumidos contratualmente.

A rescisão judicial pode ser intentada tanto pela Administração contratante como pelo particular contratado. Saliente-se, todavia, que a rescisão judicial é opcional para a Administração, pois esta sempre tem a possibilidade de operacionalizar a rescisão pretendida mediante a instauração de regular processo administrativo.

A fim de garantir a validade do ato administrativo que extingue antecipadamente o contrato, exige o § 1º do art. 138 da NLLC que o ato que precocemente põe fim ao ajuste, unilateral ou consensualmente, seja antecipado de autorização escrita e fundamentada pela autoridade competente, em razão da observância do princípio da motivação dos atos administrativos, devendo as razões serem objeto de consignação no termo rescisório, a ser acostado no devido processo administrativo.

Por derradeiro, conforme prevê o § 2º do artigo em estudo, quando a extinção decorrer de culpa exclusiva da Administração, o contratado será ressarcido pelos prejuízos regularmente comprovados que houver sofrido e terá direito a: I – devolução da garantia; II – pagamentos devidos pela execução do contrato até a data de extinção; III – pagamento do custo da desmobilização.

Jurisprudência e decisões dos Tribunais de Contas
1. Rescisão do contrato. Rescisão amigável. Necessidade de instauração de processo administrativo rescisório, mesmo o particular se esquivando da rescisão amigável: TCU – Acórdão nº 261/2003 – Plenário – Trecho do voto do Ministro

752

DAS HIPÓTESES DE EXTINÇÃO DOS CONTRATOS · ART° 139

Relator Humberto Guimarães Souto – "Sobre a questão apontada na alínea 'a', o fato de a empresa contratada se esquivar da rescisão amigável do ajuste, não legitima a ausência do devido processo administrativo no caso do rompimento mediante ato unilateral da Administração, assegurando-se o direito de defesa, com garantia do contraditório ao contratado, como requer o art. 78, parágrafo único da Lei nº 8.666/93."

Rescisão contratual sem culpa do contratado. Necessidade de reparação do prejuízo que efetivamente experimentou o particular: STJ – AgRg no REsp nº 929.310/RS – Relatoria: Ministro Benjamin Zymler – Arnaldo Esteves Lima – "2. O § 2º do art. 79 da Lei 8.666/93 estabelece que, para que o particular seja indenizado pelos prejuízos decorrentes da rescisão unilateral do contrato administrativo, é necessária a comprovação da existência dos referidos prejuízos." (J. 20/10/09 , P. DJe: 12/11/2009)

Rescisão contratual sem culpa do contratado. Ressarcimento somente dos prejuízos regularmente comprovados: TRF 1ª Região – AC 1999.38.00.015738-5/MG – Relatoria: Des. Fed. Maria Isabel Gallotti Rodrigues – "ADMINISTRATIVO. AÇÃO DE INDENIZAÇÃO. RESCISÃO ANTECIPADA DE CONTRATO ADMINISTRATIVO. 1. Não tendo a Autora comprovado os prejuízos efetivamente sofridos com a rescisão antecipada do contrato de locação por ela celebrado com o IBGE, não há como acolher o seu pedido de indenização correspondente ao valor restante do contrato (CPC, art. 333, I e Lei 8.666/93, art. 79, § 2º). 2. É de se reconhecer, contudo, o seu direito de receber os aluguéis referentes aos dias que se seguiram à rescisão do contrato, durante os quais os veículos ainda não lhe tinham sido devolvidos pela Administração. 3. Dá-se parcial provimento à apelação e à remessa." (Processo: AC 1999.38.00.015738-5/MG; Apelação Cível – Relatoria: Des. Fed. Maria Isabel Gallotti Rodrigues – Órgão Julgador: 6ª T – Publicação: 22/05/2006 DJ p.157)

ARTIGO 139

A extinção determinada por ato unilateral da Administração poderá acarretar, sem prejuízo das sanções previstas nesta Lei, as seguintes consequências:

I – assunção imediata do objeto do contrato, no estado e local em que se encontrar, por ato próprio da Administração;

II – ocupação e utilização do local, das instalações, dos equipamentos, do material e do pessoal empregados na execução do contrato e necessários à sua continuidade;

III – execução da garantia contratual para:

a) ressarcimento da Administração Pública por prejuízos decorrentes da não execução;

b) pagamento de verbas trabalhistas, fundiárias e previdenciárias, quando cabível;

COMENTÁRIOS À NOVA LEI DE LICITAÇÕES PÚBLICAS E CONTRATOS ADMINISTRATIVOS

c) pagamento das multas devidas à Administração Pública;

d) exigência da assunção da execução e da conclusão do objeto do contrato pela seguradora, quando cabível;

IV – retenção dos créditos decorrentes do contrato até o limite dos prejuízos causados à Administração Pública e das multas aplicadas.

§ 1º A aplicação das medidas previstas nos incisos I e II do caput deste artigo ficará a critério da Administração, que poderá dar continuidade à obra ou ao serviço por execução direta ou indireta.

§ 2º Na hipótese do inciso II do caput deste artigo, o ato deverá ser precedido de autorização expressa do ministro de Estado, do secretário estadual ou do secretário municipal competente, conforme o caso.

Estabelece o art. 139 da NLLC que a extinção antecipada e unilateral do contrato administrativo poderá exigir da Administração contratante a prática de alguns comportamentos que se apresentam necessários para proteger o interesse público envolvido com o objeto contratado ou a integridade de bens públicos trespassados para o particular, independentemente de autorização ou intervenção legislativa ou judicial.

Assim, permite o inc. I do art. 139 da NLLC que a Administração contratante, após a conclusão do processo administrativo rescisório, se aposse do objeto do contrato no estado e local em que se encontrar, devendo, para tanto, ser expedido ato administrativo competente delimitando as condições do apossamento.

Imagine que a Administração contratante declare extinto um contrato administrativo cujo objeto é a reforma de um veículo e que se encontra na oficina do contratado e outro ajuste cujo objeto seja a execução de uma ampliação de um prédio público. Com efeito, ao cabo do processo rescisório, a Administração deverá se apossar, no primeiro exemplo, do veículo que está na oficina, devendo ser empreitados esforços com o objetivo de trazê-lo de volta para a posse da Administração, no estado que se encontra. Já no segundo exemplo, deverá ser destacado para o local a guarda patrimonial da Administração com o escopo de proteger aquilo que foi executado até aquele momento da rescisão, afastando, assim, a possibilidade de ocorrência de vandalismo, vilipêndio, furtos ou retirada de materiais empregados na obra etc.

O ato de apossamento a ser realizado pela autoridade competente deverá fixar os pormenores do objeto apossado, com fotografias e relatórios, com o intuito de serem registradas as condições do objeto na ocasião do retorno da posse do bem para a Administração.

A utilização da referida prerrogativa, prevista no art. 104, inc. V, da NLLC, deve ocorrer de forma parcimoniosa e com limites, haja vista não ter natureza

754

DAS HIPÓTESES DE EXTINÇÃO DOS CONTRATOS   ART° 139

sancionatória, expropriatória, devendo tal privilégio ser exercido nos estritos limites para garantir a proteção do interesse público, sob pena de desvio de finalidade. Com efeito, estabelece Marçal Justen Filho, que:

> O inc. I não autoriza a Administração ignorar os limites da propriedade privada. Não propicia a faculdade de invadir as instalações do particular para retirar de lá, pelo uso da força, os bens que reputar a si devidos. A disposição ora examinada envolve especificamente o apossamento pelo Estado de bens imóveis públicos que estivessem eventualmente sob poder do particular para execução da prestação.[243]

No tocante ao art. 139, inc. II, da NLLC, quando um contrato é extinto antecipadamente e seu objeto não permite interrupção de execução, sob pena de prejuízo ao interesse público, permite-se que o Poder Público ocupe o local da execução do objeto demandado e passe a ocupar e utilizar o local, as instalações, os equipamentos, o material e o pessoal empregados do particular anteriormente contratado na execução do contrato, somente aquilo que se apresenta necessários à sua continuidade.

Nesta hipótese, tudo aquilo que se apresentar excessivo para garantir a continuidade da execução do objeto contratado pelo Poder Público deve ser imediatamente liberado pela Administração Pública, sob pena de ilegalidade. Conforme reza Marçal Justen Filho:

> Haverá desvio de finalidade se a Administração resolver assumir o controle de bens ou direitos do particular, sem qualquer necessidade para satisfação dos interesses fundamentais, apenas para acarretar ao particular um prejuízo, numa espécie de retaliação por atos reputados como de insubordinação ou algo similar.[244]

Nesse passo, na forma do § 1° do referido artigo, a assunção imediata do objeto contratado, no estado e local em que se encontrar ou a ocupação de utilização do local, das instalações, dos equipamentos, dos materiais e do pessoal empregados na execução do contrato e necessários à sua continuidade fica a critério da administração contratante, que discricionariamente poderá dar continuidade à execução do objeto do remanescente da obra ou serviço por meio de execução direta, por pessoal próprio, ou de modo indireto, ou seja, por particular contratado para tal desiderato.

---

[243] FILHO, Marçal Justen, *Comentários à Lei de Licitações e Contratos Administrativos*. 12ª Ed., São Paulo: Dialética, 2008, p.995.
[244] FILHO, Marçal Justen, *Comentários à Lei de Licitações e Contratos Administrativos*. 12ª Ed., São Paulo: Dialética, 2008, p.994.

COMENTÁRIOS À NOVA LEI DE LICITAÇÕES PÚBLICAS E CONTRATOS ADMINISTRATIVOS

Por sua vez, estabelece o § 2º do artigo em comento, para que ocorra a prática do comportamento previsto no inc. II do artigo ora estudado, os atos que determinaram a ocupação e utilização do local das instalações, equipamentos, material e pessoal empregados na execução do contrato necessários à sua continuidade serão precedidos de autorização expressa do Ministro de Estado, Secretário Estadual e Secretário Municipal competente, conforme o caso.

Haja vista a gravidade que representa a Administração contratante prejudicar o exercício da propriedade particular do contratado, uma vez que é permitida a utilização do local, das instalações, material e pessoal empregado na execução do objeto, a sua ocorrência deverá ser autorizada pela autoridade máxima do órgão.

A manifestação administrativa prevista no § 2º do artigo em estudo que não seja praticado por agente público diferente daquele arrolado no parágrafo segundo macula a legalidade do apossamento administrativo realizado pelo Poder Público.

Também permite o art. 139, inc. III, da NLLC, que, na ocasião em que a Administração Contratante declarar o fim antecipado do contrato administrativo, o Poder Público execute a garantia contratual devidamente prestada.

Nesse sentido, tem-se que o art. 139, inc. III, al. "a", da NLLC, permite a execução da garantia contratual caso reste demonstrado nos autos do competente processo administrativo prejuízos causados ao erário decorrentes da não execução do objeto demandado.

Por sua vez, existem objetos demandados pela Administração cuja execução demanda alocação de mão de obra, como obras e serviços de qualquer natureza, fato que exige a presença de planilha de composição de custos cujo teor assentará verbas trabalhistas devidas. Sendo assim, quando o contratado não trespassar as verbas trabalhistas devidas aos colaboradores alocados no objeto contratado quando da extinção antecipada do ajuste, poderá a garantia contratual ser acionada para viabilizar o cumprimento da legislação trabalhista, conforme prevê o art. 139, inc. III, al. "b", da NLLC.

Além disso, conforme determina o art. 139, inc. III, al. "c", da NLLC, a garantia contratual poderá ser utilizada para pagamento dos valores devidos a título de multa contratual, imputado ao particular contratado ao cabo do processo sancionatório, na forma fixada no edital e contrato. Assim, estabelece o art. 154, § 8º, da nova Lei de Licitações, que, se a multa aplicada e as indenizações cabíveis forem superiores ao valor de pagamento eventualmente devido pela Administração ao contratado, além da perda deste, a diferença será descontada da garantia prestada ou cobrada judicialmente.

Por derradeiro, poderá a garantia contratual ser utilizada para exigir assunção da execução e conclusão do objeto pela seguradora contratada para emissão da apólice de seguro quando for cabível.

DO RECEBIMENTO DO OBJETO DO CONTRATO ART° 140

Colocando cabo o estudo do referido artigo, estabelece o art. 139 da NLLC que a extinção determinada por ato unilateral da Administração poderá acarretar, sem prejuízo das sanções previstas nesta Lei, retenção dos créditos decorrentes do contrato até o limite dos prejuízos causados à Administração Pública e das multas aplicadas.

A rescisão antecipada dos contratos públicos geralmente é a medida verificada em casos de descumprimento dos termos pactuados, fato que acaba sempre por gerar um prejuízo para a Administração. Sendo este devidamente quantificado nos autos do processo administrativo, deverá o particular arcar com os mesmos, devendo o patrimônio público ser recomposto por meio da retenção de créditos que eventualmente o particular contratado tenha com a Administração contratante.

CAPÍTULO IX – DO RECEBIMENTO DO OBJETO DO CONTRATO

Artigo 140

O objeto do contrato será recebido:

I – em se tratando de obras e serviços:

a) provisoriamente, pelo responsável por seu acompanhamento e fiscalização, mediante termo detalhado, quando verificado o cumprimento das exigências de caráter técnico;

b) definitivamente, por servidor ou comissão designada pela autoridade competente, mediante termo detalhado que comprove o atendimento das exigências contratuais;

II – em se tratando de compras:

a) provisoriamente, de forma sumária, pelo responsável por seu acompanhamento e fiscalização, com verificação posterior da conformidade do material com as exigências contratuais;

b) definitivamente, por servidor ou comissão designada pela autoridade competente, mediante termo detalhado que comprove o atendimento das exigências contratuais.

§ 1º O objeto do contrato poderá ser rejeitado, no todo ou em parte, quando estiver em desacordo com o contrato.

§ 2º O recebimento provisório ou definitivo não excluirá a responsabilidade civil pela solidez e pela segurança da obra ou serviço nem a responsabilidade ético-profissional pela perfeita execução do contrato, nos limites estabelecidos pela lei ou pelo contrato.

§ 3º Os prazos e os métodos para a realização dos recebimentos provisório e definitivo serão definidos em regulamento ou no contrato.

§ 4º Salvo disposição em contrário constante do edital ou de ato normativo, os ensaios, os testes e as demais provas para aferição da boa execução do objeto do contrato exigidos por normas técnicas oficiais correrão por conta do contratado.

§ 5º Em se tratando de projeto de obra, o recebimento definitivo pela Administração não eximirá o projetista ou o consultor da responsabilidade objetiva por todos os danos causados por falha de projeto.

§ 6º Em se tratando de obra, o recebimento definitivo pela Administração não eximirá o contratado, pelo prazo mínimo de 5 (cinco) anos, admitida a previsão de prazo de garantia superior no edital e no contrato, da responsabilidade objetiva pela solidez e pela segurança dos materiais e dos serviços executados e pela funcionalidade da construção, da reforma, da recuperação ou da ampliação do bem imóvel, e, em caso de vício, defeito ou incorreção identificados, o contratado ficará responsável pela reparação, pela correção, pela reconstrução ou pela substituição necessárias.

O art. 140 da NLLC fixa as regras relacionadas ao recebimento do objeto contratado, seja ele uma obra, um serviço ou um bem. Assim ocorre, pois, conforme ensina Márcio dos Santos Barros, "a simples tradição (transferência do bem), no Direito Administrativo não configura aceitação. Faz necessário que a Administração efetivamente verifique a conformidade do objeto com as regras contratuais e técnicas."[245] Por tal razão, "nos contratos administrativos, a questão do recebimento do objeto do contrato assume contornos próprios, distinguindo-se das regras aplicáveis aos contratos celebrados no Direito privado"[246].

Dada a importância do recebimento do objeto contratado, haja vista ser o momento em que a malversação dos recursos públicos ocorre, em que pese a possibilidade de entrega de algo em desacordo com o edital e contrato, por meio do expediente arrolado no artigo em estudo, praxe na legislação licitatória, busca-se garantir que efetivamente o Poder Público venha receber aquilo que contratou.

No recebimento provisório, observa-se a mera entrega do objeto, serviço ou obra contratada pela Administração, transferindo a posse do mesmo para o Poder Público[247], ocasião em que tal é recepcionado, não tendo efeito de quitação.[248]

---

[245] BARROS, Márcio dos Santos. *502 Comentários Sobre Licitações e Contratos Administrativos*, São Paulo: ed. NDJ, 2012, p. 482.

[246] FURTADO, Lucas Rocha. *Curso de Licitações e Contratos Administrativos*, Belo Horizonte: Fórum, 2007, p. 548.

[247] FURTADO, Lucas Rocha. *Curso de Licitações e Contratos Administrativos*, Belo Horizonte: Fórum, 2007, p. 548.

[248] TEIXEIRA, Evelise Pedroso. *Lei de Licitações e Contratos da Administração Pública Comentada*, São Paulo: Verbatim, 2010, p.362.

DO RECEBIMENTO DO OBJETO DO CONTRATO ART.º 140

Por sua vez, no recebimento definitivo, detendo a posse do bem demandado, a Administração irá verificar se o objeto contratado efetivamente o atendeu das exigências contratuais, ocasião em que irá atestar, por meio de termo detalhado, a compatibilidade do bem com aquilo que consta do edital e contrato.

Sendo assim, em se tratando de obras e serviços, estabelece o art. 140, inc. I, da NLLC, que, concluída a execução do objeto, o bem demandado será recebido provisoriamente, pelo responsável por seu acompanhamento e fiscalização, mediante termo detalhado, quando verificado o cumprimento das exigências de caráter técnico. Assim ocorrendo, será o objeto contratado recebido definitivamente, por servidor ou comissão designada pela autoridade competente, mediante termo detalhado que comprove o atendimento das exigências contratuais.

No tocante às compras, fixa-se o art. 140, inc. II, da NLLC, que, sendo o objeto entregue para a Administração no local devido, será recebido provisoriamente, de forma sumária, pelo responsável por seu acompanhamento e fiscalização, para verificação posterior da conformidade do material com as exigências contratuais. Assim, ocorrendo, será o objeto contratado recebido definitivamente, por servidor ou comissão designada pela autoridade competente, mediante termo detalhado que comprove o atendimento das exigências contratuais.

Estabelece o art. 140, § 1º, da NLLC, que o objeto do contrato poderá ser rejeitado pelo fiscal designado para o recebimento do bem demandado ou comissão constituída para fiscalização, no todo ou em parte, quando aquilo que foi entregue estiver em desacordo com as especificações fixadas no contrato.

Assim ocorrendo, deverá o fiscal ou os membros da comissão de fiscalização lavrar ato administrativo cujo teor rechace o objeto entregue, passando a exigir que o contratado repare, corrija, remova, reconstrua ou substitua, às suas expensas, no total ou em parte, objeto executado em desacordo com o projeto básico ou termo de referência.

Demais disso, tem-se que o objeto executado em desacordo com o projeto básico ou termo de referência, por caracterizar inexecução contratual, deverá ser objeto de instauração de processo sancionatório para eventual punição em face da incursão em infração administrativa, devendo ser avaliado, ainda, se a Administração mantém ajuste com o particular inadimplente ou instaura um processo administrativo rescisório.

Observando-se no caso concreto o recebimento irregular do objeto contratado, tem-se que a Administração deverá instaurar competente processo administrativo, a fim de proceder à apuração de responsabilidades dos agentes públicos desidiosos que deram causa a esta situação e, se for o caso, sujeitá-los às sanções previstas na lei licitatória e nos regulamentos próprios.

COMENTÁRIOS À NOVA LEI DE LICITAÇÕES PÚBLICAS E CONTRATOS ADMINISTRATIVOS

Acerca da responsabilização do agente, destaca-se a posição do Tribunal de Contas da União, *in verbis*:

12. Por outro lado, no que diz respeito ao Sr. (...), então Chefe da Divisão de Obras do município, verifica-se que, a despeito da execução parcial do objeto, esse responsável atestou a sua execução plena, nos termos de declaração emitida em 6/11/1992 (fl. 36), que redundou na assinatura do termo de aceitação definitiva da obra a fl. 37.

13. E, na condição de autoridade competente para supervisionar a execução física das obras e serviços propostos, deve responder pelo parecer emitido nos autos atestando fiel cumprimento do objeto, que não expressa a veracidade dos fatos, o que impõe a sua condenação, solidariamente com o Sr. (...), pela restituição da quantia original de Cr$ 217.632.369,50, com os acréscimos legais devidos a partir de 8/06/1992.[249]

Fixa o art. 140, § 2º, da NLLC, que o recebimento provisório ou definitivo não excluirá a responsabilidade civil do contratado pela solidez e pela segurança da obra ou serviço nem a responsabilidade ético-profissional pela perfeita execução do contrato, nos limites estabelecidos pela lei ou pelo contrato.

Conforme assevera Jessé Torres Pereira Junior: "O fundamento é claro: a vistoria realizada pela Administração entre o recebimento provisório e o definitivo não seria capaz de perceber vícios ocultos que, tempos depois, viessem comprometer a segurança e a solidez do edificado; o recebimento definitivo apenas atesta o que é inviável".[250]

Ante a possibilidade da presença de vícios ocultos, tem-se que a constatação de vícios posteriores na obra realizada pela então contratada, nos termos dos arts. 119 c/c o 140, § 2º, da NLLC, e do art. 618 do Novo Código Civil (Lei nº 10.406/02), possibilita a exigência da reparação dos vícios constatados ou a eventual indenização por perdas e danos efetivamente comprovados, independentemente de previsão editalícia e contratual, pelo prazo de 5 anos, no mínimo (§ 6º deste artigo permite a fixação de prazo superior).

A esse respeito, cite-se o entendimento do mestre Marçal Justen Filho:

O recebimento (provisório ou definitivo) não elimina o dever do particular responder pela integridade da coisa. Mesmo que o vício revele-se em momento posterior ao recebimento (sendo impossível sua detecção na ocasião), o particular deverá responder por ele.

O recebimento não exclui a incidência das regras específicas disciplinadoras de casos especiais. Assim, permanecem aplicáveis as regras sobre solidez e segurança de obras ou,

---

[249] TCU – Processo nº 026.754/2008-0 – 2ª Câmara. Relatoria: Min. André de Carvalho. Publicado em 19/05/2009.
[250] JUNIOR. Jessé Torres Pereira. *Comentários à Lei das Licitações e das Contratações da Administração Pública*, 7ª ed., Rio de Janeiro: Renovar, 2007, pp. 764/765.

DO RECEBIMENTO DO OBJETO DO CONTRATO ART⁰ 140

mesmo, as garantias complementares ofertadas por fabricantes em casos especiais (como, por exemplo, no caso de bens de consumo duráveis). O recebimento também não exclui a aplicação das regras sobre evicção e vícios ocultos.[251]

Saliente-se, assim, que a responsabilidade, neste caso, é extracontratual, já que decorre da lei e dependerá, caso o ex-contratado negue-se a realizar os reparos amigavelmente, do ajuizamento da competente ação judicial.

Assevera o art. 140, § 3º, da NLLC, que os prazos e os métodos para a realização dos recebimentos provisório e definitivo serão definidos em regulamento ou no contrato.

Dada a variedade de objetos, complexidade tecnológica, encargos que a Administração assume em caso de omissão na fiscalização, observa-se avanço na lei por fixar que os períodos e os métodos a serem utilizados pela Administração no recebimento do objeto serão definidos por meio de regulamento, dada a complexidade, ou no próprio instrumento contratual.

Estabelece o art. 140, § 4º, da NLLC, que os ensaios, os testes e as demais provas para aferição da boa execução do objeto do contrato exigidos por normas técnicas oficiais correrão por conta do contratado, salvo disposição em contrário constante do edital ou de ato normativo.

Em nosso sentir, a realização dos ensaios, dos testes e das demais provas para aferição da boa execução do objeto do contrato, exigidos por normas técnicas oficiais, devem ser contratados pela Administração Pública contratante, haja vista ser comum os fiscais do ajuste não concordar ou desconfiar dos resultados constantes dos ensaios quando contratados pelo particular, questionando a sua veracidade, passando a solicitar a realização de mais testes para confirmação do mesmo serviço sem custear a despesa do contratado.

É comum, quando trespassado tal encargo para o particular, a Administração não inserir na planilha de composição de custos unitários o valor da realização dos ensaios solicitados, sendo tal despesa onerada pelo BDI, o que é incorreto, haja vista a possibilidade de quantificação dos ensaios nos custos diretos da obra ou serviços de engenharia. Quando assim ocorrer, deverá o interessado impugnar ou representar o ato convocatório, haja vista a necessidade do pagamento da referida despesa ser custeada pela Administração.

Fixa o § 5º do referido artigo que, em se tratando de projeto de obra, o recebimento definitivo pela Administração não eximirá o projetista ou o consultor da responsabilidade objetiva por todos os danos causados por falha de projeto.

Esclareça-se que o referido dispositivo é novidade da NLLC e afigura-se como essencial para efetivamente implementar o conteúdo jurídico dos novos

---

[251] JUSTEN FILHO. Marçal. *Comentários à Lei de Licitações e Contratos Administrativos*, 15ª ed., Dialética, São Paulo, 2012, p. 952.

COMENTÁRIOS À NOVA LEI DE LICITAÇÕES PÚBLICAS E CONTRATOS ADMINISTRATIVOS

princípios apontados no art. 5º da nova norma geral, como os do planejamento, eficiência, eficácia e economicidades, de forma a exigir maior comprometimento dos técnicos que produziram os projetos, haja vista os flagrantes prejuízos experimentados pela Administração.

O art. 140, § 6º, da NLLC, estabelece que nos contratos cujo objeto seja a entrega de uma obra – ver conceito de obra no art. 6º, inc. XII, desta Lei –, o recebimento definitivo pela Administração não afasta do contratado, pelo prazo mínimo de 5 (cinco) anos – ou seja, admitida a previsão de prazo de garantia superior no edital e no contrato –, a responsabilidade objetiva pela solidez e pela segurança dos materiais e dos serviços executados e pela funcionalidade da construção, da reforma, da recuperação ou da ampliação do bem imóvel. Estabelece, ainda, o referido dispositivo legal, que, em caso de vício, defeito ou incorreção identificados, o contratado ficará responsável pela reparação, pela correção, pela reconstrução ou pela substituição necessárias.

Acerca do tema, leciona o professor Diogenes Gasparini, *in verbis*:

> O recebimento definitivo libera o contratado de suas obrigações, salvo no que respeita às responsabilidades: a) pela solidez e segurança da obra; b) ético-profissional pela perfeita execução do contrato, conforme dispõe o § 2º do art. 73 do Estatuto Federal Licitatório.
>
> Na primeira hipótese e no que concerne à solidez e segurança da obra, o contratado responde, a teor do art. 618 do Código Civil, durante cinco anos, contados da data do recebimento definitivo, quer a empreitada seja de materiais e mão-de-obra, quer simplesmente de mão-de-obra (contrato de lavor). Na primeira espécie de empreitada, o contratado responde pelos defeitos do material e da mão-de-obra; na segunda, só responde pelos vícios da mão-de-obra, salvo se não rejeitou, a tempo, o material visualmente defeituoso. Essa responsabilidade, por ser legal, é exigível mesmo que a respeito sejam omissos o edital e o contrato, mas restringindo-se apenas a edifícios (obra específica e imediatamente utilizável pelo homem, como a casa e a igreja) e construções consideráveis (obras de grande porte). Por ser legal, não admite redução de seus efeitos sem a liberação do contratado, mas contratualmente, pode ser ampliada. O prazo de cinco anos é de garantia e, como tal, não admite interrupção ou suspensão, embora possa ser dilatado contratualmente. Dentro desse prazo, o contratado responde por qualquer defeito que surja e coloque em risco a solidez e a segurança da obra. Para essa responsabilização, o proprietário da obra não tem necessidade de demonstrar que o contratado agiu com culpa ou dolo. Tal demonstração só é necessária se o defeito aparecer após o prazo de garantia, isto é, depois dos cinco anos do recebimento definitivo da obra. O direito de, desses casos, responsabilizar o contratado prescreve em vinte anos, contados não do recebimento definitivo, nem do escoamento dos cinco anos, mas da data do surgimento do vício ou defeito (RF, 275:352)[252]

---

[252] GASPARINI. Diogenes. *Direito Administrativo*, 17ª ed., Saraiva, São Paulo, 2012, p. 833.

DO RECEBIMENTO DO OBJETO DO CONTRATO ART° 140

Analisando referido dispositivo legal, devidamente conjugado com o art. 618 do Código Civil, estabelece-se que, no caso específico de obras, o seu recebimento definitivo não exclui a responsabilidade civil pela solidez e segurança da obra, respondendo o contratado durante o prazo irredutível de cinco anos, pela solidez e segurança do trabalho, assim em razão dos materiais, como do solo. Fixou-se, portanto, o prazo de garantia legal mínimo, que independe de expressa previsão contratual.

Sendo o caso e desde que previsto no instrumento editalício e contratual, poderá o prazo de garantia legal ultrapassar os 5 anos, encontrando teto no período adequado que a Administração contratante fixar nos referidos atos administrativos.

Com efeito, estabelece o referido dispositivo legal que a responsabilidade do particular é objetiva pela solidez e pela segurança dos materiais e dos serviços executados e pela funcionalidade da construção, da reforma, da recuperação ou da ampliação do bem imóvel. Ou seja, deverá custear os prejuízos verificados no caso concreto independentemente de ser provado dolo ou culpa.

Fixa, ainda, o referido em caso de vício, defeito ou incorreção identificados, o contratado ficará responsável pela reparação, pela correção, pela reconstrução ou pela substituição necessárias.

Definições e conceitos

Definição de "ampliação" proposta pelo IBRAOP – Instituto Brasileiro de Auditoria de Obras Públicas na Orientação Técnica – OT – IBR 002/2009 – "Ampliar: produzir aumento na área construída de uma edificação ou de quaisquer dimensões de uma obra que já exista."

Definição de "recuperação" proposta pelo IBRAOP – Instituto Brasileiro de Auditoria de Obras Públicas na Orientação Técnica – OT – IBR 002/2009 – "Recuperar: tem o sentido de restaurar, de fazer com que a obra retome suas características anteriores abrangendo um conjunto de serviços."

Definição de "aferição". Definição constante do art. 3° do Dec. fed. n° 1.054/94, que regulamenta o reajuste de preços nos contratos da administração federal direta e indireta, e dá outras providências: "Conferência, medição ou verificação das quantidades do material, obra ou serviço executado de uma só vez ou em cada etapa contratual"

Jurisprudência e decisões dos Tribunais de Contas

Recebimento do objeto. Substituição dos gestores dos setores responsáveis pela aquisição e recebimento de materiais e serviços. Observância do princípio da impessoalidade: TCU – Acórdão n° 626/2012 – Plenário –"1.6. Determinações/ Recomendação: 1.6.3. recomendar ao 4° Batalhão de Infantaria Leve que substitua

COMENTÁRIOS À NOVA LEI DE LICITAÇÕES PÚBLICAS E CONTRATOS ADMINISTRATIVOS

periodicamente os gestores dos setores responsáveis pela aquisição e recebimento de materiais e serviços, com vistas a propiciar maior aderência ao princípio da impessoalidade."

Recebimento do objeto. Atestação de recebimento, guarda e distribuição do objeto contratado por apenas um agente público. Irregularidade: TCU – Acórdão nº 159/2012 – Plenário – Relatoria: Ministro André Luís de Carvalho – "9.9. dar ciência ao 9º Batalhão de Infantaria Motorizado que foram constatadas as seguintes irregularidades na gestão da unidade: 9.9.4. manutenção de apenas um único militar para desempenho de atividades relativas a atestação de recebimento, guarda e distribuição de materiais laboratoriais, com inobservância do princípio da segregação de funções."

Recebimento do objeto. Realização de termo circunstanciado. Verificação da qualidade e quantidade do material ou serviço e a consequente aceitação. Aceitação: TCU – Acórdão nº 1.182/2004 – Plenário – Relatoria: Ministro Walton Alencar Rodrigues – "9.3.1. observe as seguintes disposições normativas relativas às licitações e contratos administrativos: 9.3.1.14. recebimento, mediante termo circunstanciado, de compras ou de prestações de serviços de informática, conforme exigem os arts. 73 a 76, todos da Lei 8.666/93, realizando criteriosa verificação da qualidade e quantidade do material ou serviço e a consequente aceitação; fazendo constar dos processos de pagamentos as respectivas portarias designando empregado ou comissão para proceder ao recebimento provisório ou definitivo das aquisições de bens e serviços de informática."

Recebimento do objeto. Servidor remanejado para outra função depois de recusar atestar recebimento de mercadorias sem conferir porque entregues em outro setor. Improbidade Administrativa: TJ/SP – Apelação nº 9281318-87. 2008.8.26.0000 – Relatoria: Des. Edson Ferreira – "IMPROBIDADE ADMINIS-TRATIVA – Hipótese configurada – Servidor remanejado para outra função depois de recusar atestar recebimento de mercadorias sem conferir, porque entregues em outro setor – Retaliação ilícita – Fracionamento de compras – Falta de licitação – Frações que não excedem o limite de valor para dispensa de licitação, porém a somatória, em curto espaço de tempo, exigiria licitação – Artifício para contornar a obrigatoriedade de licitação – Demanda procedente – Sanções do artigo 12, II, da Lei 8429/93 – Recurso provido." (Apelação n. 0794263.5/4-00 – São Simão – 12ª Câmara de Direito Público – Relator: Edson Ferreira da Silva – 09/06/2010 – 8174 – Unânime)

Definição

Definição de "vistoria" proposta pelo CAU. Anexo da Resolução nº 51/13, do Conselho de Arquitetura e Urbanismo do Brasil: "Vistoria: atividade técnica que consiste na constatação de um fato, mediante exame circunstanciado e descrição minuciosa dos elementos que o constituem, sem a indagação das causas que o motivaram."

764

DO RECEBIMENTO DO OBJETO DO CONTRATO · ART° 140

Recebimento do objeto. Definição de "equipamento" proposta pelo CAU. Anexo da Resolução nº 21/12, do Conselho de Arquitetura e Urbanismo do Brasil: "Equipamento – unidade ou conjunto de instrumentos, dispositivos ou máquinas, necessário ao funcionamento de um edifício ou instalação, implantados mediante normas técnicas."

Recebimento do objeto. Definição de "especificação". Definição proposta pelo CAU. Anexo da Resolução nº 21/12, do Conselho de Arquitetura e Urbanismo do Brasil: Anexo da Resolução nº 21/12, do Conselho de Arquitetura e Urbanismo do Brasil.: "Especificação – atividade que envolve a fixação das características, condições ou requisitos relativos a materiais, equipamentos, instalações ou técnicas de execução a serem empregados em obra ou serviço técnico."

Recebimento do objeto. Definição de "especificação" proposta pelo CAU. Anexo da Resolução nº 51/13, do Conselho de Arquitetura e Urbanismo do Brasil: "Especificação: atividade que consiste na fixação das características, condições ou requisitos relativos a materiais, equipamentos, instalações ou técnicas de execução a serem empregadas em obra ou serviço técnico."

Recebimento do objeto. Pagamento, que apenas deve ocorrer após a verificação da qualidade e quantidade do que foi efetivamente entregue: TCU – Acórdão nº 771/2005 – 2ª Câmara – "9.2.13. proceda ao devido pagamento, nos casos de contratos de fornecimento de materiais, somente após a verificação da qualidade e quantidade do que foi efetivamente entregue, conforme o disposto no art. 73, inciso II, alínea 'b', da Lei 8.666/93."

Recebimento do objeto. Garantia à solidez e segurança. Art. 618 do Código Civil Brasileiro: "Art. 618. Nos contratos de empreitada de edifícios ou outras construções consideráveis, o empreiteiro de materiais e execução responderá, durante o prazo irredutível de cinco anos, pela solidez e segurança do trabalho, assim em razão dos materiais, como do solo."

Definição de "ensaio". Anexo da Resolução nº 21/12, do Conselho de Arquitetura e Urbanismo do Brasil: "Ensaio – atividade que consiste no estudo ou investigação sumária de aspectos técnicos e/ou científicos de determinado assunto."

Conceito de "construção" proposto por Hely Lopes Meirelles: "Construção, como realização material, é toda obra executada, intencionalmente, pelo homem; edificação é a obra destinada a habitação, trabalho, culto, ensino ou recreação. Nas edificações distingue-se ainda, o edifício das edículas: edifício é a obra principal; edículas são as obras complementares (garagem, dependências de serviços etc.)" (2000, p. 353).

Definição de "construção" proposta pelo IBRAOP – Instituto Brasileiro de Auditoria de Obras Públicas na Orientação Técnica – OT – IBR 002/2009 – "Construir: consiste no ato de executar ou edificar uma obra nova."

Definição de "reparação" proposta pelo CONFEA: Decisão Normativa CONFEA nº 83, de 26 de setembro de 2008, art. 2º, inc. II – "2. reparação: ato de

COMENTÁRIOS À NOVA LEI DE LICITAÇÕES PÚBLICAS E CONTRATOS ADMINISTRATIVOS

caráter excepcional do conjunto de operações destinado a corrigir anomalias existentes para manutenção da integridade estrutural da edificação."

Definição de "reparação" proposta pelo IBRAOP – Instituto Brasileiro de Auditoria de Obras Públicas na Orientação Técnica – OT – IBR 002/2009: "Reparar: fazer que a peça, ou parte dela, retome suas características anteriores. Nas edificações define-se como um serviço em partes da mesma, diferenciando-se de recuperar."

CAPÍTULO X – DOS PAGAMENTOS

Artigo 141

No dever de pagamento pela Administração, será observada a ordem cronológica para cada fonte diferenciada de recursos, subdividida nas seguintes categorias de contratos:

I – fornecimento de bens;

II – locações;

III – prestação de serviços;

IV – realização de obras.

§ 1º A ordem cronológica referida no caput deste artigo poderá ser alterada, mediante prévia justificativa da autoridade competente e posterior comunicação ao órgão de controle interno da Administração e ao tribunal de contas competente, exclusivamente nas seguintes situações:

I – grave perturbação da ordem, situação de emergência ou calamidade pública;

II – pagamento a microempresa, empresa de pequeno porte, agricultor familiar, produtor rural pessoa física, microempreendedor individual e sociedade cooperativa, desde que demonstrado o risco de descontinuidade do cumprimento do objeto do contrato;

III – pagamento de serviços necessários ao funcionamento dos sistemas estruturantes, desde que demonstrado o risco de descontinuidade do cumprimento do objeto do contrato;

IV – pagamento de direitos oriundos de contratos em caso de falência, recuperação judicial ou dissolução da empresa contratada;

V – pagamento de contrato cujo objeto seja imprescindível para assegurar a integridade do patrimônio público ou para manter o funcionamento das atividades finalísticas do órgão ou entidade, quando demonstrado o risco de descontinuidade da prestação de serviço público de relevância ou o cumprimento da missão institucional.

§ 2º A inobservância imotivada da ordem cronológica referida no caput deste artigo ensejará a apuração de responsabilidade do agente responsável, cabendo aos órgãos de controle a sua fiscalização.

DOS PAGAMENTOS · ART⁰ 141

§ 3º O órgão ou entidade deverá disponibilizar, mensalmente, em seção específica de acesso à informação em seu sítio na internet, a ordem cronológica de seus pagamentos, bem como as justificativas que fundamentarem a eventual alteração dessa ordem.

Consoante estabelece o art. 62 da Lei nº 4.320/1964, o pagamento da despesa, conforme consta do ajuste, só será efetuado após sua regular liquidação, que é o expediente o qual a Administração contratante verifica o direito adquirido pelo credor, tendo por base os títulos e documentos comprobatórios do respectivo crédito, na forma do art. 63, § 1º, da Lei de Contabilidade Pública. Em outras palavras, após regular entrega do objeto contratado, total ou parcialmente, passa-se a verificar aquilo que foi demandado, confirmando-se que efetivamente foi entregue o bem que consta do termo de referência ou projeto básico, recebendo-se definitivamente, conforme consta do art. 140 da NLLC.

Sendo assim, finalizada a fase de liquidação da despesa, passa-se a ser exigível a obrigação de pagamento naquela oportunidade e, diante da necessidade de garantia do princípio da impessoalidade nessa fase, tem-se que o pagamento será inserido numa fila, passando o pagamento a ocorrer numa ordem cronológica de pagamento, organizada de acordo com a exigibilidade de pagamento.

Com efeito, a forma e condições de pagamento do particular deverão ser consignados no edital e minuta do contrato, conforme determinam os arts. 25 e 92, inc. V, ambos da NLLC. Além disso, em razão da observância de um fato superveniente, tem-se que a forma de pagamento poderá ser objeto de modificação bilateral, consoante a possibilidade contida no art. 124, inc. II, al. *c*, da referida norma, podendo ambas as partes do ajuste submeter tal pretensão e deliberação.

No caso de atrasos, pendências ou irregularidades na entrega do objeto contratado, não deve a despesa pública ser liquidada, devendo o contratado ser devidamente notificado para que regularize a pendência observada no caso concreto, conforme determina o art. 119 da NLLC.

Concluída a liquidação da despesa com a inserção do crédito na cronologia de pagamentos, a possibilidade de suspensão e reposicionamento do fornecedor na ordem cronológica deverá ser motivadamente justificada, devendo ser notificado o particular para que manifeste o direito ao contraditório e à ampla defesa e apurada a responsabilidade do agente público que atestou o recebimento do objeto.

Diferentemente do que consta do art. 5º da Lei nº 8.666/1993, todo e qualquer pagamento de obrigações deve obedecer a estrita ordem cronológica de sua exigibilidade, numa lista única. O art. 141 da NLLC cria listagem de pagamento subdividida nas seguintes categorias de espécies de objetos

COMENTÁRIOS À NOVA LEI DE LICITAÇÕES PÚBLICAS E CONTRATOS ADMINISTRATIVOS

contratados: I – fornecimento de bens; II – locações; III – prestação de serviços; IV – realização de obras. O novo regramento repete a sistemática adotada pela Administração Pública, consoante observa-se da leitura da Instrução Normativa nº 02/26, editada pelo Ministério do Planejamento, Desenvolvimento e Gestão.

Analisando o disposto no § 1º do art. 141 da NLLC, observa-se que a obrigatoriedade do respeito à ordem cronológica de pagamento pode ser afastada. Assim, mediante prévia justificativa da autoridade competente e posterior comunicação ao órgão de controle interno da Administração e ao tribunal de contas competente, tal regra poderá ser excepcionada, de modo que a Administração não necessitará obedecer a ordem cronológica, nos seguintes casos:

I – grave perturbação da ordem, situação de emergência ou calamidade pública;

II – pagamento a microempresa, empresa de pequeno porte, agricultor familiar, produtor rural pessoa física, microempreendedor individual e sociedade cooperativa, desde que demonstrado o risco de descontinuidade do cumprimento do objeto do contrato;

III – pagamento de serviços necessários ao funcionamento dos sistemas estruturantes, desde que demonstrado o risco de descontinuidade do cumprimento do objeto do contrato;

IV – pagamento de direitos oriundos de contratos em caso de falência, recuperação judicial ou dissolução da empresa contratada;

V – pagamento de contrato cujo objeto seja imprescindível para assegurar a integridade do patrimônio público ou para manter o funcionamento das atividades finalísticas do órgão ou entidade, quando demonstrado o risco de descontinuidade da prestação de serviço público de relevância ou o cumprimento da missão institucional.

Acerca da gravidade dos fatos que permitem a quebra da ordem cronológica de pagamento, ensina Jessé Torres Pereira Júnior, *in verbis*:

> As relevantes razões de interesse público aptas a justificar pagamentos fora da ordem cronológica não estarão encerradas em ato discricionário. Ao revés, a Lei nº 8.666/93, ao exigir justificativa prévia e publicada, está a indicar que a exceção vinculará o administrador às razões que explicitará, entendendo-se como motivos determinantes do ato, que deverão ser verazes, sob pena de invalidação. Tampouco poderão ser razões corriqueiras, equivalentes à álea administrativa ordinária, por que a lei demanda razões 'relevantes'.[253]

---

[253] JÚNIOR, Jessé Torres Pereira.*Comentários à Lei das Licitações e Contratações da Administração Pública*, 6ª ed., Rio de Janeiro: Renovar, 2003, p. 84.

DOS PAGAMENTOS   ART? 141

Alerte-se, no entanto, que tal possibilidade se trata de uma medida excepcional e deverá ser avaliada com copiosa cautela pelo administrador público, tendo em vista que o desrespeito injustificado à ordem cronológica da exigibilidade dos pagamentos sujeita os responsáveis (gestores) às sanções administrativas, civis e penais de que trata o art. 337-H do Código Penal, consoante estabelece o § 2º deste artigo.

A aferição da legalidade da modificação da ordem cronológica deverá ser realizada pelo órgão de controle interno da Administração e tribunal de contas competente, que será comunicado pela autoridade competente tão logo altere a fila de pagamento.

Como já é hoje observado nos portais da transparência dos entes federativos, o § 3º do art. 141 da NLLC estabelece que é obrigação dos órgãos e entidades disponibilizar, mensalmente, em seção específica de acesso à informação em seu sítio na internet, a ordem cronológica de seus pagamentos, bem como as justificativas que fundamentaram a eventual alteração dessa ordem.

É comum no âmbito das contratações públicas o atraso nos pagamentos devidos ao contratado, já exigíveis em face da regular liquidação de despesas. Com efeito, o atraso no pagamento, por prejudicar o fluxo de caixa da empresa, acaba por gerar diversas dificuldades, gerando até prejuízo à existência da empresa.

Ante a tal cenário, de forma a permitir que o contratado rompa a relação comercial prejudicial, o art. 137, § 2º, fixa que o contratado terá direito à extinção do contrato no caso de verificação de atraso superior a 2 (dois) meses, contado da emissão da nota fiscal, dos pagamentos ou de parcelas de pagamentos devidos pela Administração por despesas de obras, serviços ou fornecimentos.

As consequências do pagamento em atraso nas contratações públicas

No tocante ao pagamento da contraprestação pecuniária devida a um particular em decorrência da execução de objeto num contrato administrativo, estabelece o art. 37, inc. XXI, da nossa Carta Magna de 1988, que, ressalvados os casos especificados na legislação, as obras, serviços, compras e alienações serão contratados mediante processo de licitação pública que assegure igualdade de condições a todos os concorrentes, com cláusulas que estabeleçam obrigações de pagamento, **mantidas as condições efetivas da proposta, nos termos da lei.**

Quando o texto constitucional prevê o trecho acima colacionado, prescreve-se norma cogente impondo a necessidade de manutenção do equilíbrio entre os encargos suportados pelo particular, bem como a contraprestação da Administração Pública durante toda a vigência do ajuste, sendo que o desbalanceamento deve ser combatido, para se evitar o enriquecimento sem causa de qualquer das partes do ajuste.

Cumprindo o mandamento constitucional de garantia da equação econômico-financeira, afora a possibilidade de recomposição, reajuste e recomposição de preços, o inc. V do art. 92 da Lei nº 14.133/2021 impõe o dever de o ato convocatório e o respectivo contrato estabelecerem o critério de atualização monetária dos valores a serem pagos, desde a data final do período de adimplemento de cada parcela até a data do efetivo pagamento, haja vista ser comum o poder público realizar a contraprestação pecuniária em atraso.

Nesse escopo, percebe-se que o efetivo atraso no pagamento por parte da Administração, ainda que o contratado, quando possível, não opte ou não possa optar pela rescisão contratual, em muitos casos, até mesmo pode acarretar o dever da recomposição do equilíbrio econômico-financeiro do ajuste e/ou eventual indenização por perdas e danos sofridos pelo contratado.

Nesse sentido, aliás, manifesta-se o mestre Marçal Justen Filho, *in verbis*:

> É destituído de razoabilidade afirmar que o inadimplemento da Administração não acarretaria qualquer consequência. Isso representa negar a eficácia do princípio da legalidade e liberar a Administração para adotar condutas arbitrárias. É incompatível com o Estado de Direito. Além das severas punições aos agentes administrativos responsáveis pela infringência à lei, a Administração está obrigada a reparar estritamente todas as consequências de sua inadimplência.
>
> O atraso no pagamento gera o **dever** de a Administração recompor o equilíbrio econômico-financeiro da contratação e indenizar as perdas e danos sofridos pelo particular, mesmo quando não seja caso de rescisão.[254] (grifos nossos).

É oportuno citar os ensinamentos de Diogenes Gasparini:

> Por fim, as consequências pelo descumprimento do contrato estão consubstanciadas na responsabilidade patrimonial. *O inadimplente*, salvo justo motivo, *responde*, nos termos do ajuste, *por tudo que der causa, a exemplo de juros moratórios e compensatórios, da correção monetária e da multa. A esse regime submete-se a Administração Pública*. Assim, cremos serem exigíveis os valores dessas verbas, inclusive multa por inadimplemento contratual havido por responsabilidade da Administração Pública, até porque, nos termos do § 6º do art. 37 da Constituição Federal, responde pelos danos que causar a terceiros[255] (grifos nossos).

---

[254] JUSTEN FILHO, Marçal. *Comentários à Lei de Licitações e Contratos Administrativos*, 12ª ed., São Paulo: Dialética, 2008, p. 788.

[255] GASPARINI, Diogenes. *Direito Administrativo*, 12ª ed., São Paulo: Saraiva, 2007, p. 708.

Não é outra a opinião do eg. Tribunal de Justiça do Estado de São Paulo, *in verbis*:

APELAÇÃO CÍVEL Contrato Administrativo Ação Ordinária de Cobrança Pagamentos referentes às medições que foram efetuados com atraso Incidência de juros de mora pactuados (0,5% ao mês), a partir do 7º (sétimo) dia corrido de atraso, bem como direito à atualização monetária. Trata-se de obrigação líquida. Juros moratórios incidentes a partir do vencimento da obrigação de aplicação do artigo 397 do Código Civil." TJ/SP – Apelação Cível nº 0122604-91.2006.8.26.0053 – Relatoria: Des. Eduardo Gouvêa –.

3. Esta Corte tem pacífico entendimento no sentido de ser devida a correção monetária em razão do pagamento de parcelas em atraso pela Administração, independente de expressa previsão contratual nesse sentido. STJ – Resp. nº 1178903/DF – Relatoria Ministra Eliana Calmon – (DJE: 03/05/2010).

2. No que diz respeito à correção monetária, conquanto a jurisprudência consagra a possibilidade de sua incidência mesmo sem previsão contratual, a autora não fez prova suficiente dos atrasos de pagamento e correspondentes valores de atualização monetária. Na fase de especificação de provas, não houve requerimento de perícia contábil, que seria a prova adequada à espécie, cujo ônus era da autora uma vez que a fazenda pública não se sujeita à pena de revelia em sentido estrito. 6. Apelações a que se nega provimento. (Processo: AC 2001.34.00.031205-4/DF; Apelação Cível – Relatoria: Des. Fed. João Batista Moreira – Órgão Julgador: 5º T- Publicação: 18/12/2008 e-DJF1 p.495) TRF 1º Região – AC nº 2001.34.00.031205-4/DF – Apelação Cível – Relatoria: Des. Fed. João Batista Moreira –.

JUROS – Moratórios – Contrato Administrativo – Equilíbrio econômico financeiro – Fornecimento de gases medicinais – Pagamento de valores com atraso – Postulação de pagamento de juros contratuais – Validade – Falta de ressalva pelo credor, quando dos recebimentos – Irrelevância – Juros contratuais devidos, acrescidos de juros legais desde a citação e correção monetária – Ação procedente neste aspecto – Recurso da Municipalidade desprovido quanto ao tema. (Apelação n. 0933264.5/0-00 – Mauá – 11ª Câmara de Direito Público – Relator: Luís Paulo Aliende Ribeiro – 05/12/2011 – 2367 – Unânime.

PROCESSUAL CIVIL E ADMINISTRATIVO – AGRAVO DE INSTRUMENTO – INVIABILIDADE DO RECURSO ESPECIAL – CONTRATO DE OBRAS PÚBLICAS – ATRASO NO PAGAMENTO – CORREÇÃO MONETÁRIA – LEGITIMIDADE DA COBRANÇA – JURISPRUDÊNCIA PACIFICADA NO STJ – INCIDÊNCIA DA SÚMULA 83/STJ. – É pacífico o entendimento desta Eg. Corte no sentido de que o atraso no pagamento do preço avençado nos contratos de obras públicas constitui ilícito contratual sendo devida a correção monetária. Incide, à espécie, o enunciado 83/STJ, fundamento suficiente para a negativa de seguimento ao agravo de instrumento. Agravo regimental improvido. (Relatoria Min. Francisco Peçanha Martins, 2ªT., j. 14/02/2006) STJ – Ag Rg no Ag nº 570102/DF – Relatoria: Ministro Benedito Gonçalves –.

COMENTÁRIOS À NOVA LEI DE LICITAÇÕES PÚBLICAS E CONTRATOS ADMINISTRATIVOS

3. O termo inicial da correção monetária, nos contratos administrativos, deve se dar nos moldes previstos no art. 55, III, da Lei 8.666/1993, ou seja, entre a data do adimplemento das obrigações – tanto da contratada (medição) como da contratante (vencimento de prazo sem pagamento) e a data do efetivo pagamento.

4. A jurisprudência do STJ é firme no sentido de que é cabível a correção monetária a partir do vencimento da obrigação, mesmo não havendo previsão contratual a esse respeito.[256]

Com efeito, tem-se que o não pagamento pontual, na forma fixada no edital e acordada entre as partes, faz com que a Administração incorra no disposto no art. 884 do Código Civil, caracterizando o enriquecimento sem causa. Do ponto de vista jurídico, é necessário garantir a equidade nas relações sociais, sendo, portanto, vedado o enriquecimento sem causa.

A prestação ofertada à Administração Pública precisa ser justamente remunerada por meio da devida contraprestação, com vistas ao equilíbrio de forças da circulação econômica de bens ou serviços, não sendo possível admitir o enriquecimento sem causa, pois interesse público não há no inadimplemento. Não há argumento que possa prevalecer diante da prestação devidamente cumprida, salvo se por má-fé.

Ora, não pagar pelo objeto prestado na data aprazada, fato que gera prejuízo ao contratado, é locupletar sem causa, é enriquecer ilicitamente. Celso Antônio Bandeira de Mello leciona, que:

> Enriquecimento sem causa é o incremento do patrimônio de alguém em detrimento do patrimônio de outrem, sem que, para supeditar tal evento, exista uma causa juridicamente idônea. É perfeitamente assente que sua proscrição constitui-se em um *princípio geral do direito*". O mesmo autor[19] ainda afirma que, "Em obras gerais atinentes a este ramo jurídico, é comum a anotação de que o enriquecimento sem causa é inadmissível e que, em favor do empobrecido, cabe ação para indenizar-se. Sem embargo, muitas vezes – como ocorreu na Itália – torna-se por estribo regra extraída do direito civil.[257]

Por derradeiro, o art. 115 da Lei nº 14.133/2021 estabelece, que: "O contrato deverá ser executado fielmente pelas partes, de acordo com as cláusulas avençadas e as normas desta Lei, respondendo cada uma pelas consequências de sua inexecução total ou parcial."

Sendo assim, levando-se em consideração todo o exposto, observa-se ser necessário a implementação de cláusula contratual que assenta a penalização

---

[256] STJ – EREsp nº 968.835/SC – Órgão Julgador S1 – Primeira Seção. Relatoria: Min. Benedito Gonçalves. Publicação DJe 21/11/2012 RSTJ vol. 229 p. 69. Julgamento: 14/11/2012.

[257] BLC – Boletim de Licitações e Contratos, São Paulo, Editora NDJ, abr. 1998

em decorrência do pagamento em atraso, devendo ser transferidos ao particular os valores apurados pelo setor competente.

Entende-se que o pagamento administrativo acaba por gerar um menor ônus para o erário, uma vez que, além de suspender a correção monetária, o que não ocorrerá num processo judicial, afasta a necessidade de pagamento de honorários advocatícios ao advogado do particular.

Por ser oportuno, na medida em que o inadimplemento observado no referido contrato gerará ônus ao Poder Público, faz-se imprescindível a apuração dos fatos por meio de procedimento próprio e autônomo, visando à responsabilização do agente que deu causa aos eventuais prejuízos causados ao erário, ou mesmo para apurar a eventual infração às normas disciplinares, se for o caso.

O Poder Público não pode arcar com a eventual carga pecuniária imposta pelo inadimplemento irregular, devendo a culpa ser apurada para a responsabilização do servidor omisso ou desidioso.

Nesse sentido, não se pode deixar de investigar o motivo do pagamento em atraso. Se a eficiência e a legalidade foram descumpridas, o foram por alguém, ficando a Administração Pública maculada pela desconfiança e por outros julgamentos subjetivos negativos, que comprometem a crença na atuação estatal, o que pode prejudicar, inclusive, a obtenção de propostas mais vantajosas em certames competitivos ou não junto à iniciativa privada. Essa conduta pode repercutir, também, nos preços, pois a falta de confiança na Administração Pública pode gerar um custo a mais para o objeto pretendido, com vistas à garantia de um eventual inadimplemento.

Artigo 142

Disposição expressa no edital ou no contrato poderá prever pagamento em conta vinculada ou pagamento pela efetiva comprovação do fato gerador.

Parágrafo único. (VETADO).

É comum nos contratos administrativos cuja execução do objeto envolve alocação de mão de obra, por tal e qual motivo, o descumprimento de obrigações trabalhistas pelo contratado. Ao cabo do contrato de trabalho, passa o antigo colaborador a acionar o empregador na Justiça do Trabalho para receber aquilo que lhe é devido em razão da inobservância dos direitos trabalhistas, arrolando a Administração contratante no polo passivo da demanda.

Nesse caso, e de forma a evitar a responsabilização na seara trabalhista, em razão da caracterização da *culpa in vigilando,* no âmbito Federal, *a* Instrução Normativa nº 5, de 26 de maio de 2017, editada pela Secretaria de Gestão do

COMENTÁRIOS À NOVA LEI DE LICITAÇÕES PÚBLICAS E CONTRATOS ADMINISTRATIVOS

Ministério do Planejamento, Desenvolvimento e Gestão, cujo teor dispõe sobre as regras e diretrizes do procedimento de contratação de serviços sob o regime de execução indireta no âmbito da Administração Pública Federal direta, autárquica e fundacional, prevê, em seu art. 18, § 1º, incs. I e II, como instrumento de gerenciamento de risco, os mecanismos de controle interno de pagamento em conta vinculada ou pagamento pela efetiva comprovação do fato gerador.

Haja vista a efetividade observada no âmbito da Administração Pública Federal, no sentido de reduzir as condenações na Justiça do Trabalho, na nova Lei de Licitações observa-se, na redação contida no art. 142, tais mecanismos de controle.

Sendo assim, o "pagamento em conta vinculada", conforme o anexo da referida instrução normativa, é a conta aberta pela Administração em nome da empresa contratada, destinada exclusivamente ao pagamento de férias, 13º salário e verbas rescisórias aos trabalhadores da contratada.

Nessa espécie de mecanismo de gerenciamento de crise, com o escopo de afastar a responsabilização da Administração Pública na Justiça do Trabalho, sendo previsto no ato convocatório tal incidência no ajuste, tem-se que após a celebração do contrato passa-se a abrir uma conta-depósito vinculada, a ser bloqueada para movimentação em nome do prestador de serviços, que receberá depósitos dos recursos retidos de rubricas constantes da planilha de custos e de formação de preços dos contratos.

Por sua vez, o "pagamento pelo fato gerador" é a situação de fato ou conjunto de fatos, prevista na lei ou contrato, necessária e suficiente à sua materialização, que gera obrigação de pagamento pela Administração contratante ao particular contratado.

Melhor esclarecendo, nesta espécie de gerenciamento de risco, conforme estabelece o regulamento federal, os valores referentes a férias, 1/3 (um terço) de férias previsto na Constituição, 13º salário, ausências legais, verbas rescisórias, devidos aos trabalhadores, bem como outros de evento futuro e incerto, não serão parte integrante dos pagamentos mensais à contratada, devendo ser pagos pela Administração à contratada somente na ocorrência do seu fato gerador, ou seja, somente será objeto de pagamento caso as situações jurídicas acima arroladas (ocorrência de férias pelos colaboradores, vigência do ajuste no mês de dezembro, demissão do empregado do contratado) venham efetivamente a ocorrer. Assim, sendo demonstrada pelo contratado a ocorrência desses fatos, os valores correspondentes são repassados ao particular.

Adotando-se tais mecanismos, impede-se que os repasses mensais dos valores relativos ao provisionamento dos valores referentes a férias, 1/3 (um terço) de férias previsto na Constituição, 13º salário, ausências legais, verbas

774

rescisórias, devidos aos trabalhadores, bem como outros de evento futuro e incerto, sejam utilizados para outros fins que não a provisão ou reserva para pagamento futuro, se for o caso ou no momento oportuno.

Artigo 143
No caso de controvérsia sobre a execução do objeto, quanto a dimensão, qualidade e quantidade, a parcela incontroversa deverá ser liberada no prazo previsto para pagamento.

Conforme estabelece o art. 105 c/c o art. 92, inc. V, da NLLC, a Administração contratante tem por obrigação realizar o pagamento na forma e condições constantes do ato convocatório e instrumento contratual.

Sabedor das regras atinentes ao processamento do pagamento no âmbito estatal, o contratado planeja-se financeiramente no tocante ao recebimento das despesas de execução do contrato, de forma a não deter problemas com o seu fluxo de caixa.

Poderá ocorrer, todavia, que surja, no caso concreto, na ocasião da liquidação da despesa pública, controvérsia sobre a execução do objeto, quanto à dimensão, qualidade e quantidade. Por exemplo, constata-se pelo fiscal que, ao invés do particular executar 150 m², executou apenas 100 m². Em outro exemplo, ao invés de entregar 300 pacotes de papel higiênico, forneceu-se para a Administração apenas 280 pacotes.

Diante de tal cenário, é praxe de algumas Administrações recusar o recebimento do objeto entregue, suspendendo a liquidação da despesa em razão de exigir que o contratado entregue aquilo que é demandado na integralidade.

De forma a evitar prejuízo do contratado em seu fluxo de caixa, determina o art. 143 da nova Lei de Licitações que aquilo que foi certificado como efetivamente executado ou entregue deve ser recebido pela Administração, passando a ser liquidado para viabilizar o pagamento, de forma a não criar mais problemas para o particular.

Dirimida a controvérsia que poderá, ao cabo do litígio, apontar que o contratado executou a obrigação contratual ou não, em caso de descumprimento dos termos pactuados, passa-se a exigir que o particular realize a prestação contratual não realizada, ocasião em que o pagamento do restante será lícito.

A observância do referido expediente não afasta a possibilidade de instauração de um processo administrativo sancionatório, caso o comportamento do contratado se enquadre em um dos incisos arrolados no art. 155 da NLLC.

Artigo 144

Na contratação de obras, fornecimentos e serviços, inclusive de engenharia, poderá ser estabelecida remuneração variável vinculada ao desempenho do contratado, com base em metas, padrões de qualidade, critérios de sustentabilidade ambiental e prazos de entrega definidos no edital de licitação e no contrato.

§ 1º O pagamento poderá ser ajustado em base percentual sobre o valor economizado em determinada despesa, quando o objeto do contrato visar à implantação de processo de racionalização, hipótese em que as despesas correrão à conta dos mesmos créditos orçamentários, na forma de regulamentação específica.

§ 2º A utilização de remuneração variável será motivada e respeitará o limite orçamentário fixado pela Administração para a contratação.

O artigo em estudo assenta mais uma das novidades constantes da nova lei geral de licitações e contratos, que é a remuneração variável do particular. A remuneração variável já é prevista no âmbito dos contratos celebrados pelo regime diferenciado de contratações, consoante o disposto no art. 10 da Lei nº 12.462/2011.

Ilustrando, a fixação de cláusula de remuneração variável gera um incentivo para que o particular melhore a sua performance na execução do objeto contratado, reduzindo o prazo de entrega do objeto contratado, produzindo um benefício para a sociedade, pois, por exemplo, a entrega de um viaduto, ponte, logradouro, oferece um benefício para a coletividade dada a inauguração antecipada.

Para Rafael Wallbach Schwind:

> Em linhas gerais, a remuneração variável e os contratos de eficiência constituem mecanismos pelos quais se pretende subordinar a remuneração do particular à obtenção de um resultado futuro pré-determinado acerca do qual não se tem certeza sobre sua ocorrência. Adota-se uma sistemática de contratos de risco, em que o contratado assume o risco de ter ao menos parte de sua remuneração diretamente vinculada à obtenção de certos resultados. A vantagem para a Administração Pública, por outro lado, é evidente, uma vez que o dever de remunerar o contratado surgirá, pelo menos em parte, apenas se for obtido o resultado esperado que gera benefícios ao contratante"[258]

---

[258] SCHWIND, Rafael Wallbach. Remuneração variável e contratos de eficiência no regime diferenciado de contratações públicas (Lei 12.462/2011). Informativo Justen, Pereira, Oliveira e Talamini, Curitiba, n.º 56, outubro de 2011, disponível em http://www.justen.com.br/informativo, acesso em 23 de julho de 2021.

DOS PAGAMENTOS ART° 144

Remunerar o particular contratado variavelmente é estabelecer na cláusula financeira do contrato administrativo um critério que possibilite ao contratado uma remuneração não estática, que é a praxe nos contratos públicos, de forma a sempre ampliar seus ganhos, condicionada à comprovação de desempenho do contratado no cumprimento dos encargos contratuais, que terão como base, metas, padrões de qualidade, critérios de sustentabilidade ambiental e prazos de entrega definidos no edital de licitação e no contrato.

Para Diogo Leonardo Rocha de Lima, a remuneração variável exige tríplice motivação:

> Em primeiro ponto, as justificativas devem demonstrar que os parâmetros escolhidos para avaliar a performance do particular conferem equilíbrio entre os pagamentos adicionais e a contraprestação apresentada pelo contratado. Em atendimento aos princípios gerais que regulam as licitações e contratações públicas, o método adotado para aferir e remunerar o desempenho extraordinário deve ser objetivo e também tecnicamente consistente.
>
> O segundo critério de motivação, que decorre do primeiro, diz respeito ao valor a ser pago. Nesse aspecto, além da observância ao limite orçamentário, indicada pelo § 1º do art. 70 do Decreto 7.581/2011, a motivação deve demonstrar que o valor pago é compatível com o objeto realizado e com as condições praticadas no mercado.
>
> Por último, e ainda em linha com a exigência de equilíbrio entre pagamentos e contraprestações, a utilização da remuneração variável deve ser motivada quanto ao retorno obtido pela instituição pública. Apenas deve se cogitar de uma sistemática de pagamentos extraordinários se as justificativas indicarem a possibilidade de um desempenho adicional que aumente o benefício público da contratação.
>
> É certo dizer, por conseguinte, que a motivação não deve ficar restrita a aspectos jurídicos sem aproximação imediata com o objeto a ser contratado[259]

Adotando-se motivadamente a remuneração variável, deverá o padrão ou padrões acima arrolados serem devidamente definidos pela Administração licitante no instrumento convocatório, observado o conteúdo do projeto básico, do projeto executivo ou do termo de referência.

Fixa o § 1º do artigo em comento que o pagamento poderá ser ajustado em base percentual sobre o valor economizado em determinada despesa, quando o objeto do contrato visar a implantação de processo de racionalização, hipótese em que as despesas correrão à conta dos mesmos créditos orçamentários, na forma de regulamentação específica.

---

[259] LIMA, Diogo Leonardo Rocha de; 2018. Remuneração Variável na Contratação de Obras Rodoviárias. Monografia de Especialização, Instituto Serzedello Corrêa, Tribunal de Contas da União, Centro de Formação de Recursos Humanos em Transportes, Universidade de Brasília, Brasília, DF, 64 páginas.

COMENTÁRIOS À NOVA LEI DE LICITAÇÕES PÚBLICAS E CONTRATOS ADMINISTRATIVOS

Já o § 2º do art. 144 estabelece que a utilização de remuneração variável será motivada e respeitará o limite orçamentário fixado pela Administração para a contratação. Para tanto, na fase interna da licitação deverão ser empreendidos estudos com o objetivo que o acréscimo remuneratório não seja inviabilizado ou postergado em razão da inobservância da legislação orçamentária.

Artigo 145

Não será permitido pagamento antecipado, parcial ou total, relativo a parcelas contratuais vinculadas ao fornecimento de bens, à execução de obras ou à prestação de serviços.

§ 1º A antecipação de pagamento somente será permitida se propiciar sensível economia de recursos ou se representar condição indispensável para a obtenção do bem ou para a prestação do serviço, hipótese que deverá ser previamente justificada no processo licitatório e expressamente prevista no edital de licitação ou instrumento formal de contratação direta.

§ 2º A Administração poderá exigir a prestação de garantia adicional como condição para o pagamento antecipado.

§ 3º Caso o objeto não seja executado no prazo contratual, o valor antecipado deverá ser devolvido.

Considerando a sistemática contida no art. 63 da Lei de Contabilidade Pública (Lei nº 4.320/1964), que fixa um rito para permitir o pagamento do contratado, o qual exige a comprovação da execução do encargo, na forma do pactuado; o art. 145 da NLLC estabelece, como regra, que não será permitido pagamento antecipado, parcial ou total, relativo a parcelas contratuais vinculadas ao fornecimento de bens, à execução de obras ou à prestação de serviços.

Como regra, portanto, deverá a Administração processar a liquidação da despesa pública e somente realizar o pagamento após a ocorrência da medição da parcela do objeto ou recebimento do mesmo

Como toda regra há uma exceção, fixa o § 1º do artigo em comento que a antecipação de pagamento somente será permitida se propiciar sensível economia de recursos ou se representar condição indispensável para a obtenção do bem ou para a prestação do serviço, hipótese que deverá ser previamente justificada no processo licitatório e expressamente prevista no edital de licitação ou instrumento formal de contratação direta.

Tal dispositivo é tido como novidade, comprovando-se motivadamente nos autos do processo administrativo a sensível economia de recursos públicos na

DOS PAGAMENTOS ART° 145

aquisição, vale dizer, a significativa redução do preço do objeto demandado caso o mesmo seja adiantado ou, ainda, se representar condição indispensável à obtenção do bem ou à prestação do serviço, cuja essencialidade deverá ser consignada explicitamente no processo, poderá a contraprestação devida pela Administração ser antecipada, total ou parcialmente, haja vista não existir limitação na redação em estudo.

Sabe-se que o Poder Público quando se relaciona comercialmente com particulares sempre acaba pagando valores maiores do que aqueles praticados na iniciativa privada em razão da demora na realização do pagamento. Assim, existindo a possibilidade da concessão de sensível desconto para pagamento antecipado, pode a Administração economizar significativos recursos públicos com a adoção desta prática, desde que atendidos os itens indicados no § 1º.

Além disso, é oportuno considerar que o art. 40, inc. I, da NLLC, estabelece que o planejamento de compras deverá considerar a expectativa de consumo anual e condições de aquisição e pagamento semelhantes às do setor privado. Por exemplo, aos contratos de seguros e aos de assinatura de jornais, revistas e periódicos, que, pela própria natureza do objeto, se submetem às regras próprias do mercado, é possível o pagamento antecipado, podendo esse ser parcelado, em quantidade de parcelas inferior à vigência do ajuste.

Sobre a possibilidade de pagamento adiantado é a lição do jurista Diogenes Gasparini:

> O excepcional é o pagamento adiantado, ou seja, o efetuado pela Administração Pública contratante ao contratado, antes que este tenha cumprido sua obrigação com a entrega da obra, do bem ou do serviço, mas tendo satisfeito as condições do contrato para viabilizar esse procedimento. O pagamento adiantado sempre foi contestado pela doutrina e pelos Tribunais de Contas, que só o admite em situações excepcionais. (...) Dita proibição, no entanto, não é absoluta, pois essa lei, ainda que sem mencionar a locação pagamento adiantado, submete a Administração Pública a essa espécie de pagamento no caso de compras. De fato, o art. 15, III, da Lei federal Licitatória estabelece que as compras sempre que possível deverão submeter-se às condições de aquisição e pagamento semelhantes às do setor privado. Nem poderia ser diferente, pois todos conhecem e praticam esse mecanismo de contratação e pagamento. Na assinatura de um pedido, antes de receber a obra, o bem ou o serviço, paga-se uma parte do preço ajustado, sob pena de não ser celebrada a contratação. (...) Ora, se assim ocorre no setor privado e se as mesmas regras devem submeter-se à Administração Pública, é evidente que essa lei admite o pagamento adiantado, observadas, por certo, as cautelas de estilo. Para obras e serviços, o pagamento adiantado é inferido da alínea e do inc. XIV do art. 40, também do Estatuto Federal Licitatório. De fato, não se vê outra utilidade do seguro aí previsto senão para garantir pagamento adiantado, como de certa feita o Tribunal de Contas

COMENTÁRIOS À NOVA LEI DE LICITAÇÕES PÚBLICAS E CONTRATOS ADMINISTRATIVOS

da União entendeu legítimo determinado pagamento adiantado e assim garantido.[260] (grifos do original).

Com efeito, a possibilidade de pagamento antecipado deverá ser objeto de disciplina editalícia e contratual, não podendo tal condição ser introduzida após a celebração do ajuste, tendo em vista a potencialidade de ampliação de competidores que uma regra dessa natureza pode acarretar para a redução significativa dos valores despendidos com o objeto demandado.

Aliás, a Advocacia-Geral da União, órgão que representa a União judicial e extrajudicialmente, editou a Orientação Normativa nº 37, de 2011, com a seguinte redação:

> A antecipação de pagamento somente deve ser admitida em situações excepcionais, devidamente justificada pela administração, demonstrando-se a existência de interesse público, observados os seguintes critérios: 1) represente condição sem a qual não seja possível obter o bem ou assegurar a prestação do serviço, ou propicie sensível economia de recursos; 2) existência de previsão no edital de licitação ou nos instrumentos formais de contratação direta; e 3) adoção de indispensáveis garantias, como as do art. 56 da lei nº 8.666/93, ou cautelas, como por exemplo a previsão de devolução do valor antecipado caso não executado o objeto, a comprovação de execução de parte ou etapa do objeto e a emissão de título de crédito pelo contratado, entre outras.

Sabedora dos riscos envolvidos na antecipação do pagamento ao particular, na forma do que estabelece o § 2º do artigo em estudo, permite-se que a Administração exija a prestação de garantia adicional como condição para o pagamento antecipado, devendo as razões serem consignadas no processo administrativo de licitação ou de contratação direta.

Haja vista o risco envolvido, entende-se que tal poder, na verdade, apresenta-se como dever, ou seja, deverá o administrador proteger o erário que está sendo entregue antecipadamente ao particular por meio da exigência de uma garantia.

De forma a afastar prejuízo ao erário, fixa o § 3º do artigo em comento que, no caso concreto, o objeto que não for executado no prazo contratual, o valor antecipado deverá ser devolvido. Imediatamente abre para a Administração o direito de instaurar processo administrativo com o objetivo de apurar as razões da inobservância do prazo pactuado.

Neste caso, entende-se que deverá ser instaurado um processo sancionatório para verificar a prática de um dos comportamentos arrolados nos arts. 155 e 162 da NLLC.

---

[260] GASPARINI, Diogenes. *Direito Administrativo*, 14ª ed., Saraiva, São Paulo, 2009, pp. 763-764.

DOS PAGAMENTOS   ART° 146

ARTIGO 146

No ato de liquidação da despesa, os serviços de contabilidade comunicarão aos órgãos da administração tributária as características da despesa e os valores pagos, conforme o disposto no art. 63 da Lei nº 4.320, de 17 de março de 1964.

Na atividade econômica desempenhada por particulares para fins de atendimento das necessidades da Administração Pública brasileira ocorre a incidência de diversos tributos, a exemplo do ISSQN, FGTS e INSS, devido em caso de prestação de serviço, execução de atividades de construção civil etc., bem como o ICMS, quando do fornecimento de bens.

Haja vista o significativo volume de impostos gerados em razão da atividade contratual do Estado – lembremos que o governo brasileiro é o grande comprador nacional e é de praxe a legislação licitatória fixar um dispositivo legal cujo teor estabeleça que, quando da liquidação de despesa, na forma do que estabelece o art. 63 da Lei de Contabilidade Pública –, deverá a Administração contratante comunicar os órgãos tributários acerca do pagamento realizado aos particulares contratados.

Por meio do referido dispositivo, permite-se que as Administrações tributárias federal, estadual, distrital e municipal brasileiras exerçam efetivo controle sobre os pagamentos que estão sendo realizados aos particulares, buscando ou controlando o pagamento de impostos devidos.

Através das referidas comunicações, deterão as Administrações tributárias condições para realizar as devidas checagens com o escopo de verificar se os impostos devidos pelos referidos particulares estão sendo regularmente pagos, afastando-se, portanto, qualquer tipo de sonegação fiscal.

Jurisprudência e decisões dos Tribunais de Contas

Contrato administrativo. Liquidação de despesas. Necessidade de apresentação da 2ª via da nota fiscal: TCU – Acórdão nº 1.499/2006 – Plenário – Relatoria: Ministro Guilherme Palmeira – "9.2.14. abstenha-se de proceder à liquidação de despesas mediante apresentação de documento que não seja a 1ª via da nota fiscal, a fim de evitar a ocorrência de fraude na comprovação da execução de serviços e de burla ao fisco."

Contrato administrativo. Liquidação de despesas. Impossibilidade de apresentação de notas fiscais emitidas por estabelecimento de CNPJ diferente daquele constante do contrato ou autorização de fornecimento, sob pena de caracterizar subcontratação total: TCU – Acórdão nº 1.573/2008 – Plenário – Relatoria: Ministro Aroldo Cedraz – "9.5.6. abstenha-se de efetuar pagamentos de notas fiscais emitidas por estabelecimento de CNPJ diferente daquele constante do contrato ou

COMENTÁRIOS À NOVA LEI DE LICITAÇÕES PÚBLICAS E CONTRATOS ADMINISTRATIVOS

autorização de fornecimento, exceto quando se tratar de subcontratação autorizada pela Administração, nos termos da minuta do contrato constante da licitação e do art. 72 da Lei 8666/1993, uma vez que tal prática pode constituir motivo para rescisão unilateral do contrato pela administração, conforme reza o art. 78, inciso VI, do citado diploma legal;."

Contrato administrativo. Liquidação de despesas. Impossibilidade de apresentação de notas fiscais emitidas por estabelecimento de CNPJ diferente daquele constante do contrato ou autorização de fornecimento: TCU – Acórdão nº 3.551/2008 – 2ª Câmara – Relatoria: Ministro André Luís de Carvalho – "11.3.8. atente, quando do pagamento de despesa, a conformidade entre o CNPJ do documento fiscal e o do consignado em instrumento contratual (ou documento equivalente) de fornecimento de bens e de prestação de serviços, mesmo quando o favorecido seja matriz, filial, sucursal ou agência."

Contrato administrativo. Liquidação de despesas. Necessidade de que sejam acostadas no processo administrativo as competentes medições: TCU – Acórdão nº 2.284/2008 – 1ª Câmara – Relatoria: Ministro Marcos Bemquerer Costa – "1.1. ao Serviço Nacional de Aprendizagem Comercial – Administração Regional em Pernambuco que: 1.1.2. anexe aos processos de pagamento, relativo e serviços de engenharia, os boletins de medição que respaldam as respectivas despesas incorridas."

Contrato administrativo. Liquidação de despesas. Necessidade de que a nota fiscal discrimine de forma clara e precisa as informações sobre o objeto contratado e seus elementos característicos: TCU – Acórdão nº 195/2005 – Plenário – Relatoria: Ministro Benjamin Zymler – "9.7.11. aceite somente documentos fiscais/faturas com discriminação clara e precisa do objeto contratado e seus elementos característicos, tais como identificação do item, quantidade e valor unitário dos bens adquiridos ou serviços contratados."

Contrato administrativo. Liquidação de despesas. Necessidade de que a nota fiscal seja devidamente atestada pelo fiscal do contrato: TCU – Acórdão nº 67/2000 – Plenário – Relatoria: Ministro-Substituto José Antonio Barreto de Macedo – "8.4.3.9 – ateste devidamente as notas fiscais de mercadorias e serviços, quando do adimplemento da condição, verificada no ato de liquidação da despesa, consoante disposto no inciso III do § 2º do art. 63 da Lei n. 4.320/64 c/c o art. 36 do Decreto n. 93.872/86."

Contrato administrativo. Liquidação de despesas. Necessidade de que a nota fiscal seja atestada somente após as condições para a liquidação das despesas: TCU – Acórdão nº 1.353/2005 – Segunda Câmara – Relatoria: Ministro Benjamin Zymler – "Determinações: 1. – Superintendência Federal de Agricultura, Pecuária e Abastecimento no Paraná – MAPA: 1.1 – evite atestar notas fiscais/faturas antes do implemento de condições para a liquidação das despesas, sob pena de responsabilização solidária, ante a vedação contida no art. 62 da Lei nº 4.320/64."

DA NULIDADE DOS CONTRATOS ART° 147

Contrato administrativo. Liquidação de despesas. Necessidade de que o objeto executado seja devidamente comprovado nos autos do processo administrativo: TCU – Acórdão nº 2.571/2008 – 1ª Câmara – Relatoria: Ministro Marcos Vinicios Vilaça – "1.7.2. observe o preceituado nos artigos 62 e 63 da Lei nº 4.320/64, abstendo--se de efetuar pagamentos sem a devida comprovação da execução dos serviços ou da entrega do material, tendo em vista a ocorrência verificada nos Contratos nºs 008/1999, 001/2000 e 003/2004."

Contrato administrativo. Liquidação de despesas. Necessidade de que a nota fiscal seja corretamente preenchida: TCU – Acórdão nº 2.850/2007 – Primeira Câmara – "9.7.3. exija dos prestadores de serviços e dos fornecedores de produtos o correto preenchimento de notas fiscais por eles emitidas, em especial de suas datas de emissão, considerando que, após o devido atesto de execução/recebimento do serviço/ produto, tais documentos se tornam essenciais à fase de liquidação da despesa, nos termos do art. 63 da Lei 4.320/64."

CAPÍTULO XI – DA NULIDADE DOS CONTRATOS

Artigo 147

Constatada irregularidade no procedimento licitatório ou na execução contratual, caso não seja possível o saneamento, a decisão sobre a suspen- são da execução ou sobre a declaração de nulidade do contrato somente será adotada na hipótese em que se revelar medida de interesse público, com avaliação, entre outros, dos seguintes aspectos:

I – impactos econômicos e financeiros decorrentes do atraso na fruição dos benefícios do objeto do contrato;

II – riscos sociais, ambientais e à segurança da população local decor- rentes do atraso na fruição dos benefícios do objeto do contrato;

III – motivação social e ambiental do contrato;

IV – custo da deterioração ou da perda das parcelas executadas;

V – despesa necessária à preservação das instalações e dos serviços já executados;

VI – despesa inerente à desmobilização e ao posterior retorno às atividades;

VII – medidas efetivamente adotadas pelo titular do órgão ou entidade para o saneamento dos indícios de irregularidades apontados;

VIII – custo total e estágio de execução física e financeira dos contratos, dos convênios, das obras ou das parcelas envolvidas;

IX – fechamento de postos de trabalho diretos e indiretos em razão da paralisação;

X – custo para realização de nova licitação ou celebração de novo contrato;

XI – custo de oportunidade do capital durante o período de paralisação.

Parágrafo único. Caso a paralisação ou anulação não se revele medida de interesse público, o poder público deverá optar pela continuidade do contrato e pela solução da irregularidade por meio de indenização por perdas e danos, sem prejuízo da apuração de responsabilidade e da aplicação de penalidades cabíveis.

De forma a garantir segurança jurídica nas contratações públicas, o art. 147 da NLLC oferece um novo regime jurídico para validade da produção de ato administrativo que determina a suspensão da execução do contrato ou anulação de uma licitação ou contrato administrativo.

Tal regramento é salutar e necessário, pois é comum, após a conclusão de um uma licitação, sem motivo justificado ou ter o licitante ou contratado ter participado do comportamento gerador de uma eventual nulidade, ser observado o desencadeamento de processo anulatório que acarreta a suspensão da execução do contrato. Fato este, que, por gerar prejuízos imensuráveis a particulares, é uma das razões pelas quais milhares de empresas permanecem longe neste segmento econômico.

Assim, em razão da necessidade do oferecimento de um ambiente salutar de negócios, vem em boa hora um novo regime jurídico para decretar nulidade dos processos de licitação e contratação que acarretam a suspensão de sua execução, vale dizer, a extinção antecipada do contrato administrativo sem que ocorra a conclusão do objeto contratado.

Ante o teor consignado entre os arts. 147 e 150, observa-se que a nulidade dos contratos administrativos passa a ser a última hipótese do administrador, sendo uma medida excepcional, portanto, que somente poderá ser declarada caso implemente-se as condicionantes arroladas ao final do procedimento igualmente fixado, sob pena de nulidade dos atos que decretam a anulação de processos licitatórios e contratuais e suspensão da execução do objeto contratado.

Com efeito, o sistema de nulidades fixado na NLLC assenta a teoria administrativa, criada e consolidada nas últimas décadas, que vem sustentando no campo da nulidade dos atos administrativos a existência de graus de invalidade, que passa a exigir, não apenas uma desconformidade formal entre o ato que se pretende invalidar e a norma jurídica descumprida, mas também a necessidade de que a irregularidade seja insanável frente aos valores juridicamente protegidos.

Além disso, o novo regramento vem ao encontro das regras fixadas na Lei de Introdução às Normas do Direito Brasileiro, especialmente aquelas arroladas entre os arts. 20 e 23.

Nesse passo, analisando o *caput* do art. 147 da NLLC, observa-se que a Administração licitante e contratante, antes de aventar a possibilidade de decretação da nulidade ou suspensão da execução do ajuste, deve sanear a irregularidade verificada, buscando, de acordo com o caso concreto, extirpar do processo licitatório, de contratação direta e da gestão contratual, aquilo que gera mácula de ilegalidade expediente, corrigindo seu curso.

O saneamento ou apuração e correção dos atos, devendo ser convertido em convalidação do ato administrativo. O instituto da convalidação é previsto há tempos na Lei federal de processo administrativo (Lei nº 9.784/1999), conforme depreende-se da leitura do art. 55, que fixa, "em decisão na qual se evidencie não acarretarem lesão ao interesse público nem prejuízo a terceiros, os atos que apresentarem defeitos sanáveis poderão ser convalidados pela própria Administração."

Assim deve ocorrer, conforme ensina Marcelo Alexandrino, Vicente Paulo, *in verbis*:

> Existem, de fato, certas situações em que o prejuízo resultante da anulação de um ato pode ser muito maior do que o decorrente da manutenção, vale dizer, da convalidação do ato irregular. Nessas hipóteses excepcionais é que o administrador público poderá, obedecidos os princípios da motivação, da moralidade e da impessoalidade, valorar a conveniência e oportunidade de convalidar certo ato.

Sobre os atos convalidatórios, ensina o professor Celso Antônio Bandeira de Mello:

> A convalidação é o suprimento da invalidade de um ato com efeitos retroativos. (...) O ato convalidador remete-se ao ato inválido para legitimar seus efeitos pretéritos. (...) As asserções feitas estribam-se nos seguintes fundamentos. Dado o princípio da legalidade, fundamentalíssimo para o Direito Administrativo, a Administração não pode conviver com relações jurídicas formadas ilicitamente. Donde, é dever seu recompor a legalidade ferida. Ora, tanto se recompõe a legalidade fulminando um ato viciado, quanto convalidando-o. É de notar que esta última providência tem, ainda, em seu abono o princípio da segurança jurídica, cujo relevo é desnecessário encarecer. A decadência e a prescrição demonstram a importância que o Direito lhe atribui. Acresce que também o princípio da boa-fé sobreposse ante atos administrativos, já que gozam de presunção de legitimidade – concorre em prol da convalidação, para evitar gravames ao administrado de boa-fé.

Para a professora Weida Zancaner, conforme consta da clássica obra "Da convalidação ou da Invalidação dos Atos Administrativos", a convalidação dos atos administrativos apresenta-se como obrigatória quando, no caso concreto, for possível o saneamento, não podendo negá-la a fazê-la.

COMENTÁRIOS À NOVA LEI DE LICITAÇÕES PÚBLICAS E CONTRATOS ADMINISTRATIVOS

Somente, portanto, deverá ser suspensa a execução do contrato ou declarado nulo os processos de licitação ou execução contratual que não puderem ser objeto de saneamento, vale dizer, convalidação do ato administrativo.

No caso concreto, portanto, não sendo possível a convalidação do ato, a decisão sobre a suspensão da execução ou sobre a declaração de nulidade do contrato somente será adotada na hipótese em que se revelar medida de interesse público, com avaliação obrigatória, entre outros, dos seguintes aspectos: I – impactos econômicos e financeiros decorrentes do atraso na fruição dos benefícios do objeto do contrato; II – riscos sociais, ambientais e à segurança da população local decorrentes do atraso na fruição dos benefícios do objeto do contrato; III – motivação social e ambiental do contrato; IV – custo da deterioração ou da perda das parcelas executadas; V – despesa necessária à preservação das instalações e dos serviços já executados; VI – despesa inerente à desmobilização e ao posterior retorno às atividades; VII – medidas efetivamente adotadas pelo titular do órgão ou entidade para o saneamento dos indícios de irregularidades apontados; VIII – custo total e estágio de execução física e financeira dos contratos, dos convênios, das obras ou das parcelas envolvidas; IX – fechamento de postos de trabalho diretos e indiretos em razão da paralisação; X – custo para realização de nova licitação ou celebração de novo contrato; XI – custo de oportunidade do capital durante o período de paralisação.

Com efeito, todos os 11 exemplos acima arrolados apresentam-se como as principais consequências da extinção antecipada dos contratos públicos, o que é extremamente danoso para a sociedade, Administração contratante e contratado, na hipótese da nulidade verificada acarretar a decretação de anulação ou suspensão da execução do contrato administrativo.

Por tal razão, deve-se formalmente avaliar nos autos do processo administrativo os impactos negativos, pois, conforme permite o parágrafo único do art. 147 em estudo, caso a paralisação ou anulação não se revele medida de interesse público, o Poder Público deverá optar pela continuidade do contrato e pela solução da irregularidade por meio de indenização por perdas e danos, sem prejuízo da apuração de responsabilidade e da aplicação de penalidades cabíveis.

Artigo 148

A declaração de nulidade do contrato administrativo requererá análise prévia do interesse público envolvido, na forma do art. 147 desta Lei, e operará retroativamente, impedindo os efeitos jurídicos que o contrato deveria produzir ordinariamente e desconstituindo os já produzidos.

§ 1º Caso não seja possível o retorno à situação fática anterior, a nulidade será resolvida pela indenização por perdas e danos, sem prejuízo da apuração de responsabilidade e aplicação das penalidades cabíveis.

DA NULIDADE DOS CONTRATOS · ART° 148

§ 2º Ao declarar a nulidade do contrato, a autoridade, com vistas à continuidade da atividade administrativa, poderá decidir que ela só tenha eficácia em momento futuro, suficiente para efetuar nova contratação, por prazo de até 6 (seis) meses, prorrogável uma única vez.

Existindo a pretensão excepcional de declarar a nulidade de um contrato administrativo, sendo devido, na forma do art. 147 da NLLC, a implementação de profundo estudo para verificação da possibilidade de saneamento, por meio da convalidação da irregularidade observada ou, ainda, da avaliação da nulidade após a ponderação de diversos aspectos prejudiciais ao interesse público, exige o art. 148 da nova Lei de Licitações que a materialização deste expediente seja anterior à manifestação da intenção, mediante análise do interesse público.

Sendo assim, em nosso sentir, deverá ser instaurado um processo administrativo com o intento de consignar em seus termos a nulidade observada, expediente onde todas as exigências e itens arrolados no art. 147 da Lei de Licitações deverão ser implementados e verificados. Sequencialmente, deverá o contratado ser notificado para que exerça o contraditório e a ampla defesa, *ex vi* do art. 5º, incs. LIV e LV, da CF/88, haja vista que tal decisão administrativa acarretará, de certa medida, a privação temporária de patrimônio do particular, o qual é foco de utilização na execução do objeto do contrato que está prestes a ser extinto, haja vista a possibilidade de não receber todos os valores alocados ou investidos para viabilizar a execução do objeto contratado.

Implementado o disposto no art. 147 e não existindo alternativa, ao final do processo administrativo, a não ser a declaração de nulidade do contrato, o seu efeito retroagirá (*ex tunc*), obstando os efeitos jurídicos que o contrato deveria produzir ordinariamente, além de desconstituir os produzidos.

Conforme fixa o art. 165 da NLLC, do ato da Administração que declara a anulação ou revogação da licitação cabe recurso, no prazo de 3 (três) dias úteis, contados da data de intimação ou de lavratura da ata.

Já o § 1º do art. 148 da NLLC estabelece que, em caso de decretação de nulidade, caso não seja possível o retorno à situação fática anterior à nulidade, será resolvido em perdas e danos.

Demais disso, considerando os prejuízos verificados no caso concreto, deverá a Administração instaurar um processo administrativo para responsabilizar aquele que deu causa à nulidade, aplicando as penalidades cabíveis. Assim, por exemplo, observando-se que a nulidade foi gerada por meio da prática de algum ato produzido pelo servidor público de carreira, deverá ser instaurado um processo administrativo disciplinar com o objetivo de aplicar uma daquelas sanções arroladas no estatuto dos servidores.

COMENTÁRIOS À NOVA LEI DE LICITAÇÕES PÚBLICAS E CONTRATOS ADMINISTRATIVOS

Tendo em vista os latentes prejuízos que a nulidade de um contrato pode acarretar, a exemplo da anulação de um ajuste cujo objeto seja a execução de limpeza de prédios e instalações municipais, realização de limpeza pública, entrega de merenda escolar, fornecimento de insumo hospitalar, de forma a garantir a continuidade da atividade administrativa, estabelece o § 2º do artigo em estudo, a modulação da anulação, podendo ser consignado no ato administrativo anulatório que os efeitos da nulidade terão início apenas no futuro, por prazo de até 6 (seis) meses, prorrogável uma única vez, de forma a permitir que a Administração tenha tempo suficiente para instaurar, processar e concluir um novo processo de licitação e iniciar a execução do objeto desprovido do fato provocador da nulidade.

Artigo 149

A nulidade não exonerará a Administração do dever de indenizar o contratado pelo que houver executado até a data em que for declarada ou tornada eficaz, bem como por outros prejuízos regularmente comprovados, desde que não lhe seja imputável, e será promovida a responsabilização de quem lhe tenha dado causa.

O art. 149 da NLLC determina que a Administração deve indenizar o contratado pelo que houver executado até a data em que for declarada nula a licitação ou contrato administrativo, bem como por outros prejuízos regularmente comprovados. Tal determinação se impõe desde que o particular não tenha incorrido na declaração de nulidade. Além disso, fixa o referido artigo que deverá ser promovida a responsabilização de quem tenha dado causa à declaração de nulidade.

O referido dispositivo legal determina à Administração Pública, quando da decretação de nulidade do contrato administrativo, que realize o devido pagamento a título de indenização, o qual será apurado por meio de competente processo administrativo, sem prejuízo da apuração da responsabilidade de quem lhe der causa.

Esclarece-se que a condição exigida pelo artigo em comento é a apuração da boa-fé do particular para a realização do pagamento da indenização devida. Nesse sentido, se o fato que ensejou a anulação do ajuste for imputado ao particular, ou seja, se no caso concreto o ato que maculou a legalidade da contratação teve a sua participação, a indenização será descabida.

Por conseguinte, extrai-se do raciocínio acima estabelecido que a indenização pelos serviços prestados pelo particular no âmbito de um contrato administrativo inválido não é automática, estando condicionada à apuração

788

DA NULIDADE DOS CONTRATOS ART° 149

e comprovação da boa-fé do particular, além da conclusão do competente processo administrativo que vai determinar a monta devida.

Acerca dos limites da indenização, ou seja, o *quantum debeatur*, observa-se que o disposto no art. 149 da NLLC, deve compatibilizar-se com o mandamento constitucional insculpido no art. 37, § 6°, da Constituição Federal de 1988, que estabelece que a responsabilidade do Estado é objetiva em relação aos atos praticados pelos agentes públicos que estiverem em desacordo com a Lei e que causarem danos a terceiros, sob pena de subverter a ordem constitucional, como acima já foi salientado. Assim, o pagamento na integralidade deve ocorrer.

Nesse sentido, de nada vale o dispositivo legal infraconstitucional supramencionado limitar o pagamento apenas aos custos efetivos despendidos na execução do objeto, não realizando a contraprestação relacionada ao lucro do particular, uma vez que o princípio da responsabilidade objetiva do Estado determina a reparação integral dos prejuízos sofridos. Assim, não poderia a Administração agir de outra forma, sob pena de flagrante inconstitucionalidade.

Assim, suportar o prejuízo, em face do não pagamento do lucro ao particular que executou o devido objeto, não se compatibiliza pela nova ordem jurídica. Por conseguinte, seria admitir a irresponsabilidade da Administração, observada no passado e corrigida judicialmente, limitar o pagamento apenas à parcela dos custos efetivamente despendidos.

Nesse sentido, assevera o saudoso jurista Marcos Juruena, *in verbis*:

> Polêmico, no entanto, é o valor da indenização. Entendemos que deve ela levar em conta o efetivo ganho da Administração e o prejuízo do particular, que inclui, pois, a sua margem de *lucro*. Tal não é a conclusão adotada pelo Estado do Rio de Janeiro, que, calcado no pronunciamento do Procurador do Estado Alexandre Santos Aragão, entende que só devem ser ressarcidos os custos do contratado, que caracterizam o seu empobrecimento imputável à Administração. Não admite, pois, a inclusão de qualquer margem de lucro na indenização, que não seria um desfalque ou perda material.
>
> *Data venia*, ousamos discordar por entender que a ninguém é dado causar prejuízo a outrem; no caso, negar o lucro ao colaborador da Administração, que pacientemente prestou seus esforços em situação de emergência (e só nestas admite-se o termo de ajuste), é impor-lhe trabalhar de graça, violando o princípio da livre iniciativa[261]

---

[261] SOUTO, Marcos Juruena Villela. *Direito Administrativo Contratual*, Rio de Janeiro: Lumen Juris, 2004, p. 392.

COMENTÁRIOS À NOVA LEI DE LICITAÇÕES PÚBLICAS E CONTRATOS ADMINISTRATIVOS

Assim, também entende o jurista mineiro Carlos Pinto Coelho Motta, *in verbis*:

> O artigo em pauta suscita o acautelamento, sobretudo em face do princípio da estabilidade dos contratos. Concordo plenamente com o Professor Justen Filho: o parágrafo do art. 59 será inconstitucional se restringir o direito do contrato à ampla indenização[262]

Após a devida instauração pela autoridade competente, o processo administrativo, deve, por óbvio, estar devidamente instruído com a documentação hábil a demonstrar a situação fática a fim de identificar e quantificar o objeto executado, como, por exemplo, prova de execução do objeto até o momento da decretação da nulidade, bem como a prova do seu recebimento.

No entanto, saliente-se que essa irregularidade, além de ensejar a necessária instauração de processo administrativo para reconhecimento da dívida, poderá implicar também na apuração e na oportuna responsabilização dos agentes públicos que, ao menos, em tese, infringiram o dever funcional de observar as normas legais e regulamentares, devendo, portanto, ser instaurado competente processo de responsabilização.

Por derradeiro, cremos que a orientação em destaque reafirma o princípio geral do Direito Civil que veda o locupletamento sem causa, o qual está devidamente insculpido no art. 884 do Código Civil Brasileiro, que se consubstancia em um ganho não proveniente de causa justa. Aumento do patrimônio de alguém sem justa causa, ou sem qualquer fundamento jurídico, em detrimento do de outrem[263], o que acaba por assegurar a aplicabilidade do art. 149, uma vez que o princípio ventilado não é afastado nas relações contratuais entre a Administração Pública e os particulares.

Nesse sentido, aliás, salienta Celso Antônio Bandeira de Mello, *in verbis*:

> Na esfera do Direito Administrativo, por vezes, uma atuação do administrado, do mesmo passo que lhe causa um empobrecimento, vem a produzir um enriquecimento patrimonial em favor do Poder Público, faltando, todavia, um fundamento jurídico prestante que sirva para justificar tal resultado – o qual, portanto, significa um locupletamento do Poder Público a expensas de outrem[264]

---

[262] MOTTA, Carlos Pinto Coelho. *Eficácia nas Licitações Públicas & Contratos*, 10ª ed., Belo Horizonte: Del Rey, 2005, p. 476.

[263] DINIZ, Maria Helena. *Dicionário Jurídico*, 1ª ed., vol. 2, Saraiva, São Paulo, 1998, p. 337;

[264] MELLO, Celso Antônio Bandeira de. *Curso de Direito Administrativo*, 23ª ed., São Paulo: Malheiros, 2007, p. 641.

ARTIGO 150
Nenhuma contratação será feita sem a caracterização adequada de seu objeto e sem a indicação dos créditos orçamentários para pagamento das parcelas contratuais vincendas no exercício em que for realizada a contratação, sob pena de nulidade do ato e de responsabilização de quem lhe tiver dado causa.

Tendo em vista o flagrante prejuízo que a inobservância de algumas formalidades causa às compras governamentais, o art. 150 da nova Lei de Licitações fixa expressamente duas irregularidades cuja ocorrência gera nulidade do processo, incorrendo em responsabilidade quem lhe tiver dado causa.

Sendo assim, estabelece a Lei que nenhuma contratação será feita sem caracterização adequada do seu objeto, ou seja, deverá a autoridade competente, ainda na fase interna da licitação, definir de forma clara e precisa, com descrição concisa, aquilo que é demandado pela Administração Pública, não podendo constar do edital características imprecisas ou demasiadamente amplas. Objetos definidos de tal forma podem restringir a competitividade do certame, pois a dúvida daquilo que a Administração quer receber prejudica a realização de cotação, elaboração da proposta e insegurança jurídica, em face da obscuridade, poderá a contratante rechaçar aquilo que foi entregue.

Além disso, exige o referido dispositivo legal que deverá ser indicado nos autos do processo licitatório ou da contratação direta as informações acerca dos créditos orçamentários que fará frente às despesas da administração pública naquele exercício financeiro. É oportuno lembrar que tal informação deve constar do termo de referência, consoante denota-se da leitura do disposto no art. 6º, inc. XXIII, al. "j", da NLLC, bem como do art. 92, inc. VIII, sendo obrigatório constar do contrato cláusula que assente o crédito pelo qual correrá a despesa, com a indicação da classificação funcional programática e da categoria econômica.

Com efeito, deve ocorrer, uma vez que os recursos públicos para fazer frente às contratações devem ser incluídos na Lei Orçamentária Anual (ver inc. I do art. 167 da Constituição da República) e, como tal, deve contemplar dotação orçamentária específica.

Logo, a inexistência dessas informações acarreta a nulidade da contratação, devendo ser apurada a responsabilidade daquele que deu causa à inobservância legal.

Jurisprudência e decisões dos Tribunais de Contas

Edital. Requisitos. Objeto. Definições de objeto imprecisas ou demasiadamente amplas. Descabimento: TCU – Decisão nº 420/2002 – Plenário – Relatoria:

Ministro Augusto Sherman Cavalcanti – "8.1.2.1- observe, rigorosamente, os arts. 8º e 23, §§ 1º e 2º, da Lei 8.666/93 quanto à imposição do parcelamento do objeto; 8.1.2.2 – abstenha-se de inserir nos editais definições de objeto imprecisas ou demasiadamente amplas, cuja interpretação possa levar à possibilidade de contratação de mais de uma obra, serviço ou fornecimento em decorrência de uma única licitação."

Edital. Requisitos. Objeto claro e conciso. Necessidade: TCU – Súmula nº 177 – "A definição precisa e suficiente do objeto licitado constitui regra indispensável da competição, até mesmo como pressuposto do postulado de igualdade entre os licitantes, do qual é subsidiário o princípio da publicidade, que envolve o conhecimento, pelos concorrentes potenciais das condições básicas da licitação, constituindo, na hipótese particular da licitação para compra, a quantidade demandada em uma das especificações mínimas e essenciais à definição do objeto do pregão."

Edital. Requisitos. Objeto claro e conciso. Necessidade: TCU – Acórdão nº 1.705/2003 – Plenário – Relatoria: Ministro Marcos Bemquerer Costa – "9.5.2 – atente para os termos do inciso I do art. 40 c/c o §4o do art. 7o e o inciso II do §7o do art. 15, da Lei n. 8.666/1993, bem como do inciso I do art. 8o do Regulamento aprovado pelo Decreto n. 3.555/2000, de forma que o objeto da licitação seja descrito de maneira clara e precisa, devendo o instrumento convocatório especificá-lo com as qualidades e quantidades desejadas ou previstas (item V-B do relatório de auditoria)."

Edital. Requisitos. Objeto impreciso e demasiadamente amplo. Descabimento: TCU – Decisão nº 420/2002 – Plenário – Relatoria: Ministro Augusto Sherman Cavalcanti – "8.1.2.2- abstenha-se de inserir nos editais definições de objeto imprecisas ou demasiadamente amplas, cuja interpretação possa levar à possibilidade de contratação de mais de uma obra, serviço ou fornecimento em decorrência de uma única licitação."

Edital. Requisitos. Objeto amplo e indefinido. Descabimento: TCU – Acórdão nº 717/2005 – Plenário – Relatoria: Ministro Ubiratan Aguiar – "6.2.3. abstenha-se de firmar contrato com objeto amplo e indefinido, do tipo 'guarda-chuva', em observância aos termos do art. 54, §1º, da Lei n.º 8666/93, e do item 7.1.3. 'a' do Decreto 2.745/98 (itens 8.1 e 8.3 do Relatório de fls. 224/248)."

Edital. Requisitos. Objeto. Excessivo detalhamento pode direcionar a licitação. Restrição ao caráter competitivo da licitação: TCU – Acórdão nº 2.407/2006 – Plenário – Relatoria: Ministro Benjamin Zymler – "9.3. determinar ao Ministério da Integração Nacional que: 9.3.2. observe o disposto nos arts. 3º, 14 e 40, inciso I, da Lei nº 8.666/93, e no art. 3º da Lei nº 10.520/02, abstendo-se de incluir, nos instrumentos convocatórios, excessivo detalhamento do objeto, de modo a evitar o direcionamento da licitação ou a restrição de seu caráter competitivo, devendo justificar e fundamentar tecnicamente quaisquer especificações ou condições que restrinjam o universo de possíveis fornecedores dos bens ou prestadores de serviços o objeto do certame."

Edital. Requisitos. Objeto. Necessidade de descrição adequada do objeto: TCU – Acórdão nº 975/2009 – Plenário – Relatoria: Ministro Valmir Campelo – "9.1.1.1. é

DOS MEIOS ALTERNATIVOS DE RESOLUÇÃO DE CONTROVÉRSIAS ARTº 151

possível especificar os produtos sem risco de acusação de direcionamento do certame, desde que na elaboração da caracterização do objeto a ser licitado sejam observados os princípios da impessoalidade ou da finalidade pública, da eficiência e da isonomia, com descrição adequada do objeto de forma a atender ao interesse público, maximizar o resultado e ampliar a competitividade, evitando-se tanto a deficiência como o excesso de caracterização do objeto, pois: 9.1.1.1.1. a deficiência, embora cause ampliação da competitividade, desatende ao interesse público por não possibilitar a compra mais adequada; 9.1.1.1.2. o excesso afronta os princípios da impessoalidade e da eficiência, por permitir a compra de bens com requisitos desnecessários para atendimento ao interesse público, conforme estabelecem a Constituição Federal, art. 37, 'caput', inciso XXI; a Lei 8.666/1993, nos arts. 3º, 'caput', inciso I, e 15, §7º, inciso I; a Lei nº 10.520/2002, art. 3º, inciso II; e Súmula TCU n.º 177."

Edital. Requisitos. Objeto. Modificação no objeto. Prosseguimento da licitação. Descabimento: Acórdão nº 305/2000 – 2ª Câmara – Relatoria: Ministro Valmir Campelo – "e.12) não dê prosseguimento a licitações cujos editais sofram alterações substanciais, a exemplo de modificações do objeto, pois nesses casos torna-se necessário publicação de novo edital e reabertura dos prazos legais."

Contrato administrativo. Indicação do crédito orçamentário. Necessidade: TCU – Acórdão nº 2.272/2011 – Plenário – Relatoria: Ministro Augusto Sherman Cavalcanti – "9.4 dar ciência à Prefeitura de Aparecida de Goiânia/GO para que: 9.4.1 nos futuros procedimentos licitatórios que envolvam recursos públicos federais: 9.4.1.1 observe rigorosamente a necessidade de previsão de crédito orçamentário suficiente, conforme se depreende do art. 167, incisos I, II e VII, da Constituição Federal e dos arts. 7º, § 2º, inciso III, e 38, 'caput', da Lei 8.666/1993."

CAPÍTULO XII – DOS MEIOS ALTERNATIVOS DE RESOLUÇÃO DE CONTROVÉRSIAS

ARTIGO 151

Nas contratações regidas por esta Lei, poderão ser utilizados meios alternativos de prevenção e resolução de controvérsias, notadamente a conciliação, a mediação, o comitê de resolução de disputas e a arbitragem.

Parágrafo único. Será aplicado o disposto no caput deste artigo às controvérsias relacionadas a direitos patrimoniais disponíveis, como as questões relacionadas ao restabelecimento do equilíbrio econômico-financeiro do contrato, ao inadimplemento de obrigações contratuais por quaisquer das partes e ao cálculo de indenizações.

Muito se discutia acerca da possibilidade da utilização do juízo arbitral nos contratos administrativos como meio eficaz e simplificado para a resolução

COMENTÁRIOS À NOVA LEI DE LICITAÇÕES PÚBLICAS E CONTRATOS ADMINISTRATIVOS

de conflitos entre particulares e a Administração Pública, tendo em vista que a arbitragem, a mediação, a conciliação, são mecanismos legais utilizados na solução e pacificação de conflitos de forma menos gravosa e mais célere.

No âmbito das relações privadas, com o intento de futuramente serem dirimidos litígios envolvendo direitos "disponíveis", verifica-se a possibilidade de utilização da arbitragem, consoante permissão expressa pelos arts. 851 a 853 do Código Civil. Com efeito, esclareça-se que a lei especial a que alude o art. 853 desse Código Civil é a Lei nº 9.307/1996.

Grife-se que era no âmbito desta moldura legal que se inseria a discussão se a Administração Pública estaria autorizada a celebrar uma cláusula arbitral para a resolução de conflitos ocorridos no âmbito dos contratos administrativos, haja vista que a referida Lei nº 9.307/1996 era até 2015 desprovida de dispositivo específico a respeito do tema, vedando ou autorizando o Poder Público a firmar compromisso arbitral.

Analisando tal contenda, verificavam-se sólidos argumentos contrários ao uso da arbitragem, bem como vetusto entendimento no sentido de ser possível a adoção de mecanismo privado para fins de resolução de conflitos envolvendo a Administração Pública.

Nesse passo, delineando tais exegeses em desfavor do uso do juízo arbitral pela Administração Pública, sustentava-se que a utilização da arbitragem cingia-se a situações em que o objeto da discussão envolvia tão somente "direitos disponíveis", o que foi incorporado hoje pelo artigo em estudo.

Com efeito, devendo o administrador público estrita reverência ao princípio da indisponibilidade do interesse público, observa-se que todo e qualquer direito, tutelado pelo Poder Público, caracteriza-se como sendo "indisponível". Logo, por se caracterizarem como "indisponíveis", não poderiam tais direitos ser objeto de juízo arbitral. Esse entendimento contrário ao uso da arbitragem é noticiado pelos autores Carlos Ari Sundfeld e Jacintho Arruda Câmara, na obra Contratações públicas e seu controle no capítulo intitulado "O cabimento da Arbitragem nos contratos administrativos", conforme se infere da leitura do trecho transcrito:

> Outro argumento empregado contra a adoção desse mecanismo pela Administração o refuta por considerá-lo espécie de transação a respeito do cumprimento da lei. Ao aderir à arbitragem a Administração estaria, inexoravelmente, abrindo mão da parte de seus direitos ou da obediência da lei – comportamento que, por força do princípio da legalidade, estrita, seria incompatível com sua figura[265]

---

[265] SUNDFELD, Carlos Ari e CÂMARA, Jacintho Arruda. *Contratações públicas e seu controle*, 1ª ed., São Paulo: Malheiros, 2013. p. 254.

794

DOS MEIOS ALTERNATIVOS DE RESOLUÇÃO DE CONTROVÉRSIAS   ART° 151

Outro raciocínio desenvolvido para negar a possibilidade de utilização da arbitragem no trato da coisa pública encontrava-se na adoção da forma privada de resolução de conflitos pela Administração Pública, de modo a afastar do Poder Judiciário demandas reservadas ao juízo arbitral:

> Segundo essa premissa, tal efeito seria incompatível com o regime jurídico aplicável aos entes estatais, que permite os questionamentos dos atos por eles produzidos por intermédio de diversos instrumentos processuais, como a ação popular (que legitima qualquer cidadão a questionar judicialmente atos lesivos ao estado) e ação civil pública (instrumento) à disposição do Ministério Público para defesa de interesses difusos e coletivos[266]

Por fim, reverenciando o princípio da legalidade estrita, sustentam aqueles contrários ao uso da arbitragem pela Administração Pública que a ausência de autorização expressa na Lei nº 8.666/1993 afasta a possibilidade de utilização do mecanismo de resolução de conflitos em destaque.

Aliás, historicamente avesso à adoção de mecanismo privado de resolução de conflitos, o eg. TCU, conforme se infere do teor contido no Acórdão nº 2.573/2012 – Plenário, de relatoria do Min. Raimundo Carreiro, asseverou, com o escopo de resguardar o interesse público, não ser possível que eventuais litígios envolvendo o Poder Público possam ser objeto de arbitragem, devendo ser obedecido o princípio do Juiz natural, que determina que as contendas observadas nos contratos administrativos devem ser resolvidas pelo Juízo estatal.

Já em relação ao entendimento daqueles que advogaram pela possibilidade de que litígios envolvendo a Administração Pública possam ser objeto de arbitragem, reputa-se como inadequado o raciocínio de que a forma privada de resolução de conflitos dos quais participa o Poder Público violaria o princípio da indisponibilidade do interesse público.

Melhor esclarecendo a questão, prelecionam os juristas Carlos Ari Sundfeld e Jacintho Arruda Câmara, *in verbis*:

> O princípio da indisponibilidade do interesse público não estabelece um dever ou proibição. Não configura o que a doutrina costuma denominar de princípio-regra. Trata-se de princípio-valor, que encarna uma idéia comum a todo o sistema normativo que compõe o direito administrativo. Sua função não é a de prescrever condutas, mas, sim, apontar um traço característico daquele conjunto de normas, contribuindo para sua compreensão e posterior interpretação.

O princípio da indisponibilidade do interesse público, nessa linha, refletiu importante característica do direito administrativo: a de que as autoridades

---

[266] SUNDFELD, Carlos Ari e CÂMARA, Jacintho Arruda. *Contratações públicas e seu controle*, 1ª ed., São Paulo: Malheiros, 2013. p. 254.

não agem por vontade própria, como se dispusessem livremente dos interesses que guardam. Elas lidam com coisa alheia, pública, sobre a qual não dispõem. Noutros termos: o princípio em tela reforça a noção segundo a qual o administrador deve obediência à lei, na medida em que atua na gestão do interesse cujo titular (a coletividade) se expressa mediante decisões do Legislativo.

> Não foi nesse sentido que a legislação empregou ao estabelecer que a arbitragem só se destina a 'dirimir litígios relativos a direitos patrimoniais disponíveis'. Com essa demarcação, a Lei de Arbitragem afastou de seu âmbito de aplicação apenas os temas que não admitissem contratação pelas partes. Numa palavra: a lei limitou a aplicação do procedimento arbitral às questões referentes a direito ou (interesse passível). Para evitar confusão terminológica – que propicie falso embate em face do princípio da indisponibilidade do interesse público –, passaremos a designar este requisito como a existência de um direito negociável[267]

Demais disso, elencam-se outras razões para sustentar a possibilidade do uso da arbitragem pela Administração Pública, destacando-se o fato de que o Poder Público, quando celebra cláusula arbitral, não "abre mão" ou transige os seus direitos, mas tão somente elege um Juízo privado, que se manifestará a respeito após regular apreciação da demanda apresentada, na forma da lei.

Em outras palavras, quando o Poder Público opta pela resolução de conflito pela via arbitral, escolhe um julgador particular, técnico e especializado, para solucionar o impasse, decisão propagadora de segurança jurídica, logo, se tornará desnecessária a confirmação pelo Poder Judiciário.

O uso do juízo arbitral confirma sua legalidade e segurança jurídica, tanto que as Leis nº 11.196/05 e Lei nº 9.307/96 dispõem sobre a arbitragem como mecanismo para solucionar questões contratuais.

Outrossim, asseveravam aqueles que sustentavam a possibilidade de uso da arbitragem que a ausência de expressa autorização legislativa não impedia a sua utilização. Nesse sentido, ensinam novamente os juristas Carlos Ari Sundfeld e Jacintho Arruda Câmara, *in verbis*:

> A legislação sobre contratações públicas não é exaustiva quanto à instituição de modelos de contratações que podem ser empregados pela Administração. Muito pelo contrário. As contratações públicas foram disciplinadas de maneira genérica, prevendo-se cláusulas gerais que deveriam constar em qualquer tipo de pacto, mas sem excluir outras previsões. Qualquer modelo contratual previsto em lei, desde que não contrarie as previsões específicas da Lei nº 8.666/1993, pode ser empregado pelas entidades integrantes da Administração Pública.

---

[267] SUNDFELD, Carlos Ari e CÂMARA, Jacintho Arruda. *Contratações públicas e seu controle*, 1ª ed., São Paulo: Malheiros, 2013. p. 255-257.

DOS MEIOS ALTERNATIVOS DE RESOLUÇÃO DE CONTROVÉRSIAS ARTº 151

Assim ocorreu com a arbitragem. Trata-se de sistema de jurisdição privada, a ser aplicado mediante acordo entre as partes envolvidas. É, portanto, um tipo de contrato (ou de cláusula) que está à disposição das pessoas em geral, inclusive aquelas integrantes da Administração Pública. Na Lei de Arbitragem não há referência expressa aos entes estatais, como também não há relação a qualquer outra espécie de pessoa. A lei foi dirigida a todas as pessoas, genericamente. Não houve qualquer discriminação em relação a pessoas físicas ou jurídicas, a pessoas de direito público ou de direito privado, a pessoas estatais ou não estatais. Sendo pessoa com capacidade jurídica para firmar contrato, ela também poderá se valer da arbitragem. Essa é a regra imposta pela lei. Como não se discute a capacidade de contratação das entidades estatais, não há como negar que tais figuras estão incluídas entre as pessoas aptas a fazer uso do procedimento arbitral[268]

Sustentou-se, ainda, que a fixação de cláusula arbitral nos contratos administrativos não impediria eventual controle judicial do litígio verificado, uma vez que a Lei da Arbitragem prevê a possibilidade de a parte prejudicada pleitear ao Poder Judiciário a declaração de nulidade da cláusula arbitral, nos casos previstos na referida lei.

Saliente-se que a 1ª Seção do eg. STJ, nos autos do MS nº 11.308/DF, de relatoria do Min. Luiz Fux, entendeu pela possibilidade de utilização "do juízo arbitral em litígios administrativos quando presentes direitos patrimoniais disponíveis", porquanto de natureza contratual e privada, asseverando, ainda, que "é assente na doutrina e na jurisprudência que indisponível é o interesse público, e não o interesse da Administração."

Esclarece-se ainda que a arbitragem, que é reconhecida pelo TCU como via para resolução de conflitos apresenta vantagens em comparação ao Poder Judiciário, tais como menor duração do conflito, menos burocratização, árbitros especializados na questão divergente, ou seja, celeridade, confiabilidade e tecnicidade, nos termos da Lei de Arbitragem.

Feito tal histórico e apontadas as correntes até então existentes, com o advento da Lei nº 14.133/2021, tal discussão não mais existe em razão dos arts. 151 e seguintes contemplarem expressamente a possibilidade de a Administração adotar, na forma lá estampada, meios alternativos de resolução de conflitos, dentre eles a arbitragem.

Além da clássica arbitragem, admite-se, ainda, a adoção da conciliação, que "na atividade do conciliador, que atua na tentativa de obtenção da solução dos conflitos sugerindo a solução sem que possa, entretanto, impor sua sugestão compulsoriamente, como se permite ao árbitro ou ao juiz togado.[269]

---

[268] SUNDFELD, Carlos Ari e CÂMARA, Jacintho Arruda. *Contratações públicas e seu controle*, 1ª ed., São Paulo: Malheiros, 2013. p. 259-260.
[269] SCAVONE Jr., Luiz Antonio. *Arbitragem – Mediação, Conciliação e Negociação*. 10ª ed., São Paulo: Grupo GEN, 2020.

A conciliação, assim como a mediação, é permitida tanto na fase administrativa quanto na judicial. Ela é realizada por um terceiro imparcial, como conciliador, juiz, árbitro, para transacionar o direito em conflito entre as partes.

Possui aplicabilidade no setor público, tanto que algumas normas trazem de forma expressa sua incidência, cita-se a título exemplificativo a Lei nº 12.351/10, Lei nº 9.478/97 e Lei nº 10.233/01 e art. 334 do CPC.

Outrossim, admitir-se-á a mediação, definida como "o processo por meio do qual os litigantes buscam o auxílio de um terceiro imparcial que irá contribuir na busca pela solução do conflito". Destaque-se que esse terceiro não tem a missão de decidir, mas apenas auxiliar as partes na obtenção da solução consensual.[270]

A mediação é um instrumento utilizado para auxiliar na solução de conflitos que envolvam interesses disponíveis ou passíveis de transação. Nela a condução da negociação é realizada por um terceiro imparcial que atua para solucionar o conflito e prevenir sua judicialização, assim, está inserida no instituto da autocomposição de litígios.

Destaca-se que a mediação poderá ser utilizada pela Administração Pública tanto na esfera administrativa quanto judicial, devendo ser respeitados os princípios que norteiam a atividade pública.

Informa-se também que a Lei nº 13.140/15 normatiza questões relacionados a solução de conflitos no âmbito da Administração Pública, por meio da mediação (art. 1º) indicando seus princípios basilares, extensão e procedimento, assim, pacificou-se a questão do uso da mediação para solucionar conflitos entre particular e administração pública.

Por fim, o comitê de resolução de disputas, tradicionalmente conhecido como "dispute board", é um meio alternativo de prevenção e resolução de conflitos bastante utilizado em contratos de longa duração, especialmente nos contratos de construção civil. Este mecanismo, oriundo dos contratos privados, recentemente começou a ser adotado no Brasil nos contratos de obras públicas.[271]

O Comitê de resolução de disputas ainda é um instituto pouco empregado no setor público nacional; é voltado à prevenção e resolução de conflitos de ordem técnica, econômico e financeira, visando preservar o interesse público na execução e no cumprimento dos contratos.

Destinado a garantir o melhor cumprimento dos contratos firmados com a Administração Pública, pode ser considerado como mecanismo de gestão

---

[270] SCAVONE Jr., Luiz Antonio. *Arbitragem – Mediação, Conciliação e Negociação*. 10ª ed., São Paulo: Grupo GEN, 2020.

[271] DOMINGUES, Igor Gimenes Alvarenga. *Uso do comitê de resolução de disputas nos contratos da administração pública: vantagens, limites e cautelas*. 2019. Disponível em: https://direitosp.fgv.br/sites/direitosp.fgv.br/files/igor_gimenes_uso_do_comite_de_resolucao_de_disputas_nos_contratos_com_a_administracao_publica.pdf. Acesso em: 17 de ago. de 2021.

DOS MEIOS ALTERNATIVOS DE RESOLUÇÃO DE CONTROVÉRSIAS ART⁰ 153

contratual destinado a reduzir os riscos contratuais, para tanto emprega em seu desenvolvimento técnicas de mediação e negociação contratual, de administração, de gestão voltados a parceria entre poder público e particular. Deste modo é um instrumento muito utilizado em contratos que envolvem grandes vultosos, tais como obras e serviços de concessão.

A título exemplificativo cita-se os enunciados 49, 76 e 80 editados pelo Conselho de Justiça Federal que dispõe sobre a atuação dos Comitês de Resolução de Disputas como meios de solução de conflitos no ordenamento nacional em todas as esferas.

Artigo 152
A arbitragem será sempre de direito e observará o princípio da publicidade.

Estabelece o art. 152 da nova Lei de Licitações, que a arbitragem será sempre de direito, observando-se o princípio da publicidade.

Inicialmente, temos a considerar que o referido dispositivo legal reproduz a redação fixada no art. 2º, § 2º, da Lei de Arbitragem (Lei 9.307/1996), alterada pela Lei nº 13.129, de 2015.

Entende-se por arbitragem de direito a resolução de conflitos submetidos à câmara arbitral por meio da aplicação do direito posto no caso concreto, utilizando o ordenamento jurídico para fins de solução da lide verificada no caso.

No tocante à publicidade dos meios alternativos de resolução de conflito, temos a considerar que a Lei 9.307/1996 não exige sigilo nas arbitragens processadas no Brasil, não obstante a confidencialidade possa ser estipulada na arbitragem pelas partes.

No âmbito das contratações públicas, todavia, sabe-se que o princípio constitucional da publicidade expressamente previsto no *caput* do art. 37, de forma a garantir o controle por toda a sociedade, recai sobre os meios alternativos de resolução das controvérsias que envolvam pessoas jurídicas de direito público. Sendo assim, o sigilo, que é comum nas disputas desta natureza, de forma alguma inexistirá quando envolver uma entidade ou órgão público.

Artigo 153
Os contratos poderão ser aditados para permitir a adoção dos meios alternativos de resolução de controvérsias.

O art. 153 da NLLC permite o aditamento contratual, de forma a efetivamente introduzir no âmbito das compras governamentais os meios alternativos de solução de controvérsias, tornando célere a resolução de conflitos. Inclusive, o aditamento é possível nos atuais contratos administrativos celebrados.

Meios alternativos de resolução de conflitos mitigam o surgimento de demandas administrativas e judiciais desnecessárias. Isto é, as resoluções céleres são necessárias para evitar o prejuízo ao interesse público em relação ao objeto do contrato administrativo, como, por exemplo, a paralisação de obras ou a inviabilização da conclusão de projetos.

Por meio da adoção desses métodos alternativos, ocorre o afastamento da necessidade de submissão dos atuais litígios ao Poder Judiciário. De toda forma, para que se seja possível o tangenciamento do Judiciário, deverá tal possibilidade ser expressamente introduzida no ajuste por meio de celebração de termo aditivo contratual.

ARTIGO 154
O processo de escolha dos árbitros, dos colegiados arbitrais e dos comitês de resolução de disputas observará critérios isonômicos, técnicos e transparentes.

Por derradeiro, colocando fim ao capítulo que estabelece as regras de adoção dos meios alternativos de solução de controvérsias, o art. 154 da nova Lei de Licitações estabelece que deverá o processo de escolha dos árbitros nos colegiados arbitrais e nos comitês de resolução de conflitos observar critérios isonômicos, técnicos e transparentes.

Observa-se que os profissionais escolhidos para processar os litígios no caso concreto deverão atuar com a mesma imparcialidade garantida ou verificada quando submetem-se as demandas ao Poder Judiciário, sendo a capacidade técnica do árbitro a principal garantia de independência e isenção. Protege-se, assim, a justeza da decisão prolatada.

Demais disto, a adoção de critérios técnicos para a eleição dos árbitros garante a efetividade e celeridade da decisão prolatada.

Conforme salienta Marçal Justen Filho, *in verbis*:

> É obrigatória a escolha de uma instituição arbitral dotada de confiabilidade respeitada no mercado e que seja conhecida por sua atuação eficiente e satisfatória. Para fundamentar a sua decisão, a Administração deve recorrer aos especialistas no setor especialmente para evitar escolha de entidade destituída de experiência e/ou sem condições de assegurar o desenvolvimento satisfatório da arbitragem.[272]

---

[272] JUSTEN FILHO, Marçal. *Comentários à Lei de Licitações e Contratações Administrativas: Lei 14.133/2021*. São Paulo: Editora Thomson Reuters Brasil, 2021, p. 1591.

TÍTULO IV – DAS IRREGULARIDADES

CAPÍTULO I – DAS INFRAÇÕES E SANÇÕES ADMINISTRATIVAS

ARTIGO 155

O licitante ou o contratado será responsabilizado administrativamente pelas seguintes infrações:

I – dar causa à inexecução parcial do contrato;

II – dar causa à inexecução parcial do contrato que cause grave dano à Administração, ao funcionamento dos serviços públicos ou ao interesse coletivo;

III – dar causa à inexecução total do contrato;

IV – deixar de entregar a documentação exigida para o certame;

V – não manter a proposta, salvo em decorrência de fato superveniente devidamente justificado;

VI – não celebrar o contrato ou não entregar a documentação exigida para a contratação, quando convocado dentro do prazo de validade de sua proposta;

VII – ensejar o retardamento da execução ou da entrega do objeto da licitação sem motivo justificado;

VIII – apresentar declaração ou documentação falsa exigida para o certame ou prestar declaração falsa durante a licitação ou a execução do contrato;

IX – fraudar a licitação ou praticar ato fraudulento na execução do contrato;

X – comportar-se de modo inidôneo ou cometer fraude de qualquer natureza;

XI – praticar atos ilícitos com vistas a frustrar os objetivos da licitação;

XII – praticar ato lesivo previsto no art. 5º da Lei nº 12.846, de 1º de agosto de 2013.

Conforme se infere do teor contido do art. 104, inc. IV, da nova Lei de Licitações, detém a Administração Pública, quando celebra ajuste com particulares, a prerrogativa de aplicar sanções administrativas tendo como motivo a verificação de inexecução total ou parcial de contratos administrativos.

De fato, de nada adiantaria a Administração fiscalizar a execução dos seus contratos se não detivesse o poder de aplicar sanções nos casos de descumprimento das obrigações. Referimo-nos, portanto, a um dever-poder outorgado à Administração que, motivadamente, poderá aplicar algumas sanções legalmente previstas, em conformidade com a gravidade da falta cometida.

Destaca-se que as sanções administrativas não são utilizadas exclusivamente para punir particulares que praticaram condutas antijurídicas durante a execução dos contratos administrativos. Conforme se verifica do teor contido no dispositivo legal em estudo, a possibilidade de punir proponentes já ocorre no âmbito da licitação, em razão de um comportamento reprovável praticado no decorrer do torneio licitatório.

O objetivo das sanções administrativas é desencorajar a prática de condutas ilícitas no âmbito da licitação e durante a execução dos contratos administrativos, bem como controlar a execução do contrato, por meio da coibição de desacertos contratuais, fato que compele o contratado a cumprir as obrigações assumidas, assegurando, assim, uma efetiva execução do objeto demandado pela Administração.

Apresenta-se como desvio de finalidade qualquer objetivo que não se enquadre nos previamente destacados, a exemplo da pretensão de sancionar particulares como meio de perseguição ou geração de receita com os recursos que advêm do recolhimento de multas contratuais etc.

A imposição de sanções no âmbito das contratações públicas não demanda a interferência do Poder Judiciário para a sua concretização, haja vista a possibilidade de a Administração, direta e imediatamente, executá-la em razão do atributo do ato administrativo da executoriedade, salvo a cobrança de multas não pagas voluntariamente no âmbito administrativo.

A sanção, para ser reconhecida como válida perante a ordem jurídica, o que garante a sua legitimidade, não deve apenas observar a disciplina da lei, mas um conjunto de princípios e normas que regulam todo o processo de edição de um ato administrativo sancionador.

Assim, o regime punitivo a ser observado quando o Estado exerce função administrativa será aquele circunscrito por princípios elencados expressamente na Constituição da República de 1988, quais sejam: princípio da legalidade,

DAS INFRAÇÕES E SANÇÕES ADMINISTRATIVAS   ART° 155

princípio da anterioridade, princípio da irretroatividade da lei e da retroatividade da lei mais benigna, princípio da segurança jurídica, princípio do *non bis in idem*, princípio da razoabilidade, princípio da proporcionalidade, princípio do devido processo legal, princípio da *non reformatio in pejus*, princípio da prescritibilidade, princípio do juiz natural e princípio da presunção da inocência.

Sobre a utilização dos referidos princípios, sugere-se o nosso livro denominado "As sanções nas contratações públicas: as infrações, as penalidades e o processo administrativo sancionador", editado pela Editora Fórum em 2021.

Nesse prisma, observa-se no art. 155 um rol de infrações administrativas praticado por particulares no âmbito da licitação ou execução dos contratos administrativos, sendo tal elenco uma mera sistematização dos comportamentos antijurídicos observados nas Leis nºs 8.666/1993, 10.250/2020 e 12.462/2011. Passa-se a analisar um a um.

1. Inexecução parcial ou total dos contratos administrativos

A inexecução parcial, inexecução parcial do contrato que cause grave dano à Administração, ao funcionamento dos serviços públicos ou ao interesse coletivo ou inexecução total do contrato administrativo caracterizam-se como infrações administrativas na forma prevista nos incs. I, II e III do art. 155 da Lei nº 14.133/2021, incorrendo o particular nas sanções que abaixo discorreremos.

Incorrerá no referido tipo, o contratado que, em razão dos termos do contrato ou ordem de fornecimento e serviço, for obrigado a executar o objeto contratado. Enquanto não for exigível a execução de qualquer obrigação contratual, afigura-se despropositado o desencadeamento do processo punitivo.

No tocante à infração prevista no art. 155, inc. I, da NLLC, concretizada na prática de um comportamento que caracteriza a inexecução parcial, observa-se, no caso em estudo, o não cumprimento integral das obrigações constantes do instrumento contratual ou equivalente, ou seja, o particular executa parcialmente aquilo que se obrigou, de forma a buscar viabilizar a execução do objeto contratado, porém não conclui a obrigação assumida na totalidade.

Por sua vez, em relação à inexecução parcial do contrato que cause grave dano à Administração, ao funcionamento dos serviços públicos ou ao interesse coletivo, infração prevista no art. 155, inc. II, da NLLC, observa-se a mesma ação física do infrator, qual seja, o não cumprimento na integralidade das obrigações assumidas, devendo ser observado, porém, e no caso concreto, como consequência, a geração de grave dano ao Poder Público.

Já em relação à infração prevista no art. 155, inc. III, da NLLC, tem-se que a inexecução total do contrato administrativo caracteriza-se pela completa ausência de cumprimento de qualquer tipo de obrigação previsto no ajuste, seja de natureza principal ou acessória. Vale dizer, observa-se total inação do particular contratado em executar as obrigações, as quais se comprometeu contratualmente.

Destaque-se que "inexecução total ou parcial do contrato" são condutas fixadas na lei providas de generalidade, que, por não descreverem a conduta proibida com densidade suficiente, acabam por afrontar o princípio da tipicidade. Por tal razão, considerando-se as particularidades do objeto a ser contratado, deve a Administração fixar no edital, de forma precisa e cristalina, caso a contratação decorra de licitação ou processo administrativo, em caso de contratação direta, bem como no contrato administrativo e nos instrumentos equivalentes, as condutas eleitas à luz das características do objeto demandado, que, caso praticadas, caracterizam infração administrativa, uma vez que deve ser garantido ao futuro contratado o direito de conhecer as punições que poderá sofrer em razão da prática das condutas lá observadas, sob pena de violação ao princípio da segurança jurídica.

No tocante às punições a serem impostas em razão da prática das infrações em estudo, o art. 156, § 2º, da Lei nº 14.133/2021, fixa que caberá advertência exclusivamente pela infração administrativa prevista no inc. I do art. 155 (inexecução parcial) quando não se justificar a imposição de penalidade considerada mais grave. Por sua vez, conforme estabelece o art. 156, § 3º, da Lei nº 14.133/2021, o impedimento de licitar e contratar no âmbito da Administração Pública direta e indireta do ente federativo que aplicou a sanção, pelo prazo máximo de 3 (três) anos, será imposta ao responsável que (1) dar causa à inexecução parcial do contrato que cause grave dano à Administração, ao funcionamento dos serviços públicos ou ao interesse coletivo; ou (2) dar causa à inexecução total do contrato, quando não se justificar a imposição de penalidade mais grave – vale dizer, a declaração de inidoneidade –, cabendo, ainda, na forma do § 7º do mesmo dispositivo, a multa prevista em edital e no contrato, que não poderá ser inferior a 0,5% (cinco décimos por cento) nem superior a 30% (trinta por cento) do valor do contrato licitado ou celebrado com contratação direta, conforme regramento previsto no § 3º do artigo estudado.

Por derradeiro, o § 4º do referido artigo estabelece que caberá a declaração de inidoneidade nos casos da prática das infrações administrativas previstas nos incs. VIII, IX, X, XI e XII do *caput* do art. 155, bem como pelas infrações administrativas previstas nos incs. II, III, IV, V, VI e VII do *caput* do referido artigo que justifiquem, motivadamente, a imposição de penalidade mais grave que a punição de impedimento de licitar e contratar. Poderá ser imposta, portanto, e de acordo com o caso concreto, a declaração de inidoneidade caso observe-se a prática de comportamento que se caracterize na inexecução parcial do contrato que cause grave dano à Administração, ao funcionamento dos serviços públicos ou ao interesse coletivo ou inexecução total do contrato.

2. Deixar de entregar documentação exigida para o certame

Outro comportamento indesejável tipificado como infração administrativa, consoante prevê o art. 155, inc. IV, da NLLC, é o comportamento do particular licitante de deixar de entregar a documentação habilitatória exigida para a habilitação no certame.

Infração administrativa verificada quando ocorre a abertura das propostas antes da verificação da habilitação, tal foi criada pela Lei nº 10.520/2002, pois nas licitações processadas pela modalidade pregão cria-se um vínculo de confiança entre o proponente e a Administração licitante, como bem ressalta Fabrício Motta[273], elemento necessário para garantir a celeridade do certame. Em razão disto, entendeu a lei em enquadrar a conduta ora destacada como infração administrativa, a fim de afastar tal prática das licitações, haja vista o seu caráter prejudicial.

Grife-se que a inexistência de punição permitiria ao licitante a concessão desenfreada de lances e posterior declínio da contratação por meio da não inserção de determinado documento habilitatório no competente envelope, fato que prejudicaria o sucesso da licitação e, por conseguinte, o atendimento do interesse público almejado com o objeto do certame.

Assim, apresentando o licitante no credenciamento do pregão uma declaração afirmando que cumpre os requisitos habilitatórios previstos no instrumento convocatório, o ato de deixar de entregar a documentação passa a ser uma conduta passível de punição. Deverá ser verificado, todavia, se a conduta do licitante demonstra desleixo quando da análise do ato convocatório ou montagem do envelope habilitatório ou má-fé, ante a impossibilidade de atender à exigência editalícia.

Em nosso sentir, o sancionamento em decorrência da referida infração administrativa somente poderá ocorrer caso reste demonstrada, nos autos do processo administrativo, a presença de um prejuízo efetivo para a Administração.

No tocante à punição a ser imposta àquele que praticar o comportamento que a lei quer reprimir, conforme estabelece o art. 156, § 4º, da Lei nº 14.133/2021, a incursão do particular na infração constante do art. 155, inc. IV, da referida norma, pode acarretar a sanção denominada de impedimento de licitar e contratar no âmbito da Administração Pública direta e indireta do ente federativo que aplicou a sanção, pelo prazo máximo de 3 (três) anos. Existindo justificativa à luz do caso concreto que justifique a medida, poderá, ainda, ser aplicada a penalidade denominada declaração de inidoneidade para licitar

---

[273] MOTTA, Fabrício. *Das sanções*. GASPARINI, Diogenes (Coord.). *Pregão presencial e eletrônico*. 2. ed. rev. e ampl. Belo Horizonte: Fórum, 2009. p. 135.

ou contratar, que impede o responsável de licitar ou contratar no âmbito da Administração Pública direta e indireta de todos os entes federativos, pelo prazo mínimo de 3 (três) anos e máximo de 6 (seis) anos, nos termos do art. 156, § 5º, da Lei nº 14.133/2021. Demais disso, cumuladamente às sanções previstas na lei, consoante prevê os §§ 3º e 7º do art. 156 da nova Lei de Licitações, poderá ser aplicada multa compensatória, que não poderá ser inferior a 0,5% (cinco décimos por cento) nem superior a 30% (trinta por cento) do valor do contrato licitado ou celebrado com contratação direta, calculada na forma do edital ou do contrato.

3. Não manutenção da proposta comercial pelo adjudicatário

É dever do particular adjudicatário honrar sua proposta comercial, apresentada dentro do competente envelope, bem como o lance oferecido na fase oportuna do pregão, sob pena de ser caracterizada infração administrativa, conforme prevê o art. 155, inc. V, da Lei nº 14.133/2021.

Em razão da celeridade que envolve a modalidade pregão, gera-se entre o proponente e a Administração promotora da licitação um vínculo de confiança que, quando rompido – por exemplo, na ocasião em que o licitante concede lances na fase oportuna não mantendo sua proposta posteriormente, haja vista verificar que a mesma se tornou inexequível –, acarreta uma punição, fixada pela lei justamente para desestimular condutas desta natureza.

Logo, ciente da punição que poderá advir futuramente, é dever do licitante avaliar, na ocasião em que cadastrar sua proposta ou apresentar seus envelopes na sessão de abertura da licitação ou apresentar lances, se tem condições comerciais para ingressar no certame, haja vista que, caso não honre futuramente sua proposta escrita ou lance ofertado verbal ou eletronicamente, poderá ser sancionado com a punição constante do artigo em estudo.

Incorrerá na referida infração administrativa o licitante que, de forma explícita ou implícita, decorrente de uma conduta omissiva ou comissiva (ativa), recusar-se a honrar a sua proposta comercial, não comparecendo na repartição do órgão ou entidade para a celebração do competente contrato administrativo ou retirar o instrumento equivalente, no prazo fixado pela Administração licitante, que poderá ser ampliado, conforme asseverado.

Entende-se que tal punição será descartada caso a recusa de honrar sua proposta comercial decorrer de um fato superveniente devidamente justificado, a exemplo da ocorrência de caso fortuito ou força maior ou, ainda, a convocação para celebração do ajuste ou retirada de instrumento equivalente que ocorre após a expiração do prazo de validade das propostas comerciais.

No tocante à punição a ser imposta àquele que praticar o comportamento que a lei quer reprimir, conforme estabelece o art. 156, § 4º, da Lei nº 14.133/2021, a incursão do particular na infração constante do art. 155, inc. V, da referida norma, pode acarretar a sanção denominada de impedimento de licitar e contratar no âmbito da Administração Pública direta e indireta do ente federativo que aplicou a sanção, pelo prazo máximo de 3 (três) anos. Existindo justificativa à luz do caso concreto que justifique a medida, poderá, ainda, ser aplicada a penalidade denominada declaração de inidoneidade para licitar ou contratar, que impede o responsável de licitar ou contratar no âmbito da Administração Pública direta e indireta de todos os entes federativos, pelo prazo mínimo de 3 (três) anos e máximo de 6 (seis) anos, nos termos do art. 156, § 5º, da Lei nº 14.133/2021. Demais disso, cumuladamente às sanções previstas na lei, consoante prevê os §§ 3º e 7º do art. 156 da nova Lei de Licitações, poderá ser aplicada multa compensatória, que não poderá ser inferior a 0,5% (cinco décimos por cento) nem superior a 30% (trinta por cento) do valor do contrato licitado ou celebrado com contratação direta, calculada na forma do edital ou do contrato.

4. Não celebração do contrato ou não entrega da documentação exigida para a contratação, quando convocado dentro do prazo de validade da proposta

O art. 155, inc. VI, da Lei nº 14.133/2021, fixa como infração administrativa não celebrar o contrato administrativo ou deixar de retirar o instrumento equivalente, quando convocado dentro do prazo de validade da proposta.

Tal infração administrativa é também prevista no § 5º do art. 90 da Lei nº 14.133/2021 e, de forma a garantir unidade ao sistema sancionatório, tal comportamento infracional restou reproduzido no inc. VI do art. 155 da retrocitada norma geral, todavia, com outra redação.

Com efeito, oferecendo a proposta mais vantajosa, é obrigação do adjudicatário celebrar o contrato administrativo, nos termos fixados no instrumento contratual, ou aceitar ou retirar o instrumento equivalente no órgão e entidade nas hipóteses legais em que for permitido o afastamento. Tal comportamento apresenta-se como indesejável, haja vista gerar uma frustração de contratação.

Outrossim, nas licitações onde se observa a abertura da proposta comercial como em momento anterior à verificação da habilitação do melhor classificado e declarando os licitantes cumprirem todos os requisitos habilitatórios, não apresentar os documentos arrolados no ato convocatório acaba por prejudicar a contratação da proposta mais vantajosa, haja vista que tal licitante será alijado do certame. Ante o prejuízo da contratação da proposta mais vantajosa, entendeu o legislador ser necessário punir quem não entregar a documentação exigida para a contratação, quando convocado dentro do prazo de validade de sua proposta.

COMENTÁRIOS À NOVA LEI DE LICITAÇÕES PÚBLICAS E CONTRATOS ADMINISTRATIVOS

Assim, haja vista o interesse público que envolve o objeto da contratação, deve o particular que apresentou a proposta mais vantajosa para a Administração honrá-la nos seus termos, passando a apresentar os documentos exigidos no ato convocatório e celebrando o ajuste, nas ocasiões oportunas, no prazo de validade das propostas, sendo prejudicial para o interesse público que o proponente melhor classificado, sem justificativa, busque desvinculação daquilo que se prontificou por meio da artimanha comportamental tipificada no art. 155, inc. IV, da NLLC.

Destaque-se que não há que se cogitar a aplicação de sanção alguma quando a convocação para celebrar o contrato administrativo ou retirar o instrumento equivalente for realizada após a expiração do prazo de validade das propostas comerciais.

Não se pode deixar de lembrar, todavia, a possibilidade de aplicação do contido no art. 90, § 1º, da Lei nº 14.133/2021, cujo teor estabelece que o prazo de convocação do particular para assinar o contrato ou retirar o instrumento equivalente poderá ser prorrogado uma vez, por igual período, quando solicitado pelo adjudicatário durante o seu transcurso e desde que se apresente um motivo justificado e aceito pela Administração. Assim, caso não seja possível celebrar o contrato administrativo ou retirar o instrumento equivalente, poderá o adjudicatário solicitar formalmente a prorrogação de prazo para realização dos referidos atos, essenciais para viabilizar a contratação.

O ilícito administrativo se caracteriza antes de intenção dolosa de o adjudicatário não manter a sua proposta comercial, recusando-se a contratar com a Administração ou, ainda, em razão de um ato culposo, cuja consequência acabe por inviabilizar a celebração do contrato administrativo ou retirada do instrumento equivalente pelo particular adjudicatário.

Deve a sanção administrativa ser afastada pela autoridade competente, passando o Poder Público a celebrar o ajuste ou autorizar a retirada do instrumento equivalente caso exista motivada justificativa decorrente de um fato superveniente, para a recusa em celebrar o contrato administrativo ou retirar o instrumento equivalente.

No tocante à punição a ser imposta àquele que praticar o comportamento que a lei quer reprimir, conforme estabelece o art. 156, § 4º, da Lei nº 14.133/2021, a incursão do particular na infração constante do art. 155, inc. VI, da referida norma, pode acarretar a sanção denominada de impedimento de licitar e contratar no âmbito da Administração Pública direta e indireta do ente federativo que aplicou a sanção, pelo prazo máximo de 3 (três) anos. Existindo justificativa à luz do caso concreto que justifique a medida, poderá, ainda, ser aplicada a penalidade denominada declaração de inidoneidade para licitar ou contratar, que impede o responsável de licitar ou contratar no âmbito da

DAS INFRAÇÕES E SANÇÕES ADMINISTRATIVAS · ART° 155

Administração Pública direta e indireta de todos os entes federativos, pelo prazo mínimo de 3 (três) anos e máximo de 6 (seis) anos. Demais disso, cumuladamente às sanções previstas na lei, consoante prevê os §§ 3º e 7º do art. 156 da nova Lei de Licitações, poderá ser aplicada multa compensatória, que não poderá ser inferior a 0,5% (cinco décimos por cento) nem superior a 30% (trinta por cento) do valor do contrato licitado ou celebrado com contratação direta, calculada na forma do edital ou do contrato.

5. Ensejar o retardamento da execução ou da entrega do objeto da licitação sem motivo justificado

O art. 155, inc. VII, da Lei nº 14.133/2021, fixa como infração administrativa a prática de qualquer comportamento que enseje o retardamento da execução ou da entrega do objeto da licitação, sem que exista um motivo justificado demonstrado nos autos do processo administrativo sancionador.

Busca-se por meio da fixação do referido comportamento infracional na nova Lei de Licitações garantir a pontualidade na entrega do objeto contratado, na forma fixada no contrato, pois inúmeros são os prejuízos causados pelo retardamento da execução ou da entrega do objeto da licitação.

Em relação à ação física, temos a considerar que o elemento infracional neste caso será o retardamento da execução ou da entrega do objeto da licitação sem motivo justificado, ou seja, a verificação da redução do ritmo da execução daquilo que é demandado, ato este desacompanhado de uma justificativa.

No tocante à punição a ser imposta àquele que praticar o comportamento que a lei quer reprimir, conforme estabelece o art. 156, § 4º, da Lei nº 14.133/2021, a incursão do particular na infração constante do art. 155, inc. VII, da referida norma, pode acarretar a sanção denominada de impedimento de licitar e contratar no âmbito da Administração Pública direta e indireta do ente federativo que aplicou a sanção, pelo prazo máximo de 3 (três) anos. Existindo justificativa à luz do caso concreto que justifique a medida, poderá, ainda, ser aplicada a penalidade denominada declaração de inidoneidade para licitar ou contratar, que impede o responsável de licitar ou contratar no âmbito da Administração Pública direta e indireta de todos os entes federativos, pelo prazo mínimo de 3 (três) anos e máximo de 6 (seis) anos. Demais disso, cumuladamente às sanções acima apresentadas, consoante prevê os §§ 3º e 7º do art. 156 da nova Lei de Licitações, poderá ser aplicada multa compensatória, que não poderá ser inferior a 0,5% (cinco décimos por cento) nem superior a 30% (trinta por cento) do valor do contrato licitado ou celebrado com contratação direta, calculada na forma do edital ou do contrato.

6. Apresentar declaração ou documentação falsa exigida para o certame ou prestar declaração falsa durante a licitação ou na execução do contrato

A apresentação de declaração ou documentação falsa exigida para fins de habilitação no certame ou prestar declaração falsa durante a licitação ou na execução do contrato é um comportamento caracterizado como infração administrativa, conforme prevê o art. 155, inc. VIII, da Lei nº 14.133/2021.

Busca-se proteger por meio da previsão da referida infração na legislação a moralidade administrativa, de forma a afastar do certame particulares que almejam êxito em vencer uma licitação por meio da inserção de documento que assente uma informação que não coincida com a verdade.

No tocante à ação física necessária para a caracterização da conduta infracional, temos a considerar que, para a consumação da infração administrativa em estudo, afigura-se necessário a inserção de um documento falso ou adulterado, público ou privado, no todo ou em parte, no envelope habilitatório, nos demais atos licitatórios e executórios do contrato, assentando uma informação que não coincida com a realidade ou a situação concreta, real ou efetiva.

Nesta hipótese infracional, a simples apresentação da documentação falsa é suficiente para justificar a punição do licitante, independente, assim, da consecução dos fins pretendidos pelo sujeito ativo.[274]

O elemento subjetivo é a vontade dolosa, intencional, de apresentar a documentação falsa exigida no ato convocatório, buscando a declaração de habilitação que até então não seria possível. Nesta hipótese, verifica-se um comportamento ativo grave quando dolosamente é produzido um documento com o objetivo específico de ludibriar a Administração com o escopo de buscar uma vantagem indevida. Outrossim, admite-se a forma culposa quando o licitante recepcionou um documento que detém indícios de falsidade e, desprovido da devida cautela, oferece-o no certame, em qualquer momento. Assim, não há necessidade de que tal documento falso seja produzido pelo licitante. Basta que tal o utilize.[275]

Todavia, assevera Ricardo Marcondes Martins, que, *in verbis*: "se ficar provado que as pessoas físicas que utilizaram o documento não sabiam e não

---

[274] BERLOFFA, Ricardo Ribas da Costa. *A nova modalidade de licitação: Pregão.* Porto Alegre: Síntese, 2002. p. 131.

[275] Aponta Fabrício Motta, todavia, situações que podem excluir a punibilidade, in verbis: "Não se considera como incurso nas sanções aquele que deixar de apresentar o envelope com a documentação para habilitação, pelo simples fato de que será obstado a participar da licitação. Claramente também não se encontra abrangido pelo alcance da sanção o licitante que não tiver seu envelope aberto, por não ter vencido o certame, pela óbvia impossibilidade de se verificar a ausência ou falsidade de documento" (MOTTA, Fabrício. Das sanções. In: GASPARINI, Diogenes (Coord.). Pregão presencial e eletrônico. 2. ed. rev. e ampl. Belo Horizonte: Fórum, 2009. p. 136).

DAS INFRAÇÕES E SANÇÕES ADMINISTRATIVAS ART° 155

tinham como saber da falsidade, afastada está a responsabilidade administrativa".[276]

No tocante à fixação do *quantum* punitivo, caso exista a caracterização da referida infração administrativa, sugere Juliana Erthal de Carvalho, *in verbis*:

> Essa sanção poderá ser graduada diante do caso concreto. A sanção deverá ser aplicada com mais intensidade nos casos em que o licitante apresenta documento falso no qual são atestadas qualificações que este não possui, do que no caso do licitante que apresenta um documento sobre a qualificação que efetivamente possui, mas que não é fidedigno, por exemplo, porque não conseguiu obtê-lo junto a órgão da Administração. Evidente que as duas situações comportam sanções, embora o prazo de impedimento de licitar e contratar deva ser dimensionado de forma mais moderada no segundo caso.[277]

O ato de prestar declaração falsa durante todo o processo da contratação pública, seja no decurso do transcurso do certame, seja ao longo do período de execução do objeto contratado, também foi tipificado como infração administrativa. Exige-se, doravante, lealdade do particular no sentido de exigir que a interlocução entre Administração e particulares seja provida de veracidade, sendo a falsidade comprovadamente punida com a devida infração.

A ocorrência da infração em destaque, a qual acarreta consequente penalização na seara administrativa, não afasta a possibilidade de a conduta praticada pelo licitante ser enquadrada nos tipos penais constantes do art. 337-I do Código Penal Brasileiro.

Diante dessa situação, portanto, é dever da Administração Pública encaminhar o documento faltoso para as autoridades competentes, a fim de possibilitar a punição do particular infrator no âmbito penal.

No tocante à punição a ser imposta àquele que praticar o comportamento que a lei quer reprimir, conforme estabelece o art. 156, § 5º, da Lei nº 14.133/2021, a incursão do particular na infração constante do art. 155, inc. VIII, da referida norma, pode acarretar a sanção denominada declaração de inidoneidade para licitar ou contratar, que impede o responsável de licitar ou contratar no âmbito da Administração Pública direta e indireta de todos os entes federativos, pelo prazo mínimo de 3 (três) anos e máximo de 6 (seis) anos. Demais disso, cumuladamente à sanção acima apresentada, consoante prevê

---

[276] MARTINS, Ricardo Marcondes; PEREIRA JUNIOR, Jessé Torres (Coord.). *Comentários ao sistema legal brasileiro de licitações e contratos administrativos.* São Paulo: NDJ, 2016. p. 1123.

[277] CARVALHO, Juliana Erthal. Sanções administrativas estabelecidas pelo Regime Diferenciado de Contratações Públicas. In: JUSTEN FILHO, Marçal; PEREIRA, Cesar A. Guimarães (Coord.). *O Regime Diferenciado de Contratações Públicas (RDC): comentários à Lei nº 12.462 e ao Decreto nº 7.581.* Belo Horizonte: Fórum, 2012. p. 441.

os §§ 3º e 7º do art. 156 da nova Lei de Licitações, poderá ser aplicada multa compensatória, que não poderá ser inferior a 0,5% (cinco décimos por cento) nem superior a 30% (trinta por cento) do valor do contrato licitado ou celebrado com contratação direta, calculada na forma do edital ou do contrato.

7. Fraudar a licitação ou praticar ato fraudulento na execução do contrato

Fraudar a licitação ou praticar ato fraudulento na execução do contrato caracteriza-se como infração administrativa, conforme prevê o art. 155, inc. IX, da Lei nº 14.133/2021.

Busca-se por meio da referida infração administrativa garantir a lisura no comportamento de todos aqueles que acudiram ao chamado da Administração, bem como garantir a execução do objeto contratado nos termos fixados nos instrumentos editalício e contratual, a fim de proteger o atendimento do interesse público com aquilo que se buscou na execução ou na entrega de um particular.

Demais disso, almeja-se por meio da referida infração proteger a moralidade administrativa e a competitividade do certame, haja vista que a busca de artimanhas para buscar êxito no certame viola flagrantemente tais princípios, aliás, expressamente previstos no art. 5º da nova Lei de Licitações.

Acerca do elemento material da referida infração administrativa, tem-se que a fraude caracteriza-se quando, por meio de expedientes astuciosos, engana-se intencionalmente os demais proponentes e comissão de licitação que processa o certame, de forma a obter benefícios indevidos, a exemplo de garantir a habilitação do sujeito na licitação sem atender ao ato convocatório, buscar a inabilitação de outro proponente, de forma a reduzir a competição de forma indevida.

No tocante ao elemento subjetivo para configuração da infração em estudo, exige-se a presença do dolo, pois a fraude apenas ocorre se o comportamento antijurídico produzido pelo proponente ocorrer intencionalmente, onde o sujeito apresenta o desejo livre e consciente de burlar as regras da licitação. Assim, exige-se o dolo, inexistindo, por conseguinte, tal modalidade infracional praticada de forma culposa.

Sobre a infração administrativa, em lição ainda válida, ilustra Marçal Justen Filho algumas condutas que podem ser caracterizadas como fraude praticada durante o transcurso de um certame licitatório praticado no âmbito do RDC, *in verbis*: "Há fraude quando o sujeito engana outrem, produz documentos falsos, fórmula afirmativas inverídicas, produz ajuste com outrem para eliminar a competição".[278]

---

[278] JUSTEN FILHO, Marçal. *Pregão: comentários à legislação do pregão comum e eletrônico*. 6. ed. rev. e atual. São Paulo: Dialética, 2013. p. 257.

O comportamento necessário para a caracterização da infração administrativa consiste na prática de ato fraudulento durante a execução do contrato administrativo, a exemplo de produzir documentos cujos teores não assentem a realidade, como a entrega de um bem distinto daquele constante do edital, cuja nota fiscal ateste o atendimento das regras do certame.

No tocante ao elemento subjetivo, tem-se que o ilícito administrativo caracterizar-se-á mediante a comprovação do dolo, devendo ser provada nos autos do processo administrativo o desejo consciente do contratado de falhar na execução do objeto, de forma dolosa, admitindo-se, ainda, a culpa, onde, em razão da negligência, imprudência ou imperícia, observaram-se as condições, prazos, especificações, deveres etc. assentados nos instrumentos editalício e contratual, o que acabou por caracterizar o desacerto.

Quando tal falha, diga-se, inexecução contratual, é acobertada pelo contratado, escondida dolosamente do fiscal, do gestor do contrato e demais controladores da entidade ou órgão contratante, mantendo em erro a Administração contratante, parece-nos que resta configurada a fraude.

Fraudar, do latim *fraudare*, significa enganar, tapear, trapacear, iludir, ludibriar, manipular. Materialmente, a fraude é o acobertamento, por meio de uma prática maliciosa, de uma falha na execução do contrato com o escopo de enganar intencionalmente a Administração para obter vantagens de qualquer sorte. A fraude, por apresentar maior grau de reprovabilidade, deverá receber uma sanção que seja proporcional à conduta verificada, sendo essa superior à mera falha na execução do contrato administrativo.

No tocante à punição a ser imposta àquele que praticar o comportamento que a lei quer reprimir, conforme estabelece o art. 156, § 5º, da Lei nº 14.133/2021, a incursão do particular na infração constante do art. 155, inc. IX, da referida norma, pode acarretar a sanção denominada declaração de inidoneidade para licitar ou contratar, que impede o responsável de licitar ou contratar no âmbito da Administração Pública direta e indireta de todos os entes federativos, pelo prazo mínimo de 3 (três) anos e máximo de 6 (seis) anos. Demais disso, cumuladamente à sanção acima apresentada, consoante prevê os §§ 3º e 7º do art. 156 da nova Lei de Licitações, poderá ser aplicada multa compensatória, que não poderá ser inferior a 0,5% (cinco décimos por cento) nem superior a 30% (trinta por cento) do valor do contrato licitado ou celebrado com contratação direta, calculada na forma do edital ou do contrato.

8. Comportar-se de modo inidôneo e demonstrar inexistência de idoneidade para contratar com a Administração

O art. 155, inc. X, da Lei nº 14.133/2021, estabelece que sofrerão a punição de declaração de inidoneidade aqueles que se comportarem de modo inidôneo ou demonstrarem não possuir idoneidade para contratar com a Administração em virtude de atos ilícitos praticados.

É oportuno asseverar que todos aqueles que participam de licitação e/ou celebram contratos com o Poder Público têm a sua idoneidade presumida, sendo que, na ocasião em que tal confiança é rompida por meio da prática de condutas inidôneas, afigura-se necessário que a Administração os afaste das suas contratações com o fim de prevenir novos atentados contra o interesse público por parte de quem já contra ele atentou no passado.[279]

Acerca do comportamento necessário para gerar a incursão na infração em estudo, temos a considerar que o elemento infracional "comportar-se de forma inidônea" ou "demonstrar não possuir idoneidade para contratar com a Administração em virtude de atos ilícitos praticados" apresenta-se como expressão abstrata, o que exige do aplicador da norma determinar se o fato ocorrido corresponde ou não ao modelo abstrato.[280]

Descortinando os elementos que compõem a referida infração, Marçal Justen Filho salienta que, *in verbis*: "Tem de presumir-se que a lei apanha as condutas absolutamente incompatíveis com a condição de licitante ou de contratado pela Administração Pública". Concluindo, o referido autor assevera que, *in verbis*: "São consideradas as condutas que produzem a extinção da confiabilidade do sujeito, eliminando a presunção de que ele disporá de condições de executar satisfatoriamente o contrato".[281]

Por outro lado, deve haver um elemento subjetivo, cuja avaliação se faz em face dos postulados acima expostos. Pode reconhecer-se a culpabilidade objetivada, mas não é suficiente a simples ocorrência material de um evento danoso.[282]

Para nós, será considerado inidôneo aquele que praticar um comportamento contrário à ordem jurídica de tamanha reprovabilidade que a repulsa adequada para tal conduta indesejada seja a cassação do direito do sujeito infrator de contratar com o Poder Público.

Fabrício Motta entende que tal infração administrativa apresenta-se como uma "regra de reserva", utilizada quando dada conduta voluntária reprovável não for possível de enquadramento nas demais infrações.[283]

---

[279] PEREIRA JÚNIOR, Jessé Torres. *Comentários à lei das licitações e contratações da administração pública.* 6. ed. Rio de Janeiro: Renovar, 2009. p. 893.

[280] PEREIRA JÚNIOR, Jessé Torres. *Comentários à lei das licitações e contratações da administração pública.* 6. ed. Rio de Janeiro: Renovar, 2009. p. 993.

[281] JUSTEN FILHO, Marçal. *Comentários à lei de licitações e contratos administrativos.* 15. ed. São Paulo: Dialética, 2012. p. 1.028.

[282] JUSTEN FILHO, Marçal. *Pregão: comentários à legislação do pregão comum e eletrônico.* 6. ed. rev. e atual. São Paulo: Dialética, 2013. p. 258.

[283] MOTTA, Fabrício. Das sanções. In: GASPARINI, Diogenes (Coord.). *Pregão presencial e eletrônico.* 2. ed. rev. e ampl. Belo Horizonte: Fórum, 2009. p. 139.

DAS INFRAÇÕES E SANÇÕES ADMINISTRATIVAS ARTº 155

Inexiste, desta feita, na legislação um conceito do que seria um comportamento idôneo ou inidôneo, a inidoneidade é determinada por exclusão, vale dizer, será considerada inidônea toda conduta grave praticada no âmbito da licitação e contrato não enquadrada nos demais comportamentos caracterizados como infração legislativa prevista na legislação licitatória.

De modo a garantir segurança jurídica aos licitantes e contratados, bem como conceder balizas para a Administração sancionadora punir o particular adequadamente, afigura-se como necessário que tais comportamentos sejam fixados no ato convocatório e minuta contratual.

Praticando-se o comportamento que a lei quer reprimir, conforme estabelece o art. 156, § 5º, da Lei nº 14.133/2021, a incursão do particular na infração constante do art. 155, inc. X, da referida norma, pode acarretar a sanção denominada declaração de inidoneidade para licitar ou contratar, que impede o responsável de licitar ou contratar no âmbito da Administração Pública direta e indireta de todos os entes federativos, pelo prazo mínimo de 3 (três) anos e máximo de 6 (seis) anos. Demais disso, cumuladamente à sanção acima apresentada, consoante prevê os §§ 3º e 7º do art. 156 da nova Lei de Licitações, poderá ser aplicada multa compensatória, que não poderá ser inferior a 0,5% (cinco décimos por cento) nem superior a 30% (trinta por cento) do valor do contrato licitado ou celebrado com contratação direta, calculada na forma do edital ou do contrato.

9. Cometimento de fraudes de qualquer natureza

O art. 155, inc. X, da Lei nº 14.133/2021 determina que sofrerá punição o particular que praticou fraude de qualquer natureza. Tal infração administrativa detém o escopo de desestimular a prática de comportamento realizado fora da relação contratual, mas em razão do contrato administrativo celebrado.

A prática de atos fraudulentos, corporificados em quaisquer artifícios maliciosos (1) de qualquer natureza ou (2) que objetivam afastar o cumprimento de obrigações tributárias, sejam elas de natureza principal ou acessória, devidas pelo particular em razão do contrato administrativo celebrado, em momento antecedente, concomitante ou posterior à execução de um contrato administrativo, poderá ser enquadrada na conduta infracional.

A referida infração administrativa somente poderá ser configurada caso exista condenação criminal de qualquer natureza ou por fraude fiscal, na forma prevista no âmbito penal, conforme se infere dos arts. 1º, inc. II, e 2º, inc. I, da Lei nº 8.137/1990, relacionada a obrigações perante o Fisco referentes a um contrato administrativo, devendo tal conduta restar comprovada no bojo do processo administrativo sancionador instaurado para tal desiderato.

O sancionamento como consequência da prática do comportamento típico previsto no art. 155, inc. X, da Lei nº 14.133/2021, é condicionado à

COMENTÁRIOS À NOVA LEI DE LICITAÇÕES PÚBLICAS E CONTRATOS ADMINISTRATIVOS

comprovação de fraude dolosa, conforme exige expressamente a redação que caracteriza o tipo de infração.

A punição a ser imposta, conforme estabelece o art. 156, § 5º, da Lei nº 14.133/2021, para aquele que incorrer na infração constante do art. 155, inc. X, é a declaração de inidoneidade para licitar ou contratar, que impede o responsável de licitar ou contratar no âmbito da Administração Pública direta e indireta de todos os entes federativos, pelo prazo mínimo de 3 (três) anos e máximo de 6 (seis) anos. Demais disso, cumuladamente à sanção acima apresentada, consoante prevê os §§ 3º e 7º do art. 156 da nova Lei de Licitações, poderá ser aplicada multa compensatória, que não poderá ser inferior a 0,5% (cinco décimos por cento) nem superior a 30% (trinta por cento) do valor do contrato licitado ou celebrado com contratação direta, calculada na forma do edital ou do contrato.

10. Praticar atos ilícitos visando a frustrar os objetivos da licitação

O art. 155, inc. XI, da Lei nº 14.133/2021, tipifica como infração administrativa a prática de comportamentos ilícitos que objetivem frustrar ou prejudicar os objetivos da licitação.

A fixação do referido comportamento como infração administrativa objetiva proteger ou tutelar os objetivos da licitação, expressamente previstos nos incisos do art. 11 da Lei nº 14.133/2021.

Sendo tais objetivos frustrados, enorme será o prejuízo, pois deverá ser novamente movimentada a custosa e burocrática máquina administrativa com o escopo de processar outro certame. Assim, por meio da referida infração, busca-se proteger o certame licitatório de particulares mal intencionados.

Sofrerá punição todo aquele que acudir ao chamado da Administração para participar da licitação, seja ele proponente ou não, uma vez que o comportamento frustrativo pode ser praticado por qualquer um, não apenas licitante. A frustração dos objetivos da licitação pode ocorrer por meio de múltiplos comportamentos. Para Diogenes Gasparini, frustrar significa enganar, baldar, tornar inútil, no caso, a competitividade da licitação.[284]

Para caracterização da infração, há necessidade novamente do dolo, concretizado pela intenção astuciosa de praticar atos ilícitos visando frustrar os objetivos da licitação.

No tocante à punição a ser imposta àquele que praticar o comportamento que a lei quer reprimir, conforme estabelece o art. 156, § 5º, da Lei nº 14.133/ 2021, a incursão do particular na infração constante do art. 155, inc. XI, da referida norma, pode acarretar a sanção denominada declaração de inidoneidade

---

[284] GASPARINI, Diogenes. *Crimes na Licitação*. 4. ed. São Paulo: NDJ, 2011. p. 73.

DAS INFRAÇÕES E SANÇÕES ADMINISTRATIVAS ARTº 155

para licitar ou contratar, que impede o responsável de licitar ou contratar no âmbito da Administração Pública direta e indireta de todos os entes federativos, pelo prazo mínimo de 3 (três) anos e máximo de 6 (seis) anos. Demais disso, cumuladamente à sanção acima apresentada, consoante prevê os §§ 3º e 7º do art. 156 da nova Lei de Licitações, poderá ser aplicada multa compensatória, que não poderá ser inferior a 0,5% (cinco décimos por cento) nem superior a 30% (trinta por cento) do valor do contrato licitado ou celebrado com contratação direta, calculada na forma do edital ou do contrato.

11. Praticar ato lesivo previsto no art. 5º da Lei nº 12.846, de 1º de agosto de 2013

Conforme estabelece o art. 155, inc. XII, da nova Lei de Licitações, serão punidos no âmbito das contratações públicas aqueles que incorrerem nas hipóteses previstas no art. 5º da Lei nº 12.846, de 1º de agosto de 2013, que dispõe sobre a responsabilização administrativa e civil de pessoas jurídicas pela prática de atos contra a administração pública, nacional ou estrangeira, quais sejam: I – prometer, oferecer ou dar, direta ou indiretamente, vantagem indevida a agente público, ou a terceira pessoa a ele relacionada; II – comprovadamente, financiar, custear, patrocinar ou de qualquer modo subvencionar a prática dos atos ilícitos previstos nesta Lei; III – comprovadamente, utilizar-se de interposta pessoa física ou jurídica para ocultar ou dissimular seus reais interesses ou a identidade dos beneficiários dos atos praticados; IV – no tocante a licitações e contratos: a) frustrar ou fraudar, mediante ajuste, combinação ou qualquer outro expediente, o caráter competitivo de procedimento licitatório público; b) impedir, perturbar ou fraudar a realização de qualquer ato de procedimento licitatório público; c) afastar ou procurar afastar licitante, por meio de fraude ou oferecimento de vantagem de qualquer tipo; d) fraudar licitação pública ou contrato dela decorrente; e) criar, de modo fraudulento ou irregular, pessoa jurídica para participar de licitação pública ou celebrar contrato administrativo; f) obter vantagem ou benefício indevido, de modo fraudulento, de modificações ou prorrogações de contratos celebrados com a administração pública, sem autorização em lei, no ato convocatório da licitação pública ou nos respectivos instrumentos contratuais; ou g) manipular ou fraudar o equilíbrio econômico-financeiro dos contratos celebrados com a administração pública; V – dificultar atividade de investigação ou fiscalização de órgãos, entidades ou agentes públicos, ou intervir em sua atuação, inclusive no âmbito das agências reguladoras e dos órgãos de fiscalização do sistema financeiro nacional.

Busca-se também punir no âmbito das contratações públicas aqueles que praticarem determinados atos ilícitos contra a administração pública, nacional ou estrangeira, sem prejuízo da responsabilização civil e penal.

COMENTÁRIOS À NOVA LEI DE LICITAÇÕES PÚBLICAS E CONTRATOS ADMINISTRATIVOS

Deixou-se de analisar os comportamentos arrolados no referido inciso dada a similaridade com as condutas observadas no art. 155, incs. IX, X e XI, da Lei nº 14.133/2021, acima estudados, cujo teor fixa como infração comportar-se de modo inidôneo e cometer fraude de qualquer natureza. Haja vista a semelhança nos comportamentos previstos neste artigo e aqueles constantes da Lei Anticorrupção, remetemos o leitor para os comentários lançados nos incs. IX, X e XI acima fixados.

Artigo 156

Serão aplicadas ao responsável pelas infrações administrativas previstas nesta Lei as seguintes sanções:

I – advertência;

II – multa;

III – impedimento de licitar e contratar;

IV – declaração de inidoneidade para licitar ou contratar.

§ 1º Na aplicação das sanções serão considerados:

I – a natureza e a gravidade da infração cometida;

II – as peculiaridades do caso concreto;

III – as circunstâncias agravantes ou atenuantes;

IV – os danos que dela provierem para a Administração Pública;

V – a implantação ou o aperfeiçoamento de programa de integridade, conforme normas e orientações dos órgãos de controle.

§ 2º A sanção prevista no inciso I do caput deste artigo será aplicada exclusivamente pela infração administrativa prevista no inciso I do caput do art. 155 desta Lei, quando não se justificar a imposição de penalidade mais grave.

§ 3º A sanção prevista no inciso II do caput deste artigo, calculada na forma do edital ou do contrato, não poderá ser inferior a 0,5% (cinco décimos por cento) nem superior a 30% (trinta por cento) do valor do contrato licitado ou celebrado com contratação direta e será aplicada ao responsável por qualquer das infrações administrativas previstas no art. 155 desta Lei.

§ 4º A sanção prevista no inciso III do caput deste artigo será aplicada ao responsável pelas infrações administrativas previstas nos incisos II, III, IV, V, VI e VII do caput do art. 155 desta Lei, quando não se justificar a imposição de penalidade mais grave, e impedirá o responsável de licitar ou contratar no âmbito da Administração Pública direta e indireta do ente federativo que tiver aplicado a sanção, pelo prazo máximo de 3 (três) anos.

DAS INFRAÇÕES E SANÇÕES ADMINISTRATIVAS | ART° 156

§ 5º A sanção prevista no inciso IV do caput deste artigo será aplicada ao responsável pelas infrações administrativas previstas nos incisos VIII, IX, X, XI e XII do caput do art. 155 desta Lei, bem como pelas infrações administrativas previstas nos incisos II, III, IV, V, VI e VII do caput do referido artigo que justifiquem a imposição de penalidade mais grave que a sanção referida no § 4º deste artigo, e impedirá o responsável de licitar ou contratar no âmbito da Administração Pública direta e indireta de todos os entes federativos, pelo prazo mínimo de 3 (três) anos e máximo de 6 (seis) anos.

§ 6º A sanção estabelecida no inciso IV do caput deste artigo será precedida de análise jurídica e observará as seguintes regras:

I – quando aplicada por órgão do Poder Executivo, será de competência exclusiva de ministro de Estado, de secretário estadual ou de secretário municipal e, quando aplicada por autarquia ou fundação, será de competência exclusiva da autoridade máxima da entidade;

II – quando aplicada por órgãos dos Poderes Legislativo e Judiciário, pelo Ministério Público e pela Defensoria Pública no desempenho da função administrativa, será de competência exclusiva de autoridade de nível hierárquico equivalente às autoridades referidas no inciso I deste parágrafo, na forma de regulamento.

§ 7º As sanções previstas nos incisos I, III e IV do caput deste artigo poderão ser aplicadas cumulativamente com a prevista no inciso II do caput deste artigo.

§ 8º Se a multa aplicada e as indenizações cabíveis forem superiores ao valor de pagamento eventualmente devido pela Administração ao contratado, além da perda desse valor, a diferença será descontada da garantia prestada ou será cobrada judicialmente.

§ 9º A aplicação das sanções previstas no caput deste artigo não exclui, em hipótese alguma, a obrigação de reparação integral do dano causado à Administração Pública.

Introdução

As sanções, sejam penais ou administrativas, são estabelecidas pelo Direito com o escopo de afastar a ocorrência de comportamentos indesejáveis e nocivos, apresentando-se como um instrumento garantidor do cumprimento de normas jurídicas que, caso transgredida, deverá ser imposta pelo Estado.

A sanção administrativa caracteriza-se como o resultado negativo imposto pelo ordenamento jurídico, aplicado de forma imediata pelo Poder Público no exercício de função administrativa, de forma típica ou atípica, em desfavor daquele que incorrer na conduta indesejada prevista em lei, ao cabo do

COMENTÁRIOS À NOVA LEI DE LICITAÇÕES PÚBLICAS E CONTRATOS ADMINISTRATIVOS

competente processo administrativo sancionador. As sanções administrativas tem como fim apenas constranger ou forçar o particular a cumprir as obrigações assumidas.

Tais penalidades, no âmbito das contratações públicas, têm o objetivo de controlar a atuação dos particulares quando chamados para colaborar com a persecução do interesse público, garantindo o atendimento das necessidades públicas, conferindo, ainda, a efetivação do princípio da eficiência administrativa.

A punição imposta no âmbito administrativo, para ser reconhecida como legítima, não deve apenas observar a disciplina da lei, mas um conjunto de princípios e normas que regulam todo o processo de edição de um ato administrativo sancionador.

Nesse sentido, o regime punitivo a ser observado quando o Estado exerce função administrativa será aquele circunscrito por princípios elencados expressamente na Constituição da República de 1988, quais sejam, o princípio da legalidade; o princípio da anterioridade; o princípio da irretroatividade da lei; o princípio da segurança jurídica; o princípio do *non bis in idem*; o princípio da razoabilidade; o princípio da proporcionalidade; o princípio do devido processo legal; o princípio da *non reformatio in pejus*; o princípio da prescritibilidade, o princípio do juiz natural e o princípio da presunção da inocência.[285]

Acerca de tais princípios, tem-se que o da legalidade exige vinculação do administrador público aos ditames da lei e, quando a função administrativa concretiza-se na edição de atos administrativos punitivos, deve-se considerar ainda que não há sanção sem lei anterior que o defina, nem pena sem prévia cominação legal. Logo, devendo o regramento punitivo constar da lei, rechaça-se a possibilidade de utilização da analogia quando da imposição do regime punitivo, restando afastada, ainda, a fixação das regras sancionatórias por meio de um regulamento infralegal.

Por sua vez, o princípio da anterioridade veda a punição de um sujeito em razão da prática de uma conduta caracterizada como infração administrativa em momento posterior à sua prática, pois se deve garantir o prévio conhecimento do comportamento indesejável e a consequente punição.

Já o princípio da irretroatividade da lei impede a aplicação de penalidades como consequência de prática de condutas antijurídicas realizadas em momento anterior à entrada em vigor da norma sancionadora.

---

[285] Para aprofundamento, sugere-se a leitura das obras: "A desconsideração da personalidade jurídica nas contratações públicas, da lavra de Antônio Cecílio Moreira Pires, editado pela Editora Atlas (2014) e "As sanções nas contratações públicas: as infrações, as penalidades e o processo administrativo sancionador, de autoria de Aniello Parziale, editado pela editora Fórum (2021).

DAS INFRAÇÕES E SANÇÕES ADMINISTRATIVAS · ART⁰ 156

No tocante ao princípio da segurança jurídica, afigura-se necessária a fixação das infrações administrativas e das correspondentes sanções em lei, de forma a garantir às pessoas o conhecimento exato do comportamento ilícito, bem como a devida consequência punitiva a receber em razão da sua prática, sob pena de garantir a segurança jurídica, uma vez ser garantida a previsibilidade da atuação estatal.

Determina-se por meio do princípio do *non bis in idem*, a imposição de mais de uma sanção administrativa em razão da prática de uma mesma conduta caracterizada pela lei como infração. Impede-se, portanto, a duplicidade do julgamento e a da dupla punição pelo mesmo fato, salvo se a lei expressamente determinar, a exemplo da possibilidade de cumulação da multa com as demais punições previstas na legislação licitatória.

O princípio da razoabilidade exige que a manifestação estatal seja adequada ao fato ocorrido, apresentando-se, desta feita, como uma diretriz a ser observada pelo Poder Público quando exerce função administrativa, especialmente quando se manifesta em atos cujo conteúdo assenta restrição de liberdades individuais.

Já o princípio da proporcionalidade, tem-se que o seu conteúdo jurídico exige que as sanções administrativas impostas pela Administração sancionadora sejam proporcionais à gravidade da infração praticada e prejuízo experimentado pelo Poder Público.

No tocante ao princípio do devido processo legal, tem-se que o referido princípio objetiva garantir que as atividades administrativas que atingem a esfera jurídica dos particulares, a exemplo da punitiva, sejam devidamente processualizadas, garantindo amplo meio de exercício do contraditório e da ampla defesa.

Acerca do princípio da *non reformatio in pejus*, exige-se que, ao cabo do processo revisivo, não poderá a Administração agravar a sanção inicialmente imposta ao sujeito, uma vez que o agravamento pode desestimular a busca da revisão que entende ser descabida, salvo se a lei expressamente admitir, conforme se observa da leitura do art. 64, parágrafo único, da Lei fed. n⁰ 9.784/1999.

Em relação ao princípio da prescritibilidade, concretizado pelo no art. 158, §4⁰, da NLLC, tem-se que a atividade punitiva não deve se estender no tempo, sendo dever da Administração Pública instaurar e concluir o processo sancionador em prazo razoável com o escopo de aplicar a correspondente sanção, se for o caso, sob pena de prejuízo à estabilidade das relações jurídicas, sendo necessário, portanto, que a lei local estabeleça um limite temporal para regular a conclusão do expediente punitivo.

Na forma do art. 156, §6⁰, inc. II, da NLLC, tem-se o princípio do juiz natural. Com efeito, uma sanção é aplicada por um agente público, expressamente

821

COMENTÁRIOS À NOVA LEI DE LICITAÇÕES PÚBLICAS E CONTRATOS ADMINISTRATIVOS

apontado na legislação nacional, a exemplo da declaração de inidoneidade, onde é fixada como competente a autoridade máxima do poder ou órgão com autonomia funcional. No tocante às demais sanções, tem-se que a autoridade competente para impô-las deve ser objeto de fixação pela norma local.

Já o princípio da presunção da inocência, em decorrência do previsto no art. 5º, inc. LVII, da CF/88, cujo teor estabelece que que "ninguém será considerado culpado até o trânsito em julgado de sentença penal condenatória", aplicado nas sanções administrativas, exige que a efetiva sanção tão somente ocorra ao cabo do devido processo administrativo, após concluída a fase recursal, desde que reste demonstrada nos autos certeza da prática do comportamento infracional pelo licitante ou contratado, deixando-se de punir em caso de dúvidas ou na falta de clareza na incursão do particular no comportamento infracional.

É oportuno consignar que no âmbito dos processos administrativos sancionadores, observa-se a presença do atributo da executoriedade dos atos administrativos, restando afastada a necessidade de a Administração socorrer-se do Judiciário para garantir a coercibilidade da penalidade imposta, salvo em caso de execução de multas, quando não for possível o recebimento dos valores administrativamente.

As sanções administrativas previstas no art. 156 da NLLC, são: a advertência; a multa; o impedimento de licitar e contratar; e a declaração de inidoneidade para licitar ou contratar.

2. Sanções em espécie
2.1 Advertência

A sanção denominada advertência, expressamente prevista no art. 156, inc. I, da NLLC, apresenta-se como a punição de menor carga aflitiva, devendo ser aplicada dentro de um juízo de proporcionalidade em razão da ocorrência de erros na execução do ajuste que caracterizem exclusivamente uma inexecução parcial contratual, conforme fixa o § 2º do dispositivo legal supra referido.

A advertência poderá ser imposta quando o particular incorrer em conduta caracterizada como inexecução parcial dos termos do contrato administrativo, não sendo possível, portanto, a aplicação de advertência em decorrência da prática de condutas reprováveis verificadas durante o transcurso do certame licitatório.

Não ocorre a redução de patrimônio ou do direito do particular quando da imposição da advertência, sendo tal sanção uma mera orientação ou determinação de providências, apresentando-se, todavia, como uma punição de finalidade preventiva e corretiva, soando como um alerta.

O estudo da advertência encontra importância no fato de que a imposição da sanção de advertência tem o condão de cientificar o apenado primário que,

822

DAS INFRAÇÕES E SANÇÕES ADMINISTRATIVAS   ART° 156

em caso de reincidência, o particular sofrerá uma punição com carga punitiva superior.

Demais disso, ante a gravidade da infração administrativa cometida pelo colaborador da Administração, permite o art. 156, § 7º, da Lei nº 14.133/2021, a acumulação da sanção de advertência com a de multa.

No caso concreto, caso a imposição de uma advertência não seja suficiente para que o contratado cumpra adequadamente a obrigação constante do instrumento contratual ou instrumento equivalente, deverá a Administração se socorrer das multas contratuais, quando não for o caso de o Poder Público contratante aplicar uma sanção restritiva de direitos ou proceder à rescisão do contrato administrativo.[286]

Mesmo sendo uma sanção branda e sendo a nova Lei de Licitações silente a respeito, exige-se que a Administração contratante observe a abertura de regular processo administrativo para apurar a responsabilidade do contratado, assegurando-lhe o direito à ampla defesa e ao contraditório.[287]

2. Multa compensatória e moratória

A multa caracteriza-se na imposição do recolhimento de determinada quantia em dinheiro, ao fim do processo sancionatório, em razão da comprovação da incursão de um dos comportamentos fixados nos arts. 155 e 162 como infração administrativa

A referida punição apresenta-se sob duas espécies, sendo a primeira a multa moratória, devida em razão do atraso injustificado na execução do contrato, fixada no art. 162, *caput*, da Lei nº 14.133/2021, enquanto a segunda, a multa compensatória, aplicável em caso de prática dos comportamentos fixados no art. 155 da Lei nº 14.133/2021.

O prejuízo financeiro decorrente da imposição da multa apresenta-se como desestímulo para a prática de comportamentos infracionais pois, além da admoestação ou restrição de direitos, a redução patrimonial apresenta-se como instrumento eficaz para garantir a execução do objeto na forma pactuada.

---

[286] "Em terceiro, que essa atividade sancionatória da Administração, teoria geral, não impede a execução da atividade rescisória; a rescisão contratual sempre será possível. Isso vale para tudo, provimentos punitivos não se confundem com provimentos rescisórios, atos sancionatórios não se confundem com atos rescisórios. A lei diz claramente que o fato de aplicar a multa não impede a ocorrência da rescisão unilateral do contrato. Isso porque as competências têm índoles diferentes, por isso o legislador as respeita" (OLIVEIRA, José Roberto Pimenta. Aplicação de sanções nos procedimentos licitatórios. *Boletim de Direito Administrativo*, São Paulo, NDJ, ano 26 ago. 2013. p. 856).

[287] PEREIRA JUNIOR, Jessé Torres; DOTTI, Marinês Restelatto. *Da responsabilidade de agentes públicos e privados nos processos administrativos de licitação e contratação*. São Paulo: NDJ, 2012. p. 936.

No tocante ao *quantum* punitivo, tem-se que a Lei nº 8.666/1993 quando tratou das punições administrativas – diferentemente do que estabelece, em seu art. 99, que trata das sanções penais,estabeleceu os contornos punitivos no tocante às multas em relação às sanções penais – não fixou limites acerca dos valores das punições pecuniárias a serem impostas aos infratores no âmbito administrativo. Por tal razão, era dever do regulamento ou do ato convocatório em termos do contrato, regular tal questão, disciplinando a generalidade da lei, sob pena de inviabilizar o exercício do poder sancionatório no âmbito das contratações públicas, haja vista afastar punições abusivas.[2]

A Lei nº 14.133/2021, todavia, disciplinando a questão, em seu art. 156, § 3º, fixou os parâmetros punitivos, estabelecendo que a multa não poderá ser inferior a 0,5% (cinco décimos por cento) nem superior a 30% (trinta por cento) do valor do contrato licitado ou celebrado com contratação direta.

Fixando-se tais parâmetros, deverá o ato convocatório e a minuta do instrumento contratual assentar os pormenores das regras para a imposição das multas no âmbito das contratações públicas de forma a garantir a previsibilidade da atuação estatal, bem como segurança jurídica.

Sendo assim, no âmbito das contratações diretas, por sua vez, conforme determina o art. 92, inc. XIV, da Lei nº 14.133/2021, as regras atinentes para aplicação da multa devem constar da minuta do contrato, que deverá estar encartado no processo administrativo da dispensa ou inexigibilidade de licitação, uma vez que, nas contratações onde a licitação é afastada, inexiste a figura do ato convocatório.

Em caso de substituição do contrato administrativo por um instrumento equivalente, deve o regramento punitivo, com o rigor de detalhe, constar das condições gerais da contratação, em forma de anexo da nota de empenho ou do instrumento equivalente.

Assim deve ocorrer pois através da previsão nos instrumentos editalício e contratual garante-se prévio controle do regramento punitivo da contratação. Além disso, afasta-se a discricionariedade na aplicação da multa durante a condução do processo sancionatório, uma vez que estará o administrador público competente vinculado aos termos antecipadamente previstos na minuta do instrumento de contrato, conhecidos do referido particular desde a época do processamento da licitação.

É obrigação, portanto, do edital e contrato estabelecer clara, expressa e pormenorizadamente as regras para o exercício do poder punitivo administrativo, a exemplo da fixação de uma quantia financeira, valor preestabelecido ou um critério para sua apuração futura, que se dará por meio da previsão de uma base de cálculo e percentual,[3] eleitos justificadamente na fase interna da licitação.

A Lei fed. nº 14.133/2021 fixa em seu art. 156, § 3º um teto máximo para as multas administrativas, estabelecendo como limite 30% (trinta por cento) do valor do contrato licitado ou celebrado com contratação direta.

A multa moratória, encontra-se prevista no *caput* do art. 162 da Lei fed. nº 14.133/2021, será imposta, se for o caso, ao cabo do processo administrativo sancionatório, em razão do atraso injustificado na execução do contrato.

Sofrerá sanção administrativa em caso de inadimplemento culposo. Se há motivo justificado para justificar o atraso, devidamente documentado na sua defesa, o particular não poderá ser punido, daí a relevância de ser apurado o ocorrido no respectivo processo administrativo.[4]

Por sua vez, a multa compensatória encontra-se prevista no art. 156, inc. II, da Lei fed. nº 14.133/2021, apresenta-se como a sanção administrativa aplicável ao particular quando restarem verificados casos de incursão nas infrações arroladas no art. 155 da nova lei de licitações.

Esclareça-se que a multa compensatória pode ser cumulada com as demais sanções administrativas previstas na legislação licitatória, consoante prevê o art. 156, § 7º, da Lei fed. nº 14.133/2021. Sendo assim, restando comprovada nos autos do processo administrativo a prática do comportamento ilícito e inexistindo justificativa de forma a afastar as punições, deverá ser imposta a multa sempre que, além de uma admoestação formal (advertência) ou sanções restritivas de direito (suspensão do direito de licitar, impedimento de contratar ou declaração de inidoneidade), restar comprovado ser adequado, à luz da gravidade da infração administrativa cometida e do prejuízo causado, a imposição de uma punição pecuniária em casos de prática dos comportamentos infracionais arrolados no art. 155 da nova lei de licitações.

Concluído o processo administrativo sancionatório e existindo a manifestação pela aplicação da sanção pecuniária, incluída a fase recursal, acerca do recolhimento da multa, seja ela moratória ou compensatória, a Administração estará autorizada a descontar o valor de pagamento eventualmente devido pela Administração ao contratado. Além da perda deste pagamento devido, após a regular liquidação, a diferença será descontada da garantia prestada ou cobrada judicialmente, caso ela seja exigida no edital e contrato, consoante estabelece o art. 156, § 8º, da Lei fed. nº 14.133/2021.

Inexistindo garantia contratual e pagamentos devidos em razão da execução do objeto contratado, não restará alternativa para a Administração sancionadora a não ser notificar o particular apenado para que este faça a arrecadação aos cofres públicos dos valores arbitrados, devendo ser fixado um prazo razoável para que o sujeito promova o recolhimento, sob pena de violação ao princípio da legalidade, moralidade e razoabilidade.

Ante a recusa do apenado em efetuar o pagamento administrativamente, no prazo ofertado pela Administração, não restará alternativa a não ser a promoção da cobrança judicial, por meio da propositura da competente ação de execução, após regular inscrição do crédito na dívida ativa e extração da respectiva certidão, observados os critérios legais de cobrança. Com efeito, as multas impostas no âmbito das contratações públicas caracterizam-se como dívida ativa não tributária, consoante estabelece o art. 39, § 2º, da Lei fed. nº 4.320/1964.

3. Impedimento de licitar e contratar

A sanção de impedimento de licitar e contratar pelo prazo máximo de até três anos encontra-se prevista no art. 156, inc. III, da Lei fed. nº 14.133/2021. Esclareça-se que a referida punição foi incorporada na nova lei nacional de licitações, sendo que já era prevista no art. 7º da Lei nº 10.520/2002(Lei do Pregão), bem como no art. 47 da Lei fed. nº 12.462/2011[7] (Lei do Regime Diferenciado de Contratações – RDC).

A referida punição foi criada com o escopo de permitir a imposição de uma sanção distinta daquelas fixadas na Lei fed. nº 8.666/1993 aos participantes da licitação processadas pelo pregão, uma vez que tal modalidade, em razão da sua dinâmica, exige maior comprometimento dos participantes durante a realização do torneio, haja vista que a participação descomprometida em efetivar a contratação pode gerar diversos prejuízos para o Poder Público licitante. Assim, demandou-se uma punição com carga aflitiva diferenciada daquelas constantes da Lei de Licitações vigente à época.

O alcance da sanção de impedimento de licitar e contratar abarca toda a esfera federativa a que pertence o órgão ou a entidade sancionadora. Logo, o infrator punido, por exemplo, por órgão/entidade integrante da Administração Federal ficará impedido de licitar e contratar com a União, não alcançando a órbita de outro ente, a exemplo dos Estados, Distrito Federal e Municípios.

Transcorrido o prazo da referida punição, o sancionado estará automaticamente apto para retornar a participar de licitações ou contratar com a Administração.

Conforme já ressaltou-se acima, na forma do contido na 156, § 7º, da Lei fed. nº 14.133/2021, existe a possibilidade de acumulação do impedimento de licitar com as multas, devendo o instrumento convocatório, contrato administrativo ou instrumento equivalente assim prever expressamente, sendo necessária, para tanto, a delineação das regras necessárias para viabilizar a imposição de multa contratual, sob pena de restar inviabilizado tal expediente.

4. Declaração de inidoneidade

A declaração de inidoneidade encontra-se expressamente prevista no art. 156, inc. IV, da Lei nº Lei fed. nº 14.133/2021, sendo a sanção administrativa provida de maior carga punitiva.

Devendo ser imposta com arrimo na proporcionalidade e somente caberá a declaração de inidoneidade quando restar efetivamente comprovada nos autos do processo administrativo sancionatório a prática de condutas tipificadas como infração administrativa que apresentam natureza gravíssima realizadas por particulares no âmbito da licitação ou durante a execução do objeto contratado. Desta feita, não será a prática de qualquer conduta que acarretará a imposição da declaração de inidoneidade de licitantes e contratados.

Sendo imputada a declaração de inidoneidade pelo Poder Público ao particular, ao cabo do competente processo administrativo sancionatório, em razão de cometer uma conduta caracterizada como infração administrativa, tem-se que ele "é declarado inapto, incapaz e inadequado para licitar e para contratar com a Administração Pública, o que constitui um inquestionável demérito e significativa desqualificação da pessoa física ou jurídica."[288]

Observa-se, assim, que a declaração de inidoneidade, devido a gravidade da infração administrativa praticada, manifesta flagrante inaptidão em realizar negócios com o governo, o que autoriza baní-lo das contratações governamentais. Tanto é que o art. 337-M do Código Penal prevê penalidade de reclusão de 1 meses a 3 anos, e multa àquele que admitir à licitação ou celebrar contrato com empresa ou profissional declarado inidôneo. Na mesma pena incorre aquele que, declarado inidôneo, venha a licitar ou a contratar com a Administração.

Portanto, tem-se que a referida sanção, no caso concreto, deve se apresentar como a medida punitiva adequada quando for observada a prática de uma conduta antijurídica seríssima.

A declaração de inidoneidade, conforme acima colacionado, somente deve ser aplicada em caso de verificação de faltas execráveis,[289] não podendo esta ser imposta como consequência da prática de qualquer infração, uma vez que o seu conteúdo assenta uma carga punitiva demasiada e que pode gerar consequências incalculáveis ao apenado.

Diante de tais características, foi cautelosa a Lei fed. nº 14.133/2021, em seu art. 156, § 6º, incs. I e II, em fixar que tal sanção não poderá ser aplicada por qualquer autoridade, mas por ministro de Estado, por secretário estadual ou por secretário municipal e, quando aplicada por autarquia ou fundação, será de competência exclusiva da autoridade máxima da entidade, e quando aplicada por órgãos dos Poderes Legislativo e Judiciário, pelo Ministério Público e pela Defensoria Pública no desempenho da função administrativa.

---

[288] SANTOS, José Anacleto Abduch. *Contratos administrativos: formação e controle interno da execução: com particularidades dos contratos de prestação de serviços terceirizados e contratos de obras e serviços de engenharia*. Belo Horizonte: Fórum, 2015. p. 280.

[289] TANAKA, Sônia Yuriko Kanashiro. *Concepção dos contratos administrativos*. São Paulo: Malheiros, 2007. p. 161.

COMENTÁRIOS À NOVA LEI DE LICITAÇÕES PÚBLICAS E CONTRATOS ADMINISTRATIVOS

§ 1º Na aplicação das sanções serão considerados:
I – a natureza e a gravidade da infração cometida;
II – as peculiaridades do caso concreto;
III – as circunstâncias agravantes ou atenuantes;
IV – os danos que dela provierem para a Administração Pública;
V – a implantação ou o aperfeiçoamento de programa de integridade, conforme normas e orientações dos órgãos de controle.

Estabelece o art. 156, §1º da nova lei de licitações que a imposição das sanções pela autoridade competente, ao fim do processo administrativo sancionatório, deverá considerar: I – a natureza e a gravidade da infração cometida; II – as peculiaridades do caso concreto; III – as circunstâncias agravantes ou atenuantes; IV – os danos que dela provierem para a Administração Pública e V – a implantação ou o aperfeiçoamento de programa de integridade, conforme normas e orientações dos órgãos de controle, *ex vi* do § 1º do mesmo art. 156.

Demais disso, conforme estabelece o art. 22, § 3º, do Decreto-Lei nº 4.657/1942 (Lei de Introdução às Normas do Direito Brasileiro ou LINDB), a ser observado no processo sancionatório conforme prevê o art. 5º da nova lei de licitações, deverá ainda ser considerado para fins de dosimetria da sanção os antecedentes do particular infrator.

Com efeito, não basta a existência de lei, como instrumento limitador dos direitos individuais, para legitimar tal intervenção ou restrição da liberdade e propriedade, devendo ela, ainda, apresentar-se como proporcional, concretizada pela medida adequada e justificada pelo interesse público que atendam ao critério da razoabilidade.[290]

Sendo assim, a nova lei de licitações estabelece uma moldura limitadora do exercício do poder punitivo estatal, de observância obrigatória, sob pena de ilegalidade na produção do ato administrativo punitivo.

Nessa toada, o julgamento do processo sancionatório, observando-se os incisos constantes do §1º do art. 156 da NLCC c/c art. 22, § 2º, do Decreto-Lei nº 4.657/1942 deve ser pautado pelos princípios da proporcionalidade e da razoabilidade, devendo, se for o caso, a carga negativa constante da decisão administrativa ser a medida necessária à conduta infracional praticada pelo particular. Nesta mesma vereda, observando-se a prática de comportamento infracional, ou estando ele justificado, deve a sanção administrativa ser devidamente afastada.

---

[290] MENDES, Gilmar Ferreira. Questões fundamentais da técnica legislativa.*RTDP–Revista Trimestral de Direito Público*, n. 60, São Paulo, Malheiros, 2015. p. 317.

DAS INFRAÇÕES E SANÇÕES ADMINISTRATIVAS ART⁰ 156

§ 2º A sanção prevista no inciso I do caput deste artigo será aplicada exclusivamente pela infração administrativa prevista no inciso I do caput do art. 155 desta Lei, quando não se justificar a imposição de penalidade mais grave.

Estabelece o §2º do art. 156 da NLCC que a advertência será aplicada exclusivamente pela infração administrativa prevista no inciso I do caput do art. 155 desta Lei, vale dizer, quando observada inexecução parcial do contrato. Assim, é descabido impor advertência em caso da prática de comportamento arrolados nos demais incisos do art. 155 da nova lei de licitações.

Observando-se, no caso concreto, situações fáticas quando não se justificar a imposição de penalidade mais grave, a exemplo da natureza e a gravidade da infração cometida; as peculiaridades do caso concreto; as circunstâncias agravantes ou atenuantes e os danos que dela provierem para a Administração Pública, poderá ser imposta ao particular contratado sanção de impedimento de licitar e contratar ou a declaração de inidoneidade, previstas nos incs. III e IV do art. 156 da nova lei de licitações.

§ 3º A sanção prevista no inciso II do caput deste artigo, calculada na forma do edital ou do contrato, não poderá ser inferior a 0,5% (cinco décimos por cento) nem superior a 30% (trinta por cento) do valor do contrato licitado ou celebrado com contratação direta e será aplicada ao responsável por qualquer das infrações administrativas previstas no art. 155 desta Lei.

O § 3º do art. 156 da nova Lei de Licitações estabelece que a multa compensatória, calculada na forma do edital ou do contrato, não poderá ser inferior a 0,5% (cinco décimos por cento) nem superior a 30% (trinta por cento) do valor do contrato licitado ou celebrado com contratação direta e será aplicada ao responsável por qualquer das infrações administrativas previstas no art. 155 desta Lei.

Haja vista os abusos verificados, andou bem a nova lei de licitações no tocante à fixação de um teto para as multas compensatórias, haja vista que, dependendo dos termos da cláusula punitiva constante do edital e contrato, o *quantum* apurado no caso concreto ultrapassa e muito o valor máximo das multas. Demais disso, fixa a NLCC o piso das multas compensatórias, entendendo que a fixação mínima de uma sanção financeira que não seja inferior a 0,5% (cinco décimos por cento) do valor do contrato não deteria a função de desestimular a prática de um dos comportamentos fixados no art. 155 da Lei fed. nº 14.133/21.

Como já ressaltou-se acima, é impreterível a necessidade de previsão das multas no ato convocatório e instrumento contratual, sejam elas da espécie moratória ou punitiva, devendo as condições para a punição ser fixadas de forma pormenorizada, a viabilizar a imposição da referida penalidade. Assim ocorrendo, afasta-se a discricionariedade na aplicação da multa durante a condução do processo sancionatório, uma vez que estará o administrador público competente vinculado aos termos antecipadamente previstos na minuta do instrumento de contrato, conhecidos do referido particular desde a época do processamento da licitação.

Em reverência ao princípio da vinculação ao edital, afigura-se impossível a previsão da multa no instrumento contratual, caso não prevista no instrumento convocatório. Todavia, o STJ entendeu que, *in verbis*: "Cláusula penal não prevista no edital, ajustada, após adjudicação, entre a Administração Pública e o licitante vitorioso. Se não houve vício de consentimento em sua contratação, tal cláusula penal é lícita e eficaz".[291]

De forma a garantir a aplicação de uma sanção que reverencie o princípio da proporcionalidade e da razoabilidade, quando o ato convocatório estabelecer a forma de apuração dos valores em detrimento da fixação de um valor preestabelecido, com estribo no magistério acima colacionado, deve o edital ou carta-convite fixar como base de cálculo o valor do contrato ou da parcela inadimplida. Nesse sentido, já se posicionou o Tribunal de Justiça do Estado de São Paulo pela possibilidade de cálculo da multa apenas sobre a parcela não cumprida do contrato.[292]

Sendo assim, em caso de atraso injustificado de todo o objeto contratado ou inexecução total do contrato, deverá a base de cálculo ser o valor total do contrato. Por sua vez, observando-se atraso injustificado parcial do ajuste ou inexecução de parte do contrato, tem-se que a base de cálculo será o valor da parcela inadimplida.

Tem-se que assim deve ser, uma vez que tais multas, sejam elas moratórias ou punitivas, não podem ter caráter confiscatório do patrimônio do particular apenado, o que caracteriza nítido desvio de finalidade das sanções administrativas.

Sobre o tema, José Anacleto dos Santos Abduch, *in verbis*:

> Normal e rotineiramente, as multas moratórias são fixadas a partir de percentual que incide sobre o valor, especialmente as de natureza moratória. Deve haver um limite para a multa moratória, pena de tornar a sanção equivalente ao confisco (há registro de multas

---

[291] STJ – REsp. nº 132855 MG 1997/0035320-6. Relator Ministro Francisco Falcão.

[292] TJ/SP – AC – nº 176.982-8/9-00. Relator: Desembargador Oliveira Santos.

DAS INFRAÇÕES E SANÇÕES ADMINISTRATIVAS ART° 156

moratórias que, sem limite previsto no contrato, atingiram valor quase equivalente ao do objeto da contratação) e violadora do princípio da proporcionalidade.[293]

Não são outros os ensinamentos de Juan Carlos Cassagne, que leciona que, *in verbis*: "Se bem que a pena de multa é suscetível de afetar significantemente o patrimônio de uma pessoa, essa lesão não pode ser confiscatória".[294]

Com efeito, de forma a observar o princípio da proporcionalidade, deve o edital e a minuta do contrato fixar as sanções previstas na lei, estabelecendo, ainda, a necessária correlação com as condutas infracionais, de forma graduada e proporcional à sua gravidade, devendo o *quantum* punitivo ser eleito por meio da aplicação de percentual sobre uma base de cálculo.

§ 4º A sanção prevista no inciso III do caput deste artigo será aplicada ao responsável pelas infrações administrativas previstas nos incisos II, III, IV, V, VI e VII do caput do art. 155 desta Lei, quando não se justificar a imposição de penalidade mais grave, e impedirá o responsável de licitar ou contratar no âmbito da Administração Pública direta e indireta do ente federativo que tiver aplicado a sanção, pelo prazo máximo de 3 (três) anos.

O referido parágrafo estabelece que a sanção denominada de impedimento de licitar e contratar será aplicada ao responsável pelas infrações administrativas previstas nos incisos II, III, IV, V, VI e VII do *caput* do art. 155 da Lei, quando não se justificar a imposição de penalidade mais grave, e impedirá o responsável de licitar ou contratar no âmbito da Administração Pública direta e indireta do ente federativo que tiver aplicado a sanção, pelo prazo máximo de 3 (três) anos.

Com efeito, tem-se que a referida sanção poderá ser imposta caso observe--se, no caso concreto, a prática dos seguintes comportamentos: II – dar causa à inexecução parcial do contrato que cause grave dano à Administração, ao funcionamento dos serviços públicos ou ao interesse coletivo; III – dar causa à inexecução total do contrato; IV – deixar de entregar a documentação exigida para o certame; V – não manter a proposta, salvo em decorrência de fato superveniente devidamente justificado; VI – não celebrar o contrato ou não entregar a documentação exigida para a contratação, quando convocado dentro do prazo

---

[293] SANTOS, José Anacleto Abduch. Contratos administrativos: formação e controle interno da execução: com particularidades dos contratos de prestação de serviços terceirizados e contratos de obras e serviços de engenharia. Belo Horizonte: Fórum, 2015. p. 276.

[294] Texto original: "Si bien la pena de multa es suceptible de afectar significamente el patrimonio de una persona, esse lesión no puede ser confiscatoria [...]" (CASSAGNE, Juan Carlos. *Derecho Administrativo*. 5. ed. Buenos Aires: Abedo-Perrot, 1996-1997. v. II, p. 587).

COMENTÁRIOS À NOVA LEI DE LICITAÇÕES PÚBLICAS E CONTRATOS ADMINISTRATIVOS

de validade de sua proposta; VII – ensejar o retardamento da execução ou da entrega do objeto da licitação sem motivo justificado.

Esclareça-se que não poderá ser imposta a sanção de impedimento de licitar e contratar constante do inc. III do art. 156 da nova lei de licitações para as demais infrações assentadas nos incisos subsequentes haja vista o §5º do artigo em estudo reservar a punição da declaração de inidoneidade, salvo se a situação concreta justificar, cujas razões deverão estar motivadamente assentadas no processo administrativo.

Demais disso, tem-se que o referido dispositivo fixa o alcance da sanção de impedimento de licitar e contratar com a Administração, estabelecendo que responsável de licitar ou contratar no âmbito da Administração Pública direta e indireta do ente federativo que tiver aplicado a sanção, pelo prazo máximo de 3 (três) anos.

Observa-se que o alcance da sanção fixada na nova lei de licitações é aquela constante do art. 7º da Lei nº 10.520/02, com prazo impeditivo reduzido, haja vista ser fixado como lapso punitivo de até cinco anos e não três.

§ 5º A sanção prevista no inciso IV do caput deste artigo será aplicada ao responsável pelas infrações administrativas previstas nos incisos VIII, IX, X, XI e XII do caput do art. 155 desta Lei, bem como pelas infrações administrativas previstas nos incisos II, III, IV, V, VI e VII do caput do referido artigo que justifiquem a imposição de penalidade mais grave que a sanção referida no § 4º deste artigo, e impedirá o responsável de licitar ou contratar no âmbito da Administração Pública direta e indireta de todos os entes federativos, pelo prazo mínimo de 3 (três) anos e máximo de 6 (seis) anos.

Estabelece o §5º do art. 156 da NLLC que a sanção denominada declaração de inidoneidade será aplicada ao responsável pelas infrações administrativas previstas nos incisos VIII, IX, X, XI e XII do caput do art. 155 da referida lei.

Sendo assim, ressaltamos que a declaração de inidoneidade poderá ser imposta caso observe-se, no caso concreto, a prática dos seguintes comportamentos (art. 155): VIII – apresentar declaração ou documentação falsa exigida para o certame ou prestar declaração falsa durante a licitação ou a execução do contrato; IX – fraudar a licitação ou praticar ato fraudulento na execução do contrato; X – comportar-se de modo inidôneo ou cometer fraude de qualquer natureza; XI – praticar atos ilícitos com vistas a frustrar os objetivos da licitação; XII – praticar ato lesivo previsto no art. 5º da Lei nº 12.846, de 1º de agosto de 2013.

Demais disso, poderá a declaração de inidoneidade ser aplicada aos particulares que praticarem os comportamentos infracionais previstos nos incisos II,

DAS INFRAÇÕES E SANÇÕES ADMINISTRATIVAS ART° 156

III, IV, V, VI e VII constantes do caput do art. 155 que justificar a imposição de penalidade mais grave que a sanção de impedimento de licitar e contratar com a Administração Pública, devendo as razões serem expressa e motivadamente assentadas no processo sancionatório.

No tocante a extensão dos efeitos punitivos da declaração de inidoneidade, tem-se que a declaração de inidoneidade impedirá o responsável de licitar ou contratar no âmbito da Administração Pública direta e indireta de todos os entes federativos, pelo prazo mínimo de 3 (três) anos e máximo de 6 (seis) anos.

§ 6º A sanção estabelecida no inciso IV do caput deste artigo será precedida de análise jurídica e observará as seguintes regras:
I – quando aplicada por órgão do Poder Executivo, será de competência exclusiva de ministro de Estado, de secretário estadual ou de secretário municipal e, quando aplicada por autarquia ou fundação, será de competência exclusiva da autoridade máxima da entidade;
II – quando aplicada por órgãos dos Poderes Legislativo e Judiciário, pelo Ministério Público e pela Defensoria Pública no desempenho da função administrativa, será de competência exclusiva de autoridade de nível hierárquico equivalente às autoridades referidas no inciso I deste parágrafo, na forma de regulamento.

Estabelece o §6º do art. 156 da NLLC duas determinações à Administração quando exerce atividade punitiva. A primeira, exige que quando da aplicação da declaração de inidoneidade, a imposição seja precedida da análise do processo sancionatório pela assessoria jurídica. Em nosso sentir, entende-se que não só a referida sanção mas todas as punições arroladas no art. 156 da nova lei de licitações devem ter o processo administrativo devidamente analisado pela assessoria jurídica.

Em relação à segunda, fixa a autoridade competente para impor tal sanção, consoante. Melhor esclarecendo, denota-se dos incisos do art. 156 da nova lei de licitações que a declaração de inidoneidade somente deve ser aplicada em caso de verificação de comportamentos evidentemente abomináveis, uma vez que o seu conteúdo assenta uma carga punitiva demasiada e que pode gerar consequências incalculáveis ao particular apenado.

Sendo assim, é cautelosa a Lei fed. nº 14.133/2021, em seu art. 156, § 6º, incs. I e II, no sentido de estabelecer que tal sanção não poderá ser aplicada por qualquer autoridade, mas por ministro de Estado, por secretário estadual ou por secretário municipal e, quando aplicada por autarquia ou fundação, será de competência exclusiva da autoridade máxima da entidade, e quando aplicada por órgãos dos Poderes Legislativo e Judiciário, pelo Ministério Público e pela

COMENTÁRIOS À NOVA LEI DE LICITAÇÕES PÚBLICAS E CONTRATOS ADMINISTRATIVOS

Defensoria Pública no desempenho da função administrativa, será de competência exclusiva de autoridade de nível hierárquico equivalente a ministros e secretários, na forma de regulamento.

§ 7º As sanções previstas nos incisos I, III e IV do caput deste artigo poderão ser aplicadas cumulativamente com a prevista no inciso II do caput deste artigo.

Acerca da cumulatividade das sanções administrativas nas contratações públicas, estabelece o art. 156, §7º da NLLC que a advertência, o impedimento de licitar e contratar e a declaração de inidoneidade poderão ser aplicadas em conjunto com a prevista na multa compensatória. Ou seja, em decorrência da prática de qualquer um dos comportamentos previstos no art. 155 da nova lei de licitação, além sanção moral e restritiva de direitos, o responsável também sofrerá uma redução patrimonial.

§ 8º Se a multa aplicada e as indenizações cabíveis forem superiores ao valor de pagamento eventualmente devido pela Administração ao contratado, além da perda desse valor, a diferença será descontada da garantia prestada ou será cobrada judicialmente.

Já o art. 156, §8º da NLLC estabelece que se a multa aplicada e as indenizações cabíveis forem superiores ao valor de pagamento eventualmente devido pela Administração ao contratado, além da perda desse valor, a diferença será descontada da garantia prestada ou será cobrada judicialmente.

Sendo assim, uma vez imposta a referida sanção pecuniária, na forma do que consta dos instrumentos convocatório e contratual, após a conclusão do regular processo administrativo sancionatório onde restou garantido o contraditório e a ampla defesa ao particular e encerrada a fase recursal, a Administração estará autorizada a descontar o valor de pagamento eventualmente devido pela Administração ao contratado.

Além da perda deste pagamento devido, após a regular liquidação, a diferença será descontada da garantia prestada ou cobrada judicialmente, caso ela seja exigida no edital e contrato, consoante estabelece o art. 156, § 8º.

Ressalte-se que os dispositivos acima colacionados permitem apenas e tão somente o desconto do valor da multa de eventuais pagamentos devidos em razão da liquidação ao futuro particular apenado e não a retenção. Melhor esclarecendo, tem-se que "desconto" diferencia-se de "suspensão" ou "retenção" de futuros pagamentos devidos pela Administração contratante ao particular apenado dos valores devidos ao contratado – seja no ajuste onde se praticou a

DAS INFRAÇÕES E SANÇÕES ADMINISTRATIVAS ART° 156

infração administrativa punível como multa ou não[1] –, enquanto não finalizado o processo punitivo visando à aplicação da penalidade em estudo, dada a ausência de fundamento legal para a sua realização.

Com efeito, enquanto não finalizado o processo sancionatório, é dever da Administração liberar os pagamentos já liquidados, não devendo reter qualquer pagamento devidamente liquidado. Assim deve ocorrer, em razão da necessidade da reverência do princípio da presunção da inocência, uma vez que somente será imposta e, portanto, devida a multa após a conclusão do processo administrativo sancionatório.

Na ocasião da instauração do processo e durante o regular desenvolvimento, portanto, não deve a Administração sancionadora reter valores devidos ao particular naquela ocasião, uma vez que não há certeza de que se aplicará a multa futuramente.

Inexistindo o oferecimento da garantia contratual ou valores ou pagamento devidos, não restará alternativa para a Administração a não ser notificar o apenado para que este recolha aos cofres públicos os valores arbitrados, devendo ser fixado um prazo razoável para que o sujeito promova o recolhimento, sob pena de violação ao princípio da razoabilidade.

O não recolhimento no prazo fixado demandará a necessidade de cobrança judicial, por meio da propositura da competente ação de execução, após regular inscrição do crédito na dívida ativa.

§ 9º A aplicação das sanções previstas no caput deste artigo não exclui, em hipótese alguma, a obrigação de reparação integral do dano causado à Administração Pública.

Por derradeiro, estabelece o art. 156, §9º, da NLLC que a aplicação das sanções previstas no caput deste artigo não exclui, em hipótese alguma, a obrigação de reparação integral do dano causado à Administração Pública.

No caso concreto, poderá ocorrer que o comportamento infracional praticado pelo licitante ou contratado venha a gerar um dano à Administração Pública, devendo esse ser devidamente absorvido pelo contratado consoante estabelece o art. 120 desta lei.

Existindo tal dano e sendo tal prejuízo devidamente individualizado, deverá o mesmo ser reparado, não sendo tal obrigação afastada ou compensada em razão, por exemplo, do pagamento das multas impostas no âmbito sancionatório.

Observa-se, assim, que as sanções impostas têm o condão de reparar um dano experimentado pela Administração contratante, mas sim desestimular a prática dos comportamentos infracionais, devendo o prejuízo estatal ser devidamente recomposto pelo particular apenado.

COMENTÁRIOS À NOVA LEI DE LICITAÇÕES PÚBLICAS E CONTRATOS ADMINISTRATIVOS

TABELA DAS INFRAÇÕES
E SANÇÕES ADMINISTRATIVAS CORRELACIONADAS

Inciso do art. 155	Infração administrativa	Sanções correspondente
I	Dar causa à inexecução parcial do contrato	Advertência, exclusivamente.
		Multa compensatória, cumulada com outra sanção
		Demais sanções, necessidade de justificativa.
II	Dar causa à inexecução parcial do contrato que cause grave dano à Administração, ao funcionamento dos serviços públicos ou ao interesse coletivo	Impedimento de licitar e contratar no âmbito da Administração Pública direta e indireta do ente federativo que tiver aplicado a sanção
		Multa compensatória, cumulada com outra sanção
		Declaração de inidoneidade para licitar ou contratar, desde o caso concreto motivadamente justifique
III	Dar causa à inexecução total do contrato	Impedimento de licitar e contratar no âmbito da Administração Pública direta e indireta do ente federativo que tiver aplicado a sanção
		Multa compensatória, cumulada com outra sanção
		Declaração de inidoneidade para licitar ou contratar, desde o caso concreto motivadamente justifique
IV	Deixar de entregar a documentação exigida para o certame	Impedimento de licitar e contratar no âmbito da Administração Pública direta e indireta do ente federativo que tiver aplicado a sanção
		Multa compensatória, cumulada com outra sanção
		Declaração de inidoneidade para licitar ou contratar, desde o caso concreto motivadamente justifique
V	Não manter a proposta, salvo em decorrência de fato superveniente devidamente justificado	Impedimento de licitar e contratar no âmbito da Administração Pública direta e indireta do ente federativo que tiver aplicado a sanção
		Multa compensatória, cumulada com outra sanção
		Declaração de inidoneidade para licitar ou contratar, desde o caso concreto motivadamente justifique

DAS INFRAÇÕES E SANÇÕES ADMINISTRATIVAS ART° 156

VI	Não celebrar o contrato ou não entregar a documentação exigida para a contratação, quando convocado dentro do prazo de validade de sua proposta	Impedimento de licitar e contratar no âmbito da Administração Pública direta e indireta do ente federativo que tiver aplicado a sanção
		Multa compensatória, cumulada com outra sanção
		Declaração de inidoneidade para licitar ou contratar, desde o caso concreto motivadamente justifique
VII	Ensejar o retardamento da execução ou da entrega do objeto da licitação sem motivo justificado	Impedimento de licitar e contratar no âmbito da Administração Pública direta e indireta do ente federativo que tiver aplicado a sanção
		Multa compensatória, cumulada com outra sanção
		Declaração de inidoneidade para licitar ou contratar, desde o caso concreto motivadamente justifique
VIII	Apresentar declaração ou documentação falsa exigida para o certame ou prestar declaração falsa durante a licitação ou a execução do contrato	Multa compensatória, cumulada com outra sanção
		Declaração de inidoneidade para licitar ou contratar
IX	Fraudar a licitação ou praticar ato fraudulento na execução do contrato	Multa compensatória, cumulada com outra sanção
		Declaração de inidoneidade para licitar ou contratar
X	Comportar-se de modo inidôneo ou cometer fraude de qualquer natureza	Multa compensatória, cumulada com outra sanção
		Declaração de inidoneidade para licitar ou contratar
XI	Praticar atos ilícitos com vistas a frustrar os objetivos da licitação	Multa compensatória, cumulada com outra sanção
		Declaração de inidoneidade para licitar ou contratar
XII	Praticar ato lesivo previsto no art. 5° da Lei n° 12.846, de 1° de agosto de 2013	Multa compensatória, cumulada com outra sanção
		Declaração de inidoneidade para licitar ou contratar

Artigo 157

Na aplicação da sanção prevista no inciso II do caput do art. 156 desta Lei, será facultada a defesa do interessado no prazo de 15 (quinze) dias úteis, contado da data de sua intimação.

Artigo 158

A aplicação das sanções previstas nos incisos III e IV do caput do art. 156 desta Lei requererá a instauração de processo de responsabilização, a ser conduzido por comissão composta de 2 (dois) ou mais servidores estáveis, que avaliará fatos e circunstâncias conhecidos e intimará o licitante ou o contratado para, no prazo de 15 (quinze) dias úteis, contado da data de intimação, apresentar defesa escrita e especificar as provas que pretenda produzir.

§ 1º Em órgão ou entidade da Administração Pública cujo quadro funcional não seja formado de servidores estatutários, a comissão a que se refere o caput deste artigo será composta de 2 (dois) ou mais empregados públicos pertencentes aos seus quadros permanentes, preferencialmente com, no mínimo, 3 (três) anos de tempo de serviço no órgão ou entidade.

§ 2º Na hipótese de deferimento de pedido de produção de novas provas ou de juntada de provas julgadas indispensáveis pela comissão, o licitante ou o contratado poderá apresentar alegações finais no prazo de 15 (quinze) dias úteis, contado da data da intimação.

§ 3º Serão indeferidas pela comissão, mediante decisão fundamentada, provas ilícitas, impertinentes, desnecessárias, protelatórias ou intempestivas.

§ 4º A prescrição ocorrerá em 5 (cinco) anos, contados da ciência da infração pela Administração, e será:

I – interrompida pela instauração do processo de responsabilização a que se refere o caput deste artigo;

II – suspensa pela celebração de acordo de leniência previsto na Lei nº 12.846, de 1º de agosto de 2013;

III – suspensa por decisão judicial que inviabilize a conclusão da apuração administrativa.

1. Do processo sancionatório

No âmbito da licitação ou durante a execução do contrato administrativo, diante da verificação de uma das infrações administrativas arroladas nos arts.155 e 162, ambos da NLLC, que poderá ser relatada pelo pregoeiro, fiscal ou gestor do contrato, representada pelo órgão de controle interno do órgão ou

DAS INFRAÇÕES E SANÇÕES ADMINISTRATIVAS   ART° 158

entidade ou denunciado por terceiros, é dever do Poder Público, por meio da autoridade competente, instaurar um processo administrativo punitivo a fim de apurar o ocorrido, inexistindo discricionariedade da autoridade competente para tomar tal medida.

Sob pena de violação do princípio da tipicidade, é ilegal a instauração de expediente punitivo com arrimo na prática de comportamentos que não sejam os acima arrolados.

Nada impede, todavia, que, além da instauração do processo punitivo de ofício pela Administração contratante ou promotora da licitação, o referido expediente administrativo seja também empreendido a pedido de interessados, sendo necessário, neste caso, a demonstração da prática do ilícito administrativo durante o processamento da licitação ou execução do contrato administrativo.

Nesta hipótese de deflagração do processo punitivo, ela deverá ser por escrito, salvo se for permitida a solicitação oral, nos termos do art. 6° da Lei n° 9.784/99.

Na instauração provocada do processo administrativo, a Administração será instada a produzir uma atividade prestacional, seja no estrito interesse do administrado, seja em razão da proteção a direitos difusos ou coletivos. É de lapidar clareza que, na instauração provocada do processo administrativo, o particular estará exercendo o seu direito de petição, nos moldes preconizados pelo art. 5°, inc. XXXIV, letra "a", e art. 5°, inc. XXXIII.

2. Da instauração do processo administrativo punitivo

A instauração de um processo administrativo punitivo, segundo o regulamento interno da entidade ou legislação do ente político, poderá ser exteriorizada por meio da edição de portaria, decreto ou despacho da autoridade competente.

Em reverência ao princípio da ampla defesa, devidamente previsto no art. 5°, inc. LV, da Constituição da República, com o escopo de permitir ao acusado o exercício do seu amplo e irrestrito direito de defesa nos autos do processo administrativo sancionatório, deve o particular tomar conhecimento, com rigor de detalhe, do que a ele está sendo imputado, sob pena de anulação da sanção.

Uma vez instaurado o processo punitivo, deverá a Administração sancionadora notificar ou intimar o licitante ou contratado para, no prazo de 15 (quinze) dias úteis, conforme o artigo em estudo, e não mais em 5 (cinco) dias úteis, apresentar a sua defesa prévia.

Da leitura dos arts. 157 e 158 da NLLC observa-se apenas a concessão do prazo de 15 (quinze) dias úteis para apresentação da defesa prévia para as infrações administrativas que acabem por gerar a necessidade de imposição de multa, impedimento de licitar e contratar com a Administração ou a declaração de inidoneidade, não sendo arrolados nesses artigos a necessidade de oferecimento de lapso para protocolização das razões quando a pretensão punitiva for a advertência. Em nosso sentir, tal lapso é uma falha da NLLC que deve ser corrigida, uma vez ser inadmitida a imposição de qualquer tipo de sanção sem o devido processo legal, por mais que a punição não detenha carga punitiva restritiva de direitos ou patrimonial, como é o caso da advertência. Sendo assim, é dever da Administração, em caso da verificação de inexecução parcial do contrato, notificar o particular para que este apresente a sua defesa prévia no prazo de 15 (quinze) dias úteis.

No tocante à comunicação da instauração do processo punitivo, caso o particular infrator se encontre em local incerto e não sabido, fato que prejudicará a notificação ou intimação a ser realizada pela Administração, a fim de dar conhecimento do expediente administrativo sancionatório que foi instaurado a seu desfavor, fato que possibilita ao particular se defender adequadamente, deverá a notificação ocorrer por meio de edital publicado na imprensa oficial, a exemplo do que determina o art. 26, § 4º, da Lei de Processo Administrativo (Lei nº 9.784/1999). Procedendo-se assim, evitar-se-á futura alegação de violação ao princípio do contraditório e da ampla defesa.

Ressalte-se que o prazo para a apresentação da defesa prévia será de 15 (quinze) dias úteis, contados a partir da abertura da vista do processo administrativo ao particular que a ele foi imputado a prática de um ato caracterizado como infração administrativa, e não da data de sua intimação, conforme consta expressamente do art. 187 da NLLC. É prática comum a ocorrência do encaminhamento da notificação, iniciando-se o prazo para apresentação da defesa, não sendo disponibilizado, ato contínuo, ao particular as informações necessárias para produzir adequadas razões para rechaçar o comportamento infracional a ele imputado.

Uma vez instaurado o processo administrativo pela Administração, a aplicação da competente sanção restará garantida, ainda que a conclusão desse processo administrativo seja mais demorada, em razão de fatos supervenientes à sua instauração.

Verifica-se, todavia, que o período necessário para a conclusão do processo sancionatório *não pode perpetuar-se no tempo*, sob pena de não garantir a punição, o que acarretará impunidade, haja vista o velho hábito de alguns agentes públicos, que relutam em exercer tal função ou que colocam tal expediente na prateleira, aguardando o momento adequado de punir o particular, o que prejudica a segurança jurídica. Como ocorre no âmbito do Direito Penal, a pretensão punitiva não pode ser eterna, fixando corretamente a NLLC um marco temporal para que tal intenção punitiva seja efetivamente concretizada.

Sendo assim, o inc. I do § 4º do art. 158 da nova Lei de Licitações fixou que a prescrição ocorrerá em 5 (cinco) anos, contados da ciência da infração pela Administração, sendo tal lapso interrompido pela instauração do processo de responsabilização. Assim, instaurado o processo sancionatório, o prazo quinquenal é "interrompido", recomeçando a contagem desde o início.

Já o inc. II do § 4º do art. 158, da NLLC, fixa que ocorrerá a "suspensão" do prazo prescricional com a celebração de acordo de leniência previsto na Lei nº 12.846, de 1º de agosto de 2013. Assim, durante o período em que o acordo de leniência estiver vigente e sendo cumprido, o prazo prescricional estará suspenso, retomando a contagem do prazo restante a partir da transgressão dos termos acordados.

Por derradeiro, o inc. III do § 4º do art. 158, da NLLC, estabelece a suspensão do prazo prescricional por decisão judicial que inviabilize a conclusão da apuração administrativa.

Sobre tal hipótese, faz uma alerta Marçal Justen Filho que

> A regra deve ser interpretada com cautela, eis que existe a possibilidade de que a decisão judicial tenha por fundamento falha, defeito ou impedimento a ser observado pela Administração. Em tal hipótese, será viável que o curso do prazo decadencial tenha seguimento, sem que a decisão judicial seja configurável com um fator apto a gerar suspensão"[295]

Da mesma forma que a Lei nº 8.666/1993, a NLLC não estabelece um prazo para a conclusão do processo sancionatório. Não obstante isto, o art. 49 da Lei nº 9.784/1999, que regula o processo administrativo no âmbito da Administração Pública Federal, de aplicação subsidiária ou supletiva nos demais entes federativos até a edição de diploma legal local disciplinando a respeito, conforme já decidiu o eg. STJ no AgRgAI nº 815.532 – RJ de relatoria do Ministro Arnaldo Esteves Lima, estabelecendo que concluída a instrução de processo administrativo, a Administração tem o prazo de até trinta dias para decidir, *in casu*, se sancionado ou não o particular, salvo prorrogação por igual período expressamente motivada.

3. Da instrução do processo administrativo punitivo

Adentrando-se na fase instrutória do processo administrativo punitivo, ante a necessidade de ser observado o princípio do contraditório e da ampla defesa, devidamente previsto no art. 5º, inc. LV, da CF/88, não poderá a Administração

---

[295] JUSTEN FILHO, Marçal.*Comentários à Lei de Licitações e Contratações Administrativas: Lei 14.133/2021.* São Paulo: Editora Thomson Reuters Brasil, 2021, p. 1643.

impor qualquer espécie de sanção ou afastá-la sem que ocorra a adequada instrução processual, tanto pelo particular como pelos agentes públicos incumbidos de comprovar a prática da infração administrativa. Com isso, deseja-se asseverar a inexistência de meios sumários para aplicação ou afastamento de punição a particulares, seja no âmbito das contratações públicas ou não.

Frisa-se tal circunstância, pois o regramento da instrução probatória encontra-se arrolada no art. 158 da NLLC, que arrola os pormenores quando da imposição da sanção de impedimento de licitar e contratar com a Administração e a declaração de inidoneidade. Todavia, tendo em vista a necessidade de observância das garantias fundamentais acima colacionadas, tem-se que o expediente instrutório conferido aos particulares no art. 158 deve também ser observado em caso da aplicação da advertência e multa, seja ela compensatória ou moratória.

Após a instauração ou abertura do processo administrativo sancionatório e apresentada ou não a defesa pelo particular, que poderá ser protocolizada no órgão ou entidade ou encaminhada por e-mail ou fax, restará iniciada a fase instrutória, momento processual em que será produzido tudo aquilo que se apresentar útil e necessário para gerar o convencimento da autoridade com a prerrogativa de sancionar o particular infrator.

Nesta ocasião, portanto, conforme solicitação do particular em sua defesa prévia, na hipótese de deferimento, ocorrerá a produção de provas, devendo ser juntados nos autos do processo administrativo documentos, perícias, pareceres, depoimento da parte e das testemunhas, caso existam. Existindo motivada justificativa para a produção de provas, tem-se que a negativa da Administração caracterizará cerceamento de defesa, estando o referido processo maculado de ilegalidade, haja vista a violação do princípio constitucional da garantia à ampla defesa.

De forma a reverenciar o princípio da ampla defesa, a instrução processual deve ser a menos onerosa possível para o interessado.

Outra inovação verificada na nova Lei de Licitações é a exigência prevista no art. 158 de que os processos sancionatórios que objetivem a aplicação de sanções restritivas de direito, como é o caso do impedimento de licitar e contratar ou a declaração de inidoneidade seja conduzida por comissão composta de 2 (dois) ou mais servidores estáveis. Em relação às características dos agentes políticos que comporão tal colegiado, o § 1º do art. 158 da NLLC fixa que, em órgão ou entidade da Administração Pública cujo quadro funcional não seja formado de servidores estatutários, a comissão a que se refere o *caput* do artigo será composta de 2 (dois) ou mais empregados públicos pertencentes aos seus quadros permanentes, preferencialmente com, no mínimo, 3 (três) anos de tempo de serviço no órgão ou entidade.

DAS INFRAÇÕES E SANÇÕES ADMINISTRATIVAS   ART° 158

No tocante às atribuições a serem desempenhadas por tal comissão, além de outras atinentes à instauração e processamento do expediente punitivo, a NLLC, no *caput* do art. 158, fixa que tal colegiado avaliará fatos e circunstâncias conhecidos, ou seja, em nosso sentir, examinará se a conduta praticada pelo particular e, ato contínuo, decidirá se a atuação se enquadra em um dos comportamentos infracionais arrolados nos arts. 155 e 162 da lei em estudo, e intimará o licitante ou o contratado, para, no prazo de 15 (quinze) dias úteis, contado da data de intimação, apresentar defesa escrita e especificar as provas que pretenda produzir.

Fixa o § 2º do art. 158 da NLLC que, na hipótese de deferimento de pedido de produção de novas provas ou de juntada de provas julgadas indispensáveis pela comissão, o licitante ou o contratado poderá apresentar alegações finais no prazo de 15 (quinze) dias úteis, contado da data da intimação. As alegações finais admitidas na NLLC permite a concessão de mais uma oportunidade para que o particular manifeste-se acerca do que lhe é imputado antes da manifestação da autoridade competente, podendo rechaçar ou utilizar como meio probatório documentos juntados pela Administração após a apresentação de sua defesa prévia.

De forma a garantir a efetividade da punição, afastando a possibilidade de criação de artimanhas que objetivam retardar a imposição da penalidade, o § 3º do art. 158 da NLLC estabelece que serão indeferidas pela comissão, mediante decisão fundamentada, provas ilícitas, impertinentes, desnecessárias, protelatórias ou intempestivas.

Por derradeiro, entende-se ser necessário que o expediente sancionatório, independente da espécie de punição a ser imposta, seja encaminhado à assessoria jurídica do órgão ou entidade com o escopo de ser verificada, pelo referido órgão técnico, a legalidade do procedimento administrativo punitivo em andamento.

4. Da decisão do processo administrativo punitivo

Preliminarmente, é oportuno salientar que a Administração Pública, quando conduz processos administrativos que objetivam restringir direitos de colaboradores, deve atuar de forma *imparcial,* não podendo, ao cabo do processo administrativo, existir decisões que se apresentem como desproporcionais ou arbitrárias, portanto, ilegítimas. Desta feita, no processo administrativo, quando a Administração é juiz e parte ao mesmo tempo, a fim de evitar qualquer excesso, a atuação deverá pautar-se pelos princípios da proporcionalidade e razoabilidade, sob pena de rediscussão do assunto na seara judicial, com arrimo no inc. XXXV do art. 5º da Constituição Federal de 1988.

Posto isto, concluída a instrução processual, deverão os autos do competente processo administrativo ser encaminhados para a autoridade competente, a ser apontada nos instrumentos convocatório e contratual ou do regulamento do órgão ou entidade sancionadora, com o escopo de ser por ela proferida uma decisão motivada.[5]

Com efeito, sendo a decisão que aplicou ou afastou a sanção administrativa um ato administrativo, para ele ser perfeito e válido, deve, na decisão, a autoridade competente enunciar, descrever e explicitar o motivo que a levou a decidir daquela maneira, sob pena de a manifestação estatal ser ilegal.

Assim, dado o ilícito, deve ser imposta a sanção. Isto é, não há qualquer discrição em se impor ou não a sanção, sendo essa competência plenamente vinculada à ocorrência daquele.

Logo, depreendendo-se da instrução processual, sem laivo de dúvida, que o particular incorreu na infração administrativa com *dolo* ou *culpa*, é dever da Administração aplicar a correspondente sanção, inexistindo discricionariedade para tanto. É bom repisar que age com dolo o particular licitante ou contratante que detéve a intenção de incorrer em conduta tipificada como infração administrativa. Já atua com culpa aquele que, em razão de negligência, imprudência ou imperícia, pratica um ato reprovável cuja consequência é a imposição de uma punição, ao cabo do processo sancionatório.

Outrossim, inexistindo motivada justificativa por parte do licitante ou contratado para a prática de comportamento infracional, deve também a sanção administrativa ser devidamente aplicada, devendo a reprimenda ser a medida necessária ao ato reprovável praticado.

A punição imposta ao particular contratado, que deverá ocorrer motivadamente, deverá observar o princípio da *proporcionalidade* e da *razoabilidade*, devendo a fixação das penalidades ser adequada, vale dizer, ser a medida necessária à gravidade do descumprimento contratual, sob pena de a referida punição ser ilegítima.

Por sua vez, existindo justificativa para a prática ou ocorrência do ato caracterizado como infração administrativa, fato esse que deverá ser apresentado na defesa prévia ou apurado na instrução do processo punitivo, deve a pretensão de penalizar o particular ser afastada.

A fim de afastar a impunidade no âmbito dos processos punitivos, fato que pode estimular a prática de infrações, o que é prejudicial ao interesse público, é dever da Administração não só aplicar formalmente as sanções administrativas, mas efetivamente executá-las, a exemplo da realização da cobrança dos valores fixados a título de multa contratual ou inscrevê-las nos competentes registros cadastrais e cadastros de apenados, como aliás, determina o art. 161 da NLLC, conforme abaixo trataremos.

No tocante à fase recursal do processo administrativo punitivo, verifique-se os comentários lançados nos arts. 166 e 167, abaixo.

DAS INFRAÇÕES E SANÇÕES ADMINISTRATIVAS   ART° 158

Jurisprudência, decisões dos Tribunais de Contas e demais orientações

Inexecução contratual. Efeitos 'Ex nunc'. Inexistência de interferência nos ajustes já existentes ou em andamento: AGU – Orientação Normativa n° 49 – "A APLICAÇÃO DAS SANÇÕES DE IMPEDIMENTO DE LICITAR E CONTRATAR NO ÂMBITO DA UNIÃO (ART. 7° DA LEI N° 10.520, DE 2002) E DE DECLARAÇÃO DE INIDONEIDADE (ART. 87, INC. IV, DA LEI N° 8.666, DE 1993) POSSUEM EFEITO *EX NUNC*, COMPETINDO À ADMINISTRAÇÃO, DIANTE DE CONTRATOS EXISTENTES, AVALIAR A IMEDIATA RESCISÃO NO CASO CONCRETO."(Portaria n° 124/14 – DOU de 02/05/2014, Seção 1, pág. 2)

Inexecução contratual. Aplicação de penalidades: AGU – Orientação Normativa n° 48 – "É COMPETENTE PARA A APLICAÇÃO DAS PENALIDADES PREVISTAS NAS LEIS N°S 10.520, DE 2002, E 8.666, DE 1993, EXCEPCIONADA A SANÇÃO DE DECLARAÇÃO DE INIDONEIDADE, A AUTORIDADE RESPONSÁVEL PELA CELEBRAÇÃO DO CONTRATO OU OUTRA PREVISTA EM REGIMENTO."(Portaria n° 124/14 – DOU de 02/05/2014, Seção 1, pág. 2)

Inexecução contratual. Aplicação de penalidades. Procedimento: STJ – RMS n° 24.730/RS – Relatoria: Ministra Denise Arruda.

Inexecução contratual. Aplicação de penalidades. Licitude: STJ – RMS n° 21.723/RN – Relatoria: Ministro João Otávio de Noronha – "1. Não fere direito líquido e certo da parte a aplicação da sanção prevista no art. 87, III, da Lei n. 8.666/93 quando o vencedor da licitação viola o contrato celebrado sem haver justificativa para tanto." (Julgamento: 05/09/2006)

Inexecução contratual justificada. Objeto recebido pela Administração. Ausência de prejuízo. Afastamento da penalidade. Licitude: STJ – REsp n° 914.087/RJ – Relatoria: Ministro José Delgado – "2. O art. 87, da Lei n° 8.666/93, não estabelece critérios claros e objetivos acerca das sanções decorrentes do descumprimento do contrato, mas por óbvio existe uma gradação acerca das penalidades previstas nos quatro incisos do dispositivo legal.

3. Na contemporaneidade, os valores e princípios constitucionais relacionados à igualdade substancial, justiça social e solidariedade, fundamentam mudanças de paradigmas antigos em matéria de contrato, inclusive no campo do contrato administrativo que, desse modo, sem perder suas características e atributos do período anterior, passa a ser informado pela noção de boa-fé objetiva, transparência e razoabilidade no campo pré-contratual, durante o contrato e pós-contratual.

4. Assim deve ser analisada a questão referente à possível penalidade aplicada ao contratado pela Administração Pública, e desse modo, o art. 87, da Lei n° 8.666/93, somente pode ser interpretado com base na razoabilidade, adotando, entre outros critérios, a própria gravidade do descumprimento do contrato, a noção de adimplemento substancial e a proporcionalidade.

COMENTÁRIOS À NOVA LEI DE LICITAÇÕES PÚBLICAS E CONTRATOS ADMINISTRATIVOS

Apelação e Remessa necessária conhecidas e improvidas.

(...)

2. Aplicação do princípio da razoabilidade. Inexistência de demonstração de prejuízo para a Administração pelo atraso na entrega do objeto contratado.

3. Aceitação implícita da Administração Pública ao receber parte da mercadoria com atraso, sem lançar nenhum protesto.

4. Contrato para o fornecimento de 48.000 fogareiros, no valor de R$ 46.080,00 com entrega prevista em 30 dias. Cumprimento integral do contrato de forma parcelada em 60 e 150 dias, com informação prévia à Administração Pública das dificuldades enfrentadas em face de problemas de mercado.

5. Nenhuma demonstração de insatisfação e de prejuízo por parte da Administração.

Recurso especial não-provido, confirmando-se o acórdão que afastou a pena de suspensão temporária de participação em licitação e impedimentos de contratar com o Ministério da Marinha, pelo prazo de 6 (seis) meses." (Relatoria Min. José Delgado (1105) Órgão Julgador – T1 – Primeira Turma – Data do Julgamento – 04/10/2007)

Inexecução contratual. Aplicação de penalidades. Necessidade da garantia ao contraditório e ampla defesa: TRF 1º Região – AC 2000.39.00.000536-1/PA – Relatoria: Des. Fed. Fagundes de Deus – "DIREITO ADMINISTRATIVO. LICITAÇÃO E CONTRATOS. RETENÇÃO DE VALORES EM NOTA DE EMPENHO A TÍTULO DE MULTA POR ATRASO NO CUMPRIMENTO DE CONTRATO DE FORNECIMENTO DE BENS. 1. Nos termos do art. 64 da Lei 8.666/93 é necessário que a Administração convoque o interessado para assinar o termo de contrato, aceitar ou retirar o instrumento equivalente, dentro do prazo e condições estabelecidos, sob pena de decair o direito à contratação. 2. Nos autos não há prova da existência de convocação deste tipo e mesmo a alegada transmissão por fax de nota de empenho não foi comprovada pela Administração. 3. Cenário em que não se justifica a punição aplicada por atraso no cumprimento do contrato, já que tal atraso não ficou demonstrado. 4. Além disso, não existiu prévia defesa, respeitosa ao contraditório, pelo que a punição aplicada diretamente já seria nula de qualquer modo. 5. Apelação e remessa improvidas. (Processo: AC 2000.39.00.000536-1/PA; Ap. Cível – Relatoria: Des. Fed. Fagundes de Deus; Órgão Julgador: 5º T- Publicação: 14/03/2008 e-DJF1 p.179)

Inexecução contratual. Aplicação de penalidades. Necessidade de instauração de processo administrativo sancionatório. Não concessão do direito à ampla defesa. Nulidade das sanções impostas: TRF 1º Região – REOMS 2004.34.00.027852-2/DF – Relatoria: Des. Fed. Leomar Barros Amorim de Sousa – "1. A aplicação de penalidades, por restringir direitos, deve ser precedida do regular processo administrativo, no qual seja garantido o devido processo legal e o direito ao contraditório, possibilitando à impetrante a mais ampla defesa, nos termos do art. 5º,

846

DAS INFRAÇÕES E SANÇÕES ADMINISTRATIVAS   ART° 158

LV, da Constituição Federal e da Lei n. 8.666/93. 2. A inobservância do devido processo legal, não assegurando o direito de defesa à licitante, implica na nulidade das sanções impostas. 3. Remessa oficial improvida." (Processo: REOMS 2004.34.00.027852-2/ DF; Remessa 'Ex Officio' Em Mandado de Segurança – Órgão Julgador: 8ª Turma – Publicação: 14/12/2007 DJ p.156)

Inexecução contratual. Aplicação de penalidades. Necessidade de que o instrumento contratual estabeleça, com clareza, as condições que ensejam a imposição de sanções indicando, no mínimo, a percentagem, a base de cálculo da multa e o momento de aplicação da sanção em caso de inexecução parcial: TCU – Acórdão n° 1.314/2005 – Plenário – Relatoria: Ministro Marcos Vinicios Vilaça – "9.1. determinar à Superintendência Regional da Receita Federal – 7ª Região Fiscal que: 9.1.5. inclua, nos próximos instrumentos contratuais, com clareza, as condições que ensejam a imposição de sanções, indicando, no mínimo, a percentagem, a base de cálculo da multa e o momento de aplicação da sanção em caso de inexecução parcial."

Inexecução contratual. Aplicação de penalidades. Contrato integralmente cumprido. Inexistência de fundamento para a aplicação de multa: TJ/SP – Apelação n° 928.980.5/6-00 – Relatoria: Des. Torres de Carvalho – "Contrato integralmente cumprido pela autora. Inexistência de fundamento para a aplicação das sanções administrativas. – Improcedência. Apelação prejudicada quanto à cautelar e provida em relação à ação ordinária." (Órgão julgador: 10ª Câmara de Direito Público, Data do julgamento: 10/05/2010, Data de registro: 20/05/2010)

Inexecução contratual. Aplicação de penalidades. Necessidade de observância do princípio da proporcionalidade: STJ – REsp n° 914.087/RJ – Relatoria: Ministro José Delgado – "1. Cuida-se de mandado de segurança impetrado contra ato de autoridade militar que aplicou a penalidade de suspensão temporária de participação em licitação devido ao atraso no cumprimento da prestação de fornecer os produtos contratados. 2. O art. 87, da Lei n° 8.666/93, não estabelece critérios claros e objetivos acerca das sanções decorrentes do descumprimento do contrato, mas por óbvio existe uma gradação acerca das penalidades previstas nos quatro incisos do dispositivo legal. 3. Na contemporaneidade, os valores e princípios constitucionais relacionados à igualdade substancial, justiça social e solidariedade, fundamentam mudanças de paradigmas antigos em matéria de contrato, inclusive no campo do contrato administrativo que, desse modo, sem perder suas características e atributos do período anterior, passa a ser informado pela noção de boa-fé objetiva, transparência e razoabilidade no campo pré-contratual, durante o contrato e pós-contratual. 4. Assim deve ser analisada a questão referente à possível penalidade aplicada ao contratado pela Administração Pública, e desse modo, o art. 87, da Lei n° 8.666/93, somente pode ser interpretado com base na razoabilidade, adotando, entre outros critérios, a própria gravidade do descumprimento do contrato, a noção de adimplemento substancial, e a proporcionalidade."

COMENTÁRIOS À NOVA LEI DE LICITAÇÕES PÚBLICAS E CONTRATOS ADMINISTRATIVOS

Inexecução contratual. Aplicação de penalidades. Necessidade de observância do princípio da razoabilidade: TRF1 – REOMS 1196 PI 2005.40.00.001196-8 – Relatoria:Des. Fed. Daniel Paes Ribeiro – "1. Irrisória a diferença que resultou na devolução de cheque-caução, de apenas trinta centavos, e diante do pagamento total do preço, impõe-se flexibilizar, em homenagem ao princípio da razoabilidade, a norma editalícia que, por esse motivo, determinava a desclassificação da proposta da impetrante, apresentada à compra de imóvel onde reside há mais de cinco anos. 2. Segurança concedida por sentença que se confirma. 3. Remessa oficial desprovida." (REOMS 0001195-10.2005.4.01.4000 / PI, Sexta Turma, e-DJF1 p.70 de 12/02/2008)

Inexecução contratual. Aplicação de penalidades. Retenção de pagamento. Descabimento: STJ – AgRg no REsp 1048984/DF – Relatoria Ministro Castro Meira – "5. Se não consta do rol do art. 87 da Lei 8.666/93 a retenção do pagamento pelos serviços prestados, não cabe aplicar tal sanção, sob pena de violar o Princípio Constitucional da Legalidade." (J. 18/08/2009)

Inexecução contratual. Aplicação de penalidades. Possibilidade de revisão da sanção: STJ – MS nº 14965 – DF – Relatoria: Ministro Hamilton Carvalhido – "MANDADO DE SEGURANÇA. PROCESSO ADMINISTRATIVO. PEDIDO DE REVISÃO. ADEQUAÇÃO DA SANÇÃO. CIRCUNSTÂNCIA RELEVANTE. CABIMENTO. 'Os processos administrativos de que resultem sanções poderão ser revistos, a qualquer tempo, a pedido ou de ofício, quando surgirem fatos novos ou circunstâncias relevantes suscetíveis de justificar a inadequação da sanção aplicada.' (artigo 65 da Lei nº 9.784/99). Cabível o pedido de revisão, não há falar em impossibilidade jurídica do pedido, tampouco em intempestividade, exsurgindo o direito líquido e certo do impetrante de ver apreciado seu requerimento como apresentado – pedido de revisão – e integralmente. 3. Ordem concedida."

Aplicação de multa. Contrato extinto. Responsabilidade pela qualidade do objeto até o termino da garantia contratual: TRF 1ª REGIÃO – AC 2006. 34.00.006766-6/DF – Relatoria: Des. Fed. Souza Prudente – "ADMINISTRATIVO. MANDADO DE SEGURANÇA. CONTRATO ADMINISTRATIVO. MULTA POR INEXECUÇÃO CONTRATUAL, APÓS A ENTREGA DEFINITIVA DA OBRA. OBRIGAÇÃO DE GARANTIA. RESPONSABILIDADE ATÉ O TÉRMINO DO PERÍODO DE GARANTIA. NULIDADE. NÃO OCORRÊNCIA.

I – A inexecução do contrato autoriza a imposição de multa contratual pela Administração Pública.

II – A extinção do contrato, salvo nas hipóteses de rescisão bilateral ou unilateral previstas em lei, se dá pelo cumprimento de todas as obrigações contratuais, sendo que o termo de recebimento definitivo da obra não implica em extinção do contrato, ao contrário, marca justamente o termo inicial das obrigações de garantia, conforme dispõe a cláusula nona, item b. 3 do contrato em referência.

DAS INFRAÇÕES E SANÇÕES ADMINISTRATIVAS / ART° 158

III – Não há que se falar em ilegalidade do ato administrativo que aplicou a multa, nos termos da previsão legal e contratual, uma vez que a impetrante é responsável pela qualidade e pelo funcionamento dos materiais e equipamentos por ela fornecidos, sendo afastada essa responsabilidade tão-somente se demonstrado que o defeito é consequência de especificação inadequada da própria administração, o que não é a hipótese dos autos, não havendo nenhuma relevância no fato de o material defeituoso ter sido fabricado por terceiros. Ademais, consoante observou o douto Ministério Público Federal, a impetrante não esclareceu se houve sub-contratação de toda a instalação do sistema de ar-condicionado ou se apenas adquiriu as 'ice-balls' defeituosas do fabricante Hanz-Ferrabraz, mas em qualquer das hipóteses haveria de responder pela garantia, conforme previsto nos arts. 69 e 72 da Lei nº 8.666/93. Desse modo, enquanto subsistente a obrigação contratual de garantia não se terá por extinto o contrato, estando a contratada sujeita à aplicação da penalidade pela inexecução total ou parcial do contrato." (Processo: AC 2006.34.00.006766-6/DF; Apelação Cível – Relatoria: Des. Fed. Souza Prudente – Órgão Julgador: 6º T – Publicação: 02/02/2009 e-DJF1 p. 177)

Aplicação de multa. A fixação do percentual deve ser razoável, não podendo ser irrisório ou excessivo: TCU – Acórdão nº 557/2007 – 2ª Câmara – Relatoria: Ministro Ubiratan Aguiar – "(...) Determinações: à Caixa Econômica Federal – 2.1 doravante, nos editais destinados à contratação de serviços de manutenção predial, sejam observadas as seguintes questões: 2.1.10 adote fórmula de cálculo de multa que resulte em valores razoáveis (nem irrisórios, nem excessivos) e cuja forma de aplicação seja unívoca e clara."

Processo sancionador. Não comprovação da notificação válida: TJ/SP – Apelação Cível no 1000236-62.2019.8.26.0100 "AÇÃO DE COBRANÇA. Multa aplicada em face do descumprimento de contrato firmado entre as partes. Procedimento administrativo instaurado para apurar as irregularidades no cumprimento da avença. Ausência de prova de notificação válida do particular a fim de se defender na via administrativa. Ofensa ao contraditório e à ampla defesa. Sentença mantida. Apelação não provida."

Aplicação de multa. Inclusão de multa para a Administração. Descabimento: TRF 1º Região – AC 2001.34.00.031205-4/DF – Relatoria: Des. Fed. João Batista Moreira – "1. A previsão de multa à Administração não tem base jurídica, muito menos no exorbitante valor de 1,0% (um por cento) ao dia, acrescido de 10% (dez por cento), quando o atraso fosse superior a 10 (dez) dias, calculados sobre o total da fatura. Essa espécie de pena é incompatível com o regime jurídico administrativo, tanto que a Lei n. 8.666/93 não a prevê. Padece, portanto, de nulidade a cláusula contratual em referência. 2. No que diz respeito a correção monetária, conquanto a jurisprudência consagre a possibilidade de sua incidência mesmo sem previsão contratual, a autora não fez prova suficiente dos atrasos de pagamento e correspondentes valores de atualização monetária. Na fase de especificação de provas, não houve requerimento de perícia

COMENTÁRIOS À NOVA LEI DE LICITAÇÕES PÚBLICAS E CONTRATOS ADMINISTRATIVOS

contábil, que seria a prova adequada à espécie, cujo ônus era da autora uma vez que a fazenda pública não se sujeita à pena de revelia em sentido estrito. 6. Apelações a que se nega provimento." (Processo: AC 2001.34.00.031205-4/DF; Apelação Cível – Relatoria: Des. Fed. João Batista Moreira – Órgão Julgador: 5º T- Publicação: 18/12/2008 e-DJF1 p. 495)

Inexecução contratual. Aplicação de penalidades. Efeitos da sanção. Necessidade de rescisão dos contratos celebrados pela Administração com o particular apenado. Existência de prejuízo para o interesse público protegido pelo objeto da contratação. Manutenção dos contratos já celebrados. Possibilidade: TCU – Acórdão nº 1340/2011 – Plenário – Relatório e Voto do Ministro Revisor Weder de Oliveira – "7. Em acréscimo às ponderações de Sua Excelência, as quais adoto como razões de decidir, pondero que a rescisão de todos os contratos anteriormente celebrados pela empresa declarada inidônea nem sempre se mostra a solução mais vantajosa para a administração pública, pois, dependendo da natureza dos serviços pactuados, que em algumas situações não podem sofrer solução de continuidade, não seria vantajoso para a administração rescindir contratos cuja execução estivesse adequada para celebrar contratos emergenciais, no geral mais onerosos e com nível de prestação de serviços diverso, qualitativamente, daquele que seria obtido no regular procedimento licitatório."

Inexecução contratual. Aplicação da declaração de inidoneidade para licitar ou contratar com a Administração Pública. Efeitos 'Ex nunc'. Inexistência de interferência nos ajustes já existentes ou em andamento: STJ – MS 13.964/ DF – Relatoria: Teori Albino Zavascki – "ADMINISTRATIVO. DECLARAÇÃO DE INIDONEIDADE PARA LICITAR E CONTRATAR COM A ADMINISTRAÇÃO PÚBLICA. VÍCIOS FORMAIS DO PROCESSO ADMINISTRATIVO. INEXISTÊNCIA. EFEITOS 'EX NUNC' DA DECLARAÇÃO DE INIDONEIDADE: SIGNIFICADO. 1. Ainda que reconhecida a ilegitimidade da utilização, em processo administrativo, de conversações telefônicas interceptadas para fins de instrução criminal (única finalidade autorizada pela Constituição – art. 5º, XII), não há nulidade na sanção administrativa aplicada, já que fundada em outros elementos de prova, colhidos em processo administrativo regular, com a participação da empresa interessada.

Segundo precedentes da 1ª Seção, a declaração de inidoneidade 'só produz efeito para o futuro (efeito 'ex nunc'), sem interferir nos contratos já existentes e em andamento' (MS 13.101/DF, Min. Eliana Calmon, DJe de 09.12.2008) Afirma-se, com isso, que o efeito da sanção inibe a empresa de 'licitar ou contratar com a Administração Pública' (Lei 8666/93, art. 87), sem, no entanto, acarretar, automaticamente, a rescisão de contratos administrativos já aperfeiçoados juridicamente e em curso de execução, notadamente os celebrados perante outros órgãos administrativos não vinculados à autoridade impetrada ou integrantes de outros entes da Federação (Estados, Distrito Federal e Municípios). Todavia, a ausência do efeito rescisório automático não

DAS INFRAÇÕES E SANÇÕES ADMINISTRATIVAS   ART° 158

compromete nem restringe a faculdade que têm as entidades da Administração Pública de, no âmbito da sua esfera autônoma de atuação, promover medidas administrativas específicas para rescindir os contratos, nos casos autorizados e observadas as formalidades estabelecidas nos artigos 77 a 80 da Lei 8.666/93.

No caso, está reconhecido que o ato atacado não operou automaticamente a rescisão dos contratos em curso, firmados pela impetrante. 4. Mandado de segurança denegado, prejudicado o agravo regimental." (MS 13964 / DF – Processo nº 2008/0250430-0 – Relator Ministro Teori Albino Zavascki (1124) – Órgão Julgador – S1 – Primeira Seção – Data do Julgamento – 13/05/2009 – Data da Publicação/Fonte.

Inexecução contratual. Aplicação da declaração de inidoneidade para licitar ou contratar com a Administração Pública. Efeitos 'Ex nunc'. Inexistência de interferência nos ajustes já existentes ou em andamento: STJ – MS nº 13.101 – Relatoria: Ministro Eliana Calmon – "ADMINISTRATIVO – LICITAÇÃO – INIDONEIDADE DECRETADA PELA CONTROLADORIA GERAL DA UNIÃO – ATO IMPUGNADO VIA MANDADO DE SEGURANÇA.

Empresa que, em processo administrativo regular, teve decretada a sua inidoneidade para licitar e contratar com o Poder Público, com base em fatos concretos.

Constitucionalidade da sanção aplicada com respaldo na Lei de Licitações, Lei 8.666/93 (arts. 87 e 88).

Legalidade do ato administrativo sancionador que observou o devido processo legal, o contraditório e o princípio da proporcionalidade.

Inidoneidade que, como sanção, só produz efeito para o futuro (efeito 'ex nunc'), sem interferir nos contratos já existentes e em andamento.

Segurança denegada." (13 de maio de 2009 – Data do Julgamento)

Inexecução contratual. Aplicação da declaração de inidoneidade para licitar ou contratar com a Administração Pública. Efeitos 'Ex nunc'. Inexistência de interferência nos ajustes já existentes ou em andamento:AGU – Orientação Normativa nº 49 – "A APLICAÇÃO DAS SANÇÕES DE IMPEDIMENTO DE LICITAR E CONTRATAR NO ÂMBITO DA UNIÃO (ART. 7º DA LEI Nº 10.520, DE 2002) E DE DECLARAÇÃO DE INIDONEIDADE (ART. 87, INC. IV, DA LEI Nº 8.666, DE 1993) POSSUEM EFEITO *EX NUNC*, COMPETINDO À ADMINISTRAÇÃO, DIANTE DE CONTRATOS EXISTENTES, AVALIAR A IMEDIATA RESCISÃO NO CASO CONCRETO."(Portaria nº 124/14 – DOU de 02/05/2014, Seção 1, pág. 2)

Inexecução contratual. Licitante apenado com suspensão temporária do direito de licitar ou declaração de inidoneidade. Impossibilidade de cláusula editalícia estendendo aos sócios ou cotistas os efeitos destas penas: TCU – Acórdão nº 275/2012 – 2ª Câmara – Relatoria: Ministro Aroldo Cedraz – "1.4.1. alertar a Infraero quanto à nulidade, por falta de previsão legal, de cláusula editalícia e contratual que estenda aos sócios ou cotistas as sanções de suspensão temporária e de

COMENTÁRIOS À NOVA LEI DE LICITAÇÕES PÚBLICAS E CONTRATOS ADMINISTRATIVOS

declaração de inidoneidade para licitar ou contratar com a Administração Pública, constantes dos incisos III e IV do art. 87 da Lei 8.666/1993, por se aplicarem à pessoa jurídica responsável e não às pessoas físicas que a constituem (Acórdão 126/2007 – TCU – Plenário)."

Inexecução contratual. Aplicação da declaração de inidoneidade para licitar ou contratar com a Administração Pública. Aplicação da teoria da desconsideração da personalidade jurídica. Possibilidade: STJ – RMS nº 15.166/BA – Relatoria: Ministro Castro Meira – "A constituição de nova sociedade, com o mesmo objeto social, com os mesmos sócios e com o mesmo endereço, em substituição a outra declarada inidônea para licitar com a Administração Pública Estadual, com o objetivo de burlar a aplicação da sanção administrativa, constitui abuso de forma e fraude à Lei de Licitações (Lei nº 8.666/93, de modo a possibilitar a aplicação da teoria da desconsideração da personalidade jurídica para estenderem-se os efeitos da sanção administrativa à nova sociedade constituída).

A Administração Pública pode, em observância ao princípio da moralidade administrativa e da indisponibilidade dos interesses públicos tutelados, desconsiderar a personalidade jurídica de sociedade constituída com abuso de forma e fraude à lei, desde que facultados ao administrado o contraditório e a ampla defesa em processo administrativo regular."

Inexecução contratual. Aplicação da declaração de inidoneidade para licitar ou contratar com a Administração Pública. Aplicação da teoria da desconsideração da personalidade jurídica. Possibilidade: TCU – Acórdão nº 3.742/2010 – Primeira Câmara – Relatoria: Ministro Augusto Nardes – "2. Acolhida a teoria da despersonalização da pessoa jurídica, respondem os sócios pelo prejuízo causado ao erário, devendo suas contas ser julgadas irregulares."

Inexecução contratual. Aplicação da declaração de inidoneidade para licitar ou contratar com a Administração Pública. Aplicação da teoria da desconsideração da personalidade jurídica. Possibilidade: TCU – Acórdão nº 928/2008 – Plenário – Relatoria: Ministro Benjamin Zymler : "1. Confirmado que a empresa licitante foi constituída com o nítido intuito de fraudar a lei, cabe desconsiderar a sua personalidade jurídica de forma a preservar os interesses tutelados pelo ordenamento jurídico. 2. Deve ser declarada a nulidade de licitação cujo vencedor utilizou-se de meios fraudulentos."

Aplicação da declaração de inidoneidade para licitar ou contratar com a Administração Pública. Efeitos da sanção: Entendimento do TCE/SP – Processo: TC 433-006/09

Aplicação da declaração de inidoneidade para licitar ou contratar com a Administração Pública. Ocorrência de fraude no processo licitatório. TCU – Acórdão 775/2011 – Plenário – Relatoria: Ministro Marcos Bemquerer Costa – "A comprovação de fraude em processo licitatório importa na aplicação de multa aos responsáveis e na declaração de inidoneidade das empresas envolvidas para participar de licitação realizada no âmbito da Administração Pública Federal."

Aplicação de penalidades. Sancionamento de particulares em decorrência de conduta reprovável no âmbito da licitação: STJ – REsp nº 1.192.775/SP – Relatoria: Ministro Castro Meira – "2. Os ora recorrentes alegam contrariedade aos arts. 87, IV, e 88, da Lei nº 8.666/93, visto que a pena de declaração de inidoneidade para licitar seria prevista apenas para os que tenham vínculo contratual com a Administração, e não para os licitantes que participam ou participaram de licitações, mas não foram contratados.

Da expressão "em razão dos contratos regidos por esta Lei", constante do art. 88, 'caput', da Lei nº 8.666/93 não se infere que a aplicação das sanções encontra-se restrita aos concorrentes que lograram sucesso na licitação e efetivamente celebraram o contrato administrativo, mas, ao contrário, (que) engloba toda e qualquer empresa que tenha agido de forma ilegítima com o escopo de tornar-se vencedora de certame que, em última análise, culminaria em um contrato submetido à referida lei.

A adoção do posicionamento propugnado pelos ora recorrentes ocasionaria situações à beira do absurdo, destituídas de qualquer rastro de lógica e em completo descompasso com o princípio da moralidade.

A Administração Pública ver-se-ia tolhida de seu poder-dever de sancionar concorrente de licitação cujos expedientes ilícitos foram descobertos antes da contratação; isto é, a eficiência do Poder Público em averiguar fraudes nos certames acabaria por gerar uma conjuntura na qual nenhuma punição seria imposta, autorizando-se que licitantes sabidamente desonestos pudessem participar indefinidamente de inúmeros certames sem que lhes fosse aplicada qualquer sanção tão somente porque não chegaram a ser contratados.

É inconcebível a tese de que a Lei nº 8.666/93 reservaria punições somente aos licitantes contratados e toleraria fraudes e atos ilícitos promovidos por participantes que não se sagraram vencedores do certame, ainda que tenham dolosamente empreendido artifícios que, se não frustraram a competição por completo, atentaram de forma extremamente reprovável contra a Administração Pública e, em última análise, contra o interesse público da coletividade." (J. 18/11/10).

Artigo 159

Os atos previstos como infrações administrativas nesta Lei ou em outras leis de licitações e contratos da Administração Pública que também sejam tipificados como atos lesivos na Lei nº 12.846, de 1º de agosto de 2013, serão apurados e julgados conjuntamente, nos mesmos autos, observados o rito procedimental e a autoridade competente definidos na referida Lei.

Parágrafo único. (VETADO).

Nos últimos anos tem-se observado a edição de diversos diplomas legais cujo teor acaba por fixar comportamentos dúbios, caracterizando-os como infrações administrativas, passando a fixar sanções de igual natureza.

De forma a garantir uma apuração adequada, gerar uniformidade decisória e evitar nulidades futuras, permite o art. 159 da nova Lei de Licitações que, em caso de prática de comportamentos infracionais arrolados no art. 155, bem como de outras normas legais de licitações que também sejam tipificadas como atos lesivos pela lei anticorrupção, sejam apurados e julgados conjuntamente nos mesmos autos.

Entende-se como salutar tal determinação, uma vez que garante em apenas um processo administrativo sancionatório apenas uma instrução processual, de forma a comprovar a incursão do particular do comportamento desejado, evitando, caso observe-se vários expedientes sancionatórios, que a absolvição em um gera alguma discussão e acabe por prejudicar o outro. Demais disto, garante-se efetividade no exercício da pretensão sancionatória, pois todas as punições previstas no ordenamento jurídico serão aplicadas em apenas uma oportunidade, e não fracionadamente.

ARTIGO 160

A personalidade jurídica poderá ser desconsiderada sempre que utilizada com abuso do direito para facilitar, encobrir ou dissimular a prática dos atos ilícitos previstos nesta Lei ou para provocar confusão patrimonial, e, nesse caso, todos os efeitos das sanções aplicadas à pessoa jurídica serão estendidos aos seus administradores e sócios com poderes de administração, a pessoa jurídica sucessora ou a empresa do mesmo ramo com relação de coligação ou controle, de fato ou de direito, com o sancionado, observados, em todos os casos, o contraditório, a ampla defesa e a obrigatoriedade de análise jurídica prévia.

No tocante à possibilidade de desconsideração da personalidade jurídica,[296] temos a considerar que os efeitos da punição aplicada sejam de redução patrimonial, a exemplo das multas, ou restritivas de direito, como é o caso da declaração de inidoneidade, devem ser suportados pela referida pessoa apenada, de forma que os efeitos pedagógicos da sanção sejam concretizados.

Ocorre, todavia, que as pessoas físicas que fazem parte do quadro societário da pessoa jurídica apenada, em especial, com punições restritivas de direito de

---

[296] Para aprofundamento no estudo da desconsideração da personalidade jurídica nas contratações públicas, sugere-se a leitura da obra "A desconsideração da personalidade jurídica nas contratações públicas", editado pela Editora Atlas (2014), da lavra de Antonio Cecílio Moreira Pires..

licitar e contratar, com o escopo de se esquivar dos efeitos da sanção aplicada, constituem-se em uma outra empresa, com nítido desvio de finalidade, e passam a acudir novamente ao chamado da Administração, participando de novas licitações, credenciamento, e celebrando o competente contrato administrativo, atas de registros de preços etc.

Diante do sucesso desta indigna empreitada, constata-se que a finalidade da sanção administrativa não é alcançada, o que permite que os sócios da pessoa jurídica apenada, por meio da constituição de novas empresas, continuem participando de licitações e celebrando contratos e passem novamente a incorrer em infrações administrativas, o que é flagrantemente prejudicial para a Administração na perseguição dos objetivos institucionais alcançados por meio de objetos em que confia a sua execução a particulares.

Ante esta situação, tem-se que a constituição de nova sociedade, com o mesmo objeto social ou semelhante, com os mesmos sócios, em substituição a outra pessoa jurídica impedida ou declarada inidônea para licitar com a Administração Pública com o objetivo de burlar a aplicação da sanção administrativa, constitui abuso de forma e fraude à legislação licitatória, de modo a possibilitar a aplicação da teoria da desconsideração da personalidade jurídica para se estenderem os efeitos da punição administrativa à nova sociedade constituída.

Tal como é hoje consagrada, a desconsideração da personalidade jurídica é aplicável nos casos em que se desvia a pessoa jurídica de sua legítima finalidade, o que caracteriza abuso de direito, com o fim de lesar terceiros ou violar a lei, a configurar fraude, sendo tal entendimento agasalhado pelo Poder Judiciário e Cortes de Contas, conforme decisões abaixo colacionadas. Abuso e fraude são, portanto, os requisitos da aplicação. À falta de quaisquer deles, não se admite a desconsideração.

Até o advento da Lei nº 14.133/2021 inexistia expressa previsão na legislação licitatória para a realização da desconsideração da personalidade jurídica, como já era prevista em outras normas legais, a exemplo do art. 14 da Lei nº 12.846/2013 (Lei Anticorrupção); do art. 28, § 5º, da Lei nº 8.078/1990 (Código de Defesa do Consumidor); do art. 34 da Lei nº 12.529/2011 (Sistema Brasileiro de Defesa da Concorrência); do art. 4º da Lei nº 9.605/1998 (dispõe sobre as sanções penais e administrativas derivadas de condutas e atividades lesivas ao meio ambiente); do art. 50 da Lei nº 10.406/2002 (Código Civil brasileiro) e, por último, do art. 133 c/c o art. 15 da Lei nº 13.105/2015 (Código de Processo Civil).

Hoje, em razão do disposto no art. 160 da Lei nº 14.133/2021, a desconsideração da personalidade jurídica na imposição das penas restritivas de direitos será promovida pela própria Administração sancionadora, de forma

COMENTÁRIOS À NOVA LEI DE LICITAÇÕES PÚBLICAS E CONTRATOS ADMINISTRATIVOS

auto-executória, uma vez ser o meio para garantir a efetividade da ação administrativa punitiva, devendo a desconsideração ser decretada pelo próprio órgão ou entidade punidora. Não se trata, destaque-se, da aplicação de uma nova sanção administrativa, mas apenas da edição de um ato garantidor de efetividade à penalidade anteriormente aplicada pela própria Administração.

Entende-se, por derradeiro, e em razão de reverenciar o princípio do devido processo legal, que a decretação da desconsideração da personalidade jurídica deverá ocorrer ao cabo de processo administrativo, que poderá ser deflagrado por meio de uma representação oferecida pela comissão de licitação, pregoeiro ou particular, devendo a fraude ou o abuso de direito ser amplamente demonstrado e comprovado, além de serem garantidos a ampla defesa e o contraditório ao particular e a obrigatoriedade de análise jurídica prévia. Somente após a efetiva decretação da desconsideração da personalidade jurídica, ao cabo do competente processo administrativo, é que a pessoa jurídica poderá ser afastada do processo licitatório.

Inexecução contratual. Aplicação da declaração de inidoneidade para licitar ou contratar com a Administração Pública. Aplicação da teoria da desconsideração da personalidade jurídica. Possibilidade: TCU – Acórdão nº 3.742/2010 – Primeira Câmara – Relatoria: Ministro Augusto Nardes – "2. Acolhida a teoria da despersonalização da pessoa jurídica, respondem os sócios pelo prejuízo causado ao erário, devendo suas contas ser julgadas irregulares."

Inexecução contratual. Aplicação da declaração de inidoneidade para licitar ou contratar com a Administração Pública. Aplicação da teoria da desconsideração da personalidade jurídica. Possibilidade: TCU – Acórdão nº 928/2008 – Plenário – Relatoria: Ministro Benjamin Zymler : "REPRESENTAÇÃO FORMULADA COM FULCRO NO ART. 113, § 1º DA LEI DE LICITAÇÕES. EMPRESA CONSTITUÍDA COM O INTUITO DE BURLAR A LEI. FRAUDE EM LICITAÇÃO. AUDIÊNCIA. REJEIÇÃO DAS RAZÕES DE JUSTIFICATIVA. DECLARAÇÃO DE INIDONEIDADE DE LICITANTE. NULIDADE DO CERTAME E DA CONTRATAÇÃO. 1. Confirmado que a empresa licitante foi constituída com o nítido intuito de fraudar a lei, cabe desconsiderar a sua personalidade jurídica de forma a preservar os interesses tutelados pelo ordenamento jurídico. 2. Deve ser declarada a nulidade de licitação cujo vencedor utilizou-se de meios fraudulentos."

Aplicação da declaração de inidoneidade para licitar ou contratar com a Administração Pública. Efeitos. Amplitude: TRF 1ª Região – REOMS 34710 DF 0034710-27.2004.4.01.3400 – "1. Pretende a Impetrante impedir que pena 'de inidoneidade para licitar e contratar com a Administração Pública Estadual Direta e Indireta' imposta a si pelo Estado da Bahia surta efeitos no âmbito federal em virtude do registro no SICAF. 2. O inciso IV do art. 87 da Lei nº 8.666, de 1993, ao mencionar 'inidoneidade para licitar ou contratar com a Administração Pública' não restringe o

856

DAS INFRAÇÕES E SANÇÕES ADMINISTRATIVAS   ART° 160

alcance da pena ao âmbito do ente federativo que a impôs. Seus efeitos se estendem à Administração Pública como um todo, na medida em que o fundamento da pena é o resguardo aos interesses públicos, que não se dividem em federais, estaduais, distritais e municipais."

Aplicação da declaração de inidoneidade para licitar ou contratar com a Administração Pública. Efeitos da sanção: Entendimento do TCE/SP – Processo: TC 433-006/09

Aplicação da declaração de inidoneidade para licitar ou contratar com a Administração Pública. Ocorrência de fraude no processo licitatório. TCU – Acórdão 775/2011 – Plenário – Relatoria: Ministro Marcos Bemquerer Costa – "A comprovação de fraude em processo licitatório importa na aplicação de multa aos responsáveis e na declaração de inidoneidade das empresas envolvidas para participar de licitação realizada no âmbito da Administração Pública Federal."

A constituição de nova sociedade, com o mesmo objeto social, com os mesmos sócios e com o mesmo endereço, em substituição a outra declarada inidônea para licitar com a Administração Pública Estadual, com o objetivo de burlar a aplicação da sanção administrativa, constitui abuso de forma e fraude à Lei de Licitações (Lei nº 8.666/93, de modo a possibilitar a aplicação da teoria da desconsideração da personalidade jurídica para estenderem-se os efeitos da sanção administrativa à nova sociedade constituída).

A Administração Pública pode, em observância ao princípio da moralidade administrativa e da indisponibilidade dos interesses públicos tutelados, desconsiderar a personalidade jurídica de sociedade constituída com abuso de forma e fraude à lei, desde que facultados ao administrado o contraditório e a ampla defesa em processo administrativo regular.[297]

REPRESENTAÇÃO FORMULADA COM FULCRO NO ART. 113, § 1º DA LEI DE LICITAÇÕES. EMPRESA CONSTITUÍDA COM O INTUITO DE BURLAR A LEI. FRAUDE EM LICITAÇÃO. AUDIÊNCIA. REJEIÇÃO DAS RAZÕES DE JUSTIFICATIVA. DECLARAÇÃO DE INIDONEIDADE DE LICITANTE. NULIDADE DO CERTAME E DA CONTRATAÇÃO. 1. Confirmado que a empresa licitante foi constituída com o nítido intuito de fraudar a lei, cabe desconsiderar a sua personalidade jurídica de forma a preservar os interesses tutelados pelo ordenamento jurídico. 2. Deve ser declarada a nulidade de licitação cujo vencedor utilizou-se de meios fraudulentos.[298]

---

[297] Superior Tribunal de Justiça. REsp. nº 15.166/BA. 2ª Turma. Relator: Ministro Castro Meira. Julgado em 07.08.2003. DJU, Brasília, DF, 08 set. 2003.
[298] Tribunal de Contas da União. Acórdão nº 928/2008. Plenário. Relator: Ministro Benjamin Zymler. Sessão de 21.05.2008. Acesso em: 13 jun. 2017.

Artigo 161

Os órgãos e entidades dos Poderes Executivo, Legislativo e Judiciário de todos os entes federativos deverão, no prazo máximo 15 (quinze) dias úteis, contado da data de aplicação da sanção, informar e manter atualizados os dados relativos às sanções por eles aplicadas, para fins de publicidade no Cadastro Nacional de Empresas Inidôneas e Suspensas (Ceis) e no Cadastro Nacional de Empresas Punidas (Cnep), instituídos no âmbito do Poder Executivo federal.

Parágrafo único. Para fins de aplicação das sanções previstas nos incisos I, II, III e IV do caput do art. 156 desta Lei, o Poder Executivo regulamentará a forma de cômputo e as consequências da soma de diversas sanções aplicadas a uma mesma empresa e derivadas de contratos distintos.

A fim de afastar a impunidade no âmbito dos processos punitivos, fato que pode estimular a prática de infrações, o que é prejudicial ao interesse público, é dever da Administração não só aplicar formalmente as sanções administrativas, mas efetivamente executá-las, a exemplo da realização da cobrança dos valores fixados a título de multa contratual e inscrevê-las nos competentes registros cadastrais e cadastros de apenados, como determina o art. 161 da Lei nº 14.133/2021.

Assim, qualquer sanção administrativa aplicada em desfavor de um sujeito deve ser objeto de anotação no registro cadastral ou sistemas na internet, a exemplo do CEIS – Cadastro Nacional de Empresas Inidôneas e Suspensas, não podendo de lá ser retirada, uma vez que, por meio de tais informações, garante-se ao Poder Público o conhecimento do comportamento pretérito dos particulares em colaboração que eventualmente descumprem as condições de licitação e contratação e conheça o passado destes particulares.

É categórico o dispositivo legal em comento ao determinar que a inscrição ou atualização das sanções arroladas no artigo estudado ocorra no prazo máximo de 15 (quinze) dias úteis, contado da data de aplicação da penalidade na imprensa oficial competente, devendo a inobservância deste prazo ser objeto de apuração disciplinar, não podendo a Administração deixar de registrar a penalidade no referido prazo em razão de buscar privilegiar um particular, por tal e qual motivo.

A inscrição do particular apenado nos referidos sistemas somente será lícito ao final do processo administrativo, após a conclusão da fase recursal, ocasião em que se observe a coisa julgada administrativa, sob pena de violação do princípio da inocência, devidamente previsto no art. 5º, inc. LVII, da CF/88, que fixa que todo acusado é presumido inocente até que sobrevenha sentença condenatória com trânsito em julgado.

DAS INFRAÇÕES E SANÇÕES ADMINISTRATIVAS ART⁰ 162

Neste sentido, destaca-se a lição do professor Rafael Munhoz de Mello, que ressalta a aplicação do referido princípio no âmbito das sanções administrativas:

> Em sua acepção mais óbvia, a presunção de inocência exige que a sanção seja imposta apenas ao final do processo instaurado para investigar a prática do ilícito, ocasião em que o particular deixa de ser apenas acusado e passa a ser considerado culpado, podendo, então, sofrer os efeitos negativos da medida sancionadora. Tratando-se de sanção penal, sua aplicação depende da conclusão do processo judicial que se dá com o trânsito em julgado da sentença condenatória. Tratando-se de ilícito administrativo, a imposição da sanção somente poderá ocorrer após o encerramento do processo administrativo, com a prolação da decisão da qual não recorra o acusado ou já não caiba mais recurso administrativo algum.[299]

Novidade no novo sistema punitivo, fixa o parágrafo único do art. 161 que o Poder Executivo regulamentará a forma de cômputo e as consequências da soma de diversas sanções aplicadas a uma mesma empresa e derivadas de contratos distintos.

ARTIGO 162

O atraso injustificado na execução do contrato sujeitará o contratado a multa de mora, na forma prevista em edital ou em contrato.

Parágrafo único. A aplicação de multa de mora não impedirá que a Administração a converta em compensatória e promova a extinção unilateral do contrato com a aplicação cumulada de outras sanções previstas nesta Lei.

O atraso injustificado na execução do contrato administrativo caracteriza-se como uma infração administrativa, consoante prevê o art. 162 da Lei nº 14.133/2021. Por tal razão, deveria estar arrolado entre os incisos previstos no art. 155 da nova Lei de Licitações

O objetivo da referida punição é constranger o particular para que cumpra suas obrigações contratuais, em especial, a execução do objeto contratado, pontualmente, afastando prejuízos à Administração e à coletividade em razão do atraso verificado.

Assim, tal penalidade tem o escopo de afastar a mora dos contratados e, por conseguinte, o prejuízo que pode decorrer do atraso do objeto que pretende atender às necessidades públicas. Acerca dos prejuízos na ausência de

---

[299] MELLO, Rafael Munhoz. *Princípios Constitucionais de Direito Administrativo Sancionador*, Malheiros, São Paulo, 2007, p. 245.

COMENTÁRIOS À NOVA LEI DE LICITAÇÕES PÚBLICAS E CONTRATOS ADMINISTRATIVOS

pontualidade do particular, vemos, todos os anos, o atraso de fornecimento de uniforme e material escolar distribuído para os alunos matriculados na rede pública de ensino.

O bem jurídico a ser tutelado com a referida infração administrativa é a pontualidade na execução do bem demandado pela Administração, a fim de afastar prejuízo à coletividade que necessita do objeto para melhor viver e se desenvolver.

Sendo esse o objetivo, o sujeito ativo da infração administrativa será aquele que estiver na condição de contratado e que descumprir o prazo de execução do objeto demandado, que consta expressamente do contrato administrativo, instrumento equivalente, ordem de serviço ou fornecimento. Demais disso, como já restou acima apontado, tem-se que a infração administrativa em estudo também pode ser cometida pelos particulares que fazem parte da grade classificatória do certame, caso venham, posteriormente, a executar o objeto contratado, em razão da rescisão do ajuste com o vencedor da licitação.

O sujeito passivo da referida infração administrativa é a Administração Pública contratante, que restará prejudicada em razão da prática do comportamento infracional tipificado ora estudado, uma vez que não deterá o objeto demandado para utilizar no serviço público.

A ação física, necessária para possibilitar a caracterização da referida infração administrativa, é o comportamento que acaba por atrasar injustificadamente a execução do objeto da contratação, consubstanciado na prática de uma conduta omissiva, a exemplo de não produzir, confeccionar, entregar o objeto demandado de acordo com o prazo ou cronograma fixado no edital e contrato etc.

No tocante ao elemento subjetivo, tem-se que o ilícito administrativo se configura mediante a observância do dolo, manifestado pelo desejo consciente do contratado de atrasar a execução do objeto, de forma dolosa, onde se observa, por exemplo, a vontade de descumprir o ajuste quando entrega o objeto destinado à Administração para um contratante particular em razão de receber com mais celeridade um valor superior àquele que receberia da Administração, ou, ainda, de forma culposa, onde, em razão da negligência, imprudência ou imperícia, inobservou-se o prazo constante do contrato, instrumento equivalente ou nota de serviço ou fornecimento.

No tocante à sanção, pune-se apenas com multa, não sendo o caso de aplicação das punições restritivas de direito, uma vez que o atraso não impossibilita a execução do contrato na forma do pactuado.

Todavia, conforme permite o § 2º do art. 162 da nova Lei de Licitações, ante o prejuízo experimentado pela Administração, a aplicação de multa de mora não impede que a Administração a converta em compensatória e promova a extinção unilateral do contrato com a aplicação cumulada de outras sanções previstas na Lei, a exemplo da imposição da sanção de impedimento de licitar ou contratar ou a declaração de inidoneidade.

Com efeito, a multa administrativa, seja decorrente de atraso na execução do objeto ou em razão da inexecução parcial ou total do contrato administrativo, somente será possível de ser imposta ao particular infrator caso o ato convocatório e o instrumento contratual tenham assentado tal possibilidade, fixando, ainda, os parâmetros para conduzir o administrador público ao *quantum* pecuniário.

Destaque-se, outrossim, ser plenamente possível que a sanção administrativa destacada também seja imposta a particulares no âmbito dos contratos administrativos decorrentes de contratações diretas, desde que conste do contrato ou instrumento equivalente expressamente tal possibilidade, bem como os contornos para imposição da multa moratória.

Verifica-se que a caracterização do tipo infracional em estudo somente ocorrerá caso o atraso seja injustificado, podendo as razões apresentadas ser aceitas pela Administração, de forma a afastar a punibilidade. Por conseguinte, existindo motivada justificativa, que deverá ser demonstrada nos autos do processo administrativo sancionatório, a exemplo do atraso ou retardamento da execução do objeto contratado cujo motivo foi gerado pela Administração licitante (não liberação de local para execução da obra ou entrega de objeto), deve a sanção, consequência da prática do ilícito administrativo, ser devidamente afastada.

Por derradeiro, tem-se que a caracterização da referida infração administrativa gerará, como consequência, a necessidade de imposição de multa, cujo contorno jurídico se observará abaixo.

Artigo 163

É admitida a reabilitação do licitante ou contratado perante a própria autoridade que aplicou a penalidade, exigidos, cumulativamente:

I – reparação integral do dano causado à Administração Pública;

II – pagamento da multa;

III – transcurso do prazo mínimo de 1 (um) ano da aplicação da penalidade, no caso de impedimento de licitar e contratar, ou de 3 (três) anos da aplicação da penalidade, no caso de declaração de inidoneidade;

IV – cumprimento das condições de reabilitação definidas no ato punitivo;

V – análise jurídica prévia, com posicionamento conclusivo quanto ao cumprimento dos requisitos definidos neste artigo.

Parágrafo único. A sanção pelas infrações previstas nos incisos VIII e XII do caput do art. 155 desta Lei exigirá, como condição de reabilitação do licitante ou contratado, a implantação ou aperfeiçoamento de programa de integridade pelo responsável.

Ante a vedação de sanção permanente, conforme o princípio que impede a punição de caráter perpétuo previsto no art. 5º, inc. XLVII, al. "b", da Constituição da República de 1988, o art. 163 da Lei nº 14.133/2021 admite a reabilitação do licitante ou contratado perante a própria autoridade que aplicou a penalidade, exigida, cumulativamente, a comprovação dos seguintes requisitos: I – reparação integral do dano causado à Administração Pública; II – pagamento da multa; III – transcurso do prazo mínimo de 1 (um) ano da aplicação da penalidade, no caso de impedimento de licitar e contratar, ou de 3 (três) anos da aplicação da penalidade, no caso de declaração de inidoneidade; IV – cumprimento das condições de reabilitação definidas no ato punitivo; e V – análise jurídica prévia, com posicionamento conclusivo quanto ao cumprimento dos requisitos definidos neste artigo.

Demais disto, o parágrafo único do referido artigo fixa que a sanção em decorrência de prática das infrações previstas nos incisos VIII e XII do *caput* do art. 155 da nova Lei de Licitações exigirá, como condição de reabilitação do licitante ou contratado, a implantação ou aperfeiçoamento de programa de integridade pelo responsável.

Analisando tais condicionantes legais, entende-se, primeiramente, que a reabilitação somente é cabível nos casos de imposição de sanções restritivas de direitos de licitar e contratar com a Administração, como a penalidade de impedimento de licitar e contratar e a declaração de inidoneidade, previstas no art. 156, incs. III e IV, da Lei nº 14.133/2021.

Demais disso, exige o *caput* do art. 163 da Lei nº 14.133/2021 que a reabilitação somente será concedida com o cumprimento integral de todos os requisitos lá verificados, devendo ser indeferido todo e qualquer pedido que não comprove o atendimento das exigências acima ventiladas. A autoridade reabilitadora será a mesma com a competência punitiva.

Assim, conforme estabelece o inc. I do referido artigo, existindo comprovado prejuízo ao Poder Público licitante ou contratante, deverá ser comprovada a reparação integral do dano causado à Administração Pública, efetivamente demonstrada no caso concreto.

Outrossim, na forma do inc. II do artigo em estudo, sendo imposto ao particular licitante ou contratado a sanção restritiva de direito cumulativamente com uma multa, conforme permite o § 7º do art. 156 da Lei nº 14.133/2021, deverá, no requerimento apresentado pelo apenado, existir a comprovação do pagamento da punição pecuniária e não parcelamento, suspensão etc.

DAS INFRAÇÕES E SANÇÕES ADMINISTRATIVAS   ART° 163

De igual modo, exige o inc. III do artigo estudado o transcurso do prazo mínimo de 1 (um) ano da aplicação da penalidade, no caso de impedimento de licitar e contratar, ou de 3 (três) anos da aplicação da penalidade, no caso de declaração de inidoneidade. Assim, mesmo que o particular tenha cumprido os demais requisitos, a sua reabilitação somente será concedida após o escoamento dos prazos retrocitados. O afastamento temporário mínimo das compras governamentais acaba por gerar reflexão nas pretensões impróprias de particulares mal-intencionados ou gerar maior atenção no cumprimento dos encargos assumidos.

Haja vista o silêncio das condições de reabilitação na Lei nº 13.303/2016, no âmbito das Estatais, entendemos que o período mínimo para reabilitação do apenado com a suspensão temporária de participação em licitação e impedimento de contratar com a entidade sancionadora, prevista no art. 83, inc. III, da referida norma, será também de 1 (um) ano, haja vista as similaridades das características punitivas verificadas entre esta penalidade e aquela fixada no art. 156, inc. III, da Lei nº 14.133/2021.

Também é condição para reabilitação, conforme estabelece o inc. IV do artigo estudado, o cumprimento das condições de reabilitação definidas no ato punitivo, ou seja, deverá o ato administrativo sancionatório, antecipadamente, fixar as condições de requalificação do apenado, que deverá sempre, proporcional e razoavelmente, observar a moldura legal constante do art. 163 da Lei nº 14.133/2021.

Analisando o último requisito legal, conforme exigência prevista no inc. V do artigo em estudo, tem-se que a reabilitação exige análise jurídica prévia, com posicionamento conclusivo quanto ao cumprimento dos requisitos definidos neste artigo, ou seja, o processo administrativo deverá ser submetido à assessoria jurídica do órgão ou entidade, para que os profissionais competentes manifestem-se acerca da comprovação dos requisitos legais e constantes do ato punitivo.

Por derradeiro, a sanção em decorrência da prática das infrações previstas nos incisos VIII e XII do *caput* do art. 155 da nova Lei de Licitações exigirá, como condição de reabilitação do licitante ou contratado, a implantação ou aperfeiçoamento de programa de integridade pelo responsável, ou seja, considerando-se que a sanção aplicada é decorrente de um ato de corrupção ou da prática de uma fraude realizada intencionalmente, somente será reabilitado aquele particular que introduzir na empresa ou fortalecer seu programa de *compliance*.

Assim, por garantir a Lei nº 14.133/2021 a extinção das penalidades restritivas de direito, reverencia-se o princípio que impede a punição de caráter perpétuo, previsto no art. 5º, inc. XLVII, al. "b", da Constituição da República de 1988, uma vez que a legislação garante condições para o sujeito apenado reabilitar-se, de modo a permitir que ele volte a se relacionar contratualmente com a Administração Pública.

CAPÍTULO II – DAS IMPUGNAÇÕES, DOS PEDIDOS DE ESCLARECIMENTO E DOS RECURSOS

ARTIGO 164

Qualquer pessoa é parte legítima para impugnar edital de licitação por irregularidade na aplicação desta Lei ou para solicitar esclarecimento sobre os seus termos, devendo protocolar o pedido até 3 (três) dias úteis antes da data de abertura do certame.

Parágrafo único. A resposta à impugnação ou ao pedido de esclarecimento será divulgada em sítio eletrônico oficial no prazo de até 3 (três) dias úteis, limitado ao último dia útil anterior à data da abertura do certame.

1. Do pedido de esclarecimentos

A nova Lei de Licitações traz à baila, em seu art. 164, a possibilidade de qualquer pessoa ser parte legítima para impugnar o edital de licitação por irregularidade na aplicação da NLLC ou para solicitar esclarecimentos sobre os seus termos.

Observa-se que tais comunicações endereçadas à Administração Pública licitante são prerrogativas calcadas no direito de petição aos Poderes Públicos em defesa de direitos ou contra ilegalidade ou abuso de poder, nos termos do inc. XXXIV, al. "a", do art. 5º da CF/1988.

O pedido de esclarecimentos, que não se confunde com a impugnação, é uma comunicação endereçada ao Poder Público licitante a ser realizada por qualquer pessoa e tem como objetivo extrair da Administração a elucidação de algum trecho do ato convocatório, aclarando os termos entendidos eventualmente como obscuros ou contraditórios.

Haja vista a possibilidade de prejuízo à competitividade do certame, a resposta elaborada pela Administração com os esclarecimentos solicitados pelos interessados deve ser produzida com clareza, sem generalidade ou padronização, respondendo objetivamente todos os pontos ventilados no pedido, sem omissões. Portanto, o esclarecimento prestado deve ocorrer de modo a efetivamente solucionar as dúvidas dos interessados.

O direito à apresentação do pedido de esclarecimento ou impugnação é conferido a "qualquer pessoa", ou seja, física ou jurídica, licitante ou não. Ou seja, qualquer pessoa pode controlar a legalidade ou regularidade do certame.

DAS IMPUGNAÇÕES, DOS PEDIDOS DE ESCLARECIMENTO E DOS RECURSOS   ART° 164

Haja vista não criar embaraços em momento anterior à sessão de abertura do certame, o referido artigo fixa que o prazo para a realização da impugnação ou pedido de esclarecimento deve ocorrer em até 3 (três) dias úteis antes da data de abertura do certame.

Em razão desta natureza e da necessidade de garantia do princípio da publicidade e da transparência, a resposta à impugnação ou ao pedido de esclarecimento, conforme consta no § 1º do art. 164 da NLLC, será divulgada em sítio eletrônico oficial no prazo de até 3 (três) dias úteis, limitado ao último dia útil anterior à data da abertura do certame.

Melhor esclarecendo, entende-se que a divulgação dos esclarecimentos deverá estar publicada no sítio eletrônico do órgão ou entidade no prazo de 3 (três) dias úteis, até o último dia útil anterior à data da abertura do certame. Exemplificando, ocorrendo a abertura do certame numa sexta-feira, poderá o interessado impugnar ou pedir esclarecimentos até terça-feira, devendo a resposta ser disponibilizada pelo órgão licitante até quinta-feira. Inexistindo tempo adequado, deverá o prazo de abertura ser postergado, de forma a garantir que os participantes tomem conhecimento dos esclarecimentos e modifiquem sua proposta comercial ou reorganizem sua documentação habilitatória de acordo com o teor oferecido na explicação ou no aclaramento.

O ato convocatório deve consignar a forma como o interessado submete a sua dúvida quando analisa o ato convocatório, não podendo ser fixadas regras ou condições que venham a prejudicar a busca de melhor compreensão dos termos da competição, sob pena de restrição à competitividade do certame, pois sabe--se que muitos particulares, na dúvida na elaboração da sua proposta comercial ou na montagem da documentação habilitatória, deixam de acudir ao chamado da Administração.

Em razão de vivermos na era da tecnologia da informação, o edital de licitação deve aceitar a realização de impugnações ou solicitações de esclarecimento por via eletrônica. A exigência de realização de protocolo físico no setor de licitações, sem apresentar alternativa, é um fato prejudicial à competitividade do certame.

Esclareça-se que, em regra, salvo previsão expressa específica na legislação local ou no ato convocatório, o simples pedido de esclarecimento não impõe a suspensão ou adiamento da sessão pública inaugural. Todavia, observando--se que a resposta oferecida tem o condão de alterar ou criar dificuldades à produção da proposta comercial ou organizar a sua documentação habilitatória, deverá o prazo de publicidade ser devidamente devolvido.

Assim, no caso concreto, verificando-se que os esclarecimentos prestados resultam em modificação do ato convocatório, haja vista assentar um dado ou informação essencial para a organização da documentação habilitatória,

COMENTÁRIOS À NOVA LEI DE LICITAÇÕES PÚBLICAS E CONTRATOS ADMINISTRATIVOS

elaboração da proposta ou para a participação do licitante no certame, é necessário que a Administração suspenda a licitação para introduzir as modificações necessárias no edital, republicar o aviso de licitação devolvendo o prazo de publicidade do certame.

As respostas prestadas por escrito pela Administração licitante acerca das indagações assentadas nos pedidos de esclarecimentos formulados vinculam a Administração na ocasião do julgamento da licitação, devendo ser devidamente divulgadas para todos os licitantes. Neste sentido, já asseverou o STJ, que, *in verbis*: "A resposta de consulta a respeito de cláusula de edital de concorrência pública é vinculante; desde que a regra assim explicitada tenha sido comunicada a todos os interessados, ela adere ao edital" (Resp nº 198.665/RJ – Relatoria: Ministra Nancy Andrighi, p. DJ 03/05/1999).

É obrigação dos agentes de contratação envolvidos na condução do certame ou gestão contratual tomarem conhecimento dos esclarecimentos prestados, haja vista que seus termos vinculam a Administração promotora da licitação, devendo os licitantes exigirem a aplicação dos termos do edital conforme o esclarecimento oferecido em todos os momentos subsequentes à abertura do procedimento licitatório.

Recepcionando a Administração promotora do certame um pedido de esclarecimentos ou impugnação fora do prazo acima estampado, levando-se em consideração o conteúdo lá consignado, em nosso sentir, a título de acautelamento, de forma a evitar a declaração de nulidade futura, deve tal demanda ser analisada como um mero direito de petição, consoante prevê o disposto no art. 5º, inc. XXXIV, al. a, da Constituição da República.

A ausência de publicação dos pedidos de esclarecimento apresentados representa inobservância ao princípio constitucional da publicidade, arrolado no art. 5º da NLLC e no *caput* do art. 37 da Constituição Federal de 1988, eivando o certame de ilegalidade.

Jurisprudência e decisões dos Tribunais de Contas

Edital. Requisitos. Prestação de informações sobre a licitação. Natureza vinculativa: STJ – Resp nº 198.665/RJ – Relatoria: Ministra Nancy Andrighi "A resposta de consulta a respeito de cláusula de edital de concorrência pública é vinculante; desde que a regra assim explicitada tenha sido comunicada a todos os interessados, ela adere ao edital."(p. DJ 03/05/1999)

Edital. Requisitos. Prestação de informações sobre a licitação. Necessidade de que a resposta seja realizada antes da abertura do certame: TCU – Acórdão nº 531/2007 – Plenário – Relatoria: Ministro Ubiratan Aguiar – "9.3.4. responda dúvidas relativas ao edital e seus anexos suscitadas por interessado, quando apresentadas no prazo definido no edital, antes do início da data marcada para a realização do certame,

866

DAS IMPUGNAÇÕES, DOS PEDIDOS DE ESCLARECIMENTO E DOS RECURSOS — ART° 164

garantido o tempo hábil para apresentação de proposta, de modo a não comprometer o princípio da isonomia e da transparência."

Edital. Requisitos. Prestação de informações sobre a licitação. Necessário que ocorra em tempo hábil, possibilitando aos interessados avaliarem os efeitos de tais informações em suas propostas: TCU – Acórdão 551/2008 – Plenário – Relatoria: Ministro Aroldo Cedraz – "9.3. determinar ao Banco do Brasil que: 9.3.1. quando constatar em seus procedimentos licitatórios a necessidade de prestar esclarecimentos suplementares, o faça em tempo hábil, possibilitando aos interessados avaliarem os efeitos de tais informações em suas propostas, reabrindo o prazo da licitação, se configurada a hipótese prevista no art. 21, § 4º, da Lei 8.666/93, com vistas a afastar o risco de refazimento de seus certames licitatórios"

2. Da Impugnação ao ato convocatório

A impugnação ao ato convocatório permite que qualquer pessoa questione a legalidade dos termos assentados no edital. Para tanto, deverá a impugnação ocorrer em até 3 (três) dias úteis antes da data de abertura do certame, sendo dever da Administração analisar os seus termos e emitir decisão no prazo abaixo.

A resposta à impugnação será divulgada em sítio eletrônico oficial no prazo de até 3 (três) dias úteis, limitado ao último dia útil anterior à data da abertura do certame, sob pena de reprovação pelos órgãos de controle (TCU – Acórdãos: 8054/2018 – TCU – 2ª Câmara; 10275/2018 – TCU – 1ª Câmara), devendo a sua rejeição, item a item arguido pelo interessado, ser motivadamente justificada, sob pena de violação ao princípio da motivação, expressamente previsto no art. 5º da nova lei de licitações.

De outra parte, deve-se ainda considerar a hipótese de uma impugnação ser protocolada de forma intempestiva. Mesmo nessa hipótese, é nosso entendimento que a Administração, recepcionando a impugnação como a manifestação do direito de petição, reconhecendo a eventual ilegalidade apontada. Nesse caso, pode a Administração, em razão do princípio da autotutela e da economia processual, reconhecer o vício e tomar as providências de reforma do edital ou anulação do ato, conforme o caso.

Deverá também a Administração licitante recepcionar uma impugnação ou pedido de esclarecimento endereçado indevidamente para um agente público incompetente, sob pena de violação do princípio da razoabilidade e formalismo moderado, devendo esse encaminhar tal comunicação para o departamento ou pessoa competente.

Não pode o ato convocatório fixar exigências desarrazoadas para fins de utilização do direito de solicitar questionamentos ou impugnar a sua legalidade. Assim, a exigência da apresentação de pedidos de impugnação em formato doc

COMENTÁRIOS À NOVA LEI DE LICITAÇÕES PÚBLICAS E CONTRATOS ADMINISTRATIVOS

(WORD para Windows), representa cerceamento do direito de impugnação ao edital, sendo incompatível com o princípio da legalidade previsto no art. 5º, II, da Constituição Federal e ao disposto no art. 22 da Lei 9.784/1999 (TCU – Acórdão nº 961/2020 – TCU – Plenário.)

Por derradeiro, a ausência de publicação das análises de impugnações apresentadas, representa inobservância ao princípio constitucional da publicidade, arrolado no art. 5º da NLLC e no *caput* do art. 37 da Constituição Federal de 1988.

Jurisprudência e decisões dos Tribunais de Contas

Licitação. Processo administrativo formal. Necessidade de observância do procedimento estabelecido na Lei de Licitações: STF – MS 24510 / DF – Relatoria: Ministra Ellen Gracie – "1- Os participantes de licitação têm direito à fiel observância do procedimento estabelecido na lei e podem impugná-lo administrativa ou judicialmente. Preliminar de ilegitimidade ativa rejeitada. 2- Inexistência de direito líquido e certo."

Impugnação ao ato convocatório. Interposição de impugnação e recursos. Realização por meio de fax, condicionada à apresentação do documento original dentro de prazo a ser estipulado: TCU – Decisão 156/2002 – Plenário – Relatoria: Ministro Ubiratan Aguiar – "8.2 determinar às Centrais Elétricas de Rondônia S/A – CERON que, nos procedimentos licitatórios futuros, não proíba a apresentação de recursos/impugnações via fax, e esclareça nos editais que a utilização desse instrumento não desobriga a apresentação do documento original, dentro de prazo razoável a ser estabelecido."

Impugnação ao ato convocatório. Interposição de impugnação. Resposta: TCU – Acórdão nº 1.201/2006 – Plenário – Relatoria: Ministro Marcos Bemquerer Costa – "9.4.2. em cumprimento ao art. 41, § 2º, da Lei nº 8.666/1993, responda tempestivamente às impugnações apresentadas por licitantes contra os editais de suas licitações, atentando para o prazo de 5 dias constante no art. 24 da Lei nº 9.784/1999."

Princípio da estrita vinculação ao edital. Ausência de apresentação de certidão exigida no edital. Inabilitação devida. Ocorrência de greve no órgão ou entidade emissora da certidão. Possibilidade de habilitação do particular prejudicado pela paralisação do funcionalismo público: TJ/MA – Apelação Cível nº 019848-2003 – Acórdão nº: 48.204/2004 – Relatoria: Maria Dulce Soares Clementino – "PROCESSUAL CIVIL. APELAÇÃO. MANDADO DE SEGURANÇA. LICITAÇÃO. CERTIDÃO NEGATIVA DE DÉBITO. GREVE DOS SERVIDORES DO INSS AO TEMPO DA CONCORRÊNCIA. IMPOSSIBILIDADE DE RENOVAÇÃO EM TEMPO HÁBIL. INABILITAÇÃO DE CONCORRENTE COM CND VENCIDA. IMPOSSIBILIDADE.

DAS IMPUGNAÇÕES, DOS PEDIDOS DE ESCLARECIMENTO E DOS RECURSOS   ART° 164

I – Em virtude do estado de greve dos servidores do INSS, ao tempo da concorrência, impossibilitando à licitante renovar, em tempo hábil, sua Certidão Negativa de Débito, não deve a mesma arcar com os ônus decorrentes desse fato, para o qual não deu causa, sob pena de infringência ao seu direito líquido e certo de participar do certame, em igualdade de condições com os demais concorrentes. II – Recurso conhecido e improvido."

Princípio da estrita vinculação ao edital. Ausência de apresentação de certidão exigida no edital. Inabilitação devida. Ocorrência de greve. Possibilidade de habilitação do particular prejudicado pela paralisação do funcionalismo público: TRF 3ª Região – REOMS 7003 SP 2004.61.19.007003-7 – Relatoria: Juiz Federal Convocado Leonel Ferreira – "MANDADO DE SEGURANÇA. ADMINISTRATIVO. HABILITAÇÃO EM PROCEDIMENTO LICITATÓRIO. INABILITAÇÃO. FALTA DE CERTIDÃO NEGATIVA DE FALÊNCIA E CONCORDATA. GREVE DOS SERVIDORES DO JUDICIÁRIO ESTADUAL. FORÇA MAIOR. A licitação pública caracteriza-se como um procedimento administrativo que possui dupla finalidade, sendo a primeira a de escolher a proposta mais vantajosa para a Administração e a segunda, a de estabelecer a igualdade entre os participantes.

Impetrante, a despeito de ter sido vencedora na fase dos lances, foi declarada inabilitada, por não apresentar Certidão Negativa do Juízo de Falência e Concordatas, no prazo fixado pelo edital, em razão da greve dos servidores do Judiciário Paulista.

A greve dos servidores públicos consiste em motivo superveniente, suficiente e razoável a garantir à impetrante o direito de apresentar referido documento em prazo ulterior ao fixado pelo edital, com o fito de buscar o atendimento do próprio interesse público de contratação da empresa que ofereça melhor proposta.

Apresentada a Certidão Negativa, a impetrante foi considerada vencedora e o objeto licitado foi-lhe adjudicado, com a consequente contratação para prestação dos serviços de atendimento médico de emergências e passageiros, tripulantes e usuários no Aeroporto de Congonhas, São Paulo." (Publicado em 24/11/2010)

Impugnação ao ato convocatório. Interposição de impugnação. Período para exercício deste direito: STJ – RMS nº 15.051/RS – Relatoria: Ministra Relatora Eliana Calmon – "1. A partir da publicação do edital de licitação, nasce o direito de impugná-lo, direito que se esvai com a aceitação das regras do certame, consumando-se a decadência (divergência na Corte, com aceitação da decadência pela 2ª Turma)" (j. 01.10.2002)

Impugnação ao ato convocatório. Interposição de impugnação. Ausência de impugnação no período oportuno. Preclusão do direito: STJ – REsp nº 402.711/SP – Ministro Relator José Delgado – "A impetrante, outrossim, não impugnou as exigências do edital e acatou, sem qualquer protesto, a habilitação de todas as concorrentes. 5. Impossível, pelo efeito da preclusão, insurgir-se após o julgamento das propostas, contra as regras da licitação." (j. 11.06.2002)

COMENTÁRIOS À NOVA LEI DE LICITAÇÕES PÚBLICAS E CONTRATOS ADMINISTRATIVOS

Impugnação ao ato convocatório. Interposição de impugnação. Ausência de impugnação no período oportuno. Preclusão do direito: STJ – REsp nº 613.262/RS – Relatoria: Ministro José Delgado – "2. Recurso especial que se provê ao argumento de que, embora, não possa ser afastado o direito legítimo de o licitante impugnar o edital se constatar que o mesmo encontra-se eivado de vício. Contudo, não há esquecer que os prazos para impugnação do edital por parte do licitante não podem permanecer em aberto "ad aeternum", sob pena de se instalar a insegurança nas relações jurídicas geradas pelo ato convocatório. (...)" (Julgamento 01.06.2004 – DJ: 05/08/2004)

Impugnação ao ato convocatório. Interposição de impugnação. Ausência de questionamento. Aceitação dos termos. Não atendimento. Alijamento do certame: STJ – RMS nº 10.847/MA – Relatoria: Ministra Relatora Laurita Vaz – "I – O edital é elemento fundamental do procedimento licitatório. Ele é que fixa as condições de realização da licitação, determina o seu objeto, discrimina as garantias e os deveres de ambas as partes, regulando todo o certame público. II – Se o recorrente, ciente das normas editalícias, não apresentou em época oportuna qualquer impugnação, ao deixar de atendê-las incorreu em risco e na possibilidade de sua desclassificação, como de fato aconteceu." (J. 27.11.2001 – DJ: 18/02/2002)

Impugnação ao ato convocatório. A ausência da interposição de impugnação não afasta a possibilidade de o Poder Judiciário apreciar o pedido: TRF 1ª Região – AMS 2003.35.00.000140-7/GO – Relatoria: Des. Fed. Daniel Paes Ribeiro – "I. O prazo de decadência do direito de impugnar os termos do edital de uma licitação, prevista no art. 41, §2º, da Lei nº 8.666/93, aplica-se somente ao procedimento administrativo, não impedindo a apreciação judicial da matéria. Assim, embora exista previsão legal quanto ao cabimento de recurso administrativo do ato que julga a inabilitação do licitante (art. 109, inciso I, letra 'a', da Lei n. 8.666/93), não está o mandado de segurança sujeito ao esgotamento da via administrativa, desde que respeitado o prazo decadencial.

II. Desse modo, a caducidade do direito à impugnação (ou do pedido de esclarecimentos) de qualquer norma do Edital opera, apenas, perante a Administração, eis que o sistema de jurisdição única consignado na Constituição da República impede que se subtraia da apreciação do Judiciário qualquer lesão ou ameaça a direito (art. 5º, inc. XXXV, da CF). Precedentes do STJ.

III. A exigência de registro em entidades de fiscalização só é legítima nas hipóteses das profissões regulamentadas em lei. Assim, na hipótese, por tratar-se de serviço de natureza comum, à referida atividade não se exige habilitação própria, mormente a entidade de classe. Apelação e remessa oficial desprovidas. (Processo: AMS 2003.35.00.000140-7/GO; Apelação em Mandado de Segurança; Relatoria: Des. Fed. Daniel Paes Ribeiro – Órgão Julgador: 6ª T – Publicação: 12/06/2006 DJ p.114)

Impugnação ao ato convocatório. Necessidade de que os argumentos constantes da impugnação sejam considerados na decisão administrativa: TCU – Acórdão nº 1.957/2008 – Plenário – Relatoria: Ministro Benjamin Zymler – "9.3. determinar

870

DAS IMPUGNAÇÕES, DOS PEDIDOS DE ESCLARECIMENTO E DOS RECURSOS   ART⁰ 165

ao Ministério da Integração Nacional que, em impugnações a procedimentos licitatórios, observe o princípio do contraditório e ampla defesa, mormente quanto ao direito dos licitantes de terem seus argumentos analisados e considerados na decisão administrativa."

ARTIGO 165

Dos atos da Administração decorrentes da aplicação desta Lei cabem:

I – recurso, no prazo de 3 (três) dias úteis, contado da data de intimação ou de lavratura da ata, em face de:

a) ato que defira ou indefira pedido de pré-qualificação de interessado ou de inscrição em registro cadastral, sua alteração ou cancelamento;

b) julgamento das propostas;

c) ato de habilitação ou inabilitação de licitante;

d) anulação ou revogação da licitação;

e) extinção do contrato, quando determinada por ato unilateral e escrito da Administração;

II – pedido de reconsideração, no prazo de 3 (três) dias úteis, contado da data de intimação, relativamente a ato do qual não caiba recurso hierárquico.

§ 1º Quanto ao recurso apresentado em virtude do disposto nas alíneas "b" e "c" do inciso I do caput deste artigo, serão observadas as seguintes disposições:

I – a intenção de recorrer deverá ser manifestada imediatamente, sob pena de preclusão, e o prazo para apresentação das razões recursais previsto no inciso I do caput deste artigo será iniciado na data de intimação ou de lavratura da ata de habilitação ou inabilitação ou, na hipótese de adoção da inversão de fases prevista no § 1º do art. 17 desta Lei, da ata de julgamento;

II – a apreciação dar-se-á em fase única.

§ 2º O recurso de que trata o inciso I do caput deste artigo será dirigido à autoridade que tiver editado o ato ou proferido a decisão recorrida, que, se não reconsiderar o ato ou a decisão no prazo de 3 (três) dias úteis, encaminhará o recurso com a sua motivação à autoridade superior, a qual deverá proferir sua decisão no prazo máximo de 10 (dez) dias úteis, contado do recebimento dos autos.

§ 3º O acolhimento do recurso implicará invalidação apenas de ato insuscetível de aproveitamento.

§ 4º O prazo para apresentação de contrarrazões será o mesmo do recurso e terá início na data de intimação pessoal ou de divulgação da interposição do recurso.

§ 5º Será assegurado ao licitante vista dos elementos indispensáveis à defesa de seus interesses.

De forma a garantir o efetivo cumprimento do disposto no art. 5º, inc. LV, da Constituição da República de 1988, que assegura no transcurso de um processo administrativo o contraditório e a ampla defesa, como os meios e os recursos a ela inerentes, os arts. 165 e ss. estabelecem as regras atinentes à revisibilidade das decisões estatais no âmbito das contratações públicas.

Sendo assim, a NLLC, em seu art. 165, inc. I, estabeleceu a hipótese de revisão de decisão de ato que defira ou indefira pedido de pré-qualificação de interessado ou de inscrição em registro cadastral, sua alteração ou cancelamento; julgamento das propostas; ato de habilitação ou inabilitação de licitante; anulação ou revogação da licitação e extinção do contrato, quando determinada por ato unilateral e escrito da Administração, no prazo de 3 (três) dias úteis, contado da data da intimação ou da lavratura da ata. Por sua vez, o inc. II do artigo em comento versa sobre o pedido de reconsideração, a ser interposto no prazo de 3 (três) dias úteis, contado da data de intimação, relativamente ao ato do qual não caiba recurso hierárquico.

O primeiro apontamento a ser consignado nesta obra relaciona-se à redução do prazo para elaboração do recurso, o que é prejudicial para o particular, que, em nosso sentir, colide com o disposto no art. 5, inc. LV, da CF, haja vista que o período exíguo para recorrer de uma decisão pode prejudicar a construção de argumento, produção de prova etc., podendo dificultar efetivamente o exercício do direito à ampla defesa.

De forma a garantir a celeridade nos processos licitatórios, a NLLC adotou o prazo recursal constante do inc. XVII do art. 4º da Lei do Pregão, não sendo reproduzidos na norma geral de licitação os prazos de 5 dias úteis, conforme denota-se da leitura do art. 109 da Lei nº 8.666/1993.

Analisando os incisos do art. 165, observa-se a extinção do recurso de representação, previsto no art. 109, inc. II, da Lei nº 8.666/1993, que permite, no prazo de 5 (cinco) dias úteis da intimação da decisão relacionada com o objeto da licitação ou do contrato, a busca de revisão de uma decisão da qual que não caiba recurso.

No âmbito da Lei nº 8.666/1993, pode ser utilizado o recurso de representação, por exemplo, para questionar o ato de homologação do certame e a adjudicação do objeto da licitação a um proponente.

Da leitura do regramento disposto no inc. II do art. 165, em nosso sentir, observa-se que as decisões que o recurso de representação poderia buscar revisão, vale dizer, todas aquelas que não cabem recursos hierárquicos, foram abarcadas pelo pedido de reconsideração, anteriormente destacado apenas para

DAS IMPUGNAÇÕES, DOS PEDIDOS DE ESCLARECIMENTO E DOS RECURSOS   ART° 165

a apreciação das razões recursais quanto à imposição da declaração de inido-neidade, consoante dispõe o previsto no art. 109, inc. III, da Lei nº 8.666/1993.

O art. 168 da NLLC garante ao recurso hierárquico e ao pedido de reconsi-deração, a aplicação de efeito suspensivo ao ato ou à decisão recorrida até que sobrevenha decisão final da autoridade competente. O grande avanço relaciona--se à garantia do efeito suspensivo no pedido de reconsideração, o que inexiste no recurso de representação, que somente é recebido no devolutivo.

§ 1º Quanto ao recurso apresentado em virtude do disposto nas alíneas "b" e "c" do inciso I do caput deste artigo, serão observadas as seguintes disposições:

I – a intenção de recorrer deverá ser manifestada imediatamente, sob pena de preclusão, e o prazo para apresentação das razões recursais pre-visto no inciso I do caput deste artigo será iniciado na data de intimação ou de lavratura da ata de habilitação ou inabilitação ou, na hipótese de adoção da inversão de fases prevista no § 1º do art. 17 desta Lei, da ata de julgamento;

II – a apreciação dar-se-á em fase única.

No tocante ao processamento do recurso de decisão prolatada no julga-mento das propostas comerciais ou no ato de habilitação ou inabilitação do licitante, será observado o seguinte rito processual: Primeiramente, a intenção de recorrer deverá ser manifestada imediatamente, na sessão do certame, sob pena de preclusão.

Da leitura do dispositivo legal, observa-se que se adotou a sistemática do processamento dos recursos na modalidade pregão, onde o particular, no prazo fixado no ato convocatório, deverá apresentar as razões recursais melhor escla-recidas ou estruturadas, em até 3 (três) dias úteis.

É oportuno consignar que não poderão os agentes de licitação, de ante-mão, analisar o mérito recursal, não admitindo o prosseguimento do mesmo, rejeitando de plano as intenções recursais. Com efeito, o TCU já prolatou que o juízo de admissibilidade da intenção de recorrer deve se limitar à análise acerca da presença dos pressupostos recursais (sucumbência, tempestividade, legitimidade, interesse e motivação), sendo vedado a este agente analisar, ante-cipadamente, o próprio mérito recursal, em que pese lhe ser lícito examinar se os motivos apresentados na intenção de recorrer possuem, em tese, um mínimo de plausibilidade para o seu seguimento. (Acórdão nº 339/2010 – Plenário).

Com efeito, o prazo de 3 (três) dias úteis para apresentação das razões recur-sais será iniciado na data de intimação ou de lavratura da ata de habilitação ou inabilitação ou da ata de julgamento na hipótese de adoção da inversão das fases

COMENTÁRIOS À NOVA LEI DE LICITAÇÕES PÚBLICAS E CONTRATOS ADMINISTRATIVOS

previstas no § 1º do art. 17 da NLLC. A contagem do prazo observará o disposto no art. 183 da nova norma geral.

Não se observa na NLLC a necessidade de que a intimação da decisão que não admitiu recurso seja publicada na imprensa oficial, como já verificamos da leitura do art. 109, § 1º, da Lei nº 8.666/1993. Ante a necessidade de publicação na imprensa oficial competente, nos parece que poderá ocorrer a intimação do licitante na própria sessão pública, tenha ela sido realizada presencial ou virtualmente, ou por encaminhamento via e-mail etc., devendo ser utilizada a forma que efetivamente o particular tome conhecimento da decisão, da qual poderá recorrer, devendo o ato convocatório estabelecer as formas de intimação, de modo a permitir que o licitante se atente para a forma que a Administração se comunicará no certame.

Haja vista a regra do processamento do certame com a realização do julgamento das propostas antes da análise dos documentos habilitatórios, fixa o inc. II do referido parágrafo que a apreciação dar-se-á em fase única, como ocorre nas licitações processadas pela Lei nº 10.520/2002.

A dificuldade existirá quando, justificadamente, o processamento do certame se iniciar com o julgamento da habilitação. Nesse caso, sob pena da possibilidade de participar da fase de lances ou apreciação da proposta escrita uma empresa sem condições habilitatórias para disputar o certame pelo preço – já que os recursos contra o ato de habilitação ou inabilitação de licitante somente ocorrerá após o julgamento das propostas –, deverá ser fixado no ato convocatório a apreciação dos recursos não em uma fase única, mas em duas. Tal disciplina legal merece reforma futura, haja vista a necessidade de afastamento futuro de problemas de toda sorte para a Administração promotora do certame.

§ 2º O recurso de que trata o inciso I do caput deste artigo será dirigido à autoridade que tiver editado o ato ou proferido a decisão recorrida, que, se não reconsiderar o ato ou a decisão no prazo de 3 (três) dias úteis, encaminhará o recurso com a sua motivação à autoridade superior, a qual deverá proferir sua decisão no prazo máximo de 10 (dez) dias úteis, contado do recebimento dos autos.

Avançando, consoante dispõe o § 2º do art. 165 da NLLC, o recurso hierárquico será dirigido à autoridade que tiver editado o ato ou proferido a decisão recorrida. Caso a decisão combatida não seja reconsiderada no prazo de 3 (três) dias úteis, tal agente encaminhará o recurso com a sua motivação à autoridade superior, a qual deverá proferir sua decisão no prazo máximo de 10 (dez) dias úteis, contado do recebimento dos autos.

874

DAS IMPUGNAÇÕES, DOS PEDIDOS DE ESCLARECIMENTO E DOS RECURSOS ART° 165

§ 3º O acolhimento do recurso implicará invalidação apenas de ato insuscetível de aproveitamento.

Estabelece o § 3º do art. 165 da NLLC que o acolhimento do recurso interposto implicará invalidação apenas de ato insuscetível de aproveitamento, ou seja, os atos processuais administrativos não precisarão ser refeitos na totalidade. Assim ocorre, haja vista a necessidade de garantir a celeridade e eficácia, de forma a permitir que a licitação seja concluída rapidamente, de modo a permitir o atendimento do interesse público com o objeto da licitação.

§ 4º O prazo para apresentação de contrarrazões será o mesmo do recurso e terá início na data de intimação pessoal ou de divulgação da interposição do recurso.

Fixa o § 4º do art. 165 da NLLC que o prazo para apresentação de contrarrazões será o mesmo do recurso e terá início na data de intimação pessoal ou de divulgação da interposição do recurso.

Com a finalidade de garantir o contraditório, conforme o disposto no art. 5º, inc. LV, da CF/88, o referido dispositivo legal fixa que o prazo para apresentação de contrarrazões será o mesmo do recurso e terá início na data de intimação pessoal ou de divulgação da interposição do recurso.

Com efeito, a comunicação realizada pela Administração licitante, a ser implementada por meio de correspondência escrita, mensagem eletrônica, fax etc., encaminhada aos endereços fixados na documentação habilitatória ou proposta comercial, deve constar do processo administrativo, de forma a comprovar a divulgação, bem como certificar o seu efetivo encaminhamento.

O prazo para apresentação das contrarrazões recursais somente se iniciará com a divulgação do recurso interposto, bem como da disponibilização do processo administrativo, se assim o particular desejar, de modo a permitir que o interessado passe a contrapor, rebatendo todos os argumentos lançados no recurso.

Após o transcurso do prazo para apresentação das contrarrazões, a autoridade prolatora da decisão recorrida terá cinco dias úteis para apreciar as razões e contrarrazões recursais, como reconsiderar o ato administrativo, exercendo o juízo de retratação, ou encaminhando os autos do processo administrativo para a autoridade superior competente, que analisará os argumentos apresentados, passando a decidir. Com efeito, se ocorrer a retratação pelos agentes de contratação, será desnecessário o encaminhamento das razões e contrarrazões recursais para apreciação da autoridade superior.

COMENTÁRIOS À NOVA LEI DE LICITAÇÕES PÚBLICAS E CONTRATOS ADMINISTRATIVOS

§ 5º Será assegurado ao licitante vista dos elementos indispensáveis à defesa de seus interesses.

Por derradeiro, fixa o § 5º do artigo em comento que será assegurado ao licitante vista dos elementos indispensáveis à defesa de seus interesses.

Com efeito, tem-se que tal disciplinamento concretiza o direito à ampla defesa, que deve ser efetivamente assegurado aos litigantes e aos acusados em geral no processo administrativo, consoante estabelece o inc. LV do art. 5º da Constituição da República de 1988.

Sobre o direito de vista, Cármen Lúcia Antunes Rocha destaca, que, *in verbis*:

> O interessado tem o direito de conhecer o quanto se afirma contra os seus interesses e de ser ouvido, diretamente e/ou com patrocínio profissional sobre as afirmações, de tal maneira que as suas razões sejam coerentes com o quanto previsto no Direito.[300]

Sendo assim, observa-se que tal dispositivo legal garante o direito do particular tomar conhecimento sobre algo que tenha direito, devendo a Administração franquear todo o processo licitatório ao particular interessado, devendo o prazo para apresentação das razões ou contrarrazões recursais somente ser iniciado após a concessão das devidas vistas.

Jurisprudência e decisões dos Tribunais de Contas

Recursos administrativos. Cláusula editalícia que permite a abdicação do direito de impetrar recursos. Descabimento: TCU – Acórdão nº 1.727/2006 – 1ª Câmara – Relatoria: Ministro Guilherme Palmeira – "4. Não tem amparo legal a inclusão, em edital de licitação na modalidade Pregão, de dispositivo que permita aos licitantes abdicar do direito de impetrar recursos contra as fases de propostas de preços e habilitação, antes mesmo da ocorrência de tais fases."

Recursos administrativos. Cláusula editalícia que determina, mesmo que facultativamente, a apresentação de "termo de renúncia de prazo recursal". Descabimento: TCU – Acórdão nº 225/2008 – Plenário – Relatoria: Ministro Augusto Sherman Cavalcanti –"9.2. determinar à Prefeitura Municipal de Apucarana/PR que, ao realizar licitação com aporte de recursos federais: 9.2.3. deixe de orientar seus licitantes, mesmo que facultativamente, a apresentarem 'termo de renúncia de prazo recursal' no envelope referente aos documentos da fase de habilitação, vez que não se pode induzir ou obrigar o licitante a renunciar, em momento inoportuno e inadequado, a direito subjetivo não apenas previsto em lei, mas também necessário à garantia do

---

[300] ROCHA, Cármen Lúcia Antunes. *Princípios Constitucionais do Processo Administrativo no Direito Brasileiro*. RTDP 17. p. 21.

DAS IMPUGNAÇÕES, DOS PEDIDOS DE ESCLARECIMENTO E DOS RECURSOS   ART° 165

princípio constitucional do contraditório e à busca da proposta mais vantajosa para a Administração."

Recursos administrativos. Interposição por meio de fax. Possibilidade: TCU – Acórdão nº 2.616/2008 – 2ª Câmara – Relatoria: Ministro André Luís de Carvalho – "9.3. determinar à Prefeitura Municipal de Alagoinhas/BA, no tocante à aplicação de recursos federais, que, doravante, nos processos licitatórios instaurados: 9.3.1. aceite a apresentação de recursos e impugnações via fax, condicionada à apresentação do documento original dentro de prazo a ser estipulado."

Recursos administrativos. Interposição por meio de fax. Possibilidade: TCU – Decisão 156/2002 – Plenário – Relatoria: Ministro Ubiratan Aguiar – "8.2 determinar às Centrais Elétricas de Rondônia S/A – CERON que, nos procedimentos licitatórios futuros, não proíba a apresentação de recursos/impugnações via fax, e esclareça nos editais que a utilização desse instrumento não desobriga da apresentação do documento original, dentro de prazo razoável a ser estabelecido."

Recursos administrativos. Necessidade de que o prazo para interposição do recurso seja respeitado: TCU – Acórdão nº 1.726/2008 – Plenário – Relatoria: Ministro Augusto Sherman Cavalcanti – "9.1. determinar à Fundação Nacional de Artes (Funarte/MinC) que: 9.1.5. cumpra o disposto no art. 109, inciso I, alínea 'b' e § § 1º a 3º, da Lei 8.666/93, no sentido de que seja respeitado o prazo de recurso após a intimação do ato de julgamento de suas licitações."

Recursos administrativos. Publicação. Necessidade de que os atos de homologação do certame sejam devidamente publicados na imprensa oficial: Acórdão nº 2.415/2008 – 2ª Câmara – Relatoria: Ministro Benjamin Zymler – "Determinações: 1. à Escola Agrotécnica Federal de Catu que: 1.1. publique, em Diário Oficial, a homologação dos certames que vier a realizar, em obediência ao princípio da publicidade."

Recursos administrativos. Impossibilidade de o recurso administrativo ser julgado por autoridade que praticou o ato combatido. Necessidade de que seja apreciado por autoridade superior: TRF 1ª Região – 2006.01.00.018728-3/RO; Relatoria: Des. Fed. Fagundes de Deus – "1. Ao administrado, na esfera administrativa, se confere o legítimo direito à revisão do 'decisum' que lhe tenha sido desfavorável e, na hipótese de procedimento licitatório, a Lei 8.666/93 prevê que o recurso será julgado pela autoridade superior àquela que praticou o ato (cf. art. 109, § 4º). 2. Norma infralegal que contenha previsão de que à própria autoridade administrativa prolatora do ato impugnado compete a reapreciação da decisão em grau de recurso viola o princípio da legalidade.

3. Precedentes da Corte. 4. Segurança parcialmente concedida. (Processo: 2006.01.00.018728-3/RO; Mandado de Segurança; 3ª Seção; Rel: Des. Fed. Fagundes De Deus; Publicação: 15/12/2006 DJ p. 4)

Recursos administrativos. Necessidade de que o recurso administrativo seja apreciado por autoridade superior: TCU – Acórdão nº 1.378/2006 – 1ª Câmara

COMENTÁRIOS À NOVA LEI DE LICITAÇÕES PÚBLICAS E CONTRATOS ADMINISTRATIVOS

– Relatoria: Ministro Guilherme Palmeira – "1.1.2. observar o estabelecido no § 4º do art. 109 da Lei n.º 8.666/1993, relativamente à necessidade de fazer subir os recursos denegados pela comissão de licitação para a autoridade superior."

Recursos administrativos. Necessidade de que os recursos administrativos sejam apreciados por autoridade superior, sob pena de cerceamento ao duplo grau de jurisdição administrativa: TCU – Acórdão nº 1.117/2012 – 1ª Câmara – Relatoria: Ministro Valmir Campelo "1.6.dar ciência ao município de Mogeiro/PB, das impropriedades na Tomada de Preços 01/2011 com recursos do Convênio 01068/2008 (Siafi 700917) do Ministério da Integração Nacional: 1.6.7. cerceamento ao duplo grau de jurisdição administrativa, afrontando ao Princípio da legalidade, quando a comissão de licitação, configurada como 1ª instância, desobedeceu ao trâmite legal previsto para exame de recursos administrativos em procedimentos licitatórios, ao suprimir a instância."

Recursos administrativos. Prazo. Necessidade de observância: TCU – Acórdão nº 2.079/2005 – 1ª Câmara – Relatoria: Ministro Marcos Bemquerer Costa – "9.3.3. observe o prazo de cinco dias úteis para apreciação dos recursos porventura interpostos, nos termos do disposto no art. 109, § 4º, da Lei nº 8.666/93."

Recursos administrativos. Desistência de interpor recursos. Necessidade de constar expressamente no processo administrativo: TCU – Acórdão nº 1.105/2004 – Segunda Câmara – Relatoria: Ministro-Substituto Lincoln Magalhães da Rocha – "9.3.16. no que se refere à operacionalização de certames licitatórios realizados pela FNS/CR/RR: 9.3.16.2. faça constar dos processos desistência expressa dos licitantes de interporem recursos contra os julgamentos da Comissão de Licitação, ou observe os prazos para sua interposição, de acordo com o art. 43, III, e 109, I, 'a' e § 6º da Lei nº 8.666/93."

Recursos administrativos. Decisão proferida pela Administração deve ser devidamente motivada: TCU – Acórdão nº 2.105/2008 – Plenário – Relatoria: Ministro Ubiratan Aguiar – "9.5.3. em respeito ao que dispõe o art. 50 da Lei no 9.784/1999, fundamente pormenorizadamente a resposta da Administração aos recursos interpostos por licitantes contra julgamentos proferidos em suas licitações."

Recursos administrativos. Decisão proferida pela Administração deve ser devidamente motivada: TCU – Acórdão nº 1.994/2008 – 1ª Câmara – Relatoria: Ministro Valmir Campelo – "9.2. determinar ao Fundo Nacional do Desenvolvimento da Educação – FNDE que: 9.2.1. se abstenha de indeferir, liminarmente e sem justificativa legal, recurso de licitante devidamente motivado, a exemplo do ocorrido no Pregão Eletrônico nº 47/2006, nos termos do inciso XVIII do art. 4º da Lei 10.520/2002 e do art. 26 do Decreto 5.450/2005."

Recursos administrativos. Necessidade de que os autos do processo sejam franqueados aos interessados: TRF 1ª Região – REOMS 2000.34.00.018490-7/DF – Relatoria: Des. Fed. Selene Maria de Almeida – "ADMINISTRATIVO. PROCESSUAL

DAS IMPUGNAÇÕES, DOS PEDIDOS DE ESCLARECIMENTO E DOS RECURSOS   ART° 165

CIVIL. MANDADO DE SEGURANÇA. LICITAÇÃO EDITAL Nº 0347/99-00 DO DNER. VISTA DE DOCUMENTAÇÃO RELATIVA AOS DEMAIS LICITANTES. DIREITO QUE DEVE SER ASSEGURADO A QUALQUER LICITANTE. ART. 109, § 5º DA LEI 8.666/93. CONCESSÃO DA SEGURANÇA. MANUTENÇÃO DA SENTENÇA. IMPROVIMENTO DA REMESSA OFICIAL.

É essencial, no procedimento administrativo da licitação, que haja a divulgação do resultado do julgamento, para que seja franqueada aos interessados a oportunidade de interpor os recursos administrativos e possibilitar o acesso ao Judiciário, quando for o caso.

Se a autoridade apontada como coatora nega ao impetrante o acesso ao processo de licitação, com a possibilidade de reproduzir as peças que entende necessárias, age ilegalmente. 3. Remessa improvida." (REOMS 0018471-84.2000.4.01.3400/DF, Relatoria. Des. Fed. Selene Maria de Almeida, Quinta Turma, DJ p. 83 de 06/07/ 2006)

Recursos administrativos. Necessidade de que os autos do processo sejam franqueados aos interessados. Necessidade de ser assegurada transparência, ampla defesa e contraditório: TCU – Acórdão nº 557/2007 – 2ª Câmara – Relatoria: Ministro Ubiratan Aguiar – "Determinações: à Caixa Econômica Federal – 2.1 dora-vante, nos editais destinados à contratação de serviços de manutenção predial, sejam observadas as seguintes questões: 2.1.11 que seja assegurada transparência, ampla defesa e contraditório através do envio de cópias de todas as impugnações e recursos a todos os interessados que tenham retirado cópia do edital."

Recursos administrativos. Necessidade de que os autos do processo sejam franqueados aos interessados: TCE/MG: "A defesa alega que não encaminhou a referida documentação, 'verbis' 'por não ter acesso aos arquivos da Prefeitura por motivos políticos.' Sobre o tema, o Órgão Técnico registra a doutrina do Prof. Hely Lopes Meirelles: 'O princípio da publicidade dos atos e contratos administrativos, além de assegurar seus efeitos externos, visa a propiciar seu conhecimento e controle pelos interessados diretos e pelo povo em geral, através dos meios constitucionais – mandado de segurança (art. 5º, LXIX), direito de petição (art. 5º, XXXIV, 'a'), ação popular (art. 5º, LXXIII), habeas data (art. 5º, LXXII), suspensão dos direitos políticos por impro-bidade administrativa (art. 37, §4º). A publicidade, como princípio de administração pública (CF, art. 37, 'caput'), abrange toda atuação estatal, não só sob o aspecto de divulgação oficial de seus atos como, também, de propiciação de conhecimento da con-duta interna de seus agentes. Essa publicidade atinge, assim, os atos concluídos e em formação, os processos em andamento, os pareceres dos órgãos técnicos e jurídicos, os despachos intermediários e finais, as atas de julgamentos das licitações e os contratos com quaisquer interessados, bem como os comprovantes de despesas e as prestações de contas submetidas aos órgãos competentes. Tudo isto é papel ou documento público que pode ser examinado na repartição por qualquer interessado, e dele pode obter

COMENTÁRIOS À NOVA LEI DE LICITAÇÕES PÚBLICAS E CONTRATOS ADMINISTRATIVOS

certidão ou fotocópia autenticada para os fins constitucionais'. (MEIRELLES, Hely Lopes. Direito Administrativo Brasileiro. 14ª edição, São Paulo/SP, Editora Revista dos Tribunais Ltda., 1989, p. 82 e 83) Ora, é sabido que a própria Constituição da República assegura ao interessado o direito ao acesso a informações e documentação pública concernentes à defesa de seus interesses. Contudo, 'in casu', o defendente não fez prova acerca de qualquer tentativa de obtenção da documentação referente, limitando-se a alegar que não teve acesso ao arquivo da Prefeitura por motivos políticos." (Processo Administrativo n.º 450987. Relatoria Conselheiro Murta Lages. Sessão do dia 28/10/1999)

Recursos administrativos. Recusa da manifestação da intenção de recorrer. Descabimento: TCU – Acórdão nº 1.412/2012 – 2ª Câmara – Relatoria: Ministro José Jorge – " 1.6. Dar ciência à Fundação Coordenação de Aperfeiçoamento de Pessoal de Nível Superior – Capes/MEC que, no âmbito do Pregão Eletrônico 16/2011, foram constatadas as seguintes ocorrências: 1.6.2. a não aceitação de intenção de recurso, realizada de forma tempestiva e motivada, o que configura infração ao disposto no art. 4º, inc. XVIII, da Lei nº 10.520/2002, c/c o art. 26, 'caput', do Dec. nº 5.450/2005 e aos princípios do contraditório e da ampla defesa."

Recursos administrativos. Impossibilidade de julgar o mérito do recurso no momento da manifestação da intenção de recorrer: TCU – Acórdão nº 2.564/2009 – Plenário – Relatoria: Ministro Augusto Nardes – "9.4. determinar ao Hospital Universitário – Fundação Universidade Federal da Grande Dourados – HU/UFGD que, em futuros certames: 9.4.1. ao proceder o juízo de admissibilidade das intenções de recorrer manifestadas pelos licitantes nas sessões públicas na modalidade pregão (eletrônico ou presencial), busque verificar tão-somente a presença dos pressupostos recursais, ou seja, sucumbência, tempestividade, legitimidade, interesse e motivação, abstendo-se de analisar, de antemão, o mérito do recurso, para o qual deve ser concedido o prazo de 3 (três) dias para apresentação das respectivas razões de recursos do licitante e o mesmo período para os demais licitantes, caso queiram apresentar suas contra-razões, nos termos do art. 4º, inciso XVIII, da Lei nº 10.520/2002, c/c art. 11, inciso XVII, do Decreto nº 3.555/2000 (pregão presencial), e do art. 26, 'caput', do Decreto nº 5.450/2005 (pregão eletrônico)."

Recursos administrativos. Cláusula que permite a abdicação do direito de impetrar recursos. Descabimento: TCU – Acórdão nº 1.727/2006 – 1ª Câmara – Relatoria: Ministro Guilherme Palmeira – "4. Não tem amparo legal a inclusão, em edital de licitação na modalidade Pregão, de dispositivo que permita aos licitantes abdicar do direito de impetrar recursos contra as fases de propostas de preços e habilitação, antes mesmo da ocorrência de tais fases."

DAS IMPUGNAÇÕES, DOS PEDIDOS DE ESCLARECIMENTO E DOS RECURSOS   ARTº 167

Artigo 166

Da aplicação das sanções previstas nos incisos I, II e III do caput do art. 156 desta Lei caberá recurso no prazo de 15 (quinze) dias úteis, contado da data da intimação.

Parágrafo único. O recurso de que trata o caput deste artigo será dirigido à autoridade que tiver proferido a decisão recorrida, que, se não a reconsiderar no prazo de 5 (cinco) dias úteis, encaminhará o recurso com sua motivação à autoridade superior, a qual deverá proferir sua decisão no prazo máximo de 20 (vinte) dias úteis, contado do recebimento dos autos.

Artigo 167

Da aplicação da sanção prevista no inciso IV do caput do art. 156 desta Lei caberá apenas pedido de reconsideração, que deverá ser apresentado no prazo de 15 (quinze) dias úteis, contado da data da intimação, e decidido no prazo máximo de 20 (vinte) dias úteis, contado do seu recebimento.

De forma a reverenciar o princípio da revisibilidade das manifestações estatais fixado no art. 5º, inc. LV, da CF/88, da decisão administrativa que puniu o particular com as sanções contidas no art. 156 da NLLC, caberá o devido recurso administrativo no prazo de 15 (quinze) dias úteis, se outro maior não constar da legislação ou regulamento local, a contar da sua intimação ou notificação, nos termos do *caput* do art. 166 da nova Lei de Licitações.

O recurso administrativo protocolado deverá ser dirigido à autoridade superior no prazo de 5 (cinco) dias úteis, conforme determina o parágrafo único do art. 166 da nova Lei de Licitações, sendo o encaminhamento, todavia, realizado pela autoridade sancionadora, fato que permitirá que ela reconsidere a decisão de punir, ora recorrida. Caso entenda, contudo, não ser caso de modificação da decisão recorrida, por entender que a mesma é adequada em razão do comportamento infracional cometido, encaminhará o recurso administrativo à autoridade superior com o escopo dessa apreciar as razões recursais apresentadas, devendo proferir sua decisão no prazo máximo de 20 (vinte) dias úteis, contado do recebimento dos autos.

Estabelece o art. 167 da nova Lei de Licitações que, da aplicação da declaração de inidoneidade caberá apenas pedido de reconsideração, que deverá ser apresentado no prazo de 15 (quinze) dias úteis, contado da data da intimação, e decidido no prazo máximo de 20 (vinte) dias úteis, contado de seu recebimento. Assim ocorre, pois, como o agente competente para aplicação da declaração de inidoneidade é a autoridade máxima do órgão, entidade ou instituição, não há que falar em recurso, haja vista a inexistência de autoridade superior a ela. Logo, deverá ser a mesma autoridade que apreciará o pedido de reconsideração, de forma a permitir que o apenado tenha a sanção reavaliada.

Consoante prevê o art. 168 da nova Lei de Licitações, o recurso administrativo e o pedido de reconsideração terão efeito suspensivo do ato ou da decisão recorrida até que sobrevenha decisão final da autoridade competente, ou seja, os efeitos do ato sancionatório não passam a valer a partir do momento da edição do referido ato administrativo.

Falha a nova Lei de Licitações por não reproduzir o disposto contido no art. 109, § 5º, da Lei nº 8.666/1993, que estabelece que o prazo de recurso contra a decisão que sancionou o particular não se inicia ou corre sem que os autos do processo administrativo sancionatório estejam com vista franqueada ao apenado ou seu procurador.

Entende-se que, somente após o encerramento da fase recursal, ocasião em que se observa a "coisa julgada administrativa", é que deverá ocorrer a inscrição do particular em cadastros de apenados, a exemplo do Cadastro Nacional de Empresas Inidôneas e Suspensas (CEIS), Cadastro Nacional de Empresas Punidas (Cnep), instituídos no âmbito do Poder Executivo federal, conforme determina o art. 161 da nova Lei de Licitações ou, ainda, o registro cadastral de entidades ou órgãos públicos licitadores, como o Sistema de Cadastramento Unificado de Fornecedores (Sicaf), sob pena de violação ao princípio da presunção de inocência, previsto no inc. LVII do art. 5º da Constituição Federal de 1988, devendo também ser observado no processo administrativo sancionador.

Entende-se que as informações assentadas no registro cadastral do particular se apresentam como permanentes, inexistindo autorização para que a Administração Pública as exclua após determinado período de tempo, a exemplo da ocasião da extinção do ajuste, salvo se as informações introduzidas sejam divorciadas da realidade.

Ao particular inconformado com a punição imposta pela Administração, resta buscar socorro do Poder Judiciário, com estribo no princípio da inafastabilidade de jurisdição, devidamente fixado no art. 5º, inc. XXXV, do Texto Constitucional.

Por derradeiro, permite-se a revisão do processo sancionatório com o objetivo de possibilitar ao particular apenado a rediscussão da sanção aplicada a qualquer tempo no âmbito das contratações públicas.

Destaque-se que a possibilidade da revisão do processo sancionatório é garantida legalmente no âmbito federal por meio do disposto no art. 65 da Lei nº 9.784/1999, denominada de Lei Federal de Processo Administrativo.

DAS IMPUGNAÇÕES, DOS PEDIDOS DE ESCLARECIMENTO E DOS RECURSOS   ART° 168

Artigo 168

O recurso e o pedido de reconsideração terão efeito suspensivo do ato ou da decisão recorrida até que sobrevenha decisão final da autoridade competente.

Parágrafo único. Na elaboração de suas decisões, a autoridade competente será auxiliada pelo órgão de assessoramento jurídico, que deverá dirimir dúvidas e subsidiá-la com as informações necessárias.

Quando do processamento dos recursos em geral, seja judicial ou administrativo, observa-se a possibilidade da lei outorgar os efeitos "suspensivo" ou "devolutivo". Esclarecendo um a um, no tocante ao "efeito suspensivo" atribuído, verifica-se que o recurso que busca a revisão tem o condão de suspender ou deixar pendente os efeitos da decisão combatida até o julgamento do recurso pela autoridade superior. Por sua vez, sendo recebidos os recursos apenas no "efeito devolutivo", não se observa quando da imposição do recurso a suspensão dos efeitos da decisão a qual foi remetida para revisibilidade da autoridade superior, ou seja, mesmo em grau de recurso, os efeitos da decisão recorrida encontram-se vigentes, ou seja, exigíveis.

No âmbito da Lei nº 8.666/1993, em regra, os recursos administrativos são recebidos apenas no efeito devolutivo. A referida lei, todavia, excepciona, consoante estabelece o art. 109, § 2º, os recursos interpostos contra atos de habilitação ou inabilitação do licitante e do julgamento das propostas, quando se torna, por força legal, a concessão do efeito suspensivo ao recurso. Para as demais hipóteses, a exemplo do recurso de representação, o efeito do recurso será devolutivo, salvo se houver motivação fundada em interesse público manifestado pela autoridade, o que admitirá o efeito suspensivo no recurso administrativo. Neste caso, será necessário que a Administração promotora do certame justifique a razão da medida, que somente será cabível se houver razões de interesse público.

No âmbito da NLLC, todavia, e conforme estabelece o art. 168, tanto o recurso hierárquico como o pedido de reconsideração terão, necessariamente, efeito suspensivo do ato ou da decisão recorrida até que sobrevenha decisão final da autoridade competente.

A garantia do efeito suspensivo protege os licitantes em relação aos seus direitos tendo em vista que tal atributo impede o avanço do certame sem que ocorra a apreciação e manifestação da autoridade acerca das razões apresentadas.

Por derradeiro, estabelece o parágrafo único do artigo em estudo que, na elaboração de suas decisões referente ao julgamento dos recursos, a autoridade competente será auxiliada pelo órgão de assessoramento jurídico, que deverá dirimir dúvidas e subsidiá-la com as informações necessárias.

883

COMENTÁRIOS À NOVA LEI DE LICITAÇÕES PÚBLICAS E CONTRATOS ADMINISTRATIVOS

Garante o dispositivo em comento que a estrutura estatal esteja à disposição da autoridade para apreciar o caso concreto e emitir adequada decisão administrativa, de forma a auxiliar a autoridade na análise do caso concreto e na prolação da decisão.

Assim ocorre, de forma a garantir a legalidade do certame, pois muitas das vezes a autoridade que detém a competência de decidir não detém qualificação técnica necessária para julgar a matéria encaminhada para decisão.

CAPÍTULO III – DO CONTROLE DAS CONTRATAÇÕES

Artigo 169

As contratações públicas deverão submeter-se a práticas contínuas e permanentes de gestão de riscos e de controle preventivo, inclusive mediante adoção de recursos de tecnologia da informação, e, além de estar subordinadas ao controle social, sujeitar-se-ão às seguintes linhas de defesa:

I – primeira linha de defesa, integrada por servidores e empregados públicos, agentes de licitação e autoridades que atuam na estrutura de governança do órgão ou entidade;

II – segunda linha de defesa, integrada pelas unidades de assessoramento jurídico e de controle interno do próprio órgão ou entidade;

III – terceira linha de defesa, integrada pelo órgão central de controle interno da Administração e pelo tribunal de contas.

§ 1º Na forma de regulamento, a implementação das práticas a que se refere o caput deste artigo será de responsabilidade da alta administração do órgão ou entidade e levará em consideração os custos e os benefícios decorrentes de sua implementação, optando-se pelas medidas que promovam relações íntegras e confiáveis, com segurança jurídica para todos os envolvidos, e que produzam o resultado mais vantajoso para a Administração, com eficiência, eficácia e efetividade nas contratações públicas.

§ 2º Para a realização de suas atividades, os órgãos de controle deverão ter acesso irrestrito aos documentos e às informações necessárias à realização dos trabalhos, inclusive aos documentos classificados pelo órgão ou entidade nos termos da Lei nº 12.527, de 18 de novembro de 2011, e o órgão de controle com o qual foi compartilhada eventual informação sigilosa tornar-se-á corresponsável pela manutenção do seu sigilo.

§ 3º Os integrantes das linhas de defesa a que se referem os incisos I, II e III do caput deste artigo observarão o seguinte:

884

DO CONTROLE DAS CONTRATAÇÕES ART° 169

I – quando constatarem simples impropriedade formal, adotarão medidas para o seu saneamento e para a mitigação de riscos de sua nova ocorrência, preferencialmente com o aperfeiçoamento dos controles preventivos e com a capacitação dos agentes públicos responsáveis;

II – quando constatarem irregularidade que configure dano à Administração, sem prejuízo das medidas previstas no inciso I deste § 3º, adotarão as providências necessárias para a apuração das infrações administrativas, observadas a segregação de funções e a necessidade de individualização das condutas, bem como remeterão ao Ministério Público competente cópias dos documentos cabíveis para a apuração dos ilícitos de sua competência.

É notório que o novo diploma licitatório, não só por meio do art. 169, mas por outras passagens verificadas ao longo do extenso texto legal, objetiva exigir maior controle das contratações públicas pela Administração, de forma a garantir o adequado gasto público, observando-se estritamente a forma estabelecida pela lei.

Por meio da redação contida no artigo em estudo, amplia a nova Lei de Licitações o controle administrativo nas contratações públicas, que até então limitava-se à atuação do departamento de controle interno e assessoria jurídica do órgão ou entidade licitante na parte final da fase interna da licitação – análise da minuta do edital – e no processamento do certame, passando esse a ser realizado também durante a fase de planejamento do certame e execução contratual.

Com efeito, o referido artigo exige da Administração a implementação de práticas contínuas e permanentes de gestão de riscos e de controle preventivo, inclusive mediante adoção de recursos de tecnologia da informação. Ou seja, tal controle não será mais pontual, mas, sim, permanente, em todas as fases, seja preventivo ou *a posteriori*, diga-se, eletronicamente, de forma a aperfeiçoar e tornar mais célere o controle.

Cria o referido artigo, por meio dos três incisos lá observados, três linhas de defesas com o intento de implementar e garantir a gestão de riscos e de controle preventivo.

A primeira linha de defesa é integrada por servidores e empregados públicos, agentes de licitação, atuantes no processamento do certame ou gestão contratual, e autoridades que atuam na estrutura de governança do órgão ou entidade.

Por sua vez, a segunda linha de defesa é integrada pelas unidades de assessoramento jurídico, sejam assessores jurídicos ou advogados públicos, e de controle interno do próprio órgão ou entidade. Com efeito, na forma do art. 53 da NLLC, ao final da fase preparatória, o processo licitatório seguirá para o órgão de assessoramento jurídico da Administração, que realizará controle prévio de legalidade mediante análise jurídica da contratação. Com efeito, não é de hoje que tem sido cobrado dos órgãos de assessoramento jurídico a realização de um controle mais efetivo da legalidade (TCU – Acórdão nº 1330/2008 – Plenário – Relatoria: Ministro Benjamin Zymler), encargo que hoje é fixado expressamente pelo artigo em estudo.

No tocante ao controle interno do órgão, consoante estabelece o art. 70, *caput*, do Texto Constitucional, além do controle externo, exercido pelo Congresso Nacional, a fiscalização contábil, financeira, orçamentária, operacional e patrimonial da União e das entidades da Administração direta e indireta, quanto à legalidade, legitimidade, economicidade, aplicação das subvenções e renúncia de receitas, também ocorrerá por meio do sistema de controle interno de cada Poder.

Segundo o eg. TCE/SP, *in verbis*:

> Controlar significa fiscalizar pessoas, físicas e jurídicas, evitando que a objetivada entidade se desvie das finalidades para as quais foi instituída na sociedade. E o adjetivo "interno" quer dizer que, na Administração Pública, o controle será exercido por servidores da própria entidade auditada, conforme as normas, regulamentos e procedimentos por ela própria determinada, em consonância, óbvio, com os preceitos gerais da Constituição e das leis que regem o setor público.[301]

Destaque-se que o controle interno não é invenção do constituinte de 1988. Encontra previsão legal no art. 76 da Lei nº 4.320/1964, cujo teor assenta que tal controle será exercido privativamente pelo Poder Executivo. O fato de este dispositivo legal fazer menção unicamente ao Poder Executivo gerava dúvida em relação à obrigação de os demais Poderes da União de controlar internamente a execução orçamentária. Ressalte-se que tal imprecisão restou devidamente solucionada em 1988, quando o texto assentado no *caput* do art. 74 da Carta Magna estabeleceu que o controle interno deve ser mantido pelos Poderes constantes no art. 2º do Texto Constitucional, quais sejam, o Executivo, o Legislativo e o Judiciário.

Com efeito, a tais servidores e empregados lotados no órgão de controle interno devem ser encaminhados os processos de licitação para análise da legalidade dos atos praticados, dúvidas suscitadas, sempre com o objetivo de gerir riscos e controlar preventivamente o processamento de certames ou a execução dos contratos.

---

[301] Manual Básico, o Controle Interno do Município São Paulo, 2015. p.11. Disponível em:<https://www.tce.sp.gov.br/sites/default/files/noticias/manual-controleinterno-tcesp-fev-2015.pdf>. Acesso em: 29 de ago. de 2021.

DO CONTROLE DAS CONTRATAÇÕES   ART° 169

Por derradeiro, a terceira linha de defesa é integrada pelo órgão central de controle interno da Administração Pública e pelas Cortes de Contas, a exemplo da Controladoria-Geral da União e Tribunal de Contas da União.

Estabelece o § 1º do artigo em comento que, na forma de regulamento, a implementação das práticas a que se refere o *caput* deste artigo será de responsabilidade da alta administração do órgão ou entidade e levará em consideração os custos e os benefícios decorrentes de sua implementação, optando-se pelas medidas que promovam relações íntegras e confiáveis, com segurança jurídica para todos os envolvidos, e que produzam o resultado mais vantajoso para a Administração, com eficiência, eficácia e efetividade nas contratações públicas.

Garante o § 2º que, para a realização de suas atividades, os órgãos de controle deverão ter acesso irrestrito aos documentos e às informações necessárias à realização dos trabalhos, inclusive aos documentos classificados pelo órgão ou entidade nos termos da Lei nº 12.527, de 18 de novembro de 2011, e o órgão de controle com o qual foi compartilhada eventual informação sigilosa tornar-se-á corresponsável pela manutenção do seu sigilo.

Com efeito, sem a disponibilização efetiva das informações constantes do processo administrativo, sistemas etc., inexiste possibilidade da realização de efetivo controle, na forma fixada pelo artigo em estudo.

Existindo resistência na concessão de documento, justificada na presença de informação sigilosa, o dispositivo em estudo já garante a possibilidade de responsabilização a quem deu causa ao vazamento.

De forma a garantir segurança jurídica e liberdade de atuação na forma prevista no referido artigo, estabelece o § 3º do artigo em comento que os agentes públicos integrantes das linhas de defesa acima apontado quando constatarem simples impropriedade formal nos autos do processo administrativo, empreitam ações para buscar o saneamento – diga-se, atuam para convalidar o ato administrativo –, e para mitigar os riscos, de forma a evitar a sua ocorrência novamente. Para tanto, deverá ocorrer reanálises dos fluxos, de forma a aperfeiçoar os controles preventivos, bem como a capacitação dos agentes públicos responsáveis pela irregularidade observada.

Demais disso, estabelece o § 3º do art. 169, da NLLC, que, quando os agentes públicos que fazem parte da linha de defesa constatarem irregularidade que configure dano à Administração, sem prejuízo da reanálise dos fluxos e realização de capacitação dos responsáveis, adotarão as providências necessárias para a apuração das infrações administrativas, ou seja, deverá ser instaurado uma sindicância – caso seja necessário identificar autoria e materialidade – ou processo administrativo disciplinar, observadas a segregação de funções – ou seja, não poderá o agente que cometeu a irregularidade participar do expediente apuratório, bem como a necessidade de individualização das condutas – vale

COMENTÁRIOS À NOVA LEI DE LICITAÇÕES PÚBLICAS E CONTRATOS ADMINISTRATIVOS

dizer, deverá ser minuciosamente identificada a ação de cada agente público na prática do ato irregular –, de forma a permitir a justa punição, se for o caso. Ao cabo da apuração, deverão ser remetidas ao Ministério Público competente cópias dos documentos cabíveis para a apuração dos ilícitos civis ou penais.

Artigo 170

Os órgãos de controle adotarão, na fiscalização dos atos previstos nesta Lei, critérios de oportunidade, materialidade, relevância e risco e considerarão as razões apresentadas pelos órgãos e entidades responsáveis e os resultados obtidos com a contratação, observado o disposto no § 3º do art. 169 desta Lei.

§ 1º As razões apresentadas pelos órgãos e entidades responsáveis deverão ser encaminhadas aos órgãos de controle até a conclusão da fase de instrução do processo e não poderão ser desentranhadas dos autos.

§ 2º A omissão na prestação das informações não impedirá as deliberações dos órgãos de controle nem retardará a aplicação de qualquer de seus prazos de tramitação e de deliberação.

§ 3º Os órgãos de controle desconsiderarão os documentos impertinentes, meramente protelatórios ou de nenhum interesse para o esclarecimento dos fatos.

§ 4º Qualquer licitante, contratado ou pessoa física ou jurídica poderá representar aos órgãos de controle interno ou ao tribunal de contas competente contra irregularidades na aplicação desta Lei.

Fixa o art. 170 da nova Lei de Licitações os parâmetros ou linhas gerais a serem observados pelos órgãos de controle quando da fiscalização dos atos previstos na referida lei.

Com efeito, de forma a incentivar e contribuir para a melhoria da gestão pública, cujo beneficiado é a sociedade, é necessário a estruturação de método para a seleção daquilo que será objeto das ações de controle, sob pena dos órgãos de controle atuarem sem efetividade.

Sob esse prisma, fixa o art. 170, da NLLC, que os órgãos de controle adotarão, na fiscalização dos atos previstos nesta lei, critérios de oportunidade, materialidade, relevância e risco e considerarão as razões apresentadas pelos órgãos e entidades responsáveis e os resultados obtidos com a contratação, sempre observando o disposto no § 3º do art. 169, cujo teor estabelece os parâmetros a ser seguidos pelas três linhas de defesa estruturadas no referido artigo.

De modo a cravar um prazo, o § 1º do art. 170, da NLLC, estabelece um momento processual o qual os agentes públicos que devem se manifestar deverão encaminhar as razões para o órgão de controle, qual seja, até a conclusão da fase de instrução do processo. Da leitura do referido parágrafo, observa-se que a lei acabou por fixar um prazo cuja inobservância acarretará a preclusão do direito de defesa.

Ademais, determina o referido parágrafo que as razões apresentadas pelo agente público não poderão ser desentranhadas dos autos. Com efeito, a parte final do referido parágrafo impede que haja qualquer tipo de prejuízo ao contraditório e à ampla defesa, uma vez que o desentranhamento das razões apresentadas, passando o encaminhamento a ocorrer sem essas informações, poderá prejudicar o agente público que praticou supostamente atos em desconformidade com a lei.

Haja vista a possibilidade de se buscar o retardamento ou outro objetivo escuso, o § 2º do art. 170, da NLLC, quando estabelece que a omissão no encaminhamento das informações aos órgãos de controle não impede a deliberação do órgão fiscalizador no processo e nem retardará a aplicação de qualquer de seus prazos de tramitação e deliberação, acaba por estabelecer que o envio de informações caracteriza-se como uma faculdade, haja vista que, sendo enviada as razões ou não, o curso do processo não será interrompido.

Já o § 3º do art. 170, da NLLC, a fim de garantir a celeridade processual no tocante à apuração de eventual aplicação dos termos da nova Lei de Licitações, de forma equivocada, permite aos órgãos de controle a desconsideração de documentos que se apresentem, justificadamente, como impertinentes, meramente protelatórios ou de nenhum interesse para o esclarecimento dos fatos.

Com efeito, sendo efetivamente encaminhados, tem-se que tais documentos serão encartados nos autos do processo administrativo, porém não serão objeto de análise ou consideração em razão da motivada desconsideração, haja vista não deter dados que permitam o esclarecimento dos fatos.

Por derradeiro, estabelece o § 4º do art. 170 que, qualquer licitante, contratado ou pessoa física ou jurídica poderá representar irregularidade na aplicação desta lei, aos órgãos de controle interno ou ao tribunal de contas competente.

Consoante determina o § 2º do art. 74 da Constituição da República e art. 53 da Lei nº 8.443/92 (Lei Orgânica do TCU), qualquer cidadão, partido político, associação ou sindicato é parte legítima para, na forma da lei, denunciar irregularidades ou ilegalidades perante o Tribunal de Contas da União.

Demais disso, na forma como estabelece o art. 44 do Código Civil de 2002, dúvida alguma pode restar que as associações, as sociedades, as fundações, as organizações religiosas e os partidos políticos são pessoas jurídicas de direito privado.

À luz de todo o exposto, portanto, resta claro que quaisquer pessoas, naturais ou jurídicas, licitantes ou não, podem formular denúncias ou representações de irregularidades perante os Tribunais de Contas.

COMENTÁRIOS À NOVA LEI DE LICITAÇÕES PÚBLICAS E CONTRATOS ADMINISTRATIVOS

Sendo assim, além do art. 113 da Lei de Licitações, o § 4º do art. 170, da NLLC, qualquer licitante, contratado, seja pessoa física ou jurídica, poderá representar, aos órgãos de controle interno ou ao tribunal de contas competente, contra irregularidades na aplicação desta lei.

ARTIGO 171

Na fiscalização de controle será observado o seguinte:

I – viabilização de oportunidade de manifestação aos gestores sobre possíveis propostas de encaminhamento que terão impacto significativo nas rotinas de trabalho dos órgãos e entidades fiscalizados, a fim de que eles disponibilizem subsídios para avaliação prévia da relação entre custo e benefício dessas possíveis proposições;

II – adoção de procedimentos objetivos e imparciais e elaboração de relatórios tecnicamente fundamentados, baseados exclusivamente nas evidências obtidas e organizados de acordo com as normas de auditoria do respectivo órgão de controle, de modo a evitar que interesses pessoais e interpretações tendenciosas interfiram na apresentação e no tratamento dos fatos levantados;

III – definição de objetivos, nos regimes de empreitada por preço global, empreitada integral, contratação semi-integrada e contratação integrada, atendidos os requisitos técnicos, legais, orçamentários e financeiros, de acordo com as finalidades da contratação, devendo, ainda, ser perquirida a conformidade do preço global com os parâmetros de mercado para o objeto contratado, considerada inclusive a dimensão geográfica.

§ 1º Ao suspender cautelarmente o processo licitatório, o tribunal de contas deverá pronunciar-se definitivamente sobre o mérito da irregularidade que tenha dado causa à suspensão no prazo de 25 (vinte e cinco) dias úteis, contado da data do recebimento das informações a que se refere o § 2º deste artigo, prorrogável por igual período uma única vez, e definirá objetivamente:

I – as causas da ordem de suspensão;

II – o modo como será garantido o atendimento do interesse público obstado pela suspensão da licitação, no caso de objetos essenciais ou de contratação por emergência.

§ 2º Ao ser intimado da ordem de suspensão do processo licitatório, o órgão ou entidade deverá, no prazo de 10 (dez) dias úteis, admitida a prorrogação:

I – informar as medidas adotadas para cumprimento da decisão;

890

DO CONTROLE DAS CONTRATAÇÕES ART$^{\circ}$ 171

II – prestar todas as informações cabíveis;

III – proceder à apuração de responsabilidade, se for o caso.

§ 3º A decisão que examinar o mérito da medida cautelar a que se refere o § 1º deste artigo deverá definir as medidas necessárias e adequadas, em face das alternativas possíveis, para o saneamento do processo licitatório, ou determinar a sua anulação.

§ 4º O descumprimento do disposto no § 2º deste artigo ensejará a apuração de responsabilidade e a obrigação de reparação do prejuízo causado ao erário.

Na esteira de padronizar e fixar linhas gerais de atuação, a NLLC fixa mais diretrizes para o fortalecimento do exercício das atribuições constitucionais dos órgãos de controle.

Sendo assim, o inc. I do art. 171, da NLLC, fixa que, no exercício das atividades de fiscalização de controle, será analisada a eventual viabilidade de concessão de oportunidade de manifestação aos gestores sobre possíveis propostas de encaminhamento que terão impacto significativo nas rotinas de trabalho dos órgãos e entidades fiscalizados, a fim de que eles disponibilizem subsídios para a avaliação prévia da relação entre custo e benefício dessas possíveis proposições.

Com efeito, detendo uma possível proposta de encaminhamento de impacto significativo nas rotinas de trabalho, deverá ser travado um diálogo entre controlador e controlado, de forma a evitar a fixação de proposta desvantajosa, seja econômica ou operacionalmente.

Por sua vez, o inc. II do art. 171, da NLLC, fixa ser necessária a adoção de procedimentos objetivos e imparciais e a elaboração de relatórios tecnicamente fundamentados, baseados exclusivamente nas evidências obtidas e organizados de acordo com as normas de auditoria do respectivo órgão de controle, de modo a evitar que interesses pessoais e interpretações tendenciosas interfiram na apresentação e no tratamento dos fatos levantados.

Já no inc. III do art. 171, da NLLC, será observada a definição de objetivos, nos regimes de empreitada por preço global, empreitada integral, contratação semi-integrada e contratação integrada, atendidos os requisitos técnicos, legais, orçamentários e financeiros, de acordo com as finalidades da contratação, devendo, ainda, ser perquirida a conformidade do preço global com os parâmetros de mercado para o objeto contratado, considerada, inclusive, a dimensão geográfica.

O § 1º do artigo em comento trata da prerrogativa dos Tribunais de Contas de suspender cautelarmente o processo licitatório. Acerca dessa atribuição, o eg. STF já prolatou que: "O Tribunal de Contas da União tem competência para fiscalizar procedimentos de licitação, determinar a suspensão cautelar (artigos 4º e 113, 1º e 2º da Lei nº 8.66/93), examinar editais de licitação e legitimidade para expedição de medidas cautelares para prevenir lesão ao erário e garantir a efetividade de suas decisões".

Sendo assim, no exercício dessa competência, a Corte de Contas, ao suspender cautelarmente o processo licitatório, deverá pronunciar-se definitivamente sobre o mérito da irregularidade que tenha dado causa à suspensão no prazo de 25 dias úteis, de forma a garantir a celeridade na referida atuação da Corte de Contas, evitando prejuízos ao atendimento do interesse público buscado com o objeto cuja licitação foi suspensa.

Dada a necessidade de clareza em relação à fixação e cumprimento do prazo fixado, o parágrafo em estudo estabelece como marco inicial da contagem dos 25 dias úteis a data do recebimento das informações a que se refere o § 2º deste artigo, podendo este ser prorrogável por igual período uma única vez, desde que ocorra motivada justificativa.

Em razão da necessidade da presença da motivação nos atos administrativos, exige a artigo em comento que a decisão prolatada pelo órgão de controle seja devidamente fundamentada. Sendo assim, quando ocorrer a determinação da suspensão cautelar do processo licitatório, o Tribunal de Contas deverá pronunciar-se objetivamente sobre as causas da ordem de suspensão.

Demais disso, haja vista os problemas fáticos que podem ocorrer em razão da prolação da decisão cautelar, deverá o órgão de controle manifestar-se sobre o modo como será garantido o atendimento do interesse público obstado pela suspensão da licitação, no caso de objetos essenciais ou de contratação por emergência. Com efeito, tal decisão vai ao encontro do que fixa o art. 21 da LINDB, cujo teor estabelece que "A decisão que, nas esferas administrativa, controladora ou judicial, decretar a invalidação de ato, contrato, ajuste, processo ou norma administrativa deverá indicar de modo expresso suas consequências jurídicas e administrativas."

Estabelece o § 2º do art. 171, da NLLC, que, ao ser intimado da ordem de suspensão do processo licitatório, o órgão ou entidade, no prazo de 10 dias úteis terá que (I) informar as medidas adotadas para cumprimento da decisão cautelar, a exemplo da suspensão do certame e encaminhamento dos autos para a área competente analisar as razões da representação, (II) prestar todas as informações cabíveis, a exemplo da apresentação das justificativas para a inserção de determinada exigência editalícia, e (III) apurar a responsabilidade, se for o caso, quando o teor da representação relacionar-se à atuação divorciada dos termos fixados na legislação. Fixa o § 4º do artigo em estudo que o descumprimento do teor ora analisado ensejará a apuração de responsabilidade e a obrigação de reparação do prejuízo causado ao erário.

DO CONTROLE DAS CONTRATAÇÕES   ART° 172

Observa-se da leitura do referido parágrafo que a possibilidade de solicitação de prorrogação do prazo que, em nosso sentir, precederá da apresentação de requerimento formal pelo órgão ou entidade controlado, devendo ser declinada as motivadas razões.

Por derradeiro, fixa o § 3º do artigo em estudo que a decisão que examinar o mérito da medida cautelar, a que se refere o § 1º, deverá definir as medidas necessárias e adequadas, em face das alternativas possíveis, para o saneamento do processo licitatório, ou determinar a sua anulação.

Tem-se observado que o espírito da NLLC, no tocante à decretação de anulação de atos administrativos, é a adoção do referido expediente apenas como última hipótese, haja vista a possibilidade jurídica de convalidação dos atos administrativos, de forma a sanear irregularidades verificadas nos processos de contratação pública.

Sendo assim, no caso concreto, existindo a possibilidade da decisão de mérito da medida cautelar prolatada, deverá definir as medidas necessárias e adequadas, em face das alternativas possíveis, para o saneamento do processo licitatório ou, se não existir alternativa, declarar a nulidade da irregularidade submetida.

Jurisprudência e decisões dos Tribunais de Contas

Tribunais de Contas. Atuação. Solução de controvérsia envolvendo direito subjetivo. Descabimento: TCU – Acórdão 1.462/2010 – Plenário – Relatoria: Ministro Marcos Bemquerer Costa – "1. Não cabe ao Tribunal de Contas da União a solução de controvérsia envolvendo direito subjetivo de empresa particular frente à Administração Pública."

Tribunais de Contas. Atuação. Representação. Veracidade dos fatos informados. Necessidade, sob pena de tal instrumento ser considerado improcedente: TCU – Acórdão nº 1.033/2007 – Plenário – Relatoria: Ministro Augusto Nardes – "1. Deve o Tribunal conhecer de Representação quando configurados os requisitos de admissibilidade pertinentes, devendo o instrumento ser considerado improcedente na hipótese da não comprovação da veracidade dos fatos noticiados."

Tribunais de Contas. Atuação. Representação. Necessidade de motivação: TCU – Acórdão nº 1.406/2006 – Plenário – Relatoria: Ministro Marcos Vinicios Vilaça – "2. É improcedente a alegação de restrição à competição e direcionamento da licitação se o representante não traz sequer indícios de irregularidades."

Artigo 172
(VETADO).

Artigo 173

Os tribunais de contas deverão, por meio de suas escolas de contas, promover eventos de capacitação para os servidores efetivos e empregados públicos designados para o desempenho das funções essenciais à execução desta Lei, incluídos cursos presenciais e a distância, redes de aprendizagem, seminários e congressos sobre contratações públicas.

A capacitação é um requisito essencial para que ocorra a fluidez administrativa na condução dos processos de contratação pública, pois dúvidas e cometimentos de erros fazem com que ocorram uma demora significativa na lavratura dos contratos administrativos ou na extinção destes.

Os órgãos de controle que recaem sobre a Administração Pública, exemplo do sistema de controle interno dos Tribunais de Contas, ou do Ministério Público local, atuam com significativo rigor, cobrando do servidor ou empregado público profundos conhecimentos, os quais não foram exigidos no concurso público e que posteriormente não foram oferecidos pelas autoridades competentes.

A futura responsabilização que a falta de conhecimento técnico propicia faz com que milhares de servidores públicos relutem em assumir algum tipo de atribuição ou encargo que esteja relacionado a qualquer fase dentro do processo de contratação pública.

Muitas das vezes aqueles que aceitam tal encargo são os servidores que ocupam cargos de natureza transitória, ou seja, os comissionados, em razão dos vínculos de confiança de tempos em tempos, porém, dada a transitoriedade dos governos, o comissionado quando adquirir significativo conhecimento é exonerado do serviço público, não retendo aquela administração pública o conhecimento adquirido.

De forma a evitar problemas desta natureza e efetivamente garantir a eficiência administrativa no âmbito das contratações públicas, é fortemente recomendado a capacitação dos servidores e empregados públicos que manejem tal matéria.

Os Tribunais de Contas têm recomendado recorrentemente que servidores públicos lotados em órgãos e departamentos, cujas atribuições sejam de processar contratações públicas, passem por capacitação, de forma a evitar contínuas reprovações das contratações pelos órgãos de controle.

Vejamos as manifestações do eg. TCU:

1.7.4. adote medidas administrativas necessárias: (a) ao adequado acompanhamento da execução contratual; (b) à proibição de uso dos veículos oficiais por pessoas estranhas ao serviço público; (c) à capacitação de pessoal nas áreas de patrimônio e

DO CONTROLE DAS CONTRATAÇÕES   ART° 173

gestão de contratos; (d) à revisão e à adequação das informações do Relatório de Gestão aos normativos em vigor; (e) à inscrição dos bens no Spiunet e sua reavaliação; (f) à normatização do controle de uso e do abastecimento dos veículos; (g) à definição do planejamento operacional das ações e das compras; (h) e à observância das disposições da Lei 8.666/1993.[302]

1.7. Determinar ao *omissis*, com fundamento no art. 208, § 2º, do RI/TCU, que elabore um plano de ação, no prazo de 90 dias, contemplando as seguintes medidas:

1.7.1. realização de treinamento e de aperfeiçoamento de pessoal na área de recursos logísticos para adquirir conhecimento quanto aos procedimentos de aquisição de materiais com determinadas especificações ambientais;

1.7.2. promoção da capacitação dos servidores da área técnica para manuseio da ferramenta oferecida no Sistema Comprasnet;

1.7.3. implementação de medidas que tornem os resultados das fiscalizações das transferências eficazes e que previnam prejuízos ao erário;[303]

1.7.1 Recomendar ao *omissis*, com fundamento no art. 250, inciso III, do Regimento Interno do TCU, que:

1.7.1.1 promova a capacitação continuada dos agentes responsáveis pela elaboração de procedimentos licitatórios e adote, formalmente, medidas administrativas que coíbam a restrição à competitividade na elaboração de procedimentos licitatórios;[304]

9.1.3. institua política de capacitação para os profissionais do (omissis), de forma regulamentada, com o objetivo de estimular o aprimoramento de seus recursos humanos, especialmente aqueles correlacionados com as áreas de licitações e contratos, planejamento e execução orçamentária, acompanhamento e fiscalização contratual e outras áreas da esfera administrativa, de modo a subsidiar melhorias no desenvolvimento de atividades nas áreas de suprimentos/compras, licitações/contratos e recebimento e atesto de serviços.

Sabendo-se que os recursos públicos são escassos, de forma a custear a capacitação por meio de empresas privadas, é praxe nos diplomas licitatórios, a exemplo do que estabelece o art. 173, a Administração Pùblica valer-se das Escolas de Contas, sendo essa mais uma função institucional das Cortes de Contas.

---

[302] TCU – Acórdão nº 564/2016 – 2ª Câmara, julgado em 02/02/2016
[303] TCU – Acórdão nº 544/2016 – 1ª Câmara, julgado em 02/02/2016
[304] TCU – Acórdão nº 3.707/2015 – 1ª Câmara, julgado em 23/06/2015

TÍTULO V – DISPOSIÇÕES GERAIS

CAPÍTULO I – DO PORTAL NACIONAL DE CONTRATAÇÕES PÚBLICAS (PNCP)

Artigo 174

É criado o Portal Nacional de Contratações Públicas (PNCP), sítio eletrônico oficial destinado à:

I – divulgação centralizada e obrigatória dos atos exigidos por esta Lei;

II – realização facultativa das contratações pelos órgãos e entidades dos Poderes Executivo, Legislativo e Judiciário de todos os entes federativos.

§ 1º O PNCP será gerido pelo Comitê Gestor da Rede Nacional de Contratações Públicas, a ser presidido por representante indicado pelo Presidente da República e composto de:

I – 3 (três) representantes da União indicados pelo Presidente da República;

II – 2 (dois) representantes dos Estados e do Distrito Federal indicados pelo Conselho Nacional de Secretários de Estado da Administração;

III – 2 (dois) representantes dos Municípios indicados pela Confederação Nacional de Municípios.

§ 2º O PNCP conterá, entre outras, as seguintes informações acerca das contratações:

I – planos de contratação anuais;

II – catálogos eletrônicos de padronização;

III – editais de credenciamento e de pré-qualificação, avisos de contratação direta e editais de licitação e respectivos anexos;

IV – atas de registro de preços;

V – contratos e termos aditivos;

VI – notas fiscais eletrônicas, quando for o caso.

§ 3º O PNCP deverá, entre outras funcionalidades, oferecer:

I – sistema de registro cadastral unificado;

II – painel para consulta de preços, banco de preços em saúde e acesso à base nacional de notas fiscais eletrônicas;

III – sistema de planejamento e gerenciamento de contratações, incluído o cadastro de atesto de cumprimento de obrigações previsto no § 4º do art. 88 desta Lei;

IV – sistema eletrônico para a realização de sessões públicas;

V – acesso ao Cadastro Nacional de Empresas Inidôneas e Suspensas (Ceis) e ao Cadastro Nacional de Empresas Punidas (Cnep);

VI – sistema de gestão compartilhada com a sociedade de informações referentes à execução do contrato, que possibilite:

a) envio, registro, armazenamento e divulgação de mensagens de texto ou imagens pelo interessado previamente identificado;

b) acesso ao sistema informatizado de acompanhamento de obras a que se refere o inciso III do caput do art. 19 desta Lei;

c) comunicação entre a população e representantes da Administração e do contratado designados para prestar as informações e esclarecimentos pertinentes, na forma de regulamento;

d) divulgação, na forma de regulamento, de relatório final com informações sobre a consecução dos objetivos que tenham justificado a contratação e eventuais condutas a serem adotadas para o aprimoramento das atividades da Administração.

§ 4º O PNCP adotará o formato de dados abertos e observará as exigências previstas na Lei nº 12.527, de 18 de novembro de 2011.

§ 5º (VETADO).

Artigo 175

Sem prejuízo do disposto no art. 174 desta Lei, os entes federativos poderão instituir sítio eletrônico oficial para divulgação complementar e realização das respectivas contratações.

§ 1º Desde que mantida a integração com o PNCP, as contratações poderão ser realizadas por meio de sistema eletrônico fornecido por pessoa jurídica de direito privado, na forma de regulamento.

§ 2º Até 31 de dezembro de 2023, os Municípios deverão realizar divulgação complementar de suas contratações mediante publicação de extrato de edital de licitação em jornal diário de grande circulação local. (Promulgação partes vetadas).

Artigo 176

Os Municípios com até 20.000 (vinte mil) habitantes terão o prazo de 6 (seis) anos, contado da data de publicação desta Lei, para cumprimento:

DO PORTAL NACIONAL DE CONTRATAÇÕES PÚBLICAS (PNCP)   ART° 176

I – dos requisitos estabelecidos no art. 7º e no caput do art. 8º desta Lei;

II – da obrigatoriedade de realização da licitação sob a forma eletrônica a que se refere o § 2º do art. 17 desta Lei;

III – das regras relativas à divulgação em sítio eletrônico oficial.

Parágrafo único. Enquanto não adotarem o PNCP, os Municípios a que se refere o caput deste artigo deverão:

I – publicar, em diário oficial, as informações que esta Lei exige que sejam divulgadas em sítio eletrônico oficial, admitida a publicação de extrato;

II – disponibilizar a versão física dos documentos em suas repartições, vedada a cobrança de qualquer valor, salvo o referente ao fornecimento de edital ou de cópia de documento, que não será superior ao custo de sua reprodução gráfica.

A nova Lei de Licitações trouxe diversas inovações, dentre elas a necessidade de um sítio eletrônico (website) para divulgação, de forma a conferir maior publicidade aos atos licitatórios, sendo denominado este como Portal Nacional de Contratações Públicas, doravante PNCP.

O PNCP apresenta-se como um grande banco de dados que, por meio de *big data*, permitirá a realização de estudos e pesquisas acerca das contratações públicas brasileiras, até hoje inexistentes.

Fixa o § 1º do artigo em comento que o PNCP será gerido pelo Comitê Gestor da Rede Nacional de Contratações Públicas, a ser presidido por representante indicado pelo Presidente da República e composto de 3 (três) representantes da União indicados pelo Presidente da República, 2 (dois) representantes dos Estados e do Distrito Federal indicados pelo Conselho Nacional de Secretários de Estado da Administração e 2 (dois) representantes dos Municípios indicados pela Confederação Nacional de Municípios.

Já o § 2º do artigo, em estudo prestigia o princípio constitucional da publicidade dos atos administrativos, uma vez que, por intermédio deste sítio eletrônico, exige a disponibilização dos planos de contratação anuais; catálogos eletrônicos de padronização; editais de credenciamento e de pré-qualificação, avisos de contratação direta e editais de licitação e respectivos anexos; atas de registro de preços; contratos e termos aditivos; e notas fiscais eletrônicas, quando for o caso.

A nova Lei de Licitações, por meio da leitura do § 3º do art. 174, não exige a produção de um sítio eletrônico informativo, mas de uma plataforma provida de ferramentas que busquem facilitar o processo licitatório, uma vez que contará com: sistema de registro cadastral unificado, painel para consulta de preços, banco de preços em saúde e acesso à base nacional de notas fiscais eletrônicas; sistema de planejamento e gerenciamento de contratações, incluído o cadastro de atesto de cumprimento de obrigações; sistema eletrônico para a realização de sessões públicas; acesso ao Cadastro Nacional de Empresas Inidôneas e Suspensas (Ceis) e ao Cadastro Nacional de Empresas Punidas (Cnep); sistema de gestão compartilhada com a sociedade de informações referentes à execução do contrato, que possibilite: envio, registro, armazenamento e divulgação de mensagens de texto ou imagens pelo interessado previamente identificado.

Já o § 4º do art. 174 exige que o PNCP adote o formato de dados abertos e observará as exigências previstas na Lei nº 12.527, de 18 de novembro de 2011. Por meio da disponibilização de dados abertos, permite-se que a sociedade se aproprie das informações, passando a controlar tais informações à luz de seus interesses e objetivos, produzindo dados, estudos e análises do maior comprador do Brasil.

Com efeito, destaque-se que, sendo todas essas informações devidamente inseridas no banco de dados do PNCP, terá o Estado brasileiro um banco de dados com informações de todos os contratados, os preços que estão praticando, as sanções que estão recebendo, aqueles que estão impedidos de licitar e contratar, os que já praticaram comportamentos fraudulentos etc.

O art. 175 da NLCC estabelece que os entes federativos poderão instituir sítio eletrônico oficial para divulgação complementar e realização das respectivas contratações. Ou seja, exige-se pelo PNCP um banco de dados com conteúdo mínimo, podendo os demais entes federativos manter os seus, a exemplo do AUDESP, cujo teor pode consignar outras informações do que aquelas arroladas no art. 174.

Já o § 1º fixa que, desde que mantida a integração com o PNCP, as contratações poderão ser realizadas por meio de sistema eletrônico fornecido por pessoa jurídica de direito privado, na forma de regulamento. Porém, deve-se atentar ao art. 176 da nova Lei de Licitações, nº 14.133/2021, onde ressalta-se o prazo de 6 (seis) anos para municípios com até 20.000 (vinte mil) habitantes para o cumprimento das regras lá arroladas, especialmente as relativas à divulgação do sítio eletrônico (*website*), e neste período deverão publicar em diário oficial. Observa-se prazo mais que razoável para que as Administrações municipais se estruturem tecnologicamente e criem fluxos para atender ao comando legal.

Já o § 2º, inicialmente vetado pelo Presidente da República, cujo veto restou rejeitado pelo Congresso Nacional, estabelece que até 31 de dezembro de 2023, os Municípios deverão realizar divulgação complementar de suas contratações mediante publicação de extrato de edital de licitação em jornal diário de grande circulação local.

No tocante ao § 2º do art. 175 da NLLC, tem-se que o mesmo restou devidamente vetado pelo Presidente da República, adotando-se as seguintes razões para decidir:

Razões do veto

A propositura estabelece que os entes federativos poderão instituir sítio eletrônico oficial para divulgação complementar e realização das respectivas contratações, e que, até 31 de dezembro de 2023, os Municípios deverão realizar divulgação complementar de suas contratações mediante publicação de extrato de edital de licitação em jornal diário de grande circulação local.

Todavia, e embora se reconheça o mérito da proposta, a determinação de publicação em jornal de grande circulação contraria o interesse público por ser uma medida desnecessária e antieconômica, tendo em vista que a divulgação em 'sítio eletrônico oficial' atende ao princípio constitucional da publicidade.

Além disso, tem-se que o princípio da publicidade, disposto no art. 37, caput da Constituição da República, já seria devidamente observado com a previsão contida no caput do art. 54, que prevê a divulgação dos instrumentos de contratação no Portal Nacional de Contratações Públicas (PNCP), o qual passará a centralizar a publicidade dos atos relativos às contratações públicas.

Ocorre, todavia, que o mesmo restou devidamente promulgado em 10 de junho de 2021 em razão do Congresso Nacional derrubar em 1º do referido mês o tal veto realizado pelo presidente à nova Lei de Licitações e Contratos Administrativos.

CAPÍTULO II – DAS ALTERAÇÕES LEGISLATIVAS

Artigo 177

O caput do art. 1.048 da Lei nº 13.105, de 16 de março de 2015 (Código de Processo Civil), passa a vigorar acrescido do seguinte inciso IV:

"Art. 1.048. IV – em que se discuta a aplicação do disposto nas normas gerais de licitação e contratação a que se refere o inciso XXVII do caput do art. 22 da Constituição Federal". (NR)

O novo regramento geral sobre licitações e contratos administrativos trouxe uma novidade que, reverenciando a celeridade processual, alterou o art. 1.048 do Código de Processo Civil, cujo teor versa sobre a prioridade de tramitação, estabelecendo que terão precedência sobre os demais processos as lides que versem conflitos relacionados às normas gerais de licitação e contratação, em

COMENTÁRIOS À NOVA LEI DE LICITAÇÕES PÚBLICAS E CONTRATOS ADMINISTRATIVOS

todas as modalidades, para as administrações públicas diretas, autárquicas e fundacionais da União, Estados, Distrito Federal e Municípios.

Sendo assim, busca-se a efetivação do princípio da celeridade processual, oportunamente trazido pela Emenda Constitucional nº 45/2004 ao ordenamento jurídico pátrio, de forma a garantir presteza na resolução de questões atinentes a processos judiciais que versem sobre normas gerais de licitações e contratos públicos, haja vista o prejuízo que a demora na resolução pode acarretar no caso concreto cuja lei busque impor disciplina local ou regionalmente e que seja objeto de discussão judicial.

Vale ressaltar que o dispositivo em comento não altera a tramitação dos processos que não assentam em seu bojo discussão de assuntos atinentes às normas gerais de licitação, a exemplo de conflitos associados à habilitação de proponentes, cerceamento de defesa, imposição irregular de sanções administrativas, cobranças de pagamentos não realizados pela Administração etc.

Artigo 178

O Título XI da Parte Especial do Decreto-Lei nº 2.848, de 7 de dezembro de 1940 (Código Penal), passa a vigorar acrescido do seguinte Capítulo II-B:

"CAPÍTULO II-B
DOS CRIMES EM LICITAÇÕES E CONTRATOS ADMINISTRATIVOS

Contratação direta ilegal

Art. 337-E. Admitir, possibilitar ou dar causa à contratação direta fora das hipóteses previstas em lei:

Pena – reclusão, de 4 (quatro) a 8 (oito) anos, e multa.

Frustração do caráter competitivo de licitação

Art. 337-F. Frustrar ou fraudar, com o intuito de obter para si ou para outrem vantagem decorrente da adjudicação do objeto da licitação, o caráter competitivo do processo licitatório:

Pena – reclusão, de 4 (quatro) anos a 8 (oito) anos, e multa.

Patrocínio de contratação indevida

Art. 337-G. Patrocinar, direta ou indiretamente, interesse privado perante a Administração Pública, dando causa à instauração de licitação ou à celebração de contrato cuja invalidação vier a ser decretada pelo Poder Judiciário:

Pena – reclusão, de 6 (seis) meses a 3 (três) anos, e multa.

DAS ALTERAÇÕES LEGISLATIVAS ARTº 178

Modificação ou pagamento irregular em contrato administrativo

Art. 337-H. Admitir, possibilitar ou dar causa a qualquer modificação ou vantagem, inclusive prorrogação contratual, em favor do contratado, durante a execução dos contratos celebrados com a Administração Pública, sem autorização em lei, no edital da licitação ou nos respectivos instrumentos contratuais, ou, ainda, pagar fatura com preterição da ordem cronológica de sua exigibilidade:

Pena – reclusão, de 4 (quatro) anos a 8 (oito) anos, e multa.

Perturbação de processo licitatório

Art. 337-I. Impedir, perturbar ou fraudar a realização de qualquer ato de processo licitatório:

Pena – detenção, de 6 (seis) meses a 3 (três) anos, e multa.

Violação de sigilo em licitação

Art. 337-J. Devassar o sigilo de proposta apresentada em processo licitatório ou proporcionar a terceiro o ensejo de devassá-lo:

Pena – detenção, de 2 (dois) anos a 3 (três) anos, e multa.

Afastamento de licitante

Art. 337-K. Afastar ou tentar afastar licitante por meio de violência, grave ameaça, fraude ou oferecimento de vantagem de qualquer tipo:

Pena – reclusão, de 3 (três) anos a 5 (cinco) anos, e multa, além da pena correspondente à violência.

Parágrafo único. Incorre na mesma pena quem se abstém ou desiste de licitar em razão de vantagem oferecida.

Fraude em licitação ou contrato

Art. 337-L. Fraudar, em prejuízo da Administração Pública, licitação ou contrato dela decorrente, mediante:

I – entrega de mercadoria ou prestação de serviços com qualidade ou em quantidade diversas das previstas no edital ou nos instrumentos contratuais;

II – fornecimento, como verdadeira ou perfeita, de mercadoria falsificada, deteriorada, inservível para consumo ou com prazo de validade vencido;

III – entrega de uma mercadoria por outra;

IV – alteração da substância, qualidade ou quantidade da mercadoria ou do serviço fornecido;

V – qualquer meio fraudulento que torne injustamente mais onerosa para a Administração Pública a proposta ou a execução do contrato:

Pena – reclusão, de 4 (quatro) anos a 8 (oito) anos, e multa.

COMENTÁRIOS À NOVA LEI DE LICITAÇÕES PÚBLICAS E CONTRATOS ADMINISTRATIVOS

Contratação inidônea

Art. 337-M. Admitir à licitação empresa ou profissional declarado inidôneo:

Pena – reclusão, de 1 (um) ano a 3 (três) anos, e multa.

§ 1º Celebrar contrato com empresa ou profissional declarado inidôneo: Pena – reclusão, de 3 (três) anos a 6 (seis) anos, e multa.

§ 2º Incide na mesma pena do caput deste artigo aquele que, declarado inidôneo, venha a participar de licitação e, na mesma pena do § 1º deste artigo, aquele que, declarado inidôneo, venha a contratar com a Administração Pública.

Impedimento indevido

Art. 337-N. Obstar, impedir ou dificultar injustamente a inscrição de qualquer interessado nos registros cadastrais ou promover indevidamente a alteração, a suspensão ou o cancelamento de registro do inscrito:

Pena – reclusão, de 6 (seis) meses a 2 (dois) anos, e multa.

Omissão grave de dado ou de informação por projetista

Art. 337-O. Omitir, modificar ou entregar à Administração Pública levantamento cadastral ou condição de contorno em relevante dissonância com a realidade, em frustração ao caráter competitivo da licitação ou em detrimento da seleção da proposta mais vantajosa para a Administração Pública, em contratação para a elaboração de projeto básico, projeto executivo ou anteprojeto, em diálogo competitivo ou em procedimento de manifestação de interesse:

Pena – reclusão, de 6 (seis) meses a 3 (três) anos, e multa.

§ 1º Consideram-se condição de contorno as informações e os levantamentos suficientes e necessários para a definição da solução de projeto e dos respectivos preços pelo licitante, incluídos sondagens, topografia, estudos de demanda, condições ambientais e demais elementos ambientais impactantes, considerados requisitos mínimos ou obrigatórios em normas técnicas que orientam a elaboração de projetos.

§ 2º Se o crime é praticado com o fim de obter benefício, direto ou indireto, próprio ou de outrem, aplica-se em dobro a pena prevista no caput deste artigo.

Art. 337-P. A pena de multa cominada aos crimes previstos neste Capítulo seguirá a metodologia de cálculo prevista neste Código e não poderá ser inferior a 2% (dois por cento) do valor do contrato licitado ou celebrado com contratação direta."

Observa-se que a nova Lei de Licitações não reproduz a sistemática constante da Lei nº 8.666/1993, de arrolar no seu teor os tipos penais licitatórios, bem como as correspondentes sanções, conforme observa-se a partir do seu art. 89, cujo teor já restou revogado pela NLLC.

O que se observa na Lei nº 14.133/2021 é a introdução do Capítulo II-B no Código Penal Brasileiro que assenta o regime penal das contratações públicas, preservando os tipos penais já existentes, agravando-se, todavia, as penalidades, passando a arrolar entre os arts. 337-E e 337-P, os comportamentos praticados no âmbito das contratações públicas, que, caso sejam transgredidos, serão punidos com a correspondente sanção.

Haja vista a especificidade da matéria atinente ao Direito Penal, não ofereceremos comentários sobre a matéria penal sancionatória.

ARTIGO 179

Os incisos II e III do caput do art. 2º da Lei nº 8.987, de 13 de fevereiro de 1995, passam a vigorar com a seguinte redação:

"Art. 2º, II – concessão de serviço público: a delegação de sua prestação, feita pelo poder concedente, mediante licitação, na modalidade concorrência ou diálogo competitivo, a pessoa jurídica ou consórcio de empresas que demonstre capacidade para seu desempenho, por sua conta e risco e por prazo determinado;

III – concessão de serviço público precedida da execução de obra pública: a construção, total ou parcial, conservação, reforma, ampliação ou melhoramento de quaisquer obras de interesse público, delegados pelo poder concedente, mediante licitação, na modalidade concorrência ou diálogo competitivo, a pessoa jurídica ou consórcio de empresas que demonstre capacidade para a sua realização, por sua conta e risco, de forma que o investimento da concessionária seja remunerado e amortizado mediante a exploração do serviço ou da obra por prazo determinado;"

ARTIGO 180

O caput do art. 10 da Lei nº 11.079, de 30 de dezembro de 2004, passa a vigorar com a seguinte redação:

"Art. 10. A contratação de parceria público-privada será precedida de licitação na modalidade concorrência ou diálogo competitivo, estando a abertura do processo licitatório condicionada a:" (NR).

Um dos grandes destaques observados na nova Lei de Licitações é o advento da modalidade de licitação denominada "diálogo competitivo", trazida à baila pelo inc. XLII do art. 6º, conceituada como "modalidade de licitação para contratação de obras, serviços e compras em que a Administração Pública realiza

COMENTÁRIOS À NOVA LEI DE LICITAÇÕES PÚBLICAS E CONTRATOS ADMINISTRATIVOS

diálogos com licitantes previamente selecionados mediante critérios objetivos, com o intuito de desenvolver uma ou mais alternativas capazes de atender às suas necessidades, devendo os licitantes apresentar proposta final após o encerramento dos diálogos."

Resumidamente, por meio da referida modalidade, durante o processamento do certame, realiza-se interlocução com interessados, de forma a aperfeiçoar o objeto demandado por meio do particular.

Tendo em vista os benefícios que o diálogo competitivo traz para a gestão da coisa pública, os arts. 179 e 180 da NLLC alteram os incisos II e III do *caput* do art. 2º da Lei nº 8.987/1995 e o *caput* do art. 10 da Lei nº 11.079/2004, respectivamente.

Sendo assim, além da concorrência, modalidade clássica de licitação, utilizada obrigatoriamente para concessão de serviço público e contratação de execução de um objeto por meio de parcerias público-privadas, poderá a Administração Pública brasileira também adotar a modalidade "diálogo competitivo".

CAPÍTULO III – DISPOSIÇÕES TRANSITÓRIAS E FINAIS

ARTIGO 181

Os entes federativos instituirão centrais de compras, com o objetivo de realizar compras em grande escala, para atender a diversos órgãos e entidades sob sua competência e atingir as finalidades desta Lei.

Parágrafo único. No caso dos Municípios com até 10.000 (dez mil) habitantes, serão preferencialmente constituídos consórcios públicos para a realização das atividades previstas no caput deste artigo, nos termos da Lei nº 11.107, de 6 de abril de 2005.

De forma a efetivamente implementar os princípios da eficiência administrativa e da economicidade, expressamente previstos nos arts. 37 e 70 da Constituição da República de 1988 e art. 5º da nova Lei de Licitações, estabelece o art. 181 que os entes federativos instituirão centrais de compras com o objetivo de realizar aquisições em grande escala, para atender a diversos órgãos e entidades sob sua competência e atingir as finalidades do novo diploma licitatório.

Não obstante o referido dispositivo legal ser talhado no sentido de impor tal encargo aos demais entes federativos, tem-se que a efetiva implementação esbarra na autonomia, sendo a decisão de instituir tais centrais de compras uma decisão de cada um dos Estados, Distrito Federal e Municípios.

906

DISPOSIÇÕES TRANSITÓRIAS E FINAIS   ART° 182

Assim determina a NLLC, haja vista a existência do princípio da economia de escala – que significa que quanto maior for a quantidade licitada menor poderá ser o custo unitário do produto a ser adquirido[305].

Ocorrendo a contratação de todo o objeto demandado por um ente administrativo em apenas um contrato uma licitação, o valor despendido pelo objeto seria reduzido significativamente.

Além dos ganhos econômicos, observa-se que a centralização das compras públicas acaba por melhorar a eficiência na gestão administrativa, uma vez que redução da quantidade de licitações processadas e gestão de contratos diminui o volume de trabalho, reduzindo as designações de servidores ou empregados nos departamentos de licitação, passando a atuar na atividade-fim do órgão ou entidade, o que propicia a melhoria da qualidade do serviço público.

Em nosso sentir, tais Centrais de Compras apresentam-se como a evolução dos órgãos gerenciadores das atas de registros de preços, que já detinham a atribuição de consolidar informações relativas à estimativa individual e total de consumo, promovendo a adequação dos respectivos termos de referência ou projetos básicos encaminhados para atender aos requisitos de padronização e racionalização. Aliás, o Decreto Paulista n° 63.722/2018, cujo teor regulamenta o Sistema de Registro de Preços no âmbito do governo do Estado de São Paulo, já prevê a possibilidade de realização de compras centralizadas, consoante denota-se da leitura do disposto nos arts. 2º, inc. VI, e 23.

Por sua vez, estabelece o parágrafo único do artigo em estudo que o caso dos Municípios, com até 10.000 (dez mil) habitantes, serão preferencialmente constituídos consórcios públicos para a realização das atividades previstas no *caput* deste artigo, nos termos da Lei n° 11.107, de 6 de abril de 2005. Mais uma vez, tal determinação esbarra na autonomia dos entes federados.

Artigo 182

O Poder Executivo federal atualizará, a cada dia 1º de janeiro, pelo Índice Nacional de Preços ao Consumidor Amplo Especial (IPCA-E) ou por índice que venha a substituí-lo, os valores fixados por esta Lei, os quais serão divulgados no PNCP.

É oportuno repisar que o art. 22, inc. XXVII, da Constituição Federal de 1988, estabelece a competência legislativa privativa da União para legislar sobre

---

[305] JÚNIOR, Jessé Torres Pereira e DOTTI, Marinês Restelatto, Da responsabilidade de Agentes Públicos e Privados nos Processos Administrativos de Licitação e Contratação, São Paulo, ed. NDJ, 2012, p. 93.

COMENTÁRIOS À NOVA LEI DE LICITAÇÕES PÚBLICAS E CONTRATOS ADMINISTRATIVOS

normas gerais de licitação e contratação, em todas as modalidades, para as administrações públicas diretas, autárquicas e fundacionais da União, Estados, Distrito Federal e Municípios, obedecido o disposto no art. 37, inc. XXI, e para as empresas públicas e sociedades de economia mista, nos termos do art. 173, § 1º, inc. II.

Nessa toada, levando-se em conta que o art. 182 da NLLC enquadra-se como uma norma geral, haja vista fixar a regra de atualização dos valores fixados no novo diploma nacional licitatório, considerados os efeitos desastrosos gerados pela inflação, estabelece o referido dispositivo que tal ocorrência se dará a cada dia 1º de janeiro, pelo Índice Nacional de Preços ao Consumidor Amplo Especial (IPCA-E) ou por índice que venha a substituí-lo.

Com efeito, regra dessa natureza é verificada na Lei nº 8.666/1993, conforme denota-se da leitura do art. 120, bem como no art. 87 do revogado Decreto-Lei nº 2.300/1986.

Durante a vigência da Lei nº 8.666/1993, haja vista a facultatividade observada nos dispositivos legais acima colacionados, observou-se apenas duas atualizações, uma realizada por meio da Lei nº 9.648/1998 e recentemente pelo Dec. nº 9.412/2018. No âmbito da NLLC, todavia, determina o artigo em comento que tal atualização ocorrerá anualmente, ou seja, não mais observa-se que tal atualização será facultativa, mas, sim, obrigatória.

ARTIGO 183

Os prazos previstos nesta Lei serão contados com exclusão do dia do começo e inclusão do dia do vencimento e observarão as seguintes disposições:

I – os prazos expressos em dias corridos serão computados de modo contínuo;

II – os prazos expressos em meses ou anos serão computados de data a data;

III – nos prazos expressos em dias úteis, serão computados somente os dias em que ocorrer expediente administrativo no órgão ou entidade competente.

§ 1º Salvo disposição em contrário, considera-se dia do começo do prazo:

I – o primeiro dia útil seguinte ao da disponibilização da informação na internet;

II – a data de juntada aos autos do aviso de recebimento, quando a notificação for pelos correios.

§ 2º Considera-se prorrogado o prazo até o primeiro dia útil seguinte se o vencimento cair em dia em que não houver expediente, se o expediente

DISPOSIÇÕES TRANSITÓRIAS E FINAIS ART° 183

for encerrado antes da hora normal ou se houver indisponibilidade da comunicação eletrônica.

§ 3º Na hipótese do inciso II do caput deste artigo, se no mês do vencimento não houver o dia equivalente àquele do início do prazo, considera-se como termo o último dia do mês.

É nítida a evolução legislativa no tocante ao disciplinamento da contagem dos prazos na atividade contratual do Estado. Tal fato, sem sombra de dúvida, garantirá maior segurança jurídica tanto para a Administração Pública como para os particulares, haja vista evitar litígios e demandas judiciais desnecessários.

No âmbito da Lei nº 8.666/1993, ante a redação minguada constante do art. 110, acabava-se por aplicar as regras contidas no art. 132 do Novo Código Civil c/c o art. 54 da antiga Lei de Licitações, o que gerava significativas dúvidas nos administradores públicos, muitos sem formação jurídica.

Por sua vez, estabelece o *caput* do art. 183 da nova Lei de Licitações que os prazos previstos serão contados com exclusão do dia do começo e inclusão do dia do vencimento, regra já conhecida, uma vez constar do art. 110 da Lei nº 8.666/1993. Até aqui, sem novidades. Assim, caso ocorra a publicação de um aviso de licitação ou abertura de prazo para interposição de recurso numa quinta-feira, o prazo se iniciará na sexta-feira, dia subsequente. Caso a inserção na imprensa oficial competente venha a ocorrer na sexta-feira, a contagem do prazo iniciará na segunda-feira. No tocante ao prazo de encerramento, ocorre a inclusão do dia do vencimento, ou seja, esse é considerado e não ultrapassado. Assim, encerrando-se o prazo numa quinta-feira, é neste dia, no exemplo acima conferido, que ocorrerá a abertura dos envelopes contendo a documentação e proposta comercial e será a data-limite para entrega de recurso, logicamente existindo expediente no órgão ou entidade licitante. Demais disto, a contagem de prazo pode ocorrer de trás para a frente, como ocorre nos prazos de impugnação, por exemplo, onde o cálculo do prazo se iniciará da data da sessão de abertura do certame, contando-se os dias anteriores à referida data.

Totalmente pertinentes são os parágrafos e incisos observados cuja função é garantir a segurança jurídica, principalmente para a iniciativa privada que, conforme asseverado várias vezes, não acode ao chamado da Administração Pública em razão da inexistência de regras claras e a realização de interpretações subjetivas.

Sendo assim, estabelece o inc. I do *caput* do art. 183 que os prazos fixados no ato convocatório ou publicações realizadas pelo órgão ou entidade licitante que foram fixados em "dias corridos" serão computados de modo contínuo, ou seja, não serão retirados da contagem os dias não úteis, vale dizer, sábados, domingos, feriados, bem como os dias em que não houver expediente na unidade administrativa.

Por sua vez, conforme estabelece o inc. II do *caput* do art. 183, no caso dos prazos expressos em meses ou anos, a exemplo daqueles constantes dos instrumentos contratuais, serão computados de "data a data". Exemplificativamente, a vigência de 12 (doze) meses de um contrato administrativo que se inicia em 30 de junho de 2018 terá seu termo final em 30 de junho de 2019. Outrossim, um contrato administrativo com vigência de 5 anos, com início em 5 de janeiro de 2021, terá o seu encerramento em 5 de janeiro de 2026. Além disso, estabelece o § 3º do *caput* do art. 183 que, se no mês do vencimento não houver o dia equivalente àquele do início do prazo, como ocorre em ano bissexto, considera-se como termo o último dia do mês.

No tocante ao inc. III do *caput* do art. 183 da nova Lei de Licitações, que reproduz a disciplina até então constante do parágrafo único do art. 110 da Lei nº 8.666/1993, estabelece-se que, quando da contagem de prazos em dias úteis, serão computados somente os dias em que ocorrer expediente administrativo no órgão ou entidade licitante, que poderá estar suspenso aos sábados, domingos, feriados e, conforme calendário local, em algum dia da semana específico que estabeleça um ponto facultativo.

Outro ponto importante, de forma a garantir segurança jurídica na atividade contratual do Estado, é o regramento contido no § 1º do artigo estudado. Lá, consignam-se condições para que se inicie a contagem dos prazos fixados na nova Lei de Licitações para o exercício de um direito. Tal regramento é garantia de efetiva utilização do prazo para elaboração adequada de propostas, de produção de impugnações, de recursos, de defesas etc. São comuns, artimanhas com o fulcro de reduzir propositalmente o prazo para inviabilizar o exercício do direito ou para garantir a produção de um documento cujo teor não detenha vigor ou robustez para almejar o pretendido.

Sendo assim, estabelece o inc. I do § 1º do art. 183, da Lei nº 14.133/2021, que é considerado o dia do começo ou início do prazo o primeiro dia útil seguinte ao da disponibilização da informação na *Internet*. Sabe-se que hoje a publicidade estatal é realizada por meio de publicação na *Internet*. Deve-se tomar muito cuidado, pois as informações constantes da *Internet*, publicadas em sítios sem controle de inserção de dados, podem ser facilmente manipuladas de forma a prejudicar direitos. A exemplo da inserção de uma informação hoje, apontando uma data passada, que denota que tal informação foi disponibilizada há dias, o que poderia inviabilizar o exercício de um direito.

Por sua vez, o inc. II do § 1º do art. 183, da Lei nº 14.133/2021, estabelece que é considerado o dia do começo ou início do prazo a data de juntada aos autos do Aviso de Recebimento, quando a notificação for pelos Correios. Tendo em vista que parte dos processos administrativos licitatórios são físicos, de difícil controle e acompanhamento a distância, deve-se ter muita cautela em relação a tal circunstância, pois o particular não terá controle sobre o momento em que o "Aviso de Recebimento – AR" voltará assinado dos Correios e encartado no processo administrativo. Recomenda-se aos particulares que iniciem a contagem do prazo um dia depois do recebimento do comunicado estatal, salvo se conseguir acompanhar a chegada do AR na Administração licitante, bem como a inserção do mesmo no processo administrativo.

O § 2º do art. 183, da Lei nº 14.133/2021, estabelece que será considerado prorrogado o prazo até o primeiro dia útil seguinte se o vencimento cair em dia em que não houver expediente, se o expediente for encerrado antes da hora normal ou se houver indisponibilidade da comunicação eletrônica.

Sendo mais uma garantia para aqueles que desejam se relacionar contratualmente com o Governo, poderá ocorrer situações em que o prazo será encerrado em dias em que não houver expediente. Neste caso, o prazo será prorrogado para o primeiro dia útil seguinte. Em razão disso, é necessário conhecer o calendário da Administração, editado, em regra, por meio de Decreto ou Resolução no início do ano. Sugere-se aos administradores públicos que fixem nos ofícios e comunicados a data do encerramento do prazo, de forma a afastar quaisquer dúvidas.

Poderá ocorrer, ainda, que o expediente da Administração se encerre precocemente, haja vista ser comum ocorrer, por exemplo, a queda de energia, a ocorrência de algo que inviabilize o expediente, como queda de árvore sobre o prédio da prefeitura, prática de crime, chuva excessiva que adentre no prédio público etc. Sendo esses os casos, estabelece o dispositivo em comento que o último dia do prazo se desloca para o próximo.

Definições

Dia de expediente – Entendimento de Diogenes Gasparini: "Por dia de expediente entende-se aquele em que há trabalho normal no órgão ou entidade em princípio obrigada a licitar, para a solução de interesses próprios ou de terceiros. Não será assim considerado se o trabalho for somente interno, e terceiros, por qualquer razão, não puderem ter acesso às informações ou solução de seus problemas. Desse modo, vê-se que dia de expediente não se confunde com dia útil. Este é o reservado para o exercício habitual de toda e qualquer atividade civil, comercial ou industrial. Pode-se, pois, ter dia útil, sem que seja de expediente. É o que ocorre nos chamados dias de ponto facultativo, em que há atividade civil, comercial e industrial (dia útil), mas não há expediente em repartições públicas em que ele foi declarado"[306]

---

[306] GASPARINI, Diogenes, *Direito Administrativo*, 17ª ed., Saraiva, São Paulo, 2012. p. 624.

COMENTÁRIOS À NOVA LEI DE LICITAÇÕES PÚBLICAS E CONTRATOS ADMINISTRATIVOS

Dia útil – Entendimento de Maria Helena Diniz: "DIA ÚTIL. Qualquer dia da semana consagrado ao trabalho, retirando-se os sábados, domingos, feriados e dias santificados."[307]

Dia útil – Entendimento do TCU: "Para efeito da Lei de Licitações, será dia útil aquele em que há expediente na entidade ou órgão promotor do certame."[308]

Dias correntes – Entendimento de Maria Helena Diniz: "DIAS CORRENTES. Dias consecutivos, contados sem interrupção"[309]

Ponto facultativo – Entendimento de Diogenes Gasparini: – "Ponto facultativo, em que há atividade civil, comercial e industrial (dia útil), mas não há expediente em repartições públicas em que ele foi declarado"[310]

Prazo – Contagem em dias corridos – Regra – Entendimento de Diogenes Gasparini – "A contagem é feita em dias corridos, isto é, sem saltar os sábados, domingos e feriados e dias em que não há expediente, consoante o disposto na parte final do art. 110 da Lei federal das Licitações e Contratos da Administração Pública."[311]

Prazo – Contagem em dias úteis – Entendimento de Diogenes Gasparini, "Somente não será dessa maneira se esse diploma legal dispuser expressamente de modo contrário, como ocorrer com o prazo para a apresentação das propostas no caso de convite (art. 21, §2º, IV), que é de cinco dias úteis. A contagem de qualquer prazo, quando se pretende que seja em dias úteis, deve ser expressamente assim indicada. A regra, portanto, é a contagem em dias corridos."[312]

Contagem dos prazos. Dia útil. Será contado como dia útil aquele em que há expediente na repartição: TCU – Manual de Orientações – "Para efeito da Lei de Licitações, será dia útil aquele em que há expediente na entidade ou órgão promotor do certame."[313]

Decisões do Poder Judiciário

Contagem dos prazos. Prazos somente se iniciam em data em que houver expediente: TRF 1ª Região – 2007.01.00.003038-3/PA – Relatoria: Des. Fed. Daniel Paes Ribeiro – "1. Divulgado o resultado da licitação numa sexta-feira, após o término do horário do expediente normal, e manifestada intenção de recorrer na segunda-feira seguinte, dentro, portanto, do prazo de vinte e quatro horas assinado pelo edital (item

---

[307] DINIZ. Maria Helena, *Dicionário Jurídico*, Vol. 4, 1º ed., São Paulo: Saraiva, 1998, p. 130.

[308] BRASIL. Tribunal de Contas da União, *Licitações e contratos : orientações e jurisprudência do TCU / Tribunal de Contas da União.* – 4. ed. rev., atual. e ampl. – Brasília : TCU, Secretaria Geral da Presidência : Senado Federal, Secretaria Especial de Editoração e Publicações, 2010, p. 300.

[309] DINIZ. Maria Helena, *Dicionário Jurídico*, Vol. 4, 1º ed., São Paulo: Saraiva, 1998, p. 129.

[310] GASPARINI, Diogenes, *Direito Administrativo*, 17ª ed., Saraiva, São Paulo, 2012. p. 623.

[311] GASPARINI, Diogenes, *Direito Administrativo*, 17ª ed., Saraiva, São Paulo, 2012. p. 623.

[312] GASPARINI, Diogenes, *Direito Administrativo*, 17ª ed., Saraiva, São Paulo, 2012. p. 623.

[313] BRASIL. Tribunal de Contas da União, *Licitações e contratos : orientações e jurisprudência do TCU / Tribunal de Contas da União.* – 4. ed. rev., atual. e ampl. – Brasília : TCU, Secretaria Geral da Presidência : Senado Federal, Secretaria Especial de Editoração e Publicações, 2010, p. 300

DISPOSIÇÕES TRANSITÓRIAS E FINAIS ARTº 183

9.4), aplicável é a regra do art. 110 da Lei de Licitações, para afastar a intempestividade do recurso administrativo interposto pela agravada, divisada pela Administração." (Processo: 2007.01.00.003038-3/PA; Agravo de Instrumento – Relatoria: Des. Fed. Daniel Paes Ribeiro – Órgão Julgador: 6º T – Publicação: 24/11/2008 e-DJF1 p.427)

EXEMPLOS DE CONTAGEM DE PRAZO

INCIDÊNCIA	TIPO DE PRAZO	MODO DE CONTAGEM
Art. 183, inc. I	Dias corridos	Modo contínuo

Abril 2020 Se Te Qu Qu Se Sá Do 1 2 3 4 5 6 7 8 9 10 11 12 13 14 15 16 17 18 19 20 21 22 23 24 25 26 27 28 29 30	Neste exemplo, temos um prazo de 15 dias corridos. É possível observar que o calendário em questão possui feriados e fins de semana, dias que não ocorrem expediente administrativo, entretanto, não existe a suspensão, prorrogação ou quaisquer alterações que impactem diretamente no prazo.

INCIDÊNCIA	TIPO DE PRAZO	MODO DE CONTAGEM
Art. 183, inc. II	Meses e anos	Data a data

Abril 2020
 	
 Se Te Qu Qu Se Sá Do
      1 2 3 4 5
 6 7 8 9 10 11 12
 13 14 15 16 17 18 19
 20 21 22 23 24 25 26
 27 28 29 30
 	
 Abril 2021
 	
 Se Te Qu Qu Se Sá Do
        1 2 3 4
 5 6 7 8 9 10 11
 12 13 14 15 16 17 18
 19 20 21 22 23 24 25
 26 27 28 29 30
	Neste caso, não importa o número de dias existentes em um ano ou as variações de dias existentes nos meses. O prazo será de data a data, neste caso, 15/4/2020 a 15/4/2021.

INCIDÊNCIA	TIPO DE PRAZO	MODO DE CONTAGEM
Art. 183, inc. III	Dias úteis	Somente ocorre quando existir expediente administrativo no órgão ou entidade.
Abril 2020 Se Te Qu Qu Se Sá Do 1 2 3 4 5 6 7 8 9 **10** 11 12 13 14 15 16 17 18 19 20 **21** 22 23 24 25 26 27 28 29 30		Neste caso, já temos uma variação no prazo de 15 dias, se comparado ao exemplo anterior, pois, além dos fins de semana, situação na qual não existe expediente administrativo, temos também feriados. Ademais, é extremamente importante atentar-se ao calendário LOCAL. Essa consulta pode ser feita em Decretos, onde pontos facultativos e feriados municipais são citados.

QUADRO RESUMO

1. Quanto ao tipo de prazo – *caput* do art. 183

INCIDÊNCIA	TIPO DE PRAZO	MODO DE CONTAGEM
Art. 183, inc. I	Dias corridos	Modo contínuo
Art.183, inc. II	Meses e anos	Data a data
Art. 183, inc. III	Dias úteis	Somente ocorre quando existir expediente administrativo no órgão ou entidade competente.

2. Quanto ao início da contagem – § 1º

INCIDÊNCIA	TIPO DE CIENTIFICAÇÃO	MODO DE CONTAGEM
Art. 183, § 1º, inc. I	Disponibilização da informação na *Internet*.	Primeiro dia útil subsequente.
Art. 183, § 1º, inc. II	Notificação pelos Correios.	Data de juntada aos autos do Aviso de Recebimento.

DISPOSIÇÕES TRANSITÓRIAS E FINAIS   ART° 184

3. Quanto às circunstâncias excepcionais – §§ 2º e 3º

INCIDÊNCIA	HIPÓTESE	MODO DE CONTAGEM
Art. 183, § 2º	Se o vencimento cair em dia em que não houver expediente.	Primeiro dia útil subsequente.
Art. 183, § 2º	Se o expediente for encerrado antes da hora normal.	Primeiro dia útil subsequente.
Art. 183, § 2º	Se houver indisponibilidade da comunicação eletrônica.	Primeiro dia útil subsequente.
Art. 183, § 3º (referente ao inc. II do *caput*)	Se no mês do vencimento não houver o dia equivalente àquele do início do prazo.	Considera-se como termo o último dia do mês.

ARTIGO 184

Aplicam-se as disposições desta Lei, no que couber e na ausência de norma específica, aos convênios, acordos, ajustes e outros instrumentos congêneres celebrados por órgãos e entidades da Administração Pública, na forma estabelecida em regulamento do Poder Executivo federal.

A NLLC é a concretização da competência da União estabelecida no art. 22, inc. XXVII, da Constituição da República, cujo teor estabelece que é competente o referido ente para editar normas gerais de licitações e contratos administrativos.

Ensina Hely Lopes Meirelles, que:

> Por normas gerais devem entender-se todas as disposições da lei aplicáveis indistintamente às licitações e contratos da União, Estados, Municípios e Distrito Federal, bem como de seus desmembramentos autárquicos e empresariais. Continua com as entidades federadas a faculdade de editar normas peculiares para suas licitações e contratos administrativos, como o fizeram na vigência do Decreto-lei nº 2.300, de 1986, em tudo que não contraria e execução dos contratos, nos prazos e nos recursos admissíveis[314]

---

[314] MEIRELLES, Hely Lopes, Licitação e Contrato Administrativo, 14ª ed., São Paulo, Malheiros, 2007, p. 27.

COMENTÁRIOS À NOVA LEI DE LICITAÇÕES PÚBLICAS E CONTRATOS ADMINISTRATIVOS

Sendo uma norma geral, verifica-se em nosso ordenamento jurídico a edição de diversas normas especiais relacionadas à atividade contratual do Estado cujo teor assenta um regramento específico acerca daquele assunto disciplinado.

Como exemplos de normas especiais apresentam-se a Lei nº 8.987, de 13 de fevereiro de 1995 (Lei de Concessões), a Lei nº 11.079, de 30 de dezembro de 2004 (Lei das PPPs), a Lei nº 13.019, de 31 de julho de 2014 (Lei do regime jurídico das parcerias entre a administração pública e as organizações da sociedade civil) etc.

Da leitura dessas normas, haja vista serem leis específicas, observam-se diversos dispositivos legais que remetem para a norma geral de licitação da época da edição das normas, na ocasião, a Lei nº 8.666/1993, o regramento acerca de determinada situação.

Observa-se que, existindo regramento na norma específica sobre um determinado assunto, de forma alguma a disciplina constante da norma geral poderá ser utilizada para dirimir ou ser dúvida utilizada no caso concreto.

Artigo 185

Aplicam-se às licitações e aos contratos regidos pela Lei nº 13.303, de 30 de junho de 2016, as disposições do Capítulo II-B do Título XI da Parte Especial do Decreto-Lei nº 2.848, de 7 de dezembro de 1940 (Código Penal).

A Lei nº 13.303, de 30 de junho de 2016, dispõe sobre o estatuto jurídico da empresa pública, da sociedade de economia mista e de suas subsidiárias, no âmbito da União, dos Estados, do Distrito Federal e dos Municípios. Sendo assim, as contratações realizadas pelas estatais devem observar o disposto no referido diploma, editado com o escopo de tornar tais entidades mais eficientes na busca do seu propósito, dentre outras finalidades.

Haja vista que o referido diploma legal não tratou da matéria penal licitatória no âmbito das estatais, o art. 185 da nova Lei de Licitações estabeleceu que se aplicam às licitações e aos contratos regidos pela Lei nº 13.303, de 30 de junho de 2016, as disposições do Capítulo II-B do Título XI da Parte Especial do Decreto-Lei nº 2.848, de 7 de dezembro de 1940 (Código Penal).

Assim determina o referido dispositivo legal, uma vez que o art. 41 da Lei das Estatais carrega a redação que, "aplicam-se às licitações e contratos regidos por esta Lei as normas de direito penal contidas nos arts. 89 a 99 da Lei nº 8.666, de 21 de junho de 1993", que estará plenamente revogada em 4 de abril de 2023. Por meio da referida redação, afasta-se qualquer tipo de hiato legal.

916

DISPOSIÇÕES TRANSITÓRIAS E FINAIS   ART° 186

Observa-se que os comportamentos praticados no âmbito das contratações públicas da Administração direta, que a lei tipificou como crime, serão punidos com a correspondente pena, garantindo o dispositivo em comento a incidência da punição também no âmbito das estatais. Inexistirá, portanto, aplicação diferenciada das sanções penais, o que já não ocorre no âmbito das punições administrativas das empresas públicas e sociedades de economia mista, cujo sistema sancionatório, constante do art. 83 da Lei nº 13.303/2016, é bem mais brando do que aquele constante a partir do art. 156 desta lei. Por exemplo, não se observa do rol de sanções administrativas constantes do art. 83, a declaração de inidoneidade, já prevista no art. 156, inc. IV, desta lei comentada.

Convém lembrar que o art. 3º, inc. III, da nova Lei de Licitações, afasta expressamente o novo regramento nas contratações regidas pela Lei de Responsabilidade das Estatais, uma vez que as empresas públicas e as sociedades de economia mista e suas subsidiárias detêm um diploma jurídico próprio, construído à luz das particularidades dessas entidades governamentais.

Artigo 186

Aplicam-se as disposições desta Lei subsidiariamente à Lei nº 8.987, de 13 de fevereiro de 1995, à Lei nº 11.079, de 30 de dezembro de 2004, e à Lei nº 12.232, de 29 de abril de 2010.

O conteúdo vertido na NLLC, cumprido o disposto no art. 22, inc. XXVII, da Constituição da República de 1988, conforme já ventilado, trata-se de normas gerais de licitações e contratos.

Dado seu caráter geral, tal regramento é aplicado subsidiariamente, ou seja, de forma complementar, devendo ser observado e implementado o seu regramento quando as normas legais de caráter específico não tratarem da questão.

Assim, a Lei nº 8.987, de 13 de fevereiro de 1995, – a Lei de Concessões –, a Lei nº 11.079, de 30 de dezembro de 2004, – a Lei das Parcerias Público-Privadas – e a Lei nº 12.232, de 29 de abril de 2010, que dispõe sobre as normas gerais para licitação e contratação pela administração pública de serviços de publicidade prestados por intermédio de agências de propaganda, naquilo que manifestarem silêncio, deverão ser complementadas pelas regras fixadas na norma geral de licitação.

Com efeito, além dessas normas, outras também receberão tal tratativa, como é o caso do chamamento público para aquisição de alimentação escolar produzida por agricultores familiares, consoante a Lei nº 11.947/2009.

Inteligentemente, o legislador não perdeu seu precioso tempo disciplinando na norma específica aqueles expedientes administrativos, regras e conceitos já previstos, consagrados, e de amplo conhecimento fixados na norma geral de licitação, dedicando seu tempo no labor necessário para criar novas ferramentas e disciplinas a serem implementadas com auxílio dos antigos expedientes.

Mesmo as referidas leis sendo expressas acerca da implementação dos ditames da norma geral de licitação, o art. 186 da nova Lei de Licitações – como a revogada, conforme infere-se da leitura do disposto no art. 124 – prevê expressamente a utilização complementar da norma geral de licitação em casos de lacunas ou omissões legais constantes das normas específicas de contratações públicas.

Artigo 187
Os Estados, o Distrito Federal e os Municípios poderão aplicar os regulamentos editados pela União para execução desta Lei.

Estabelece o art. 187 que os demais entes administrativos poderão aplicar os regulamentos editados pela Administração Pública federal para execução do regramento disposto na nova Lei de Licitações.

O que o referido dispositivo legal fez foi regularizar expediente que vem sendo utilizado há muito tempo pelas demais administrações, que é adotar, *ipsis litteris,* os regulamentos editados pela União.

Entendemos que os 26 Estados, o Distrito Federal e os 5.570 municípios, o correspondente Poder Legislativo e o Poder Judiciário, devem se esforçar para editarem regulamentos próprios, construídos levando em consideração as particularidades locais e/ou regionais, uma vez que o regramento da União, por ser elaborado de acordo com as peculiaridades da Administração Federal, pode apresentar-se como inadequado ou impertinente. Em decorrência disso, é de se esperar que tal regramento federal não se apresente como eficiente, dada a incompatibilidade das regras federais com a realidade dos municípios, o que prejudicaria, assim, a implementação do conteúdo jurídico fixado no princípio da eficácia, expressamente previsto no art. 5º desta lei.

Diante da referida possibilidade, em nosso sentir, de forma a garantir segurança jurídica no âmbito administrativo, deve o Chefe de Poder editar um decreto ou resolução cujo teor deverá apontar que aquela esfera administrativa adota o regramento federal que regulamentará os detalhes da NLLC, fixando o número. Outrossim, os editais devem também apontar expressamente o regulamento federal em utilização, de forma a garantir segurança jurídica e assertividade quando da prolação de decisões administrativas.

DISPOSIÇÕES TRANSITÓRIAS E FINAIS ARTº 190

ARTIGO 188
(VETADO).

ARTIGO 189
Aplica-se esta Lei às hipóteses previstas na legislação que façam referência expressa à Lei nº 8.666, de 21 de junho de 1993, à Lei nº 10.520, de 17 de julho de 2002, e aos arts. 1º a 47-A da Lei nº 12.462, de 4 de agosto de 2011.

Com o objetivo de afastar qualquer dúvida em relação à sua aplicação, garantindo, assim, a segurança jurídica tanto para a iniciativa privada ser atraída para celebrar ajuste com o governo como para os servidores públicos na ocasião do manejo da lei, estabeleceu a nova Lei de Licitações, em seu art. 189, que aplicam-se as regras do novo diploma legal licitatório nas hipóteses previstas na legislação, ou seja, em outras leis, que façam referência expressa à Lei nº 8.666/1993, à Lei nº 10.520/2002 (Lei do Pregão) e aos arts. 1º a 47 da Lei nº 12.462/2011 (Lei do RDC).

Assim, toda a legislação brasileira, seja federal, estadual, municipal e distrital que citar as referidas leis, a serem revogadas, deverá ser aplicada o teor correspondente constante da nova Lei de Licitações.

Nos parece que a intenção do legislador é rechaçar qualquer tipo de interpretação que afaste a implementação das novas normas licitatórias em regramentos que referenciavam a legislação a ser revogada, afastando, assim, incertezas no caso concreto.

E para os casos onde a legislação apontar determinado dispositivo da Lei nº 8.666/1993, que não foi fruto de reprodução na nova Lei de Licitações, nesse caso, nos parece que somente deverá ser aplicado o constante da nova norma geral se existir correlação.

ARTIGO 190
O contrato cujo instrumento tenha sido assinado antes da entrada em vigor desta Lei continuará a ser regido de acordo com as regras previstas na legislação revogada.

O art. 190 da NLLC estabelece que o contrato ou instrumento equivalente, que tenha sido assinado antes da entrada em vigor desta Lei, continuará a ser regido de acordo com as regras previstas na legislação revogada.

919

Ante a tal determinação, não há que se falar em introduzir as novas regras contratuais para os ajustes celebrados antes de 5 de abril de 2021, mesmo sendo essas benéficas para a Administração.

Tal orientação também se aplica para os ajustes que foram objeto de prorrogação, por meio de termo aditivo contratual, após a data de publicação no Diário Oficial da União, haja vista que o referido dispositivo legal trata da "assinatura do contrato" e não assinatura do "termo aditivo".

Ademais, é oportuno esclarecer que qualquer termo aditivo celebrado posteriormente não poderá conter a concretização de qualquer inovação constante da novel Lei de Licitações.

Quando se lê contrato no referido dispositivo legal, entende-se também os instrumentos equivalentes, a exemplo da nota de empenho, carta-contrato etc., os quais devem decorrer dos termos do edital.

Haja vista as dificuldades do administrador público, observa-se um avanço no tocante à transição entre os diplomas legais, uma vez que a Lei nº 8.666/1993 não consignou redação dessa natureza, de forma a garantir segurança jurídica futuramente.

ARTIGO 191

Até o decurso do prazo de que trata o inciso II do caput do art. 193, a Administração poderá optar por licitar ou contratar diretamente de acordo com esta Lei ou de acordo com as leis citadas no referido inciso, e a opção escolhida deverá ser indicada expressamente no edital ou no aviso ou instrumento de contratação direta, vedada a aplicação combinada desta Lei com as citadas no referido inciso.

Parágrafo único. Na hipótese do caput deste artigo, se a Administração optar por licitar de acordo com as leis citadas no inciso II do caput do art. 193 desta Lei, o contrato respectivo será regido pelas regras nelas previstas durante toda a sua vigência.

Haja vista a necessidade de tempo para compreensão do novo sistema de contratação pública, bem como a realização de treinamento pelos servidores públicos, de forma a garantir a implementação correta dos seus termos, estabelece o art. 191 da nova Lei de Licitações que, até 5 de abril de 2023, ou seja, decorridos 2 anos da vigência da Lei nº 14.133/2021 no DOU, os dois sistemas normativos coexistirão, podendo o administrador público optar por licitar e dispensar o certame, observando as novas regras licitatórias ou utilizando as revogadas Lei nº 8.666, de 21 de junho de 1993, a Lei nº 10.520, de 17 de julho de 2002, e os arts. 1º a 47 da Lei nº 12.462, de 4 de agosto de 2011.

Ademais, o referido dispositivo é expresso em vedar a aplicação combinada da Lei nº 14.133/2021 com as normas legais retrocitadas.

Para tanto, conforme estabelece o parágrafo único, a opção escolhida deverá ser indicada expressamente no edital, estando o administrador vinculado a tal decisão e sistema normativo escolhido.

É oportuno esclarecer que a NLLC, já em vigor, ao dispor sobre o prazo da *vacatio legis*, limita a sua extensão à licitação ou à contratação direta, logo, permite que a NLLC seja aplicada imediatamente para os demais dispositivos.

Em outras palavras, por deter natureza material e processual, permite-se a aplicação imediata da NLLC para os demais assuntos normatizados na legislação em tela, tais como procedimentos, sanções e penalidades.

Por exemplo, a partir de 5 abril de 2021, conforme determina o art. 123 da NLLC, a Administração terá o dever de explicitamente emitir decisão sobre todas as solicitações e reclamações relacionadas à execução dos contratos regidos por esta Lei, ressalvados os requerimentos manifestamente impertinentes, meramente protelatórios ou de nenhum interesse para a boa execução do contrato.

Outrossim, poderão os licitantes utilizarem o pedido de reconsideração, previsto no art. 165, inc. II, contado da data de intimação, relativamente a ato do qual não caiba recurso hierárquico, cujo recurso o art. 168 outorgou o efeito suspensivo.

Por derradeiro, todos os processos sancionatórios deverão prever a fase para a apresentação de alegações finais, conforme disciplina o art. 158, § 2º, da NLLC.

Artigo 192

O contrato relativo a imóvel do patrimônio da União ou de suas autarquias e fundações continuará regido pela legislação pertinente, aplicada esta Lei subsidiariamente.

Por fim, estabelece o art. 192 da NLLC que o contrato celebrado, cujo objeto seja imóvel do patrimônio da União ou de suas autarquias e fundações, continuará regido pela legislação pertinente, aplicada esta Lei subsidiariamente.

Esclareça-se que as regras de administração, aforamento e alienação de bens imóveis de domínio da União encontram-se vertidas nas Lei nº 9.636, de 15 de maio de 1998, Lei nº 13.240, de 30 de dezembro de 2015, e ao Dec.-lei nº 9.760/1946, que detém sistemática própria, levando-se em consideração o tamanho da extensão territorial do Brasil, o volume de imóveis federais e tudo aquilo que a Constituição da República de 1988, em seu art. 20, disciplinou.

COMENTÁRIOS À NOVA LEI DE LICITAÇÕES PÚBLICAS E CONTRATOS ADMINISTRATIVOS

Destaque-se que a subsidiariedade, que decorre de subsidiário, designa o que vem em segundo lugar, isto é, secundário, auxiliar.[315] Sendo assim, tais contratos seguem regidos por legislação própria, sendo aplicado o conteúdo vertido na NLLC, norma geral, de forma secundária, auxiliar, quando a norma especial for omissa ou silenciosa.

Logo, em casos de omissão das leis especiais, haverá a Lei nº 14.133/2021, especialmente em assuntos voltados ao ramo imobiliário federal.

ARTIGO 193

Revogam-se:

I – os arts. 89 a 108 da Lei nº 8.666, de 21 de junho de 1993, na data de publicação desta Lei;

II – a Lei nº 8.666, de 21 de junho de 1993, a Lei nº 10.520, de 17 de julho de 2002, e os arts. 1º a 47-A da Lei nº 12.462, de 4 de agosto de 2011, após decorridos 2 (dois) anos da publicação oficial desta Lei

Observando o disposto no art. 3º, inc. III, da Lei Complementar nº 95/1998, o art. 193 da Lei nº 14.133/2021 assenta cláusula de revogação das normas cujo conteúdo é substituído pela nova lei prestes a adentrar no ordenamento jurídico por meio da publicação no Diário Oficial competente.

Sendo assim, o inc. I do art. 193 da norma comentada revoga os arts. 89 a 108 da Lei nº 8.666, de 21 de junho de 1993, na data de publicação da Lei, ou seja, 5/4/2021, primeiro dia útil subsequente.

Destaque-se que os arts. 89 a 108 da norma revogada tratam dos crimes licitatórios, que, no novo sistema de contratações públicas, não restarão mais arrolados na norma geral de licitação e, sim, introduzidos no Dec.-Lei nº 2.848, de 7 de dezembro de 1940 (Código Penal), conforme observa-se da leitura do art. 178 desta lei comentada. Desta feita, a partir da publicação da lei, a prática de comportamentos antijurídicos tipificados como crime poderá sofrer como punição aquela constante na nova Lei de Licitações, introduzida no Código Penal.

Diferentemente, o inc. II do artigo em comento revoga a Lei nº 8.666, de 21 de junho de 1993, a Lei nº 10.520, de 17 de julho de 2002, e os arts. 1º a 47 da Lei nº 12.462, de 4 de agosto de 2011, após decorridos 2 (dois) anos da publicação oficial desta Lei. Conforme se observa da leitura da redação contida no art. 191, poderá a Administração, durante 2 anos, enquanto não ocorrer a

---

[315] SILVA, De Plácido e. Dicionário jurídico, 21. ed., Rio de Janeiro: Forense. 2003. p. 777

DISPOSIÇÕES TRANSITÓRIAS E FINAIS ART° 194

preparação da Administração, a edição de regulamento e treinamento de servidores, continuar utilizando o processo de contratação que se almeja substituir.

Comum em todas as leis, estabelece a nova Lei de Licitação a forma como os atuais diplomas licitatórios serão revogados. Como acima se observou, a Lei nº 14.133/2021 estabeleceu duas regras no tocante à revogação da Lei nº 8.666/1993, por meio de dois marcos temporais, um em cada inciso.

O inc. I estabelece que todo o regime punitivo, seja das sanções administrativas ou das penais da legislação licitatória, é revogado na data de publicação da Lei, ou seja, 5/4/2021, primeiro dia útil subsequente.

Tendo em vista que o regime punitivo da Lei nº 10.520/2002 (Lei do Pregão) e da Lei nº 12.462/2011 (Lei do RDC) observa subsidiariamente ao previsto na Lei nº 8.666/1993, uma vez que as referidas normas são silentes em relação às regras punitivas, o regime sancionatório, doravante, nas contratações públicas, independente da modalidade, nos contratos celebrados pela Administração Pública deverá observar o regime jurídico fixado a partir do art. 153.

O fato de as regras punitivas entrarem em vigor na data da sua publicação, todos os procedimentos administrativos sancionatórios não concluídos deverão ser refeitos com o objetivo de observar as novas garantias fixadas aos particulares. No tocante aos processos administrativos já concluídos, têm-se que deverão manter-se intocados em razão da necessidade de respeito ao ato jurídico perfeito.

Por sua vez, o inc. II do art. 184 fixa que a Lei nº 8.666, de 21 de junho de 1993, a Lei nº 10.520, de 17 de julho de 2002, e os arts. 1º a 47 da Lei nº 12.462, de 4 de agosto de 2011, serão revogados após 2 (dois) anos do início da vigência desta Lei, vale dizer, 5 de abril de 2023. Continua vigente a Lei nº 12.232/2010, cujo teor dispõe sobre as normas gerais para licitação e contratação pela Administração Pública de serviços de publicidade prestados por intermédio de agências de propaganda.

Artigo 194
Esta Lei entra em vigor na data de sua publicação.

A Lei nº 14.133/2021 estabelece, em seu art. 194, que o seu conteúdo normativo entra em vigor na data da sua publicação no Diário Oficial da União, vale dizer, 5 de abril de 2021, primeiro dia útil subsequente, haja vista o disposto no art. 8º, § 1º da Lei Complementar nº 95/1998, sendo impossível exigir o seu cumprimento antes da referida publicação do texto legal.

Deve-se atentar para o conteúdo estampado no Diário Oficial da União, uma vez que, com a publicação e republicação na internet do texto normativo, poderá haver modificações acidentalmente ou propositalmente.

COMENTÁRIOS À NOVA LEI DE LICITAÇÕES PÚBLICAS E CONTRATOS ADMINISTRATIVOS

Levando-se em consideração que a atividade administrativa é perene e não restou adormecida durante todo o período de tramitação da nova Lei de Licitações, fixou o legislador algumas regras de transição para que o administrador público não sofra quando da implementação do novo sistema de contratação pública. Por exemplo, o art. 20, § 2º, da NLLC, estabelece que somente terá eficácia após 180 dias da promulgação desta lei.

Demais disso, apesar da NLLC ter aplicabilidade imediata, tem-se que alguns dispositivos dependem da promulgação de outras regras para ter eficácia, como é o caso do art. 174.

924

ANEXO I

PRAZOS EXISTENTES NA LEI Nº 14.133, DE 1º DE ABRIL DE 2021

Lei de Licitações e Contratos e Contratos Administrativos

Expediente	Fundamento Legal	Prazo	Redação
Prazo dos contratos superior a 01 ano das ME ou EPP.	Art. 4, § 3º	1 ano	§ 3º Nas contratações com prazo de vigência superior a 1 (um) ano, será considerado o valor anual do contrato na aplicação dos limites previstos nos §§ 1º e 2º deste artigo.
Prazo de entrega para bens remunerados.	Art. 6, Inc. X	30 dias	Art. 6º Para os fins desta Lei, consideram-se: (...) X – compra: aquisição remunerada de bens para fornecimento de uma só vez ou parceladamente, considerada imediata aquela com prazo de entrega de até 30 (trinta) dias da ordem de fornecimento.
Prazo da sanção para condenadas com trânsito em julgado, exploração de trabalho infantil e demais casos vedados na legislação trabalhista.	Art. 14, inc. VI	5 anos	Art. 14. Não poderão disputar licitação ou participar da execução de contrato, direta ou indiretamente: VI – pessoa física ou jurídica que, nos 5 (cinco) anos anteriores à divulgação do edital, tenha sido condenada judicialmente, com trânsito em julgado, por exploração de trabalho infantil, por submissão de trabalhadores a condições análogas às de escravo ou por contratação de adolescentes nos casos vedados pela legislação trabalhista.

Prazo para edição de regulamentos para novas compras de bens de consumo.	Art. 20, §2º	180 dias	§ 2º A partir de 180 (cento e oitenta) dias contados da promulgação desta Lei, novas compras de bens de consumo só poderão ser efetivadas com a edição, pela autoridade competente, do regulamento a que se refere o § 1º deste artigo.
Prazo em que deve ser observado o índice de atualização de preços nas contratações similares feitas pela administração.	Art. 23, 1º, inc. II	1 ano	§ 1º No processo licitatório para aquisição de bens e contratação de serviços em geral, conforme regulamento, o valor estimado será definido com base no melhor preço aferido por meio da utilização dos seguintes parâmetros, adotados de forma combinada ou não: II – contratações similares feitas pela Administração Pública, em execução ou concluídas no período de 1 (um) ano anterior à data da pesquisa de preços, inclusive mediante sistema de registro de preços, observado o índice de atualização de preços correspondente;
Prazo máximo de validade do orçamento que tenha sido obtido antes da divulgação do edital.	Art. 23, §1º, inc. IV	6 meses	§ 1º No processo licitatório para aquisição de bens e contratação de serviços em geral, conforme regulamento, o valor estimado será definido com base no melhor preço aferido por meio da utilização dos seguintes parâmetros, adotados de forma combinada ou não: IV – pesquisa direta com no mínimo 3 (três) fornecedores, mediante solicitação formal de cotação, desde que seja apresentada justificativa da escolha desses fornecedores e que não tenham sido obtidos os orçamentos com mais de 6 (seis) meses de antecedência da data de divulgação do edital;
Prazo em que deve ser observado o índice de atualização de preços nas contratações similares feitas pela administração.	Art. 23, §2º, inc. III	1 ano	§ 2º No processo licitatório para contratação de obras e serviços de engenharia, conforme regulamento, o valor estimado, acrescido do percentual de Benefícios e Despesas Indiretas (BDI) de referência e dos Encargos Sociais (ES) cabíveis, será definido por meio da utilização de parâmetros na seguinte ordem: III – contratações similares feitas pela Administração Pública, em execução ou concluídas no período de 1 (um) ano anterior à data da pesquisa de preços, observado o índice de atualização de preços correspondente;

Prazo de comprovação dos preços nas contratações diretas por inexigibilidade ou dispensa	Art. 23, §4º	1 ano	§ 4º Nas contratações diretas por inexigibilidade ou por dispensa, quando não for possível estimar o valor do objeto na forma estabelecida nos §§ 1º, 2º e 3º deste artigo, o contratado deverá comprovar previamente que os preços estão em conformidade com os praticados em contratações semelhantes de objetos de mesma natureza, por meio da apresentação de notas fiscais emitidas para outros contratantes no período de até 1 (um) ano anterior à data da contratação pela Administração, ou por outro meio idôneo.
Prazo para implementação de programa de integridade nas contratações de obras, serviços e fornecimentos de grande vulto.	Art. 25, §4º	6 meses	§ 4º Nas contratações de obras, serviços e fornecimentos de grande vulto, o edital deverá prever a obrigatoriedade de implantação de programa de integridade pelo licitante vencedor, no prazo de 6 (seis) meses, contado da celebração do contrato, conforme regulamento que disporá sobre as medidas a serem adotadas, a forma de comprovação e as penalidades pelo seu descumprimento.
Prazo mínimo para que haja reajuste nos contratos licitatórios de serviços contínuos.	Art. 25 §8º	1 ano	§ 8º Nas licitações de serviços contínuos, observado o interregno mínimo de 1 (um) ano, o critério de reajustamento será por: I – reajustamento em sentido estrito, quando não houver regime de dedicação exclusiva de mão de obra ou predominância de mão de obra, mediante previsão de índices específicos ou setoriais; II – repactuação, quando houver regime de dedicação exclusiva de mão de obra ou predominância de mão de obra, mediante demonstração analítica da variação dos custos.
Prazo mínimo, a ser estabelecido pela administração em edital, para o interessado manifestar seu interesse na licitação da modalidade diálogo competitivo.	Art. 32, §1, inc. I	25 dias	§ 1º Na modalidade diálogo competitivo, serão observadas as seguintes disposições: I – a Administração apresentará, por ocasião da divulgação do edital em sítio eletrônico oficial, suas necessidades e as exigências já definidas e estabelecerá prazo mínimo de 25 (vinte e cinco) dias úteis para manifestação de interesse na participação da licitação;

Prazo mínimo (após a fase do diálogo) para os licitantes pré-selecionados apresentarem suas propostas.	Art. 32, §1, inc. VIII	60 dias	§ 1º Na modalidade diálogo competitivo, serão observadas as seguintes disposições: VIII – a Administração deverá, ao declarar que o diálogo foi concluído, juntar aos autos do processo licitatório os registros e as gravações da fase de diálogo, iniciar a fase competitiva com a divulgação de edital contendo a especificação da solução que atenda às suas necessidades e os critérios objetivos a serem utilizados para seleção da proposta mais vantajosa e abrir prazo, não inferior a 60 (sessenta) dias úteis, para todos os licitantes pré-selecionados na forma do inciso II deste parágrafo apresentarem suas propostas, que deverão conter os elementos necessários para a realização do projeto;
Prazo mínimo para proposta e lances na hipótese de aquisição de bens.	Art. 55, inc. I, alínea a	8 dias	Art. 55. Os prazos mínimos para apresentação de propostas e lances, contados a partir da data de divulgação do edital de licitação, são de: I – para aquisição de bens: a) 8 (oito) dias úteis, quando adotados os critérios de julgamento de menor preço ou de maior desconto;
Prazo mínimo para as hipóteses não abrangidas na alínea A.	Art. 55, inc. I, alínea b	15 dias	Art. 55. Os prazos mínimos para apresentação de propostas e lances, contados a partir da data de divulgação do edital de licitação, são de: I – para aquisição de bens: b) 15 (quinze) dias úteis, nas hipóteses não abrangidas pela alínea "a" deste inciso;
Prazo mínimo para proposta e lances na hipótese de obras e serviços comuns.	Art. 55, inc. II, alínea a	10 dias	Art. 55. Os prazos mínimos para apresentação de propostas e lances, contados a partir da data de divulgação do edital de licitação, são de: II – no caso de serviços e obras: a) 10 (dez) dias úteis, quando adotados os critérios de julgamento de menor preço ou de maior desconto, no caso de serviços comuns e de obras e serviços comuns de engenharia;

Prazo mínimo para proposta e lances na hipótese de obras e serviços especiais.	Art. 55, inc. II, alínea b	25 dias	Art. 55. Os prazos mínimos para apresentação de propostas e lances, contados a partir da data de divulgação do edital de licitação, são de: II – no caso de serviços e obras: b) 25 (vinte e cinco) dias úteis, quando adotados os critérios de julgamento de menor preço ou de maior desconto, no caso de serviços especiais e de obras e serviços especiais de engenharia;
Prazo mínimo para proposta e lances na hipótese de obras e serviços de contratação integrada.	Art. 55, inc. II, alínea c	60 dias	Art. 55. Os prazos mínimos para apresentação de propostas e lances, contados a partir da data de divulgação do edital de licitação, são de: II – no caso de serviços e obras: c) 60 (sessenta) dias úteis, quando o regime de execução for de contratação integrada.
Prazo mínimo contado para apresentação de propostas e lances na contratação semi-integrada ou nas hipóteses não abrangidas pelas alíneas a, b e c.	Art. 55, inc. II, alínea d	35 dias	Art. 55. Os prazos mínimos para apresentação de propostas e lances, contados a partir da data de divulgação do edital de licitação, são de: II – no caso de serviços e obras: d) 35 (trinta e cinco) dias úteis, quando o regime de execução for o de contratação semi-integrada ou nas hipóteses não abrangidas pelas alíneas "a", "b" e "c" deste inciso.
Prazo mínimo contado para apresentação de propostas e lances quando adotado o critério de julgamento maior lance.	Art. 55, inc. III	15 dias	Art. 55. Os prazos mínimos para apresentação de propostas e lances, contados a partir da data de divulgação do edital de licitação, são de: III – para licitação em que se adote o critério de julgamento de maior lance, 15 (quinze) dias úteis;
Prazo mínimo contado para apresentação de propostas e lances quando adotado o critério de julgamento técnica e preço ou de melhor técnica ou conteúdo artístico.	Art. 55, inc. IV	35 dias	Art. 55. Os prazos mínimos para apresentação de propostas e lances, contados a partir da data de divulgação do edital de licitação, são de: IV – para licitação em que se adote o critério de julgamento de técnica e preço ou de melhor técnica ou conteúdo artístico, 35 (trinta e cinco) dias úteis.

Prazo para a administração devolver a garantia de proposta que foi exigida.	Art. 58, §2º	10 dias	§ 2º A garantia de proposta será devolvida aos licitantes no prazo de 10 (dez) dias úteis, contado da assinatura do contrato ou da data em que for declarada fracassada a licitação.
Prazo máximo para exigência de certidão ou atestado.	Art. 67, §5º	3 anos	§ 5º Em se tratando de serviços contínuos, o edital poderá exigir certidão ou atestado que demonstre que o licitante tenha executado serviços similares ao objeto da licitação, em períodos sucessivos ou não, por um prazo mínimo, que não poderá ser superior a 3 (três) anos.
Delimitação no período de apuração do balanço de empresas abertas há menos de 2 anos.	Art. 69, §6º	2 anos	§ 6º Os documentos referidos no inciso I do caput deste artigo limitar-se-ão ao último exercício no caso de a pessoa jurídica ter sido constituída há menos de 2 (dois) anos.
Período em que a administração pode dispensar o processo licitatório nas contratações que não surgiram licitantes, que não obteve propostas válidas ou que as propostas apresentadas tinha preços incompatíveis com o do mercado.	Art. 75, inc. III	1 ano	Art. 75. É dispensável a licitação: III – para contratação que mantenha todas as condições definidas em edital de licitação realizada há menos de 1 (um) ano, quando se verificar que naquela licitação: a) não surgiram licitantes interessados ou não foram apresentadas propostas válidas; b) as propostas apresentadas consignaram preços manifestamente superiores aos praticados no mercado ou incompatíveis com os fixados pelos órgãos oficiais competentes;
Prazo mínimo para que a administração em sítio eletrônico oficial divulgue o objeto pretendido e manifeste interesse em obter propostas adicionais de eventuais interessados.	Art. 75, §3º	3 dias	§ 3º As contratações de que tratam os incisos I e II do caput deste artigo serão preferencialmente precedidas de divulgação de aviso em sítio eletrônico oficial, pelo prazo mínimo de 3 (três) dias úteis, com a especificação do objeto pretendido e com a manifestação de interesse da Administração em obter propostas adicionais de eventuais interessados, devendo ser selecionada a proposta mais vantajosa.

Prazo máximo para a administração analisar os documentos e determinar correção ou reapresentação dos mesmos.	Art. 80, §4º	10 dias	§ 4º A apresentação de documentos far-se-á perante órgão ou comissão indicada pela Administração, que deverá examiná-los no prazo máximo de 10 (dez) dias úteis e determinar correção ou reapresentação de documentos, quando for o caso, com vistas à ampliação da competição.
Prazo máximo de validade que terá a pré-qualificação.	Art. 80, §8, inc. I	1 ano	§ 8º Quanto ao prazo, a pré-qualificação terá validade: I – de 1 (um) ano, no máximo, e poderá ser atualizada a qualquer tempo;
Prazo de vigência da ata de preços.	Art. 84	1 ano	Art. 84. O prazo de vigência da ata de registro de preços será de 1 (um) ano e poderá ser prorrogado, por igual período, desde que comprovado o preço vantajoso.
Prazo de vigência do procedimento de intenção de registro de preço.	Art. 86	8 dias	Art. 86. O órgão ou entidade gerenciadora deverá, na fase preparatória do processo licitatório, para fins de registro de preços, realizar procedimento público de intenção de registro de preços para, nos termos de regulamento, possibilitar, pelo prazo mínimo de 8 (oito) dias úteis, a participação de outros órgãos ou entidades na respectiva ata e determinar a estimativa total de quantidades da contratação.
Prazo para que nos contratos de serviços contínuos ocorra o reajuste ou a repactuação.	Art. 92, §4º	1 ano	§ 4º Nos contratos de serviços contínuos, observado o interregno mínimo de 1 (um) ano, o critério de reajustamento de preços será por: I – reajustamento em sentido estrito, quando não houver regime de dedicação exclusiva de mão de obra ou predominância de mão de obra, mediante previsão de índices específicos ou setoriais; II – repactuação, quando houver regime de dedicação exclusiva de mão de obra ou predominância de mão de obra, mediante demonstração analítica da variação dos custos.
Prazo de resposta ao pedido de repactuação nos contratos para serviços contínuos com regime de dedicação exclusiva.	Art. 92, §6º	1 mês	§ 6º Nos contratos para serviços contínuos com regime de dedicação exclusiva de mão de obra ou com predominância de mão de obra, o prazo para resposta ao pedido de repactuação de preços será preferencialmente de 1 (um) mês, contado da data do fornecimento da documentação prevista no § 6º do art. 135 desta Lei.

Prazo máximo para a divulgação do contrato no portal nacional de contratações públicas, na hipótese de licitação.	Art. 94, inc. I	20 dias	Art. 94. A divulgação no Portal Nacional de Contratações Públicas (PNCP) é condição indispensável para a eficácia do contrato e de seus aditamentos e deverá ocorrer nos seguintes prazos, contados da data de sua assinatura: I – 20 (vinte) dias úteis, no caso de licitação;
Prazo máximo para a divulgação do contrato no portal nacional de contratações públicas, na hipótese de contratação direta.	Art. 94, inc. II	10 dias	Art. 94. A divulgação no Portal Nacional de Contratações Públicas (PNCP) é condição indispensável para a eficácia do contrato e de seus aditamentos e deverá ocorrer nos seguintes prazos, contados da data de sua assinatura: II – 10 (dez) dias úteis, no caso de contratação direta.
Prazo para divulgação em sítio eletrônico de quantitativos e preços unitários.	Art. 94, §3º	25 dias	§ 3º No caso de obras, a Administração divulgará em sítio eletrônico oficial, em até 25 (vinte e cinco) dias úteis após a assinatura do contrato, os quantitativos e os preços unitários e totais que contratar e, em até 45 (quarenta e cinco) dias úteis após a conclusão do contrato, os quantitativos executados e os preços praticados.
Prazo para para divulgação em sítio eletrônico dos quantitativos e preços praticados.	Art. 94, §3º	45 dias	§ 3º No caso de obras, a Administração divulgará em sítio eletrônico oficial, em até 25 (vinte e cinco) dias úteis após a assinatura do contrato, os quantitativos e os preços unitários e totais que contratar e, em até 45 (quarenta e cinco) dias úteis após a conclusão do contrato, os quantitativos executados e os preços praticados.
Prazo para a prestação de garantia pelo contratado na modalidade seguro-garantia.	Art. 96, §3º	1 mês	§ 3º O edital fixará prazo mínimo de 1 (um) mês, contado da data de homologação da licitação e anterior à assinatura do contrato, para a prestação da garantia pelo contratado quando optar pela modalidade prevista no inciso II do § 1º deste artigo.

ANEXO I

Período mínimo para que a garantia nos casos de contratações de serviços e fornecimentos contínuos, possa ser a estabelecida no *caput* deste artigo.	Art. 98, parágrafo único	1 ano	Art. 98. Nas contratações de obras, serviços e fornecimentos, a garantia poderá ser de até 5% (cinco por cento) do valor inicial do contrato, autorizada a majoração desse percentual para até 10% (dez por cento), desde que justificada mediante análise da complexidade técnica e dos riscos envolvidos. Parágrafo único. Nas contratações de serviços e fornecimentos contínuos com vigência superior a 1 (um) ano, assim como nas subsequentes prorrogações, será utilizado o valor anual do contrato para definição e aplicação dos percentuais previstos no caput deste artigo.
Prazo máximo de duração dos contratos nos casos de serviços e fornecimentos contínuos.	Art. 106	5 anos	Art. 106. A Administração poderá celebrar contratos com prazo de até 5 (cinco) anos nas hipóteses de serviços e fornecimentos contínuos, observadas as seguintes diretrizes: I – a autoridade competente do órgão ou entidade contratante deverá atestar a maior vantagem econômica vislumbrada em razão da contratação plurianual; II – a Administração deverá atestar, no início da contratação e de cada exercício, a existência de créditos orçamentários vinculados à contratação e a vantagem em sua manutenção; III – a Administração terá a opção de extinguir o contrato, sem ônus, quando não dispuser de créditos orçamentários para sua continuidade ou quando entender que o contrato não mais lhe oferece vantagem.
Prazo mínimo para extinção contratual.	Art. 106, §1º	2 meses	§ 1º A extinção mencionada no inciso III do caput deste artigo ocorrerá apenas na próxima data de aniversário do contrato e não poderá ocorrer em prazo inferior a 2 (dois) meses, contado da referida data.
Prazo máximo para celebração de contratos nas hipóteses citadas, abrangendo assuntos tecnológicos, de segurança nacional e de saúde.	Art. 108	10 anos	Art. 108. A Administração poderá celebrar contratos com prazo de até 10 (dez) anos nas hipóteses previstas nas alíneas "f" e "g" do inciso IV e nos incisos V, VI, XII e XVI do caput do art. 75 desta Lei.

COMENTÁRIOS À NOVA LEI DE LICITAÇÕES PÚBLICAS E CONTRATOS ADMINISTRATIVOS

Prazo máximo de duração dos contratos que gerem receita e economia à Administração.	Art. 110, inc. I	10 anos	Art. 110. Na contratação que gere receita e no contrato de eficiência que gere economia para a Administração, os prazos serão de: I – até 10 (dez) anos, nos contratos sem investimento;
Prazo máximo dos contratos com investimento.	Art. 110, inc. II	35 anos	Art. 110. Na contratação que gere receita e no contrato de eficiência que gere economia para a Administração, os prazos serão de: II – até 35 (trinta e cinco) anos, nos contratos com investimento, assim considerados aqueles que impliquem a elaboração de benfeitorias permanentes, realizadas exclusivamente a expensas do contratado, que serão revertidas ao patrimônio da Administração Pública ao término do contrato.
Prazo máximo de vigência para o contrato firmado sob o regime de fornecimento e prestação de serviço associado.	Art. 113	5 anos	Art. 113. O contrato firmado sob o regime de fornecimento e prestação de serviço associado terá sua vigência máxima definida pela soma do prazo relativo ao fornecimento inicial ou à entrega da obra com o prazo relativo ao serviço de operação e manutenção, este limitado a 5 (cinco) anos contados da data de recebimento do objeto inicial, autorizada a prorrogação na forma do art. 107 desta Lei.
Prazo máximo estabelecido para o contrato que prevê a operação contínua de sistemas estruturantes de tecnologia da informação.	Art. 114	15 anos	Art. 114. O contrato que previr a operação continuada de sistemas estruturantes de tecnologia da informação poderá ter vigência máxima de 15 (quinze) anos.
Prazo máximo para não divulgação de suspensão e paralisação de obras.	Art. 115, §6	1 mês	§ 6º Nas contratações de obras, verificada a ocorrência do disposto no § 5º deste artigo por mais de 1 (um) mês, a Administração deverá divulgar, em sítio eletrônico oficial e em placa a ser afixada em local da obra de fácil visualização pelos cidadãos, aviso público de obra paralisada, com o motivo e o responsável pela inexecução temporária do objeto do contrato e a data prevista para o reinício da sua execução.

Prazo de resposta às solicitações e reclamações contratuais.	Art. 123, parágrafo único	1 mês	Parágrafo único. Salvo disposição legal ou cláusula contratual que estabeleça prazo específico, concluída a instrução do requerimento, a Administração terá o prazo de 1 (um) mês para decidir, admitida a prorrogação motivada por igual período.
Prazo para a formalização do termo aditivo.	Art. 132	1 mês	Art. 132. A formalização do termo aditivo é condição para a execução, pelo contratado, das prestações determinadas pela Administração no curso da execução do contrato, salvo nos casos de justificada necessidade de antecipação de seus efeitos, hipótese em que a formalização deverá ocorrer no prazo máximo de 1 (um) mês.
Prazo mínimo para poder ocorrer a repactuação no contrato.	Art. 135, §3º	1 ano	§ 3º A repactuação deverá observar o interregno mínimo de 1 (um) ano, contado da data da apresentação da proposta ou da data da última repactuação.
Prazo mínimo para suspensão contratual.	Art. 137, §2º, inc. II	3 meses	§ 2º O contratado terá direito à extinção do contrato nas seguintes hipóteses: II – suspensão de execução do contrato, por ordem escrita da Administração, por prazo superior a 3 (três) meses;
Prazo para atraso contratual pelo contratado.	Art. 137, §2º inc. IV	2 meses	§ 2º O contratado terá direito à extinção do contrato nas seguintes hipóteses: IV – atraso superior a 2 (dois) meses, contado da emissão da nota fiscal, dos pagamentos ou de parcelas de pagamentos devidos pela Administração por despesas de obras, serviços ou fornecimentos;
Prazo mínimo de garantia fornecida pelo contratado após execução da obra.	Art. 140, §6º	5 anos	§ 6º Em se tratando de obra, o recebimento definitivo pela Administração não eximirá o contratado, pelo prazo mínimo de 5 (cinco) anos, admitida a previsão de prazo de garantia superior no edital e no contrato, da responsabilidade objetiva pela solidez e pela segurança dos materiais e dos serviços executados e pela funcionalidade da construção, da reforma, da recuperação ou da ampliação do bem imóvel, e, em caso de vício, defeito ou incorreção identificados, o contratado ficará responsável pela reparação, pela correção, pela reconstrução ou pela substituição necessárias.

Prazo para nova contratação na hipótese de nulidade da anterior	Art. 148, §2º	6 meses	§ 2º Ao declarar a nulidade do contrato, a autoridade, com vistas à continuidade da atividade administrativa, poderá decidir que ela só tenha eficácia em momento futuro, suficiente para efetuar nova contratação, por prazo de até 6 (seis) meses, prorrogável uma única vez.
Prazo para suspensão do direito de licitar.	Art. 156, §4º	3 anos	§ 4º A sanção prevista no inciso III do caput deste artigo será aplicada ao responsável pelas infrações administrativas previstas nos incisos II, III, IV, V, VI e VII do caput do art. 155 desta Lei, quando não se justificar a imposição de penalidade mais grave, e impedirá o responsável de licitar ou contratar no âmbito da Administração Pública direta e indireta do ente federativo que tiver aplicado a sanção, pelo prazo máximo de 3 (três) anos.
Prazo para suspensão do direito de licitar.	Art. 156, §5º	6 anos	§ 5º A sanção prevista no inciso IV do caput deste artigo será aplicada ao responsável pelas infrações administrativas previstas nos incisos VIII, IX, X, XI e XII do caput do art. 155 desta Lei, bem como pelas infrações administrativas previstas nos incisos II, III, IV, V, VI e VII do caput do referido artigo que justifiquem a imposição de penalidade mais grave que a sanção referida no § 4º deste artigo, e impedirá o responsável de licitar ou contratar no âmbito da Administração Pública direta e indireta de todos os entes federativos, pelo prazo mínimo de 3 (três) anos e máximo de 6 (seis) anos.
Prazo para interposição de defesa em caso de multa.	Art. 157	15 dias	Art. 157. Na aplicação da sanção prevista no inciso II do caput do art. 156 desta Lei, será facultada a defesa do interessado no prazo de 15 (quinze) dias úteis, contado da data de sua intimação.
Prazo para interposição de defesa em caso de impedimento de licitar e declaração de inidoneidade.	Art. 158	15 dias	Art. 158. A aplicação das sanções previstas nos incisos III e IV do caput do art. 156 desta Lei requererá a instauração de processo de responsabilização, a ser conduzido por comissão composta de 2 (dois) ou mais servidores estáveis, que avaliará fatos e circunstâncias conhecidos e intimará o licitante ou o contratado para, no prazo de 15 (quinze) dias úteis, contado da data de intimação, apresentar defesa escrita e especificar as provas que pretenda produzir.

Prazo mínimo de tempo de serviço para o servidor compor a comissão julgadora.	Art. 158, §1º	3 anos	§ 1º Em órgão ou entidade da Administração Pública cujo quadro funcional não seja formado de servidores estatutários, a comissão a que se refere o caput deste artigo será composta de 2 (dois) ou mais empregados públicos pertencentes aos seus quadros permanentes, preferencialmente com, no mínimo, 3 (três) anos de tempo de serviço no órgão ou entidade.
Prazo para o licitante apresentar alegações finais no processo sancionatório.	Art. 158, §2º	15 dias	§ 2º Na hipótese de deferimento de pedido de produção de novas provas ou de juntada de provas julgadas indispensáveis pela comissão, o licitante ou o contratado poderá apresentar alegações finais no prazo de 15 (quinze) dias úteis, contado da data da intimação.
Prazo prescricional.	Art. 158, §4º	5 anos	§ 4º A prescrição ocorrerá em 5 (cinco) anos, contados da ciência da infração pela Administração, e será: I – interrompida pela instauração do processo de responsabilização a que se refere o caput deste artigo; II – suspensa pela celebração de acordo de leniência previsto na Lei nº 12.846, de 1º de agosto de 2013; III – suspensa por decisão judicial que inviabilize a conclusão da apuração administrativa.
Prazo para divulgação das sanções aplicadas.	Art. 161	15 dias	Art. 161. Os órgãos e entidades dos Poderes Executivo, Legislativo e Judiciário de todos os entes federativos deverão, no prazo máximo 15 (quinze) dias úteis, contado da data de aplicação da sanção, informar e manter atualizados os dados relativos às sanções por eles aplicadas, para fins de publicidade no Cadastro Nacional de Empresas Inidôneas e Suspensas (Ceis) e no Cadastro Nacional de Empresas Punidas (Cnep), instituídos no âmbito do Poder Executivo federal.
Prazo mínimo para reabilitação do licitante apenado com impedimento de licitar ou contratar.	Art. 163, inc. III	1 ano	Art. 163. É admitida a reabilitação do licitante ou contratado perante a própria autoridade que aplicou a penalidade, exigidos, cumulativamente: III – transcurso do prazo mínimo de 1 (um) ano da aplicação da penalidade, no caso de impedimento de licitar e contratar, ou de 3 (três) anos da aplicação da penalidade, no caso de declaração de inidoneidade;

Prazo mínimo para reabilitação do licitante apenado com declaração de inidoneidade.	Art. 163, inc. III	3 anos	Art. 163. É admitida a reabilitação do licitante ou contratado perante a própria autoridade que aplicou a penalidade, exigidos, cumulativamente: III – transcurso do prazo mínimo de 1 (um) ano da aplicação da penalidade, no caso de impedimento de licitar e contratar, ou de 3 (três) anos da aplicação da penalidade, no caso de declaração de inidoneidade;
Prazo para protocolo de impugnação ou de pedido de esclarecimentos.	Art. 164, parágrafo único	3 dias	Art. 164. Qualquer pessoa é parte legítima para impugnar edital de licitação por irregularidade na aplicação desta Lei ou para solicitar esclarecimento sobre os seus termos, devendo protocolar o pedido até 3 (três) dias úteis antes da data de abertura do certame. Parágrafo único. A resposta à impugnação ou ao pedido de esclarecimento será divulgada em sítio eletrônico oficial no prazo de até 3 (três) dias úteis, limitado ao último dia útil anterior à data da abertura do certame.
Prazo para interposição de recurso.	Art. 165, inc. I	3 dias	Art. 165. Dos atos da Administração decorrentes da aplicação desta Lei cabem: I – recurso, no prazo de 3 (três) dias úteis, contado da data de intimação ou de lavratura da ata, em face de: a) ato que defira ou indefira pedido de pré-qualificação de interessado ou de inscrição em registro cadastral, sua alteração ou cancelamento; b) julgamento das propostas; c) ato de habilitação ou inabilitação de licitante; d) anulação ou revogação da licitação; e) extinção do contrato, quando determinada por ato unilateral e escrito da Administração;
Prazo para protocolo de pedido de reconsideração.	Art. 165, inc. II	3 dias	Art. 165. Dos atos da Administração decorrentes da aplicação desta Lei cabem: II – pedido de reconsideração, no prazo de 3 (três) dias úteis, contado da data de intimação, relativamente a ato do qual não caiba recurso hierárquico.

ANEXO I

Prazo para a autoridade reconsiderar a decisão recorrida.	Art. 165, §2º	3 dias	§ 2º O recurso de que trata o inciso I do caput deste artigo será dirigido à autoridade que tiver editado o ato ou proferido a decisão recorrida, que, se não reconsiderar o ato ou a decisão no prazo de 3 (três) dias úteis, encaminhará o recurso com a sua motivação à autoridade superior, a qual deverá proferir sua decisão no prazo máximo de 10 (dez) dias úteis, contado do recebimento dos autos.
Prazo para a autoridade superior proferir sua decisão referente ao recurso.	Art. 165, §2º	10 dias	§ 2º O recurso de que trata o inciso I do caput deste artigo será dirigido à autoridade que tiver editado o ato ou proferido a decisão recorrida, que, se não reconsiderar o ato ou a decisão no prazo de 3 (três) dias úteis, encaminhará o recurso com a sua motivação à autoridade superior, a qual deverá proferir sua decisão no prazo máximo de 10 (dez) dias úteis, contado do recebimento dos autos.
Prazo para recurso nos casos de aplicação das sanções de advertência, multa, impedimento de licitar ou contratar e declaração de idoneidade para licitar ou contratar.	Art. 166	15 dias	Art. 166. Da aplicação das sanções previstas nos incisos I, II e III do caput do art. 156 desta Lei caberá recurso no prazo de 15 (quinze) dias úteis, contado da data da intimação.
Prazo para a autoridade que tiver aplicado as sanções previstas no art. 156 reconsiderar sua decisão.	Art. 166, parágrafo único	5 dias	Parágrafo único. O recurso de que trata o caput deste artigo será dirigido à autoridade que tiver proferido a decisão recorrida, que, se não a reconsiderar no prazo de 5 (cinco) dias úteis, encaminhará o recurso com sua motivação à autoridade superior, a qual deverá proferir sua decisão no prazo máximo de 20 (vinte) dias úteis, contado do recebimento dos autos.
Prazo para a autoridade superior proferir sua decisão referente ao recurso das aplicadas sanções previstas no art. 156.	Art. 166, parágrafo único	20 dias	Parágrafo único. O recurso de que trata o caput deste artigo será dirigido à autoridade que tiver proferido a decisão recorrida, que, se não a reconsiderar no prazo de 5 (cinco) dias úteis, encaminhará o recurso com sua motivação à autoridade superior, a qual deverá proferir sua decisão no prazo máximo de 20 (vinte) dias úteis, contado do recebimento dos autos.

Prazo para protocolo de reconsideração.	Art. 167	15 dias	Art. 167. Da aplicação da sanção prevista no inciso IV do caput do art. 156 desta Lei caberá apenas pedido de reconsideração, que deverá ser apresentado no prazo de 15 (quinze) dias úteis, contado da data da intimação, e decidido no prazo máximo de 20 (vinte) dias úteis, contado do seu recebimento.
Prazo máximo para a resposta do pedido de reconsideração no caso de aplicação da declaração de inidoneidade para licitar ou contratar.	Art. 167	20 dias	Art. 167. Da aplicação da sanção prevista no inciso IV do caput do art. 156 desta Lei caberá apenas pedido de reconsideração, que deverá ser apresentado no prazo de 15 (quinze) dias úteis, contado da data da intimação, e decidido no prazo máximo de 20 (vinte) dias úteis, contado do seu recebimento.
Prazo para julgamento pelo Tribunal de Contas.	Art. 171, § 1º	25 dias	§ 1º Ao suspender cautelarmente o processo licitatório, o tribunal de contas deverá pronunciar-se definitivamente sobre o mérito da irregularidade que tenha dado causa à suspensão no prazo de 25 (vinte e cinco) dias úteis, contado da data do recebimento das informações a que se refere o § 2º deste artigo, prorrogável por igual período uma única vez, e definirá objetivamente: I – as causas da ordem de suspensão; II – o modo como será garantido o atendimento do interesse público obstado pela suspensão da licitação, no caso de objetos essenciais ou de contratação por emergência.
Prazo máximo para o órgão julgador prestar informações.	Art. 171, § 2º	10 dias	§ 2º Ao ser intimado da ordem de suspensão do processo licitatório, o órgão ou entidade deverá, no prazo de 10 (dez) dias úteis, admitida a prorrogação: I – informar as medidas adotadas para cumprimento da decisão; II – prestar todas as informações cabíveis; III – proceder à apuração de responsabilidade, se for o caso.

ANEXO I

Prazo destinado para os municípios com mais de vinte mil habitantes se adaptarem à licitação eletrônica.	Art. 176	6 anos	Art. 176. Os Municípios com até 20.000 (vinte mil) habitantes terão o prazo de 6 (seis) anos, contado da data de publicação desta Lei, para cumprimento: I – dos requisitos estabelecidos no art. 7º e no caput do art. 8º desta Lei; II – da obrigatoriedade de realização da licitação sob a forma eletrônica a que se refere o § 2º do art. 17 desta Lei; III – das regras relativas à divulgação em sítio eletrônico oficial.
Forma de contagem de prazo.	Art. 183		Art. 183. Os prazos previstos nesta Lei serão contados com exclusão do dia do começo e inclusão do dia do vencimento e observarão as seguintes disposições: I – os prazos expressos em dias corridos serão computados de modo contínuo; II – os prazos expressos em meses ou anos serão computados de data a data; III – nos prazos expressos em dias úteis, serão computados somente os dias em que ocorrer expediente administrativo no órgão ou entidade competente.
Prazo para revogação da Leis nº 8.666/1993, Lei nº 10.520/2002 e dos arts. 1º a 47-A da Lei nº 12.462/ 2011.	Art. 193	2 anos	II – a Lei nº 8.666, de 21 de junho de 1993, a Lei nº 10.520, de 17 de julho de 2002, e os arts. 1º a 47-A da Lei nº 12.462, de 4 de agosto de 2011, após decorridos 2 (dois) anos da publicação oficial desta Lei.

ANEXO I

Prazo destinado para os municípios com mais de vinte mil habitantes se adaptarem à licitação eletrônica	Art. 176	6 anos	Art. 176. Os Municípios com até 20.000 (vinte mil) habitantes terão o prazo de 6 (seis) anos, contado da data de publicação desta Lei, para cumprimento: I – dos requisitos estabelecidos no art. 7º e no caput do art. 8º desta Lei; II – da obrigatoriedade de realização da licitação sob a forma eletrônica a que se refere o § 2º do art. 17 desta Lei; III – das regras relativas à divulgação em sítio eletrônico oficial.
Forma de contagem de prazo.	Art. 183		Art. 183. Os prazos previstos nesta Lei serão contados com a exclusão do dia do começo e inclusão do dia do vencimento e observar-se-ão as seguintes disposições: I – os prazos expressos em dias corridos serão computados de modo contínuo; II – os prazos expressos em meses ou anos serão computados de data a data; III – nos prazos expressos em dias úteis, serão computados somente os dias em que ocorrer expediente administrativo no órgão ou entidade competente.
Prazo para revogação das Leis n. 8.666/1993, Lei n. 10.520/2002 e dos arts. 1º a 47-A da Lei n. 12.462/2011.	Art. 193	2 anos	II – a Lei n. 8.666, de 21 de junho de 1993, a Lei n. 10.520, de 17 de julho de 2002, e os arts. 1º a 47-A da Lei n. 12.462, de 4 de agosto de 2011, após decorridos 2 (dois) anos da publicação oficial desta Lei.

ANEXO II

PRAZOS EXISTENTES NAS LEIS FED. Nº 8.666/93, 10.520/02 E 12.462/11

Expediente	Fundamento legal	Prazo
Alegações finais no âmbito do processo penal – Prazo para apresentação das alegações finais, no âmbito do processo penal.	Art. 105, da LLC	5 dias
Apelação no âmbito do processo penal – Prazo para apelação, no âmbito do processo penal.	Art. 107, da LLC	5 dias
Apresentação de nova documentação habilitatória ou proposta comercial escoimada dos vícios – Prazo para apresentação de nova documentação habilitatória ou de outra proposta escoimada das causas que levaram todos os licitantes serem inabilitados ou todas as ofertas serem desclassificadas.	Art. 48, § 3º, da LLC	8 dias úteis
Apresentação de nova documentação habilitatória ou proposta comercial escoimada dos vícios no âmbito do convite – Prazo para apresentação de nova documentação habilitatória ou de outra proposta escoimada das causas que levaram todos os licitantes serem inabilitados ou todas as ofertas serem desclassificadas, em caso de licitação processada por Convite.	Art. 48, §3º, da LLC	3 dias úteis
Audiência pública em licitações de objetos de grande vulto – Prazo mínimo para realização de audiência pública concedida pela autoridade responsável em casos de realização de objetos de grande vulto.	Art. 39, da LLC	15 dias

Comunicação à autoridade superior para ratificação das contratações diretas – Prazo máximo para realização da comunicação à autoridade superior para ratificação das dispensas previstas nos §§ 2º e 4º do art. 17 e no inciso III e seguintes do art. 24, as situações de inexigibilidade referidas no art. 25.	Art. 26 da LLC	3 dias
Contrarrazões recursais no âmbito das licitações processadas pelas modalidades tradicionais, exceto convite – Prazo para interposição das contrarrazões recursais, no âmbito das licitações processadas pelas modalidades tradicionais, exceto convite	Art. 109, § 3º, da LLC	5 dias úteis
Contrarrazões recursais no âmbito do convite – Prazo para interposição das contrarrazões recursais, em se tratando de licitações efetuadas na modalidade de convite.	Art. 109, § 6º, da LLC	2 dias úteis
Contrarrazões recursais no âmbito do pregão – Prazo para interposição das contrarrazões recursais no âmbito das licitações processadas pela modalidade pregão.	Art. 4º, inc. XVIII, da Lei do Pregão	3 dias úteis
Contrarrazões recursais no âmbito do RDC – Prazo para interposição das contrarrazões recursais no âmbito das licitações processadas pelo RDC.	Art. 44, § 2º da Lei nº 12.462/11	5 dias úteis
Defesa prévia no âmbito do processo sancionatório (advertência, multa e suspensão temporária) – Prazo para apresentação de defesa prévia no âmbito do processo sancionatório, em caso de sanção de advertência, multa e suspensão temporária de participação em licitação e impedimento de contratar com a Administração, por prazo não superior a 2 anos.	Art. 87, § 2º, da LLC	5 dias úteis
Defesa prévia no âmbito do processo sancionatório (declaração de inidoneidade) – Prazo para apresentação de defesa prévia no âmbito do processo sancionatório em caso de sanção de declaração de inidoneidade para licitar ou contratar com a Administração Pública.	Art. 87, § 3º, da LLC	10 dias úteis
Defesa prévia no âmbito do processo rescisório	Inexistência – Verificação na legislação local. Na inexistência, utilizar o prazo geral fixado na Lei de processo administrativo local, a exemplo do que estabelece o art. 24 da Lei fed. nº 9.784/99.	
Defesa escrita no âmbito do processo penal – Prazo para apresentação de defesa escrita no âmbito do processo penal, contado da data do interrogatório, no âmbito do processo penal.	Art. 104, da LLC	10 dias

Devolução dos saldos financeiros nos convênios – Prazo para devolução dos saldos financeiros remanescentes no âmbito dos convênios, inclusive os provenientes das receitas obtidas das aplicações financeiras realizadas.	Art. 116, § 6º, da LLC	30 dias
Duração dos contratos de serviços contínuos – Prazo máximo de duração de contrato administrativo cujo objeto seja a prestação de serviços contínuos.	Art. 57, inc. II, da LLC	60 meses
Duração dos contratos de aluguel de equipamentos ou de utilização de programas de informática – Prazo máximo de duração de contrato administrativo cujo objeto seja o aluguel de equipamentos e à utilização de programas de informática.	Art. 57, inc. IV, da LLC	48 meses
Duração dos contratos cujo objeto se refira às hipóteses previstas nos incisos IX, XIX, XXVIII e XXXI do art. 24 da LLC – Prazo máximo de duração de contrato administrativo cujo objeto se refere às hipóteses previstas nos incisos IX, XIX, XXVIII e XXXI do art. 24 da LLC.	Art. 57, inc. V, da LLC	120 meses
Entrega imediata – Prazo máximo de fornecimento nas compras com entrega imediata.	Art. 40, § 4º, da LLC	30 dias
Impugnação ao instrumento convocatório realizado por cidadão – Prazo máximo para impugnação do ato convocatório realizado por cidadão. 5 dias úteis antes da data fixada para a abertura dos envelopes de habilitação	Art. 41, § 1º, da LLC	5 dias úteis
Resposta à impugnação realizada por cidadão – Prazo máximo para a resposta da Administração Pública em caso de impugnação do ato convocatório realizado por cidadão.	Art. 41, § 1º, da LLC	3 dias úteis
Impugnação ao instrumento convocatório realizada por licitante – Prazo máximo para impugnação do ato convocatório realizado por licitante.	Art. 41, § 2º, da LLC	2 dias úteis
Impugnação ao instrumento convocatório no âmbito do RDC no caso de licitação para aquisição ou alienação de bens – Prazo para realização de pedido de esclarecimentos e impugnações ao instrumento convocatório no caso de licitação para aquisição ou alienação de bens.	Art. 45, inc. I, al. "a", da Lei nº 12.462/11	2 dias úteis antes da data de abertura das propostas.
Impugnação ao instrumento convocatório no âmbito do RDC no caso de licitação para contratação de obras ou serviços – Prazo para realização de pedido de esclarecimentos e impugnações ao instrumento convocatório no caso de licitação para contratação de obras ou serviços.	Art. 45, inc. I, al. "b", da Lei nº 12.462/11	5 dias úteis antes da data de abertura das propostas.

COMENTÁRIOS À NOVA LEI DE LICITAÇÕES PÚBLICAS E CONTRATOS ADMINISTRATIVOS

Julgamento dos recursos no âmbito das modalidades tradicionais de licitação – Prazo para a autoridade superior julgar o competente recurso.	Art. 109, § 4º, da LLC	5 dias úteis
Julgamento dos recursos no âmbito do RDC – Prazo para a autoridade superior julgar o competente recurso no âmbito das licitações processadas pelo Regime Diferenciado de Contratações (RDC).	Art. 45, § 6º, da Lei nº 12.462/11	5 dias úteis
Manifestação de interesse em participar de convite – Prazo máximo para o particular cadastrado manifestar o seu interesse em participar de licitação processada pela modalidade convite.	Art. 22, § 3º, da LLC	24 horas
Pagamento de despesas – Prazo máximo de pagamento, contado a partir da data final do período de adimplemento de cada parcela.	Art. 40, inc. XIV, al. "a", da LLC	30 dias
Pagamento de despesas de pequeno valor – Prazo máximo para realização de pagamentos decorrentes de despesas cujos valores não ultrapassem o limite de que trata o inciso II do art. 24 da LLC.	Art. 5º, §3º LLC	5 dias úteis, no máximo
Pagamento de parcela à vista nos leilões internacionais – Prazo para pagamento da parcela à vista nos leilões internacionais.	Art. 53, § 3º, da LLC	24 horas
Pedido de reconsideração – Prazo para interposição de pedido de reconsideração, a contar da intimação do ato, de decisão de Ministro de Estado, ou Secretário Estadual ou Municipal, conforme o caso, na hipótese do § 4º do art. 87 desta Lei.	Art. 109, inc. III, da LLC	10 dias úteis
Pedido de esclarecimentos ao instrumento convocatório no âmbito do RDC no caso de licitação para aquisição ou alienação de bens – Prazo para realização de pedido de esclarecimentos e impugnações ao instrumento convocatório no caso de licitação para aquisição ou alienação de bens.	Art. 45, inc. I, al. "a", da Lei nº 12.462/11	2 dias úteis antes da data de abertura das propostas.
Pedido de esclarecimentos ao instrumento convocatório no âmbito do RDC no caso de licitação para contratação de obras ou serviços – Prazo para realização de pedido de esclarecimentos e impugnações ao instrumento convocatório no caso de licitação para contratação de obras ou serviços.	Art. 45, inc. I, al. "b", da Lei nº 12.462/11	5 dias úteis antes da data de abertura das propostas.
Pré-qualificação no âmbito do RDC – A pré-qualificação terá validade de 1 (um) ano, no máximo, podendo ser atualizada a qualquer tempo.	Art. 30, § 5º, da Lei nº 12.462/11	1 ano

ANEXO II

Publicidade – concorrência – Prazo mínimo de publicidade da licitação processada por concorrência, nos casos não especificados na alínea "b" do inc. I do art. 21 da LLC.	Art. 21, § 2º, inc. II, al. "a", da LLC	30 dias
Publicidade – concurso – Prazo mínimo de publicidade da licitação processada por concurso.	Art. 21, § 2º, inc. I, al. "a", da LLC	45 dias
Publicidade – convite – Prazo mínimo de publicidade da licitação processada por convite.	Art. 21, § 2º, inc. IV, da LLC	5 dias
Publicidade – leilão – Prazo mínimo de publicidade da licitação processada por tomada de preços, nos casos não especificados do Art. 21, § 2º, inc. II,al. "b", ou leilão.	Art. 21, § 2º, inc. III, da LLC	15 dias
Publicidade – pregão – Prazo para apresentação das propostas, contado a partir da publicação do aviso de licitação, no âmbito das licitações processadas pela modalidade pregão.	Art. 4º, inc. V, da Lei do Pregão	8 dias úteis
Publicidade – RDC – para aquisição de bens, quando for adotado os critérios de menor preço ou pelo maior desconto – Prazo mínimo para apresentação das propostas, para aquisição de bens, quando adotados os critérios de julgamento pelo menor preço ou pelo maior desconto, no âmbito das licitações processadas pelo Regime Diferenciado de Contratações (RDC).	Art. 15, inc. I, al. "a", da Lei nº 12.462/11	5 dias úteis, no mínimo.
Publicidade – RDC – para aquisição de bens, quando <u>não</u> for adotados os critérios de julgamento pelo menor preço ou pelo maior desconto Prazo mínimo para apresentação das propostas, para aquisição de bens, nas hipóteses quando não for adotados os critérios de julgamento pelo menor preço ou pelo maior desconto, no âmbito das licitações processadas pelo Regime Diferenciado de Contratações (RDC).	Art. 15, inc. I, al. "b", da Lei nº 12.462/11	10 dias úteis, no mínimo.
Publicidade – RDC – para contratação de serviços e obras que adotar os critérios de julgamento pelo menor preço ou pelo maior desconto – Prazo mínimo para apresentação das propostas, para a contratação de serviços e obras, quando adotados os critérios de julgamento pelo menor preço ou pelo maior desconto, no âmbito das licitações processadas pelo Regime Diferenciado de Contratações (RDC).	Art. 15, inc. II, al. "a", da Lei nº 12.462/11	15 dias úteis, no mínimo.

Publicidade – RDC – para contratação de serviços e obras que <u>não</u> adotar os critérios de julgamento pelo menor preço ou pelo maior desconto – Prazo mínimo para apresentação das propostas, para a contratação de serviços e obras, nas hipóteses não abrangidas pela alínea *a* do inc. II do art. 15º da Lei nº 12.462/11, no âmbito das licitações processadas pelo Regime Diferenciado de Contratações (RDC).	Art. 15, inc. II, al. "b", da Lei nº 12.462/11	30 dias úteis, no mínimo.
Publicidade – RDC – para licitações que adotar o critério de julgamento pela maior oferta – Prazo mínimo para apresentação das propostas, para licitações em que se adote o critério de julgamento pela maior oferta, no âmbito das licitações processadas pelo Regime Diferenciado de Contratações (RDC).	Art. 15, inc. III, da Lei nº 12.462/11	10 dias úteis, no mínimo.
Publicidade – RDC – para licitações em que se adote o critério de julgamento pela melhor combinação de técnica e preço, pela melhor técnica ou em razão do conteúdo artístico –Prazo mínimo para apresentação das propostas, para licitações em que se adote o critério de julgamento pela melhor combinação de técnica e preço, pela melhor técnica ou em razão do conteúdo artístico, no âmbito das licitações processadas pelo Regime Diferenciado de Contratações (RDC).	Art. 15, inc. IV, da Lei nº 12.462/11	30 dias úteis, no mínimo.
Publicidade – tomada de preços – Prazo mínimo de publicidade da licitação processada por tomada de preços, nos casos não especificados do Art. 21, § 2º, inc. II,al. "b", ou leilão.	Art. 21, § 2º, inc. III, da LLC	15 dias
Publicidade – tomada de preços do tipo "melhor técnica" ou "técnica e preço" – Prazo mínimo de publicidade da licitação processada por tomada de preços, quando a licitação for do tipo "melhor técnica" ou "técnica e preço".	Art. 21, § 2º, inc. II, al. "b", da LLC	30 dias
Publicação na imprensa oficial, como condição para a eficácia, do ato de ratificação das contratações diretas – Prazo máximo para realização da publicação na imprensa oficial do ato de ratificação das dispensas previstas nos §§ 2º e 4º do art. 17 e no inciso III e seguintes do art. 24, as situações de inexigibilidade referidas no art. 25, como condição para a eficácia.	Art. 26 da LLC	5 dias
Publicação resumida do instrumento contratual ou de seus aditamentos – Prazo máximo para a realização da publicação resumida do instrumento de contrato ou de seus aditamentos na imprensa oficial.	Art. 61, parágrafo único, da LLC	20 dias

Recebimento definitivo de obras e serviços – Prazo de recebimento definitivo de obras e serviços, salvo em casos excepcionais, devidamente justificados e previstos no edital.	Art. 73, § 3º, da LLC	90 dias
Recebimento provisório de obras e serviços – Prazo de recebimento provisório de obras e serviços.	Art. 73, inc. I, al. "a", da LLC	15 dias
Reconsideração da decisão recorrida nas modalidades tradicionais de licitação – Prazo para que a autoridade que praticou o ato recorrido reconsidere a sua decisão.	Art. 109, § 4º, da LLC	5 dias úteis
Reconsideração da decisão recorrida no âmbito do RDC – Prazo para que a autoridade que praticou o ato recorrido reconsidere sua decisão, no âmbito das licitações processadas pelo Regime Diferenciado de Contratações (RDC).	Art. 45, § 6º, da Lei nº 12.462/11	5 dias úteis
Recurso de representação no âmbito das licitações processadas pelas modalidades tradicionais, exceto convite – Prazo para interposição de recurso de representação, a contar da intimação da decisão relacionada com o objeto da licitação ou do contrato, de que não caiba recurso hierárquico, no âmbito das licitações processadas pelas modalidades tradicionais, exceto convite.	Art. 109, inc. II, da LLC	5 dias úteis
Recurso de representação no âmbito do convite – Prazo para interposição de recurso representação, a contar da intimação da decisão relacionada com o objeto da licitação ou do contrato, de que não caiba recurso hierárquico, em se tratando de licitações efetuadas na modalidade de convite.	Art. 109, § 6º, da LLC	2 dias úteis
Recurso de representação no âmbito do RDC – Prazo para apresentação de representações relativamente a atos de que não caiba recurso hierárquico no âmbito das licitações processadas pelo Regime Diferenciado de Contratações (RDC).	Art. 45, inc. II, da Lei nº 12.462/11	5 dias úteis,
Recurso hierárquico no âmbito das licitações processadas pelas modalidades tradicionais, exceto convite – Prazo para interposição de recurso hierárquico a contar da intimação do ato ou da lavratura da ata, nos casos de: a) habilitação ou inabilitação do licitante;b) julgamento das propostas;c) anulação ou revogação da licitação;d) indeferimento do pedido de inscrição em registro cadastral, sua alteração ou cancelamento;e) rescisão do contrato, a que se refere o inciso I do art. 79 desta Lei e f) aplicação das penas de advertência, suspensão temporária ou de multa, no âmbito das licitações processadas pelas modalidades tradicionais, exceto convite.	Art. 109, inc. I, da LLC	5 dias úteis

COMENTÁRIOS À NOVA LEI DE LICITAÇÕES PÚBLICAS E CONTRATOS ADMINISTRATIVOS

Recurso hierárquico no âmbito do convite – Prazo para interposição de recurso hierárquico a contar da intimação do ato ou da lavratura da ata, nos casos de: a) habilitação ou inabilitação do licitante;b) julgamento das propostas;c) anulação ou revogação da licitação;d) indeferimento do pedido de inscrição em registro cadastral, sua alteração ou cancelamento;e) rescisão do contrato, a que se refere o inciso I do art. 79 desta Lei e f) aplicação das penas de advertência, suspensão temporária ou de multa, em se tratando de licitações efetuadas na modalidade de convite	Art. 109, § 6º, da LLC	2 dias úteis
Recurso hierárquico no âmbito do pregão – Prazo para interposição do recurso administrativo no âmbito das licitações processadas pela modalidade pregão.	Art. 4º, inc. XVIII, da Lei do Pregão	3 dias úteis
Recurso hierárquico no âmbito do RDC – Prazo para interposição de recurso, contados a partir da data da intimação ou da lavratura da ata, em face: a) do ato que defira ou indefira pedido de pré-qualificação de interessados; b) do ato de habilitação ou inabilitação de licitante; c) do julgamento das propostas; d) da anulação ou revogação da licitação; e) do indeferimento do pedido de inscrição em registro cadastral, sua alteração ou cancelamento; f) da rescisão do contrato, nas hipóteses previstas no inciso I do art. 79 da Lei nº 8.666, de 21 de junho de 1993; g) da aplicação das penas de advertência, multa, declaração de inidoneidade, suspensão temporária de participação em licitação e impedimento de contratar com a administração pública , no âmbito das licitações processadas pelo Regime Diferenciado de Contratações (RDC).	Art. 45, inc. II, da Lei nº 12.462/11	5 dias úteis
Registro cadastral no âmbito das modalidades tradicionais de licitação – Os órgãos e entidades da Administração Pública que realizem frequentemente licitações manterão registros cadastrais para efeito de habilitação, na forma regulamentar, válidos por, no máximo, um ano	Art. 34 da LLC	1 ano
Registro cadastral no âmbito do RDC – Os registros cadastrais poderão ser mantidos para efeito de habilitação dos inscritos em procedimentos licitatórios e serão válidos por 1 (um) ano, no máximo, podendo ser atualizados a qualquer tempo	Art. 31, da Lei nº 12.462/11	1 ano
Rescisão do ajuste a pedido do contratado – **Suspensão da Execução** – Rescisão judicial do contrato administrativo motivado pela suspensão de sua execução, por ordem escrita da Administração,	Art. 78, inc. XIV, da LLC	prazo superior a 120 dias

ANEXO II

Rescisão do ajuste a pedido do contratado – Atraso dos pagamentos – Rescisão judicial do contrato administrativo motivado pelo o atraso dos pagamentos devidos pela Administração decorrentes de obras, serviços ou fornecimento, ou parcelas destes, já recebidos ou executados	Art. 78, inc. XV, da LLC	90 dias
Resposta à impugnação realizada por cidadão – Prazo máximo para a resposta da Administração Pública em caso de impugnação do ato convocatório realizado por cidadão.	Art. 41, § 1º, da LLC	3 dias úteis
Sanção – Suspensão temporária de participação em licitação e impedimento de contratar com a Administração	Art. 87, inc. III, da LLC	prazo não superior a 2 (dois) anos
Sanção – Declaração de inidoneidade para licitar ou contratar com a Administração Pública – Sanção subsiste Enquanto perdurarem os motivos determinantes da punição ou até que seja promovida a reabilitação perante a própria autoridade que aplicou a penalidade	Art. 87, inc. IV, da LLC	Indeterminado
Sanção – Impedimento de licitar e contratar com a União, Estados, Distrito Federal ou Municípios (Pregão)	Art. 7º da Lei do Pregão	5 anos
Sanção – Impedimento de licitar e contratar com a União, Estados, Distrito Federal ou Municípios (RDC)	Art. 47 da Lei nº 12.462/11	5 anos
Sentença no âmbito do processo penal – Prazo para o juiz proferir a sentença, no âmbito do processo penal.	Art. 106, da LLC	10 dias
Validade das propostas nas modalidades tradicionais de licitação – Prazo máximo de validade das propostas comerciais apresentadas nas licitações processadas pelas modalidades tradicionais de licitação assentadas na Lei nº 8.666/93.	Art. 64, § 3º, da LLC	60 dias
Validade das propostas no âmbito do pregão – Prazo de validade das propostas comerciais no âmbito das licitações processadas pela modalidade pregão.	Art. 6º da Lei do Pregão	60 dias, se outro não estiver fixado no edital.
Vigência máxima de contrato emergencial – Prazo máximo de vigência de contratos emergenciais.	Art. 24, inc. IV, da LLC	180 dias

ANEXO II

Rescisão do ajuste a pedido do contratado – Atraso dos pagamentos – Rescisão judicial do contrato administrativo motivado pelo o atraso dos pagamentos devidos pela Administração decorrentes de obras, serviços ou fornecimento, ou parcelas destes, já recebidos ou executados	Art. 78, inc. XV, da LLC	90 dias
Resposta à impugnação realizada por cidadão – Prazo máximo para a resposta da Administração Pública em caso de impugnação do ato convocatório realizado por cidadão.	Art. 41, § 1º, da LLC	3 dias úteis
Sanção – Suspensão temporária de participação em licitação e impedimento de contratar com a Administração	Art. 87, inc. III, da LLC	prazo não superior a 2 anos (dois)
Sanção – Declaração de inidoneidade para licitar ou contratar com a Administração Pública – Sanção subsiste enquanto perdurarem os motivos determinantes da punição ou até que seja promovida a reabilitação perante a própria autoridade que aplicou a penalidade	Art. 87, inc. IV, da LLC	Indeterminado
Sanção – Impedimento de licitar e contratar com a União, Estados, Distrito Federal ou Municípios (Pregão)	Art. 7º da Lei do Pregão	5 anos
Sanção – Impedimento de licitar e contratar com a União, Estados, Distrito Federal ou Municípios (RDC)	Art. 47 da Lei n. 12.462/11	5 anos
Sentença no âmbito do processo penal – Prazo para o juiz proferir a sentença, no âmbito do processo penal.	Art. 106, da LLC	10 dias
Validade das propostas nas modalidades tradicionais de licitação – Prazo máximo de validade das propostas comerciais apresentadas nas licitações processadas pelas modalidades tradicionais de licitação assentadas na Lei n. 8.666/93.	Art. 64, § 3º, da LLC	60 dias
Validade das propostas no âmbito do pregão – Prazo de validade das propostas comerciais no âmbito das licitações processadas pela modalidade pregão.	Art. 6º da Lei do Pregão	60 dias, se outro não estiver fixado no edital
Vigência máxima de contrato emergencial – Prazo máximo de vigência de contratos emergenciais.	Art. 24, inc. IV, da LLC	180 dias

ANEXO III
DEFINIÇÕES DO ARTIGO 6º DA LEI 8.666/1993

Nota dos autores: Considerando-se a ausência de conceitos no art. 6º da 14.133/2021 julgamos oportuno trazer para a NLLC as definições propostas pela Lei fed. nº 8.666/1993, arrolando algumas significações encontradas em pesquisas.

Art. 6º Para os fins desta Lei, considera-se:
I – Obra – toda construção, reforma, fabricação, recuperação ou ampliação, realizada por execução direta ou indireta;

Definições e conceitos
Conceito de "obra" proposto por Hely Lopes Meirelles: "(...) Em sentido administrativo, obra é somente construção, reforma ou ampliação em imóvel. Construção é a obra originária." (2000, pp. 351 e 352).

Definição de "obra". Anexo da Resolução nº 21/12, do Conselho de Arquitetura e Urbanismo do Brasil: "Obra – resultado da execução ou operacionalização de projeto ou planejamento elaborado visando à consecução de determinados objetivos."

Definição de "obra" proposta pelo IBRAOP – Instituto Brasileiro de Auditoria de Obras Públicas na Orientação Técnica – OT – IBR 002/2009 – "Obra de engenharia é a ação de construir, reformar, fabricar, recuperar ou ampliar um bem, na qual seja necessária a utilização de conhecimentos técnicos específicos envolvendo a participação de profissionais habilitados conforme o disposto na Lei Federal nº 5.194/66."

Conceito de "construção" proposto por Hely Lopes Meirelles: "Construção, como realização material, é toda obra executada, intencionalmente, pelo homem;

edificação é a obra destinada a habitação, trabalho, culto, ensino ou recreação. Nas edificações distingue-se ainda, o edifício das edículas: edifício é a obra principal; edículas são as obras complementares (garagem, dependências de serviços etc.)" (2000, p. 353).

Definição de "construção" proposta pelo IBRAOP – Instituto Brasileiro de Auditoria de Obras Públicas na Orientação Técnica – OT – IBR 002/2009 – "Construir: consiste no ato de executar ou edificar uma obra nova."

Definição de "reforma" proposta por Hely Lopes Meirelles: "(...) reforma é melhoramento na construção, sem aumento de área ou capacidade; ampliação é alteração da construção, com aumento de área ou capacidade. Essas realizações em imóveis são consideradas obras e não serviços" (2000, p. 352).

Definição de "reforma" proposta pelo CONFEA: Decisão Normativa CONFEA nº 83, de 26 de setembro de 2008, art. 2º, inc. II, al. "e" reforma: conjunto de técnicas pelo qual se estabelece uma nova forma e condições de uso, sem compromisso com valores históricos, estéticos, formais, arquitetônicos, técnicos etc., ressalvados os aspectos técnicos e físicos de habitabilidade das obras que norteiam determinada ação, não se aplicando, portanto, ao escopo desta decisão normativa.

Definição de "reforma" proposta pelo IBRAOP – Instituto Brasileiro de Auditoria de Obras Públicas na Orientação Técnica – OT – IBR 002/2009 – "Reformar: consiste em alterar as características de partes de uma obra ou de seu todo, desde que mantendo as características de volume ou área sem acréscimos e a função de sua utilização atual."

Definição de "Reforma de edificação" proposta pelo CAU. Anexo da Resolução nº 51/13, do Conselho de Arquitetura e Urbanismo do Brasil: "Reforma de edificação: renovação ou aperfeiçoamento, em parte ou no todo, dos elementos de uma edificação, a serem executados em obediência às diretrizes e especificações constantes do projeto arquitetônico de reforma."

Definição de "fabricação" proposta pelo IBRAOP – Instituto Brasileiro de Auditoria de Obras Públicas na Orientação Técnica – OT – IBR 002/2009 – "Fabricar: produzir ou transformar bens de consumo ou de produção através de processos industriais ou de manufatura. "

Definição de "recuperação" proposta pelo IBRAOP – Instituto Brasileiro de Auditoria de Obras Públicas na Orientação Técnica – OT – IBR 002/2009 – "Recuperar: tem o sentido de restaurar, de fazer com que a obra retome suas características anteriores abrangendo um conjunto de serviços."

Definição de "ampliação" proposta pelo IBRAOP – Instituto Brasileiro de Auditoria de Obras Públicas na Orientação Técnica – OT – IBR 002/2009 – "Ampliar: produzir aumento na área construída de uma edificação ou de quaisquer dimensões de uma obra que já exista."

ANEXO III

II – Serviço – toda atividade destinada a obter determinada utilidade de interesse para a Administração, tais como: demolição, conserto, instalação, montagem, operação, conservação, reparação, adaptação, manutenção, transporte, locação de bens, publicidade, seguro ou trabalhos técnico-profissionais;

Definições

Definição. Fornecimento de passagens aéreas enquadra-se no conceito de serviço e não compra: AGU – Orientação Normativa nº 8, de 01.04.2009 – "O fornecimento de passagens aéreas e terrestres enquadra-se no conceito de serviço previsto no inc. II do art. 6º da Lei nº 8.666, de 1993." (Diário Oficial da União – Seção 1 – 07.04.2009, pg. 13)

Definição. Inexistência de definição de "serviço de engenharia" na Lei federal nº 8.666/93: Acórdão nº 946/2007 – Plenário – trecho do relatório do Ministro Relator Raimundo Carreiro – "79. Mesmo que a lei 8.666/93 não defina serviços de engenharia, é inegável que fizeram parte dos contratos em questão. Na parte de "Requisitos Gerais", relativo ao fornecimento do Compensador Estático para a SE Sinop (fls. 159/201 – Anexo 8), constam os itens '7. Serviços de Engenharia' e '8. Estudos de engenharia'. Dentro do primeiro, determina-se que estão inclusos no fornecimento o projeto básico (estudo para definir valores nominais dos componentes, características de tensão e corrente, desempenho harmônico, comportamento durante falhas, coordenação de isolamentos, cálculo de perdas), projetos civil, eletromecânico, serviços auxiliares e de estruturas. Dentro do item 8, determina-se que o contratado deverá realizar estudos de desempenho dinâmico, desempenho de harmônicos e sobretensões transitórias."

Definição de "serviço de engenharia" proposta pelo IBRAOP – Instituto Brasileiro de Auditoria de Obras Públicas na Orientação Técnica – OT – IBR 002/2009: "Serviço de Engenharia é toda a atividade que necessite da participação e acompanhamento de profissional habilitado conforme o disposto na Lei Federal nº 5.194/66, tais como: consertar, instalar, montar, operar, conservar, reparar, adaptar, manter, transportar, ou ainda, demolir. Incluem-se nesta definição as atividades profissionais referentes aos serviços técnicos profissionais especializados de projetos e planejamentos, estudos técnicos, pareceres, perícias, avaliações, assessorias, consultorias, auditorias, fiscalização, supervisão ou gerenciamento."

Definição. Diferença entre "obra" e "serviço de engenharia": Confira a lição proposta por Ivan Barbosa Rigolin e Marco Túlio Bottino no Manual Prático de Licitações, 6º Ed, São Paulo: Saraiva, 2006, p. 136.

Definição. "Serviço de engenharia". Definição proposta pelo Tribunal de Contas da União: TCU – Decisão nº 314/1994 – 2ª Câmara – Relatoria: Ministro Homero Santos – "1.2.9. adotar como definição do conceito de serviço de engenharia

COMENTÁRIOS À NOVA LEI DE LICITAÇÕES PÚBLICAS E CONTRATOS ADMINISTRATIVOS

toda a atividade cuja execução exija, por determinação do CREA ou CONFEA, a supervisão de firma ou profissional de engenharia."

Definição. Diferenças entre "obras" e "serviços de engenharia". Dificuldade em realizar essa distinção: Acórdão nº 2.935/2003 – 1ª Câmara – Relatório do Ministro Relator Lincoln Magalhães da Rocha – "12. O referido decreto-lei apresenta definições de 'obra' e 'serviço': Art. 5º Para os fins deste decreto-lei, considera-se: I – Obra – toda construção, reforma ou ampliação, realizada por execução direta ou indireta; II – Serviço – toda atividade realizada direta ou indiretamente, tais como demolição, fabricação, conserto, instalação, montagem, operação, conservação, reparação, manutenção, transporte, comunicação ou trabalhos técnicos profissionais; 13. Da leitura do texto percebe-se que, em alguns casos, a distinção entre obra e serviço é tênue, sendo difícil a identificação das suas diferenças, pois tanto obra como serviço podem requerer uma atividade. 14. No entanto, a doutrina aponta critérios para se estabelecer uma diferenciação. O saudoso Hely Lopes Meirelles ('in' Licitação e Contrato Administrativo, Ed. Revista dos Tribunais, 1991, 10ª ed., p. 51) afirmou: 'o que caracteriza o serviço e o distingue da obra é a predominância da atividade sobre o material empregado'. Em entendimento similar, José Cretella Júnior (in 'Das Licitações Públicas', Ed. Forense, 1996, 10ª ed., p. 63) ensina que: 'a obra pública é o corpus; o serviço realizado é o animus.'"

Definição. "Manutenção", para fins do Estatuto federal Licitatório é considerado serviço: TCU – Acórdão nº 1.323/2008 – 2ª Câmara – Trecho do voto do Ministro Relator Raimundo Carreiro – "5. A segunda razão está em que a licitação não se dirigiu à contratação de obras de engenharia, mas sim à 'Contratação de empresa para execução de serviços de manutenção preventiva, corretiva e extra-manutenção do Sistema Civil do Aeroporto Internacional de Viracopos/Campinas', consoante descrição do objeto da Concorrência nº 004/CNSP/SBKP/2001 (vol. 1, fl. 288), que, como assevera a Infraero (vol. 1, fl. 269), vincula-se ao TC nº 018/SBKP/KPAF/2001. Verifica-se, assim, que o objeto da contratação não se enquadra na definição de obra constante no art. 6º, inciso I, da Lei nº 8.666/93, qual seja: 'toda construção, reforma, fabricação, recuperação ou ampliação, realizada por execução direta ou indireta', uma vez que a finalidade da contratação em debate foi a manutenção, em diversas modalidades, do sistema civil do Aeroporto de Viracopos."

Definição de "demolição" proposta pelo IBRAOP – Instituto Brasileiro de Auditoria de Obras Públicas na Orientação Técnica – OT – IBR 002/2009: "Demolir: ato de por abaixo, desmanchar, destruir ou desfazer obra ou suas partes.".

Definição de "conserto" proposta pelo IBRAOP – Instituto Brasileiro de Auditoria de Obras Públicas na Orientação Técnica – OT – IBR 002/2009: "Consertar: colocar em bom estado de uso ou funcionamento o objeto danificado; corrigir defeito ou falha."

Definição de "instalação" proposta pelo CAU. Anexo da Resolução nº 21/12, do Conselho de Arquitetura e Urbanismo do Brasil: "Instalação – atividade de

ANEXO III

dispor ou conectar adequadamente um conjunto de dispositivos necessários a uma determinada obra ou serviço técnico, em conformidade com instruções e normas legais pertinentes."

Definição de "instalação" proposta pelo IBRAOP – Instituto Brasileiro de Auditoria de Obras Públicas na Orientação Técnica – OT – IBR 002/2009: "Instalar: atividade de colocar ou dispor convenientemente peças, equipamentos, acessórios ou sistemas, em determinada obra ou serviço."

Definição de "montagem" proposta pelo CAU. Anexo da Resolução nº 21/12, do Conselho de Arquitetura e Urbanismo do Brasil: "Montagem – operação que consiste na reunião de componentes, peças, partes ou produtos, que resulte em dispositivo, produto ou unidade autônoma que venha a tornar-se operacional, preenchendo a sua função."

Definição de "montagem" proposta pelo IBRAOP – Instituto Brasileiro de Auditoria de Obras Públicas na Orientação Técnica – OT – IBR 002/2009: "Montar: arranjar ou dispor ordenadamente peças ou mecanismos, de modo a compor um todo a funcionar. Se a montagem for do todo, deve ser considerada fabricação."

Definição de "operação" proposta pelo CAU. Anexo da Resolução nº 21/12, do Conselho de Arquitetura e Urbanismo do Brasil: "Operação – atividade que implica em fazer funcionar ou em acompanhar o funcionamento de instalações, equipamentos ou mecanismos para produzir determinados efeitos ou produtos."

Definição de "operação" proposta pelo IBRAOP – Instituto Brasileiro de Auditoria de Obras Públicas na Orientação Técnica – OT – IBR 002/2009: "Operar: fazer funcionar obras, equipamentos ou mecanismos para produzir certos efeitos ou produtos."

Definição de "conservação" proposta pelo CAU. Anexo da Resolução nº 21/12, do Conselho de Arquitetura e Urbanismo do Brasil: "Conservação – atividade que consiste num conjunto de práticas, baseadas em medidas preventivas e de manutenção continuada, que visam à utilização de recursos naturais, construtivos, tecnológicos etc., de modo a permitir que estes se preservem ou se renovem."

Definição de "conservação" proposta pelo CAU. Anexo da Resolução nº 51/13, do Conselho de Arquitetura e Urbanismo do Brasil: "Conservação: atividade que consiste num conjunto de práticas, baseadas em medidas preventivas e de manutenção continuada, que visam à utilização de recursos naturais, construtivos e tecnológicos, de modo a permitir que estes se preservem ou se renovem."

Definição de "conservação" proposta pelo IBRAOP – Instituto Brasileiro de Auditoria de Obras Públicas na Orientação Técnica – OT – IBR 002/2009: "Conservar: conjunto de operações visando preservar ou manter em bom estado, fazer durar, guardar adequadamente, permanecer ou continuar nas condições de conforto e segurança previsto no projeto".

Definição de "reparação" proposta pelo CONFEA: Decisão Normativa CONFEA nº 83, de 26 de setembro de 2008, art. 2º, inc. II – "2. reparação: ato de

COMENTÁRIOS À NOVA LEI DE LICITAÇÕES PÚBLICAS E CONTRATOS ADMINISTRATIVOS

caráter excepcional do conjunto de operações destinado a corrigir anomalias existentes para manutenção da integridade estrutural da edificação."

Definição de "reparação" proposta pelo IBRAOP – Instituto Brasileiro de Auditoria de Obras Públicas na Orientação Técnica – OT – IBR 002/2009: "Reparar: fazer que a peça, ou parte dela, retome suas características anteriores. Nas edificações define-se como um serviço em partes da mesma, diferenciando-se de recuperar."

Definição de "adaptação" proposta pelo IBRAOP – Instituto Brasileiro de Auditoria de Obras Públicas na Orientação Técnica – OT – IBR 002/2009: "Adaptar: transformar instalação, equipamento ou dispositivo para uso diferente daquele originalmente proposto. Quando se tratar de alterar visando adaptar obras, este conceito será designado de reforma."

Definição de "manutenção" proposta pelo CONFEA: Decisão Normativa CONFEA nº 83, de 26 de setembro de 2008, art. 2º, inc. II – "1. manutenção: ato contínuo do conjunto de operações destinado a manter em bom funcionamento a edificação como um todo ou cada uma de suas partes constituintes, por meio de inspeções de rotina, limpeza, aplicação de novas pinturas, reparos nas instalações elétrica e hidráulica, etc."

Definição de "manutenção" proposta pelo CAU. Anexo da Resolução nº 21/12, do Conselho de Arquitetura e Urbanismo do Brasil: "Manutenção – atividade que consiste em conservar espaços edificados e urbanos, estruturas, instalações e equipamentos em bom estado de conservação e operação."

Definição de "manutenção" proposta pelo IBRAOP – Instituto Brasileiro de Auditoria de Obras Públicas na Orientação Técnica – OT – IBR 002/2009: "Manter: preservar aparelhos, máquinas, equipamentos e obras em bom estado de operação, assegurando sua plena funcionalidade."

Definição de "transporte" proposta pelo IBRAOP – Instituto Brasileiro de Auditoria de Obras Públicas na Orientação Técnica – OT – IBR 002/2009: "Transportar: conduzir de um ponto a outro cargas cujas condições de manuseio ou segurança obriguem a adoção de técnicas ou conhecimentos de engenharia."

Definição de "reparo" proposta pelo CAU. Anexo da Resolução nº 21/12, do Conselho de Arquitetura e Urbanismo do Brasil: "Reparo – atividade que consiste em recuperar ou consertar obra, equipamento ou instalação avariada, mantendo suas características originais." recuperar ou consertar obra, equipamento ou instalação avariada, mantendo suas características originais."

III – Compra – toda aquisição remunerada de bens para fornecimento de uma só vez ou parceladamente;

Fornecimento de uma só vez – Consiste o fornecimento de determinado objeto de uma só vez na entrega da integralidade do quantitativo contratado em

ANEXO III

apenas uma oportunidade, que poderá já estar disposta em data preestabelecida no ato convocatório ou quando do surgimento da necessidade administrativa.

IV – Alienação – toda transferência de domínio de bens a terceiros;

Alienação. Conceito de Hely Lopes Meirelles – "Alienação é toda transferência de propriedade, remunerada ou gratuita, sob a forma de *venda, doação, dação em pagamento, permuta, investidura, legitimação* de *posse* ou *concessão* de *domínio*" (2011, p. 580)

V – Obras, serviços e compras de grande vulto – aquelas cujo valor estimado seja superior a 25 (vinte e cinco) vezes o limite estabelecido na alínea "c" do inciso I do art. 23 desta Lei;

Definição
Definição Obra, serviço ou compra de grande vulto. TCU – Manual de Orientações: "Obra, serviço ou compra de grande vulto – aquela cujo valor estimado é superior a 25 vezes o limite estabelecido na alínea c do inciso I do art. 23 da Lei nº 8.666/1993 (R$ 37.500.000,00)."(BRASIL, 2010, p. 889).

VI – Seguro-Garantia – o seguro que garante o fiel cumprimento das obrigações assumidas por empresas em licitações e contratos;
VII – Execução direta – a que é feita pelos órgãos e entidades da Administração, pelos próprios meios;
VIII – Execução indireta – a que o órgão ou entidade contrata com terceiros sob qualquer dos seguintes regimes:

Jurisprudência e decisões dos Tribunais de Contas
Execução indireta. Contratação de profissionais existentes no Plano de Cargos e Salários. Impossibilidade. Condenação na Justiça Trabalhista: TCU – Acórdão 576/2012 – Plenário – Relatoria: Ministro Raimundo Carreiro – "9.3. alertar o Ministério do Planejamento, Orçamento e Gestão, visando a que, no exercício de suas competências previstas no art. 1º, VIII e IX, do Decreto nº 7675/2012, aquele órgão oriente os gestores públicos de que não será considerada de boa-fé por este Tribunal a terceirização de serviços que envolvam a contratação de profissionais existentes no Plano de Cargos e Salários do órgão/entidade por contrariar o art. 37, II, da Constituição Federal e, ainda, poder implicar futuros prejuízos ao Erário, decorrentes do possível acolhimento pela Justiça do Trabalho de pleitos dos terceirizados, garantindo-lhes o direito ao recebimento das mesmas verbas trabalhistas legais e normativas asseguradas àqueles contratados pelo tomador dos serviços, na esteira da Orientação Jurisprudencial nº 383 SDI-1 do TST."

COMENTÁRIOS À NOVA LEI DE LICITAÇÕES PÚBLICAS E CONTRATOS ADMINISTRATIVOS

Execução indireta. Contratar indiretamente mão de obra desempenhada por profissional que integre o quadro laboral da Administração contratante representa burla ao princípio constitucional do concurso público: TCU – Acórdão nº 287/2000 – 2ª Câmara – Relatoria: Ministro Adhemar Paladini Ghisi – "Considerando que contratação indireta de mão de obra, em especial quando feita para cargos constantes do plano de cargos e salários dos entes integrantes da Administração Pública, representa burla ao princípio constitucional do concurso público."

Execução indireta. Transferência de atividade própria dos servidores públicos. Indelegabilidade: TJ/SP – Apelação n. 0369888-71.2009.8.26.0000 – Relator: Venicio Antonio de Paula Salles – "Ação popular – contratação, por licitação, de empresa para prestar serviço de orientação e consultoria financeira – atribuição umbilicalmente atrelada à formação de 'atos' de gestão, privativos dos serviços internos – indelegabilidade – reconhecimento da ilegalidade e lesividade – impossibilidade, de outro lado, do enquadramento como ato de improbidade – ausência de prova da voluntariedade – sentença reformada."

a) empreitada por preço global – quando se contrata a execução da obra ou do serviço por preço certo e total;

b) empreitada por preço unitário – quando se contrata a execução da obra ou do serviço por preço certo de unidades determinadas;

c) (Vetado);

d) tarefa – quando se ajusta mão de obra para pequenos trabalhos por preço certo, com ou sem fornecimento de materiais;

e) empreitada integral – quando se contrata um empreendimento em sua integralidade, compreendendo todas as etapas das obras, serviços e instalações necessárias, sob inteira responsabilidade da contratada até a sua entrega ao contratante em condições de entrada em operação, atendidos os requisitos técnicos e legais para sua utilização em condições de segurança estrutural e operacional e com as características adequadas às finalidades para que foi contratada;

Definição

Etapa. Definição constante do art. 3º do Dec. fed. nº 1.054/94, que regulamenta o reajuste de preços nos contratos da administração federal direta e indireta, e dá outras providências: "Cada uma das partes em que se divide o desenvolvimento do fornecimento, obra ou serviço, em relação aos prazos ou cronogramas contratuais"

IX – Projeto Básico – conjunto de elementos necessários e suficientes, com nível de precisão adequado, para caracterizar a obra ou serviço, ou complexo de obras ou serviços objeto da licitação, elaborado com base nas

960

ANEXO III

indicações dos estudos técnicos preliminares, que assegurem a viabilidade técnica e o adequado tratamento do impacto ambiental do empreendimento, e que possibilite a avaliação do custo da obra e a definição dos métodos e do prazo de execução, devendo conter os seguintes elementos:

Definições

Definição de "Projeto" proposta pelo CAU. Anexo da Resolução nº 21/12, do Conselho de Arquitetura e Urbanismo do Brasil: "Projeto – criação do espírito, documentada através de representação gráfica ou escrita de modo a permitir sua materialização, podendo referir-se a uma obra ou instalação, a ser realizada através de princípios técnicos e científicos, visando à consecução de um objetivo ou meta e adequando-se aos recursos disponíveis e às alternativas que conduzem à viabilidade de sua execução."

Definição de Projeto Básico. Análise do impacto ambiental. Definição de Estudo de Impacto Ambiental proposta pelo CAU. Anexo da Resolução nº 21/12, do Conselho de Arquitetura e Urbanismo do Brasil: "Estudo de Impacto Ambiental (EIA) – Relatório de Impacto no Meio Ambiente (RIMA) – EIA é o estudo realizado para licenciamento de atividades que, direta ou indiretamente, afetam o meio ambiente ou que são potencialmente poluidoras. Este estudo deverá incluir, no mínimo, o diagnóstico ambiental da área de influência do projeto, a análise dos impactos ambientais previstos e de suas alternativas, a definição de medidas mitigadoras e a elaboração de um programa de acompanhamento e monitoramento desses impactos. Já o RIMA é o relatório correspondente, que deverá ser feito após a implantação do empreendimento."

Definição de "Estudo de Impacto de Vizinhança (EIV)" proposta pelo CAU. Anexo da Resolução nº 51/13, do Conselho de Arquitetura e Urbanismo do Brasil: "Estudo de Impacto de Vizinhança (EIV): estudo executado de forma a contemplar os impactos positivos e negativos de um empreendimento ou atividade na área e suas proximidades, em conformidade com a legislação vigente."

Legislação e afins

Projeto. Direitos autorais: Resolução/CAU/BR nº 67, de 05.12.2013 – Dispõe sobre os Direitos Autorais na Arquitetura e Urbanismo, estabelece normas e condições para o registro de obras intelectuais no Conselho de Arquitetura e Urbanismo (CAU), e dá outras providências.

Fundamento legal da obrigatoriedade da ART: Lei nº 6.496, de 7 de dezembro de 1977, que institui a "Anotação de Responsabilidade Técnica " na prestação de serviços de engenharia, de arquitetura e agronomia, estabelece que todo contrato escrito ou verbal para execução de obras ou prestação de quaisquer serviços profissionais referentes às áreas abrangidas pelo Sistema Confea/Crea fica sujeito à Anotação de Responsabilidade Técnica – ART.

COMENTÁRIOS À NOVA LEI DE LICITAÇÕES PÚBLICAS E CONTRATOS ADMINISTRATIVOS

Projeto básico. Necessidade de que o projeto básico seja assinado pelo profissional, precedido do nome da empresa, sociedade, instituição ou firma a que interessarem, a menção explícita do título do profissional que os subscrever e do número da carteira por força do art. 14 da Lei federal nº 5.194, de 24 de dezembro de 1966, que regula o exercício das profissões de Engenheiro, Arquiteto e Engenheiro-Agrônomo, e dá outras providências.

Projeto básico. Orientação Técnica do IBRAOP visa uniformizar o entendimento quanto à definição de Projeto Básico – OT – IBR 001/2006 – Projeto Básico – Objetivo:Orientação Técnica visa uniformizar o entendimento quanto à definição de Projeto Básico especificada na Lei Federal 8.666/93 e alterações posteriores. Disponível em http://www.ibraop.org.br

Jurisprudência e decisões dos Tribunais de Contas

Projeto básico. Necessidade de que os elementos constantes no projeto básico sejam precisos, necessários e suficientes para a execução do objeto: TCU – Acórdão nº 771/2005 – 2ª Câmara – Relatoria: Ministro-Substituto Lincoln Magalhães da Rocha – "9.2.2. defina de forma precisa os elementos necessários e suficientes que caracterizem a prestação de serviço ou a execução da obra pretendida quando da elaboração dos projetos básicos e termos de referência das licitações, conforme regulamenta o art. 6º, inciso IX, e art. 40, § 2º, da Lei 8.666/93 e o art. 8º, inciso II, do Decreto 3.555/2000."

Projeto básico. Necessidade de que os elementos constantes no projeto básico sejam precisos, sob pena de responsabilização: TCU – Acórdão nº 1.658/2003 – Plenário – Trecho do voto do Ministro Relator Guilherme Palmeira – "É evidente que a imprecisão do projeto básico tipifica ofensa ao estatuto licitatório e enseja, por sua gravidade, a apenação do agente responsável. Contudo, nas circunstâncias retratadas nos autos, não me parece que atenda ao interesse público anular o contrato já firmado, onerando com isso a administração (inclusive com despesas indenizatórias) e retardando o usufruto, pela população, dos benefícios do empreendimento."

Projeto Básico. Análise do impacto ambiental do empreendimento. Necessidade de que os órgãos competentes, tendo em vista a sua jurisdição, concedam as devidas licenças ambientais antes de promover a competente licitação: TCU – Acórdão nº 1.187/2004 – Plenário – Relatoria: Ministro Guilherme Palmeira – "6. determinar ao Departamento Nacional de Obras Contra as Secas – DNOCS que: 9.6.1. abstenha-se de promover licitação de obras e serviços de engenharia, caso não possua a respectiva licença ambiental prévia, bem como, se o empreendimento ainda não tiver obtido a licença ambiental de instalação, deixe de ordenar o início de seus trabalhos, uma vez que a inobservância de tais regras representa infringência ao disposto no art. 6º, inciso IX, c/c o art. 7º, inciso I, da Lei nº 8.666/1993; no art. 10º da Lei nº 6.938/1981; e no art. 2º da Resolução CONAMA nº 237/97."

962

ANEXO III

Projeto Básico. Análise do impacto ambiental do empreendimento. Necessidade de que os órgãos competentes, no âmbito da sua jurisdição, concedam as devidas licenças ambientais antes de promover a competente licitação: TCU – Acórdão nº 870/2010 – Plenário – Relatoria: Ministro Augusto Nardes – "9.3. recomendar à Universidade Federal do Pará que, em procedimentos licitatórios futuros em que seja obrigatória a apresentação de licença ambiental de operação por parte das firmas interessadas, planeje adequadamente a licitação de forma a que seja lançado o edital com antecedência suficiente para que, observada a legislação ambiental e os prazos requeridos pelo Órgão local responsável pela concessão de licenças, possam as empresas requerer, antecipadamente, bem como dispor, no momento da licitação, das respectivas licenças ambientais necessárias à execução do objeto licitado."

Projeto Básico. Observância do teor contido na OT IBR 01/2006, editada pelo Instituto Brasileiro de Auditoria de Obras Públicas (Ibraop) pelos jurisdicionados. Necessidade: TCU – Acórdão nº 632/2012 – Plenário – Relatoria: Ministro José Jorge – "ACORDAM os Ministros do Tribunal de Contas da União, reunidos em Sessão Plenária, ante as razões expostas pelo Relator, em: 9.1. determinar à Segecex que dê conhecimento às unidades jurisdicionadas ao Tribunal que as orientações constantes da OT IBR 01/2006, editada pelo Instituto Brasileiro de Auditoria de Obras Públicas (Ibraop), passarão a ser observadas por esta Corte, quando da fiscalização de obras públicas;

9.1.1. para os órgãos/entidades que dispõem de normativos próprios para regular a elaboração de projetos básicos das obras por eles licitadas e contratadas, os conceitos da referida norma serão aplicados subsidiariamente;

9.1.2. a adoção da OT IBR 01/2006 não dispensa os gestores de providenciar os elementos técnicos adicionais, decorrentes das especificidades de cada obra auditada;

9.2. determinar à Segecex que, nas fiscalizações de futuras licitações de obras públicas, passe a avaliar a compatibilidade, do projeto básico com a OT IBR 01/2006 e, na hipótese de inconformidades relevantes, represente ao relator com proposta de providências."

Fiscalização, supervisão. Necessidade de que a ART seja recolhida: TCU – Súmula nº 260 – "É dever do gestor exigir apresentação de Anotação de Responsabilidade Técnica – ART referente a projeto, execução, supervisão e fiscalização de obras e serviços de engenharia, com indicação do responsável pela elaboração de plantas, orçamento-base, especificações técnicas, composições de custos unitários, cronograma físico-financeiro e outras peças técnicas."

Projeto básico. Utilização correta. Afastamento de ocorrências indesejáveis: TCU – Acórdão nº 2504/2010 – Plenário – Relatoria: Ministro Marcos Bemquerer Costa – Relatoria: Ministro Marcos Bemquerer Costa – "3. A utilização correta do projeto básico visa a resguardar a Administração Pública de atrasos em licitações, superfaturamentos, aditamentos contratuais desnecessários, modificações no projeto

COMENTÁRIOS À NOVA LEI DE LICITAÇÕES PÚBLICAS E CONTRATOS ADMINISTRATIVOS

original, entre outras ocorrências indesejáveis que geram consequências e entraves à execução das obras."

Projeto básico. Necessidade de que o projeto identifique todos os serviços a serem executados. Impossibilidade de que o particular execute serviços de forma gratuita: TCU – Acórdão nº 337/2005 – Plenário – Relatoria: Ministro Marcos Bemquerer Costa – "9.2.2 – identifique, no projeto básico, todos os serviços demandados, conforme preceitua o art. 6º, IX, alíneas c e f, da Lei n. 8.666/1993, abstendo-se de exigir da vencedora a prestação de serviços de forma gratuita."

Projeto básico. Necessidade de que a Anotação de Responsabilidade Técnica junto ao CREA seja recolhida também na elaboração dos projetos básicos: TCU – Acórdão nº 325/2007 – 2ª Câmara – Relatoria: Ministro Aroldo Cedraz – "6.1.2. proceder ao registro e recolhimento da Anotação de Responsabilidade Técnica junto ao CREA referente aos projetos básicos de todos empreendimentos a serem licitados."

Projeto básico. Necessidade de que a Anotação de Responsabilidade Técnica junto ao CREA seja recolhida nos projetos básicos a fim de possibilitar a responsabilização futura do autor do projeto: TCU – Acórdão nº 67/2000 – Plenário – Relatoria: Ministro-Substituto José Antonio Barreto de Macedo – "8.4.3.6 – cumpra o comando dos arts. 1º e 2º da Lei n. 6.496/77, que exige a Anotação de Responsabilidade Técnica nas obras e serviços de engenharia, haja vista que sua ausência impossibilita a responsabilização do autor do projeto por eventual erro ou falha técnica."

Projeto Executivo. O projeto executivo não pode desconfigurar o projeto básico: TCU – Acórdão nº 1.428/2003 – Plenário – Trecho do voto do Ministro Relator Ubiratan Aguiar – "Não se alegue que não houve alteração do projeto básico, mas apenas o seu detalhamento no projeto executivo, pois, apesar de reconhecer que este possa fazer algumas correções naquele, não pode alterá-lo de modo a se constituir objeto completamente distinto do inicialmente licitado. Alterações significativas, antes de iniciada a obra exige a realização de novo procedimento licitatório e não assinatura de termo aditivo."

Projeto básico. Necessidade de que os elementos constantes no projeto básico sejam adequados e atualizados. Matéria sumulada: TCU – Súmula nº 261 – "Em licitações de obras e serviços de engenharia, é necessária a elaboração de projeto básico adequado e atualizado, assim considerado aquele aprovado com todos os elementos descritos no art. 6º, inciso IX, da Lei nº 8.666, de 21 de junho de 1993, constituindo prática ilegal a revisão de projeto básico ou a elaboração de projeto executivo que transfigurem o objeto originalmente contratado em outro de natureza e propósito diversos."

Projeto básico. Juntada de toda a documentação produzida no processo administrativo para que tais elementos sirvam de base para eventuais mudanças no projeto. Necessidade: TCU – Acórdão nº 93/2004 – Plenário – Relatoria: Ministro Ubiratan Aguiar – "9.8.4 observe a necessidade de serem juntados aos processos administrativos a documentação – pareceres, estudos – que sirva de base a eventuais

ANEXO III

mudanças de projetos, no caso de obras e serviços, de modo que seja preservado o devido formalismo na execução de licitações e posteriores contratações, tendo em vista o disposto nos arts. 4º e 60, 'caput', da Lei nº 8.666/1993."

a) desenvolvimento da solução escolhida de forma a fornecer visão global da obra e identificar todos os seus elementos constitutivos com clareza;

b) soluções técnicas globais e localizadas, suficientemente detalhadas, de forma a minimizar a necessidade de reformulação ou de variantes durante as fases de elaboração do projeto executivo e de realização das obras e montagem;

c) identificação dos tipos de serviços a executar e de materiais e equipamentos a incorporar à obra, bem como suas especificações que assegurem os melhores resultados para o empreendimento, sem frustrar o caráter competitivo para a sua execução;

Definição
Projeto básico. Definição de "caderno de especificações" proposta pelo CAU. Anexo da Resolução nº 51/13, do Conselho de Arquitetura e Urbanismo do Brasil: "Caderno de especificações: instrumento que estabelece as condições de execução e o padrão de acabamento para cada tipo de obra ou serviço técnico, indicando os materiais especificados e os locais de sua aplicação e obedecendo à legislação pertinente, podendo ser parte integrante do caderno de encargos."

d) informações que possibilitem o estudo e a dedução de métodos construtivos, instalações provisórias e condições organizacionais para a obra, sem frustrar o caráter competitivo para a sua execução;

e) subsídios para montagem do plano de licitação e gestão da obra, compreendendo a sua programação, a estratégia de suprimentos, as normas de fiscalização e outros dados necessários em cada caso;

Definição
Definição de "fiscalização de obra ou serviço técnico" proposta pelo CAU. Anexo da Resolução nº 51/13, do Conselho de Arquitetura e Urbanismo do Brasil: "Fiscalização de obra ou serviço técnico: atividade que consiste na inspeção e no controle técnico sistemático de obra ou serviço técnico, tendo por finalidade verificar se a execução obedece às diretrizes, especificações e prazos estabelecidos no projeto."

f) orçamento detalhado do custo global da obra, fundamentado em quantitativos de serviços e fornecimentos propriamente avaliados.

Definição

Definição de Elaboração de orçamento proposta pelo CAU. Anexo da Resolução nº 21/12, do Conselho de Arquitetura e Urbanismo do Brasil: "Elaboração de orçamento – atividade, realizada 'a priori', que se traduz no levantamento de custos, de forma sistematizada, de todos os elementos inerentes à execução de determinada obra, serviço ou empreendimento."

Jurisprudência e decisões dos Tribunais de Contas

Fiscalização, supervisão de obras e serviços de engenharia. Necessidade de que a ART seja recolhida: TCU – Súmula nº 260 – "É dever do gestor exigir apresentação de Anotação de Responsabilidade Técnica – ART referente a projeto, execução, supervisão e fiscalização de obras e serviços de engenharia, com indicação do responsável pela elaboração de plantas, orçamento-base, especificações técnicas, composições de custos unitários, cronograma físico-financeiro e outras peças técnicas."

Legislação e demais normativos

Regras e critérios para elaboração do orçamento de referência de obras e serviços de engenharia, contratados e executados com recursos dos orçamentos da União: Decreto fed. nº 7.983, de 8 de abril de 2013, cujo teor estabelece regras e critérios para elaboração do orçamento de referência de obras e serviços de engenharia, contratados e executados com recursos dos orçamentos da União, e dá outras providências.

Precisão do orçamento de obras públicas: OT – IBR 004/2012 – Precisão do Orçamento de Obras Públicas – Objetivo: Orientação Técnica visa uniformizar o entendimento quanto à precisão do orçamento de obras públicas. Disponível em http://www.ibraop.org.br

Apuração do sobrepreço e superfaturamento em obras públicas: OT – IBR 005/2012 – Objetivo: OT – IBR 005/2012, elaborada com base em debates de âmbito nacional, por técnicos envolvidos diretamente com Auditoria de Obras Públicas, estabelece métodos e procedimentos para apuração de sobrepreço e superfaturamento em obras públicas. Disponível em http://www.ibraop.org.br

X – Projeto Executivo – o conjunto dos elementos necessários e suficientes à execução completa da obra, de acordo com as normas pertinentes da Associação Brasileira de Normas Técnicas – ABNT;

Jurisprudência e decisões dos Tribunais de Contas

Normas da ABNT. Necessidade da observância daquelas normas que detêm caráter procedimental e não certificativo: TCU – Acórdão nº 2.392/2006 – Plenário – Relatoria: Ministro Benjamin Zymler – "1. A obrigatoriedade de observância das normas técnicas da ABNT, consoante o disposto no art. 6º, inciso X, da Lei nº 8.666/1993, não se aplica aos casos de normas de cunho certificativo, mas, tão-somente, àquelas de

ANEXO III

natureza procedimental, cujo objetivo seja o detalhamento das etapas a serem seguidas na execução de obras e serviços de engenharia."

Projeto Executivo. O projeto executivo não pode desconfigurar o projeto básico: TCU – Acórdão nº 1.428/2003 Plenário – Trecho do voto do Ministro Relator Ubiratan Aguiar – "Não se alegue que não houve alteração do projeto básico, mas apenas o seu detalhamento no projeto executivo, pois, apesar de reconhecer que este possa fazer algumas correções naquele, não pode alterá-lo de modo a se constituir objeto completamente distinto do inicialmente licitado. Alterações significativas, antes de iniciada a obra, exigem a realização de novo procedimento licitatório, e não assinatura de termo aditivo.

XI – Administração Pública – a administração direta e indireta da União, dos Estados, do Distrito Federal e dos Municípios, abrangendo inclusive as entidades com personalidade jurídica de direito privado sob controle do poder público e das fundações por ele instituídas ou mantidas;

XII – Administração – órgão, entidade ou unidade administrativa pela qual a Administração Pública opera e atua concretamente;

XIII – Imprensa Oficial – veículo oficial de divulgação da Administração Pública, sendo para a União o Diário Oficial da União, e, para os Estados, o Distrito Federal e os Municípios, o que for definido nas respectivas leis;

XIV – Contratante – é o órgão ou entidade signatária do instrumento contratual;

XV – Contratado – a pessoa física ou jurídica signatária de contrato com a Administração Pública;

Definição de contratado. : TCU – Manual de Orientações: "Contratado – pessoa física ou jurídica signatária de instrumento contratual com a Administração Pública, na condição de fornecedor de bens, executor de obra ou prestador de serviço."(BRASIL, 2010, p. 888).

XVI – Comissão – comissão, permanente ou especial, criada pela Administração com a função de receber, examinar e julgar todos os documentos e procedimentos relativos às licitações e ao cadastramento de licitantes;

Comissão de Licitação. Definição. TCU – Manual de Orientações: "criada pela Administração com a função de receber, examinar e julgar todos os documentos e procedimentos relativos às licitações e ao cadastramento de licitantes, em número mínimo de três membros"(BRASIL, 2010, p. 888)

COMENTÁRIOS À NOVA LEI DE LICITAÇÕES PÚBLICAS E CONTRATOS ADMINISTRATIVOS

Jurisprudência e decisões dos Tribunais de Contas

Comissão de Licitação. Atribuições. Impossibilidade de delegação das suas atribuições: TCU- Acórdão nº 1.182/2004 – Plenário – Relatoria: Ministro Walton Alencar Rodrigues – "9.3.1. observe as seguintes disposições normativas relativas às licitações e contratos administrativos: 9.3.1.15. obrigatoriedade de a Comissão Permanente de Licitação não delegar competências exclusivas de sua alçada, tais como habilitação e julgamento das propostas, para outras unidades da empresa, conforme preconiza o art. 6º, inciso XVI, c/c o art. 45, todos da Lei 8.666/93, ressalvada a possibilidade de solicitar parecer técnico ou jurídico relativo à matéria submetida à sua apreciação."

Comissão de Licitação. Atribuições. Elaboração de projeto básico e de orçamento pela Comissão de Licitação. Necessidade de conhecimento técnico. Descabimento: TCU – Acórdão nº 4.430/2009 – Primeira Câmara – Relatoria: Ministro Walton Alencar Rodrigues – "1. A responsabilidade pela elaboração de projeto básico e de orçamento detalhado em planilhas de obras e serviços de engenharia recai sobre os profissionais dessa área do conhecimento e não alcança o presidente e os membros da comissão de licitação."

XVII – produtos manufaturados nacionais – produtos manufaturados, produzidos no território nacional de acordo com o processo produtivo básico ou com as regras de origem estabelecidas pelo Poder Executivo federal; (Incluído pela Lei nº 12.349, de 2010)

XVIII – serviços nacionais – serviços prestados no País, nas condições estabelecidas pelo Poder Executivo federal; (Incluído pela Lei nº 12.349, de 2010)

XIX – sistemas de tecnologia de informação e comunicação estratégicos – bens e serviços de tecnologia da informação e comunicação cuja descontinuidade provoque dano significativo à administração pública e que envolvam pelo menos um dos seguintes requisitos relacionados às informações críticas: disponibilidade, confiabilidade, segurança e confidencialidade. (Incluído pela Lei nº 12.349, de 2010)

REFERÊNCIAS

AMARAL, Antônio Carlos Cintra do. *Licitação e Contrato Administrativo, Estudos, Pareceres e Comentário*. Belo Horizonte: Fórum, 2006.

ARQUIVO NACIONAL. *Dicionário brasileiro de terminologia arquivística*. Rio de Janeiro: Arquivo Nacional, 2005.

BAZZILLI. Roberto Ribeiro. *Licitação à Luz do Direito Positivo*, São Paulo: Malheiros, 1999.

BRASIL. Tribunal de Contas da União. *Licitações e contratos: orientações e jurisprudência do TCU/Tribunal de Contas da União*. 4ª ed. rev., atual. e ampl. – Brasília: TCU, Secretaria-Geral da Presidência: Senado Federal, Secretaria Especial de Editoração e Publicações, 2010.

_____. Controladoria Geral da União. *Licitações e Contratos Administrativos – Perguntas e respostas*. Controladoria-Geral da União, Brasília: CGU, 2011.

BARROS, Márcio dos Santos, *502 Comentários Sobre Licitações e Contratos Administrativos*, São Paulo: NDJ, 2012.

BERLOFFA, Ricardo Ribas da Costa. *A nova modalidade de licitação: Pregão*. Porto Alegre: Síntese, 2002.

BOBBIO, Norberto. *Teoria da norma jurídica*. São Paulo: Edipro, 2001.

CAMMAROSANO, Márcio. *O princípio constitucional da moralidade e o exercício da função administrativa*, Belo Horizonte: Fórum, 2006.

CARVALHO, Juliana Erthal. Sanções administrativas estabelecidas pelo Regime Diferenciado de Contratações Públicas. In: JUSTEN FILHO, Marçal; PEREIRA, Cesar A. Guimarães (Coord.). O Regime Diferenciado de Contratações Públicas (RDC): comentários à Lei nº 12.462 e ao Decreto nº 7.581. Belo Horizonte: Fórum, 2012.

CARVALHO FILHO, José dos Santos. *Manual de Direito Administrativo*, 19ª ed., Rio de Janeiro: Lumen Juris, 2008.

CASSAGNE, Juan Carlos. Derecho Administrativo, vol.2, 5ª ed., Buenos Aires: Abedo-Perrot, 1996-1997.

DALLARI, Adilson de Abreu. *Aspectos Jurídicos da Licitação*, 4ª ed., São Paulo: Saraiva, 1997.

DINIZ, Maria Helena. *Dicionário Jurídico*, vol. 2, 1ª ed., São Paulo: Saraiva, 1998.

_____. *Dicionário Jurídico*, vol. 3, 1ª ed., São Paulo: Saraiva, 1998.

_____. *Dicionário Jurídico*, vol. 4, 1ª ed., São Paulo: Saraiva, 1998.

DI PIETRO, Maria Sylvia Zanella. *Direito Administrativo*, 8ºed., São Paulo: Atlas, 1997.

_____. *Direito Administrativo*, 13ª ed. São Paulo: Atlas, 2001.

_____. *Princípio da legalidade*. Tomo Direito Administrativo e Constitucional. Edição 1, abril de 2017, Disponível em: https://enciclopediajuridica.pucsp.br/verbete/86/edicao-1/principio-da-legalidade. Acesso em: 28 de jun. de 2021.

DOMINGUES, Igor Gimenes Alvarenga. *Uso do comitê de resolução de disputas nos contratos da administração pública: vantagens, limites e cautelas*. 2019. Disponível em: https://direitosp.fgv.br/sites/direitosp.fgv.br/files/igor_gimenes_uso_do_comite_de_resolucao_de_disputas_nos_contratos_com_a_administracao_publica.pdf. Acesso em: 17 de ago. de 2021.

FERNANDES, Jorge Ulisses Jacoby, *Contratação direta sem licitação: dispensa de licitação; inexigibilidade de licitação: comentários às modalidades de licitação, inclusive o pregão*, 9º ed. Belo Horizonte: Fórum, 2013.

FERREIRA, Daniel. *A licitação pública no Brasil e sua nova finalidade legal*, Belo Horizonte: Fórum, 2012.

FIGUEIREDO, Lúcia Valle. *Curso de Direito Administrativo*, 8º ed., São Paulo: Malheiros, 2006.

FORTTINI, Cristiane e AMORIM, Rafael. Conjur. *O seguro-garantia no âmbito do Projeto de Lei nº 1.292/1995*. Disponível em: https://www.conjur.com.br/2020-nov-12/interesse--publico-seguro-garantia-ambito-pl-12921995. Acesso em: 12/09/2021.

FURTADO, Lucas Rocha. *Curso de Licitações e Contratos Administrativos*, Belo Horizonte: Fórum, 2007.

FREITAS, Juarez de. *Princípio da sustentabilidade: Licitações e a redefinição da proposta mais vantajosa*. Revista do Direito. Santa Cruz do Sul – UNISC nº 38, Jul-Dez 2012.

GASPARINI, Diogenes. Direito Administrativo, 17ª ed., São Paulo: Saraiva, 2012.

_____. (Coord.) Pregão Presencial e Eletrônico, Belo Horizonte: Fórum, 2006.

_____. *Crimes na Licitação*. 4ª ed., São Paulo: NDJ, 2011.

JUSTEN FILHO, Marçal, *Comentários à Lei de Licitações e Contratações Administrativas*: Lei 14.133/2021. São Paulo: Editora Thomson Reuters Brasil, 2021.

_____. *Comentários à Lei de Licitações e Contratos Administrativos*. 12ª Ed., São Paulo: Dialética, 2008.

_____. *Comentários à Lei de Licitações e Contratos Administrativos*. 15ª ed., São Paulo: Dialética, 2012.

_____. *Comentários à lei de licitações e contratos administrativos: Lei 8.666/93*. 18ª ed. rev. e ampl. São Paulo: Thomson Reuters Brasil, 2019.

_____. *O Estatuto da Microempresa e as Licitações Públicas*, 2º ed., São Paulo: Dialética, 2008.

_____. *Comentários à Legislação do Pregão Comum e Eletrônico*, 12ª ed., São Paulo: Dialética, 2012.

_____. *Crimes na Licitação*. 4ª ed., São Paulo: NDJ, 2011.

JUNIOR, Jessé Torres Pereira e DOTTI, Marinês Restelatto. *Da responsabilidade de Agentes Públicos e Privados nos Processos Administrativos de Licitação e Contratação*. São Paulo: NDJ, 2012.

REFERÊNCIAS

_____, Jessé Torres Pereira. *Comentários à Lei das Licitações e Contratações da Administração Pública*, 8ª ed., Rio de Janeiro: Renovar, 2009.

MARTINS, Ricardo Marcondes; PEREIRA JUNIOR, Jessé Torres (Coord.). Comentários ao sistema legal brasileiro de licitações e contratos administrativos. São Paulo: NDJ, 2016.

MANCUSO, Rodolfo de Camargo. *Ação popular*. São Paulo: Revista dos Tribunais, 1993.

MENDES, Gilmar Ferreira. Questões fundamentais da técnica legislativa. RTDP – Revista Trimestral de Direito Público, n. 60, São Paulo: Malheiros, 2015.

MENDES, Raul Armando. *Comentários ao Estatuto das Licitações e Contratos Administrativos*, São Paulo: Editora do Tribunais, 1988.

MEIRELLES, Hely Lopes, *Direito Municipal Brasileiro*, 15ª ed., São Paulo: Malheiros, 2006.

_____. *Licitação e Contrato Administrativo*, 14ª ed., São Paulo: Malheiros, 2007.

_____. *Direito de Construir*, 8ª ed., São Paulo: Malheiros, 2000.

_____. *Direito Administrativo Brasileiro*, 33ª ed., São Paulo: Malheiros, 2007.

_____. *Direito administrativo Brasileiro*. Obra revisada e atualizada por Délcio Balestero Aleixo e José Emmanuel Burle Filho. 38ª edição. São Paulo: Malheiros, 2012.

MELLO, Celso Antônio Bandeira de. *Curso de Direito Administrativo*, 23ª ed., São Paulo: Malheiros, 2007.

MELLO, Rafael Munhoz. *Princípios Constitucionais de Direito Administrativo Sancionador*, São Paulo: Malheiros, 2007.

MELLO, Oswaldo Aranha Bandeira de. *Princípios Gerais de Direito Administrativo*, vol. 1, 2º ed., Rio de Janeiro: Forense, 1979.

MOREIRA NETO, Diogo de Figueiredo. *Competência concorrente limitada – O problema da conceituação de normas gerais*, separata da Revista de Informação Legislativa 100, ano 25, outubro-dezembro/88.

MOTTA, Carlos Pinto Coelho. *Eficácia nas Licitações Públicas & Contratos*, 10ª ed., Belo Horizonte: Del Rey, 2005.

MOTTA, Fabrício. Das sanções. GASPARINI, Diogenes (Coord.). Pregão presencial e eletrônico. 2ª ed. rev. e ampl. Belo Horizonte: Fórum, 2009.

NOHARA, Irene Patrícia. *Direito administrativo*. 3ª ed. São Paulo: Atlas, 2013.

OLIVEIRA, José Roberto Pimenta. Aplicação de sanções nos procedimentos licitatórios. Boletim de Direito Administrativo, São Paulo: NDJ, ano 26, ago. 2013.

PARZIALE, Aniello. As sanções nas contratações públicas: as infrações, as penalidades e o processo administrativo sancionador. 1ª ed., Belo Horizonte: Fórum, 2021.

_____. *As compras governamentais como instrumento para impulsionar a inovação no país: Government purchases as an instrument to impulse innovation in the country.* Revista de Direito Administrativo e Infraestrutura – RDAI, Thomson Reuters – RT, São Paulo, v. 4, n. 12, 2020. Disponível em: https://rdai.com.br/index.php/rdai/article/view/242. Acesso em: 9 de set. 2021.

_____. *O alcance das sanções previstas no art. 87, incs. III e IV, da Lei Federal nº 8.666/93.* Orientação Preventiva, São Paulo: NDJ, 2011, n. 9.

_____. Análise do BDI nas licitações públicas e visão dos Tribunais de Contas. BLC – Boletim de Licitações e Contratos, São Paulo, v. 23, n. 2, p. 128-143, fev. 2010.

_____. O princípio da segurança jurídica e alguns instrumentos garantidores do referido vetor na nova Lei de Licitações. ONLL – Observatório da Nova Lei de Licitações, Belo Horizonte: Fórum, 28 out. 2019. Disponível em: http://www.novaleilicitacao. com.br/. Acesso em: 29/04/2021.

PIRES, Antonio Cecílio Moreira. *Direito Administrativo*. Sônia Yuriko Kanashiro Tanaka (coord.) São Paulo: Malheiros, 2008.

_____. *A desconsideração da personalidade jurídica nas contratações públicas*. São Paulo: Atlas, 2014.

ROCHA, Márcio Soares da. *Análise de BDI de Obras Públicas pelo método da estimativa intervalar*. Disponível em: <http://docplayer.com.br/12326423-Analise-de-bdi-de-obras--publicas-pelo-metodo-da-estimativa-intervalar-marcio-soares-da-rocha.html>. Acesso em: 11 de set. de 2021.

SANTOS, José Anacleto Abduch. Contratos administrativos: formação e controle interno da execução: com particularidades dos contratos de prestação de serviços terceirizados e contratos de obras e serviços de engenharia. Belo Horizonte: Fórum, 2015.

SOUTO, Marcos Juruena Villela. *Direito Administrativo Contratual*. 1ª ed., Rio de Janeiro: Lumen Juris, 2004.

SCAVONE Jr., Luiz Antonio. *Arbitragem – Mediação, Conciliação e Negociação*. 10ª ed., São Paulo: Grupo GEN, 2020.

SILVA, Antonio Marcello da. *Contratações administrativas: comentários à lei de obras, serviços, compras e alienações da administração centralizada e autárquica do estado de São Paulo*, São Paulo: Revista dos Tribunais, 1971.

SILVA, De Plácido e. *Dicionário jurídico*, 21. ed., Rio de Janeiro: Forense. 2003.

SUNDFELD, Carlos Ari e CÂMARA, Jacintho Arruda. *Contratações públicas e seu controle*, 1ª ed., São Paulo: Malheiros, 2013.

TANAKA, Sônia Yuriko Kanashiro. Concepção dos contratos administrativos. São Paulo: Malheiros, 2007.

TCE-SP. *Manual Básico, o Controle Interno do Município*. São Paulo, 2015. Disponível em: https://www.tce.sp.gov.br/sites/default/files/noticias/manual-controleinterno-tcesp--fev-2015.pdf Acesso em: 29 de ago. de 2021.

TEIXEIRA, Evelise Pedroso. *Lei de Licitações e Contratos da Administração Pública Comentada*, São Paulo: Verbatim, 2010.

TISAKA, Maçahico. Orçamento na Construção Civil: Consultoria, Projeto e Execução. São Paulo: Editora Pini, 2006.

ZYMLER, Benjamin, *Direito Administrativo e Controle*, 2ª ed., Belo Horizonte: Fórum, 2010.